四庫全書

四

清·乾隆钦定

精注精译版

主编◎赖　咏

中国書店

目　录

史　部

战　国　策

子　部

老　子

庄　子

墨　子

荀　　子

韩　非　子

孙子兵法

吴子兵法

商君书

史部

楚 策

苏秦为赵合从说楚威王

苏秦为赵合从，说楚威王曰①：“楚，天下之强国也。大王，天下之贤王也。楚地西有黔中、巫郡，东有夏州、海阳，南有洞庭、苍梧，北有汾陉之塞、郇阳②。地方五千里，带甲百万，车千乘，骑万匹，粟支十年，此霸王之资也③。夫以楚之强与大王之贤，天下莫能当也。今乃欲西面而事秦，则诸侯莫不西面而朝于章台之下矣。秦之所害于天下莫如楚，楚强则秦弱，楚弱则秦强，此其势不两立。故为王至计，莫如从亲以孤秦。大王不从亲，秦必起两军：一军出武关④；一军下黔中。若此，则鄢、郢动矣。臣闻治之其未乱，为之其未有也；患至而后忧之，则无及矣。故愿大王之早计之。

【注释】

①苏秦为赵合从：苏秦替赵王推行合纵之策略。这事发生在楚威王七年，赵肃侯十七年，也就是公元前的333年。赵：这里指赵王，即赵肃侯，公元前349～前326年，在位二十四年。楚威王：名熊商，宣王子，怀王的父亲，公元前339年～前329年，在位共十一年。②夏州：地名，现今湖北江陵县。海阳：地名，在楚国东部边境。鲍注：“海之南耳，非辽西郡也。”苍梧：地名，现今湖南零陵县及广西苍梧县一带。汾：即汾丘，现今河南襄城县东北部。陉：即陉山，现今河南新郑县南部。郇阳：即旬关，现今陕西旬阳县东部。郇：通旬、洵。③粟支十年：粮食能够支持十年。粟，粮食的通称。资：资本，意思是根基。④武关：秦国地名，现今陕西商县东部。

【译文】

苏秦为赵王推行合纵的策略，游说楚威王说：“楚国，乃天下强大的国家。大王，的确是天下贤明的君主。楚国的土地西边有黔中、巫郡，东边有夏州、海阳，南边有洞庭、苍梧，北边有汾丘、陉山、郇阳的交通要隘。土地方圆有五千里，甲兵上百万，战车千辆，战马万匹，粮食足可以支持十年，这真是霸王的依仗呀。凭借楚国的强盛和大王的贤明，天下没有一个国家能够抵挡的。可是如今竟然想要面向西去事奉秦国，那么诸侯都会面向西而朝拜在章台之下了。秦国所妒忌的在天下没有谁能比得上楚国，楚国强大那么秦国就弱小了，楚国弱小那么秦国就强大了，这是势不两立的。所以为大王谋划最好的策略，没有什么能比得上亲近合纵来孤立秦国了。假如大王不亲近合纵，秦国必定派出两支军队来进攻楚国：一支军队自武关出动；一支军队从黔中而下。倘若如此，那么鄢、郢就要动摇了。臣下听说治国当在没乱以前，谋事当在事情没发生以前；祸患到来以后方才担心，那么就是来不及了。所以希望大王趁早计谋这件事。

“大王诚能听臣，臣请令山东之国，奉四时之献，以承大王之明制，委社稷宗庙，练士厉兵，在大王之所用之。大王诚能听臣之愚计，则韩、魏、齐、燕、赵、卫之妙音美人，必充后宫矣。赵、代良马橐驼[1]，必实于外厩。故从合则楚王[2]，横成则秦帝。今释霸王之业[3]，而有事人之名，臣窃为大王不取也。

【注释】

①橐（tuó）驼：即骆驼。②王（wàng）：用如动词，成就王业，君临一国。③释：通舍，舍弃，抛弃的意思。

【译文】

“大王当真能听臣下的话，臣下能命令华山以东的各诸侯国，贡献一年四季的物品，接受大王明白的节制，委托国家宗庙，训练士卒磨砺兵器，任意由大王使用他们。大王如果真的可以听从臣下的计谋，那么韩国、魏国、齐国、燕国、赵国、卫国的美好动听的音乐和漂亮的女子，一定会充满后宫了。赵国、代地的良马骆驼，一定会充斥外面的棚圈。因此合纵之策成功楚国就成就了王业，连横之策成功秦国就会称帝而治。而今舍弃了霸王的事业，却得到了事奉别人的名声，臣下私自认为大王这样做是不妥的。

“夫秦，虎狼之国也，有吞天下之心。秦，天下之仇仇也，横人皆欲割诸侯之地以事秦，此所谓养仇而奉仇者也[1]。夫为人臣而割其主之地，以外交强虎狼之秦，以侵天下，卒有秦患，不顾其祸。夫外挟强秦之威，以内劫其主，以求割地，大逆不忠，无过此者。故从亲，则诸侯割地以事楚；横合，则楚割地以事秦。此两策者，相去远矣，有亿兆之数。两者大王何居焉[2]？故弊邑赵王，使臣效愚计，奉明约，在大王命之[3]。”

【注释】

①仇仇：仇敌。横人：主张连横之策的人。养仇：豢养仇敌。奉仇：事奉仇敌。②何居：也作居何，占居什么，意思占居哪一个。③效：献出。命：命令。引申为使用，此在这里的意思是选择、选用。

【译文】

“秦国，乃猛虎恶狼一样的国家，有吞并天下的野心。秦国，是普天下人的仇敌，主张连横的人全都想要割取诸侯的土地来事奉秦国，这就是常说的豢养仇敌并事奉仇敌的人。作为国君的臣子却要割让国君的土地，到外面去结交强大得如同虎狼一样的秦国，帮助它去攻打天下，突然有了秦国造成的祸患，他们会不顾本国的祸患而离去。他们在外凭借强大秦国的威力，在内去胁迫他们的君主，以便求得割取土地，这种大逆不忠，没有什么能再超过它的了。所以亲近合纵，诸侯就会割取土地来事奉楚国；连横成功，楚国便会割让土地事奉秦国。这两种计策，相去甚远，几乎有亿兆的数目。两者之中大王选择哪一种？因此敝国赵王，派臣下献出愚计，奉了明约，请大王选择。”

楚王曰："寡人之国，西与秦接境，秦有举巴蜀、并汉中之心。秦，虎狼之国，不可亲也。而韩、魏迫于秦患，不可与深谋，恐反人以入于秦，故谋未发而国已危矣[①]。寡人自料，以楚当秦，未见胜焉。内与群臣谋，不足恃也。寡人卧不安席，食不甘味，心摇摇如悬旌，而无所终薄[②]。今君欲一天下，安诸侯，存危国，寡人谨奉社稷以从。"

【注释】

①恐反人以入于秦：等于说恐怕反叛之人把楚国的策谋告诉给秦国。②如悬旌：像似悬挂着的旗帜。薄：附着。

【译文】

楚威王说："寡人的国家，西部和秦国交接，秦国有攻占巴蜀、吞并汉中的野心。秦国，又是恶狼一样的国家，不可以与它亲近。韩国、魏国被秦国所制造的祸患而胁迫，不可以跟它们深谋远虑，恐怕反叛之人会把楚国的计策告诉给秦国，所以策谋还没有施行而国家就已经危险了。寡人自己预料，用楚国抵御秦国，是不见得能够取胜的。在国内跟各位臣子谋划，又不一定可以依仗。寡人卧睡不安枕席，饮食分辨不出滋味，心神不安得像悬挂在空中的旗帜，始终没有地方附着。现在您要统一天下，安定诸侯，存立危亡的国家，寡人双手捧着国家听从您。"

张仪为秦破从连横

张仪为秦破从连横，说楚王曰："秦地半天下，兵敌四国，被山带河，四塞以为固[①]。虎贲之士百余万，车千乘，骑万匹，粟如丘山。法令既明，士卒安难乐死。主严以明，将知以武。虽无出兵甲，席卷常山之险，折天下之脊[②]，天下后服者先亡。且夫为从者，无以异于驱群羊而攻猛虎也。夫虎之与羊，不格明矣[③]。今大王不与猛虎而与群羊，窃以为大王之计过矣。

【注释】

①四国：四方之国，统指众诸侯国。被山带河：以山为被，以河为带，等于说山绕河围。②折天下之脊：折断天下诸侯的脊梁。因为常山同太行山相连，因此说"折天下之脊"。③不格明矣：不用格斗，胜负可自明。格，格斗，抵敌。

【译文】

张仪为秦国破坏了合纵推行连横之策，劝说楚怀王说："秦国占有天下的一半土地，兵力能够阻挡四方的诸侯国，山绕河围，四面都有险阻十分牢固。勇猛的士兵有百余万人，战车上千辆，骑马上万匹，粮食堆积如山。法令早就已经严明，士兵安于危难，愿意效死。君主威严而明察，将领聪敏而勇武。只是不出动军队征战，一旦出动军队，就能够席卷常山天险，打断天下诸侯的脊梁，天下诸侯后臣服的首先灭亡。再说施行合纵之策的人，想跟推行连横之策的国家想对抗，和驱赶羊群进攻猛虎没有什么不同。猛虎对于绵羊，不须格斗，胜负可自明。现在大王不加入猛虎的行列而去加入群羊的队伍，我私下认为大王的谋略错了。

“凡天下强国，非秦而楚，非楚而秦。两国敌侔交争[①]，其势不两立。而大王不与秦，秦下甲兵，据宜阳，韩之上地不通[②]；下河东，取成皋，韩必入臣于秦。韩入臣，魏则从风而动。秦攻楚之西，韩、魏攻其北，社稷岂得无危哉？

【注释】

①侔（móu）：齐等，相等。②韩之上地：即韩国的上党之地；另一说，韩国的上流之地。

【译文】

“也许天下的强国，若不是秦国便就是楚国，不是楚国就是秦国。如果两个国家势均力敌互相攻击争夺，那双方就会矛盾尖锐，不能共存。如果大王不结交秦国，秦国军队向东进发，占据宜阳，韩国上党之地的道路就会不通；倘若秦国军队再攻下河东，夺取成皋，韩国就一定入秦称臣。韩国入秦称臣，魏国闻听消息就会行动起来。秦国从楚国的西面进攻，韩国、魏国从楚国的北面进攻，楚国难道能够没有什么危险吗？

“且夫约从者，聚群弱而攻至强也。夫以弱攻强，不料敌而轻战，国贫而骤举兵，此危亡之术也。臣闻之，兵不如者，勿与挑战；粟不如者，勿与持久。夫从人者，饰辩虚辞，高主之节行，言其利而不言其害，卒有楚祸，无及为已[①]，是故愿大王之熟计之也。

【注释】

①饰辩虚辞：修饰雄辩虚假的言辞。卒有楚祸：结果发生了秦国进攻楚国的祸患。

【译文】

“再说订立合纵盟约的国家，是会聚一群弱小的国家进攻最强大的国家。以弱小之国去攻打强大之国，没法预测敌方兵力而轻易交战，国家贫穷却又突然发动军队，这是促成国家危亡的办法。臣下听说，军队没有对方强大的，不要去跟人家挑战；粮食不如敌方多的，不要跟人家去打持久战。那些主张合纵的人，修饰雄辩虚假的言辞，称赞颂扬君主的节操品行，只谈合纵有利的一面，而不说合纵有害的一面，终归发生了秦国进攻楚国的祸患，想要弥补已经来不及了，所以希望大王仔细考虑一下这些事。

“秦西有巴蜀，方船积粟，起于汶山[①]，循江而下，至郢三千余里。舫船载卒，一舫载五十人，与三月之粮，下水而浮[②]，一日行三百余里；里数虽多，不费马汗之劳，不至十日而距扞关[③]；扞关惊，则从竟陵已东，尽城守矣[④]，黔中、巫郡非王之有已。秦举甲出之武关，南面而攻，则北地绝。秦兵之攻楚也，危难在三月之内。而楚恃诸侯之救，在半岁之外，此其势不相及也。夫恃弱国之救，而忘强秦之祸，此臣之所以

为大王之患也。且大王尝与吴人五战三胜而亡之，陈卒尽矣⑤；有偏守新城而居民苦矣。臣闻之，攻大者易危，而民弊者怨于上。夫守易危之功，而逆强秦之心，臣窃为大王危之。

【注释】

①方船：两船并排连结。汶山：即岷山，现今四川松潘县北部。②舫船：通方船。③马汗：即汗马。距：至，到达。扞（hàn）关：古代关名，现今湖北长阳县西部。④竟陵：楚国地名，现今湖北天门县。⑤陈卒：即阵卒，等于说：上阵的士卒。

【译文】

“秦国向西攻占了巴蜀，两船连结在一起装满粮食，自岷山出发，沿长江顺流东下，抵达郢都只不过三千多里。两船连结在一起装载士兵，一只这样的船，能够承载五十个士兵，和三个月的粮食，顺流而下，一天就可前进三百多里；前进的里数虽然很多，但却不费汗马之劳，不用十天就可以到达扞关；扞关惊慌恐惧了，那么从竟陵以东，所有的城邑都要设兵防守，黔中、巫郡就不是归大王支配了。秦国发动军队从武关出兵，从南面进击楚国，那么北部边境地带的道路就会被阻隔。秦兵攻击楚国，在三个月之内正是危险困难的时候。可是楚国依靠的诸侯帮助，在半年以后才能到达，从这里看到楚国面临的形势是不如秦国的。依靠弱小国家的援救，却忘记了强大秦国的战祸，这是臣下为大王担心的原因。再说大王曾经与吴国人交战，五战三胜终于灭亡了它，可是上阵的士兵死光了；又偏守新夺取的城邑而居民遭受痛苦了。臣下听说，攻打强大的国家容易遇到危险，并且民众疲惫怨恨国家。守卫容易发生危险的功业，并且违背强大秦国的心愿，臣下私下为大王感到危险。

“且夫秦之所以不出甲于函谷关十五年以攻诸侯者，阴谋有吞天下之心也。楚尝与秦构难，战于汉中。楚人不胜，通侯、执珪死者七十余人①，遂亡汉中。楚王大怒，兴师袭秦，战于蓝田②，又却。此所谓两虎相搏者也。夫秦、楚相弊，而韩、魏以全制其后，计无过于此者矣③，是故愿大王熟计之也。

【注释】

①通侯：即彻侯，爵位名，指功德通于王室的侯爵。②蓝田：地名，现今陕西蓝田县西部。③以全制其后：以全力控制后方。过：误，错。

【译文】

“再说秦国之所以十五年没有从函谷关出兵进军诸侯，是因为在暗中筹划，有独吞天下的雄心。楚国曾经跟秦国结怨，在汉中交锋。楚国人没能取胜，通侯、执珪这样爵位的人有七十多位丧身，终归丢失了汉中。楚王恼怒，发动军队进攻秦国，在蓝田交战，又被打得大败。这就是所谓两虎相斗。秦国、楚国两败俱伤，而韩国、魏国却用全力控制了后方，策划没有比这个更错误的了，因此请求大王仔细考虑一下。

“秦下兵攻卫、阳晋，必扃天下之匈①，大王悉起兵以攻宋，不至数月而宋可举。

举宋而东指，则泗上十二诸侯②，尽王之有已。

【注释】

①必扃（jiōng）天下之匈：一定关闭了天下的大门。扃，关闭，闭锁。匈通胸。②东指：向东前进。指，向一定的目标前进。泗上十二诸侯：泗水岸边有十二个诸侯小国，如滕、薛、邾、莒、宋、鲁等国。

【译文】

“秦国向东进兵出击卫国、阳晋，一定关闭天下诸侯的胸膛，大王发动全部兵力进攻宋国，数月之内就可占领宋国。占领宋国并接着向东前进，那么泗水岸边的十二个诸侯国，就全部都归大王占领了。

“凡天下所信约从亲坚者苏秦，封为武安君而相燕，即阴与燕王谋破齐共分其地①。乃佯有罪，出走入齐，齐王因受而相之。居二年而觉，齐王大怒，车裂苏秦于市②。夫以一诈伪反覆之苏秦，而欲经营天下，混一诸侯，其不可成也亦明矣。

【注释】

①阴：暗中，背后。②车裂：是古代一种酷刑，俗称五马分尸。

【译文】

“天下最坚决地相信结成合纵联盟，能够使各国亲近的是苏秦，他被赵肃侯封为武安君并做了燕国的丞相，于是就在暗中与燕王谋划攻破齐国，共同分割齐国的土地。苏秦就伪装犯罪，逃跑到齐国，齐王因此收留了他并委任他做丞相。两年以后，阴谋被发觉，齐王恼怒，苏秦就被在市场上车裂了。凭借一个欺诈虚假反复无常的苏秦，还想要筹划经营天下，统一诸侯，这是不会成功的，也已经很清楚了。

“今秦之与楚也，接境壤界，固形亲之国也①。大王诚能听臣，臣请秦太子入质于楚，楚太子入质于秦，请以秦女为大王箕帚之妾，效万家之都，以为汤沐之邑②，长为昆弟之国，终身无相攻击。臣以为计无便于此者。故敝邑秦王，使臣献书大王之从车下风，须以决事。”

【注释】

①固形亲之国：本来地理形势上就是亲近的邻邦。②秦太子：名荡，指后来的秦武王。楚太子：名横，指后来的顷襄王。箕帚（zhǒu）之妾：等于说：从事洒扫之事的贱妾，这是古代人对嫁女的一种谦虚说法。箕：簸箕。帚，扫除的工具。效万家之都：进献拥有万户人家的城市。

【译文】

“当今秦国和楚国，国界相连土地毗邻，本来地理形势上就是亲近的邻邦。大王果真能相信臣下的话，臣下想要请秦国太子到楚国做人质，楚国太子到秦国做人质，请将秦王的女儿做

大王的从事洒扫之事的贱妾，奉献拥有万户人家的城市，做为供沐浴费用的地方，永远结成兄弟之国，终生彼此不用兵。臣下认为计谋没有比这个再好的了。所以敝国秦王，命使者向大王的随从献上书信，等待大王对事情的决策。”

楚王曰：“楚国僻陋，托东海之上。寡人年幼，不习国家之长计。今上客幸教以明制，寡人闻之，敬以国从。”乃遣使车百乘，献骇鸡之犀、夜光之璧于秦王①。

【注释】

①骇鸡之犀：犀角名。欲往啄米，至辄惊却。所以南人将之称作骇鸡。

【译文】

楚王说：“楚国偏僻鄙陋，委屈地居于在东海岸边。寡人年轻，不懂得治理国家的长远大计。现在贵客有幸用明令制度教导寡人，寡人闻听这些之后，恭敬地以国依从。”于是就命使者带领一百辆车子，供奉骇鸡之犀、夜光之璧给秦王。

张仪之楚贫

张仪之楚，贫。舍人怒而欲归①。张仪曰：“子必以衣冠之敝，故欲归。子待我为子见楚王。”当是之时，南后、郑袖贵于楚。

张仪见楚王，楚王不说。张子曰：“王无所用臣，臣请北见晋君②。”楚王曰：“诺。”张子曰：“王无求于晋国乎？”王曰：“黄金珠玑犀象出于楚，寡人无求于晋国。”张子曰：“王徒不好色耳？”王曰：“何也？”张子曰：“彼郑、周之女，粉白墨黑③，立于衢间，非知而见之者，以为神。”楚王曰：“楚，僻陋之国也，未尝见中国之女如此其美也。寡人之独何为不好色也？”乃资之以珠玉。

【注释】

①舍人：指张仪的舍人。战国时达官贵人家都有舍人，代替主人接待宾客，处理事务。②晋君：即三晋之君；又说，指魏君，战国时常称魏为晋。③郑、周之女：指韩国、周国的美女。郑，指韩国，由于韩国灭亡了郑国，因此战国时常称韩为郑，郑国女子美丽而又善歌能舞。周，指东周、西周，因为王城、洛阳等地美女多。粉白墨黑：形容美女面如白粉，发似黑墨。

【译文】

张仪来到楚国以后，财物都消耗完毕了。舍人们都很生气并想要回去。张仪说：“你们一定因为衣帽破了，因此想要回去。你们等着，我为你们去拜见楚王。”正当这个时候，南后和郑袖很受楚王的爱宠。

张仪去拜见楚王，楚王很不高兴。张仪说：“大王如果没有用得着臣下的地方，臣下请求到北面去觐见三晋的君主。”楚王说：“好吧。”张仪说：“大王对三晋没有什么想要的吗？”楚王说：“黄金、珠玑、犀角、象牙都出产在楚国，寡人对三晋国家没有什么要求。”张仪说：

“大王难道不喜欢美色吗?”楚王说：“你说的是什么?”张仪说：“那韩国、周国的女子，面如白粉，发似黑墨，站在街市，不知道的人见了她们，就会以为是神女下凡了。”楚王说：“楚国是偏僻鄙陋的国家，没有见过中原女子像你说的如此美丽。寡人为什么偏偏不喜欢美色呢?”于是楚王赠予张仪不少珍珠美玉。

南后、郑袖闻之大恐。令人谓张子曰：“妾闻将军之晋国，偶有金千斤，进之左右，以供刍秣。”郑袖亦以金五百斤。

张子辞楚王曰：“天下关闭不通，未知见日也，愿王赐之觞[①]。”王曰：“诺。”乃觞之。张子中饮[②]，再拜而请曰：“非有他人于此也，愿王召所便习而觞之[③]。”王曰：“诺。”乃召南后、郑袖而觞之。张子再拜而请曰：“仪有死罪于大王。”王曰：“何也?”曰：“仪行天下遍矣，未尝见人如此其美也。而仪言得美人，是欺王也。”王曰：“子释之。吾固以为天下莫若是两人也。”

【注释】

①觞（shāng）：向人敬酒或自饮，这里指喝酒。②中（zhòng）饮：等于说喝得半醉半醒。③便（pián）习：即便（pián）嬖，等于说左右亲近宠幸的人。

【译文】

南后、郑袖听到张仪要为楚王选美人后，非常害怕。命人对张仪说：“我们听说将军要到三晋去，正好手里有黄金千斤，送给您左右的侍从，以便作为购买马料的费用。”郑袖也以黄金五百斤送给了他。

张仪辞别楚王说：“天下各国关闭了关塞，没办法通行，不知道什么时候见面。希望大王赐给我一杯酒喝。”楚王说：“好。”于是就给他酒喝。张仪喝得懵懵懂懂的时候，再次拜谢楚王而请求说：“在这里没有别人，希望大王召来您左右所亲近宠爱的人一起饮酒。”楚王说：“好。”于是就召来南后、郑袖一起饮酒。张仪又一次拜谢而请罪说：“我在大王面前已经犯下了死罪。”楚王说：“这是为什么?”张仪说：“我走遍了天下，没有见过到有像她俩长得这么漂亮的。可是我还说要为大王找美人，这恐怕是欺骗了大王。”楚王说：“您放心。我本来认为天下再没有谁能够赶得上她俩长得这么漂亮。”

魏王遗楚王美人

魏王遗楚王美人[①]，楚王说之[②]。夫人郑袖知王之说新人也，甚爱新人。衣服玩好，择其所喜而为之；宫室卧具，择其所善而为之。爱之甚于王。王曰：“妇人所以事夫者，色也；而妒者，其情也[③]。今郑袖知寡人之说新人也，其爱之甚于寡人，此孝子之所以事亲，忠臣之所以事君也。”

【注释】

①魏王：指魏哀王。楚王：楚怀王。遗：赠送给。②说：通悦。③情：常情。

【译文】

魏哀王送给楚怀王一个美人，楚王特别喜欢她。夫人郑袖知道楚王爱宠这个新娶的美人，所以她也很爱护这个新人。凡是穿的衣服、玩的东西，都挑选这位美人喜欢的做；房屋、家俱，都选择美人喜欢的给她使用。爱护美人甚至超过了楚王。楚王说："妻子所用来事奉丈夫的东西，是自己的美色；然而嫉妒不过是女人的一般的情况。如今郑袖了解我喜欢这个新人，她爱护这个新人超过了我，这是孝子用来事奉双亲，忠臣用来为国君做事的一种感情。"

郑袖知王以己为不妒也，因谓新人曰："王爱子美矣。虽然，恶子之鼻。子为见王，则必掩子鼻[①]。"新人见王，因掩其鼻。王谓郑袖曰："夫新人见寡人，则掩其鼻，何也？"郑袖曰："妾知也。"王曰："虽恶必言之。"郑袖曰："其似恶闻君王之臭也。"王曰："悍哉[②]！"令劓之，无使逆命[③]。

【注释】

①为：若，如果。掩：遮掩，捂住。②悍：凶暴蛮横，这里有刁蛮的意思。③无使逆命：坚决执行劓刑，不许违令。

【译文】

郑袖知道楚王认为自己没有嫉妒心，就对新人说："大王欢喜于您的美貌。虽然这样，但他厌恶您的鼻子。您如果见到大王，就必须要捂住您的鼻子。"美人见到楚王，就捂住自己的鼻子。楚王对郑袖说："那位新人见到我，就捂住她的鼻子，为什么呢？"郑袖说："我知道这是怎么回事。"楚王说："即使是再不中听的话，也一定要说出来。"郑袖说："她好像是不喜欢闻到君王身上的气味吧。"楚王说："太骄横了！"因此下令割去这位美人的鼻子，不许违抗命令。

客说春申君

客说春申君说[①]："汤以亳，武王以鄗[②]，皆不过百里以有天下。今孙子天下贤人也，君籍之以百里势，臣窃以为不便于君，何如？"春申君曰："善。"于是使人谢孙子，孙子去之赵，赵以为上卿。

客又说春申君曰："昔伊尹去夏入殷，殷王而夏亡[③]。管仲去鲁入齐，鲁弱而齐强。夫贤者之所在，其君未尝不尊，国未尝不荣也。今孙子天下贤人也。君何辞之？"春申君又曰："善。"于是使人请孙子于赵。

【注释】

①春申君：指黄歇，战国时四公子之一，当时做楚国的相国。②亳（bó）：地名，共有三处，皆是商汤建国之地。南亳，相传汤曾居住在此地，在现今的河南商丘县东南部。北亳，据传诸侯拥戴汤为盟主于此，地在现今河南商丘县以北。西亳，据传汤攻取夏时所居，地在现河南偃师县以西。鄗（hào）：镐京。鄗，通镐。③伊尹：名挚，号阿衡。是力牧的后代，生于空桑。他曾经五次向夏桀谈论尧舜之道，夏桀不

听，他回到亳地，后成为商汤相国。

【译文】

有个客人游说春申君说：“商汤凭仗亳京兴起，周武王凭仗镐京兴起，这两个地方都不超过方圆百里，却都占据了天下。现在，荀子是天下贤能的人，您却把方圆百里的势力借助给他，臣下私自以为对您不利。您认为怎样？”春申君说：“好。”于是派人辞谢荀子，荀子离开楚国来到了赵国，赵国将他作为上卿一般礼遇。

客人又游说春申君说：“从前伊尹离开夏国来到了殷国，殷王统一了天下，夏朝却不复存在了。管仲离开鲁国到来了齐国，鲁国就削弱了，齐国却兴盛起来。那贤明人所在的国家，他的君主没有不高贵显达的，国家没有不昌盛的。现在荀子是天下贤能的人。您为什么辞去他呢？”春申君又说：“好。”因此派人到了赵国去请回荀子。

孙子为书谢曰：“疠人怜王①，此不恭之语也。虽然，不可不审察也。此为劫弑死亡之主言也②。夫人主年少而矜材，无法术以知奸，则大臣主断图私以禁诛于已也，故弑贤长而立幼弱，废正适而立不义。《春秋》戒之曰：‘楚王子围聘于郑，未出竟③，闻王病，反问疾，遂以冠缨绞王，杀之，因自立也。齐崔杼之妻美，庄公通之④。崔杼帅其群党而攻⑤。庄公请与分国，崔杼不许；欲自刃于庙，崔杼不许。庄公走出，逾于外墙，射中其股，遂杀之，而立其弟景公⑥。’近代所见：李兑用赵，饿主父于沙丘，百日而杀之；淖齿用齐，擢闵王之筋⑦，悬于其庙梁，宿夕而死。夫疠虽痈肿胞疾⑧，上比前世，未至绞缨射股；下比近代，未至擢筋而饿死也。夫劫弑死亡之主也，心之忧劳，形之困苦，必甚于疠矣。由此观之，疠虽怜王可也。”因为赋曰：“宝珍隋珠，不知佩兮。杂布与锦⑨，不知异兮。闾姝子奢，莫知媒兮⑩。嫫母求之⑪，又甚喜之兮。以瞽为明，以聋为聪，以是为非，以吉为凶。呜呼上天，曷惟其同！”《诗》曰：“上天甚神，无自瘵也⑫。”

【注释】

①疠（lì）人怜王：等于说得麻风病的人还可怜被臣下杀死的君王。疠，指癞病，麻风病。②此为劫弑死亡之主言也：这是指被劫持被杀死的君王说的。弑，以下杀上为弑。③楚王子围：指楚灵王，原名围。竟：通境，边境，国境。④崔杼（zhù）：齐惠公的宠臣，拥立齐庄公有功，掌管齐国国政。庄公：齐庄公。⑤群党：相当于同党。⑥景公：名杵（chǔ）臼，楚灵王之子。⑦淖（zhuō）齿用齐，擢（zhuó）闵王之筋：淖齿：楚将，派去齐任齐相，后抽齐闵王的筋，杀死闵王。⑧胞疾：指胞胎中得病。胞，衣胞，胎衣。⑨杂布与锦：杂布与锦绣。⑩闾姝：又作闾娵（jū），指梁惠王的美女。子奢：指郑国的美女。莫知媒：无人给他们做谋。⑪嫫（mó）母：古代丑妇，传说是黄帝的妻子。⑫瘵（zhài）：病，这里指灾祸。

【译文】

荀子写信婉言谢绝说：“患有麻风病的人还可怜被臣下杀死的君王，这是一句不恭敬的话，话虽然这样说，但是不可不当慎重考察。这是指被劫持被杀死的君王说的。如果那君王年轻又自以为有才能，没有办法和权术辨别奸邪的人，那么大臣为了独断专行图谋私利，禁绝对自己的诛杀，所以就要杀害有贤能年长的王子，拥立年幼软弱的王子，废弃嫡长子而拥立没有道德

的人。《春秋》警告说：‘楚国的王子叫围的到郑国聘问，还没能走出国家的边境，听说父王有病，故返回来探问病情，就用帽子的缨带勒住父王，杀死了他，于是就自立为王。齐国崔杼的妻子长得十分美丽，齐庄公和她私通。崔杼就率领他的同党去攻打庄公。齐庄公请求和他平分齐国，崔杼没答应；齐庄公想要到宗庙去自杀，崔杼也不答应。齐庄公逃跑，刚要跳过外墙，崔杼就用箭射中他的大腿，于是就把他杀死了，而拥立庄公的弟弟景公做为君主。’近代所看到的事实：李兑在赵国执政，让赵主父在沙丘挨饿，百天以后就饿死了他；淖齿在齐国掌握政权，他抽出齐闵王的筋，悬挂在宗庙的房梁上，齐闵王隔了一夜就死了。那患有麻风病的人就算是从胞胎里带来的肿毒，如果和古代的君主相比，还达不到‘绞缨射股’的下场；如果和近代的君主相互比较，还达不到‘擢筋饿死’的地步。那些被劫持杀死的君主，在要死的时候，心里该是何等忧伤，身体又何等痛苦，一定比患有麻风病的还厉害。由此看来，得麻风病的人，即使可怜被臣下杀死的君主也是不无根据的。”于是荀子写了一首赋说：“珍贵的隋侯珠，不知道戴上它。杂布和锦绣，不知道差异。闾姝子奢，没人给他们做媒。黄帝的丑妻嫫母来求婚，又很喜爱。把瞎子说成是眼睛明亮，把聋子说成是听觉敏锐，把是当作非，把吉利当作灾祸。哎呀老天爷，什么时候才能有正义呢！”《诗经》说：“老天爷的神通广大，不要自招灾祸。”

赵　策

苏秦从燕之赵始合从

苏秦从燕之赵，始合从，说赵王曰[①]："天下之卿相人臣，乃至布衣之士，莫不高贤大王之行义，皆愿奉教陈忠于前之日久矣[②]。虽然，奉阳君妒，大王不得任事，是以外客游谈之士无敢尽忠于前者。今奉阳君捐馆舍，大王乃今然后得与士民相亲，臣故敢献其愚，效愚忠。为大王计，莫若安民无事，请无庸有为也[③]。安民之本，在于择交[④]。择交而得则民安，择交不得则民终身不得安。请言外患：齐、秦为两敌，而民不得安；倚秦攻齐，而民不得安；倚齐攻秦，而民不得安。故夫谋人之主，伐人之国，常苦出辞断绝人之交[⑤]，愿大王慎无出于口也[⑥]。

【注释】

①始合从：开始推行合纵之策。从，通纵。赵王：即赵肃侯。②高贤：推重，称许。贤：尊崇。奉教：领教，受教。意即奉献政治教化的办法。陈忠：陈述忠诚。③无庸有为：不用有所作为。庸，用。④择交：选择邦交，选择亲近的国家。交，邦交。⑤谋人之主：谋划其他国家的君主。常苦出辞：常常焦思苦想造出动听的语言。⑥"愿大王"句：请大王千万谨慎，一定不要说这样的话。

【译文】

苏秦从燕国到赵国去，开始推行合纵之策，游说赵肃侯说："天下的卿相臣子，直至普通百姓出身的人士，没有谁不称赞大王推崇仁义的，从很早以来就都很希望在大王的面前奉献政治教化以此表达忠诚了。虽然这样，奉阳君嫉贤妒能，大王不能亲自主持政事，因此外来的宾客游说之士没有谁敢在大王面前表示忠心了。现今奉阳君已死，大王从今以后才能和士民相亲，臣下所以才敢陈述自己的忠心。我为大王着想，没有什么能比得上使百姓安定国家平安，请您不用有所作为。安定百姓的根本，在于选择邦交。选择邦交如果得当百姓就会安定，选择邦交如果不得当百姓就终身不得安定。请让我谈一下外面的灾难：如果齐国、秦国做了赵国的两个敌人，那么百姓就不能得到安定；依靠秦国攻打齐国，百姓就不能得到安定；倚仗齐国攻打秦国，百姓也不能得到安定。所以那谋划别人国家的君主，进攻别人国家的人，常常是费尽心思造出动听的言辞来断绝别人的邦交，希望大王小心谨慎，这些话千万不要从您嘴里说出来。

"请屏左右[①]，白言所以异，阴阳而已矣。大王诚能听臣，燕必致毡裘狗马之地[②]，齐必致海隅鱼盐之地，楚必致桔柚云梦之地，韩、魏皆可使致封地汤沐之邑，贵戚父兄皆可以受封侯[③]。夫割地效实，五伯之所以覆军禽将而求也[④]；封侯贵戚，汤、武之所以放杀而争也[⑤]。今大王垂拱而两有之[⑥]，是臣之所以为大王愿也。大王与秦，则秦

必弱韩、魏；与齐，则齐必弱楚、魏。魏弱则割河外⑦，韩弱则效宜阳。宜阳效则上郡绝，河外割则道不通，楚弱则无援。此三策者，不可不熟计也。夫秦下轵道则南阳动，劫韩、包周则赵自销铄，据卫、取淇则齐必入朝⑧。秦欲已得行于山东，则必举甲而向赵⑨。秦甲涉河逾漳，据番吾⑩，则兵必战于邯郸之下矣。此臣之所以为大王患也。

【注释】

①请屏左右：请回避左右的人。屏：除去，排除。②毡裘：毡：毛毡。裘：毛皮。③海隅：意即海边。柚：柚子，也叫文旦。④效实：进献财货。实，即实物，财货。禽：通擒。⑤放杀：即商汤放逐夏桀、武王诛杀商纣。⑥垂拱：垂衣拱手，原意是无为而治，这里指不费心力而得到。⑦河外：魏国地区名，这里当指西河以外，即陕西大荔县至澄城县以北地区。⑧轵（zhǐ）道：道路名，在现今河南济源县东南部。原属魏国轵邑，后被秦国夺取，为冀北平原进入山西高原的孔道，自古是兵家必争的地方。南阳：郡名，在现今河南南阳地区嵩山的南部一带地区。销铄（shuò）：金属熔化，这里比喻国家削弱。淇：淇水，在土现今河南北部地区，为古黄河支流。⑨举甲：举兵，兴兵。⑩番（pó）吾：赵国地名，在现今河北磁县。

【译文】

“请大王让左右的人回避一下，臣下向大王说明择交得失利害的原因，就像纵横截然对立罢了。大王真的能听信臣下的话，燕国就必定进献盛产毡裘狗马的土地，齐国就必定贡献盛产鱼盐的海隅之地，楚国就必定进献盛产桔柚的云梦之地，韩国、魏国都可以让他们进献封地租税收入作为沐浴的费用，您的外戚父兄都能够被封到侯王。那割取土地、进献财货，是五霸不惜军队覆灭、将领被擒所渴望的东西；封赏王侯使外戚尊贵，这是商汤、周武王流放夏桀、诛杀纣王所争夺的东西。现在大王可以垂衣拱手得到两个好处，这也是臣下希望大王得到的好处。大王如果亲附秦国，那么秦国一定削弱韩国、魏国；大王如果亲近齐国，那么齐国一定削弱楚国、魏国。魏国削弱那么就会割取河外的土地，韩国削弱那么就会进献宜阳的土地。宜阳进献出来那么与上郡的交通就会被隔绝，河外割取那么道路就会不通，楚国削弱赵国就会没有救援。以上这三条计策，不能不认真仔细地计划一下。再说秦国从轵道下攻那么南阳就会动摇，劫持韩国、包围周朝那么赵国就会自己削弱自己，秦国如果攻占卫地、夺取淇水，那么齐国必定去朝见秦国。秦国的想法在华山以东得到实行，那么一定会举兵向赵国进攻。秦兵渡过黄河跨过漳水，占据了番吾，那么两国的军队一定会在邯郸城下交战了。这是臣下替大王担忧的事情。

“当今之时，山东之建国，莫如赵强。赵地方二千里，带甲数十万，车千乘，骑万匹，粟支十年①；西有常山，南有河、漳，东有清河②，北有燕国。燕固弱国，不足畏也。且秦之所畏害于天下者莫如赵③。然而秦不敢举兵甲而伐赵者，何也？畏韩、魏之议其后也。然则韩、魏，赵之南蔽也④。秦之攻韩、魏也，则不然。无有名山大川之限，稍稍蚕食之⑤，傅之国都而止矣。韩、魏不能支秦，必入臣于秦⑥，秦无韩、魏之隔，祸必中于赵矣。此臣之所以为大王患也。

【注释】

①带甲：战士。车：战车。一车四马为一乘（shèng）。骑：战马。粟支十年：粮食可供十年。②常山：本名恒山，汉时避文帝刘恒之讳改名常山。在现今河北曲阳县西北一带。清河：古河名，上源称洹水，经今河南安阳向东流，再向东北流至现河北东南部，约在现山东平原县以北入古黄河。③畏害：畏忌，畏惧害怕。④蔽：屏蔽，屏障。⑤稍稍：渐渐。⑥"韩、魏"句：韩、魏两国不能对付秦国，就一定会屈服于秦国。臣：服，屈服。

【译文】

"现在，华山以东的各个国家，没有再比赵国更强大的了。赵国土地方圆两千里，军队几十万，战车千辆，战马万匹，粮食可以足够维持十年；西面有常山，南面有黄河、漳水，东面有清河，北面有燕国。燕国本来就是弱小的国家，不值得担心。但是秦国在天下最畏惧的莫过于赵国。然而秦国不敢发动军队攻打赵国，为什么？这是惧怕韩国、魏国在后面打它的主意。这样看来，那么韩国、魏国就是赵国南面的屏障了。如果秦国进攻韩国、魏国，那情况就不是这样了。韩国、魏国没有名山大川的限止，慢慢蚕食它的领土，就会靠近国都再停止。韩国、魏国支持不住秦国的攻击，必然向秦国投降称臣，秦国没有韩国、魏国的阻隔，祸患必定要落在赵国身上了。这是臣下为大王担心的事情。

"臣闻尧无三夫之分，舜无咫尺之地[①]，以有天下。禹无百人之聚，以王诸侯[②]。汤、武之卒不过三千人，车不过三百乘，立为天子。诚得其道也[③]。是故明主外料其敌国之强弱，内度其士卒之众寡、贤与不肖，不待两军相当，而胜败存亡之机节，固已见于胸中矣，岂掩于众人之言，而以冥冥决事哉[④]！

【注释】

①咫（zhǐ）：古代八寸。咫尺：言距离很小。②百人之聚：百人的居民点。聚，聚落，居民点。王（wàng）：用如动词，做王，统治。③道：正道，正确的主张、措施。④度（duó）：揣度，估量。不肖：不贤。相当：相对。机节：要领，事理的关键。掩：蔽，受蒙蔽。冥冥：昏暗，糊里糊涂。

【译文】

"臣下听说尧原来没有三个农夫耕种的土地，舜没有一点土地，可是他却拥有了天下。大禹没有百人居住的居民点，而统治了天下成为诸侯之王。商汤、周武王的兵卒都没有超过三千人，战车也没有超过三百辆，却能立为天子。这确实是由于他们实行了治理民众的合理方法。所以贤明的君主对外能预料敌国的强弱，对内能估量士兵的多少、贤能与愚蠢，不等两军相对，而胜负存亡的关键，早已在心中很清楚了，哪里会被众人的言语蒙蔽，而凭一时的糊涂决定事情呢！

"臣窃以天下地图案之[①]。诸侯之地五倍于秦，料诸侯之卒，十倍于秦。六国并力为一，西面而攻秦，秦破必矣。今见破于秦，西面而事之，见臣于秦[②]。夫破人之与破于人也，臣人之与臣于人也，岂可同日而言之哉[③]？夫横人者，皆欲割诸侯之地以与秦成[④]。与秦成，则高台榭，美宫室，听竽瑟之音，察五味之和，前有轩辕，后有

长姣，美人巧笑，卒有秦患，而不与其忧。是故横人日夜务以秦权恐猲诸侯[5]，以求割地。愿大王之熟计之也。

【注释】

①案：通按，查看。②见破于秦：被秦所攻破。见臣于秦：被秦所臣服。③破人：攻破敌人。破于人：被敌人攻破。臣人：使别人臣服。臣于人：被他人所臣服。同日而语：意即相提并论。④横人：指连横家，游说连横的人。成：讲和。⑤权：权力，这里指威势。恐猲（hè）：恐吓。猲，通喝，吓唬。

【译文】

"臣下私下查看了天下的地图。诸侯的土地足有秦国的五倍，料想诸侯的军队，得是秦国的十倍。六国如果合力一致，向西攻打秦国，秦国被攻克是一定的了。如今却被秦国攻破，而向西侍侯它，向秦国臣服。那攻克敌人和被敌人攻克，使别人臣服和被别人臣服，难道可以相提并论吗？那些游说连横的人，都想要割让诸侯的土地送给秦国跟它讲和。如果与秦国讲和，他就可以高筑台榭，美化宫室，听竽瑟演奏动听的音乐，品尝调合合适的美味，前面摆着车辆，后面排列着体态修长的美人，美人发出美好的笑声，忽然有秦国制造的灾难，而游说连横的人却不分担受害国的忧患。所以游说连横的人日夜务必用秦国的威势恐吓诸侯，来求得分割诸侯的土地。希望大王认真仔细地计划这些事。

"臣闻明王绝疑去谗，屏流言之迹，塞朋党之门[1]，故尊主广地强兵之计，臣得陈忠于前矣。故窃为大王计，莫如一韩、魏、齐、楚、燕、赵，六国从亲，以傧畔秦[2]。令天下之将相，相与会于洹水之上，通质刑白马以盟之[3]。约曰：秦攻楚，齐、魏各出锐师以佐之，韩绝食道，赵涉河、漳，燕守常山之北。秦攻韩、魏，则楚绝其后，齐出锐师以佐之，赵涉河、漳，燕守云中[4]。秦攻齐，则楚绝其后，韩守成皋，魏塞午道，赵涉河、漳、博关[5]，燕出锐师以佐之。秦攻燕，则赵守常山，楚军武关，齐涉渤海，韩、魏出锐师以佐之。秦攻赵，则韩军宜阳，楚军武关，魏军河外，齐涉清河，燕出锐师以佐之。诸侯有先背约者，五国共伐之。六国从亲以摈秦，秦必不敢出兵于函谷关以害山东矣！如是则伯业成矣！"

赵王曰："寡人年少，莅国之日浅[6]，未尝得闻社稷之长计。今上客有意存天下[7]，安诸侯，寡人敬以国从。"乃封苏秦为武安君，饰车百乘，黄金千镒，白璧百双，锦绣千纯，以约诸侯[8]。

【注释】

①朋党：这里指同类的人为自私目的相互勾结。②一：统一，联合。傧（bìn）畔秦：意即抗拒秦国。傧，通摈，排斥。畔，通叛，反抗，背叛。③洹（huán）水：古水名，在现今河南省北部地区，现名安阳河，下流即古清河。通质：交质，互换人质。刑：杀。④云中：地区名，大约在现今山西、陕西两省北沿至内蒙古黄河南岸伊克昭盟一带地区。⑤成皋：古代军事要地，在现河南荥阳县汜水镇以西。午道：地名，现今山东聊城县以西。博关：地名，现今山东茌（chí）平县博平镇东北一带地区。⑥莅国：在位，当国。⑦上客：尊重的客人，即苏秦。上，敬辞。⑧饰车：有文饰的车辆。纯（tún）：布帛的计量单位，即匹。约：约结，这里指用合纵之策约结。

【译文】

“臣下听说贤明的君主排除迷惑消除谗言，屏退流言的方法，堵塞为私利互相勾结的途径，这本来是君主扩大土地强盛军队的谋略，臣下才能在您面前表露忠心。因此我私下为大王谋划，没有什么能比得上联合韩国、魏国、齐国、楚国、燕国、赵国，六国合纵互相亲近，来抵抗秦国。使天下各国的将相，都在洹水之上相会，交换人质，杀白马而结盟。立下誓言说：如果秦国进攻楚国，齐国、魏国各自派出优良的军队援助楚国，韩国断绝秦兵的粮道，赵国渡过黄河、漳水进逼秦军，燕国固守常山之北。如果秦国攻打韩国、魏国，那么楚国阻断秦兵的后路，齐国派出精锐的部队援助韩、魏，赵国渡过黄河、漳水进逼秦军，燕国坚守云中。如果秦国攻打齐国，那么楚国断绝秦兵的后路，韩国固守成皋，魏国堵塞午道，赵国渡过黄河、漳水，兵出博关，燕国派出精锐部队援助齐国。如果秦国攻打燕国，那么赵国固守常山，楚军进驻武关，齐军由渤海渡过黄河进逼秦军，韩国、魏国派出精锐部队援助燕国。如果秦国攻打赵国，那么就要韩军进驻宜阳，楚军进驻武关，魏军进驻河外，齐军渡过清河，燕国派出精锐部队援助赵国。万一诸侯有谁先违背盟约，五国共同征讨它。六国合纵互相亲近而排斥秦国，秦国一定不敢从函谷关出兵来危害山东六国了！如果能做到这样那么霸业就成就了！”

赵肃侯说：“寡人年轻，在位的日子还非常短，没能听到治理国家的长远计谋。现在尊贵的客人有意保存天下，使诸侯安定，寡人的整个国家依从您的指示。”于是就封苏秦为武安君，赐给他有文饰的车子百辆，金子二千两，玉璧一百双，锦绣一千匹，让他去用合纵之策结盟诸侯。

张仪为秦连横说赵王

张仪为秦连横，说赵王曰：“弊邑秦王使臣敢献书于大王御史。大王收率天下以傧秦①，秦兵不敢出函谷关十五年矣。大王之威，行于天下山东。弊邑恐惧慑伏，缮甲厉兵，饰车骑，习驰射，力田积粟，守四封之内，愁居慑处，不敢动摇，唯大王有意督过之也②。今秦以大王之力，西举巴蜀，并汉中，东收两周而西迁九鼎，守白马之津③。秦虽辟远，然而心忿悁含怒之日久矣④。今寡君有敝甲钝兵，军于渑池，愿渡河逾漳，据番吾，迎战邯郸之下。愿以甲子之日合战，以正殷纣之事⑤。敬使臣先以闻于左右⑥。

【注释】

①收率：联合率领。傧（bìn）：通摈，摈弃，排斥。②慑伏：也作慑服，由于畏惧而屈服。慑，恐惧，害怕。饰：治，有整备的意思。不敢动摇：等于说不敢有所动作。督过：深责其过。③白马之津：指白马津，黄河渡口，现今河南滑县北一部。④辟远：偏僻遥远。辟，通僻。忿悁（juàn）：怨怒，愤恨。⑤以正殷纣之事：等于说按照武王伐纣之事那样办理。⑥“敬使”句：秦王特以此事敬告大王陛下。闻：意即告之。

【译文】

张仪为秦国游说连横之策，游说赵惠文王说：“敝邑秦王派臣下献书给大王的御史。大王

联合率领天下诸侯排斥秦国，秦兵不敢出函谷关已经十五年了。大王的威风被传布在天下及华山以东。敝邑害怕而屈服，修缮铠甲磨厉兵器，整备战车骑兵，学习骑马射箭，努力耕种储备粮食，守卫国家四方边境，处在愁苦恐惧之中，不敢有所行动，只怕大王有意深责敝邑的过失。现在秦国凭借大王的威力，向西攻克了巴蜀，兼并了汉中，往东收取了东周、西周，并把九鼎迁移到秦国，扼守白马津渡口。秦国虽然偏僻遥远，然而内心愤恨时间很长了。现在寡君有残破的铠甲不锐利的兵器，军队驻守在渑池，希望渡过黄河越过漳水，占据番吾，在邯郸城下迎战赵国军队。愿意在甲子日交战，来纠正殷纣王的暴政。恭敬地派臣下先把这事告诉大王的随从。

“凡大王之所信以为从者[①]，恃苏秦之计。荧惑诸侯，以是为非，以非为是，欲反覆齐国而不能，自令车裂于齐之市[②]。夫天下之不可一亦明矣。今楚与秦为昆弟之国，而韩、魏称为东蕃之臣，齐献鱼盐之地，此断赵之右臂也。夫断右臂而求与人斗，失其党而孤居，求欲无危，岂可得哉？今秦发三将军，一军塞午道，告齐使兴师度清河，军于邯郸之东；一军军于成皋，驱韩、魏而军于河外[③]；一军军于渑池。约曰：‘四国为一以攻赵，破赵而四分其地。’是故不敢匿意隐情，先以闻于左右。臣窃为大王计，莫如与秦遇于渑池，面相见而身相结也。臣请案兵无攻，愿大王之定计。”

【注释】

①凡：大抵。②荧惑：也作营惑，意即迷惑，炫惑。反覆：翻复，意即推翻。③河外：指黄河以南。

【译文】

张仪说：“大抵大王所相信并实施的事情，都是凭借苏秦的计谋。苏秦炫惑诸侯，把对的说成是错的，把错的说成是对的，他想要推翻齐国而没有得逞，却被车裂在齐国的市上。天下不能统一是非常明确了。现在楚国与秦国为兄弟之国，而韩国、魏国已自称为秦国东方的护卫臣服之国，齐国向秦国奉献盛产鱼盐的土地，这就是斩断了赵国的右臂。斩断右臂而寻求与人战斗，失掉他的朋党而孤独地居住，想要求得没有被吞掉的危险，难道是可以得到的吗？现今秦王派出三位将军，一位大将率兵堵塞午道，告诉齐国让他们发兵渡过清河，驻守在邯郸的东面；一位将军领兵驻守在成皋，驱赶韩国、魏国的军队让他们驻守在黄河之南；一位将军领兵驻守在渑池。互相商定说：‘四国联合起来进攻赵国，攻破赵国四国分割它的土地。’因此不敢隐藏事情的真相，先把这事告诉大王的左右。臣下私下为大王策划，不如您与秦王在渑池相会，互相见面亲自结盟。臣下请求秦王按兵不动，希望大王认真考虑。”

赵王曰：“先王之时，奉阳君相，专权擅势，蔽晦先王，独制官事[①]。寡人宫居，属于师傅，不能与国谋。先王弃群臣，寡人年少，奉祠祭之日浅，私心固窃疑焉[②]。以为一从不事秦，非国之长利也。乃且愿变心易虑，剖地谢前过以事秦。方将约车趋行，而适闻使者之明诏[③]。”于是乃以车三百乘入朝渑池，割河间以事秦。

【注释】

①蔽晦：遮蔽隐藏，意即蒙蔽。独制：独断控制。②私心固窃疑焉：对合纵本来私下心里就怀疑。

焉，兼词，于之，指对合纵之策。之，指代合纵之策。③趋（cù）：通趣（cù），催促，急促。诏：告诉。

【译文】

赵惠文王说："先王执政的时候，奉阳君任相国，专权独断，蒙蔽先王，独自掌握国家大事。寡人住在宫里，由师傅教导，不能参与国家大事的谋划。先王去世的时候，寡人年纪还小，事奉祭祀祖庙的日子不长，本来对合纵之策就怀疑。认为六国联合不事奉秦国，不符合国家的长久利益。因此就想要改变原来的想法，割让土地，承认以前的过失，事奉秦国。正打算驾车催促使者前往，正好听到了您的真谏。"于是就带领三百辆车到渑池去朝拜秦王，然后割让河间的土地以事奉秦国。

赵惠文王三十年

赵惠文王三十年，相都平君田单问赵奢曰："吾非不说将军之兵法也，所以不服者，独将军之用众[①]。用众者，使民不得耕作，粮食挽赁不可给也[②]。此坐而自破之道也[③]，非单之所为也。单闻之，帝王之兵，所用者不过三万，而天下服矣。今将军必负十万、二十万之众乃用之，此单之所不服也。"

【注释】

①说：通悦。用众：使用大量兵员作战。②挽：拉车，这里指运输。赁（rèn）：通任，承担，担负。给（jǐ）：供应。③自破之道：不攻自破的方法。

【译文】

赵惠文王三十年的时候，赵国相国安平君田单对赵奢说："我不是不喜欢将军的用兵之道，我不佩服将军的原因，是唯独将军使用大量兵员作战。由于使用大量兵员作战，就会致使民众不能耕作，军粮的负担运输就会供不应求。这是安坐而不被攻打而自己失败的方法，不是我田单采用的办法。我听说，帝王的士兵，使用作战的人不超过三万，而天下臣服了。现在将军一定要倚仗十万、二十万的士兵才能作战，这就是我田单不能钦佩的地方。"

马服曰[①]："君非徒不达于兵也，又不明其时势。夫吴干之剑，肉试则断牛马，金试则截盘匜；薄之柱上而击之，则折为三，质之石上而击之[②]，则碎为百。今以三万之众而应强国之兵，是薄柱击石之类也。且夫吴干之剑材难[③]，夫毋脊之厚，而锋不入[④]；无脾之薄，而刃不断。兼有是两者，无钩罕镡蒙须之便，操其刃而刺，则未入而手断。君无十万、二十万之众，为此钩罕镡蒙须之便，而徒以三万行于天下，君焉能乎？且古者，四海之内，分为万国。城虽大，无过三百丈者；人虽众，无过三千家者。而以集兵三万，距此奚难哉！今取古之为万国者，分以为战国七，能具数十万之兵，旷日持久，数岁，即君之齐已。齐以二十万之众攻荆，五年乃罢。赵以二十万之众攻中山，五年乃归。今者，齐、韩相方，两国围攻焉，岂有敢曰，我其以三万救是者乎哉？今千丈之城，万家之邑相望也，而索以三万之众，围千丈之城，不存其一角，

而野战不足用也，君将以此何之⑤？”都平君喟然太息曰：“单不至也！”

【注释】

①马服：即马服君，赵奢的封号。②薄：靠近，迫近。质之石上：用石礅子垫着。质，同锧，古代腰斩用的垫座。③“且夫”句：而且，很难有像吴国干将这样优秀的宝剑。且夫：而且。夫：语助。④“夫毋”两句：剑脊薄，则剑刃易卷。毋：通无。脊：剑两面中线离起的部分。⑤君净以此何亡：您还想用这点兵力干什么？

【译文】

马服君赵奢说：“您不只是不精通兵法，而且又不了解现在的形势。吴国、干国的利剑，用肉试，可以砍断牛马的身体，用金属试，可以砍断青铜制作的盘和匜。靠近柱子并且砍倒它，利剑就会折为三段，砍在石制的垫座上，利剑就会被粉碎为百块。如今用三万多士兵去对付强国的军队，这就像是用利剑砍柱击石一类的结果。再说吴国、干国利剑的剑材难找得到，如果没有合适厚度的剑脊，剑锋就不能刺入物体；没有相当薄度的剑面，剑刃就不能砍断东西。如果利剑兼有这两种功能，没有剑环、剑刃、剑鼻、剑绳的适度，拿起利剑刺东西，那么还没有刺入而自己的手都已经断了。

您如果没有十万、二十万军队，就等于没有合适的剑环、剑刃、剑鼻、剑绳一样，而只用三万人马奔走天下，您哪里能够取胜呢？再说古时候，四海之内，被分为上万个国家。城墙虽然很大，但也不超过三百丈；人口虽然众多，但也不超过三千家。用聚结起来的三万军队，抵抗这样的国家能会有什么困难呀！现在拿来古时的万国，把它分成七个能战斗的国家，每个国家就能准备几十万军队，如果用三万军队旷日持久地战斗下去，过了几年，就像您齐国惨败一样了。齐国用二十万军队攻打楚国，五年以后才停战。赵国用二十万军队攻打中山，五年之后才返回。现在，齐国、韩国互相敌对，两国都要用全国的兵力包围攻打对方。难道有人敢说，我用三万军队去救援它吗？现在千丈长的城墙，万家的城邑相望，如果募集三万士兵，去包围千丈的城墙，还站不满一个城角，而野战的兵力就更不够用了，这些士兵将被派到什么地方去？”安平君长叹一声说：“我田单的看法赶不上您有远见卓识啊！”

秦围赵之邯郸

秦围赵之邯郸。魏安釐王使将军晋鄙救赵①。畏秦，止于荡阴②，不进。魏王使客将军辛垣衍间入邯郸③，因平原君谓赵王曰：“秦所以急围赵者，前与齐滑王争强为帝，已而复归帝④，以齐故。今齐已益弱。方今唯秦雄天下，此非必贪邯郸，其意欲求为帝。赵诚发使尊秦昭王为帝，秦必喜，罢兵去。”平原君犹豫未有所决。

【注释】

①魏安釐（xī）王：魏昭王的儿子，名圉（yǔ），信陵君无忌的异母兄。晋鄙：魏国大将。②荡阴：即汤阴，当时为赵、魏两国交界处。位于河南汤阴县。③客将军：指别国人在本国任将军。④前与齐滑王争强为帝，已而复归帝：秦昭王十九年，昭王与齐滑王相约同时称帝。昭王称西帝，滑王称东帝。后齐滑王接受苏代劝告，废去帝号。秦昭王也除去西帝的称号。复归帝，这里意思是废去帝号。

【译文】

秦军围困了赵国的都城邯郸。魏国安釐王派将军晋鄙领兵去救助赵国。晋鄙害怕秦军，驻扎在荡阴，没再前进。魏王派客籍将军辛垣衍乘包围太严不紧时潜入邯郸，通过平原君对赵孝成王说："秦国所以急于围困赵国的原因，是从前秦昭王和齐湣王互相争胜称帝，不久秦昭王取消了帝号，就是由于齐湣王废去帝号的原因。现在齐国已经逐渐被削弱。当今只有秦王能够称雄天下了，这次秦国的行动不一定是贪图攻占邯郸，它的计划是想要称帝。赵国真的派出使者尊奉秦昭王为帝，秦王一定高兴，就会退兵离邯郸而去。"平原君心里犹豫没有作出什么决定。

此时鲁仲连适游赵，会秦围赵[①]。闻魏将欲令赵尊秦为帝，乃见平原君曰："事将奈何矣?"平原君曰："胜也何敢言事？百万之众折于外[②]，今又内围邯郸而不能去[③]。魏王使将军辛垣衍令赵帝秦。今其人在是，胜也何敢言事?"鲁连曰："始吾以君为天下之贤公子也，吾乃今然后知君非天下之贤公子也。梁客辛垣衍安在？吾请为君责而归之[④]。"平原君曰："胜请召而见之于先生。"平原君遂见辛垣衍曰："东国有鲁连先生[⑤]，其人在此，胜请为绍介而见之于将军。"辛垣衍曰："吾闻鲁连先生，齐国之高士也。衍，人臣也，使事有职[⑥]。吾不愿见鲁连先生也。"平原君曰："胜已泄之矣。"辛垣衍许诺。

【注释】

①鲁仲连：又叫鲁连，是齐国高士，此人一生不做官，好为人排难解忧。适：恰巧。会：遇到。②百万之众折于外：在外面百万军队遭到损失。"百万"夸张说法。③不能去：意即无法使他们撤离。④梁客：即魏客，指辛垣衍。魏国建都大梁，所以也称作梁。⑤东国：即齐国。齐在赵东，故称。⑥使事有职：因事做使节，有职务在身。

【译文】

这时候鲁仲连刚好在赵国游历，正遇到秦军包围邯郸。听说魏国打算使赵国尊奉秦王为帝，就前去拜见平原君说："您对这件事打算怎么办?"平原君说："赵胜我怎么敢谈论这件事情？百万军队在外面遭到损失，如今秦兵又深入国内包围了邯郸，但是我们都无法使他们撤离。魏王派将军辛垣衍使赵国称秦王为帝。现在这个人还在这里，赵胜我还怎么敢谈论这件事?"鲁仲连说："当初我把您当作天下的贤明公子，我以后才知道您并不是天下的贤明公子。梁客辛垣衍在哪里？我要责备他并让他回去。"平原君说："让我叫他来拜见先生。"平原君于是会见辛垣衍说："齐国有位鲁仲连先生，这个人刚好在这里，让我介绍他会见将军。"辛垣衍说："我听说鲁仲连先生，是齐国道德显赫的人。我呢，只是人主的一个臣子，因事做使节，有任务在身。我不愿意会见鲁仲连先生。"平原君说："赵胜我已经把您的情况透露给他了。"辛垣衍这才应允会见。

鲁连见辛垣衍而无言。辛垣衍曰："吾视居此围城之中者，皆有求于平原君者也。今吾视先生之玉貌，非有求于平原君者，曷为久居此围城之中而不去也?"鲁连曰：

"世以鲍焦无从容而死者[①]，皆非也。今众人不知，则为一身。彼秦者，弃礼义而上首功之国也[②]。权使其士，虏使其民。彼将肆然而为帝，过而遂正于天下[③]，则连有赴东海而死矣。吾不忍为之民也！所为见将军者，欲以助赵也。"辛垣衍曰："先生助之奈何？"鲁连曰："吾将使梁及燕助之。齐、楚则固助之矣。"辛垣衍曰："燕则吾请以从矣。若乃梁，则吾乃梁人也，先生恶能使梁助之耶[④]？"鲁连曰："梁未睹秦称帝之害故也，使梁睹秦称帝之害，则必助赵矣。"辛垣衍曰："秦称帝之害将奈何？"鲁仲连曰："昔齐威王尝为仁义矣，率天下诸侯而朝周。周贫且微，诸侯莫朝，而齐独朝之。居岁余，周烈王崩，诸侯皆吊，齐后往。周怒，赴于齐曰[⑤]：'天崩地坼，天子下席[⑥]。东藩之臣田婴齐后至，则斮之[⑦]。'威王勃然怒曰：'叱嗟，而母婢也[⑧]。'卒为天下笑。故生则朝周，死则叱之，诚不忍其求也。彼天子固然，其无足怪。"辛垣衍曰："先生独未见夫仆乎？十人而从一人者，宁力不胜，智不若耶？畏之也。"鲁仲连曰："然梁之比于秦若仆耶？"辛垣衍曰："然。"鲁仲连曰："然吾将使秦王烹醢梁王[⑨]。"辛垣衍怏然不悦曰："嘻，亦太甚矣，先生之言也！先生又恶能使秦王烹醢梁王？"

【注释】

①鲍焦：周时隐士，对时政心怀不满，廉洁自守，以打柴及拾橡实谋生，后抱树而死。从容：举动，意即作为。②上首功之国：崇尚斩首之功的国家，等于说根据杀敌的多少，作为计算功劳大、小晋级标准的国家。上，通尚，崇尚。③肆然而为帝：肆无忌惮地自称为帝。过：甚，进一步。正于天下：以政令统治天下各国。正，通。政，政令。④恶（wū）：疑问词，怎么，哪里。⑤周：即周显王。赴：通讣，报丧；告诉。⑥天崩地坼（chè）：喻指周天子死亡。崩，塌。坼，裂。下席：这里指离开原来的宫室，寝于草席上守丧。⑦田婴齐：指齐威王，姓田，名因齐。婴，与因古音同。斮（zhuó）通斫，斩首。⑧叱嗟：怒斥声，相当于呸。而：通尔，你的。⑨烹醢（hǎi）：古代的酷刑。烹，烹煮。醢，剁成肉酱。

【译文】

鲁仲连见到辛垣衍后却不开口说话。辛垣衍说："我看到住在这围城里的人，都是有求于平原君的。现在我观察先生的容颜，不像是有求于平原君的人，为什么长期待在这个围城之中而不离开这里呢？"鲁仲连说："社会上那些认为鲍焦无所作为乏困而自杀的人，都是不对的。现在有很多人对他不了解，还以为他仅是为了个人利益而死。那个秦国，是一个废弃礼义而崇尚斩首之功的国家。用权诈的手段奴役它的士兵，用对待俘虏的办法役使它的民众。如果秦王将要毫无顾忌地自称为帝，进一步以政令统治管理天下各国，那末我鲁仲连只有跳进东海去自杀了。我不能容忍做他的百姓！我所以会见将军的目的，是想要借此机会帮助赵国。"辛垣衍说："先生怎么做才能帮助它呢？"鲁仲连说："我打算让魏国和燕国帮助它，齐国、楚国早已经帮助它了。"辛垣衍说："燕国已答应魏国约请尊秦为帝了。至于说到魏国，那么我就是魏国人，先生怎么能使魏国帮助赵国呢？"鲁仲连说："这是魏国没有看到秦王称帝危害的原因，如果使魏国看到秦王称帝的危害，那么它就必然会帮助赵国了。"辛垣衍说："秦王称帝将会有什么危害？"鲁仲连说："从前齐威王曾经实行仁义，率领天下诸侯去朝见周天子。当时周王室穷困并且弱小，诸侯没有谁去朝见，可是只有齐威王去朝见他。过了一年多，周烈王贺崩，诸侯们前去吊唁，齐威王后到。周显王大怒，向齐国报丧说：'天子去世就好像天塌地裂一样，新即位的天子也睡在草席上守丧。可是东方的藩臣田婴齐竟然最后才到，那么就斩首他。'齐威王大发雷霆说‘呸，你妈不过是个奴婢。’他终于被天下人所讥笑。为什么周烈王活着的时候就去朝见他，死后就骂他，实在是由于不堪忍受周显王的苛刻要求。那天子本来是这样的，那是不足奇怪的。”辛垣衍说：“先生难道没有看见那个奴仆吗？他们十个人跟从一个主人，难道是他们的力量抵不过他，智慧赶不上他吗？而是因为害怕主人。”鲁仲连说：“这样说来，魏国和秦国相比就像奴仆吗？”辛垣衍说：“是的。”鲁仲连说：“既然是这样，那么，我将让秦王烹煮魏王然后把他剁成肉酱。”辛垣衍愤恨不服，很不高兴地说：“嘻，也太过分了，先生的言辞！先生又怎么能让秦王烹煮梁王把他剁成肉酱呢？”

鲁仲连曰：“固也，待吾言之。昔者，鬼侯、鄂侯、文王，纣之三公也。鬼侯有子而好，故入之于纣①，纣以为恶，醢鬼侯。鄂侯争之急，辨之疾，故脯鄂侯。文王闻之，喟然而叹，故拘之于牖里之库百日，而欲舍之死。曷为与人俱称帝王，卒就脯醢之地也？齐闵王将之鲁，夷维子执策而从，谓鲁人曰：‘子将何以待吾君？’鲁人曰：‘吾将以十太牢待子之君②。’维子曰：‘子安取礼而来待吾君？彼吾君者，天子也。天子巡狩，诸侯辟舍，纳筦键，摄衽抱几，视膳于堂下，天子已食，退而听朝也。’鲁人投其籥，不果纳③。不得入于鲁，将之薛，假涂于邹④。当是时，邹君死，闵王欲入吊。夷维子谓邹之孤曰⑤：‘天子吊，主人必将倍殡柩⑥，设北面于南方，然后天子南面吊也。’邹之群臣曰：‘必若此，吾将伏剑而死。’故不敢入于邹。邹、鲁之臣，生则不得事养，死则不得饭含⑦。然且欲行天子之礼于邹、鲁之臣，不果纳。今秦万乘之国，梁亦万乘之国。俱据万乘之国，交有称王之名，睹其一战而胜，欲从而帝之，是使三晋之大臣不如邹、鲁之仆妾也⑧。且秦无已而帝⑨，则且变易诸侯之大臣。彼将夺其所谓不肖，而予其所谓贤；夺其所憎，而与其所爱。彼又将使其子女谗妾其诸侯妃姬，处梁之宫，梁王安得晏然而已乎⑩？而将军又何以得故宠乎？”

【注释】

①子：这里指女儿。好：美丽。入：进献。②太牢：牛羊猪各一口称太牢。古时款待诸侯用十太守。③投其籥（yuè）：指闭门下锁。籥，通钥。不果纳：即果不纳，终于不让他入境。④假涂：借道。⑤孤：即邹国的新君，父死称孤。⑥倍殡柩：将灵柩换到相反的方位。古代以坐北朝南为正位，故国君的灵柩放在北面。天子前来吊丧，天子要面向南，这样就得将灵柩移到坐南朝北的方位。⑦饭含：古代殡礼，在死者口中安放一些粮食，称作饭；在死者口中安放玉石称作含。⑧睹：三晋：指韩、赵、魏三国。晋国本是春秋时的强国，后来分裂成韩、赵、魏。⑨无已而帝：等于说若不加制止而终于使秦为帝。无已，意即欲为之而不止。⑩子女：此处专指女。谗妾：喜欢说别人坏话的妾妇。晏然：安逸，犹言平安快乐。

【译文】

鲁仲连说：“本来可以这样，让我解释这个道理。从前，鬼侯、鄂侯、文王，都是商纣王的三公。鬼侯有个貌若天仙的女儿，进献给纣王，纣王还是认为她长得丑，将鬼侯剁成肉酱。鄂侯为这事力争，辩论激烈，把鄂侯杀后加工成肉干。周文王听说这件事后，慨然长叹，因此又把文王拘留在牖里的监狱里一百天，并且想把他置于死地。为什么和别人同样称帝，却终于落到被人晒成肉干、剁成肉酱的地步？齐闵王将要到鲁国去，夷维子执鞭驾车随行，对鲁国人说：‘您准备用什么礼节迎接我们的国君？’鲁国人说：‘我们打算用牛羊猪各十头款待您的国

君。’夷维子说：‘您是从哪里选择这样的礼节来款待我们的君王？我们国君是天子。天子到诸侯国巡视访察，诸侯要避开正殿不居，交纳钥匙，提起衣襟搬设几案，在堂下专门伺候天子用饭，等天子吃过饭，诸侯才可以退去处理政务。’鲁国人闭门加锁，不让他入境。闵王没有进入鲁国都城，将要到薛国去，向邹国借道。正在此时，邹国国君去世，闵王想要前去吊唁。夷维子对邹国国君的遗孤说：‘天子前来吊唁，主人必须要把灵柩移到相反的方位，朝南改为朝北，然后天子才能面南吊唁。’邹国的大臣们说：‘一定要这样做，我们就伏剑自杀。’所以闵王没敢进入邹国。邹国、鲁国的臣子们，国君活着不能侍奉供养，他们死后也不能进行把米和玉放入口中的殡礼，然而当闵王想要把对待天子的礼节迫使邹、鲁两国大臣进行的时候，他们最终却不肯接受。现在秦国是拥有万辆兵车的大国，魏国也是。都是拥有万辆兵车的大国，互有称王的名分，看见秦王打了胜仗，就想要服从并尊称他为帝，这是使三晋的大臣不如邹、鲁两国的奴仆姬妾。而且如果不加制止使秦昭王为帝，他就会撤换诸侯的大臣。他将要剥夺他认为无贤无德之人的权力，而给予他所谓贤明的人；剥夺他所憎恶的人，而将职位给他所喜欢的人。他还要把他的女儿和背后谄言的姬妾充当诸侯的嫔妃姬妾，住在魏国的后宫里，魏王哪里能够平安快乐呢？而且将军您又凭仗什么能得到昔时的恩宠呢？”

于是，辛垣衍起，再拜谢曰：“始以先生为庸人，吾乃今日而知先生为天下之士也。吾请去，不敢复言帝秦。”秦将闻之，为却军五十里①。

适会魏公子无忌夺晋鄙军以救赵击秦，秦军引而去②。于是平原君欲封鲁仲连。鲁仲连辞让者三，终不肯受。平原君乃置酒，酒酣，起前以千金为鲁连寿③。鲁连笑曰：“所贵于天下之士者，为人排患、释难、解纷乱而无所取也。即有所取者④，是商贾之人也，仲连不忍为也。”遂辞平原君而去，终身不复见。

【注释】

①却：即退却。②魏公子无忌：即信陵君。②寿：意即祝福长寿。④即：如，如果。

【译文】

于是，辛垣衍站起来，对鲁仲接连拜了两拜谢罪说：“开始我把先生当作平庸的人，现在才知道先生是天下的贤士。请求离开，不敢再谈尊秦为帝了。”秦国将领听到这件事，为此退兵五十里。

正好遇上魏国信陵君抢夺晋鄙的军队前来援助赵国，攻击秦军，秦军撤出离开邯郸。于是平原君想要加封鲁仲连。鲁仲连辞谢推让数次，不肯接受。平原君就设置酒席款待他，酒兴正酣，平原君站起来，走到鲁仲连面前，拿出千金厚礼为鲁仲连祝寿。鲁仲连笑着说：“对于天下之士来说，是值得珍贵的，是为人排忧解难而不要什么报酬。如果要什么酬劳，就成了做买卖的商人了，仲连我不愿意做这种人。”于是辞别平原君就走了，终生没有再回来见他。

秦攻魏取宁邑

秦攻魏，取宁邑①，诸侯皆贺。赵王使往贺，三反不得通。赵王忧之②，谓左右曰："以秦之强，得宁邑，以制齐、赵。诸侯皆贺，吾往贺而独不得通，此必加兵我，为之奈何?"左右曰："使者三往不得通者，必所使者非其人也。曰谅毅者[③]，辨士也，大王可试使之。"

【注释】

①宁邑：即安邑，位于今山西夏县。②赵王：即赵惠文王。③谅毅：即赵国辨士，辨，通辩。

【译文】

秦国攻击魏国，攻占宁邑，诸侯都去祝贺。赵惠文王也命使者前去祝贺。使者往返三次也未完成接见。赵惠文王很忧愁，对左右的人说："凭借秦国的强大，夺取宁邑以后，就想要制裁齐国、赵国。诸侯都去祝贺，而我们祝贺却不能通报接见，这一定是要攻击我们，我们该怎么办?"左右的人说："使者多次往返不能得到通报接见，肯定是我们所派出的人不是合适的人选。有一个叫谅毅的，能言善辩，大王可以派他去试试。"

谅毅亲受命而往。至秦，献书秦王曰[①]："大王广地宁邑，诸侯皆贺，敝邑寡君亦窃嘉之[②]，不敢宁居，使下臣奉其币物三至王廷，而使不得通。使若无罪，愿大王无绝其欢；若使有罪，愿得请之。"秦王使使者报曰："吾所使赵国者，小大皆听吾言，则受书币。若不从吾言，则使者归矣。"谅毅对曰："下臣之来，固愿承大国之意也，岂敢有难?大王若有以令之，请奉而行之[③]，无所敢疑。"

【注释】

①秦王：秦昭王。②嘉：赞许。③请奉而行之：等于说请允许我们奉命实行。

【译文】

谅毅接受赵王的命令前往。来到了秦国，向秦王呈献书信说："大王扩大土地到安邑，诸侯都前来祝贺，敝国君王也总是夸赞大王，不敢安闲处之，派臣下捧着礼物三次来到大王的宫廷，可是使者没有得到通报召见。使臣如果没有罪过，希望大王不要断绝我们与您同欢的机会。如果使臣有罪，愿意得到大王的惩处。"秦王派使者告诉谅毅说："我所要求赵国的，大事小情都一定听从我的话，那么我就接受书信财物。如果不听从我，那么使者就回去吧。"谅毅回答说："臣下这次来，本来希望接受大国的旨意，怎么敢有违逆大王?大王如果有什么命令，请允许我们奉命实行，不敢有什么怀疑的地方。"

于是秦王乃见使者，曰："赵豹、平原君，数欺弄寡人[①]。赵能杀此二人，则可。若不能杀，请今率诸侯受命邯郸城下[②]。"谅毅曰："赵豹、平原君，亲寡君之母弟也，犹大王之有叶阳、泾阳君也[③]。大王以孝治闻于天下，衣服使之便于体，膳啖使之嗛于口[④]，未尝不分于叶阳、泾阳君。叶阳君、泾阳君之车马衣服，无非大王之服御者。臣闻之'有覆巢毁卵，而凤皇不翔；刳胎焚夭，而麒麟不至[⑤]。'今使臣受大王之令以还报，敝邑之君畏惧不敢不行，无乃伤叶阳君、泾阳君之心乎?"

【注释】

①赵豹：指平阳君。②“请今率”句：请让我现在率领诸侯在邯郸城下接受你们的命令。本意是进攻赵国。却说受命，实是外交辞令。③叶（shè）阳：指叶阳君，名悝（lǐ），又号高陵君。泾阳君：名市。这二人均是昭王同母弟。④膳啖：膳食。嗛（qiè）：通慊，惬意，满意。⑤刳（kū）：剖开。胎：腹中未生的幼体。夭：这里指小兽，出胎者为夭。

【译文】

这时秦昭王才接见赵国使者，说：“赵豹、平原君，已经欺骗我好几次。如果赵国杀掉这两个人，可以的。如果不能杀死这二人，请让我现在率领诸侯在邯郸城下听从你们的命令。”谅毅说：“赵豹、平原君，是我们君王的亲兄弟，就像大王有叶阳君、泾阳君两个弟弟一样。大王用孝友之情治国闻名天下，穿的衣服使兄弟合身，膳食使兄弟满意合口，没有什么不分给叶阳君、泾阳君的。叶阳君、泾阳君的车马衣服，没有不和大王一样的。臣下听说这样的话：‘鸟巢倾覆毁坏了鸟蛋，凤凰就不再飞到这里；剖开兽胎焚烧小兽，麒麟就再也不到这里了。’现在使臣接受大王的命令回国向敝国君主报告，敝国君主因为恐怕您而必然执行，不过恐怕要伤叶阳君、泾阳君的心吧？”

秦王曰：“诺。勿使从政。”谅毅曰：“敝邑之君，有母弟不能教诲，以恶大国，请黜之，勿使与政事，以称大国[①]。”秦王乃喜，受其币，而厚遇之。

【注释】

①恶（wù）：中伤，这里等于说惹恼。黜：贬斥，贬黜。称（chèn）：适合心愿。

【译文】

秦昭王说：“好。不要让他们从事国家政事。”谅毅说：“敝国的君主，不能教导好亲弟，触怒了大国，请让我们贬黜他们，不让他们从事国家政事，以满足您的心愿。”秦王这才高兴，接受了谅毅带来的礼物，用优厚的礼节接待了他。

赵使姚贾约韩魏

赵使姚贾约韩、魏，韩、魏以而反之[①]。举茅为姚贾谓赵王曰：“贾也，王之忠臣也。韩、魏欲得之，故反之，将使王逐之，而己因受之。今王逐之，是韩、魏之欲得，而王之忠臣有罪也。故王不如勿逐，以明王之贤，而折韩、魏之招。”

【注释】

①以：通已。反：背叛。

【译文】

赵国派姚贾与韩国、魏国交好，韩国、魏国没多久又背叛了赵国。举茅为姚贾对赵王说：

"姚贾是大王的忠臣。韩国、魏国都想得到他，所以叛离赵国，打算让大王赶走他，而自己乘机接纳他。如今大王如果赶走姚贾，正是韩国、魏国想要的结果，然而大王的忠臣却无辜蒙上罪名。因此大王不如不赶走姚贾，以表明大王的贤明，并挫败韩国、魏国招收姚贾的图谋。"

秦使王翦攻赵

秦使王翦攻赵，赵使李牧、司马尚御之①。李牧数破走秦军，杀秦将桓龁②。王翦恶之。乃多与赵王宠臣郭开等金③，使为反间，曰："李牧、司马尚欲与秦反赵，以多取封于秦。"赵王疑之，使赵葱及颜最代将④，斩李牧，废司马尚。后三月，王翦因急击，杀赵葱，虏赵王迁及其将颜最，遂灭赵。

【注释】

①王翦：即秦国大将。李牧、司马尚：即赵国大将。②桓龁（yǐ）：秦国将领。③郭开：即赵王宠臣。④赵葱：即赵国将领。颜最：本是齐国将领，后到赵国为将。

【译文】

秦国命令王翦进攻赵国，赵国命令李牧、司马尚率兵抵抗。李牧屡次把秦军打得大败而逃，斩杀了秦国将领桓龁。王翦憎恨李牧。于是贿赂赵王宠臣郭开等人，让他在赵王面前挑拨离间，说："李牧、司马尚想要和秦国一起里应外合灭掉赵国，以便从秦国那里多取得封地。"赵王疑心李牧、司马尚，派赵葱和颜最取代他们为将，杀死了李牧，罢了司马尚的官。三个月以后，王翦趁机加紧进攻赵国，杀了赵葱，捉获了赵王迁及其将领颜最，于是灭亡了赵国。

魏　策

苏子为赵合纵说魏王

苏子为赵合从[①]，说魏王曰："大王之地，南有鸿沟、陈、汝南、许、鄢、昆阳、邵陵、舞阳、新郪，东有淮、颍、沂、黄、煮枣、海盐、无疏，西有长城之界，北有河外、卷、衍、燕、酸枣，地方千里。地名虽小，然而庐田庑舍[②]，曾无所刍牧牛马之地[③]。人民之众，车马之多，日夜行不休已，无以异于三军之众[④]，臣窃料之，大王之国，不下于楚。然横人谋王[⑤]，外交强虎狼之秦，以侵天下，卒有国患[⑥]，不被其祸[⑦]。夫挟强秦之势，以内劫其主，罪无过此者。且魏，天下之强国也；大王，天下之贤主也。今乃有意西面而事秦，称东藩，筑帝宫[⑧]，受冠带[⑨]，祠春秋[⑩]，臣窃为大王愧之。

【注释】

①苏子：指苏秦，字季子，东周洛阳人。②庐田庑（wǔ）舍：等于说田舍相间，房舍很多。庐，本指乡村一户人家所占的房地，引申为村房或小屋的通称。庑，堂周的廊屋。③曾无所刍牧牛马之地：竟没有可以割草放牧牛马的地方。④无以异于三军之众：不能不同于三军之众，即与三军士卒的行军没什么不同。⑤横人：主张连横的人。⑥国：指魏国。⑦不被其祸：指主张连横的人不能遭到祸患。被，遭。⑧筑帝宫：修筑帝王的行宫，这里指为秦王修行宫。⑨受冠带：指接受秦国的冠带制度。⑩祠春秋：举行四季祭祀。

【译文】

苏秦为赵国的合纵之策，说服魏王说："大王的土地，南有鸿沟、陈、汝南、许、鄢、昆阳、邵陵、舞阳、新郪，东有淮河、颍水、沂水、外黄、煮枣、海盐、无疏，西有长城这道边界相隔，北有河外、卷、衍、燕、酸枣，土地方圆千里。国土看起来虽然是小，然而田舍相间，竟没有可以割草放牧牛马的地方。百姓之众，车马之多，整日川流不息，同三军士卒行军没什么两样，臣下暗自思量，大王的国家，不在楚国之下。然而主张连横的人为大王谋划，外交强大的虎狼一样的秦国，来侵夺天下，最终使国家导致祸患，他们自己却遭受不到祸害。他们凭靠强秦的势力，在国内胁迫他们的君主，犯下滔天大罪。况且魏国是天下的强国；大王是天下圣明的君主。现在竟然有意面向西而事奉秦国，甚至被称为秦国东面的藩国，为秦王修筑行宫，接受秦国的冠带制度，贡奉秦国举行四季祭祀，臣下私下都替大王感到惭愧。

"臣闻越王勾践以散卒三千[①]，禽夫差于干遂；武王卒三千人，革车三百乘[②]，斩纣于牧之野[3]。岂其士卒众哉？诚能振其威也。今窃闻大王之卒，武力二十余万[4]，苍头二十万[5]，奋击二十万，厮徒十万，车六百乘，骑五千匹。此其过越王勾践、武王远矣！今乃劫于辟臣之说[6]，而欲臣事秦。夫事秦必割地效实[7]，故兵未用而国已亏矣。凡群臣之言事秦者，皆奸臣，非忠臣也。夫为人臣，割其主之地以求外交，偷一旦之功而不顾其后，破公家而成私门[8]，外挟强秦之势以内劫其主，以求割地，愿大王之熟察之也。

【注释】

①勾践：春秋末年越国国君，越王允常之子，又称菼（tǎn）执，公元前 497 年～前 465 年在位。他曾被吴国打败，屈服求和，后卧薪藏胆，任用范蠡、文种等人整顿国政，十年生聚，十年教训，终于使越国转弱为强，灭亡吴国，接着在徐州（现今山东滕县南部）大会诸侯，成为霸主。散卒：懒散的士卒，指战斗力不强的士卒。②革车：古代一种战车。③牧之野：即牧野，位于河南淇县西南部。④武力：即武卒、武士。⑤苍头：指用青巾裹头的士兵。⑥辟臣：邪僻的臣子。辟，通僻，邪僻、不诚实。⑦效实：献上名器重宝。效，献。实，指名器重宝之类的东西。⑧公家：指国家。私门：等于说家门，指权臣的家宅，在这里等于说权臣自己的小家。

【译文】

"臣下听说越王勾践仅仅凭借三千没有战斗力的士卒，在干遂抓到了吴王夫差；周武王率领三千名士卒，兵车三百辆，就能在牧野斩杀了殷纣王。难道是他们的士卒多才得以取胜的吗？他们确实是能够振奋自己的威势。现在臣在私下听说大王的士卒，有武士二十多万，青巾裹头的士卒二十万，英勇进击的勇士二十万，干杂役的士卒十万，战车六百辆，坐骑五千匹。这些已经远远地超过了越王勾践、周武王！现在竟然被邪僻之臣的谗言所胁迫，而要像做臣子那样事奉秦国。事奉秦国一定会向秦国割取土地进献名器重宝，所以没等打仗国家已经受到了损害。凡是群臣之中主张事奉秦国的，都是奸臣，而不是忠臣。做人臣子的，割取他们国君的土地来求得与外国友好，只想一朝的享乐而不忧虑以后的结果，损害国家而去使自己的小家完满，凭借国外强秦的势力在国内胁迫自己的君王，来求得割地苟安，希望大王还是要亲自从长计议。

"《周书》曰：'绵绵不绝[1]，缦缦奈何[2]？毫毛不拔，将成斧柯[3]。'前虑不定，后有大患，将奈之何？大王诚能听臣，六国从亲，专心并力，则必无强秦之患。故敝邑赵王使使臣献愚计，奉明约，在大王诏之。"魏王曰："寡人不肖，未尝得闻明教。今主君以赵王之诏诏之[4]，敬以国从。"

【注释】

①绵绵：软弱，薄弱，这里指细细的滕蔓。②缦：通蔓，蔓延。③毫无：细毛，此指初生的小树苗。④主君：对卿大夫的一种敬称。

【译文】

"《周书》上说：'蔓藤细细不断，蔓延起来对它又有什么办法呢？刚刚萌芽的小树如不被

拔掉，就能够成为制做斧柄的材料。’事前疑虑踌躇不决，以后必定会有大的祸患，将对出现的祸患又该怎么办呢？大王如果真能依从臣下的建议，六国合纵亲近，齐心合力，那么就一定不会有强秦的祸患。所以敝邑的赵国国君派臣下献上不怎么高明的计策，进献明确的合纵盟约，成与不成全凭大王下诏。”魏王说：“寡人不贤，并没有听到明智的教诲使我顿觉豁然开朗。现在您用赵王的诏令来开导我，请让我恭敬慎重地率领国家跟从合纵。”

张仪为秦连横说魏王

张仪为秦连横，说魏王曰：“魏地方不至千里，卒不过三十万，地四平，诸侯四通，条达辐凑①，无有名山大川之阻。从郑至梁，不过百里；从陈至梁，二百余里；马驰人趋，不待倦而至梁。南与楚境，西与韩境，北与赵境，东与齐境，卒戍四方，守亭障者参列②，粟粮漕庾③，不下十万。魏之地势，故战场也。魏南于楚而不与齐，则齐攻其东；东与齐而不与赵，则赵攻其北；不合于韩，则韩攻其西；不亲于楚，则楚攻其南，此所谓四分五裂之道也。

【注释】

①条达辐凑：等于说各诸侯国像树枝一样分布在魏国的周围，到魏国去就像车辐连接车毂（gǔ）一样直接。②亭障：古时在边境险要处供防守用的堡垒。参列：排列。③漕：水道运粮。庾：露天的积谷处，这里指水道运粮的粮仓。

【译文】

张仪推行秦国的连横政策，说服魏王说：“魏国土地，方圆还不到千里，士卒不超过三十万，地势四面平坦，四方与诸侯畅通，各诸侯国像树枝一样分布在魏国周围，到魏国去就像车辐连接车毂一样通畅顺达，没有名山大川的拦挡。从郑国到魏国，路程总共不超过百里；从陈国到魏国，仅有二百多里；马驰人跑，还没有觉得疲倦就到达了魏国。魏国南面与楚国接壤，西面与韩国接壤，北面与赵国接壤，东面与齐国接壤，士卒要戍守四方的边界，守卫边境堡垒的人密密地排成了队列，军粮水运运进水漕仓，不少于十万石。就魏国的地理位置来说，本来就是一个战场。魏国向南联合楚国而不联合齐国，那么齐国攻打它的东面；东面联合齐国而不联合赵国，那么赵国攻打它的北面；不同韩国联合，那么韩国就攻打它的西面；不联合楚国，楚国就攻打它的南面，这就将步入被瓜分的绝路。

“且夫诸侯之为从者，以安社稷、尊主、强兵、显名也。合从者，一天下，约为兄弟，刑白马以盟于洹水之上①，以相坚也②。夫亲昆弟、同父母尚有争钱财，而欲恃诈伪反覆苏秦之余谋③，其不可成亦明矣。大王不事秦，秦下兵攻河外，拔卷、衍、燕、酸枣，劫卫取晋阳，则赵不南；赵不南则魏不北，魏不北则从道绝，从道绝，则大王之国欲求无危不可得也。秦挟韩而攻魏，韩劫于秦，不敢不听。秦、韩为一国，魏之亡可立而须也，此臣之所以为大王患也。为大王计，莫如事秦，事秦则楚、韩必不敢动；无楚、韩之患，则大王高枕而卧，国必无忧矣。

【注释】

①刑：杀。洹（huán）水：又称安阳河，源出河南省林县隆虑山，东流经安阳市到内黄县北入卫河。②坚：坚守。③苏秦之余谋：苏秦留下的策谋，这里指苏秦留下的合纵主张。

【译文】

“况且诸侯当中进行合纵的，是为了安定国家、使国君尊贵、使军队强大、使名声显赫。合纵，就是要天下所有诸侯都行动一致，订立盟约诸侯相互成为兄弟，在洹水之上杀一匹白马盟誓，以这种方式来表示相互坚守盟约。一奶同胞的亲兄弟尚且有争夺钱财的，而要凭借欺骗诡诈重复苏秦留下的策谋，很显然必定要失败。大王不服事秦国，秦国发兵攻击河外，攻取卷、衍、燕、酸枣，威胁卫国攻取晋阳，那么赵国就不会援助南方的诸侯国；赵国不向南援助魏国就不会向北联合，魏国不向北联合，合纵的道路就由此断绝了，合纵的道路断绝，那么大王想要保护国家平安是不可能得到的了。秦国胁迫韩国攻打魏国，韩国被秦国所逼迫，不敢不从。秦国、韩国合并成为一个国家，魏国的灭亡就可马上到来了，这就是臣下所以替大王忧虑的原因。臣下替大王考虑，不如服事秦国，服事秦国，楚国、韩国一定不敢轻举妄动；没有楚国、韩国的祸患，大王就可以高枕而卧，国家一定会平安无险。

“且夫秦之所欲弱莫如楚，而能弱楚者莫若魏。楚虽有富大之名，其实空虚；其卒虽众多，然而轻走，易北，不敢坚战。魏之兵南面而伐，胜楚必矣。夫亏楚而益魏，攻楚而适秦，嫁祸安国[①]，此善事也。大王不听臣，秦甲出而东，虽欲事秦而不可得也。

【注释】

①嫁祸安国：转嫁祸患安定国家，这里指损害楚国来安定魏国。安国，指安定魏国。

【译文】

“况且秦国要削弱的没有赶得上楚国的，而能够削弱楚国的没有赶得上魏国的。楚国虽然号称强国，它的实际却十分空虚；它的士卒虽然很多，但是没有战斗力，容易败北，不敢打硬仗。魏国的军队向南面讨伐，一定能够战胜楚国，使楚国亏损而让魏国获益，进攻楚国而取悦秦国，转嫁祸患安定国家，这是一件极好的事情。大王不听臣下的，秦国一怒之下出兵向东进攻，即使想要服事秦国也来不及做到了。

“且夫从人多奋辞而寡可信[①]，说一诸侯之王，出而乘其车；约一国而反，而成封侯之基。是故天下之游士，莫不日夜扼腕、瞋目、切齿以言从之便，以说人主。人主览其辞，牵其说，恶得无眩哉[②]？臣闻积羽沉舟，群轻折轴，众口铄金[③]，故愿大王之熟计之也。”

【注释】

①从人：主张合纵的人。②眩（xuàn）：眼花，看不清楚，引申为迷乱、迷惑。③群轻折轴：即使很多轻的东西，堆积起来，也能把车轴压断，这里指坏的说教不断加强，就将造成大的恶果。众口铄

(shuò) 金：众口一词，足可以使金属熔化，这里指众口一词，可以混淆是非。铄，熔化金属。

【译文】

“况且主张合纵的人大多能说大话而很少能够值得信任的，说服了一个诸侯国的国君，外出就能乘坐他们的车子；同一个国家订了盟约返回本国之后，就成就了封侯的基业。所以天下的游说之士，没有不昼夜把持手腕、瞪着眼睛、咬牙切齿来高谈阔论合纵之利害的，以此来游说国君。国君听了他们的言辞，被他们的说教所牵制，怎么能不被他迷惑呢？臣下听说羽毛积累起来能够使船沉没，很轻的东西，堆积起来，也能够把车轴压断，众口一词，足可以使金属熔化，所以希望大王应当慎重考虑这件事。”

魏王曰：“寡人蠢愚，前计失之。请称东藩，筑帝宫，受冠带，祠春秋，效河外。”

【译文】

魏王说：“寡人愚蠢，过去的策略完全失败。请允许我们自称为秦国东面的藩国，为秦王修筑行宫，接受秦国的冠带制度，进贡秦国以便举行春秋祭祀，并进献河外的土地。”

秦败魏于华走芒卯而围大梁

秦败魏于华①，走芒卯而围大梁。须贾为魏谓穰侯曰②：“臣闻魏氏大臣父兄皆谓魏王曰③：‘初时惠王伐赵，战胜乎三梁④，十万之军拔邯郸，赵氏不割而邯郸复归。齐人攻燕，杀子之，破故国，燕不割而燕国复归。燕、赵之所以国全兵劲而地不并乎诸侯者，以其能忍难而重出地也。宋、中山数伐数割，而随以亡。臣以为燕、赵可法，而宋、中山可无为也。夫秦贪戾之国而无亲，蚕食魏，尽晋国⑤，战胜暴子，割八县，地未毕入而兵复出矣。夫秦何厌之有哉！今又走芒卯，入北宅，此非但攻梁也，且劫王以多割也，王必勿听也。今王循楚、赵而讲⑥，楚、赵怒而与王争事秦，秦必受之。秦挟楚、赵之兵以复攻，则国求无亡，不可得也已。愿王之必无讲也。王若欲讲，必少割而有质⑦，不然必欺。’是臣所闻于魏也。愿君之以是虑事也。

【注释】

①华：指华阳，位于今河南密县。②须贾：为魏国大夫。③魏王：指魏安釐王。④三梁：赵国地名，位于今河北肥乡县。⑤蚕食魏，尽晋国：秦国蚕食魏国，魏国从晋国分到的土地将要被吞并尽了。⑥循：同遁，回避。⑦少割而有质：少割让土地而要秦国献出人质。

【译文】

秦国在华阳大败魏国，打跑了芒卯并且将大梁团团包围。须贾替魏国对穰侯说：“臣下听说魏国大臣、父老兄弟都对魏王说：‘当初惠王攻打赵国，在三梁打了胜仗，十万大军攻克邯郸，赵国没有割让土地而邯郸仍然重新得到归还。齐国人进攻燕国，处死了子之，攻破了燕国，燕国没有割让土地而重新恢复了国家。燕国、赵国之所以保全社稷、拥有强大有力的军队而土地没有被并入其他诸侯，是因为它们能够忍受艰难而重视土地的流失。宋国、中山国几次被攻伐几次割让土地，而它们也就随着土地的割让而灭亡了。臣下认为燕国、赵国可以效仿，而宋国、中山国的举动不可以去做。秦国是一个贪婪凶暴的国家，没有它所愿意靠近的国家，蚕食魏国，魏国从晋国分得的土地将要被吞并尽了，战胜韩将暴鸢，魏国割让八县土地，土地还没有收复而秦国军队又出动了。秦国的贪心那有得到满足的时候呢！现在又打跑了芒卯，攻进了宅阳，这不只是要进攻大梁，而是要胁迫大王多割让土地，大王一定不能听从。现在大王避开楚国、赵国去请求和解，楚国、赵国因而恼怒就会同大王争着服事秦国，秦国一定会接受它们。秦国带着楚国、赵国的军队再来进攻，那么魏国想要不被灭亡，也不能做到了。希望大王一定不要与秦讲和。大王如果要讲和，一定尽量少割让土地而得到秦国的人质，不这样一定会被它欺骗。'这是臣下在魏国听到的。希望您以此来考虑国事。

"《周书》曰：'维命不于常'，此言幸之不可数也①。夫战胜暴子而割八县，此非兵力之精，非计之工也，天幸为多矣。今又走芒卯，入北宅，以攻大梁，是以天幸自为常也，知者不然。臣闻魏氏悉其百县胜兵，以止戍大梁，臣以为不下三十万。以三十万之众，守十仞之城，臣以为虽汤、武复生，弗易攻也。夫轻背楚、赵之兵，陵十仞之城，战三十万之众，而志必举之，臣以为自天下之始分以至于今，未尝有之也。攻而不能拔，秦兵必罢，陶必亡，则前必弃矣。今魏方疑，可以少割收也。愿君及楚、赵之兵未至于大梁也，亟以少割收。魏方疑而得以少割和，必欲之，则君得所欲矣。楚、赵怒于魏之先己讲也，必争事秦。从是以散，而君后择焉②。且君之尝割晋国取地也，何必以兵哉。夫兵不用而魏效绛、安邑③，又为陶启两道，几尽故宋，卫效单父④，秦兵可全，而君制之，何求而不得？何为而不成？臣愿君之熟计而无行危也。"穰侯曰："善。"乃罢梁围⑤。

【注释】

①幸：指上天的宠幸。数：屡次。②君后择焉：您在这以后就可以从楚、赵、魏之中从容选择盟国了。③绛：此指晋国故都新田，位于今山西侯马市。安邑：邑名。④效：献上。⑤罢：停止，解除。

【译文】

"《周书》说：'天命没有常规'，这句话是说上天的宠爱不可能屡次降临。战胜暴鸢割得了八县土地，这不是由于兵力精锐，也不是由于计划缜密，而是上天的宠幸太多了。现在又打跑了芒卯，侵入了宅阳，围攻大梁，因此认为上天的宠幸是正常的，聪明人却不这么看。臣下听说魏国召集它近百个县的所有精兵，留下来守口大梁，臣下认为不少于三十万人。以三十万之众，防卫十仞高的城墙，臣下认为即使是商汤、周武王复生，也不容易攻克。轻率背离楚国、赵国的军队，越过十仞高的城墙，前去攻打三十万的军队，而且志在必得，臣下认为从天地初分的时候到现在，不曾有过这样的事。攻打它却不能攻克，秦国军队一定疲劳不堪，陶邑一定会被灭掉，那么就前功尽弃了。现在魏国刚刚产生疑惑，可以让魏国少割一些土地笼络魏国。希望您趁楚国、赵国的军队还没有进逼大梁，尽快用少割得土地的办法收买魏国。魏国刚刚产生疑虑而可以用少割让土地来讲和，它一定很想这样做，那么您就得到了您想得到的。楚国、

赵国气愤魏国先于自己与秦讲和，一定争相服事秦国。合纵就这样被拆散了，而您在这之后就可以从楚、赵、魏之中从容平静地选择盟国了。况且您曾经割取过晋国土地，何必用兵呢。不用军队而魏国献上绛、安邑，又替陶邑打通了两条道路，几乎全部得到了昔日宋国之地，卫国献上单父，秦国军队没有受到任何损害，而您就控制了这些地方，想求得的东西什么没得到呢？想要做的事情什么没做到呢？我希望您仔细考虑而不要冒险。"穰侯说："好。"就解除去了对大梁的围困。

秦败魏于华魏王且入朝于秦

秦败魏于华，魏王且入朝于秦[①]。周䜣谓魏王曰："宋人有学者，三年反而名其母[②]。其母曰：'子学三年，反而名我者，何也？'其子曰：'吾所贤者无过尧、舜，尧、舜名。吾所大者无大天地，天地名。今母贤不过尧、舜，母大不过天地，是以名母也。'其母曰：'子之于学者，将尽行之乎？愿子之有以易名母也。子之于学也，将有所不行乎？愿子之且以名母为后也。'今王之事秦，尚有可以易入朝者乎？愿王之有以易之，而以入朝为后。"魏王曰："子患寡人入而不出邪？许绾为我祝曰[③]：'入而不出，请殉寡人以头。'"周䜣对曰："如臣之贱也，今人有谓臣曰：'入不测之渊而必出，不出，请以一鼠首为女殉者。'臣必不为也。今秦不可知之国也，犹不测之渊也；而许绾之首，犹鼠首也。内王于不可知之秦，而殉王以鼠首，臣窃为王不取也。且无梁孰与无河内急？"王曰："梁急。""无梁孰与无身急？"王曰："身急。"曰："以三者，身，上也；河内，其下也。秦未索其下，而王效其上，可乎？"

【注释】

①魏王：指魏安釐王。②名其母：称呼他母亲的名字。③祝：此指发誓。

【译文】

秦国在华阳打败了魏国。魏王将要到秦国去入朝觐见秦王。周䜣对魏王说："宋国有个求学的人，出门在外三年后回来直呼母亲的名字。他的母亲说：'你求学三年，回来后反而直呼我名，为什么？'她的儿子说：'我所知道圣人，没有超过尧、舜的，人们对于尧、舜称呼名字，我所知道大的事物，没有超过天地的，对于天地也称呼名字。现在母亲贤不过尧、舜，母亲大不过天地，因此应该这样称呼母亲名字。'他的母亲说：'你对自己所学的，准备全部付诸于实践吗？希望你改过不要称呼我的名字。你对于自己所学的，准备有些地方暂时不实行吗？希望你姑且把直呼母亲名字的事放在后边。'现在大王事奉秦国，还有改换入秦朝见的办法吗？希望大王用别的办法替换它，把入秦朝见放在后边考虑。"魏王说："您是担忧寡人进入秦国而不能回来吗？许绾对我发誓说：'如果有进无出，请用我的头为您陪葬。'"周䜣回答说："像臣下这样地位低下，如果现在有人对臣下说：'进入深不可测的深渊一定能出来，出不来愿用一个老鼠脑袋为你殉葬。"臣下一定不这么做。如今秦国是个深不可知的国家，犹如深不可测的深渊；而许绾的脑袋，犹如鼠头。使大王陷入不可知的秦国，而用一个老鼠脑袋来为大王殉葬，臣下私下认为大王不应采取这种方式。况且失去大梁与失去河内相比哪个更紧急呢？"魏王说："失去大梁更紧急。""失去大梁和失去自己的宝贵生命相比，哪个更紧急呢？"魏王说："丢掉性命更紧急。"周䜣说："从这三者看，身家性命是最主要的；失去河内是最次要的。秦国还没有无理要求最次要的，而大王却献上最主要的，可以这样做吗？"

王尚未听也。支期曰[①]："王视楚王[②]。楚王入秦，王以三乘先之；楚王不入，楚、魏为一，尚足以捍秦。"王乃止。王谓支期曰："吾始已诺于应侯矣[③]，今不行者欺之矣。"支期曰："王勿忧也。臣使长信侯请无内王，王待臣也。"

支期说于长信侯曰："王命召相国。"长信侯曰："王何以臣为？"支期曰："臣不知也，王急召君。"长信侯曰："吾内王于秦者，宁以为秦邪？吾以为魏也。"支期曰："君无为魏计，君其自为计。且安死乎？安生乎？安穷乎？安贵乎？君其先自为计，后为魏计。"长信侯曰："楼公将入矣[④]，臣今从。"支期曰："王急召君，君不行，血溅君襟矣。"长信侯行，支期随其后，且见王，支期先入谓王曰："伪病乎而见之，臣已恐之矣[⑤]。"长信侯入见王，王曰："病甚奈何？吾始已诺应侯矣，意虽道死，行乎？"，长信侯曰："王毋行矣！臣能得之于应侯，愿王无忧。"

【注释】

①支期：魏国人。②楚王：指楚考烈王。一说，为顷襄王。③应侯：指秦国相国范雎。④楼公：指楼缓，赵国人。⑤恐：恐吓。

【译文】

魏王还是不听。支期说："大王应先看一下楚王做的事。如果楚王去秦国，大王用三辆车抢在他的前面；楚王不去秦国，楚、魏联合为一，还足可以抵抗秦国。"魏王这才没有出发。魏王对支期说："我刚开始的时候已经答应秦国应侯了，现在不去是哄骗人家。"支期说："大王不用忧虑。臣下让长信侯请求不让大王去秦国，大王请等待臣下。"

支期对长信侯说："大王下令召见相国。"长信侯说："大王为什么召见我呢？"支期说："臣下不知道，大王召您火速赶去。"长信侯说："我送大王去秦国，难道是为了秦国吗？我是为了魏国。"支期说："您不要为魏国打算了，您还是替自己想想吧。您想怎样死呢？怎样活呢？怎样穷困？怎样富贵？您还是首先为自己考虑，然后再为魏国打算吧。"长信侯说："楼缓要来了，让臣下随他同去。"支期说："大王紧急召见您，您不去，就要血溅衣襟了。"长信侯才走了，支期跟在他后面，将要见到魏王，支期先走进去对魏王说："您假装得了重病接见他，臣下已经恐吓他一番了。"长信侯进来拜见魏王，魏王说："寡人病成这样，怎么办呢？我开始已经答应应侯了，心想即使死在道上，还走吗？"长信侯劝告说："大王不要去了！臣下能得到应侯的许可以免召您入秦，希望大王不要忧虑。"

长平之役

长平之役，平都君说魏王曰[①]："王胡不为从？"魏王曰："秦许吾以垣雍[②]。"平都君曰："臣以垣雍为空割也。"魏王曰："何谓也？"平都君曰："秦、赵久相持于长平之

下而无决，天下合于秦则无赵，合于赵则无秦，秦恐王之变也，故以垣雍饵王也。秦战胜赵，王敢责垣雍之割乎？王曰：'不敢'。秦战不胜赵，王能令韩出垣雍之割乎[3]？王曰：'不能'。臣故曰，垣雍空割也。"魏王曰："善。"

【注释】

①魏王：指魏安釐王。②垣雍：原属魏地，此时已归韩国。③出：交出，奉献。

【译文】

长平战役中，平都君劝魏王说："大王为什么不采取合纵的策略呢?"魏王说："因为秦国答应把垣雍归还给我。"平都君说："臣下认为割让垣雍是假的。"魏王说："为什么这样说?"平都君说："秦国、赵国长时间地对峙在长平城下而没能决出胜负，天下诸侯如果同秦国联合，就会灭掉赵国，如果同赵国联合，就可灭掉秦国，秦国害怕大王会改变主张，所以用垣雍来诱骗大王。秦国如果战胜赵国，大王敢去责问垣雍割让与否吗？大王会说：'不敢'。秦国如果胜不了赵国，大王能让韩国割让献出垣雍吗？大王会说：'不能'。臣下所以说割让垣雍是句空话。"魏王说："你分析得对。"

信陵君杀晋鄙

信陵君杀晋鄙，救邯郸，破秦人，存赵国，赵王自郊迎[1]。唐且谓信陵君曰："臣闻之曰，事有不可知者，有不可不知者；有不可忘者，有不可不忘者。"信陵君曰："何谓也?"对曰："人之憎我也，不可不知也；吾憎人也，不可得而知也[2]。人之有德于我也，不可忘也；吾有德于人也，不可不忘也。今君杀晋鄙，救邯郸，破秦人，存赵国，此大德也。今赵王自郊迎，卒然见赵王[3]，臣愿君之忘之也。"信陵君曰："无忌谨受教。"

【注释】

①赵王：指赵孝成王。②吾憎人也，不可得而知也：本文指我憎恨别人，别人不能够知道。③卒：同猝。突然，本文指出乎意料。

【译文】

信陵君杀掉晋鄙，救援邯郸，打败秦国人，从而保存了赵国，赵王在郊外欢迎他。唐且对信陵君说："臣下闻听，事情有不可以知道的，有不可以不知道的；有不可以忘记的，有不可以不忘记的。"信陵君问："这是什么意思呢?"唐且回答说："别人憎恶我，不可以不知道；我憎恨别人，别人不可以知道。别人对我有恩德，不可以忘记；我对别人有恩德，不可以不忘记。现在您杀掉晋鄙，援救了邯郸，击败秦国人，保全了赵国，这是对他的大的恩德。现在赵王从郊外迎接您，您出乎意料地见到赵王，臣下希望您可以忘了您的恩德。"信陵君说："无忌谨受教导。"

魏攻管而不下

魏攻管而不下[①]。安陵人缩高[②]，其子为管守。信陵君使人谓安陵君曰："君其遣缩高，吾将仕之以五大夫[③]，使为持节尉[④]。"安陵君曰："安陵，小国也，不能必使其民。使者自往，请使道使者至缩高之所[⑤]，复信陵君之命。"缩高曰："君之幸高也，将使高攻管也。夫以父攻子守，人大笑也。见臣而下，是倍主也。父教子倍，亦非君之所喜也。敢再拜辞。"

【注释】

①管：初为韩邑，后属魏，其后又归秦所有，此时已属秦。②安陵：魏国附属国，位于今河南鄢陵县西北。③五大夫：官爵名，按照秦爵为第九级。④持节尉：掌管符节的军官。节，符节。尉，军官。⑤道：同导，引导，指引。缩高：为人名。

【译文】

魏国进攻管邑不能攻克。安陵人缩高，他的儿子是管邑的守官。信陵君遣人对安陵君说："您还是派遣缩高来吧，我将让他做五大夫并当持节尉。"安陵君说："安陵是一个小国，不能强迫役使自己的百姓。使者自己前往吧，请让我派人指引使者到缩高的住处，以便答复信陵君的命令。"缩高说："您很重视我，将派我去攻打管邑。做父亲的去攻打儿子守卫的城邑，别人会大加讥笑的。臣下的儿子见到臣下而献出城邑，这是反叛君主。父亲让儿子背叛君主，也不是您所赏识的。冒昧地再拜辞谢。"

使者以报信陵君，信陵君大怒，遣大使之安陵曰："安陵之地，亦犹魏也。今吾攻管而不下，则秦兵及我，社稷必危矣。愿君之生束缩高而致之。若君弗致也，无忌将发十万之师以造安陵之城。"安陵君曰："吾先君成侯受诏襄王以守此地也[①]，手受大府之宪[②]。宪之上篇曰：'子弑父，臣弑君，有常不赦[③]。国虽大赦，降城亡子不得与焉。'今缩高谨辞大位以全父子之义，而君曰'必生致之。'是使我负襄王诏而废大府之宪也，虽死终不敢行。"

【注释】

①成侯：安陵初封之君。襄王：即魏襄王。②大府之宪：大府存留的法令。大府，魏国收藏图书之地。宪，法令。③有常不赦：有固定的刑法不能被赦免。常，常刑，本文指固定的刑法。

【译文】

使者把这些情况告诉了信陵君，信陵君于是大怒，派特使到安陵说："安陵的土地，就像魏国的土地一样。现在我攻打管邑没有攻下来，那么秦国军队就将会威胁我，国家势必危险了。希望您能将缩高活着捆送到我这里来。如果您不送来，我将发十万军队抵达安陵城下。"安陵君说："我的先君成侯接受襄王诏命来据保这块土地，亲手接受了大府的法令。法令的上

篇中说：‘儿子杀死父亲，臣下杀死国君，有固定的刑法不能被赦免。国家虽有大赦，即便城邑被征服成为逃亡的人，也不能去赦免这样的人。’如今缩高郑重地辞谢做高官以此保全父子之间的大义，而您却说‘一定要把他活着送到我这儿来。’这是让我违背襄王遗诏并且废除大府的法令啊，我即使死去也不敢如此做。”

缩高闻之曰：“信陵君为人，悍而自用也。此辞反，必为国祸。吾已全己，无违人臣之义矣，岂可使吾君有魏患也。”乃之使者之舍，刎颈而死。信陵君闻缩高死，服缟素辟舍[①]，使使者谢安陵君曰：“无忌，小人也，困于思虑[②]，失言于，敢君再拜释罪。”

【注释】

①服缟素辟舍：穿上白色的孝服避开正舍而居。缟，白绢。素，没有染色的丝绸。②困：困扰。

【译文】

缩高听说这件事以后说：“信陵君为人刚愎自用。用这些话回复他，一定会造成国家的祸患。我已经保全了父子之义，不想违背作人臣的大义，怎么可以让我的君主受到来自魏国的祸患呢。”于是就来到使者的住处，自刎而死。信陵君听说了缩高死去的消息后，穿上白色的孝服远离正舍而居，并派使者对安陵君谢罪说：“无忌是个小人，因为思虑政事的困扰，对您失言了，冒昧地再拜谢罪。”

秦攻魏急

秦攻魏急。或谓魏王曰[①]：“弃之不如用之之易也，死之不如弃之之易也。能弃之，弗能用之，能死之弗能弃之，此人之大过也。今王亡地数百里，亡城数十，而国患不解，是王弃之，非用之也。今秦之强也，天下无敌，而魏之弱也甚，而王以是质秦[②]，王又能死而弗能弃之，此重过也。今王能用臣之计，亏地不足以伤国，卑体不足以苦身，解患而怨报。”

【注释】

①魏王：指魏景闵王。②质：本文指招致进攻。

【译文】

秦国加紧攻打魏国。有人对魏王说：“因战败而被迫放弃土地不如用土地进行贿赂容易，因被包围使土地成为死地不如放弃土地更容易。能放弃土地，而不能运用土地从事贿赂，能使土地成为死地而不能放弃，这是人犯下的大错。现在大王失去土地达数百里，失掉城邑达几十座，而国家的祸患依然没有排除，这是大王放弃土地而没有利用土地的后果。现在秦国强盛，天下无敌，魏国弱小得很，而大王也因此招致秦国的进攻，大王又只能把土地变成死地，而不肯放弃它，这是极其严重的错误。现在大王如能采用臣下的计谋，失去一些土地不至于伤害国家，轻贱自己的身体不至于使皮肉受苦，消除了祸患并且报了怨仇。”

“秦自四境之内，执法以下至于长輓者[①]，故毕曰[②]：‘与嫪氏乎[③]？与吕氏乎[④]？’虽至于门闾之下，廊庙之上，犹之如是也。今王割地以赂秦，以为嫪毐功；卑体以尊秦，以因嫪毒。王以国赞嫪毐，以嫪毐胜矣。王以国赞嫪氏，太后之德王也，深于骨髓，王之交最为天下上矣。秦、魏百相交也，百相欺也。今由嫪氏善秦而交为天下上，天下孰不弃吕氏而从嫪氏？天下必舍吕氏而从嫪氏，则王之怨报矣。”

【注释】

①执法：执政的大臣。长輓者：擅长挽车的人。輓，同挽。②毕：完，尽。③嫪氏：即嫪毐。④吕氏：指吕不韦。秦相国。

【译文】

“秦国国内上至执政的大臣下至擅长驾车的平民，本来就都在问：‘秦王对嫪毐亲近吗？亲近吕不韦吗？’即使走在里巷的大门之下，或是到了朝廷之上，依旧有人这样询问。现在大王割让土地来贿赂秦国，把它作为嫪毐的功劳；轻贱自身来侍奉秦国，因此而依靠嫪毐。大王用国家来支助嫪毐，臣下认为嫪毐会获胜。大王用国家赞助嫪毐，秦太后一定会感激大王的恩德，这种感激之情会深及骨髓，大王得到的友情是天上最重要的。秦国、魏国百次相交，百次彼此欺骗。现在由于嫪毐而同秦国亲近，获得天下重要的邦交，天下人谁会不扔弃吕不韦而去跟从嫪毐呢？天下诸侯一定会抛弃吕不韦而跟从嫪毐，那么大王的怨仇也就能够报了。”

韩　策

苏秦为楚合从说韩王

苏秦为楚合从说韩王曰①："韩北有巩、洛、成皋之固②，西有宜阳、常阪之塞③，东有宛、穰、洧水④，南有陉山，地方千里，带甲数十万。天下之强弓劲弩皆自韩出，溪子、少府、时力、距黍⑤，皆射六百步之外。韩卒超足而射，百发不暇止，远者达胸，近者掩心⑥。韩卒之剑戟皆出于冥山、棠溪、墨阳、合伯⑦。邓师、宛冯、龙渊、大阿⑧，皆陆断马牛，水击鹄雁，当敌即斩。坚甲、盾、鞮鍪、铁幕、革抉、吠芮⑨，无不毕具。以韩卒之勇，被坚甲、跖劲弩⑩，带利剑，一人当百，不足言也。夫以韩之劲与大王之贤，乃欲西面事秦，称东藩，筑帝宫，受冠带，祠春秋，交臂而服焉。夫羞社稷而为天下笑，无过此者矣。是故愿大王之熟计之也。大王事秦，秦必求宜阳、成皋，今兹效之，明年又益求割地。与之，即无地以给之；不与则弃前功而后更受其祸。且夫大王之地有尽，而秦之求无已。夫以有尽之地而逆无已之求，此所谓市怨而买祸者也，不战而地已削矣。臣闻鄙语曰：'宁为鸡口，无为牛后⑪。'今大王西面交臂而臣事秦，何以异于牛后乎？夫以大王之贤，挟强韩之兵，而有牛后之名，臣窃为大王羞之。"韩王忿然作色，攘臂按剑，仰天太息曰："寡人虽死，必不能事秦。今主君以楚王之教诏之，敬奉社稷以从。"

【注释】

①韩王：即韩宣王。②巩、洛：皆为地名。巩，即今河南巩县。洛，即今河南洛阳。③宜阳：常阪：指商山（现陕西商县东南）。④穰：地名，在今河南邓县东南。洧（wěi）水：源出河南登封县北阳城山，东流经密县、新郑县为双洎河，又折向东南经鄢陵、扶沟、西华，至商水流入颖河。⑤溪子、少府、时力、距黍：皆弓名。溪子，指南方少数民族所造的弓。少府：官府名，此处指少府所造的弓弩。时力，弓弩制作得时，力倍于常，故名时力。距黍，即矩黍，古代的良弓。⑥掩心：穿透心脏。⑦冥山：在今河南信阳市东南。棠溪：古邑名，在今河南西平县西，春秋属楚，战国属韩。墨阳：韩国产剑之地。合伯：地名，在今河南西平县西，产利剑。⑧邓师、宛冯、龙渊、大阿：均剑名。⑨鞮（dī）鍪（móu）：头盔。铁幕：铁制的护臂。革抉（jué）：革制的射抉。抉，射抉，著于右大拇指，用来钩弦发箭。吠（fá）芮（ruì）：系盾的绶带。吠，盾。⑩跖（zhí）：人的足底，犹言踏。⑪宁为鸡口，无为牛后：宁可做鸡口，不可做牛肛门。

【译文】

苏秦为楚国合纵游说韩王说："韩国北面有巩地、洛地、成皋这些险固的边城，西面有宜阳、常阪这些险要的边塞，东面有宛地、穰地、洧水，南面有陉山，土地方圆千里，被甲的武士数十万。天下的强弓硬弩由韩国出产，溪子、少府、时力、距黍这些良弓，都可射出六百步之外。韩国士兵抬脚踏射，可以发射百箭而不中断，远处的可以射中胸膛，近处的可以射穿心脏。韩国士兵的剑戟都来源于冥山、棠溪、墨阴、合伯。邓师、宛冯、龙渊、太阿这样的宝剑，都能够在陆地上斩断牛马，在水中搏杀天鹅和大雁，遭遇敌人时立刻可以斩杀了对方。坚固的铠甲、盾牌、头盔、铁护臂、革制的射抉、系盾的绶带，这些东西韩国没有不俱备的。依仗韩国士兵的勇敢，披上坚固的铠甲，脚踏强劲的大弩，佩带锋利的宝剑，一人可以抵挡一百人，这些都是不值得一说的。凭借韩国的强大和大王的贤明，竟然要向西侍奉秦国，自称是秦国东面的藩国，为秦王建筑行宫，接受秦国的冠带制度，供奉春秋祭祀的祭品，拱手而臣服。使国家蒙受羞辱并被天下人笑话，没有比这更糟的事了。因此希望大王能够认真考虑。大王侍奉秦国，秦国一定会要求得到宜阳、成皋两地，今年如果献上，明年又会要求增加割地。给秦国土地，继续下去就无地可给；不给土地就半途而废，并且以后更会遭到秦国的祸患。再说大王的土地有割尽的时候，而秦国的贪求却不会停止。用有限的土地去满足无休止的贪求，这就是所说的自己购买怨恨和祸患，没有经过苦战而土地就已经被割去了。臣下听俗话说：'宁可做鸡口，不可做牛肛门。'现在大王要拱手向西称臣服事秦国，这和做牛肛门有什么不同呢？凭大王的贤明，拥有强大韩国的军队，却得到了牛肛门的名声，臣下私下替大王感到惭愧。"韩王愤然变了脸色，抬起胳膊按住宝剑，仰天叹息说："寡人即便死了，也一定不会去服事秦国。现在请先生把楚王的教诲告诉我，我请求带领国家听从您。"

张仪为秦连横说韩王

张仪为秦连横说韩王曰："韩地险恶，山居，五谷所生，非麦而豆；民之所食，大抵豆饭藿羹①；一岁不收，民不厌糟糠②；地方不满九百里，无二岁之所食。料大王之卒，悉之不过三十万，而厮徒负养在其中矣③，为除守徼亭鄣塞④，见卒不过二十万而已矣。秦带甲百余万，车千乘，骑万匹，虎贲之士，跿跔科头⑤，贯颐奋戟者⑥，至不可胜计也。秦马之良，戎兵之众，探前趹后，蹄间三寻者，不可称数也。山东之卒，被甲冒胄以会战，秦人捐甲徒裎以趋敌⑦，左挈人头，右挟生虏。夫秦卒之与山东之卒也，犹孟贲之与怯夫也⑧；以重力相压，犹乌获之与婴儿也⑨。夫战孟贲、乌获之士，以攻不服之弱国，无以异于堕千钧之重，集于鸟卵之上，必无幸矣。诸侯不料兵之弱，食之寡，而听从人之甘言好辞，比周以相饰也⑩，皆言曰：'听吾计则可以强霸天下。'夫不顾社稷之长利，而听须臾之说，诖误人主者⑪，无过此者矣。"

【注释】

①藿（huò）：指豆叶。②厌：同餍，饱。③厮徒负养：杂役与苦力。④徼亭：边界上的了望亭。鄣塞：即障塞，指边界上险要的堡垒。鄣同障。⑤跿（tú）跔（jū）：腾跳踊跃。科头：犹言空头，光着头，指不戴头盔。⑥贯颐：被箭射穿了面颊。贯，射中，射穿。颐，面颊。贯，读为弯。颐，指弓名。⑦裎：赤裸着身体。⑧孟贲：勇士的名字。⑨乌获：勇士的名字。⑩比周：结党。⑪诖（guà）误：贻误，在此处指连累。

【译文】

张仪替秦国连横而游说韩王说："韩国地理位置十分险峻，百姓都在山中居住，所出产的粮食，不是麦子就是豆子；百姓所食用的，大部分是豆饭和豆叶羹；如果一年收成不好，老百姓就会连糟糠都吃不饱；韩国土地方圆不到九百里，积存的粮食不够两年用的。估算大王的士卒，全部聚集起来也超不过三十万，况且杂役和苦力全计算在内，再为您除去保卫边境关卡要塞的，能够见到的士卒不超过二十万罢了。秦国披甲的士卒多达百余万，战车千辆、战马万匹，勇敢的战士中，腾跳踊跃，甚至不连头盔都不戴，被箭射穿面颊而挥戟向前不退的，简直不可胜数。秦国战马优良，士兵众多，战马抬起前蹄蹬开后腿，两蹄之间可跃出三寻之远，这样的好马也多不胜数，崤山以东诸侯的士兵，身着甲胄来会战，秦国人即使抛弃甲胄来迎击敌人，也会左手拎着人头，右乎挟着俘虏。秦国的士卒同山东六国的士卒，就好像勇士孟贲与懦夫相比一样；再以重兵施加压力，更象勇士乌获对付婴儿一样。用孟贲、乌获这样的勇士去作战，来攻打不驯服的弱国，这与在鸟卵上坠千钧重物没什么区别，鸟卵一定不会得以幸免的。各国诸侯考虑不到自己兵力的软弱，粮食的缺乏，却去听信主张合纵之人的甜言蜜语，结党营私而互相吹虚，都说：'听从我的计策就可以雄霸天下。'不顾国家的长远利益，只听从一时的空话，贻害国君，没有比这更严重的了。"

"大王不事秦，秦下甲据宜阳，断绝韩之上地①，东取成皋、宜阳，则鸿台之宫、桑林之苑②，非王之有已。夫塞成皋③，绝上地，则王之国分矣。先事秦则安矣，不事秦则危矣。夫造祸而求福，计浅而怨深，逆秦而顺楚，虽欲无亡，不可得也。故为大王计，莫如事秦。秦之所欲莫如弱楚，而能弱楚者莫如韩。非以韩能强于楚也，其地势然也。今王西面事秦以攻楚，为敝邑，秦王必喜。夫攻楚而私其地④，转祸而说秦，计无便于此者也。是故秦王使使臣献书大王御史，须以决事⑤。"韩王曰："客幸而教之，请比郡县，筑帝宫，祠春秋，称东藩，效宜阳。"

【注释】

①上地：指上党之地。②鸿台之宫、桑林之苑：均为韩国的宫苑。③塞：封锁。④私：独据，独占。⑤须以决事：敬待大王裁决。须，待也。

【译文】

"大王如果不服事秦国，那么秦国就会发兵占领宜阳，从而断绝韩国上党的交通，向东攻取成皋、宜阳，那么鸿台宫、桑林苑，就不归大王所有了。或者封锁成皋、隔绝上党，那么大王的国家就分裂了。首先服事秦国就可以得到安宁，不服事秦国就会出现危险。到祸患中去寻求幸福，计谋短浅而且仇恨太深，违背秦国而去顺从楚国，即使想要不被灭亡，也不能做到了。所以替大王着想，还不如去侍奉秦国。秦国最急于达到的目的，没有比削弱楚国更急切的了，而能削弱楚国的国家，没有哪个国家能够比得上韩国的。并非因为韩国比楚国强盛，而是因为韩国地势有利。现在大王如能向西服事秦国并因此攻打楚国，为敝国做事，秦王一定会很高兴。攻打楚国并独占它的土地，转嫁了祸患并能取悦秦王，任何计策都没有比此计更有利的了。因而秦王派使臣向大王的传命小臣奉上书信，恭敬地等候大王决定此事。"韩王说："幸蒙贵客教诲，请求允许韩国自比为秦国的一个郡县，为秦王建筑行宫，供奉春秋祭祀的贡品，自称为秦国的藩国，敬献上宜阳。”

郑强载八百金入秦

郑强载八百金入秦，请以伐韩。冷向谓郑强曰[①]：“公以八百金请伐人之与国，秦必不听公。公不如令秦王疑公叔[②]。”郑强曰：“何如？”曰：“公叔之攻楚也，以几瑟之存焉[③]，故言先楚也。今已令楚王奉几瑟以车百乘居阳翟[④]，令昭献转而与之处，旬有余，彼已觉。而几瑟，公叔之仇也；而昭献，公叔之人也。秦王闻之，必疑公叔为楚也。”

【注释】

①冷向：又同泠（líng）向，秦昭王时期秦国大臣。②秦王：即秦昭王。③几瑟：韩襄王之子，因与公叔伯婴争位，所以彼此相仇。④阳翟：韩国城邑，即今河南禹县。

【译文】

郑强车载八百金来到了秦国，打算请求秦国攻打韩国。冷向对郑强说：“您用八百金作为礼物请求秦国讨伐它自己的盟国，秦国一定不会答应您。您倒不如让秦王猜忌公叔。”郑强说：“怎么做呢？”冷向说：“公叔进攻楚国，是因为几瑟在楚国，所以他主张首先进攻楚国。现在已经让楚王用百辆车子送几瑟回到阳翟，您再让昭献回转阳翟与几瑟住在一块，过了十多天，公叔虽已察觉但为时已晚。几瑟是公叔的仇家；昭献是公叔的朋友。秦王听说此事，一定会怀疑公叔帮助楚国。”

郑强之走张仪于秦

郑强之走张仪于秦，曰仪之使者，必之楚矣。故谓大宰曰[①]：“公留仪之使者，强请西图仪于秦。”故因西请秦王曰：“张仪使人致上庸之地[②]，故使使臣再拜谒王。”秦王怒，张仪走。[③]

【注释】

①大宰：指太宰，楚国官名。②上庸：楚国城邑，位于今湖北竹山县西南，春秋时楚灭庸国设县，此时已归秦国。③走：逃走。

【译文】

郑强是用这种办法从秦国赶走张仪的，他首先宣称张仪的使者一定会到楚国去。因此又对楚国太宰说：“您先留下张仪的使者，我再请求西赴秦国图谋张仪。”为此郑强西至秦国拜见秦王说：“张仪派人向楚国奉献上庸之地，所以楚王派我为使臣再次拜见大王。”秦王愤怒，张仪于是逃走了。

史疾为韩使楚

史疾为韩使楚，楚王问曰："客何方所循？"曰："治列子圉寇之言[①]。"曰："何贵？"曰："贵正。"王曰："正亦可为国乎？"曰："可。"王曰："楚国多盗，正可以圉盗乎[②]？"曰："可。"曰："以正圉盗，奈何？"顷间有鹊止于屋上者，曰："请问楚人谓此鸟何？"王曰："谓之鹊。"曰："谓之乌，可乎？"曰："不可。"曰："今王之国有柱国、令尹、司马、典令[③]，其任官置吏，必曰廉洁胜任。今盗贼公行而弗能禁也，此乌不为乌，鹊不为鹊也。"

【注释】

①列子圉寇：即列御寇，战国时郑国人，为道家学派。②圉（yù）：防范，阻止。③柱国、令尹、司马、典令：皆为楚国官名。柱国，武将之中最高的官爵。令尹，相当于中原诸侯国的相国。司马，主管军政和军赋的官。典令，指典命，负责诸侯礼仪的官。

【译文】

史疾为韩国出使楚国，楚王问他说："贵客学习哪种方术？"史疾说："我学习列御寇的言论。"楚王问："您崇尚什么？"史疾说："我崇尚正名。"楚王问："正名也可以用来治国吗？"史疾说："当然可以。"楚王问："楚国盗贼很多，正名能够防范盗贼吗？"史疾说："可以。"楚王问："用正名防范盗贼，怎样去做呢？"不一会儿有一只喜鹊落到房顶上，史疾说："请问楚国把这种鸟称做什么？"楚王说："称为喜鹊。"史疾说："叫它乌鸦，可以吗？"楚王说："不可以。"史疾说："现在大王的国家有柱国、令尹、司马、典令，他们在任命、调动官职的时候，一定讲过要廉洁奉公，胜任自己的官职。现在盗贼公然横行，却不能禁止，这就如同乌鸦不称为乌鸦，喜鹊不称为喜鹊一样。"

公仲使韩珉之秦求武隧

公仲使韩珉之秦求武隧，而恐楚之怒也。唐客谓公仲曰[①]："韩之事秦也，且以求武隧也，非弊邑之所憎也。韩已得武隧，其形乃可以善楚。臣愿有言而不敢为楚计。今韩之父兄得众者毋相，韩不能独立，势必不善楚。王曰：'吾欲以国辅韩珉而相之可乎[②]？父兄恶珉，珉必以国保楚[③]。'"公仲说，仕唐客于诸公而使之主韩、楚之事[④]。

【注释】

①唐客：为人名，楚国人。②辅：助，帮助。③保：依仗，依靠。④仕：同事，本文指推荐。

【译文】

公仲朋派韩珉去秦国要武隧，又担心楚国会因此恼怒。唐客对公仲说："韩国侍奉秦国，是打算要回武隧，这不是敝国所憎恶的。韩国得到武隧后，那种的情势下才能够亲近楚国。我愿意谈几句，并不敢为楚国打算。现在韩国的父兄，得到众人支持的没有做相国，韩国若不能独立，势必不会亲善楚国。楚王曾说：‘我想用全国的力量帮助韩珉做相国，可以吗？韩国父兄讨厌韩珉，因为韩珉一定会让韩国依靠楚国。’”公仲朋听了很是高兴，就向大臣们推荐唐客做官，让他主管韩、楚两国之间的事务。

韩相公仲朋使韩珉之秦

韩相公仲朋使韩珉之秦，请攻魏，秦王说之。韩珉在唐[1]，公仲朋死。韩珉谓秦王曰：“魏之使者谓后相韩辰曰[2]：‘公必为魏罪韩珉[3]。’韩辰曰：‘不可。秦王仕之，又与约事。’使者曰：‘秦之仕韩珉也，以重公仲也。今公仲死，韩珉之秦，秦必弗入。又奚为挟之以恨魏王乎[4]？’韩辰患之，将听之矣。今王不召韩珉，韩珉且伏于山中矣。”秦王曰：“何意寡人如是之权也[5]！今安伏？”召韩珉而仕之。

【注释】

①唐：地名，今地不详；一说位于今河南洛阳东北。②韩辰：为韩国相国。③罪：加罪，惩治。④挟：依靠，跟从。⑤权：变，善变。指反复无常。

【译文】

韩国相国公仲朋派韩珉出使秦国，请求秦国进攻魏国，秦王很高兴。韩珉在唐地的时候，公仲朋死了。韩珉对秦王说：“魏国的使者对继任的相国韩辰说：‘您一定要为魏国惩治韩珉。’韩辰说：‘我不能这样做。秦王让他做官，又同他有定约之事。’使者说：‘秦国让韩珉做官，是因为尊重公仲。现在公仲死了，韩珉去秦国的话，秦国一定不会让他入境。又怎么会跟从他一起敌视魏王呢？’韩辰很担心，就要听从魏国使者的话。今天如果大王不召见我，我就要隐居到山里去了。”秦王说：“怎么将寡人想象得如此反复无常呢！现在您在哪里隐居呢？”于是召见韩珉，让他做官。

客卿为韩谓秦王

客卿为韩谓秦王曰[1]：“韩珉之议，知其君不知异君，知其国不知异国。彼公仲者，秦势能诎之[2]。秦之强，首之者，珉为疾矣。进齐、宋之兵至首坦，远薄梁郭，所以不及魏者，以为成而过南阳之道，欲以四国西首也[3]。所以不者，皆曰以燕亡于齐，魏亡于秦，陈、蔡亡于楚，此皆绝地形，群臣比周以蔽其上，大臣为诸侯轻国也。今王位正，张仪之贵不得议公孙郝，是从臣不事大臣也；公孙郝之贵不得议甘茂，则大臣不得事近臣矣。贵贱不相事，各得其位，辐凑以事其上，则群臣之贤不肖可得而知也。王之明一也。公孙郝尝疾齐、韩而不加贵，则为大臣不敢为诸侯轻国矣。齐、韩尝因公孙郝而不受[4]，则诸侯不敢因群臣以为能矣。内外不相为，则诸侯之情伪可得而知也。王之明二也。公孙郝、樗里疾请无攻韩，陈而辟去[5]，王犹攻之也。甘茂约楚、赵而反敬魏，是其讲我[6]，茂且攻宜阳，王犹校之也[7]。群臣之知无几于王之明

者[8]，臣故愿公仲之以国侍于王，而无自左右也。”

【注释】

①客卿：本意指在其他国家做官的人，被称为客卿，此指韩国客卿。②诎（qū）：同屈，折服。③四国：指韩、齐、魏、宋四国。西首：面向西。此指向西进攻秦国。④齐、韩尝因公孙郝而不受：指齐、韩两国曾想通过公孙郝来利用秦国，秦王没有接受。⑤陈而辟去：军队的行列因没有遭到进攻而解散。陈，同阵，两军交战时军队的行列。⑥约楚赵：指约楚、赵两国攻打魏国。约：同构，构难，结仇。⑦校：比较。此指比较攻伐与讲和的利弊得失。⑧儿：此指接近。

【译文】

韩国的一位客卿为韩国对秦王说：“韩珉议论政事，仅了解自己的国君而不理解别国国君，只了解自己的国家而不理解其他国家。至于那个公仲，秦国的势力就能使他屈服。秦国强大的时候，韩国竟敢首先进攻它，韩珉这是在自取失败。韩国曾让齐、宋两国军队攻到魏国的首垣，逼近大梁城郊，之所以没有进一步攻取魏国的原因，是认为同魏国讲和就可以穿过南阳的道路，想用韩、齐、宋、魏四国的力量西进攻秦。没有进攻的原因，是人们都说燕国被齐国攻破，魏国被秦国攻破，陈国、蔡国被楚国攻占，这些都是土地大小和地形险要相差悬殊，群臣结党谋救蒙蔽君王，大臣为了别的诸侯而轻视自己国家的结果。现在大王摆正了贵贱不同的名位，即便张仪那样尊贵也不能私下议论公孙郝，这是令外臣不得干涉大臣的事；公孙郝那样显贵也不能私下议论甘茂，这就是大臣不得干涉近臣行事，贵贱不相互干涉，各得其位，像辐条交于车轴一样共同侍奉自己的君王，那么群臣贤能还是无能，就可以知道了。这是大王第一个贤明之处。公孙郝曾加紧联合齐、韩两国，大王并没有加以封赏，那么做大臣的也就不敢为了别的诸侯而轻视本国利益了。齐、韩两国曾想通过公孙郝来利用秦国，秦王没有答应，那么各诸侯就再不敢通过群臣为自己求利了。内外不互相结党，那么诸侯的内情真假就可以知道了。这是大王第二个圣明的地方。公孙郝、樗里疾请求不要进攻韩国，韩国军队的行列因没有遭到进攻而解散，如同大王打败了韩国一样。甘茂约定楚、赵两国攻打魏国，却反过来恭敬魏国，这是同我们韩国结仇，甘茂要进攻宜阳，大王还是评估了攻伐与讲和的利弊得失。群臣的智慧同大王的圣明相比相差甚远，所以臣下愿意让公仲用自己的国家来侍奉大王，而不要从左右的人那里求得策略。”

燕　策

苏秦将为从北说燕文侯

苏秦将为从，北说燕文侯曰："燕东有朝鲜、辽东①，北有林胡、楼烦，西有云中、九原②，南有呼沱、易水③。地方二千余里，带甲数十万，车七百乘，骑六千匹，粟支十年。南有碣石、雁门之饶④，北有枣栗之利，民虽不由田作，枣栗之实足食于民矣，此所谓天府也。夫安乐无事，不见覆军杀将之忧，无过燕矣。大王知其所以然乎？夫燕之所以不犯寇被兵者，以赵之为蔽于南也。秦、赵五战，秦再胜而赵三胜。秦、赵相弊，而王以全燕制其后，此燕之所以不犯难也。且夫秦之攻燕也，逾云中、九原，过代、上谷，弥地踵道数千里⑤，虽得燕城，秦计固不能守也，秦之不能害燕亦明矣。今赵之攻燕也，发兴号令，不至十日，而数十万之众军于东垣矣⑥。度呼沱，涉易水，不至四五日，距国都矣⑦。故曰，秦之攻燕也，战于千里之外；赵之攻燕也，战于百里之内。夫不忧百里之患，而重千里之外，计无过于此者。是故愿大王与赵纵亲，天下为一，则国必无患矣。"

【注释】

①朝鲜：位于今朝鲜半岛。辽东：地名，位于今辽宁辽阳一带。②九原：地名，位于今内蒙古包头市以西。③呼沱：水名。易水：水名，源出河北易县，有北、中、南三支，汇合后向南入拒马河。④碣石：山名，位于今河北昌黎县。雁门：地名，在今山西右玉县。⑤弥地踵道：此指满地足迹的道路。⑥东垣：地名，在今河北石家庄市东。⑦距：到达。

【译文】

苏秦想要合纵，到北方游说燕文侯说："燕国东面有朝鲜、辽东，北面是林胡、楼烦，西面有云中、九原，南面是呼沱河、易水。土地方圆二千有余里，披甲的士兵有几十万，战车达七百辆，战马达六千匹，粟米足够支用十年。具备南面有碣石、雁门的丰富物产，北面有盛产枣和栗子的有利条件，百姓即使不从事农业劳动，枣和栗子的果实也足够让百姓们食用，这就是所说的天然的府库。国家安乐无事，遭受不到军队覆灭、将军被杀的忧患，这么多有利条件没有哪个国家能超过燕国的。大王知道国家相安无事的原因吗？燕国之所以没有遭到盗贼的进犯和战乱祸患，是因为赵国在南面做了燕国的屏障。秦、赵两国五次发生战争，秦国胜了两次，而赵国胜了三次。秦、赵两国彼此都疲惫了，但是大王却以整个燕国控制了赵国的后方，这就是燕国所以没有遭到侵犯的原因。何况秦国如果攻打燕国，要越过云中、九原，经过代地、上谷，就会穿越几千里满是足迹的道路，即使攻取燕国的城邑，秦国也会考虑到根本不能

把守，秦国无法损害燕国这一点已经很清楚了。现在假如赵国要攻打燕国，发布号令，用不了十天，几十万的军队就会进驻东垣。再渡过呼沱河，渡过易水，不用四五天，就会到达燕国国都。因此说，秦国攻打燕国，在千里之外交战；赵国进攻燕国，只能战争却发生在百里之内。不忧虑近在百里的祸患，却重视千里之外的远忧，没有比这更错误的计策了。因此希望大王能与赵国合纵亲善，天下诸侯合而为一，那么燕国就一定没有灾难了。”

燕王曰：“寡人国小，西迫强秦[①]，南近齐、赵。齐、赵，强国也，今主君幸教诏之，合纵以安燕，敬以国从。”于是赉苏秦车马金帛以至赵。

【注释】

①迫：逼近，临近。②今主幸教诏之：今有幸承蒙您的教诲。

【译文】

燕王说：“寡人的国家很小，西面临近强大的秦国，南面接近齐国、赵国。齐、赵两国，是强国，现在有幸得到您教诲，用合纵的策略来安定燕国，请求允许我的国家跟从合纵。”因此把车马金帛赏赐苏秦，并送他到赵国。

奉阳君李兑甚不取于苏秦

奉阳君李兑甚不取于苏秦。苏秦在燕，因为苏秦谓奉阳君曰：“齐、燕离则赵重，齐、燕合则赵轻，今君之齐，非赵之利也，臣窃为君不取也。”奉阳君曰：“何吾合燕于齐？”曰：“夫制于燕者苏子也，而燕弱国也，东不如齐，西不如赵，岂能东无齐、西无赵哉？而君甚不善苏秦，苏秦能抱弱燕而孤于天下哉？是驱燕而使合于齐也。且燕亡国之余也[①]，其以权立，以重外，以事贵[②]。故为君计[③]，善苏秦则取，不善亦取之，以疑燕、齐。燕、齐疑，则赵重矣。齐王疑苏秦，则君多资。”奉阳君曰：“善。”乃使使与苏秦结交[④]。

【注释】

①燕亡国：此指公元前 314 年齐国攻下整个燕国，杀死燕王哙。②其：此指燕国公子职，即后来的燕昭王。③计：打算。④使使：派使臣。

【译文】

奉阳君李兑对苏秦很不满。苏秦回到燕国时，有人因此替他对奉阳君说：“如齐国、燕国不和，那赵国就显得重要，齐国、燕国联合，赵国就会无足轻重了，现在您将到齐国去，这不利于赵国，我私下里认为您的做法不可取。”奉阳君说：“说我要让燕国同齐国联合这从何谈起？”那个人说：“在燕国执政的是苏秦，然而燕国是一个弱国，在东面不如齐国强盛，在西面比不上赵国强大，怎么可以东面失去齐国的联合、西面仅失去赵国的邦交呢？您又对苏秦不友好，苏秦岂能保卫一个弱小的燕国使它避免在天下受到孤立呢？这是逼着燕国与齐国联合。再说燕国在国家被攻破之后，燕昭王依靠权力做了国君，用宝物寻求外国支持，利用国事追逐显贵。所以替您着想，当认为苏秦好时应该结交他，认为苏秦不好时也应该结交他，以此使燕、齐两国产生怀疑。燕，齐两国彼此猜疑，那么赵国就显得重要了。齐王如果怀疑苏秦，那么您就会得到更多的好处。”奉阳君说：“好。”于是就派使者前去结交苏秦。

苏秦自齐使人谓燕昭王

苏秦自齐使人谓燕昭王曰：“臣间离齐、赵，齐、赵已孤矣。王何不出兵以攻齐？臣请为王弱之。”燕乃伐齐攻晋[①]。令人谓闵王曰：“燕之攻齐也，欲以复振古地也[②]。燕兵在晋而不进，则是兵弱而计疑也。王何不令苏子将而应燕乎？夫以苏子之贤，将而应弱燕，燕破必矣。燕破则赵不敢不听，是王破燕而服赵也。”闵王曰：“善。”乃谓苏子曰：“燕兵在晋，今寡人发兵应之，愿子为寡人为之将。”对曰：“臣之于兵，何足以当之，王其改举。王使臣也，是败王之兵而以臣遗燕也，战不胜，不可振也[③]。”王曰：“行，寡人知子矣。”苏子遂将而与燕人战于晋下，齐军败，燕得甲首二万人。苏子收其余兵以守阳城[④]，而报于闵王曰：“王过举，令臣应燕。今军败亡二万人，臣有斧质之罪[⑤]，请自归于吏以戮。”闵王曰：“此寡人之过也，子无以为罪。”

【注释】

①晋：应是齐国的某地。②振古：此提收复失地。振，举，相当于收复。古，同故，此指过去失去的土地。③振：解救。鲍本：“振，救也。”④阳城：地名，属燕国，位于今河北唐县；一说，属齐国。位于今河北完县。⑤斧质之罪：特指杀头之罪。斧、质，乃古代处人死刑用的砍头刑具。

【译文】

苏秦从齐国派人对燕昭王说：“臣下离间齐国、赵国，现在齐、赵两国都已经孤立了。大王为什么还不出兵攻打齐国？请让臣下替大王谋划以使齐国更加弱小。”燕国于是讨伐齐国进攻晋地。苏秦让人对齐闵王说：“燕国攻打齐国，是想收复以往的失地。现在燕军在晋地徘徊不进，这是由于兵力弱小因而犹疑不决。大王为什么不派苏秦率兵抗击燕军呢？以苏秦的才能，率兵抗击弱小的燕军，一定能够攻破燕国。燕国被攻破，那么赵国就不敢不屈服，这样大王既攻破了燕国，又制服了赵国。”齐闵王说：“好。”就对苏秦说：“燕军打到了晋地，现在寡人发兵迎击它，希望您替寡人做军队的大将。”苏秦回答说：“臣下对指挥军队的事一向不精通，哪里配得上做抗击燕军的大将，大王还是改用他人吧。大王派臣下为将，这会使大王的军队遭到失败，也会把臣下交给燕国，战不了对方，就不能拯救败局了。”齐王说：“您去吧，寡人了解您。”苏秦于是率领齐军同燕国人在晋城之下交战，齐军大败，燕军砍下两万齐军士兵的脑袋。苏秦收拢齐国的残兵退守阳城，派人向齐闵王回报说：“大王用错了人，竟派我来抗击燕军。如今军队死伤两万人，臣下有杀头之罪，请让我自己回去到执法的官吏那里领受死刑。”齐闵王说：“这是寡人的过错，您没什么可以怪罪的。”

明日，又使燕攻阳城及狸。又使人谓闵王曰：“日者[①]，齐不胜于晋下，此非兵之

过，齐不幸而燕有天幸也[②]。今燕又攻阳城及狸，是以天幸自为功也。王复使苏子应之，苏子先败王之兵，其后必务以胜报王矣。”王曰：“善。”乃复使苏子，苏子固辞，王不听。遂将以与燕战于阳城。燕人大胜，得首三万。齐君臣不亲，百姓离心。燕因使乐毅大起兵伐齐，破之。

【注释】

①日者：此指昔者，前几天。②天幸：上天的宠幸，此指有上天的保佑。

【译文】

第二天，苏秦又暗中让燕国攻打阳城和狸邑。又派人对齐闵王说：“前几天，齐国军队在晋城之下没能获胜，这不是军队的过错，主要是因为齐军不走运而燕军得到了上天的保佑。如今燕国又来攻打阳城和狸邑，他们这是把上天的保佑当作自己的功劳。大王再派苏秦抗击燕军，苏秦先前曾使大王的军队失败，失败之后他一定竭力用胜利来报答大王。”齐王说：“好。”于是再次起用苏秦，苏秦坚决推辞，齐王不听。苏秦就率兵在阳城同燕军再次交战。燕军大获全胜，斩下敌人首级三万。齐国君臣之间不能互相相信，百姓也离心离德。燕国于是派乐毅大举兴兵攻打齐国，最后攻破了齐国。

苏代自齐献书于燕王

苏代自齐献书于燕王曰：“臣之行也，固知将有口事，故献御书[①]而行，曰：“臣贵于齐，燕大夫将不信臣；臣贱，将轻臣；臣用，将多望于臣；齐有不善，将归罪于臣；天下不攻齐，将曰善为齐谋；下天攻齐，将与齐兼鄎臣。臣之所重处重卵也[②]。”王谓臣曰：“吾必不听众口与谗言，吾信汝也，犹铲刈者也[③]。上可以得用于齐，次可得信于下，苟无死，女无不为也。以女自信可也。’与之言曰：‘去燕之齐可也，期于成事而已。’臣受令以任齐，及五年。齐数出兵，未尝谋燕。齐、赵之交，一合一离，燕王不与齐谋赵，则与赵谋齐。齐之信燕也，至于虚北地行其兵。今王信田伐与参、去疾之言[④]，且攻齐，使齐犬马骚而不信燕。今王又使庆令臣曰[⑤]：‘吾欲用所善。’王苟欲用之，则臣请为王事之。王欲醳臣剸任所善[⑥]，则臣请归醳事。臣苟得见，则盈愿。”

【注释】

①御书：此指奏书。②臣之所处重卵：臣下的处境如同堆积的鸟卵一样危险。重卵，此指累卵。③铲刈：铲除，割除，相当于铲除谗言。④田伐、参、去疾：皆为人名，都是燕国人。⑤庆：即盛庆，为燕国大臣。⑥醳（shì）：同释。剸（zhuān）：同专。

【译文】

苏秦从齐国给燕王送信说：“臣下离开燕国时，本来就知道将会出现有人搬弄是非的事，所以在临行前献上奏书说：‘臣下如果在齐国地位显贵，燕国大夫就会不相信臣下；如果臣下受到轻视，他们就将看不起臣下；臣下受到重视，他们又会更多地责备臣下；齐国如有对燕国不利的举动，也将归罪于臣下；天下诸侯不攻打齐国，他们会说臣下一心为齐国策划；天下诸侯进攻齐国，他们又会同齐国一道出卖臣下。臣下的处境就好像堆积着的鸟卵一样危险。'大王当时对臣下说：'我绝对不会相信众人的非议和谗言，我相信您，我会像斩草那样铲除谗言。您最好能在齐国受到重用，其次是能够得到下边群臣的信任，假如我不死，您没有什么不可以做的。'大王又同我说：'离开燕国前往齐国的事是可行的，只盼望事情能办成功罢了。'臣下接受任务来求得齐国的任用，到现在有五年了。齐国几次出兵，都不曾图谋燕国。齐、赵两国的邦交，有时联合，有时分裂，燕国不是同齐国图谋赵国，就是同赵国图谋齐国。齐国相信燕，以至于北部边界不设军队，征调那里的军队进攻别国。如今大王相信田伐和参、去疾等人的话，准备攻打齐国，使齐国大为警戒而不再相信燕国。现在大王又派盛庆命令臣下说：'我想任用善于办事的人。'大王如果想任用这样的人，那么臣下请求替大王帮助他。大王如果想放弃我而专门任用善于办事的那个人，那么臣下请求回去复命。臣下如果能够见到大王，臣下的愿望也就得到满足了。"

燕饥赵将伐之

燕饥，赵将伐之。楚使将军之燕，过魏，见赵恢[1]。赵恢曰："使除患无至，易于救患。伍子胥、宫之奇不用，烛之武、张孟谈受大赏[2]。是故谋者皆从事于除患之道，而无使除患无至者。今予以百金送公也，不如以言。公听吾言而说赵王曰：'昔者吴伐齐，为其饥也，伐齐未必胜也，而弱越乘弊以霸。今王之伐燕也，亦为其饥也，伐之未必胜，而强秦将以兵承王之西[3]，是使弱赵居强吴之处，而使强秦处弱越之所以霸也。愿王之熟计之也。'"使者乃以说赵王，赵王大悦，乃止。燕昭王闻之，乃封之以地。

【注释】

①赵恢：赵国人，当时在魏国做官。②烛之武：春秋时郑国大夫。鲁僖公三十年（公元前630年），秦国、晋国围困郑国，郑国危在旦夕，烛之武游说秦王，分裂了秦、晋联盟，挽救了郑国。③承：同乘，乘机。

【译文】

燕国遭受饥荒，赵国将要乘机进攻燕国。楚国派一名将军前往燕国，途经魏国，见到了赵恢。赵恢说："要消除祸患最好办法是在祸患还没有来到之前就采取行动，这样更容易救人于危难。当年伍子胥、宫之奇的主张没有被君王采纳，而烛之武、张孟谈却受到了君王的赏识。因此谋士都从事研究消除祸患的办法，而没有在祸患到来之前铲除隐患。如今我送给百金，不如送您一句话。您听从我的话去游说赵王说：'从前吴国攻打齐国，是因为齐国闹饥荒，况且进攻齐国也不一定能取胜，弱小的越国却乘吴国疲惫之机，夺取霸权。现在大王进攻燕国，也是因为燕国闹了饥荒，进攻燕国也不一定能取胜，而强大的秦国将可能乘机在西部出兵进攻赵国，这是让弱小的赵国处于当年强大的吴国的地位，而让强大的秦国处于当年弱小的越国都可以称霸的地位。希望大王能够认真考虑。'"出使的楚国将军用这种说法去游说赵王，赵王果然

很高兴，就停止进攻燕国。燕昭王听说后，就用土地奖赏了这位楚国将军。

客谓燕王

客谓燕王曰[①]：“齐南破楚，西屈秦，用韩、魏之兵，燕、赵之众，犹鞭策也。使齐北面伐燕，即虽五燕不能当。王何不阴出使，散游士，顿齐兵，弊其众，使世世无患。”燕王曰：“假寡人五年，寡人得其志矣。”苏子曰：“请假王十年。”燕王说，奉苏子车五十乘，南使于齐。谓齐王曰[②]：“齐南破楚，西屈秦，用韩、魏之兵，燕、赵之众，犹鞭策也。臣闻当世之王，必诛暴正乱，举无道，攻不义。今宋王射天笞地，铸诸侯之象，使侍屏匽[③]，展其臂，弹其鼻，此天下之无道不义，而王不伐，王名终不成。且夫宋，中国膏腴之地，邻民之所处也，与其得百里于燕，不如得十里于宋。伐之，名则义，实则利，王何为弗为？”齐王曰：“善。”遂兴兵伐宋，三覆宋，宋遂举[④]。燕王闻之，绝交于齐，率天下之兵伐齐，大战一，小战再，顿齐国，成其名。故曰：因其强而强之，乃可折也；因其广而广之，乃可缺也。

【注释】

①客：据下文应指苏秦。燕王：即燕昭王。②齐王：指齐闵王。③屏匽（yǎn）：路旁的厕所。④举：拔，灭。

【译文】

苏秦对燕王说：“齐国向南攻破了楚国，向西制服了秦国，驱使韩、魏两国的军队，燕、赵两国的兵众，好像用鞭子赶马一样。假使齐国北进进攻燕国，即使有五个燕国也无法抵御。大王为何不暗中派遣使者，差遣游说之士前往各国，使齐兵陷进困境，让它的百姓疲惫不堪，这样就可使燕国世代无忧了。”燕王说：“给寡人五年时间，寡人就可以实现自己的心愿。”苏秦说：“让我给大王十年时间。”燕王十分高兴，送给苏秦五十辆车，让他南下出使齐国。苏秦对齐王说：“齐国向南攻占楚国，向西制服秦国，驱使韩、魏两国军队，燕、赵两国兵众，如同用鞭子赶马一样。臣下听说当今杰出的君王，必然要诛杀残暴的诸侯，平定混乱的天下，讨伐无道的昏君，攻打不义的国家。如今宋王箭射天神鞭抽地神，铸造诸侯的人形，让它们侍立在路边的厕所里，又拉开它们的双臂，用石子射它们的鼻子，这是天下昏庸无道、不讲信义的人，然而大王却不去攻打他，大王的英名终难成就。更何况宋地，是中原最肥沃的土地，齐国的边民与宋相处，与其从燕国那里得到百里土地，还不如从宋国得到十里土地。攻打宋国，名义上是维护了正义，实际上又得到了好处，大王为什么不这样做呢？”齐王说：“好。”于是出兵进攻宋国，三次击败宋国军队，宋国被齐国攻占。燕王听说后，同齐国断绝了关系，率领天下诸侯的军队进攻齐国，经过一次大战，两次小战，使齐国力疲弊，成就了燕王的威名。所以说：利用它的强大去抗衡强国，就可以折服它；利用它扩张的野心来增大它的贪欲，就可以损害它。

齐韩魏共攻燕

齐、韩、魏共攻燕，燕使太子请救于楚。楚王使景阳将而救之[①]。暮舍，使左右司马各营壁地，已，稙表[②]。景阳怒曰："女所营者，水皆至灭表，此焉可以舍?"乃令徙。明日大雨，山水大出，所营者，水皆灭表，军吏乃服。于是遂不救燕而攻魏雍丘[③]，取之以与宋。三国惧，乃罢兵。魏军其西，齐军其东，楚军欲还，不可得也。景阳乃开西和门，昼以车骑，暮以烛见，通使于魏。齐师怪之，以为燕、楚与魏谋之，乃引兵而去。齐兵已去，魏失其与国[④]，无与共击楚，乃夜遁。楚师乃还。

【注释】

①楚王：指楚怀王。景阳：为楚国名将。②稙表：树立标记。稙，同植，树立。表，区别军队不同部分的标记。③雍丘：地名，位于今河南杞县。④与国：盟国。

【译文】

齐、韩、魏三国共同进攻燕国，燕国派太子向楚国求救。楚王派遣景阳率军援救燕国。傍晚宿营，景阳命左右二司马各自选择地方扎营，安营完毕，树立军营标记。景阳见后生气地说："你们安营的地方，洪水一来就可以淹没军营的标记，这样的地方怎么能住宿呢?"于是命令军队转移。第二天下起了大雨，山洪咆哮而来，原来安营的地方，洪水完全淹没了军营的标记，将士军吏们这才信服。在景阳指挥下楚军没有去援救燕国，而是去进攻魏国的雍丘，攻下雍丘后把它送给宋国。齐、韩、魏三国都很恐惧，于是放弃进攻燕国。魏国军队在西面围困楚军，齐国军队在东面围困楚军，楚国军队想要回国，无法实现。景阳就打开军营的西门，白天车马来来往往，晚上烛火通明，景阳还经常派使者到魏国军营。齐国军队感到很奇怪，以为燕、楚两国与魏国图谋自己，就率兵撤离了。齐国军队撤离后，魏国失去了盟国，失支了同它一起进攻楚军的盟国，于是也趁着黑夜逃循了。楚国军队这才返回楚国。

张丑为质于燕

张丑为质于燕[①]，燕王欲杀之，走且出境，境吏得丑。丑曰："燕王所为将杀我者，人有言我有宝珠也，王欲得之，今我已亡之矣[②]，而燕王不我信。今子且致我，我且言子之夺我珠而吞之，燕王必当杀子，刳子腹及子之肠矣[③]。夫欲得之君，不可说以利[④]。吾要且死，子肠亦且寸断。"境吏恐而赦之。

【注释】

①张丑：为齐国大臣。②亡：丢失。③刳（kū）：剖开，剥开。④说：同悦。本文指取悦。

【译文】

张丑为人质的事到了燕国，燕王要杀死他。张丑逃跑奔命，快要逃出边境时，却被守卫边境的官吏抓住了。张丑说："燕王之所以要杀我，是因为有人说我有宝珠，燕王想得到它，但是现在我已经丢了宝珠，可是燕王不相信我。今天您将要把我押送给燕王，我就会说您抢了我的宝珠并吞入自己的肚子里，燕王一定会杀了您，剖开您的肚肠。你想要得到君王的赏识，也不该用财物取悦于他。我如果被腰斩而死，您的肠子也会一寸寸地被剖开。"边境上的官吏很恐惧，就放免了张丑。

宋·卫策

齐攻宋宋使臧子索救于荆

齐攻宋，宋使臧子索救于荆[①]。荆王大说[②]，许救甚劝。臧子忧而反。其御曰："索救而得，有忧色，何也?"臧子曰："宋小而齐大。夫救于小宋而恶于大齐，此王之所忧也；而荆王说甚，必以坚我。我坚而齐弊，荆之利也。"臧子乃归。齐王果攻[③]，拔宋五城而荆王不至[④]。

【注释】

①臧子：又为臧孙子，宋国人。荆：指楚国。②荆王：即楚顷襄王。③齐王：此指齐闵王。④拔：攻克。

【译文】

齐国进攻宋国，宋国派臧子向楚国求救。楚王异常高兴，满口答应全力救助。臧子忧心忡忡地返回宋国。他的车夫不解地问："求救的目的达到了，可您却面带忧色，为什么?"臧子说："宋国是小国，而齐国却是大国。援救弱小的宋国而得罪强大的齐国，这是任何一位国君都感到忧虑的；而楚王却极为高兴，一定是想让我们自己抵抗齐国。我们坚决顶住齐国的进攻，齐国就会因此而感到疲弊劳累，这对楚国大有好处。"臧子于是就返回宋国。齐王果然发动了进攻，攻取了宋国的五座城邑。楚王果然没有派来救兵。

梁王伐邯郸

梁王伐邯郸[①]，而征师于宋。宋君使使者请于赵王曰[②]："夫梁兵劲而权重，今征师于弊邑，弊邑不从则恐危社稷，若扶梁伐赵以害赵国，则寡人不忍也，愿大王之有以命弊邑。"赵王曰："然，夫宋之不足如梁也[③]，寡人知之矣。弱赵以强梁，宋必不利也。则吾何以告子而可乎?"使者曰："臣请受边城[④]，徐其攻而留其日，以待下吏之有城而已。"赵王曰："善。"宋人因遂举兵入赵境而围一城焉。梁王甚说曰："宋人助我攻矣。"赵王亦说曰："宋人止于此矣。"故兵退难解，德施于梁，而无怨于赵。故名有所加，而实有所归。

【注释】

①梁王：即魏惠王。②赵王：即赵成侯。③如：抵当。④请受边城：请求允许进攻一座边境上的城

邑。

【译文】

魏王将要进攻赵国邯郸，于是向宋国征调军队。宋国国君派使者向赵王请求说："魏国军队强悍而气势很大，如今向弊国征调军队，弊国如不听从命令，国家就会出现危险，如果帮助魏国进攻赵国来损害赵国，那么寡人又于心不忍，希望大王能想出合适的办法命令弊国。"赵王说："好吧。宋国兵力不足以抵抗魏国，寡人是知道的。削弱赵国，增强魏国，对宋国也很不利。那么我用怎样的决定告诉您才可以呢？"宋国使者说："臣下请求允许宋国进攻赵国边境上的一座城邑，多多耗费时日，慢慢地进攻，以此来等待您的下属官吏守住它罢了。"赵王说："好。"宋国于是就发兵进入赵国边境，围困了一座城邑。魏王很高兴地说："宋国人帮助我攻打赵国。"赵王也高兴地说："宋国人就在这里停止行动了。"所以在战争结束退兵的时候，宋国既对魏国有恩，又同赵国无怨。因此宋国名望有所提高，实际上又得到了好处。

宋与楚为兄弟

宋与楚为兄弟。齐攻宋，楚王言救宋①，宋因卖楚重以求讲于齐②，齐不听。苏秦为宋谓齐相曰："不如与之③，以明宋之卖楚重于齐也。楚怒，必绝于宋而事齐，齐、楚合，则攻宋易矣。"

【注释】

①楚王：即楚顷襄王。②卖：指依卖。炫耀。③与之：此指与之议和。

【译文】

宋国和楚国是兄弟之邦。齐国进攻宋国，楚王扬言要援救宋国，宋国趁此炫耀楚国的威势来向齐国求和，齐国没有听从。苏秦替宋国对齐国相国说："不如同宋国议和，以此表明宋国向齐国炫耀楚国的威势。楚王恼怒，一定会同宋国断绝邦交来侍奉齐国。齐、楚两国联合在一起，那么再去进攻宋国就容易多了。"

魏太子自将过宋外黄

魏太子自将，过宋外黄①。外黄徐子曰②："臣有百战百胜之术，太子能听臣乎？"太子曰："愿闻之。"客曰③："固愿效之。今太子自将攻齐，大胜并莒，则富不过有魏，而贵不益为王。若战不胜，则万世无魏，此臣之百战百胜之术也。"太子曰："诺。请必从公之言而还。"客曰："太子虽欲还不得矣，彼利太子之战攻而欲满其意者众，太子虽欲还，恐不得矣。"太子上车请还。其御曰："将出而还与北同④，不如遂行。"遂行，与齐人战而死。卒不得魏。

【注释】

①魏太子：此指魏惠王太子申。外黄：地名，位于今河南民权县西北。②徐子：为宋国人。③客：指

徐子。④北：同背，败退。

【译文】

魏国太子亲自率领军队进攻齐国，途经宋国外黄，外黄人徐子说："臣下有百战百胜的法术，太子能听臣下说一说吗?"魏国太子说："愿意听。"徐子说："臣下本来愿意在麾下效命。如今太子亲自率军队进攻齐国，如果获得大胜，合并了莒地，那富贵也比不过拥有魏国，显贵也不会超过做国君。如果打不胜，就会世世代代失去魏国，这就是臣下百战百胜的方法。"魏国太子说："好吧。我一定听您的话，搬师回魏国。"徐子说："太子即使想回师魏国，恐怕也做不到了，那些利用太子攻战之机谋取好处，满足私欲的人太多了，太子虽然想回师魏国，恐怕做不到了。"太子登上战车请将士们回去。他的车夫说："将领出征无故返还与败退是一样的，不如继续向前。"于是魏国太子又亲自率兵前行，同齐国开战，不幸战死。魏国太子终于没有拥有魏国。

宋康王之时有雀生鳚

宋康王之时，有雀生鳚于城之陬[①]。使史占之[②]，曰："小而生臣，必霸天下。"康王大喜。于是灭滕，伐薛[③]，取淮北之地，乃愈自信，欲霸之亟成，故射天笞地，斩社稷而焚灭之，曰："威服天下鬼神。"骂国老谏者，为无颜之冠以示勇[④]，剖伛之背，锲朝涉之胫[⑤]，而国人大骇。齐闻而伐之，民散，城不守。王乃逃倪侯之馆[⑥]，遂得而死。见祥而不为祥，反为祸。

【注释】

①宋康王：指宋王偃。鳚（zhān）：同鹯，一种类似鹞鹰的猛禽。②史：官名，指太史，负责记载历史和占卜。③滕：小国名，位于今山东滕县西南。薛：小国名，位于今山东滕县南。④无颜之冠：盖不住额头的帽子。⑤伛：驼背。锲朝涉之胫：砍断早晨过河人的腿。胫，小腿。⑥倪侯：为宋国大臣。

【译文】

宋康王的时候，有只小雀鸟在城墙的角落生了只鹯鸟。宋王让太史占卜，太史说："小鸟生大鸟，一定可以称霸天下。"宋康王听后大喜过望。于是出兵灭掉了滕国，攻打薛国，夺得了淮北的土地，宋康王就更加自信，宋康王想尽快成立霸业，所以他用箭射天，又鞭打土地，还砍烂了土神、谷神的神位，把它们烧掉，说："我用威力降服天下鬼神。"咒骂那些年老敢于劝谏的大臣，带盖不住额头的帽子来显示其勇猛，剖开驼背人的背，砍断早晨过河人的腿，国中的人异常恐惧。齐国听说后进攻宋国，百姓四处逃散，城也没有守住。宋康王逃到倪侯的住所，很快被齐国人抓住杀死了。宋康王看到吉兆却不做好事，吉祥反而成了祸害。

秦攻卫之蒲

秦攻卫之蒲[①]。胡衍谓樗里疾曰[②]："公之伐蒲，以为秦乎？以为魏乎？为魏则善，为秦则不赖矣[3]。卫所以为卫者，以有蒲也。今蒲入于秦，卫必折于魏。魏亡西河之外，而弗能复取者，弱也。今并卫于魏，魏必强。魏强之日，西河之外必危。且秦王亦将观公之事，害秦以善魏，秦王必怨公。"樗里疾曰："奈何?"胡衍曰："公释蒲勿攻，臣请为公入戒蒲守，以德卫君[4]。"樗里疾曰："善。"胡衍因入蒲，谓其守曰："樗里子知蒲之病也，其言曰：'吾必取蒲。'今臣能使释蒲勿攻。"蒲守再拜，因效金三百镒焉，曰："秦兵诚去，请厚子于卫君。"胡衍取金于蒲，以自重于卫，樗里子亦得三百金而归，又以德卫君也。

【注释】

①蒲：邑名，位于今河北长垣县。②胡衍：为卫国人。③不赖：指不利。④德：使……感激恩德。

【译文】

秦国要攻夺卫国的蒲地。胡衍对樗里疾说："您来进攻蒲地，是为了秦国，还是为了魏国呢？如果是为了魏国，那么对魏国很有利，如果是为了秦国，那么对秦国不利。卫国之所以是卫国，就是因为有蒲地。现在如果蒲地归属秦国，卫国必然会掉头投靠魏国。魏国自失去西河以外的土地之后，再也没有重新收复，是因为魏国衰弱了。如今假如卫国并入魏国，魏国必然会强大起来。等到魏国强大的那一天，西河以外会处被夺回的危险之中了。再说秦王将会观察您的所做所为，如果结果是损害秦国而给魏国带来好处，秦王一定会怨恨您。"樗里疾说："那怎么办呢?"胡衍说："您不如放弃蒲地，不要再继续攻打，请允许我替您进入蒲城告诉蒲城守备不要再打了，以此使卫国国君感激您的恩德。"樗里疾说："好吧。"胡衍于是进入蒲城，对蒲城守备说："樗里疾知道蒲城困弊重重，他声称：'我一定要攻下蒲城。'现在我能让樗里疾放弃蒲城，不再进攻。"蒲城守备两次拜谢，又献金三百镒，说："秦兵果真能够撤离，请允许我请求卫国国君重赏您。"胡衍从蒲城得到了酬金，使得自己在卫国受到重视。樗里疾也得到了三百镒酬金，于是收兵回国，又使卫国国君对他感恩戴德。

卫使客事魏

卫使客事魏，三年不得见。卫客患之，乃见梧下先生[1]，许之以百金。梧下先生曰："诺。"乃见魏王曰："臣闻秦出兵，未知其所之。秦、魏交而不修之日久矣[2]。王专事秦，无有佗计。"魏王曰："诺。"客趋出，至郎门而反曰[3]："臣恐王事秦之晚。"王曰："何也?"先生曰："夫人于事己者过急，于事人者过缓。今王缓于事己者，安能急于事人?""奚以知之?""卫客曰，事王三年不得见。臣以是知王缓也。"魏王趋见卫客[4]。

【注释】

①梧下先生：此指有德行的长者。因其家有大梧树，所以这样称呼他。②修：此指修好旧交。③郎：同廊。④趋：急忙。

【译文】

卫国派一位客卿去侍奉魏国国君，过了三年这位客卿也没有被召见。卫国的客卿很担心忧虑，就去拜见梧下先生，答应送给梧下先生一百金。梧下先生说："遵命。"于是去拜见魏王说："臣下听说秦国要出兵，不知要攻打哪个国家。秦、魏两国缔结邦交，但不修旧好，时间已经很久了。大王应该专心侍奉秦国，不应有其他打算。"魏王说："好吧。"梧下先生这才快步走出，走到廊门又返回来说："臣下恐怕大王想去侍奉秦国，可能太慢了。"魏王说："为什么?"梧下先生说："让别人侍奉自己都很着急，自己去侍奉别人则会慢腾腾。现在大王对于别人侍奉自己都不着急，怎么会急着侍奉别人呢?"魏王说："您怎么知道呢?"梧下先生说："卫国客卿说，侍奉大王三年之久，一直没有被召见。臣下因此知道大王并不着急。"魏王急忙去拜见卫国客卿。

卫嗣君病

卫嗣君病[①]。富术谓殷顺且曰[②]："子听吾言也说君，勿益损也，君必善子。人生之所行，与死之心异。始君之所行于世者，食高丽也[③]；所用者，绁错、挐薄也[④]。群臣尽以为君轻国而好高丽，必无与君言国事者。子谓君：'君之所行天下者甚谬。绁错主断于国，而挐薄辅之，自今以往者，公孙氏必不血食矣[⑤]。'"君曰："善。"与之相印，曰："我死，子制之。"嗣君死，殷顺且以君令相公期[⑥]，绁错、挐薄之族皆逐也。

【注释】

①卫嗣君：乃卫平侯之子，秦王贬其号为君。②富术、殷顺且：都为卫国大臣。③食高丽：指贪恋美色。食，吃，相当于贪图。高丽，个高貌美，相当于美色。④绁错、挐（rú）薄：都为卫嗣君的宠臣。⑤公孙氏：为卫国姓氏。⑥公期：指公子期，卫嗣君之子。

【译文】

卫嗣君病情危重。富术对殷顺且说："您听一下我的话，再去劝说卫君，只要不要把我的话增加或减少，卫君就一定会亲近您。人活着时的所作所为，和将要死时的想法是不一样的。当初卫君在世上所做的，是贪图美色；所任用的，是绁错、挐薄一类的宠臣。群臣都认为卫君轻视国家而贪恋美色，一定没人同卫君谈论国事。您对卫君说：'您当初在世上的所作所为很荒谬。绁错在国内独断专行，而且还有挐薄为虎作伥，从今往后，公孙氏一定不能再用血食祭祖了。'"卫君听完这些话后说："太好了。"就把相印交给了殷顺且，说："我死之后，你要控制住卫国。"卫嗣君死后。殷顺且凭借先君的遗命扶佐公子期，绁错、挐薄的家族都被驱逐出卫国了。

卫嗣君时胥靡逃之魏

卫嗣君时，胥靡逃之魏[①]，卫赎之百金，不与，乃请以左氏[②]。群臣谏曰："以百金之地赎一胥靡，无乃不可乎?"君曰："治无小，乱无大，教化喻于民，三百之城足为治。民无廉耻，虽有十左氏，将何以用之？”

【注释】

①胥靡：为卫国人。一说，指罪犯。②左氏：乃卫国邑名。

【译文】

卫嗣君的时候，胥靡逃亡到了魏国，卫国用一百金赎回胥靡，魏国没给，于是卫君请求用左氏邑交换。群臣劝谏卫嗣君说：“用百金之地赎回一个胥靡，恐怕不大合适吧？”卫君说：“治理安定不在国小，治理混乱不在国大，而要用教化来教导百姓，三百户人家的城邑足以治平。假如百姓都恬不知耻，即使有十座左氏邑，又将有什么用处呢？”

卫人迎新妇

卫人迎新妇，妇上车，问：“骖马，谁马也？”御曰：“借之。”新妇谓仆曰：“拊骖[1]，无笞服[2]。”车至门，扶，教送母曰：“灭灶，将失火。”入室见臼，曰：“徙之牖下[3]，妨往来者。”主人笑之。此三言者，皆要言也，然而不免为笑者，蚤晚之时失也[4]。

【注释】

①拊：打。②笞：鞭笞，打。③牖：窗户。④蚤：同早。

【译文】

有个卫国人迎娶新娘，新娘上车后，问：“骖马，是谁家的马？”驾车的人说：“是借来的。”新媳妇对驾车的人说：“打骖马，别打辕马。”车子来到夫家门口，新娘被搀扶下车进门，新媳对伴娘说：“把灶里的火熄灭，防止失火。”到了屋里看到舂米的石臼，新媳妇又说：“把石臼搬到窗户下，以免妨碍来往的人走路。”主人都心里窃笑。这三句话，都是很要紧的话，然而免不了要遭人嘲笑，因为她说话没有选择好恰当的时机。

中山策

犀首立五王

犀首立五王①，而中山后持。齐谓赵、魏曰："寡人羞与中山并为王，愿与大国伐之，以废其王。"中山闻之大恐，召张登而告之曰②："寡人且王，齐谓赵、魏曰，羞与寡人并为王，而欲伐寡人。恐亡其国，不在索王，非子莫能吾救。"登对曰："君为臣多车重币，臣请见田婴③。"中山君遣之齐，见婴子曰："臣闻君欲废中山之王，将与赵、魏伐之，过矣④。以中山之小而三国伐之，中山虽益废王，犹且听也。且中山恐，必为赵、魏废其王而务附焉，是君为赵、魏驱羊也，非齐之利也，岂若中山废其王而事齐哉?"

【注释】

①犀首：指公孙衍。立五王：此指拥立齐、赵、魏、燕、中山五国国君为王。②张登：是中山国大臣。③田婴：齐国相国，又称薛公，官居靖郭君。④过：错，不对。

【译文】

公孙衍拥立齐、赵、魏、燕、中山五国国君为王，中山君最后被拥立。齐王对赵、魏两国说："寡人对与中山君一起称王感到耻辱，希望与你们讨伐他，废掉他的王号。"中山君听后，非常害怕，召见张登，告诉他说："寡人就要称王了，齐王对赵、魏两国说，他对与寡人一起称王感到耻辱，因此想要讨伐寡人并废掉寡人的王号。寡人只是害怕国家被灭，倒也不在乎要那个王号，除了您没有谁能够救我。"张登回答说："您为臣下多准备车辆和丰厚的物品，臣下请求拜见田婴。"中山君就派张登去了齐国，张登见到田婴后说："臣下听说您要废掉中山君的王号，并准备联合赵、魏两国攻打中山，您这么做错了。以中山那样的小国，如果三个大国去攻打它，中山国即使遭到比废除王号还大的祸患，也会听命的。再说中山君很害怕，一定会为赵、魏两国废掉王号，并竭力依附它们，这样做，您是为赵、魏两国赶羊，并非对齐国有利，怎比得上让中山君废掉王号来附庸齐国呢?"

田婴曰："奈何?"张登曰："今君召中山，与之遇而许之王，中山必喜而绝赵、魏，赵、魏怒而攻中山，中山急而为君难其王①，则中山必恐，为君废王事齐。彼患亡其国，是君废其王而立其国②，贤于为赵、魏驱羊也。"田婴曰："诺。"张丑曰③："不可。臣闻之，同欲者相憎，同忧者相亲。今五国相与王也，负海不与焉④，此是欲皆在为王，而忧在负海。今召中山，与之遇而许之王，是夺四国而益负海也⑤。致中山而塞四国，四国寒心。必先与之王而故亲之，是君临中山而失四国也。且张登之为人也，善以微计荐中山之君久矣[⑥]，难信以为利。”田婴不听，果召中山君而许之王。张登谓赵、魏曰：“齐欲伐河东[⑦]。何以知之？齐羞与中山并为王甚矣，今召中山，与之遇而许之王，是欲用其兵也，岂若令大国先与之王以止其遇哉？”赵、魏许诺，果与中山王而亲之。中山果绝齐而从赵、魏。

【注释】

①难其王：指不愿与其称王。②立：保存的意思。③张丑：乃齐国大臣。④负海：指齐国。⑤益负海：使齐国得到好处。益：好处。⑥荐：进献。⑦河东：地名，地处赵、魏两国。

【译文】

田婴说：“怎么办呢？”张登说：“现在您可以召见中山君，同他会面并允许他称王，中山君一定高兴，就会断绝与赵、魏两国的邦交，赵、魏两国一定因此而发怒，攻打中山，中山形势危急，就会知道各国国君不愿同他一道称王，中山君一定很害怕，自己就会为您废掉王号依附齐国。他担心自己的国家被灭掉，这样您废掉了他的王号并保存了中山，这比为赵、魏两国赶羊好得多。”田婴说：“遵命。”张丑说：“不可以这样做。我听说，有同样要求者彼此憎恨，有同样忧虑者彼此亲近。现在五国相互称王，而齐国不愿同中山同时称王，这样看来，五国的要求都在称王这一点，只是担心齐国干预。现在您如果召见中山君，和他会晤，允许他称王，这就侵夺了四国的权利而使齐国获得好处。得到了中山的邦交却断绝了四国的联系，四国都会感到寒心和反感。您一定要先让齐国和中山称王，故意同中山亲近，这样您亲近了中山却失去了四国。再说张登的为人，长期以来善于把一些小计谋进献给中山君，这就难以相信张登会给我们带来好处。”田婴没听，真的召见了中山君并允许他称王。张登对赵、魏两国说：“齐国将要进攻你们的河东。我是怎么知道的呢？齐国对同中山同时称王感到非常耻辱，现在却召见中山君，同他会晤并允许他称王，是想利用中山的军队，这哪里比得上你们同中山君先称王，以此阻止他们的会晤呢？”赵、魏两国答应了，同中山一起称王，并且非常亲近中山。中山也断绝了同齐国的邦交，依附赵国、魏国。

司马憙使赵

司马憙使赵[①]，为己求相中山。公孙弘阴知之[②]。中山君出，司马憙御，公孙弘参乘[③]。弘曰：“为人臣，招大国之威以为己求相，于君何如？”君曰：“吾食其肉，不以分人。”司马憙顿首于轼曰：“臣自知死至矣。”君曰：“何也？”“臣抵罪[④]。”君曰：“行，吾知之矣。”居顷之，赵使来，为司马憙求相。中山君大疑公孙弘，公孙弘走出。

【注释】

①司马憙（xǐ）：为中山国大臣。②公孙弘：为中山国大臣。③参乘：在车右边陪乘。④抵：当。

【译文】

司马憙出使赵国，让赵国出力为自己谋求相国的职位。公孙弘暗中得知了这件事。一次中

山君外出，司马憙驾车，公孙弘陪乘。公孙弘说："为人臣子，利用大国的威势为自己谋求相位，您看待，怎么样这种人？"中山君说："我吃他的肉，而且不把肉分给别人。"司马憙急忙在车前的横木上叩头告罪说："臣下自知死期到了。"中山君说："为什么这样？"司马憙说："臣下应受惩罚。"中山君说："走吧，我知道了。"过了一段时间后，赵国的使者来到中山，为司马憙谋取相位。但是中山君非常怀疑这是公孙弘陷害司马憙，公孙弘因此被迫逃亡国外。

司马憙三相中山

司马憙三相中山，阴简难之[①]。田简谓司马憙曰[②]："赵使者来属耳[③]，独不可语阴简之美乎？赵必请之，君与之，即公无内难矣。君弗与赵，公因劝君立之以为正妻，阴简之德公，无所穷矣。"果令赵请，君弗与。司马憙曰："君弗与赵，赵王必大怒[④]，大怒则君必危矣。然则立以为妻，固无请人之妻不得而怨人者也。"田简自谓取使，可以为司马憙，可以为阴简，可以令赵勿请也。

【注释】

①阴简：是中山君的姬妾。难：敌，怨仇。②田简：乃中山国大臣。③属耳：探听。④赵王：即赵武灵王。

【译文】

司马憙三次担任中山的相国，中山君的美姬阴简很嫉恨他。田简对司马憙说："赵国使者来中山打探情况，难道不可以对他述说一下阴简的美貌吗？赵王一定会索要阴简，如果君王把阴简送给赵王，您就没有内患了。如果君王不把阴简送给赵王，您就趁机劝君王立阴简为正妻，阴简感激您的恩德，一定报答不尽。"司马憙果真让赵国索要阴简，中山君不给。司马憙说："您不把阴简送给赵国，赵王一定会恼怒，赵王一旦恼怒，您一定很危险。既然如此，那么可以把阴简立为正妻，世上根本想没有要人家的妻子、人家不给就怨恨人家的道理。"田简认为是自己让赵国使者出使中山的，这样做既可以帮助司马憙，又可以帮助阴简，同时也可以使赵国无法要去阴简。

主父欲伐中山

主父欲伐中山，使李疵观之[①]。李疵曰："可伐也。君弗攻，恐后天下。"主父曰："何以[②]？"对曰："中山之君，所倾盖与车而朝穷闾隘巷之士者，七十家。"主父曰："是贤君也，安可伐？"李疵曰："不然。举士，则民务名不存本[③]；朝贤，则耕者惰而战士懦。若此不亡者，未之有也。"

【注释】

①主父：即赵武灵王。李疵（cī）：为赵国大臣。②何以：相当于何故。③本：指农业。

【译文】

赵武灵王要攻打中山，于是派李疵去察看情况。李疵说："可以进攻了。您如果再不进攻中山，恐怕就要落在天下其他诸侯的后面了。"赵武灵王说："那是什么缘故呢？"李疵回答说："中山国的国君，把车盖堆在车里去拜访住在穷街窄巷的读书人，拜访的人家有七十家之多。"赵武灵王说："这是位贤君，怎么可以攻打呢？"李疵说："事实不是这样。举用读书人，那么百姓就会随着他追求虚名，不会把心思放在农业上；拜访贤者，那么耕种的人就会变得懒惰，兵士怯懦贪生。像这样国家还不灭亡，还从来没有过呢。"

中山君飨都士

中山君飨都士大夫，司马子期在焉。羊羹不遍[①]，司马子期怒而走于楚，说楚王伐中山。中山君亡，有二人挈戈而随其后者，中山君顾谓二人："子奚为者也？"二人对曰："臣有父，尝饿且死，君下壶飧饵之。臣父且死，曰：'中山有事，汝必死之。'故来死君也。"中山君喟然而仰叹曰："与不期众少，其于当厄[②]；怨不期深浅，其于伤心。吾以一杯羊羹亡国，以一壶飧得士二人。"

【注释】

①都士大夫：都城中的士大夫。司马子期：中山人，后到楚国为官。不遍：犹言不及。②厄：犹言困难的时候。

【译文】

中山君宴请城中的士大夫，司马子期也在邀宾之列 分羊羹时没有分到司马子期那里，司马子期盛怒之下跑到了楚国，说服楚王进攻中山。中山君被逼逃亡求生，有两个人手提着戈紧跟在他的后面，中山君回头对两个人说："你们是干什么的？"那两个人回答说："臣下有老父，曾经饿得奄奄一息了，您赐一壶食物给他吃。在臣下老父临死的时候，他说：'中山国如果有战事，你们一定要效以死力。'所以我们来替君王死战。"中山君感慨仰天长叹说："施恩不在于多少，而在于最困难的时候施与；结仇不在于深浅，而在于是否伤害人心。我因为一杯羊羹被灭亡了国家，因为一壶食物赢得两位忠诚义士。"

子部

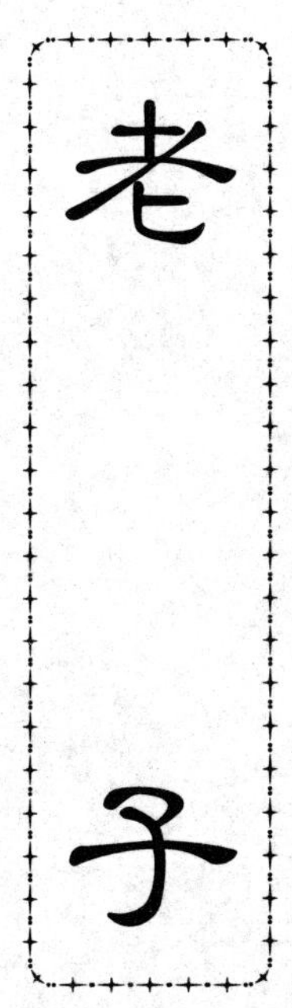
老子

第一章

道可道[①]，非常道[②]；名可名[③]，非常名。无名，天地之始[④]；有名[⑤]，万物之母。故常无欲[⑥]，以观其妙[⑦]；常有欲，以观其徼[⑧]。此两者，同出而异名，同谓之“玄”[⑨]。玄之又玄[⑩]，众妙之门。

【注释】

①前一个“道”指宇宙的本原和实质，后一个“道”指解说。②常：普通的，一般的。这句话以往多解释成：“道”，如果可以说得出来，它就不是永恒不变的“道”。这种解释偏离了《老子》的本义。《老子》通篇说的就是“道”。如第二十一章对“道”作了一番描述，第四十章说“道”可“闻”，第七十二章则说人们对“吾”描述“道”的“言”语不理解。显然，如果说“道”不可言传，那么《老子》五千言也就没有存在的必要了。③前一个“名”是形名之名，即形式、形态，这里指“道”的形态。后一个“名”指说明。④无名：指无形。“无名，万物之始也”，以往有人断为“无，名天地之始”。这种断法偏离了《老子》的本义。《老子》所说的“名”，并非一般的名（“名可名也，非恒名也”），“无名”指的是“道”的一种形态。⑤有名：有形。以往有在“有”字后断句的。按第二十一章所说，“道”“其名不去”，第三十二章说“道恒无名……始制有名”。可见“有名”是“道”的另一种形态，不应将其从中断开。⑥常：经常。⑦妙：通妙，精微，神妙。这句话以往多作：“故常无，欲以观其妙”。⑧徼：巡行。⑨谓：指称，意指。⑩玄：高深，奥妙。

【译文】

“道”是可以用言语来表述的，它并非普通的“道”。“名”也是可以阐明的，它亦非一般的“名”。“无名”是万物的始端，“有名”是万物的根源。所以经常没有欲望，以便认识无形的微妙；经常有所欲望，以便观察有形所运行的轨迹。“无名”、“有名”都来源于“道”，构成“道”的两种不同的形态和境界，指的是同一个东西。深奥而又深奥，这是洞悉万物奥妙的门径。

第二章

天下皆知美之为美，斯恶已[①]；皆知善之为善，斯不善已。故有无相生，难易相成，长短相形[②]，高下相倾[③]，音声相和，前后相随[④]。是以圣人处无为之事[⑤]，行不言之教，万物作焉而不辞[⑥]，生而不有，为而不恃，功成而弗居。夫唯弗居，是以不去。

【注释】

①恶：丑。②形：比较。③倾：对照。④随：“隋”应作“随”。⑤圣人：古代所推崇的最高典范人物。居：担任，担当。无为：任其自然，无所作为。⑥作：兴起，创造。

【译文】

天下都知道美的东西是美的，这就是丑了；都知道善，这就是不善了。有和无的互相转化，难和易的相反相成，长和短的互相衬托，高和下的互相充实，音和声的互相应和，先和后的互相追随，无一不永远如此，不可偏废。因此，圣人以无为的态度行事，实行不用言语的教化，听任万物自然兴起而不为其创始，他一切顺从自然，虽有所施为，但没有自己的意向，功成业就而不自居。因为不居，功绩也就不会离他而去。

第三章

不尚贤[①]，使民不争；不贵难得之货[②]，使民不为盗[③]；不见可欲[④]，使民不乱。是以圣人之治，虚其心[⑤]，实其腹，弱其志，强其骨，常使民无知无欲，使夫智者不敢为也。为无为，则无不治。

【注释】

①尚：即崇尚，尊崇。贤：有德行、才能的人。②贵：重视，珍贵。③盗：窃取财物。④见：即现，出现，显露。⑤虚：空虚。心：古人以为心主思维，这里指头脑、思想。

【译文】

不推崇有才德的人，使人民不互相竞争，不重视难得的财物，使人民不去行窃；不显耀足以激发贪欲的东西，使人民不致破坏既存的秩序。因此，圣人的治理原则是：简化人民的思想，使其头脑空空，填满人民的肚子，削弱人民的志向，强壮人民的体魄，永远使人民没有知识，没有欲望。只使他们懂得无须进取和不必有所作为，这样就没有治理不好的。

第四章

道冲[①]，而用之或不盈，渊兮[②]！似万物之宗[③]。锉其锐[④]，解其纷，和其光，同其尘，湛兮[⑤]！似或存。吾不知谁之子，象帝之先。

【注释】

①冲：通盅，空虚。②渊：深远。呵：语助词，表示停顿。③宗：祖先，祖宗。④锉：消磨，折去。兑：通锐，锐利，锋利。⑤湛：沉没，隐灭，不可见的样子。

【译文】

大“道”空虚，犹如器皿内的空间，使用时又不会充满。深远啊！它好像万物的宗祖。消弭它的锋锐，消除它的纷乱，调和它的光辉，混同于尘垢。隐没不见啊！似无而又实存。我不知道它是谁的后嗣，似乎是天帝的祖先。

第五章

天地不仁，以万物为刍狗[①]；圣人不仁，以百姓为刍狗。天地之间，其犹橐龠

乎[②]？虚而不屈[③]，动而愈出[④]。多言数穷[⑤]，不如守中。

【注释】

①刍狗：草扎成的狗。古代用于祭祀之中，用完便抛弃，比喻轻贱无用的东西。②橐籥（tuó yuè）：古代冶炼时，鼓风用的代囊和送风管，如今天的风箱。乎：甲本、乙本作“舆”，此据王本、河上本、傅本。③屈（gǔ）：竭，穷尽。④愈：越，更加。⑤言：学识知识。数（shǔ）：技艺。穷：穷尽，到头。

【译文】

天地不存在仁爱之心，它将万物视若“刍狗”，圣人也不存在仁爱之心，他将百姓视若“刍狗”。天地之间，不正像风箱一样吗？其中空虚，但蕴藏的风却不可穷尽，愈动而风愈多。与其博学多识，技艺登峰造极，不如保持空虚的状态。

第六章

谷神不死[①]，是谓玄牝[②]。玄牝之门，是谓天地根。绵绵若存[④]，用之不勤[⑤]。

【注释】

①谷：生养，生长。谷神，生养之神，此处用来比喻生养万物的“道”。②玄：黑红色。牝（pìn）：雌性动物。玄牝，指雌性动物的生殖器，以此比喻空虚之“道”。③绵绵：连绵不断貌。④若：如此，这样。⑤堇（jǐn）：通仅，少，不足。

【译文】

生养万物的神灵是永存的，这叫做“玄牝”。“玄牝”之门，叫做天地的根本。连绵不绝啊！它就是这样存在的！使用起来不会感到不足。

第七章

天长地久[①]。天地之所以能长且久者，以其不自生，故能长生。是以圣人后其身而身先，外其身而身存[②]。非以其无私邪[③]？故能成其私。

【注释】

①长、久：均指时间长久。②外：这里指置之度外。③邪（yé）：“邪”应作“与”。

【译文】

天长地久。天地所以能长久存在，是因为它们自然地存在着不为自己而生存，所以能长久。因此，圣人谦退无争，反能在众人之先；将自己置于度外，反能使自身生存。这不正是由于他无私吗？所以能成全他的私。

第八章

上善如水。水善利万物而不争，处众人之所恶[①]，故几于道[②]。居善地，心善渊，与善仁[③]，言善信，正善治[④]，事善能，动善时。夫唯不争，故无尤[⑤]。

【注释】

①恶（wù）：讨厌。川泽处下而容纳污垢，故为人们所厌恶。②几（jī）：接近。③与：推予，给与。④正：通政。⑤尤：怨恨，归咎。

【译文】

崇高的善德就像水。水具有很多美德，它有利于万物而又平静，停留在众人所厌恶的地方，所以接近于“道”。善人居处如水一样避高趋下，顺乎自然善于选择地点，胸怀如水一样静默深远善于保持沉静，施予如水一样润泽万物，公正均平善于效法上天，说话如水一样堵塞必止，开决必流善于守信，为政如水一样净化污秽，高低一般平善于治理、处理如水一样随物成形，可方可圆善于无所不能，行动如水一样冬天结冰，春天融化，涸溢有时善于随时应变。因为它不争，所以没有怨咎。

第九章

持而盈之[①]，不若其已[②]；揣而锐之[③]，不可长葆[④]。金玉满堂，莫之能守；富贵而骄，自遗其咎[⑤]。功遂身退[⑥]，天之道。

【注释】

①持：握，执，拿着。②已：停止。③揣：捶打，冶炼。④葆（bǎo）：通保，守住。⑤遗（wèi）：送给，留给。咎（jiù）：灾祸。⑥遂（suì）：成就。

【译文】

执持盈满，不如趁早停止。锻得锐利，不可长保锋芒。金玉满室，没有谁能保藏很久。富贵而又骄傲，是自己给自己留下祸害。功成身退，是天之“道”。

第十章

载营魄抱一[①]，能毋离乎[②]？抟气至柔[③]，能婴儿乎？涤除玄览[④]，能无疵乎[⑤]？爱民治国[⑥]，能毋知乎[⑦]？天门开阖[⑧]，能为雌乎[⑨]？明白四达[⑩]，能无知乎[⑪]？生之畜之[⑫]。生而不有，为而不恃，长而不宰，是谓玄德[⑬]。

【注释】

①载：负荷。营：指营气，人体中饮食水谷所化生的精气，有运行血液与滋养脏腑、组织的作用。魄：指依附于形体而显现的精神。人生而有魄，随着饮食和所摄取的精气的增多，魄也日益增强。抱一：指合一。②无（wù）：不。③抟（tuǎn）：即圆，运转，周环。甲本缺，王本、河上本、傅本作“专”，兹据乙本。④脩，即修，通涤，洗濯，扫除。监：通鉴，镜子。甲本作“蓝”，王本、河上本、傅本作“览”，此据乙本。玄监，明镜，比喻内心。⑤疵（zī）：小毛病。⑥治：救活。⑦知：通智，智慧。⑧天门：指鼻子。启：开。阖（hé）：关。天门启阖指人的呼吸，以此比喻人的生存。⑨雌：指安静柔顺。⑩达：通晓事理。⑪知：知识。⑫蓄（xù）：蓄养。⑬德：指“道”的运用所得的特殊规律或特殊属性。

【译文】

人身营养精气与精魄的统一，能不分离吗？呼吸吐纳，运气周身，以至于心平气和，能像婴儿那样柔顺吗？清除内心的杂念，能没有一点瑕疵吗？爱民救国，能不用智慧吗？人的生存，能做到安静柔弱吗？聪明通达，能不依赖知识吗？生育万物，养育万物，生育万物而不据为己有，滋养万物而不宰制，这就是深奥的“德”。

第十一章

卅辐共一毂[①]，当其无，有[②]车之用[③]；埏埴以为器[④]，当其无，有器之用。凿户牖以为室[⑤]，当其无，有室之用。故有之以为利，无之以为用。

【注释】

①卅（sà）：三十。辐（fú）：车轮的辐条，是凑集于车轮中心毂上的直木。毂（gǔ）：车轮中心有圆孔的圆木，内贯车轴，外承车辐。②当：处在。无有：没有。③也：王本、河上本、傅本无，甲本缺，此据乙本。“埴器之用也”的“也”同。④埏：揉和。埴（zhí）：粘土。器：器皿。⑤户：门。牖（yǒu）：窗。

【译文】

三十根辐条汇集到一个毂中，毂的空虚，成就了车的功用。点火烧粘土，制作器皿，器皿中的空虚使其可以容纳东西，成就了器皿的功用。开凿门窗，门窗的空虚，成就了房间的功用。“有”给人带来功用，是因为“无”在起作用所以应把“有”当作“无”带来的利益，把“无”当作带来种种利益的功用。

第十二章

五色，令人目盲[①]；五音，令人耳聋[②]；五味，令人口爽[③]；驰骋田猎令人心发狂[④]，难得之货令人行妨[⑤]，是以圣人为腹不为目，故去彼取此。

【注释】

①五色：青、赤、黄、白、黑五种颜色。②五音：宫、商、角、徵（zhǐ）、羽。五音构成中国古代乐声音阶中的五个音级。③五味：酸、苦、辛、咸、甘五种味道。爽：伤败，亡失。口爽，口味败坏。④驰

骋：纵马疾驰。田猎：打猎。⑤行：行为。

【译文】

五彩缤纷令人眼花目盲，纵马狩猎令人心情激动发狂，难得的宝货令人行为不轨，五味令人口味败坏，五音令人听觉失灵。因此，圣人的治理准则是：但求填饱肚皮，而不求声色悦目，所以他舍弃后者，而选取前者。

第十三章

宠辱若惊[①]，贵大患若身[②]。何谓宠辱若惊？宠为下，得之若惊，失之若惊，是谓宠辱若惊；何谓贵大患若身？吾所以有大患者，为吾有身，及吾无身[③]，无有何患？故贵以身为天下[④]，若可寄天下[⑤]；爱以身为天下[⑥]，若可托天下[⑦]。

【注释】

①宠：宠爱，尊崇。②贵：重视。大患：忧患。③及：等到，到那时。④贵：崇尚。⑤若：乃，才。寄，托付。⑥爱：舍不得，吝惜。⑦托：寄托。

【译文】

获得宠爱以至于为它担惊害怕，重视忧患就像重视自身一样。什么叫宠辱若惊？把宠爱当作卑下一样，得到它，因之惊喜，失掉它，因之惊恐，这就叫宠辱若惊。什么叫贵大患若身？我所以有忧患，是因为我有这个身躯，等到我没有身体时，还有什么忧患呢？所以，崇尚献身于治理天下的人，才可以将天下托付给他；不愿舍身治理天下的人，你怎么可以将天下寄托给他呢？

第十四章

视之不见，名曰微“夷”[①]；听之不闻，名曰“希”[②]；搏之不得[③]，名曰“微”[④]。此三者不可至诘[⑤]，故混而为一[⑥]。其上不皦[⑦]，其下不昧。绳绳[⑧]不可名，复归于无物。是谓无状之状，无物之象，是谓惚恍。迎之不见其首，随之不见其后。执古之道，以御今之有[⑨]，能知古始，是谓道纪[⑩]。

【注释】

①夷：无形。②希：无声。③搏：抚摸。④微：泯灭无迹。⑤诘：算清，数清，这里指分别清楚。⑥混：合而未分。一：指原始的统一体，混沌的元气。⑦皦：光明，明亮。⑧绳绳：渺茫。⑨御：驾驭。有：指有形的具体事物。⑩纪：头绪，条理，纲要。

【译文】

视而不见，叫做无形。听而不闻，叫做无声。摸它不着，叫做泯灭无迹。这三者不能达到

分别清楚的地步，所以混为一体。“一”这个东西，其先并非虚诞不实，其后也不是灭绝不明，连绵不绝啊！不可具体描述和形容，它反复回归到无形无象、无声无色的状态。这叫做没有具体形状的形状，没有具体事物的形象，这叫做潜藏而不可见。跟着它，看不见它的后面；迎着它，看不见它的前头。把握现今的“道”，用它来驾驭现存的具体事物，认识古时万物的开始，这叫做“道”的纲要。

第十五章

古之善为道者，微妙玄通①，深不可识②。夫唯不可识，故强为之容③：豫兮④！若冬涉川。犹兮⑤！若畏四邻。俨兮⑥！其若客。涣兮！其若冰三将释⑦。沌兮⑧其若朴⑨，混⑩兮其若浊。旷兮⑪其若谷。熟能浊以静之徐清？熟能安以久动之徐生？葆此道者不欲盈⑫，夫唯不盈，故能以能敝而新成⑬。

【注释】

①玄通：深奥通达。②志：记述。③容：形容，描述。④豫：动作谨慎、缓慢。⑤犹（yóu）：谋划。⑥俨：严肃，端整。⑦冰：应作凌。泽：通释，消溶，消散。⑧沌（dùn）：混沌无知的样子。⑨朴：未经加工的素材。⑩混：水深的声音。⑪旷：空旷，广阔。⑫葆：通保。⑬敝：陈旧，破败。

【译文】

古时善于实行“道”的人，微妙、高深而又通达，深奥得不可记述。因为不可记述，所以只能勉强对他作一描述：他谨慎缓慢啊！就像冬天涉水过河。谋划盘算啊！就像害怕四邻一样。严肃庄重啊！就像宾客一样。涣散疏松啊！就像冰凌消融。混沌无知啊！就像未经雕琢的素材。积厚深沉啊！就像浑水一样难以看透。空旷深阔啊！就像山谷一般。浑浊的水静下来，慢慢就会澄清。安静的东西动起来，慢慢就会产生变化。保持这个“道”的人，不追求盈满。因为不求盈满，因此能安于陈旧、破败，而不是完满无缺。

第十六章

至虚极，守静笃①。万物并作②，吾以观其复。夫物云云③，各复归其根④。归根曰静，是谓复命。复命曰常，知常曰明。不知常，妄作⑤凶；知常容⑥。容乃公⑦，公乃王⑧，王乃天，天乃道，道乃久，没身不殆⑨。

【注释】

①笃：坚持。②并：广泛，普遍。③天：天然，出于自然的。云云：众多的样子。④根：指事物的本原。⑤妄：同茫，暗昧，茫然无知。⑥容：容纳，包容。⑦公：公正，无私。⑧王（wàng）：归往，统治天下，成就王业。⑨没身：终生。殆：危险。

【译文】

达到虚无的境界，就是万物发展变化的极至。保持静止，就是没有偏离万物的根本。万物都在兴起、发展，我从而观察它们的还原。自然之物尽管变化万端，最后又各自返回到它们的本原，这称做“静”。“静”，这叫做回到生命的起点。回到生命的起点是永恒不变的规律。认识这一规律，就是明智。不认识这一规律，就是暗昧。茫然无知而去行动，必然凶险。认识这一规律才能包容一切。无所不包容就公正不偏，公正不偏就天下归往，天下归往就在于自然，出于自然就合乎“道”，与“道”相符就长久，终生不会有危险。

第十七章

太上①，下知有之；其次，亲而誉之；其次，畏之；其次，侮之②。信不足焉，有不信焉③。悠兮④其贵言；功成事遂⑤，百姓皆谓：我自然。

【注释】

①大上：即“太上”，指最好的君主。②侮：轻侮，蔑视。③案：乃，于是。④悠：谋划，这里指深思熟虑。⑤遂：成功，完成。

【译文】

最好的君主无为而治，人民只知道有他存在；其次的君主，人民亲近他，赞美他；再次的君主，人民畏惧他；最次的君主，人民轻侮他，蔑视他。君主信用不足，于是就有人民不相信君主的事发生。深思熟虑啊！他不肯轻易发话。功成事就，人民说我们本来就是这样的。

第十八章

大道废，有仁义；慧智出，有大伪。六亲不和①，有孝慈；国家昏乱②，有忠臣③。

【注释】

①六亲：六种亲属，说法不一。或指父、子、兄、弟、夫、妇，或指父、母、兄、弟、妻、子，或指父、昆弟、从父昆弟、从祖昆弟、曾祖昆弟、族昆弟，或指父子、兄弟、姑姊、甥舅、婚媾、姻娅，或指外祖父母、父母、姊妹、妻兄弟之子、从母之子、女之子。②家：国。③忠：正直不阿。

【译文】

所以，大“道”被废弃，这才有仁义。智慧出现了，这才有诈伪。六亲不和睦，这才有孝慈。国家昏乱不堪，这才有正直的臣子。

第十九章

绝圣弃智①，民利百倍；绝仁弃义②，民复孝慈；绝巧弃利③，盗贼无有。此三者，以为文不足④，故令有所属⑤：见素抱朴⑥，少私寡欲，绝学无忧。

【注释】

①圣：通达，聪明。②仁：仁爱。义：正义。仁、义是古代的道德观念和伦理规范。③巧：技艺。④文：指组织成篇的文字、文辞。⑤属：连接，隶属。⑥见（xiàn）：呈现，表现。素：生帛，没有染色的，这里指本色。朴：这里指纯朴、纯真。

【译文】

弃绝聪明、智慧，人民的利益就会增加百倍。弃绝“仁”、“义”，人民就会返回到孝、慈的状态。弃绝技艺和私利，盗贼就会绝迹。这三句话作为组织成篇的文字尚不够完整，所以还要使其有所连接：以本来的面目出现，保持内心的纯朴，减少私心和欲望，没有学问就不会有忧虑。

第二十章

唯之与阿[①]，相去几何？善之与恶，相去何若？人之所畏，不可不畏，荒兮[②]！其未央哉[③]！众人熙熙[④]，如享太牢[⑤]，如春登台。我独泊兮，其未兆[⑥]，沌沌兮！如婴儿未孩[⑦]。儽儽兮！若无所归。众人皆有余，而我独若遗[⑧]。我愚人之心也哉，沌沌兮[⑨]！鬻人昭昭[⑩]，我独若昏兮！俗人察察[⑪]，我独闵闵兮[⑫]！惚兮[⑬]！其若海。望呵，其若无所止。众人皆有以[⑭]，我独顽似鄙[⑮]。吾欲独异于人，而贵食母[⑯]。

【注释】

①唯：应诺的声音。诃（hē）：大声斥责。②荒：远望而惘然不可见。③未央：没有完。才：同哉。④熙熙（yí）：欢喜，快乐。⑤享（xiǎng）：通飨，享受。大（tài）牢：即太牢，古代帝王诸侯祭祀社稷时，牛、羊、猪三牲齐备叫太牢。⑥泊：淡泊，恬静。兆：迹象，征兆。⑦孩（hái）：婴儿发笑。⑧遗：失。⑨沌沌：即蠢，愚笨。⑩鬻（yù）：粥糊，这里指糊涂。鬻人，糊涂人，这里指世人。昭昭：清醒，明辨事理。⑪察察：分析明辨。⑫闵（mǐn）：昏昧，糊涂。⑬惚：即忽，不分明，这里指糊涂。⑭有以：有什么可以拿来。⑮顽：顽钝无知。鄙：鄙陋。⑯食母：指像婴儿那样仰食于母亲。母，指哺育万物的“德”。

【译文】

应诺和呵斥，这相差多少？美与丑，这又相差多少？人们所畏惧的人，也不可以不畏惧别人。远望而惘然不可见啊！永远存在而没有结束的时候！众人是那样的欢乐，就像参加丰盛的宴会，又像春日登台远眺那样舒畅。我却淡泊恬静，无动于衷，就像婴儿还不会笑。疲倦困乏啊！就像无家可归。众人都有富余，我独有所失。我真是愚人的心肠，那样地愚笨啊！世人是那么清醒，我独这么昏昧！世人是那么精明，我独这么糊涂！隐匿不明啊！就像茫茫的大海那样难以看透。远望而惘然不可见阿！就像永远如此，没有休止之时。众人都有一套有用的本事，我独顽钝无知，而又鄙陋。我偏偏想要与众不同，推崇从哺育万物的“德”那里吸取养料。

第二十一章

孔德之容[①]，唯道是从。道之为物，唯恍唯惚。惚兮恍兮，其中有象[②]；恍兮惚兮，其中有物。窈[3]兮冥[4]兮，其中有精[5]；其精甚真，其中有信[6]。自今及古，其名不去[7]，以阅众甫[8]。吾何以知众甫之然哉？以此。

【注释】

①孔：盛，大。容：容貌，样子。②象：形象。③窈（yōu)：隐微，隐晦。④冥（míng)：暗昧不明。⑤精：通情，即事物的本性、本质。⑥信：指能予以证实的可信的东西。⑦名：指形态。去：失去，这里指失去原来的模样。⑧众甫：指万物的始端。

【译文】

大“德”的样子，只随“道”为转移。“道”这个东西，惘然而看不分明。不分明啊！惘然啊！其中却有形象可见啊！惘然啊！不分明啊！其中却有实在的事物啊！隐微啊！暗昧啊！其中含有万物的本质。这本质十分真实，其中包含确实可靠的东西。以现今上溯到古代，它的形态始终如一没有变化，而是遵循着万物开始时的样子。我凭什么知道万物原始的情形呢？用的就是这个。

第二十二章

曲则全[1]，枉则直[2]，洼则盈，敝则新，少则得，多则惑。是以圣人抱一为天下牧[3]。不自见故明，不自是故彰；不自伐故有功；不自矜故长。夫唯不争，故天下莫能与之争。古之所谓曲全者，岂虚言哉！诚全归而之。

【注释】

①曲：委曲。全：齐全。②枉：弯屈。正：正直，纠正。③执：持。牧：法式，规范。

【译文】

委曲才能保全，枉屈才能矫正，低凹才能积蓄盈满，陈旧才能出新，少些才能有所得，多了反而会困惑无所得。因此，圣人执持万物的本原“一”，将它作为天下的规范。不自我标榜，所以才声名显扬；不自我表现，所以能显现出来；不自我夸耀，所以才有功；不自以为贤能，所以才能地位崇高。正因为与人无争，所以谁也不能和他相争。古人所说的委曲保全，是与此意义相近的话啊！的确，保全可以归结为这个意思。

第二十三章

希言自然[1]。飘风不终朝[2]，骤雨不终日。孰为此者？天地。天地尚不能久，而况于人乎！故从事于道者，同于道；德者同于德[3]；失者同于失[4]。同于道者，道亦乐得之。同于德者，德亦乐得之；同于失者，失亦乐得之。信不足焉，有不信焉。

【注释】

①希：无声。②飘风：暴起的旋风。冬：终，尽。下同。③德：道德，又通得，即获得，事情做对

了。④失：丧失，做错了事情。

【译文】

不说话是合乎自然的。暴起的旋风刮不了一个早晨，暴雨下不了一整天。谁使它们这样的呢？天地尚且不能持久，又何况人呢！所以奉行“道”的就应和“道”相同，奉行“德”的就应和“德”相同，有失于“道”的就和“失”相同。与“德”相同的，“道”也就得到他。与“失”相同的，“道”也就失掉他。

第二十四章

企者不立①，跨者不行；自见者不明②，自视者不章③，自伐者无功④，自矜者不长⑤。其在道也，曰：余食赘行⑥。物或恶之⑦，故有道者不处。

【注释】

①企：抬高，提起。②见（xiàn）：引荐，推荐，介绍。③视：通示，显示，标榜。章：通彰，表彰，显扬。④伐：夸耀。⑤矜（jīn）：自以为贤能。长（zhǎng）：地位高。⑥余：饱足，丰饶。赘（zhuì）：多余。⑦物：人，公众。或：又。

【译文】

吹嘘、抬高自己的，不会有所建树；自我标榜的，反而不能显扬；自荐的，反而不能自明；自我夸耀的，反而无功；自以为贤能的，反而不能做领导。就“道”而言，这叫做：多余的食物和多余的行动。公众又厌恶这些，所以有所追求的人不这样做。

第二十五章

有物混成①，先天地生。寂兮②！寥兮③！独立而不改，周行而不殆，可以为天下母。吾未知其名，字之曰道④。强为之名曰大，大曰逝⑤，逝曰远，远曰反⑥。故道大，天大，地大，王亦大。域中有四大⑦，而人居其一焉。人法地⑧，地法天，天法道，道法自然。

【注释】

①昆：混，同。成：完整。②寂：寂静。③寥（liáo）：清澈透明的样子，这里指无形，看不见，摸不着。④字：动词，取字。古代婴儿出生后三个月命名。成年后，男女分别在举行冠礼和笄礼时取字。⑤逝：去。⑥反：返回，回归。⑦域：这里指宇宙。⑧法：效法，学习。

【译文】

有一个混同一体的东西，在天地形成以前就已生成。寂静无声啊！清澈无形啊！它独立存在，永不改变，可以看作是天地的根源。我不知道它的名称，把它叫做“道”。万物都归附于

“道”，“道”无所不包，所以我勉强替它起名为“大”，但“道”并不主宰它们，万物又可离它而去，因此，“大”可称为“逝”，去久则远，因此，“逝”可称为“远”，远则返本归根，因此，“远”可称为“反”。“道”大，天大，地大，王也大。宇宙中有四大，王就是其中之一。人取法地，地取法天，天取法“道”，“道”取法于自然。

第二十六章

重为轻根，静为躁君①。是以圣人终日行②不离辎重③。虽有荣观④，燕处超然⑤。奈何万乘之主而以身轻天下⑥？轻则失根，躁则失君。

【注释】

①躁（zào）：不静，急躁。②终：尽。③辎（zī）：辎重，指载有寝处服食等生活物品的车子。④唯：因为。环官：指环绕四周的侍卫人员。⑤燕：闲，静。超然，明白、清楚的样子。⑥乘（shèng）：古时一车四马为一乘。万乘之王，指拥有万乘兵车的大国君主。

【译文】

重是轻的根本，静是躁的主宰。因此，君子整天行路，不离开他的辎重车辆。因为有侍卫人员，安居就头脑清晰，怎么拥有万乘兵车的君主把自身看得比天下还轻呢？轻就丧失根本，躁就丧失主宰的地位。

第二十七章

善行无辙迹①，善言无瑕谪②，善数者不以筹策③。善闭无关楗而不可开④，善结无绳而不可解⑤。是以圣人常善救人⑥，故无弃人，常善救物，故无弃物⑦。是谓袭明⑧。故善人者，不善人之师；不善人者，善人之资⑨。不贵其师，不爱其资，虽智大迷⑩，是故要妙。

【注释】

①绳：通彻，即通，这里指通行，往来。②瑕（xiá）：指缺点，毛病。适（zhé）：即谪（zhé），责备。③筹：截断的木块。策：筹策，古人记数、计算用的筹码。④关：门闩。龠（yuè）：锁。⑤绳：绳索。约：束缚。⑥救：埋怨，责备。⑦财：材料，东西。⑧袭：幽，这里指幽微，隐晦。⑨资：这里指可引以为戒的资财。⑩知：明智，聪明。

【译文】

善于行走的，没有来去的痕迹；善于说话的，没有差错可以指谪；善于计算的，不用筹码；善于关闭的，没有闩锁，却谁都不能打开；善于打结的，没有绳索，却谁都不能解开。因此圣人总是善于顺乎自然以埋怨和责备人，而没有摒弃人，万物没有可抛弃的东西，这叫做幽微、隐晦的明智。所以善人是善人的老师，恶人是善人引以为戒的资本。不尊重他的教师，不珍惜引以为戒的资财，虽然他的智慧接近非常糊涂，然而正是奥妙精要之所在。

第二十八章

知其雄[1]，守其雌，为天下溪。为天下溪，常德不离[2]，复归于婴儿。知其白[3]，守其黑[4]，为天下式。为天下式，常德不忒。复归于无极[5]。知其荣[6]，守其辱[7]，为天下谷[8]。为天下谷，常德乃足[9]。复归于朴。朴散则为器[10]，圣人用之则为官长，故大制不割[11]。

【注释】

①其：本章的六个其字，均系代词，意为“这个”。②恒：普通的，一般的。离：离去，离失。③白：洁，净，即洁白。④辱：污浊。⑤朴：这里指混沌未分的原始状态。⑥白：清楚，明白，明辨。⑦黑：暗昧。⑧式：式样，榜样。⑨常：普通，平常。⑩器：器具，这里指经过人加工的有形的具体事物。⑪割：割裂，剪裁。

【译文】

知道什么是刚强，却安守柔弱，甘作天下的溪渎。甘作天下的溪渎，普通的“德”就不散失。普通的“德”不散失，就又回归到纯朴的婴儿状态。知道什么是清白，却安守污浊，甘作天下的溪谷。甘作天下的溪谷，普通的“德”就充足。普通的“德”充足，就又回归为质朴。知道什么是明辩，却安守暗昧，甘作天下暗昧的榜样。甘作天下的榜样，普通的“德”就不会有失误。普通的“德”不会有失误，就又回归为无穷无尽的“道”。“朴”被分散离开它的原始状态就成为具体的事物。圣人发挥其作用，就成为它们的主宰。宰制万物至高无上的制度并没有裁割“朴”。

第二十九章

将欲取天下而为之[1]，吾见其不得已。天下神器，不可为也，为者败之，执者失之[2]。故物或行或随[3]，或歔或吹[4]，或强或羸[5]，或载或隳[6]。是以圣人去甚、去奢、去泰[7]。

【注释】

①为：这里指违背自然，加以裁割。②执：这里指控制，把持。③或……或……：有的……，有的……。④歔（rè）：即热。吹：这里指寒冷。⑤羸（cuò）：碎石，这里指破碎。⑥陪：通培，指增加，助益。隳（huī）：毁坏。⑦奢、泰、甚：三字均含有过分、极端的意思。

【译文】

要想取得天下而裁割它，我看他不会达到目的。天下这个神奇莫测的东西，是不可裁割的。裁割它就毁坏了它，把持它就丧失了它。因为这违背了自然。在自然情况中万物有的前行，有的后随；有的热，有的冷；有的坚强，有的破碎；有的起增益作用，有的起毁坏作用。

因此，圣人只顺乎自然去除过分和极端的东西。

第三十章

以道佐人主者，不以兵强天下。其事好还①。师之所处，荆棘生焉②。大军之后，必有凶年。善者果而已③，不敢以取强。果而勿矜，果而勿伐，果而勿骄，果而毋得已。果而勿强。物壮则老，是谓不道。不道早已④。

【注释】

①好：喜欢，爱好。还：返回，这里指还报。②楚：灌木名，即牡荆。棘（jí）：植物名，即酸枣。③果：果实，成果，这里指取得成果，成功。④蚤（zǎo）：通早。已：止，完，结束。蚤已，早亡。

【译文】

用“道”辅佐国君，不依靠武力逞强于天下。用兵这件事，喜欢还报终将使人自食其果。军队驻扎过的地方，荆棘丛生。善用兵的，只要取得成功就罢了，不要以武力逞强。取得成功不要骄傲，取得成功不要自以为有才能，取得成功不要夸耀，取得成功是情势所迫，不得不然。属于上述情况的，叫做取得成功却不强盛。万物壮盛因而过早衰老，因为不合乎“道”。不合乎“道”就会早亡。

第三十一章

夫兵者①，不祥之器②。物或恶之，故有道者不处。君子居则贵左③，用兵则贵右。兵者，不祥之器，非君子之器，不得已而用之，恬淡为上④。胜而不美。而美之者，是乐杀人。夫乐杀人者，则不可得志于天下矣。吉事尚左⑤，凶事尚右。偏将军居左⑥，上将军居右，言以丧礼处之⑦。杀人之众，以悲哀泣之⑧；战胜以丧礼处之。

【注释】

①兵：指兵器。②祥：吉祥，吉利。③君子：指德行兼备的人。④铦（xiān）：锋利。袭：入，触及，这里指便于刺入、砍入。⑤吉事：古代指祭祀、冠笄、婚姻等事。上：通尚，崇尚。⑥偏：辅佐。偏将军，佐将。⑦丧礼：指古代居丧和兴办丧事的仪节。⑧立：成就。

【译文】

武器是不祥之物。公众又厌恶它。所以有所追求的人不使用它。君子平时安居以左边为贵，用兵作战就以右边为贵。所以武器不是君子的东西。武器是不祥之物，君子不得已才动用它。武器以锋利便于刺杀的为上等，但不要对好的武器加以赞美。赞美它们，就是喜好杀人。喜好杀人，就不能得志于天下了。因此，吉庆的事以左边为上，丧事以右边为上。因此，偏将军位于左边，上将军位于右边。这是说按丧礼来处置战事。杀人众多，要以悲痛的心情成就它。打了胜仗，要按丧礼来处置它。

第三十二章

道常无名。朴，虽小[①]，天下莫能臣[②]。侯王若能守之，万物将自宾[③]。天地相合，以降甘露[④]，民莫之令而自均。始制有名[⑤]，名亦既有[⑥]，夫亦将知止[⑦]。知止可以不殆。譬道之在天下[⑧]，犹川谷之于江海[⑨]。

【注释】

①小：指微小，眇小。②臣：役使，支配。③宾：服从，归附。④俞（yú）：报，答，这里指施加。露：甘露，甜美的露水。⑤始：指“无名，万物之始也”的“无名”。制：制造，规定。⑥既：已经，既然。⑦夫：这，此。⑧俾（bǐ）：使。⑨猷（yóu）：犹如，若。与：亲附，参加，这里指加入，归入。

【译文】

“道”经常是无形的。“朴”虽微小不显著，但天下谁也不敢役使它。君主如能守住它，万物将自动归从。天地阴阳相配合，因此而普施甘露，人们没有发布指令，它却自然而然地分布得很均匀。无形制定有形，形也已经有了，这也就将知道适可而止。知道适可而止，因此不会有危险。使“道”存在于天下，犹如小溪小涧归入江海一样。

第三十三章

知人者[①]智[②]，自知者明。胜人者有力，自胜者强。知足者富。强行者[③]有志。不失其所者[④]久。死而不亡者寿。

【注释】

①知：知道，了解。②知：知识、经验丰富。③强：竭力，勉力。④所：处所，这里指恰当的位置。

【译文】

了解别人是明智。人有自知，是通明智。战胜别人是有力量。战胜自我才是强大。知足是富有。努力实行的有志气。不丧失恰当位置的不会犯错误可以长久。身死而不被人忘却的长寿。

第三十四章

大道泛兮！其可左右。万物恃之而生而不辞，功成不名有[①]。衣养万物而不为主，常无欲，可名于小。万物归焉而不为主[②]，可名为大。是以圣人之能成大，以其不为大也，故能成大。

【注释】

①有：存在，这里指具有某种功德。②主：主宰。

【译文】

"道"就像泛滥的河水一样啊！它能左能右，无所不至。功成事就却不自称有功有德。万物归附于它，却不作它们的主宰，它乃是永远没有欲望的，可以称为微小。万物归附于它，却不作它们的主宰，可以称为伟大。因此，圣人能够成为伟大，是由于他不追求伟大，因而伟大。

第三十五章

执大象[①]，天下往。往而不害，安平太[②]。乐与饵[③]，过客止[④]。道之出口，淡乎！其无味。视之不足见。听之不足闻。用之，不可既[⑤]。

【注释】

①象：形象。大象，指"道"。②安：乃，就。大（taì）：即泰，通畅，平安。③饵（ěr）：指食物。④格：指一定的标准或量度。⑤既：尽。

【译文】

执守大"道"，天下人就归心向往。归往而不互相妨害，就均平安泰。音乐与食物，享受过度就会令人止步。所以"道"所说的话，称得上淡而无味啊！看它，不可以看见。听它，不可以听见。用它，却没有穷尽。

第三十六章

将欲歙之[①]，必固张之[②]。将欲弱之，必固强之。将欲废之[③]，必固兴之[④]。将欲取之，必固与之。是谓微明[⑤]。柔弱胜刚强[⑥]。鱼不可脱于渊。国之利器不可以示人。

【注释】

①歙：收，敛。②古：即故，故意，存心。③去：除掉。④与：结交，亲附。⑤微：隐微，幽昧不明。⑥友：指交好，相聚。

【译文】

要想收敛它，必须（先）故意扩张它。要想削弱它，必须（先）故意加强它。要想除掉它，必须（先）故意亲附它。要想夺取它，必须（先）故意给予它。这叫做幽深隐微的明智。(因此，应）站在柔弱的一方，以战胜刚强。（这就和）鱼不能脱离深渊（一样)。国家锐利的武器，不可以给人看到。

第三十七章

道常无为而无不为[1]。侯王若能守之，万物将自化[2]。化而欲作[3]，吾将镇之以无名之朴[4]。无名之朴，亦将不欲。不欲以静，天下将自正[5]。

【注释】

①名：形态。②化：教化，潜移默化。③化：变化。④镇：镇定，安定。⑤正：纠正。

【译文】

“道”经常是无形的。君主如能保持它，万物就会自行教化。变化而有欲望萌生，我将用无形的“朴”来安定它们。用无形的“朴”来安定它们，它们将不会感受到污辱。不感受到污辱，它们就能安静下来，天地将自会端正不偏。

第三十八章

上德不德，是以有德。下德不失德，是以无德。上德无为而无以为，下德为之而有以为。上仁为之而无以为；上义为之而有以为。上礼为之[1]而莫之应，则攘臂而扔之[2]。故失道而后德，失德而后仁，失仁而后义，失义而后礼。夫礼者，忠信之薄[3]，而乱之首。前识者[4]，道之华[5]，而愚之始。是以大丈夫处其厚，不居其薄；处其实，不居其华。故去彼取此。

【注释】

①礼：指当时的社会规范和道德规范。②攘（rǎng）：捋起。攘臂，捋起袖子，伸出胳膊。扔：牵引，拉。③泊：通薄，淡薄，少。④前：先。识：认识。⑤华：虚华，浮华。

【译文】

高层次的“德”不表现为形式上的“德”，因此才是真正有“德”。低层次的“德”死守着形式上的“德”，因此实际上是没有“德”。高层次的“德”无所作为，没有什么可以拿来表现它的“德”。高层次的“仁”有所作为，但其所作所为并不足以表现它的“仁”。高层次的“义”有所作为，其所作所为足以表现它的“义”。高层次的“礼”有所作为，但没有谁响应它，于是就卷起袖子，伸出手臂，强迫人按礼行事。所以失去了“道”，然后“德”行；失去了“德”，然后“仁”行；失去了“仁”，然后“义”行；失去了“义”，然后“礼”行。“礼”这个东西，是忠、信的淡化，邪乱的祸首。知识这个东西，不过是“道”的虚浮不实的表现，是愚昧的开端。因此，大丈夫立身敦厚而不浇薄，存心朴实而不虚华。所以他舍弃虚华而要厚实。

第三十九章

昔之得一者[1]：天得一以清，地得一以宁，神得一以靈[2]，谷得一以盈，万物得一

以生，侯王得一以为天下正[③]。其致之也[④]，谓天无以清[⑤]，将恐裂；地无以宁，将恐废[⑥]；神无以灵，将恐竭[⑦]；万物无以生，将恐灭[⑧]；侯王无以贵，将恐蹶[⑨]。故贵以贱为本[⑩]，高以下为基[⑪]。是以侯王自谓孤、寡、不谷[⑫]，此非以贱为本耶？非乎？故致数舆与无舆[⑬]。是故不欲禄禄为玉[⑭]，珞珞如石[⑮]。

【注释】

①一：指混沌未分的原始的统一体。②靁（líng）：即灵。③正：君主，君长。④致：达到，至于。⑤已：停止。⑥发：倾圮，崩毁。⑦歇：尽，灭绝。⑧渴：尽，枯竭。⑨蹶（jué）：倾覆，垮台。⑩必：果真，假使。⑪基：即基。孤：孤独。寡：少。⑫谷：善。孤、寡、不谷，古代侯王的谦称。致：使……到来。⑬数：频繁，屡屡。与：赞许。⑭禄：福，古代官吏的俸给，这里指尊贵。⑮珞（luò）珞：石头坚硬丑陋的样子。

【译文】

自古以来获得“一”的：天获得“一”就澄清，地获得“一”就安宁，神获得“一”就灵验，川谷获得“一”就盈满，侯王获得“一”就成为天下的君长。这种情况达到了极点，就可以这样说，天不停地澄清下去，最终恐怕要破裂；地不停地安宁下去，最终恐怕要崩毁；神不停地灵验下去，最终恐怕要失灵；川谷不停地盈满下去，最终恐怕要涸竭；侯王愈来愈尊贵而高高在上，最终恐怕要垮台。所以尊贵就要以卑贱为根本，高高在上了就要以卑下为基础。因此，侯王自称“孤”、“寡”、“不谷”。这是侯王卑贱的根本吗？不是的。所以招致过多的赞许就得不到赞许。所以圣人不愿像美玉那样尊贵，或像顽石那样坚硬。

第四十章

反者[①]，道之动；弱者，道之用[②]。天下万物生于有[③]，有生于无[④]。

【注释】

①反：翻转，返回，还原。这里指向相反方向转化，包括还原在内。②用：作用，运用，用处，功用，这里指“道”的表现和产物。③有：指具体的有形之物。④无：指无形之物。

【译文】

向相反的方向转化，是“道”的运动。柔弱是“道”的表现和产物。天下万物产生于具体的有形之物，具体的有形之物则产生于无形之物。

第四十一章

上士闻道[①]，勤能行之[②]；中士闻道，若存若亡；下士闻道，大笑之。不笑不足以为道。故建言有之：明道若昧[③]，进道若退，夷道若类[④]，上德若谷，大白若辱，广德若不足，建德若偷[⑤]，质真若渝[⑥]，大方无隅[⑦]，大器晚成[⑧]，大音希声[⑨]，大象无

形⑩。道隐无名⑪。夫唯道，善贷且成。

【注释】

①士闻：士：古代男子的美称，又指下级贵族、知识阶层和军士。②堇（jǐn）：通仅。③费：烦琐费解。④夷：平，这里指平等、公正、公平。类（lì）：通戾，偏，不公平。⑤偷：苟且怠惰。⑥质：诚信，信实。真如渝：渝（yú），改变，背弃。⑦隅（yú）：边角。⑧晚：迟。⑨希声：无声。⑩刑：通形。⑪褒：盛。

【译文】

上等的士人听到了“道”，仅能照着它去做，中等的士人听到了“道”，感到似有似无，将信将疑。下等的士人听到了“道”，哈哈大笑。不笑，那就称不上是“道”了。“道”深奥难知，并非人人都能理解。因此，有人立言说：明白易晓的“道”犹如烦琐费解一样，前进的“道”犹如后退一样，平直的道犹如偏斜一样，高尚的“德”犹如低下的川谷一样，最清白犹如污浊一样，广阔无边的“德”犹如不足一样，有所建树的“德”犹如苟且怠惰一样，信实、真诚犹如背信弃义一样，极其方正却没有棱角，极大的器物迟迟才能完成，最高的声音听不到，自然的现象无形。“道”盛大而无形。只有“道”，才能善始并且善终。

第四十二章

道生一①，一生二②，二生三③，三生万物。万物负阴而抱阳，冲气以为和④。人之所恶，唯孤、寡、不谷，而王公以为称。故物或损之而益，或益之而损。人之所教，我亦教之⑤。强梁者不得其死⑥。我将以为教父⑦。

【注释】

①道：指宇宙的本原。一：指原始的统一体，即混沌的元气。②二：指天、地。③三：指阴气、阳气与阴阳混合所成之气。④中：中间，当中，这里指不偏、适中。⑤议：发表言论。或作义，这里指认为合理。⑥死：通尸，尸体。⑦学：觉悟。父：开始。

【译文】

“道”产生“一”，“一”产生“二”，“二”产生“三”，“三”产生万物。万物包含着阴、阳二个相反的方面，以阴阳混合适中之气作为和谐。所以天下所厌恶的虽然是“孤”、“寡”和“不谷”，但高贵的王公却用它们来称呼自己。所以有的东西损害它反而使它得益，使它得益反而损害了它。所以，别人所教导人的，我也说来教人。因此，过于强横的人不得好死。我把这一点当作觉悟的开始。

第四十三章

天下之至柔，驰骋天下之至坚①。无有入无间②。吾是以知无为之有益。不言之教，无为之益，天下希及之。

【注释】

①致：极。②无有：没有。间：夹缝，间隙。

【译文】

天下最柔弱的东西，能在天下极坚硬的东西里驰骋。空虚无有之物，能够进入没有空隙的东西中。我因此而知道无所作为的益处。不用言语的教化，无所作为的好处，天下没有什么能够比得上它们。

第四十四章

名与身孰亲？身与货孰多[①]？得与亡孰病[②]？甚爱必大费[③]，多藏必厚亡[④]。知足不辱，知止不殆，可以长久。

【注释】

①多：称美，推重。②病：担忧。③费，损耗。④厚：重大。

【译文】

名声与生命哪个更亲近？生命与财产哪个更值得推重？得与失哪个更令人担忧？过分吝惜必定会有很大的耗费，过多的收藏必定会有重大的损耗。所以知足就不会招致侮辱，知道适可而止就不会遇到危险，因此就可长久。

第四十五章

大成若缺[①]，其用不敝[②]，大盈若冲，其用不穷[③]。大直若屈[④]，大巧若拙[⑤]，大赢若绌[⑥]，大辩若讷[⑦]。躁胜寒[⑧]，静胜热。清静为天下正。

【注释】

①成：完全，具备。②敝：坏，困、败。③穷：尽，终结。④诎（qū）：通屈，屈曲。⑤拙（zhuō）：笨拙。⑥赢（yíng）：有余。绌（chù）：不足。⑦辩：有辩才，巧言。讷（nè）：出言迟钝。⑧躁（zào）：急躁不安。

【译文】

极其完备就像残缺不全一样，它的作用不会败坏，极其盈满就像空虚一样，它的作用不会穷尽。极其正直就像弯曲一样，极其灵巧就像笨拙一样，极其有余就像不足一样，极其善辩就像出言迟钝一样。急躁不安足以禁得起寒冷。安静足以禁得起炎热。愿求安静可以成为天下的君长。

第四十六章

天下有道，却走马以粪[①]。天下无道，戎马生于郊[②]。罪莫大于可欲，祸莫大于不

知足，咎莫大于欲得[③]。故知足之足常足矣。

【注释】

①却：退，拒绝，不接受。走马：奔跑的马，这里指战马。粪：指粪田，整治田地。②郊：国都之外，离都城五十里的地方叫近郊，一百里的地方叫远郊。③咎（jiù）：灾祸，灾殃。

【译文】

天下有“道”，就退下驰骋的战马而用于耕种。天下无“道”，战马就出生于城郊。没有哪一种罪恶比可以激起人们的贪欲更大，没有哪一种祸患比不知足更大，没有哪一种灾难比贪得无厌更令人痛心。所以具备知足之心，就永远不会有任何不足。

第四十七章

不出户[①]，知天下；不规牖[②]，见天道。其出弥远[③]，其知弥少。是以圣人不行而知，不见而名[④]，无为而成。

【注释】

①户：门。②规：通窥，窥看。牖（yǒu）：窗。③弥：愈，更加。④名：明白。

【译文】

不出大门，却了解天下，不看窗外，却了解“天道”。出门愈远，所了解的愈少。因此，圣人不必出行就能明智，不必看就能明晓，不必做就能成功。

第四十八章

为学日益，为道日损。损之又损[①]，以至于无为。无为而无不为。取天下常以无事。及其有事，又不足以取天下。

【注释】

①损：减损。

【译文】

做学问天天都有长进，那么听说“道”就天天都有损失。减损又减损，以至于没有什么可减损。无所减损就没有什么事可以做了。要想取得天下，永远要无所事事。等到有事可做，就又不足以取得天下了。

第四十九章

圣人无常心，以百姓心为心。善者吾善之[①]，不善者吾亦善之，德善[②]。信者吾信之，不信者吾亦信之，德信。圣人在天下，歙歙焉[③]为天下浑心[④]。百姓皆注耳目[⑤]，圣人皆孩之[⑥]。

【注释】

①善：善良，美好，有道德。②德：道德。又同得，得到。③歙（hē）：这里指翕（yì），聚合。歙歙，和合的样子。④浑：浑厚博大的样子。⑤注：专注。⑥孩之：使它们像婴孩一样。

【译文】

圣人永远没有私心，而把百姓的心作为他的心。百姓的心善的，他认为善；不善的，他也把它当作善，这就得到了善。百姓的心真实可信的，他相信；不可信的，他也把它当作可信的，这就得到了信任。圣人在天下聚合协和，成为天下深厚博大之心。百姓都对他注目、倾听，圣人使他们都像婴儿一样。

第五十章

出生入死。生之徒十有三，死之徒十有三，人之生[①]，动之死地亦十有三。夫何故？以其生生之厚。盖闻善摄生者[②]，陆行不遇兕虎[③]，入军不被甲兵[④]，兕无所投其角[⑤]，虎无所措其爪[⑥]，兵无所容其刃[⑦]。夫何故？以其无死地。

【注释】

①出生：养生，求生。②执：保持。③陆：大土山。兕（sì）：古代犀牛一类的独角兽。④被：具备，带。⑤角：触角。⑥措：安放，施用，施展。⑦容：用。其刃：刃，刀口，刀锋。

【译文】

人出生，就会陷入死地。其中生命力强，出生后，生存下来的，十分中有三分；生命力弱生而夭折的，十分中有三分；而生命力强，本来能生存下来的人因为养生，动辄陷于死地的，十分中有三分。这是什么缘故？这是因为养生　听说善于保持生命的人，在山中行路不避兕和老虎，进入敌阵之中不带铠甲和兵器，而兕没有地方一试它的角，老虎没有地方施展它的爪，兵器没有地方运用它的锋刃。这是什么原因？这是因为他根本没有死的境地。

第五十一章

道生之，德畜之；物形之，势成之。是以万物莫不尊道而贵德。道之尊，德之贵，夫莫之命而常自然。故道生之，德畜之，长之，育之[①]，亭之[②]，熟之[③]，养之，覆之。生而不有，为而不恃，长而不宰，是谓玄德。

【注释】

①育：成就。②亭：指变化，孳生。③熟：指培育，培植。

【译文】

“道”生育万物，“德”畜养它们；万物因此而呈现各种形态，构成具体的器物。因此，万物尊崇“道”而崇尚“德”。“道”的受尊崇，“德”的受崇尚，其间并没有谁使它们这样，而是从来就是自然而然的。“道”生育万物，蓄养万物，滋长万物，成就万物，化生万物，培育万物，调养万物，蔽护万物。生而不据为已有，有所施为而不自恃，滋长而不主宰，这叫做深远的“德”。

第五十二章

天下有始①，以为天下母。既得其母，以知其子②。既知其子，复守其母，没身不殆。塞其兑③，闭其门④，终身不勤⑤。开其兑，济其事⑥，终身不救⑦。见小曰明⑧，守柔曰强。用其光，复归其明⑨，毋遗身殃⑩，是谓袭常⑪。

【注释】

①始：开端，指“道”。②子：指天下万物。③兑（yuè）：通阅，假借为穴，指耳目口鼻等穴窍。④门：指耳目口鼻等感知认识的大门。⑤勤：即愁苦，担心。⑥济：成功，成就。⑦救：指纪，即找出头绪，整治。⑧见：看见。察见。⑨归：返回。⑩殃：祸害，灾祸。⑪袭：沿用，因袭。

【译文】

天下有一个开端，可以把它作为天下万物的根源。既已得到万物的根源，便可认识天下万物。既已认识天下万物，又持守万物的根源，就终身不会遭到危险。堵住耳目口鼻，关上感知认识的大门，终身不必忧愁。开启耳目口鼻，成就你的事情，终身不可治理。察见“道”的微妙叫做“明”，保持柔弱叫做“强”。运用“道”的微妙所发出的智慧之光，以认识天下万物又返回到“明”的状态，不给自己留下灾殃，这叫做袭用永恒的“道”。

第五十三章

使我介然有知①，行于大道，唯施是畏②。大道甚夷③，而民好径④。朝甚除⑤，田甚芜，仓甚虚，服文采⑥，带利剑，厌饮食，财货有余⑦，是谓盗夸⑧。盗夸，非道哉。

【注释】

①介：确定不移，的确。②施（yí）：邪，即偏、斜，不正。③夷：平坦。④径：小路。⑤朝：朝廷，君主接见臣下和处理政事的地方。除：整洁。⑥服：穿着。文采：有彩色交错花纹的丝织品。⑦厌（yàn）：同餍，饱，足。⑧盗：偷窃。夸：这里指盛行。

【译文】

假使我的确具有智慧，我就走大道，唯恐走入邪路。大道很平坦，人们却很喜欢走山间的小道。宫殿十分整洁，田地非常荒芜，仓库极其空虚，统治者却穿着有文采的衣服，佩带着锋利的宝剑，饱食终日而钱财盈积，这叫做盗窃盛行。盗窃盛行，是不合乎“道”的。

第五十四章

善建者不拔①，善抱者不脱②，子孙以祭祀不辍③。修之于身④，其德乃真。修之于家，其德有余。修之于乡，其德乃长。修之于国，其德乃丰⑤。修之于天下，其德乃普⑥。故以身观身，以家观家，以乡观乡，以国观国⑦，以天下观天下。何以知天下之然哉？以此。

【注释】

①拔：拔出，移易。②抱：抱持。脱：遗失，离失。③祭祀（sì）：祭神和祀祖。④修：整洁，增进。⑤丰（páng）：丰厚。⑥博：即博，博大，广博。⑦国：即国家。

【译文】

善于建树的不可移易，善于抱持的不会离失，这样的人子孙就会世世代代祭祀他。用“道”修身，他的“德”就真实。用“道”治家，他的“德”就有余。用“道”治乡，他的“德”就增长。用“道”治国，他的“德”就丰厚。用“道”治天下，他的“德”就博大。根据有“德”的人来观察人，根据有“德”的家来观察家庭，根据有“德”的乡来观察乡，根据有“德”的国家来观察国家，根据有“德”的天下来观察天下。我用什么知道天下实行“道”的情况呢？用的就是这个。

第五十五章

含德之厚，比于赤子①。毒虫不螫②，猛兽不据，攫鸟不搏③，骨弱筋柔而握固。未知牝牡之合而朘作④，精之至也。终日号而不嗄⑤，和之至也。知和曰常。知常曰明。益生曰祥⑥。心使气曰强⑦。物壮则老，谓之不道。不道早已。

【注释】

①赤子：初生的婴儿。②毒：蝎类毒虫。虫：即虺（huǐ），毒蛇、毒虫。螫（zhé）：刺人，毒害。③搏：捕捉，博击。④牝（pìn）：鸟兽的雌性。牡（mǔ）：鸟兽的雄性。会：交合。朘（zuī）：婴儿的生殖器。怒：奋起，勃起。⑤嗄（yōu）：气逆。⑥祥：灾殃。⑦心：心思，心意，思想，感情，这里指意志。气：这里指精气。强：强盛，勉强。

【译文】

含“德”深厚的人，好比初生的婴儿。蜂蝎毒蛇不伤害他，凶禽猛兽不捕捉他，他筋骨柔弱而握物坚牢。他不懂得牝牡交合，生殖器却勃起不衰，这是因为精气充沛至极。他终日号哭不止，却不气逆，这是因为和谐达到了极点。和谐叫做永恒不变的规律，认识和谐叫做明智，人为地延年益寿叫做灾殃，用心支使精气叫做逞强，万物壮盛而过早衰老，叫做不合乎“道”。不合乎“道”，就会早亡。

第五十六章

知者不言[①]，言者不知。塞其兑，闭其门，挫其锐，解其纷，和其光，同其尘，是谓玄同[②]。故不可得而亲，不可得而疏；不可得而利，不可得而害；不可得而贵，不可得而贱。故为天下贵[③]。

【注释】

①知：即智。言：讲，说。②齐：齐同，均一。③贵：重视，崇尚。

【译文】

智者不言，言者不智。堵住耳目口鼻，闭上感知的大门，调和其光辉，混同于尘垢，消弭其锋锐，消解其纷乱，这叫做玄妙深奥而与“道”齐同。所以这样的人无法与他亲近，也无法与他疏远；无法使他获益，也无法使他受害；无法使他尊贵，也无法使他卑贱。所以这样的人被天下所重视和崇尚。

第五十七章

以正治国[①]，以奇用兵[②]，以无事取天下。吾何以知其然哉[③]？以此：天下多忌讳[④]，而民弥贫[⑤]；人多利器[⑥]，国家滋昏[⑦]人多技巧，奇物滋起[⑧]；法物滋彰[⑨]；盗贼多有。是以圣人之言曰[⑩]：我无为而民自化；我好静而民自正；我无事而民自富；我欲不欲而民自朴。

【注释】

①正：平正，不偏。②奇：与众不同。③哉：语气词。④忌讳：禁忌。⑤弥（mí）：越，更加。⑥利器：精良的器械或工具。⑦滋：益，更加。⑧起：兴起，发生。⑨法物：法律制度。彰：彰明。⑩言：言论，话。

【译文】

用平正的办法治理国家，以出奇制胜的方法用兵，以无所作为来取得天下。我凭什么知道是这样的呢？天下禁忌越多，人民就越贫穷；民间精良器械愈多，国家就愈混乱；人民智慧愈多，奇异的事物就愈是层出不穷；法律制度愈明晰，盗贼反而更多。因此圣人的话说：我无所作为，人民自会潜移默化；我喜欢清静，人民自会走上轨道；我无所事事，人民自会富足；我想要无所欲望，人民自会淳朴。

第五十八章

其正闷闷[①]，其民淳淳[②]。其正察察[③]，其民缺缺[④]。祸兮，福之所倚；福兮，祸之所伏。孰知其极[⑤]，其无正也？正复为奇，善复为妖[⑥]，人之迷，其日固久。是以圣人方而不割，廉而不刿，直而不肆，光而不曜。

【注释】

①正：通政。闵闵：昏昧，糊涂。②屯屯：厚。③察：明察。察察，分析明辨。④缺缺：分决，离散。⑤极：极点，极边，界限。⑥妖：邪恶。甲本、乙本缺，此据王本补。

【译文】

政治昏昧，人民就淳厚。政治明辨，国家就分崩离析。祸是福的凭依，福中潜藏着祸。谁知道它们的界限呢？这并没有一定的准则。正还原为奇，善还原为恶，人们对这些的熟悉和了解，时间本来就已很久了。因此，圣人方正而不以此裁割万物，兼收并蓄而不伤害他人，正直而不过度，光明正大而不炫耀，不使人不敢正视。

第五十九章

治人事天[①]，莫若啬[②]。夫唯啬，是谓早服[③]。早服谓之重积德[④]。重积德则无不克[⑤]。无不克则莫知其极。莫知其极，可以有国。有国之母[⑥]，可以长久。是谓深根固柢[⑦]，长生久视之道[⑧]。

【注释】

①事：侍奉。②啬（sè）：吝惜，爱惜。③早（zǎo）：在先。服：顺从，奉行。④重：多，厚。⑤克：能够，胜任。⑥母：根源，本原。⑦柢（dǐ）：根本。⑧久视：久活，久存。

【译文】

治理人民，侍奉上天，没有哪一种原则比得上吝惜。因为吝惜精力因而能先于他人顺奉“道”。顺奉“道”在先叫做多积“德”。多积“德”就无所不能。无所不能就不知道它能力的极限。不知道它能力的极限，就可以领有国家。拥有国家的本原，就可以长久。这叫做根深蒂固，长生久存之“道”。

第六十章

治大国若亨小鲜[①]。以道莅天下[②]，其鬼不神[③]。非其鬼不神，其神不伤人。非其神不伤人[④]，圣人亦不伤人也。夫两不相伤，故德交归焉[⑤]。

【注释】

①亨（pēng）：即烹，烧煮食物。小鲜：指小鱼。②莅：建树，设立。③神：神奇莫测，灵验。④非：“不唯”二字的合音，不独，不仅。⑤交：俱，都。

【译文】

治理大国就像烹煮小鱼一样不能常常扰动，以免散碎。圣人依照“道”建设天下，鬼就不灵验。不是鬼不灵验，而是鬼的神奇莫测不损害人。不独它的神奇莫测不损害人，圣人也不损害它。人与鬼互不损害，所以“德”都归属于圣人。

第六十一章

大国者，下流也①，天下之交，天下之牝。牝常以静胜牡，以静为下。故大国以下小国②，则取小国③。小国以下大国，则取大国。故或下以取，或下而取④。大国不过欲兼畜人⑤。小国不过欲入事人⑥。夫两者名得其欲，大者宜为下。

【注释】

①下流：即下游。②下：谦下，屈己尊人。③取（qǔ），取得，获得。④取（qū）：通趣，即趋，趋向，归附。⑤兼畜：兼并畜养。⑥事：侍奉，服侍。

【译文】

大国好比江河的下游，天下的牝雌。天下雌雄交合，雌性常以安静战胜雄性。因为雌性安静无争，所以宜居于下位。所以大国屈己尊重小国，就得到小国的归顺。小国屈己尊重大国，就被大国所容纳。因此，有的谦下而有所得，有的谦下而归附他人。所以，大国谦下不过是想兼并蓄养小国，小国谦下不过是想要侍奉大国。如果要使双方都满足他们的愿望，那么，大国应该居于卑下的地位。

第六十二章

道者，万物之注也①。善，人之宝也②。不善，人之所保也③。美言可以市④尊，美行可以加人⑤。人之不善，何弃之有？故立天子⑥，置三公⑦，虽有拱璧以先驷马⑧，不若坐进此道。古之所以贵此者何？不曰“求以得，有罪以免耶？”故为天下贵。

【注释】

①注：流入，灌入，这里指汇归。②宝：珍宝。③保：保持，保有。④美：赞美，称美。市：购买。⑤加：以礼物奉送相庆。⑥天子：古代统治天下的帝王。⑦公：古代天子和诸侯所属的高级官员。⑧拱：双手合抱。璧（bì）：平圆形，中有圆孔的玉器。共之璧，指大璧。驷马：用四匹马拉的车子。

【译文】

“道”是万物汇归之地。善是人的珍宝。不善是人民宝物。赞美的言语可以买到，令人敬重的行为可以像贺礼一样奉送给人。人们的不善，有什么可摒弃的呢？所以拥立天子，设置大臣，虽有拱璧在先，驷马随后的礼仪，倒还不如坐着献上“道”。古代所以贵重“道”是为什么呢？不就因为有所求就会获得，有罪便得以免除吗？所以它为天下所贵重。

第六十三章

为无为，事无事，味为味①。大小②，多少③，报怨以德。图难于其易④，为大于其细⑤。天下难事必作于易⑥，天下大事必作于细。是以圣人终不为大⑦，故能成其大。夫轻诺必寡信⑧，多易必多难。是以圣人猷难之⑨，故终无难。

【注释】

①味：这里指品尝，品味。味：滋味。②大：使……增大。③多：使……增多。④图：图谋，设法对付。乎：于。⑤细：微小。⑥作：兴起。⑦冬：终，尽。⑧诺（nuò）：答应，允许。⑨猷（yóu）：谋划，考虑。

【译文】

行事无所作为，处事无所事事，品起味来淡如白水。化小为大，化少为多，用恩惠报答怨恨。因此设法对付困难，要在它还容易克服时动手；做大事，要在它还是小事时着手。天下的困难起于容易，天下的大事起于微细。因此，圣人始终不做大事，所以能成就大事。轻易允诺，必定很少讲信用；把事情看得过分容易，必定使困难增多。因此，圣人遇事谋划盘算，宁可把它看得困难些。所以他终于没有困难。

第六十四章

其安①易持②。其未兆③易谋。其脆易泮④，其微易散。为之于未有，治之于未乱。合抱之木，生于毫末⑤；九成之台⑥，起于累土⑦；千里之行⑧，始于足下。为者败之⑨，执者失之。是以圣人无为故无败；无执故无失。民之从事⑩，常于几成而败之⑪。慎终若始⑫，则无败事。是以圣人欲不欲，不贵难得之货；学不学，复众人之所过⑬；以辅万物之自然⑭，而不敢为。

【注释】

①安：安稳，安定。②持：支持，维持。③兆：事物发生前的征候，迹象，预示。④泮：分离，分裂。⑤生：兴起，创造，这里指萌发。⑥成：即层，重。⑦作：兴起。累：即累，盛土笼。⑧始：开始。⑨败：毁坏，败坏。⑩从：参与。从事，办事。⑪其：将要。⑫慎：谨慎，当心。⑬复：返回，还原。过：走过，经过。⑭辅：辅佐，扶助。

【译文】

事物稳定，就容易维持。事物还没有变化的迹象，就容易计议。脆弱的东西容易分裂，细微的东西容易消散。因此要在事情没有发生之时采取行动。要在没有发生混乱之时着手治理。合抱的大树，萌发于细小的幼芽。九层的高台，起于一小筐土。登上百仞的高处，要从脚下的第一步开始。有所作为反会坏事，抓住不放反而会失去。因此，圣人无所作为，所以无所败

坏；无所把持，所以无所损失。人们做事，常常在即将成功之际坏事。所以最终如能像最初一样谨慎，就不会坏事了。因此，圣人以没有欲望为欲望，不重视难得的财物；学习弃绝学习的道理，而回到众人所经历过的婴儿状态；能辅助万物的自然发展，而不用轻举妄动。

第六十五章

古之善为道者，非以明民，将以愚之。民之难治，以其智多①。故以智治国②，国之贼③。不以智治国，国之福④。知此两者亦稽式⑤。常知稽式，是谓玄德。玄德深矣，远矣，与物反矣，然后乃至大顺⑥。

【注释】

①智：智慧。②治国：主持、治理国家。③贼：败坏者、乱臣，这里指祸害、灾难。④德:恩惠，德泽，这里指福气。⑤稽式：法式，法则。⑥顺：和顺，顺理。大顺，指顺乎自然。

【译文】

所以说：奉行“道”的人不是用“道”使人变得明智，而是要用“道”教人质朴无知。人民难以统治，是因为他们聪明有智慧。所以用才智治理国家，是国家的灾难。不用才智治理国家，是国家的福分。要永远懂得：这两者也是一条法则。永远懂得这一法则，这叫做“玄德”。“玄德”深奥，又高远，它和一般的事物相反，但却顺乎自然达到最大的和顺。

第六十六章

江海之所以能为百谷王者①，以其善下之，故能为百谷王。是以圣人欲上民，必以言下之。欲先民，必以身后之。是以圣人处上而民不重，处前而民不害②，是以天下乐推而不厌③。以其不争④，故天下莫能与之争。

【注释】

①谷：两山间的溪涧。王（wàng)：指归往，汇集。②害：损害，妨碍。③推：举荐，推戴。厌：抑制，堵塞。④争：竞争。

【译文】

江海所以能汇集众多溪涧，是因为它善于处在溪涧的下游，因此而能汇集众多的溪涧。因此，圣人想要居于人民之上，必须用言语表示谦下。想要居于人民之前领导人民，必须把自己放在人民之后。所以他居于人民之前，而人民不以为是妨害；居于人民之上，而人民不以为是负担加重，天下乐于推戴而不抑制他。不正是因为他不争吗？因为不争，所以天下没有谁能和他争。

第六十七章

天下皆谓我道大①，似不肖②。夫唯大，故似不肖。若肖，久矣其细也夫③。我有三宝④，持而保之。一曰慈⑤，二曰俭⑥，三曰不敢为天下先。慈故能勇；俭故能广⑦；不敢为天下先，故能成器长。今舍慈且勇⑧；舍俭且广；舍后且先；死矣。夫慈，以战则胜，以守则固。天将救之⑨，以慈卫之⑩。

【注释】

①我：指“道”。②肖（xiāo）：衰微，变弱小。③细：渺小。④葆（bǎo）：通宝，珍宝。⑤慈：慈爱，柔善。⑥俭：约束，收敛。⑦广：开廓，扩大。⑧且：又。⑨救：设置，树立。⑩卫：援助，护卫。

【译文】

天下都称说“道”博大，博大而不衰微。因为不衰微，所以能博大。如若衰微，它早就渺小了。“道”永远有三件珍宝，保持并珍惜着它们。第一件称作柔慈，第二件称作收敛，第三件称作不敢走在天下人之前。柔慈，所以能使人勇敢；收敛，所以能开廓；不能走在天下人之前，所以能成为既成事物的君长。现在舍弃柔慈，而又勇敢；舍弃收敛，而又开阔；舍弃谦退后随，而又争先；就必死无疑。柔慈，将它用于作战就打胜仗，用于防守就坚固不拔。天要树立谁，就像用柔慈来援助、护卫他一样。

第六十八章

善为士者不武①，善战者不怒②，善胜敌者不与③，善用人者为之下。是谓不争之德④，是谓用人之力，是谓配天⑤，古之极⑥。

【注释】

①士：指武士。武：勇敢。②怒：生气，发怒。③与：对敌，这里指与敌作战、交锋。④争：夺，取。⑤配天：与天相配。⑥极：准则。

【译文】

所以善于作武士的，不用其勇武；善于作战的，不发怒；善于战胜敌人的，不与敌交锋而胜；善于用人的，对人谦下。这叫做与人无争的美德，这叫做善于用人，这叫做壮大天“道”，这是古代的准则。

第六十九章

用兵有言：吾不敢为主而为客①，吾不进寸而退尺。是谓行无行②，攘无臂③，执无兵，乃无敌矣④。祸莫大于轻敌，轻敌几丧吾宝⑤。故抗兵相加⑥，哀者胜矣⑦。

【注释】

①主：指战争中取攻势的一方。客：指取守势的一方。②无：动词，没有。行：行路，道路。③攘：上举。④乃：于是，就，因而。⑤近：接近。亡：失去。葆：指慈、检、不敢为天下先三宝。⑥称：举。

若：相当。⑦哀：怜爱，悲伤。哀者，指慈、检和不敢为天下先三者，也就是必怀柔慈，遭到进攻和欺凌的一方。

【译文】

用兵的人有这样一句话：我不敢采取攻势而采取守势，我不前进一寸，而要后退一尺。这叫做出兵行军，却没有道路可行，奋臂举手，却没有手臂可举，持拿握紧，却没有武器可执没有哪一种灾祸比心目中没有敌人更大，心目中没有敌人就差不多等于丢失了我的三件珍宝。所以举兵相争，双方力量相当，则是柔慈、悲哀的一方获得胜利。

第七十章

吾言甚易知，甚易行。天下莫能知，莫能行。言有宗①，事有君②。夫唯无知③，是以不我知④。知我者希，则我贵贵，是以圣人被褐怀玉⑤。

【注释】

①宗：主旨，纲领，本。②君：主宰，中心，要领。③其：指众人。唯：因为。④不我知：即“不知我”。⑤被（pī）：通披。褐（hè）：古代贫贱者所穿的用兽毛或粗麻编织成的短衣。怀（huán）：怀藏，怀抱。

【译文】

我的话很容易了解，很容易实行；但没有谁能了解它，没有谁能实行它。我言论自有中心，行事自有所本。人们因为没有了解这一点，因此就不了解我。了解我的人非常少，那么我就显得尊贵了。因此，圣人就像是外面披着粗布衣，怀内却揣着宝玉。

第七十一章

知不知，上①。不知不知，病②。夫唯病病，是以不病。圣人不病，以其病病，是以不病。

【注释】

①上（shàng）：上乘，不错，还好。②病：担忧，困乏。

【译文】

知道自己不了解“道”，那就差不多了。不知道自己不了解“道”，那就可忧和困乏了。因此，圣人不困忧，是因为他把不知道自己不了解“道”当作困忧，因此他不困忧。

第七十二章

民之不畏威①，则大威至！无狎其所居②，无厌其所生③。夫唯不厌④，是以不厌[⑤]。是以圣人自知不自见[⑥]，自爱不自贵。故去彼取此。

【注释】

①畏：害怕，恐怖。②无：不要。狎：闭门。③厌：通压，堵塞，抑制。④唯：唯独，只有。⑤厌：倾覆。⑥见（xiàn）：显现，显露。

【译文】

人民不惧怕恐怖，那么大的恐怖就要到来了。不要关闭人民住所的大门使其流离失所，不要堵塞人民的生路使其铤而走险。只有不堵塞，统治者因此才不致倾覆。因此，圣人自己了解道，却不自我表现，爱护自己，但不自居高贵。所以他舍弃“自见”、“自贵”，而选择“自知”和“自爱”。

第七十三章

勇于敢则杀[①]，勇于不敢则活，此两者，或利或害。天之所恶[②]，孰知其故[③]？天之道，不争而善胜，不言而善应，不召而自来，绰然而善谋[④]。天网恢恢[⑤]，疏而不失[⑥]。

【注释】

①敢：进取。②恶（wù）：即恶，憎恨，厌恶。③孰：谁。④绰然：诚厚，诚信。⑤恢恢：宽广、弘大的样子。⑥疏：稀疏，不密。

【译文】

勇于进取就死，勇于不进取就活，这两种“勇”有的有利，有的有害。天厌恶勇于进取，谁知道它的原因呢？天之“道”，不战而善于取胜，不说话而善于应答，不召唤而自动到来，诚厚而善于谋划。天网宽广弘大、网眼虽然稀疏，却不漏掉任何东西。

第七十四章

民不畏死[①]，奈何以死惧之[②]？若使民常畏死，而为奇者，吾得执而杀之[③]，孰敢？常有司杀者杀[④]，夫代司杀者杀，是谓代大匠斫[⑤]。夫代大匠斫者，希有不伤其手矣[⑥]。

【注释】

①畏：害怕，惧怕。②惧：恐惧，恐吓。③奇：与众不同，不正常。指不怕死，从事异端活动的人。④常：通常。司：掌握。⑤大匠：木工的首领，匠师。斫：斫斩，砍削。⑥希：少。

【译文】

如果人民普遍接近于不怕死，怎么能用杀人去恐吓他们呢？如果人民普遍接近于怕死，我

将抓获个别异端分子而杀死他们，那么谁还敢从事异端活动呢？如果人民普遍接近于果真怕死，那么就会通常有掌握杀人的人。代替主管杀人的去杀，那是代替匠师砍削东西。代替匠师砍削东西，就很少不伤害自己的手了。

第七十五章

民之饥，以其上食税之多①，是以饥。民之难治②，以其上之有为，是以难治。民之轻死③，以其上求生之厚④，是以轻死。夫唯无以生为者⑤，是贤于贵生⑥。

【注释】

①税：赋税。②治：治理，太平。③轻：看轻，轻视。④厚：深厚，这里指过多。⑤唯：唯恐，只有。无以生为：没有什么可拿来生存，即不追求生荐，不厚生，不贵生。⑥是：此，这个。贤：胜过，胜于。

【译文】

人们陷于饥饿，是因为统治者征收的赋税太多，因此而陷于饥饿。老百姓得不到治理，是因为他们的统治者积极有为，因此而得不到治理。人们看轻死，是因为他们追求生存过多，因此而看轻死。只有不追求生存，这才胜过重视生存。

第七十六章

人之生也柔弱，其死也坚强①。万物草木之生也柔脆②，其死也枯槁③。故坚强者，死之途④；柔弱者，生之途。是以兵强则不胜，木强则折⑤，强大处下⑥，柔弱处上⑦。

【注释】

①坚强：坚挺，僵硬。②脆：脆弱，易折，易碎。③槁（gǎo）：枯干。④途：类属。⑤折：折断。⑥下：下降。⑦上：上升。

【译文】

人活着时柔弱，死后躯体最终挺直僵硬。万物草木活着时柔软脆弱，死后枯萎干硬。所以说：坚强的东西属于死亡的一类，柔弱微细的东西属于生存的一类。因此，军队强大就不会取胜，树木强盛就要死亡。强大就处于下降的地位，柔弱微细则处于上升的地位。

第七十七章

天之道，其犹张弓乎①！高者抑之②，下者举之③，有余者损之④，不足者补之。天之道，损有余而补不足⑤。人之道则不然，损不足以奉有余⑥。孰能有余以奉天下？唯有道者⑦。是以圣人为而不恃，功成而不处。其不欲见贤⑧。

【注释】

①犹：如。张：把弓弦绷紧，上弓弦。②抑：用手按下，压下。③举：抬起。④余：多余。损：减损。⑤补：增加。⑥奉：进献，给予，供奉。⑦唯：只有。又：通有。⑧见（xiàn）：同现，显现。贤：德行，才能，善。

【译文】

天之“道”，就像拉弓，高的就压低一点，低的就抬高一点，有多余的就减少些，不够的就补足它。所以天之“道”，减损有余而增加不足。人的“道”就不是这样，它削减不足的，而供给有余的。谁能有多余的东西可以拿来奉献给天呢？只有有“道”的人吧？因此，圣人有作为而一无所有，功成而不自居。像这样，他就不想显现他的才德了。

第七十八章

天下柔弱莫过于水，而攻坚强，莫之能胜[①]，其无以易之[②]。弱之胜强，柔之胜刚，天下莫不知，莫能行[③]。故圣人云[④]：受国之垢[⑤]，是谓社稷主[⑥]；受国不祥[⑦]，是谓天下王。正言若反。

【注释】

①胜：超过，胜过。②易：移易，改变。③行：实施，实行。④云：如此。⑤受：承受。垢（gòu）：同诟，耻辱，诟骂。⑥社：土神。稷（jì）：谷神。社稷，古代帝王诸侯所祭之神，后用作国家的代称。⑦祥：吉兆，福，善。不祥，不吉，祸恶。

【译文】

天下没有哪一种东西比水更柔弱了，但攻击坚强却没有什么东西能超过它，因为水的这种攻坚的力量是没有任何东西可以改变的。水胜刚，弱胜强，天下没有谁不知道这些，但没有谁能照此施行。所以圣人的话这样说：能承受国家的耻辱，这叫做一国之主；能承受国家的祸恶，这叫做天下的君王。正面的话就和反话一样。

第七十九章

和大怨[①]，必有余怨，安可以为善[②]？是以圣人执左契，而不责于人[③]。故有德司契[④]，无德司彻[⑤]。天道无亲，常与善人[⑥]。

【注释】

①和：调和，调解。怨：抱怨，仇恨。②安：怎么。③责：责求，索取，要求。④司：掌管，主持。⑤彻：这里指剥削，毁坏。⑥与：亲近，赞许，援助。

【译文】

调和大的怨仇，必然还有遗留的怨恨，怎么可以把这当作“善”？因此，圣人崇尚、赞助“善”，但并不以此苛求别人。所以有“德”的人主持“善”事，没有“德”的人主持剥夺和毁坏。天“道”没有偏爱，它永远亲近、赞助善人。

第八十章

小国①寡民②。使有什伯之器而不用③，使民重死而不远徙④。虽有舟舆，无所乘之⑤；虽有甲兵，无所陈之⑥。使民复结绳而用之⑦。甘其食⑧，美其服，安其居，乐其俗。邻国相望，鸡犬之声相闻，民至老死，不相往来。

【注释】

①小：使……小。②寡：使……少。③什伯人之器：指十人、百人使用的大的器具。④远：疏远，避开。徙（xǐ）：迁移。⑤舟：船。⑥陈：陈列。⑦结绳：相传为文字发明前人们记事的方法。⑧甘：以……为甘。美、乐、安同此。

【译文】

使国家小，人民少。让大的器具没有用，使人民看重死亡，却不迁徙。虽有车船而没有乘坐的必要，虽有铠甲、兵器而没有地方陈列。使人民再用远古时代结绳记事的方法。使人民以自己的食物为甜美，以自己的衣服为美观，以自己的习俗为快乐，以自己的住所为安适。相邻之国彼此望得见，鸡鸣犬吠之声互相听得到，人民老死也不相往来。

第八十一章

信言不美①，美言不信。善者不辩，辩者不善。知者不博②，博者不知。圣人不积③，既以为人④，己愈有⑤；既以与人，己愈多。天之道，利而不害；圣人之道，为而不争。

【注释】

①信：真实。②知：即智，见解高明、聪明。博：指知识广博。③积：积聚，储蓄。④既：尽。⑤愈：更。

【译文】

真实的话不动听，动听的话不真实。聪明的人知识不广博，知识广博的人不聪明。好的不多，多的不好。圣人没有自己的积蓄，他完全把它们当作别人的东西，自己反而更富有；他全把它们送给别人了，自己所得反而更多。所以天之“道”，有利于万物，而不妨害它们；人之“道”，有所施为，而无所争执。

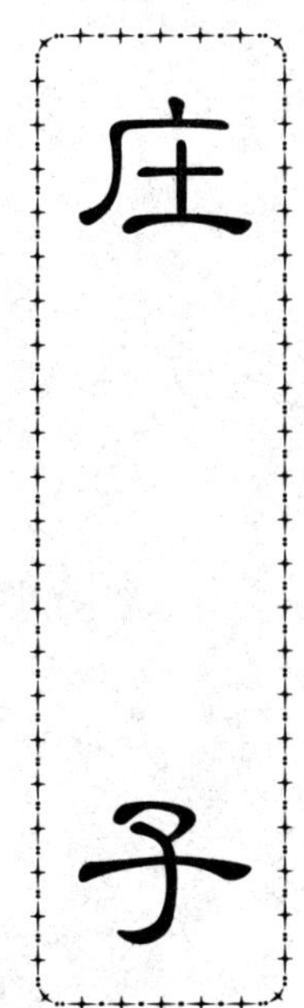

逍遥游

北冥有鱼①，其名为鲲②。鲲之大，不知其几千里也；化而为鸟，其名为鹏③。鹏之背，不知其几千里也；怒而飞④，其翼若垂天之云⑤。是鸟也⑥，海运则将徙于南冥⑦；南冥者，天池也⑧。

《齐谐》者，志怪者也⑨。《谐》之言曰："鹏之徙于南冥也⑩，水击三千里⑪，抟扶摇而上者九万里⑫，去以六月息者也⑬。"

野马也，尘埃也，生物之以息相吹也⑭。

天之苍苍，其正色邪⑮？其远而无所至极邪⑯？其下视也，亦若是则已矣⑰。

且夫水之积也不厚⑱，则其负大舟也无力⑲。覆杯水于坳堂之上⑳，则芥为之舟㉑，置杯焉则胶㉒，水浅而舟大也。风之积也不厚，则其负大翼也无力。故九万里，则风斯在下矣㉓，而后乃今培风㉔；背负青天而莫之夭阏者㉕，而后乃今将图南㉖。

【注释】

①北冥，成《疏》："溟，犹海也，取其溟溟无涯，故谓之溟。"梁简文帝说："窅冥无极，故谓之冥。"东方朔《十州记》："水黑色谓之冥海。"冥，同溟。②鲲，《释文》引李颐云："鲲，大鱼名也。"《孔子家语》："鲲鲁其大盈车。"《尔雅·释鱼》："鲲，鱼子。"按：鲲，大鱼；只有假借鲲为卵时，才释作鱼子。③鹏，此指传说中的大鸟。④怒而飞，怒，奋起欲飞的样子。而，连词，连接状语和谓语。⑤垂，垂挂。⑥是，指示性代词，这个、这种。也，句中语气词，表停顿。⑦海运，指海波动荡；海动时必有大风，鹏即趁海动时大风飞往南海。⑧天池，即天然形成的海域。⑨齐谐二句，"……者……者也"作判断句，这里的者字结构有指代作用。志，记载。怪，指怪异事物。⑩鹏之句，主谓语间加结构助词之，取消句子的独立性，表时间。⑪水击句：击的主动者是鹏，名词水用作状语表处所。水击，意即：在水面上拍击。三千里，表两翼所达的水面。⑫抟（tuán）扶句，《说文》："抟，圜也，"环绕。扶摇，而，连接状语与谓语。⑬案：三说，以第一说于义为长，它的解释与上文"海运"更相合。去，离开。以，介词，凭借。者也，语气词连用。以六月，介词结构，作去的补语。⑭野马三句，今人大都浅释此三句为："野马似的游气，飞扬的尘埃，都是被生物的气息吹拂着而在空中游荡。"⑮天之二句：苍苍，深蓝色，苍苍茫茫。其，表揣测，与下其字相呼应，用作选择关联词；一说，其同岂，表反诘。正色，真正的颜色。邪，句末疑问语气词；下邪同。⑯其远句：而，犹将也；此处的而字，似有"将会是"的意味。无，没有。至极，指高远的尽头。案：庄子在此似乎已作出了宇宙是无边无际的推测。⑰其下二句：其，今人相沿解作"大鹏"。按：我们在这里，试图把"天之苍苍"以下数句，作为反映庄子宏观宇宙的一个独立小段，理解为庄子对伟大宇宙的推测。⑱且夫，发语词，表示再说一层道理的意思。之，结构助词，放在主谓之间，取消句子的独立性。也，表停顿，帮助提示语气；下也字同。积，蓄积。厚，深。⑲负，载。⑳坳堂，堂屋低洼的地方。坳（ào），同凹，凹陷不平。㉑则芥句：则，连词，表示前因、后果的顺承关系，相当于"就"或"那么就"，下同。芥，小草。之，指代杯水。为之舟，给它当船。㉒置杯句：置，放，安置。焉，兼词，相当于"之"。胶，粘，胶着，指不能浮动。㉓风斯句；斯，于是，才。风斯在下，风才能在鹏之下（负托鹏翼）。㉔乃，才。乃今，才开始的意思。㉕而莫句：莫，否定性无指代词，指没有什么东西。之，代词，指鹏，否定句中宾语提前。夭阏（è），连绵字，阻拦。夭，实的假借字。㉖图南，计划着向南飞。

【译文】

北方遥远的大海里有一条鱼，它的名字叫作鲲。鲲的巨大躯体，真不清楚它有几千里长呀。鲲转化而成为鸟，它的名字叫作鹏。鹏的背，也不知道它有几千里大呀！它振翅奋起高飞，翅膀就象遮盖天空的彩云。这只鸟啊，每当海波汹涌海风大作时，就要飞到南方遥远的大海去。这南方遥远的大海是自然形成的海域。

《齐谐》这本书，是专门讲述怪异事物的。这书上的一段记述说："大鹏鸟向南方大海飞迁的时候，两翼在水面上拍击的浪花达三千里之远，围绕着强烈的旋风上升达九万里高空，它的远离是要借助于六月的大风暴啊！"

原野林泽间如野马奔腾的游荡雾气，是飞扬着的尘埃，是生物用微微气息互相吹拂的结果。

深蓝色的天空，到底是天的真正本色呢，还是天本来就无限高远而不可能到达那尽头的地方呢？假使从高空俯视下面，也许还是象这样罢。（从宏观宇宙看，上凌九万里高空与游荡原野林泽间，也无原则区别。）

（譬如）水的积蓄不深厚，那么它负载大船就浮力不够。倒一杯水在堂屋的低洼地方，那就只有小草可以给它当做船；（倘若）安放一个杯子在上面，那就会粘住不能浮动，这是水太浅而船太大的缘故。风力的积蓄不强大，那么它负载大鹏的巨大翅膀就没有力量。因此，只有鹏鸟高临九万里上空，那么强大的风力才能在鹏鸟的下面负托着两翼，然后才开始凭借大风力飞行；鹏鸟的背脊紧贴青天，没有什么东西会阻拦它了，然后才开始计划向南海飞去。

蜩与学鸠笑之曰①："我决起而飞②，枪榆枋③，时则不至④，而控于地而已矣⑤，奚以之九万里而南为⑥？"适莽苍者⑦，三餐而反，腹犹果然⑧；适百里者，宿舂粮⑨；适千里者，三月聚粮⑩。之二虫又何知⑪？

小知不及大知⑫，小年不及大年⑬。奚以知其然也⑭？朝菌不知晦朔⑮，蟪蛄不知春秋⑯，此小年也。楚之南有冥灵者⑰，以五百岁为春，五百岁为秋；上古有大椿者⑱，以八千岁为春，八千岁为秋，（此大年也⑲。）而彭祖乃今以久特闻⑳，众人匹之㉑，不亦悲乎㉒？

【注释】

①蜩（tiáo），即蝉。学鸠，小鸟名；或谓学鸠即斑鸠也。学，一作鸴。②我决（xuě）句：我，表示复数。决，迅速的样子。③榆，榆树；枋，檀树。这里借代为一切树木。④时则句：时，有时。则，王引之说："则，犹或也。"⑤而控句：上而字，犹则也；下而字，顺连。控，司马说："控，投也。"意为落下。而已矣，就罢了，就是了。⑥奚以句：奚，通何，作介词以的前置宾语。之，动词，到……去。而，顺连。为，相当于："为什么要……呢？"是古代表示反问的一种习惯用法。⑦适苍句：适，到……去。苍莽，此用颜色借代郊野。者，表示"……的人"。⑧三餐句：反，同返。言只带三顿饭就可以返回。一说，三餐，即三饭，餐是动词，说是吃三口饭，意思是吃很少一点东西。果，饱足。⑨宿舂（chōng）粮：宿，头天夜晚，此处指一宿。舂，用杵在臼中捣米。此宿字和下句三月，都是表粮食数量而不是表时间。⑩三月句：要聚积三个月的粮食。一说，出发前三个月就聚集粮食。⑪之二句，意思是这两个小虫又知道什么呢？之，指示代词。二虫，指蜩与学鸠，鸟类称为羽虫，所以鸠也可以称为虫。⑫知，同智。⑬年，指寿命。⑭奚以句：奚，疑问代词，作介词以的前置宾语。其，它，指上面两句说的情况。然，代词，这样，

如此。也，用在疑问句末，具有强化疑问语气的作用，同邪。⑮朝菌句，晦朔，指昼夜交替现象，表生长期短促。一说：朔，农历每月初一；晦，农历每月的最后一天。案：朝菌，本指朝生暮死的菌，因此后一说不免与此矛盾，故取前一说为长。⑯蟪（huì）蛄（gū）：一名寒蝉，它们活不到一年，所以说不知春秋；春秋，指代四季。⑰冥灵，一说，冥灵，连绵字，大木名。上文朝菌与蟪蛄是植动物对举；此处冥灵与大椿也是这样。故取罗说于义为长。“有……者”句式的者字，表提顿语气。⑱大椿，椿树。⑲此大年也，四字据《庄子阙误》增补。⑳彭祖，传说中的长寿人，据说活了八百岁，一说七百岁。乃今，方今，如今。以，介词。久，长寿。特，独特。㉑众人，一般世俗之人。匹，比。之，指代彭祖。㉒不亦，相当于现代汉语的“不是……吗？”

【译文】

蝉和斑鸠嘲笑大鹏说：“我们可任意一下子张起翅膀就飞，（最高只不过）碰到树木就停下来，有时也许飞不到树那么高，那么落到地面就是了，为什么硬要飞到九万里高空再向遥远的南方飞去呢？”到郊外近地去旅游的人，只要带三餐粮就可以返回，肚子还会是饱饱的；到百里以外去旅行的人，就要舂好一宿用的粮食；到千里以外去旅行的人，就要聚积好三个月的用粮。这蝉和斑鸠两种小动物又能知道什么呢？

知识少的比不上知识多的人的抱负，年寿短的不如年寿长的人的阅历。根据什么了解它是这样的呢？朝生暮死的菌类是不知道昼夜交替的时光的；夏生秋死的蟪蛄是不清楚春夏秋冬的季节的。这些都是寿命很短促的。楚国的南方有一个大灵龟，把五百年当作一个春季，五百年当作一个秋季；上古有一棵大椿树，把八千年当作一个春季，八千年当作一个秋季。（这些都是寿命很长久的。）然而只活了八百岁的彭祖，现在以特别长寿传闻人间，一般俗人还都希望同他齐寿，不是太可怜了吗！

汤之问棘也是已①：“穷发之北②，有冥海者③，天池也。有鱼焉④，其广数千里，未有知其修者⑤，其名为鲲。有鸟焉，其名为鹏。背若泰山，翼若垂天之云。抟扶摇羊角而上者九万里⑥，绝云气⑦，负青天，然后图南，且适南冥也⑧。斥鴳笑之曰⑨：‘彼且奚适也⑩？我腾跃而上，不过数仞而下⑪，翱翔蓬蒿之间⑫，此亦飞之至也⑬。而彼且奚适也？’”此小大之辩也⑭。

【注释】

①汤之句：汤，商王成汤，殷朝的第一个帝王。棘，一作革，汤时的大夫：是已，略相当于“是也”，指下边的问和答。②穷发，成玄英《疏》：“地以草为毛发，北方寒冷之地，草木不生，故名穷发，所谓不毛之地。”又，《列子·汤问》穷发作终北，谓国名。③冥海，深而呈黑色的海。④焉，兼词，在那儿。⑤广，宽，指背。修，长。⑥羊角，马叙伦说：“扶摇与羊角均为回旋之风。”⑦绝，这里指直上、穿过。⑧且，将。⑨斥鴳（ān），作尺鴳鲫，意即小雀：作池鴳，意为小池边之雀。⑩彼，指大鹏。且，将要。奚运，到哪儿去。⑪仞，八尺，或说七尺。⑫翱翔，来回盘旋地飞。蓬蒿，飞蓬和草蒿，都是草本植物。⑬至，极，最高限度。⑭辩，本书多假辩为辨。

【译文】

汤问棘的话是这样的。（汤问：“上下四方有极限吗？”棘回答说：“无极之外，还有无极啦！”）“那草木不生的北极地带，有一处深黑无边的大海，是自然形成的大水域。在那里面有一条大鱼，它的身宽有几千里，没有人了解它的身长是多少，它的名字叫作鲲。那里有只大鸟，它的名字叫作鹏。背部象座泰山，翅膀象片遮天的彩云，环绕着强大的羊角旋风，飞达高空九万里，穿越云层之上，背紧贴着青天，然后打算向南飞，将要到渺远的南方大海域去。小池里生活着的鸩雀讥笑大鹏说：'它将要飞到哪儿去呀！我腾跃着上飞，不过几仞高就降落下来，在蓬蒿之间来回翱翔，这也是逍遥愉快地飞翔的最大满足啊！可是它将要飞到哪儿去呀？'”这就是小和大的分别啊！

故夫知效一官①，行比一乡②，德合一君而征一国者③，其自视也亦若此矣④。而宋荣子犹然笑之⑤。且举世而誉之而不加劝，举世而非之而不加沮⑥，定乎内外之分⑦，辩乎荣辱之境⑧，斯已矣⑨。彼其于世⑩，未数数然也⑪。虽然，犹未有树也⑫。夫列子御风而行⑬，泠然善也⑭，旬有五日而后反⑮。彼于致福者⑯，未数数然也。此虽免乎行⑰，犹有所待者也⑱。若夫乘天地之正，而御六气之辩⑲，以游无穷者⑳，彼且恶乎待哉㉑！故曰：至人无己，神人无功，圣人无名㉒。

【注释】

①故夫句：夫，指示代词。知，同智。效，功效，这里是胜任的意思。官，官职。②行比句：行，行事，行为。③德合句，官，职位，与乡、国对。君，则国之君。④其自句：其，指上述三种人。此，指斥鸩之类。⑤宋荣子，战国时期思想家。犹然，微笑自得的样子。⑥举，全。誉，称赞。加，更。之，指宋荣子。⑦定乎句，定，认定；确定。乎，于。内，指我，即指内心修养。外，指物，即指外界事物，包括接人待物。分，分别。⑧辩，通辨，分辨，明辨。境，境界，界限。⑨斯，此。已，止，完结。矣，句未语句助词。⑩彼其，两个同义代词连用，指宋荣子。于，对于。世，世人，世务。⑪数数（shuò），即急急忙忙、拚命追求的意思。一说，频频，经常的意思。⑫虽然二句：虽，作连词用，即使，虽然。然，作代词用，如此，这样。树，即竖的假借字，作立解，指未能树立至德，达到逍遥境界。⑬夫列句：夫，有那意。列子，名御寇，郑人，有时尊称为子列子。御风，驾着风。⑭泠然句，泠然，飘然。善，美。⑮旬有句：旬，十天。有，同又，文言文整数和零之间常加有字。反，同返。⑯彼于句：彼，指列子。致福，求福；致，使……至。者，表示“……事情”。⑰免乎行，免于步行。⑱待，依靠。有所待，有要依靠的东西，即需要依靠风。⑲若夫句二句：若夫，相当至于。乘，同御义，借驾车来比喻，与上文御风相应。天地之正，正，指正气，即指天地之本、天地之道。御，驾御。辩，通变，变化。⑳以游句：以，连词，同而。无穷，指时间的无始无终，空间的无边无际。者，表“……的境界”。㉑彼且句：彼，指最高理想境界中的人。且，还。乎，同于。恶，疑问代词，宾语提前。待，依靠，凭借。恶乎待，即于何待，意谓他还要凭借什么啊！㉒至人、神人、圣人三句：一说，至人、神人、圣人，大致是同义语，一说，至人、神人、圣人，有等次之分：即至人为庄子理想中修养最高的人，神人为修养达到神化不测境界的人，圣人为为深识万物事理的人。

【译文】

所以那些才智能胜任一官的职守，行事能庇荫一乡的群众，德性能符合一个君主的要求又能取得国人的信任的，他们自视甚高的情况，也正好像小池里的无知鸩雀一样。然而宋荣子总是自得地窃笑他们这种人。（宋荣子这个人，）当全社会的人都来称赞他时也不会更加受到鼓舞，当全社会的人都来责难他时也不会更加感到沮丧。他能明确认定关于自我和外物的分别，清醒辨别关于光荣和耻辱的界限，只是如此罢了。他对于世俗功名，并没有急急忙忙去追求。

即使这样，他还是没有能建立起一种最高的逍遥自在的理想境界。（相传）那位列御寇驾风游行四方，飘然轻妙极了，过了十五天然后返回。他对于求福之事，并没有急急忙忙去追求。他这样虽可减少长途跋涉的劳累，但毕竟还是需要凭借风的力量呀。

至于顺应着天地阴阳的常道发展，驾驭着自然六气的无常变化，来遨游于无始无终、无边无际的时空，那种人还要凭借什么呢？

因此说：至人是能物我齐同，完全忘掉自己形骸的人；神人是能听应自然，不求有功于世的人；圣人是能深识事理，不求立名扬己的人。

尧让天下于许由①，曰："日月出矣，而爝火不息②，其于光也，不亦难乎③！时雨降矣④，而犹浸灌⑤，其于泽也，不亦劳乎！夫子立而天下治⑥，而我犹尸之⑦，吾自视缺然⑧，请致天下⑨。"许由曰："子治天下，天下既已治也⑩，而我犹代子⑪，吾将为名乎？名者，实之宾也⑫，吾将为宾乎？鹪鹩巢于深林⑬，不过一枝；偃鼠饮河，不过满腹。归休乎君⑭！余无所用天下为⑮！庖人虽不治庖，尸祝不越樽俎而代之矣⑯。"

【注释】

①许由：字仲武，颍川阳城人。隐于箕山，师于啮缺，依山而食，就河而饮。尧知其贤，让以帝位。许由闻之，乃临河洗耳。②而爝（jué）句：而，转折连词。爝火，炬火也；又释烛火，言光之小者。息，熄灭。③其于句，其，指代爝火。尧以爝火自喻，以日月喻许由。亦，犹乃，可作是字解。④时雨：应时之雨。喻许由。⑤浸灌，指人工浇灌，尧自喻。泽，润泽。劳，徒劳。⑥夫子，指许由，古时对男子的尊称。⑦尸之：尸，主也，作动词。之，指代天下。⑧缺然：不足的样子。⑨致天下：交给你治理天下之责。⑩治：前一治字作治理、管理解；后一治字作太平、安定解。⑪而：如果，假设连词。⑫名者句：名，名称，指天子之名。实，实体，事实，指治理天下的事务。宾，从也，从属物，外加的东西。⑬鹪鹩：小鸟，一名巧妇，善于营巢。巢，栖止，名词用作动词。偃鼠：一作鼹鼠，常穿耕地而行，喜饮河水。此处，许由以鹪鹩、偃鼠自喻，以深林、河水喻天下。⑭归休乎君："君归休乎"的倒装，为了加强语气。⑮所用天下，用得着君临天下的理由。为，句尾语助词，有感叹的意味。⑯庖人：厨师；庖，厨也。樽，酒器；俎，肉器；这里指陈列祭品的职责。两句语的意思是：你尧帝就是丢下天下不管了，我许由也不会越位去代替你的职务。

【译文】

尧要把天下让给许由，说道："日月出来了，但是蜡炬还不熄灭，它在光线亮度方面，不是很难显出来了吗！适应季节的雨水降临了，可是还用人工浇灌，它在润泽作物方面，不是太徒劳无功了吗！您老先生只要一在位就会天下大治，但是我还在主宰天下，我自觉太不够条件了，请允许我奉交你治理天下的重担。"许由说："你治理天下，天下已经很安定太平了；假如我还来代替你，我想要追求名声吗？名声这东西，是治理天下事务的从属物，我想要一种外加的从属物吗？鹪鹩在深林里筑巢，不过占有一根树枝；偃鼠到大河里喝水，不过喝满一肚皮。回去算了吧，尊敬的君主！我没有用得着去主宰天下的理由啊！——厨师即使不愿意下厨做祭用食品，当尸祝的人也决不会越过主祭本职去代厨师搞烹调啦。"

肩吾问于连叔曰①："吾闻言于接舆②：大而无当③，往而不反④；吾惊怖其言，犹河汉而无极也⑤；大有迳庭⑥，不近人情焉。"连叔曰："其言谓何哉？""曰：藐姑射之山⑦，有神人居焉：肌肤若冰雪⑧，绰约若处子⑨；不食五谷，吸风饮露；乘云气，御飞龙，而游乎四海之外；其神凝⑩，使物不疵疠而年谷熟⑪。吾以是狂而不信也⑫。"连叔曰："然⑬。瞽者无以与乎文章之观⑭。聋者无以与乎钟鼓之声。岂唯形骸有聋盲哉？夫知亦有之。是其言也⑮，犹时女也⑯。之人也，之德也⑰，将旁礴万物以为一⑱。世蕲乎乱⑲，孰弊弊焉以天下为事⑳！之人也，物莫之伤㉑，大浸稽天而不溺㉒，大旱金石流、土山焦而不热㉓。是其尘垢秕糠㉔，将犹陶铸尧舜者也㉕，孰肯以物为事㉖！"

宋人资章甫而适诸越㉗，越人断发文身㉘，无所用之㉙。尧治天下之民，平海内之政，往见四子藐姑射之山㉚，汾水之阳，窅然丧其天下焉㉛。

【注释】

①肩吾、连叔，并古之怀道人也。②接舆：春秋时楚之狂士，隐居不仕。③大而句，此谓接舆之言夸大，而于情理无所合也。④往而句，反犹顾，谓不回头。⑤犹河句，河汉，指天上银河。极，尽头。⑥大有句：大，即太。迳，门外路；庭，堂外地。大有，谓相隔之甚。⑦藐姑句，射，徐音夜，山名，在北海中。⑧肌肤句，刘武说："肌肤若冰雪，喻其纯素也。纯素则与神为一，一则凝矣。"⑨绰约句，绰约，柔弱。处子，老庄之道贵静，故以处女喻之。⑩其神凝：其，指神人。神凝，谓精神凝聚、专一。⑪使物句：不疵疠，谓不遭灾害；年谷熟，谓每年粮食丰收。⑫是：此，指接舆的话。狂，借为诳；一说，疵狂。⑬然：如此，这么样。⑭瞽者句：瞽者，盲人。无以，不能；以，犹能。与，参与。文章，指文采。观，观赏，美观。⑮是其句：是，此，指上文心智亦有聋盲几句。其，犹所。⑯犹时女也，马叙伦说："犹之汝也，之为助词。"林希逸说："时，是也。"⑰之人：之，指示代词，这个。之德：之，人称代词，他的。⑱将旁句，古无以'一世'连读者。故在"一"字处断句，至为精确。⑲世蕲句：蕲，徐音祈，我们认为此处可取"乱"的常义。世蕲乎乱，意谓世人喜欢纷扰争夺或向往争名夺利。⑳孰弊句，孰，谁，指神人。弊，马叙伦说"弊"借为"惫"，劳形伤神的意思。焉，用作副词语尾。㉑物莫之伤，同"物莫伤之"。在否定句中，用代词作宾语，一般放动词前面。莫，不，没有能。㉒大浸句：大浸，大水淹没；浸，没也。而，却。㉓大旱，指高温。流，熔化。焦，枯焦。热，烧灼。㉔是，此。其，神人。尘垢秕糠，比喻词，指神人所鄙弃的事功。㉕将犹句：将，尚。犹，可。陶铸，把黏土纳入模型烧成瓦器叫陶，把金属熔解制成器物叫铸，这里均作动词用，如言制造、捏造。㉖孰，谁。物，天下，外物。事，事业。㉗资，取：指采购。㉘断发，剪掉头发。文身，身刺花纹。文，用作动词。㉙无所用之：成《疏》："章甫本充首饰，必须云鬟承冠，越人断发文身，资货便成无用。"阮敏菘说："以无用章甫，喻无所用天下为者。"㉚四子，四子者，四德也：一本，二迹，三非本非迹，四非非本迹也。㉛汾水二句，汾水之阳，谓汾水的北面，指今山西省临汾县一带，曾是尧都所在。窅然，指远游世外。丧，犹忘。焉，表达陈述语气，译作了。

【译文】

肩吾问连叔道："我从接舆那儿听到一些言论，谈话夸大而不合理，一说下去就离开本题；我惊讶他的奇谈怪论，就象天上银河一样邈无边际；言谈和事实有很大出入，不近人情啊！"连叔说："他的言论是说些什么呢？"（肩吾回答说：）"接舆谈到：遥远的姑射仙山中，有一神人住在那里；那神人，皮肤洁白好像冰雪，姿态柔婉好像处女；不吃五谷，只吸风饮露；乘着云气，驾着飞龙，在四海之外往来遨游。她的神志宁静专一，能使万物不遭受灾害，而每年粮

食丰收。我认为这是诳言，所以毫不相信。”连叔说：“原来如此。瞎子，对于文采的美观，是无法参与鉴别的；聋子，对于钟鼓的乐声，是无法参与审听的。难道仅只身体官能上有耳聋目瞎等缺陷，在智力上也存在如聋似瞎的缺陷啊！这些话，就象是指着你说的呀！这个神人，他的德性，是混同万物而为一体的。世人喜欢纷扰争夺，哪一个肯劳形伤神地把管理天下作为自己的事业呢？这样的人，一切外物不能伤害他，大水滔天也不会遭淹没，大旱的高温能使金石熔化、土山枯焦，也不会被灼伤。这个神人视同尘垢秕糠的东西，尚可捏造出儒家理想中的尧舜圣人模式来，哪一个肯把料理身外的天下事物作为自己的事业呢！

宋国有人采购帽子来到越国贩卖；越国人，头剪短发，身刺花纹，并没有戴帽子的需要。帝尧管理天下的人民，安定国家的政事，前往遥远的姑射山见到了无所用天下的神人（深受教育。此后，）他虽身居汾水的北岸，而心志却早已茫然忘掉了自己治平天下的功业了。

惠子谓庄子曰①：“魏王贻我大瓠之种②，我树之成③，而实五石④；以盛水浆⑤，其坚不能自举也⑥。剖之以为瓢，则瓠落无所容⑦。非不号然大也⑧，吾为其无用而掊之⑨。”庄子曰：“夫子固拙于用大矣⑩。宋人有善为不龟手之药者⑪，世世以洴澼洸为事⑫。客闻之，请买其方百金⑬。聚族而谋曰：‘我世世为洴澼洸，不过数金；今一朝而鬻技百金⑭，请与之。’客得之，以说吴王⑮。越有难⑯，吴王使之将，冬，与越人水战，大败越人，裂地而封之⑰。能不龟手一也，或以封⑱，或不免于洴澼洸，则所用之异也⑲。今子有五石之瓠，何不虑以为大樽而浮乎江湖⑳？而忧其瓠落无所容，则夫子犹有蓬之心也夫㉑！”

【注释】

①惠子句，惠子，姓惠，名施，宋人，为梁国相。谓，对……说。②魏王：即梁惠王。贻（yí）：遗，送给。大瓠（hù）：即大葫芦。③树之成：树，动词，种植。之，代词，作兼语。成，发育成长。④而实五石：而，犹其。实者，子也，指葫芦；一说，实，容纳，用作动词。五石，指大葫芦足有五石的容积；石，容量单位。⑤盛：承受，动词。⑥其坚句，它的坚固程度不能随意提举起来；自，自如，率意，随意。⑦剖之二句：瓢，舀水或取东西的用具。则，犹而也，却。⑧号然句，玄枵，虚也。虚则有大义，故曰枵然大也。按：葫芦具有虚且大的特性，故此处的“然”以训作“而”为宜。⑨为其句：为，犹谓也，认为，动词；或训因为，似欠妥。掊，打破。之，指胡芦。⑩固拙句：固，原来，实在。拙，不朽，不开窍。一说，拙，不善。于，介词，表示对象。⑪同皲，皮肤因天冷而冻裂叫皲。⑫洴（píng）澼（pì）洸（kuàng矿），洴，浮；澼，漂。洸，絮。⑬请买句：方，指药方。百金，百斤。⑭鬻技：鬻（yù），出售。技，指制造不龟手之药的技能。⑮说（shuì），游说，劝说。⑯越有难：成《疏》：“越国兵难侵吴。”马叙伦说：“‘有’读为‘为’。”《春秋公羊传》隐公四年：“请作难。”注：“难，兵难也。”⑰裂地句，裂地，划分土地。而，犹以也，表目的，可译为来。封之，分封给客人。⑱或以封：或，无定指代词，有的人。以，介词，靠，后面省去宾语之。意思是：有的人靠它得到封地。⑲所，用在动词前面，组成名词性结构，表“……缘故”。⑳虑，抒，解，挖空。㉑犹有句，有，是语助词。也夫连用，重在夫。

【译文】

惠子对庄子说：“魏王赐给我大葫芦种子，我培育它成长，它结的葫芦足有五石容量那么大；用它装水盛浆，它的坚固程度经不起随便提举。破开它做成瓢来舀水浆，却大得没有可供容纳它的瓮缸。这葫芦不算不空虚巨大了，我觉得它没有用途就把它击破了。”庄子说：“您老先生实在不善于使用大物件了！宋国有个人擅长配制不使手皮肤冻裂的药物，世世代代都靠漂洗丝絮为职业。有位客人听到这个消息，请求用一百斤金子来购买他的药方。他召集全家人来商量说：‘我家世世代代搞漂洗丝絮，只不过赚得数金；现在卖出技术一下子获得百金，就同意卖给客人吧。’客人买到这个药方后，拿这药方在军事上的用途去游说吴王。那时正好越国兴兵侵犯吴国，吴王就派他率领军队迎敌，（士兵都配带防冻药物，）在冬天跟越国人水战，打败了越军；吴王便划分土地来封赏他。药方能不冻裂手的皮肤，是一样的。有的人能靠它得到封地，有的人总不能从洗丝絮中摆脱出来，就是用法不同的原因啊！现在你有五石容量的大葫芦，为什么不挖空它用作‘腰舟’然后到五湖四海去游玩呢？却偏要忧愁它大得无处容纳，可见您老先生还是心窍不开呢！”

惠子谓庄子曰：“吾有大树，人谓之樗①。其大本拥肿而不中绳墨②，其小枝卷曲而不中规矩③；立之涂④，匠者不顾⑤。今子之言，大而无用，众所同去也⑥。”

庄子曰：“子独不见狸狌乎⑦？卑身而伏，以候敖者⑧；东西跳梁⑨，不辟高下⑩；中于机辟⑪，死于罔罟⑫。今夫斄牛⑬，其大若垂天之云；此能为大矣，而不能执鼠。今子有大树，患其无用，何不树之于无何有之乡⑭，广莫之野⑮；彷徨乎无为其侧⑯，逍遥乎寝卧其下；不夭斤斧⑰，物无害者，安所困苦哉⑱？”

【注释】

①樗（chū）：木名，就是臭椿，木质松劣，不大中用。②大本，主干。拥肿，同臃肿，磐瘿，指树干上赘瘤、疙瘩。而，承接连词，表因果关系，等于因而。中（zhòng），适合。绳墨，木工用的墨线，取材时用以求直的工具。③卷曲，指树枝弯弯曲曲。规，木工使用的圆规。矩，木工求方用的工具。④立之涂，立，矗立生长。之，犹于，在。涂，同途。⑤匠者句，匠者，指木匠。⑥众所同去，即谓世人所共同鄙弃。去，弃。⑦狸狌：狸，即俗所谓野猫。俗呼黄鼠狼。⑧敖者：敖，《释文》：“司马音遨，谓伺遨翔之物而食之，鸡鼠之属也。”⑨跳梁，梁同踉，即跳踉，跳跃窜越。一说，跳则跨空，似梁之穹然，故曰跳梁。又一说，梁同掠，言东西跳跃，夺取鸡鼠之类。⑩辟，同避。⑪中于机辟：中（zhòng），打中，中伤。于，在被动句中译为被。⑫死于罔罟：于，介出动作之所，在。罔同网。罟（gǔ），也是网类。⑬今夫斄（lí）牛：今夫是复语，今亦夫也，表提示。斄牛，即牦牛，身子很大。⑭无何有：即无有何，谓没有什么，或什么都没有。⑮广莫：广大，旷远。莫，大；或谓同漠。⑯乎，词尾，作状语标志。⑰夭，夭折。斤，大斧。夭下省介词于。⑱安所：哪里。

【译文】

惠子对庄子说：“我有一颗大树，人们称它为樗树。它巨大的树身上有很多赘疣疙瘩，因而不合用绳墨取直；它的小枝弯弯曲曲，因而不适于用规矩求圆求方。它生长在路旁，路过的工匠连一眼都不看。眼前你的言论，也是夸大而不适用，所以是大家共同鄙弃的。”

庄子说：“你偏偏不看看那野猫和黄鼠狼吗？它们低弯着身子匍匐在暗处，以等待捉捕那出来活动的小动物；经常四处跳跃，不避高低；或被翻车中伤，或死在网罟之中。看看那斄牛吧，它大如遮天的云块。这斄牛能有大作用，但不能捕捉老鼠。现在你有一颗大树，担心它没有用处，怎么不种植它在寂静无为的土地上，广阔无际的旷野里，然后闲散地徘徊在它的旁边无所事事，逍遥自在地在它的下面卧寝憩息。这樗树，不会被工匠的斧头中途砍伐，别的什么

东西也不会去侵害它。（这样说来，）它没有可供工匠利用之处，又哪里有值得抱怨的地方呢！”

齐物论

南郭子綦隐机而坐①，仰天而嘘②，荅焉似丧其耦③。颜成子游侍立乎前④，曰：“何居乎⑤？形固可使如槁木，而心固可使如死灰乎⑥？今之隐机者，非昔之隐机者也⑦。”

子綦曰：“偃，不亦善乎，而向之也⑧！今者吾丧我⑨，汝知之乎！女闻人籁而未闻地籁，女闻地籁而未闻天籁夫⑩！”

子游曰：“敢问其方⑪。”

子綦曰：“夫大块噫气⑫，其名曰风。是唯无作，作则万窍怒呺⑬，而不闻之翏翏乎⑭！山林之畏佳⑮，大木百围之窍穴⑯，似鼻，似口，似耳，似枅，似圈，似臼，似洼者，似污者⑰；激者，謞者，叱者，吸者，叫者，譹者，宎者，咬者⑱，前者唱于而随着唱喁。泠风则小和，飘风则大和，厉风济则众窍为虚⑲，而独不见之调调，之刀刀乎⑳？”

子游曰：“地籁则众窍是已，人籁则比竹是已㉑。敢问天籁。”

子綦曰：“夫吹万不同，而使其自己也，咸其自取，怒者其谁邪㉒？”

【注释】

①隐，凭，倚靠。机通几，几案。坐，这里说的不是一般坐立的“坐”，而是养神“打坐”的意思。后世佛老信徒，为了养神修道，也有所谓“打坐”的。②嘘，轻轻地呼气。③荅，同然，形容词尾。丧，丧失，忘却。④颜成子游，南郭子綦的弟子，复姓颜成，名偃，字子游。乎，同于。⑤何居乎，“何居”作“如何安处”。⑥固，原来，本来。“使”“如”均为动词，中间省略了兼语“之”。下句的“使如死灰”同。⑦今之两句，意谓子綦现在养神“打坐”的情况跟以前不同，工夫更深，更到家了。⑧不亦……乎，文言中的一种习惯句式。常表反诘，但语气比较委婉，大意为“不也……吗”“不是……吗”。⑨吾丧我，同是自称代词，这里的主语用“吾”，宾语用“我”。⑩人籁、地籁，人籁是指人吹竹管发出的声音；地籁，是指风吹各种孔穴发出的声音。⑪方，这里可解作奥妙，诀窍。⑫大块，大地。噫气，吐发出来的声气。⑬呺，借为号。⑭而，你。“独……乎”，常表反诘，相当于“难道……吗”。之，指示代词，这，这种，那种。⑮山林句，畏佳，即崔嵬，形容山势高下不平。崔嵬系迭韵联绵词。凡联绵词的字，仅为标音符号，字形与字义的关系不大。因此，崔嵬又可写作“佳畏”。又联绵词的字有时还可以颠倒使用，因此又写作“畏佳”。⑯大木百围，即百围大木。⑰枅（jī），柱头上面用以承接栋梁的横木。现在一般称“斗拱”。江南方言也有称“抢方”的。圈，杯圈。洼，深池。这些都是用来形容各种孔窍的形状的。⑱激，水流湍激声。謞，箭镞声。叱，叱咤声。吸，呼吸声。咬，哀切声。这些都是描绘各种孔窍发出的声音的。⑲于，喁，声之相和泠，音零。小风。厉，巨大，暴烈。济，过，停止。⑳调调，刀刀：动摇貌。两个“之”均为指示代词。㉑已，用同“也”。众窍比竹，这里实际指的各种孔窍和竹管发出的声音。㉒吹万不同，意指风吹各种孔窍发生的声音千差万别。咸其自取，是说风吹各种孔窍之所以能发出千差万别的声音，以及风本身吹过之后其所以能自行停止，这些都是它们自取的。怒者，意即“怒之者”，中间省略了宾语“之”。又，“怒”为不及物动词，这里是使动用法。怒者其谁邪，意即使它们动怒为声的还有哪一个呢？

【译文】

南郭子綦背靠在几案上养神打坐，抬头仰头望着天空，缓缓地呼着气，浑身松坍瘫散，好像忘却了自我的存在一样。

颜成子游站立在跟前侍候，说道："这是什么原因呢？形体原来也可以使它像干枯的树木，心灵原来可以使它象熄灭了的灰烬吗？您今天养神打坐的情景，就不是以往养神打坐那副样子哩。"

子綦说："偃，你问到这，不也就很好吗？如今我忘却了自身，你了解这一情况吗？你听说过人籁，该没有听说过地籁；听说过地籁，可没有听说过天籁吧！"

子游说："请问其中的奥妙。"

子綦说："那大地吐发出来的气，它的名字就叫做风。这风唯恐它不发作，一发作就会有千孔万窍怒号起来。你难道就没有听到过那种长风怒号的声音吗？那高下不平的山陵，百围大树的窍穴，（形状）有的象鼻孔，有的象嘴巴，有的象耳朵，有的象斗拱，有的象杯圈，有的象舂臼，还有象深池、象浅洼的；（从穴窍里发出的声音，）有的象湍水冲激声，有的象箭镞发射声，有的象叱咤声，有的象呼吸声，有的象叫喊声，有的象号哭声；有的声音深沉而凝滞，有的声音哀婉而凄切。前面的风高唱着，后面的风也唱着，声音互相应和。小风则小声地应和，大风则大声地应和着。大风过后，各种孔穴也都空寂无声了。你难道就没有见到过那种草木的摇摇晃晃吗？"

子游说："（这么说，）地籁便是各种孔窍发出的那类声音了，人籁便是竹管发出的那类声音了，请问天籁又是什么呢？"

子綦说："风吹各种孔窍，便能发出千差万别的声音，但是风又能自行停止，这都是自然而然的。要不然，那又是谁个使它们动怒出声的呢？"

大知闲闲[①]，小知间间[②]；大言炎炎[③]，小言詹詹[④]。其寐也魂交[⑤]，其觉也形开[⑥]，与接为构[⑦]，日以心斗。缦者、窖者、密者[⑧]。小恐惴惴[⑨]，大恐缦缦[⑩]。其发若机栝[⑪]，其司是非之谓也[⑫]；其留如诅盟，其守胜之谓也[⑬]；其杀若秋冬，以言其日消也[⑭]；其溺之所为之，不可使复之也[⑮]；其厌也如缄[⑯]，以言其老洫也[⑰]；近死之心，莫使复阳也。喜怒哀乐，虑叹变慹，姚佚启态[⑱]；乐出虚，蒸成菌[⑲]。日夜相代乎前，而莫知其所萌[⑳]。已乎，已乎！旦暮得此，其所由以生乎[㉑]！

非彼无我[㉒]，非我无所取[㉓]。是亦近矣，而不知其所为使。若有真宰，而特不得其眹[㉔]。可行已信[㉕]，而又不见其形，有情而无形[㉖]。百骸、九窍、六藏，赅而存焉[㉗]，吾谁与为亲[㉘]？汝皆悦之乎？其有私焉[㉙]？如是皆有为臣妾乎？其臣妾不足以相治乎？其递相为君臣乎[㉚]？其有真君存焉？如求得其情与不得，无益损乎其真[㉛]。一受其成形，不忘以待尽[㉜]。与物相刃相靡[㉝]，其行尽如驰[㉞]，而莫之能止[㉟]，不亦悲乎？终身役役而不见其成功[㊱]，苶然疲役而不知其所归[㊲]，可不哀邪？人谓之不死，奚益！其形化，其心与之然，可不谓大哀乎？人之生也，固若是芒乎？其我独芒，而人亦有不芒者乎[㊳]？夫随其成心而师之[㊴]，谁独且无师乎？奚必知代而心自取者有之[㊵]？愚者与有焉，未成乎心而有是非，是今日适越而昔至也[㊶]。是以无有为有。无有为有，虽有神禹且不能知，吾独且奈何哉[㊷]！

【注释】

①知，大智，犹言最聪明的人。闲闲，这里形容胸襟豁达而闲逸无为的样子。②间间，这一句意指有小聪明的人好察颜观色，无孔不入。③炎炎，形容气焰嚣张、咄咄逼人的样子。④詹詹，犹言喋喋不休。⑤魂交，指神思错乱。⑥形开，指形体瘫散。即俗话说的“瘫了条”“散了架”一样。⑦与，介词，后面省略了宾语“之”。与接，与之接，跟他相接触。构，指钩心斗角。⑧幔者，盖指蒙着布幔，伪装慈善的人。窖者，指暗设陷阱、存心坑害别人的人。密者，指思想封闭、不露声色的人。⑨惴惴，不安貌。⑩缦缦，指云出岫迂缓回薄之状，这里是用来形容神思迷惘、丢魂失魄的样子。⑪机，弩牙。栝，箭栝。这一句是说，他们发动进攻时像利箭一样迅猛。⑫其，副词，表揣度，略同“大概”。司，通伺，窥伺。伺是非，动宾词组作“谓”的宾语。之，复指前置宾语。这一句的大意是：这就是说他们大概是在窥伺别人的是非，以求一逞了。⑬诅盟，赌咒发誓。⑭杀，肃杀。日，时间名词作状语，意即“一天天”。⑮其溺两句，溺，沉溺，陶醉。这里是使动用法。之，称代自身。溺之，意即让自己沉醉。“之”后省略了介词“于”。所，用同“所以”，表原因。为，动词，干，做。之，指示代词。溺之所为之，即“溺之于其所以为之”，亦即让自己沉醉于干出这种行径的所谓理由。“使”后省略了兼语“之”或“其”。复，恢复。不可使其复之，意即不可能使他们恢复原来的情性。⑯厌，闭藏。缄，缄封。⑰老洫，老悖。犹言老胡涂。莫，无定性代词，这里代事，犹言“没有什么办法”。复阳，恢复生机。⑱虑，忧虑。叹，嗟叹。变，变化，反复。慹（zhé），惊慌。姚，焦躁。佚，狂放。启，开心。态，作态。这三句十二字，每一个字都表现了言辩者钩心斗角的一种情态。第一句写表情，第二句写心理，第三句写行为表现。⑲乐出虚，虚器无声，音乐有声，是有声从无声中产生。蒸成菌，指蒸气生成菌类。蒸气无形，菌类有形，是有形出于无形。前一句喻指上段所说的万窍怒号，后一句喻指本段说的“心斗”的种种情态。两句把自然界的现象和人类社会上的问题联系起来，认为都是无中生有的。⑳所萌，所以萌，赖以发生的原因。㉑已乎，犹言算了吧。㉒彼，实上文所说的“此”。从上下文的联系来看，也应这样理解。㉓所，所以。所以取，犹言赖以生成的依据。㉔特，仅，不过。朕，朕兆，迹象。㉕可行，即可形之，意为可以使之见于形迹。之，指代上段说的“此”，这段所说的“彼”，即各种情态。己，疑为“已”的形误。联系上下文，这句话大意是说，要说有真宰，只看看它可以使各种情态都能现于形迹就已经足以凭信了。㉖有情而无形，林希逸说：“有情，言有实也，即已信也。无形，即不见其形也。”㉗骸，骨骼。百骸，指身上的各种骨骼。九窍，指眼、耳、口、鼻、舌及肛门、尿道等器官。六脏，也称六腑，指心、肝、肺及左右肾。赅，完备，兼备。㉘与，介词，跟。谁，疑问代词，为介词“与”的前置宾语。谁与，即与谁，跟谁。㉙其，表选择，用同“抑”，即“还是”。私，偏私，偏爱。焉，兼词，有“于是”之意。㉚以，介词，后面省略了宾语“之”。臣妾，这里可解作“奴仆”。㉛如，若。与，亦用同“若”，有“若或”之义。乎，同“于”。真，指真实存在。㉜一，一旦。受，禀受，指从‘真君’那里得到禀受。形，形体。㉝相，互相，指代性副词。其后面的“刃”“靡”，用如动词。刃，刀刃，本为名词，用如动词后，作“戕害”“残杀”讲。靡，今省作“磨”。磨，亦为名词，用如动词后，作“折磨”“折腾”讲。与物相刃相靡，意即与外物互相残害，互相折腾。㉞尽，尽头，终点。行尽，走向生命的尽头。驰，奔马。㉟之，称代他们，“止”的前置宾语。止，使动用法。莫之能止，意即没有什么办法能使他们停止下来。㊱役役，形容劳苦奔波。㊲苶（ěr）然，郭庆藩说：“司马作苶。《文选》谢灵运《过始宁墅诗》注引司马云：苶，极貌也。”译文从。㊳芒，犹言胡涂。其，同“岂”，难道，反诘副词。㊴成心，成见，偏见。师，名词意动用法，意即“以……为师”，效法。㊵奚必句，高亨先生说：“‘奚必知代而心自取者有之’，疑原作‘奚必知而成心自取者有之’。‘代’‘成’形近而误，又误窜入而字上也。知，读为智，与愚字相对。此二句言成心自取，奚必智者有之，愚者亦有之也。㊶是今句，王先谦说：“未成凝一之心，妄起意见，以为若者是道，若者非道，犹未行而自夸已至。此‘是非’，与‘天下是非’无涉。《天下篇》‘今日适越而昔来’，惠施与辩者之言也。此引为喻。”㊷且，句中语气助词，无实义。上文“谁独且无师乎”以及下文“果且有彼是乎哉”“果且无彼是乎哉”诸句中的且均同。

【译文】

最聪明的人，胸襟豁达，闲逸无为；只有一点小聪明的人却好察言观色，无孔不入。（这种人，）谈大道理，则气焰咄咄逼人；谈具体事，则喋喋不休。他们在睡觉的时候，梦幻频仍，神思错乱；醒来的时候，（由于精神疲惫，）形体象瘫了条、散了架一样。谁跟他接触，他就老是纠缠不清，天天钩心斗角。也有的人蒙着布幔，伪装慈善；有的暗设陷阱，存心坑害别人；有的思想封闭，丝毫不露声色。（这些人，色厉内荏，）遇上小的风波，就惴惴不安；遇上大的风险，就神思迷惘，丢魂失魄。他们发动进攻时，就象利箭一样地迅猛，这就是说，他们大概是在窥伺别人的是非，（以求一逞了。）他们留神止步时，就象赌过咒，发过誓的一样，（三缄其口，）这就是说，他们大概是在等待时机，以求胜利了。他们杀气腾腾，就象秋冬一样冷酷无情，但这也说明他们是在一天天走向消亡的道路了。然而他们却让自己沉醉于干出这种行径的所谓理由，不可能使他们恢复原来的情性了。他们的头脑闭塞僵化，就象被缄縢束缚住了一样，这就说明他们已经老糊涂了；以致那临近死亡的心灵，再也没有什么办法能使它恢复生机了。他们时而欢喜，时而愤怒，时而悲哀，时而快乐；或忧心忡忡，或嗟伤不已，或反复无常，或惊慌万状；要么焦躁不安，要么恣情放任，要么纵欲开心，要么妖娆作态。（谁都知道，）有声的音乐是从无声的乐器中发出的，湿热的无形的蒸气能生成有形的菌类。（而这种种情态，）日日夜夜在咱们的面前迭相更代，却没有谁能够了解它们究竟是因为什么发生的。算了吧，算了吧！旦暮之间能够找出这些情态变化所以产生的缘故吗？

没有那种种情态，也就没有我，没有我，它们便失去了赖以形成的基础。这样，它们和我也就相去不远了，但不知道这当中是由什么东西支使的。仿佛有“真宰”，只不过又找不着它的形迹。（要说有“真宰”，只看看它）可以使各种情态都能表现于形迹就足可相信了，但却看不见它的形体。它是真实存在，但又不具形状。（比如说吧，）百骸、九窍、六脏都很完备地存在我的身上，我跟哪一部分最为亲近呢？你都喜欢它们吗？（要是都喜欢，）只怕便是有所偏私了吧！既然是这样，就把它们都视为奴仆吗？（如都视为奴仆，）恐怕奴仆也就不能互相统治哩！（既然不能互相统治，）只怕它们也不能轮流来担任主仆啊！所以，这当中大概是有“真君”存在。若是经过探求找着了这当中的实情，若或没有找着，对它的真实存在是无所损害的。人一旦从它那里得到禀受，便会成为形体。有了形体，就不应当参与外界的变化，直到形体自然消亡为止。而人们却任其与外物互相戕害，互相折腾，任其走向消亡有如奔马一般，简直没有什么办法能使它们停止下来，这样，不也就很可悲吗？终身劳苦奔波，却看不见他有什么成功；一辈子疲惫困顿，却不知道自己的归宿，这还不可哀吗？人们说这样的人是不会死的，但又有什么益处呢？你的形体逐步衰老变化，而你的心也跟它一样，这不是最大的悲哀吗？人的一生原来就象这样地胡涂吗？难道唯独我一个人胡涂，而别人也有不胡涂的吗？每个人要是随着自己的成见去办事，并且以这种成见为师，那么哪一个人又没有这种师哩！何必一定要有智慧而以自己的成见为依据的人才是呢？愚蠢的人也同样有哩。如果说还没有在人们的思想上形成成见以前却早有是非存在，这便是今天才往越国出发，而昨天便已经到达了，（那怎么可能呢？）这种说法便是把无有看作有了。要说无有就是有，即使有神明的大禹，尚且不能知道，我难道还有什么办法吗？

夫言非吹也①，言者有言，其所言者特未定也②。果有言邪？其未尝有言邪？其以

为异于彀音[3]，亦有辩乎？其无辩乎[4]？道恶乎隐而有真伪[5]？言恶乎隐而有是非？道恶乎往而不存？言恶乎存而不可？道隐于小成，言隐于荣华[6]。故有儒墨之是非，以是其所非而非其所是[7]。欲是其所非，而非其所是，则莫若以明[8]。

物无非彼，物无非是[9]。自彼则不见，自知则知之[10]。故曰彼出于是，是亦因彼[11]。彼是方生之说也[12]。虽然，方生方死，方死方生[13]；方可方不可，方不可方可；因是因非，因非因是[14]。是以圣人不由[15]，而照之于天[16]，亦因是也[17]。是亦彼也，彼亦是也。彼亦一是非，此亦一是非。果且有彼是乎哉？果且无彼是乎哉？彼是莫得其偶，谓之道枢[18]。枢始得其环中，以应无穷[19]。是亦一无穷，非亦一无穷也。故曰：莫若以明。以指喻指之非指，不若以非指喻指之非指也；以马喻马之非马，不若以非马喻马之非马也[20]。天地一指也，万物一马也。

可乎可，不可乎不可[21]。道行之而成，物谓之而然[22]。恶乎然，然于然。恶乎不然，不然于不然[23]。物固有所然，物固有所可[24]。无物不然，无物不可[25]。故为是举莛与楹[26]，厉与西施[27]，恢诡憰怪[28]，道通为一。其分也，成也；其成也，毁也；凡物无成与毁，复通为一[29]。唯达者知通为一，为是不用而寓诸庸[30]。庸也者，用也；用也者，通也；通也者，得也[31]；适得而几矣[32]。因是已[33]。已而不知其然，谓之道[34]。劳神明为一而不知其同也[35]，谓之朝三。何谓朝三？狙公赋芧[36]，曰："朝三而暮四"，众狙皆怒。曰："然则朝四而暮三"，众狙皆悦。名实未亏而喜怒为用，亦因是也。是以圣人和之以是非而休乎天钧[37]，是之谓两行[38]。

古之人，其知有所至矣[39]。恶乎至？有以为未始有物者[40]，至矣，尽矣，不可以加矣。其次以为有物矣，而未始有封也[41]。其次以为有封焉，而未始有是非也。是非之彰也，道之所以亏也[42]。道之所以亏，爱之所以成[43]。果且有成与亏乎哉？果且无成与亏乎哉[44]？有成与亏，故昭氏之鼓琴也；无成与亏，故昭氏之不鼓琴也[45]。昭文之鼓琴也，师旷之枝策也[46]，惠子之据梧也[47]，三子之知几乎，皆其盛者也[48]，故载之末年[49]，唯其好之也，以异于彼[50]，其好之也，欲以明之[51]。彼非所明而明之，故以坚白之昧终[52]。而其子又以文之纶终，终身无成[53]。若是而可谓成乎？虽我亦成也[54]。若是而不可谓成乎？物与我无成也。是故滑疑之耀，圣人之所图也[55]。为是不用而寓诸庸，此之谓以明[56]。

【注释】

①吹，指前文讨论三籁时所说的风的吹动。②特，直，不过。特未定，只不过没有定准。③彀(kòu)，刚出壳的小鸟。彀音，指这种小鸟发出的叫声。④辩，借为辨，分辨，分别。⑤恶（wū），疑问代词，同何。乎，同于，介词。恶乎，"于何"的倒置。隐，隐藏，蒙蔽。⑥于，介词，表被动。小成，指细小的、局部的成就。荣华，指华丽的词藻。⑦是，正确；非，错误。二者都是形容词。但前一个"是"和后一个"非"的后面都带宾语，前一个"非"和后一个"是"的前面是特殊指示代词"所"，因此都用作动词，并都表示意动意义。是其所非，意即以别人认为错误的东西为正确；非其所是，意即以别人认为正确的东西为错误。⑧莫若以明，有两说：(一)、成《疏》："世皆以他为非，以己为是。今欲翻非作是，翻是作非者，无过还用彼我，反复相明。反复相明，则所非者非非则无非，所是者非是则无是。无是则无非，故知是非皆虚妄耳。"郭嵩焘说："莫若以明者，还以彼是之所明，互取以相证也。"(二)、林希逸说：

"若欲一定是非，则须是归之自然之天理方可。明者，天理也。故曰，莫若以明。"王先谦说："莫若以明者，言莫若即以本然之明照之。按：无是无非，是非皆虚妄，这正是庄周的思想。而彼此"反复相明"，则"彼是莫得其偶"，一切是非之见也就泯然无存了。译文从成郭说。⑨是，指示代词，此。下文说："物谓之而然"，则物有彼此，是人们有这种称谓。以此，这两句是说，任何事物没有不可以说是"彼"的，也没有不可以说是"此"的。⑩自，从，介词。知，这里用作名词，指知情的方面，也就是自身方面。⑪故曰两句，是说彼和此是相对待而生，互相依存的。⑫方，并，下文所说的几个"方"，都是时间副词。⑬方生两句，大意是说，同一事物，此方从生的角度看，说是刚好出生，彼方从死的角度看，说是正在死亡，此方说是正在死亡，彼方说是刚好出生。⑭因是，因而认为是：因非，因而认为非。⑮不由，犹言不走这条路。⑯照，王先谦说："明也。"于，用同以（训见刘淇《助字辨略》）。成《疏》亦解于作以。天，成《疏》："自然也。"林云铭说："自然之天则也。"⑰因是，在《齐物论》中是一个重要的观点。⑱偶，匹偶，对偶，犹言对待面。枢，枢纽，关键。⑲这两句是说，只有抓住这个道的枢纽，才能掌握环圈的中心，应付循环无穷的是非纠葛。⑳以指四句，各家解说，颇多分歧。庄文这里以指马为喻，其意盖在进一步说明上文所提出来的"物无非彼，物无非是"的道理。既然"物无非彼，物无非是"，则指马也是物，既是物，则同样也可以说："指无非彼，指无非是；马无非彼，马无非是"了。因此，拿手指来比喻某一手指不是手指，拿马来说明某一只马不是马，那么某一手指究竟是手指呢，还是不是手指呢？某一只马究竟是马呢，还是不是马呢？辩去辩来，总是辩不清楚。因为同是指，同是马，则从此方看来，某一手指就是手指，某一只马就是马，但从彼方看来，某一手指却不是手指，某一只马却不是马。这样，倒不如拿不是手指的东西来比喻某一手指不是手指，拿不是马的东西来说明某一只马不是马。这样，不是手指的东西和手指，不是马的东西和马都无共同之处，则彼是之分既不存在，是非之争也就没有了。㉑乎，同于，介词。㉒道，道路。谓，称谓，称说。然，指示代词，这，这样，但这里用"而"与动词"谓"相连接并与上句的"成"为对文，故用如动词，意即"成为这样"。㉓恶乎四句，刘文典等人以为对照《寓言篇》以下还应有"恶乎可，可于可。恶乎不可，不可于不可。"刘说有据。译文姑依原文。㉔固，本来，原来。"然""可"置于特殊指示代词"所"的后面，用如动词，并有意动之意，即"认为然""认为可"。㉕无物两句，承上文是说，由于"物固有所然，物固有所可"，所以无物不可以说是"然"，也无物不可以说是"可"。㉖举，为范围副词，意同凡。㉗西施，越王勾践献给吴王的美女。病癞与西施对举，前者借代丑妇，后者借代美女。㉘恢诡憰怪，这里借代神奇之物。吊诡憰怪，泛指神奇古怪、变化莫测的现象。㉙无，连词，意即无论，不论。这里的"无成与毁"，意即无论成与毁。㉚为是句，林云铭说："不用，不用己见也。寓诸庸者，因人之是也。"刘武说："庸，《尔雅·释诂》：'常也。'《晋语》：'无功庸者。'《史记·周勃列传》：'才能不过凡庸。'《玉篇》：'凡，非一也。'《广韵》：'常也，皆也。'是常也，无功也，凡也，皆也，皆庸字之义。盖用之义狭，庸之义广。为是不用而寓诸庸者，谓不自用，而寄诸人人之皆用也。"比较二说，刘说为优，译文从。㉛用，宣颖说："无用之用。"通，疑可解作亨通。《人间世》有说："予求无所可用久矣，乃今得之，为予大用。"故无用之用，实为大用；既为大用，则百事亨通了。㉜适得句，王先谦说："适然自得，则几乎道矣。"几，《尔雅·释诂》："近也。"㉝因是，解见前注。已，而已。㉞已，《尔雅·释诂》："此也。"王引之说："已字承上文而言，言此而不知其然也。"㉟劳，形容词使动用法。劳神明，使精神劳累，犹言煞费苦心。一，一偏之见。㊱狙，猕猴。狙公，养猴子的主人。芧，小栗。㊲以，用同于。天钧，天然均平之理。㊳两行，林希逸说："随其是非而使之并行也。"王先谦说："物我两行其便。"实际两说均可通，译文从王说。㊴所至，犹言极限。㊵未始有物者，未曾有万物的阶段。㊶封，经界，疆域。㊷彰，显著，明显。亏，亏损。㊸爱，偏爱，偏私。㊹果，情态副词，果真，真的。且，句中语助，无实义。㊺故，用同则。这里可解作便是、便象。昭氏，人名，姓昭，名文，古时候最会弹琴的人。㊻师旷，春秋时代晋平公的乐师，甚知音律。㊼该句的意思是惠子凭着梧几雄辩。㊽知，同智。盛亦通作成。皆其成者，是说，这三般技艺都是他们有所成的方面。㊾载之末年，有两说：（一）、崔骃说："书之于今也。"王先谦说："记载之，传于后世。"（二）、奚侗说："载，事也。末，终也。言从事于此以

至于尽年也。”马叙伦从奚说，并认为“载”“事”同为齿音，可以假借。二说中前说较牵强，译文从后说。㊿以，认为，以为，动词。异于彼，跟别人不同。于，介词，表比较。51以，介词，拿，用；后面省略了宾语之。明，形容词使动用法。明之，使之明白。52坚白，坚石与白石，不能混为一谈。之，指示代词，这，这种。昧，偏见。53其子，指昭文的儿子。这里说，昭文的儿子拿父亲的琴弦抚弄了一辈子，到头来也还是没有什么成就。54虽，即使。我，意为我这个既不会鼓琴又不会言辩的人。55滑乱而可疑，似明而不明。耀，明也。56是，指代滑疑之耀。

【译文】

说话不像吹风那样，说话的人各有各的一套言论，只不过他们的言论不能算是定论。那他们果真是有言论呢？还是未曾有过言论呢？他们以为（自己的言论）不同于刚出壳的小鸟的叫声，（总是有意义的，）可到底与那是有分别呢，还是没有分别呢？“道”如何被隐蔽了而有真假之分？言论如何被隐蔽了而有是非之辨？“道”为何消失了而不存在？言论为何存在着而不对头？看来，“道”有真伪是因为被微小的局部的成就隐蔽住了，言论有是非是因为被华丽的词藻隐蔽住了。是这样，所以才有儒家、墨家的是非之争，而他们总是以别人认为错误的东西为正确，以别人认为正确的东西为错误。要是总想肯定别人认为错误的东西，否定别人认为正确的东西，（那争论将永无休止，也无意义，）倒不如以此明彼，以彼明此，反复相明哩。

一切事物没有不可以说是彼的，也没有不可以说是此的。从彼的一方就看不见，从知情的一方却明白了。所以说，彼是和此相对待而生的，此也是依彼的存在而存在的，这也就是说，彼和此是相傍而生的。尽管如此，（但同一事物，此方从生的角度看，）说是刚好出生，（彼方从死的角度看，）说是正在死亡；（此方）说正在死亡，（彼方）说刚好出生。（同一事物，一方面）刚刚说可，（另方面）马上又说不可；（一方面）刚刚说不可，（另方面）马上又说可。（同一事物，）有因而认为是的，就有因而认为非的；有因而认为非的，就有因而认为是的。所以，圣人不走这条道路，而是以任其自然的态度来对待这些问题，也就是因人之是以为是。（本来嘛，从彼看来，）此就是彼；（从此看来，）彼也就是此。但彼是一种是非，此又是一种是非。（所谓是非，）果真有彼此的分别吗？果真没有彼此的分别吗？要使彼此两方都没有相对待的一面，这就叫做“道”的枢纽。只有掌握这个枢纽，才能象抓住环圈的中心一样，便于应付循环无穷的是非纠葛。是是无穷尽的，非也是无穷尽的。所以说还是彼此反复相明的好。用手指来比喻某一手指不是手指，不如拿不是手指的东西来说明某一手指不是手指；拿马来比喻某一匹马不是马，不如用不是马的东西来说明某一匹马不是马。天地虽大，和手指是一个样；万物虽多，也和马是一个样。

说可，是基于人们认为可；说不可，也是基于人们认为不可。路是人们经常行走而形成的，事物是人们称说才有这种那种名称的。为什么说是？说是，是由于人们认为是。为什么说不是？说不是，是由于人们认为不是。事物本来都有可认为“是”的方面，事物本来也都有可认为“可”的方面。没有什么事物不能认为是，也没有什么事物不能认为可。所以，举凡细小的草茎和巨大的木柱，丑癞的女人和美丽的西施，以及一切神奇古怪、变化莫测的事物，从“道”的角度来看，皆可以通而为一。（事物，从一方面来说，）是分散了，（但从另方面来说，）却又是成全了。（或许在我）是成全的，（而在别人）却又是毁坏的。大凡事物无论是成全还是毁坏，其实都是可以复通而为一的。只有通达事理的人，才能懂得事物的这种相通为一的道理，因此他不自用，而寄托于让凡庸的人去用，无用之用，便是百事亨通。百事亨通，便是有所得。适然自得，也就差不多接近于道了。（而能够做到这一步），也不过是因人之是以为是罢了。修持这种“因是”之道而不知其所以然，便叫做道。一些人让精神劳累自为一偏之说，却不知道事物本来就是相同的，这就叫做重演“朝三”的故事。什么叫做“朝三”？传说有个养猴子的人把栗子给猴子吃，说：“早上三升，晚上四升。”猴子吃了，很生气。主人说：“既然这样，那就早上四升，晚上三升好了。”猴子便都高兴了。（主人的作法）实际是名与实两无亏损，而只是顺着猴子的喜怒情绪去做，这也同样不过是因人之是以为是罢了。所以圣人对于是非之争，总是让它们自行和通，停息于天然均平的境界。这样做就叫做物与我两行其便了。

古时候的人，他们的知识可有个极限哩。极限在哪里呢？（他们）认为宇宙还有一个不曾有万物的阶段，这便是极限了，尽头了，不可以再增加了。其次是认为有万物了，却不曾有界限之分。再其次是认为有界限了，却不曾有是非之别。是非之别明显了，道也就因此亏损了。（这明显的是非之别，）是道的亏损的原因，也是形成偏爱的根由。（但道与偏爱之间，）果真有成全与亏损吗？果真没有成全与亏损吗？要说是有成全与亏损吧，那就象昭文弹琴一样，（五音总是欠缺；）要说是没有成全与亏损吧，那就象昭文不鼓琴一样，（倒是五音自全。）昭文弹琴，师旷拄策以听音，惠子凭着梧几雄辩，三人的才智都用尽了，这些也都是他们有所成的方面，所以他们从事于这些行业一直干到晚年。但正因为爱好这，便认为不同于别人，而且因为自己爱好这些，还要使别人也知道，可别人不是懂你这一行的人却硬要别人知道。所以（如惠子之徒，）就老抱着“坚白论”这一偏见而告终，而（昭文）他那儿子便是拿着昭文的琴弦搬弄了一辈子，也还是没有什么成就。象这样竟也可以说是有成就吗？那即使是我（这个既不会弹琴、也不善于言辩的人）也可以说是有成就了。象这样子还是不能说有成就吗？（如果以我逐物，）物与我都是无所成就的。由于这样，所以一切蛊惑人心，闪烁其辞的作法，都是圣人所要设法摒除的。圣人因此不自用而把事情寄托给凡庸的人去用，这就叫做彼此两方互相明照。

今且有言于此，不知其与是类乎，其与是不类乎①？类与不类，相与为类②，则与彼无以异矣。虽然，请尝言之，有始也者，有未始有始也者，有未始有夫未始有始也者③。有有也者，有无也者，有未始有无也者，有未始有夫未始有无也者。俄而有无矣，而未知有无之果孰有孰无也④。今我则已有谓矣，而未知吾所谓之其果有谓乎，其果无谓乎⑤？天下莫大于秋豪之末，而大山为小；莫寿于殇子，而彭祖为夭⑥。天地与我并生，万物与我为一。既已为一矣，且得有言乎？既已谓之一矣，且得无言乎⑦？一与言为二，二与一为三⑧。自此以往，巧历不能得，而况其凡乎⑨？故自无适有以至于三⑩，而况自有适有乎？无适焉，因是已。

夫道未始有封，言未始有常⑪，为是而有畛矣⑫，请言其畛：有左，有右，有伦，有议⑬，有分，有辩⑭，有竞，有争，此之谓八德。六合之外⑮，圣人存而不论⑯，六合之内，圣人论而不议⑰。春秋经世先王之志⑱，圣人议而不辩⑲。故分也者，有不分也⑳；辩也者，有不辩也㉑。曰：何也？圣人怀之，众人辩之以相示也㉒。故曰辩也者，有不见也㉓。夫大道不称㉔，大辩不言㉕，大仁不仁㉖，大廉不嗛㉗，大勇不忮㉘。道昭而不道㉙，言辩而不及，仁常而不成㉚，廉清而不信㉛，勇忮而不成，五者圆而几向方矣㉜。故知止其所不知，至矣㉝。孰知不言之辩，不道之道㉞？若有能知，此之谓天府㉟。注焉而不满，酌焉而不竭㊱，而不知其所由来，此之谓葆光㊲。

【注释】

①今且三句，大意是说：本来言者有言，殊未可定，言无是非，我是不能有所言哩。假若我准备有言，那与圣人所不用的“滑疑之耀”是一类呢？还是不一类呢？②相与，范围副词，共同，共相。③有始三句，论事物的起始。也者，表提顿，比单用“也”或“者”语气更强些。④有有六句，论事物的有无。⑤固然，本来。谓，言论。⑥莫，无定性代词。上一个“莫”相当于“没有什么”，下一个“莫”相当于“没有谁”这几句是说大、小，寿、夭是相对的，因而无所区别，大的可以说小，小的可以说大。寿的可以说夭，夭的可以说寿。实际相对之中有着绝对性。庄子却没有意识到这一点，以至他说的这些，便成了谬论。⑦既已四句，阮毓崧说：“本无所容其言，足见物论多事；既谓之言，即是有言，足见齐物论亦多事。”⑧一与两句，大致是说：万物与我是浑然一体的。但一个修持真道的人，不用去思索它，更不用去言说它。要是你通过思索而产生了一体的概念，并说出一体的话语来，那一体的概念，并加上一体的这句话，就成了两，两再加上本来就存在的一体这件事，就成为三了。⑨巧历，指工于历算的人，犹言灵巧的计算家。凡，凡人，普通人。⑩适，往，至。以，用同已。⑪封，见前注。常，定则，准则。⑫为（wèi未），介词。是，是，这里用作指示代词，相当于此。此，指代前句“言未始有常。”畛，界说。⑬有伦有义，崔驷本作“有论有议”。俞樾说：“崔本作‘有论有议’，当从之。下文云：“六合之外，圣人存而不论；六合之内，圣人论而不议’。又曰：‘故分也者，有不分也；辩也者，有不辩也’。彼所谓分辩，即此有分有辩；然则彼所谓论议，即此‘有论有议’矣。”译文从俞说。⑭分，区分。辩，驳辩。⑮六合，上下四方为六合，即指天地。⑯存，保留。存而不议，犹言持保留态度而不加议论。⑰论而不议，有所谈论却并不争议。⑱春秋，指一般的朝代，时代。志，记载。⑲议而不辩，有所议论但不辩是争非。⑳有不分，有所不分。㉑有不辩，有所不辩。㉒怀，怀藏，蕴存。之，指示代词，这些，指代人们喜欢区分争辩的事。相示，互相夸示。㉓有不见，有所不见。又一说，“有”借为“囿”，亦可通。㉔称，称说。不称，用不着称说。㉕辩，言辩。不辩，用不着争辩。㉖仁，仁慈。㉗嗛，《释文》：“徐音谦。”成《疏》：‘夫玄悟之人，鉴达空有，知万境虚幻，无一可贪，物我俱空，何所谦逊。”是成《疏》即解嗛作谦逊。又，《汉书·尹翁归传》：“温良嗛退。”颜师古注：“嗛，古以为谦字也。”㉘“不忮”盖即不赌狠逞强之意。㉙昭，昭著，显露。而，用同则。下面四句中的而同。后面的一个“道”，用如动词。“不道”意即“不成道”，“不是道”。㉚仁常而不成，盖即“仁爱太经常就难于坚持到底”之意。㉛廉清句，“廉而至于有自洁之意，则不诚实矣。清，自洁意也。信，实也。”㉜五者句，宣颖说：“五者本浑然园通，今滞于迹，而近向方，不可行也。”林希逸说：“以上五者，皆是个圆物，谓其本混成也。若稍有迹，则近于四方之物，谓其有圭角也。㉝于，表处所，相当于‘在’。㉞不言，不用言词。辩，辩论。不道，不用称说。后一道字指大道。㉟天府，天然的宝库。㊱注，灌注。酌，舀取。焉，兼词，有于是之意。但由于两个焉前面的动词所表示的意义不同，“于是”这一补语与动词的关系也不一样，因而这两焉虽同为“于是”，但前面的于相当于“往”“向”，后面的于相当于“从”“自”。㊲葆，藏其光而不露。

【译文】

在这里，倘若我也有点言论，就不知它和这滑疑之耀是一类呢，还是和这不一类呢？无论是一类还是不一类，（既然有了言论，）便共同成了一类了。那我态，）都有个“有”，也有个“无”，还有个未曾有的“无”，更有一个未曾有过的那未曾有的“无”。（正由于如此，所以）忽然间有了个“无”了，我们就无法了解这“有”和“无”果真是哪个“有”，哪个“无”。现在我本来也就有了言论了，但我不知道我所说的言论果真是有言论呢？还是没有言论呢？天下没有什么比秋毫之末更大，而太山却是小的，天下也没有谁个比夭折的婴儿更有寿数，而彭祖却是短命的。天地和我一块儿生存着，万物和我是浑然一体的。既然已经是浑然一体了，那我还得有什么言论吗？既然已经说是一体了，还能说是没有言论吗？有了“一体”这个看法，加上我说了“一体”这句话便算是二，由二再加上本来就存在的“一体”这件事便是三。由此往下算，就是最巧妙的计算家也不可能算得清楚，何况那些普通人呢？所以，从无推到有就已经到了三，何况是从有推到有呢？用不着去推算这些，一切只须因人之是以为是就行了。

道是从来就不曾有过界限的，可言论也从来就不曾有个定准。因为这样，便有种种界说了。且让我说说这些界说：有左的，又有右的，有谈说的，又有评议的；有分析的，又有驳辩的；有竞逐的，又有争斗的。这就叫做“八德”。天地以外的事，圣人都是持保留态度概不谈论的；天地以内的事，圣人虽然有所谈论却不加评议。历代有关先王治世的记载，圣人虽有所评议，但并不辩是争非。所以，说分吧，实际是有所不分；说辩吧，实际是有所不辩。要问这是为什么呢？圣人只是把这些蕴藏于心怀，而众人却争论不休来竞相夸示哩。所以说，争辩实际是因为有见不到的地方。大道是不可以称说的，大辩是不用言词的，大仁是用不着慈爱的，大廉是不讲谦逊的，大勇是不赌狠逞强的。道如果显露出来便不是真道，言词如果用来争辩便不胜其辩。仁如果太经常了便不能坚持到底。勇如果逞强赌狠就成不了什么事。这五个方面如果能牢记不忘，大概也就近乎道哩。所以，一个人的知识能够在他所不知之处停步，便算是达到极限了。谁个能知道不用言词的辩论，不须称说的大道呢？假如能够知道，这就叫做天然的宝库。任凭你往这当中灌注也始终不会盈满；任凭你从当中舀取，也始终不会枯竭；但又不知它的由来之处，这就叫做善自珍藏的光明。

故昔者尧问乎舜曰：“我欲伐宗、脍、胥敖①，南面而不释然②，其故何也？”舜曰：“夫三子者，犹存乎蓬艾之间③。若不释然，何哉？昔者十日并出，万物皆照④，而况德之进乎日者乎！⑤”

啮缺问乎王倪曰：“子知物之所同是乎⑥？”

曰：“吾恶乎知之？”

“子知子之所不知邪？”

曰：“吾恶乎知之。”

“然则物无知邪？”

曰：“吾恶乎知之。”

虽然，尝试言之。庸讵知吾所谓知之非不知邪？庸讵知吾所谓不知之非知邪⑦？

且吾尝试问乎女：民湿寝则腰疾偏死⑧，鳝然乎哉⑨？木处则惴慄恂惧⑩，猨猴然乎哉？三者孰知正处⑪？民食刍豢⑫，麋鹿食荐⑬，蝍蛆甘带⑭，鸱鸦耆鼠⑮，四者孰知正味？猿猵狙以为雌⑯，麋与鹿交，鳝与鱼游。毛嫱丽姬⑰，人之所美也⑱；鱼见之深入，鸟见之高飞，麋鹿见之决骤⑲。四者孰知天下之正色哉？自我观之，仁义之端，是非之涂，樊然殽乱，吾恶能知其辨⑳？”

啮缺曰：“子不知利害，则圣人固不知利害乎㉑？”

王倪曰：“至人神矣㉒！大泽焚而不能热，河汉冱而不能寒，疾雷破山、飘风振海而不能惊㉓。若然者㉔，乘云气，骑日月，而游乎四海之外。死生无变于己㉕，而况利害之端乎？”

【注释】

①宗，脍，胥敖，传说是唐尧时代的三个小部落。②南面，古时候君王临朝时，面向南站着，接见臣

下，群臣则面向北向君王行拜见之礼。由此引申，凡做了帝王便说："南面称王""南面称帝"，做了臣子则说"北面称臣"这里的"南面"仍以解作临朝较妥。释，通怿，愉快。③夫（fú浮），本为指示代词，但用于句首，一般虚化而为发语词，没有多少实际意义。这里的夫，虽则用于句首，但指代意义仍较明显，故译为那。犹，犹如，好比。蓬，蓬蒿，艾，艾草。蓬艾之间，喻指偏僻荒凉之地。④十日并出，据《淮南子》记载：尧时十日并出，焦禾稼，杀草木，于是尧使羿上射十日，遂落其九，唯余一日矣。⑤而况，何况，进逼连词。这里疑应有两个表示进逼关系的复句。首先是从十日推到一日，再由日推论到德。乎，同于，介词，相当于"在"。进于日，意即在日的基础上更进了一步。⑥啮（niè）缺，王倪，杜撰人名。是，形容词，这里为意动用法。所同是，共同认为是的标准。⑦庸讵，庸一般为反诘副词，有难道、怎么、哪里之意，也可'庸讵''庸遽''其庸'连用。这里的"庸讵"，意即"怎么"。⑧湿，指潮湿的处所，这里用作状语。湿寝，在潮湿之处睡觉。下句的木处结构与此同。偏死，犹言半身不遂。⑨鰌，泥鳅。然，指示代词，这样。⑩惴慄恂惧，恐惧害怕。⑪正处，真正合适的处所。⑫刍（chū锄）豢（huàn换），司马彪说："牛羊曰刍，犬豕曰豢，以所食得名也。又：《孟子·告子上》："故理义之悦我心，犹刍豢之悦我口。"杨伯峻先生《注》："草食曰刍，牛羊是也；谷食曰豢，犬豕是也。"⑬荐，美草。⑭蝍（jí）蛆（jū），蜈蚣。甘，形容词意动用法，意即"以……为甘美""爱吃"。带，崔骃说："蛇也。"关于蜈蚣吃蛇的事，据笔者幼年时所见，确为事实。蜈蚣吃蛇，其办法是先喷射毒汁，将蛇毒死，蛇中毒死亡后，蜈蚣急欲吃蛇肉，但蛇周身长有鳞片的皮，相当坚韧，不容易咬破，也不容易腐烂，而蛇的口眼等处，则是突破口。所以蜈蚣便先咬这些部位，逐步进入蛇体内。⑮鸱（chī），鹞鹰。鸦，乌鸦。耆，同嗜，爱好。⑯猨，猿猴。以，介词，后面省略了宾语之。之，指代猨。⑰毛嫱，司马彪说："古美人，一云越王美姬也。"丽姬，《左传》作"骊姬"。晋献公的宠妾。⑱美，形容词意动用法，意即"认为美丽"。⑲决骤，郭庆藩说："决骤，即决趨。趨，《说文》《广雅》均训疾。决，正字当作趹。趹，《说文》：'马行貌。'趹，又作踶。《广雅》："'踶，奔也'。"⑳两"之"，指示代词，这些，这种。樊然殽乱，樊然，纷然。殽，杂。㉑固，原来，本来。㉒神，神通，神妙。㉓大泽焚，意即热到大泽冒烟。河，指黄河。汉，指汉水。沍（hù），同涸。热、寒，形容词使动用法。不能热，不能使之热；不能寒，不能使之寒。下文的"惊"，不及物动词使动用法。不能惊，不能使之惊。之，他，称代至人。㉔若然者，像这样的人，指上文的至人。㉕无变，无所改变。于，介词，表对向。于己，对于自己。

【译文】

从前尧问舜道："我想去讨伐宗、脍和胥敖，（还未行成，）每当临朝的时候，心里就不愉快，这是什么缘故呢？"舜说："那三个小国，就象生在蓬蒿艾草里面一样，（并不碍你的事，）那你感到不愉快，又是为什么呢？往日十个太阳同时出现，万物都被照耀着，（现在只有一个太阳，自然更是如此，）又何况道德的光芒是在太阳那基础上更进了一步的圣人呢？"

啮缺问王倪道："您知道事物的被共同认为'是'的标准吗？"

王倪说："我从何知道这呢？"

"您知道您所不知道的事物吗？"

王倪说："我从何知道这？"

"既然如此，那么事物都没有被认识的可能吗？"

王倪说："我从何知道这？

尽管如此，我也试着说说。怎么知道我所说的知道不是不知道呢？怎么知道我所说的不知道又不是知道呢？我试且问你：人在潮湿的地方睡觉就会腰痛，甚至半身瘫痪，泥鳅也这样吗？人在树上居处就惊慌害怕，猿猴也这样吗？这三种动物谁算知道真正合适的处所？人吃肉类，麋鹿吃草，蜈蚣爱吃蛇，鹞鹰和乌鸦喜欢吃老鼠，这四种动物谁算知道纯正的口味呢？猵狙和雌猿交配，麋与鹿交配，泥鳅和鱼游处。毛嫱和丽姬，是人们认为最美丽的女子，但是游鱼见了她们就会深入水底，鸟儿见了她们就会高飞天空，麋鹿见了她们就马上逃跑，这四种动物到底谁知天下的真正的美色呢？依我看来，仁义这些观念，是非这些门道，纷然杂乱，我怎能知道它们的不同？”

啮缺说：“你不知道利害，那至人原来也不知道利害吗？”

王倪说：“至人可神通哩！天气热到巨大的山泽都冒烟了，也不能使他觉得炎热；冷到黄河汉水都冰封了，也不能使他觉得寒冷；雷霆震裂了山峦，狂风掀起了海浪，也都不能使他受到惊恐。象这样的人，能腾云驾雾，骑着太阳，跨着月亮，遨游于四海之外，生和死对于他自身都无所改变，何况利害这些小事呢？”

瞿鹊子问乎长梧子曰①：“吾闻诸夫子②，圣人不从事于务③，不就利，不违害，不喜求，不缘道④，无谓有谓，有谓无谓⑤，而游乎尘埃之外。夫子以为孟浪之言⑥，而我以为妙道之行也。吾子以为奚若⑦？

长梧子曰：“是黄帝之所听荧也⑧，而丘也何足以知之？且女亦大早计⑨，见卵而求时夜⑩，见弹而求鸮炙⑪。

予尝为女妄言之，女以妄听之⑫。奚旁日月，挟宇宙⑬？为其脗合，置其滑涽⑭，以隶相尊⑮。众人役役，圣人愚芚⑯，参万岁而一成纯⑰，万物尽然，而以是相蕴⑱。

予恶乎知说生之非惑邪⑲？予恶乎知恶死之非弱丧而不知归者邪⑳？丽之姬，艾封人之子也㉑。晋国之始得之也，涕泣沾襟；及其至于王所，与王同筐床，食刍豢，而后悔其泣也㉒。予恶乎知夫死者不悔其始之蕲生乎㉓！

梦饮酒者，旦而哭泣；暮哭泣者，旦而田猎。方其梦也，不知其梦也。梦之中又占其梦焉，觉而后知其梦也。且有大觉而后知此其大梦也㉔，而愚者自以为觉，窃窃然知之㉕。君乎，牧乎，固哉㉖！丘也与女，皆梦也；予谓女梦，亦梦也。是其言也，其名曰吊诡㉗。万世之后而一遇大圣，知其解者，是旦暮遇之也㉘。

既使我与若辩矣，若胜我，我不若胜㉙，若果是也，我果非也邪？我胜若，若不吾胜，我果是也，而果非也邪？其或是也，其或非也邪？其俱是也，其俱非也邪㉚？我与若不能相知也，则人固受其黮暗㉛。吾谁使正之？使同乎若者正之㉜？既与若同矣，恶能正之？使同乎我者正之？既与我同矣，恶能正之？使异乎我与若者正之？既异乎我与若矣，恶能正之？使同乎我与若者正之？既同乎我与若矣，恶能正之？然则我与若与人俱不能相知也，而待彼也邪㉝？

何谓和之以天倪㉞？曰：是不是，然不然。是若果是也，则是之异乎不是也亦无辩。然若果然也，则然之异乎不然也亦无辩。化声之相待，若真不相待。和之以天倪，因之以曼衍，所以穷年也㉟。忘年忘义，振于无竟，故寓诸无竟㊱。”

【注释】

①瞿鹊子，长梧子，杜撰人名。②诸，介词，用同于。③务，成《疏》：“犹事也。”不从事于物，林云铭说：“不以俗物为事也。”④不就利，不谋就私利。不避害，不逃避祸害。不喜求，无求于事。⑤无谓有谓，王先谦说：“谓，言也。或问而不答，即是答也。”有谓无谓，王说：“有言而欲无言。”《寓言篇》：

“言无言，终身言，未尝言”，与此意同。⑥孟浪，犹今言不着边际。⑦奚若，若奚，若何，如何。⑧荧，向秀司马彪说：“疑惑也。”李颐说：“不光明貌。”⑨大，读太。太早计，意即为时过早。⑩时，马叙伦说：“时当作寺，今通作侍。”按：马说自可通。然《释文》引崔驷说：“时夜，司夜，谓鸡也。”时，或亦借为司。鸡，现今一般说“司晨”。⑪鸮炙，鸮，小鸠，炙，烧烤。现今两广有烤仔猪，其味甚美。大概古代也有烤仔鸠。⑫以，疑当训亦。⑬奚，疑问代词。傍，依傍。⑭为（wéi），动词，与“置”相对为文。脗合，即吻合。⑮隶，奴仆，地位卑贱的人。⑯役役，犹言辛辛苦苦。⑰参万句，郭《注》：“纯者，不杂者也。夫举万岁而参其变，而众人谓之杂矣，故役役然劳形怵心而去彼就此。唯大圣无执，故芚然直往而与变化为一，一变化而常游于独者也。故虽参糅亿载，千殊万异，道行之而成，则古今一成也；物谓之而然，则万物一然也。无物不然，无时不成；斯可谓纯矣。”郭嵩焘说：“众人役役，较量今日，又较量明日……圣人愚芚，为是不用而寓诸庸，参万岁以极其量。一者，浑然无彼此之别；成者，怡然无然可之差；纯者，泊然无是非之辩。圣人以此应万物之变而相蕴于无穷，斯为参万岁而一成纯。”⑱是，指示代词，这，指代“齐万岁而成一瞬”。相，指代性副词，这里有指代“蕴”的宾语“之”的作用。蕴，蓄积。⑲说，同悦。惑，胡涂。⑳弱丧，郭《注》：“少而失其故居，名为弱丧。”㉑丽之姬，即上文丽姬。秦穆公与晋献公共伐丽戎，得美女一，玉环二。秦得环而晋取女，即丽戎艾地守封疆人之女。㉒王，晋献公。崔驷说：“六国时诸侯僭称王，因此谓献公为王也。”筐床，司马彪说：“安床也。”犹言安乐窝。㉓蕲(qí)，祈，贪求。㉔大觉，林希逸说：“见道者也，禅家所谓大悟也。”㉕窃窃，司马彪说：“犹察察也。”按：察，《说文》：“复审也。”《广韵》：“谛也，知也。察察，明白清醒的样子。之，这。知这，犹言知道这是怎么回事了。㉖牧，成《疏》：“牛曰牧，马曰圉。”这里借代臣仆。固，固陋，浅陋。㉗是其言也，犹言如此这般言论。吊诡，神奇古怪，见前注。但这里意为奇谈怪论。㉘而，假设连词。旦暮，意即偶然难得的机会。㉙若，人称代词，你。下文“而果非也邪”的“而”同。我不若胜，否定句，代词“若”作宾语，前置。下文“若不吾胜”结构同。㉚其，选择连词，相当于“是”“还是”或，无定性代词，相当于“有的”。㉛黮暗，不明貌。㉜正，评定，裁决。㉝彼，指旁人，另外的人。㉞天，自然。倪，分。㉟相待，互相对待，互相对立。若，如此。因，任。穷年，意即享尽天年。㊱忘年忘义，忘年，谓“齐生死”；忘义，谓“遣是非”。振，畅无竟，无穷无尽的境界。

【译文】

瞿鹊子问长梧子道：“我听到仲尼夫子说：圣人不从事尘世的事物，不谋取私利，不回避祸害，不喜欢强求，不攀援附会于道术；说是无言却有言，说是有言却无言，只任情遨游于世俗尘埃之外。夫子认为这都是些不着边际的话，但我却认为这正是合乎妙道的行为。您以为如何？”

长梧子说：“这是连黄帝听了也感到困惑不解的一些话，孔丘怎么能够了解呢？而且你也未免为计过早了，好像见到鸡蛋就想得到报晓的公鸡，见到弹弓就想得到烧烤了的仔鸠一样。

我试着跟你瞎说一通，你也就瞎听着。为什么圣人就能依傍日月，怀抱宇宙，（遨游于尘世之外呢？）就在于能和万物混合一体；一切是非淆乱的现象都置于不顾；无论贵贱都视同一律。众人都辛辛苦苦，忙个不停，圣人却混混沌沌，什么都置之度外。他能齐一千秋万世而把它看着一瞬。万物都是这样，以这样一种态度把它包容起来。

我从何知道贪生的人不是胡涂呢？我从何了解怕死的人不象从小流落他乡而不知返回老家那样呢？丽姬，是艾地守边人员的女儿。晋国开始迎娶她的时候，她痛哭得泪水沾满了衣襟，待到进了王宫以后，跟君主一起睡在安乐窝里，吃着肥鲜美味，这才后悔当初的哭泣是不应该了。我怎么能知道那死了的人不悔恨当初的恋生呢？

晚上梦见饮酒作乐的人，白天里（也许因为什么）而哭起来；晚上梦见哭泣的人，白天里

（也许又会）打起猎来。人在作梦的时候，是不知道自己是在作梦的。（有时候）人在梦中还常问自己是否在作梦，要到醒来以后才知道自己是在作梦。而且只有大觉大悟了然后才能知道这是作了个大梦。可是愚蠢的人还自以为觉醒了，清楚明白地知道这是什么回事了。什么君主呀，什么臣仆呀，真是固陋极了！孔丘和你，都是在作梦；当然，我说你作梦，我同样也是在作梦哩。我的如此这般言语，大概只能叫做奇谈怪论。万年之后如果一旦有位大圣人能够知道这当中的答案的话，便算是偶然难得的机会了。

既然使我跟你辩论，要是你胜了我，我输给你，那你就果真是，我就果真不是吗？要是我胜了你，你输给我，我就果真是，你就果真不是吗？是有一个是呢，还是有一个非呢？是都是呢，还是都非呢？这在我和你都不知道，而别人就本来是受到我们争辩不休的污染而不明真象。那么，我们请谁来评判是非？请和你相同的人来评定？既然和你相同了，怎么能判定？请跟我相同的人来评定？既然和我相同了，怎么能评定？请个不同于我和你的人来评定？既然跟我和你不同了，怎么能够评定？请个跟我和你相同的人来评定？既然跟我和你相同了，怎么能够评定？是这样，我和你以及别人都不能相互了解，却又等待另外的人吗？

什么叫做按照自然的分际来调和这种是非之争呢？我说：是就是不是，对也就是不对。是的如果真的是，那是的不同于不是，也就无需争辩。对的如果真的对，那对的不同于不对，也不用争辩。是非之辩的互相对立，又是如此地不相对立。那么，按照自然的分际来调和它并因顺着蔓延下去，这就是享尽天年的办法哩。忘掉生死，抛弃是非，就能逍遥于无穷无尽的境界，所以，一切都寄托于这无穷无尽的境界。

罔两问景曰①：“曩子行，今子止；曩子坐，今子起，何其无特操与②？”

景曰：“吾有待而然者邪？吾所待又有待而然者邪？吾待蛇蚹蜩翼邪③？恶识所以然？恶识所以不然？”

昔者庄周梦为胡蝶，栩栩然胡蝶也④，自喻适志与⑤！不知周也。俄然觉，则蘧蘧然周也⑥。不知周之梦为胡蝶与，胡蝶之梦为周与？周与胡蝶，则必有分矣⑦。此之谓物化⑧。

【注释】

①景，今字作影。罔两，怪物。这里的罔两和景都作寓托人名。②曩（nǎng），昔，刚才。特，独特。操，情操，志趣。③蛇蚹蜩翼，蚹者，蛇蜕皮。蜩翼者，蜩甲。言蛇蜕旧皮，蜩出新甲，不知所以，莫辩其然，独化而生，盖无待也。④栩栩，“栩栩”一词，今犹常用，有“活生生”、“活龙活现”之义。如“栩栩如生。”这里的“栩栩”也可这么解释。⑤喻，自喻适志，犹言自鸣得意。⑥蘧蘧然周也，犹言赤条条地躺着一个庄周。⑦不知三句，林希逸说：“在庄周，则以夜来之为胡蝶，梦也；恐胡蝶在彼，又以我今者之觉为梦；故曰不知周之梦为胡蝶与，胡蝶之梦为周与？这个梦觉须有个分别处，故曰：周与胡蝶必有分矣。”⑧物化，成《疏》：“物理之变化也。”林希逸说：“万物变化之理也。”

【译文】

罔两问影道：“刚才你走着，现在又停下来；刚才你坐着，现在又站了起来，为什么是这样地没有自己的独特的情操呢？”

影说：“我是有所等待才这样的吗？我所等待的又是有所等待才这样的吗？我的等待就像

蛇蜕的皮，蝉脱的壳那样吗？我怎么知道为什么会这样？怎么知道为什么又不这样？”

从前庄周作梦化变成了蝴蝶，好一只活生生的蝴蝶啊！它多么自鸣得意哩！一会儿醒了，原来是赤条条地躺着个庄周。这就不知道是庄周作梦变成了蝴蝶呢，还是蝴蝶作梦变成了庄周呢？而庄周和蝴蝶，肯定是有分别的哩。这就叫做万物变化之理。

秋 水

秋水时至①，百川灌河②，泾流之大③，两涘渚崖之间④，不辩牛马⑤。于是焉河伯欣然自喜，以天下之美为尽在已⑥。顺流而东行，至于北海，东面而视⑦，不见水端⑧，于是焉河伯始旋其面目⑨，望洋向若而叹曰⑩：“野语有之曰，‘闻道百以为莫己若者’，我之谓也⑪。且夫我尝闻少仲尼之闻而轻伯夷之义者⑫，始吾弗信；今我睹子之难穷也，吾非至于子之门则殆矣，吾长见笑于大方之家⑬。”

北海若曰：“井蛙不可以语于海者，拘于虚也⑭；夏虫不可以语于冰者，笃于时也⑮；曲士不可以语于道者，拘于教也⑯。今尔出于崖侯，观于大海，乃知尔丑⑰，尔将可与语大理矣⑱。天下之水，莫大于海⑲：万川归之，不知何时止而不盈⑳；尾瘤泄之，不知何时已而不虚㉑；春秋不变，水旱不知。此其过江河之流，不可为量数㉒。而吾未尝以此自多者㉓，自以比形于天地，而受气于阴阳㉔，吾在于天地之间，犹小石小木之在大山也㉕，方存乎见小㉖，又奚以自多㉗！计四海之在天地之间也，不似礨空之在大泽乎㉘？计中国之在，海内，不似稊米之在大仓乎㉙？号物之数谓之万，人处一焉㉚，人卒九州㉛，谷食之所生，舟车之所通㉜，人处一焉㉝；此其比万物，不似豪末之在于马体乎㉞？五帝之所连㉟，三王之所争，仁人之所忧，任士之所劳㊱，尽此矣㊲。伯夷辞之以为名，仲尼语之以为博㊳，此其自多也，不似尔向之自多于水乎㊴？

消费品伯曰：“然则我大天地而小豪末㊵，可乎？”

北海若曰：“否，失物，量无穷㊶，时无止㊷，分无常㊸，终始无故㊹。是故大知观于远近㊺，故小而不寡，大而不多，知量无穷；证曏今故㊻，故遥而不闷，掇而不跂，㊼，知时无止，察乎盈虚㊽，故得而不喜，失而不忧，知分之无常也；明乎坦涂㊾，故生而不说，死而不祸㊿，知始终之不可故也[51]。计人之所知，不若其所不知；其生之时，不若未生之时；以其至小求穷其至大之域，是故迷乱而不能自得也[52]。由此观之，又何以知豪末之足以定至细之倪[53]！又何以知天地之足以穷至大之域!”

河伯曰：“世之议者皆曰：‘至精无形，至大不可围[54]’。是信情乎[55]?”

北海若曰：“夫自细视大者不尽，自大视细者不明[56]。夫精，小之微也；垺，大之殷也[57]；故异便[58]。此势之有也[59]。夫精粗者，期于有形者也[60]；无形者，数之所不能分也；不可围者，数之所不能穷也[61]。可以言论者，物之粗也；可以意致者，物之精也；言之所不能论，意之所不能察致者，不期精粗焉。

是故大人之行，不出乎害人，不多仁恩；动不为利，不贱门隶货财弗争，不多辞让；事焉不借人[62]，不多食乎力[63]；不贱贪污[64]；行殊乎俗[65]，不多避异[66]；为在从众[67]，不贱佞谄[68]；世之爵禄不足以为劝，戮耻不足以为辱[69]；知是非之不可为分[70]，细大之不可为倪。闻曰：'道人不闻[71]，到德不得[72]，大人无己[73]。'约分之至也[74]。"

河伯曰："若物之外，若物之内[75]，恶至而倪贵贱[76]，恶至而倪小大？"

北海若曰："以道观之，物无贵贱[77]；以物观之，自贵而相贱[78]；以俗观之，贵贱不在己[79]，以差观之，因其所大而大之，则万物莫不大；因其所小而小之，则万物莫不小[80]；知天地之为稊米也，知毫末之为丘山也，则差数稊矣[81]。以功观之，因其所有而有之，则万物莫不有；因其所无而无之，则万物莫不无[82]；知东西之相反而不可以相无[83]，则功分定矣。以趣观之，因其所然而然之，则万物莫不然；因其所非而非之，则万物莫不非[84]；知尧桀之自然而相非，则趣操睹矣[85]。

昔者尧舜让而帝[86]，之哙让而绝[87]；汤武争而王[88]，白公争而灭[89]。由此观之，争让之礼，尧桀之行，贵贱有时，未可以为常也[90]。梁丽可以冲城，而不可以窒穴，言殊器也[91]。骐骥骅骝[92]，一日而驰千里，捕鼠不知狸狌，言殊技也[93]；鸱鸺夜捉蚤[94]，察毫末，昼出瞋目而不见丘山，言殊性也[95]。故曰，盖师是而无非，师治而无乱乎[96]？是未明天地之理，万物之情者也。是犹师天而无地，师阴而无阳，其不可行明矣。然且语而不舍，非愚则诬也[97]。帝王殊禅，三代殊继[98]。差其时，逆其俗者[99]，谓之篡夫[100]；当其时[101]，顺其俗者，谓之义之徒[102]。默默乎河伯[103]，汝恶知贵贱之门，小大之家[104]！

河伯曰："然则我何为乎？何不为乎？吾辞受趣舍[105]，吾终奈何？"

北海若曰："以道观之，何贵何贱，是谓反衍[106]；无拘而志，与道大蹇[107]。何多何少，是谓谢施[108]；无一而行，与道参差[109]。严乎若国之有君，其无私德[110]；繇繇乎若祭之有社，其无私福[111]；泛泛乎其若四方之无穷，其无所畛域[112]。兼怀万物，其熟承翼[113]？是谓无方[114]。万物一齐，孰短孰长[115]？道无终始，物有死生，不恃其成[116]，一虚一满[117]，不位乎其形[118]。年不可举，时不可止[119]，消息盈虚，终则有始[120]。是所以语大义之方，论万物之理也[121]。物之生也，若骤若驰[122]，无动而不变，无时而不移，何为乎？何不为乎？夫固将自化[123]。

河伯曰："然则何贵于道邪[124]？"

北海若曰："知道者必达于理，达于理者必明于权，明于权者不以物害己[125]。至德者，火弗能热，水弗能溺，寒署弗能害，禽兽弗能贼[126]，非谓其薄之也[127]，言察乎安危，宁于祸福[128]，谨于去就[129]，莫之能害也[130]。故曰，天在内，人在外[131]，德在乎天。知天人之行，本乎天，位乎德[132]，踯躅而屈伸[133]，反要而语极[134]。"

曰："何谓天？何谓人？"

北海若曰："牛马四足，是谓天；落马首[135]，穿牛鼻，是谓人。故曰，无以人灭天[136]，无以故灭命[137]，无以得殉名[138]。谨守而勿失，是谓反其真[139]。

【注释】

①时，名词作状语，意即按时，按季节。②百，非实指，概言其多。河，黄河。③泾流连用，即指水流。④涘（sì），岸。两涘，岸的两边。渚（zhǔ），水中的小块陆地。渚崖，河渚岸边。⑤辩，通辨，辨别，识别。不辨牛马，言水大岸远，连牛马都识别不清。⑥焉，王引之说：同乎。句中语气词，无实义。

以……为……，用同“以为”，认为。⑦东面，向东，朝东。⑧水端，水的尽头。⑨旋，转动，这里可引申作转变，改变。旋其面目，意即改变了他那欣然自喜的面容。⑩望洋，叠韵联绵词，仰视貌。若，海神。⑪野语，俗语。道，道理。莫己若，莫若己。否定句中代词作宾语，例宜前置。我之谓，谓我。之，指示代词，复指前置宾语。⑫少和轻，均为形容词的意动用法。少，意即“认为少（贬低）”；轻，意即“认为轻（轻视）”。闻，见闻，引申作“学识”讲。义，节义。⑬长，永远，老是。见……于……，表被动。大方之家，犹言高明之家，懂大道的人家。⑭局，局限。于，表被动，相当于“为……所……”。下文“笃于时”“束于教”的“于”同。⑮笃（dǔ）：这里犹言固着。笃于时，为时间所固着。夏虫只能生活在夏天，到冬天结冰时早已死去，所以这样说。⑯曲士，即孤陋寡闻的人。束，束缚。⑰尔，对称代词，你。崖涘，见前注，但这里概言河道。丑，浅薄，鄙聘。⑱大理，大的道理。⑲莫，无指代词，这里代事物，相当于“没有什么”。于，表比较。⑳之，指示代词，相当于“那里”。归之，归于之，归向那里。盈，满。㉑泄，同泻，泻漏。已止。虚，空虚，指海水枯竭。㉒过，超过。流，指流量。不可为量数，不能进行估量和计算。㉓自多，自夸，自满。多，形容词用为意动词，即“认为多”，引申为夸耀。㉔以，认为，动词。受，禀受。㉕一般认为这里的“大山”即指“泰山。”㉖乎，句中语气词，无实义。见，同“现”。见少，显现得渺小。㉗奚以，介宾倒置，意即凭什么，根据什么。㉘礨（lěi）空（kǒng）：解说不一。《释文》：“礨孔，小穴也。李云：小封也。一云：蚁冢也。”成《疏》：“蚁穴也。”㉙稊，一种像稗子一样的草。稊米，指稊草上面结的米粒。这种米粒很小，因此司马彪训“稊米”为“小米”。而庄文这里也便用来作比喻，以言其小。又，今湖北洪湖一带有“稊米”，疑即一物。㉚处，居处，引申有“占有”之意。焉，于是，犹言“在这当中”。㉛这里说“人卒九州”，意即人类遍尽于九州之内。㉜谷食两句，从意义上说，它与“九州”并列的，都是作“尽”的补语，用来补充说明“人类遍尽”的范围的。盖人类既赖谷食以生存，又赖舟车以来往。如果不是谷食生长的地方，舟车来往之处，人类也不会遍布于那里。所以，在概说了“九州”之后，又补充说了这两句。㉝人处一焉，马其昶说：“上文‘人处一焉’，以人对万物言，此以一人对众人言。”按：马说是。惟如前注，“众人”应指上文所说的“人卒”中的“人”，即人类，而不是指“人卒”。关于这一句，《浅注》说：“原有‘人处一焉’四字，据马叙伦《义证》删，否则费解。”实际有此四字，诚有较费解之处，但也不是根本不通。“人处一焉”，看起来是重出的，但二者既然角度不同，则重出似亦无妨。译文照旧。㉞此，承上文，指代“人处一焉”的“人”，即“个人”。《浅注》说：“‘此其’二句，根据马叙伦《义证》说，这两句应接在‘号物之数谓之万，人处一焉’句后。这样则前后文字通畅”。按：两句仍依原文，不予挪动，前后文字似乎并不是如何不通畅。上文先说四海在天地之间是渺小的，再说中国之在四海也是渺小的。这里先说人类在万物之中是渺小的，继而又说个人在人类之中是渺小的。前后论列一样。不同的，只是前面说“四海”和“中国”是分别作出论断的，而这里论“人”则是以人类比万物，个人比人类之后，再以个人比万物来集中地作出论断。这样论断，既显得与前面的论断在方式上有所变化，而对于人的渺小这点，似乎说得更为深刻有力了。㉟五帝句，崔骃说：“连，续也。”成《疏》：“五帝连接而揖让。”王叔岷说：连，疑为“禅”之误。按：王疑“连”为“禅”之误，虽未能确信，但下句说的是“三王之所争”，则这句说的“五帝之所连”的“连”，虽则为“连续”“连接”之义，但实际指的，应为“禅让”。㊱仁人两句，《浅注》说：“仁人，指儒家者流。任士，指墨家者流。《墨经》：‘任，士损己而益所为也。’《经说》：‘任，为身之所恶，以成人之所急。’墨家都以‘任’来要求自己，故称‘任士’”。按：《释文》：“李云：任，能也”。《孟子·万章》说：“伊尹，圣之任者也。”又说，伊尹系“自任以天下之重”的人。儒墨两家对“任”的理解并无多大差异，因而这里的“任士”就不一定专指墨家而言。同样，“仁人”也并非专称儒家者流。这里的“任士”与“仁人”对举，大概也同常说的“志士”“仁人”对举一样，并非专指某一学派的人。㊲句意谓三王五帝、儒墨等所争所辩的全部是在这个渺小的天地里的事情。㊳这里的“辞之”“语之”的“之”，应为指示代词，其所指代的对象，承上文系指“天下”，而不能是“五等”“六经”。㊴向，以前；刚才。于，用同“以”。自多于水，以水自夸。㊵大，小，形容词意动用法。大天地，以天地为大。小豪末，以豪末为小。豪，通毫。㊶量无穷：林希逸说："言物不可得而量度也。"宣颖说："各有局量。"㊷时无止：前一句说物的容积的大小是无穷无尽的。指物的空间言。这一句说物的存在的久暂是没有止境的。指时间言。㊸分（fèn）：无常，成《疏》："所禀性分，随时变易。"林云铭说："分，谓此生之得失。"㊹终始无故，林希逸说："言无始无终、无新无故也。"㊺知，同智。观于远近，王先谦说："远近并观，不尚一隅之见。"㊻证曏今故，郭《注》："曏，明也。今故，犹古今。"《浅注》说："向今，即今昔。故，事。句谓求证于古今的事情。"按："证曏今故"与上句的"观于远近"，文正相偶。今故，郭《注》训"古今，于义可取。远近，就空间言；古今，就时间言。对偶工整。曏，郭训"明"，《释文》引崔曏训"往，"均可通。《浅注》解"向"为"昔"，"故"为"事"，疑未得其旨。㊼遥，远。掇（duō），拾取。跂，通企，企望，企求。㊽察，明察，了解。盈虚，指事物彼此盈虚消长的变化。㊾涂，同途。郭《注》："死生者，日新之正道也。"林希逸说："明乎坦途者，犹曰识乎正道也。"㊿祸，名词的意动用法。不祸，即不认为是灾祸。51故，通固。不可固，不能固定不变。52这里承上文，至小，指有限的人生与知识。至大，指未生之时和不知之事。域，领域。53倪，端倪，界限。54围即包围，围绕之意。至大之物，如今数学上说的无穷大，确是不能用任何东西把它包围住的。55信，真，实。信情，真情，实情。56夫自两句，成《疏》："夫以细小之形视于旷大之物者，必不尽其弘远，故谓之不可围；又以旷大之物视于细小之形者，必不晓了分明，故谓之无形质。"林希逸说："自细视大者不尽，管中窥天之类也；自大视细者不明，鹏鸟下视野马尘埃之类也。"57"郛"有廓大之意，此处便用来指称"殷之大"者。58便，可作辨讲。异辨，意即不同的分别。59句谓有形成的东西才有大小的区别。60期，限。61无形者，承上文，指精而至于无形之物，不可围者，指粗而霸奚汀薄贱，形容词意动用法，即"以……为贱"，"贱视"。下文中的两个"贱"用法同。门隶、家奴，奴仆。62事，做事。焉，句中语气词，无意义。不借人，不借助于别人。63食乎力，自食其力。64不贱贪污，马叙伦说："上有夺句。"按：上下文阐述每一问题，都是从两方面说的，而这里仅就一方面说，显然，这一句上有夺句。惟译文仍依原文。65殊乎俗，与世俗不同。66辟，邪辟。辟异，犹言邪说异端。67从众，随从众人。68佞谄，讨好献媚。69爵禄，爵位俸禄。不足，不值得。以，介词，后面省略了宾语"之"。以之为劝，意即把它作为一种勉励。辱，耻辱，屈辱。70分，读 fèn，定分，引申作"定论"。讲。定论，名词，这里用如动词，意即"作出定论"。倪，标准。这里亦为名词动化，作"定出标准"讲。71道人，有道之人。不闻，不求闻达于世。72至德不得，郭《注》："得者，生于失也；物各无失，则得名去也。"按：《说文》："得，行有所得也。"段玉裁《注》：得，取也。行而有所取，故曰得也。《左传》曰："凡获器用曰得。"至德之人，无所取舍，忘怀得失，故无所谓得。又，《广雅·释诂》："德，得也。"《论语·泰伯》："民无得而称焉。"《季氏》："戒之在得。"两"得"字《释文》都说："一本作德。"由于"德""得"义同通用，所以《老子》第三十八章说："上德不德，是以有德"，和这里说的"至德不得"，实际是一个意思。73大人无己，《逍遥游》作"至人无己。"注："得者，生于失也；物各无失，则得名去也。"按：《说文》："得，行有所得也。"段玉裁《注》：得，取也。行而有所取，故曰得也。《左传》曰："凡获器用曰得。"至德之人，无所取舍，忘怀得失，故无所谓得。又，《广雅·释诂》："德，得也。"《论语·泰伯》："民无得而称焉。"《季氏》："戒之在得。"两"得"字《释文》都说："一本作德。"由于"德""得"义同通用，所以《老子》第三十八章说："上德不德，是以有德"，和这里说的"至德不得"，实际是一个意思。74约分，"谓约之恰如其分"。译文从高说。75若物两句，成《疏》："若物之外，若物之内，谓物性分之内外也。"林希逸说："合物内、外而论之也。"按：联系下文看，物之内，疑指大小而言，因为物本身自有大小。本身有的，属于物之内；本身无的，属于物之外。所以，这两句说的只是下文提出的"贵贱""大小"问题的所属范围。76恶，用同"何"。恶至，意即"何必"倪，标准，这里用如动词，作"定标准"讲。倪贵贱，倪于贵贱，在贵贱方面定出标准。77以道两句，成《疏》："道者，虚通之妙理；物者，质碍之粗事。而以粗视妙，故有大小；以妙观粗，故无贵贱。"78贵、贱，形容词用如动词，表示意动意义。自贵，意即认为自己尊贵。相贱，相互认为卑贱。79贵贱不在己，"不在己，谓随人之所贵贱而贵贱之"。按：从世俗的眼光来看，诚有所谓贵贱。但它都是随人而定的，人们说贵就是贵，说贱就是贱；人和事物的本身是没有什么贵贱的定

准的。⑳差，指事物的差别。“所大而大之”的两“大”，“所小而小之”的两“小”，均为形容词用意动用法。㉑差数，指物与物差别的分寸。㉒功，功用。“所有而有之”的两“有”，“所无而无之”的两“无”，均为意动用法。㉓知东句，东与西相反相成，故只可以相反，而不可以相无。㉔趣，同趋。王先谦说：“众之趋向。”“所然而然之”的两“然”，“所非而非之”的两“非”，均为形容词的意动用法。下句“自然而相非”的“然”和“非”，用法亦同。㉕趣操，成《疏》：“知尧舜之自然相非，则天下万物情趣志操，可以见之矣。”刘文典说：“‘操’疑‘舍’字之误。趣舍即取舍。”译文从刘说。㉖让，禅让。帝，名词用如动词，作“称帝”“登帝位”讲。㉗之，指战国时燕相子之。哙，燕王的名字。燕王听了苏代的劝说，仿效尧让许由的故事，将王位让给子之。国人不服，三年国乱。后齐宣王用苏代之计，举兵伐燕，杀了燕王哙和子之。㉘王，名词用如动词，作“为王”“得王位”讲。㉙白公，即白公胜，战国时楚平王的孙子，太子建的儿子。楚平王听了费无忌的话，接纳秦女，疏远了太子建。建出奔郑国，取郑女，生白公胜。后来白公胜回国，决心报仇，发动武装政变。楚派叶公子高领兵伐白公胜，胜败走，上吊自杀。㉚争让之礼，犹言争夺和禅让那一套规矩。之，这里以解作指示代词较妥。下句的“之”也一样。有时，各有时宜。以，介词，后面省略了宾语“之”。以为常，以之为常，把它当作一成不变的法则。㉛丽，同欐。崔骃说：“屋栋也。”成《疏》同。窒，《释文》：“《尔雅》云：塞也。崔李同”。穴，小孔。殊器，指冲城与窒穴用的是不同的器具。㉜骐骥骅骝，皆古代的良马。驰，奔跑。㉝狸狌，成《疏》：“野猫也。”《释文》：“狌，崔本作鼬。”按：狸，应即野猫。现今江南方言，称野猫为狸猫。狸狌恐并非一物。《浅注》说：“狌，鼬，即黄鼠狼。”可信。技，技能。㉞鸱鸺（chīxiū），猫头鹰。撮，抓取，捕捉。蚤，跳蚤。㉟瞋目当作瞑目。猫头鹰在黑夜里眼睛是张大的。由于光线弱，瞳孔放大，所以目光锐利，能察看细小的东西。白天里，眼睛常闭着。由于光线强烈，瞳孔缩小，所以看不见东西。猫头鹰是这样，家畜中的猫也是这样。性，习性。㊱师，名词的意动用法。师是，以是为师，意即只重视正确的方面。师治，以治为师，意即只看到安定的方面。下文“师天”“师阴”的“师”，用法亦同。㊲诬，骗，犹言胡说。㊳帝，五帝。王，三王。殊禅，禅让的方式不同。三代，指夏商周。殊继，继承的方式不同。㊴差，差失，错乱，时，时机。逆，违逆。俗，指世俗民情。⑩篡夫，篡逆之夫，犹言篡权的家伙。⑩当，恰当。当其时，犹言恰巧碰上了时机。⑩义之徒，指尧舜汤武一类的人。前文说“篡夫”指子之、白公胜等人。尧舜汤武的或让或争，都被认为是合乎道义的，所以这里称为“义之徒”。⑩默默，成《疏》：“默默莫声，幸勿辞费也”。⑩这两句试解作“你怎么知道贵贱这些门道，大小这些底里？”⑩辞，拒绝。受，接受。趣，通取，收取。舍，放弃。终，终究，究竟。奈何，怎么办。⑩延，延伸，发展。⑩而，对称代词，你。蹇（jiǎn）：这里是说，不要束缚你的思想，以致和大道相违碍。⑩谢施，《释文》：“司马云：谢，代也。施，用也。”成《疏》同。按：这里的“谢”，宜如司马说，有“代谢”“更代”之意。施，《诗·周易》：“葛之覃兮，施于中谷。”《注》：“施，移也。”《诗·大雅》：“施于子孙。”《笺》：“施，犹易也，延也。”这里的“施”有“移易”之意。⑩一，执一偏执。而，代词，你。参差。不齐之貌。与道参差，犹言与道不一致，有出入。⑪严，《释文》：“鱼检反，又如字。”严乎，即俨然，庄重的样子。无私德，意即无偏心。奚侗说：“‘严’字当重，与‘繇繇乎’‘泛泛乎’相偶。按：奚说亦可通。惟重“严”字，则“严”应读如字，为威严的严。严严乎，威严的样子。⑪繇（yòu）繇，即“悠悠”，自得的样子。⑫泛泛两句，林希逸说：“此心广大如四方之外，无所穷极，则无私畦町矣，故曰，无所畛域”。泛泛，广漠无边的样子。畛域，经界，界限。⑬兼怀两句，林希逸说：“万物皆备于我，是兼怀也；而无所私爱，故曰，其孰承翼。承翼，拱扶之也。”兼怀，包容。承翼，承受庇护。⑭无方，王先谦说：“无所偏向”。⑮万物一齐，一齐，齐一，犹言一个样。⑯不恃其成，宣颖说：“有生死，则物之成不足恃”。⑰一虚一满，犹言时虚时盈。杨树达先生说：“‘满’当为‘盈’，与‘生’‘成’‘形’为韵。下文云：‘消息盈虚’，是其证。此汉人避惠帝讳所致”。译文从杨说。⑱位，名词用如动词，意即“守位”，固守其位。乎，同于，介词，表处所。形，形迹。⑲止，不及物动词，此为使动用法，后面省略了宾语“之”。“止之”意即“使之止”，让它停下来。⑳消，消亡。息，生息，生长。有，同又。㉑是，这些，指代上述言论。㉒若骤若驰，犹如骏马飞奔。㉓

固，本来。自化，自行变化。⑫贵，形容词用如动词，意即“为贵”。于，用同“以”。贵于道，贵以道，以道为贵。⑫权，权变。明于变，犹言通权达变。⑫热，形容词用如动词。贼，残贼，伤害。热、溺、害、贼等词的后面，实际都应有宾语“之”，但由于“弗”的制约，没有出现。⑫薄，迫近，引申可解作“触犯”。⑫宁于祸福，郭《注》：“安乎命之所遇。”按：《老子》第五十八章说：“祸兮，福之所倚；福兮，祸之所伏。”所以，至德之人对于祸福的到来，能安之若素，处之泰然。⑫谨于去就，郭《注》：“审去就之非己”。成《疏》：“谨去就之无定，审取舍之有时。虽复顺畅迁移，而恒居至当者。”按：比较二说，郭《注》为优。去就非关己，在《田子方》篇“肩吾问于孙叔敖”一节里描述得十分具体。⑬莫之能害，莫能害之，宾语前置句。⑬天在两句，成《疏》：“天然之性，韫之内心；人事所顺，涉乎外迹”。⑬知天句，陈碧虚《庄子阙误》引江南古藏本“天”作“乎”。刘文典说：江南古藏本亦可通。按：实际联系上下文，疑“知乎人之行”更好理解。本，根本。这里用如动词，意即“作为根本”。乎，用同“于”，可训“以”。下句的“乎”同。位，《管子·心术》说：“位者，谓其所立也。”所立之处，这里可解为“落脚点”。“位”同“本”一样，这里也用作动词，有“作为落脚点”的意思。⑬踯（zhì）躅（zhú），双声联绵词，进退不定之貌。⑬反，同返。⑬落，通络，笼住，套上。⑬无，禁戒副词，不要。下两句的“无”同。以人灭天，以人为毁灭天性。⑬故，《广韵》：“事也。”以故灭命，成《疏》：“以人情事故毁灭天理。”⑬殉名，殉于名，为名誉而牺牲。⑬反，同返。真，本真。

【译文】

秋水汛期到了，无数的支流都往黄河里灌。水流这么大，以致河的两岸和沙渚，望过去，连牛马都区分不清楚了。于是乎河伯洋洋得意，觉得普天下的壮观全都在自己这里了。他顺着水流往东走去，一直到了北海，朝东面一看，简直看不到海水的尽头。在这种情况下，河伯才改变了原来的神色，仰望着海神感叹地说：“俗话有道是：听了一些道理，便总认为没有谁个能比得上自己的，这就是说我了。而且我曾听说世界上竟有小看孔子的学识，轻视伯夷的操行的人，起初我还不相信，如今我才看到你竟是这样地无边无际啊。我要是不来到你的门前，可就危险了，我势必老是被那些高明之家所嘲笑哩”。

北海神说：“井里的青蛙，不可以跟它谈论大海，因为它受到了地域的局限；夏天的昆虫，不可以跟它谈论冰冻，因为它为时间所限制；乡下的书生，不可以跟他谈论道理，因为他受到了教育上的约束。现在你从崖岸边上走了出来，来到了大海，总算清楚了自己的浅薄，这才可以跟你探讨大的道理了。天下的水，没有什么比海更大的，无数的河流归向这里，不知何时才能停息，但它总不会盈满：尾闾把它宣泄出去，不知什么时候休止，但它总不会虚空。从春到秋，它没有什么变化；水涝干旱，它也没有什么感觉。是这样，它的［容量］超过长江、黄河的流量，根本就不能用数字来计算。但我从来没有凭这点自夸，其理由是，我自认为由于天地的恩赐，由于阴阳的变化，我才禀受了生气。我在天地之间，就如同一块小石头，一棵小树木生长在大山上一样，我认为自己显得太渺小了，又凭什么自以为了不起呢？计算一下，四海在天地之间，不象是一个蚁穴在大海内一样吗？算一算，中国在四海之内，不象是一颗米粒在大仓库里一样吗？人们称号物的数量常说万物，人在这万物当中也只占了一种。人类聚集于九州之内，一切谷物生长的地方，舟车来往之处，而个人在这人类当中又只占一员；这样，拿个人与万物相比，不象是一根毫毛尖在马身上一样吗？五帝所禅让的，三王所争夺的，仁人所担忧的，能士所操劳的，都不过如此哩。伯夷以谦让天下来捞取名声，孔子以谈论天下来显示渊博，这样，他们自以为了不起，不就象你以前拿水多来自夸一样吗？”

河神说：“既然如此，我便以天地为大，毫末为小，可以吗？”

北海神说："不行。那物，容积的大小是无穷尽的。时间的久暂是无止境的。得失之分是没有常规的，事情的起始和终结不是停留静止的。由于这样，因此最有智慧的人对事物的远和近都能进行观察，因而事情虽然小，也并不认为少；事情虽然大，也并不认为多；他深知物量是无穷的。他对事物的今和古都能进行求证，因而事情虽然遥远，并不感到烦闷；虽然近可拾取，也并不存什么指望；他深知时间是无止境的。他了解事物的盈亏的道理，因而纵然有所得，也并不感到高兴；即使有所失，也并不感到忧愁；他深知得失之分是没有常规的。他明白从生到死是一条正常的道路，因而虽然活着，也并不感到喜悦；就算死了，也并不觉得是祸患；他深知事物的起始和终结不是静止不变的。总括一个人所知道的事物，远不如他所不知道的事物多；他所活着的时间，远不如他没有活着的时间久。拿自己的最为有限的生命与知识去探索、穷究那最为广阔的领域，就会迷乱而不能自得哩。从这看来，又从何清楚毫末便可以定为最小的限度？又从何知道天地就可以概括最大的范围？"

河神说："世上议论的人都说：最精细的东西没有形体，最粗大的东西不可能围绕住，这是实情吗？"

北海神说："从小的角度去看大的，总看不到全貌；从大的角度去看小的，总看不清楚。精，是小而又小的；垺，是大而又大的，所以有不同的区别。这也是势所必有的。精粗这种说法，仅限于有形的事物；小到无形的事物，那是数量不能再分了；大到没法围绕的事物，那是数量也不能穷尽的了。可以言传的，是事物当中的粗大的；可以意会的，是事物当中的细小的。言不能传，意不能会的，那就不限于精粗了。

因此大人办事，从来不存心害人，但也并不觉得这种仁慈恩德值得赞扬；一举一动不去谋取私利，但也不感到守门的奴仆如何下贱；对于货财不争多论少，但也不认为这点辞让有什么了不起；凡事不借助于别人，但也不认为自食其力便值得夸耀；也不以贪婪污浊为可鄙；行动不同于世俗，但也不赞赏那种邪辟怪诞的行径；行为在于随顺众情，但也不鄙视那种献媚讨好的作法。世上的高官厚禄不值得把它当作一种勉励，刑罚凌侮也不值得把它视为一种羞耻。他清楚是非不可能给它作出定论，大小不可能给它定出标准。听人们说：'悟道的人是不求闻达于世的，最有道德的人是无所谓得失的，最伟大的人是没有自身的。'（这样的人，）明于大小是非之分，可算到了极点了。"

河神说："比如在事物的外部，或者事物的内部，何必要在贵贱方面定出标准，何必又要在大小方面划出界限？"

北海神说："从道的观点来看，万物没有什么贵贱之分。从事物本身的观点来看，便觉得自己尊贵而看不起别人。从世俗的观点来看，事物的贵贱不在于自身。从物与物的区别来看，倘若只就自己所认为大的方面就以为它是大，那万物就没有什么不是大的了；如果只就自己所认为小的方面就以为它是小，那万物就没有什么不是小的了。要是知道天地不过是稊米，毫末也是丘山的道理，那物与物相差的数量就可以看得清楚了。从事物的功用来看，如果只就自己所认为有用的方面便以为它有用，那万物就没有什么不是有用的了；如果只就自己所认为无用的方面便以为它无用，那万物就没有什么不是无用的了。要是知道东和西是相反的而决不可互相缺少的道理，那万物的功用的分量便可以确定了。从对待事物的趋向来看，如果只就自己所认为正确的方面便以它为正确，那万物就没有什么不是正确的了；倘若只就自己所认为错误的方面便以它为错误，那万物就没有什么不是错误的了。要是知道尧和桀总是认为自己正确而别人则是错的，那人们的取舍不同也就可以看得清楚了。

以往唐尧和虞舜以禅让当上了帝王，子之和燕王哙却因禅让导致了灭亡；商汤和周武王都靠争夺而得到王位，白公胜却因争夺而归于毁灭。由此看来，争夺和禅让那套规矩，唐尧和夏桀那种行为，到底是贵还是贱是各有时宜的，不能够把它看作一成不变的法则。栋梁大木，可以拿来攻打城池，却不能拿来堵塞洞穴，这是说它需要不同的用器；骐骥骅骝，一日能行千里，但捕捉老鼠还不如野猫子和黄鼠狼，这是说它们具有不同的技能；猫头鹰晚上能捕捉跳蚤，明察毫毛之末，但白天里出来却闭着两眼，连丘山也看不见，这是说它有着特殊的习性。因此说，为什么只重视正确的方面而无视了错误的方面，只重视治而无视乱呢？这是不懂得天地的道理与万物的实情的作法。这就好比只重视天而无视地，只重视阴而无视阳，那就行不通也是非常明显的了。倘若，却还喋喋不休，那不是愚昧无知，便是存心骗人哩。五帝三王禅让的方式各不相同，三代继承的办法也不一样。弄错了时机，违逆了民情的人，就被称为篡权夺位的家伙；碰上了时机，随顺民情的人，就被称为合乎正义的好人。沉默吧，河伯！你哪里了解贵贱这些门道和大小这些底里呢？”

河神说：“既然如此，那么我将做什么呢？不做什么呢？我对于事物的辞受取舍，我到底该怎么办？”

北海神说：“从道的观点来看，无所谓贵也无所谓贱，这就是说，贵和贱是反其向而延伸发展的；不要让你的思想受到约束，以致跟大道相违碍。无所谓少也无所谓多，这就是说，多和少是互相更代而移易的；不要让你的行为偏执于某一方面，以免和道有出入。要庄正自持，就象一个国家有君主一样，没有偏私的恩德；要悠然自得，就象受祭的社神一样，没有偏私的福荫；要心胸广阔，就象四方那样无穷无尽，没有什么界限。要是能包容万物，那还有谁个承受庇护？这就是说，对任何人都无所偏向。万物都是一个样，还有谁个短谁个长？大道是无始无终的，而万物则有生有死，因而一个人纵有所成，也不足恃。事物有盈有虚，不能置身于形迹之间而固守其位。年岁不能把它推走，时间无法使它停留。事物的消长盈虚，是终而复始的。所有这些，都是用来说明大道的原则，论述万物的至理的。万物的生长，如同骏马飞驰，没有哪一个举动不是在变化着，没有哪一个时刻不在移动着。做什么呢，不做什么呢？事物它本来就是自行变化的。”

河神说：“既然如此，那为什么要以道为贵呢？”

北海神说：明白大道的人；就一定能够明达事理；明达事理的人就一定能够通晓权变；通晓权变的人，就不会因为外物而累害自己。有最高道德的人，火不能烧灼他，水不能淹没他，寒暑不能侵害他，禽兽不能损伤他。不是说他触犯了这些而不受累害，而是说他能明察安危，安于祸福，慎于去就，因而没有什么能够伤害他。所以说，天性蕴藏于内心，人事体现于外表，而道德在于体现天性。只要知道一个人的行为，是以天性为根本，以道德为落脚点，这样，就能进能退，能屈能伸，行动能返回道的根本而语言达到了理的极致。”

河神说：“什么叫天性？什么叫做人事？”

北海神说：“牛马有四只脚，这就叫做天性；套住马头，穿上牛鼻，这就叫做人事。所以说，不要拿人事去毁灭天性，不要拿人情世故去毁灭天命，不要因一时之得为名利而牺牲。牢牢地把握住这些而不让它离失，这就叫做返本归真了。”

夔怜蚿，蚿怜蛇，蛇怜风，风怜目，目怜心①。

夔谓蚿曰：“吾以一足跉踔而行②，予无如矣③。今子之使万足，独奈何④？”

蚿曰："不然。子不见夫唾者乎[⑤]？喷则大者如珠，小者如雾，杂而下者不可胜数也。今予动吾天机[⑥]，而不知其所以然。"

蚿谓蛇曰："吾以众足而行，而不及子之无足，何也？"

蛇曰："夫天机之所动，何可易邪[⑦]？吾安用足哉？"

蛇谓风曰："予动吾脊恀而行，则有似也[⑧]，今子蓬蓬然起于北海，蓬蓬然入于南海，而似无有[⑨]，何也？"

风曰："然。予蓬蓬然起于北海而入于南海也，然而指我则胜我，鰌我亦胜我[⑩]。虽然，夫折大木，蜚大屋者[⑪]，唯我能也，故以众小不胜为大胜也[⑫]。为大胜者，为圣人能之。"

【注释】

①夔（kuí），是一种形状像牛、无角、仅一只脚的怪兽。蚿，又称马蚿，一种多足虫。怜，爱慕，眩慕。②趻踔（chěn chuō），双声联绵词。形容孑然独立，一颠一跛的样子。③无如，即"无可如何"（没有办法）的省略。④使，驱使。独，用同"将"。奈何，犹言"怎么办"。⑤夫，指示代词，那。唾者，吐唾沫的人。⑥动，使动用法。天机，就是自然的机能。即现今说的本能。⑦易，变易，改变。⑧有似，林希逸说："有可见之像也"。郭嵩焘说："《玉篇》：'似，肖也'。所以行者，足也，动吾脊恀而行，无足而犹肖夫足也。有形则有肖，无形则亦无所肖也。"按：林郭说于义可通。《浅注》引马叙伦说，以为"有似"应作"似有"，方与下文的"似无有"相对，不足取。实际"有似"和"似无有"也是前后照应的。而且，从语法上讲，"有似"为动宾词组，"似无有"为宾语提前的形式。这种形式，显然有突出强调宾语，增强语势的作用。⑨蓬蓬，风势迅猛的样子。于，介词。起于北海，从北海起；入于南海，进到南海。似无有，见前注，意谓连相似这点也没有了。⑩指我两句，成《疏》："人以手指挥风，风即不能折指；以脚鰌踏风，风亦不能折脚。"《释文》："鰌，本又作鳅"。郭嵩焘说："指者，手向之；鰌者，足蹴之。《史记·孔子世家》作"鸟能择木，木岂能择鸟乎？"是"则""能"同义之证。又，此处下文说，"唯我能之"，"唯圣人能之"，可见这里的"则"解作"能"于义更顺。⑪蜚，通飞，使动用法，意即"使……飞扬"。⑫众，数词，表示多。小不胜，小的不胜；众小不胜，许多小的不胜。大胜，与"小不胜"相对，是指"折大木""蜚大屋"说的。"为大胜者，唯圣人能之"句，是对"大胜"的进一步申论，意即，能置任何小不胜于度外，真正成就大胜的，只有圣人才能做得到这一点。

【译文】

夔爱慕马蚿，马蚿爱慕蛇，蛇爱慕风，风爱慕眼睛，眼睛爱慕心。

夔对马蚿说："我只用一只脚孑然独立，一颠一拐地走着，我也实在无可奈何了。如今你使用了万只脚，又将怎么办呢？"

马蚿说："不是的。你没有看到那吐唾沫的人吗？只一喷就大的象珠子，小的象细雾，大小混杂着落下来的数也数不清哩。我如今也只是让我的自然的本能在起着作用，却不清楚它的所以然。"

蚿对蛇说："我用许多脚走路，却还比不上你没有脚，为什么呢？"

蛇说："那自然的本能所起的作用，如何能改变呢？我哪用得上脚啊！"

蛇对风说："我让我的脊和两肋运动着行走，便总还象有脚似的。现在你呼啦啦地从北海兴起，又呼啦啦地进入南海，却连一点形迹也没有了，为什么呢？"

风说："是这样。我是呼啦啦地从北海兴起，又呼啦啦吹进南海去，但是人们用指头挥动我便能胜过我。用脚践踏我也能胜过我。尽管如此，那吹折大树，掀起大屋的，只有我能做到，这就是拿许多小的不胜成全了大胜。真正能成全大胜的，只有圣人才能办到。”

孔子游于匡，宋人围之数匝[①]，而弦歌不辍[②]。子路入见，曰：“何夫子之娱也[③]？”

孔子曰：“来，吾语女。我讳穷久矣，而不免，命也；求通久矣，而不得，时也[④]。当尧舜而天下无穷人，非知得也；当桀纣而天下无通人，非知失也[⑤]，时势适然[⑥]。夫水行不避蛟龙者，渔夫之勇也；陆行不避兕虎者，猎夫之勇也[⑦]；白刃交于前，视死若生者，烈士之勇也；知穷之有命，通之有时，临大难而不惧者，圣人之勇也。由处矣，吾命有所制矣[⑧]！无几何[⑨]，将甲者进，辞曰[⑩]：“以为阳虎也，故围之。今非也，请辞而退。”

【注释】

①匝，周。围之数匝，犹言把他团团围住。②辍，停止。这一句是说，孔子虽然被匡人包围了，但他达穷通之命，所以还是弹琴歌唱不止。③之，指示代词，这样。娱，快乐。④讳，避讳，引申作“摆脱”讲。穷，通，指政治生涯中的得意或失意而言。命，命运。时，时势，时运。⑤非知句：并非尧舜时代的人用智慧所取得的。知失，才智不足。“非知得”和“非知失”相对为文。前者是说，当尧舜之时，天下无穷人，并不是人们的聪明才智使他们有所得。后者是说，当桀纣之时，天下无通人，并不是人们的聪明才智使他们有所失。⑥适，正好，恰巧，副词。然，使之然，使他们这样。⑦水，陆，名词作状语，表处所，意即“在水中”“在陆上”。兕（sì），犀牛。⑧由处矣，林希逸说：“令其止息不必言之意”。亦犹今语“少安勿躁。”命有所制，郭《注》：“命非己制，故无所用其心也。”成《疏》：“我禀天命，自有涯分，岂由人事所能制哉！”按：制，《说文》：“裁也。”所，特殊指示代词。这里疑系指代裁定的分额。所制，犹言“定分”。吾命有所制矣，意即我的命运早有定分了。⑨无几何，无几何时，不一会儿。⑩将甲者，率领甲兵的将官。将，名词用如动词，作“率领”讲。

【译文】

孔子出游到了匡邑，宋人围住了他，但弹琴歌唱的声音还是没有停息。子路跑进去拜见他，说：“怎么老师还如此地快活呢？”

孔子说：“来，我告诉你。我想摆脱穷困的境遇已经很久了，却还是免不了，这是天命啊。我想寻求通达的命运也已经很久了，却还是得不到，这是时运不济啊。碰上了尧舜那个时代，天下就没有失意的人，这并不是人们的智慧使他们得意；碰上了桀纣那个时代，天下就没有得意的人，这也并不是人们的智慧使他们失意。是时势恰好使他们这样的。那在水里行走不避蛟龙的，是渔夫的勇敢；在陆上行走不避犀牛老虎的，是猎人的勇敢；白晃晃的刀子架在面前，看待死就如同生一样的，是烈士的勇敢；知道穷困自有命，懂得通达应有时，临到大难而无所畏惧的，是圣人的勇敢。仲由，少安勿躁吧！我的命运自有定分哩。”

不一会儿，带领甲士的将官进来了，抱歉地说：“我们以为您是阳虎，所以把您围了起来；现在才知道您不是的，非常抱歉，我们走了。”

公孙龙问于魏牟曰[①]：“龙少学先王之道，长而明仁义之行，合异同，离坚白，然

不然，可不可[2]；困百家之知，穷众口之辩[3]；吾自以为至达已[4]。今吾闻庄子之言，汇然异之[5]。不知论之不及与，知之弗若与[6]？今吾无所开吾喙[7]，敢问其方[8]。

公子牟隐机大息[9]，仰天而笑曰："子独不闻夫埳井之蛙乎[10]？谓东海之鳖曰：'吾乐与！出跳梁乎井干之上，入休乎缺甃之崖[11]，赴水则接腋持颐，蹶泥则没足灭跗[12]；还虷蟹与科斗，莫吾能若也[13]。且夫擅一壑之水，而跨跱埳井之乐[14]，此亦至矣，夫子奚不时来入观乎[15]？'东海之鳖左足未入，而右膝已絷矣[16]。于是逡巡而却[17]，告之海曰[18]：'夫千里之远，不足以举其大；千仞之高，不足以极其深[19]。禹之时十年九潦，而水弗为加益；汤之时八年七旱，而崖不为加损[20]。夫不为顷久推移，不以多少进退者[21]，此亦东海之大乐也。'于是埳井之蛙闻之，适适然惊，规规然自失也[22]。

且夫知不知是非之竟[23]，而犹欲观于庄子之言，是犹使蚊负山！商蚷驰河也[24]，必不胜任矣。且夫知不知论极妙之言，而自适一时之利者[25]，是非埳井之蛙与？且彼方跐黄泉而登大皇[26]，无南无北，奭然四解[27]，沦于不测[28]；无东无西[29]，始于玄冥[30]，反于大通[31]。子乃规规然而求之以察[32]，索之以辩[33]，是直用管窥天，用锥指地也[34]，不亦小乎！子往矣！且子独不闻夫寿陵余子之学行于邯郸与[35]？未得国能[36]，又失其故行矣[37]，直匍匐而归耳[38]。今子不去，将忘子之故，失子之业[39]。"

公孙龙口呿而不合，舌举而不下，乃逸而走[40]。

【注释】

①公孙龙，姓公孙、名龙，战国时赵人。魏牟，魏国的公子，故下文称公子牟。②合异同四句，见《齐物论》注。③困、穷，形容词用为使动词。困百家之知，意即使百家的才智受到窘迫。穷众口之辩，意即使众辩才之口无话可说。④至达，最为通达。已，用同矣，了。⑤汇然，犹茫然。异，奇异，不同，这里为意动用法。异之，以之为异，认为它不同凡响。⑥论，指论辩能力。不及，赶不上。知，同"智"，指才智。弗若，不若之，不如他。⑦喙（huì），嘴。无所开吾喙，没有办法开口。⑧方，方法，办法。⑨大，读太。太息犹言长叹。⑩独，难道。夫，指示代词，那。埳，同坎。坎井，浅井。⑪梁，同踉。跳踉，跳跃，井干，井栏。甃（zhòu），砌井壁的砖。缺甃之崖，指脱掉砖头的井壁。⑫赴水这两句是说，仰着头一躺，则水便能承托着两腋和腮帮；把脚一踏，则泥巴掩没了脚板和脚趾。⑬还，回顾。虷（hán），一名蜎，郭璞注《尔雅》，言虷即井中小蛣蟩赤虫。蛣蟩即今说的孑孓。蟹，螃蟹。科斗，即蝌蚪，蛤蟆幼虫。莫吾能若，否定句，代词作宾语，前置。⑭擅，专擅，独占。⑮夫子，井蛙对东海之鳖的尊称。时，时时，经常。⑯絷（zhí），绊住。右膝已絷，概念上的被动句。⑰逡巡，迟疑不进的样子。却，退却。⑱告之海，双宾语句，即把海的情况告诉它。之，它，称代井蛙。⑲举，犹言概括。极，尽。⑳潦，同涝，为（wèi），介词，后面省略了宾语"之"。为之，犹言因此。加益，增大。崖，通涯，指水边。加损，缩小。水边缩小，实指水位降低。㉑顷久，久暂，指时间。推移，变化。多少，指水量。进退，涨落。㉒适适，规规，成《疏》："适适，惊怖之容。规规，自失之貌。"马叙伦说："适，借为惕。《说文》：'惕，惊也。'"规，《集韵》："惊视自失貌。"㉓前知，同智，智慧。竟，通境，界限。㉔商蚷（jù），司马彪说："虫名。北燕谓之马蚿。"按：前文"夔怜蚿"，司马彪说："蚿，马蚿虫也。"又说："蚿，多足。"是商蚿，亦名蚿，或马蚿，为一种多足虫。现今江南地区有一种多足虫，有的方言称线虫。线与蚿音相近。所谓线虫，盖即蚿虫之误。这种虫，在陆地上生活，不习水居。如它在爬行时，人们往它身上泼点水，它便会马上蜷曲起来，过一会儿，再继续爬行。所以，要是让这种虫到江河里去浮游，那简直是不堪想象的。㉕极妙之言，指庄子的言论。适一时之利，成《疏》："适一时之名利耳。"《浅注》说："适，往，追求。"适一时之利者，即"追求一时之利的人。"按：成《疏》《浅注》疑均未得其解。从上下

文考虑，这里的“自适”，有自我称快，自我陶醉之意。适，《广韵》：“乐也。”《正韵》：“安得也，自得也”。这里的“适”，宜从此解。㉖彼，指庄子。黄泉，地下。大，读太。太皇，指天上。㉗奭（shì）然四解，林云铭说：“奭然，释然也。四解，四达也。”㉘沦于，犹言达到。不测，不可测量。宣颖说：“前一句言庄子言论之广，这一句则言深。”㉙无东无西，王念孙说：“无东无西，当作‘无西无东’，与‘通’为韵。”㉚玄冥，玄妙杳冥。㉛反，通返。大通，无所不通。成《疏》：“反于域中而大通于物也。”宣颖说：上句言庄子思想之“微”，这一句则言“达”。㉜子，称公孙龙。规规然，成《疏》：“经营之貌也”。宣颖说：“小也。”按：从文意考虑，这里的“规规然”，疑是形容见识浅陋的样子。㉝索，求。辩，言辩。㉞是，指示代词。直，不过，但。㉟邯郸，战国时赵国首都。㊱国能，指国都人步行的技能。㊲故行，原来的步行方法。㊳直，只好。匍匐，爬行。耳，而已，罢了。㊴故，原有的知识。业，学业。㊵呿（qù），口张开的样子。逸而走，悄悄地逃跑。

【译文】

公孙龙问魏牟道：“我年轻时学习先王之道，长大了知道仁义之行；能把事物的异和同合而为一，能把同一物体的硬度和白色分离开来，能以不对为对，不可为可；使百家的才智都受到困窘，使众人的论辩无话可说。我自以为最能通达事理了。可如今我听到了庄子的言论却茫然地认为它不同凡响，不知道是我的论辩赶不上他呢，还是我的才智不如他呢？现在我简直无法开口，请问这有何办法。”

公子牟靠着几案长叹了一声，仰望着天空，笑道：“您难道没有听说过那浅井里的青蛙吗？它对东海的大鳖说：‘我可快乐哩！出来时就在井栏杆边上跳跳蹦蹦，进去时就在掉了壁砖的井坎里休息休息；仰着头一躺，水便承托着腋部和腮帮，伸出脚一踏，泥巴便埋没了脚板和脚趾。回头来看孑孓、螃蟹和蝌蚪，那就没有谁个能象我这样了。而且我独占一坑子的水，又据有了浅井的快乐，这也算是到了顶了。先生何不时常进来看看呢？’东海的大鳖左脚还没有伸进去，而右膝已经被绊住了。在这种情况下，他迟疑不决地退了回去，并把东海的情况告诉给井蛙，说：‘千里那样遥远不足以概括它的大，千仞那种高度不足以说尽它的深。夏禹的时候，十年之中就有九年涝灾，但海水并没有因此而增多；商汤的时候，八年里面竟有七年旱灾，但水位并没有因此而降低。既不因为时间的久暂而有所变化，也不因为水量的多少而有所涨落，这也就是东海的最大的快乐哩。’于是，浅井里的青蛙听到了这些，这才大惊失色，怅然自失了。

而且，在才智方面还不知道是非的界限，便想对庄子的言论进行考究，这就好比驱使蚊虫负山，商蚷过河一样，肯定是不能胜任哩！并且论才智还不知道如何评价最高妙的言论，却自我陶醉于一时的口辩的人，这不就是浅井里的青蛙吗？况且他正在下履黄泉，上登天界，无论南北，都释然四达，并达到了不可测量的深度；不分东西，开始于深玄微妙的境界，又返回到无所不通的领域。而你却十分浅陋地用一种片面的观点去衡量他，凭自己的口辩去探索他，这种作法不外是用管子窥测青天，用锥子指画大地，不也就太渺小了吗？您可以走了！并且您难道没有听说那寿陵的少年到邯郸去学步的事吗？他没有学到国都的人步行的技能，却忘记了他原来走路的方法，以致只好爬着回家罢了。现在您还不离开这儿，您也将忘记了您原来的知识，抛弃了您的学业。”

公孙龙嘴巴咧着合不拢来，舌头翘着放不下去，便悄悄地溜开了。

庄子钓于濮水①，楚王使大夫二人往先焉②，曰：“愿以境内累矣③。”

庄子持竿不顾④，曰：“吾闻楚有神龟⑤，死已三千岁矣，王巾笥而藏之于庙堂之上⑥。此龟者，宁其死为留骨而贵乎？宁其生而曳尾于涂中乎⑦？”

二大夫曰：“宁生而曳尾涂中⑧。”

庄子曰：“往矣，吾将曳尾于涂中。”

【注释】

①濮水，在今山东濮县南。春秋时属卫。②这里说的“往先焉”，意即前往聘问他。③累，劳累，麻烦。愿以境内累矣，指前注楚威王欲聘庄周为相的事。④不顾，不回头看，不理睬。⑤神龟，古代迷信盛行，凡有疑难的事，概以问神行卜的方式决断。行卜须用龟甲。龟的寿命一般都很长。人们认为越是年老的乌龟留下的龟甲，行卜时就越灵验。⑥笥（sì），竹箱。巾笥而藏之，《释文》：“李云：‘藏之以笥，覆之以巾’。”马叙伦说：“《后汉书·冯衍传》注引‘王’下有‘以’字。”刘文典说：“有‘以’字文义较长。”按：刘说不足取。“巾笥”在这里是名词用如动词，意即“用巾笥”。类似这种用法在古汉语中并不罕见。实际上古汉语中这类句子的名词前面大都是不用“以”或其他表示动作的词的。因为这种名词用作动词以后，便已经具有表示动作的意义了。⑦宁，“宁其……，宁其……”，有表示选择之意。为（wèi），介词。为了。⑧曳，王力先生主编《古代汉语》解作“拖着”。《浅注》亦同。按：“曳尾”如解作，“拖着尾巴”，于义虽可通，但似乎没有多大意义。如“曳”解作“摇曳”，也许于义为长。因为摇曳着尾巴，跟今语“摇头摆尾”一样，有欢快自适之意。

【译文】

庄子在濮水钓鱼，楚威王派了两个大夫前去聘问他，说：“愿拿我们国家的事麻烦您啦!”

庄子只管拿着钓竿钓鱼，并不理睬，说：“我听说楚国有一只神龟，死了已经三千年了。楚王用竹箱盛着用手巾盖着，珍藏在庙堂之中。这只龟是宁愿死去被留下骨头而得到珍重呢，还是宁愿活着在污泥之中摇头摆尾呢?”

两位大夫说：“当然它宁愿活着能在污泥之中摇头摆尾。”

庄子说：“请走吧！我将在污泥之中摇头摆尾哩。”

惠子相梁①，庄子往见之。或谓惠子曰②：“庄子来，欲代子相。”于是惠子恐，搜于国中三日三夜。

庄子往见之③，曰：“南方有鸟，其名曰鹓鸰④，子知之乎？夫鹓鸰，发于南海而飞于北海⑤，非梧桐不止，非练实不食⑥，非醴泉不饮⑦。于是鸱得腐鼠⑧，鹓鸰过之⑨，仰而视之曰：‘赫’⑩！今子欲以子之梁国赫我邪⑪！”

【注释】

①惠子，姓惠，名施，宋国人，庄子的朋友。相，名词用为动词，作“为相”讲。相梁，即为相于梁，在梁国担任宰相。②或，无定代词，有人。从文意看，是庄子还没有到达梁国的时候，有人对惠子说。③庄子往见之，马叙伦说：“《御览》九一五引‘庄子’下有‘伏主人马栈下’六字”。刘文典说：“《御览》引书多删削，少增益。疑《庄子》原有此六字而今本脱之也”。刘说可存。④鹓鸰，凤凰一类的鸟。这里是庄子自喻。⑤两“于”，均为介词，但意义有别：前“于”相当于“从”，后“于”相当于“到”。⑥止，停止，歇息。⑦醴，甜酒。醴泉，甜美的泉水。⑧于是，介宾词组，犹言在这个时候。鸱（chī），鹞鹰。这里比喻惠子。腐鼠，腐烂了的死老鼠，比喻相位。⑨过，经过。之，它，称代鸱。过之，

过于之，从它那里经过。比喻庄子到梁国。⑩赫（xiā），象声词，表示吃惊发怒的语气。后一“赫”字，动词。吓我，吓唬我。

【译文】

惠子当了梁国的宰相，庄子去看他，有人便对惠子说：“庄子来，想取代您的相位”。因此惠子着急了，便在国内搜查了三天三夜。庄子去见他，说“南方有一种鸟，它的名字叫鹓鸰，您知道吗？那鹓鸰从南海出发，飞往北海，不是梧桐它不栖，不是楝树的果实它不吃，不是甜美的泉水它不喝。在这个时候，一只鸱鹰抓到了一只烂了的死老鼠，鹓鸰从它那里经过，鸱鹰仰头望着鹓鸰，说：‘吓！’现在您想拿您的梁国相位来吓唬我吗？”

庄子与惠子游于濠梁之上①。庄子曰：“鯈鱼出游从容②，是鱼之乐也。”

惠子曰：“子非鱼，安知鱼之乐？”

庄子曰：“子非我，安知我不知鱼之乐？”

惠子曰：“我非子，固不知子矣。子固非鱼也，子之不知鱼之乐，全矣③。”

庄子曰：“请循其本④。子曰‘汝安知鱼乐’云者，既已知吾知之而问我，我知之濠上也⑤。”

【注释】

①濠水，在今安徽凤阳县北。②从容，悠游自得的样子。③全，意即全然正确。④请循其本，林希逸说：“循其本者，请返其初也。”宣颖说：“请理话端矣。”⑤子曰三句，郭《注》：“今子非我也，而云汝安知鱼乐者，是知我之非鱼也。苟知我之非鱼，则凡相知者，果可以此知彼，不待是鱼而后知鱼也。故循子安知之云，已知吾之所知矣。而方复问我，我正知之于濠上耳，岂待入水哉！”按：关于这三句，解说颇多，未能一致。从句意领会，第一二句之间，省略了某些语。这里庄子是说：你说‘你怎么知道鱼的快乐’这种话，就说明你虽非我，却能知道我。同样，我虽非鱼，却也能知道鱼了。因而你这样说，实际上是已经知道我知道鱼了。现在既然知道我知鱼而又来问我，我说，我是在濠上知道它的。

【译文】

庄子和惠子在濠水桥上游玩。庄子说：“鯈鱼出游，从容自得，这是鱼的快乐。”

惠子说：“你不是鱼，怎么了解鱼的快乐？”

庄子说：“你不是我，怎么知道我不了解鱼的快乐？”

惠子说：“我不是你，本来就不知道你哩；可你本来就非鱼，你也不知道鱼的快乐。这样，我说的就全然正确了。”

庄子说：“让咱们追溯一下说话的缘起。开始你就说‘你怎么知道鱼的快乐’这种话，（实际上是知道我知鱼。）现在，你已知道我知鱼又来问我，我说，我是在濠上知道它的。”

达　生

达生之情者①，不务生之所无以为②；达命之情者，不务知之所无奈何③。养形必先之以物④，物有余而形不养者有之矣⑤。有生必先无离形⑥，形不离而生亡者有之

矣[7]。生之来不能却[8]，其去不能止[9]。悲夫！世之人以为养形足以存生，而养形果不足以存生[10]，则世奚足为哉[11]！虽不足为而不可不为者，其为不免矣[12]。

夫欲免为形者[13]，莫如弃世[14]。弃世则无累，无累则正平[15]，正平则与彼更生[16]，更生则几矣[17]！事奚足弃而生奚足遗[18]？弃事则形不劳，遗生则精不亏[19]。夫形全精复[20]与天为一[21]。天地者万物之父母也，合则成体，散则成始[22]。形精不亏，是谓能移[23]；精而又精，反以相天[24]。

【注释】

①达，通达，明白。生，生命。情，实情。②务，求。无以为，意即无可作用。③知，马叙伦说："知"当依《宏明集》引《正诬论》作"命"。《淮南子·诠言训》亦作"命"。刘文典说："马说是也。《淮南子·泰族篇》作'知命之情者，不忧命之所无奈何'，字正作'命'，可证马说。道家书皆以'性''命'对言；作'知'则非其指矣。"译文从马刘说。④形，形体。物，指物质条件，如衣食住等。⑤形不养，形体不能保养好。有之，有这种事。⑥离，使动用法。离形，让形体离去，即身亡。⑦形不离，形体没有死亡。⑧却，退却，这里为使动用法，意即使之退却。止，停止，使动用法，意即使之停止。⑨存，动词。存生，使生命得以保存。⑩果，的确，肯定。⑪奚，疑问代词，指事。足为，值得干。⑫不可不为，成《疏》："分外之事，不足为也；分内之事，不可不为。"其为不免也，郭《注》："性分各自为者，皆在至理中来，故不可免也。"林希逸说："其为不免者，言为与不为之中，皆不免于自累。"二说可通。译文从郭说。⑬免，避免。为，读 wèi，介词。为形，意即为形体而劳累。⑭弃世，成《疏》："弃却世间分外之事。"林希逸说："弃世者，非避世也。处世以无心，感而后应，迫而后动，不得已而后起，则我自我而世自世矣。"⑮正平，系指心神的纯正平静而言。⑯与彼更生，林希逸说："彼者，造物也。与造物俱化，日新又新，故曰与彼更生。"宣颖说："与彼造化，同其循环推移。"按：彼，与其说指造物或造化，毋宁说指形体。因为上文谈到了形体的事。而从养生之道来说，为的是"尽年""长生"。而心神正平，形将自正；形能自正，便能更生；既能更生，乃可以长生。⑰几（jī），近。此承上文，指"免为形"。⑱事奚句是一个提问句，提出问题之后，下文则作出回答。事，指世事。生，指生命，生涯。⑲弃事两句，林云铭说："二语与广成子所言，'无劳汝形，无摇汝精'（按：语出《在宥篇》）同意，此更明其所以致此之故也。"⑳全，保全。精，精神。复，复原。形体不劳累，则能健全；精神不亏损，则能复原。㉑天，自然。为一，成为一体。㉒合则两句，有两种说法。（一）成《疏》："夫阴阳混合，则成体质，气忽离散，则反于未始之初。"林希逸说：合则成体，言四大（按：指《老子》"道大，天大，地大，人亦大。"）假合而后成身，散则复其初也。初者，无物之始也。"（二）郭《注》："所在皆成，无常处。"宣颖说："散于此者，为成于彼之始。"二说均可通，译文从（一）说。㉓是谓能移，成《疏》："移者，迁移之谓也。夫不劳于形，不亏其精者，故能随变任化而与物俱迁也。"林希逸说："形神不亏，则能变化，故曰能移。移，即能变化也。"㉔所谓"天"，就是自然，意即"道"。彼以此为天，此亦以彼为天。我就是道，道就是我，我与道合而为一了。

【译文】

通晓生命的人，不去追求生命所无可作用的东西。明了天命的人，不去追求天命所无可奈何的事情。养护形体必定以物质条件为先，可是，物质条件绰绰有余而形体不能保养好的，倒有这种人。保有生命必须首先不让形体死亡，可是，形体没有死亡而生命死亡的也有这种人。生命的来临，不能使它退却；生命的离去，不能使它停留。可悲啊！世上的人以为保养形体就可以让生命长存，可是保养形体的确又不能使生命得以保存，那么世上有什么事还值得干呢？

尽管不值得干而又不可不干的，那是由于实在不可避免啊！

想要避免为形体而劳累，便不如舍弃俗世俗物。舍弃了俗世俗物就没有劳累，没有劳累（心神）就会纯正而平静，（心神）纯正平静了，就会和那形体一同得到新生，要是心神与形体能新生了，那就兴许能免于为形体而劳累了。世事为什么值得舍弃？生命为什么又值得遗忘？因为舍弃了世事，形体就不致劳累；忘却了生命，精神就不会亏损。形体得到保全，精神就能够复原，就能与自然合而为一了。天地是万物的父母。二者交合便生成万物的形体，二者离散则又返回到无物的本初。形体和精神不受亏损，这就叫做能随同天地的变化而变化。精神养全到纯精的程度，便能返回到我就是道，道就是我，我与道合而为一的境界了。

子列子问关尹曰①："至人潜行不窒②，蹈火不热③，行乎万物之上而不栗④。请问何以至于此？"

关尹曰："是纯气之守也⑤，非知巧果敢之列⑥。居⑦，予语女！凡有貌象声色者，皆物也⑧，物与物何以相远⑨？夫奚足以至于先⑩？是色而已⑪。则物之造乎不形而止乎无所化⑫，夫得是而穷之者⑬，物焉得而止焉⑭！彼将处乎不淫之度⑮，而藏乎无端之纪⑯，游乎万物之所终始⑰。壹其性⑱，养其气⑲，合其德⑳，以通乎物之所造㉑。夫若是者，其天守全㉒，其神无郤，物奚自入焉㉓！

夫醉者之坠车㉔，虽疾不死㉕。骨节与人同而犯害与人异㉖，其神全也㉗，乘亦不知也，坠亦不知也，死生惊惧不入乎其胸中，是故遻物而不慴㉘。彼得全于酒而犹若是㉙，而况得全于天乎㉚？圣人藏于天㉛，故莫之能伤也㉜。复仇者不折镆干㉝，虽有忮心者不怨飘瓦㉞，是以天下平均㉟。故无攻战之乱，无杀戮之刑者，由此道也㊱。

不开人之天，而开天之天㊲。开天者德生，开人者贼生㊳。不厌其天，不忽于人㊴，民几乎以其真㊵。

【注释】

①子列子与关尹，成《疏》："古人称师曰子，亦是有德之嘉名。具斯二义，故曰子列子，即列御寇也。关尹，姓尹，名喜，字公度，为函谷关令，故曰关令尹真人；是老子弟子，怀抱道德，故御寇询之也。"又老子"至关"司马贞《索隐》说："李尤《函谷关铭》云：'尹喜要老子留作二篇'，而崔浩以尹喜又为散关令。"张守节《正义》也认为"关"究竟是函谷关，还是散关，未作肯定。《括地志》："散关在岐州陈仓县东南五十二里，函谷关在陕州桃林县西南十二里。"两地都是西周故地。根据这些情况，关尹是否名喜，是函谷关令还是散关令，都未能肯定。②潜行不窒，成《疏》："窒，塞也。夫至极圣人，和光匿耀，潜伏行进，混迹同尘，不为物境障碍，故等虚室，空而无塞。"杨树达《庄子拾遗》说："潜行不窒，谓潜行水中呼吸不窒，与下文'蹈火不热'，文正相对。《疏》云'潜伏行进'，非也。"按：成说非，杨说是。潜，《说文》："涉水也。"《方言》："潜，涌沉也，又游也。"《注》："潜行水中亦曰游。"这里的"潜行""蹈火"两句，《大宗师》作"入水不濡，入火不热。"窒，窒息。③不热，不感到灼热。热，形容词意动用法，"认为热"。④万物之上，最高险的地方。栗，战栗，惧怕。⑤是，这，指代子列子所说的情况。纯气之守，宾语前置句，纯气、纯正之气。守，持守，保持。⑥知，通智。⑦居，留，犹言呆会儿。⑧以，用同能。⑨远，形容词用作动词。相远，彼此隔离很远。⑩夫（fú），犹彼。先，指物之先。⑪是色而已，郭《注》："同是形色之物耳，未足以相先也。"成《疏》："夫形貌声色，可见闻者，皆为物也。而彼俱物，何足以远，亦何足以先至乎？俱是声色故也。"按：陈碧虚《阙误》引江南古藏本"色"上有

“形”字。奚侗说：“当依江南古藏本，作‘是形色而已。’”依郭《注》亦有形字。可见郭所见本，“色”作“形色”。前文说“凡有貌象声色者，皆物也。”如果这里只一“色”字就失之偏颇，不能概括前文了。刘文典《补正》本据奚侗说已增补“形”字。译文亦从。⑫这一句的大意是：物达到了不具形体的虚无境界，便会处于无可变化的状态。⑬得，犹言掌握。是，这，指代上述物之造乎不形而止于无所化的道理。穷，通达。者，特殊指示代词，这里相当于“……的人。”掌握并通晓这个道理的人，即上文说的“至人”。⑭焉得，怎么能。止，使动用法。焉，有称代作用，相当于“他”，代“至人。”止焉，意即使他停留下来。⑮彼，他，指“得是而穷之”的至人。处，守、谨守。⑯基，本初。无端之纪，即泯然无迹的本初。⑰游，游心。所，用同“所以”。此即所谓自然无为的境界。⑱壹其性，郭《注》：“饰则二矣。”壹，纯一，这里有使动之意。⑲养，保养。气，即上文的纯气。⑳合其德，林希逸说：“浑全不离也。”合，意即浑然合一，这里并有使动之意。㉑所造，所以造。物之所以造，即造物者，亦即道。㉒天，指自然的天性。郤，通隙，间隙。㉓奚自，犹言“从何”。焉，于是兼词。入焉，意即进入到他那里。㉔堕车，堕于车，从车上掉下来。㉕这一句实际是说，人虽然受了跟一般人同样的伤，但所感到的痛苦，却比一般人要轻微些。㉖犯害，受害，也是对受害的感受而言。㉗神全，成《疏》：“谓心无缘虑，神照凝全。”郭嵩焘说：“始守乎气而终养乎神，道家所谓炼气归神也。”㉘慴（è），《释文》“《尔雅》云：慴，忤也。㉙彼得句，郭《注》：“醉故失其所知耳，非自然无心者也。”彼，他，称代醉者。得全于酒，从醉酒中精神得到养全。㉚天，指自然之道。㉛蓄藏，指精神心性言。㉜莫之能伤，莫能伤之。否定句，“之”为宾语，前置。按：《列子·黄帝篇》文至此止。㉝镆干，镆铘干将的简称。镆铘干将，都是古时候良剑的名称。这一句大意是说，仇敌用利剑伤害了我，但仇敌是仇敌，利剑是利剑，我在复仇的时候，矛头只对向仇敌，并不拿剑出气去折损它，因为利剑是无心的。㉞忮心，狠心。飘，落。㉟既然无心不招损，无情不招怨，天下的人便都能平等相待。是，指示代词，这。以，介词，表凭借。㊱故无三句，成《疏》：“夫海内清平，遐荒静息，野无攻战之乱，朝无杀戮之刑者，盖由此无为之道，无心圣人，故致之也。是知无心之大矣。”㊲不开两句，颇费解。郭《注》：“不虑而知，开天也；知而后感，开人也。然则开天者，性之动也；开人者，知之用也。”林希逸说：“人之天，犹有心也；天之天，无心也。开，明之也。”陈寿昌说：“言不开浑沌之窍，而辟虚静之门也。”按：根据诸家训释，这两句疑可解作不要开人为任智的那种窍门，而要开自然无为那种窍门。㊳开天者两句：成《疏》：“夫率性而动，动而常寂，故德生也。运智御世，为害极深，故贼生也。《老经》云：‘以智治国国之贼，不以智治国国之德也。”林云铭说：“德生，承上均平。贼心，承上攻战杀戮。”按：成引《老子》言甚是。这里说的跟《老子》说的，意思基本一致。今本《老子》第六五章“德”作“福”。㊴厌同餍，满足。天，天德，自然无为之德。忽，疏忽。于，介词，表对向。“人”与“天”对文，疑指人为的祸害。㊵真，本真，自然的本性。

【译文】

列子先生问关尹道：“至德之人潜行水中并不觉得窒息，踏进火里不感到灼热，在最高最险的地方行走也不害怕，请问为什么能达到这地步？”

关尹说：“这是因为能保持纯正之气，不在智巧果敢之列。待会儿吧，我告诉你！凡属有形象声色的，皆是物，物和物怎么能彼此距离很远？（既然如此）那又怎么能达到无物之先的境界呢？这就是因为物有形色的原因哩。而物达到了不具形体的地步就能臻于无所变化的状态。那掌握并且通晓这个道理的至人，有形之物怎么能使他停留下来；他能谨守一定的法度，而潜藏于泯然无迹的境进，游心于自然无为的境界。（他）能使他的心性纯一而不混杂，使他的纯正之气得到保养而不耗费，使他的德性浑然合一而不散离，从而能与造物者（道）相通。象这样的人，他的天性就能保全，他的心神便无隙可乘，外物怎样进入到他那里去呢？

那醉酒的人从车上摔下来，尽管负伤了，但对伤的感受比一般人要轻微些。骨节跟一般人同，但对受伤的感受和一般人又不一样，（这是因为）他的精神保全着，乘车他不知道，摔下来也不清楚。（既然）死生惊惧都不进入他的脑中，所以受到触碰也不恐惧。人们从醉酒中精神得到了保全尚且能象这样，何况能养全精神于自然之道的人呢？圣人（能把自己的精神）蓄藏于自然之道，所以没有什么外物能伤害他，复仇的人不会去折损（无心的）利剑，即使是狠心的人也不会抱怨偶然飘落的瓦甓。恁着这一点天下的人就可以平等相待。所以天下没有攻战的祸乱，没有杀戮的刑罚，也正是由于这种自然之道的作用。

不要去开那种心智的窍门，而要去开自然无为的那种窍门。能敞开自然无为的窍门，福德便能产生；而打开人为任智的窍门，祸患便会发生。不满足于自己的天然的德，不对人为的祸害有所疏忽。（这样）人们或许就具有了自然的本真。

仲尼适楚，出于林中，见佝偻者承蜩①，犹掇之也②。

仲尼曰："子巧乎！有道邪③？"

曰："我有道也。五六月累丸二而不坠，则失者锱铢④；累三而不坠，则失者十一⑤；累五而不坠，犹掇之也。吾处身也，若厥株拘，吾执臂也，若槁木之枝⑥；虽天地之大万物之多⑦，而唯蜩翼之知⑧。吾不反不侧⑨，不以万物易蜩之翼，何为而不得⑩"。

孔子顾谓弟子曰⑪："用志不分，乃凝于神⑫其佝偻丈人之谓乎⑬。"

【注释】

①佝（gōu）偻（lòu），弯腰驼背的一种病态。②掇，拾取。之，它，称代蝉。捕蝉犹如拾蝉，手到拿来，说明技术非常熟练。③巧，技巧。道，道术，诀窍。④锱（zī）铢（zhū），古时微小的重量单位。锱，一两的四分之一；铢，一两的二十四分之一。失者锱铢，是说所失极少。⑤累三，承前省略了"丸"字。下文"累五"同。十一、十分之一。失者十一，说明失误更少。⑥橛株，树墩。拘，止。句谓身体像木头一样不动。⑦两"之"，指示代词，相当于"这样"。⑧唯……之……，宾词前置句式。⑨这里的"不反不侧"，意即神思凝定安静。⑩以，表原因。相当于"因为""为了"。易，转移，放松。何为，为何，疑问代词作宾语，前置。⑪顾，回头。⑫分，分散。凝，俞樾说："凝当作疑……，疑犹拟也。"⑬其，忖度副词，相当于"大概"。佝偻丈人之谓，宾语前置句。

【译文】

孔子到楚国去，从树林里经过，看见一个驼背的人在捕蝉，（手到拿来）就像检蝉一样。

孔子说："您真熟练啊！是有诀窍吗？"

（捕蝉的人）说："我是有诀窍哩。我经历五六个月（先在竿头上）累迭两个泥丸而不掉下来，那失误的可能性就很少；（接着）迭二、三个不往下掉，那失误的就只有十分之一；（待到）迭上五个泥丸也不掉，那（捕蝉时）就象检蝉一样哩。我镇定着身躯，就象枯树蔸子一样；我控制着手臂，就象枯树的枝桠，尽管天地这么大，万物这么多，但我就只明白蝉的翅膀。我心神凝定，全不因为纷繁的万物而放松对蝉的翅膀的注意。（是这样）为什么不有所得？"

孔子回头对徒弟们说：用心专一而不分散，便能比拟神灵，大概是说这驼背老人哩！

颜渊问仲尼曰："吾尝济乎觞深之渊[①]，津人操舟若神[②]。吾问焉[③]，曰：'操舟可学邪？'曰：'可。善游者数能[④]。若乃夫没人[⑤]，则未尝见舟而便操之也[⑥]。'吾问焉而不吾告，敢问何谓也？"

仲尼曰："善游者数能，忘水也[⑦]，若乃夫没人之未尝见舟而便操之也，彼视渊若陵，视舟之覆犹其车郤也[⑧]。覆却万方陈乎前而不得入其舍[⑨]，恶往而不暇[⑩]！以瓦注者巧[⑪]，以钩注者惮[⑫]，以黄金注者惛[⑬]。其巧一也[⑭]，而有所矜[⑮]，则重外也[⑯]。凡外重者内拙[⑰]。"

【注释】

①济，渡，过。之，指示代词，犹言"那个"。②津人，即摆渡的人。操舟，撑船。③焉，"于之"。问焉，问于彼，问他。④数能，犹言很快就会。⑤若乃，至于。夫（fú），指示代词，那。没人，能潜水的人。⑥未尝见舟而便操之，成《疏》："谓津人便水，没入水下，犹如鸭鸟没水，因而捉舟。"⑦忘水，意谓善游者十分熟悉水的性能，根本没有把水放在心上。⑧陵，山丘。却，退却。视舟覆如车却，意即虽然不免有所震动，但并不在意，更无危险的感觉。⑨覆却句，俞樾说："'万'下脱'物'字。此本以'覆却万物'为句，'方陈乎前而不得入其舍'为句。方者，并也。方之本义为两舟相并，故方有并义。"……"《列子·黄帝篇》正作'覆却万物方陈乎前而不得其人其舍，'可据以订正。"奚侗说："俞说非是。《易·恒卦》'君子以立不易方。'王《注》'方犹道也'。'覆却'承上舟车言，'覆却万方'谓舟车覆却之道甚多。《列子·黄帝篇》衍'物'字，《庄子》不衍。"按：二说均可通。郭《注》："覆却虽多，而犹不以经怀，以其性便故也。"其说与奚说基本同。且奚依原文不增字，译文故从。舍，成《疏》："犹心中也。"《列子·黄帝篇》张湛《注》"神明所注，故谓之舍。"⑩恶，何。恶往，往那里。暇，安闲自在。⑪瓦，瓦器一类的贱物。⑫钩，成玄英训钩带。《列子·黄帝篇》殷敬顺《释文》："钩，银铜为之。"译文从殷说。惮（dàn），恐惧。⑬惛（hūn），昏乱。⑭其巧一也，成《疏》："射者之心，巧拙无二。"宣疑说："二人之巧本与瓦注者同。"⑮矜，林希逸说："有所顾惜。"宣颖说："矜持，惜铜金也。"⑯外，指外物，身外之物。⑰凡外重者内拙，郭《注》："夫欲养生全内者，其唯无所矜重也。"成《疏》"只为贵重外物，故内心昏拙。"

【译文】

颜渊问孔子道："我曾在觞深那个深潭过渡，摆渡人驾船的技巧简直如同神灵一般。我问他说：'驾船的技巧也可以学到手吗？'摆渡的人说：'可以。会游水的人很快就可以学会。若是那会潜水的人，不曾见过船，（一上船）也便能驾得起来哩！'我问这当中的道理如何，他却不答。请问这到底该怎么说？"

孔子说："会游泳的人很快就能学会，这是因为（他熟悉水性，）没有把水放在心上。至于那会潜水的人，即使从未曾见过船，但一下子便能驾船，那是因为他看待深渊就如山丘一样，看待船的覆没就象车子的退却一样，覆没也罢，退却也罢，种种情况呈现在他的面前，但都不能进入他的心中，这样，往哪里而不安闲自在！拿瓦器来作赌注的人心灵手巧，拿银器作赌注的人便有些畏惧，拿黄金作赌注的人更是心神迷乱不堪。他们的技巧是一样的，却有所顾惜，便是由于以外物为重的缘故。凡是以外物为重的人，内心总是昏拙的。"

田开之见周威公[①]。威公曰："吾闻祝肾学生[②]，吾子与祝肾游，亦何闻焉[③]？"

田开之曰："开之操拔彗以侍门庭[④]，亦何闻于夫子[⑤]？"

威公曰："田子无让，寡人愿闻之[⑥]。"

开之曰："闻之夫子曰：'善养生者，若牧羊然，视其后者而鞭之[⑦]'。"

威公曰："何谓也？"

田开之曰："鲁有单豹者[⑧]，岩居而水饮[⑨]，不与民共利[⑩]，行年七十而犹有婴儿之色；不幸遇饿虎，饿虎杀而食之[⑪]。有张毅者[⑫]，高门县薄[⑬]，无不走也[⑭]，行年四十而有内热之病以死。豹养其内而虎食其外，毅养其外而病攻其内，此二子者，皆不鞭其后者也[⑮]。"

仲尼曰："无入而藏[⑯]，无出而阳[⑰]，柴立其中央[⑱]。三者若得[⑲]，其名必极[⑳]。夫畏涂者[㉑]，十杀一人[㉒]，则父子兄弟相戒也，必盛卒徒而后敢出焉[㉓]，不亦知乎[㉔]！人之所取畏者[㉕]，衽席之上[㉖]，饮食之间，而不知为之戒者[㉗]，过也[㉘]。"

【注释】

①田开之，成《疏》："姓田，名开之，学道之人也。"周威公，崔骃本作周威公灶。俞樾说："《史记·周本纪》：考王封其弟于河南，是为桓公。桓公立，子威公代立。此周威公殆即其人乎？"②祝肾，《释文》："字又作紧。本或作贤。"成《疏》："姓祝，名肾，怀道者也。"学生，司马彪说："学养生之道也。"③焉，兼词，从他那里。④操，持，拿。拔，把。彗（huì），扫帚。拔彗，犹言扫把。侍，侍候。⑤夫子，尊称祝肾。⑥田子，犹言田先生。让，谦让，谦虚。之，这，指代养生方面的事。⑦鞭，名词用如动词。意即"用鞭子抽打"，"鞭打"。⑧单（shàn）豹，成《疏》："姓单，名豹，鲁之隐者也。"⑨岩，名词作状语。岩居，倚山岩而居。⑩不与民共利，利害不与民共，则无民无争。这也是养生之道。⑪杀，咬死。⑫张毅，成《疏》："姓张，名毅，亦鲁人也。"⑬高门县薄，宣颖说："高门，大家。县薄，小家也。"薄，通簿。⑭无不走也，司马彪说："走，至也；言无不至门奉富贵也。"成《疏》："言张毅是流俗之人，追奔世利，高门甲弟，朱户垂帘，莫不驰骤参谒，趋走庆吊，形劳神弱，因而不休，于是内热发背而死。"俞樾说："'走'乃'趣'之坏字。《文选·幽通赋》李注引此文曰：有张毅者，高门县薄无不趣义也。字正作'趣'，但衍'义'字耳。《吕览·必己篇》曰，张毅好恭，门闾帷薄聚居众无不趋，高注曰：过之必趋。《淮南·人间篇》曰，张毅好恭，过宫室廊庙不趋，见门闾聚众必下，厮徒马圉，皆与抗礼，然不终其寿，内热而死。其义更明。《庄子》不备，故学者莫得其解。"按：俞说于义为长，一则关于张毅其人，有《吕览》《淮南子》等说可证，再者这里既然是谈养生之道，张毅又是能"养其外"的人，那对他也就不宜如成《疏》斥之为"流俗之人"。译文从俞说。⑮豹养四句，郭《注》："夫守一方之事至于过理者，不及于会通之适也，鞭其后者，去其不及也。"林云铭说："豹与毅若谨持其终，则鞭著而养全矣。"⑯无入而藏，郭《注》"藏既内矣，而又入之，此过于入也。"成《疏》："入既入矣，而又藏之，偏执于处，此单豹也。"藏，潜藏。⑰无出而阳，郭《注》"阳既外矣，而又出之，是过于出矣。"成《疏》："阳，显也。出既出矣，而又显之，偏滞于出，此张毅也。"⑱柴立其中央，郭《注》："若槁木之无心，而中适是立也。"柴，名词作状语表比喻，意即"像枯柴一样地。"⑲三者，指上述的三个方面。得，做得到。⑳极，达到极至。㉑畏涂，成《疏》："路有劫贼，险难可畏。"宣颖说："险阻之路。""畏涂"后面的"者"为特殊指示代词，代人。畏涂者，即惧怕路途不安全的人。涂，通途，路途。㉒十杀一人，这是一种假设或听闻。不一定指同行的十人中一人被杀，而是指从那儿路过的十人中一人被杀。㉓盛卒徒，意即"使人马增多"，"增多人马"。㉔知，通智，聪明。㉕所取畏者，即最可畏者。㉖衽（rèn）席，这里指色欲的事。㉗为之戒，用同《养生主》"怵然为戒"的"为戒"。为（wèi），介词。之，这，指代色欲饮食的事。戒，警惕。㉘过，罪过，过错。

【译文】

田开之拜见周威公。威公说："我听说祝肾在修养生之道，先生您跟祝肾交游，也从他那里听到什么了吗?"

田开之说："开始我只是干些洒扫庭除的事，又能从老师那里听到什么呢?"

威公说："田公不必谦虚，我很想听听这方面的事。"

开之说："我听到老师这样说过：善于养生的人，就象放牧羊群一样，要看准那后头的羊甩鞭子。"

威公说："这话怎么讲呢?"

田开之说："鲁国有单豹这么个人，他倚着山岩住，以清水为饮料，不和人民共利害，活到七十了却还有婴儿那种容颜；可不幸遇到一只饿虎，饿虎咬死了他，把他吃了。有张毅这么个人，大家小户，无不（必恭必敬）奔趋以礼，可年才四十却患有内热病，终于死去了。单豹能养全自己的内心却被老虎吃掉了他的形体。张毅能养全自己的外形，却被病魔攻占了内心，这两个人，都是不能克服自己的不足的人。"

孔子说："不要深入而潜藏下去，不要突出而显扬开来。要（出于无心，）象枯枝一样立在二者的中间。要是这三点都能做到，那名声就必定能达到至极了。害怕路途不安全的人，（要是过往的行人，）十个人有一个人被杀了，父子兄弟便互相警戒，一定要多集人马然后才敢出门，这样，不也就够聪明了吗？然而人最可怕的，是在枕席之上，饮食之间，却不知为了这些而警惕起来，这是过错啊!"

祝宗人元端以临牢筴①，说彘曰②："汝奚恶死？吾将三月豢汝③，十日戒，三日齐，藉白茅④，加女肩尻乎雕俎之上⑤，则汝为之乎⑥?"为彘谋⑦，曰不如食以糠糟而错之牢筴之中⑧，自为谋，则苟生有轩冕之尊⑩，死得于腞楯之上，聚偻之中则为之⑪。为彘谋则去之，自为谋则取之⑫，所异彘者何也⑬?

【注释】

①祝宗人，就是掌管祭祀的官。②彘（zhì），猪。③豢（huàn），豢养。④藉白茅，成《疏》："藉神坐以白茅。"按：成说欠妥。《说文》："席，藉也。"马叙伦说：藉借为席。《在宥篇》作"席白茅"。席白茅，意即以白茅为席。⑤加，《增韵》："施也，著也。"亦即放置。尻（kāo）：股部。肩尻，犹言胳膊胯子。乎，同于，介词，相当于在。雕，雕饰。俎，盛肉用的祭器。⑥为（wéi），动词，做，干。之，这，指代上文所说的作法。⑦为（wèi），介词，替，给。下文"自为谋"的"为"同。谋，考虑，着想。⑧食，同饲，喂。后面省略了宾语"之"。错，借为措，安置。⑨自为谋，替人自身考虑。"自"为宾语，例宜前置。⑩苟，假如，只要。轩，士大夫坐的车子。冕，士大夫的帽子。之，指示代词，犹言"那种。"尊，尊贵。⑪腞（zhuàn）楯（shǔn），聚偻，《释文》引司马彪说："腞犹篆也，楯犹案也，聚偻，器名也，今冢圹中注为之。"一说，聚偻，棺椁也。⑫去，抛弃。之，指代白茅雕俎。下"之"指代生时轩冕之尊，死后腞楯，聚偻之荣。⑬所异句，宣颖说："谋生何以不同于谋彘？今诘世人。"按《阙误》引潜夫本"所"上有"其"字。所用同"所以"，相当于"……的原因"。异，不同，后面省略了介词"于"。

【译文】

主管祭祀的人穿上黑色的礼服来到猪圈旁，对猪说："你干吗厌恶死？我打算饲养你三个

月，（然后）戒十天，斋三天，以白茅为席，再把你的胳膊胯子放在雕饰的祭器上面，你愿做到这些吗？”替猪考虑，觉得（这样做，）就还不如拿糟糠喂养它，把它安置在猪圈当中。替自己打算，却只要在生时有乘轩戴冕那种尊贵，死了以后能放在灵车之上，花团锦簇的棺椁之中，也就（乐意）为之了。替猪考虑就抛弃了（白茅雕俎）那一套，替自己着想却又贪取（轩冕灵车）这一些，究其所以不异于猪的原因是什么呢？

桓公田于泽①，管仲御，见鬼焉②。公抚管仲之手曰：“仲父何见③？”对曰：“臣无所见。”

公反④，诶诒为病⑤数日不出。齐士有皇子告敖者曰⑥：“公则自伤，鬼恶能伤公⑦？夫忿滀之气⑧，散而不反，则为不足⑨；上而不下，则使人善怒⑩；下而不上，则使人善忘；不上不下，中身当心，则为病⑪。”

桓公曰：“然则有鬼乎？”

曰：“有。沈有履⑫，灶有髻⑬。户内之烦壤⑭，雷霆处之⑮；东北方之下者，倍阿鲑蛮跃之⑯；西北方之下者，则泆阳处之⑰。水有罔象⑱，丘有峷⑲，山有夔⑳，野有彷徨㉑，泽有委蛇㉒。”

公曰：“请问，委蛇之状何如㉓？”

皇子曰：“委蛇，其大如毂㉔，其长如辕㉕，紫衣而朱冠㉖。其为物也，恶闻雷车之声，则捧其首而立。见之者殆乎霸㉗。”

桓公辴然而笑曰㉘：“此寡人之所见者也。”于是正衣冠而与之坐㉙，不终日而不知病之去也㉚。

【注释】

①桓公，即齐桓公，春秋时的霸主之一。田，也作畋，找猎。泽，沼泽。②见鬼，省略了主语“桓公”。③仲父，桓公对管仲的尊称。御，驾车。④反，通返。⑤诶诒，丢魂失魄。⑥皇子告敖，司马彪说：“皇，姓；告敖，字；齐之贤士也。”成《疏》：“姓皇子，字告敖。”俞樾据《广韵》，以为“皇子”为复姓。⑦则，用同乃。恶能，怎么能。⑧忿滀之气，即郁结之气。⑨散而两句，李颐说：“精神有逆，则阴阳结于内，魂魄散于外，故曰不足。”成《疏》：“精魂离散，不归于身，则心虚弊犯神，道不足也。”按：二说均非。从上下文看，“散而不反”的是“忿滀之气”，而不是“魂魄”、“精魄”。“不足”的也是上文所说的“气”，不是所谓“道”。下文所说的“上而不下”，“下而不上”，“不上不下”，“中身当心”的都是指“气”言。⑩上，下，均用作动词，“上”即上升，“下”即下降。善怒，容易发怒。⑪中身句，成《疏》：“夫心病，五藏之主，神灵之宅，故气当身心则为病。”林希逸说：“病在身之中而当其心，今人所谓中管之病也。”⑫沈有履，《释文》：“司马本作沈有漏，云：沈，水污泥也。漏，神名。”俞樾说：“司马云：沈，水污泥也。则当与‘水有罔象’等句相次，不当与‘灶有髻’相次也。⑬灶有髻，据司马彪说，髻是传说中的灶神。⑭烦壤，宣颖说：“烦壤，扫除所积之粪。”⑮雷霆，雷神。为什么说雷神处于这种粪堆中呢？可能是这样：户庭中的粪堆，为各种虫类聚集之所。冬天，虫类潜藏蛰伏着；待到春天，地温升高，气候转暖了，便又爬出来活动。而春天，雷雨多。古人以为春天的蛰虫的复苏是由于雷霆的惊动，所以至今农历中还有“惊蛰”这一节气。而又以为雷霆是神，它便居处在虫类繁生的粪堆里。⑯倍阿鲑（wā）蠪（lóng），倍阿，神名。鲑蠪，状如小儿，长一尺四寸，黑衣赤帻大冠，带剑持戟。跃之，意即在那里跳跃；处之，意即在那里居处。⑰泆（yì）阳，《释文》：“神名也。”⑱罔象，《释文》：“司马本作无伤，

水神名。”⑲峷（shēn），宣颖说：“丘神。”⑳夔（kuí），司马彪说：“状如鼓而一足。”并见《秋水》篇注。宣颖说：“山神。”㉑彷徨，亦作方皇。宣颖说：“野神。”㉒委蛇：林希逸说：“大泽中之神名也。”㉓请问句，宣颖说：“公所在者在泽，故独问委蛇也。”㉔毂（gǔ），车轮上的轴承。㉕辕，车前驾牲畜的部分。㉖紫衣，朱冠，均为名词性词组，这里用如动词，意即穿着紫色的衣裳，戴着红色的帽子。㉗殆，近。㉘辴（zhěn）然，大笑貌。㉙正，使动用法。正衣冠，意即“使衣冠端正”，“整顿衣冠”。㉚不终日，不到一天。之，用于主谓语之间，变句子为词组，无实义。也，用同“矣”，表已然。

【译文】

齐桓公在沼泽中打猎，管仲驾车。（桓公）看见了鬼。桓公抚摸着管仲的手，说：“仲父见到什么？”管仲回答说：“我没有看见什么。”

桓公回去后，就精神失常，以致生病，好几天没有出门。齐国的士人中有皇子告敖这么个人便说：“您只是自己忧伤，鬼怎么能伤害您呢？那郁结的气，要是扩散出去而不返回，就会亏虚不足；心要是上升而不下降，便会使人动怒；要是下降而不上升，便会使人健忘；要是不上升也不下降，处在身体的心坎当中，就会染成疾病。”

桓公说：“既然这样，那么真有鬼吗？”

皇子说：“有。炉有履鬼，灶有髻神。门庭里堆积着的粪土，雷神就居处在那里，东北方向以下的地方，倍阿神鲑蛮神在那里跳跃着；西北方向以下的地方，泆阳神便住在那里。水里有罔象神，丘陵有峷神，山上有夔神，田野有彷徨神，沼泽有委蛇神。”

桓公说：“请问，委蛇的形状是怎么的？”

皇子说：“委蛇，它有轴承那么大，车辕那么长，穿着紫色的衣裳，戴着红色的帽子。这种神物，最怕听雷霆车马的声音，（要是听到这类声音，）便捧着头站起来。见到它的人，大概会称霸。”

桓公大声地笑了，说：“这便是我所见到的神哩。”于是整顿好衣冠跟他坐在一起，不到一天工夫竟不知病已消除了。

纪渻子为王养斗鸡①。

十日而问：“鸡已乎②？”曰：“未也，方虚骄而恃气③。”

十日又问，曰：“未也，犹应向景④。”

十日又问，曰：“未也，犹疾视而盛气⑤。”

十日又问，曰：“几矣⑥。鸡虽有鸣者，已无变矣⑦，望之似木鸡矣，其德全矣⑧，异鸡无敢应者，反走矣⑨。”

【注释】

①纪渻（shěng）子，人名，姓纪，名渻子。为（wèi），替，给，介词。②鸡已乎，成《疏》：“堪斗乎？”按：《列子·黄帝篇》作“鸡可斗已乎”，意义较明确。③虚骄，犹今语装腔作势。恃气，恁意气用事。④向，通响。景，通影。应响影。⑤疾视而盛气，成《疏》：“顾视疾速，意气强盛，心神尚动，故未堪也。”按：成说欠妥。疾，同嫉，嫉视，犹言怒目仇视。盛气，犹言怒气冲冲。《战国策·赵策》“太后盛气而胥之，”其意同。上文“犹应响影”，是说听别的鸡的声音，看到别的鸡的影子还在行动上有所反应，这里是说，虽然无行动上的反应，但感情上还是抑止不住，还存在着好斗的心里。卢重玄解《列子·黄帝篇》说：“疾视盛气者，机心未忘也。”颇得其旨。⑥几（jī）矣，犹言差不多了。⑦无变，无所变动，意

即无动于衷。⑧德全，宣颖说："精神凝寂。"《列子·黄帝篇》张湛《注》："至全者更不似血气之类。"⑨反走，回身便跑。

【译文】

纪渻子替齐王饲养斗鸡。

十天之后，齐王便问："鸡可以斗了吗？"渻子说："不行，它还正在装腔作势，凭意气用事。"

过了十天王又问；渻子说："不行。它对别的鸡的声音和形影还有所反应。"

十天后，王又问，渻子说："不行，它还怒目仇视，怒气冲冲的。

十天以后，又问，渻子说："差不多了。别的鸡虽有鸣叫的，它已经无动于衷了，望着它就象木鸡一样，它的德性完备了。(见了它，) 别的鸡没有敢应战的，回过身便跑了。"

孔子观于吕梁①，县水三十仞②，流沫四十里③鼋鼍鱼鳖之所不能游也④。见一丈夫游之⑤，以为有苦而欲死也⑥，使弟子并流而拯之⑦。数百步而出⑧，披发行歌而游于塘下⑨。

孔子从而问焉⑩，曰："吾以子为鬼，察则人也⑪。请问，蹈水有道乎⑫？"

曰："亡⑬，吾无道。吾始乎故，长乎性，成乎命⑭。与齐俱入⑮与汩偕出⑯，从水之道而不为私焉⑰。此吾所以蹈之也。

孔子曰："何谓始乎故，长乎性，成乎命？"

曰："吾生于陵而安于陵，故也；长于水而安于水，性也；不知吾所以然而然，命也。"

【注释】

①吕梁，在今江苏铜山县东南吕梁洪。②县，通悬。悬水，极言水流高陡，水从上直泻下来，像悬挂着的一样。仞，古时八尺为仞。③流沫，急流溅沫。四十里，非实数。而从表达效果上说，上句说"三十仞"，下句说"四十里"，字面不重复，读起来也抑扬有致，译文仍旧。④鼋（yuàn），鳖的一种。鼍（túo），形状像鱼而有脚，鳄鱼的一种。⑤丈夫，古时对男子的称呼。游之，在那里游着。之，指示代词，相当于"那里"。⑥有，疑当训"囿"。囿，从有得声。欲，时间副词，将要。⑦拯，拯救。⑧数百步，指孔子弟子而言。出，从水里出来，指丈夫。⑨被，通披。行歌，且行且歌。⑩从而问焉，成《疏》："从而问之。"按：实际上"焉"为兼词，相当于"于之"。古汉语中如说"问某"，一般都说"问于某，"这在庄文中也经常见到。⑪察，仔细看。⑫蹈，蹈水现在江南有些地方叫"踩水"。踩水跟潜水不一样。后者人身没入水中，而前者肩部甚至上身大部露在水面。道，道术。⑬亡，同无，没有。⑭故，本然之词，又作"固"。性，指习性，犹今生物学上所说的习得性。命，自然而然。从始到长到成的过程，即由本然到习然直到自然的过程。⑮齐，司马彪说："回水如磨齐也。"宣颖说："水漩入处似脐。"王念孙说："人脐居腹之中，故谓之脐。脐者，齐也。"按：宣王说是。脐，《韵会》："通作齐。"《左传·庄公六年》："若不早图，后而噬齐，其及图之乎？"《注》："齐脐同。"至于司马所说"回水如磨齐也。"段玉裁说，皆"脐"字引申假借之义。⑯汩（gǔ），司马彪说："涌波也。"郭《注》："回伏而涌出者，汩也。"⑰从水句，郭《注》："任水而不任己。"成《疏》："随顺于水，委质从流，不使私情辄怀违拒。"

【译文】

孔子到吕梁游览。那儿悬泉瀑布好几十丈，飞流溅沫大几十里，简直是鼋鼍鱼鳖都不能游的地方。只见一个男子在那里游着，孔子认为是陷身在急流之中将要淹死了。于是，打发徒弟们傍着水流去设法救他，(可是）走了几百步，(那人又从水里）出来了，披着头发，边走边唱在堤岸下边散荡着。孔子便跟上去问他，说："我还认为你是鬼神，过细一看原来是人哩。请问蹈水也有秘诀吗？"

(那人）说："没有，我没有什么秘诀。我只是起步于本然，遂长于习然，成功于自然。跟漩涡一起卷进去，跟涌流一道翻出来，(一举一动）顺着水的路子去做而不以自己的意愿为是，这就是我的蹈水的办法。"

孔子说："什么叫做起步于本然，遂长于习然，成功于自然？"

那人便说："我出生于高地而安于高地，就是开始于本然；成长于水中而安于水中，便是遂长于习然；我不知道所以然而然，就是成功于自然。"

梓庆削木为鐻①，鐻成，见者惊犹鬼神②。鲁侯见而问焉，曰："子何术以为焉③？"

对曰："臣工人，何术之有！虽然，有一焉。臣将为鐻，未尝敢以耗气也④，必齐以静心⑤。齐三日，而不敢怀庆赏爵禄⑥；齐五日，不敢怀非誉巧拙⑦；齐七日，辄然忘吾有四枝形体也⑧。当是时也，无公朝⑨其巧专而外骨消⑩；然后入山林，观天性⑪；形躯至矣⑫，然后成见鐻⑬，然后加手焉⑭；不然则已⑮。则以天合天⑯，器之疑神者⑰其是与！"

【注释】

①梓庆，李颐说："鲁大匠也。梓，官名；庆，其名也。鐻：《释名》，"所以悬鼓也"乐器，以夹钟。②惊犹鬼神，林希逸说："言精绝非人所能为也。"宣颖说："精妙似鬼斧神工"。③术，道术。以，介词，相当于"凭"，"用"。何术以，介宾倒置，犹言用什么道术。焉，这，指代鐻。④耗气，损耗精气。"以"，后面省略了宾语"之"。以之，犹言"因此"。⑤齐，通斋，斋戒。以，以便。静，形容词使动用法。静心，意即"使心神安静下来。"⑥而，用同"则"。怀，挂怀，思虑。庆，庆贺；赏，奖赏；爵，爵位；禄，俸禄。这一句是说根本就不敢考虑鐻成之后会得到什么奖赏和名利的事。⑦非誉，指人们的指责和称赞。巧拙，指工夫的精巧和笨拙。⑧辄然，不动貌。犹言索性地。枝，通肢。⑨公朝，宣颖说："忘势，若不为公家削之也。"按：宣颖认为，不敢怀庆赏爵禄，则"忘利"；不敢怀非誉巧拙，则"忘名"；忘四肢形骸，则忘我；无公朝，若不为公家削之，则忘势。这样，有层有次，颇得其旨。《浅注》说："无公朝，因为斋戒，故不上朝。"疑欠妥。⑩其巧专，犹言其于巧也专。巧，技巧。专，专心致志。骨，通滑，《释文》：本亦作"滑"。滑，淆乱。消，消除，消失。⑪观天性，林希逸说："观木之性也。"按：天性，指树木的天然生态。《浅注》说：观天性，指"观察自然界鸟兽的神情形状。"下文"形躯至矣"，"则指找到了需要的鸟兽情状。"可备一说。⑫形躯，指树木的形貌躯干。至，犹言恰到好处。⑬成，形成，构成。见，通现，现成。这一句指构思而言。⑭加手焉，对它动手。⑮然，这样。已，停止动手。林云铭说："若稍有徘徊顾虑于其间，便不能静心矣。"说亦通。⑯则，用同"即"，犹今人言"即是"。(训见王引之《经传释词》)。以天和天，林希逸说："以我之自然合其物之自然。"按：这一句跟上节游水者"从水之道而不为私"句意同。前"天"指削鐻者主观上从木之道而不为私的态度，后"天"指木客观上的自然形态。⑰疑，通拟，比拟，所以拟神者，比拟于神工的原因。其，揣度副词，犹言"大概"。

【译文】

工匠梓庆刻削木头做钟鼓的架子，架子做成了，见到的人惊叹（工艺的精巧）犹如鬼斧神工。鲁侯见到了便问他，说："你是用什么道术做成这架子的？"

工匠回答说："我是个工人，有什么道术可言！尽管如此，在这个方面也有一个法子。我准备做架子了，从来就不敢损耗精气，一定要虔诚斋戒以便让心神纯净。斋戒三天，便不敢考虑（将来会有什么）庆赏和爵禄；斋戒五天，就不敢考虑（人们的）毁誉和（手艺的）巧拙；斋戒了七天，索性忘掉了我还有四肢形体哩。当着这个时候，（思想上）连朝廷也没有了，我对于技巧可就专心致志，而一切外界的淆乱都消除了，然后进入上林，观察树木的天然生态；看到那形貌躯干恰到好处了，然后（在我的脑子里）就形成了一种现成的钟架，然后才对它动手，否则就作罢。这便是以我的从顺自然的态度去和树木的自然的形态相合，我做的用器之所以能比拟鬼斧神工的原因，大概就是这样吧！"

东野稷以御见庄公①，进退中绳，左右旋中规②。庄公以为文弗过也③，使之钩百而反④。

颜阖遇之，入见曰："稷之马将败⑤。"公密而不应⑥。

少焉⑦果败而反。公曰："子何以知之？"

曰："其马力竭矣⑧而犹求焉，故曰败。"

【注释】

①东野稷：李颐说："东野，姓；稷，名也。"御，驾车。以御见，以会驾车求见。②中（zhòng），动词，合。绳，绳墨。规，圆规。《荀子·劝学篇》"木直中绳，其曲中规。"这里说"中绳"也是指直度，"中规"指圆度。③文弗过，司马彪说："谓过织组之文也。"钱大昕说："《吕氏春秋·适威篇》作"以为造父弗过也。'文'盖'父'之误"。刘文典说："钱说是也。造父周穆王臣，古称善御，故以为比。《荀子·哀公篇》《韩诗外传》二，《新序·杂事》五，《家语·颜回篇》皆载此事，亦并言'造父'，《御览》七四六引此文正作'造父弗过也'，尤其钩证矣。"译文从钱刘说。④钩，曲尺。反，通返。⑤败，累垮。⑥密，借为默。⑦少焉，一会儿。⑧竭，尽。

【译文】

东野稷以会驾车进见庄公，进退往来，直得合乎绳墨；左右旋转，圆得合乎圆规。庄公觉得，即使是造父也不能胜过他。于是就使他象钩那样地弯弯曲曲兜转一百遍然后再回。

颜阖入见庄公，说："东野稷的马将会累垮。"庄公默而不应。

一会儿，东野稷的马果然疲累而回。庄公说："你怎么知道这点？"

（颜阖）说："他的马气力已经耗尽了，却还要它奔跑，所以说要垮。"

工倕旋而盖规矩①，指与物化而不以心稽②，故其灵台一而不桎③。忘足，履之适也④；忘要，带之适也⑤；知忘是非，心之适也⑥；不内度，不外从，事会之适也⑦。始乎适而未尝不适者，忘适之适也⑧。

【注释】

①倕（chuí），传说是唐尧时代的工人，以巧艺著称。②指，手指。化，变化。③踬碍，妨碍，阻碍。④忘足，指忘却了足的长短。屦，鞋子。之，疑当训“则”，相当于“就”“便”。也，当训“矣”，相当于“了”。（均见《经传释词》及《古书虚字集释》。）以下各句的“之”和“也”义同。适，适合。⑤要，通腰。忘腰，指忘却了腰围的大小。⑥知忘句，郭《注》：“是非生于不适耳。”成《疏》：“今则知忘是非，故心常适乐也。”⑦内，指内心。变，变化。外，指外形。从，随从，随从他物。“内”“外”均为名词作状语，意即“在内心方面”“在外形方面。”会，遇。事会，犹言遇事。⑧始，宣颖说：“知适则其适浅矣，忘适之适斯化矣。”林云铭说：“知有适，尚有所不适：惟忘适之适，方能入于化，自无往而不适矣。”按：关于这两句，宣，林说较其他说于义为长。但其中的某些词语还未能落实妥帖。始，疑当训开始，出发。始乎适，意即从适应出发。者，疑当为特殊指示代词，相当于“……的人。”

【译文】

工匠倕某用手旋转画圆胜过了圆规，手指跟着器物而变化，却不用思想去考究，计较，因此他的心神专一而不受阻碍。忘却了脚的长短，鞋子便适应了。忘掉了腰围的大小，腰带便适应了。在智慧方面，能忘却是非，心境也就适应了。不在内心方面发生变化，不在外形方面随从他物，遇事便能适应了。从适应出发而未尝不适应的人，要是能忘却了适应就无所不适应了。

有孙休者[①]，踵门而诧子扁庆子曰[②]：“休居乡不见谓不修，临难不见谓不勇[③]；然而田原不遇岁[④]，事君不遇世[⑤]，宾于乡里[⑥]，逐于州部[⑦]，则胡罪乎天哉[⑧]？休恶遇此命也？”

扁子曰：“子独不闻夫至人之自行邪[⑨]？忘其肝胆，遗其耳目[⑩]，芒然彷徨于尘垢之外[⑪]，逍遥乎无事之业[⑫]，是谓为而不恃，长而不宰[⑬]。今汝饰知以惊愚，修身以明汙，昭昭乎若揭日月而行也[⑭]。汝得全而形躯[⑮]，具而九窍[⑯]。无中道夭於聋盲跛蹇而比于人数[⑰]，亦幸矣，又何暇乎天之怨哉[⑱]！子往矣！”

孙子出，扁子入，坐有间[⑲]，仰天而叹。弟子问曰：“先生何以为叹乎？”

扁子曰：“向者休来，吾告之以至人之德，吾恐其惊而遂至于惑也。”

弟子曰：“不然。孙子之所言是邪？先生之所言非邪？非固不能惑是[⑳]。孙子之所言非邪？先生之所言是邪？彼固惑而来矣，又奚罪焉？”

扁子曰：“不然。昔者有鸟止于鲁郊[㉑]，鲁君说之，为具太牢以饷之，奏九韶以乐之，鸟乃始忧悲眩视，不敢饮食，此之谓以己养养鸟也。若夫以鸟养养鸟者，宜栖之深林，浮之江湖，食之以委蛇，则平陆而已矣。今休，款启寡闻之民也[㉒]，吾告以至人之德，譬之若载鼷以车马[㉓]，乐鴳以钟鼓也[㉔]。彼又恶能无惊乎哉？”

【注释】

①孙休，姓孙，名休，鲁国人。②踵门，犹言亲自上门。诧（chà），诧异，惊奇。③从文意看，“两见”并非指“见道”，应作“现”意即显现，显露。谓，犹言认为。修，修养。勇，勇武。④田原，成《疏》：“营田于平原。”岁，指好年岁。⑤世，指世道。⑥宾，通摈，摒弃。于，表被动。下句的“于”同。⑦逐，驱逐，放逐。州部，指州郡官府。⑧胡，疑问副词，同何，犹言为什么。下句的“恶”同。

罪，名词用如动词，意即“得罪”。乎，同于。⑨独，反诘副词，难道。夫，指示代词，那。⑩忘其两句，王先谦说：“堕形体，黜聪明。”⑪芒然，同茫然，宣颖说：“无知貌。”彷徨，放任自适之意。尘垢，指世俗言。⑫无事之业，即无所事事的事业。《老子》第六十三章说：“为无为，事无事。”与此意同。这以上四句，已见于《大宗师》篇。⑬是谓两句，语出《老子》第十章。为而不恃，郭《注》：“率性自为耳，非恃而为之。”长，读 zhǎng。长而不宰，郭《注》：“任其自长耳，非宰而长之。”⑭今汝三句，成《疏》：“汝光饰心智，惊动愚俗；修营身形，显他污秽，昭昭明白，自炫其能，犹如担揭日月而行于世也。”知，通智。饰智，意即夸饰聪明。惊，不及物动词使动用法。惊愚，使愚人受惊。吓唬愚人，明，形容词使动用法。明汙，使污秽的东西彰明昭著。昭昭，十分明亮的样子。揭，举。⑮全，完全，使动用法。而，对称代词，你的。下句的“而”同。⑯具，完备，使动用法。九窍，指眼睛，鼻孔，嘴巴，耳朵，肛门，尿道等器官。⑰中道，中途。比，列。比于人数，列在人的数目中。意即算作人。⑱何暇，哪有工夫。天之怨，怨天。宾语前置句式。⑲有间，一会儿。⑳固，本来。惑，惑乱。㉑昔者，从前。㉒款，同窾，孔窍。《史记·太史公自序》“实不中其声者，谓之窾，”《汉书·司马迁传》作“款。”《养生主》“导大窾”，意即导向大的孔窍。这里的“窾”同义。启，开。窾启，打开一个孔窍。意谓见识浅。寡闻，听闻少。㉓鼷(xī)，小鼠。以，用，拿。下句的“以”同。㉔乐，形容词使动用法。鴳，小雀，已见《逍遥游》。

【译文】

有孙休这么个人，亲自上门奇怪地问扁庆子先生说：“我居处在乡里，要是不露面我就觉得说不上有修养；碰到了危难，要是不出头，就觉得谈不上勇武。尽管如此，但种田不能遇上好的年岁，事君不能遇上好的世道，被乡里所摈弃，为州郡所放逐，为什么竟得罪了老天爷呢？我为什么竟遇上了这样的命运呢？”

扁子说：“你难道没。如今你夸饰聪明来使愚昧的人吃惊害怕，修持自身来让污秽的东西彰明昭著，明亮亮地就象揭举着日月在走路一样。是这样，你能够让你的形体得到保存，让你的九窍得到完备，没有中途折损而成为聋子、瞎子或跛子，从而还算作一个健全的人，也就是幸运的了，又哪里还有工夫来抱怨老天爷哩！你可以走了！”

孙子出去了。扁子走进来，坐了一会儿，便仰天长叹。徒弟们问道：“先生为什么叹气呢？”

扁子说：“刚才孙休来，我拿至人之德告诉了他，我担心他会吃惊以至于胡涂起来。”

徒弟们说：“不会这样。要说孙子所说的是正确的吗，先生所说的是错误的吗，那么错误的本来就不能惑乱正确的。要说孙子所说的是错误的吗，先生所说的是正确的吗，那他本来就是有所疑惑而来哩，又怎么能责罪先生呢？”

扁子说：“不是这样。从前有一只鸟栖落在鲁国的郊外，鲁君很喜欢它，给具办了丰盛的筵席来款待它，奏起了九韶的音乐来供它取乐，可鸟却一开始就忧伤悲苦，眼花缭乱，不敢吃，也不敢喝。这就叫做拿供养自己的办法来供养鸟哩。象那以养鸟的办法来养鸟的人，就应当让它栖息在深林之中，让它浮游于江湖之上，拿委蛇一类的食料喂养它，让它在辽阔的原野里，优容自得罢了！现在孙休是一个见识浅，听闻少的角色，我却拿至人之德相告，这就好比用车马来运载鼷鼠，用钟鼓来供鴳取乐，它又怎么能不惊恐呢？”

外　　物

外物不可必①，故龙逢诛，比干戮②，箕子狂③，恶来死④，桀纣亡。人主莫不欲

其臣之忠，而忠未必信，故伍员流于江，苌弘死于蜀[5]，藏其血，三年而化为碧。人亲莫不欲其子之孝[6]，而孝未必爱，故孝己忧而曾参悲[7]。木与木相摩则然[8]，金与火相守则流[9]，阴阳错行，则天地大絯[10]，于是乎有雷有霆，水中有火[11]，乃焚大槐[12]。有甚忧两陷而无所逃[13]，螴蜳不得成[14]，心若县于天地之间[15]，慰暋沈屯[16]，利害相摩，生火甚多[17]，众人焚和[18]。月固不胜火[19]，于是乎有僓然而道尽[20]。

【注释】

①必，一定，必然，强求。②龙逢诛，比干戮，龙逢，夏桀时贤臣，多次直谏桀，被囚禁杀死。比干，商纣的庶叔，多次忠谏纣王，被剖心而死。③箕子，参见《大宗师》篇。④恶来，纣王的佞臣，最后与纣俱亡。⑤伍员，苌弘，皆忠臣。⑥人亲，指世人的父母双亲。⑦孝己，商王朝高宗之子，见逐于后母。曾参，孔子的弟子，对父母至孝。⑧然，“燃”的本字，《御览》引作“燃”。俞樾说：此句应为“木与火相摩”，与下句“金与火相守”对举，“盖木金二物皆畏火，故举以为言，见火之为害大也。”按：结合下文“利害相摩，生火甚多，众人焚和，月固不胜火”看，此说可存。摩，接触，不宜理解为摩擦。如果“木与木相摩则然”句不改字，与古代“木燧”法相合，故亦可通，不过摩字应作摩擦解。⑨相守，久处。流，溶化为液体。⑩絯（gāi），指震动。⑪水中有火，指大雨中闪电。⑫乃焚大槐，指雷电焚树。大槐，泛指树。⑬有，指有人。无所逃，无法逃避，无法摆脱，不能自拔。⑭螴（chén）蜳（dūn）：怵惕不安的样子。⑮心若县句：县，同悬。言心像悬挂空中不能自主。⑯慰，郁结；沈，深重；屯，困顿，艰难。四字，谓忧郁沈闷。⑰摩，摩擦，冲突。⑱众人焚和，王先谦说：“众皆溺于利害，是自焚其心中太和之气也。”⑲月固不胜火，刘凤苞说：“月字借喻清明之本性，火字即利害之薰灼也。”二句意谓：内心的清澈微光易为外物的炽热火灼所夺。⑳僓然而道尽：《释文》“僓，音颓。”宣颖说：“于是乎颓然隳坏，天理尽而生机熄矣。”

【译文】

身外成败毁誉的事物，难有定论。因此（在历史上，善良的人，）龙逢受诛，比干被杀，箕子装疯；（作恶的人，）恶来不免一死，桀、纣亦国破身亡。国君没有不希望自己的臣民忠诚的，但忠诚的未必能取得国君信任；所以伍员忠谏夫差，被抛尸浮流于江中；苌弘遭谮被放，终自杀于蜀地，惨死后他的血被蜀人藏了三年，竟化成碧玉。父母没有不希望自己的儿女孝顺的，但孝顺的未必能博得父母欢心，所以孝子孝顺也有被逐的愁苦，曾参很孝顺还有受杖的悲痛。（我们常看到自然现象，）木与木互相摩擦就会燃烧，金与火互相久处就会熔化；阴阳二气交错运行，就会天震地动，然后雷霆大作，雨电交加，随即出现大火焚烧森林现象。（再看看世上）有的人忧虑过度以至陷入利害两端而达到不能自拔的地步，怵惕惶恐，不得平静，心象悬在空中无法自主，忧郁沉闷，利害（如荣辱、成败、得失）急烈地互相冲突，热中物欲心火日旺，众人（都以利害为怀）就难免伤害了中和之气。这样，那人心本性中如月的清澈微光，自然不能抵挡外物如火的熊熊烈焰，于是形神俱败而天性丧失殆尽。

庄周家贫，故往贷粟于监河侯[1]。监河侯曰：“诺[2]。我将得邑金[3]，将贷子三百金[4]，可乎？”

庄周忿然作色[5]曰：“周昨来，有中道而呼者[6]，周顾视车辙[7]，中有鲋鱼焉[8]。周问之曰：‘鲋鱼来[9]，子何为者邪？’对曰：‘我，东海之波臣也[10]。君岂有斗升之水而活我哉⑪!'周曰:'诺,我且南游吴越之王⑫,激西江之水而迎子⑬,可乎?'鲋鱼忿然作色曰:'吾失我常与⑭,我无所处⑮。吾得斗升之水然活耳⑯。君乃言此⑰,曾不如早索我于枯鱼之肆⑱!'"

【注释】

①贷,借。粟,今称谷子,谓粮食。②诺(nuò),表示同意的状词。③将,将来。邑,受封的领地;金,铜铁之类皆为金,不是黄金,指货币。邑金,向封邑内百姓征收的财物。④将,则也,译作就或会。三百金,一镒为一金。⑤忿(fèn)然,气愤的样子。作色,变色,指脸色一沉。⑥中道,中途。⑦顾视,回头看。车辙,车轮压洼处。⑧鲋(fù)鱼,鲫鱼。焉,于之,兼词。⑨来,语气词,表示商量。⑩波臣,成《疏》"波浪小臣":林希逸说"水官也"。⑪岂,王引之说"岂,犹其也",表示希望兼疑问之词,也许的意思。活,使动用法,使……活。⑫且,副词,表示将要。游,游说。⑬激,引,西江,成《疏》:"西江,蜀江也。江水至多,北流者众,惟蜀江从西来,故谓之西江是也。"《浅注》:"西江,指长江上游四川部分。"⑭常与,林云铭说:"常与,常相与,谓水也。"与,从也,亲附也,谓常在一起:指代水。⑮处,居。⑯然,王引之说:"然,犹则也。然活,则活也":阮毓崧说"则与乃通":马叙伦说"然,读为能,泥纽双声"。⑰乃,竟。⑱曾不句,成《疏》:"索,求。肆,市。……不如求我于干鱼之肆。"曾,常用在"不,无"前边,用以加强否定语气,相当于"简直,竟。"

【译文】

庄周家境十分贫穷,因此去向监河侯借粮。监河侯回答:"好呀!我将来收得封邑的租赋,就借给你三百镒,行吗?"

庄周气愤地把脸色一沉,说:"我昨天来时,路途中传来呼唤的声音,我回过头去看,见车轮压洼的地方,有条鲫鱼被困在那里。我问它说:'小鲫鱼啊!你是做什么的呢?'它回答说:'我,是东海龙王的巡波小臣。您也许有升斗少量的水来使我活命吧?'我说:'好呀!我将要到南方去游说吴越的君主,那时设法引西江的水来迎接你,可以吗?'小鲫鱼气愤地板着脸说:'我,一旦失去了生命相依的水,我就没有了生存之处。我只要获得升斗少量的水就能活命了。现在你竟这样说,简直不如早点到干鱼市场上找我呢'!"

任公子为大钩巨缁①,五十犗以为饵②,蹲乎会稽③,投竿东海,旦旦而钓④,期年不得鱼⑤。已而大鱼食之⑥,牵巨钩,铭没而下骛⑦。扬而奋鬐⑧,白波若山,海水震荡,声侔鬼神⑨,惮赫千里⑩。任公子得若鱼⑪,离而腊之⑫,自制河以东⑬,苍梧已北⑭,莫不厌若鱼者⑮。已而后世辁才讽说之徒⑯,皆惊而相告也⑰。夫揭竿累⑱,趣灌渎⑲,守鲵鲋,其于得大鱼难矣⑳。饰小说以干县令㉑,其于大达亦远矣㉒。是以未尝闻任氏之风俗,其不可与经于世亦远矣㉓。

【注释】

①任公子,任国之公子。②犗(jiè),犍牛,阉割了的牛,此泛指。饵,钩饵。③蹲,踞也,踞,坐也。乎,于。会稽,山名,在今浙江省。④旦旦,天天。⑤期(jī)年,《释文》期本亦作朞,一周年。朱骏声说:"期借为朞,《说文》'朞,复其时也'。"⑥已而,不久,之代饵。⑦铭没,陷没,沉没。乱驰,乱跑。下骛,水下乱跑。⑧扬,高举。⑨声侔鬼神,林希逸说:"言此鱼摇动海水,其声可畏也。"侔

(móu)，同，似。⑩惮赫，使动用法，使……大惊失色。千里，指千里之内的人。⑪若鱼，《释文》："若鱼，司马云：大鱼名若，海神也。或云：若鱼，犹言此鱼。"⑫腊，晾干，制成干鱼，用作动词。⑬制河，即浙江。《释文》："依字应作浙。《汉书音义》音逝。河亦江也，北人名水皆曰河。浙江，今在余杭郡。"⑭苍梧已北：苍梧，山名，在岭南。已，同以。⑮厌，即餍，饱食。⑯辁，小平面园木所制的无幅条的车轮，此喻浅陋无知。⑰惊而相告，林希逸说："知其常而不知异，见其小而不见大，故惊以相告也。"⑱揭，举。累，小绳。夫，犹众。⑲趣，通趋，奔走。渎，小水沟，小水渠。⑳守鲵鲋：守，候守。鲵(ní)，鲋，小鱼。古字其、期通用。于，犹有。㉑饰小说句，成《疏》："干，求也。县，高也。修饰小行；矜持言说，以求高名令闻。"又，林希逸说："县令，犹今揭示也。县与悬同。悬揭之号令，犹今赏格之类。"又林云铭说："县令，旧作悬令，则干字无处安顿。仍当如字解。近日穷措大抄写数篇烂时文，向邑令投拜门生者，当书此数语，示而辱之。"㉒其，期。大达，大道。于，犹及也，至也。㉓是以二句：与，参与。经，经营，处理，对待。经于世，对天下事务的处理，意即怎样正确经理天下事务。亦，固，实在。

【译文】

任国的公子做了一个巨大钓钩和一条粗大黑绳，用五十头犍牛的肉做钓饵，坐在会稽山上，把钓竿投入东海，天天去垂钓，整整一年都没有钓到鱼。一年后不久，有条大鱼吞下了钓饵，牵动着大钩，沉下水去东奔西窜，忽又竖起频须张开脊鳍（浮上水面），白浪翻腾汹涌如同雪山高耸，海水震荡冲击，响声如同鬼哭神嚎，足以使千里之内听到的人大惊失色。任国公子钓到这条巨大海鱼，剖开来制成干鱼块，从浙水以东一直到苍梧山以北，没有人不饱吃这鱼肉的。时间久了，后世那才疏学浅、街谈巷议的一伙人，他们都深感诧异地互相传说着。众人只知拿着小竿细绳，奔跑在灌溉沟渠之间，守候鲵鲋小鱼来吞饵，他们希望有机会钓到大鱼就很难了；(同样)，有些人只知修饰浅陋学说来追求高名令闻，他们希望达到大道的目标实在太遥远了！因此，未曾听到过任国公子守钓大鱼、不求急功近利的风度的人，他们离正确经理天下事务实在太遥远了！

儒以《诗》、《礼》发冢①。

大儒胪传曰②："东方作矣③，事之何若④？"

小儒曰："未解裙襦⑤，口中有珠。"

"《诗》固有之曰⑥：'青青之麦，生于陵陂⑦。生不布施，死何含珠为⑧！'接其鬓⑨，压其顪⑩，儒以金椎控其颐⑪，徐别其颊⑫，无伤口中珠。"

【注释】

①以，用。发，掘。冢(zhǒng)，坟墓。即盗墓。②胪(lú)传：胪，从上传语告下。胪传，用赞礼的声调传话，即庄严传话。③东方，指代太阳。作，起，升起。④之，训"以"亦训"已"。何若，何如，怎么样。⑤裙，下裳。襦(rú)，短衣。⑥固有，本有。⑦陂(bēi)，山坡。⑧为，句末语气词。⑨接，揪，抓。⑩压，按住。顪(huì)，颔下须。⑪控，叩击，指划破。颐，腮。⑫徐，慢慢。别，分，指撬开。颊，面的两旁，指牙床。

【译文】

儒生们用《诗》、《礼》之教掘坟盗墓。

大儒生向小儒生传话说："东方太阳快要升起了，事情干得怎样？"

小儒生回答说："裙子和短衣还没有脱下，嘴里还含有珠子呢！"

（大儒引经据典指点说）"古代《诗》里原来有这样的话：'青青'的麦苗，生长在山坡，活着时不愿救济人，死后还含什么珍珠！'好好抓着他的鬓发，按住他的下巴胡须，要用铁锥划破他的面皮，慢慢地撬开他的牙床，不要碰坏了口中的珍珠！"

老莱子之弟子出薪①，遇仲尼，反以告②，曰："有人于彼，修上而趋下③，末偻而后耳④，视若营四海⑤，不知其谁氏之子⑥。"

老莱子曰："是丘也，召而来⑦。"

仲尼至。曰："丘！去汝躬矜与汝容知⑧，斯为君子矣⑨。"

仲尼揖而退，蹙然改容而问曰⑩："业可得进乎⑪？"

老莱子曰："夫不忍一世之伤，而骜万世之患⑫，抑固窭邪，亡其略弗及邪⑬？惠以欢为，骜终身之丑⑭，中民之行进焉耳⑮！相引以名，相结以隐⑯。与其誉尧而非桀，不如两忘而闭其所誉⑰。反无非伤也，动无非邪也⑱。圣人踌躇以兴事⑲，以每成功⑳。奈何哉其载焉终矜尔㉑！"

【注释】

①老莱子：楚国贤人，常隐蒙山，楚王欲召为相，不就。夫负妻载，逃于江南，莫知所之。出薪，出去打柴；薪，用如动词。②反以告：反，通返。以，介词，省宾语之。告，告诉老莱子。③修，长：修上，上身长。趋下，下身短；趋（cù），同促，短。而，并列连词。④末偻，即背偻。言其背微有偻曲之状。⑤营，营谋。四海，天下。⑥不知句，成《疏》："未知之子族姓是谁？"《通志·氏族略序》："三代之前，姓氏分而为二，男子称氏，妇人称姓。……三代之后，姓氏合而为一。"⑦而，犹其也，此处活用作他称；或作为连词，不译。⑧去，去掉。躬，身，态度；矜，庄重。容，容貌；知，知慧。⑨斯，指示代词，这样。为，犹谓。君子，指具有道德行为的人。⑩蹙（cù）然：同蹴然，不安的样子。⑪业可得进乎，林希逸说："言道业可进学否也？"⑫不忍句，阮毓崧说："言仲尼嵩目时艰，急欲以仁义救当世之伤。"而骜万世之患，刘鸿典说："而后世干禄之徒，皆借孔子为名，名为治世，适以祸世，则万世之患自此始矣。"而，却。骜，《释文》"骜，本亦作敖"，宣颖说："傲然轻于贻祸。"⑬抑，抑或；无其，其犹乃，此即无乃。抑或……无乃……，表两种情况的选择。译作或是，还是。略，方略，这里指方术，道术。⑭惠以二句，句意为：因为一时的哗众取宠去施恩布惠，却无视对自己留下了终身的玷污。⑮中民句，林云铭说："庸人之行每进于此。"又，马其昶说："中民，谓得民。《礼记》注：进，谓自勉强也。"译文从林说。⑯隐，《释文》："李云：隐，病患也。"俞樾说："隐，当训为私。"⑰闭其所誉，成《疏》："赞誉尧之善道，非毁桀之恶迹，以此奔驰，失性多矣。故不如善恶两忘，闭塞毁誉，则物性全矣。"马叙伦说："所，盖非字之讹也。'闭其所誉'，当作闭其非誉。"⑱反无二句，成《疏》："反于物性，无不伤损；扰动心灵，皆非正法。"林希逸说："反背自然之理，则无非伤道之事也；不好静而好动，则无非邪僻之行也。"⑲踌躇以兴事，句意谓：从容不迫，毫不在意地行事。⑳以每成功，句意为：以谋求成功。㉑奈何，怎么办。其，你。载，背着。焉，之，作代词，指代仁义之迹。矜（jīn），夸耀，自以为能。尔，同也，语气词。

【译文】

老莱子的门徒外出砍柴，碰到孔子，回来时把情况告诉老莱子，说："在那路上有个人，上身长，下身短；肩背微驼，耳贴脑后；目光高远，好像心怀天下大事；不认识他是什么人。"

老莱子说："这个人必定是孔丘，召唤他来。"

孔子到来了。老莱子说："孔丘呀！要去掉你贤能自负的态度和聪明毕露的容貌，这样才能成为一个有德行的君子。"

孔子恭敬作揖并却退一步，自愧不安地改变了神色，请教说："我的德性道业还能进修提高吗？"

老莱子说："你忍不住（要用仁义）去拯救当今一代的痛苦，却轻视子孙万代（会盗窃你的仁义之说）的后患，这或者是你的道术本来就浅薄无知呢，还是你的道术远远不够成熟呢？倘若仅仅因为一时需要哗众取宠就去布施恩惠，却无视给自己留下终身的玷污，只有庸人的行为才会走向这一步。人们只不过以虚名相招引，以私利相结纳。(但应该知道)，与其赞誉唐尧之善而非难夏桀之恶，倒不如'善''恶'两忘而停止'非''誉'的议论。只要违反了物性的自然法则就没有不伤道害理的，扰动了心灵的平静恬淡就没有不为非作歹的。圣人总是毫不在意从容顺物地行事，而每每取得成功。那有什么办法呢，你偏要背负着仁义的重担终身自命不凡呀！"

宋元君夜半而梦人被发窥阿门①，曰："予自宰路之渊②，予为清江使河伯之所③，渔者余且得予④。"

元君觉，使人占之⑤，曰："此神龟也。"

君曰："渔者有余且乎？"

左右曰："有"。

君曰："令余且会朝⑥。"

明日，余且朝。君曰："渔何得⑦？"

对曰："且之网得白龟焉，其圆五尺⑧。"

君曰："献若之龟⑨。"

龟至，君再欲杀之，再欲活之⑩。心疑⑪，卜之⑫。曰："杀龟以卜，吉。"乃刳龟⑬，七十二钻而无遗荚⑭。

仲尼曰："神龟能见梦于元君⑮，而不能避余且之网；知能七十二钻而无遗筴⑯，不能避刳肠之患。如是，则知有所困⑰，神有所不及也。虽有至知，万人谋之⑱。鱼不畏网，而畏鹈鹕⑲。去小知而大知明⑳，去善而自善矣㉑。婴儿生无石师而能言㉒，与能言者处也㉓。"

【注释】

①宋元君，被，通披，散。窥，偷看。阿门，旁门，侧门。②自，从。宰路，渊名。之，指示代词。③清江，江名。使，出使。河伯，神话中黄河之神。④余且，《释文》："余音预。且，子余反。姓余，名且也。"⑤占，古代迷信活动，根据龟壳裂纹和蓍草排列预测吉凶叫占。⑥令，召令。会，相见，见面。会朝，为会于朝省，即到朝廷相见。⑦渔何得：渔，打鱼，动词。何得，即得何，捕获到什么。⑧圆，指圆径。五尺，言其广大。⑨若，代词，你。⑩再，一再。活，养活，使……活着。⑪疑，迟疑不决。⑫卜之，让人占卜决疑。卜，古人根据龟甲被烧后的裂痕来预测吉凶的一种迷信活动。⑬刳（kū），剖开。⑭遗筴，失策，失算。筴，策的异体字。⑮见（xiàn），通现，显现。见梦，示梦，托梦。⑯知，通智。⑰知有所困，谓智慧有穷困莫展的时刻。⑱谋，图谋，计算。⑲鹈鹕，一种大水鸟，捕食鱼类。⑳去小句，郭

《注》："小知自私，大知任物。"㉑去善句，成《疏》："遗矜尚之小心，合自然之大善。"林云铭说："知去善而自善，皆能以无用言用。"㉒石师，阮毓崧说："石当读硕，古通用字。陆云：石，本又作硕。"硕师，大师。㉓与能句，成《疏》："与父母同处，率其本性，自然能言也。"

【译文】

宋元君半夜梦见有一个人披头散发在侧门缝里偷看，并说："我从宰路那深水潭来，清江神使我往河伯那儿去，渔人余且捕得了我。"

元君醒来，便让掌卜筮的人占卜梦事，回答说："这托梦的是一只神龟。"

元君问道："渔民中有个叫余且的吗?"

左右办事人回答："有。"

元君说："召令余且到朝廷来。"

第二天，余且来到朝廷。元君问："你打鱼捕获了什么?"

余且对答："我的渔网捕获了一只白龟，龟身圆径五尺。"

元君说："把你的白龟献出来。"

白龟献上来了，元君一再想杀掉它，又一再想养活它。心中迟疑不决，就叫人占卜。卜象告诉说："杀了龟用来占卜，吉利。"于是剖开龟甲用来占卜，钻过七十二孔却从没有不灵的。

孔子说："神龟能够托梦给元君，却不能避开余且的网；它的智慧能七十二次钻灼不失应验，却不能避免杀身剖腹的祸患。这样看来，则智慧也有穷困莫展的时刻，神灵也有预料不到的地方。即使个人有最高智慧，也防避不了数以万计的人来计算他。鱼不知害怕渔网围捕，却只知害怕鹈鹕吞食。（所以人们）只有摈弃狭隘有限的人为小聪明，才能使任'物'顺'道'的无为大智慧得以显现；只有排除了矫情矜善，才能达到顺乎自然的完善。婴儿出生成长，不依靠大师的指教就能学会语言，是因为自然随俗与会语言的人共处就能学会。"

惠子谓庄子曰①："子言无用。"

庄子曰："知无用而始可与言用矣。天地非不广且大也②，人之所用容足耳③。然则厕足而垫之致黄泉④，人尚有用乎⑤?"

惠子曰："无用。"

庄子曰："然则无用之为用也亦明矣⑥。"

【注释】

①惠子：名家，与庄为友。②且，用作连词，表并列。③所用，需要利用的。容足，指容足之地。④厕（cè），通侧，厕足，插足。使下陷，指下掘；⑤人尚句：人所用来立足的地方还能利用吗。⑥无用句，成《疏》："直置容足，不可得行；必借余地，方能运用脚足。无用之理分明。故《老子》云，'有之以为利，无之以为用'。"

【译文】

惠子对庄子说："你的言论，夸张无用。"

庄子说："只有知道事物中存在'无用'的现象，才能够开始跟他探讨'有用'的道理。天地不能不算广大，但每个人要占用的面积只不过是立足之地罢了。既然如此，那就在小块土

地上立足，却把立足处以外的大面积土地下掘至黄泉，人［所立足的那一小块土地］还有使用价值吗?”

惠子说：“［人所立足的小块地方也］没有用了。”

庄子说：“既然如此，看去似乎‘无用’的东西实际上有大用处，道理就很明白了。”

庄子曰：“人有能游①，且得不游乎？人而不能游，且得游乎？夫流遁之志②，决绝之行，噫，其非至知厚德之任与③！覆坠而不反④，火驰而不顾⑤。虽相与为君臣⑥，时也；易世而无以相贱⑦。故曰，至人不留行焉⑧。

“夫尊古而卑今，学者之流也⑨。且以狶韦氏之流观今之世⑩，夫孰能不波⑪！唯至人乃能游于世而不僻⑫，顺人而不失己⑬，彼教不学，承意不彼⑭。

“目彻为明⑮，耳彻为聪，鼻彻为颤⑯，口彻为甘，心彻为知，知彻为德⑰。凡道不欲壅⑱，壅则哽⑲，哽而不止则跈⑳，跈则众害生。物之有知者恃息㉑，其不殷㉒，非天之罪。天之穿之㉓，日夜无降㉔，人则顾塞其窦㉕。胞有重阆㉖，心有天游。室无空虚，则妇姑勃谿㉗；心无天游，则六凿相攘㉘。大林丘山之善于人也，亦神者不胜㉙。

“德溢乎名，名溢乎暴，谋稽乎誸，知出乎争，柴生乎守，官事果乎众宜㉚。春雨日时㉛，草木怒生㉜，铫鎒于是乎始修㉝，草木之到植者过半㉞，而不知其然㉟。

“静然可以补病，眦藏可以休老㊱，宁可以止遽㊲。虽然，若是劳者之务也㊳，非佚者之所，未尝过而问焉㊴；圣人之所以骇天下㊵，神人未尝过而问焉；贤人所以骇世，圣人未尝过而问焉；君子所以骇国，贤人未尝过而问焉；小人所以合时，君子未尝过而问焉。

“演门有亲死者㊶，以善毁爵为官师㊷，其党人毁而死者半㊸。尧与许由天下，许由逃之㊹；汤与务光㊺，务光怒之；纪他闻之，帅弟子而踆于窾水㊻，诸侯吊之；三年，申徒狄因以踣河㊼。

“筌者所以在鱼，得鱼而忘筌㊽；蹄者所以在兔㊾，得兔而忘蹄；言者所以在意，得意而忘言。吾安得夫忘言之人而与之言哉㊿！”

【注释】

①且，犹何。而，犹苟，如果。②遁，逃或逸的意思。③其，大概，恐怕，表推测。与，通欤。这两种人还是不能“游”的人。④覆坠句，成《疏》：“家被覆没，身遭颠坠，亦不知悔。”林希逸说：“陷溺于世故。”宣颖说：“决绝者。”⑤火驰句，成《疏》：“驰逐物情，急如烟火，而不知回顾。”王先谦说：“火驰，犹后世言火速火急也。”宣颖说：“流遁者。”⑥虽相与二句，林希逸说：“虽一时之间，有贵有贱。”王先谦说：“时之适然。”⑦以，犹可。无以，即无可。⑧至人，在《逍遥游》里即提出了“至人。”他如《人间世》、《应帝王》、《达生》、《田子方》、《知北游》、《庚桑楚》等篇都提到，但概念不是完全一样。这里的“至人”，略与《田子方》“得至美而游乎至乐，谓之至人”及《知北游》“至人无为”的说法相接近。不留行，宣颖说：“不留意行此非至知厚德之任也。”刘鸿典说：“至人不留意而行。”⑨流，这里指流弊。或作流俗。⑩狶韦氏，三皇以前帝号。流，指流风习俗。观，观察，衡量。⑪孰能不波，林云铭说：“即狶韦氏之辈，观于今日，亦何能不随其波。”⑫游于句，王先谦说：“与世同游，而不僻处。”⑬顺人句，林云铭说：“顺乎世人，又能不自失其为我。”王先谦说：“与覆坠火驰者异。”⑭彼教二句，王先谦说：“彼尊古卑今，我固不必学之：亦承其意，而不必与彼分别也。”⑮彻，通也，通达，贯通，灵通。⑯颤，

通膻（shān），羊膻气，谓审于鼻气。⑰德，指道之用。⑱道不欲壅，王先谦说："道，乃人所共由，不欲壅滞。"案：这里的"道"，不应理解为一般的道路，它是《知北游》篇所指的"道……无所不在"的"道"，是《渔父》篇所说的"道者，万物之所由也：庶物失之者死，得之者生：为事逆之则败，顺之则成"的"道"。壅（yōng），阻。⑲壅则哽，王先谦说："壅滞则必至哽塞。"哽（gěng），林希逸说："哽，哽咽而不通也。"⑳哽而句，跈，《释文》"本或作碾"，郭《注》"跈"（jián），腾践也，王先谦说："哽塞而不止，则妄相腾践矣"。㉑知，知觉，指生命。恃，依靠。㉒殷，盛。其，或，假使。㉓穿之，通之。㉔降，衰减。㉕顾，反而。窦（dòu），孔窍，指人身的眼耳口鼻七窍。㉖胞有重阆，《释文》："胞，腹中胎"；郭《注》："阆（láng），空旷也"；指胞衣内外都有空隙的地方。另，马叙伦说："胞，借为庖。《庚桑楚》篇'汤以庖人笼伊尹'，陆本庖作胞，是其例证。下文'室无空虚'，即承此言也。"案：马说于义为长，译文从之。㉗勃（bó）：朱骏声说："勃借为悖。"马叙伦说："《说文》'勃，乱也'……是勃为相争乱之义。㉘六凿，六根，佛家语。佛经以眼、耳、鼻、舌、身、意六者为六根：谓眼为视根，耳为听根，鼻为嗅根，舌为味根，身为触根，意为念虑之根。攘，扰攘，谓错乱失调。㉙大林二句，马其昶说："大林丘山，其境虚也。神不胜六凿之扰，故睹清旷之境而喜。"㉚乎，同于。暴，表露，显露。稽，考，计较。谘（xiàn），急，急难之事。柴通寨，砦，防守用的栅栏。守，执守，防守。官事，管事。㉛春雨日时，春季晴雨适时。㉜怒生，蓬勃生长。㉝铫鎒句，阮毓崧说："农人将有事于田畴，农具于是乎修理也。"王夫之："因时之宜。"铫（yào），大锄。鎒（nóu），锄草的一种农具。铫鎒，泛指农具。㉞到植，倒竖，指草木倾倒。此明顺时而动。㉟而不句，句意为：众人顺应农时耕作并没有想到置官设事的需要。㊱眦藏：眦，奚侗说："眦疑为赀（zì）之误。㊲遽（jù），迫遽，急躁。㊳若，犹此。是，或作实。若是，作此实解。㊴非佚这一句的意思为："不是安逸自得的人要用的方法，因此未曾去过问。"㊵駴（xié），通骇，惊也，震惊。㊶演门，"宋城门名。"㊷善毁，很合孝道地居丧毁容。毁，指悲哀过甚而形容消瘦。爵，用作动词，旌封。㊸党人，乡党之人。古制以五百家为党，一万二千五百家为乡。㊹许由，见《逍遥游》。㊺务光，见《大宗师》。㊻纪他，见《大宗师》。踆（cūn），通蹲，指隐居。窾（kuǎn）水，水名。吊之，向他慰问。㊼申徒狄，姓申徒，名狄，隐士。踣（bò），仆倒；踣河，投河。以上诸人皆德溢乎名。㊽荃（quàn），通筌，捕鱼器，一说，香草也，可以饵鱼。而，犹"当"也。㊾蹄，捕兔的网。㊿安，何，怎么。吾安得夫忘言之人而与之言哉，意谓我哪能有机会找到忘言之人而同他交谈呢！刘鸿典说："意在提倡'得意而忘言'。"

【译文】

庄子说："人的襟怀倘若能逍遥自得，哪儿不可逍遥自得呢？人的襟怀倘若不能逍遥自得，哪儿可逍遥自得呢？那种流荡逃避的心志，决裂弃世的行为，可叹息的是，恐怕不会是最觉醒最高尚的得道者的作为吧！[有人甚至发展到] 毁家损身而不回头，拼命逃遁而不顾惜。[殊不知，] 即使相互易位有贵有贱，也不过是昙花一现的时机罢了。但是一到世变时移就无法彼此轻视了。[又何必有心决绝流遁呢!] 因此说，至人不会固执去留心自己的行径。

"厚古薄今，是当前短见学者的流弊。如或用狶韦氏时代的流风习俗来观察当今的社会，又有谁能不被看作是随波逐流呢？只有至人能与俗世混游而不逃避整个社会，能顺应众人而不丧失本性。那尊古卑今的教化不可有心去学，应继承有益的精义而不必区别古今彼此。

"目力极度灵通为明，耳力极度灵通为聪，鼻孔极度灵通为颤，口舌极度灵通为甘，心灵极度灵通为智，智力极度灵通为德。凡是万物共由之道都不希望受到人为阻力，一受到人为阻力就会有碍自然发展，妨碍自然发展的现象长期不止就会出现乖戾乱套，都乖戾乱套种种灾害就会相继出现。万物中有生命的物类，都依靠气息维持生命。倘若气息流通不旺盛，那不是造物者的过失。天生万物的输气通孔，本来日夜毫不衰减，只是人们物欲熏心反而阻塞了沟通生

命活力的各种孔窍罢了。厨房设有空旷活动的地方，心脏具有自然流通的孔窍。房内没有空余活动的地方，就会引起婆婆媳妇争吵失和；心脏没有自然流通的条件，就会导致各种孔窍错乱失调。幽静空旷的大林丘山其所以对于人们来说是舒适愉快的，正是因为［人们在］精神上不能忍受平日胸次逼塞的缘故啊！

“修饰德行过度在于尚名好胜，传播声名过度在于自我表露，考虑谋略对策在于急难相迫，运用智巧诡计在于相互争逐，设置砦垒障碍在于彼此防范，［凡此皆是有为的害处。］应知设官管事取决于众心所宜，［若强行干预，必生祸乱。］春季晴雨适时，草木蓬勃生长。于是乎众人开始修理农具去拔锄草木，他们［顺应农时］铲除草木倒地已超过田界，却并不知道设官管事的作用。

“静息可以调养疾病，按摩可以防止衰老，宁神可以平息急躁。尽管如此，但这是劳神役形的人所要做的，而不是心闲身逸的人要采用的做法，因此逸者从来不去过问它。圣人有惊动天下视听的行为，神人从来不去过问它；贤人有惊动天下视听的行为，圣人从来不去过问它；君子有惊动国人视听的行为，贤人从来不去过问它；小人有投合时机的行为，君子从来不去过问它。

“宋国的国都演门有个死了父母的人，由于哀毁居丧很合孝道，宋王旌封他为官师，他乡里的人矫情效法毁容尽哀而致死的超过半数。尧想将天下帝位禅让给许由，许由不受就逃隐箕山；汤想将天下王位禅让给务光，务光一怒就跑进深林。隐士纪他知道了汤让位务光这件事，恐怕汤又让位给他，就带领着弟子隐居在窾水边，各国诸侯知道了都去安慰他。过了三年，申徒狄因慕避世高名，就投河自溺了。

“鱼笱的用途在于捕捞鱼，既然能捉到鱼便当忘掉鱼笱的必要；兔网的用途在于捕获兔，既然能捉到兔便当忘掉兔网的必要；言论的用途在于表达意思，既然能领会意思便当忘掉言论的必要。我怎么能够找到忘掉言论之人来同他随意聊聊呢！”

天　下

天下之治“方术”者多矣①，皆以其有为不可加矣②。古之所谓“道术”者，果恶乎在③？曰：“无乎不在。”曰：“神何由降？明何由出④？”“圣有所生，王有所成，皆原於一⑤。”

不离于宗，谓之天人。不离于精，谓之神人。不离于真，谓之至人⑥。以天为宗，以德为本，以道为门⑦，兆于变化⑧，谓之圣人。以仁为恩，以义为理，以礼为行，以乐为和，⑨薰然慈仁⑩，谓之君子。以法为分，以名为表，以参为验，以稽为决⑪，其数一二三四是也⑫，百官以此相齿⑬。以事为常⑭，以衣食为主，蕃息畜藏⑮，老弱孤寡为意⑯，皆有以养，民之理也。

【注释】

①方术，一方之术。方术只适用于某一个方面，是局部适用的。②以，认为，动词。其，自己，代词。③古之二句，马叙伦说：“道术，本书《齐物论》云：已而不知其然之谓道。《在宥》云：一而不可不易者道也。《天地》云：夫道，覆载万物者也。并是庄子自立所诠”。《浅注》：“道术，是反映天道之术。是普遍适用的，包罗万象的。”按：洞悉世界本原的学问，老庄认为是道术；它比“方术”更具有普遍意

义。“所谓”，所说的；“果”，指相应的结果，作究竟解。“恶乎在”，恶读 wū，疑问代词，乎是介词相当于于，“恶乎在”是“在于何”的倒装。④神何二句，郭《注》：“神明由事感而后降出。”谭戒甫说：“神言降，明言出，略示上下。”高亨说：“在天曰神，故曰何由降；在地曰祇，故曰何由出。”按：这里的神、明与降，出，作互文理解。译文采谭、高说。⑤圣有二句，句意谓：圣王得到道以作为天下的准绳。⑥不离六句。宗，主，本。精，精气，精微。真，真纯，真谛。⑦以天三句，成《疏》：“以自然为宗，上德为本，玄道为门。”高亨说：“动则法天，动则依德，动则由道。《老子·二十三章》：‘从事于道者同于道，德者同于德，天者同于天。’（天原误作失，今正）亦道、德、天三物并举，可见道家所重在此。”不离，王先谦说：“若孔子言颜氏之不违。”按：“以德为本”的德，似宜理解为《老子·三十八章》“上德无为”之德。本，宜释为主干。⑧变化，即万物的消长变化。⑨以仁四句，谭戒甫说：“仁义礼乐，皆术也。”高亨说：“以仁爱人，以义治事，以礼节其行，以乐和其情，仁义礼乐皆人为之物。”⑩薰然，《释文》：“薰然，温和貌。”⑪以法四句，蒋锡昌说：“分，即分守，亦即职守，谓自己职分所当守也。‘以法为分’，言百官当以法制为自己职分之所当守也。表，借为标，‘以名为表’，言百官以所陈之言论为自己做事之标准，俾使名实相符也。参，借为三，三乃虚数，用为多义，‘以参为验’，言百官治事，以多为验，所谓‘孤证不信’也。‘以稽为决’，言百官治事，以考为定也。”高亨说：“分，犹界也。表，犹标也。综合比观谓之参，验证也。《韩非子·显学篇》：‘无参验而必之者，愚也。’陆德明曰：‘稽，考也。’（《释文》）”⑫其数句，成《疏》：“一、二、三、四，即名，法等是也。”林希逸说：“其数一二三四，言纤细悉厉厉明备也。”宣颖说：“分明不爽如是。”按：数，宜取等差义。《文选·安陆昭王碑文》“监督方部之数”注：“数，等差也。”⑬齿，指物排列如齿形。⑭以事句，谭戒甫说：“以事为常者，如工农工商，各有常业。”高亨说：“事，职业也，农恒为农，工恒为工，商恒为商，古之制也。”以，介词。⑮蕃息句，成玄英说：“蕃滋，息生，畜积，藏储，皆养民之法也。”王先谦说：“蕃息，谓物产。畜藏，谓货财。”武延绪说：“按‘蕃’上疑亦当有‘以’字。”⑯老弱二句，高亨说：“老上，当有以字，转写脱去，上文可证。”按：为意，即为怀。《礼记·礼运》：“矜寡孤独废疾者，皆有所养。”此句“皆有以养”的“以”应作“所”解。

【译文】

天下研究“方术”学问的人极多，都觉得自己独有所获是完善无以复加的顶峰了。（或问）古代以来所说的“道术”，到底存在何处呢？回答说：“无处不存在着。”又问道：“（那末），造化神妙从何处降临？人类明智从何处产生？”（回答说：）“内圣有它降生的来由，外王有它成就的来由，（其实）都是从道的同一本原产生的。”

不偏离于道的根本的，称作天人。不偏离于道的精微的，称作神人。不偏离于道的真谛的，称作至人。以效法自然作为主旨，以上德无为作为根本，以遵循规律作为途径，能预知关于事物的消长变化，称作圣人。用仁慈的人道观点来普施恩泽，用道义的是非标准来分辨事理，用仪礼的规范来约束行动，用音乐的旋律来调和性情，状貌慈祥可亲，就称作君子。根据法度来划定职守，根据名号来建立标准，根据比较来取得验证，根据考核来作出决定，它的等差一、二、三、四是这样规定，百官就都依照这些来排列序位。把安定各行各业作为经常任务，把耕织衣食做为中心工作，讲究蕃殖、生息、畜积和储藏，把老弱孤寡作为优先关怀对象，生活上都能够有所照料，这些都是有关民生的道理。

古之人其备乎①！配神明，醇天地，育万物，和天下②，泽及百姓，明於本数，系于末度③，六通四辟④，小大精粗⑤，其运无乎不在⑥。

其明而在数度者，旧法、世传之史，尚多有之⑦。其在于《诗》、《书》、《礼》、

《乐》者，邹鲁之士[8]，缙绅先生[9]，多能明之。《诗》以道志，《书》以道事，《礼》以道行，《乐》以道和，《易》以道阴阳，《春秋》以道名分[10]。其数散于天下而设于中国者[11]，百家之学，时或称而道之。

【注释】

①古之句，谭戒甫说："古之人，犹云古之圣人。"蒋锡昌说："备，谓备有道术之全。"按：古之人，承上"古之所谓道术者"。其，这里可释作应该。据于省吾《甲骨文字释林》一书中考证："古文从其亥的字，往往由于双声而通用；甲骨文的其字除去作句首发语词外，其余均作助动词的该字用。"②配神四句，成《疏》："配，合也。夫圣帝无心，因循品物。故能合神明之妙理，同天地之精醇，育宇内之黎元，和域中之群有。"阮毓崧说："醇通纯，一也。"③明于二句，郭象说："本数明，故末度不离"，成《疏》："本数，仁义也。末度，名法也"。高亨说："本数，大经大法也；末度，细节细目也。"宣颖说："本举而末从也"；谭戒甫说："数度，有本末之分"。本数，褚伯秀说："本数，即所谓'一'。"蒋锡昌说："本数者，犹言度数之本，即天地也。"《广雅·释诂》："数，术也。"④六通四辟，成玄英曰："六，六合；四，四时。"高亨说，"不可作六合四时解，疑'六通四辟'言其多所开达也。"按：高的开达义可从，与今语"四通八达"同，《老子·十章》有"明白四达"语。似乎此句是指无边无际的抽象空间而言。⑤此处句意是指大小精粗的具体事物而言。⑥其，指代道术。无乎：无，为无定指示代词，指无所，无处。乎，作词素，配音节。⑦其明三句，谭戒甫说："数度，有本末之分，即道术之著见者，故曰其明而在数度也。"高亨说："古之数度有存于旧法者，有存于史书者。"⑧邹鲁句，成玄英说："邹，邑名也；鲁，国号也。"《释文》："邹，孔子父所封邑。"《史记·孔子世家》孔子生鲁昌平乡陬邑。此陬鲁之士，盖专指孔子及其门弟子言也。"蒋锡昌说："邹鲁之士，盖统指儒家而言。"⑨缙字，多作搢。成云：搢，笏也，亦插也。绅，大带也。"⑩诗以六句：《广雅·释诂》："道，说也。"此六句，介词以后省之字。马叙伦说，诗以道志六句，"是注文误入"。供参考。⑪设，施也。

【译文】

古代得道的人应该十分完备啊！他们可以配合神明妙理，取法天地的自然，无心地抚育万物，无私地均调天下，惠泽普及到所有百姓；他们既能通晓有关道术的大经大法，又能旁及有关法度的细节细目，不管是六通四辟的空间，或者是小大精粗的事物，那大道的运行变化无处不存在。

其中明显可见并表现在本数、末度方面的，旧时的法典中，世代相传的史籍上，还有许多记载。其中保留在《诗》、《书》、《礼》、《乐》里的，邹邑、鲁国等地区的学者和士绅先生们，大都通晓它的理论。《诗》用来叙述心志，《书》用来叙述政事，《礼》用来叙述行为规范，《乐》用来叙述五音和协，《易》用来叙述阴阳变化，《春秋》用来叙述名分尊卑。有些学说散布在天下和施行在国内的，百家学派中时常有人称赞并讲述到它。

天下大乱，贤圣不明[1]，道德不一[2]，天下多得一察焉以自好[3]。譬如耳目鼻口，皆有所明[4]，不能相通。犹百家众技也，皆有所长，时有所用。虽然，不该不偏[5]，一曲之士也[6]：判天地之美，析万物之理，察古人之全[7]，寡能备于天地之美，称神明之容[8]。是故内圣外王之道[9]，而不明，郁而不发[10]；天下之人，各为其所欲焉，以自为方[11]。悲夫！百家往而不反，必不合矣！后世之学者，不幸不见天地之纯，古人之大体[12]！道术将为天下裂[13]。

【注释】

①贤圣句此承前文圣人道术而言。②道德句，郭《注》："百家穿凿。"高亨说："道德之说不一。"③焉，作分句的语气词，表示提示。自好，自喜，自炫的意思。④譬如句，《广雅·释诂》："明，通也。"指通晓一种职能。⑤不该句，《楚辞·招魂》："招具该备。"王逸注："该，亦备也。"⑥一曲，阮毓崧说："一曲，犹言偏于一隅。"谭戒甫说："此一曲乃承上文一际来。"⑦察，散也。⑧称神句，刘凤苞说："称，配也。"成《疏》："称神明之容貌。"⑨内圣句，梁启超说："内圣外王之道一语，包举中国学术之全部，其旨归在於内足以资修养而外足以经世。"谭戒甫说："内圣外王之道，即道术之全也。"⑩发，有泄、行、开等义。不发，即不通之意。⑪焉，语气词，表示提示。⑫不幸二句，谭戒甫说："即前天地之美，古人之全，句法小变耳。⑬道术句，谭戒甫说："犹云道术已为天下百家所破裂。"

【译文】

天下纷争大乱的时候，圣贤的道术不能显现作用，道德的准绳不统一，天下的学派大都以一孔之见的方术沾沾自喜群起争鸣。譬如耳能听、目能见、口能吃、鼻能嗅，都有独具的功能，不能彼此互相代替通用。正如百家众技一样，都各有长处，常能发挥各自的用途。即使如此，可都不完整、不全面，只能算做一技之长的人。破坏自然平衡的纯美，离析万物依存的常理，分割古人道术的整体，极少有人真能具备自然平衡的纯美，配称宇宙神明的容貌。因此内圣外王的道术，便暗淡无光，闭塞不通了；天下的不同学派各自推行他们所追求的主张，把自己的片面见解当成最理想的方术。可悲啊！百家都遵循自己的道路走去却不愿意回头，就理所当然不能和古人的道术相合了。因此，后世的学派就很不幸地再也见不到自然平衡的纯美，和古人道术的全貌了！从此道术就被天下百家的私见割裂得支离破碎了。

不侈于后世[①]，不靡于万物[②]，不晖于数度[③]；以绳墨自矫[④]，而备世之急[⑤]。古之道术有在于是者，墨翟、禽滑厘闻其风而说之[⑥]。为之大过，已之大循[⑦]。作为"非乐"，命之曰《节用》[⑧]；生不歌，死无服[⑨]。墨子泛爱兼利而非斗，其道不怒[⑩]；又好学而博[⑪]，不异，不与先王同[⑫]。

毁古之礼乐：黄帝有《咸池》，尧有《大章》，舜有《大韶》，禹有《大夏》，汤有《大濩》，文王有《辟雍》之乐，武王、周公作《武》[⑬]；古之丧礼，贵贱有仪，上下有等，天子棺椁七重[⑭]，诸侯五重，大夫三重，士再重。今墨子独生不歌，死不服，桐棺三寸而无椁，以为法式。以此教人，恐不爱人；以此自行，固不爱己。未败黑子道[⑮]；虽然[⑯]，歌而非歌，哭而非哭，乐而非乐，是果类乎[⑰]？其生也勤，其死也薄[⑱]，其道大觳[⑲]；使人忧，使人悲，其行难为也；恐其不可以为圣人道[⑳]，反天下之心，天下不堪[㉑]。墨子虽独能任[㉒]，奈天下何[㉓]？离于天下，其去王也远矣[㉔]！

墨子称道曰[㉕]："昔者禹之湮洪水[㉖]，决江河，而通四夷九州也[㉗]，名山（川）三百[㉘]，支川三千，小者无数。禹亲自操橐耜[㉙]，而九杂天下之川[㉚]。腓无胈，胫无毛[㉛]，沐甚雨，栉疾风[㉜]，置万国[㉝]。禹大圣也，而形劳天下也如此。"使后世之墨者，多以裘褐为衣[㉞]，以跂跻为服[㉟]，日夜不休，以自苦为极[㊱]。曰："不能如此，非禹之道也，不足谓墨。"

相里勤之弟子五侯之徒，南方之墨者苦获、已齿，邓陵子之属[㊲]；俱诵《墨经》[㊳]，

而倍谲不同[39]，相谓“别墨”[40]。以坚白同异之辩相訾[41]，以觭偶不仵之辞相应[42]，以巨子为圣人[43]，皆愿为之尸[44]，冀得为其后世[45]，至今不决[46]。

墨翟、禽滑厘之意则是，其行则非也[47]。将使后世之墨者[48]，必自苦，以腓无胈、胫无毛相进而已矣[49]。乱之上也，治之下也[50]。虽然，墨子真天下之好也[51]，将求之不得也[52]，虽枯槁不舍也[53]，才士也夫[54]。

【注释】

①于，介词，作对或对于解。②不靡句，宣颖说：“不事靡费。”高亨说：“《贾子·道术篇》：‘费弗过适谓之节，反节为靡。’则靡乃浪费之义。”③数度，数有等差义。④以绳句，郭《注》：“矫，厉也。”阮毓崧说：“厉励字通。言以绳墨约束，自勉其志行也。”⑤世，指世人。急，指衣食之急。⑥墨翟句：墨翟，鲁人（孙诒让《墨子传略》考证），或曰宋人禽滑（gǔ）厘，墨翟弟子（事见《公输篇》），初受业于子夏，后学于墨子。“不顺五帝三王之乐，嫌其奢”（见《释文》）。说，通悦，下文同。⑦为之二句，《释文》：“顺或作循。”郭庆藩曰：“顺循古同声通用。”高亨按“进于前日过，退于后日顺。为之大过，已之大顺，犹言为之太进，已之太退耳。”《小雅·广言》：“顺，退也。”此顺有退义之证。顺循之本义皆为遁。《说文》：“遁，逃也。”由逃义引为退义。谭戒甫说：“此已之，意谓止而不为。”⑧作为二句，《释文》：“《非乐》、《节用》，《墨子》二篇名。”高亨按：“庄子所见《墨子》，殆《非乐篇》属于《节用篇》，不自为篇也。下文曰：‘语心之容，命之曰《心之行》。’《心之行》当为宋子书一篇之名，是其例。”慈从高说。⑨死无服，成《疏》：“谓无衣衾棺椁等资葬之服，言其穷俭惜费也。”高亨说：“生者勿久丧用哀。”高说供参考。⑩不怒，不怒目相示，指不仇视。⑪又好句，马其昶说：“墨子南游，载书甚多：自言尝见百国《春秋》：是其好学之事。”⑫不异句，章炳麟说：“言墨子既不苟于立异，亦不一切从同。不异者，尊天、敬鬼、尚俭，皆清庙之守所有事也；不同者，节葬、非乐，非古制然也。”⑬黄帝七句，都是古代乐章名。⑭椁：棺材外面套的大棺材。⑮未败句，《释文》：“败，作毁。崔云：未坏其道。”章炳麟说：“未，借为非；败，即伐字。言已非攻伐墨子之道也。”阮毓崧另一说：“因尚能躬行所言，故其道未遽败坏。”⑯虽，连词；然，作代词。⑰是，代词，作这个或这解。⑱也，两也字，都作语助词，表示提示，可以不译出。⑲其道句：大觳（què），郭象《注》“觳，无润也。”郭嵩焘说：“《管子·地员篇》‘刚而不觳’。觳者，薄也。《史记·秦始皇本纪》‘虽监门之养，不觳于此矣。’言不薄于此也。墨子之道自处以薄，郭解似迂曲。”按：借作确确，瘠薄，引申为刻苦。⑳为，犹谓，称为，算是。㉑堪，忍受。㉒任：当也，见《左传》，“众怒难任”注。又事也，《周礼·夏官》“以任邦国”，郑注：“事以其力之所堪。”㉓奈，处置意；何，怎么样，作状语。㉔於，介词，犹与也，跟的意思。去，离开。㉕墨子句，王先谦说：“称其道之所由。”㉖禹之句：之，主语和谓语之间，加助词之，用来取消句子的独立性。㉗通，使动用法，使……沟通。四夷，四方少数民族地区，指边远地区。九州，古分天下为九州，《禹贡》九州，即冀、兖、青、徐、扬、荆、豫、梁、雍。㉘名山句，俞樾说：“名山当作名川，字之误也。名川支川犹言大水小水。”郭庆藩案：“名川，大川也。”马叙伦曰：“《古逸丛书》本作名川。《御览》六八引亦作名川。”谭戒甫说：“名川支川，亦与《管子·度地篇》言‘径水支水’同。”㉙亲自句：操，拿着。橐（tuó），《释文》：“崔云：囊也。司马云：盛土器也。”成《疏》：“禹提耜掘地，操橐负土，躬自辛苦以导川原。”谭戒甫说：“橐，即《方言》所谓箩耳”，“耜，即今所谓铲。”㉚而九句：而，表前后两项事件的因果关系，等于现代的因而，于是。九，《释文》：“九，本亦作鸠，聚也。”杂，崔骃说：“所治非一，故曰杂也”；郭嵩焘说：“《玉篇》杂，同也，《广韵》杂，集也。言杂汇诸流之水，使其归于大川，故曰九杂。”马其昶说：“洪水泛滥，故聚之川以归于海。”㉛胫（jìng），小腿。㉜甚，剧也。疾，急也。沐、栉，用作含有比拟、比喻修辞手法的动词，意为骤雨般地沐浴，疾风般地梳头。栉（zhì），梳子。㉝置，安置，奠定。㉞多以句，谭戒甫说：“多字读为祇。《左传·襄公》‘多见疏也’，孔《疏》：‘《服虔本》作祇见疏，《解》云：祇，适也。晋、宋《杜本》

皆作多，古人多、衹同音。褐，常训为粗布贱服；但此疑假为葛。《史记自序》言：‘墨者夏日葛衣，冬日鹿衣。’故此谓衹以裘葛为衣也。”㉟以跻句，李轨云：“麻曰跻，木曰屐”；高亨按“即麻鞋、木鞋”。为服，作为脚上服用，意即穿上。㊱以自句，谭戒甫说：“《说文》：‘必，分极也；’郭象《注》：“谓自苦为尽理之法。”㊲相里三句，《韩非子·显学篇》云：“自墨子之死也，有相里氏之墨，有相夫氏之墨，有邓陵氏之墨。故墨之后，墨离为三；取舍相反不同，而皆自谓真墨。”谭戒甫按：“韩非言三墨，与此正同。盖相里勤之弟子五侯之徒，当即相里氏之墨；邓陵子之属，当即邓陵氏之墨；然则南方之墨者苦获已齿，疑即相夫氏之墨也。”孙诒让曰：五侯之徒，“五与伍同。古书伍子胥姓多作五，非五人也。”㊳墨经，鲁胜《墨辩序》云：“墨子著书，作《辩经》以立名本。《墨辩》有上、下《经》，《经》各有《说》，凡四篇。”㊴谲（jué），乖，异。㊵相：副词，作相互解；代词，作彼此解。㊶以坚句，公孙龙倡论“离坚白”，说石的“坚”和“白”不能并知并见。就是：眼能见“白”而不见“坚”，手能触“坚”而不能触“白”，所以“坚”与“白”二者是不相涵的。墨家反是，则谓“坚白不相外也”，即是说：手触“石”虽不得“白”而得“坚”，目视“石”虽不得“坚”而得“白”，但“坚”，“白”都内涵于“石”，并不是相分离的。惠施及其学派倡论“合同异”，他们提出“大一”与“小一”两个概念，其基本观点是“至大无外，谓之大一，至小无内，谓之小一”，对“大一”与“小一”的关系则认为：它们之间的同异，和整个宇宙间的同异比较起来，只是“小同异”，至于宇宙万物，则是“毕同毕异”。墨家认为，就事物的“同”来说，不是一体皆同，它是有所区分的：有两个名称却只有一个实物，叫做“重同”；部分不会分离于全体之外，叫做“体同”；多种事物会合在一处，叫做“合同”；同类的事物一定有共同之点，叫做“类同”。那么，事物之“异”，更是显然；事物彼此分为二的就必然不同，这叫做“二”；两物不相连属，这叫做“不体”；两物不同在一处，这叫做“不合”；两物没有相同之点，这叫做“不类”。这就是说：客观事物的“同”和“异”是对立存在着，也就是墨家所谓“同异交得”。訾（zǐ），诋毁。㊷以觭句，觭，《说文》：“觭，角一觭一仰也。”引申为不耦。今多用奇，《说文》：“奇，异也：一曰不耦。”奚侗说：“觭借为奇，仵借为伍。”仵与伍，古通用，《说文》：“伍，相参伍也。”《释文》：“仵，同也。”《管子·七臣七主》注：“伍，谓偶合也。”应，《说文》：“应，当也。”有对立的意思。㊸巨子，向秀、崔骃本作“钜子”。《释文》：“墨家号其道理成者为钜子，若儒家之硕儒。”高亨说：“墨家有宗教性质，巨子类似教主。”㊹皆愿句，郭象《注》“尸者主也。”《浅注》：“为之尸，作为首领。”高亨说：“尸疑当为死，皆愿为之死谓皆愿为巨子而死，若百八十三人为孟胜而死是也。能殉义而后见重于世，其后乃昌，故曰冀得为其后世。孟胜所云：‘死之所以行墨者之义而继其业也。’是其义也。”按：上句“巨子”即首领义，下句无重复的必要，故高说为长。㊺冀，希望。后，后继，指继承人。㊻“决，绝也，言其教不绝。”㊼则：二“则”字起联系性作用。前一“则”字，表肯定语气，作“固”解，即本来的意思；后一“则”字，表转折，相当于“却”。㊽将：会，表事态的必然。㊾相进：成《疏》“进，过也”；宣颖说“进，尚也”；马其昶说：“进，谓自勉也。”阮毓崧说：“进，犹竞也。”高亨说：“相进，相竞以前也。”㊿乱之二句，宣颖说：“乱天下之罪多，教天下之功少。”旧多从此说。高亨说：“在乱世，其人为上品，其道为上乘，在治世，其人为下品，其道为下乘。”51墨之，是，作提前宾语的标志。52将，可作如，若假设词解。53虽，即使。不舍，不放弃。54才士句，谭戒甫说：“殆轻视之词。前云，‘恐其不可以为圣人之道’：又云，‘其去王也远矣’：故此仅以才士目之。”才士二字，林云铭说：“寓褒于贬。”马叙伦说：“才士也者，庄生举墨子之长，谓其有用之才。”

【译文】

不让后世奢侈，不让万物浪费，不让等级法度有明显差别。用严正的规范来自我激励，从而准备应付社会不时之急需。古来的道术就有从这方面着眼的，墨翟、禽滑厘一听到这种风尚就很慕悦它。（但是）他们所要励行的太急进，所要废止的也太倒退。他们倡导“非乐”，命名叫《节用》篇。提倡活着不唱歌奏乐，死后不衣冠厚葬。墨子主张泛爱众人，兼利全民，而且反对侵略战争，他的学说是不互相仇视；加之他勤奋好学博览群经，既不标新立异排斥一切，

也不求与先王的一切古制相同。

他主张毁弃古代先王的礼乐：黄帝有《咸池》，尧有《大章》，舜有《大韶》，禹有《大夏》，汤有《大濩》，文王有《辟雍》之乐，武王周公有《武》乐；古代制定的丧礼，贵族和贱民有不同的礼仪，上级和下级有等级的差别，例如天子的棺椁用七层，诸侯用五层，大夫用三层，士用两层。现在墨子偏偏主张活着不歌唱奏乐，死后不衣冠厚葬，埋葬取消外椁只用三寸桐棺，把这些都作为应遵守的法规。墨子用这些学说来教育人，恐怕达不到爱人的目的；用这些学说来要求墨者自己实行，实在也不算爱己的方式。(我们指出这点，) 并非攻击墨子学派的根本学说。尽管如此，(但每当) 人们情感上需要用歌唱来表达时却硬要非难歌唱，情感上需要用哭泣来表达时却硬要非难哭泣，情感上需要用奏乐来表达时却硬要非难奏乐，这样做果真近人情吗？他主张人们活着的时候要勤劳辛苦，死了却草草埋葬，这种学说未免太刻薄冷酷了。这使人忧惧，使人伤感，他推行这一套，难以办到呵！恐怕这样做不能算圣人之道，(因为它) 违反了天下人的普遍心愿，使天下的人不能忍受。墨子尽管独自能够做到，他能把天下的人怎么办呢？跟天下的人背道而驰，那就离开王道很远了。(还能谈得上圣人之道吗?)

墨子称赞自己道术的由来说："从前夏禹防堵洪水的时候，疏导长江黄河，使四夷九州都沟通了，疏导主干大川三百，支流小溪三千，细沟渠道不计其数。夏禹亲自拿着盛土器皿和挖掘工具，聚汇天下江河归宗于海。(他辛苦勤劳) 累得大腿上掉去了肉，小腿上没有了毛；淋着暴雨，顶着急风；终于安置了万国。禹是个大圣人，尚且亲身为天下劳苦到这般程度！"所以，他让后来的墨者都只用粗皮毛、粗葛布制做衣裳，穿上木屐、草鞋，夜以继日地劳作不休，把本身吃苦耐劳作为墨者的最高准则。他常说："不能这样，就不合夏禹之道，就称不上是墨者。"

相里勤的弟子五侯这班人，南方的墨者苦获、已齿，还有邓陵子这类人，都诵读《墨经》，但取舍有分歧，彼此斥责对方是别立墨教。(他们) 用"坚、白"、"同、异"的争辩来互相诋毁，拿"奇、偶"不合的言论来互相对立。把他们的"巨子"看作圣人，都愿意为他的学说献身，希望能成为墨教的继承人，使它能至今相传不绝。

墨翟、禽滑厘的意愿本来是好的，他们的作法却不对头。他将会使得后代的墨者，定然各自刻苦不堪，用累得大腿上掉去肉，小腿上没有毛的作法，互相竞争过人罢了。(这种风尚,) 可能成为适应乱世的上策，却实在最适应治世的下策。虽然这样，墨子的确是热中为利于天下人民啊！假若追求实现自己的心愿没有成效，他即使累得形销骨立也不放弃自己的信念。象这种人也可算是怀才救世的人啊！

不累于俗，不饰于物；不苟于人，不忮于众①；愿天下之安宁，以活民命②，人我之养，毕足而止，以此白心③。古之道术有在于是者，宋钘、尹文闻其风而说之④。作为华山之冠以自表⑤，接万物以别宥为始⑥。语心之容，命之曰心之行⑦。以胹合欢，以调海内⑧，请欲置之以为主⑨。见侮不辱⑩，救民之斗⑪，禁攻寝兵⑫，救世之战。以此周行天下，上说下教⑬，虽天下不取⑭，强聒而不舍者也⑮。故曰：上下见厌而强见也⑯。

虽然，其为人太多⑰，其自为太少。曰："请欲固置⑱，五升之饭足矣！先生恐不得饱，弟子虽饥，不忘天下⑲。"日衣不休，曰："我必得活哉⑳！"图傲乎救世之士哉㉑！曰："君子不为苛察㉒，不以身假物㉓。"以为无益于天下者，明之不如已也㉔。

以禁攻寝兵为外，以情欲寡浅为内，其大小精粗，其行适至是而止㉕。

【注释】

①不累四句：“于”组成的介词结构作补语，译文作状语。不累于俗，谭戒甫说：“谓不系累于习俗而行其素也。”不饰於物，谭戒甫说：“谓不矫饰于事物而存其真也。”不苟于人，成玄英《疏》解作“于人无苟且。”章炳麟说：“苟者苛之误，下言‘苛察’，一本作苟，亦其例也。”（刘师培、马叙伦、高亨等皆从此说。）不忮于众，郭《注》：“忮，逆也。”②以，犹能也。活，使动用法。③白心：崔骃云：明白其心也。④说，同悦。⑤作为句，《释文》：“华山上下均平，作冠象之，表己心均平也。”⑥宥，域，界限。始，先。⑦语心二句，此二句与上文“作为非乐，命之曰节用”同例。高亨说：“心之行盖宋、尹书一篇之名。此篇专论内心之现象，故名之曰心之行也。……情欲寡与见侮不辱，皆心之行也。然则心之行乃宋子思想特点之一。”高亨说可从。⑧欢，柔也。⑨请欲置之以为主：唐钺云：“请欲置之四字。为‘情欲寡少’之传写错误。”梁启超说：“以请为情，《墨子》书中甚多，情请二字，古通用。”高亨说：“之字不误。情欲寡之以主，谓以情欲寡少为主也。”按：“情欲寡少”与下文“情欲寡浅”合，四字为名词性词组，作为介词以的宾语，提前以示强调。⑩见，表示被动，相当于被、受。辱，意动用法。⑪救，使动用法，使……解救。⑫寝兵：寝，息也；兵，武器也。⑬上说下教，成玄英《疏》：“上说君王，下教百姓。”⑭不取，不采用，不听从。⑮“聒”（guō），喧扰，聒絮。“而”，连接状语和谓语，地。“舍”，同捨，放弃。⑯上下，为“上说下教”承前省。此处指被“说”与“教”的对象。见厌的见，表被动。强见的见，同现，指顽强公开表现。⑰为（wèi），介词，替，给。⑱固，副词，本来，这里是一向的意思。⑲先生三句：其为说曰，每日但置五升之饭，师与弟子共之。先生以此五升犹且不饱，弟子安得不饥。但恐天下不免于饥，而我何敢独饱也（据林希逸、阮毓崧说）。按：此“曰”字连同下“曰”字，即“强聒而不舍”的具体表现。⑳我必句，按：细玩上下文意，此“我”字应指复数，包括指先生、弟子和天下人。“必”，训作“但”，就更与上文“愿天下之安宁，以活民命，人我之养，毕足而止”的意思相吻合。㉑图傲，即骄傲之意。㉒不为苛察，郭《注》：“务宽恕也。”阮毓崧说：“不苛求以矜明察。”㉓不以句，郭《注》：“必自出其力也。”成《疏》：“立身求己，不必假物以成名。”梁启超说：“犹言不以物役也。”按：假，《淮南·主术》：“假舆马者足不劳而致千里”注：或作驾。这里为役使之意。物前，省介词于。㉔明之句：明，动词，说明。已，停止。㉕适至句：适，副词，仅也。是，代词，这。

【译文】

不被世俗牵连拖累，不因外物矫饰失真；对他人不侵扰苛求，对众情不拂逆违背；只希望天下安定无事，希望人民和平生活下去；别人和自己的养生条件，都能基本满足就够了，用这些来表明心无奢望。古来的道术有立足在这方面的，宋钘、尹文一听到这种风尚就很慕悦它。他们特制成上下大小一致的华山帽，来象征倡导平等；倡导应接万物，应把破除人我各私的界限使不相犯为先。他们讨论“心的容受”，给它取了个篇名叫《心之行》。［他们用这种学说］来柔合万物和谐欢乐，协调四海融洽一致，以情欲寡少为主旨。他们受到欺侮不引为耻辱，旨在使人们的斗殴得到解救；制止攻伐，平息干戈，旨在使世间的战祸得到解救。他们用这种学说周游天下，上面劝说君王，下面教导百姓，即使天下的人不愿听从，可还是聒聒絮絮地进行上说下教的活动，而不中途放弃。因此说：他们不管上上下下不予理睬，却仍然顽强进行公开宣传。

即使如此，不过宋钘、尹文学派替别人考虑得太多，替自己考虑得太少了。他们周游天下时常说：“我们要求一向极低，每天备五升米的饭就够了。只怕老先生经不起饿肚，我们年轻弟子即使受饥饿算不了什么，我们不能忘怀天下人正处于饥饿中。”他们为人日夜劳苦奔波，

宣称："我们大伙但求能够和平活下去呀！"这是多么自视高大的救世的人呀！他们还常说："（要效法）君子［对人］不做苛求挑剔的事，也不让己身受外物的役使。"认为那些对于天下人毫无益处的事，多费精力硬去阐明它，倒不如干脆停止好。把制止攻伐、平息干戈作为从事外部的活动，把抑制感情、减少欲望作为加强内心的修养，他们学说的大、小、精、粗的造诣，他们的行为实践，仅仅达到这种境界罢了。

公而不当①，易而无私②，决然无主③，趣物而不两④，不顾于虑⑤，不谋于知，于物无择，与之俱往⑥。古之道术有在于是者，彭蒙、田骈、慎到闻其风而悦之⑦。齐万物以为首⑧，曰："天能覆之，而不能载之；地能载之，而不能覆之；大道能包之，而不能辩之⑨。"知万物皆有所可，有所不可，故曰："选则不徧，教则不至，道则无遗者矣⑩。"

是故慎到弃知去己⑪，而缘不得已，泠汰于物以为道理⑫。曰："知不知，将薄知而后邻伤之者也⑬。"謑髁无任，而笑天下之尚贤也，纵脱无行，而非天下之大圣⑭。椎拍輐断，与物宛转⑮。舍是与非，苟可以免⑯。不师知虑⑰，不知前后，魏然而已矣⑱。推而后行，曳而后往，若飘风之还⑲，若羽之旋，若磨石之隧⑳。全而无非㉑，动静无过㉒，未尝有罪㉓。是何故？夫无知之物㉔，无建己之患㉕，无用知之累，动静不离于理，是以终身无誉㉖。故曰："至于若无知之物而已，无用贤圣。夫块不失道㉗。"豪桀相与笑之曰："慎到之道，非生人之行，而至死人之理㉘。适得怪焉㉙。"

田骈亦然，学于彭蒙，得不教焉㉚。彭蒙之师曰㉛："古之道人㉜，至于莫之是、莫之非而已矣㉝。其风窢然㉞，恶可而言㉟？"常反人㊱，不见观㊲，而不免于魭断㊳。其所谓道非道，而所言之韪㊴，不免于非。彭蒙、田骈、慎到不知道。虽然概乎皆尝有闻者也㊵。

【注释】

①当，本作党。党，偏袒。②易，成《疏》："平易而无偏私。"③决然句，成《疏》："依理断决，无的主宰。"宣颖说："决去系累，而无偏主。"谭戒甫说："主，犹云主见。"④趣物句，阮毓崧说："趣与趋通。宣作趋，云：'随物而趋，不生两意'，如作一事，又别生一意，便是有心矣。"蒋锡昌说："即将万物一视同仁而不分别之意。"⑤于，犹以。⑥于物二句，林希逸说："于物无所决择，眼界平也；与之俱往，顺自然而行也。"阮毓崧说："和其光，同其尘。宣云：此坦荡圆通之教也。"高亨说："此'物'字指人。法家不尚贤，故于物无择。"⑦彭蒙、田骈、慎到：彭蒙又见《尹文子》（《意林》引）。他书无载。下文云："田骈亦然，学于彭蒙，得不教焉。"是彭蒙者，田骈之师也。《释文》云："田骈，齐人也，游稷下，著书十五篇。慎子云：名广。"《田子》二十五篇，班固自注云："名骈，齐人。游于稷下，号'天口骈'。"⑧齐万句，陈寿昌说："其学以齐万物为首务。"谭戒甫说："齐万物者，犹云以平等视万物也。"⑨大道句，高亨说："此大道即老庄宇宙论中之道也。"⑩选则句，唯道兼包之所谓齐也。⑪弃知云已，成《疏》："弃虑去知，忘身去已。"不可用己之知虑以察物，故主张弃知；不可用己之主观以断事，故主张去己。⑫缘，随顺。泠汰，放任洒脱。⑬知薄，迫，急切。⑭謑（xǐ）髁（kē），马叙伦说："疑'謑髁'即'懈惰'之借。髁、惰声同歌类，故通。"谭戒甫说："謑髁为联绵字，只取其声，可倒作髁謑，疑与滑稽同义。"⑮椎拍輐断二句，《说文》"椎，击也。拍，拊也。"郭象云："輐断，无圭角也。"宣颖说："椎以自柔，拍以应节，輐去圭角，断去牵滞。皆所以与物宛转也。"王夫之说："輐音缓，輐去圭角也。輐断取圆而不粘

之意。”谭戒甫说：“亦作斩断，《史记·陆贾传·集解》引孟康云：‘斩，斩断，无复廉锷也。’亦作浣断，《释名·释言语》：‘缓，浣也，断也；持之不急，则动摇浣断自放纵也。’又《杨子法言·吾子篇》：‘断木为斩，斩革为鞠。’鞠者斩也，盖谓斩皆圆转之物，故云斩断。”按：椎拍斩断，椎有击义，斩为割，都属动词，四字并列。成《疏》“宛转，变化也。”⑯舍同捨。苟，犹但也。⑰不师句，高亨说：“师，用也。《韩非子·显学篇》：‘夫求圣通之士者，为民知之不足师用。’师亦用也。此师有用义之证。”⑱魏然，郭《注》：“任性独立。”成《疏》：“魏然，不动之貌也。”阮毓崧注：“魏通巍。”⑲飘风，《尔雅·释天》：“回风为飘。”⑳隧，成《疏》：“隧，转也。”《释文》“隧，回也。”㉑全而句，王先谦说：“故能自全，而不见非责。”㉒动静无过，王先谦说：“静无过，动亦无过。”㉓未尝有罪：有尝，从来不曾的意思。有，犹得也，即遭受的意思。㉔无知之物，王先谦说：“无知之物，木石是也。”㉕建己，有树立个人权威，宣扬个人功业的意思。㉖无誉，高亨说：“言不但无罪，亦无誉。”㉗块不句，郭《注》：“欲令去知如土块也。”谭戒甫说：“块不失道，比况之词。”㉘而，犹乃，作仅仅只算解。㉙适，宜。焉，作句末语气词，仅表叙述。㉚焉，句末语气词。㉛彭蒙句，阮毓崧说：“举彭蒙之弟与师，则蒙可知矣。”㉜道人，谭戒甫说：“犹言得道之人。”㉝之，否定句中代词，宾语提前。㉞其风句：窢（yù），《说文》曰：“‘窢，静也。’”此从林、马说。又一说，向、郭云：“窢，逆风声。”成《疏》云：“窢然，迅速貌。风教窢然，随时过去，何可留其圣迹。”㉟恶可句：恶（wū），疑问副词，作何解。以，介词，用也。㊱常反人，林希逸说：“言其常与世人相反。”㊲不见观，《释文》“一本作不聚观。”陈寿昌说：“不聚人之观听。”谭戒甫说：“不足以动人之鉴观。”意为不被人重视。高亨说：“观，疑借为欢。不见欢，谓不见悦于人也。”意为不受人们欢迎。见，表被动。㊳鲩断：同前文鲩断。㊴韪（wěi），《说文》：“韪，是也。”㊵概乎句，高亨说：“概，犹今言大概也。”乎，作语尾助词。

【译文】

公正而不偏袒，平允而无私亲；审断事理而不存成见，随顺物情而一视同仁；不转念以虑难，不谋求于智巧；对于事物不作好恶挑选，跟尘俗混同一起活动。古来的道术就有从这方面着眼的，彭蒙、田骈、慎到听到这种风尚就羡悦它。他们把齐一万物放在首位，说：“天能覆盖万物却不能承载万物，地能承载万物却不能覆盖万物；大道能包容万物却不能分辨万物。”认识到万物都有可取的地方，也都有不可取的地方。所以说：“有所选择就必有淘汰失偏的地方，有所施教就必有教育不到的地方，只有遵循大道齐一观点才能没有遗漏。”

因此，慎到主张废弃智虑、忘掉己见，而顺随着无可违抗的自然变化，从一切物欲中放任解脱出来，并把这作为引导一切的道术。他说：“明明知道不可能知道，硬想急切去强求知道，而结果只是自找苦吃。”他懈惰闲散不求专能，而讥笑天下重用贤能；放纵洒脱不拘德行，而非难天下尊崇圣哲。听任拍击断割，跟着外物变化推移；丢开谁是谁非，但求免于世事牵累。不运用智巧谋虑，不知道瞻前顾后，独立不动地活在世上罢了。推一下然后才行走，拖一把然后才前往，象回风的随意往还，象落羽的随意回旋，象磨石的随意转动，（认为这样）就可以保全自身而不受非难，动静随顺都没有过失，就从来不会遭受罪责了。这是什么原因？象那无知的木石一样，没有标榜自己的后患，没有使用心智的拖累，动静都不会背离自然的规律，所以终身无毁无誉。所以说：“做到象没有知觉的东西那样罢了，用不着什么圣人和贤人，那土块就不会有失道的问题。”豪杰们一起讥笑他说：“慎到宣扬的学说，并不是活人的行动规范，只能算死人的一些道理。理当被看作奇谈怪论。”

田骈也是慎到这样。他向彭蒙学习，得到了不教而喻的心传。彭蒙的老师说过：“古来得道的人，达到既不肯定什么也不否定什么罢了。他的风教寂静无迹，怎么可以用言语来表达

呢!”因常违反人情，就得不到人们的欢迎，而终不免于随物宛转。他们所说的道不能真算作道，而所说的是终不免于非。彭蒙、田骈、慎到等人并不懂得什么叫道。虽然这样说，仿佛他们还都是有过师祖传知的根据的。

以本为精，以物为粗①，以有积为不足②，澹然独与神明居③。古人道术有在于是者，关尹、老聃闻其风而说之④。建之以常无有⑤，主之以太一⑥，以濡弱谦下为表⑦，以空虚不毁万物为实⑧。

关尹曰：“在己无居，形物自著⑨。其动若水⑩，其静若镜⑪，其应若响⑫。芴乎若亡⑬，寂乎若清⑭。同焉者和⑮，得焉者失⑯；未尝先人，而尝随人⑰。”

老聃曰：“知其雄，守其雌，为天下溪；知其白，守其辱，为天下谷⑱。”人皆取先，己独取后⑲，曰：受天下之垢⑳。人皆取实，己独取虚㉑，无藏也故有馀。岿然而有馀㉒。其行身也，徐而不费㉓，无为也而笑巧㉔。人皆求福，己独曲全，曰：苟免于咎㉕。以深为根，以约为纪㉖，曰：坚则毁矣，锐则挫矣㉗。常宽容于物，不削于人㉘，可谓至极。

关尹，老聃乎！古之博大真人哉！

【注释】

①以本二句，成《疏》：“本，无也；物，有也。用无为妙道为精；用有为事物为粗。”谭戒甫说：“前言道术有精粗之别。以此，道为治己之学，故曰本；术为治人之学，故曰物也。”高亨说：“本盖谓道也。道为天地万物之根，故曰本。”②以有句，成《疏》：“贪而储积，心常不足。”阮毓崧说：“《老经》曰：‘圣人不积。’郭云：‘寄之天下，皆有馀也’。”③澹然句，宣颖说：“此虚玄无为之教也。”高亨说：“《广雅·释诂》：‘澹，静也。’与神明居，与神明为伍，是为超人。”按：与《老子》三十一章“恬淡为上”意相合。④关尹、老聃，《释文》：“关尹、关令尹喜也。或云：尹喜字公度。”《史记·老庄申韩列传》：“老子者，楚苦县厉乡曲仁里人也，姓李氏，名耳，字曰聃。”⑤建之句，蒋锡昌说：“《庄子》所谓‘无有’，盖即《老子》八十一章‘圣人不积’之谊，‘常无有’言常不积耳。”马叙伦说：“建，《说文》云：‘立朝律也’。引申凡立曰建。‘建之以常无有’者，此老聃、关尹所立‘正谛’。‘常、无、有’者，当每字读绝。”阮毓崧说：“经曰：‘常无欲以观其妙，常有欲以观其徼’，焦注云：或读常无常有断句。《庄子》建之以常无有，正指老子此语。”《浅注》：“常无常有，缩称为‘常无有’。”此处从《老经》。⑥主之句，成《疏》：“言大道旷荡，无不制围，括囊万有，通而为一，故谓之太一也。”高亨说：“《老子》四十二章：‘道生一，一生二，二生三，三生万物，万物负阴而抱阳，冲气以为和。’一者天地未分的元素，二者天地，三者阴气、阳气、和气也。《礼记·礼运篇》：‘礼必本于太一，分而为天地，转而为阴阳。’《吕氏春秋·大乐篇》：‘太一出两仪，两仪出阴阳。’与《老子》说相同，唯但言阴阳未言和气耳，可证《礼记》、《吕氏春秋》之太一，即《老子》四十二章之‘一’。然则《庄子》此处之太一，亦即《老子》此‘一’也。因其为最大之个体，故曰太一。”主，意动用法，“视为……核心”。⑦以濡句，《释文》：“濡”，一音“儒”，马叙伦说：“盖即儒之借字。《说文》‘儒，柔也’。”成《疏》：“表，外也。”林希逸说：“为表者，言其应世接物见于外者如此也。”《老子·四十三章》：“天下之至柔，驰骋天下之至刚”；四十章：“弱者道之用”。《吕氏春秋·不二篇》：“老聃贵柔”。⑧以空句，高亨说：“实与表对言。表，外德也；实，内德也”。“老子贵虚，《老子》十五章：‘保此道者不欲盈，夫唯不盈，故能蔽不新成。’（易顺鼎说蔽下不字当作而）十六章：‘致虚极，守静笃。’是其验也。”“老聃贵不毁物，下文云：‘常宽容於物，不削於人。’即此意，《老子》三十章：‘物壮则老，谓之不道，不道早已。’（则读为贼，说见《老子正诂》）五十八章：‘圣人方而不割，

廉而不刿……'。"⑨居，居处，执守。著，昭著，显露。⑩其动句，《列子·仲尼篇》张湛《注》："顺水而动，故若水也。"⑪其静句，张湛《注》："应而不藏，故若镜也。"⑫其应句，成《疏》："似响应声，动静无心，神用故速。"阮毓崧说："响者，山谷中之应声也。"张湛《注》："应而不唱，故若响也。"⑬乎，作词素，粘连修饰词后，作状语。下同。⑭寂乎句，马叙伦说："寂，借为淑。《说文》：'淑，清湛也'。"高亨说："谓心中无欲也。"⑮同焉句，宣颖说："同物则和。"阮毓崧说："同其尘者，和其光。"高亨说："能与物同，乃与物和，故不立异。"⑯得焉句，宣颖说："自得则失。"阮毓崧说："《经》曰：'保此道者不欲盈'，盖虽得而若无所得也。"与《老子》四十四章："多藏必厚亡"义同。⑰未尝二句，成《疏》："和而不唱。"阮毓崧说："即《德充符篇》未尝有闻其唱者，常和而已。"⑱知其六句：参见《老子》二十八章。雄，指刚强。雌，指柔弱。溪、谷，指代卑下、细微的地位。⑲人皆取先二句，郭《注》："不与万物争锋，然后天下乐推而不厌，故后其身。"成《疏》："俗人皆尚胜趋先，大圣独谦卑处后。"《老子》六十六章："欲先民，以其身后之。"六十七章："不敢为天下先，故能成器长。"⑳受天句，郭《注》："雌辱后下之类，皆物之所谓垢。"《老子》七十八章："受国之垢，是为社稷主。"㉑人皆取实二句：取实，成《疏》"贪资货也。"取虚，成《疏》"守冲寂也。"㉒无藏二句，成《疏》："藏，积也。知足守分，散而不积，故有馀。"《老子》三十三章："知足者富。"八十一章："圣人不积。"岿然，《释文》"岿，本或作巍。"《说文》"巍，高也。"宣颖说："岿然，充足貌。"故，犹则。㉓其行二句，成《疏》"费，损也"，"从容闲雅，终不损己，以此为行而养其身也。"宣颖说："徐，安徐也，不先故也。不先则少事。少事故不费。"㉔无为句，《老子》三十七章："道常无为"。又十九章："绝巧弃利。"宣颖说："无为故哂彼巧者。"㉕人皆三句，成《疏》："咎，祸也。俗人愚迷，所为封执，但知求福，不能虑祸。唯大圣虚怀，委曲随物，保全生道，且免灾殃。"《老子》二十二章："曲则全。"又五十八章："祸兮福之所倚，福兮祸之所伏。"㉖以深二句，成《疏》："以深玄为德之本根，以俭约为行之纲纪。"《老子》十五章："古之善为道者，微妙玄通，深不可识。"又五十九章："是谓根深固柢，长生久视之道。"五十九章："治人事天，莫若啬。"可为例证。按：约，与《老子》的"啬"同义，它有爱惜精神，约束嗜欲的意义。㉗坚则二句，《老子》七十六章："坚强者死之徒。"又九章："揣而锐之，不可常保。"又五十五章："物壮则老，谓之不道，不道早已。"都与句意相合。㉘常宽二句，成《疏》："退己谦和，故宽容于物。知足守分，故不侵削于人也。"林希逸说："以能容万物为量，则我于人无所侵削矣。不削于人，言独全其生也。"

【译文】

认为天地根本的妙道是精微的，认为有形的外物是粗疏的，认为存心蓄积是不易满足的，只有恬淡地生活才能达到独与神明造化为伍的境界。古来的道术有立足于这方面的，关尹、老聃听到这种风尚就羡慕它。他们用"常无"、"常有"的观点构建自己的学说，把虚通"太一"视为最高的核心，把柔弱谦下当作外在的表现，把空虚无为不伤害万物作为内德的实质。

关尹说："在主观方面不居功自是，万事万物的形性事理就会自然显露。他们动时如流水顺往，静止时如明镜自悬，反应时如回响随声。恍恍惚惚地好像一切皆忘，寂寂静静地好像清虚无有。混同万物的能和谐共处，锐意贪求的会带来损失；从不想争胜抢先，才能常常随和别人。"

老聃说："尽管深知那雄强的可贵，却安守那雌柔的地位，甘愿做天下百川中细小的沟溪；尽管深知那明亮的可贵，却安守那暗昧的地位，甘愿做天下山岳中寂静的幽谷。"人人都爱抢先争胜，自己独愿谦让居后，这就是说"要能承受天下的屈辱"。人人都讲求实际，自己独向往空虚，无心积蓄就常觉有馀，感到充足地有馀了。他的行事立身，就安静舒缓而不去损精耗神，恬淡无为而唾弃卖弄机巧：人人都追求幸福，自己独愿委曲全身，这叫做"但求免受祸害。"以深藏作为德动根本，以吝惜作为行动纲纪，这叫做"坚硬的东西容易被毁，锐利的东

西容易受挫。”应经常保持着对待万物宽容为怀，对待别人不加侵削。这可说达到最高境界了。

关尹、老聃呀！可算是古来的博大真人啊！

芴漠无形，变化无常①。死与，生与，天地并与，神明往与②！芒乎何之③忽乎何适？万物毕罗，莫足以归④。古之道术有在于是者，庄周闻其风而悦之。以谬悠之说⑤，荒唐之言⑥，无端崖之辞⑦，时恣纵而不傥⑧，不以觭见之也⑨。以天下为沈浊⑩，不可与庄语⑪，以卮言为曼衍，以重言为真，以寓言为广⑫。独与天地精神往来，而不敖倪于万物⑬，不谴是非，以与世俗处⑭。其书虽瑰玮而连犿，无伤也⑮；其辞虽参差而諔诡，可观⑯。彼其充实，不可以已⑰；上与造物者游，而下与外生死、无终始者为友⑱。其于本也，弘大而辟，深闳而肆⑲；其于宗也，可谓稠适而上遂矣⑳。虽然，其应于化而解于物也㉑，其理不竭，其来不蜕㉒，芒乎昧乎，未之尽者㉓。

【注释】

①芴漠二句，《释文》：“芴，元嘉本作寂。”高亨说：“芴漠，双声、连语，空虚之貌也。作寂漠义同。”成《疏》：“妙本无形，故寂漠也；迹随物化，故无常也。”林云铭说：“无形，不可见，无常，不可测。”②并，指同时共存；往，指共游俱往；意谓当如天地神明之无生死。与，叹词。③芒乎二句，芒，同茫。芒与忽、之与适，同义。马叙伦说：“既芒兮忽兮，亦何之何适？明不识不知之境，亦独来独往之区也。”言来去没有一定的意趣。④万物二句，成《疏》：“包罗庶物，囊括宇内，未尝离道，何处归根。”高亨说：“万物虽多，不知谁是谁非，故无所归。”亦可通。⑤以，用，介词。⑥荒唐，林希逸说：“荒唐，旷大而无极也。”马叙伦说：“荒唐，迭韵连绵词也。《说文》：‘唐，大言也’。”高亨说：“荒唐，夸大也。”⑦无端句，林希逸说：“无端崖，无首无尾也。”谭成甫说：“无端崖，犹无边际也。”《说文》：“崖，高边也。”⑧时恣句，阮毓崧说：“傥音倘，旧注苟也。案傥有忽然而至之义，谓持论虽恣肆，而言皆见道。并非无谓之谈，与物之傥来者不同也。成云：恣纵犹放任也。”高亨说：“傥借为谠。《玉篇》言部：‘谠，直言也。’……时恣纵而不谠，谓时放纵其辞而不直言也。”⑨见，同现。⑩沈，沈迷，指沈迷于物欲。浊，浊，指不明大道。⑪不可句，林希逸说：“庄语，端庄而语。”阮毓崧说：“庄，端正也。言世人沉迷浊秽，不可与之正论。”⑫以卮三句，高亨说：“寓者寄也，寓言者以我之言寄托之古人或他人也。如此则信之者多，故此云以寓言为广。重者再现也，重言者古人或他人之言我再述之也。述古人或他人之言，乃是实言，故此云以重言为真。卮言者圜转无定之言也。《寓言篇·释文》引《字略》云：‘卮，圆酒器也。’梔卮之为器，底圆，可以左右倾倒，前后俯仰，即《荀子·宥坐篇》所谓宥坐之器，其理如今之不倒翁耳。曼读为漫，漫衍水流无定之意。”⑬独与二句，林希逸说：“与天地精神往来，与自然造化者为友也。不傲倪万物者，不以此傲睨於世也。”高亨说：“精神，指自然之妙理。”王懞运说：“敖倪，视貌。言不与物竞也。”阮毓崧说：“敖去声，倪通睨。言未尝轻视万物，而自存骄傲之见。”⑭以，犹能。⑮其书二句，瑰玮，成《疏》：“弘壮也。”《释文》：“瑰玮，奇特也。”连犿（fān），成《疏》：“和混也。”李颐说：“宛转貌。”宣颖说：“瑰玮，玩琦也。连犿无伤，言连缀宛转不害文理也。”谭戒甫说：“《庄子》书虽奇特，而委曲无害于道。”⑯参差（cī），不整齐，指变化错落。諔（chù）诡，奇异。⑰彼，指代庄子。其，犹之。⑱上与二句，高亨说：“造物者，天地也。”顾实说：“外死生、无终始者，即得道之人也。”⑲其于本三句，谭戒甫说：“本，道也。”成《疏》：“辟，开也。弘，大也。闳亦大也。肆，申也。”高亨说：“闳借为泓。《说文》：‘泓，下深貌。’”⑳其于宗二句，《释文》：“稠本亦作调。”高亨说：“稠借为调。”《说文》：“调，和也。”成《疏》：“遂，达也。”㉑其应句，成《疏》：“言此庄书，虽复諔诡，而应机变化，解释物情，莫之先也。”谭戒甫说：“应之为言‘随顺’，解之为言‘放应’。”㉒竭，完。来，来由，渊源。蜕，通脱。㉓之，宾语提前，指代旨趣。者，句末助词，译为“……似的。”

【译文】

空虚寂静无形迹可见，随物变化无常规可循。死呀，生呀，与天地并存呀，与神明交往呀！（试问，）将渺茫地到哪儿去，将恍惚地往哪儿走呢？（其实）（从超时空的观点来说）宇宙万物包罗一切，并没有什么地方足以作为最后寄托的归宿地的。古来的道术有属于这方面的，庄周听到这种风尚就羡悦它。他用虚妄深远不可捉摸的讲话，夸张扩大不可测度的论述，无首无尾漫无边际的说辞，时常转弯抹角而不直言，（可是）并非有意用标奇立异去表现自己。他认为天下一般人沉迷物欲，［不明大道，］不可与他们讲端庄严正的大道之理；因此才用随物变化不拘一格的话语来漫无边际地推衍事理，用徵引古人或他人的论说来使人增强真实感，用虚构假托的传说情节来开拓广阔的连想。他独有所得地与造化妙理往来神游，却不置自己于傲视万物的对立面，不去责问谁是谁非，能和世俗之人混同一起。他的著述写法虽奇伟壮观，却宛转连缀，不害文理；那辞语虽虚实错落，却奇趣滑稽，引人观赏。他的内心充实完美，故下笔不能自休。他上与造物主结侣同游，下与超脱生死变化、忘怀终始的人做朋友。他对于道的根本，讲得广阔全面而通达开展，深刻入微而放任不拘；他对于道的宗旨，可以说是调和恰当而达到至高无上了。尽管如此，他在顺应于造物的变化和解脱于物情的束缚，那妙理运用无穷，那渊源不离大道，行文渺茫地冥昧地不可捉摸，人们是很难尽喻其旨趣似的。

惠施多方[①]，其书五车[②]。其道舛驳，其言也不中[③]。麻物之意[④]，曰：“至大无外，谓之大一；至小无内，谓之小一[⑤]。无厚，不可积也，其大千里[⑥]。天与地卑；山与泽平[⑦]。日，方中方睨；物，方生方死[⑧]。‘大同’而与‘小同’异，此之谓‘小同异’；万物‘毕同’、‘毕异’，此之谓‘大同异’[⑨]。南方无穷而有穷[⑩]，今日适越而昔来[⑪]。连环可解也[⑫]。我知天下之中央，燕之北越之南是也[⑬]。汎爱万物，天地一体也[⑭]。”

惠施以此为大，观于天下，而晓辩者[⑮]，天下之辩者相与乐之[⑯]。卵有毛[⑰]。鸡三足[⑱]。郢有天下[⑲]。犬可以为羊[⑳]。马有卵[㉑]。丁子有尾[㉒]。火不热[㉓]。山出口[㉔]。轮不蹍地[㉕]。目不见[㉖]。指不至，至不绝[㉗]。龟长于蛇[㉘]。矩不方；规不可以为圆[㉙]。凿不围枘[㉚]。飞鸟之景未尝动也[㉛]。镞矢之疾，而有不行不止之时[㉜]。狗非犬[㉝]。黄马骊牛三[㉞]。白狗黑[㉟]。孤驹未尝有母[㊱]。一尺之捶，日取其半，万世不竭[㊲]。辩者以此与惠施相应[㊳]，终身无穷。

桓团、公孙龙辩者之徒[㊴]，饰人之心，易人之意[㊵]；能胜人之口，不能服人之心，辩者之囿也[㊶]。惠施日以其知与人之辩[㊷]，特与天下之辩者为怪，此其柢也[㊸]。

然惠施之口谈[㊹]，自以为最贤[㊺]，曰“天地其壮乎[㊻]！”施存雄而无术[㊼]。南方有倚人焉[㊽]，曰黄缭[㊾]，问天地所以不坠不陷、风雨雷霆之故。惠施不辞而应[㊿]，不虑而对，徧为万物说[51]，说而不休，多而无已，犹以为寡，益之以怪[52]。以反人为实，而欲以胜人为名，是以与众不适也[53]。弱于德，强于物[54]，其涂隩矣[55]。由天地之道，观惠施之能，其犹一蚊一虻之劳者也。其于物也何庸[56]！夫充一尚可曰愈，贵道几矣[57]。惠施不能以此自宁[58]，散于万物而不厌[59]，卒以善辩为名，惜乎！惠施之才，骀荡而不得[60]，逐万物而不反，是穷响以声，形与影竞走也[61]，悲夫！

【注释】

①多，用作动词。懂得……很多。②其书句，成《疏》："书有五车。"林希逸说："言其所著书。"五车，王先谦说："言其多。"马叙伦说："《汉书·艺文志》名家《惠子》一篇，今书已亡。《惠子》书仅一篇，安得当时遽有五车之众？寻五本交互字，五车盖满车耳。王说未是。"③其道二句，《文选·魏都赋》引司马彪注："舛，乖也。驳，色杂不同也。"成《疏》："道理殊杂而不纯，言辞虽辩而无当也。"舛(chuǎn)，差错。中(zhòng)，高亨说："中，犹正也。"④意，谓大意。马国翰以《厤物》为《惠子》篇名，此从马说。⑤无外，指无限大。无内，指无限小。⑥无厚，指抽象的平面。其大千里，指抽象平面的无限延伸。⑦天与二句，《释文》说："卑如字，又音婢。李云：'以地比天，则地卑于天。若宇宙之高，则天地皆卑。天地皆卑，则山与泽平矣。"《荀子·不苟篇》："山渊平，天地比。"⑧日方二句，谭戒甫说："《说文》：'睨，斜视也。'引申为凡斜之称。盖日之斜正，差以毫厘；物之死生，判于呼吸：故云'方'也。"⑨大同四句，高亨说："以物言之，如马为一切马之共名，即万马毕同之名，此大同之名也。白马为一种马之共名，即小同之名；兼为一切马之别名，亦即小异之名，此小同异之名也。某白马为一匹白马之别名，即万马毕异之名，此大异之名也。"用今天的话说：世界是物质的，物质世界是统一的，又是多样的。这就是本篇的大同异。⑩南方句：天园地方，不知边际，南方不可尽，则竟无南方也，是南方无穷也。假立标之处分界，标立而南北定，既立为南，竟止于南，是南方有穷也。⑪今日句，《齐物论》作"今日适越而昔至。"林希逸说："足虽未至乎越，而知有越之名，而后来，则是今日方往，而亦可以为昔来矣。"宣颖说："知有越时，心已先到。"高亨说："自起行之时地言之，则称此日为今日，称此行为适越。自抵越之时地言之，则称此日为昔，称此行为来。名虽有今昔之异，而此日未尝有二也。辞虽有适来之殊，而此行未尝有二也。"均可通。⑫连环句，《战国策·齐策》："秦始皇尝使使者遗君王后玉连环，曰：'齐多知者，而解此环不？'君王后以示群臣。群臣不知解。君王后引椎椎破之；谢秦使曰：'谨以解矣。'"蒋锡昌说："连环成后，终有毁日。唯常人所见者，只见一旦之毁。不见逐渐之毁。吾人假定自连环初成之时，至一旦毁坏之时，总名此整个之过程为'解'；是连环自成之后，即无时不在'解'之过程之中，故曰：可解也。"杨荣国说："意即连环从任何一点都是可以解开的，其间并没有一个所谓决定的解开的起点。既没有一个所谓决定的解开的起点，自也没有一个所谓决定的结尾的终点；换句话说，也就是任何一点既可以做解开的起点，自也任何一点可以作为结尾的终点，因而这一命题，就是论证一切事物都是无始无终、无先无后、无上无下的，而只是一个整体，一个整体的'一'。"(见《中国古代思想史》)三说可互相参考。⑬我知二句，《释文》说："司马云：燕之去越有数，而南北之远无穷。由无穷观有数，则燕越之间，未始有分也。无下无方，故所在为中。循环无端，故所在为始也'。"胡适说："此说地圆，更为明显。圆面上无论何点皆可作为中央。故燕之北，越之南，是天下之中央。"燕越，泛指取任意两地。⑭汎爱二句，成《疏》："万物与我为一，故汎爱之；二仪与我并生，故同体也。"宣颖说："天地非大，我非小。"章炳麟说："万物毕同毕异，故天地一体也。一体，故汎爱万物也、惠子之言，无时，无方、无形、无碍。"⑮惠施三句，成《疏》："惠施用斯道理，自以为最，观照天下，晓示辩人也。"谭戒甫说："《释文》出'观于天下'四字，并云'观，古乱反；所谓自以为最也。'则释'观'为显示炫耀之意。"按：观，似乎以释"游"为宜，注见《孟子》曰"吾何修而可以比于先王观也。"否则，理解为显示于天下与晓示于辩者，不免意义重复。⑯天下句，高亨说："庄子所辩者即汉人所谓名家也。"⑰卵有毛，宣颖说："卵无毛，则鸟何自有毛？"⑱鸡三足，《公孙龙子·变通论》："谓鸡足一，数足二，二而一，故三。"高亨说："盖名家以为鸡有鸡足，有鸡左足，有鸡右足。鸡左足非鸡足，鸡右足非鸡足，是三足矣。故曰'鸡三足'。"⑲郢有句，罗勉道说："郢本侯国而称为王，是有天下之号。"谭戒甫说："郢，楚都也。郢为楚之一，故郢有楚。然楚有天下，故郢亦有天下也。"⑳犬可句，《释文》说："司马云：'名以名物而非物也。犬羊之名，非犬羊也。非羊可以名为羊，则犬可以名羊。郑人谓玉未理者曰璞。周人谓鼠未腊者亦曰璞。故形在于物，名在于人。"宣颖说："犬羊之名皆人所命。若先名犬为羊，则为羊矣。"谭戒甫说："犬羊为

物，二形二名；名定俗成，乃得假用。”㉑马有卵，谭戒甫说：“此马有卵与上卵有毛二辞，皆言生物名词函义之变易也。”杨荣国说：“此乃由于马虽不是卵生，但在未形成胎以前，必有待于卵，是则不和卵生是同一的吗？”（见《中国古代思想史》）㉒丁子有尾，成《疏》：“楚人呼蛤蟆为丁子也。”陈祥道说：“丁子无尾，而实为有尾之科斗所化。则谓之有尾亦可。”㉓火不热：成《疏》：“譬杖加于体而痛发于人，人痛杖不痛；亦犹火加体而热发于人，人热火不热也。”陈祥道说：“热者火用而非火体。如火生于木石，木石未常自热。”《淮南·诠言篇》许注，作“炭不热”。㉔山出口，《齐物论》中说：“山林之畏佳，大木百围之窍穴，似鼻，似口，似耳……”《释文》：“司马云：‘呼于一山，一山皆应。是山犹有口也。”宣颖说：“空谷传声。”马叙伦说：“出疑有字之误。”㉕轮不蹍地，成《疏》：“夫车之运动，轮转不停……轮虽运行，竟不碾于地。”阮毓崧说：“蹍音碾。碾地，即车行有辙迹之谓，辙迹由重载碾成。若专从轮言，其圆转轻便，何至碾地？”谭戒甫说：“轮有圆周，其碾地者不过微至之处，非圆周也。故曰轮不碾地。”㉖目不见，《释文》：“司马彪谓“目不夜见非暗，昼见非明，有假也。所以见者明也。”宣颖说：“见则何以不自照？”阮毓崧说：“目不假光，虽明犹暗。”马叙伦说：“心有所思，思者如睹；心不在焉，视而不见。则目之见者，本非目见。见者是目，能见是心也。”㉗指不二句，《公孙龙子·指物论》：“物莫非指，而指非指。”旧注“指”多为“指认”之意；屈志清《新注》作“概念”或“称谓”解。马叙伦说：“伪《列子》引公孙龙云：‘有指不至，有物不尽’。即此文所谓指不至，至不绝’。疑当从《列子》作‘物不绝’与‘指不至’为二事。”高亨说：“《列子·仲尼篇》引公孙龙曰：‘有指不至，有物不尽。’又引公子牟曰：‘无指则皆至。尽物者常有。’……魏牟云：‘无指则皆至’者，谓非指则皆至，而指固不至也。云‘尽物者常有’者，谓物之全量则常有，而物之个体不常有也。其释最为简当。”㉘龟长于蛇，俞樾说：“此即‘莫大于秋毫之末，而太山为小’之意。”谭戒甫说：“蛇，其本字作它代号。《说文》，‘它，虫也；从虫而长，象冤曲垂尾形。’按龟短蛇长，由形而得，然龟虽短，其形常直，蛇形冤曲，虽长而短。……然则龟可由短而见长，蛇可由长而见短。”高亨说：“单举龟蛇，不函孰长孰短之相。大蛇固长于小龟，然大龟亦长于小蛇。”㉙矩不二句，《释文》：“司马云：矩虽为方而非方，规虽为圆而非圆。譬绳为直而非直。”宣颖说：“天下自有方非以矩也，天下自有圆非以规也。”胡适说：“从自相上看来，万物毕异。一规不能成两物完全相同之圆；一矩不能成两物完全相同之方。”㉚凿，榫眼。㉛景，借作影。㉜镞矢二句，《释文》：镞，音族；矢镝也。司马彪说：“形分止，势分行；形分明者行迟，势分明者行疾。”意即从“势”来看，飞矢是行的，但从“形”来看，飞矢是不行的。按：这好像在观察电影慢镜头录相。㉝狗非犬，《礼记·曲礼上》疏中说：“通而言之，狗犬通名；若分而言之，则大者为犬，小者为狗。”《尔雅·释畜》：“犬未成豪，狗。”谭戒甫说：“狗为一形，犬为一形，二形二名，不相关涉也。故曰‘狗非犬’。”㉞黄马句，《释文》引司马云：“曰牛，曰马，曰牛马，形之三也。曰黄，曰骊，曰黄骊，色之三也。曰黄马，曰骊牛，曰黄马，骊牛，形与色为三也。”高亨说：“黄马骊牛为一合并之名实，黄马为一独立之名实，骊牛为一独立之名实。此三者固自为三也。此条与鸡三足之旨同。”㉟白狗黑，《释文》：“司马云：‘狗之目眇，谓之眇狗……然则白狗黑目亦可为黑狗。”宣颖说：“黑白，人所名耳。乌知白之不当为黑乎？”谭戒甫说：“白以命色，狗以命形，因曰白狗。然白中有黑，而黑少白多。但谓黑狗则贼白，但谓白狗则夺黑；谓之白黑狗，则二色争而明；皆非正举而名乱矣。故曰：“‘白狗黑’。”㊱孤驹句，《释文》“李云：驹生有母，言孤则无母。孤称立，则母名去也。故孤驹未尝有母。”㊲一尺三句，《释文》：“司马云：‘捶，杖也。若其可析，则常有两。若其不可析，其一常存。故曰万世不竭。”高亨说：“此言之关键，在一其字，其为代词……未取之时，其字所代者为全捶，既取之后，其字所代者今日为半捶，明日为半捶之半，再明日为半捶之半之半，以数理论之，一以二递除之，终不等于零。”㊳相应，成《疏》：“更相应和。”《说文》：“应，当也。”谭戒甫说：“当，即抵当。”㊴桓团、公孙龙：桓团，姓桓名团，宋人。《列子·仲尼篇》作韩檀，桓与韩、团与檀，古音同。公孙龙，也是赵国人，他曾为平原君门客，与驺衍辩论过一次。㊵饰人二句，宣颖云：“饰，蔽也。”案：名家具有某种辩证观点，饰字作蔽解似不妥。《说文》：“饰，刷也。”《周礼·封人》：“饰其牛牲”，注：“谓刷治清洁之也。”此处可作刷新来理解。㊶辩者句，宣颖说：“辩者迷于其中而不能出。”高

亨说："囿犹限也。"㊷日以句，宣颖说："知，聪明。"俞樾说："与人之辩，义不可通。盖涉下句'天下之辩者'而衍'之'字。"马叙伦说："之，是，古通。'与人之辩'，谓'与人是辩'。"日，指每天，名词用如副词。㊸此其句，俞樾说："柢与氐通。《史记·秦始皇纪》：'大氐尽畔秦吏'。《正义》曰：'氐，犹略也'。'此其柢也'，犹云'此其略也'。"㊹惠施句，意即善口谈之惠施，定语后置。㊺自以句，王先谦说："自以为理解最贤于众。"《说文》："贤，多才也。"贤有胜、善义。㊻天地句，成《疏》："壮，大也。言天地与我并存，不足称大。"案：天地，指天地间。壮，承上文"以此为大"。其，语气词，表反问，同岂。㊼施存句，宣颖说："庄子言施但存此雄心究无学问也。"谭戒甫说："存雄，殆即好大争强之意，正与最贤二字相承。"㊽倚人，郭庆藩说："倚当作奇，倚人，异人也。王逸注《九章》云：'奇，异也。'倚从奇声，故古字倚与奇通也。《易说卦传》参天两地而倚数，蜀才本倚作奇。"㊾黄缭，成《疏》："姓黄名缭，不偶于俗。"㊿不辞，谓不辞谢。51偏为句，成《疏》："偏为陈说万物根由。"52益之句：成《疏》："加奇怪以骋其能。"53不适句，成《疏》："不能和适。"54弱于二句，宣颖说："遗内务外。"王先谦说："内弱外强"。55涂隩，《说文》："隩，水隈隩也。隈，水曲也。隩，水边也。"宣颖说："迂曲，非大道也。"高亨说："隩，犹隘也。"56何庸，宣颖说："无用。"马叙伦说："庸即用之后起字。"57夫充一句，王夫之说："充其一端，尚可较胜。"成《疏》："几，近也。"《医谬正俗》："愈，胜也。"译文从上说。此处从绝句到释义颇多纷歧，林希逸说："充，足也。若但以一人之私见而自足，犹可。若以此为胜于贵道者，则殆矣。愈，胜也。几，殆也。"可供参考。(《荀子·天论》："万物为道一偏，一物为万物一偏。愚者为一物一偏，而自以为知道，无知也。"录于此，可帮助理解"一端"的语意。)58不能句，谭戒甫说："此字，承上'道'言，谓不能自安于道。"59散于句，成《疏》："乃散乱精神，高谈万物。"谭戒甫说："谓逐万物而无所归宿也。"60骀荡句，《释文》："骀者放也，放荡不得也。"高亨说："《说文》：'骀，马衔脱也。'马衔脱则奔放，故骀引申有放义。"61是穷二句，成《疏》："亦何异乎欲逃响以振声，将避影而疾走者也。"穷，使动用法，使终止。与，犹去也。

【译文】

惠施知道的方术极多，他的著作简册载运满车，可他所讲的道杂乱不纯，他所讲的话雄辩不当。《厤物》篇的大意，说到："无限大到无外围界限可寻的，叫它'大一'；无限小到无内核可供分割的，叫它'小一'。没有厚度的平面，不可积累成体积，可它可以任意延伸扩大到千万里。(从大宇宙的空间看，)天空与地面相接之处看去是一样低，山峰和水泽接天之处看去一样平。太阳刚刚正中，一下子就又偏西；万物刚刚生长，又正在走向死亡。万物有它共同的大类别和它共同的小类别的差异，这种差异叫做'小同异'；万物有它本质完全相同的共性和它各个具体物体完全不同的特性的差异，这种差异叫做'大同异'。要了解定向的南方是没有尽头的，要了解定位的南方则是有尽头的。当此身现在开始去到时，一适临越国则可以说过去早已来了。连环，是能够取任意一点分解为起点或终点的。天下的中央，可以取任何两地之中点来说明。我们要博爱众物群生，天地万物原本属于大同齐一的整体。"

惠施自认为这些道理是极博大精深的，游到各地就讲给辩者听，天下的辩者相互津津乐道他们的立论：鸟卵中含有鸟毛的成分。鸡足的概念有三种。楚国的郢都能够指代楚国包有天下作为中心。犬这一物体也可以命名为羊。马在未成胎以前也是由卵子变化而来。蝦蟆本是由有尾的蝌蚪变的。火炭自己不会觉得热。群山中声音回荡是山也象有发音的口。车轮圆周的一点着地不能说成整个轮子碾地。眼睛不靠光是不能看见东西的。人对万物的指认是不能全部认可的，而纷至沓来未及指认的万物是无穷无尽的。龟蛇的长短从相对角度看，龟可以比蛇长。曲尺不能画出绝对的方形，圆规不能画出绝对的圆形。任何榫眼和榫头都不会绝对吻合。飞鸟投在地面的影子随生随灭，影子本身对飞鸟来说并不曾移动。箭头射出在飞速运行过程中，在每

一瞬间却是既停留在一点上又不断地前进的。狗（小犬）不等于犬（大狗）。一匹黄马、一匹骊牛、黄马和骊牛，是三种不同的名实。白色狗中也可能有黑色。既称孤驹，就不曾有母亲。一尺长的棍子，每天取它的一半，永远都取不完。辩者用这样一类论题来同惠施相互对应，终身辩个没完。

桓团、公孙龙辩者这班人，会刷新别人的认识，动摇别人的看法；尽管能够战胜别人的口，却不能够折服别人的心，这是辩者的局限性。惠施天天用他的智慧同别人争辩，特地和天下的辩者创造标新立异的命题，上面所说的就是他们的命题的大概轮廓。

但是，善口辩的惠施自认最为高明过人，声称"天地间难道真够比我讲的还博大精深吗"？惠施这个人自负争雄却不懂得道术。南方有个奇异人物，名叫黄缭。他向惠施问到天为什么不坠下来、地为什么不陷下去、风雨雷霆为什么变化莫测的缘故。惠施毫不推让就信口应对，不作精思熟虑就任意作出回答，广泛地解释万物的原理，说个不停，滔滔不绝，还认为说得太少，又把一些奇谈怪论增添进去。他把违背人情常理的东西当作真实，并想借此胜过别人来博取声誉，所以就难免跟众人格格不入了。对德行修养很轻视，对外物追逐很强烈，他所走的路子就十分狭隘了。从阴阳化育的大道角度来观察惠施的本能，他就象一只蚊子、一只牛虻那样徒劳喧扰，这对万事万物说来能发生什么作用呢！惠施充当一个方面的代表人物还是很出色的，倘若他能进一步尊重道，那就接近于知道道术了。惠施不能自安于道，却在万事万物的名实上分散精神进行争辩而不自厌倦，结果只不过以善辩成名，可惜呀！具有才华的惠施，放荡辞辩而对道无所得，追逐万物而不能返本归真，这是想用高声来止住回响，想要形体避去影子却加速跑开，真是可悲的想法啊！

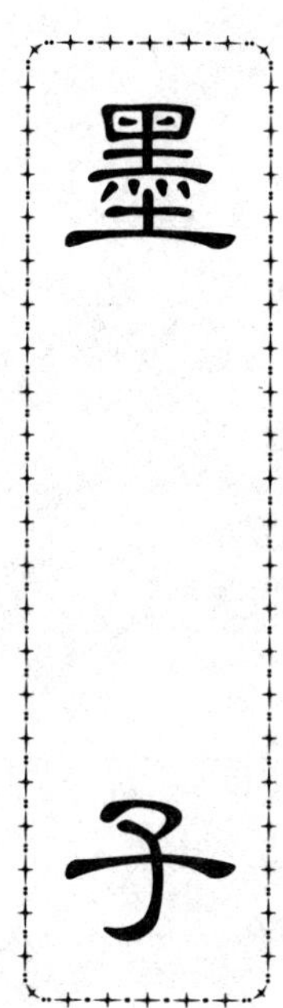
墨子

亲　　士[1]

入国而不存其士[2]，则亡国矣。见贤而不急[3]，则缓其君矣[4]。非贤无急，非士无与虑国[5]。缓贤忘士，而能以其国存者，未曾有也。

【注释】

①亲：亲近、爱护。士：指有贤德的人才。②入国：入朝作官，从政。这里指执掌国政。存：体恤、爱抚。③急：迫切。④缓：怠慢。⑤虑：谋划、商议。

【译文】

君主执掌国政，如果不亲爱他的贤士，那就会丧失国家。见到贤才而不立即任用，那他们就会对君主怠慢。没有贤才，就没有人与君主共急难；没有贤士，就没有人与君主共同谋划国事。怠慢贤才、忘记贤士，而能治理好国家的君主是不曾有过的。

昔者文公出走而正天下[1]，桓公去国而霸诸侯[2]，越王勾践遇吴王之丑，而尚摄中国之贤君[3]，三子之能达名成功于天下也[4]，皆于其国抑而大丑也[5]。太上无败[6]，其次败而有以成，此之谓用民[7]。

【注释】

①文公：即晋文公。姬姓，名重耳。春秋时晋国君。正：长（zhǎng），“为……之长”，指晋文公成为诸侯盟主。②桓公：即齐桓公。姜姓，名小白，齐襄公之弟。春秋时齐国国君。去：离开。③勾践：春秋末越国国君。摄：通慑，畏服。中国：指中原地区的诸侯国。④达：传扬。⑤抑：屈抑、忍受。⑥太上：最上一等。⑦用民：任用贤才。

【译文】

过去晋文公出走而后来成为天下的盟主，齐桓公离开国家而终于称霸诸侯，越王勾践遭受吴王夫差的耻辱而最终成为威慑中原诸国的贤君。这三位君主之所以能名扬天下，建立功业天下，是因为他们都能在本国忍耐屈辱。最好的当然是不失败，其次是失败了而有办法取得成功，这就叫善于用人。

吾闻之曰：“非无安居也，我无安心也；非无足财也，我无足心也。”[1]是故君子自难而易彼[2]，众人自易而难彼。君子进不败其志，内究其情[3]，虽杂庸民，终无怨心，彼有自信者也。是故为其所难者，必得其所欲焉，未闻为其所欲，而免其所恶者也[4]。是故逼臣伤君[5]，谄下伤上[6]。君必有弗弗之臣[7]，上必有谘谘之下[8]。分议者延延[9]，而支苟者谘谘[10]，焉可以长生保国[11]。臣下重其爵位而不言，近臣则喑[12]，远臣则唫[13]，怨结于民心[14]，谄谀在侧[15]，善议障塞[16]，则国危矣。桀纣不以其无天下之士邪[17]？杀其身而丧天下。故曰：归国宝不若献贤而进士[18]。

【注释】

①“非无”四句：指人心不知安足，这是就君子亲士心切而言的。②自难而易彼：难，指难事。指对自己严，对别人宽。③进：得志。内：不得志。④免：避免。恶（wù务）：不喜欢，厌恶。⑤逼臣：权臣。⑥谄下：谄媚的臣子。上：君王。⑦弗：违。弗弗之臣：敢于犯颜直谏的臣子。⑧谘谘（è）：直言争辩不绝的样子。⑨分议：公议。⑩支苟：诚敕。⑪焉：乃、才。长生：长存。⑫喑（yīn）：不能言。⑬唫：古吟字，此为叹息之意。⑭怨：怨恨。⑮谄谀：吹牛拍马的人。⑯善议：正确的议论。障塞：不畅通。⑰桀纣：夏桀、商纣，两人都是我国历史上有名的暴君。以：因。⑱归：通馈，赠送。

【译文】

我曾听说过：“不是没有安适的居所，而是自己没有安适的心；并不是没有足够的财物，而是自己没有满足的心。”所以，君子严于律己，宽于待人；而一般人宽于待己，严于律人。君子在得意的时候不会败坏自己的志向，在不得意的时候能探究其情由。即使混杂在平庸的百姓中间，也终无怨恨之心，因为他有自信的东西。因此，凡事能从难的做起，就一定能得到自己所想要的东西。没有听说过只做自己喜欢做的事，却能避免自己厌恶的结果。所以，权臣欺君，佞臣害主。君王一定要有敢于犯颜直谏的贤臣，主上必须有敢于直言争辩的贤士。公议的人敢于坚持自己的意见，诚敕的人勇于直言进谏，这样才能长生保国。反之，臣子们如果看重自己的爵位而不敢说出自己的看法，近臣缄默不言，远臣仅知嗟叹，长此以往，怨恨必然郁结在老百姓心中。吹牛拍马的佞臣围绕在君王身边，使正确的意见被阻塞，不能被君王听到，这样，国家就危险了。桀、纣并不是因为天下没有贤士辅佐的缘故呵，可是他们自己被杀死，国家灭亡了，所以说：馈赠国宝还不如举荐贤士、引进人才好呵！

今有五锥[1]，此其铦[2]，铦者必先挫；有五刀，此其错[4]，错者必先靡[5]。是以甘井近竭[6]，招木近伐[7]，灵龟近灼[8]，神蛇近暴[9]。是故比干之殪[10]，其抗也[11]；孟贲之杀[12]，其勇也；西施之沈[13]，其美也；吴起之裂，其事也[14]。故彼人者，寡不死其所长[15]，故曰：太盛难守也。

【注释】

①锥：锥子。②铦（xiān）：锋利。③挫：折断。④错：磨。⑤靡（mó）：销磨。⑥近：下文中三“近”字同，当作“先”字。⑦招：当作“乔”字，指高的树木。⑧灼：烧。古人用火烧龟甲，观其裂纹以卜吉凶。⑨神蛇：一种传说会兴风作雨的蛇。暴（pù）：晒。古人曝晒神蛇以求雨。⑩比干：商纣王的叔父，因多次直言进谏而被商纣王挖心。殪（yì）：死。⑪抗：刚直。⑫孟贲（bēn）：战国时卫国勇士，力能拔牛角。曾投奔秦武王，后为武王所杀。⑬西施：春秋时越国美女。沈（沉）：西施之死传说不一，有言在吴亡后被沉没江中而死，有言随范蠡泛隐五湖。⑭吴起：卫国人，善用兵，初为鲁将，继任魏将，屡立战功。后奔楚，辅佐楚悼王实行变法。楚悼王死后，他被旧贵族杀害。事：事业。⑮彼人：上述诸人。寡：少。

【译文】

现在有五个锥子，这个是最锋利的，它必定最先折断；这里有五把刀子，这把是最锋利的，它必定最早磨损。所以甘甜的水井先枯竭，高的树木先被砍伐，灵龟先被烧灼，神蛇先被曝晒。所以，比干的死，是由于他刚正不阿；孟贲的被杀，是因为他勇武过人；西施被沉没江

中，是因为她太漂亮了；吴起身遭车裂，是因为他的变法事业。从以上的人来看，很少有不死于自己的长处，所以说：太突出了就很难保全自己。

故虽有贤君，不爱无功之臣；虽有慈父，不爱无益之子。是故不胜其任而处其位，非此位之人也；不胜其爵而处其禄①，非此禄之主也②。良弓难张，然可以及高入深③；良马难乘，然可以任重致远④；良才难令⑤，然可以致君见尊⑥。是故江河不恶小谷之满己也，故能大。圣人者，事无辞也⑦，物无违也⑧，故能为天下器⑨。是故江河之水，非一源之水也⑩；千镒之裘⑪，非一狐之白也⑫。夫恶有同方取不取同而已者乎⑬？盖非兼王之道也⑭。是故天地不昭昭⑮，大水不潦潦⑯，大火不燎燎⑰，王德不尧尧者⑱，乃千人之长也⑲。其直如矢⑳，其平如砥㉑，不足以覆万物。是故溪陕者速涸㉒，逝浅者速竭㉓，墝埆者其地不育㉔，王者淳泽㉕，不出宫中，则不能流国矣。

【注释】

①处其禄：享有那样的俸禄。②主：占有者，主人。③及高入深：指箭射到高处和射进深处。④任重致远：既能负重又能到达很远的地方。⑤良才难令：杰出的人才难以指挥。⑥见尊：被尊重。⑦辞：推辞。⑧物无违：不违背事物的客观规律。⑨器：指人才。⑩此句旧本多作“是故江河之水非一源也”。⑪镒（yì）：古代重量单位，二十两或二十四两黄金为一镒。裘：皮衣。千镒之裘，指贵重的裘衣。⑫一狐之白：狐腋下有一撮纯白色皮毛，轻而暖。⑬此句疑传抄误倒，当作“夫恶有同方不取，而取同己者乎？”同方：谓同道。同己：谓与己意同。意为：圣人但取其与道同，而不必其与己意同。⑭兼王之道：统一天下的办法。⑮昭昭：明亮的样子。⑯潦潦：水势大的样子。⑰燎燎：火旺的样子。⑱尧尧：高耸的样子。这里指道德高尚的样子。者：疑为也。⑲千人之长也：也，疑为者，管理千人的长官。⑳矢：箭。㉑砥（dǐ）：磨刀石。㉒陕：同狭。指狭小的溪流。㉓逝浅者：当作流浅者。㉔墝埆（qiāo què）：土地坚硬而贫瘠。㉕淳泽：淳厚的恩泽。

【译文】

即使是贤君，也不爱没有功绩的臣下；即使是慈父，也不爱没有出息的儿子。因此，不胜任职务而占据这职务，不是应该占据职务的人；不胜任这个爵位而享有这个俸禄的，他就不是应该享有这种俸禄的人。良弓难以拉开，但它可以射到高处，射入深处；良马难以驾驭，但它可以负重担行远路；良才难以指挥，但他们可以使君王处于至尊的地位。所以，江河不厌恶小川充实自己，故能成为大河。真正的贤圣，从不推辞责任，又不违背事物的客观规律，故能成为天下的英才。因此，江河的水并不只有一个源头；名贵的狐裘，并不是只取于一狐的腋下白毛。哪有不取同道的人而只取与己意相同的人的道理呢？这就不是统一天下的君主的原则了。所以，天地并不是永恒光明，水势也不全是浩大，大火也不总是旺盛，王德也不全是高尚。管理千人的长官，如果像箭一样直，像磨刀石一样平，那就不能覆盖万物了。因此狭小的溪流很快就干涸，很浅的小河很容易枯竭，坚硬贫瘠的土地不能生长五谷。君王淳厚的恩泽，如果不出宫外，就不能流布到全国去了。

尚贤①上

子墨子言曰：“今者王公大人为政于国家者②，皆欲国家之富，人民之众，刑政之

治[3]，然而不得富而得贫，不得众而得寡，不得治而得乱，则是本失其所欲，得其所恶，是其故何也？”

子墨子言曰：“是在王公大人为政于国家者，不能以尚贤事能为政也[4]。是故国有贤良之士众，则国家之治厚[5]，贤良之士寡，则国家之治薄[6]。故大人之务，将在于众贤而已[7]。”

【注释】

①尚贤：尊尚贤才。②王公大人：指国君及其最高级官员。③刑政：刑事、政务。④事能：任用能者。⑤厚：兴盛、雄厚。⑥薄：衰微、薄弱。⑦将：当。众：聚集。

【译文】

墨子说：“现在执掌国家政权的王公大人，都希望自己的国家富，人民多，刑事政务定治；可是他们得到的不是国富而是贫穷，不是人民多而是人民少，不是刑政安治而是政局混乱，这是从根本上失去他们所希望的，得到了他们所憎恶的，这是什么原因呢？”

墨子说：“这是由于执掌国家政权的王公大人不能崇尚贤才、任用能人来治理国家。一个国家拥有贤良的士人众多，那国家治理得就雄厚；贤良的士人少，那国家治理得就衰弱。所以王公大人所从事的事务，就在于聚集贤士了。”

曰：“然则众贤之术将奈何哉[1]？”

子墨子言曰：“譬若欲众其国之善射御之士者，必将富之[2]，贵之，敬之，誉之，然后国之善射御之士，将可得而众也。况又有贤良之士厚乎德行，辩乎言谈[3]，博乎道术者乎[4]，此固国家之珍，而社稷之佐也[5]，亦必且富之，贵之，敬之，誉之，然后国之良士，亦将可得而众也。

【注释】

①众贤之术：使贤士众多的办法。②富之：使他们富。③辩乎言谈：善辞令，能说服人。④博：通晓。道术：道理。⑤佐：辅佐。

【译文】

有人问：“那么怎样聚集贤士呢？”

墨子说：“譬如想要使国内善于射箭、驾车的人增多，就必须使这些人富裕起来，提高他们的地位，尊敬他们，称誉他们，然后国内善于射箭和驾车人就可以增多。何况是些品德高尚、能言善辩、知识广博的贤良之士呢？这些人本来就是国家的珍宝、社稷的辅佐，也必须使他们富有、提高地位、尊敬他们、赞誉他们，然后才可以聚集国家的贤良之士。

是故古者圣王之为政也，言曰：‘不义不富[1]，不义不贵，不义不亲，不义不近。’是以国之富贵人闻之，皆退而谋[2]曰：‘始我所恃者，富贵也，今上举义不辟贫贱[3]，然则我不可不为义[4]。’亲者闻之，亦退而谋曰：‘始我所恃者亲也，今上举义不辟疏，

然则我不可不为义。’近者闻之，亦退而谋曰：‘始我所恃者近也，今上举义不避远，然则我不可不为义。’远者闻之，亦退而谋曰：‘我始以远为无恃，今上举义不辟远，然则我不可不为义。’逮至远鄙郊外之臣[⑤]，门庭庶子[⑥]，国中之众[⑦]、四鄙之萌人闻之[⑧]，皆竞为义。是其故何也？曰：上之所以使下者，一物也[⑨]，下之所以事上者，一术也[⑩]。譬之富者有高墙深宫，墙立既，谨上为凿一门[⑪]，有盗人入，阖其自入而求之[⑫]，盗其无自出。是其故何也？则上得要也[⑬]。

【注释】

①不义：指不义的人。②退：转身回来。谋：考虑。③举义：选拔义士。辟：通避。④为义：行义。⑤逮至：直到。⑥门庭庶子：宫中侍卫。⑦国中：此指城郭中。⑧四鄙：四方边远之地。萌：即氓，百姓。⑨物：事。指“尚贤”一事。⑩术：途径。此指“为义”这一途径。⑪既：完。谨：通仅。⑫阖(é)：关闭。⑬要：关键、要领。

【译文】

因此古代圣王处理政务时，常说：‘不义的人不要让他富有，不义的人不要给他高官，不义的人不要跟他亲密，不义的人不要跟他接近。’所以国中富贵的人听了，都退下来想道：‘当初我依仗的是富贵，现在君王选拔人才不避贫贱，那么，我不可不行义了。’君主有亲戚关系的人听了，也退下来想道：‘当初我依仗的是亲戚关系，现在君主选拔人才不避亲疏，那么，我就不可不行义了。’君主身边的人听了，也退下来想道：‘当初我依仗的接近君主左右，现在君主选拔人才不避远近，那么我不可不行义了。’远离君主的人听了，也私下考虑道：‘原先我以为同君主离得太远，没有什么可以依仗，现在君主选拔人才不避远近，那么，我就不可不行义了。’直至遥远僻地的臣子，宫中的侍卫、城中的百姓，边远的人民听到这话，都会争着行义。这是什么缘故呢？这是由于国君使用臣下只有尚贤这一个标准，臣下事奉君主只有为这一个途径。这就好比富贵人家有高墙深院，墙已经立好了，仅仅在墙上做一个门。倘若小偷进来，只要关上这道门来搜寻，小偷就不得其门而出。这是什么缘故呢？就是因为抓到了关键。

故古者圣王之为政，列德而尚贤[①]，虽在农与工肆之人[②]，有能则举之，高予之爵，重予之禄，任之以事，断予之令[③]，曰：‘爵位不高则民弗敬，蓄禄不厚则民不信，政令不断则民不畏’。举三者授之贤者，非为贤赐也[④]，欲其事之成[⑤]。故当是时，以德就列[⑥]，以官服事[⑦]，以劳殿赏[⑧]，量功而分禄。故官无常贵，而民无终贱，有能则举之，无能则下之，举公义[⑨]，辟私怨[⑩]，此若言之谓也。故古者尧举舜于服泽之阳[⑪]，授之政，天下平；禹举益于阴方之中[⑫]，授之政，九州成[⑬]；汤举伊尹于庖厨之中，授之政，其谋得[⑭]；文王举闳夭泰颠于罝罔之中[⑮]，授之政，西土服[⑯]。故当是时，虽在于厚禄尊位之臣，莫不敬惧而施[⑰]，虽在农与工肆之人，莫不竞劝而尚意[⑱]。故士者所以为辅相承嗣也[⑲]。故得士则谋不困，体不劳，名立而功成，美章而恶不生[⑳]，则由得士也。”

是故子墨子言曰：“得意贤士不可不举[㉑]，不得意贤士不可不举，尚欲祖述尧舜禹汤之道[㉒]，将不可以不尚贤。夫尚贤者，政之本也。”

【注释】

①列德：任德，即给有德的人安排职位。②工肆：百工之人与商人。③断：决断，这里指给予决断的权限。④非为贤赐：不是因为贤能而赏赐。⑤事：指治国之事。⑥就列：就位，指就任一定的职位。⑦服事：给予任事的权限。⑧殿：定。⑨公义：大家认为有“义”的人。⑩辟：避开、消除。⑪服泽：地名，未详其处。阳：北面。⑫阴方：未详其处。⑬九州成：指天下统一。⑭谋：指汤灭夏的计谋。⑮闳夭、泰颠：周文王的两位大臣。罝（jū）：捕兽的网。⑯西土：指陕西岐山一带。服：服从。⑰施：行。这里指因“敬惧”而兢兢业业地工作。⑱竞劝：争相劝勉。尚意：崇尚道德。⑲辅相：辅佐君主的大臣。承嗣：继承人。⑳美章：章，通彰。美好的得到表彰。㉑得意：得志，即治理天下顺当。㉒尚：倘若。祖述：继承、遵循。

【译文】

所以古代圣王执政，总是任德尚贤。即使是百工商贾之人，有才能的就选拔，给他很高的爵位，给他很厚的俸禄，委以重任，授予决断的权力。就是说：‘爵位不高，人民就不会尊敬，俸禄不厚，人民就不会信任，政令不能决断，人民就不会畏惧。’拿这三者授予贤人，并不是为了赏赐贤人，而是希望治国之事成功。所以在这个时候，要以品德安排职位，要以官职大小授予任事的权力，要按功劳定其奖赏，要计量功勋而分俸禄。所以官吏没有永远富贵的，贫民百姓也不是终身卑贱的。有才能的就选拔他，没有才能的就废除他。选拔大家公认有‘义’的人，消除私怨，就是说的这个道理。所以古时唐尧在服泽之北选拔了舜，把政事交给他，天下就太平了；夏禹在阴方选拔了伯益，把政事交给他，九州就安定了；商汤从厨师中选拔了伊尹，把政事委托给他，他的计划就实现了；周文王从山野的猎户渔人中选拔了闳夭、泰颠，把政事委托给他们，西边的小国就归服了。所以在这时，即使是享有高官厚禄的臣子，没有哪个不敬畏而兢兢业业工作；即使是务农或从事工商的人，没有哪一个不争相勉励使其志趣高尚。所以贤士是用来作辅佐君王的大臣或作继承人的。因此只要得到贤士，计谋实施就不会困难，身体就不必劳苦，成名立业，美好的更加显扬，罪恶的不会产生，这就是因为得到贤士的缘故。”

所以墨子说：“君主得志的时候，不可不举用贤士；不得志时，更不可不举用贤士。倘若要遵循尧、舜、禹、汤的为政之道，那就不可不尊尚贤才。尊尚贤才，是治国的根本。”

尚贤中

子墨子言曰：“今王公大人之君人民[①]，主社稷[②]，治国家，欲修保而勿失[③]，故不察尚贤为政之本也[④]。何以知尚贤之为政本也？曰自贵且智者[⑤]，为政乎愚且贱者[⑥]，则治；自愚贱者，为政乎贵且智者，则乱。是以知尚贤之为政本也。故古者圣王甚尊尚贤而任使能[⑦]，不党父兄[⑧]，不偏贵富[⑨]，不嬖颜色[⑩]，贤者举而上之，富而贵之，以为官长；不肖者抑而废之，贫而贱之以为徒役[⑪]，是以民皆劝其赏，畏其罚[⑫]，相率而为贤。者以贤者众[⑬]，而不肖者寡，此谓进贤[⑭]。然后圣人听其言，迹其行[⑮]，察其所能，而慎予官，此谓事能[⑯]。故可使治国者，使治国；可使长官者[⑰]，使长官；可使治邑者，使治邑。凡所使治国家，官府，邑里，此皆国之贤者也。

【注释】

①君：统治。②主：主宰。③修：长久。④故：怎么。不察：看不见。⑤自：由。⑥乎：于。⑦尊尚：尊重崇尚。⑧党：即包庇。⑨偏：偏私、袒护。⑩嬖（bì）：宠爱。⑪徒役：被人役使的下人。⑫畏其罚：害怕得到惩罚。⑬此句应为“是以贤者众，而不肖者寡。”⑭进贤：当作“尚贤”。⑮迹：考察。⑯事能：事同使。⑰长（zhǎng）：主持、掌管。

【译文】

墨子说：“现在的王公大人统治人民，主宰社稷，治理国家，想要长久保有而不丧，怎么看不到尚贤是为政的根本呢！如何知道尚贤是为政的根本呢？常言道：由高贵而聪明的人去统治愚蠢卑贱的人，则国家能治理好；由愚蠢卑贱的人来统治高贵聪明的人，国家就要混乱。所以知道尚贤是为政的根本。因此古代圣王很尊尚贤才和使用有能力的人，不包庇父兄，不偏袒贵富，不宠爱美色。凡是贤者，就选拔提举他们，使之富贵，给他作官长；凡是没有才能的就压制、甚至废除他，使之贫贱，让他们去当徒役。这样，百姓都鼓励奖赏，害怕受罚，都争着作贤人。所以贤人越来越多，而不贤能的人越来越少，这就叫做尚贤。然后圣人听他的言语，考察他的行为，观察他的能力，慎重地授予他官职，这就叫做使能。所以，可以使他治国的，就叫他治国；可以使他掌管官府的，就叫他掌管官府；可以使他治理县邑的，就叫他治理县邑。凡是治理国家、掌管官府、管理县邑的，这些都是国家的贤人。

贤者之治国也，蚤朝晏退[①]，听狱治政[②]，是以国家治而刑法正。贤者之长官也，夜寝夙兴，收敛关市、山林、泽梁之利[③]，以实官府，是以官府实而财不散。贤者之治邑也，蚤出莫入[④]，耕稼、树艺[⑤]、聚菽粟，是以菽粟多而民足乎食。故国家治则刑法正，官府实则万民富。上有以絜为酒醴粢盛[⑥]，以祭祀天鬼；外有以为皮币[⑦]，与四邻诸侯交接；内有以食饥息劳[⑧]，将养其万民[⑨]。外有以怀天下之贤人。是故上者天鬼富之，外者诸侯与之[⑩]，内者万民亲之，贤人归之，以此谋事则得，举事则成，入守则固，出诛则强。故唯昔三代圣王尧、舜、禹、汤、文、武，之所以王天下正诸侯者，此亦其法已[⑪]。

【注释】

①蚤：通早。晏：晚。②听狱：审理、判决案件。③收敛：征收。利：财利。④莫：通暮。⑤树艺：种植。⑥絜为酒醴粢盛：见《法仪》第三段注。⑦皮币：皮毛和布帛，古时用作贵重礼品。⑧食饥息劳：使饥者食、使疲劳者休息。⑨将养：保养。⑩与：亲善、友好。⑪此：指尚贤。

【译文】

贤人治理国家，上朝早，退朝晚，审理判决案件，处理政务，所以国家治而刑法正。贤人掌管官府的工作，晚睡早起，征收关市、山林、泽梁的财利，用以充实官府，所以官府充实而财物集聚。贤人治理县邑，早出晚归，耕耘种植，收聚粮食，所以粮食多而百姓饮食丰足。所以国家治则刑法正，官府充实则万民富足。上能用洁净酒食去祭祀上天鬼神；外能制造皮毛布帛，与四邻诸侯交易；内能使饥者得食、劳者得息，保养万民；外可以招徕天下的贤人。所以，在上的天、鬼降福于他；在外诸侯们和他亲善；在内万民亲近他，贤人归附他。因此谋事则得，举事则成，内守则固，外征则强。因此过去三代圣王唐尧、虞舜、夏禹、商汤、周文王、周武王，之所以能称王天下，为诸侯之领袖，尚贤就是他们的原则。

既曰若法[①]，未知所以行之术[②]，则事犹若未成，是以必为置三本[③]。何谓三本？曰爵位不高则民不敬也。蓄禄不厚则民不信也，政令不断则民不畏也。故古圣王高予之爵，重予之禄，任之以事，断予之令，夫岂为其臣赐哉，欲其事之成也。《诗》曰：'告女忧恤，诲女予爵，孰能执热，鲜不用濯[④]？'则此语古者国君诸侯之不可以不执善[⑤]承嗣辅佐也[⑥]。譬之犹执热之有濯也，将休其手焉[⑦]。古者圣王唯毋得贤人而使之，般爵以贵之[⑧]，裂地以封之[⑨]，终身不厌[⑩]。贤人唯毋得明君而事之，竭四肢之力以任君之事，终身不倦。若有美善则归之上，是以美善在上而所怨谤在下，宁乐在君，忧戚在臣。故古者圣王之为政若此。

【注释】

①既曰若法：当作"既曰有法"。②行之术：实行的方法。③三本：三项根本的措施。④"告女忧恤"四句：《诗经·桑柔》句云："告尔忧恤，诲尔序爵，谁能执热，逝不以濯。"墨子引文与今《诗经》稍异，其意同。⑤执善：亲善。⑥承嗣辅佐：指王位继承人和辅佐大臣们。⑦将：应。休：保养。⑧般：同颁，赏赐。⑨裂：割。⑩厌：丢弃。

【译文】

既有这种原则，但不知推行它的方法，那么事情就跟没有成功一样。所以必须为尚贤使能设置三项根本措施。什么是三项根本措施？答道：爵位不高人民就不尊敬他，俸禄不厚人民就不相信他，政令不决断人民就不畏惧他。所以古圣人给他们很高的爵位，很丰厚的俸禄，委以重任，授予决断的实权。难道仅仅是给他们很高的赏赐吗？而是想要事业成功呵。《诗经》曰：'告诉你如何忧恤国家，教你如何授予官爵，谁能拿烫手的东西，而不用水去洗濯呢？"这话是说古代的君王不可以不亲善那些继承人和辅佐大臣们，这就如同拿过烫手的东西之后，必须用水洗濯一样，用以保养手呵。古代圣王得到贤人而任用他，赐给爵位使他显贵，分割土地封赏他，终身不丢弃。贤人得到明君而事奉他，则竭尽全力为国君效力，终身不觉疲倦。如果有了美好的功德，一定归功于君主。所以国君享有美好的功德，臣子们承担怨恨和诽谤，安宁和欢乐在君，而忧戚在臣，古时圣王执政就是这样的。

今王公大人亦欲效人以尚贤使能为政，高予之爵，而禄不从也。夫高爵而无禄，民不信也。曰'此非中实爱我也[①]，假藉[②]而用我也。'夫假藉之民，将岂能亲其上哉！故先王言曰：'贪于政者不能分人以事[③]，厚于货者不能分人以禄[④]'。事则不与，禄则不分，请问天下之贤人将何自至乎王公大人之侧哉？若苟贤者不至乎王公大人之侧，则此不肖者在左右也。不肖者在左右，则其所誉不当贤[⑤]，而所罚不当暴，王公大人尊此以为政乎国家[⑥]，则赏亦必不当贤，而罚亦必不当暴。若苟赏不当贤而罚不当暴，则是为贤者不劝而为暴者不沮矣[⑦]。是以入则不慈孝父母[⑧]，出则不长弟乡里[⑨]，居处无节[⑩]，出入无度[⑪]，男女无别[⑫]。使治官府则盗窃[⑬]，守城则倍畔[⑭]，君有难则不死，

出亡则不从[15]，使断狱则不中[16]，分财则不均，与谋事不得，举事不成，入守不固，出诛不强。故虽昔者三代暴王桀纣幽厉之所以失措其国家[17]，倾覆其社稷者，已此故也[18]。何则？皆以明小物而不明大物也[19]。

【注释】

①中实：诚心诚意。②藉：同借。③贪于政者：权利独揽的人。④厚于货者：看重钱财的人。⑤当(dàng)：符合。⑥尊：通遵。⑦沮（jǔ）：同阻，阻止。⑧慈：即爱利孝顺。⑨长弟（zhǎngtì）：即长悌，敬重的意思。乡里：同乡的父老兄弟。⑩无节：无度。即无法度、无规矩、无节制。⑪无度：没有法度。⑫无别：没有界限区别。⑬盗窃：指贪赃枉法。⑭倍畔：通背叛。⑮出亡：被迫在外逃亡。⑯中(zhòng)：符合。⑰失措：丧失。⑱已：通以。⑲小物：小事，指下文生活琐事。大物：大事，指尚贤使能治理国家。

【译文】

现在王公大人也打算效法古人崇尚贤人、任用能人为政，授予他们很高的爵位，但是俸禄却不能随之增加。光是予以高官而无厚禄，百姓不相信呵。他们说：‘这不是真正的爱我呀，只是借用我罢了。’借用的人，又怎么能亲近上面呢！所以先王说：‘独揽权利的人不能把事务分给别人，看重钱财的人不肯把俸禄分给别人。’事务不给予别人，钱财又不分给别人，请问天下的贤人又怎么会到王公大人的身边来呢？如果贤人不到王公大人身边，那不贤的人就在左右了，不肖的人在左右，他们所称赞的就不会是真贤、所惩罚的就不会是真暴。如果赏赐的不是真贤、惩罚的不是真暴，那么做贤人的得不到勉励而做恶人的也得不到阻止了。所以在家不知道孝敬父母，出外不知道敬重乡里，居处没有节制，出入没有法度，男女没有界限。让他们治理官府就会贪赃枉法，让他们守城就会背叛投敌，君主有灾难不会拼死相救，君主出外逃亡则不紧紧跟随，让他们断案则不合理，分财则不均，跟他们谋事则不得，举事则不成，守城不固，出征不强。所以过去三代暴王桀、纣、幽、厉之所以丧失国家，倾覆社稷，都是这个缘故。为什么呢？都是因为只明白小事而不明白大事。

今王公大人，有一衣裳不能制也，必藉良工；有一牛羊不能杀也，必藉良宰。故当若之二物者[1]，王公大人未知以尚贤使能为政也[2]。逮至其国家之乱，社稷之危，则不知使能以治之，亲戚则使之，无故富贵、面目佼好则使之[3]。夫无故富贵、面目佼好则使之，岂必智且有慧哉！若使之治国家，则此使不智慧者治国家也，国家之乱既可得而知已。且夫王公大人有所爱其色而使[4]，其心不察其知而与其爱[5]。是故不能治百人者，使处乎千人之官，不能治千人者，使处乎万人之官。此其故何也？曰处若官者爵高而禄厚，故爱其色而使之焉。夫不能治千人者，使处乎万人之官，则此官什倍也[6]。夫治之法将日至者也[7]，日以治之，日不什修[8]，知以治之，知不什益，而予官什倍，则此治一而弃其九矣。虽日夜相接以治若官，官犹若不治，此其故何也？则王公大人不明乎以尚贤使能为政也。故以尚贤使能为政而治者，夫若言之谓也[9]，以下贤为政而乱者[10]，若吾言之谓也[11]。

【注释】

①二物：指借助良工作衣裳和依靠屠夫宰牛羊这两件事。②未知：当作“未尝不知”。③面目佼好：样子长得漂亮。④且夫：递进连词。使：下当有“之”字。⑤心：当作必。知：通智。⑥官什倍：官位超过他的才能十倍了。⑦治之法：治国之法。⑧日不什修：一天的时间，不能长十倍。⑨夫若言：当作若夫言。⑩下贤：不崇高贤人。⑪若吾言：指我现在所说的。

【译文】

现在王公大人有一件衣裳不能制作，一定要借助技艺高超的裁缝；有一牛羊不能宰杀，一定要借助技艺高超的屠夫。所以遇上这两件事，王公大人也未尝不知道尚贤使能的重要。等到国家丧乱，社稷倾危，就不知道使用能人来治理国家了。凡是亲戚就使用他，无缘无故富贵的、面目长得漂亮的就使用他们。那些无端富贵，面目漂亮的就使用，难道他们一定聪明有才智吗！如果使他们治理国家，就是使不聪明的人治理国家，国家的混乱是可想而知的了。而王公大人因为爱那个人的美色就使用他，不考察他的智慧就给他以爱。因此，不能治理一百人的，却叫他去做一千人的长官；不能治理一千人的，却叫他去做一万人的长官。这是什么缘故呢？答道：处于这种官位的，爵位高并且俸禄多，因为喜爱他的美色才使用他的呀。不能治理一千人的，却叫他去做一万人的长官，那这官位就超过他的才能十倍了。虽然他的治国的措施，是每天要去施行的，但一天的时间是不能延长十倍的，而他的智能不能增加十倍，却给他以十倍于才能的官职。这样，他只能治理十分之一，其他十分之九就只有放弃了。尽管他日以继夜地工作，仍旧是无法治理得好的。这是为什么呢？这就是王公大人不明白为政要尚贤使能的缘故呵。所以用尚贤使能为政而国家得到治理的、就是我前面所讲的；不用尚贤使能为政而国家混乱，就是我上面所讲的这样。

今王公大人中实将欲治其国家，欲修保而勿失，胡不察尚贤为政之本也？且以尚贤为政之本者，亦岂独子墨子之言哉！此圣王之道，先王之书距年之言也①。传曰②：‘求圣君哲人，以裨辅而身③’。《汤誓》曰④：‘聿求元圣⑤，与之戮力同心，以治天下。’则此言圣之不失以尚贤使能为政也。故古者圣王唯能审以尚贤使能为政，无异物杂焉⑥，天下皆得其利。古者舜耕历山，陶河濒⑦，渔雷泽⑧，尧得之服泽之阳，举以为天子，与接天下之政，治天下之民，伊挚⑨，有莘氏女之私臣⑩，亲为庖人⑪，汤得之，举以为己相，与接天下之政，治天下之民。傅说被褐带索⑫，庸筑乎傅岩⑬，武丁得之，举以为三公⑭，与接天下之政，治天下之民。此何故始贱卒而贵，始贫卒而富？则王公大人明乎以尚贤使能为政。是以民无饥而不得食，寒而不得衣，劳而不得息，乱而不得治者。

【注释】

①距年：应作巨年，指老年人。②传：指古书。③裨辅：辅佐。而：通尔。④《汤誓》：《尚书》篇目。但这里引的句子，今《汤誓》中无。⑤聿（yù）：句首语助词。元圣：大圣人。⑥异物：别的事。杂：参杂。⑦陶：制作陶器。河濒：黄河之滨。⑧渔：捕鱼。雷泽：地名。⑨伊挚：即伊尹。⑩有莘：古国名。汤娶有莘之女为妻。私臣：陪嫁的家奴。⑪亲为：亲自作。⑫被：同披。褐：粗布衣。带索：以绳为衣带。⑬庸：通佣。傅岩：地名。⑭三公：天子之相。

【译文】

现在的王公大人真心想自己的国家得到治理，希望长保江山而不丧失，为什么不去明察尚贤使能为政的根本呢？而且以尚贤使能作为政之根本的，岂只墨子一家是这样主张呢？这是圣王的道理，是先王的书籍记述的，是老年人传下的话呀！古书上说：'求圣君和哲人来辅佐你。'《汤誓》上也说：'寻求大圣人，和他同心协力，来治理天下。'这些都可以证明圣王是不放弃尚贤使能作为政之本的。古代圣王能审慎地以尚贤使能为政，没有别的事参杂其中，所以天下人都能获得利益。古时舜帝在历山下耕种，在黄河之滨制作陶器，在雷泽捕鱼，尧帝在服泽之北得到他，推举他为天子，让他掌管天下的政事，治理天下的人民。伊尹原本是有莘氏之女陪嫁的奴仆，他自身作过厨师，商汤得到他，推举他为国相，让他接管天下政事，治理天下人民。傅说穿粗布衣服，以绳索为带，在傅岩当佣人，以筑城为生，武丁得到了他，任他为三公，掌管天下的政事，治理天下的人民。他们为什么先贱后贵，先贫后富呢？那是因为王公大人知道以尚贤使能为政，所以人民没有饥饿得不到东西吃、寒冷得不到衣穿、劳作得不到休息的情况。

故古圣王以审以尚贤使能为政①，而取法于天。虽天亦不辩贫富②、贵贱、远迩、亲疏、贤者举而尚之，不肖者抑而废之。然则富贵为贤③，以得其赏者谁也？曰若昔者三代圣王尧、舜、禹、汤、文、武者是也。所以得其赏何也？曰其为政乎天下也，兼而爱之，从而利之，又率天下之万民以尚尊天④、事鬼、爱利万民，是故天鬼赏之，立为天子，以为民父母，万民从而誉之曰'圣王'，至今不已。则此富贵为贤，以得其赏者也。然则富贵为暴，以得其罚者谁也？曰若昔者三代暴王桀、纣、幽、厉者是也。何以知其然也？曰其为政乎天下也，兼而憎之，从而贼之⑤，又率天下之民以诟天侮鬼⑥，贼傲万民⑦，是故天鬼罚之，使身死而为刑戮，子孙离散，室家丧灭，绝无后嗣，万民从而非之曰'暴王'，至今不已。则此富贵为暴，而以得其罚者也。然则亲而不善，以得其罚者谁也？曰若昔者伯鲧⑧，帝之元子⑨，废帝之德庸⑩，既乃刑之于羽之郊，乃热照无有及也⑪，帝亦不爱⑫。则此亲而不善以得其罚者也。然则天之所使能者谁也？曰若昔者禹、稷⑬、皋陶是也。何以知其然也？先王之书《吕刑》道之⑭曰：'皇帝清问下民⑮，有辞有苗⑯。曰群后之肆在下⑰，明明不常⑱，鳏寡不盖⑲，德威维威⑳，德明维明㉑。乃名三后㉒，恤功于民㉓，伯夷降典㉔，哲民维刑㉕。禹平水土，主名山川㉖。稷隆播种㉗，农殖嘉谷㉘。三后成功，维假于民㉙。'则此言三圣人者，谨其言，慎其行，精其思虑，索天下之隐事遗利，以上事天，则天乡其德㉚，下施之万民，万民被其利㉛，终身无已。故先王之言曰：'此道也㉜，大用之天下则不窕㉝，小用之则不困，修用之则万民被其利，终身无已。'《周颂》道之曰㉞：'圣人之德，若天之高，若地之普㉟，其有昭于天下也。若地之固，若山之承㊱，不坼不崩㊲。若日之光，若月之明，与天地同常㊳。'则此言圣人之德，章明博大，埴固㊴，以修久也。故圣人之德盖总乎天地者也㊵。

【注释】

①此句应为“能审以尚贤使能为政。”②虽：同唯。辩：通辨。③富贵为贤：指居富贵而行仁政的人。④尚：为衍文。⑤贼：残害。⑥诟：辱骂。⑦贼傲：当作贼杀。⑧伯鲧（gǔn）：传说为我国中古时代部落首领，夏禹的父亲，奉尧命治水，失败被杀。⑨帝之元子：此指舜帝的嫡系长辈。⑩德庸：功德。⑪热照无有及：日月照不到的地方。⑫帝亦不爱：指舜帝也不爱。⑬稷：后稷，尧时农官，善耕种。⑭吕刑：《尚书》篇名，周穆王时关于刑法的文告。道之：言之。⑮皇帝：指帝尧。清问：清通询，询问。⑯有辞：谴责的言辞。有苗：古代族名。⑰群后：诸侯。肆：通逮，逮，至、及。⑱明明：有明德的人。不常：不按常规任用。⑲鳏寡不盖：鳏夫、寡妇有贤德的也不被掩盖。⑳德威维威：以德为威才是真正的威严。㉑德明维明：以德为明才是真正的明察。㉒三后：指伯夷、禹、稷。㉓恤功：恤，忧虑。功，作事。㉔伯夷：舜的臣子。降典：制定法典。㉕哲民：即制服百姓。刑：法则。㉖主名山川：主管定山川的名称。㉗隆：通降，传授的意思。㉘农殖：即勉种，努力耕种。嘉谷：好的粮食。㉙假：大，远。㉚乡（xiǎng）：通享。㉛被其利：得到圣人的好处。㉜道：指“尚贤使能”之道。㉝窕（tiǎo）：缺损。㉞周颂：诗篇名。㉟普：广大。㊱承：承接，连绵不断。㊲圻（chè）：裂。㊳圣人之德……与天地同常：当作“圣人之德昭于天下，若天之高，若地之普，若山之承，不坼不崩，若日之光，若月之明，与天地同常。”㊴埴（zhí）固：坚韧牢固。㊵总乎天地：总合了天地的美德。

【译文】

所以古代圣王能审慎地以尚贤使能为政，而取法于天。唯天不分贫富、贵贱、远近、亲疏，对贤能的人就推举并崇尚他，对无能的人则抑制和废弃他。那么，那些富贵而行仁政的人，得到了上天的赏赐的有谁呢？答道：像过去三代圣王尧、舜、汤、文、武等都是。他们之所以得到奖赏是为什么呢？答道：他们治理天下，兼爱百姓，有利于百姓，又率领天下的万民尊敬上天，侍奉鬼神，爱民，利民。所以天地鬼神都奖赏他们，立他们为天子，做人民的父母，人民从而称赞他们为‘圣王’，至今还是这样。这就是富贵为贤，得到奖赏的事例。那么，那些富贵而行暴政的人，受到上天惩罚的又是谁呢？答道：像过去三代暴王桀、纣、幽、厉等都是。怎么知道是这样呢？答道：他们统治天下，互相仇恨，互相残害，又率领天下的百姓咒骂侮辱天地鬼神，残害万民。所以天地鬼神惩罚他们，使之身死名裂，遭受刑戮，子孙离散，家室毁灭，断绝子孙。万民因此咒骂他们为‘暴王’，至今还是如此。这就是富贵为暴而得到惩罚的例子。那么，尽管是近亲，而因行为不善而得到惩罚的又有谁呢？答道：像过去的伯鲧，尽管是舜帝的长辈，但因他损害了舜的功德，不久就被放逐到羽山，那是日月都照不到的地方，帝舜也不再爱他。这就是亲而不善而得到惩罚的例子。那么，天所使用的贤人又是谁呢？答道：像过去的禹、稷、皋陶等就是呵。怎么知道是这样呢？先王的《尚书·吕刑》篇说道：‘尧帝询问下民，人民都诉说有苗族为害。帝尧说：各位诸侯以及士民，只要是贤明的人，就突破常规任用他。即使是鳏夫、寡妇有贤德也不被掩盖。以德为威才是真正的威严，以德为明才是真正的明。于是命令伯夷、禹、稷替人民着想，为人民作事。伯夷制定法典，用刑法来制服百姓。夏禹治水，平定水土，为山川定名。后稷传授农技，努力种植粮食。这三位的成功，对人民的益处是博大而深远的。’这就是说那三位圣人，谨言慎行，精微地思虑，寻求天下未被发现的事物和被人遗忘的利益，以此上奉事天，则天即享用其德；下施于万民，万民则得其好处，且终身享用不尽。故先王说：‘这种尚贤使能之道，使用于大处不感到亏缺，使用于小处也不感到困塞，长久使用它则万民得到好处，终身受用不尽。’《周颂》上说‘圣人的德行昭著于天下，像天一样高，如地一样广，似山一样连绵不断，不裂不崩，像太阳一样光明，

像月亮一样明亮，与天地一样长久。’这就是说圣人的德行昭彰博大、牢固长久。所以圣人的德行总合了天地的美德。

今王公大人欲王天下，正诸侯，夫无德义将何以哉？其说将必挟震威强①。今王公大人将焉取挟震威强哉②？倾者民之死也③。民生为甚欲，死为甚憎，所欲不得而所憎屡至，自古及今未有尝能有以此王天下、正诸侯者也。大人欲王天下，正诸侯，将欲使意得乎天下，名成乎后世，故不察尚贤为政之本也④。此圣人之厚行也。”

【注释】

①挟震威强：挟持自己的威势和强力。②将焉取挟震威强哉：将从“挟震威强”中得到什么呢？③者：当作诸，之于。④故：通胡，为什么。

【译文】

现在王公大人想称王天下，做诸侯的盟主，没有德义又将依靠什么呢？他们说一定要挟持自己的威势和强力。现在王公大人将从‘挟震威强’中得到什么呢？只能是因百姓死亡而被倾覆。一般的人都希望活下去，对于死都十分憎恨，但是老百姓所希望的得不到而所憎恨的却不断到来。自古至今从来没有凭这个而能称王天下、做诸侯的领袖的了。今王公大人想称王天下、做诸侯的盟主，并希望将自己的意愿在天下实现，名垂后世，为什么不考虑尚贤为政这个根本呢？这就是圣人的高尚德行呵！”

尚贤下

子墨子言曰：“天下之王公大人皆欲其国家之富也，人民之众也，刑法之治也，然而不识以尚贤为政其国家百姓①，王公大人本失尚贤为政之本也②。若苟王公大人本失尚贤为政之本也，则不能毋举物示之乎？今若有一诸侯于此，为政其国家也，曰：‘凡我国能射御之士，我将赏贵之③，不能射御之士，我将罪贱之④。’问于若国之士，孰喜孰惧？我以为必能射御之士喜，不能射御之士惧。我赏因而诱之矣⑤，曰：‘凡我国之忠信之士，我将赏贵之，不忠信之士，我将罪贱之。’问于若国之士，孰喜孰惧？我以为必忠信之士喜，不忠不信之士惧。今惟毋以尚贤为政其国家百姓⑥，使国为善者劝⑦，为暴者沮⑧，大以为政于天下⑨，使天下之为善者劝，为暴者沮。然昔吾所以贵尧舜禹汤文武之道者，何故以哉？以其唯毋临众发政而治民，使天下之为善者可而劝也⑩，为暴者可而沮也。然则此尚贤者也，与尧舜禹汤文武之道同矣。

【注释】

①其：上应有于字。②本失：当作未知。③赏贵之：即赏之贵之，使之受赏，使之尊贵。④罪贱之：即罪之贱之，使之受罪，使之贫贱。⑤赏：当作尝，尝试。诱：即进一步。⑥惟毋：语助词，无义。⑦这句应为“使国之为善者劝”。⑧沮（jǔ）：阻止、制止。⑨大：大字下有“之”字。大之：扩大来说。⑩可而：当为“可以”。

【译文】

墨子说："天下的王公大人，都希望他的国家富，人民多，刑法治。然而不知道用尚贤来治理国家百姓。王公大人不知道尚贤为政这个根本。如果王公大人不知道失去了尚贤为政的根本，那么，我们不能举出事例来向他说明白吗？现在倘若有一位诸侯在治理一个国家，他说道：'凡是我国能射箭和驾车的人，我将使他受赏、使他尊贵；不能射箭和驾车的人，我将使他受罪、使他贫贱。'在这种情况下，试问这个国家的人们，谁高兴谁害怕呢？我认为一定是能射御的人们高兴，不能射御的人们害怕。我试着进一步说：'凡是我国忠信的人，我将使他受赏、使他尊贵；不忠信的人，我将使他受罪、使他贫贱。'试问这个国家的人，谁高兴谁害怕？我认为一定是忠信的人高兴，不忠信的人害怕。现在以尚贤来治理自己国家和人民，使国内行善的人们受到勉励，干坏事的人们受到制止。扩大到治理天下而言，使天下行善的人受到勉励，使天下干坏事的人受到阻止。由此我过去所以看重尧、舜、禹、汤、文、武的为政之道，是什么缘故呢？因为他们面对群众发布政令，使天下为善的人被认可并得到勉励，为暴的人受到阻止。这样的尚贤，就和尧、舜、禹、汤、文、武之道是一样的了。

而今天下之士君子，居处言语皆尚贤，逮至其临众发政而治民，莫知尚贤而使能，我以此知天下之士君子，明于小而不明于大也。何以知其然乎？今王公大人，有一牛羊之财不能杀[①]，必索良宰；有一衣裳之财不能制，必索良工。当王公大人之于此也，虽有骨肉之亲，无故富贵、面目美好者，实知其不能也，不使之也，是何故？恐其败财也。当王公大人之于此也，则不失尚贤而使能。王公大人有一罢马不能治[②]，必索良医；有一危弓不能张[③]，必索良工。当王公大人之于此也，虽有骨肉之亲，无故富贵、面目美好者，实知其不能也，必不使。是何故？恐其败财也。当王公大人之于此也，则不失尚贤而使能。逮至其国家则不然，王公大人骨肉之亲，无故富贵、面目美好者，则举之，则王公大人之亲其国家也，不若亲其一危弓、罢马、衣裳、牛羊之财与。我以此知天下之士君子皆明于小，而不明于大也。此譬犹喑者而使为行人[④]，聋者而使为乐师。

【注释】

①财：同财。②罢：同疲。③危弓：一种难开的弓。④喑（yīn）者：哑巴。行人：古代被派往外国的使者。

【译文】

现在天下的士大夫君子，平时居处言谈都知道尚贤，但到了当着大众施政治民的时候，就没有人知道尚贤使能了，我因此看出天下的士大夫君子们，只明白小的道理而不董得大的道理！何以知道他们是这样的呢？现在王公大人，有一只牛或羊不会宰杀，他一定会去找好的屠夫；有一件衣服不会缝制，一定会去找好的裁缝。王公大人在这种时候，虽然有骨肉之亲、或是无缘无故就得到富贵的、或是面貌长得很漂亮的那些人，但他知道这些人没有这种能力，就不会叫他们去干，这是为什么呢？是担心他们损失自己的财物呀！王公大人在这种时候，尚不失为一个尚贤使能的人。王公大人有一匹疲弱的马不能治，一定会去找好的医生；有一张难拉

的弓不能开，一定会去找好的工匠。王公大人在这种时候，虽然有骨肉之亲、或是无缘无故就得到富贵的、或是面貌长得漂亮的那些人，他知道这些人没有这种能力，就不用他们，这是为什么呢？也是担心他们损失自己的财物呀！王公大人在这种时候，尚不失为一个尚贤使能的人。但一等到治理国家就不是这样了，王公大人对于骨肉之亲、无缘无故就得到富贵或者长得漂亮的，都举用他们。像这样，王公大人爱他自己的国家，还比不上一张难拉的弓、一匹疲弱的马、一件衣服、一只牛羊呵！我因此得知天下的士大夫君子们，都只懂得小道理，而不明白大道理。这正如让一个哑巴去当外交官员，让一个聋子去当乐师一样。

是故古之圣王之治天下也，其所富，其所贵，未必王公大人骨肉之亲、无故富贵、面目美好者也。是故昔者舜耕于历山，陶于河濒，渔于雷泽，灰于常阳[1]。尧得之服泽之阳，立为天子，使接天下之政，而治天下之民。昔伊尹为莘氏女师仆[2]，使为庖人，汤得而举之，立为三公，使接天下之政，治天下之民。昔者傅说居北海之洲[3]，圜土之上[4]，衣褐带索，庸筑于傅岩之城，武丁得而举之，立为三公，使之接天下之政，而治天下之民。是故昔者尧之举舜也，汤之举伊尹也，武丁之举傅说也，岂以为骨肉之亲、无故富贵、面目美好者哉？惟法其言，用其谋，行其道，上可而利天，中可而利鬼，下可而利人，是故推而上之。

【注释】

①灰：当作反，反通贩。常阳：地名，无考。②师仆：当作“私仆”即陪嫁的家奴。③北海之洲：古地名。④圜（yuán）土：牢狱。圜土之上，即牢狱之中。

【译文】

所以古代圣王治理天下，他们所使之富有的，所使之尊贵的，未必是王公大人的骨肉之亲和无缘无故富贵及面目漂亮的那些人。过去舜帝在历山下耕种，在黄河之濒制作陶器，在雷泽捕鱼，在常阳贩卖货物。尧帝在服泽的北边得到了他，立为天子，让他接管天下的政事，治理天下的人民。过去伊尹是有莘氏之女的陪嫁家奴，让他作厨师，后来汤得到他并推举为三公，让他接管天下的政事，治理天下的人民。过去傅说住在北海之洲，处在牢狱之中，穿着粗布衣服，以绳索为衣带，后来又在傅岩当佣人筑城，武丁得到了他，推举为三公，让他接管天下的政事，治理天下的人民。由此看来，过去尧推举舜帝，汤推举伊尹，武丁推举傅说，难道是因为他们是骨肉之亲、无故富贵、面目漂亮吗？那只是要效法他们的理论，利用他们的智谋，推行他们的主张，上可以有利于天，中可以有利于鬼，下可以有利于民，所以推举他们并尊尚他们。

古者圣王既审尚贤欲以为政，故书之竹帛[1]，琢之槃盂[2]，传以遗后世子孙。于先王之书《吕刑》之书然[3]，王曰[4]：‘於[5]！来！有国有士[6]，告女讼刑[7]，在今而安百姓，女何择言人[8]，何敬不刑[9]，何度不及[10]。’能择人而敬为刑，尧、舜、禹、汤、文、武之道可及也。是何也？则以尚贤及之，于先王之书竖年之言然[11]，曰：‘晞夫圣[12]、武[13]、知人[14]，以屏辅而身[15]。’此言先王之治天下也，必选择贤者以为其群属辅佐[16]。曰今也天下之士君子，皆欲富贵而恶贫贱。曰然[17]。女何为而得富贵而辟贫贱[18]？莫若为贤[19]。为贤之道将奈何？曰有力者疾以助人，有财者勉以分人，有道者劝以教人。若此则饥者得食，寒者得衣，乱者得治。若饥则得食，寒则得衣，乱则得治，此安生生[20]。

【注释】

①书：写。竹帛：竹简、丝绢。②琢：雕。槃（pán）：古代盛水的盘。盂：古代盛食的器皿。③此句中，前一“书”字为名词，先王之书，指《尚书》。后一“书”字为动词，书写，记载。④王：指先王。⑤於（wū）：叹词无实义。⑥有国：有国家的诸侯国君。有士：有封地的卿士。⑦讼：通公。公刑，即公正的刑法。⑧女何择言人：“言”当为“否”。句意为你不选择人才，还有什么值得选择的呢？⑨何敬不刑：你不敬重刑罚，还有什么可以敬重的呢？⑩何度不及：你不思考达到尚贤的要求，还思考什么呢？⑪竖年：老年人。⑫晞：通希，希求。圣：圣人。⑬武：武夫。⑭知人：智者。⑮屏：通裨。裨辅，辅佐。⑯群属：指各种高级官员。⑰这句应为：然女何为而得富贵而辟贫贱？曰莫若为贤。⑱辟：同避。⑲莫若为贤：不如做贤人。⑳生生：生存。

【译文】

古代圣王既然审慎地对待尚贤并想以尚贤为政，所以把它书写在竹简丝帛上，雕刻在槃盂器皿上，流传给后世子孙。在先王的典籍《尚书》吕刑篇上就有所记载，先王说：‘啊！来！有国的国君和有封地的卿士们，告诉你们公正的刑法，今天你们要安定百姓，你不选择人才，还有什么值得选择呢？你不敬重刑罚，还有什么值得敬重呢？你不思考达到尚贤的要求，还思考什么呢？能够选择贤才，敬用刑典，那么尧、舜、禹、汤、文、武之道就可以达到了。为什么呢？就是以尚贤达到的。在先王之书上，老年人就有这样的说法：‘希求圣人、武夫、智者，来辅佐你自己。’这就是说先王治理天下，一定要选择贤能的人，来作为官属和辅助。有人说：现在天下士大夫君子们，都想富贵而厌恶贫贱。然而你怎样做才能获得富贵而避免贫贱呢？有人说：“莫如作贤人。”那作贤人之道又是怎样的呢？有人说：有力气的人赶快用力帮助人，有财富的人努力分给别人，有高尚品道德的人则要尽力教导别人。像这样就能饥者得食，寒者得衣，乱者得治。如果饥饿的能得到食物，寒冷的能得到衣服，世乱能得到治理，这样就能各安其生了。

今王公大人其所富，其所贵，皆王公大人骨肉之亲，无故富贵、面目美好者也。今王公大人骨肉之亲，无故富贵、面目美好者，焉故必知哉[1]！若不知，使治其国家，则其国家之乱可得而知也。今天下之士君子皆欲富贵而恶贫贱。然女何为而得富贵，而辟贫贱哉？曰莫若为王公大人骨肉之亲，无故富贵、面目美好者。王公大人骨肉之亲，无故富贵、面美好者，此非可学能者也。使不知辩[2]，德行之厚若禹、汤、文、武不加得也[3]，王公大人骨肉之亲，躄[4]、喑、聋，暴为桀、纣，不加失也[5]。是故以赏不当贤，罚不当暴，其所赏者已无故矣，其所罚者亦无罪。是以使百姓皆攸心解体[6]，沮以为善[7]，垂其股肱之力而不相劳来也[8]；腐臭余财，而不相分资也[9]，隐慝良道，而不相教诲也。若此，则饥者不得食，寒者不得衣，乱者不得治。推而上之以[10]。

【注释】

①知：通智。②使不知辩：假使不会辨别。③不加得：不会得到什么。即不会得到重任。④躄（bì）：跛足。⑤不加失：不会失掉什么。即不会被抛弃。⑥攸心解体：攸当作散，散心解体：人心涣散。⑦沮：阻止。以：其。⑧垂其股肱（gōng）之力：指不愿动手足劳动，怠惰。不相来（lài）劳：不勉励帮助人。⑨分资：分给。⑩推而上之以：为衍文。

【译文】

现在的王公大人，他们所使之富贵的人，都是王公大人的骨肉之亲，以及无故富贵、面貌漂亮的人们。这些骨肉之亲，无故富贵、面貌漂亮的人，怎么会一定有智慧呢？没有智慧，而让他们来治理国家，那么这个国家的混乱，是可想而知的了。现在天下的士大夫君子们，都希望富贵而厌恶贫贱。然而怎样才能得到富贵而避免贫贱呢？那就只有做王公大人的骨肉之亲、和无故富贵、面貌漂亮的人了。但是王公大人的骨肉之亲、无故富贵、面貌漂亮的，却不是可以学了就能做的，假使不会辨别，即使德行很好，像禹、汤、文、武一样，也不会得到重任的；而王公大人的骨肉之亲，即使是跛足、哑巴、聋子，残暴得象桀、纣一样，也不会被抛弃。所以所奖赏的不是贤才，所惩罚的也不是残暴的人，他们所赏的没有功劳，他们所罚的也没有罪过了。这样就使老百姓人心涣散，做好事也被阻止，百姓就会不用手足劳动，变得懒惰，更不会勉励帮助别人；即使有多余的财物腐臭变质，也不会分予资助别人；隐慝着良好的道德学问，而不相互教诲呵。像这样，饥饿的人就得不到吃的，寒冷的人就得不到穿的，社会混乱就得不到治理。

是故昔者尧有舜，舜有禹，禹有皋陶，汤有小臣[①]，武王有闳夭、泰颠、南宫括[②]、散宜生[③]，而天下和，庶民阜[④]，是以近者安之，远者归之。日月之所照，舟车之所及，雨露之所渐[⑤]，粒食之所养，得此莫不劝誉。且今天下之王公大人士君子[⑥]，中实将欲为仁义[⑦]，求为上士，上欲中圣王之道，下欲中国家百姓之利，故尚贤之为说，而不可不察此者也。尚贤者，天鬼百姓之利，而政事之本也。”

【注释】

①小臣：指伊尹。②南宫括：武王臣。③散宜生：西周初文王臣，后佐武王灭纣。④庶民阜：老百姓富足。⑤渐：滋润。⑥且：假如。⑦中实：诚心。

【译文】

所以从前尧有舜，舜有禹，禹有皋陶，汤有伊尹，武王有闳夭、泰颠、南宫括、散宜生，因而天下太平，百姓富足。所以近处的人得到安定，远处的人都来归服。凡是日月所照到的地方，舟车能到达的地方，雨露滋润的地方，粮食养活人的地方，因此没有谁不劝勉和赞誉的。假如天下的王公大人及士大夫君子们，诚心想要实行仁义，要求作贤士，向上希望符合圣王的大道，向下希望符合国家百姓的利益，那尚贤作为一种主张，是不可不审察的了。尚贤，是天鬼百姓的利益，是政事的根本呵！

尚同上

子墨子言曰："古者民始生，未有刑政之时①，盖其语'人异义'。是以一人则一义，二人则二义，十人则十义，其人兹众②，其所谓义者亦兹众。是以人是其义，以非人之义，故交相非也。是以内者父子兄弟作怨恶③，离散不能相和合。天下之百姓，皆以水火毒药相亏害④，至有余力不能以相劳，腐朽余财不以相分⑤，隐慝良道不以相教，天下之乱，若禽兽然。

【注释】

①刑政：指行政治理。②兹众：兹，与滋古通用。滋众，即越多。③内者：一家之内。作怨恶：相互怨恨，相互厌恶。④亏害：损害、残害。⑤腐朽（xiǔ）：腐烂、腐臭。

【译文】

墨子说："古时候，人民刚刚产生，还没有行政治理的时候，所说的话，意义各不相同。所以一个人就有一种道理，两个人就有两种道理，十个人则有十种道理。人数越多，他们所说的道理也就越多。所以人们都认为自己的主张是对的，认为别人的主张是错的，故相互非议。即使在一个家庭内部，父子、兄弟之间也是相互怨恨、厌恶。天下的百姓，都用水、火、毒药相互残害。有余力的人不愿帮助别人，即使多余的财物腐烂发臭也不分给别人，隐匿好的德行而不互相教诲。天下的混乱状况，就如同禽兽那样。

夫明虖天下之所以乱者①，生于无政长②。是故选天下之贤可者③，立以为天子。天子立，以其力为未足，又选择天下之贤可者，置立之以为三公。天子三公既以立，以天下为博大，远国异土之民，是非利害之辩④，不可一二而明知⑤，故画分万国⑥，立诸侯国君，诸侯国君既已立，以其力为未足，又选择其国之贤可者，置立之以为正长⑦。正长既已具，天子发政于天下之百姓⑧，言曰：'闻善而不善⑨，皆以告其上。上之所是，必皆是之；所非必皆非之。上有过则规谏之，下有善则傍荐之⑩。上同而不下比者⑪，此上之所赏，而下之所誉也。意若闻善而不善⑫，不以告其上，上之所是，弗能是，上之所非，弗能非，上有过弗规谏，下有善弗傍荐，下比不能上同者，此上之所罚，而百姓所毁也⑬。'上以此为赏罚，甚明察以审信。是故里长者，里之仁人也。里长发政里之百姓，言曰：'闻善而不善，必以告其乡长。乡长之所是，必皆是之，乡长之所非，必皆非之。去若不善言，学乡长之善言；去若不善行，学乡长之善行，则乡何说以乱哉？'察乡之所治者何也？乡长唯能壹同乡之义，是以乡治也。乡长者，乡之仁人也。乡长发政乡之百姓，言曰：'闻善而不善者，必以告国君。国君之所是，必皆是之，国君之所非，必皆非之。去若不善言，学国君之善言；去若不善行，学国君之善行，则国何说以乱哉。'察国之所以治者何也？国君唯能壹同国之义，是以国治也。国君者，国之仁人也。国君发政国之百姓，言曰：'闻善而不善，必以告天子。天子之所是，皆是之，天子之所非，皆非之。去若不善言，学天子之善言；去若

不善行，学天子之善行，则天下何说以乱哉。'察天下之所以治者何也？天子唯能壹同天下之义，是以天下治也。

【注释】

①虖：通乎。②生于无政长：产生于没有行政长官。③贤可者：贤能而可以当政的人。④辩：通辨。⑤一二而明知：当为"一一而明之"。⑥画：通划。⑦正长：即政长。行政长官。⑧发政：发布政令。⑨而：同与。⑩傍：通旁。⑪比：与坏人勾结。⑫意若：假若。⑬百姓所毁："所毁"前应有"之"字。

【译文】

懂得了天下之所以混乱，是产生于没有行政长官。所以选择天下贤良又可为政的人，立之为天子。天子既立，认为他的力量不足，又选择天下的贤良又可为政的人，立他们为辅佐天子、掌管军政大权的三公。天子、三公已立，由于天下地域辽阔，对远方异土的人民及其对是非利害的分辨，不能逐一了解，因此又把天下划分为众多的诸侯国，立诸侯国的国君。诸侯国的国君已立，还是认为他们的力量不足，又选择诸侯国的贤能者，立他们为各级行政长官。行政长官既已设立了，天子向天下的百姓发布政令说：'不管听到好的言论还是坏的言论，都要报告给自己的上司。上司认为是对的，一定要认为是对的；上司认为是错的，一定要认为是错的。上司有过错就劝谏他，百姓中有好人好事就广泛地推荐他们。对上保持一致，而对下不勾结坏人。这是上面所赞赏的，也是百姓所称誉的。假若听到好的言论和不好的言论都不报告给自己的上司，那么，上司所赞成的不能肯定，上司所反对的不能反对；上司有过错不规劝，百姓中有好人好事无人推举；对下勾结坏人，对上不能保持一致，这就是上面所惩罚的，也是百姓们所诋毁的了。'上司根据这个政令来施行赏罚，这就十分明察、审慎而可信。因此，里长是全里的仁人。里长向全里的百姓发布政令说：'无论听到好的言论与不好的言论，都必须报告给自己的乡长。乡长所赞成的，必须都赞成它；乡长所反对的，必须都反对它。去掉你自己不好的言论，学习乡长好的言论；改掉你自己不好的行为，学习乡长好的行为。那么全乡哪里还会混乱呢?'考察一个乡为什么会安定呢？就是因为乡长能统一全乡百姓的意见，所以这个乡才安定。所以乡长一定要是全乡的仁人呵。乡长向全乡的百姓发布政令说：'无论听到好的言论或是不好的言论，都必须报告给国君，凡是国君赞成的，必须都赞成它；凡是国君反对的，必须都反对它。去掉你不好的言论，学习国君好的言论；去掉你不良的行为，学习国君好的行为。那么全国哪里还会混乱呢?'审察一个诸侯国为什么会安定呢？就是国君能够统一全国人民的意见，所以诸侯国才安定。故国君一定要是全诸侯国的仁人呵。国君向全诸侯国的百姓发布政令说：'无论听到好的言论或是坏的言论，都必须报告给天子，天子所赞成的，大家都赞成；天子所反对的，大家都反对。去掉你不好的言论，学习天子好的言论；改掉你不良的行为，学习天子好的行为。这样天下哪里还会混乱呢?'考察天下安定的原因是什么呢？就是由于天子能统一天下百姓的意见，所以天下才安定。

天下之百姓皆上同于天子，而不上同于天，则菑犹未去也①。今若天飘风苦雨②，溱溱而至者③，此天之所以罚百姓之不上同于天者也。"

【注释】

①菑：同灾。②飘风：暴风。③溱溱（zhēn）：不断。

【译文】

天下的百姓都与天子保持一致，但不与天保持一致，那么灾祸也还是不可避免呵。现在天若有暴风苦雨，并接连不断，这就是天惩罚百姓不统一于天的办法呵。”

是故子墨子言曰：“古者圣王为五刑[①]，请以治其民[②]。譬若丝缕之有纪[③]，罔罟之有纲[④]，所连收天下之百姓不尚同其上者也[⑤]。”

【注释】

①五刑：古代五种刑罚。②请：确实。③纪：丝头总束。④罟（gǔ）：网的总称。⑤所连收天下之百姓不尚同其上者也：应为“所以连收天下之百姓不尚同其上者也”。连收：控制。

【译文】

所以，墨子说：“古代圣王制定五种刑罚，确实是用来治理他的臣民的。就像丝线有总头，网有拉绳一样，是用来控制天下不愿与国君保持一致的人。”

尚同中

子墨子曰：“方今之时，复古之民始生[①]，未有正长之时，盖其语曰‘天下之人异义’。是以一人一义，十人十义，百人百义，其人数兹众，其所谓义者亦兹众。是以人是其义，而非人之义，故相交非也[②]。内之父子兄弟作怨仇，皆有离散之心，不能相和合。至乎舍余力不以相劳[③]，隐匿良道不以相教，腐朽余财不以相分，天下之乱也，至如禽兽然，无君臣上下长幼之节[④]，父子兄弟之礼，是以天下乱焉。

【注释】

①“复古”句：回过头去考查古之民始生之时。②相交非：作“交相非”。③至乎：至于。④节：礼节、节操。

【译文】

墨子说：“现在，回过头来考察古代人民刚刚产生，还没有行政长官的时候，他们的说法是‘天下人的话都有不同的含义’。因此，一个人就有一个道理，十个人就有十个道理，一百个人就有一百个道理，他们的人数越多，所谓道理也就越多。所以每个人都以为自己的道理对，而认为别人的不对，故相互攻击呵。一个家庭之内的父子、兄弟也因此而相仇恨，都有离散之心，而不能和睦相处。以至于闲置余力而不愿帮助别人，隐藏好的道德而不相互教诲，多余的财物腐烂发臭也不愿分给别人。天下的混乱，就如禽兽一样。没有君臣上下长幼的礼节，也没有父子兄弟的礼仪，所以天下就混乱。”

明乎民之无正长以一同天下之义，而天下乱也。是故选择天下贤良圣知辩慧之人，立以为天子，使从事乎一同天下之义。天子既以立矣，以为唯其耳目之请[①]，不能独一同天下之义，是故选择天下赞阅贤良圣知辩慧之人[②]，置以为三公，与从事乎一同天下之义。天子三公既已立矣，以为天下博大，山林远土之民，不可得而一也，是故靡分天下[③]，设以为万诸侯国君，使从事乎一同其国之义。国君既已立矣，又以为唯其耳目之请，不能一同其国之义，是故择其国之贤者，置以为左右将军大夫[④]，以远至乎乡里之长[⑤]，与从事乎一同其国之义。天子诸侯之君，民之正长，既已定矣，天子为发政施教曰：'凡闻见善者，必以告其上，闻见不善者，亦必以告其上。上之所是，必亦是之，上之所非，必亦非之，已有善傍荐之，上有过规谏之。尚同义其上[⑥]，而毋有下比之心，上得则赏之，万民闻则誉之。意若闻见善，不以告其上，闻见不善，亦不以告其上，上之所是不能是，上之所非不能非，己有善不能傍荐之，上有过不能规谏之，下比而非其上者，上得则诛罚之，万民闻则非毁之'。故古者圣王之为刑政赏誉也，甚明察以审信。

【注释】

①请：通情，情况。②赞阅：当为衍文。③靡分：分散。④将军大夫：即卿大夫。⑤远：当作逮。⑥义：当作乎。

【译文】

懂得了人民因没有行政长官来统一天下的道义，天下就会混乱，所以就选择天下贤能，智慧，善辩的人，立他为天子，让他从事于一统天下义理的工作。天子确立之后，但靠他一人的耳目了解情况，是不能独自统一天下道义的，所以又选择天下贤能，智慧，善辩的人，推举他们为三公，与他从事于一统天下道义的工作。天子三公确立之后，又因为天下的地域太辽阔，山野远方的人民，还是不能完全一统他们的意见呵。所以又将天下划分开来，设置了很多的诸侯国君，让他们从事于一统诸侯国道义的工作。国君已经立起来了，又认为光靠他们的耳目了解情况，还是不能完全一统诸侯国的道义，因此又选择这个国家贤能的人，设置他们为左右卿大夫、以至乡里的长官，让他们从事于一统本国道义的工作。天子、诸侯国君、人民的行政长官都已确定了，天子施行政令说：'凡是听到看到好人好事，一定要报告你的上司；听到看到不好的人与事，也必须报告你的上司。上司所赞成的，一定都赞成它；上司所反对的，一定都反对它。自己有了好的谋划要推荐给上司。上司有过错就规劝他。对上跟上司保持一致，而对下没有勾结坏人之心，这样，上司知道了就会奖赏他，老百姓听到了就会称赞他。如果听到看到好人好事，不去报告自己的上司；听到看到坏人坏事，也不去报告上司。上司所赞成的不能赞成，上司所反对的不能反对。自己有了好的谋划也不能推荐给上司，上司有了过错也不能规劝他。对下勾结坏人、对上进行非议，诋毁的，上司知道了就诛罚他，老百姓听到了就非议诋毁他。'所以古代圣王制定刑法政策来实行赏罚，是非常明察审慎而可信的。

是以举天下之人，皆欲得上之赏誉，而畏上之毁罚[①]。是故里长顺天子政，而一同其里之义。里长既同其里之义，率其里之万民，以尚同乎乡长，曰'凡里之万民，皆尚同乎乡长，而不敢下比。乡长之所是，必亦是之，乡长之所非，必亦非之。去而不善言，学乡长之善言；去而不善行，学乡长之善行。乡长固乡之贤者也，举乡人以法乡长，夫乡何说而不治哉？’察乡长之所以治乡者何故之以也？曰唯以其能一同其乡之义，是以乡治。

【注释】

①毁罚：非毁、诛罚。

【译文】

所以全天下的人，都想得到上司的奖赏赞誉，而害怕上司的非毁和诛罚。因此里长顺从天子的政令，而统一全里的道义。里长统一了全里的义理后，于是率领全里的百姓统一于乡长，说道：‘凡是里内的百姓，都应统一于乡长，而不敢向下勾结坏人。乡长所赞成的，必须也赞成它；乡长所反对的，必须也反对它。去掉你自己不好的言论，学习乡长好的言论；去掉你自己不良的行为，学习乡长好的行为。乡长本是乡中贤明的人，全乡人都效法乡长，那么全乡哪里会有治不好的呢？’考察乡长之所以能把乡治好的原因是什么呢？回答说，就是在于乡长能够统一全乡的义理，因此这个乡得以治理。

乡长治其乡，而乡既已治矣，有率其乡万民，以尚同乎国君，曰：‘凡乡之万民，皆上同乎国君，而不敢下比。国君之所是，必亦是之，国君之所非，必亦非之。去而不善言，学国君之善言；去而不善行，学国君之善行。国君固国之贤者也，举国人以法国君，夫国何说而不治哉？’察国君之所以治国，而国治者，何故之以也？曰唯以其能一同其国之义，是以国治。

【译文】

乡长治理他的乡，而其乡已经得到治理了，又率领自己乡里的百姓，统一于国君，说：‘凡是我乡的百姓，都应与国君保持一致，而不敢向下勾结坏人。国君所赞成的，必须也赞成它；国君所反对的，必须也反对它。去掉你不好的言论，学习国君好的言论；去掉你不良的行为，学习国君好的行为。国君本是国中贤明的人，全国人都效法国君，国家哪里还会得不到治理呢？’考察一个国君之所以能治理好一个国家，其原因是什么呢？回答说，就是因为他能一统全国的义理，所以国家得以治理。

国君治其国，而国既已治矣，有率其国之万民，以尚同乎天子，曰：‘凡国之万民上同乎天子，而不敢下比。天子之所是，必亦是之，天子之所非，必亦非之。去而不善言，学天子之善言；去而不善行，学天子之善行。天子者，固天下之仁人也，举天下之万民以法天子，夫天下何说而不治哉？’察天子之所以治天下者，何故之以也？曰唯以其能一同天下之义，是以天下治。

【译文】

国君治理一个国家，而国家已经得到治理了，又率领这个国家的百姓，统一于天子，说

道：‘凡是我国的百姓，都与天子保持一致，而不敢勾结下面的坏人。天子所赞成的，必须也赞成它，天子所反对的，必须也反对它。去掉你不好的言论，学习天子好的言论；去掉你不良的行为，学习天子好的行为。天子本是天下的仁人，全天下的百姓都效法他，那么天下哪里还会得不到治理呢？’考察天子之所以能治理好天下，其原因是什么呢？回答说，就是由于他能统一整个天下的义理，所以天下得以治理。

夫既尚同乎天子，而未上同乎天者，则天灾将犹未止也。故当若天降寒热不节，雪霜雨露不时①，五谷不孰②，六畜不遂③，疾灾戾疫④，飘风苦雨，荐臻而至者⑤，此天之降罚也，将以罚下人之不尚同乎天者也。故古者圣王，明天鬼之所欲，而避天鬼之所憎，以求兴天下之害⑥。是以率天下之万民，齐戒沐浴⑦，洁为酒醴粢盛⑧，以祭祀天鬼。其事鬼神也，酒醴粢盛不敢不蠲洁⑨，牺牲不敢不腯肥⑩，珪璧币帛不敢不中度量⑪，春秋祭祀不敢失时几⑫，听狱不敢不中，分财不敢不均，居处不敢怠慢。曰其为正长若此，是故上者天鬼有厚乎其为政长也，下者万民有便利乎其为政长也。天鬼之所深厚而能强从事焉，则天鬼之福可得也。万民之所便利而能强从事焉，则万民之亲可得也。其为政若此，是以谋事得，举事成，入守固，出诛胜者，何故之以也？曰唯以尚同为政者也。故古者圣王之为政若此。”

【注释】

①不时：不按时节降雪霜雨露。②孰：同熟。③遂：繁盛，兴旺。④戾（lì）疫：戾通疠。疠疫，即瘟疫。⑤荐臻：频繁、不断。⑥以求兴天下之害：此句应为“以求天下之利，除天下之害。”⑦齐戒沐浴：当作斋戒沐浴。⑧粢盛：古代盛在祭器内用以祭祀的谷物。⑨蠲（juān）洁：清洁。⑩腯（tú）肥：肥壮。⑪珪璧：古代玉器名。⑫时几：时期。

【译文】

已经上同于天子，但未上同于天的，那天灾还是不能完全停止。比如天降寒暑不调节，雪霜雨露降得不按时令，五谷不熟，六畜不兴旺，疾灾瘟疫流行，暴风苦雨，不断地到来。这就是天降的惩罚啊，用以惩罚那些不肯统一于天的下属。所以古代的圣王明了上天鬼神所喜好的，而避开上天鬼神所厌恶的，以求兴天下的大利，除天下的大害，所以率领天下的百姓，斋戒沐浴，洁净酒饭祭品，用以祭祀上天鬼神。他们事奉天鬼，酒饭不敢不洁净，牛羊供品不敢不肥壮，美玉币帛不敢不足值，春秋祭祀不敢错过时机，处理诉狱案件不敢不公正，分配财物不敢不平均，平时生活不敢轻忽失礼。这就是说，那些作行政长官的像这样，那么上天鬼神就会优厚地对待他们，下面的老百姓也会便利他们。上天鬼神优厚地对待他们，而他们又能办事，那么天鬼所降的福就可得到了。下面的百姓便利他们，而他又能努力办事，那么万民的拥戴也可以得到了。他们为政像这样，那么思考事情就会得当，办事就会成功，防守就会牢固，进攻就会胜利，这是什么原因呢？回答说，是因为以上同为政呵。所以古代圣王为政都像这样。”

今天下之人曰：“方今之时，天下之正长犹未废乎天下也，而天下之所以乱者，何故之以也？”子墨子曰：“方今之时之以正长①，则本与古者异矣，譬之若有苗之以五

刑然[②]。昔者圣王制为五刑，以治天下，逮至有苗之制五刑，以乱天下。则此岂刑不善哉？用刑则不善也。是以先王之《书·吕刑》之道曰：'苗民否用练折则刑[③]，唯作五杀之刑，曰法[④]。'则此言善用刑者以治民，不善用刑者以为五杀，则此岂刑不善哉？用刑则不善。故遂以为五杀。是以先王之《书·术令》之道[⑤]曰：'唯口出好兴戎。'则此言善用口者出好，不善用口者以为谗贼寇戎。则此岂口不善哉？用口则不善也，故遂以为谗贼寇戎。

【注释】

①以：同为。②有苗：古代族名。五刑：即下文的"五杀之刑"。是指墨、劓、刵、宫、大辟。③否用练折则刑：即是"不用令制则刑"，意为：不听从命令就制定刑罚。④曰法：也叫法。⑤《术令》：《尚书》篇名。

【译文】

现在天下有人说："当今天下的行政长官还没有废除呀，而天下之所以混乱，是什么原因呢？"墨子说："当今为行政长官的人，本来就与古代不同了，就像有苗的用五杀之刑一样。古代圣王制作五刑，是用来治理天下的，等到有苗制定五杀之刑，却是用来扰乱天下。这难道是刑法不好吗？是使用不当呵！所以先王的《尚书·吕刑》有这样的记载说：'苗民不听从命令就制定刑罚，就作出五杀之刑，称它为法。'如此说来，善用刑罚的就用它治理人民，不善用刑罚的就把它作为五杀之刑了，这难道是刑罚本身不好吗？还是使用不当，所以成为五杀之刑。因此先王的《尚书·说命》有这样的记载说：'唯口可以道出好事，也可以导致战祸。'这就是说，善于用口的，可以说出好话，而不善于用口的，则会引出谗贼寇戎来，这难道是口不好吗？而是使用不当，就导致谗贼寇戎的祸事。

故古者之置正长也，将以治民也，譬之若丝缕之有纪，而罔罟之有纲也，将以运役天下淫暴[①]，而一同其义也。是以先王之《书》，《相年》之道曰[②]：'夫建国设都，乃作后王君公[③]，否用泰[④]也，轻大夫师长[⑤]，否用佚也，维辩使治天均[⑥]。'则此语古者上帝鬼神之建设国都，立正长也，非高其爵，厚其禄，富贵佚而错之也[⑦]，将以为万民兴利除害，富贵贫寡，安危治乱也。故古者圣王之为若此。今王公大人之为刑政则反此。政以为便譬[⑧]，宗於父兄故旧[⑨]，以为左右，置以为正长。民知上置正长之非正以治民也[⑩]，是以皆比周隐匿[⑪]，而莫肯尚同其上。是故上下不同义。若苟上下不同义，赏誉不足以劝善，而刑罚不足以沮暴。何以知其然也？曰上唯毋立而为政乎国家，为民正长，曰人可赏吾将赏之。若苟上下不同义，上之所赏，则众之所非，曰人众与处，于众得非。则是虽使得上之赏，未足以劝乎！上唯毋立而为政乎国家，为民正长，曰人可罚吾将罚之。若苟上下不同义，上之所罚，则众之所誉，曰人众与处，于众得誉。则是虽使得上之罚，未足以沮乎！若立而为政乎国家，为民正长，赏誉不足以劝善，而刑罚不沮暴，则是不与乡吾本言民'始生未有正长之时'同乎[⑫]！若有正长与无正长之时同，则此非所以治民一众之道。故古者圣王唯而审以尚同[⑬]，以为正长，是故上下情请为通[⑭]。上有隐事遗利[⑮]，下得而利之[⑯]；下有蓄怨积害，上得而除之。

是以数千万里之外，有为善者，其室人未遍知，乡里未遍闻，天子得而赏之。数千万里之外，有为不善者，其室人未遍知，乡里未遍闻，天子得而罚之。是以举天下之人皆恐惧振动惕慄慄不敢为淫暴，曰天子之视听也神。先王之言曰：'非神也，夫唯能使人之耳目助己视听，使人之吻助己言谈⑰，使人之心助己思虑，使人之股肱助己动作。'助之视听者众，则其所闻见者远矣；助之言谈者众，则其德音之所抚循者博矣⑱；助之思虑者众，则其谈谋度速得矣；助之动作者众，即其举事速成矣。

【注释】

①运役：应作"连收"，控制之意。②相年：应作"巨年"，是说前辈老年人。③作：设立。后王：天子。君公：诸侯。④否：不是。用：因此。泰：骄泰。即骄恣，骄纵恣肆。⑤轻：当为卿。师长：众官之长。⑥辩：通辨，分也，谓分授以职。天均：天的公平之道。⑦佚：即淫佚。错：同措，设置。⑧便譬：就是左右得宠的小人。⑨宗於：当作宗族。⑩正：衍文。⑪比周隐匿：结党营私，相互隐瞒。⑫乡：不久。⑬唯而：唯能。审以尚同：尚同下脱"者"字，应为："审以尚同者，以为正长"，即审慎地使用尚同的人，作为行政长官。⑭上下情请为通：请，即情。"上下情请为通"，即上情下情互通。⑮隐事遗利：没有计划到的事和没有兴办的利益。⑯下得而利之：下面知道了能及时提醒他，使之得利。⑰吻：口。⑱德音：善言。抚循：抚慰。

【译文】

所以古人设置行政长官，是用来治理百姓的。就如同丝缕的总头、鱼网的纲绳一样呵，用它来制止天下的淫暴之徒，统一天下人的意志。所以先王的书中记载老年人的话说：'建国设都，作天子和诸侯，不是可以骄纵恣肆的。设置卿大夫师长，也不是因此可以放纵淫逸的。而是分职授责，让他们按天之公平之道治理国家。'这就是说古时候天帝鬼神建设国都，设置行政长官，并不是为了提高他们的爵位，增加他们的俸禄，使他们过着富贵淫逸的生活而安置的。而是要用他们为老百姓兴利除害，使贫弱寡少的富有起来，使危乱的局面得到治理。古时圣王的施政就是像这样。而现在的王公大人为政则与此不同。他们为政将那些宠幸小人作为辅佐大臣，用那些宗族、父兄、老友旧交作为左右，安排为行政长官。老百姓知道上面设置的行政长官并不是用来治理人民的，所以都结党营私、相互蒙蔽，而不肯与上面统一。所以上下的意见不统一。如果上下意见不统一，那么赞誉奖赏也就不足以勉励人们作好事，而刑罚也就不足以禁止残暴行为。怎么知道如此呢？答道：上司在国家设立官职施政，作百姓行政长官的说：人们可以奖赏，我将奖赏他们。如果上下的看法不一致，上面所奖赏的，恰恰是下面认为是错的。说是大家天天与之相处，大家都认为他不好，那么，这就是虽然这人得到了上面的奖赏，然而并不能起到劝导作用呀！上司在国家设立官职施政，作百姓行政长官的说：应该惩罚的人，我将要处罚他们。如果上下意见不统一，上面所要惩罚的，正是下面所赞誉的。说是大家天天与之相处，大家都认为他很好，那么，虽然这人受到了上面的惩罚，然而并不能起到阻止的作用呀！假若国家设立官职施政，作百姓的行政长官，所奖赏的不足以勉励人们作好事，所惩罚的不足以制止残暴行为，那不是与我前面所说的'人民刚刚产生还没有行政长官的时候'一样吗？如果有了行政长官和没有行政长官的时候一样，这就不是用来治理与统一民众的办法。所以古代圣王才能审慎地用尚同的人们为行政长官，故上下之情畅达。上面有了没有考虑到的事或没有兴办的利益，下面知道了能及时提醒他，使之得利。下面有蓄积的怨言和祸害，上面知道了就立即除掉它。所以远在数千里万里之外，有做了好事的，他的家人还未完全知道，乡里的人还未完全听到，天子就已知道并能奖赏他。数千里万里之外，有做了坏事的，他的家人还未完全知道，乡里的人还未完全听到，天子就能完全知道并能惩罚他。所以全天下的人，都惊惧震动，不敢做淫佚残暴的事情，都说：天子的视听灵敏如神呀！先王说过这样的话：'这不是神呵。只是能够使用别人的耳目帮助自己的视听，使用别的口帮助自己说话，使用别的心灵帮助自己思考，使用别人的手足帮助自己劳作。'帮助自己视听的多了，那么他见闻的就远了；帮助自己说话的多了，那么他的善言所抚慰的就大了；帮助自己思考问题的多了，那么他的计划很快就能得以实现；帮助自己劳作的人多了，那么他所做的事情很快就可以成功了。

故古者圣人之所以济事成功，垂名于后世者，无他故异物焉，曰唯能以尚同为政者也。是以先王之书《周颂》之道之曰①：'载来见彼王②，聿求厥章③'。则此语古者国君诸侯之以春秋来朝聘天子之廷④，受天子之严教，退而治国，政之所加⑤，莫敢不宾⑥。当此之时，本无有敢纷天子之教者。《诗》曰：'我马维骆⑦，六辔沃若⑧，载驰载驱⑨，周爰咨度⑩。"又曰：'我马维骐⑪，六辔若丝⑫，载驰载驱，周爰咨谋⑬。'即此语也。古者国君诸侯之闻见善与不善也，皆驰驱以告天子，是以赏当贤，罚当暴，不杀不辜，不失有罪，则此尚同之功也。"

【注释】

①周颂：《诗经》中颂诗的一种。此句中第三个"之"为衍文。②载来见彼王：此句在《诗经》中现为"载见辟王"。载：始。辟王：君王，指周成王。③聿求厥章：此句在《诗经》中现为"曰求厥章。"厥：那个。章：指车、服的典章制度。④朝聘：古时诸侯定时朝见天子。⑤政之所加：天子政令所到之处。⑥不宾：不服。⑦骆尾巴和颈毛黑色的马。⑧辔：驾驭牲口的缰绳。沃若：形容光泽鲜润柔美。⑨载：语助词 。⑩周爰咨度：周普遍、广泛。爰：语助词。咨度：询问商量。以上诗句见《诗经·小雅·皇皇者华》篇。⑪骐：青色有黑纹的马。⑫若丝：如丝一样调和坚韧。⑬咨谋：访问商量。

【译文】

所以古代圣人之所以事业成功，名声流传后世，没有其他原因和别的事情，就是能以尚同为政罢了。所以先王之书《周颂》篇说：'诸侯始来朝拜周王，求赐车服典章。'这话就是说古时的诸侯国君春秋两季来到天子的朝廷朝拜，接受天子的严厉教化，然后回去治理国家，天子政令所到之处，没有人敢不服。当这个时候，根本没有敢扰乱天子的教令的人。《诗经》上说：'雪白的马儿黑尾巴，缰绳光润手中拿。马儿到处驱驰，到处访问细调查。'又说：'驾青色黑纹的马，缰绳调和又坚韧。赶着马儿快快跑，到处询问老百姓。'这些话就是这个意思。古代的诸侯国君，无论听到或看见好事和坏事，都跑去报告天子。所以奖赏的是贤能，惩罚的是残暴，不杀害无辜的人，也不放过有罪的人，这就是尚同的功效呵！"

是故子墨子曰："今天下之王公大人士君子，请将欲富其国家①，众其人民，治其刑政，定其社稷，当若尚同之不可不察，此之本也②。"

【注释】

①请：即诚。②此：指“尚同”。

【译文】

所以墨子说：“现在的王公大人士君子，诚心想使自己的国家富足、人口众多、刑政治理、国家安定，那对于‘尚同’是不可不考察的，这就是施政的根本呵。”

尚同下

子墨子言曰：“知者之事，必计国家百姓所以治者而为之①，必计国家百姓之所以乱者而辟之②。然计国家百姓之所以治者何也？上之为政，得下之情则治，不得下之情则乱，何以知其然也？上之为政，得下之情，则是明于民之善非也③。若苟明于民之善非也，则得善人而赏之，得暴人而罚之也。善人赏而暴人罚，则国必治。上之为政也，不得下之情，则是不明于民之善非也。若苟不明于民之善非，则是不得善人而赏之，不得暴人而罚之。善人不赏而暴人不罚，为政若此，国众必乱④。故赏不得下之情⑤，而不可不察者也。”

【注释】

①计：考虑。②辟：通避，避免。③善非：好与不好。④国众：国家和人民。⑤赏：赏下脱“罚”字。

【译文】

墨子说道：“智者的事，必须考虑国家百姓之所以得到治理的原因并照着去做，必须考虑国家百姓之所以混乱的原因并努力去避开它。然而考虑国家百姓之所以能治的原因是为了什么呢？这就是上面为政的人，了解下情的就能得到治理，不了解下情的就会混乱。怎么知道是这样呢？上面为政的人，了解下情，那么就知道百姓中的好坏对错。假如知道百姓中的好坏对错，就能做到好人给予奖赏，坏人给予惩罚。好人受奖赏、坏人受惩罚，那么国家一定得治。反之，上面为政的人，不了解下情，那么就不知道百姓中的好坏善恶。假如不明了百姓中的好坏善恶，那么就无从知道谁是好人应奖赏，谁是恶人应惩罚。好人不奖励、坏人不惩罚，为政像这样，国家和人民必乱。所以赏罚不了解下情，那就不可不明察了。”

然计得下之情将奈何可？故子墨子曰：“唯能以尚同一义为政，然后可矣。何以知尚同一义之可而为政于天下也？然胡不审稽古之治为政之说乎①。古者，天之始生民，未有正长也，百姓为人②。若苟百姓为人，是一人一义，十人十义，百人百义，千人千义，逮至人之众不可胜计也，则其所谓义者，亦不可胜计。此皆是其义，而非人之义，是以厚者有斗③，而薄者有争④。是故天下之欲同一天下之义也，是故选择贤者，立为天子。天子以其知力为未足独治天下，是以选择其次立为三公。三公又以其知力为未足独左右天子也⑤，是以分国建诸侯。诸侯又以其知力为未足独治其四境之内也，

是以选择其次立为卿之宰⑥。卿之宰又以其知力为未足独左右其君也，是以选择其次立而为乡长家君⑦。是故古者天子之立三公、诸侯、卿之宰、乡长家君，非特富贵游佚而择之也，将使助治乱刑政也⑧。故古者建国设都，乃立后王君公，奉以卿士师长⑨，此非欲用说也⑩，唯辩而使助治天明也⑪。

【注释】

①胡：通何。审稽：考察。治：当作始。②百姓为人：当作“百姓为主”。③厚者：严重的。④薄者：不严重的。⑤左右：辅佐。⑥卿之宰：即“宰与卿”。⑦家君：卿大夫封地的总管。⑧乱：衍文。⑨奉：授。⑩说（yuè）：同悦。⑪辩：辨也，即分。天明：天下明治。

【译文】

然而考虑应该怎样才能得到下情呢？墨子答道：“只有用‘上同’这一个道理为政就行了。怎么知道‘上同’这一个道理就可以为政于天下呢？那么，何不考察古代开始为政时的情形呢！古代初民时期，还没有行政长官，老百姓各自为主。假若百姓各自为主，那么一个人就有一种道理，十个人就有十种道理，百个人就有一百种道理，千个人就有一千种道理，等到人数多得数不清，那他们的所谓道理，也就数不清了。这都是只认为自己的道理是对的，而认为别人的道理就是错的，所以严重的就会发生争斗，不严重的也会发生争执。所以上天想要天下人对事理的看法统一，故选择贤能的人立为天子。天子认为自己的智力不能独治天下，所以又选择次一等的贤人给他作三公。三公又认为自己的智力不能单独辅佐天子，所以将天下划分为许多国家，设置诸侯。诸侯又认为自己的智力不能单独治其四境之内，所以又选择其次的贤人，作为卿和宰。卿和宰又认为自己智力不能单独辅佐其诸侯国君，所以又选择其次的贤人立为乡长、家君。所以古代天子立三公、诸侯、卿与宰、乡长和家君，并不是为了富贵淫佚而选择他们的，而是要使他们帮助治理国家刑政呵。故古时候建国设都，置立国君王公，授以卿士师长，这并不是要使他们愉悦，而是要他们分担职责并使天下明治呵。

今此何为人上而不能治其下，为人下而不能事其上，则是上下相贼也，何故以然？则义不同也。若苟义不同者有党①，上以若人为善，将赏之，若人唯使得上之赏②，而辟百姓之毁③，是以为善者，必未可使劝，见有赏也。上以若人为暴，将罚之，若人唯使得上之罚，而怀百姓之誉④，是以为暴者，必未可使沮，见有罚也。故计上之赏誉，不足以劝善，计其毁罚，不足以沮暴。此何故以然？则义不同也。”

【注释】

①党：偏私。②唯：通虽。③辟：通避，避免。“辟”上脱“不”字。④怀：怀有、受到。

【译文】

现在为什么居于人民上面的统治者不能治理下面的百姓，下面的百姓也不能事奉其上呢？这就是上下互相残害了。为什么会如此呢？就是因为意见不统一呵！假如意见不统一的人双方有偏私，上面以为这人作了好事，将要奖赏他。这人虽然得到了上面的奖赏，而不能避免百姓

的怨毁，所以作好事的即使看到有赏，却未必能起到勉励作用。上面认为这人作了坏事，将要惩罚他，这人虽然受到了上面的惩罚，却还深受百姓的赞扬。所以作坏事的即使受到惩罚，也一定不能阻止他的暴行。所以上面的赞扬，不足以劝善，上面的毁罚，不足以阻止暴行。这是什么原因如此？就是因为意见不统一呵！”

然则欲同一天下之义，将奈何可？故子墨子言曰：“然胡不赏使家君试用家君，发宪布令其家[①]，曰：‘若见爱利家者，必以告，若见恶贼家者[②]，亦必以告。若见爱利家以告，亦犹爱利家者也，上得且赏之，众闻则誉之，若见恶贼家不以告，亦犹恶贼家者也，上得且罚之，众闻则非之。’是以遍若家之人[③]，皆欲得其长上之赏誉[④]，辟其毁罚。是以善言之，不善言之[⑤]，家君得善人而赏之，得暴人而罚之。善人之赏，而暴人之罚，则家必治矣。然计若家之所以治者何也？唯以尚同一义为政故也。

【注释】

①这句应为：“胡不尝试用家君发宪布令其家。”即“何不尝试用家君向全家人发布命令”。②恶贼家者：憎恨家残害家的人。③遍若家之人：这全家的人。④长上：家君。⑤善言之，不善言之：好的告诉家君，不好的也告诉家君。

【译文】

那么要想使天下人统一意见，怎样才可以呢？墨子说道：“何不尝试用家君向全家发布命令说：‘如果看到爱家利家的，一定要报告，如果见到憎恨家残害家的，也一定要报告。如果见到爱利家的就报告，那就是爱家利家的人了，上面知道将要奖赏你，大家听到了也要赞扬你。假若见到憎恨家残害家的不报告，那就是恶家贼的人了，上面知道就要惩罚你，大家听到了也要非议你。’所以这全家人，都想得到家君的赏誉，都想避免毁罚。所以好的有人报告家君，坏的也有人报告家君，家君得到好人就奖赏他，得到坏人就惩罚他，那么这家一定得治了。然而思考这一家之所以治理得好是什么原因呢？不过是以尚同这一道理治理的缘故呵！

家既已治，国之道尽此已邪[①]？则未[②]也。国之为家数也甚多[③]，此皆是其家，而非人之家，是以厚者有乱，而薄者有争，故又使家君总其家之义[④]，以尚同于国君。国君亦为发宪布令于国之众，曰：‘若见爱利国者，必以告，若见恶贼国者，亦必以告。若见爱利国以告者，亦犹爱利国者也，上得且赏之，众闻则誉之，若见恶贼国不以告者，亦犹恶贼国者也，上得且罚之，众闻则非之。’是以遍若国之人，皆欲得其长上之赏誉，避其毁罚。是以民见善者言之，见不善者言之，国君得善人而赏之，得暴人而罚之。善人赏而暴人罚，则国必治矣。然计若国之所以治者何也？唯能以尚同一义为政故也。

【注释】

①国之道尽此已邪：治国的方法全都在此了吗？②未：没有，意思是还不完备。③国之为家数也甚多：国中之家为数很多。④总其家之义：统一他全家的意见。

【译文】

家庭已经治理好了，治国的方法就全都在此了吗？那还没有。一个国中的家是很多的，大家都认为自己家里的道理对，别人家的道理都不对，所以严重的就要出乱子，轻的就有争执。所以又要让家君统一全家人的意见，以尚同于国君。国君也对全国百姓发布命令说：‘如果看到爱国利国的人，一定要报告，如果看到憎恨、残害国家的人，也一定要报告。如果看见爱利国的人就报告，那就是爱利国的人了，上面知道就奖赏他，大家听说就赞扬他。如果见到憎恨、残害国家而不上报，那就是憎恨、残害国家的人了，上面知道就惩罚他，大家听说就责骂他。’所以整个国家的人，都想得到他的国君的赞赏，都想避免国君的毁罚。所以人民看到好就报告上级，看到不好也报告上级，国君得到好人就奖赏他，得到坏人就惩罚他。好人受到奖赏而坏人受到惩罚，那么国家就一定得治了。然而国之所以得到治理是什么原因呢？只不过是能用尚同这一道理为政而已。

国既已治矣，天下之道尽此已邪？则未也。天下之为国数也甚多，此皆是其国，而非人之国，是以厚者有战，而薄者有争。故又使国君选其国之义[①]，以尚同于天子。天子亦为发宪布令于天下之众，曰‘若见爱利天下者，必以告，若见恶贼天下者，亦以告。若见爱利天下以告者，亦犹爱利天下者也，上得则赏之，众闻则誉之。若见恶贼天下不以告者，亦犹恶贼天下者也，上得且罚之，众闻则非之。’是以遍天下之人，皆欲得其长上之赏誉，避其毁罚，是以见善不善者告之。天子得善人而赏之，得暴人而罚之，善人赏而暴人罚，天下必治矣。然计天下之所以治者何也？唯而以尚同一义为政故也[②]。

【注释】

①选：当作总。②唯而：唯能。

【译文】

国家已经治理好了，难道治理天下的方法就此已经很完备了吗？那还没有。天下的国家为数很多，大家都认为自己的国家对，别的国家不对，于是严重的就发生战争，不严重的也要发生争执。所以又使国君统一全国人民的意见，以尚同于天子。天子也对天下的人民发布政令说：‘如果见到爱利天下的人，一定要报告。如果见到憎恨、残害天下的人，也一定要报告。如果看见爱利天下的就报告，那就是爱利天下的人了，上面知道了就奖赏他，大家听到了就赞扬他。如果见到憎恨、残害天下的而不报告，那就是憎恨、残害天下的人了，上面知道就惩罚他，大家听说就责骂他。’所以遍天下的人，都想得到天子的奖赏，而避免其毁罚，所以看见好的和不好的都有人报告。天子得到好人就奖赏他，得到坏人就惩罚他，好人受到奖赏而坏人受到惩罚，那天下一定得治了。然而仔细思考一下天下之所以得到治理的原因是什么呢？不过是能以尚同这一道理为政而已。

天下既已治，天子又总天下之义，以尚同于天。故当尚同之为说[①]也，尚用之天子[②]，可以治天下矣；中用之诸侯，可而治其国矣；小用之家君，可而治其家矣。是

故大用之，治天下不窕[③]，小用之，治一国一家而不横者[④]，若道之谓也[⑤]。”

【注释】

①当：像。为说：作为一种主张。②尚用之天子：上用之于天子。③不窕（tiǎo）：不满。不窕，即不亏缺。④横：充塞。⑤若道之谓：这正是说的尚同这一主张。

【译文】

天下已经治理好了，于是天子又统一天下人民的意见与上天保持一致。故尚同作为一种主张，上用于天子，可以治理天下；中用于诸侯，可以治理他们的国家；小用于家君，可以治理他们的家庭。因此大用它，治理天下不会亏缺，小用之，治理一国一家而不会受到阻碍，这正是说的尚同这一主张。”

故曰治天下之国若治一家，使天下之民若使一夫。意独子墨子有此[①]，而先王无此其有邪？则亦然也。圣王皆以尚同为政，故天下治。何以知其然也？于先王之书也，《大誓》之言然[②]，曰：“小人见奸巧乃闻，不言也，发罪钧[③]。”此言见淫辟不以告者，其罪亦犹淫辟者也。

【注释】

①意独：难道只有。此：这种见解。指“尚同”的主张。②大誓：即《泰誓》，《尚书》篇名。言然：说的那样。③发罪钧：今《泰誓》云：“厥罪惟钧。”钧，同也。意为：其罪与奸巧者同。

【译文】

所以说：治理天下的国家就像治理一个家庭一样，支使天下人就象使令一个人一样。难道只有墨子有这种主张，而先王没有吗？先王也是有的呵！圣王都用尚同为政，所以天下得到治理。何以知道如此呢？在先王的书上，《大誓》就记载说：“小人见到或听到奸巧的事，如不报告，他们的罪应与奸巧者等同。”这就是说见到淫辟的事不报告的，他们的罪也跟淫辟的人一样。

故古之圣王治天下也，其所差论[①]，以自左右羽翼者皆良，外为之人[②]，助之视听者众。故与人谋事，先人得之；与人举事，先人成之；光誉令闻[③]，先人发之[④]。唯信身而从事[⑤]，故利若此。古者有语焉，曰：“一目之视也，不若二目之视也[⑥]。一耳之听也，不若二耳之听也[⑦]。一手之操也，不若二手之强也。”夫唯能信身而从事，故利若此。是故古之圣王之治天下也，千里之外有贤人焉，其乡里之人皆未之均闻见也[⑧]，圣王得而赏之。千里之内有暴人焉，其乡里未之均闻见也，圣王得而罚之。故唯毋以圣王为聪耳明目与？岂能一视而通见千里之外哉！一听而通闻千里之外哉！圣王不往而视也，不就而听也[⑨]。然而使天下之为寇乱盗贼者，周流天下无所重足者何也？其以尚同为政善也。

【注释】

①差论：选择。②以自左右羽翼者皆良，外为之人：“当作其所差论，以自为左右羽翼者，皆良桀之人。”③先誉令闻：荣誉和好名声。④先人发之：要比别人早传出去。⑤信身：当作“信民”意思是：相信人民耳目之实，以为圣王治理之资。⑥均：遍，全。⑦就：接近。⑧周流：周游、流浪。无所重足：没有立足之地。⑨善：好处。

【译文】

所以古代圣王治理天下，他们选择用作自己左右辅助的人都是良才俊杰之人，帮助他视听的人很多。因此跟他们谋事，比别人先得到；给人办事，比别人先办成；荣誉与好名声，比别人早传扬出去。只有相信人民目耳而从事，所以才得到上面这么多利益。古时候有这样一句话：“一个眼睛看，不如两个眼睛明白；一个耳朵听，不如两个耳朵灵敏；一只手干活，不如两只手有力。”只有相信人民耳目而从事，才能得到这么多利益。所以古代圣王治理天下，千里之外有了贤良的人，他们乡里的人都没有完全听到或看到，圣王却得到了并奖赏他。千里之内有了坏人，他们乡里的人都没有完全听到或看到，圣王却得知并罚了他。因此就认为圣王的耳目聪明吗？难道他能一看就看通千里之外，一听就能闻知千里之外吗？圣王虽不能亲自前往看到、不能接近而亲自听到，然而圣王能使天下那些寇乱盗贼之徒到处流浪而无立足之地，是什么原因？这就是他以尚同为政的好处呵！

是故子墨子曰：“凡使民尚同者，爱民不疾[①]，民无可使，曰必疾爱而使之，致信而持之[②]，富贵以道其前[③]，明罚以率其后[④]。为政若此，唯欲毋与我同，将不可得也。”

【注释】

①疾：力。②致信：表示信任。持之：把握或掌握他们。③道：同导，引导。④率：律、警。

【译文】

所以墨子说道：“凡是让老百姓尚同的人，如果爱护百姓不力，百姓就不能供他支使。他们说：一定要厚爱百姓才能支使百姓，要对他们表示信任才能掌握他们。用立功可富贵在前面引导，用犯罪定要受罚在后面警诫。像这样执政，即使想要他们不与我同，也就不可能了。”

是以子墨子曰：“今天下王公大人士君子，中情将欲为仁义[①]，求为上士，上欲中圣王之道，下欲中国家百姓之利，故当尚同之说[②]，而不可不察尚同为政之本，而治要也。”

【注释】

①中情：诚心。②当：如。

【译文】

所以墨子说道：“现在天下的王公大人和士大夫君子，诚心想要实行仁义，希求成为贤良

的人士，对上想要合乎圣王之道，对下想要合乎国家百姓的利益，所以像尚同这样的主张，就不可不明察作为为政之根本、治理之关键了。”

兼爱上

圣人以治天下为事者也，必知乱之所自起，焉能治之[①]，不知乱之所自起，则不能治，譬之如医之攻人之疾者然[②]，必知疾之所自起，焉能攻之；不知疾之所自起，则弗能攻。治乱者何独不然，必知乱之所自起，焉能治之；不知乱之所自起，则弗能治。

【注释】

①焉：乃、才。②攻：治疗。然：这样。

【译文】

圣人以治理天下为己任的，一定要知道乱从什么地方起，这样才能治理；不知道乱是从什么地方起的，就不能治理。这就如同医生治疗人的疾病一样，必须知道疾病的来源，才能医治；如果不知道疾病的来源，那就不能医治。治乱又何尝不是这样呢？一定要知道乱的起因，才能治理它；不知道乱的起因，就不能治理。

圣人以治天下为事者也，不可不察乱之所自起，当察乱何自起[①]？起不相爱。臣子之不孝君父，所谓乱也。子自爱不爱父，故亏父而自利[②]；弟自爱不爱兄，故亏兄而自利；臣自爱不爱君，故亏君而自利，此所谓乱也。虽父之不慈子[③]，兄之不慈弟，君之不慈臣，此亦天下之所谓乱也。父自爱也不爱子，故亏子而自利；兄自爱也不爱弟，故亏弟自利；君自爱也不爱臣，故亏臣而自利。是何也？皆起不相爱。虽至天下之为盗贼者亦然，盗爱其室不爱其异室[④]，故窃异室以利其室；贼爱其身不爱人，故贼人以利其身。此何也？皆起不相爱。虽至大夫之相乱家[⑤]，诸侯之相攻国者亦然。大夫各爱其家，不爱异家，故乱异家以利其家；诸侯各爱其国，不爱异国，故攻异国以利其国，天下之乱物具此而已矣[⑥]。察此何自起？皆起不相爱。

【注释】

①当：同尝，尝试。②亏：损害。③虽：即使。④其：第二个“其”字是衍文。⑤家：士大夫之封邑。相乱家：侵夺封邑。⑥乱物：天下乱事。

【译文】

圣人以治理天下为事业，不能不考察混乱的起因。试考察混乱的起因是什么呢？起于不相爱。臣不孝君、子不孝父，这就是乱，儿子只自爱而不爱父亲，所以损害父亲而自利；弟只自爱而不爱兄，所以损害兄长而自利；臣只自爱而不爱君，所以损害君王而自利，这就叫乱呵！即使是父亲不慈爱儿子，兄长不慈爱弟弟，君王不慈爱臣子，这也是天下人所说的乱了！父亲只自爱不爱子，所以损害儿子而自利；兄长只自爱不爱弟，所以损害弟弟而自利；君王只自爱不爱臣，所以损害臣子而自利。这是什么缘故呢？都是起于不相爱。即使是天下作盗贼的也是这样，他们只爱自己的家而不爱别人的家；所以偷窃别人的家以利自己的家；他们只爱自己的身体而不爱别人的身体，所以残害别人的身体以利自己的身体。这是什么原因？都是起于不相爱。推广到大夫侵夺封邑、诸侯侵夺别国也是这样。大夫们各爱自己的封邑，而不爱别人的封邑，所以去夺取别人的封邑而利自己的封邑；诸侯们各爱自己的国家，而不爱别人的国家，所以去攻打别的国家而利自己的国家，天下的乱事都尽于此。考察这些起于什么原因？都是起于不相爱。

若使天下兼相爱[①]，爱人若爱其身，犹有不孝者乎？视父兄与君若其身，恶施不孝[②]？犹有不慈者乎？视弟子与臣若其身，恶施不慈？故不孝不慈亡有[③]，犹有盗贼乎？故视人之室若其室[④]，谁窃？视人身若其身，谁贼[⑤]？故盗贼亡有。犹有大夫之相乱家、诸侯之相攻国者乎？视人家若其家，谁乱？视人国若其国，谁攻？故大夫之相乱家，诸侯之相攻国者亡有。若使天下兼相爱，国与国不相攻，家与家不相乱，盗贼无有，君臣父子皆能孝慈，若此则天下治。故圣人以治天下为事者，恶得不禁恶而劝爱[⑥]？故天下兼相爱则治，交相恶则乱。故子墨子曰："不可以不劝爱人者，此也。"

【注释】

①兼相爱：全都相亲相爱。②恶（wū）施：怎么作。恶：何、怎么。施：干、作。③亡有：没有。④故：衍文。⑤谁贼：谁残害别人？⑥恶（wū）得：怎么能。禁恶：禁止相互仇恨。

【译文】

假如使天下的人全都相亲相爱，爱别人就像爱自己一样，还会有不孝的吗？看待父兄与君王如同自己一样，怎么会作出不孝的事呢？还会有不慈爱的吗？看待弟子与臣下如同自己一样，怎么会做出不慈爱的事呢？故不孝不慈没有了，还会有盗贼吗？看待别人的家如同自己的家，谁偷窃人家呢？看待别人的身体如同自己的身体，谁残害别人呢？故盗贼没有了，还会有大夫侵夺别人的封邑、诸侯攻打别的国家吗？看待别人的封邑如同自己的封邑，谁侵夺呢？看待别人的国家如同自己的国家，谁攻打呢？故大夫之间的侵夺、诸侯国之间的攻打没有了。假如使天下的人都相亲相爱，国与国之间不相互攻打，封邑与封邑之间不相互侵夺，盗贼没有，君臣父子都能孝顺慈爱，像这样则天下治。故圣人以治天下为事业的，怎么能不禁止相互仇恨而勉励人们相亲相爱呢？所以天下人全都相亲相爱则治，相互仇恨则乱。因此，墨子说："不可以不勉励爱别人，道理就在这里呵。"

兼爱中

子墨子言曰："仁人之所以为事者[①]，必兴天下之利，除去天下之害，以此为事者也。"然则天下之利何也？天下之害何也？子墨子言曰："今若国之与国之相攻，家之与家之相篡，人之与人之相贼，君臣不惠忠[②]，父子不慈孝，兄弟不和调，此则天下

之害也。”

【注释】

①为事：处理政事。②惠：施恩惠。

【译文】

墨子说：“仁人处理政事，一定是兴办对天下有利的，除去对天下有害的，用这个来处理政事。”那末，天下的利是什么？天下的害又是什么呢？墨子说：“现在如果国和国之间互相攻打，封邑与封邑之间互相篡夺，人与人之间相互残害，君不爱臣，臣不忠君，父不慈子，子不孝父，兄弟之间不和睦，这些就是天下的大害呵。”

然则崇此害亦何用生哉①？以不相爱生邪②？子墨子言：“以不相爱生。今诸侯独知爱其国，不爱人之国，是以不惮举其国以攻人之国③。今家主独知爱其家④，而不爱人之家，是以不惮举其家以篡人之家。今人独知爱其身，不爱人之身，是以不惮举其身以贼人之身。是故诸侯不相爱则必野战。家主不相爱则必相篡，人与人不相爱则必相贼，君臣不相爱则不惠忠，父子不相爱则不慈孝，兄弟不相爱则不和调。天下之人皆不相爱，强必执弱⑤，富必侮贫，贵必敖贱⑥，诈必欺愚⑦。凡天下祸篡怨恨，其所以起者，以不相爱生也，是以仁者非之。”

【注释】

①崇：为“察”之误。何用生：即“从何生”，从何产生。②以：因。不相爱生：当作“以相爱生邪”。③不惮：不怕，毫无顾忌。举：动用。④家主：指封邑的卿大夫。⑤执：控制。⑥敖（ào）：同傲。⑦诈：奸诈的人。

【译文】

那末，考察一下这些大害又是从哪里产生的呢？是因为相爱而产生的吗？墨子说：“是因为不相爱而产生的。现在诸侯只知道爱自己的国家，不爱别人的国家，所以肆无忌惮地动用全国的力量去攻打别的国家。现在卿大夫们只知道爱自己的封邑，而不爱人家的封邑，所以肆无忌惮地动用全封邑的力量去篡夺别人的封邑。现在每个人只爱各自的身体，而不爱别人的身体，所以肆无忌惮地用全身的力量去残害别人的身体。因此，诸侯不相爱就一定会发生战争，卿大夫们不相爱就一定会相互掠夺，人与人之间不相爱就一定会相互残害，君臣不相爱就出现君不爱臣、臣不忠君，父子不相爱就出现父不慈子、子不孝父，兄弟不相爱就不和睦。天下的人都不相爱，强大的一定会控制弱小的，富有的一定会欺侮贫困的，高贵的一定会鄙视低贱的，奸诈的一定欺压愚蠢的。大凡天下的祸乱、争夺、怨恨，他们产生的根源，都是由于相互之间不相爱。所以仁人要反对这种不相爱的现象。”

既以非之①；何以易之②？子墨子言曰：“以兼相爱交相利之法易之③。”然则兼相爱交相利之法将奈何哉?④子墨子言：“视人之国若视其国，视人之家若视其家，视人之身若视其身。是故诸侯相爱则不野战，家主相爱则不相篡，人与人相爱则不相贼，君臣相爱则惠忠，父子相爱则慈孝，兄弟相爱则和调。天下之人皆相爱，强不执弱，众不劫寡，富不侮贫，贵不敖贱，诈不欺愚。凡天下祸篡怨恨可使毋起者，以相爱生也，是以仁者誉之。"

【注释】

①以：通已。②何以易之：用什么改变它。③交相利：大家互利，相互得到好处。④将：该、当。奈何：怎样。

【译文】

既已反对不相爱，那又用什么来改变它呢？墨子说："用彼此相爱、彼此相利的方法来改变它。"那么，彼此相爱、彼此相利的作法该是怎样的呢？墨子说："看待别人的国家如同自己的国家一样，看待别人的封邑如同自己的封邑一样，看待别人的身体如同自己的身体一样。因此诸侯相爱就不发生战争，卿大夫相爱就不相互篡夺，人与人相爱就不相互残害，君臣相爱就相互惠忠，父子相爱就相互慈孝，兄弟相爱就和睦友好。天下的人都相爱，强壮的不控制弱小的，人多的不掠夺人少的，富有的不欺侮贫穷的，富贵的不鄙视低贱的，奸诈的不欺压愚蠢的。天下一切的祸乱、争夺、怨恨都可使之不发生，就是因为相爱之心产生了。所以仁人要赞美相爱呵。"

然而今天下之士君子曰："然，乃若兼则善矣[①]，虽然，天下之难物于故也[②]。"子墨子言曰："天下之士君子，特不识其利[③]，辩其故[④]也。今若夫攻城野战，杀身为名[⑤]，此天下百姓之所皆难也，苟君说之[⑥]，则士众能为之。况于兼相爱，交相利，则与此异。夫爱人者[⑦]，人必从而爱之；利人者，人必从而利之；恶人者[⑧]，人必从而恶之；害人者，人必从而害之。此何难之有！特上弗以为政[⑨]，士不以为行故也[⑩]。

【注释】

①乃若：如果。兼：兼爱。②难物：难事。于故：衍文。天下之难物也：天下难办的事。③特：只是。其：指兼爱。④辩：同辨，辨别、懂得。⑤杀身为名：为了成名而牺牲生命。⑥说（yuè）：通悦。⑦夫：发语词。⑧恶（wù）：憎恨。⑨上：君王。政：政务。⑩行：行为。

【译文】

然而现在天下的士人君子说："话是对的，如果能兼爱那就好了，虽然这样，这是天下难以办到的事呵。"墨子说："天下的士人君子，只是还不懂得兼爱的好处，不懂得它的道理罢了。至于现在的攻城打仗，为了名声而牺牲生命，这当然是老百姓都难以办到的，然而只要君主喜欢这样，那臣民们就能做到。何况彼此相爱、大家互利，跟这个就完全不同。爱别的人，别人一定会跟从他而爱他；有利于人的，别人一定会使他有利；憎恨别人的，别人也一定会憎恨他；残害别人的，别人也一定会残害他。这有什么难办的呢！只是君王不把它用来为政，士人君子不把它加以推行罢了。

昔者晋文公好士之恶衣[①]，故文公之臣皆牂羊之裘[②]，韦以带剑[③]，练帛之冠[④]，入以见于君[⑤]，出以践于朝[⑥]。是其故何也？君说之，故臣为之也。

【注释】

①好（hào）：喜好。恶衣：粗劣的衣服。②牂（zāng）羊：母羊。裘：皮衣。③韦：熟牛皮。带：佩挂。④练帛：大帛。⑤入：进入宫廷。见：参见。⑥践：行走。朝：朝廷。

【译文】

从前晋文公喜欢臣下穿粗劣的衣服，所以文公的臣子都穿着母羊皮的袍子，系牛皮带子挂剑，戴着大帛帽子，进入宫廷可以参见君王，出来可以在朝廷上行走。这是什么缘故呢？君王喜欢这样，所以臣子就这样做。

昔者楚灵王好士细要[①]，故灵王之臣皆以一饭为节[②]，胁息然后带[③]，扶墙然后起。比期年[④]，朝有黧黑之色[⑤]，是其故何也？君说之，故臣能之也。昔越王勾践好士之勇[⑥]，教驯其臣[⑦]，和合之焚舟失火[⑧]，试其士曰[⑨]：'越国之宝尽在此！'越王亲自鼓其士而进之[⑩]。士闻鼓音，破碎乱行[⑪]，蹈火而死者[⑫]左右百人有余。越王击金而退之。"

【注释】

①要（yāo）：同腰。②一饭：一天一顿饭。③胁息：吸气收缩。带：紧束腰带。④比：等到。期（jī）年：一年。⑤朝：朝廷的臣子。黧（lí）：黑色，指朝廷的臣子们因清瘦而黑。⑥勾践：即越王勾践，春秋末年越国君。⑦驯：通训。⑧此句当作"私令人焚内失火"。⑨试：试验、考验。⑩鼓：击鼓，命令进军。⑪破碎乱行（háng）：当作"破萃乱行（háng）"。⑫蹈火：投身火中。

【译文】

从前楚灵王喜欢臣下细腰，所以他的臣子每天只吃一顿饭来节制，先吸气收缩然后系腰带，手扶墙然后才站起来。过了一年，朝臣都人瘦面黑。这是什么原因呢？因为君王喜欢这样，所以臣子们就这样做。过去越王勾践喜欢臣下勇敢，为了教育训练他的臣子们，他私令人焚烧宫寝，用以考验他的臣下说：'越国的珍宝都在这些寝宫里面。'他亲自击鼓命令臣下们上前救火，他的臣下们听到鼓声，顾不上阵行，争先恐后，赴火而死的，光是身边左右侍臣就有一百多人。越王这才鸣金使臣下退下来。"

是故子墨子言曰："乃若夫少食恶衣[①]，杀身而为名，此天下百姓之所皆难也，若苟君说之，则众能为之。况兼相爱，交相利，与此异矣。夫爱人者，人亦从而爱之；利人者，人亦从而利之；恶人者，人亦从而恶之；害人者，人亦从而害之。此何难之有焉，特士[②]不以为政而士不以为行故也。"

【注释】

①乃若夫：按上文应为"今若夫"。若夫：发语词。②士：据上文，此"士"应为"上"。指君王。

【译文】

所以墨子说"现在至于吃得少，穿得粗劣，为成名而牺牲生命，这是天下百姓们都认为难办的事，但如果国君喜欢这样，那大家就能这样做。然而拿兼相爱、交相利来比，就与这个不同了。爱别人的，别人也会跟随他而爱他；有利于别人的，别人也有利于他；憎恨别人的，别人也会憎恨他；残害别人的，别人也会残害他。这有什么困难呢？只是君主不用它为政，士人君子不把它加以推行。"

然而今天下之士君子曰："然，乃若兼则善矣。虽然，不可行之物也，譬若挈太山越河济也①。"子墨子言："是非其譬也②。夫挈太山而越河济，可谓毕劫有力矣③，自古及今未有能行之者也。况乎兼相爱，交相利，则与此异，古者圣王行之。何以知其然？古者禹治天下，西为西河渔窦④，以泄渠孙皇之水⑤；北为防原泒⑥，注后之邸⑦，嘑池之窦⑧，洒为底柱⑨，凿为龙门，以利燕、代、胡、貉与西河之民⑩；东方漏之陆⑪防孟诸之泽⑫，洒为九浍⑬，以楗东土之水⑭，以利冀州之民⑮；南为江、汉、淮、汝⑯，东流之，注五湖之处⑰，以利荆、楚、干、越与南夷之民⑱。此言禹之事，吾今行兼矣⑲。昔者文王之治西土，若日若月，乍光于四方于西土⑳，不为大国侮小国，不为众庶侮鳏寡，不为暴势夺穑人黍、稷、狗、彘㉑。天屑临文王慈㉒，是以老而无子者，有所得终其寿；连独无兄弟者㉓，有所杂于生人之间㉔；少失其父母者，有所放依而长㉕。此文王之事㉖，则吾今行兼矣。昔者武王将事泰山隧，传曰：'泰山，有道曾孙周王有事㉗，大事既获㉘，仁人尚作㉙，以祇商夏㉚、蛮夷丑貉㉛。虽有周亲㉜，不若仁人，万方有罪㉝，维予一人。'此言武王之事，吾今行兼矣。"

【注释】

①挈（qiè）：举。太山：泰山。越：跨越。河：黄河。济：济水。②是非其譬：这比方比得不对。③毕劫有力：劫当为"劲"。毕劲：有力的样子。④为：治理。渔窦：古水名，地址不详。⑤泄：排泄。渠孙皇：古水名。⑥防原泒（gū）：防、原、泒为古水名，地址不详。⑦后之邸（dǐ）：古地名。在今山西太原祁县东。⑧嘑（hū）池之窦：即嘑沱河。⑨洒为底柱：洒（sǎ），分流。底柱：即砥柱山。洒为底柱，意为使黄河在底柱山分流。⑩燕、代：古国名。胡、貉：古代北方的部族名称。⑪东方漏之陆：当为"东方漏大陆"。漏：疏导。大陆：地名，在河北巨鹿县。⑫防：拦截。孟诸之泽：即孟诸泽，古代河南商丘东北的湖泽名。⑬九浍（kuài）：九条河水。⑭楗（jiàn）：限制。⑮冀州：在今黄河中下游的中原地区。⑯江：长江。汉：汉水。淮：淮河。汝：汝水。⑰五湖之处：指太湖一带的湖泊。⑱荆、楚：即楚国。干（hán）越：即吴越。干，邗之借字。⑲吾今行兼矣：现在我们应实行这种兼爱了。⑳乍：通作。作光，即"照耀"。㉑穑人：种田人。黍、稷：泛指农作物。狗、彘：泛指牲口家畜。㉒临：察视。㉓连：当作"矜"。㉔杂：集聚、杂居。生人：生活着的人们。㉕放依：依靠。㉖此句应为"此言文王之事。"㉗昔者武王将事泰山隧：断句有误。当为"昔者武王将事泰山，隧传曰：'泰山有道，曾孙周王有事……'"事：祀。隧：王焕镳云："疑'遂'字之误。遂：于是。传：陈述。'曰'以下为祝辞。"有道：有神灵。曾孙：天子诸侯祭祀时用的谦称。有事：有祀，即作此祭祀。㉘大事：指讨伐商纣之事。既获：已得胜利。㉙仁人：指贤明的人。作：起。㉚祇（zhī）：孙诒让云："祇当读为振。"拯救的意思。商夏：指中原。㉛丑：众多。㉜周亲：至亲本家。㉝万方有罪：指四方百姓有罪。

【译文】

然而现在天下的士大夫君子说："对，如若能兼爱那就好了。但是，这是行不通的事情。这就像想一手举起泰山、一脚跨过黄河济水一样呵。"墨子说："这个比方不对了。举泰山跨越河济，可以说是强而有力，自古至今，没有能办得到的。然而兼相爱、交相利，就与此完全不同，古代圣王就实行过。怎么知道是这样呢？过去禹治天下，在西边治理西河和渔窦，以排泄渠、孙、皇等水流；在北边治理防、原、泒等河流，使之注入昭余祁和滹沱河，使黄河在砥柱山分流，凿通龙门，以利于燕、代、北方一些部族以及西河的老百姓；在东边治理疏导大陆积水，一方面把它拦截入孟诸泽，同时用九条河来分流，用以限制东土的水北犯，以利于中原的百姓；在南边治理长江、汉水、淮河、汝水，使之东流，注入太湖一带的湖泊中，以利于楚国、吴越与南方少数民族地区的百姓。这是说的夏禹所施行的兼爱之事，我们现在也应该施行这种兼爱了。过去周文王治理西土，如同日月的光芒照耀四方和西土，不让大国欺侮小国，不让大家欺侮鳏夫寡母，不让强暴势力夺取农民的谷物和牲畜。上天明察文王的仁慈，所以老而无子的，有人供养而终其天年；孤苦无兄弟的，可以在人们之中安居；从小就失去父母的，也有所依靠而长大成人。这是讲周文王施行的兼爱之事，我们现在也应该施行兼爱了。过去周武王行祀泰山，于是陈说：'泰山之神有灵，我周王来此祭祀，现在伐纣的战事已取得胜利，一大批仁人智士起来辅助我，拯救中国及四裔。虽有至亲，不如仁人，如果百姓有什么过错，应该由我一人来承担罪责。'这是说同武王施行的兼爱之事，我们现在也该施行兼爱了。"

是故子墨子言曰："今天下之君子，忠实欲天下之富[①]，而恶其贫；欲天下之治，而恶其乱，当兼相爱，交相利，此圣王之法，天下之治道也，不可不务为也[②]。"

【注释】

①忠：通中。②务：努力。为：干、做。

【译文】

因此，墨子说："现在天下的君子，诚心想天下富足，而厌恶贫困；想天下得治，而厌恶混乱，那就该实行兼相爱，交相利，这是圣王的准则，是天下得治的准则，不可不努力去做呵。"

兼爱下

子墨子言曰："仁人之事者，必务求兴天下之利，除天下之害。"然当今之时，天下之害孰为大[①]？曰："若大国之攻小国也，大家之乱小家也，强之劫弱，众之暴寡[②]，诈之谋愚，贵之敖贱，此天下之害也。又与为人君者之不惠也[③]，臣者之不忠也，父者之不慈也，子者之不孝也，此又天下之害也。又与今人之贱人[④]，执其兵刃、毒药、水、火，以交相亏贼[⑤]，此又天下之害也。"姑尝本原若众害之所自生[⑥]，此胡自生[⑦]？此自爱人利人生与？即必曰非然也，必曰从恶人贼人生[⑧]。分名乎天下恶人而贼人者[⑨]，兼与[⑩]？别与[⑪]？即必曰别也。然即之交别者[⑫]，果生天下之大害者与？是故别非也。

【注释】

①孰为大：什么是大的危害。②暴：虐待。③又与：即“又如”。不惠：不仁慈。④今人：人字为衍文。⑤交相亏贼：互相残害。⑥尝：尝试。本原：推究产生的根源。⑦胡：何、哪里。⑧恶人：憎恨人。贼人：残害人。⑨分名：分辨名目。⑩兼：指视人如己。⑪别：指将别人与自己区分开，分别对待。⑫然即：那么。交别：相互之间都把别人与自己分开。

【译文】

墨子说：“仁人处理政事，一定要努力兴天下之利，除天下之害。”然而当今之时，什么是天下最大的危害？回答道：“如大国攻打小国，大封邑侵犯小封邑，强大的掠夺弱小的，人多的虐待人少的，奸诈的算计愚笨的，高贵的鄙视卑贱的，这就是天下的大害呵。又如作君王的不仁慈，作臣下的不忠诚，作父亲的不慈爱，作儿子的不孝顺，这又是天下的大害呵。又如现在的贱民，用兵刃、毒药、水、火，相互残害，这又是天下的大害呵。”姑且试着推究这许多灾害的起源，这些灾害是从哪里产生的？这是产生于爱人利人吗？那一定会说不是这样，一定会说是从憎恨人残害人而产生的。分辨一下吧，请问天下憎恨别人、残害别人的人，算是“兼”，还是“别”呢？那一定要说是“别”了。然则“交相别”果真是产生天下一切大害的原因，所以，“别”是不对的。

子墨子曰：“非人者必有以易之[①]，若非人而无以易之，譬之犹以水救火也[②]，其说将必无可焉[③]。”是故子墨子曰：“兼以易别[④]。”然即兼之可以易别之故何也？曰：“藉为人之国[⑤]，若为其国，夫谁独举其国以攻人之国者哉[⑥]？为彼者由为己也。为人之都，若为其都，夫谁独举其都以伐人之都者哉？为彼犹为己也。为人之家，若为其家，夫谁独举其家以乱人之家者哉？为彼犹为己也。然即国、都不相攻伐，人家不相乱贼，此天下之害与？天下之利与？即必曰天下之利也。姑尝本原若众利之所自生，此胡自生？此自恶人贼人生与？即必曰非然也，必曰从爱人利人生。分名乎天下爱人而利人者，别与？兼与？即必曰兼也。然即之交兼者[⑦]，果生天下之大利者与。”是故子墨子曰：“兼是也。且乡吾本言曰[⑧]：‘仁人之事者，必务求兴天下之利，除天下之害。’今吾本原兼之所生，天下之大利者也；吾本原别之所生，天下之大害者也。”是故子墨子曰：“别非而兼是者，出乎若方也[⑨]。”

【注释】

①非人：当作“非之”。有以易之：有其他东西来替换它。②以水救火：当作“犹以水救水，以火救火也”。③将必无可：当必不可。④兼以易别：用视人如己来改变人我有别。⑤藉：假如。为：对待。⑥独：还。举其国：动用全国的力量。⑦交兼：人们相互间都视别人如自己。⑧乡（xiàng）：即晌，不久。⑨方：道理、法则。

【译文】

墨子说：“否定‘别’，一定要有其他东西来替换它，如果否定‘别’而没有替换它的东

西，那就好比以水救水、以火救火，这样就行不通了。”因此，墨子说：“要用‘兼’来代替‘别’。”然则“兼”可以代替“别”的原因是什么呢？回答说：“如果对待别人的国家，如同对待本国一样，那么谁还会动用本国的全部力量去进攻别人的国家呢？因为别国如同本国一样呵。又如对待别人的都城，如同对待自己的都城，那么谁还会动用自己都城全部的力量去讨伐别人的都城呢？因为别人的都城如同自己的都城呵。又假定对待别人的封邑，如同对待自己的封邑，那么谁还会动用自己封邑的全部力量去扰乱别人的封邑呢？因为别人的封邑如同自己的封邑。然则国家、都城不相攻伐，人、封邑不相侵犯和残害，这是天下的害呢，还是天下的利？一定会说是天下的利。姑且尝试着推究这些利是从哪里产生的？这是产生于憎恨人残害人吗？那一定会说不是这样，而是从爱人利人产生的。分辨一下吧，天下爱别人、利别人的，是出于将别人与自己分别对待呢，还是出于视人如己？那一定会说视人如己。那么这样相互间都视人如已，果真是产生天下大利的原因吧！”因此，墨子说：“视人如己是对的。并且我在不久前说过：‘仁人的政事，一定要努力兴办对天下有利的事，除去对天下有害的事。’现在我推究其‘兼’产生的原因，它是天下的大利呵；我推究其‘别’产生的原因，则是天下的大害呵。”所以墨子说：“‘别’不对而‘兼’是对的，就是出于这个缘故。”

今吾将正求与天下之利而取之，以兼为正①，是以聪耳明目相与视听乎②，是以股肱毕强相为动宰乎③，而有道肆相教诲④。是以老而无妻子者，有所侍养以终其寿；幼弱孤童之无父母者，有所放依以长其身。今唯毋以兼为正，即若其利也⑤，不识天下之士，所以皆闻兼而非者，其故何也？

【注释】

①此二句当作“疑原文应作‘今吾将求兴天下之利，除天下之害，而取以兼为正。”正：通政。②与：当作为。相为视听：相互助人视听。③动宰：动作。④有道：用道义。肆：勉力。⑤即若其利：则其利若此。

【译文】

现在我将努力兴办对天下有利之事，除去对天下有害之事，而用“兼”为政，因此大家都用聪耳明目相互助人视听，大家都用强而有力的手足相互帮助，用道义勉励相互教诲。所以年老而无妻儿子女的，有所侍养终其年寿；幼弱、无父母的孤童，也有所依靠而得以成长。现在用“兼”治政，那它的好处就会象这样。然而不知道天下之士听到“兼”的说法，都认为是错误的，这是什么缘故呢？

然而天下之士非兼者之言①，犹未止也。曰：“即善矣。虽然，岂可用哉？”子墨子曰：“用而不可，虽我亦将非之。且焉有善而不可用者？姑尝两而进之②。谁以为二士③，使其一士者执别，使其一士者执兼。是故别士之言曰：‘吾岂能为吾友之身，若为吾身，为吾友之亲，若为吾亲。’是故退睹其友④，饥即不食，寒即不衣，疾病不侍养，死丧不葬埋。别士之言若此，行若此。兼士之言不然，行亦不然，曰：‘吾闻为高士于天下者，必为其友之身，若为其身，为其友之亲，若为其亲，然后可以为高士于天下。’是故退睹其友，饥则食之，寒则衣之，疾病侍养之，死丧葬埋之。兼士之言若

此，行若此。若之二士者⑤，言相非而行相反与？当使若二士者⑥，言必信，行必果⑦，使言行之合犹合符节也⑧，无言而不行也。然即敢问⑨，今有平原广野于此，被甲婴胄将往战⑩，死生之权未可识也⑪；又有君大夫之远使于巴、越、齐、荆⑫，往来及否未可识也⑬，然即敢问，不识将恶也⑭家室⑮，奉承亲戚⑯，提挈妻子⑰，而寄托之？不识于兼之有是乎⑱？于别之有是乎？我以为当其于此也⑲，天下无愚夫愚妇，虽非兼之人，必寄托之于兼之有是也。此言而非兼，择即取兼，即此言行费也⑳。不识天下之士，所以皆闻兼而非之者，其故何也？"

【注释】

①非兼者之言：否定兼爱的言论。②两：指执"兼"和执"别"的两种人。进之：即尽之。句意：且试设执"兼"与执"别"两种人完全按照自己的主张行事。③谁：当为设。④退：退下来、返身。睹：对待。⑤若之：像这。⑥当使：当为尝使。若：此。⑦言必信，行必果：说话一定兑现，行动一定果断敢为。⑧符节：古代朝廷用作传令、调兵遣将的凭证，双方各执一半，合之以验真假。⑨然即敢问：那么请问。⑩被（pī）：披。甲：铠甲。婴：系。胄（zhòu）：头盔。⑪权：权衡。⑫君大夫：有封地的大夫。巴、越、齐、荆：都为古国名。巴，在今川东鄂西一带；越，在今江浙一带；齐，在今山东一带；荆，即楚国，在今湖北湖南一带。⑬往来及否：能否返回。⑭不知将恶也：恶下脱"从"字。即将如何办？⑮家室：当为"将固庇家室"。固庇：保护。⑯奉承：奉养。亲戚：指父母亲。⑰提挈：带领。妻子：妻儿子女。⑱有：同友。⑲当其如此：当他处在这个时候。⑳费：通拂，违背。

【译文】

然而天下的士君子，否定兼爱的言论，还没有停止呵。他们说："虽然'兼'很好，但怎么可以用呢？"墨子说："如果确实不能用，即使是我也认为它是错的，怎么会是好的而不可以用呢？姑且试设执'兼'与执'别'的两种人完全按自己的主张行事。设二士于此，使其中一士执'别'，使其中另一士执'兼'。执'别'的人说：'我怎么能拿我朋友的身体，看作是自己的身体，拿我朋友的亲人，当作自己的亲人。'因此他退下来看见自己的朋友，饥饿了不给吃的，寒冷了不给穿的，生病了不去服侍，死亡了不去埋葬。执'别'的人是这样说的，也是这样做的。而执'兼'的人不是这样说的，也不是这样做的。他说'我听说在天下要做道德高尚的人，一定要把朋友的身体，看作是自己的身体，把朋友的亲人，看作是自己的亲人，然后才可以在天下做道德高尚的人。'因此他退下来看见自己的朋友，饥饿了给吃的，寒冷了给衣穿，生病了去侍养，死亡了去埋葬。执'兼'的人是这样说的，也是这样做的。像这两位士人，言语不相同，行为又相反吧！试使这两人，说话兑现，行事果断敢为，他们的言行统一，如同符合符节一样，没有说就不做。那么请问：现在有平原旷野作战场，有人披甲带盔将要去参加战斗，生死还不知道；又有君大夫将远使巴、越、齐、荆等地，能否返回还不知道。那么请问，如果要保护家室、奉养父母、带领妻子去托付给别人，不知道是托付于执'兼'的朋友是对的，还是托付于执'别'的朋友是对的？我以为在这个时候，世上无论如何愚蠢的男女，即使不主张兼爱的人，他们一定会把自己的亲人托付给执'兼'的朋友，认为这样才是对的。这就是说话要否定执'兼'的人，而择友却要选择执'兼'的人，这就是言行不一致呵。然而不知天下之士君子听到'兼'的说法，都加以否定，这是什么缘由呵？"

然而天下之士非兼者之言，犹未止也。曰："意可以择士[1]，而不可以择君乎?""姑尝两而进之。谁以为二君[2]，使其一君者执兼，使其一君者执别，是故别君之言曰：'吾恶能为吾万民之身[3]，若为吾身，此泰非天下之情也[4]。人之生乎地上之无几何也，譬之犹驷驰而过隙也[5]。'是故退睹其万民，饥即不食，寒即不衣，疾病不侍养，死丧不葬埋。别君之言若此，行若此。兼君之言不然，行亦不然。曰：'吾闻为明君于天下者，必先万民之身，后为其身，然后可以为明君于天下。'是故退睹其万民，饥即食之，寒即衣之，疾病侍养之，死丧葬埋之。兼君之言若此，行若此。然即交若之二君者[6]，言相非而行相反与？常使若二君者[7]，言必信，行必果，使言行之合犹合符节也，无言而不行也。然即敢问，今岁有疠疫[8]，万民多有勤苦冻馁[9]，转死沟壑中者[10]，既已众矣[11]。不识将择之二君者，将何从也？我以为当其于此也，天下无愚夫愚妇，虽非兼者，必从兼君是也。言而非兼，择即取兼，此言行拂也。不识天下所以皆闻兼而非之者，其故何也?"

【注释】

①意：当作抑，或许。②谁：为设之误。③恶（wū）：何、怎么。④泰：通太。⑤犹驷驰而过隙：好比马车奔驰过隙那样短暂。喻时间过得快。⑥然即交：衍文。⑦常：当为尝。⑧疠疫：瘟疫。⑨馁：饥饿。⑩转：弃。⑪既已众：已经为数很多。

【译文】

然而天下之士否定"兼爱"的言论，还没有停止呵。他们说："兼爱之说或许可以选择士人君子，然而不可以选择君王吧?""姑且试设执'兼'与执'别'的两种人完全按自己的主张行事。设二君王于此，使其中一君王执'兼'，使其中另一君王执'别'。执'别'的君王说：'我怎么能拿我万民的身体，当作我自己的身体，这太不合天下人的情理了。人生活在世上时光非常短暂，就如同马车奔驰过隙那样。'因此他退下来对待自己的万民，饥饿了不给饭吃，寒冷了不给衣穿，生病了不去服侍，死亡了不去埋葬。执'别'的君王是这样说的，也是这样做的。执'兼'的君王所说的则不同，做的也不一样。他说：'我听说在天下做明君的，一定要先考虑万民的身体，然后才考虑自己的身体，这样才可以在天下做明君。'所以他退下来对待万民，饥饿了就给吃的，寒冷了就给衣服穿，生病了就去服侍，死亡了就去安葬。执'兼'的君王是这样说的，也是这样做的。像这二位君王，言语不相同行动也相反吧！试使二位君王，言语兑现，行事果断敢为，言行统一如同符合符节一样，不说就不做。那么请问，今岁流行瘟疫，万民勤苦而受冻挨饿，死后被抛弃于沟壑中的，已经为数很多了。如果从这二君中选一位，该怎么办呢？我以为在这种时候，天下无论怎么愚蠢的男女，即使否定执'兼'的人，也一定会认为跟从执'兼'的君王是对的。这就是说话要否定执'兼'的，而择君却要选择执'兼'的君王，这就是言行不一致呵。然而不知天下的人听到'兼'的说法，都加以否定，这是什么缘故呵?"

然而天下之士非兼者之言也，犹未止也。曰："兼即仁矣，义矣。虽然，岂可为哉？吾譬兼之不可为也，犹挈泰山以超江河也[1]。故兼者直愿之也[2]，夫岂可为之物哉？”子墨子曰：“夫挈泰山以超江河，自古之及今[③]，生民而来未尝有也。今若夫兼相爱，交相利，此自先圣六王者亲行之[④]。”何知先圣六王之亲行之也？子墨子曰：“吾非与之并世同时[⑤]，亲闻其声，见其色也。以其所书于竹帛，镂于金石，琢于槃盂，传遗后世子孙者知之。《泰誓》[⑥]曰：‘文王若日若月，乍照，光于四方于西土。’即此言文王之兼爱天下之博大也，譬之日月兼照天下之无有私也。”即此文王兼也，虽子墨子之所谓兼者[⑦]，于文王取法焉。

【注释】

①江河：指长江、黄河。②直：只。愿：愿望。③之：到、至。④六王：当作四王。者：皆。行：实行。⑤并世同时：同一时代。⑥《泰誓》：《尚书》篇名，原文已佚。⑦虽：通唯。

【译文】

然而天下之士否定“兼爱”的言论，还没有停止呵。他们说：“兼虽然是仁义的，但难道是可行的吗？‘兼’是不可行的，就譬如一手举起泰山一脚跨过长江黄河一样呵。所以兼爱只不过是一种愿望而已，哪里是可行的呢？”墨子说：“一手举起泰山一脚跨过长江黄河，自古至今，有生民以来从未有过。至于‘兼相爱’、‘交相利’，这是先圣禹汤文武都亲自实行过的。”怎么知道先圣四王亲自实行过呢？墨子说：“我没有与他们同一时代生活过，没有亲耳听看他们的声音，亲耳看过他们的容貌，而是通过他们所写在竹帛上，镂刻在钟鼎石碑上，琢雕在玉石的槃盂上，流传给后世子孙而知道的。《泰誓》上说：‘文王如同日月的光芒普照四方和西土。’这就表明文王兼爱天下的广大，就如同日月无私地普照天下呵。”这就是文王的“兼”了，墨子的所谓“兼”，就是取法文王。

“且不唯《泰誓》为然，虽《禹誓》即亦犹是也。禹曰：‘济济有众[①]，咸听朕言[②]，非惟小子，敢行称乱[③]，蠢兹有苗[④]，用天之罚[⑤]，若予既率尔群对诸群[⑥]，以征有苗。’禹之征有苗也，非以求以重富贵[⑦]、干福禄[⑧]、乐耳目也，以求兴天下之利，除天下之害。”即此禹兼也。虽子墨子之所谓兼者，于禹求焉[⑨]。

【注释】

①济济：众多貌。有：语助词。②咸：都。朕：我。③称乱：即发动战争。④蠢：此指不服从而蠢动。⑤用：行。⑥若：当作兹。群对诸群：当作群封诸君。⑦非以求以重富贵：当作非以求重富贵。⑧干：求。⑨求：当作取法。

【译文】

“不光是《泰誓》是这样，而且《禹誓》也是这样呵。禹说：‘从人请都听我说，不是我胆敢发动战争，而是有苗族不服从我们而蠢动，我是代天行罚，今天即率领你们众邦国的诸君，去征讨有苗族。’禹征讨有苗族，并不是追求富贵福禄，也不是是为了使耳目享受声色之乐呵，而是要兴天下之利，除天下之害。”这就是禹的“兼”呵。墨子的所谓“兼”，是取法于禹。

"且不唯《禹誓》为然，虽《汤说》即亦犹是也[①]。汤曰：'惟予小子履[②]，敢用玄牡[③]，告于上天后[④]曰：今天大旱，即当朕身履[⑤]，未知得罪于上下[⑥]，有善不敢蔽，有罪不敢赦，简在帝心[⑦]。万方有罪，即当朕身，朕身有罪，无及万方'。即此言汤贵为天子，富有天下，然且不惮以身为牺牲[⑧]，以祠说于上帝鬼神[⑨]。"即此汤兼也。虽子墨子之所谓兼者，于汤取法焉。

【注释】

①《汤说》：即《汤誓》。②履：殷汤本名履。③黑牡：黑色的公牛。④上天后：当作上天。后土，指土地神。⑤当：担当，承担。⑥上下：指天和地。⑦简：存。⑧不惮：不怕。牺牲：祭品。⑨祠：祭祀。说：说服。

【译文】

"不光是《禹誓》是这样，而且《汤说》也是这样呵。汤说：'我殷履，用黑色的小公牛作祭品，告诉上帝和土地神说：现在天大旱，应由我殷履一人承担罪责，不知道得罪于上天下地，现在，我对于有善行的人不敢隐瞒，对于有罪行的人不敢赦免，这话可铭记在天帝心中。万方有罪，由我一个人承担，我自己有罪，则不要连累到四面八方的人们。'这就是说汤贵为天子，拥有天下，然而不怕以自己为祭品，用祭祀来说服上帝鬼神。"这就是汤的"兼"呵。墨子的所谓"兼"，是取法于汤。

"且不惟《誓命》与《汤说》为然[①]，《周诗》即亦犹是也[②]。《周诗》曰：'王道荡荡[③]，不偏不党[④]，王道平平[⑤]，不党不偏。其直若矢，其易若厎[⑥]，君子之所履[⑦]，小人之所视[⑧]'，若吾言非语道之谓也[⑨]，古者文武为正[⑩]，均分赏贤罚暴，勿有亲戚弟兄之所阿[⑪]。"即此文武兼也[⑫]。虽子墨子之所谓兼者，于文武取法焉。不识天下之人[⑬]，所以皆闻兼而非之者，其故何也？

【注释】

①《誓命》：当作《禹誓》。②《周诗》：今作"无偏无党，王道荡荡。无党无偏，王道平平。"③王道：指周王治国之道。荡荡：广阔。④不党：不偏私。⑤平平：公允、公平。⑥其直若矢，其易若厎：当作"其直如矢，其平如砥"。⑦履：履行：实行。⑧视：仰望。⑨若吾言非语道之谓也：此句不可解。⑩正：同政。⑪阿（ē）：偏私、偏袒。⑫文武：周文王、周武王。⑬人：当作士。

【译文】

"不光是《禹誓》和《汤说》是这样，《周诗》也是这样呵。《周诗》说：'周王治国之道广阔，没有偏私，周王治国之道公平，没有偏私。它的赏罚分明不偏，平得像箭一样，它的贡赋平均不偏，平得像磨刀石一样。这种治国之道，君子们在实行，百姓们在仰望。'因此这《周诗》所说的，正是讲的'兼'的道理呵。古时候，周文王、周武王为政，赏贤罚暴分配公平，不有偏袒父母弟兄。"这就是周文王、周武王的"兼"呵。墨子的所谓"兼"，就是取法于周文王和周武王。然而不知道天下之士听到"兼"的说法，都加以否定，这是什么缘故呵？

然而天下之非兼者之言，犹未止，曰：“意不忠亲之利[①]，而害为孝乎？”子墨子曰：“姑尝本原之孝子之为亲度者[②]。吾不识孝子之为亲度者，亦欲人爱利其亲与？意欲人之恶贼其亲与？以说观之[③]，即欲人之爱利其亲也。然即吾恶先从事即得此[④]？若我先从事乎爱利人之亲，然后人报我爱利吾亲乎[⑤]？意我先从事乎恶人之亲[⑥]，然后人报我以爱利吾亲乎？即必吾先从事乎爱利人之亲，然后人报我以爱利吾亲也。然即之交孝子者，果不得已乎，毋先从事爱利人之亲者与[⑧]？意以天下之孝子为遇而不足以为正乎[⑨]？姑尝本原之先王之所书[⑩]，《大雅》之所道曰：‘无言而不雠[⑪]，无德而不报，投我以桃，报之以李。’即此言爱人者必见爱也[⑫]，而恶人者必见恶也。不识天下之士，所以皆闻兼而非之者，其故何也？意以为难而不可为邪？尝有难此而可为者[⑬]。昔荆灵王好小要，当灵王之身[⑭]，荆国之士饭不逾乎一[⑮]，固据而后兴[⑯]，扶垣而后行。故约食为其难为也[⑰]，然后为而灵王说之[⑱]，未逾于世而民可移也[⑲]，即求以乡其上也[⑳]。昔者越王勾践好勇，教其士臣三年，以其知为未足以知之也[㉑]，焚舟失火，鼓而进之，其士偃前列[㉒]，伏水火而死，有不可胜数也[㉓]。当此之时，不鼓而退也，越国之士可谓颤矣[㉔]。故焚身为其难为也，然后为之越王说之，未逾于世而民可移也，即求以乡上也。昔者晋文公好苴服[㉕]，当文公之时，晋国之士，大布之衣，牂羊之裘，练帛之冠，且苴之屦，入见文公，出以践之朝。故苴服为其难为也，然后为而文公说之，未逾于世而民可移也，即求以乡其上也。是故约食、焚舟、苴服，此天下之至难为也，然后为而上说之，未逾于世而民可移也。何故也？即求以乡其上也。今若夫兼相爱，交相利，此其有利且易为也，不可胜计也，我以为则无有上说之者而已矣。苟有上说之者，劝之以赏誉，威之以刑罚，我以为人之于就兼相爱交相利也，譬之犹火之就上，水之就下也，不可防止于天下[㉖]。”

【注释】

①意：抑或、或许。忠（zhòng）：当作中，即符合。②度（duó）：忖度，谋划。③说：道理。④恶（wū）先从事：何先从事。即先从事什么。此：指爱利吾亲。⑤爱利：孙诒让云：“‘爱利’上当有‘以’字。”⑥恶人：恶下当有“贼”字。⑦之：这。交孝子：相互为孝子。⑧毋：语词，无义。⑨遇（yú）：通愚。正：善。⑩所：衍文。⑪雠（chóu）：答应。⑫见：被。⑬难此：难于此，比此还难。⑭当灵王之身：当灵王在世时。⑮饭不逾乎一：吃饭不超过一顿。⑯固：通故。据：指据杖。兴：站起。⑰约食：减少食量。其：当作綦，极。⑱后：当作众。说（yuè）：通悦。⑲未逾于世：未超过世代，即世代未变。民可移：指民俗改变。⑳乡（xiàng）：通向。迎合。上：君王。㉑以其知：即以其智。㉒偃：扑倒在地。㉓有：当作者，应属上句，即：“伏水火而死者，不可胜数也。”㉔此处全句为：“当此之时，不鼓而退也，越国之士，可谓殚矣。”殚：竭和尽之意。㉕苴服：粗服。㉖不可防止：其势不可制止。

【译文】

然而天下之士否定‘兼爱’的言论，还没有停止呵。他们说：“恐怕这个不符合父母亲的利益而有害于孝道吧？”墨子说：“我们姑且推究一下一个孝子为父母谋划一件事，我不知道孝子为父母谋划这件事，是希望别人爱护自己的父母亲，还是希望别人残害自己的父母亲？依理说，应该是希望别人爱护自己的双亲呵。然而，我先从事什么才能获得爱护父母亲的结果呢？

是先从事于爱护别人的双亲，然后别人报答我以爱护我的双亲呢；还是我先从事于残害别人的双亲，然后别人报答以爱护我的双亲呢？那一定是我先从事于爱护别人的双亲，然后别人报答以爱护我的双亲呵。那么，这种相互为孝子的情况，难道是出于不得已吗？是先从事爱护别人的双亲呢，还是认为天下的孝子是愚蠢的而不足以为善呢？姑且推究一下先王的书，《大雅》所说的：'没有什么我不答应，没有什么恩德我不报答，别人赠给我红桃，我即报答人家以好李。'这就是说爱人的人一定被人爱，憎恶人的人一定被人憎恶呵。然而不知道天下的士人君子，说到'兼'的说法，都给予否定，是什么缘故呵？抑或以为行'兼'难而不能做到吗？曾有过比这难得多的却可以做到的事。从前荆灵王喜欢细腰，当灵王在世时，荆国的士君子每天吃饭只吃一顿饭，所以要据杖才能站立，扶墙才能行走。节缩饭量是一件极难作到的事，然而大家为使灵王高兴，时世未变而民俗却改变了，这就是希求以此来迎合君王的心意呵。过去的越王勾践喜欢勇敢，教练他的士臣三年，凭他的智慧，不足以知道训练的效果，于是他故意烧毁寝宫，击鼓命令他的士臣们前进，他的战士们争着救火，仆倒在水火中死去的，不计其数呵。在这个时候，他如果不停止击鼓的话，那越国勇士们就快死尽了。牺牲自己生命是非常难作到的事，然而大家为使越王高兴，时世未变而民俗却改变了，这就是希求以此来迎合君王的欢心呵。过去的晋文公喜欢穿粗布衣服，当晋文公在世时，晋国的士君子，都穿着粗布衣服，披着老羊皮袍子，戴着大帛帽子，穿着麻葛鞋子，进入宫廷可以参见文公，出来在朝廷上可以行走。穿粗布衣服是极难作到的事呵，然而大家为使文公高兴，时世未变而民俗却改变了，这就是希望以此来迎合君王的心意呵。所以缩减饭食、焚烧寝宫、穿粗布衣服，这是天下极难作到的事，然而大家为使君王高兴，时世未变而民俗却改变了，这是什么缘故呢？就是希求以此来迎合君王的心意罢了。现在兼相爱，交相利，这种作法有利并且容易作到，但不能作到，我认为是没有君王喜欢它而已呵。如果有君王喜欢它，用奖赏来勉励，用刑罚来威胁，我以为人们趋向于兼相爱交相利之道，就如同火向上窜，水往下流一样，在天下形成一种不可制止的势态。"

故兼者圣王之道也，王公大人之所以安也，万民衣食之所以足也。故君子莫若审兼而务行之[①]，为人君必惠，为人臣必忠，为人父必慈，为人子必孝，为人兄必友[②]，为人弟必悌[③]。故君子莫若欲为惠君[④]、忠臣、慈父、孝子、友兄、悌弟，当若兼之不可不行也，此圣王之道而万民之大利也。

【注释】

①莫若：不如。审：明察。②友：友爱其弟。③悌（tì）：敬顺兄长。④莫若：莫字为衍文。

【译文】

因此"兼"是圣王的治国之道，王公大人用它才安定，万民用它才衣食丰足呵。所以君子不如明察"兼"并努力实行它。作人君的一定要恩惠，作人臣的一定要忠诚，作人父的一定要慈爱，作人子的一定要孝顺，作人兄的一定要友善弟弟，作人弟的一定要敬爱兄长。故君子若想为惠君、忠臣、慈父、孝子、友兄、悌弟，那么，"兼"是不可不实行的，这就是圣人的治国之道和万民的大利呵。

非攻上

今有一人，入人园圃[①]，窃其桃李，众闻则非之，上为政者得则罚之。此何也？以亏人自利也。至攘人犬豕鸡豚者[②]，其不义又甚入人园圃窃桃李[③]。是何故也？以亏人愈多[④]，其不仁兹甚[⑤]，罪益厚[⑥]。至入人栏厩[⑦]，取人马牛者，其不仁义又甚攘人犬豕鸡豚。此何故也？以其亏人愈多。苟亏人愈多，其不仁兹甚，罪益厚。至杀不辜人也，拖其衣裘[⑧]，取戈剑者，其不义又甚入人栏厩取人马牛。此何故也？以其亏人愈多。苟亏人愈多，其不仁兹甚矣，罪益厚。当此，天下之君子皆知而非之，谓之不义。今至大为攻国[⑨]，则弗知非，从而誉之，谓之义。此可谓知义与不义之别乎？

【注释】

①园圃：果园与菜园。②攘：盗。豚（tún）：小猪。③甚：超过。④以：因为。亏：损害。愈：更。⑤兹：兹、滋古今字。滋，更。⑥厚：重。⑦栏厩：关牛马的圈。⑧拖（tuō）：即拖，夺也。⑨大为："大为"后据下文当补"不义"。

【译文】

现在有一人，到别人园圃里，偷摘别人的桃子、李子，大家知道了就责备他，被上面为政的人抓到就要惩罚他。这是什么原因？因为他损人利己呵。至于偷盗别的狗猪鸡等家畜的，他的不仁义更超过入人园圃偷桃李的。这是什么原因呢？因为损人越多，他的不义不仁就更厉害，罪过也更重。至于进入别人的牛马圈，偷别人的牛马的，他的不仁不义又更超过那些偷鸡摸狗的。这是什么原因呢？因为他损人更多。如果损人更多，他的不仁义就更甚，罪恶就更重。至于杀害无辜的人，夺取衣裘，抢劫戈剑的人，他的不义就更超过钻进别人牛马棚偷牛马的人。为什么呢？因为他损害别的更多了。如果损人越多，他的不仁义愈甚，罪就越重。对于这些，天下的君子都知道他不对，指责其不义。可是现在最大的不义是攻打别的国家，却不知道反对，还进而加以赞扬，称之为"义"，这能够说是懂得"义"与"不义"的区别吗？

杀一人谓之不义，必有一死罪矣，若以此说往[①]，杀十人十重不义[②]，必有十死罪矣；杀百人百重不义，必有百死罪矣。当此，天下之君子皆知而非之，谓之不义。今至大为不义攻国，则弗知非，从而誉之，谓之义，情不知其不义也[③]，故书其言以遗后世。若知其不义也，夫奚说书其不义以遗后世哉？今有人于此，少见黑曰黑，多见黑曰白，则以此人不知白黑之辩矣[④]；少尝苦曰苦，多尝苦曰甘，则必以此人为不知甘苦之辩矣。今小为非，则知而非之。大为非攻国，则不知非，从而誉之，谓之义。此可谓知义与不义之辩乎？是以知天下之君子也，辩义与不义之乱也。

【注释】

①说往：推度、类推。②十重（chóng）：十倍。③情：同诚。④则以此人不知白黑之辩矣：此句应为："则必以此人为不知白黑之辩矣。"

【译文】

杀死一人，说他不义，必定有一条死罪了。照此类推，杀了十个人，就是十倍的不义，必定有十条死罪了；杀了一百人，就是百倍的不义，必定有一百条死罪了。对于这种行为，天下的君子都知道反对，称之为“不义”。现在最大的不义是攻打别国，却不知道反对，反而加以赞扬，称之为“义”。这是真的不知道这是不义，所以把那些颂扬不义的话写在书上传于后代。如果知道这是不义，怎么把那些赞扬不义的话写在书上面传于后世呢？现在这里有一个人，看到少许黑的就说是黑的，看到许多黑的却说是白的，大家一定会认为这个人是不知白和黑的区别了；尝到一点苦味就说是苦的，尝到很多苦味反说是甜的，大家一定会认为这个人是不知苦和甜的区别了。现在看到别人做了很小一点坏事，就知道反对他，但做了像进攻别国那样大的坏事，却不知道反对，反而加以称赞，称之为“义”。这能算懂得“义”和“不义”的区别吗？由此可见，天下的君子对于“义”和“不义”的分辨是多么混乱呵！

非攻中

子墨子言曰：“古者①王公大人，为政于国家者，情欲誉之审②，赏罚之当③，刑政之不过失④。”

是故子墨子曰：“古者有语：‘谋而不得⑤，则以往知来⑥，以见知隐⑦。’谋若此，可得而知矣⑧。今师徒唯母兴起⑨，冬行恐寒，夏行恐暑，此不可以冬夏为者也。春则废民耕稼树艺，秋则废民获敛⑩。今唯毋废一时⑪，则百姓饥寒冻馁而死者，不可胜数。今尝计军上⑫竹箭羽旄幄幕⑬，甲盾拨劫⑭，往而靡弊腑冷不反者⑮，不可胜数；又与矛戟戈剑乘车⑯，其列住碎折靡弊而不反者⑰，不可胜数；与其牛马肥而往，瘠而反，往死亡而不反者，不可胜数；与其涂道之修远⑱，粮食辍绝而不继⑲，百姓死者，不可胜数也；与其居处之不安，食饭之不时⑳，饥饱之不节，百姓之道疾病而死者，不可胜数；丧师多不可胜数，丧师尽不可胜计，则是鬼神之丧其主后㉑，亦不可胜数。”

【注释】

①古者：王念孙云：“‘古者’当为‘今者’。”②情：诚。誉：上有“毁”字。此句应为：“情欲毁誉之审。”审：慎重。③当：得当。④刑政：刑事和政务。此句下有脱文。⑤谋：谋划、思虑。⑥以往知来：用往事推知未来。⑦见（xiàn）：通现。指明显的事。隐：隐匿的事。⑧可得而知：是能够知道的。⑨师徒：兴起：出征。唯母：语词。⑩获敛：收获贮藏。此句下疑脱文。⑪一时：一季。⑫上：当作出。⑬羽旄（máo）：古代在旗杆头上用羽毛、牦牛尾做装饰的旗子。⑭拨（fá）：大盾牌。⑮往：拿出去。靡弊：损坏。腑冷：腐烂。反：通返。⑯又与：又如。乘车：兵车。⑰列住：疑为“列往”，言其出征时，矛、戟、戈、剑、兵车，列队而往。⑱涂：同途。⑲辍绝：中止、断绝。⑳不时：不能按时。㉑主后：主祭和后裔。

【译文】

墨子说：“现在的王公大人，为政治国的，确实想做到责备和称赞审慎，奖赏处罚得当，刑事政务没有过失。”

所以墨子说："古时有人说：'谋划而一时得不到结果，可以用过去的事推知未来，用明显的事推知隐匿的事'。像这样谋划，可以得到结果是肯定的了。现在军队出征，冬天行军恐其寒冷，夏天出征恐其酷热，这就是不可以在冬夏出征呵。春天出征要破坏老百姓的庄稼果木，秋天出征则要破坏老百姓的收获贮藏，这就是不可以在春秋出征呵。现在毁掉一季，那么老百姓饥寒冻馁而死的，就不可胜数。现在试考虑一下军队出征的情况吧，竹箭、羽旄、幄幕、盔甲、大小盾牌、马组带铁等，拿出去而损坏腐烂拿不回来的，不可胜数；又如矛、戟、戈、剑、兵车，出兵时列队而往，但碎折损坏拿不回来的，不可胜数；如其去时牛马肥壮，回来时却非常瘦弱，一去就死了而不能回来的，不可胜数；如其道路遥远，粮食断绝而接济不上的，百姓饿死的，不可胜数呵；如其居处不能安，吃饭不能按时，饱饿没有节制，老百姓在路途中生病而死亡的，不可胜数；死亡的兵士多得不可胜数；全军覆没的不计其数；连鬼神都丧失其主祭和和失去后裔的，也不可胜数。"

国家发政①，夺民之用，废民之利，若此甚众，然而何为为之②？曰③："我贪伐胜之名④，及得之利⑤，故为之。"子墨子言曰："计其所自胜，无所可用也。计其所得，反不如所丧者之多。今攻三里之城，七里之郭⑥，攻此不用锐⑦，且无杀而徒得此然也。杀人多必数于万⑧，寡必数于千，然后三里之城、七里之郭，且可得也。今万乘之国⑨，虚数于千⑩，不胜而入⑪；广衍数于万⑫，不胜而辟⑬。然则土地者，所有余也，王民者，所不足也。今尽王民之死，严下上之患⑭，以争虚城，则是弃所不足，而重所有余也。为政若此，非国之务者也⑮。"

【注释】

①发政：发布政令。②何为为之：即"为何为之"，为什么干这样的事？③曰：言征战者说。④伐胜之名：攻伐胜利的美名。⑤得之利：得到的利益。⑥郭：外城。⑦攻此不用锐："攻此"下脱"非"字，此句当为："攻此非不用锐，且无杀而徒得此然也。"意为：攻打这样的城郭并不是不要用锐利兵器，也不用拼杀就能白白取得的。⑧数于万：为数在万。⑨万乘之国：乘（shèng）：一车四马的战车。具备万辆战车装备的国家。即大国。⑩虚：小国。⑪不胜而入：不能完全纳入自己的统治。⑫广衍：指大一点的诸侯国。⑬不胜而辟：不能完全辟为己有。⑭王民：当是士民之误。即兵士和老百姓。⑮务：尽力、努力。

【译文】

国家发布政令，掠夺老百姓财物，损害老百姓的利益，如此众多，为什么干这样的事呢？征战者说："我贪图攻伐胜利的美名，以及所获得的利益，所以这样干。"墨子说："思考一下你所获得的名声，没有什么用处呵。计算一下你所得到的利益，反而不如失掉的多。现在攻打一个三里大小的内城、七里大小的外城，攻打这样的地方并不是不需要锐利的武器，也不是不用拼死就能白白得到的。杀人多的一定为数在万，少的也一定为数在千，然后这三里内城、七里外城，才可以得到。现在的万乘大国，小国为数在千，不可能完全纳入自己的统治；大一点的国家为数在万，不能完全辟为己有。然而土地是有多的，而士兵和老百姓却不足呵。现在使士民们都去战死，使上下的祸害进一步加重，以争虚城，这就是丢掉自己的不足，而着重自己多余的东西呵。治理国家像这样，就不是国家的要务呵！"

饰攻战者言曰①："南则荆、吴之王②，北则齐、晋之君，始封于天下之时，其土地之方③，未至有数百里也；人徒之众，未至有数十万人也。以攻战之故，土地之博至有数千里也；人徒之众至有数百万人。故当攻战而不可为也④。"子墨子言曰："虽四五国则得利焉，犹谓之非行道也。譬若医之药人之有病者然⑤。今有医于此，和合其祝药之于天下之有病者而药之，万人食此，若医四五人得利焉，犹谓之非行药也⑥。故孝子不以食其亲⑦，忠臣不以食其君。古者封国于天下，尚者以耳之所闻⑧，近者以目之所见，以攻战亡者，不可胜数。何以知其然也？东方自莒之国者⑨，其为国甚小，间于大国之间，不敬事于大，大国亦弗之从而爱利。是以东者越人夹削其壤地，西者齐人兼而有之⑩。计莒之所以亡于齐越之间者，以是攻战也。虽南者陈、蔡，其所以亡于吴越之间者，亦以攻战。虽北者且不一著何⑪，其所以亡于燕、代、胡、貊之间者⑫，亦以攻战也。"是故子墨子言曰："古者王公大人，情欲得而恶失，欲安而恶危，故当攻战而不可不非。"

【注释】

①饰攻战者：为攻战辩护的人。②吴：当作越。③方（páng）：通旁，广也。④不可为也：当作"故当攻战而不可非也"。⑤药：作动词，用药医病。⑥行药：通行的好药。⑦食（sì）其亲：给他父母亲吃。⑧尚者：上者，指远的。⑨莒（jǔ）：古小国，在今山东境内。⑩兼而有之：兼并占有它。⑪且不一著何：当作且一不著何。且（jū）：国名，所在无考。一疑以之音讹。以：与。不著何：国名，亦称不屠何，故城在今辽宁境内。⑫貊（mò）：古代北方民族名，貉之俗。

【译文】

为攻战辩解的人说："南边的荆、越之王，北边的齐、晋之君，开始封于天下的时候，他们的土地的广度，没有数百里，人口没有数十万。因为攻战的缘故，土地之扩大达到数千里，人口达到数百万，所以攻战是不能反对的呵。"墨子说："即使有四五个国家因此得利，还是要说这不是正道。这就像医生医治病人一样，现在有一医生在此，和合、祝祷药，给天下有病的人治疗，一万个人吃了这药，如果只四五个人得利医好了，那这药就不能算是通行的好药。所以孝子不用它来给父母亲吃，忠臣不用它给自己的君王吃。古时候天下的封国，年代久远的用耳朵听，年代近的用眼睛看，因为攻战而亡国的，不可胜数。何以知道是这样呢？东方的莒国，自己的国家很小，夹在齐、越两个大国之间，莒国不敬事大国，大国也就不爱利小国。所以东边越人削夺莒国的壤地，西边齐国就兼并占有它了。思考莒国之所以亡于齐越之间的原因，就是因为攻战的缘故。虽是南边的陈国、蔡国，其所以亡于吴越之间的原因，也是因为攻战的缘故。虽是北边的相国和不屠何，其所以亡于燕、代、胡、貉的原因，也是因为攻战的缘故呵。"所以墨子说："现在的王公大人，真心希望获得而害怕损失，希望安定而憎恶危难，所以对于攻战是不可不反对的。"

饰攻战者之言曰："彼不能收用彼众①，是故亡。我能收用我众，以此攻战于天下，谁敢不宾服哉②？"子墨子言曰："子虽能收用子之众，子岂若古者吴阖闾哉？古者吴阖闾教七年，奉甲执兵③，奔三百里而舍焉④，次注林⑤，出于冥隘之径⑥，战于柏举[7]，中楚国而朝宋与及鲁[8]。至夫差之身，北而攻齐，舍于汶上[9]，战于艾陵[10]，大败齐人而葆之大山[11]；东而攻越，济三江五湖[12]，而葆之会稽。九夷之国莫不宾服[13]。于是退不能赏孤[14]，施舍群萌[15]，自恃其力，伐其功，誉其智[16]，怠于教[17]，遂筑姑苏之台[18]，七年不成。及若此，则吴有离罢之心[19]。越王勾践视吴上下不相得[20]，收其众以复其仇[21]，入北郭，徙大内[22]，围王宫，而吴国以亡。昔者晋有六将军[23]，而智伯莫为强焉。计其土地之博，人徒之众，欲以抗诸侯，以为英名。攻战之速[24]，故差论其爪牙之士[25]，皆列其舟车之众[26]，以攻中行氏而有之。以其谋为既已足矣[27]，又攻兹范氏而大败之[28]，并三家以为一家[29]，而不止，又围赵襄子于晋阳。及若此，则韩、魏亦相从而谋曰：'古者有语，唇亡则齿寒'。赵氏朝亡，我夕从之；赵氏夕亡，我朝从之。《诗》曰'鱼水不务[30]，陆将何及乎[31]！'是以三主之君，一心戮力辟门除道，奉甲兴士，韩、魏自外，赵氏自内，击智伯大败之。"

【注释】

①收用：收买利用。②宾服：诸侯按时朝贡，表示诚服。③奉甲执兵：披着甲，拿着兵器。④舍：休息。⑤次：驻扎。注林：古代地名，无考。⑥冥隘：孙诒让云："此冥隘，即《左传》之冥阨。"古汉东之隘道。⑦柏举：古楚地名。⑧中楚国：中：据中，指在天下称霸主。中楚国，即称霸主于楚地。及鲁：苏时学云："'及鲁'二字误倒，'鲁'字属上句，'及'字属下句也。"因此，上下两句应为："中楚国而朝宋与鲁。及至夫差之身……"朝宋与鲁：使鲁、宋来朝贡。⑨汶：山东汶水。⑩艾陵：春秋齐地名。⑪葆：通保，守住。大山：即泰山。⑫济：渡过。⑬九夷："夷"是我国古代对东方少数民族的通称，据说有九种。这里泛指东方各小国。⑭赏孤：奖赏战死者的妻儿子女。⑮群萌：群氓，即众多的百姓。⑯誉其智：标榜自己的才智。⑰怠于教：懒于教练兵士。⑱姑苏之台：姑苏台，春秋时吴国国君所建。⑲吴：指吴国人。罢（pí）：披假借字，散也。⑳不相得：不相合。㉑复其仇：越王勾践曾为夫差所败，勾践求和，并以美女、珠宝送给夫差。后用范蠡、文种"十年生聚，十年教训"之策，卧薪尝胆，发愤图强，终于复仇，攻灭吴国。㉒徙：迁。大内：王念孙云："'徙大内'三字，义不可通。'大内'，当为'大舟'，隶书'舟'字或作'自'，与'内'相似而误。"㉓六将军：指韩康子、赵襄子、魏桓子、范吉射、中行文子、智伯。㉔以为英名，攻占之速：张纯一云："疑当作'以攻战之速为英名'。"㉕差论：选择。㉖皆列：王念孙云："'皆'当为'比'。《天志篇》'比列其舟车之卒'是其证。下篇'皆列'同。"比列：排列。㉗有之：占有中行氏之地。㉘兹：孙诒让云："'兹'字疑衍。"㉙并三家为一家：兼并中行氏、范氏、智伯三家为智伯一家之地。㉚务：孙诒让云："'务''鹜'字通。《淮南子·主术训》云'鱼得水而鹜'，高注云'鹜，疾也'。"㉛陆将何及：一旦到了陆地，怎么还来得及呢？

【译文】

为攻战者辩解的人说："他们不能收买利用他们的人民，所以灭亡。我能够收买利用我的人民，用他们在天下攻战，谁敢不纳贡诚服呢？"墨子说："你虽能收买利用你的人民，你难道比得上古时候的吴王阖闾吗？古时的吴王阖闾教练兵士七年，披着甲，拿着兵器，奔跑三百里才停下来休息。他们驻扎在注林，从冥隘之道突然出发，与楚战于柏举，称霸于楚地而且使宋、鲁来朝。到了吴王夫差身为国君时，北面攻打齐国，驻兵汶水，在艾陵一战，大败齐人，使他们退守泰山；东面攻战越国，渡过三江五湖，迫使他们退守会稽山。东方的各国没有哪一个不进贡诚服。在这时，战罢四国后，不能抚恤战死者的妻儿子女，也不能把财物分给众多的人民，依仗自己的力量，夸耀自己的功劳，吹嘘自己的才智，懈怠于训练兵士，于是花七年功

夫筑姑苏台尽情享乐。到了这时候，吴民就有了离散之心。越王勾践看到吴上下离心离德，于是集合他的士众以报昔日之仇，从吴都北面攻入，迁走大船，围攻王宫，吴国如是灭亡了。过去晋国有六将军，而其中以智伯最强大。他思谋自己的土地博大，人口众多，想以此抗击诸侯，乃以其攻战之速而得英名。所以他选择勇猛的战士，排列好兵船和兵车，用以攻打中行氏并攻克它。他以为自己的智谋已经极高了；又去攻打范氏并打败了它，兼并中行氏、范氏与自己的土地于一家，这还不停止，又在晋阳围攻赵襄子。等到这时，韩、魏在一起商议说：'古人有语，'唇亡齿寒'。赵氏早上灭亡，我们晚上就会跟着灭亡；赵氏晚上灭亡，我们早上就会跟着灭亡。《诗》云'鱼在水中不赶快跑，到了陆地上，怎么来得及呢?'所以三个君主，齐心戮力开门清道，披甲令士，韩、魏在外面，赵氏在里面，夹击智伯，使之大败。"

是故子墨子言曰："古者有语曰：'君子不镜于水而镜于人①，镜于水，见面之容，镜于人，则知吉与凶。'今以攻战为利，则盍尝鉴之于智伯之事乎②？此其为不吉而凶，既可得而知矣。"

【注释】

①镜：作动词，照也。②盍（hé）：何不。

【译文】

所以墨子说："古人曾说：'君子不用水照自己而用人照自己，用水照，只能见到自己的面貌，用人来对照自己，则可以知道吉凶。'现在用攻战争利，那么何不试用智伯好战而亡为借鉴？这样攻战不是吉而是，这是可得而知的呵。"

非攻下

子墨子言曰："今天下之所誉善者①，其说将何哉②？为其上中天之利，而中中鬼之利，而中下人之利，故誉之与？意亡非为其上中天之利③，而中中鬼之利，而下中人之利，故誉之与？虽使下愚认④，必曰：'将为其上中天之利，而中中鬼之利，而下中人之利，故誉之。'今天下之所同义者⑤，圣王之法也。今天下之诸侯将犹多皆免攻伐并兼⑥，则是有誉义之名，而不察其实也。此譬犹盲者之与人，同命白黑之名⑦，而不能分其物也，则岂谓有别哉？是故古之知者之为天下度也⑧，必顺虑其义⑨，而后为之行，是以动则不疑，速通成得其所欲⑩，而顺天鬼百姓之利，则知者之道也。是故古之仁人有天下者，必反大国之说⑪，一天下之和，总四海之内，焉率天下之百姓⑫，以农臣事上帝山川鬼神⑬。利人多，功故又大，是以天赏之，鬼富之，人誉之，使贵为天子，富有天下，名参乎天地⑭，至今不废。此则知者之道也，先王之所以有天下者也。

【注释】

①誉善：王纯一云："此文当作誉义。"②将：应当。其说将何哉：这种说法应当作什么解释呢？③意

亡：还是。④下愚之人：最愚蠢的人。⑤天下之所同义者：天下之人共同认为符合“义”的。⑥将犹多皆免攻伐并兼：马宗霍云：“此免字当通作勉。《说文·力部》云：‘勉，疆也’。言今天诸侯多皆强相攻伐并兼也。”⑦命：呼。⑧知：通智。⑨王树相云：“‘顺’当为‘慎’，古顺字作慎。形近而误。”慎虑：慎重思考。⑩速通成得其所欲：孙诒让云：此句“疑当作‘远迩咸得其所欲’。”意即：远近都能得到自己所希望的东西。⑪大国之说：指大国攻战之说。⑫焉：乃，于是。⑬以农：以农业生产。臣事：作为下臣侍奉。⑭参：立。

【译文】

墨子说：“现在天下人称誉的‘义’，应当怎样理解呢？是因为它所行之事，在上符合天帝的利益，中间符合鬼神的利益，在下符合百姓的利益，所以才赞誉它呢？还是因为它所行之事，上不符合天之利，中不符合鬼神之利，下不符合人之利，所以才赞誉它呢？即使是最愚蠢的人，一定会说：‘是因为它所行之事，上符合天之利，中符合鬼神之利，下符合人之利，所以赞誉它。’现在天下人都认为合符‘义’的，就是圣王的法则。当今天下的诸侯多数都强相攻伐兼并，这就是在名义上赞誉‘义’，而不考察‘义’的实际意义。这就好比瞎子与别人一道叫出黑白的名称，但不能分辨事物的黑白呵，这难道能说善于辨别吗？所以古时的智者为天下谋划，一定慎重考虑是否合符‘义’，然后才行动，因此行动就没有疑惑，远近的人都能得到自己想要的东西。而且顺应上天鬼神百姓的利益，这就是智者的方法。所以，古代拥有天下的仁人，必定反对大国攻战之说，使天下人和睦，使四海之内的百姓团结一致，于是率领天下的百姓从事农业生产作为下臣对上帝山川鬼神的侍奉。这样给别人的利益多，功劳又大，所以天奖赏它，鬼神使他富足，老百姓赞誉他，使他贵为天子，富有天下，名声立于天地之间，至今不朽。这就是有才智的人的法则，先王之所以能占有天下的缘故呵。

今王公大人、天下之诸侯则不然，将必皆差论其爪牙之士，皆列其舟车之卒伍，于此为坚甲利兵[①]，以往攻伐无罪之国。入其国家边境，芟刈其禾稼[②]，斩其树木，堕其城郭[③]，以湮其沟池[④]，攘杀其牲牷[⑤]，燔溃其祖庙[⑥]，劲杀其万民[⑦]，覆其老弱，迁其重器[⑧]，卒进而柱乎斗[⑨]，曰：‘死命为上[⑩]，多杀次之，身伤者为下，又况失列北桡乎哉[⑪]，罪死无赦’，以谇其众[⑫]。夫无兼国覆军，贼虐万民，以乱圣人之绪[⑬]。意将以为利天乎[⑭]？夫取天之人[⑮]，以攻天之邑，此刺杀天民，剥振神之位[⑯]，倾覆社稷，攘杀其牺牲，则此上不中天之利矣。意将以为利鬼乎？夫杀之人[⑰]，灭鬼神之主[⑱]，废灭先王，贼虐万民，百姓离散，则此中不中鬼之利矣。意将以为利人乎？夫杀之人，为利人也博矣[⑲]。又计其费此[⑳]，为周生之本[㉑]，竭天下百姓之财用，不可胜数也，则此下不中人之利矣。

【注释】

①于此：在本国。为：准备。②芟刈（shān yì）：割掉。③堕：《左传》僖三十二年，杜注云“堕，毁也”。④湮（yān）：堵塞。⑤牲牷：牲指牛、马、羊、豕、犬、鸡六畜。牷指纯色牲口。这里“牲牷”泛指牲口。⑥燔（fán）：烧。溃：高亨云：‘溃’：毁也。⑦劲杀：刺杀。《史记·陈涉世家》，《索引》引《三苍》郭璞注云：“劲，刺也。”⑧重器：国家的宝重物。⑨柱乎斗：戴望云：“‘柱’乃‘极’字误，草书‘极’与‘柱’相似。‘乎’字衍。极，亟字之借。”此句为：卒进而极斗。⑩死命为上：从命而战死的最

好。⑪失列：失其行列，即“掉队”。北桡：败退。王念孙云：“桡，毕本作挠。云‘北，谓奔北也。北之言背驰。挠之言曲行’。”⑫以谇其众：毕沅云：“《说文》《玉篇》无谇字。古字言心相近，即惮字。”惮，惧也。⑬绪：《广雅·释诂》云：“绪，业也。”⑭意将：还是。⑮天之人：曹耀湘云：“人者天之所生，故曰天之人。有生皆系于天，故他国亦天之邑。”⑯剥振：王念孙云：“‘振’当为‘振’字之误也。”《说文》：“剥，裂也。”《广雅》：“剥，裂也。”剥振：剥裂，毁坏。⑰杀之人：应为“夫杀天之人”。⑱主：指鬼神的祭主。⑲博：俞樾云：“‘博’，疑当作‘薄’。言杀人以利人，其利亦薄也。”⑳此：李渔叔云：“与‘赀’同，费赀为行军所费的赀财。”㉑周生之本：李渔叔云：“意思就是济生之本，指衣食之赀。”

【译文】

现在的王公大人、及天下的诸侯就不是这样，他们必定要选择勇猛的战士，排列起他们的船、车队伍，准备坚固的铠甲和锐利的武器，去攻打无罪的国家。侵犯他们的边境，割除他们的庄稼，砍伐他们的树木，摧毁他们的城郭，用以填平沟池，掠夺他们的牲口，烧毁他们的祖庙，屠杀他们的人民，残害他们的老弱，夺走他们的宝物，急进而鏖战，并一面高喊：‘从命而战死的最好，多杀敌人的次之，身体受伤的为下，至于掉队和败退的，格杀无赦’，用这些话来威吓士兵们。这无非是要兼并他国，歼灭军队，残害百姓，以败坏圣人创建的功业。还认为这样有利于上天吗？用上天拥有的人，去进攻上天拥有的城邑，这就是刺杀上天的人民，摧毁神的灵位，倾覆宗庙社稷，掠夺六畜牲口，这就上不符合天的利益了。还认为这样有利于鬼神吗？杀死上天拥有的人民，毁灭鬼神的祭主，废灭先王，残害万民，使百姓离散，这就是中不符合鬼神的利益了。还认为这样有利于人民吗？杀死天拥有的人民，用以来有利于人，这种利也就很浅薄了。再计算一下那些行军的费用，都是人民的衣食之赀，竭尽天下百姓的钱财，不可胜数，这就下不符合人民的利益了。

今夫师者之相为不利者也[①]，曰：将不勇，士不分[②]，兵不利，教不习，师不众，率不利和[③]，威不圉，害之不久[④]，争之不疾，孙之不强[⑤]。植心不坚，与国诸侯疑。与国诸侯疑，则敌生虑[⑥]，而意赢矣。偏具此物[⑦]，而致从事焉，则是国家失卒，而百姓易务也[⑧]。今不尝观其说好攻伐之国[⑨]？若使中兴师，君子庶人也[⑩]，必且数千，徒倍十万[⑪]，然后足以师而动矣。久者数岁，速者数月，是上不暇听治，士不暇治其官府，农夫不暇稼穑，妇人不暇纺绩织纴，则是国家失卒，而百姓易务也。然而又与其车马之罢弊也，幔幕帷盖，三军之用，甲兵之备，五分而得其一，则犹为序疏矣[⑫]。然而又与其散亡道路[⑬]，道路辽远，粮食不继傺[⑭]，食饮之时[⑮]，厕役以此饥寒冻馁疾病[⑯]，而转死沟壑中者，不可胜计也。此其为不利于人也，天下之害厚矣。而王公大人，乐而行之。则此乐贼灭天下之万民也，岂不悖哉！今天下好战之国，齐、晋、楚、越，若使此四国者得意于天下，此皆十倍其国之众，而未能食其地也。是人不足而地有余也。今又以争地之故，而反相贼也，然则是亏不足，而重有余也。”

【注释】

①相为：都认为、都当作。②分：孙诒让云：“‘分’疑‘奋’，声近，假借字。”③率不利和：率：嘉靖本“率”均作“卒”。李渔叔云：“似以作‘卒不和’之义为长。”利：俞樾云：“‘利’即‘和’字之误而衍者”。删去。④害：孙诒让云：“‘害’疑当作‘围’，形近而误。”⑤孙：孙诒让云：“‘孙’无义，疑

当作‘系’。”“系”与“缚”同。⑥敌生虑：王焕镳云：“疑本作‘生敌虑’。”⑦偏：通遍。即普遍。此物：指上面提出的“不利者”。⑧易务：改变职业。⑨按王焕镳先生的意见，此句疑为：“今不尝观其好(hào)攻伐之说。”下句为“若使国中兴师。”⑩君子：即“贤良”。孙诒让认为“君子”下有脱字，疑为“君子数百”。庶人：即“庶子”，见《尚贤》上第三段注释。⑪徒：尹桐阳云：“徒，步兵。”⑫序疏：孙诒让云：“‘序疏’二字义不可通，疑当为‘厚馀’，皆形之误。厚馀，言多余也。”⑬散亡道路：疑“道路”后面脱“者”字。指散亡在道路上的人。⑭不继傺(chì)：俞樾云：“疑墨子原文本作‘粮食不傺’，不傺，即不接也。”⑮饮食之时：应为饮食不时。⑯厕役：当为厮役。

【译文】

现在军队都认为不利的是：将领不勇敢，兵士不激昂，兵器不锐利，训练不够，人数不多，兵卒不团结，受威胁而不能防御，围敌不久，争斗不烈，凝聚力不强，决心不坚，友善的国家诸侯猜疑。友善的国家诸侯猜疑，就会产生敌意，而共同对敌的意志就弱了。如果以上不利因素全都存在了，而要从事战争，那国家就要损失军队，老百姓就会要失去产业了。现在且不考察那些赞美攻伐的论调。（即考察一下攻伐的事实）假如一个国家发动中等规模的战争，贤良将士必将数百人，宫室庶子必将数千人，一般士兵就将要以数十万计了，然后才能组成一个象样的队伍出动。久的要数年，快的要数月，这时上面无暇处理政务，官员们无暇治理官府，农民们无暇种田，妇女们无暇纺织，这就是国家损失军队，老百姓失去产业了。又如他们的车马疲惫，幔幕帷帐等三军的用具，铠甲兵器等设备，能够收回五分之一，那已经是很多的了。又如他们散失在道路上的人，由于道路遥远，粮食不继，饮食不时，厮役们因此饥寒冻饿发生疾病，而辗转死于沟壑中的，不计其数。像这样不利于人，成为天下的祸害可说够大了。而那些王公大人们，都乐于干它，这就是以残害毁灭天下万民为乐，岂不是太荒谬了吗？当今天下好战的国家，有齐、晋、楚、越，如果让这四个国家在天下逞威风，即使他们的民众十倍于现在的人数，也不能布满他们所得到的土地。这是人不足而地有余呵。现在又因争夺土地的缘故，而相互残害，这不是亏损自己的不足，而去争夺自己的多余吗？”

今逻夫好攻伐之君，又饰其说以非子墨子曰：“以攻伐之为不义，非利物与？昔者禹征有苗，汤伐桀，武王伐纣，此皆立为圣王，是何故也？”子墨子曰：“子未察吾言之类，未明其故者也。彼非所谓攻，谓诛也。昔者三苗大乱，天命殛之[①]，日妖宵出[②]，雨血三朝，龙生于庙，犬哭乎市，夏冰，地坼及泉，五谷变化，民乃大振。高阳乃命玄宫[③]，禹亲把天之瑞令，以征有苗，四电诱祇[④]，有神人面鸟身，若瑾以侍，扼矢有苗之祥[⑤]，苗师大乱，后乃遂几[⑥]。禹既已克有三苗，焉磨为山川[⑦]，别物上下，卿制大极[⑧]，而神民不违，天下乃静。则此禹之所以征有苗也。逻至乎夏王桀，天有牿命[⑨]，日月不时，寒暑杂至，五谷焦死，鬼呼国[⑩]，鹤鸣十夕余。天乃命汤于镳宫[⑪]，用受夏之大命，夏德大乱，予既卒其命于天矣，往而诛之，必使汝堪之[⑫]。汤焉敢奉率其众，是以乡有夏之境[⑬]，帝乃使阴暴毁有夏之城[⑭]。少少有神来告曰[⑮]：‘夏德大乱，往攻之，予必使汝大堪之[⑯]。予既受命于天，天命融隆火[⑰]，于夏之城间西北之隅。汤奉桀众以克有[⑱]，属诸侯于薄，荐章天命，通于四方，而天下诸侯莫敢不宾服。则此汤之所以诛桀也。逻至乎天不序其德[⑲]，祀用失时，兼夜中，十日雨土于薄[⑳]，九鼎迁止[㉑]，妇妖宵出，有鬼宵吟，有女为男，天雨肉，棘生乎国道，王兄自纵

也[22]。赤鸟衔珪，降周之岐社[23]，曰：'天命周文王伐殷有国。'泰颠来宾[24]，河出绿图[25]，地出乘黄[26]。武王践功[27]，梦见三神曰：'予既沈渍殷纣于酒德矣[28]，往攻之，予必使汝大堪之。'武王乃攻狂夫[29]，反商之周[30]，天赐武王黄鸟之旗[31]。王既已克殷，成帝之来[32]，分主诸神[33]，祀纣先王，通维四夷[34]，而天下莫不宾，焉袭汤之绪，此即武王之所以诛纣也。若以此三圣王者观之，则非所谓攻也，所谓诛也。"

【注释】

①殛（jí）：诛杀。②日妖宵出：太阳晚上出来，故曰日妖。③高阳乃命玄宫：此句疑为"天乃命禹于玄宫。"④四电诱袛：孙诒让云："疑当为'雷电誖振'，'雷'坏字为'田'，又误为'四'。'誖''诱'、'振''袛'，形并相近"。'誖''勃'，'振''震'，字通。"勃震：突然震动。⑤此上二句，疑有脱误。王焕镳认为此二句原文本为："若以谨持矢，扼有苗之将。""瑾"为"谨"之形误。"侍"为"持"之形误。"扼矢"二字倒误，且"矢"应断为上句。"祥"为"将"之形误。⑥遂几：几，微，言不久即衰败。⑦磨：与"离"同。⑧卿制大极：孙诒让云："疑当为'乡制四极'。""乡"即"飨"之省。⑨辂命：孙诒让云："'辂'，疑当为'酷'。谓严命也。"⑩鬼呼国：王念孙云："'呼'下当有'于'字，方合上下句法。"即"鬼呼于国"。⑪镳（biāo）宫：古宫殿名。⑫夏德大乱……必使汝堪之：此四句孙诒让认为："文义与下文重复，疑校书者附记异同，遂与正文淆混。"当删去。⑬乡（xiàng）：通向，攻伐也。⑭使阴：疑为"阴使"。暴：通爆。⑮堪：《尔雅》云："堪，胜也。"⑯融：即"祝融"，古神话中的火神。隆：即"丰隆"，雷神。⑰有：苏时学云："'有'下脱'夏'字。"⑱属：会合。薄：地名，即"亳"，汤的都城。⑲序：俞樾云："'序'乃'享'字之误。"⑳兼夜中，十日雨土于薄：此句应为"兼夜中十日，雨土于薄。"中：为"出"之形误。㉑九鼎：传说为禹所铸。止：通址。㉒兄：王念孙云："'兄'，与'况'同。况，益也。"㉓岐社：周族设在岐山上祭祀的神社。㉔泰颠：周文王大臣。㉕绿：通箓。箓图：符图。黄河中浮出符图，古代传说是一种应天命出天子的征兆。㉖乘黄：神马。㉗践功：践为缵的假借字，继也。继功：继承事业。㉘沈渍（zì）：沉溺。德：高亨云："'德'疑当作'食'。"㉙狂夫：指殷纣王。㉚反商之周：旧本或作"反商作周"，即推翻商建立周。㉛黄鸟：即皇鸟，凤凰之类。凤飞群鸟跟从，以此为旗，喻意为聚天下之众。㉜来："赉（lài）"之假借字，赐予。㉝主：主祭。㉞维：通于。

【译文】

现在那些好战的国君，又虚饰他的理论而非议墨子说："你认为攻打别国是不义的，这不是有利的事吧？从前禹征三苗，商汤伐桀，武王伐纣，这几位都被称为圣王，这是什么原因呢？"墨子回答说："你没有区分清楚我说的战争的类别，不明白其中的缘故。禹、汤、武王他们的讨伐不是我所说的'攻'，而是我所说的'诛'。过去三苗大乱，上天命令要诛杀它，当时太阳从夜里出现，一连三天下血雨，龙在祖庙出现，狗在集市上狂吠，夏天结冰，大地开裂深至泉水，五谷不按时生长成熟，人民非常震惊。天神于是在玄宫向禹授命，禹亲自拿着天神赐的玉符，前往征讨三苗。雷电突然震响，有一个人面鸟身的神，谨慎地拿着箭，掐住三苗的将领，三苗的军队大乱，不久三苗的后世就衰微了。禹既已战胜三苗，于是划分了山川，区分了事物的高下，飨制四方，人神和协，天下就安定了。这就是禹征讨三苗的原因。等到了夏桀王之时，天有严命，那时日月不按时出没，寒暑节气错乱，五谷焦死，鬼呼叫于国，鹤鸣叫十余夜不止。天神于是在镳宫授命给汤，以接替夏王桀的权力。汤于是承受天命率领他的军队，攻伐夏国国境，天神于是暗中使夏都城墙爆毁。不久有神来告诉汤说：'夏桀十分淫乱，你去攻打他，我一定使你大胜。我已经从天神那里得到命令，天命火神祝融、雷神丰隆火烧了夏都城的西北角。'汤利用桀的队伍战胜了夏桀王，在亳地会合各路诸侯，声明灭夏是秉承天命，并通告四方，天下诸侯没有不服从的。这就是汤讨伐夏桀的原因。等到了商纣王之时，天因纣王道德败坏而不再给其享用，纣祭祀不按时举行，夜晚出现十个太阳，天在亳地下土，九鼎自动迁址，女妖晚出，鬼神夜叹，有女人变成了男人，天还下了肉雨，荆棘生长在国道上，纣王日益放纵自己。赤乌口含着珪玉，降落在周之岐山的神社上，珪玉上写道：'天命周文王伐殷有国。'接着贤臣泰颠归顺，黄河里浮出符图，地上出现了神马，武王继承了文王的事业，梦见三神说：'我已经使殷纣王沉溺于酒食之中，你去攻打他，我一定使你大胜。'武王于是攻伐殷纣这个狂夫，推翻商室，建立周室，天赐给武王凤凰旗。武王既灭了殷，完成了天帝的赐命，使诸侯分别主祭诸神，还祭祀纣的先王成汤，通告于四方，天下没有谁不服从，于是继承了汤的功业。这就是武王伐纣的原因。若以上述三个圣王的事迹看，就不是我所说的'攻'，而是我所说的'诛'了。"

则夫好攻伐之君，又饰其说以非子墨子曰："子以攻伐为不义，非利物与？昔者楚熊丽始讨此睢山之间[①]，越王繄亏[②]，出自有遽[③]，始邦于越[④]。唐叔与吕尚邦齐晋[⑤]。此皆地方数百里，今以并国之故，四分天下而有之。是故何也？"子墨子曰："子未察吾言之类，未明其故者也。古者天子之始封诸侯也，万有余，今以并国之故，万国有余皆灭，而四国独立。此譬犹医之药万有余人，而四人愈也[⑥]，则不可谓良医矣。"

【注释】

①楚熊丽：鬻熊子事文王，蚤卒，其子曰熊丽。讨：当为封。睢（suī）山：山名。在今湖北保康县西南。楚初都丹阳，即今秭归。②繄（yī）亏：即越王无余。③有遽：古地名，无考。④邦：建邦、建国。⑤唐叔：周朝晋国之祖。吕尚：即姜太公，齐国之祖。⑥四人愈：言只有四个诸侯国君医治好本国。

【译文】

但是喜好攻伐的君王，又夸饰他的理论而非议墨子说："你认为攻打别国是不义的，这不是有利的事吧？从前楚熊丽初封于秭归，越王无余出自有遽，开始在越建国。唐叔与吕尚受封于齐晋，这些地方都不过数百里。现在由于兼并别的国家，楚、越、晋、齐将天下分成四份而霸有之，这是什么缘故呢？"墨子回答说："你没有分清我说的战争的类别，不明白其中的缘故。古时候天子初封诸侯，受封的万有余国，到如今因兼并的缘故，这上万个国家都灭亡了，只有这四个国家独独保存下来。这就譬如上万个医生给上万人开药方治病一样，其中只有四个人吃了见效，这其余的就不能算是好医生了。"

则夫好攻伐之君又饰其说曰："我非以金玉、子女、壤地为不足也，我欲以义名立于天下，以德求诸侯也。"子墨子曰："今若有能以义名立于天下，以德求诸侯者，天下之服可立而待也。夫天下处攻伐久矣[①]，譬若傅子之为马然[②]。今若有能信效先利天下诸侯者[③]，大国之不义也，则同忧之；大国之攻小国也，则同救之；小国城郭之不全也，必使修之；布粟之绝[④]，则委之；币帛不足，则共之[⑤]。以此效大国，则小国之君说[⑥]，人劳我逸，则我甲兵强。宽以惠，缓易急，民必移[⑦]。易攻伐以治我国，攻必

倍[⑧]。量我师举之费，以争诸侯之毙[⑨]，则必可得而序利焉[⑩]。督以正，义其名，必务宽吾众，信吾师，以此授诸侯之师[⑪]，则天下无敌矣，其为下不可胜数也[⑫]。此天下之利，而王公大人不知而用，则此可谓不知利天下之巨务矣[⑬]。"

【注释】

①处：当作苦。②傅子：傅或当为孺，孺子，儿童。③效：孙诒让云："读为'交'，同声假借字。"信交：以信义相邦交。④之绝：当是乏绝之误。⑤共：通供。⑥以此效大国，则小国之君说：此句疑为："以此效大国，则大国之君说；以此效小国，则小国之君说。"效：交。说（yuè）：通悦。⑦移：犹归。⑧攻：为功之借字。⑨争：旧本作诤。安扶、安定之意。毙：困乏而倒，此作危困解。⑩序利：当为厚利之误。⑪授：孙诒让云："'授'字无义，疑当为'援'。"⑫其为下不可胜数也：当作"其为利天下，不可胜数也"。⑬巨务：大事。

【译文】

但是喜好攻战的国君，又虚饰他的理论而非议墨子说："我并不是认为我的金玉、子民、土地不足，我是想以义名立于天下，用德来使天下诸侯归顺。"墨子说："当今假若真有人能立义名于天下，用德来供诸侯归顺的，那么天下服从他，是很快就可以等到的。因为天下人遭受攻伐之苦已很久了，就好像拿小孩当马骑一样。现在若有能先以信义相交而利天下诸侯的，凡是有大国不义，大家就商量对付他；大国攻打小国，大家就共同去援救他；小国的城郭不够坚固，大家就一定使之修理好；如果衣食困乏，大家就接济他；如果钱财不足，大家就供给他。像这样去结交大国，则大国的国君高兴；像这样去结交小国，小国的国君高兴。别人劳而我逸，那么我的兵力一定强大。待臣民宽大而恩惠，以从容代替急迫，人民必定会归顺。将耗费于攻伐的财物转用于治理我们的国家，其功效必定加倍。估量我花费于兴师攻伐的费用，将它用于安抚诸侯的危难，那么必定可以获得很大的好处。以正道统率人民，以义名立于世，还必须宽厚地对待民众，以诚信取信于自己的军队，用此援助诸侯小国，就可以无敌于天下了，如此为利于天下，真是数也数不尽的了。这算是天下的大利，而那些王公大人不知道去使用它，真可说是不知利天下的大事呵。"

是故子墨子曰："今且天下之王公大人士君子，中情将欲求兴天下之利，除天下之害，当若繁为攻伐[①]，此实天下之巨害也。今欲为仁义，求为上士，尚欲中圣王之道[②]，下欲中国家百姓之利，故当若非攻之为说，而将不可不察者此也。"

【注释】

①繁为攻伐：频繁地进行攻战。②尚：通上。

【译文】

所以墨子说："当今天下的王公大人和士君子，诚心想要兴天下之利，为天下除害，若仍然频繁地进行攻战，这实在是天下最大的祸害呵。现在若要行仁义，做上等的士人，上要符合圣王之道，下要符合国家百姓的利益，所以对于'非攻'这样的主张，就不可不明察了。"

天志上

子墨子言曰："今天下之士君子，知小而不知大。何以知之？以其处家者知之。若处家得罪于家长，犹有邻家所避逃之[①]。然且亲戚兄弟所知识[②]，共相儆戒[③]，皆曰：'不可不戒矣！不可不慎矣！恶有处家而得罪于家长，而可为也！'非独处家者为然，虽处国亦然。处国得罪于国君，犹有邻国所避逃之，然且亲戚兄弟所知识，共相儆戒，皆曰：'不可不戒矣！不可不慎矣！谁亦有处国得罪于国君，而可为也！'此有所避逃之者也，相儆戒犹若此其厚，况无所避逃之者，相儆戒岂不愈厚，然后可哉？且语言有之曰[④]：'焉而晏日焉而得罪[⑤]，将恶避逃之？'曰无所避逃之。夫天不可为林谷幽门无人[⑥]，明必见之。然而天下之士君子之于天也，忽然不知以相儆戒[⑦]，此我所以知天下士君子知小而不知大也。

【注释】

①所：犹可。②亲戚：指父母。所知识：认识的人。③儆（jǐng）：通警。④语言有之：俗话说。⑤晏日：光天化日。晏：清明。焉而：孙诒让注："上焉与于同义，焉而，犹言于而。"后一个"焉而"为句中语气词。⑥门：孙诒让注："当作'间'。"幽间：僻静幽深之处。⑦忽然：疏忽的样子。

【译文】

墨子说："如今天下的君子，知小而不知大。从哪里知道的呢？凭他处家中的情况知道的。如处家中得罪了家长，还有邻居家可以逃避，然而父母兄弟及认识的人，都要相互告诫说：'不能不警惕呀！不能不谨慎呀！哪有处在家中而可得罪家长呢？这哪能行呢？'不仅处家中的人是这样，就是居住在一个国家也是这样。居住在一个国家而得罪了国君，还可以逃避到邻国。然而父母兄弟及认识的人，都相互告诫说：'不能不警惕呀！不能不谨慎呀！哪有居住在一个国家而得罪国君的，这还行吗？'这是有地方可以逃避的，相互告诫还如此郑重，何况没有地方可逃避的，那相互告诫岂不是更要郑重吗？俗话说：'在青天白日里获罪，往何处逃避？'回答是，无处可以逃避。无论高林深谷幽僻无人之处，明晰的目光一定能够看到。然而天下士君子对于上天，反而疏忽不知道相互警诫。这是我知道天下君子知小而不知大的缘故。

然则天亦何欲何恶？天欲义而恶不义。然则率天下之百姓以从事于义，则我乃为天之所欲也。我为天之所欲，天亦为我所欲。然则我何欲何恶？我欲福禄而恶祸祟[①]。若我不为天之所欲，而为天之所不欲，然则我率天下之百姓，以从事于祸祟中也[②]。然则何以知天之欲义而恶不义？曰天下有义则生，无义则死；有义则富，无义则贫；有义则治，无义则乱。然则天欲其生而恶其死，欲其富而恶其贫，欲其治而恶其乱，此我所以知天欲义而恶不义也。

【注释】

①祟（suì）：鬼神降祸于人叫作祟。②从事于祸祟中：指从事陷身灾祸的事情。

【译文】

那么天要求什么又憎恶什么呢？天要求义而憎恶不义。带领天下的百姓，去从事合乎义的事，那我就做了天所要求的事。我做了天所希望的事，天也会赐予我所要求的东西。我要求什么又厌恶什么呢？我要求福禄而厌恶灾祸。如果我不去做天所希望的事，而做天所不希望的事，那么我就带领天下的百姓，去做陷身灾祸的事了。然而怎么知道天要求义而厌恶不义呢？回答说：天下的事，合乎义才能生存，不合乎义就会灭亡；合乎义才能富足，不合乎义就会贫穷；合乎义才会太平，不合乎义就会动乱。天希望人民生存而不希望他们死亡，希望他们富足而不希望他们贫穷，希望他们太平而不希望他们动乱。这是我知道天要求义而憎恶不义的根据。

曰且夫义者政也①，无从下之政上，必从上之政下。是故庶人竭力从事，未得次己而为政②，有士政之③；士竭力从事，未得次己而为政，有将军大夫政之；将军大夫竭力从事，未得次己而为政，有三公诸侯政之；三公诸侯竭力听治，未得次己而为政，有天子政之；天子未得次己而为政，有天政之。天子为政于三公、诸侯、士、庶人④，天下之士君子固明知，天之为政于天子，天下百姓未得之明知也。故昔三代圣王禹汤文武，欲以天之为政于天子，明说天下之百姓，故莫不犓牛羊⑤，豢犬彘⑥，洁为粢盛酒醴⑦，以祭祀上帝鬼神，而求祈福于天。我未尝闻天下之所求祈福于天子者也⑧，我所以知天之为政于天子者也。

【注释】

①政：政与正同。正：使合乎规范，下同。②次：同恣。恣：随心所欲。次己：就是任意、擅自。③政之：匡正他。④此句“三公诸侯”后脱落“将军大夫”四字。⑤莫：没有谁。犓（chū）：同刍，用草料喂养牲畜。⑥豢（huàn）：用谷米喂养牲畜。彘：猪。⑦粢盛酒醴：祭神的谷物美酒。⑧天下：下字衍。

【译文】

义是匡正人的。不能从下面来匡正上面，必定从上面去匡正下面。所以百姓竭力做事，但不能恣意去做，有士来匡正他；士竭力做事，也不能恣意去做，有将军大夫匡正他；将军大夫竭力做事，也不能恣意去做，有三公诸侯匡正他；三公诸侯竭力处理政务，也不能恣意去做，有天子来匡正他；天子也不能恣意行事，还有上天来匡正他。天子管理三公、诸侯、士、庶人，这是天下士君子本来就明白的，至于上天管制天子，天下的百姓恐怕未必明白哩。所以从前三代的圣王，如夏禹、商汤、周文王、周武王等，把上天管制天子的事，明白地告诉天下的百姓，百姓都饲养牛羊猪犬，预备那洁净的美酒饭食，来祭祀上帝鬼神，向上天求福。我从未听说过上天向天子求福的，所以我知道天是管制天子的。

故天子者，天下之穷贵也，天下之穷富也，故于富且贵者①，当天意而不可不顺，顺天意者，兼相爱②，交相利，必得赏。反天意者，别相恶③，交相贼④，必得罚。然则是谁顺天意而得赏者？谁反天意而得罚者？”子墨子言曰：“昔三代圣王禹汤文武，此顺天意而得赏也。昔三代之暴王桀纣幽厉，此反天意而得罚者也。”然则禹汤文武其得赏何以也？子墨子言曰：“其事上尊天，中事鬼神[⑤]，下爱人，故天意曰：‘此之我所爱，兼而爱之；我所利，兼而利之。爱人者此为博焉，利人者此为厚焉。’故使贵为天子，富有天下，业万世子孙[⑥]，传称其善[⑦]，方施天下[⑧]，至今称之，谓之圣王。”然则桀纣幽厉得其罚何以也？子墨子言曰：“其事上诟天，中诟鬼，下贼人，故天意曰：‘此之我所爱，别而恶之，我所利，交而贼之。恶人者此为之博也[⑨]，贱人者此为之厚也[⑩]。’故使不得终其寿，不殁其世[⑪]，至今毁之，谓之暴王。

【注释】

①于富且贵：于，为欲字之误。②兼相爱：既爱自己也爱别人。③别相恶：别：区别，此指把人家与自己区别开。相恶：厌恶别人。④贼：伤害，危害。⑤事：祭祀。⑥业万世子孙：创下基业给万代子孙。⑦传：传颂。又一解为经传，指历史记载。⑧方施：即旁施。施：传播。⑨恶人者：厌恶人。⑩贱：孙诒让云：“贱，亦‘贼’之误。”⑪不殁其世：指不能终身。

【译文】

天子是天下最显贵最富有的人，所以对于极富极贵的天子，对天意不能不顺从。顺从天意的人，爱自己也兼爱别人，与人交往彼此都要有利，定能受上天的赏识。不从天意的人，把别人与自己区别开来，厌恶别人，与人交往伤害别人，必定要受上天的惩罚。”那么，谁顺从天意而得赏，谁违反了天意而受罚呢？墨子说：“从前三代圣王夏禹、商汤、周文王、武王，这些人顺天意而受到奖赏，从前三代暴王夏桀、商纣、周幽王和厉王，这些人违反天意而受到惩罚。”那么，禹汤文武因何得赏呢？墨子说：“他们做事对上尊天，中祭鬼神，下爱护百姓，所以天意说：‘这是我爱的东西，他们同样爱它；我要使人得利的事，他们也同样使人得利。从爱人方面看，这算是最广泛的了，从利人上看这算是最深厚的了。’所以天使他贵为天子，富有天下，万世子孙流传不绝，史称其美德，天下到处传扬，至今还尊称他们是圣王。”那么桀纣幽厉因何受到惩罚呢？墨子说：“他们做事对上辱天，中辱鬼神，下害人民。所以天意说：‘我所爱的，他们区分开厌恶它，我要利于人，他们与人交往却伤害人。厌恶人这算是很广泛的了，伤害人这算是很深重的了。’所以上天使他们不得善终，至今被人唾骂，称为暴君。

然则何以知天之爱天下之百姓？以其兼而明之[①]。何以知其兼而明之？以其兼而有之[②]。何以知其兼而有之？以其兼而食焉[③]。何以知其兼而食焉？四海之内，粒食之民，莫不犓牛羊，豢犬彘，洁为粢盛酒醴，以祭祀于上帝鬼神，天有邑人[④]，何用弗爱也[⑤]？且吾言杀一不辜者必有一不祥。杀不辜者谁也？则人也。予之不祥者谁也？则天也。若以天为不爱天下之百姓，则何故以人与人相杀，而天予之不祥？此我所以知天之爱天下之百姓也。”

【注释】

①兼而明之：对人全部了解。②兼而有之：全都为天所有。③兼而食焉：供给人类食物。焉：于之。之，指人类。④邑人：犹言下民、百姓。⑤何用：即为何。

【译文】

那么怎么知道上天爱天下的百姓呢？因为它对世人全部了解。怎么知道上天对世人全部了解呢？因为人类都为天所有。怎么知道人类都为天所有呢？因为上天供给人们一切食物。怎么知道天供给人们一切食物呢？因为四海之内，凡吃五谷的百姓，没有谁不喂养牛羊猪狗，准备洁净的酒饭，用来祭祀上帝鬼神。上天拥有下民，为何不爱护他们呢？况且我曾说过，杀一个无辜的人，必定要有一桩灾祸。杀无辜的是谁呢？是人。降灾祸的又是谁呢？是天。如果认为上天不爱天下的百姓，那为什么人与人相残杀上天就降灾祸呢？由此我知道上天爱天下的百姓。”

顺天意者，义政也。反天意者，力政也①。然义政将奈何哉？子墨子言曰：“处大国不攻小国，处大家不篡小家②，强者不劫弱，贵者不傲贱，多诈者不欺愚。此必上利于天，中利于鬼，下利于人，三利无所不利，故举天下美名加之，谓之圣王。力政者则与此异，言非此，行反此，犹倖驰也③。处大国攻小国，处大家篡小家，强者劫弱，贵者傲贱，多诈欺愚。此上不利于天，中不利于鬼，下不利于人。三不利无所利，故举天下恶名加之，谓之暴王。”

子墨子言曰：“我有天志，譬若轮人之有规④，匠人之有矩，轮匠执其规矩，以度天下之方圜⑤，曰：‘中者是也⑥，不中者非也。’今天下之士君子之书，不可胜载，言语不可尽计，上说诸侯，下说列士，其于仁义，则大相远也。何以知之？曰：我得天下之明法以度之⑦。”

【注释】

①力政：暴力统治。②家：古代诸侯的封地叫国，大夫的封地叫家，以后国家合称。③倖驰：即背驰。背驰：背道而驰。④轮人：制车轮的工人。⑤圜（yuān）：同圆。⑥中者是也：符合的就是对的。⑦天下之明法：指天志。

【译文】

顺天意的，是义政。违反天意的，是暴政。那么义政是怎样呢？墨子说：“处大国的地位不去攻打小国，处大家的地位不去侵夺小家，强大的不劫持弱小的，显贵的不傲视低贱的，巧诈的不欺骗愚笨的，这样必定上利于天，中利于鬼神，下利于百姓，三者没有什么不利，所以把天下的美名全加给他，称为圣王。用暴力统治的则与此不同，他们说话不是这样，行为与此相反，背道而驰。处大国的地位，则要攻打小国；处大家的地位，则要侵夺小家，强的劫持弱的，尊贵的傲视低贱的，巧诈的欺骗愚笨的。这样上不利于天，中不利于鬼神，下不利于百姓。三者都不利，所以把天下的恶名全加给他，称他为暴君。”

墨子说：“我有上天的旨意，比如制车轮的工人有画圆的规，木匠有画方的矩尺，轮人和木匠拿着他们的规矩，用来量度天下的方和圆。说：‘符合的就是对的，不符合的就是错的。’如今天下士君子的书多得用车装不完，言论多得难以计算，他们对上游说诸侯，对下游说列士，而他们对于仁义，则差得很远。从何知道的？回答说：我懂得天意，用它来衡量士君子的言论而知道的。”

天志中

子墨子言曰："今天下之君子之欲为仁义者，则不可不察义之所从出。"既曰不可以不察义之所欲出，然则义何从出？子墨子曰："义不从愚且贱者出，必自贵且知者出。何以知义之不从愚且贱者出，而必自贵且知者出也？曰：义者，善政也。何以知义之为善政也？曰：天下有义则治，无义则乱，是以知义之为善政也。夫愚且贱者，不得为政乎贵且知者，然后得为政乎愚且贱者。此吾所以知义之不从愚且贱者出，而必自贵且知者出也。然则孰为贵？孰为知？曰：天为贵，天为知而已矣。然则义果自天出矣。"

今天下之人曰："当若天子之贵诸侯①，诸侯之贵大夫，傐明知之②。然吾未知天之贵且知于天子也。"子墨子曰："吾所以知天之贵且知于天子者有矣③。曰：天子为善，天能赏之；天子为暴，天能罚之；天子有疾病祸祟，必斋戒沐浴，洁为酒醴粢盛，以祭祀天鬼，则天能除去之，然吾未知天之祈福于天子也。此吾所以知天之贵且知于天子者。不止此而已矣，又以先王之书《驯天明不解》之道也知之④。曰：'明哲维天，临君下土⑤。'则此语天之贵且知于天子。不知亦有贵知夫天者乎？曰：天为贵，天为知而已矣。然则义果自天出矣。"

【注释】

①当若：当即。②傐：当为碻。③有矣：有道理的。④驯：同训。训天明不解之道：是说训释天的高明而难穷的道理。⑤曰：指先王之书中说。明哲维天、临君下土：明哲的是天，将它的光明照临天下。

【译文】

墨子说："当今天下的君子如果打算实行仁义，就不能不考察义的由来。既然不能不考察义的由来，那么义从何而来呢？墨子说：义不是从愚笨者和低贱者那里来的，而必定是从高贵者和智慧者那里得来的。何以知道义不从愚笨者和低贱者那里来，而必定从高贵者和智慧者那里来呢？回答是：因为义就是善政。何以知道义就是善政？回答说：天下有义就安定，无义就混乱，所以知道义就是善政。那么愚笨的和低贱的，不能统治高贵的和智慧的，高贵的和智慧的才能统治愚笨的和低贱的。这是我知道义不从愚笨者和低贱者那里来，而必定从高贵者和智慧者那里来的缘故。那么谁是高贵者，谁是智慧者呢？答：只有天是高贵者，天是智慧者。那么义确实是出自于天。"

当今天下的人说："天子确实比诸侯高贵，诸侯确实比大夫高贵，这是大家公认的。然而，我不知道上天比天子高贵智慧。"墨子说："我所以知道上天比天子高贵智慧，是有道理的。就是说，天子如果行善，上天会奖赏他；天子行恶，上天就惩罚他；天子有疾病灾祸，只要洗澡斋戒，准备好洁食美酒，祭祀上天鬼神，那么上天就为他除害消灾。而我从未听说上天曾向天子求福，所以我知道上天比天子高贵和智慧。不仅如此，从先王的《训天明不解》一书中也可明白这个道理。书中说：'只有上天是明哲的，将它的光明照临大地。'这就是说上天比天子高贵和智慧。不知还有比上天高贵智慧的吗？回答说：只有上天高贵智慧，所以义确实是出自于

天。”

是故子墨子曰：“今天下之君子，中实将欲遵道利民[1]，本察仁义之本[2]，天之意不可不慎也。”既以天之意以为不可不慎已[3]，然则天之将何欲何憎？子墨子曰：“天之意不欲大国之攻小国也，大家之乱小家也，强之暴寡[4]，诈之谋愚，贵之傲贱，此天之所不欲也。不止此而已，欲人之有力相营[5]，有道相教[6]，有财相分也。又欲上之强听治也[7]，下之强从事也。上强听治，则国家治矣；下强从事，则财用足矣。若国家治财用足，则内有以洁为酒醴粢盛，以祭祀天鬼；外有以为环璧珠玉，以聘挠四邻[8]。诸侯之冤不兴矣[9]，边境兵甲不作矣。内有以食饥息劳[10]，持养其万民[11]，则君臣上下惠忠[12]，父子弟兄慈孝。故唯毋明乎顺天之意[13]，奉而光施之天下[14]，则刑政治，万民和，国家富，财用足，百姓皆得暖衣饱食，便宁无忧[15]。”是故子墨子曰：“今天下之君子，中实将欲遵道利民，本察仁义之本，天之意不可不慎也。

【注释】

①遵道：指遵循圣王的仁道。②本察：从根本上考察。③既以：既然。慎：通顺。④强之暴寡：强者对弱者使用暴力。⑤有力相营：有力量的相互帮助。营：助。⑥有道相教：持理者教导别人。⑦强：努力、勤奋。⑧聘挠：结交。⑨冤：通怨。⑩食饥息劳：使饥者得食，使劳者得休。⑪持养：保养。⑫惠忠：惠，指国君对下施恩。忠：指臣子对上忠诚。⑬唯毋：语助词。⑭光：通广。⑮便宁：安宁。

【译文】

所以墨子说：“如今天下君子，如果真心打算遵先王之道而使民得利，从根本上去推求仁义之本，那么对天意就不能不顺从。”既然以为对天意不能不顺从，那么天意要求什么，厌恶什么呢？墨子说：“天的意思不希望大国攻打小国，大家扰乱小家，强者暴虐弱者，诡诈的算计愚笨的，显贵的傲视低贱的，这些是天不希望的。不仅如此，天还希望人们有力相助，有道相教，有财相分；还希望在上的努力听政，在下的努力做事。在上的努力听政，国家就治理得好；在下的努力做事，国家财用就富足。如果国家治理好了，财用富足了，那么对内就有洁净的酒饭去祭祀上天鬼神，对外就有珠玉环璧去结交四方的邻国，诸侯之间就不会产生仇怨，边境上就不会发生战争。国内能使饥者得食，劳者得休，保养万民。国君施恩于臣，臣对君就忠顺，父对子、兄对弟慈爱，子对父，弟对兄就会孝顺。所以只要明白了要顺从天意、遵循天意并广泛地推行于天下，那么刑政得治，万民和谐，国家富强，财用富足，百姓都能吃饱穿暖，安宁没有忧愁。”所以墨子说：“当今天下的君子，内心真的想遵循先王之道而使民得利，从根本上去推求仁义之本，对天意就不能不顺从。

且夫天子之有天下也，辟之无以异乎国君诸侯之有四境之内也[1]。今国君诸侯之有四境之内也，夫岂欲其臣国万民之相为不利哉[2]？今若处大国则攻小国，处大家则乱小家，欲以此求赏誉，终不可得，诛罚必至矣[3]。夫天之有天下也，将无已异此[4]。今若处大国则攻小国，处大都则伐小都[5]，欲以此求福禄于天，福禄终不得，而祸祟必至矣。然有所不为天之所欲，而为天之所不欲，则夫天亦且不为人之所欲，而为人之所不欲矣。人之所不欲者何也？曰病疾祸祟也。若已不为天之所欲，而为天之所不欲，是率天下之万民以从事乎祸祟之中也。故古者圣王明知天鬼之所福[6]，而辟天鬼之所憎[7]，以求兴天下之利，而除天下之害。是以天之为寒热也节，四时调，阴阳雨露也时，五谷执[8]，六畜遂[9]，疾菑戾疫凶饥则不至[10]。”是故子墨子曰：“今天下之君子，中实将欲遵道利民，本察仁义之本，天意不可不慎也。

【注释】

①辟：同譬。辟之：譬如。无以异：没有区别。②臣国万民：指臣民。③诛罚：惩罚。④无已异：即无以异。已：通以。⑤都：城邑，此指卿大夫之封邑。⑥所福：所要赐福的。⑦辟：通避。⑧孰：同熟。⑨遂：顺利生长。⑩菑：即灾字。戾疫：瘟疫。

【译文】

天子拥有天下，譬如国君诸侯拥有国家，没有区别。如今国君诸侯拥有国家，岂能让他的臣民相互做对人不利的事呢？现今如果处大国之位却去攻打小国，处大家之位却去侵夺小家，想以此求得天的奖赏和赞誉，不仅最终得不到，而诛戮惩罚必然要降临。上天有天下，与此没有分别。现在如果大国去攻打小国，大都的去讨伐小都，还想以此向上天求福禄，不仅最终得不到，而灾祸必定要降临。人们不去做天想做的事，反而做天不想要的事，那么天也将不做人想做的事，而去做人不想要的事了。人不想要的事是什么呢？是疾病灾祸。如果自己不去做天喜欢的事，而去做天厌恶的事，这是带领天下万民陷身灾祸之中啊。所以古代的圣王明确知道怎样获得上天鬼神对自己的保护，而避免做上天鬼神所厌恶的事，以此兴天下之利，除天下之害。因此上天使寒热有节度，四季调和，阴阳变化，雨露适时，五谷丰登，六畜兴旺，疾病、灾难、瘟疫、饥荒就不会发生。”所以墨子说：“现在天下的君子，内心真的想遵循先王之道而使民得利，从根本上去推求仁义之根本，对天意就不能不顺从啊！

且夫天下盖有不仁不祥者，曰当若子之不事父[1]，弟之不事兄，臣之不事君也。故天下之君子，与谓之不祥者[2]。今夫天兼天下而爱之，撽遂万物以利之[3]，若豪之末[4]，非天之所为也[5]，而民得而利之，则可谓否矣[6]。然独无报夫天，而不知其为不仁不祥也。此吾所谓君子明细而不明大也。

且吾所以知天之爱民之厚者有矣，曰[7]：以磨为日月星辰，以昭道之[8]；制为四时春秋冬夏，以纪纲之[9]；雷降雪霜雨露[10]，以长遂五谷麻丝[11]，使民得而财利之；列为山川溪谷[12]，播赋百事[13]，以临司民之善否[14]；为王公侯伯，使之赏贤而罚暴；贼金木鸟兽[15]，从事乎五谷麻丝，以为民衣食之财。自古及今，未尝不有此也。今有人于此，驩若爱其子[16]，竭力单务以利之[17]，其子长，而无报子求父[18]，故天下之君子与谓之不仁不祥。今夫天兼天下而爱之，撽遂万物以利之，若豪之末，非天之所为，而民得而利之，则可谓否矣，然独无报夫天，而不知其为不仁不祥也。此吾所谓君子明细而不明大也。

【注释】

①曰：表示下边举出理由。②与：同举，都。③撽（qiào）：持。遂：成。撽遂万物：育成万物。④

豪之末：秋天鸟身上长的绒毛的末端，称毫毛。豪：通毫。⑤此句苏时学注云：“‘非’上当有‘莫’字，下同。”⑥否：乃后字误。⑦曰：就是说。⑧道：引导、指示。⑨纪纲：常规、法度。⑩雷：古陨字的误写。⑪长遂：长成。⑫列：分。⑬播：布。赋：同敷。百事：百官。⑭临：察视。司：通治。否：不好。⑮贼：孙诒让注：“当为赋，形近而误。”赋：赋敛。⑯若：形容词词尾，“……的样子”。⑰单：通殚，尽。⑱此句当为“其子长而无报乎父。”

【译文】

天下大概有一种不仁不善的人，那就是为人子的不事奉父亲，为人弟的不事奉兄长，为人臣的不事奉国君。所以天下的君子称他们为不善的人。今上天兼爱天下的人，养育万物使民得利。即使细如毫毛的东西，也无不是上天造就的，人民得到的好处可说是很多的了，却竟不知报答那上天，也不懂得这是不仁不善。这就是我所说的君子只知小而不知大。

我之所以知道天爱百姓是如此深厚，是有理由的：上天分开日月星辰，让它给人民光明和引导；制定春夏秋冬四时，以为纲纪常度；降下雪霜雨露，让五谷丝麻长成，使人民得到财利；分列出山川溪谷，设立百官，用来察视治民的好与不好，然后封王公候伯，叫他们赏贤罚暴；征收金木鸟兽，从事五谷丝麻，以此作为百姓的衣食之财。从古到今，未尝不都是这样。现在假如此地有一个人，喜爱他的儿子，竭力做事使儿子得利，儿子长大后却不报答他的父亲，于是天下君子都说他不仁不义。而上天兼爱天下的人民，养育万物使人民得到利益，即使是细如毫毛的东西，也无不是上天所造就，人们得到的利益可说是很多的了，然而却不知报答那上天，也不知道这是不仁不义。这就是我所说的君子只知小而不知大的缘故。

且吾所以知天爱民之厚者，不止此而足矣[①]。曰杀不辜者，天予不祥，不辜者谁也？曰人也。予之不祥者谁也？曰天也。若天不爱民之厚，夫胡说人杀不辜，而天予之不祥哉？此吾之所以知天之爱民之厚也。且吾所以知天之爱民之厚者，不止此而已矣。曰爱人利人，顺天之意，得天之赏者有之；憎人贼人，反天之意，得天之罚者亦有矣。夫爱人利人，顺天之意，得天之赏者谁也？曰若昔三代圣王，尧舜禹汤文武者是也。尧舜禹汤文武焉所从事？曰从事兼，不从事别。兼者，处大国不攻小国，处大家不乱小家，强不劫弱，众不暴寡，诈不谋愚，贵不傲贱。观其事，上利乎天，中利乎鬼，下利乎人。三利无所不利，是谓天德[②]。聚敛天下之美名而加之焉，曰：此仁也，义也，爱人利人，顺天之意，得天之赏者也。不止此而已，书于竹帛，镂之金石，琢之槃盂[③]，传遗后世子孙。曰将何以为[④]？将以识夫爱人利人，顺天之意，得天之赏者也。《皇矣》道之曰[⑤]：‘帝谓文王，予怀明德[⑥]，不大声以色[⑦]，不长夏以革[⑧]，不识不知，顺帝之则。’帝善其顺法则也，故举殷以赏之，使贵为天子，富有天下，名誉至今不息。故夫爱人利人，顺天之意，得天之赏者，既可得留而已[⑨]。

【注释】

①足：已字之误。②天德：得天之德。③槃：通盘。④何以为：有什么用。⑤《皇矣》：《诗经·大雅》篇名。⑥明德：指明德之人。此指文王。⑦不大声以色：说话不虚张声色。⑧不长夏以革：诸夏指华夏民族，与夷狄对称。⑨既可得留而已：根据下段同一句型，此处应作“既可得而知也。”意思是：得到的结果可想而知了。

【译文】

我所以知道天爱民深厚，不只是这些理由。譬如说杀无辜的，天就给他惩罚。无辜者是谁呢？是人。给人惩罚的是谁呢？是天。如果天爱民不深厚，那么为什么有人杀无辜，天就要给他惩罚呢？这是我知道天爱民深厚的缘故。我所以知道天爱民深厚，不只这些理由。比如说，爱人利人，顺从天意，得天奖赏的人有之；憎人害人，违反天意，受天惩罚的人也有之。那爱人利人，顺从天意得天奖赏的人是谁呢？是从前的三代圣王唐尧、虞舜、夏禹、商汤、周文王、武王等。尧、舜、禹、汤、文、武实行什么呢？实行兼爱别人，不实行别。所谓兼，就是居于大国的地位不去进攻小国，居于大家的地位不去扰乱小家；强大的不侵夺弱小的，人多的不伤害人少的，巧诈的不算计愚笨的，高贵的不傲视低贱的。观察他们行事，上有利于天，中有利于鬼神，下有利于人民。有这三利，无所不利，这就叫得天之德。把天下的美名全部加在他们头上，指明这就是仁，这就是义，是爱人利人，顺从天意，得到上天赏赐的人。不仅如此，还要写到竹帛史书上，镂刻在金石上，雕琢在盘盂中，流传给后代子孙。也许有人会问：这有什么用呀？这将使子孙知道，爱人利人，顺从天意，就会得到天的赏赐。《诗经·皇矣》曾说过：'天帝告诉文王，我只怀念明德之君。你不大声说话虚张声色，不只尊诸夏而轻意更改法度，好像不识古，不知今，只需顺着天帝的法则而行。'天帝因为喜欢文王顺着法则行事，所以把商王朝赏赐给他，使他贵为天子，富有天下，名声荣誉至今不衰。由此看来那爱人利人，顺从天意，得天赞赏的人，其结果就可想而知了。

夫憎人贼人，反天之意，得天之罚者谁也？曰若昔者三代暴王桀纣幽厉者是也。桀纣幽厉焉所从事？曰从事别，不从事兼。别者，处大国则攻小国，处大家则乱小家，强劫弱，众暴寡，诈谋愚，贵傲贱。观其事，上不利乎天，中不利乎鬼，下不利乎人，三不利无所利，是谓天贼①。聚敛天下之丑名而加之焉，曰此非仁也，非义也。憎人贼人，反天之意，得天之罚者也。不止此而已，又书其事于竹帛，镂之金石，琢之槃盂，传遗后世子孙。曰将何以为？将以识夫憎人贼人，反天之意，得天之罚者也。《大誓》之道之曰②：'纣越厥夷居③，不肯事上帝④，弃厥先神祇不祀⑤，乃曰吾有命，无廖僔务⑥，天下⑦，天亦纵弃纣而不葆⑧。'察天以纵弃纣而不葆者，反天之意也。故夫憎人贼人，反天之意，得天之罚者，既可得而知也。"

【注释】

①天贼：天之祸害。②《大誓》：大即太。太誓，《尚书》中的篇名。③越厥：发语词，无实义。夷居：意即纣实行夷虐暴政。夷：消灭。居：疑为虐之误。④事：侍奉。⑤厥：其。祇（qí）：地神。⑥句意为纣不努力事神，也不警戒自己的过失，即不悔改。⑦天下：疑此二字为衍文。⑧纵弃：放弃，遗弃。葆：保。

【译文】

那憎恨人危害人，违反天意，受到上天惩罚的是谁呢？是从前三代的暴王，夏桀、商纣、周幽王、厉王。桀纣幽厉实行什么呢？回答说：他们从事别，不从事兼。别，就是处大国还去攻打小国，处大家还去侵夺小家，强大的侵夺弱小的，人多的伤害人少的，巧诈的谋算愚笨

的，显贵的傲视低贱的。观察他们行事，上不利于天，中不利于鬼神，下不利于人民，三不利，就什么利也没有，这就叫天之祸害。收集天下的丑名全部加到他们头上，指出这就是不仁不义，憎恨人危害人，违反天意，受到上天惩罚的人。不仅如此，又把他写在竹帛史书上，镂刻在金石上，雕琢在盘盂中，留传给后代子孙，也许有人会问：将有什么用呀？将使子孙知道，憎恨人危害人，违反天意，就会受到上天惩罚。《尚书·太誓》说：'商纣王实行灭绝人性的暴政，不肯事奉上帝，弃其祖先与天地神灵不祭祀，却说："我有天命"。不警诫自己的过失，于是上天也遗弃他，不保佑他。'天之所以遗弃纣王不保佑他，是因为他违反天意。所以憎恨人危害人，违反了天意，受到天的惩罚，其后果就可以知道了。"

是故子墨子之有天之①，辟人无以异乎轮人之有规②，匠人之有矩也。今夫轮人操其规，将以量度天下之圜与不圜也③。曰："中吾规者谓之圜，不中吾规者谓之不圜。"是以圜与不圜，皆可得而知也。此其故何？则圜法明也④。匠人亦操其矩，将以量度天下之方与不方也。曰："中吾矩者谓之方，不中吾矩者谓之不方。"是以方与不方，皆可得而知之。此其故何？则方法明也。故子墨子之有天之意也，上将以度天下之王公大人为刑政也，下将以量天下之万民为文学⑤，出言谈也⑥。观其行，顺天之意，谓之善意行；反天之意，谓之不善意行。观其言谈，顺天之意，谓之善言谈；反天之意，谓之不善言谈。观其刑政，顺天之意，谓之善刑政；反天之意，谓之不善刑政。故置此以为法，立此以为仪，将以量度天下之王公大人卿大夫之仁与不仁，譬之犹分黑白也。是故子墨子曰："今天下之王公大人士君子，中实将欲遵道利民，本察仁义之本，天之意不可不顺也。顺天之意者，义之法也。"

【注释】

①有：认为。天之：即天志。②辟：同譬。规：圆规。③圜：同圆，下同。④圜法明：圆的标准明确。法：法则，标准。⑤为文学：作文。⑥出言谈：发表言论。

【译文】

因此墨子认为天有意志，譬如做车轮的工匠有圆规，木匠有曲尺，没有什么不同。今轮人拿着他的圆规，将用来度量天下圆与不圆，说："符合我圆规的就是圆的，不符合我圆规的就是不圆的。"因此圆与不圆，都能知道。这是什么缘故？是圆的标准明确啊。工匠也拿着他的曲尺，将用来量度天下方与不方，说："符合我的矩的就是方的，不符合我的矩的就是不方的。"因此方与不方，都能知道，这是什么原因？是方的标准明确啊。所以墨子认为天的意志，对上将用来衡量天下王公大人治理刑事政治的情况，对下将用来衡量万民写作文章，发表言论的情况。观察他们的行为，顺从天意的，称为好的德行；违反天意的，称为不好的德行。观察他们的言论，顺从天意的，称为好的言论；违反天意的，称为不好的言论。观察他们的政治，顺从天意的，称为好的政治；违反天意的，称为不好的政治。所以设此为法则，立此为标准，将用来衡量天下的王公大人卿大夫仁还是不仁，就好比区分黑与白一样。因此墨子说："现在天下的王公大人士君子，内心果真想遵循圣王之道以利于民，从根本上考察仁义之本，那么天意不能不顺从。顺从天意，就是义的标准。"

天志下

子墨子言曰："天下之所以乱者，其说将何哉[1]？则是天下士君子，皆明于小而不明于大。何以知其明于小不明于大也？以其不明于天之意也。何以知其不明于天之意也？以处人之家者知之[2]。今人处若家得罪[3]，将犹有异家所以避逃之者[4]，然且父以戒子，兄以戒弟，曰：'戒之慎之！处人之家，不戒不慎之，而有处人之国者乎[5]？'今人处若国得罪，将犹有异国所以避逃之者矣，然且父以戒子，兄以戒弟，曰：'戒之慎之！处人之国者，不可不戒慎也！'今人皆处天下而事天，得罪于天，将无所以避逃之者矣。然而莫知以相极戒也[6]，吾以此知大物则不知者也[7]。"

是故子墨子言曰："戒之慎之，必为天之所欲，而去天之所恶。曰天之所欲者何也？所恶者何也？天欲义而恶其不义者也。何以知其然也？曰义者正也[8]。何以知义之为正也？天下有义则治，无义则乱，我以此知义之为正也。

【注释】

①此句应为"以人之处家者知之"。②处若家得罪：此句应为"若处家得罪"。③异家：别家。④有：可。⑤处若国得罪：应为"若处国得罪"。⑥极戒：警戒。⑦大物：大事。⑧正：正道。

【译文】

墨子说："天下所以混乱，是什么原因呢？是因为天下士君子都只明白小而不明白大。凭什么知道他们只明白小而不明白大呢？因为他们不明白天意。何以知道他们不明白天意呢？从人们居家情况知道的。现在假如人们居家而得罪家人，还有其他住所可以躲避，然而作父亲的还警戒儿子，作兄长的警戒弟弟，说：'要警戒呀！要谨慎呀！住在家里，不警戒不谨慎，还能生活在别人的国里吗?'假如人们生活在本国犯了罪，还有别的国家可以逃避，然而作父亲的还警戒儿子，作兄长的警戒弟弟，说：'要警戒呀！要谨慎呀！住在国内不能不警慎呀。'现在人们都处在上天之下，同时事奉大，如果得罪了天，就将无处可以逃避了。然而却没有人知道以此相互警戒，我因此知道人们对于大事是无知的。"

因此墨子说："要警戒呀！要谨慎呀！一定要做天要求的事，而去掉天所厌恶的事。有人问，天要求什么，厌恶什么呢？天要求义而厌恶不义。凭什么知道是这样？回答说：义，就是正道。凭什么知道义就是正道呢？天下有义就安定，无义就混乱。我因此知道义就是正道。

然而正者，无自下正上者[1]，必自上正下。是故庶人不得次己而为正[2]，有士正之；士不得次己而为正，有大夫正之；大夫不得次己而为正，有诸侯正之；诸侯不得次己而为正，有三公正之；三公不得次己而为正，有天子正之；天子不得次己而为政，有天正之。今天下之士君子，皆明于天子之正天下也，而不明于天之正天子也。是故古者圣人，明以此说人曰[3]："天子有善，天能赏之；天子有过，天能罚之。"天子赏罚不当，听狱不中[4]，天下疾病祸福[5]，霜露不时[6]，天子必且犓豢其牛羊犬彘，絜为粢盛酒醴[7]，以祷祠祈福于天[8]。我未尝闻天之祷祈福于天子也。吾以此知天之重且贵

于天子也[⑨]。是故义者不自愚且贱者出，必自贵且知者出[⑩]。曰谁为知？天为知。然则义果自天出也。今天下之士君子欲为义者，则不可不顺天之意矣。

【注释】

①正：匡王，使合于正道。②次：同恣，随便。恣己：放纵自己。③明：明白地。④听狱：断狱，审理和判决罪案。狱：案件。⑤祸福：王念孙注："'福'字义不可通，'祸福'当为'祸祟'。"⑥不时：不适时。⑦絜：同洁。⑧祠：祠庙。⑨重且贵：当作贵且知。⑩知：通智。

【译文】

然而谈到正，不是由下边来匡正上边，一定从上边去匡正下边。所以庶民不能放纵自己，有士来匡正他；士不能放纵自己，有大夫匡正他；大夫不能放纵自己，有诸侯匡正他；诸侯不能放纵自己，有三公匡正他，三公不得放纵自己，有天子匡正他；天子不得放纵自己，有上天匡正他。如今天下的君子，都知道天子是匡正天下的，而不知道天是匡正天子的。因此古时圣人明白地把这个道理告诉人们：'天子有德，天能赏他，天子有过，天能罚他。'天子赏罚不恰当，审判案件不合理，天就降疾病灾祸，使霜露失时。天子必定要喂养牛羊犬猪，准备洁净的酒食，在祠庙中祷告，向上天求福。我不曾听说过上天向天子来祷告求福的。我由此知道天比天子高贵而智慧。所以义不从愚笨而低贱者中来，必定由高贵而智慧者中来。问：谁是智慧者？答道：天是智慧者，如此说来，义确实是从天那里来的。现在天下的士君子要想行义，就不能不顺从天意了。

曰顺天之意何若[①]？曰兼爱天下之人。何以知兼爱天下之人也？以兼而食之也[②]。何以知其兼而食之也？自古及今，无有远灵孤夷之国[③]，皆犓豢其牛羊犬彘，絜为粢盛酒醴，以敬祭祀上帝山川鬼神，以此知兼而食之也。苟兼而食焉，必兼而爱之。譬之若楚、越之君，今是楚王食于楚之四境之内[④]，故爱楚之人；越王食于越，故爱越之人。今天兼天下而食焉[⑤]，我以此知其兼爱天下之人也。

且天之爱百姓也，不尽物而止矣[⑥]。今天下之国，粒食之民，杀一不辜者，必有一不祥。曰谁杀不辜？曰人也。孰予之不辜[⑦]？曰天也。若天之中实不爱此民也，何故而人有杀不辜，而天予之不祥哉？且天之爱百姓厚矣，天之爱百姓别矣[⑧]，既可得而知也。

【注释】

①何若：如何，怎么样。②兼：同样。食之：吃他们的东西，受他们供养。③无有：所有。远灵孤夷：指遥远偏僻的国家、人民。④今是：同今夫，夫；发语词。四境之内：指国内。⑤兼天下：包容天下之人。⑥物：当为此。尽：通仅。⑦不辜：当作不祥。⑧别：同遍，遍爱。

【译文】

有人问，怎样顺从天意呢？答：兼爱天下的人。何以知道天兼爱天下的人呢？因为天接受天下人的供奉。何以知道天接受天下人的供奉呢？自古到今，不论怎样荒远而偏僻的国家、人民，都要饲养牛羊猪犬，准备洁净的酒饭，来祭祀上帝山川鬼神，由此知道天接受天下人的供

奉。上天接受天下人的供奉，必定同样地爱天下的人。拿楚国与越国的国君为例，楚王受楚人供养，所以爱楚国人。越王受越人供养，所以爱越国人。上天包容天下百姓，受全天下的人民供养，我由此知道上天兼爱天下的人民。

上天爱百姓，不仅此而已。当今天下各国，凡吃谷米的人，有谁杀了一个无辜的人，必定要受到惩罚。是谁杀无辜？是人。是谁给人惩罚？是天。如果上天的心中果真不爱这些人民，那为什么又对杀害无辜的人进行惩罚呢？上天十分爱护百姓，并且爱得普遍，就可想而知了。

何以知天之爱百姓也？吾以贤者之必赏善罚暴也。何以知贤者之必赏善罚暴也？吾以昔者三代之圣王知之。故昔也三代之圣王尧舜禹汤文武之兼爱之天下也，从而利之，移其百姓之意焉①，率以敬上帝山川鬼神。天以为从其所爱而爱之②，从其所利而利之，于是加其赏焉，使之处上位，立为天子以法也③，名之曰‘圣人’，以此知其赏善之证。是故昔也三代之暴王桀纣幽厉之兼恶天下也，从而贼之④，移其百姓之意焉⑤，率以诟侮上帝山川鬼神。天以为不从其所爱而恶之，不从其所利而贼之，于是加其罚焉，使之父子离散，国家灭亡，抎失社稷⑥，忧以及其身⑦。是以天下之庶民属而毁之，业万世子孙继嗣，毁之贲不之废也⑧，名之曰‘失王’⑨。以此知其罚暴之证。今天下之士君子，欲为义者，则不可不顺天之意矣。

【注释】

①此句是引导百姓相爱相利。②从其：跟着天。从其所爱而爱之：跟着天、爱天所爱的人。③以法：戴望注：当作以为仪法。④从而贼之：接着又危害人民。⑤移其百姓之意：此指引导百姓相恶相贼。⑥损(yǔn)：坠落，失掉。社稷：国家。⑦忧：忧患。⑧业万世子孙继嗣，毁之贲不之废：此句意思是：到了万世子孙以后，诋毁他们都不能停止。⑨失王：失字误。上篇皆暴王。

【译文】

根据什么知道天爱百姓呢？我从贤人必定赏善罚暴这点知道的。根据什么知道贤人必定赏善罚暴呢？我根据以前圣王的作法知道的。以前三代的圣王，唐尧、虞舜、夏禹、商汤、周文王、武王，他们兼爱天下百姓，使其得利，引导百姓的心相爱相利，带领百姓祭祀上帝山川鬼神。上天喜爱的东西他们喜爱，上天要使得利的人他们使他得利，于是天奖赏他们，使他们居上位，立为天子，以他们作榜样，称他们叫‘圣王’。这就是赏善的证明。从前三代的暴君夏桀、商纣、周幽王、周厉王，憎恶天下百姓，残害天下百姓，将百姓的心引导到相互厌恶、相互残杀上，率领百姓诟骂侮辱上帝鬼神。上天认为他们不爱天喜欢的东西，不跟随天使人得利，反而去危害人民。于是上天惩罚他们，使他们父子离散，国家灭亡，丧失社稷。灾祸在他们在世的时候就发生了，天下的百姓都唾骂他们，直到子孙万代之后，还要遭受人们的唾骂，称他们为‘暴君’。这就是惩恶的证明。当今天下的士君子要想实行仁义，就不能不顺从天的意志。

曰顺天之意者①，兼也；反天之意者，别也。兼之为道也，义正②；别之为道也，力正③。曰义正者何若？曰大不攻小也，强不侮弱也，众不贼寡也，诈不欺愚也，贵不傲贱也，富不骄贫也，壮不夺老也。是以天下之庶国④，莫以水火毒药兵刃以相害

也。若事[⑤]上利天，中利鬼，下利人，三利而无所不利，是谓天德。故凡从事此者，圣知也，仁义也，忠惠也，慈孝也，是故聚敛天下之善名而加之。是其故何也[⑥]？则顺天之意也。曰力正者何若？曰大则攻小也，强则侮弱也，众则贼寡也，诈则欺愚也，贵则傲贱也，富则骄贫也，壮则夺老也。是以天下之庶国，方以水火毒药兵刃以相贼害也。若事上不利天，中不利鬼，下不利人，三不利而无所利，是谓之贼[⑦]。故凡从事此者，寇乱也[⑧]，盗贼也，不仁不义，不忠不惠，不慈不孝，是故聚敛天下之恶名而加之。是其故何也？则反天之意也。"

【注释】

①曰：发语词，无实义。②义正：以父为政，即以义服人的政治。正：同政。③力正：暴政。④庶国：众国，各国。⑤若：犹其。事：作动词，做事。⑥故何：何故。⑦之贼：当作天贼。⑧寇乱：指叛乱。

【译文】

顺从天意就叫兼，违反天意就叫别。实行兼这种主张，就是义政；实行别这种主张，就是力政。问：义政是怎样？答：是大国不攻小国，强者不辱弱者，人多的不伤害人少的，巧诈的不欺侮愚笨的，高贵的不傲视低贱的，富贵的不轻视贫穷的，年轻的不侵犯年老的。因此天下诸国没有谁以水火毒药兵器相危害。其行事上利于天，中利于鬼神，下利于人民，三利都有了那各方面就都有利，这就叫天德。所以凡实行义政的，就是圣智，是仁义，是忠惠，是慈孝。因此聚集天下的美名加给他，这是什么原因呢？是顺从天意。问：暴政又是怎样？答：是大攻小，强侮弱，众害寡，诈欺愚，贵傲贱，富骄贫，壮夺老。因此天降各国，以水火毒药兵器相危害。其行事上不利于天，中不利于鬼神，下不利于人民，三方面都无所利，这就叫天贼。所以凡实行力政的，就是作乱，是盗贼，是不仁不义，不忠不惠，不慈不孝。因此收集天下的恶名全部加给他。这是什么缘故呢？是违反天意。"

故子墨子置立天之[①]，以为仪法，若轮人之有规，匠人之有矩也。今轮人以规，匠人以矩，以此知方圜之别矣。是故子墨子置立天之，以为仪法。吾以此知天下之士君子之去义远也。何以知天下之士君子之去义远也？今知氏大国之君宽者然曰[②]："吾处大国而不攻小国，吾何以为大哉？"是以差论蚤牙之士[③]，比列其舟车之卒，以攻罚无罪之国[④]，入其沟境[⑤]，刈其禾稼[⑥]，斩其树木，残其城郭，以御其沟池[⑦]，焚烧其祖庙，攘杀其牺牲[⑧]。民之格者[⑨]，则劲拔之[⑩]，不格者，则系操而归[⑪]，丈夫以为仆圉胥靡[⑫]，妇人以为舂酋[⑬]。则夫好攻伐之君，不知此为不仁义，以告四邻诸侯曰："吾攻国覆军，杀将若干人矣。"其邻国之君亦不知此为不仁义也，有具其皮币[⑭]，发其缌处[⑮]，使人飨贺焉[⑯]。则夫好攻伐之君，有重不知此为不仁不义也，有书之竹帛，藏之府库。为人后子者[⑰]，必且欲顺其先君之行，曰："何不当发吾府库[⑱]，视吾先君之法美[⑲]？"必不曰文、武之为正者若此矣，曰吾攻国覆军杀将若干人矣。[⑳]则夫好攻伐之君，不知此为不仁不义也，其邻国之君，不知此为不仁不义也。是以攻伐世世而不已者，此吾所谓大物则不知也。

【注释】

①天之：即天志。②今知氏：知字衍文。氏：当读为是。今是，即今夫也。宽者然：志满意得的样子。者：衍文。③差论：两字皆择之意。句中为派遣之意。蚤牙：即爪牙，指得力助手。蚤：通爪。④罚：当作伐。⑤沟境：指国境。⑥刈（yì）：割。⑦御：王引之注："'御'字义不可通，'御'当为'抑'，抑之言堙也。"堙：塞。⑧攘杀：屠杀。⑨格：斗。此指反抗。⑩劲拔：孙诒让注："'劲拔'疑'刭杀'之误。《非攻》下篇云：'劲杀其万民'。"刭：杀头。⑪系操：王引之注："'操'当为'累'，即孟子所谓'系累其子弟也'。"系累：绳索捆绑。⑫丈夫：男子。圉（yǔ）：养马的奴仆。胥靡：服劳役的刑徒。⑬舂酋：毕沅注："'酋'与'舀'，声形相近。"孙诒让案："《周官·舂人》有'女舂抌（yóu）二人。'郑云注：'女舂抌，女奴能舂与抌者。抌，抒臼也。'《说文》'舀'或作'抌'。以此舂酋连文，则'酋'即'抌'之假字可知。"抌：舀也，从石臼中取出舂好的谷物。⑭有：通又，下同。皮币，指礼物。古代以皮革、丝帛、珪玉等物为货币或礼品。⑮发：打开。緫：即今总字。总：聚。总处：聚藏财物之处。⑯飨（xiǎng）：用酒肉给人享用。⑰后子：继承君位的后代子孙。⑱当：同尝，试着。⑲法美：法仪。美：孙诒让注："为'仪'字之误写。"⑳必不曰：必定不会记载。

【译文】

所以墨子设立"天志"作为法则，譬如做车轮的工匠有圆规，木匠有曲尺。现在轮人拿规，匠人拿矩，凭借这个知道方的和圆的区别。所以墨子设立"天志"，把它作法则，我因此知道天下的士君子离义有多远。怎么知道天下的士君子离义很远呢？现今大国的国君志满意得地说："我居于大国的地位而不攻打小国，我凭什么是大国呢？"因此派遣他的得力干将，摆出他的战车船只和军队，去攻伐无罪的国家，进入别国的边境，割走别国的庄稼，砍倒别国的树木，毁坏别国的城墙，填塞别国的沟池，焚烧别国的祖庙，掠夺别国的牲口。凡是反抗他的，就加以杀害，不反抗的，就捆绑回国，男的拿来养马服役、女的拿来舂米为奴。那好攻伐的大国国君，不知这是不仁不义，还把这种行为向四邻夸耀说："我攻打别的国家，消灭他的军队，杀了他的将士若干。"他的邻国的国君，也不知这是不仁不义，还准备了礼物，拿出积蓄，派人送酒肉祝贺。那喜欢攻伐的大国国君，又更加不知这是不仁不义了，还把他的行为写到竹帛史书上，收藏在府库里。他的后代子孙必将顺其先君的做法，说道："何不试着打开我家的府库，看看我先君的法则？"那上边必定不会写道：周文王、武王是怎样实行统治的，而只会写道：我攻打了他国，消灭它的军队，杀了将士若干。那喜欢攻伐的大国国君，不知这是不仁不义，而他的邻国，也不知道这是不仁不义。因此攻战也就世世代代没有休止，这就是我所说的人们对不明白大事的缘故。

所谓小物则知之者何若？今有人于此，入人之场园，取人之桃李瓜姜者，上得且罚之[①]，众闻则非之，是何也？曰不与其劳，获其实，已非其有所取之故[②]。而况有踰于人之墙垣[③]，担格人之子女者乎[④]？与角人之府库[⑤]，窃人之金玉蚤悳者乎[⑥]？与踰人之栏牢[⑦]，窃人之牛马者乎？而况有杀一不辜人乎[⑧]？今王公大人之为政也，自杀一不辜人者；踰人之墙垣，担格人之子女者；与角人之府库，窃人之金玉蚤悳者；与踰人之栏牢，窃人与牛马者；与入人之场园，窃人之桃李瓜姜者，今王公大人之加罚此也，虽古之尧舜禹汤文武之为政，亦无以异此矣。

【注释】

①上：指在上位的。②已：同以，把。③踰：越过。踰，同逾。④扭（zā）格：抓住。扭：《广雅·释名》："扭，叉也，五指俱往叉取。"格：拘执。⑤与：连接前后句，相当于又，下同。角：俞扭注："乃'穴'字之误。"穴：作动词，打洞。⑥蚤悳（sāo）：王引之注："'蚤悳'当为布喿，……喿，盖缲之借字，布缲，即布帛。"缲，同缫。⑦栏牢：关养牲畜的圈。⑧有：通又。

【译文】

所谓对小事明白又怎么说呢？假如在此有一个人，擅自进入别人的园中，窃取别人的桃李瓜姜，在上位的就要惩罚他，大家听到后都认为他不对，这是为什么呢？是因为他不参加劳动而获取别人成果，把不是自己的东西拿来的缘故，窃取瓜果尚且不可何况是翻墙进入，殴打别人的子女，或凿通他人的府库，偷窃金玉布帛呢？或跳进他人的牛栏马圈，偷盗人家的牛马呢？更何况又杀了一个无辜的人呢？当今的王公大人主政的时候，若有人杀害一个无辜的人；或者翻人家的墙，去抓打人家的子女；或者凿开他人府库，窃取别人的金玉布帛；或者翻入牛栏马圈，偷盗人家牛马；或者进入他人的园子，偷摘人家的桃李瓜姜等，都要给予惩罚，当今的王公大人惩罚这类事，即使古时的尧舜禹汤文武主政，处理这样的事也没什么不同。

今天下之诸侯，将犹皆侵凌攻伐兼并[①]，此为杀一不辜人者，数千万矣[②]；此为逾人之墙垣，格人之子女者，与角人府库，窃人金玉蚤悳者，数千万矣；逾人之栏牢，窃人之牛马者，与入人之场园，窃人之桃李瓜姜者，数千万矣，而自曰义也。故子墨子言曰："是蕡我者[③]，则岂有以异是蕡黑白甘苦之辩者哉[④]！今有人于此，少而示之黑，谓之黑，多示之黑谓白[⑤]，必曰吾目乱，不知黑白之别。今有人于此，能少尝之甘谓甘[⑥]，多尝谓苦，必曰吾口乱[⑦]，不知其甘苦之味。今王公大人之政也[⑧]，或杀人，其国家禁之，此蚤越有能多杀其邻国之人[⑨]，因以为文义[⑩]，此岂有异蕡白黑、甘苦之别者哉？"

故子墨子置天之以为仪法。非独子墨子以天之志为法也，于先王之书《大夏》之道之然[⑪]："帝谓文王，予怀明德，毋大声以色，毋长夏以革[⑫]，不识不知，顺帝之则。"此诰文王之以天志为法也[⑬]，而顺帝之则也。且今天下之士君子，中实将欲为仁义，求为上士，上欲中圣王之道，下欲中国家百姓之利者，当天之志，而不可不察也[⑭]。天之志者，义之经也[⑮]。

【注释】

①将犹皆：都将在。②此为：此于。下句同。于：比。数千万：指数千万倍。③蕡（fén）：顾千里注："蕡，读若治丝而棼之棼，'我'，当为'义'。"孙诒让案："棼亦与纷同。"纷：乱的意思。下同。④岂有以异：难道有什么差别。辩：通辨。⑤谓白：说成白。⑥尝之甘：给他尝甘的。甘：味美。⑦口乱：口味不好。⑧政：治理国家。⑨此蚤越：本作"以斧钺"。斧钺：古代的武器。⑩文：王引之注："当为'大'字之误。"⑪大夏：即大雅。下边所引诗出自《诗经·大雅·皇矣》。道之然：说的也是这样。⑫毋长夏以革：意即不只尊重诸夏而变更法度。⑬诰：当为语。⑭当：对。⑮经：法则。义之经：义以天志为准则。

【译文】

当今天下诸侯，都将在侵凌攻伐兼并，这比杀一个无辜者要严重几千万倍，比翻进别人的墙垣，抓打别人的子女，比凿通人家府库，窃取别人金玉布帛要严重数千万倍；比进入人家栏圈，偷取别人牛马，比跳进人家园子，偷窃别人桃李瓜姜要严重数千万倍，可自己还说这是义。所以墨子指出："这是在扰乱义啊！难道可以混淆黑与白、甜与苦的区别吗！假使在此有一个人，拿少许黑给他看，他就说是黑的，多拿点黑的给他看，就说是白的，结果他必定会说：'我目光错乱了，不知道黑与白的分别。'假使在此有一个人，拿少许甜的给他尝，他就说是甜的，拿很甜的给他尝，就说是苦的。他必定会说：'我口味错乱，不知道甜与苦的味。'现在王公大人主政，有人在国内杀人，就用斧钺砍头来加以禁止，但如果有人大量地杀害邻国的人，倒说这是大义，这与混淆黑与白、甘与苦的分别有什么不同呢？"

所以墨子设立"天志"作为准则。不只墨子以天志为法则，在歌颂先王的书《诗经·大雅》中也这样说的："上帝对文王说，我怀念明德的人，他从不大声说话虚张声色，不只尊诸夏而更改法度，好像不识古不知今，而顺从天帝的法则。"这是说文王能以天志为准则而按天帝的准则行事。所以当今天下的士君子，内心果真要想实行仁义，求做上士，那么对上要符合圣王之道，对下要符合国家人民的利益，对天意不能不明察。天的意志，就是义的准则。

备　水

城内堑外周道①，广八步，备水谨度四旁高下②。城地中徧下③，令耳亓内④，及下地⑤，地深穿之令漏泉⑥。置则瓦井中⑦，视外水深丈以上，凿城内水耳⑧。

并船以为十临⑨，临三十人⑩，人擅弩计四有方⑪，必善以船为轒辒⑫。二十船为一队，选材士有力者三十人共船，亓二十人人擅有方⑬，剑甲鞮瞀⑭，十人人擅苗⑮。先养材士为异舍⑯，食亓父母妻子以为质⑰，视水可决，以临轒辒，决外堤，城上为射扠疾佐之⑱。

【注释】

①堑：濠沟。②谨度：详细了解。③徧：同偏。④耳：孙诒让注："'耳'疑当为'巨'，篆文相近，即'渠'之省。"渠：水渠。⑤及下地：到最低处。⑥漏泉：泄漏。⑦则瓦：测水之瓦。则：通测。城外水高，城内的井水必随之而高，在井墙上置瓦为表记，可测知水的涨退。⑧水耳：水渠。⑨并船：合并两船为一临。⑩临三十人：每临两船共三十人。⑪擅：持。计四：岑仲勉云："'计四'什四之讹。"什四，即十四。⑫轒辒：冲裂城墙的车叫轒辒车，用来冲决堤防的船也可叫轒辒船。⑬二十人：据孙诒让注，"二十人"为"十二人"之误。有方：有字衍文。⑭剑甲：指铠甲。鞮瞀（dī móu）：《说文》"鞮，革履也。"瞀：通鍪。鞮鍪，即兜（dōu）鍪，戴在头上的盔，也称胄。⑮十人人：孙诒让认为："疑当作十八人。"擅苗：持矛。苗：通矛，古代一种武器。⑯材士：能干之士。⑰食：供给食物。质：人质，抵押。⑱射扠：孙诒让云："窃当为'射机'。"疾：急。

【译文】

城内及濠沟外的环城道，为了防备水淹，要详细了解四周地势的高低。城内地势偏低，叫人开渠泄水，在最低处往深处打井，让水泄到地底下。在井墙上置测水用的瓦片，以观水的深

度，当城外水深一丈以上时，城内就要开渠排水。

并两船为一船称为一临，总计用十临前去冲破敌人筑的堤防。每临载人三十，人人带上弓弩，其中有十四人持锄具负责挖堤。把船当作轒辒车一样冲堤必定具有威力。二十船为一队，选派能干有力的士卒，三十人共一船，其中十二人持锄具，穿上铠甲戴上头盔，另十八人持矛。事先将这些士卒集中训练，供养他们的父母妻儿以作为人质，（防止有人出城后叛变），视水可决的时候，用船冲决敌人的外堤，城上守兵用射机发射矢石以助决堤。

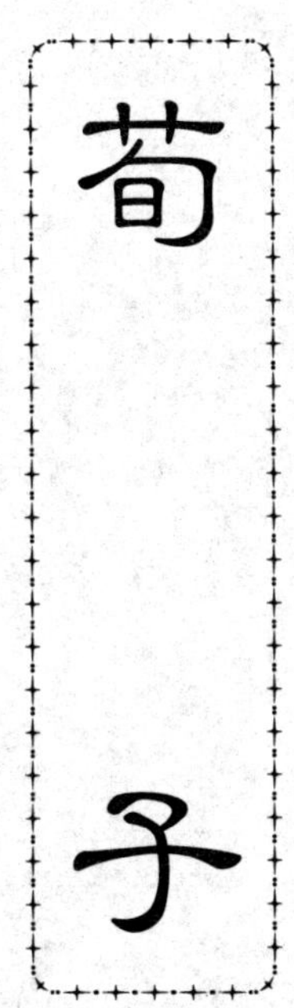

第一卷

劝学第一

君子曰：学不可以已①。青，取之于蓝，而青于蓝；冰，水为之，而寒于水②。木直中绳，輮以为轮，其曲中规，虽有槁暴，不复挺者，輮使之然也③。故木受绳则直，金就砺则利，君子博学而日参省乎己，则知明而行无过矣④。

【注释】

①君子：指地主阶级中有德才的知识分子及其政治代表。已：终止，停止。②青：靛（diàn）青。取：提取，提炼。蓝：草名，蓼（liǎo）蓝，其叶可以做蓝色染料。③ 木直：木材很直。中（zhòng）：符合。下同。绳：木工用的墨线，这里做衡量木材曲直的标准讲。輮（róu）：通揉，使直的东西弯曲。规：圆规，量圆的工具。有：通又。槁（gǎo）：枯干。暴（pù）：晒。槁暴：晒干。挺：直。④受绳：经过墨绳校正。金：这里指金属做的刀剑。砺：磨刀石。参：检验。省（xǐng）：考察。一说“省乎”二字为后人误补。知：同智。

【译文】

君子说：学习不可以半途而废。靛青这种颜色是从蓝草中提取的，却比蓝草的颜色更青；冰是由水凝结而成的，却比水更寒冷。木材象用绳墨吊过一样笔直，把它弄弯曲制成车轮，车轮的弯曲程度符合圆规的标准，就算经过火炙日晒，也不会再挺直，这是由于弯曲工艺的制作才使它变成这个样子呀。所以，木材经过按绳墨的加工就会使它变得笔直，金属制成刀剑经过磨刀石磨擦就变得锋利。学识渊博的君子不仅学博识广，且能天天检讨自己的言行，这样就会越来越聪明，而且做事不犯错误。

故不登高山，不知天之高也；不临深溪，不知地之厚也；不闻先王之遗言，不知学问之大也①。干、越、夷、貉之子，生而同声，长而异俗，教使之然也②。《诗》曰：“嗟尔君子，无恒安息。靖共尔位，好是正直。神之听之，介尔景福③。”神莫大于化道，福莫长于无祸④。

【注释】

①溪：山涧。先王：古代的帝王；荀况理想中符合封建政治、道德要求的君主。②干、越：都是春秋时期的国名，在今江苏、浙江一带。干，本是一个小国，被吴所灭，所以又称吴为干。夷、貉（hè）：这是古代统治阶级对当时东方和北方少数民族的污蔑性称呼。子：这里指人。这句意思是：干国、越国、夷族、貉族的人，刚生下时啼哭的声音都是一样的，而长大后风俗习惯却不相同，这是由于后天所受教育不

同的结果。③靖：安。共：通恭，看重。好：爱好。介：助。景：大。这首诗的意思是："你这个君子啊，不要老是想着安逸，安于你的职位吧，爱好正直的德行。这样，神就会了解你，给你极大的幸福。"（见《诗经·小雅·小明》）④神：这里指最高的精神境界。《诗》中所谓神，指神灵，荀况引诗对于神作了新的解释。道：指地主阶级政治、思想的总原则。化道：受道的教化，指思想行动符合道。

【译文】

因此，不登高山，就不知道天的高啊；不历临深溪，就不知道地有多厚啊；不听古代圣王的遗言，就不会知道学问的广博。吴国、越国、夷族、貉族的孩子，刚刚出生的时候，他们的哭声都是一样的，长大以后却有了不同习俗，这是由于他们所受教育不同使他们这样呀。《诗经》上说："唉，你这位君子，不要老是贪图安逸，恪守你的职位，爱好正直的道行，神灵会明察你的行为，赐予你最大的幸福。"最高的神灵智慧没有比得到道的教化更高的了，最大的幸福莫过于无灾无祸了。

吾尝终日而思矣，不如须臾之所学也①；吾尝跂而望矣，不如登高之博见也②。登高而招，臂非加长也，而见者远③；顺风而呼，声非加疾也，而闻者彰④。假舆马者，非利足也，而致千里⑤；假舟檝者，非能水也，而绝江河⑥。君子生非异也，善假于物也⑦。

【注释】

①尝：曾经。须臾（yú）：一会儿。②跂（qǐ）：踮起脚后跟。博见：看得宽广。③这句意思是：站在高山上招手，手臂并没有加长，然而远处的人也能看得见。④疾：壮，这里指声音洪亮。彰：清楚。⑤假：凭借，利用。利足：使他腿跑得很快。⑥檝：同楫，船桨。能水：能耐水，即水性好。绝：作动词用，这里指渡过。⑦善：擅长。这句意思是：君子的本性和别人并没有什么不同，只不过是善于借助和利用客观事物罢了。

【译文】

我曾有过这样的体验：整天的苦思冥想，还不如用很短的时间学习得到的东西多；我曾有过这样的体验：踮起脚眺望，不如登上高高的地方看见的东西多。登上高处挥舞手臂，手臂并没有加长，却能够被很远地方的人看见；顺着风的方向高喊，声音并没有增大，远处的人却能够听得清清楚楚。借车马行路的人，并不是因为他们的两脚比别人有力利落，却能到达千里之遥的地方；借舟船涉水的人，并不是因为他们会游水，却能横渡长江大河。君子生性并没有什么特异之处，而是善于假借外物的力量呀。

南方有鸟焉，名曰蒙鸠，以羽为巢，而编之以发，系之苇苕，风至苕折，卵破子死①。巢非不完也，所系者然也②。西方有木焉，名曰射干，茎长四寸，生于高山之上，而临百仞之渊③。木茎非能长也，所立者然也④。蓬生麻中，不扶而直⑤；白沙在涅，与之俱黑⑥。兰槐之根是为芷，其渐之滫，君子不近，庶人不服⑦。其质非不美也，所渐者然也⑧。故君子居必择乡，游必就士，所以防邪僻而近中正也⑨。

【注释】

①蒙鸠：即“鹪鹩”（jiāo liáo），体约三寸，羽毛赤褐色的一种小鸟。编之以发：用毛发编结起来。系：联结。苇：芦苇。苇苕（tiáo）：芦苇的嫩条。②完：完备。③射干：一种草药名，又称“乌扇”。仞（rèn）：古时八尺或七尺为一仞。④这句意思是：并不是射干的茎加长了，而是它生长的地方使它这样。⑤蓬：草名，又叫“飞蓬”。⑥涅（niè）：黑土。此句原无，据《尚书·洪范》篇“正义”引文补。⑦兰槐：即“白芷”（zhǐ），一种香草名。开白花，气味香，古人把它的苗称为“兰”，根称为“芷”。其：若，如果。渐：浸泡。滫（xiǔ）：淘米水，指脏水。庶人：众人，普通人。服：佩戴。⑧这句意思是：并不是它的素质不好，而是由于把它浸入了臭水的缘故。⑨游：指外出交往。士：指地主阶级知识分子。中正：恰当正确的东西，指上文“神莫大于化道”的“道”。

【译文】

南方有一种小鸟，名字叫蒙鸠，用羽毛编造鸟窝，还用毛发将它捆结在芦苇的茎杆上，可是风一吹，茎杆就被折断，鸟蛋就被摔破，鸟崽就被跌死。鸟窝并不是不完善，而是因为捆结的芦苇杆不坚固才使它这样。西方有一种树木，名字叫做射干，树干之高仅仅四寸，生长在高山的顶上，就能俯视百仞深渊。树干并没有加长，而是由于它生长的地势高才使它能够这样呀。蓬蒿生长在大麻丛中，不扶持就能长直；白沙掺在黑泥里，就会跟黑泥一样黑；兰槐芳香的根称之谓白芷，如果把它放在臭水中，君子不愿接近，百姓也不愿佩戴。这并不是因为它的本质不好，而是浸泡的臭水使它这样呀。所以，君子居住时一定要选择个好地方，交游时一定要结交有学识有修养的人，用这种办法就能够避免邪恶的浸染，并且能使自己接近礼仪的中正之道。

物类之起，必有所始；荣辱之来，必象其德①。肉腐出虫，鱼枯生蠹②。怠慢忘身，祸灾乃作③。强自取柱，柔自取束④。邪秽在身，怨之所构⑤。施薪若一，火就燥也⑥；平地若一，水就湿也⑦。草木畴生，禽兽群焉，物各从其类也⑧。是故质的张而弓矢至焉，林木茂而斧斤至焉，树成荫而众鸟息焉，醯酸而蜹聚焉⑨。故言有召祸也，行有招辱也，君子慎其所立乎⑩！

【注释】

①起：发生。始：根源。象：相似，相应。必象其德：一定和他自己的品德优劣相应。②蠹（dù）：蛀虫。③乃：就，于是。④这句意思是：质地坚硬的东西自然会被人们用作支柱，质地柔软的材料自然会被人们用来捆东西。一说，柱通祝，断折。按这样解释，这句意思是：太刚强了就容易折断，太柔软了就容易受约束。⑤秽（huì）：污秽、肮脏。构：结，造成。⑥薪（xīn）：柴草。这句意思是：堆放的柴草看来一样，火总是先从干燥的柴草烧起。⑦湿：潮湿，这里指低洼的地方。⑧畴：通俦。同，一块儿。群焉：一说当作“群居”。⑨质（zhì）：古时一种箭靶。的（dì）：箭靶中心的目标。质的：这里指箭靶。斤：斧子。醯（xī）：醋。蜹（ruì）：类似蚊子的昆虫。⑩立：立脚点，这里指学什么，以什么为指导。

【译文】

不同种类事物的产生，必定有它产生的原因；一个人的荣誉或耻辱的降临，必定和他品行的好坏密切相关。肉烂生蛆，鱼死生蛀。懒惰散漫到连自身都忘掉的时候，祸患灾难就要临头了。坚硬的东西自然会被拿来作支柱，柔韧的东西自然会被拿来捆绑东西。自己身上存在邪恶污秽的东西，就是人们产生对你厌恶的原因。堆放的柴草表面看来都一个样，火却总是朝着干燥的柴草先燃烧；平坦的土地表面上看来都一个样，水却总是向着湿润的地方流。草木丛生茂盛，鸟兽就会在那里聚集栖息，事物总是依存着与自己相应的条件而生存。因此所以竖起箭靶以后就会有弓箭射到那里，林木茂盛就会遭到斧子的砍伐，树木成荫就会有群鸟栖息，醋一腐臭，蚊子一样的小虫就会在那里滋生。所以，讲话如有不慎就会招致祸患，行为如有不慎就会引来耻辱。君子对自己的一言一行都是很慎重的呀！

积土成山，风雨兴焉①；积水成渊，蛟龙生焉②；积善成德，而神明自得，圣心备焉③。故不积蹞步，无以至千里；不积小流，无以成江海④。骐骥一跃，不能十步⑤；驽马十驾，功在不舍⑥。锲而舍之，朽木不折⑦；锲而不舍，金石可镂⑧。螾无爪牙之利、筋骨之强，上食埃土，下饮黄泉，用心一也⑨；蟹八跪而二螯，非蛇、蟺之穴无可寄托者，用心躁也⑩。是故无冥冥之志者，无昭昭之明；无惛惛之事者，无赫赫之功⑪。行衢道者不至，事两君者不容⑫。目不能两视而明。耳不能两听而聪。螣蛇无足而飞，鼫鼠五技而穷⑬。《诗》曰："尸鸠在桑，其子七兮；淑人君子，其仪一兮；其仪一兮，心如结兮⑭。"故君子结于一也。

昔者瓠巴鼓瑟而沈鱼出听，伯牙鼓琴而六马仰秣⑮。故声无小而不闻，行无隐而不形⑯。玉在山而草木润，渊生珠而崖不枯⑰。为善不积邪，安有不闻者乎⑱？

【注释】

①这句意思是：土堆积起来成了山，风雨就从这里发生了。古代有山吐云纳雾的说法。因此认为风雨是从山中形成的。荀况借此说明只要坚持不懈，专心一意，就能有所作为。②这句意思是：聚集许多流水便成为深渊，蛟龙就从这里产生了。③神明：最高的智慧。自得：自然达到。④蹞（kuǐ）：半步。⑤骐骥（qí jì）：千里马，传说能日行千里。⑥驽（nú）：劣马。驾：一天的行程。十驾：十天的路程。功：成功。舍：放弃。⑦锲（qiè）：用刀子刻。⑧镂（lòu）：雕刻。⑨螾：同蚓，即"蚯蚓"。埃土：尘土。黄泉：地下的泉水。⑩八跪：八足。原为"六跪"，蟹实有八足。螯（áo）：螃蟹身上如同钳形的爪子。蟺（shàn）：同鳝，即"鳝鱼"。躁：浮躁，不专心。⑪冥冥（míng）：幽暗，这里比喻埋头苦干。下文"惛惛"（hūn）的意思与此同。昭昭（zhāo）：显著。赫赫：巨大。⑫衢（qú）：十字路，这里指歧路。这句意思是：在歧途上徘徊不定的人是达不到目的地的，同时事奉两个君主的人，任何一方都不会容纳他。⑬螣（téng）蛇：古时传说一种能飞的蛇。鼫（shí）鼠：原为"梧鼠"，据《大戴礼记》改。一种形状像兔的鼠类。据说它有五种技能，但都不能专心一意做到底。所以，它能飞不能上屋，能爬树不能爬到树顶，能游泳不能渡过山涧，能打洞不能掩身，能走不能走在别的动物前头。穷：穷困，没有办法。⑭尸鸠：布谷鸟。据说这种鸟在桑树上哺育七只小鸟，早晨从上而下喂它们，傍晚又从下而上喂它们，天天如此，从不间断。淑人：善人。仪：仪表、举止，这里指行动。一：专一。结：凝结，这里是坚定的意思。这首诗的意思是："布谷鸟居住在桑树上，专心一意将七只小鸟哺育；那善良的君子，行动要专一不邪；行动专一不邪啊，意志才能坚定不变。"（见《诗经·曹风·尸鸠》）⑮瓠（hù）巴：传说是古代擅长于弹瑟的人。沈：同沉，原为"流"，据《礼记》引文改。伯牙：传说古代善于弹琴的人。六马：古代天子用六匹马驾车。秣：饲料。⑯这句意思是：所以，声音不管多么小，总会被人听见。行动不管多么隐蔽，也总会显露出来。⑰不枯：不枯燥，这里指有色彩。⑱邪：疑问词，"吧"的意思。这句意思是：大概是没有不断地积聚善行吧，如果积累了，那里会不为人们所知道的呢？

【译文】

堆土成山，风雨就会在那里兴起；积水成渊，蛟龙就在那里产生；积累善行成就美德，于是神灵智慧自然就有了，圣人的思想就具备了。因此，不把一小步一小步的路程积累起来，就不能到达千里之遥的地方；千里马一跃，不能跃十步那样远；能力低劣的马跑上十天，也能到达很远的地方，就在于它能坚持不懈。雕刻东西倘若半途而废，腐朽的木头也不能折断；雕刻东西若能坚持不懈，金属玉石也可以雕刻成美好的器物，蚯蚓没有锐利的爪牙、坚硬的筋骨，却能在地上吃泥土，在地下饮泉水，是由于它用心专一呀；螃蟹虽然生长了六条腿和两只象钳子一样的爪，如果没有水蛇和鳝鱼的窝穴供它栖息，它就无处安身，是因为它用心浮躁。因此所以没有专心致志的人，就不会有显著的聪明才智；没有执着地追求事业的人，就不会取得卓越的成就。在歧路上行走的人不可能到达目的地，一人同时侍奉两位君主的人，不会得到任何一位君主的容纳。眼睛不能同时看清楚两样东西，耳朵不能同时听清两种声音。螣蛇没有足却能在空中飞翔，鼫鼠虽拥有走、爬、挖、游、飞五种本领，却走不能超越别的动物，爬不能到树顶上的高处，挖不能掘出容身的洞穴，游水不能横渡深涧，飞也飞不过屋顶，却不能不终生身处困境。《诗经》中说："布谷架巢桑树颠，喂养幼鸟不间断；君子之心多良善，言行专一不空谈；他的言行真一致啊！心思坚毅不懒散。"所以，君子的言行思想应该坚定专一啊。

从前有位善奏瑟的乐师瓠巴弹的瑟曲优美动听，把潜在水底的鱼都逗引出水面聆听，有位善弹琴的乐师伯牙弹出优美的琴音，使正在吃草的马都抬起头来倾听。所以，无论多么细小的声音也不会不被听见，无论多么隐蔽的行为也不会不显露出来。深山里蕴藏有玉石，草木也会长得丰润。深渊里生长珍珠，山崖也不会枯焦。大概是没有很好地积类善行吧，如果能很好地积累善行，那里会不被人知道呢？

学恶乎始？恶乎终①？曰：其数则始乎诵经，终乎读礼②；其义则始乎为士，终乎为圣人③。真积力久则入，学至乎没而后止也④。故学数有终，若其义则不可须臾舍也⑤。为之，人也；舍之，禽兽也⑥。故《书》者，政事之纪也⑦；《诗》者，中声之所止也⑧；《礼》者，法之大分，类之纲纪也，故学至乎《礼》而止矣⑨。夫是之谓道德之极⑩。《礼》之敬文也，《乐》之中和也，《诗》、《书》之博也，《春秋》之微也，在天地之间者毕矣⑪。

【注释】

①恶（wū）：疑问词，什么，哪里。②数：指课程程序。③义：原则。这句意思是：学习的原则，就是从做士开始，最后成为圣人。④没（mò）：通歿，死。⑤须臾：一会儿。舍：离开。⑥这句意思是：努力学习的，这是人；放弃学习，就如同禽兽了。⑦《书》：又叫《尚书》、《书经》，它是我国奴隶制时代的官方文告和政治文件汇编。纪：通记，记载。这句意思是：所以《尚书》这本书，是记载政事的。⑧《诗》：即《诗经》，是我国现存最早的一部诗歌集。它共选了自西周初至春秋中期的诗歌三百零五首，其中大部分为奴隶主阶级的作品，也有一小部分属于民间作品。相传孔丘根据维护奴隶制的政治需要，曾对它进行删减。中声：符合标准的乐章。止：存。⑨《礼》：据《大略》"亡于《礼经》而顺人心者，皆礼也"，这里的《礼》可能即指《礼经》，《礼》本来是记载奴隶制社会的等级道德规范和礼节仪式的书。荀子在这里对《礼》的内容作了新的解释，予以新的意义，使礼符合地主阶级的需要。大分：总纲。类：类比，指以法类推的条例。纲纪：纲要。荀子在《王制》篇中说："有法者以法行，无法者以类举"，是说有

法律条文规定的，按照规定办，没有法律条文规定的要以法类推。⑩极：顶点。这句意思是：这就叫做具备了最高的道德。⑪敬：敬重。文：指礼节、仪式。《乐》：即《乐经》，现已失传。中和：和谐。《春秋》：是春秋时鲁国官方一部编年体的历史书。微：微妙。毕：完全、完备。这句意思是：《礼》所规定的敬重礼节仪式的准则，《乐》所培养的和谐一致的感情，《诗》、《书》所记载的广博的知识，《春秋》所包含的微妙的道理，这些把天地间的事情都完备地包括了。

【译文】

学习东西，从哪里开始？从哪里结束呢？我的回答是：学习的程序是从诵读经典开始，而读到礼法结束；学习的原则是从学习做一个有道德有知识的人开始，直到成为圣人结束。认真踏实、日积月累、刻苦努力、持之以恒，就能精进深入，直到生命的终止才算结束。照上边所说的看，虽然学习的程序有止境，而学习的原则却一时片刻也不能丢弃。能够做到这些的，是人；丢弃这些的，是禽兽。《尚书》是记载上古政事的；《诗经》是收集保存古代诗歌的；《礼》是记载法律的总则，是依法处理政事的准绳，所以，学习到了通晓《礼》法才算是终止。达到这个境界，才算具有高尚的道德。《礼》定礼节仪式，《乐》管协调音律，《诗》、《书》含有广博的知识，《春秋》微言大义，这些书把天地人间的各种事理都囊括进去了。

君子之学也，入乎耳，箸乎心，布乎四体，形乎动静①；端而言，蝡而动，一可以为法则②。小人之学也，入乎耳，出乎口。口、耳之间则四寸耳，曷足以美七尺之躯哉③？古之学者为己，今之学者为人④。君子之学也，以美其身；小人之学也，以为禽犊⑤。故不问而告谓之傲，问一而告二谓之囋⑥。傲，非也；囋，非也；君子如向矣⑦。

【注释】

①乎：于。箸：通贮，积贮。布：分布，这里指体现。四体：四肢，这里指仪表举止。形：表现。②端：通喘，小声说话的样子。蝡（rú）：同蠕，慢慢行动的样子。一：都。③则：通财，才的意思。曷（hé）：何，怎么。躯：身体。这句意思是：小人对于学习，听在耳里，说在嘴上，嘴和耳之间的距离不过四寸罢了，这怎么能有利于自己品德的提高呢？④这句意思是：古代的人，学习是为了提高自己，现在有的人，学习是为了给别人看。⑤禽犊：家禽、小牛，古时常常用它们作为礼物互相赠送。这里用来比喻那些小人学了一点东西就到处卖弄，讨人喜欢。⑥傲：通躁，急躁。囋（zàn）：唠叨。⑦向：同响。如向：好像回响那样。这里指君子回答问题要适度。

【译文】

君子学习知识，听在耳中，记在心里，贯注全身，表现在一言一行、一举一动上；细小的言语，轻微的行动，都可以作为他人行事的准则。小人学习知识，从耳里进，搭嘴里出，嘴与耳之间相隔不过四寸，这样子学习知识的人如何能够使自己整个身心达到完美呢？古代求学的人是为了提高自己的品德修养和知识水平，尔今求学的人是为了向别人炫耀。君子求学是为了达到自身的完美；小人求学，是用来作为卖弄自己的礼品。所以，没人请教而主动把知识告诉别人的人的行为，叫做急躁，人家向你请教一个问题你却回答人家两个问题的，叫做罗嗦。急躁不对，罗嗦也不应该；君子对别人的提问应该和回声一样：求一应一。

学莫便乎近其人[①]。《礼》、《乐》法而不说[②]，《诗》、《书》故而不切，《春秋》约而不速[③]。方其人之习君子之说，则尊以遍矣，周于世矣[④]。故曰，学莫便乎近其人。

【注释】

①便：简便，省事。其人：指良师益友，据《解蔽》篇说："故学者，以圣王为师"，这里的师友当指具备封建政治、道德品质的圣人和王者。②法：法度。说：说明道理。③故：过去，旧。切：切合实际。约：隐晦，不明。速：迅速，这里指很快理解。这句意思是：《诗经》、《书经》记载的都是过去的东西，而不切合当前的实际。《春秋》讲的道理隐晦不明，使人不能很快理解。④方：通仿，仿效。之习：而学习。说：学说。尊：崇高。以：而。遍：全面。周：周到，这里有通达的意思。

【译文】

学习的途径莫过于接近良师益友更便利啦。《礼》、《乐》虽记载了法律典章，却没有详细阐明其中的道理，《诗》、《书》虽然记载了古代的事理，却不能切合今天的实际，《春秋》简约，因而不能使人迅速明晓其中的道理。效法良师益友并且学习君子的学说，就能培养出高尚的品格，学习到广博的知识，通晓天地人间事理。所以说，学习的途径没有比接近良师益友更便利了。

学之经莫速乎好其人，隆礼次之[①]。上不能好其人，下不能隆礼，安特将学杂志，顺《诗》、《书》而已耳，则末世穷年，不免为陋儒而已[②]！将原先王，本仁义，则礼正其经纬、蹊径也[③]。若挈裘领，诎五指而顿之，顺者不可胜数也[④]。不道礼、宪，以《诗》、《书》为之，譬之犹以指测河也，以戈舂黍也，以锥飡壶也，不可以得之矣[⑤]。故隆礼，虽未明，法士也[⑥]；不隆礼，虽察辩，散儒也[⑦]。

【注释】

①经：通径，道路，途径。隆礼：尊崇礼义。②安：语助词。特：只，仅仅。杂志：庞杂的书籍，这里指各家的书籍。"杂"字下原有"识"字，据文义删。顺：通训，解释。而已耳：语尾语气词，"罢了"的意思。末世穷年：一生一世，一辈子。陋儒：学识浅陋的儒生。③经纬：南北为经，东西为纬，这里指四通八达。蹊径：小路，这里指道路。④挈（qiè）：用手提起。裘（qiú）：皮袍。诎：同屈。顿：抖搂，整顿。⑤道：实行。宪：法令。戈：古代的兵器，有尖。舂（chōng）：把谷类的壳捣掉。黍（shǔ）：黄米。飡：同餐，吃。壶：古代盛食物的器具，这里指食品。⑥法士：指遵守封建礼法的地主阶级知识分子。⑦察辩：明察善辩。散儒：指不遵守礼法的儒生。

【译文】

学习知识的途径没有比诚心诚意请教良师益友更快更好的了，尊崇礼义则次之。先不能请教良师益友，次也难尊崇礼义，那就只能学到一些芜杂的知识，记住《诗》、《书》上的一些死的条文罢了，这样学习的结果，一辈子也只能成为一个见识浅薄的陋儒而已！推究古代先王的意旨，考察仁义道德的根本，学习好礼义就可以从纵横交错、歧路小道上回归到正道上来。这好比提起皮衣的领子，握紧五指抖动皮衣，皮毛也就全部被理顺了。不在实践中执行礼义、法规，而用《诗》、《书》的条条代替它，就如同用手指测量大河的深浅，用戈舂米，以锥当筷从碗中取饭吃，是不会达到目的的。所以，尊崇礼义，虽不能深刻理解，也可以当一名遵守法度的士人；不尊崇礼义，即使善察巧辩，也不过是一个散漫不守礼法的儒生。

问楛者，勿告也①；告楛者，勿问也；说楛者，勿听也；有争气者，勿与辩也②。故必由其道至，然后接之，非其道则避之③。故礼恭，而后可与言道之方；辞顺，而后可与言道之理；色从，而后可与言道之致④。故未可与言而言谓之傲，可与言而不言谓之隐，不观气色而言谓之瞽⑤。故君子不傲，不隐，不瞽，谨顺其身⑥。诗曰："匪交匪舒，天子所予⑦。"此之谓也。

【注释】

①楛（kǔ）：恶劣，这里指不合礼法。②争气：态度蛮横，不讲道理。③由：顺从，按照。④方：方向。理：条理，指道的内容。致：极点。这句意思是：所以见来的人恭敬有礼，然后才可以和他谈论"道"的方向，见他言词谦逊，然后才可以给他讲解"道"的内容，见他表现出乐意听从，然后才可以进一步和他谈论"道"的深刻的含义。⑤隐：隐瞒。瞽（gǔ）：瞎子。⑥顺：通慎。谨顺其身：谨慎地对待那些来请教的人。⑦匪：不。交：通绞，急迫。舒：缓慢。予：赐予。这两句诗的意思是："不要急噪又不要怠慢，就会受到天子的赏赐。"（见《诗经·小雅·采菽》）

【译文】

有人向你问不合乎礼法的坏事，不要告诉他；有人向你报告不合礼法的坏事，不要理他；有人谈论不合礼法的坏事，不要听他的；对蛮横不讲理的人，不要与他辩论。所以，必须是以"道"为准则来请教的人，才可以接待他，不按照"道"的准则来请教的人，要避开他。所以，崇高礼义、恭敬待人的人，才可以同他探讨"道"的含义；讲话和气，才可以同他研究"道"的原理；虚心求教，才可以同他谈论"道"的高深蕴含。所以说：未可与之谈论偏要谈的，叫做急躁，可以与之谈论而不去谈的，叫做隐瞒，不观察对方的气色看人家愿不愿意听你讲而去谈的，称为盲目。因此，君子不急躁，不隐瞒，不盲目，而是谨慎和顺地对待来求教的人。《诗经》上说："不急不慢仪态好，这是上天赐予咱。"讲的就是这个含义。

百发失一，不足谓善射①；千里蹞步不至，不足谓善御②；伦类不通，仁义不一，不足谓善学③。学也者，固学一之也④。一出焉，一入焉，涂巷之人也⑤；其善者少，不善者多，桀、纣、盗跖也⑥；全之尽之，然后学者也⑦。

【注释】

①这句意思是：射一百次箭，有一次没射中，也不能叫做善于射箭。②这句意思是：一千里路程，只差半步没达到，也不能叫做善于驾车。③伦类：泛指各类事物。仁义：地主阶级的道德规范。④固：本来。这句意思是：学习，本来就应该一心一意，就是要学到完全彻底。⑤涂：道路。巷：小巷，胡同。涂巷之人：普通的人。⑥桀：夏朝最后一个君主。纣：商朝最后一个君主。跖（zhí）：相传春秋末奴隶起义的领袖，历代统治阶级都极力诋毁他，妄图磨灭他在劳动人民中的影响。荀况也把跖污蔑为"不善者多"的盗，这是由他的剥削阶级本性所决定的。⑦这句意思是：学习要达到完全彻底，才称得上是一个好的学者。

【译文】

射出一百发箭仅有一箭失误，不足称为善射的高手；千里行程，只要有半步还没有达到，就不能称之为好御手；不能融会贯通地通晓各种事物，不能专心致志地实行仁义，不能叫做完完全全地善于学习。学习，本来就必须用心专一，一会儿放弃，一会儿学习，只不过是出入小街陋巷的普通人，这样的人好的行为少，不好的多，夏朝的暴君桀，商朝的暴君纣，盗匪柳下跖都是这样的人。学习只有完全彻底，这样才称得上是有真才实学的人。

君子知夫不全不粹之不足以为美也，故诵数以贯之，思索以通之，为其人以处之，除其害者以持养之①。使目非是无欲见也，使耳非是无欲闻也，使口非是无欲言也，使心非是无欲虑也②。及至其致好之也，目好之五色，耳好之五声，口好之五味，心利之有天下③。是故权利不能倾也，群众不能移也，天下不能荡也④。生乎由是，死乎由是，夫是之谓德操⑤。德操然后能定，能定然后能应⑥。能定能应，夫是之谓成人⑦。天见其明，地见其光，君子贵其全也⑧。

【注释】

①夫：指示代词，指学习。粹：纯粹。诵数：即上文讲的“其数则始于诵经，终于读礼”，指按照由经到礼的次序去学习。贯：联系。贯之：“之”是代词，指“全”“粹”的学识；下文的“通之”、“处之”、“持养之”的“之”字同。处：居，这里是实行的意思。②是：代词，指“全”、“粹”的学说。使目非是无欲见：使眼睛对那些不全面、不纯粹的学识不去看。③致：极。好（hào）：喜好。五色：即青、黄、赤、白、黑。五声：即宫、商、角、徵（zhǐ）、羽。五味：即酸、辛、苦、甜、咸。④这句意思是：这样，权利再大也不能使你屈服，人再多也不能使你改变意志，任何事情都不能使你动摇。⑤这句意思是：活着坚持这样去做，到死也不改变它，这就叫做有好的品德。⑥定：坚定。应：应变，即能应付各种事变。⑦成人：完美的人。荀况理想中的地主阶级统治人材。⑧见：同现，显现。光：通广。

【译文】

君子懂得学识不全不精是不足以称为完美的学识，因此要反复诵《经》读《礼》达到融会贯通，用心思索以求通达明了，效法良师益友身体力行，除去那些有害的东西，保持修养有用的学识。除非是既全且精的学识，眼睛不愿去看它，耳朵不愿去听它，嘴不想说它，心不愿想它。到了达到极为好学的境界，如同眼睛爱看各种颜色，耳朵好听各种声音，嘴巴好吃各种美味，心里要想拥有天下一样。这样，权再大，利再多也不能使你屈服，再多的人议论也无法动摇你的意志。生是这样，死是如此，这就称为有了好的道德操守。有了好的道德操守才能够有坚定不移的意志，有了坚定不移的意志才能自如地应付外界的各种事变。既能坚定不移，又能应付各种事变，这才能称得上是完美的人。天显示它的光明，地表现它的广大，君子最注重的是他自身德行与知识的完美。

修身第二

见善，修然必以自存也①；见不善，愀然必以自省也②；善在身，介然必以自好也③；不善在身，菑然必以自恶也④。故非我而当者，吾师也⑤；是我而当者，吾友也；谄谀我者，吾贼也[⑥]。故君子隆师而亲友，以致恶其贼[⑦]。好善无厌，受谏而能诫，虽欲无进，得乎哉[⑧]？小人反是，致乱，而恶人之非己也[⑨]；致不肖，而欲人之贤己也；心如虎狼，行如禽兽，而又恶人之贼己也[⑩]。谄谀者亲，谏争者疏，修正为笑，至忠为贼，虽欲无灭亡，得乎哉[⑪]？《诗》曰："噏噏呰呰，亦孔之哀。谋之其臧，则具是违；谋之不臧，则具是依[⑫]。"此之谓也。

【注释】

①善：指符合地主阶级道德标准的优良品行。修然：认真进行整顿的样子。存：省察，检查。②愀（qiǎo）然：忧虑恐惧的样子。省（xǐng）：反省。③介然：意志坚定的样子。好（hào）：喜好、珍视。④菑（zī）：同缁，黑色，引申为污染的意思。菑然：被玷污的样子。恶（wù）：厌恶，抛弃。⑤非：否定，批评。当：恰当，正确。⑥谄谀（chǎn yú）：奉承拍马。贼：害。下同。吾贼也：害我的人。⑦隆：尊崇。致：最、极。⑧厌：满足。受谏：接受规劝。诫：警诫。得乎哉：能够吗？⑨小人：品德卑劣的人，指那些违背封建礼义的人。乱：暴乱。致乱：胡作非为。⑩不肖：不贤。贤己：说自己贤。贼己：说自己坏。⑪修正为笑：把纠正自己错误的话，当作讥笑自己。至忠为贼：把规劝自己的极其忠诚的话，当作陷害自己。⑫噏（xī）噏：相附和。呰（zī）呰：相诋毁。孔：甚，很。谋：主意，意见。臧（zāng）：好。具：同俱，都。

【译文】

看到别人好的品行，一定要检查自己是否有这样的品行，然后整修使自己也具有这样好的品行；看到别人不好的品行，一定要以忧虑的心情反省自己是否有这样的行为；自己身上具备了好的品质，一定要好好地珍惜；自己身上沾染了不好的品质，一定要像讨厌肮脏东西一样把它抛弃掉。因此，正确指出我的缺点的人，是我的老师；正确评价我的人，是我的朋友；奉承我的人，是害我的坏蛋。所以，君子敬重老师而亲近朋友，讨厌那些害人的家伙。追求美好的品行永不满足的人，接受别人规劝而能引为警诫，即使自己不想进步，可能吗？小人与此相反，为非作歹到了极点，却讨厌别人批评自己；自己的才能低下到极点，却要别人赞扬自己的贤能；心象虎狼一样凶狠，行象禽兽一样残忍，却又讨厌别人说自己坏。对奉承自己的人亲，对规劝自己的人疏，把纠正自己错误的言论当笑话，把忠诚的劝告当作对自己的陷害，这样即使自己不想灭亡，能够吗？《诗经》上说："互相吹捧，互相诽谤，是最大的悲哀，拒绝接受正确的意见，对错误的主张言听计从。"说的就是这种人。

扁善之度：以治气养生，则身后彭祖；以修身自强，则名配尧、禹[①]。宜于时通，利以处穷，礼信是也[②]。凡用血气、志意、知虑，由礼则治通，不由礼则勃乱提僈[③]；食饮、衣服、居处、动静，由礼则和节，不由礼则触陷生疾[④]；容貌、态度、进退、趋行，由礼则雅，不由礼则夷固僻违，庸众而野[⑤]。故人无礼则不生，事无礼则不成，国家无礼则不宁。《诗》曰："礼仪卒度，笑语卒获[⑥]。"此之谓也。

【注释】

①扁：通遍，普遍、全面。度：法则：扁善之度：处处都能合于道德的法则。治气养生：调理血气，保养身体。彭祖：古代传说中最长寿的人。身后彭祖：寿命可追随于彭祖之后；"身"字原无，据文义和

《韩诗外传》引文补。尧、禹：都是传说中古代原始社会部落的首领。②礼：地主阶级的等级制度、道德规范和礼节仪式。信：信用。③由：遵循。勃：同悖，荒谬。勃乱：谬误错乱。提：松弛。僈：通：慢。提僈：懈怠。④和节：协调，合适。触陷生疾：意思是一举一动随时都会发生毛病。⑤雅：文雅。夷固：傲慢。僻违：偏邪不正。庸众而野：庸俗粗野。⑥卒：完全。获：得当。

【译文】

到处都是好的法度是：用调理气血的方法养生，年寿就可以赶上长寿的彭祖；用修养自身品德的方法提高自己的声名，那么自己的声名就可以与尧、禹相配。既能适应顺利形势，又能安处于逆境遭遇，这是讲礼守信的结果。凡是用调理气血、修养品德、开启思维的方法，以礼而治就顺畅，不以礼而治就会混乱散漫；吃饭、穿衣、居处、行止遵守礼法就会与世谐和，不遵守礼法就会行不通，出乱子；容貌、仪态、或进或退、或急走或慢行，遵守礼法就举止文雅高尚；不遵守礼法就会行为傲慢粗野。所以，人没有礼法就不能生存，事没有礼法就不会成功，国家没有礼法就不得安宁。《诗经》中说："礼仪完全符合法度，言谈笑语就会恰到好处。"指的就是这样的事。

以善先人者谓之教，以善和人者谓之顺；以不善先人者谓之谄，以不善和人者谓之谀[①]。是是、非非谓之知；非是、是非谓之愚[②]。伤良曰谗，害良曰贼[③]。是谓是、非谓非曰直。窃货为盗，匿行曰诈，易言曰诞，趣舍无定谓之无常，保利弃义谓之至贼[④]。多闻曰博，少闻曰浅；多见曰闲，少见曰陋[⑤]。难进曰偍，易忘曰漏[⑥]。少而理曰治，多而乱曰秏[⑦]。

【注释】

①先：引导。和：附和，响应。②是是：肯定正确的。非非：否定错误的。知：同智，聪明。③谗：用言语攻击人，陷害人。④匿：隐瞒。易言：说话不慎重、不诚实。诞：欺诈。趣：同趋，向往。舍：放弃。趣舍：赞成和反对。⑤闲：宽大，博大。陋：浅陋。⑥难进：不易前进。偍（tí）：迟缓。漏：遗漏。⑦理：有条理。秏：通眊（mào），昏乱。

【译文】

用美好的道德品质启导别人的称为教化，用美好的道德品质影响别人的称为训化；用不好的道德品质诱惑别人的称为奉迎，用不好的东西附和别人的称为献媚。肯定对的，否定错的称为明智；否定对的，肯定错的称为愚蠢。用语言中伤好人的叫做诽谤，用心计陷害好人的叫做"贼"。是就是是，非就是非的叫做正直。偷别人的财物的叫盗，隐瞒自己行为的叫欺诈，说了又变的叫做荒唐，取舍不定的称为不正常，保存利益抛弃正义叫他做"大盗"。见闻多的叫做博学，见闻少的叫做浅薄；见识多的叫做博大，见识少的叫浅陋。遇到困难就不求进取的叫怠惰，学了就忘的叫遗漏。精粹而有条理的叫做会治理，繁琐而杂乱的称为昏庸。

治气、养心之术：血气刚强，则柔之以调和[①]；知虑渐深，则一之以易良[②]；勇毅猛戾，则辅之以道顺[③]；齐给便利，则节之以动止[④]；狭隘褊小，则廓之以广大[⑤]；卑湿重迟贪利，则抗之以高志[⑥]；庸众驽散，则劫之以师友[⑦]；怠慢僄弃，则炤之以祸灾[8]；愚款端悫，则合之以礼乐，通之以思索[9]。凡治气、养心之术，莫径由礼，莫要得师，莫神一好[10]。夫是之谓治气、养心之术也。

【注释】

①治气：调理血气，这里指人的性情。治气养心之术：调理性情，培养正确思想的方法。柔之以调和：用心平气和来改变它。②渐：通潜。渐深：这里指思想深沉而不明朗。易：坦率。良：通谅，忠直。一之以易良：用坦率忠直来要求他。③勇毅：原为勇胆，据《韩诗外传》引文改。猛戾（lì）：凶暴。辅：辅助。道：同导。顺：通训。道顺：训导。④齐给便利：敏捷轻快，这里指行动不慎重。节：节制。动止：指该动时动，该止时止。⑤褊（biǎn）小：指气量狭小。廓：开阔。⑥卑湿：卑下。重迟：迟钝。抗：通亢，高傲，这里是激发的意思。⑦驽（nú）散：才能低下而又散漫。劫：劫持，这里是改造的意思。⑧僄（piào）：轻浮。弃：自暴自弃。炤：同照，通昭，使明白。⑨愚款：单纯朴实。端悫（què）：诚实忠厚。合：使符合。通：开导。通之以思索：一说为衍文。⑩径：直路，指捷径。

【译文】

调理性情、修养身心的方法：血气刚强的就用温和的方法调理；性格深沉的就用坦率耿直的方法去诱导；勇毅凶暴的就辅之以启迪的方法使他驯顺；举动迅疾失之轻率的就用动静相宜的方法约束；心胸狭小、性格偏邪的就用扩大胸襟的方法开导；卑劣、迟钝、贪图小利的用树立远大目标激励；庸庸碌碌，散散漫漫的要用良师益友去改变；懒散轻浮无所事事的要晓知己灾祸就会到来的恶果警醒他；迂阔老诚的就用礼法、乐律规范，使之与世合拍，用启发思维的方法让他通晓人间事理。凡是调理气质，修养身心的方法，没有不遵循礼法的途径，没有不把求得良师当成关键，没有不是用心专一的。这就是调理气质、修养身心的方法呀！

志意修则骄富贵，道义重则轻王公；内省而外物轻矣[1]。传曰："君子役物，小人役于物[2]。"此之谓矣。身劳而心安，为之；利少而义多，为之；事乱君而通，不如事穷君而顺焉[3]。故良农不为水旱不耕，良贾不为折阅不市，士君子不为贫穷怠乎道[4]。

【注释】

①志意：志向。修：好，完美。骄：傲视。轻：藐视。王公：这里指有高等爵位的贵族。内省：从内心反省，这里指注重思想修养。②君子：指具有封建道德品质的人。小人：指那些违背封建礼义的人。役物：支配外物。役于物：受外物的支配。③通：通达，这里指得到显赫的地位。穷君：小国困穷的君主。顺：顺利，这里指自己的治国主张能够推行。④折阅：亏损。市：指做买卖。怠乎道：不严格遵守正道。

【译文】

志气高尚的人就能傲视富贵，道义厚重的人就能轻视王公；重视自身道德品质修养的人就会轻视身外之物。传言说："君子能够支配外界事物，小人则被外界事物所支配。"讲的就是这个意思。身体劳累但是心里舒适的就去做；利益少而道义多的事就去做；侍奉无道的君主而得到显赫的地位，还不如侍奉穷困的小国之君而能实行自己的政治主张好。所以，好的农夫不因为有水旱灾害不种庄稼，好的商人不因为折本不做买卖，有道德修养的君子不因为贫困就不讲道义。

体恭敬而心忠信，术礼义而情爱人，横行天下，虽困四夷，人莫不贵①；劳苦之事则争先，饶乐之事则能让，端悫诚信，拘守而详，横行天下，虽困四夷，人莫不任②。体倨固而心势诈，术顺墨而精杂污，横行天下，虽达四方，人莫不贱③；劳苦之事则偷儒转脱，饶乐之事则佞兑而不曲，辟违而不悫，程役而不录，横行天下，虽达四方，人莫不弃④。

【注释】

①体：身体，这里是力行的意思。人：通仁。情爱人：性情仁爱。横：通广。横行：走遍。夷：古代统治阶级对少数民族的诬蔑称呼。四夷：泛指四方边远地区。②饶乐：富足，享乐。拘守而详：谨守法度，明察事理。任：信任。③倨：傲慢。固：固执。心势诈：指心地险诈。顺：通慎，指慎到。墨：指墨翟，战国时墨家创始人。术顺墨：遵循慎到、墨翟的学说。精：通情，即性情。杂污：肮脏。贱：鄙视。④偷儒：偷懒怕事。转脱：取巧逃避。佞（nìng）：口才伶俐。兑同锐，行动敏捷。曲：委曲，宛转。不曲：直取，指毫不谦让。饶乐之事则佞兑而不曲：意思是，对于富贵享乐的事情就恣意夺取，毫不谦让。辟通僻，邪。程役：通逞欲，一味追求个人的欲望。录：通逮，谨慎。

【译文】

履行礼节而且心怀忠信，讲究礼义而且性情宽厚，可以走遍天下，即使处在艰难困苦四方偏僻地区，人们也都会尊重他；劳累辛苦的事就争先去做，富贵享乐的事就让给别人，正直、厚道、忠诚、老实，恪守礼法，洞悉事理的人，可以走遍天下，即使处在艰难困苦的四方偏僻地区，人们也都会信任他。行为傲慢固执而且心底险恶奸诈，奉行慎到、墨翟学说而且思想杂乱污秽，这样的人走遍天下，即使显达各处，人们也都会看不起他的；遇到劳累辛苦的事就偷懒逃避，遇到富贵享乐的事就巧取争夺，毫不谦让，心底偏邪，违背道义而且尖酸刻薄，追求个人欲望而又不知收束的人，即使走遍天下，显达四方，人们都会厌弃他的。

行而供翼，非渍淖也①；行而俯项，非击戾也②。偶视而先俯，非恐惧也③；然夫士欲独修其身，不以得罪于比俗之人也④。

【注释】

①供：同恭。翼：敬。渍淖（zì nào）：陷在烂泥里。②俯项：低头。击戾：碰撞着东西。③偶视而先俯：两人相见，先俯身行礼。④比俗：普通人。

【译文】

一个人走路时恭敬谨慎，并不是怕掉在泥坑里；走路低着头，并不是怕碰着什么。两个人在路上相遇如果谁先俯身行礼，也不是谁害怕谁；这样做是由于那些士人想独自修养自身，并不是因怕得罪于普通的世俗之人。

夫骥一日而千里，驽马十驾则亦及之矣①。将以穷无穷、逐无极与②？其折骨、绝筋终身不可以相及也；将有所止之，则千里虽远，亦或迟、或速；或先、或后；胡为乎其不可以相及也③！不识步道者，将以穷无穷、逐无极与？意亦有所止之与④？夫

“坚白”“同异”“有厚无厚”之察，非不察也，然而君子不辩，止之也[5]；倚魁之行，非不难也，然而君子不行，止之也[6]。故学曰：“迟彼止而待我，我行而就之，则亦或迟、或速、或先、或后，胡为乎其不可以同至也[7]？”故蹞步而不休，跛鳖千里；累土而不辍，丘山崇成；厌其源，开其渎，江河可竭；一进一退，一左一右，六骥不致[8]。彼人之才性之相县也，岂若跛鳖之与六骥足哉[9]？然而跛鳖致之，六骥不致，是无他故焉，或为之或不为尔！道虽迩，不行不至；事虽小，不为不成[10]。其为人也多暇日者，其出入不远矣[11]。

【注释】

①骥：好马。驽马十驾：劣马走十天的路程。及：达到。②穷：穷尽。逐：追逐。③其：指好马和劣马。止：止境，范围。将有所止之：要是有个范围。胡：何。④识：知，了解。步道者：行路的人。意：通抑，或者。⑤坚白：即“离坚白”，战国时名家公孙龙的一个重要命题。公孙龙曾拿一块石头为例，论证坚硬和白色两种属性是各自独立的，不能同时都是石的属性，以此说明共性和个性之间的区别。同异、有厚无厚：战国时名家惠施的论题。惠施认为事物的同、异是相对的，就具体的事物来讲，可以有同异之别，而如果从根本上来讲，万物既可说毕同，也可说毕异。这种理论当时称为“合同异”。又，惠施讲“无厚不可积也，其大千里”，是讲空间上的无限性问题。一说“有厚无厚”是春秋时邓析的论题。察：明察。非不察：并不是不明察。辩：争辩。止之也：有一定的范围限度。下同。⑥倚魁：同奇傀，奇怪。倚魁之行：指那些不合常情的行为。⑦学：学者。迟：待。就：赶上。同止：同样达到。⑧蹞（kuǐ）：同跬，半步。鳖：俗称甲鱼。辍：停止。崇：通终，最终，终究。厌：堵塞。渎：沟渠。六骥：古代天子乘坐的车，由六匹马拉，这里指六匹好马。下同。不致：达不到。⑨才性：才能、本性。县：同悬，差别。⑩迩（ěr）：近。⑪暇（xiá）：空闲。多暇日：指懒惰。出入不远：相差不远，指和“六骥不致”的情况不会相差太大。

【译文】

良马一天就能跑千里路程，劣马十天也可以到达千里之遥的目的地。想要走完无穷无尽的路程，追逐没有终点的终点吗？那么，不管是千里马还是平常的劣马，就算把筋骨跑断，把马累死，也是无法达到目的地的；只要有规定的目标，千里路程虽远，但是，或慢，或快，或先，或后，怎么能达不到目的地呢？那些不懂得行路的人，是想要走完那无穷的路程，追求那没有终点的目的呢？还是有限度有目的走路与追求呢？关于公孙龙石性“坚白”、惠施事物“同异”、邓析空间“有厚无厚”之论的区别，并非不可区别，而是君子不参与这样的辩论，这些事物之间是有一定的区别和限度的；对那些稀奇古怪的行为，君子不是不去责难，而是不去这样做，因为人的行为也有一定的规范。因此有学识的人说：“自己行走迟慢，当别人停下来等待自己的时候，自己就努力赶上，这样或迟、或速、或先、或后，谁说不可以同时到达呢？所以，那怕是半步半步的慢慢行走，只要不半途而止，即使跛脚的甲鱼慢慢爬行也可到那千里之遥的地方；一抔抔土不停地堆积下去，只要不停止，丘山也会堆成；堵塞江河的水源，挖开出水的渠沟，长江大河也会干枯；一进一退，一左一右，六匹千里马驾着车子也不能到达目的地。人的才智禀性之间虽有差别，难道有跛脚的甲鱼与六匹千里马之间的差别大吗？但是，跛脚的甲鱼能到达目的地，六匹千里马不能到达，这没有别的原因，只是因为有的不停地做，有的止步不前罢了！路程虽然近，不走也达不到目的；事情虽然小，不做也不会成功。这样的人

虽然聪明却整日闲散不干事，他与“六骥不致”也就相差无几了。

好法而行，士也；笃志而体，君子也；齐明而不竭，圣人也①。人无法则怅怅然，有法而无志其义则渠渠然，依乎法而又深其类，然后温温然②。

【注释】

①好法：坚定地遵循法度。笃（dǔ）志：意志坚定。笃志而体：意志坚定而且努力地去实行。齐：疾，这里指思虑敏捷。齐明：思虑敏捷而明智。圣人：指地主阶级中才德完备的人。②伥然：形容无所适从，不知该怎么办的样子。志：同识，知。无志其义：不理解它的道理。一说“志”即上文的“笃志”的意思。渠渠然：局促不安的样子。深：深知，精通。类：统类，指能按法令的规定去类推，掌握各类事物。温温然：得心应手的样子。

【译文】

喜欢按法度行事的，是有知识的人；坚定不移地立身行事的，是君子；完全明白事理并且坚持不懈地实行下去的，是圣人。人无法就无所适从；有法而不能认识法的意义，就会局促不安；遵守法度而又能在深刻理解法度的基础上依法处理各种事物，然后就可达到从容自如的境界。

礼者，所以正身也；师者，所以正礼也①。无礼，何以正身？无师，吾安知礼之为是也②？礼然而然，则是情安礼也；师云而云，则是知若师也③。情安礼，知若师，则是圣人也。故非礼，是无法也；非师，是无师也④。不是师法，而好自用，譬之是犹以盲辨色，以聋辨声也，舍乱妄无为也⑤。故学也者，礼法也；夫师以身为正仪，而贵自安者也⑥。《诗》云：“不识不知，顺帝之则⑦。”此之谓也。

【注释】

①正身：端正行为，指去掉不符合礼所要求的思想和行为。师：君师。正礼：正确解释礼的各项规定。②安：怎么。为是：应当是这个样子。③礼然而然：礼是怎样规定的就怎样做。情安礼：性情习惯于按照礼去做。④非：违背。法：礼法，体现地主阶级利益与意志的法制和道德规定。⑤不是师法而好自用：不遵照师法的教导和规定去做，而喜欢自搞一套。舍乱妄无为：除了干妄乱的事，不会再有别的作为了。⑥正仪：正确的标准，即典范。以身为正仪：以身作则。自安：自己安心于这样去做。⑦帝：老天爷，这里指自然界。

【译文】

礼法，是用它来端正人的行为的；老师，是用来作端正礼仪的表率的。没有礼法，拿什么来端正人的行为？没有老师，怎么知道啥样子才是符合礼仪的呢？礼法怎么样要求就怎么样做，这就是情感上已经习惯于依照礼法行事。情合礼法，明同老师，就是圣人啦。所以，否定了礼，就没有了法度；否定老师，就失去了榜样。不把老师和法度看成是正确的，而好一意孤行，好比让盲人去辨颜色，让聋子去辨声音，除去荒唐胡为就再没别的了。所以，学习就是要学习礼法；老师就是要成为执行礼法的楷模，而且，更为重要的是坚定不移地做下去。《诗经》

里说："不知不觉行事，正合天帝法则。"讲的就是这个意思。

端悫顺弟，则可谓善少者矣；加好学逊敏焉，则有钧无上，可以为君子者矣[①]'。偷儒惮事，无廉耻而嗜乎饮食，则可谓恶少者矣[②]；加惕悍而不顺，险贼而不弟焉，则可谓不详少者矣；虽陷刑戮可也[③]。

【注释】

①弟：同悌。顺弟：尊敬长者。善少：好青年。逊敏：谦虚敏捷。钧：通均，相等。有钧无上：只有能和他相等的人，没有能超过他的人。②惮（dàn）：怕。嗜（shì）：贪爱。③惕：同荡。惕悍：放荡凶狠。险贼：阴险奸诈。详：通祥，吉利。不详少者：很坏的青年。陷：遭受。刑戮：刑杀。

【译文】

端庄、诚实、尊敬长者，就可以称为好的年轻人；再加上热爱学习，谦逊敏捷，那就只有同他一样而找不到超过他的人了，这样他就可以成为真正的君子。懒惰怕事，没廉没耻，只贪图吃吃喝喝，那样就叫做坏的年轻人；再加上放荡凶悍而不驯顺，阴险狡诈而不尊敬长者，这就是坏透了的年轻人；这样的人即使被杀头也是罪有应得。

老老，而壮者归焉[①]；不穷穷，而通者积焉[②]；行乎冥冥而施乎无报，而贤、不肖一焉[③]。人有此三行，虽有大过，天其不遂乎[④]。

【注释】

①老老：尊敬老人。壮者归焉：青壮年都会归附。②不穷穷：不轻视侮辱处境穷困的人。通者积焉：有才能的人就会聚集过来。③冥冥：暗。行乎冥冥而施乎无报：做了好事不求人知，对人施以恩惠，也不图报答。一焉：都归于一处的意思。④三行：指上面所说的三种品行。过：祸，祸害。遂：成。天其不遂乎：老天爷也不会使它成为祸害。

【译文】

尊敬老人，年轻人就会拥护他；不看不起穷困的人，才多识广的人就会团结到他的周围；为别人做好事而不让人知道，对别人施于恩惠不图别人报答，这样品德高尚的人和才德低下的人都会愿意同他交往。人具备了这三种品德，即使遇上大的灾祸，上天也不会让他灭亡啊。

君子之求利也略，其远害也早，其避辱也惧，其行道理也勇[①]。

君子贫穷而志广，富贵而体恭，安燕而血气不惰，劳勧而容貌不枯，怒不过夺，喜不过予[②]。君子贫穷而志广，隆仁也；富贵而体恭，杀势也[③]；安燕而血气不惰，柬理也[④]。劳勧而容貌不枯，好文也[⑤]；怒不过夺，喜不过予，是法胜私也。《书》曰："无有作好，遵王之道；无有作恶，遵王之路[⑥]。"此言君子之能以公义胜私欲也[⑦]。

【注释】

①略：简略，指不斤斤计较。远：避开。惧：警惕，指警惕性高。行道理也勇：勇于去做合乎道理的

事。②安燕：休息的时候。不惰：不懈怠。勧：同倦，疲倦。枯：苟且，随便。过夺：过分地剥夺，这里指罚不过分。过予：过分地给予，这里指赏不过分。③杀：减弱的意思。杀势：指不以势压人。④柬：选择。理：文理，指符合地主阶级礼义的道德规范和礼节。柬理：指按照礼义去做。⑤好文：指注重礼节。⑥作好：个人的喜好。作恶：个人的憎恶。路：道。⑦公义：指反映地主阶级利益的道德规范。

【译文】

君子在谋求利益时不斤斤计较，他能尽早地避开祸患，他能警惕和避开耻辱，他能一往直前地做合乎道理的事情。

君子处身贫困的时候却心胸宽广，富足尊贵的时候却更加谦恭，劳累困倦时却依然精神振作，愤怒时不过分惩治别人，高兴时不过多赏赐。君子贫困时心胸宽广，是因为他崇尚仁义；富足尊贵时更加谦恭，是由于他不依势凌人；休息时体态不惰，是因为他恪守礼节，疲倦时依然精神振作，是由于他尊奉礼仪；愤怒时不过分惩治别人，高兴时不过分赏赐，是因为礼法战胜了私欲。《尚书》里说："没有个人的喜好，只有按照先王礼制的轨道前进；没有个人的憎恶，只有按照先王礼制的轨道前进。"这些事实说明，君子能够以公理道义战胜个人的私欲。

第二卷

不苟第三

君子行不贵苟难，说不贵苟察，名不贵苟传，唯其当之为贵①。故怀负石而赴河，是行之难为者也，而申徒狄能之，然而君子不贵者，非礼义之中也②。山渊平，天地比，齐、秦袭，入乎耳，出乎口，钩有须，卵有毛，是说之难持者也，而惠施、邓析能之，然而君子不贵者，非礼义之中也③。盗跖吟口，名声若日月，与舜、禹俱传而不息，然而君子不贵者，非礼义之中也④。故曰：君子行不贵苟难，说不贵苟察，名不贵苟传，唯其当之为贵。《诗》曰："物其有矣，唯其时矣⑤。"此之谓也。

【注释】

①君子：指具有地主阶级道德和才能的人。苟：苟且。这里指不合乎地主阶级礼义的那些行为。当：适当，符合。指符合地主阶级的礼义。②怀负石：怀里抱着石头。一说"怀"字疑为衍文。申徒狄：相传为殷朝末年人，因为愤恨自己的主张得不到实行，而抱石跳河自杀。礼义：指地主阶级的等级制度，道德规范和礼节仪式。中（zhòng）：适当，指符合礼义。非礼义之中也：不符合礼义。下同。③平：高低相等。比：靠近，相接。山渊平，天地比：古代有一种宇宙理论认为，地面之上空虚的部分都是天，所以认为天与地是永远相接在一起的。又因为天地相接，所以地面上不论高山还是深渊，离开天的远近都一样，由此又认为山与渊是高低相等的。齐：春秋战国时国名，在今山东北部和河北南部。秦：春秋战国时国名，在今陕西境内。袭：合，指连接。入乎耳，出乎口：这一句文意不明，疑为《劝学》篇文，误抄在此。一说是指山有耳、口，意思是，凡人站在某个山上呼喊，群山都回荡他的声音，这就好似山听到了人的声音，又回答了人的呼喊。钩（gōu）：疑当作"姁"，同妪（yù），指年老的妇女。须：同鬚，髯鬚。卵有毛：卵中长有毛。持：把持，主张。惠施：战国时名家的著名代表之一。邓析：郑国人，春秋时期的刑名学家。④跖：相传春秋末奴隶起义的领袖。吟口：传颂于人民之口。奴隶主阶级把跖污蔑为"盗"，荀况也承袭这种传统的说法，这是他的剥削阶级偏见。舜、禹：都是传说中古代原始社会部落的首领。⑤这首诗的意思是："虽有此事物，只有适时才为贵。"（见《诗经·小雅·鱼丽》）

【译文】

君子不认为违背礼义行为的难事为贵，他的学说不以违背礼义的明察为贵，他的名声不以违背礼义而流传为贵，以上所说，只有当它们符合礼义时才可贵。因此，抱着石头投河自杀这样的事，通常的人是难以做到的，可是申徒狄能够这样做，但是君子不认为他这种行为是可贵的，因为这种行为与礼义不合。高山深渊一样平，天地相接不分远近，齐国与秦国的边界相接，从耳朵进，从嘴里出，女人长胡须，鸡蛋生羽毛，一般人是难以坚持这种荒唐学说的，然而惠施，邓折却能够坚持这种学说。君子并不认为这种学说可贵，因为它与礼义不合。盗跖的

名声象日月运行一样众口流行，和舜、禹的名声一样久传不息，然而君子并不认为盗跖之名为可贵，因为跖的行为与礼义不合。所以说：君子不认为违背礼义行为的难事为贵，学说不以违背礼义的明察为贵，名声不以违背礼义而流传为贵，只有那些符合礼义的东西可贵。《诗经》上说："美酒佳肴堆成山，只有适时才珍贵。"讲的就是这意思。

君子易知而难狎，易惧而难胁，畏患而不避义死，欲利而不为所非，交亲而不比，言辩而不辞①。荡荡乎！其有以殊于世也②。

【注释】

①知：交接。易知：容易交接。狎（xiá）：没有礼貌的亲近。易惧而难胁：小心警惧，但绝不屈服于胁迫。义：指符合封建政治、道德标准的言行。义死：为捍卫封建的政治、道德而死。不为所非：不去做所不应该做的。比：结党营私。不辞：不追求华丽的文辞。②荡荡乎：指心胸开广的意思。殊：不同。

【译文】

君子容易成为知交，却不允许轻慢无礼，小心翼翼却不屈服于别人的压力，畏惧灾祸却不怕为正义而死，想为自己牟利却不去做不合礼义的事情，与人交友亲近却不结党营奸，好言善辩却不胡言乱语。胸怀坦荡啊！这就是君子所具有的与一般人不同的特殊之处。

君子能亦好，不能亦好①；小人能亦丑，不能亦丑。君子能则宽容易直以开道人，不能则恭敬缚绌以畏事人②；小人能则倨傲避违以骄溢人，不能则妒嫉怨诽以倾覆人③。故曰：君子能则人荣学焉，不能则人乐告之④；小人能则人贱学焉，不能则人羞告之。是君子、小人之分也。

【注释】

①能：有才能。②易直：平易正直。以：连词，"而"的意思。下同。道：同导。缚：同撙（zǔn），抑制。绌：同屈，屈服。缚绌：谦逊。③小人：指那些违背封建礼义的人。倨傲：高傲自大。僻违：邪僻不正。骄溢人：骄傲自大看不起别人。倾覆：排挤，搞垮。④荣学：以向他学习为荣。乐告之：乐意告诉他。

【译文】

君子有才能他的品格美好，没有才能他的品格也美好；小人有才能他的行为丑陋，没有才能他的行为也丑陋。君子有才能就以宽容平直的品格开导人，没有才能就以恭敬谦逊的态度对待人；小人有才能就狂妄自大盛气凌人，没有才能就嫉恨、诽谤、祸害人。所以说，君子有才能人们就以向他学习为荣，没有才能人们就向他传授知识为乐；小人有才能人们也不愿向他学习，没有才能人们也不愿教他。这就是君子与小人的区别。

君子宽而不僈，廉而不刿，辩而不争，察而不激，直立而不胜，坚强而不暴，柔从而不流，恭敬谨慎而容，夫是之谓至文①。《诗》曰："温温恭人，惟德之基②。"此之谓矣。

【注释】

①僈：同慢，怠慢。廉：有棱角，这里指原则。刿（guì）：刺伤，这里指侵害别人。激：偏激。直：正直。直立而不胜：虽然自己品行正直而不盛气凌人。暴：凶暴。流：随波逐流。容：宽容。至文：德行完备。②温温：温厚柔顺的样子。

【译文】

君子胸怀坦荡而不怠慢他人，有棱有角却不伤害别人，能言善辩却不出语伤人，洞悉事理却不过激，品格端正却不盛气凌人，坚毅刚强却不蛮横凶暴，温柔和顺却不随波逐流，恭敬谨慎却能宽宏大量，这才称得上有高尚的道德。《诗经》上说：“温和恭谨对待人，道德根基是根本。”讲的就是这个意思。

君子崇人之德，扬人之美，非谄谀也[①]；正义直指，举人之过，非毁疵也[②]；言己之光美，拟于舜、禹，参于天地，非夸诞也[③]；与时屈伸，柔从若蒲苇，非慑怯也[④]；刚强猛毅，靡所不信，非骄暴也[⑤]。以义变应，知当曲直故也[⑥]。《诗》曰：“左之左之，君子宜之；右之右之，君子有之[⑦]。”此言君子能以义屈信变应故也。

【注释】

①谄谀（chǎn yú）：阿谀奉承。②义：通议，议论。正义：公正无私的评议。直指：坦率地指出。举：检举。毁疵：诽谤、挑剔。③光：大。拟：比拟。参：配合，相比。夸诞：虚夸狂妄。④与时：随时。蒲苇：蒲草芦苇，这里指用蒲苇编的席子。柔从若蒲苇：比喻君子的柔顺就像席子那样，可以卷起来，又可以张开来。慑怯：胆小害怕。⑤靡：无。信：通伸，不屈。下同。⑥这句意思是：这是因为君子能按照礼义的原则适应变化，懂得如何才是符合曲直的缘故。⑦这首诗的意思是：君子无论左右行动都能做到恰当。

【译文】

君子推崇别人高尚的道德品质，宣扬别人的美好行为，不是为了巴结奉承；对别人的过失给予公正地评论，坦率的批评，不是诽谤，也不是吹毛求疵；讲自己高尚的美德可与舜、禹相比，和天地共存，不算狂妄浮夸；顺应时势能屈能伸，温柔随和就像蒲苇，不算是胆小怕事；刚强坚毅，不屈于人，不算骄傲凶狠。这都是君子遵循礼义的原则而顺应时势的变化，懂得该屈该伸的缘故。《诗经》上说：“向左向左，君子能顺应；向右向右，君子能顺应。”这就是说，君子能够遵循礼义的要求顺应世态人情的变化能屈能伸的缘由呀。

君子，小人之反也[①]。君子大心则敬天而道，小心则畏义而节[②]；知则明通而类，愚则端悫而法[③]；见由则恭而止，见闭则敬而齐[④]；喜则和而治，忧则静而理[⑤]；通则文而明，穷则约而详[⑥]。小人则不然，大心则慢而暴，小心则淫而倾[⑦]；知则攫盗而渐，愚则毒贼而乱[⑧]；见由则兑而倨，见闭则怨而险[⑨]；喜则轻而𡂿，忧则挫而慑[⑩]；通则骄而偏，穷则弃而儑[⑪]。传曰：“君子两进，小人两废[⑫]。”此之谓也。

【注释】

①反：相反。②大心：指志向远大，有抱负。天：自然界。敬天而道：敬重天而遵循它的常规，“敬”字原缺，据上下文义和《韩诗外传》引文补。畏义而节：敬畏礼义而节制自己。③知：同智，聪明。下同。明通：精明通达。类：类推，指能根据礼义法度的规定类推。端悫而法：诚实忠厚而守法。④由：用。见由：被重用。止：不妄动。闭：堵塞。见闭：不被重用。齐：庄重。⑤治：整饬。理：守理。⑥通：地位显达。穷：处境困难。⑦慢：傲慢。暴：凶。淫：奸邪。倾：倾轧、排挤。⑧攫（jué）：夺。攫盗：盗窃。渐：欺诈。⑨兑：同税，行动很快，指往上爬。倨：傲慢。怨而险：怨恨而去做邪恶的事。⑩嬛（xuān）：轻浮不庄重。挫：屈辱。慑：害怕、恐惧。⑪偏：不公平。一说当为“褊”，气量浅小的意思。弃：自暴自弃。儑：通隰（xí），卑下。⑫两进：两方面（即大心小心、智愚等）都能使他进步。

【译文】

君子，与小人相反。志向远大的君子就敬天而顺道，志气短小的人就畏义而有节；聪明的君子能精通一点而触类旁通，愚笨的君子就忠诚老实而遵守礼法；被重用而通达的时候就恭敬谨慎而知道进退，不受重用而处于逆境的时候就恪守礼义而自强自尊；高兴的时候就和和气气地整修自己，忧愁的时候就静静地自我调理；通达的时候就以美好的语言讲明道理，困窘的时候就用含蓄的语言评述事理。小人就不是这样，有远大志向的人就傲慢残暴，志向短小的人就奸诈倾轧，聪明的人就抢夺欺诈，愚笨的人就恶毒陷害胡作非为；被重用的顺境时就捧上欺下，不被重用的逆境时就怨天尤人尽做坏事；高兴时就轻狂浮躁，忧愁时就前惊后惧；通达时就骄傲过激，困窘时就自暴自弃。传言说：“君子在不同的境遇里都能进取，小人在顺与不顺的情况下都自我暴废。”讲的就是这个意思。

君子治治，非治乱也[①]。曷谓邪[②]？曰：礼义之谓治，非礼义之谓乱也。故君子者，治礼义者，非治非礼义者也。然则国乱将弗治与[③]？曰：国乱而治之者，非案乱而治之之谓也，去乱而被之以治[④]。人污而修之者，非案污而修之之谓也，去污而易之以修[⑤]。故去乱而非治乱也，去污而非修污也。治之为名，犹曰君子为治而不为乱，为修而不为污也[⑥]。

【注释】

①治治：前一个“治”为动词，治理的意思，后一个“治”为名词，指符合礼义的事。乱：混乱，指不符合礼义的事。②曷谓邪：为什么这么说呢。③弗：不。与：同欤，语气词。④案：同按，依据。被：覆盖，加上，这里有换上的意思。⑤污：品行肮脏。修：整治，修饰。易之以修：换上美好的品行。⑥这句意思是：“治”所以称为“治”这个名称，就好比说君子做合乎礼义的事，而不做不合乎礼义的事，做美好的事，而不做肮脏的事。

【译文】

君子治理时世道就安定，不治理时世道就混乱。为什么这样讲呢？回答是：人们的行为合乎礼义叫做社会得到治理，不合乎礼义叫做社会混乱。所以，君子是治理社会使之合乎礼义的人，不是治理社会使之不合乎礼义的人。这样，社会混乱就不能得到治理了吗？回答是，社会混乱而治理它，绝不是说就仅仅治理那些违背礼义的事，而是除掉混乱代之以合乎礼法的社会安定。人的品行肮脏需要修养它，绝不是按照肮脏的品质进行修养，而是去掉肮脏的品质换上美好的品质。所以，除掉混乱并不是通过治理让它混乱，除去肮脏并不是修治得使它更肮脏。“治理”之所以称之谓“治理”，犹如说君子只做安定社会的事而不做使社会混乱的事，做合乎礼义的好事而不做不合乎礼义的坏事。

君子絜其身而同焉者合矣，善其言而类焉者应矣①。故马鸣而马应之，牛鸣而牛应之，非知也，其势然也②。故新浴者振其衣，新沐者弹其冠，人之情也③。其谁能以己之潐潐受人之掝掝者哉④？

【注释】

①絜：同洁，廉洁。②“牛鸣而牛应之”：原脱，据《韩诗外传》引文补。势：自然的趋势。③振其衣：抖抖衣服。沐：洗头。④潐潐（jiào）：洁白。掝掝（huò）：污黑。

【译文】

君子自身廉洁，因此与他志趣相同的人就会团结在他的周围，他讲的话合乎礼义，于是就会得到与他志趣相同的人响应。所以，马鸣就会有马应声而叫，牛叫就会有牛应声而叫，这并不是马和牛聪明，而是动物的本能使它们这样。所以，刚洗完澡的人抖抖衣服，刚洗完头的人会弹弹帽子，这是人的自然习惯。谁愿意使自己高尚纯洁的品质而受肮脏品质的污染呢？

君子养心莫善于诚，致诚则无它事矣，唯仁之为守，唯义之为行①。。诚心守仁则形，形则神，神则能化矣②；诚心行义则理，理则明，明则能变矣③。变化代兴，谓之天德④。天不言而人推高焉，地不言而人推厚焉，四时不言而百姓期焉，夫此有常，以至其诚者也⑤。君子至德，嘿然而喻，未施而亲，不怒而威⑥。夫此顺命，以慎其独者也⑦。善之为道者，不诚则不独，不独则不形，不形则虽作于心，见于色，出于言，民犹若未从也，虽从必疑⑧。天地为大矣，不诚则不能化万物，圣人为知矣，不诚则不能化万民，父子为亲矣，不诚则疏；君上为尊矣，不诚则卑。夫诚者，君子之所守也，而政事之本也。唯所居以其类至，操之则得之，舍之则失之⑨。操而得之则轻，轻则独行。独行而不舍，则济矣⑩。济而材尽，长迁而不反其初，则化矣⑪。

【注释】

①诚：笃实不欺。致：极。无它事：这里指不用从事其他的养心方法了。②形：表现，指在言行上朴实地表现出仁的感情来。神：各方面都得到很好的治理。化：变化，指使不善变为善。③理：指办事有条理。明：明白易知。变：变化，这里指使人改变恶习。④变化代兴，谓之天德：能变，能化两者互相交替，这叫作最高的德行。⑤推：推许，承认。期：预期，指知道节气的变化。夫此有常，以至其诚者也：意思是，天地四时不变的秩序，就是它们诚实不欺的表现。⑥嘿：同默，不说话。喻：明白。施：给予恩惠。⑦顺命：遵循自然规律。慎：诚。独：指专心守仁行义。慎其独：诚实地专一于仁义。⑧善之为道者：善作为一种原则。不独：不能专一于仁义。作：起。作于心：在心中产生。见于色：在脸上显露。出于言：在嘴上说出来。犹若：仍然的意思。未从：不会顺从。⑨居：止。操：掌握，从事。⑩轻：不费劲。济：成功。⑪济而材尽：事业成功那么才能自然得到充分的发展。反：同返。长迁而不反其初，则化

矣：经过长期的变移而不返回到最初的本性，那么性情就会变化了。

【译文】

君子修养自己的思想没有比真诚再好的了，要达到真诚的极高境界没有别的办法，只有恪守仁义，只有实行仁义。诚心恪守仁义，你的好品质就会在你的行为中表现出来，你的好品质表现的就会更完美，你具有高尚完美的品质，就能化育天下，使人们都具有仁义的好品行；诚心行义讲话就条理清楚，讲话有条理所讲的礼义就会通晓易懂。礼义通晓易懂就能使那些不懂礼义的人懂礼守义，改变他们不合礼义的行为。教化礼义和改变不合礼义的行为交替而行，称为最高的德行。天不能讲话然而人们都公认它最高，地不会讲话然而人们都公认它最厚，春、夏、秋、冬四季不会讲话，百姓都能预期它的变化，天、地、四时恪守自己的本性，就是它们真诚的表现。君子具有高尚的品质，不说人们就明白，虽然未能施给人们恩惠，人们也会亲近他，虽然不发怒却有威严。这时因为他顺应天命，以诚恳专一的态度推行仁义。善作为道德修养的准则，不真诚就不会专一。不专一恪守的仁义就无法表现在行动上，即使心里想着仁义却不在行动上表现出来，在表现上显露出来，从口里讲出来，百姓仍然不会依附你，顺从你，即使有的人依附和顺从，你也会心存疑虑。天地是最大的事物，不真诚就不能化生万物，圣人有最高的智慧，不虔诚地恪守礼义就不能教化万民。父子是最亲近的，不真诚就会疏远；君主最尊贵，不真诚就会被人卑视。真诚，是君子必须恪守的德行，而且是处理政事的根本。只有恪守它，与你志趣相投的人才会接近你，具有了它才会得到人们的拥护，失去了它就会失去百姓。掌握了真诚而得到百姓的拥护就轻松自如，轻松自如就会专心致志推行仁义。专心致志地推行仁义就会有完美的道德品质。道德品质高尚才能充分施展自己的才干，也才能永远进步而不会半途而废，仁义之道也就达到了神奇的化境啦！

君子位尊而志恭，心小而道大，所听视者近，而所闻见者远①。是何邪？则操术然也②。故千人万人之情，一人之情是也；天地始者，今日是也；百王之道，后王是也。君子审后王之道，而论于百王之前，若端拱而议③。推礼义之统，分是非之分，总天下之要，治海内之众，若使一人④。故操弥约而事弥大⑤。五寸之矩，尽天下之方也⑥。故君子不下室堂而海内之情举积此者，则操术然也⑦。

【注释】

①志恭：态度谦恭。道：术，方法。②操术：所把握的方法。然：这样。③百王：百代的王。后王：当今之王，荀况理想中的封建统治者。论：评论，议论。端拱：正坐拱手，形容从容不劳神。④推：推究。统：统类，纲纪。分是非之分：分清是非的界限。总：总括。要：要领。⑤这句意思是：把握的原则愈简要，能处理的事情愈多。⑥矩：画方形的工具。⑦举积：全部聚集。

【译文】

君子地位尊贵但是态度谦虚，心尽管小但是道德却很高尚，所见所闻的虽然是近在身边的事，但是，他却能以近知远，以今通古。这是什么原因呢？就是由于掌握的方法使他能够这样。因此，千人万人的情感和一个人的情感一样；开天辟地的时候和今天一样，历代帝王所推行的“道”，与今天君王推行的“道”一样。君子研究当今君王所实行的“道”，再去研究历代帝王所实行的“道”，就像端坐拱手一样从容自如。这样，推究礼义纪纲，划分是非界限，总揽天下政治，治理海内群众，就如同指挥一个人那样容易。因此，掌握的事理原则愈精要，处理的事情就愈多。五寸长的曲尺，能划天下的方形。所以，君子不出家门就能尽知天下的事情，就是因为他掌握的方法使他能够这样。

有通士者，有公士者，有直士者，有悫士者，有小人者。上则能尊君，下则能爱民，物至而应，事起而辨，若是则可谓通士矣①。不下比以闇上，不上同以疾下，分争于中，不以私害之，若是则可谓公士矣②。身之所长，上虽不知，不以悖君③；身之所短，上虽不知，不以取赏；长短不饰，以情自竭，若是则可谓直士矣④。庸言必信之，庸行必慎之，畏法流俗，而不敢以其所独是，若是则可谓悫士矣⑤。言无常信，行无常贞，唯利所在，无所不倾，若是则可谓小人矣⑥。

【注释】

①士：指地主阶级的知识分子。应：应付。辨：治，处理。②闇（àn）：通暗，不清。疾：同嫉，害。不下比以闇上，不上同以疾下：意思是，不与在下面的人相互勾结以欺骗上面，不迎合在上的人以嫉害下面。分争于中：指在处理事情中发生分歧。③身之所长：自己的优点。悖（bèi）：埋怨。不以悖君：不因此而埋怨君主。④取赏：获取奖赏。饰：掩饰。情：实。竭：同揭，举。以情自竭：对自己的优点和缺点都毫不掩饰，据实自己说出来。⑤庸言必信之：即使是平常的言论也一定是诚实可信的。畏法流俗：不敢效法流行的风俗。独是：自以为是。⑥贞：正。行无常贞：行为没有一定的原则。唯利所在：只是追求私利。无所不倾：任何事情都能使他动摇。

【译文】

有通达的读书人，有公证的读书人，有耿直的读书人，有诚实的读书人，也有小人。对上能奉事君王，对下能爱护百姓，物到能应付，事起能治理，倘若这样就可称得上是通达之士。不与下边的人朋比为奸欺骗上面，不同上面的人勾结嫉恨下面的人，在应付纠纷的时候，不以个人的私情而坑害别人，象这样的人就可以称得上是公正之士。自己有优长，上面尽管不了解，也不因此背叛怨恨君王；自己有短处，上面虽然不了解，也不冒功请赏；对自己身上的长处短处不掩饰，如实地把真情讲出来，象这样的人就可以称之为正直之士。即使平平常常的话也一定要诚实可信，即使普普通通的行动也一定谨慎小心，不敢效法流俗，也不敢自以为是，象这样的人就可称为诚实之士。讲话不可信，行为不纯正，不讲礼义道德，唯利是图，象这样的人可以称之为小人。

公生明，偏生闇，端悫生通，诈伪生塞，诚信生神，夸诞生惑①。此六生者，君子慎之，而禹、桀所以分也②。

【注释】

①生：产生。偏：指私心，偏见。塞：阻塞，行不通。②桀：夏朝的最后一个君主。

【译文】

公正产生廉明，偏私产生暗昧，真诚产生通达，欺诈产生堵塞，诚信产生聪明，虚诞产生愚惑。这六种不同情况的产生，君子都能谨慎地对待它，这就是区分圣王夏禹和暴君夏桀的标志。

欲恶取舍之权：见其可欲也，则必前后虑其可恶也者①；见其可利也，则必前后虑其可害也者；而兼权之，孰计之，然后定其欲恶取舍，如是则常不失陷矣②。凡人之患，偏伤之也③。见其可欲也，则不虑其可恶也者；见其可利也，则不顾其可害也者，是以动则必陷，为则必辱，是偏伤之患也。

【注释】

①恶（wù）：憎恶。权：权衡，衡量。②兼权之：兼顾两方面来衡量。孰：同熟。孰计：深思熟虑。不失陷：没有过失。③患：病。偏：局部，片面。偏伤之也，片面性造成的危害。

【译文】

权衡是爱还是恨，是取还是舍的标准是：见到自己喜欢得到的东西，就必须瞻前顾后想到那些令人憎恶的事物；见到那些对自己有利的东西，就必须瞻前顾后想到那些招致祸患的事物；而且要从两个方面权衡它，深入思考后再决定喜爱、憎恶、索取、舍弃，这样才能万无一失。大凡人的祸患，都是由于偏激酿成的。看到那些喜欢得到的东西，就不想那些令人憎恶的事物；看到那些对自己有利的东西，就不顾及那些招致祸患的事物。因此，动则失误，做就受辱，这都是因偏激造成的祸患。

人之所恶者，吾亦恶之。夫富贵者则类傲之①；夫贫贱者则求柔之，是非仁人之情也，是奸人将以盗名于晻世者也，险莫大焉②。故曰：盗名不如盗货。田仲，史鳝不如盗也③。

【注释】

①类傲：统统傲视。②求柔：务必委屈相就。晻：同暗，昏暗。晻世：昏暗的时代。险：邪恶。险莫大焉：没有比盗名这种行径更邪恶的了。③田仲：又叫陈仲子。战国时齐国人，贵族出身，他离开富有食禄万钟的哥哥，靠织草鞋为生，以清高自居，所以荀况批评他。史鳝（qiū）：也叫史鱼。春秋时卫国大夫，他生前多次劝说卫灵公，没有被采纳，临死时，叫儿子不要把他的尸体装棺材，要实行“尸谏”。卫灵公知道后对他大加赞扬，孔丘也吹捧他为“正直”的人。

【译文】

别人所憎恶的，我也憎恶它。对富有尊贵的人一概傲视；对贫困低贱的人交往而温柔，这不是“爱人”的性情，而是奸诈的人在昏聩的时代里用来欺世盗名的手段，没有比这种行为更险恶的了。因此说，盗名的人比偷东西的人更坏。齐人田仲、卫人史鳝这两个欺世窃名的典型连盗贼都不如。

荣辱第四

憍泄者，人之殃也；恭俭者，偋五兵也，虽有戈矛之刺，不如恭俭之利也①。故与人善言，暖于布帛；伤人以言，深于矛戟②。故薄薄之地，不得履之，非地不安也，危足无所履者，凡在言也③。巨涂则让，小涂则殆，虽欲不谨，若云不使④。

【注释】

①憍通骄，傲。泄：通媟（xiè），慢，不庄重。憍泄：傲慢，不庄重。偋：同屏，排除。五兵：指古代常用的五种兵器——刀、剑、矛、戟、箭。②与（yǔ）：赞扬。善：好。以：原为“之”，据《艺文类聚》、《太平御览》引文改。③薄：通溥，大。薄薄：宽广。薄薄之地：形容社会广大。履：踏，指立足。危足：侧着脚。危足无所履者：这里用来形容在社会上没有立足之地。凡在言：全在于他以恶言伤人。④涂：同途，道路。让：通攘，拥挤。谨：谨慎。若云：好像说。不使：这里是不得不谨慎的意思。

【译文】

傲慢轻浮是人的祸患；恭顺而有节制，可以免去刀枪斗杀之祸，虽然有防身的锐利武器戈矛，不如恭顺而有节制的美好品质作用大。所以，给人说好话，比给人布帛更能温暖人；用恶语伤人，比用戈矛杀人还厉害。所以，在广阔的大地上，不能行走，不是因为地面不平坦，跐着脚也没有地方插足，全在于他恶语伤人所造成的。大路拥挤，小路危险，即使想不小心谨慎也办不到。

快快而亡者，怒也①；察察而残者，忮也②；博而穷者，訾也③；清之而俞浊者，口也④；豢之而俞瘠者，交也⑤；辩而不说者，争也⑥；直立而不见知者，胜也⑦；廉而不见贵者，刿也⑧；勇而不见惮者，贪也⑨；信而不见敬者，好剸行也⑩。此小人之所务，而君子之所不为也⑪。

【注释】

①快快：肆意，不顾后果。一说“快快”为“夬夬”，决断而不疑的意思。②察察：十分明察，形容精明。残：残害。忮（zhì）：害，嫉妒。③穷：窘迫。訾（zǐ）：诋毁，污蔑。④清：清白。这里指希望得到好名声。俞：同愈，更加。⑤豢（huàn）：喂养，这里指酒肉之交。瘠：瘦，引申为淡薄。⑥辩：指善于辩论。不说：不能说服别人。争：不相让。⑦直立：正直，正派。⑧廉：有棱角，这里指人的品行正直。刿（guì）：伤害。⑨惮：怕的意思。⑩剸：同专，独断专行。⑪务：做。小人：品德卑劣的人，指那些违背封建礼义的人。君子：指具有地主阶级道德与才能的人。

【译文】

肆意妄为而导致毁灭的，是由于激愤造成的；精明过度而遭受别人残害的，是由于嫉妒造成的；言词辩博而处境穷窘的，是因诋毁过别人造成的；想要名声清白却名声更坏，是由于夸夸其谈造成的；以酒肉交朋友反而感情更坏，是由于交结朋友的思想不对头；巧言善辩而不能说服人的，是由于强词夺理不肯让人造成的；行为耿直却得不到知己的，是由于争强好胜造成

的；作风廉洁却不受别人尊重的，是由于刺伤别人造成的；勇武强悍却不能慑服人的，是由于自私自利造成的；真挚诚实却不受别人敬重的，是由于好独断专行造成的。这些都是小人的所作所为，是君子所不愿去做的。

斗者，忘其身者也，忘其亲者也，忘其君者也[①]。行其少倾之怒，而丧终身之躯，然且为之，是忘其身也[②]；室家立残，亲戚不免乎刑戮，然且为之，是忘其亲也；君上之所恶也，刑法之所大禁也，然且为之，是忘其君也[③]。下忘其身，内忘其亲，上忘其君，是刑法之所不舍也，圣王之所不畜也[④]。乳彘不触虎，乳狗不远游，不忘其亲也[⑤]。人也，下忘其身，内忘其亲，上忘其君，则是人也，而曾狗彘之不若也[⑥]。

【注释】

①斗者：指为个人利益而进行私斗的人。②少倾：一会儿。少倾之怒：一时的激怒。然且：尚且，竟然。下同。③室家立残：一家老小立即遭到杀害。刑戮（lù）：刑杀。④下忘其身："下"字原为"忧"，据文义改。下同。畜：养。不畜：不收留。⑤彘（zhì）：猪。乳彘不触虎：哺乳的母猪不去触犯老虎。乳狗不远游：哺乳的母狗不离小狗去远游。⑥曾：岂。则是人也，而曾狗彘之不若也：意思是，那么这种人岂不是连猪狗都不如了。

【译文】

好斗杀的人，忘记了自己的身体，忘记了自己的亲人，忘记了自己的君主。为了发泄一时的怒气，导致自身的毁灭，可是他还要去干斗杀的事，这是忘记了自己的身体；这样干也会使全家人招致残害，亲戚也免不了遭受刑戮，然而这种人却偏要这样做，是忘记了自己的亲人；这样的行为是君主所讨厌的，刑法所禁止的，然而他却偏要这样做，是忘记了自己的君主。对下忘记了自己的身体，对内忘记了自己的亲人，对上忘记了自己的君主，这是刑法所不能容忍的，圣明的君主所不能容许的。正在哺乳的母猪不会去触犯老虎，正在哺乳的母狗不会远离小狗，这是因为它们懂得不能忘记自己的幼子。一个人，倘若下忘他自己，内忘他的亲人，上忘他的国君，那么这样的人则是连猪狗也不如了。

凡斗者，必自以为是而以人为非也。己诚是也，人诚非也，则是己君子而人小人也[①]。以君子与小人相贼害也，下以忘其身，内以忘其亲，上以忘其君，岂不过甚矣哉[②]！是人也，所谓以狐父之戈钃牛矢也[③]。将以为智邪？则愚莫大焉[④]。将以为利邪？则害莫大焉。将以为荣邪？则辱莫大焉。将以为安邪？则危莫大焉。人之有斗，何哉？我欲属之狂惑疾病邪，则不可，圣王又诛之[⑤]。我欲属之鸟鼠禽兽邪，则不可，其形体又人，而好恶多同[⑥]。人之有斗，何哉？我甚丑之。

【注释】

①诚：确实。②贼害：攻击、残害。过甚：很错误。③狐父：古代地名，在今江苏砀山附近，传说那里生产一种优质的戈（兵器）。钃（zhǔ）：砍。牛矢：牛屎。④这句意思是：把这种行为看成是明智的吗？那就没有比这更愚蠢的了。⑤属：归于。狂惑疾病：精神病。⑥其形体又人：他却是人的形体。好恶多同：喜好与厌恶的感情和别人都相同。

【译文】

凡是好斗的人，一定觉得自己是对的别人是不对的。自己确实是对的，别人确实是不对的，即自己是君子而别人是小人。以君子与小人互相攻击、互相残害，对下把自己的身体忘掉，对内把自己的亲人忘掉，对上把自己的国君忘掉，这样做难道不是极大的过错吗？这种人的行为，就是人们常说的“用狐父那产的快戈去砍牛屎”啊。能确认这样的行为是明智的吗？世上就没有比这种人再愚蠢的了。能确认这样的行为是有利的吗？世上就没有比这种人更有害的了。能认为这样的行为是光荣的吗？世上就没有比这种人更耻辱的了。能认为这样的行为是平安的吗？世上就没有比这种人更危险的了。人与人之间产生斗杀，这是什么原因呢？我想把这样的人归属于得了精神狂的病，那是不行的，因为圣明的君王要诛杀他们。我想这样的人应归属于鸟鼠禽兽一类的东西，那也不行，他们长的又象人，并且，他们的爱好与憎恶大都同人一个样。有的人热衷于斗杀，为啥呢？我极讨厌这样的人。

有狗彘之勇者，有贾盗之勇者，有小人之勇者，有士君子之勇者[①]。争饮食，无廉耻，不知是非，不辟死伤，不畏众强，恈恈然唯饮食之见，是狗彘之勇也[②]。为事利，争货财，无辞让，果敢而很，猛贪而戾，恈恈然唯利之见，是贾盗之勇也[③]。轻死而暴，是小人之勇也[④]。义之所在，不倾于权，不顾其利，举国而与之不为改视，重死而持义不桡，是士君子之勇也[⑤]。

【注释】

①贾（gǔ）：商人。盗：盗贼。②辟：同避，躲避。恈恈（móu）然：形容非常贪欲的样子。下同。唯饮食之见：只看到饮食。“饮”字上原有“利”字，据上下文义删。③为事利：做事为了利。很：同“狠”，凶狠。戾（lì）：残暴。④轻死而暴：不怕死而且凶暴。⑤义：符合封建政治、道德标准的言行。不倾于权：不屈服于权势。与：对付，这里指反对。改视：改变看法。桡：同“挠”，屈从。重死而持义不挠：虽然爱惜生命，但是坚持义而不屈从。

【译文】

有狗和猪争夺食物的勇敢，有商人和盗贼争夺财物的勇敢，有小人斗杀的勇敢，有士君子的勇敢。争吃争喝，少廉没耻，不懂是非，不避死伤，不畏强敌，只要看到饮食就贪得无厌，这是狗和猪的勇敢。做事只是为了求得利益，争夺货财，没有辞让之心，果敢而振奋，凶猛贪婪而残忍，只要见到有利可图就豁出命的去干，这是商人盗贼的勇敢。轻死而残暴，是小人的的勇敢。崇尚仁义，不畏强权，不计较利益，即使举国上下的人都反对他也不改变自己的观点，尽管看重自己的生命但是为了坚持正义决不屈服，这是士君子的勇敢。

鯈、鉢者，浮阳之鱼也；胠于沙而思水，则无逮矣[①]。挂于患而欲谨，则无益矣[②]。自知者不怨人，知命者不怨天；怨人者穷，怨天者无志[③]。失之己，反之人，岂不迂乎哉[④]！

【注释】

①鲦（yóu）、鲊（qiáo）：鱼名。浮阳：浮于水面见阳光的意思。胠（qū）：通阹（qū），遮拦。胠于沙：这里指搁浅在沙滩上。无逮：无法达到。②挂：牵连，遭到。③命：命运。荀况在《正名》中说："节遇谓之命"，即偶然碰上的叫做命。在《天论》中说："君子敬其在己者，而不慕其在天者，是以日进也。"所以，这里讲的"知命者不怨天"，是说对于偶然碰上的不幸遭遇，与天无关，所以不怨天，是强调人的主观努力。穷：穷困，无办法。志：知，识。无志：没有见识。④反：求。迂：远。

【译文】

鲦鱼、鲊鱼，是喜欢浮在水面就阳光的鱼，一旦搁浅在沙滩再想回到水里，就来不及了。俟到祸事临头才想到谨慎小心，就没法补救了。有自知之明的人不埋怨别人，知道自己命运的人不埋怨天；埋怨别人的人没法摆脱穷困，埋怨天的人没有志气。失误是自己造成的，反而去埋怨别人，这难道不是太迂腐了吗？

荣辱之大分，安危利害之常体[①]：先义而后利者荣，先利而后义者辱；荣者常通，辱者常穷；通者常制人，穷者常制于人，是荣辱之大分也[②]。朴悫者常安利，荡悍者常危害[③]；安利者常乐易，危害者常忧险；乐易者常寿长，忧险者常夭折，是安危利害之常体也[④]。

【注释】

①大分：根本区别。常体：常规，通常的情形。②常通：经常顺利，没有阻碍。制人：制服别人。③朴悫（què）：纯朴、诚实。荡悍：放荡凶暴。④乐易：安乐。忧险：忧愁危险。

【译文】

荣誉和耻辱的本质区别及安危和利害的根本标准是：先仁义而后私利的人光荣，先私利而后仁义的人耻辱，得到荣誉的人永远通达，得到耻辱的人永远穷困；通达的人永远制服别人，穷困的人永远被别人制服，这就是荣誉和耻辱之间的本质区别。纯朴老实的人一劳永逸满足于已经得到的利益，放荡强悍的人时常招致危险祸患；安于已经得到的利益的人时常快乐天天平安，招致危险祸患的人常常忧虑危险；快乐高兴的人一定长寿，忧虑危险的人必然夭折，这是安与危，利与害的通常规律。

夫天生蒸民，有所以取之[①]。志意致修，德行致厚，智虑致明，是天子之所以取天下也[②]。政令法，举措时，听断公，上则能顺天子之命，下则能保百姓，是诸侯之所以取国家也[③]。志行修，临官治，上则能顺上，下则能保其职，是士大夫之所以取田邑也[④]。循法则、度量、刑辟、图籍，不知其义，谨守其数，慎不敢损益也，父子相传，以持王公，是故三代虽亡，治法犹存，是官人百吏之所以取禄秩也[⑤]。孝弟原悫，軥录疾力，以敦比其事业，而不敢怠傲，是庶人之所以取暖衣饱食，长生久视以免于刑戮也[⑥]。饰邪说，文奸言，为倚事，陶诞突盗，惕悍憍暴，以偷生反侧于乱世之间，是奸人之所以取危辱死刑也[⑦]。其虑之不深，其择之不谨，其定取舍楛僈，是其所以危也[⑧]。

【注释】

①蒸：众多。蒸民：众人。有所以取之：各有取得自己地位的道理。②致修：最美好，完美。厚：纯厚，忠厚。明：明察。③政令法：政令符合法制。举措时：措施适时。听断公：处理政事公正。④志行：志向品行。临官治：做官时能把事情治理好。田邑：指封地。⑤循：遵守。刑辟：刑法。图籍：地图，人口册。义：道理。谨守其数：严格遵守它的条文。损益：减增，指更改。持：同侍，侍奉。三代：夏、商、周。官人百吏：泛指诸侯以下的各级官吏。禄：俸禄。秩：指官位。⑥弟：同悌，尊敬兄长。原：同愿，诚实。原悫：忠厚诚实。軥录：通劬（qū）碌，勤劳。疾力：努力。敦：勉力。比：通庀（pǐ），治理。敦比：努力治理。长生久视：长寿。⑦文：文饰，掩饰。邪说、奸言：指反对封建制的言论。倚事：怪异的事。陶：通谣，虚构的言论，这里指欺诈。陶诞：欺诈荒诞。突盗：凶暴强横。惕：同荡。惕悍憍（jiāo）暴：放荡傲慢而又残暴。偷生：苟且活命。反侧：捣乱。奸人：指破坏封建统治秩序的人。⑧僈：同慢。楛（kǔ）僈：轻率，放纵。

【译文】

天生万民，万民各有获得自己生存的道理。思想意识最好，道德品行最淳厚，智慧思维最聪明这就是天子之所以能取得天下的条件。政令符合礼法，举措适应时势，审判狱讼公正，对上能遵奉天子的命令，对下能够保护广大百姓，这是诸侯之所以能取得国家的条件。思想品行美好，做官的时候能够把所辖地区治理好，对上能顺应君主，对下能坚持自己的职务，这就是士大夫所以能取得职田和封邑的条件。遵守法令准则、制度度量、刑法条律、地志户籍，不懂它们的深刻含义，就谨慎地恪守条例，不得自作主张有所损益，父子代代相传，恭恭侍奉王公，因此，夏、商、周三个朝代虽已灭亡，可是他们的礼法依然存在，这就是各级官吏能够获得俸禄和职位的条件。孝敬父母，尊重兄长，忠厚老实，勤劳上进，努力搞好自己的事业，又不敢懈怠骄傲，这就是一般百姓所以获得温饱，长久生活在人世之上而免遭刑戮的条件。修饰邪恶的学说，文饰奸诈的言论，做稀奇古怪的事情，造谣惑众、荒诞无稽、横行霸道、掠夺偷盗，放荡强悍、骄横凶暴，凭借这混乱的人间世道苟且偷生，这是奸邪小人之所以招致危险羞辱直至遭受刑戮的原因。这样的人不能深思远虑，不能慎重地选择自己的道路，他们为人做事或取或舍懈怠轻率，是他们招致危亡的原因。

材性知能，君子、小人一也。好荣恶辱，好利恶害，是君子、小人之所同也，若其所以求之之道则异矣①。小人也者，疾为诞而欲人之信己也，疾为诈而欲人之亲己也，禽兽之行而欲人之善己也②。虑之难知也，行之难安也，持之难立也，成则必不得其所好，必遇其所恶焉③。故君子者，信矣，而亦欲人之信己也；忠矣，而亦欲人之亲己也；修正治辨矣，而亦欲人之善己也④。虑之易知也，行之易安也，持之易立也，成则必得其所好，必不遇其所恶焉；是故穷则不隐，通则大明，身死而名弥白⑤。小人莫不延颈举踵而愿曰："知虑材性，固有以贤人矣！"夫不知其与己无以异也，则君子注错之当，而小人注错之过也⑥。故熟察小人之知能，足以知其有余可以为君子之所为也⑦。譬之越人安越，楚人安楚，君子安雅，是非知能材性然也，是注错习俗之节异也⑧。

【注释】

①材性知能：指自然的资质、认识能力和掌握才能的能力。若其所以求之之道则异矣：至于他们追求荣利的道路就不同了。②疾：极力。疾为诞而欲人之信己也：极力去做那些荒诞的事，却希望别人相信自己。③虑之难知也，行之难安也，持之难立也：意思是，这种人考虑的问题是那些难以理解的问题，做的事情是那些难以做到的事情，坚持的主张是那些难以成立的主张。成：成功，指小人行为的最终结果。其：指小人。所好（hào）：指取得荣利的欲望。所恶：指遭到辱害的结果。④辨：治。修正治辨：品行正直，而且把各种事情都治理好。⑤不隐：这里指仍有名声。大明：很显赫。弥：更加。弥白：更加显赫。⑥延颈举踵（zhǒng）：伸长脖子，踮起脚跟。愿：羡慕。贤人：胜于别人。注错之当：指举止得当。⑦熟察：仔细分析。有余：充分。⑧越：春秋战国时国名，在今浙江省。楚：春秋战国时国名，在今湖北、湖南省一带。雅：通夏，指中原一带。节异：适异，恰恰不同。

【译文】

人的天资本性、智慧能力，君子和小人一个样。爱好荣耀，憎恶耻辱，爱好利益，憎恶祸害，这些君子和小人都是相同的，如果说到君子和小人用以追求荣耀与利益的途径就不同了。小人尽做些荒诞不经的事情，却又想要别人亲近自己，他们的行为和禽兽一样野蛮凶狠，却想要人们亲善自己。他们思考的问题令人费解，他们的行为无法安定，他们的主张不能成立，他们所喜爱的名誉和利益不仅永远得不到，而遇到的一定是他们所讨厌的耻辱与祸患。因此，君子对待别人诚恳，因而，也希望别人也以诚恳的态度对待自己，忠诚待人，也希望别人亲近自己；品行高尚端庄、按照礼法行事，因而，希望别人这样善待自己。他们思考的问题容易使人接受，他们的行为容易安定，他们的主张容易成立，他们所喜爱的荣誉和利益一定能够得到，也一定不会遇到他们所厌恶的耻辱与祸患；因此，他们处境穷困的时候，名声也不会被埋没，他们处境通达的时候，名声就会更加显耀，即使身死以后他们的美名也会留芳后世。小人看到这种情形没有不伸长脖子踮起脚跟而羡慕地说："君子的智慧、思维、资质、本性、本来就具有可以超过别人的地方！"他们不知道那些人的智慧、思维、资质、本性与自己并没有什么差别，只是因为君子的言论举措得当，而小人的言论举措失当。所以，认真仔细观察小人们的智慧和才能，足可知道他们有充裕的条件，能够做君子所做到的那些事情。譬如越国人安处越地，楚国人安处楚地，君子安于自己的美德，这不是智慧、才能、资质、本性使他们安于这样，而是由于他们的言论举措和风俗习惯的不同罢了。

仁义德行，常安之术也，然而未必不危也①；污僈突盗，常危之术也，然而未必不安也②。故君子道其常，而小人道其怪③。

【注释】

①术：方法。未必不危：指小人对这"常安之术"，未必不以为是危的，所以背弃它。②污僈：污浊放纵。未必不安：指小人对"常危之术"未必不以为是安的，所以照着做。③道其常：遵循他的常规。道其怪：固执他的歪理。

【译文】

君子认为：行仁义讲德行，是保持国家长治久安的措施，但是小人认为这样国家不一定就不发生危险；君子认为：淫乱、放纵、强横、残暴，是国家常常招致危险的祸根，但是小人却认为这样国家未必不能保持平安。因此说，君子讲的是事物的常规，而小人讲的是怪诞的歪理。

凡人有所一同：饥而欲食，寒而欲暖，劳而欲息，好利而恶害，是人之所生而有也，是无待而然者也，是禹、桀之所同也①。目辨白黑美恶，耳辨音声清浊，口辨酸咸甘苦，鼻辨芬芳腥臊，骨体肤理辨寒暑疾养，是又人之所生而有也，是无待而然者也，是禹、桀之所同也②。可以为尧、禹，可以为桀、跖，可以为工匠，可以为农贾，在注错习俗之所积耳③。为尧、禹则常安荣，为桀、跖则常危辱；为尧、禹则常愉佚，为工匠、农贾则常烦劳④。然而人力为此而寡为彼，何也？曰：陋也⑤。尧、禹者，非生而具者也，夫起于变故，成乎修为，待尽而后备者也⑥。

人之生故小人，无师、无法，则唯利之见耳⑦。人之生固小人，又以遇乱世、得乱俗，是以小重小也，以乱得乱也。君子非得势以临之，则无由得开内焉⑧。今是人之口腹，安知礼义？安知辞让？安知廉耻、隅积？亦呥呥而嚼，乡乡而饱已矣⑨。人无师、无法，则其心正其口腹也⑩。今使人生而未尝睹刍豢稻粱也，惟菽藿糟糠之为睹，则以至足为在此也，俄而粲然有秉刍豢稻粱而至者，则瞲然视之曰："此何怪也！"彼臭之而嗛于鼻，尝之而甘于口，食之而安于体，则莫不弃此而取彼矣⑪。今以夫先王之道，仁义之统，以相群居，以相持养，以相藩饰，以相安固邪？以夫桀、跖之道，是其为相县也，几直夫刍豢稻粱之县糟糠尔哉⑫！然而人力为此而寡为彼，何也？曰：陋也。陋也者，天下之公患也，人之大殃大害也。故曰：仁者好告示人。告之示之，靡之儇之，鈆之重之，则夫塞者俄且通也，陋者俄且僩也，愚者俄且知也⑬。是若不行，则汤、武在上曷益？桀、纣在上曷损？汤、武存则天下从而治；桀、纣存则天下从而乱。如是者，岂非人之情固可与如此，可与如彼也哉⑭！

【注释】

①一同：相同。无待：无条件。无待而然：这里指不需经过后天学习培养就具备。禹：传说中古代原始社会部落的首领。桀：夏朝最后一个君主。②骨体肤理：指身体。养：同痒。疾养：指痛痒。③尧：传说中古代原始社会部落的首领。跖：相传春秋末期奴隶起义的著名领袖。荀况在这里把跖与桀并列，反映了他剥削阶级的偏见。在注错习俗之所积耳：在于举止和风俗习惯长期积累所造成的。④佚（yì）：通逸。愉佚：愉快，安乐。⑤力：疾力，努力。为此：指为桀、跖。为彼：指为尧、禹。陋：指见识浅陋。⑥变故：指经历各种患难。修为：努力端正品行。⑦生：同性，本性。人之生固小人：人的本性本来是充满了小人的欲求的。无师：指没有封建礼法的教育。无法：指没有封建礼法的制约。⑧重：重叠。以小重小：以小人的本性再加上乱世的乱俗。内：同纳，接受。无由得开内：无从开导，而使他（小人）接受封建礼法。⑨是：肯定，这里是听任的意思。隅（yú）积：部分和整体，这里指封建礼法的总体原则和部分道理之间的关系。嚼（jiào）：咀嚼。呥呥（rán）而嚼：咀嚼的样子。乡：即"香"。乡乡：吃得很香。⑩正：正像。⑪睹：看见。刍豢（chú huàn）：指牛羊猪狗。菽藿（shú huò）：豆和豆叶。俄而：突然。粲（càn）然：鲜美的样子。秉：拿。瞲（xuè）然：惊奇的样子。臭：同嗅。嗛（qiǎn）：快意，舒服。嗛于鼻：鼻子闻起来很好闻。⑫统：要领，纲纪。相：辅助，协调。以相群居：用来协调社会等级之间的关系。持养：保养。藩饰：装饰。县：同悬，悬殊。下同。几直：岂止，何止。是其为相县也，几直夫刍豢稻粱之县糟糠尔哉：意思是，它们之间的悬殊岂止是肉类、稻米和糟糠之间的差别呢？⑬告示：宣传、教育。

靡：磨炼。儇（xuān）：积累。靡之儇之：使他逐渐养成习惯。铅（yán）：同沿，顺从，这里指诱导。重：反复重申。塞者俄且通也：闭塞的人很快就会明白了。（xián）：宽大、博大，指见识广博。⑭汤：即商汤，商朝的第一个君主。武：周武王，周王朝的第一个君主。曷：何。可与如此，可与如彼：可以像这样，也可以像那样。

【译文】

凡是人都有共同之处：饥的时候想饱，冷的时候想暖，劳累的时候想休息，爱好利益而厌恶祸患，这些都是人生来就具有的本性，是不需要后天教育就有的，这一点贤圣的君主禹和暴虐的君主桀都相同。眼睛能够区分白色与黑色，美好与丑恶，耳朵能够区分声音的清脆与混浊，嘴巴能够区分酸、咸、甜、苦等各种滋味，鼻子能区分芬芳腥臊的香臭，骨骼、肌体、皮肤、肌理能够区分寒冷、暑热，疾病，疼痒，这又是人所生来就有的，是不需要后天的教育就是这样的，也是贤圣的君主禹与暴虐的君主桀所相同的。同样的人可以成为尧、禹那样的圣君，也可以成为桀、跖那样的坏人，可以成为工匠，也可以成为农商，他们之所以成为完全不同的人全在于后天言论、举措、风俗、习惯长期积累所造成的。成为圣君尧、禹就能常常平安荣耀，成为坏人桀、跖就常常招致危险和耻辱；成为尧、禹就常常愉快安逸，成为工匠，农商就常常烦劳辛苦。但是，人们都努力成为桀、跖、工匠、农商、很少能成为尧禹那样圣君的，为什么会这样呢？回答说：这是因为见识浅陋的缘故。尧、禹的圣贤品质，不是一生下来就具备的，而是开始于经过各种磨难和长期的自我修养，最后才具备了完美的圣君品德。

人的本性生来就有小人的欲望，没有老师的教育，没有法律的制约，就只有唯利是图罢了。人的本性生来就有小人的欲望，又加上遇到了乱世、沾染了恶习，这是在小人身上又增添了小人的品质，是以小人的本性又沾染了一层恶习。君子如果不是凭借自身具有美好品德的优势去接近小人，就无法启迪小人的心灵。今天的人只知道吃饱肚子，怎么会懂得礼义？怎么会知道谦让？怎么会知道廉耻、君子之道的局部和整体呢？也仅仅知道慢慢地咀嚼食物，直到填饱肚子为止。人如果没有师教，没有法制，那么他的心正如他的嘴巴和肚子一样只求填饱肚子。今天假如人一生下来就不尝看到过牛羊、猪狗、稻米、高粱，只见过豆子、豆叶和粗糟的粮食，那么他就会认为这些东西是最美好的。如果忽然有人拿着新鲜美味的牛羊猪狗肉和稻米高粱来到他们面前，他们就会惊奇地看着这些东西说："这是什么稀奇古怪的东西呀！"他们的鼻子嗅到香气，口尝到甜味，吃下以后身体感到舒适，那么他们就不会不抛弃那些粗糟的食物而索取精美的食品了。现在如果采用先王的礼法，以仁义为纪纲，去调节广大群众之间的关系，使他们互相帮助，互相奉养，互相保护，共同修饰，以保持他们生活的安全稳定。与桀、跖的道相比他们之间的悬殊岂止是粱肉与糟糠呢？然而，人们努力去追求桀、跖之道而很少履行圣王的礼义，这是为什么呢？回答说："这是见识浅陋造成的。"见识浅陋这种东西，是天下公认的祸患，是人最大的灾难和祸患。所以说："施行仁政的人喜欢向人们宣传先王的礼义之道。"由于不断的讲解与宣传，使广大群众逐渐顺应而成为习惯，遵循它、重视它。那么闭塞的人很快就会贯通，知识浅陋的人很快就会见识博大，愚笨的人不久也会变得聪明。如果是不实行仁义之道，那么，即使圣明的商汤王，周武王当政又有什么益处呢？暴君桀、纣临朝执政又有什么害处呢？汤、武存在，天下就会得到治理；桀、纣存在，天下跟着就会乱起来。这难道不是可以证明人的本性也可以按照这个样子变成君子，也可以按照哪个样子变成小人吗？

人之情，食欲有刍豢，衣欲有文绣，行欲有舆马，又欲夫余财蓄积之富也，然而穷年累世不知足，是人之情也①。今人之生也，方知畜鸡狗猪彘，又畜牛羊，然而食不敢有酒肉；余刀布，有囷窌，然而衣不敢有丝帛；约者有筐箧之藏，然而行不敢有舆马②。是何也？非不欲也，几不长虑顾后而恐无以继之故也③？于是又节用御欲，收敛蓄藏以继之也，是于己长虑顾后，几不甚善矣哉④。今夫偷生浅知之属，曾此而不知也，粮食大侈，不顾其后，俄则屈安穷矣，是其所以不免于冻饿，操瓢囊为沟壑中瘠者也，况夫先王之道，仁义之统，《诗》、《书》、《礼》、《乐》之分乎⑤！彼固天下之大虑也，将为天下生民之属长虑顾后而保万世也，其汿长矣，其温厚矣，其功盛姚远矣，非顺孰修为之君子，莫之能知也⑥。故曰：短绠不可以汲深井之泉，知不几者不可与及圣人之言⑦。夫《诗》、《书》、《礼》、《乐》之分，固非庸人之所知也。故曰：一之而可再也，有之而可久也，广之而可通也，虑之而可安也，反鈆察之而俞可好也⑧。以治情则利，以为名则荣，以群则和，以独则足乐，意者其是邪⑨？

【注释】

①文绣：指华丽的丝织品。舆：车。穷年：整年。累世：世代。穷年累世：永远的意思。不知足：原为“不知不足”，据上下文义改。②刀布：钱币。余刀布：有多余的钱币。囷（qūn）：圆形的谷仓。窌（jiào）：地窖。约者：节约的人。筐箧（qiè）：这里指贮藏钱帛的器具。筐箧之藏：指有钱帛积蓄。③几不：岂不，难道不是。也：同邪，“吗”的意思。④御欲：节制欲望。收敛：聚集。⑤今夫偷生浅知之属，曾此而不知也：意思是，现在那些苟且偷生浅陋无知之辈，竟连这个道理也不知道。大：通太。大侈：太挥霍浪费。屈：竭尽。安：语助词。俄则屈安穷：很快就陷于穷困。瘠者：饿死者。操瓢囊为沟壑中瘠者也：拿着讨饭的东西而饿死在沟里。况夫：何况。《诗》：即《诗经》，是我国现存最早的一部诗歌集。《书》：即《尚书》，又称《书经》，是我国奴隶制时代官方文告和政治文件汇编。《礼》：即《礼经》，是记载奴隶社会贵族的礼乐仪式的书。《乐》：即《乐经》，现已失传。分（fèn）：总纲，根本原则。⑥彼：指先王之道、仁义之统和《诗》、《书》、《礼》、《乐》的原则。汿：同流。温：同蕴，蕴藏。姚远：同遥远。顺：通慎，谨慎，原脱，据《礼论》篇“非顺孰修为之君子，莫之能知也”文义补。孰：同熟，精熟。⑦绠（gěng）：绳子。汲（jí）：打水。不几：不近，相差很远。知不几者不可与及圣人之言：知识差得很远的人是不能和他谈论圣人的话的。⑧反：反复。俞：同愈，更加。⑨治：陶冶。以治情则利：用《诗》、《书》、《礼》、《乐》的根本原则来陶冶性情就可以得到好处。以群则和：用《诗》、《书》、《礼》、《乐》的根本原则来处理社会各等级之间的关系，就可以达到和谐一致。意：疑问词。意者其是邪：是不是这样呢？

【译文】

人的情欲：吃的想有牛羊猪狗肉的美味，穿的想要绣有纹彩的绸帛，行路的时候希望有车马，还想有堆积如山永远用不完的财富，可是，整年累世永远也得不到满足，这是人之常情。如今的人，才知道养鸡、喂狗、豢猪，又喂养牛羊，可是吃饭不敢要求有酒肉；有多余的钱；有满囤满仓的粮食，可是穿衣不敢要求丝绸；有满箱的珍宝，可是行走不敢乘车马。这是为什么呢？不是不想要啊！他们难道不是从长远考虑，担心今后接济不上的缘故吗？于是，又进一步节约费用，控制欲念，聚积财货，以备以后接济之用，这对于自已今后长远过平安舒适的生活，难道不是很好吗？如今，那些苟且偷生，见识浅陋的人，竟然连这个道理都不懂。他们肆

意追求眼前享受，挥霍浪费粮食，不知为今后着想，不久就陷入了困境，这就是他们不免于受冻挨饿，拿着讨饭袋子冻饿而死在沟壑里的原因。更何况先王之道，施行仁义的纪纲，《诗经》、《尚书》、《礼经》、《乐经》所体现的原则呢！这些治道原则，原本是安定天下的有效方法，是为天下百姓长远的安逸生活着想的，也是顾及到人民世世代代的平安生活的。先王的丰功伟绩，道术的源远流长，《诗》、《书》、《礼》、《乐》的蕴含着丰富，如果不是精心修身养性的君子，是不能领会其中精义的。因此说：短的绳索不能用来提汲深井里的泉水，知识浅薄的人不能同他们讨论圣人的言论。《诗》、《书》、《礼》、《乐》的深刻含义，本来就不是一般人能够了解的。所以说：知道一点就可以体会到两点，掌握了这些根本的道理就可以长久地坚持下去，推而广之就可以举一反三，融会贯通。认真思考，按这些原则办事，就能够治国安民。反复沿着这些原则去考察，就可以把事情办得更好。用这些原则陶冶性情，就可以把自身修养得更好。遵循这些原则去求名誉，就可以得到更大的荣耀。用这些原则去处理人与人的关系，就可以使群众更加团结和睦。用这些原则修养自己，自己就会更加快乐。事情大概就是这样吧！

夫贵为天子，富有天下，是人情之所同欲也，然则从人之欲，则势不能容，物不能赡也①。故先王案为之制礼义以分之，使有贵贱之等，长幼之差，知愚、能不能之分，皆使人载其事而各得其宜，然后使机禄多少厚薄之称，是夫群居和一之道也②。

【注释】

①从：同纵。势：形势。赡（shàn）：满足。②载其事：担负各自的工作。机禄：指俸禄。之称：是称，都得到平衡。是夫群居和一之道也：这是使社会上下之间协调一致的方法。

【译文】

富贵得成为天子，富贵得足以容有天下的财富，这是人的共同欲望。尽管这样，也不能放纵人的欲望，放纵人的欲望是社会发展形势所不能容许的，社会财富也是无法满足的。因此，先王按照这种情况制定出礼法区分高低，这就产生了尊贵和卑贱的不同等级，长幼的差别，聪明与愚笨，能与不能的区分，都能按照他们能够担负的能力安排各自适宜的位置，然后按照他们的贡献大小或多或少、或厚或薄给他们相应的俸禄，这就是广大群众能和谐一致生活的方法。

故仁人在上，则农以力尽田，贾以察尽财，百工以巧尽械器。士大夫以上至于公侯莫不以仁厚知能尽官职，夫是之谓至平①。故或禄天下而不自以为多，或监门、御旅，抱关、击柝，而不自以为寡②。故曰："斩而齐，枉而顺，不同而一。"夫是之谓人伦③。《诗》曰："受小共大共，为下国骏蒙。"此之谓也④。

【注释】

①仁人：指具有地主阶级道德的人。尽：尽力，精心。贾以察尽财：商人以他的明察精心于理财。至平：最公平。②禄天下：受整个天下供奉的人，指天子、帝王。不自以为多：指各尽其职而心安理得。下文"不自以为寡"意思同。监门：看守城门的官吏。御：通迓（yá），逆。御旅：即逆旅，旅店，这里指旅店中的管事人。抱关：看守城门的士兵。柝（tuò）：打更的木棒。击柝：指打更的人。③斩：不齐。

枉：曲，不直。人伦：人们的等级秩序。④受：承受。共：通拱，法度。小共大共：指大事小事的法度。下国：诸侯国。骏：通徇，庇护。骏蒙：保护者。

【译文】

所以，实行仁政的君主治理国家，农民尽心尽力种田，商人尽心理财，百工用技巧尽心制造器械。士大夫直到公侯没有不以仁义、忠厚、智慧、才能任官尽职，这就叫做最公平。因此，享有天下供俸的君主不认为自己获取的太多，其余像监门，御旅、抱关、击柝的人，也不认为自己得到的少。所以说："不齐才能齐，不直才能直，不同才能统一。"这就叫做人伦。《诗经》上说："上天受法给帝王，庇护诸侯作贤良。"讲的就是这个道理。

第三卷

王制第九

请问为政[①]？曰：贤能不待次而举，罢不能不待须而废，元恶不待教而诛，中庸民不待政而化[②]。分未定也则有昭缪[③]。虽王公士大夫之子孙也，不能属于礼义，则归之庶人[④]。虽庶人之子孙也，积文学，正身行，能属于礼义，则归之卿相士大夫[⑤]。故奸言、奸说、奸事、奸能、遁逃反侧之民，职而教之，须而待之，勉之以庆赏，惩之以刑罚，安职则畜，不安职则弃[⑥]。五疾，上收而养之，材而事之，官施而衣食之，兼复无遗[⑦]。才行反时者死无赦[⑧]。夫是之谓天德，是王者之政也[⑨]。

【注释】

①为政：治理国家。②贤能：泛指地主阶级中有才德的人。次：次序。罢（pí）：通疲，病，指德行不好的人。须：迟缓。废：弃，这里是罢免的意思。元恶：罪魁祸首，这里指破坏封建制度的首恶分子。中庸民：普通的人。政：指刑赏。化：教化。③分：名分。昭缪：同昭穆，古代宗庙的排列次序，祖庙在正中，而后代中父辈的庙在左，叫昭，子辈的庙在右，叫缪。④也：原脱，据下文“虽庶人之子孙也”句例补。属于：符合于。礼义：这里泛指地主阶级的等级制度、道德规范和礼节仪式。庶人：泛指没有特权等级身份的人，这里主要指地主阶级中原来没有特权等级身份的人。⑤积文学：增进文化知识。正身行：端正品德行为。⑥奸：指一切违反封建礼义要求的言行。遁逃反侧之民：荀况在《荣辱》篇中称那些“饰邪说、文奸言、为倚事、陶诞突盗，愓悍憍暴”的人为“偷生反侧于乱世之间”的“奸人”，可见这里“遁逃反侧之民”也是指那些破坏封建统治秩序的人。职：事，指安置工作。职而教之：给予安置，进行教育。须而待之：给与时间等待改过。勉：勉励。庆赏：奖赏。畜：收留。⑦五疾：指哑、聋、瘸、断手和发育不全特别矮小的人。上：统治者。材：通才，才能。官施：官府给与。兼复：普遍地照顾。⑧这句意思是：对那些才能和行动违反封建制度的人坚决处死决不宽恕。⑨夫：语气词。天德：最高的道德。荀况在《不苟》篇中说：“变化代兴，谓之天德。”所谓“变化代兴”是指能用地主阶级的仁义去治理万事万物，而使之符合封建统治的要求。是王者之政也：原脱“是”字，据本篇下文“是王者之制也”等句例补。

【译文】

请问如何治国呢？回答说：德才兼备的人不应按地位高低、资历深浅的次序推举任用，无才无德的人要随时罢黜，首恶分子不必等待施教以后再杀掉，普通的人不必实行刑偿之后再进行教化。等级名分还没有确定以前本来就已经存在“昭”“穆”等上下次序的区别。即使王公大夫的子孙，不能使自己的行为符合礼义，就把他们当作平民百姓。即使平民百姓的子孙，只要他们不断学习积累文化知识，端正自己的品行，使自己的行为符合礼义，就把他们归属于卿相士大夫。因此，对那些言论、学说、办事、行为、流窜不定的人，给他们安排一定的职事而后还要教导他们，倘若需要任用他们就等待他们改邪归正，干了好事就勉励他们嘉奖他们，做了坏事就使用刑罚惩治他们，安心工作就留用他们，不安心工作就开除他们。对于哑、聋、断臂、侏儒等五种残疾的人，官府要收留并且供养他们，根据他们的不同能力给他们安排适当的工作，由官府供给他们衣服食物，全部照管，一个不漏。对那些有才能而所作所为违反时事政治的人坚决处死，决不宽恕，这就称之为最高道德，这就是推行王道者的治国之政。

听政之大分①：以善至者待之以礼，以不善至者待之以刑②。两者分别，则贤、不肖不杂，是非不乱③。贤、不肖不杂则英杰至，是非不乱则国家治④。若是，名声日闻，天下愿，令行禁止，王者之事毕矣⑤。凡听：威严猛厉，而不好假道人，则下畏恐而不亲，周闭而不竭⑥；若是，则大事殆乎弛，小事殆乎遂⑦。和解调通，好假道人，而无所凝止之，则奸言并至，尝试之说锋起，若是，则听大事烦，是又伤之也⑧。故法而不议，则法之所不至者必废⑨。职而不通，则职之所不及者必队⑩。故法而议，职而通，无隐谋，无遗善，而百事无过，非君子莫能⑪。故公平者，听之衡也，中和者听之绳也⑫。其有法者以法行，无法者以类举，听之尽也⑬。偏党而无经，听之辟也⑭。故有良法而乱者，有之矣；有君子而乱者，自古及今，未尝闻也⑮。传曰：“治生乎君子，乱生乎小人⑯。”此之谓也。

【注释】

①听政：处理政事。大分：要领，关键。②以善至者：怀着好意来的人。③不肖：不贤。④英杰：英雄豪杰。⑤若是：如果这样。名声日闻：名声一天天显赫。愿：敬仰羡慕。毕：完备。⑥听：听政。好(hào)：喜好，善于。假：宽容。假道：意思是待人宽容。下：臣下。亲：亲近。周闭而不竭：隐瞒而不把话说完。⑦殆乎：近于。弛：废弛。遂：通坠，废弃。⑧和解调通：随和而容易接近，这里指接受意见态度随和。凝：定。凝止：限制，有限度。锋：通蜂，蜂拥。听大：所听太多。烦：繁乱。伤之：伤害了政事。⑨法：法令，制度。议：议论，指议论法令的运用范围。废：出差错。⑩职：职权。通：相互沟通。队：同坠，失，这里是出现漏洞的意思。⑪无隐谋，无遗善：坏事隐瞒不住，好事也不会遗漏。⑫衡：准则。听之衡：原为“职之衡”，据上下文义改。中和：适当，指处理政事宽严适当。绳：标准。⑬类举：以类相推。尽：极，这里指最好的办法。⑭偏党：偏私。经：原则。辟：同僻，偏邪，不公正。⑮未尝闻：从来没有听说过。⑯君子：荀况理想中德才兼备的封建统治者。小人：指那些不遵守封建礼法，言行不一，专图私利的人。

【译文】

处理治国之政的关键：对那些品德高尚的人待之以礼，对那些品质恶劣的人付之以刑罚。对这两种不同的人要严格区别，这样贤与不贤的人就不会混杂，是非就不会搞乱。贤与不贤的人不被混淆，英雄豪杰就会到来，是非不乱国家就会得到治理。如果这样，好的名声就会一天一天传扬开去，天下的人就会敬仰归服，全国上下就会有令必行，有禁必止，君王的治国之道就完备了。大凡处理国家政事：态度威武、严肃、凶猛、刚烈而不喜欢宽容和教导别人，那么手下的人就会因为惧怕而不肯亲近你，甚至会不肯把事情的真相完全告诉你；如果这样，那么大的事情就会因为怠惰而废驰，小的事情就会因为拖拉而难成。对人态度宽容、和气、通达、

喜欢宽容和教导别人，却没有一定的限度，那么邪恶的言论就会随时产生，各种试探性学说就会兴起，如果这样，君王要处理的事情就会非常繁杂，这也会伤害国家大政要事。

所以，有了法律却不能认真地研究讨论，那么法律所没能涉及到的地方一定会废驰。虽然举荐的人适合担当某一职务，然而在职权范围内不能触类旁通，那么职权涉及不到的地方必然会出现失误。所以，有了法律而又能广泛开展研究讨论，有职权而又能触类旁通，好的计谋不被埋没，好的见解不被遗漏，那么一切事情都不会有失误，不是君子是办不到的。所以，公正是处理一切政务的准则，宽严适度是处理一切政务的准绳。这样，合乎法律规定的事情就依法办事，法律没能包容的事情就按法律类推去处理，这就是处理国家政事的最好方法。偏袒私情，不讲原则，处理事情就不公正。所以，虽然有好的法律而产生混乱的现象，也是有的；有君子处理事情而产生混乱现象的情况，从古代到现在，不曾听说过。古人说：

分均则不偏，势齐则不一，众齐则不使①。有天有地而上下有差，明王始立而处国有制②。夫两贵之不能相事，两贱之不能相使，是天数也③。势位齐，而欲恶同，物不能澹则必争，争则必乱，乱则穷矣④。先王恶其乱也，故制礼义以分之，使有贫、富、贵、贱之等，足以相兼临者，是养天下之本也⑤。《书》曰：“维齐非齐⑥。”此之谓也。

【注释】

①均：等同。偏：属，指上下统属关系。势：势位，权势。一：统一，集中。使：役使。②这句意思是：有天地就有上下的差别，明智的君主一开始当政，治理国家就有一定的等级制度。③天数：自然的道理。④欲：喜好。恶（wù）：厌恶。澹：通赡（shàn），满足。穷：困穷，指没办法。⑤先王：古代的帝王，荀况理想中符合封建政治、道德要求的君主。参见《附录二》。制：制定。相兼临：逐级进行统治。养：养育。⑥维齐非齐：要做到齐就必须是不齐。这里指要上下齐一，就必须有等级差别。

【译文】

名分相等就无法均衡分配，权势一样就无法集中统一，大家的地位相同就无法役使。有天有地就有高低的差别，圣明的君主开始登上王位就有一套治理国家的制度。两个人同样尊贵就谁也不能侍奉谁，两个人的地位同样卑贱就谁也不能役使谁，这是事物的自然规律。权势地位一样，而且好恶相同，如果物资无法满足他们的需求，就一定会相互争夺，争夺就必然产生动乱，动乱的结果就会使民穷国困。古代的圣王厌恶社会动乱，所以，制定礼义制度对社会上的人加以区分，使他们有贫、富、贵、贱的不同等级，这样就完全可以按不同的等级给以照顾和管制，这就是天下的财富能够妥善供应天下人的根本原则。《尚书》上说：“真正的齐同就是不齐同。”讲的就是这个意思。

马骇舆，则君子不安舆；庶人骇政，则君子不安位①。马骇舆，则莫若静之；庶人骇政，则莫若惠之②。选贤良，举笃敬，兴孝弟，收孤寡，补贫穷，如是，则庶人安政矣③。庶人安政，然后君子安位。传曰：“君者，舟也；庶人者，水也。水则载舟，水则覆舟④。”此之谓也。故君人者，欲安，则莫若平政爱民矣⑤；欲荣，则莫若隆礼敬士矣⑥；欲立功名，则莫若尚贤使能矣⑦；是君人者之大节也。三节者当，则其余莫不当矣[⑧]。三节者不当，则其余虽曲当，犹将无益也[⑨]。孔子曰：“大节是也，小节是也，上君也。大节是也，小节一出焉，一人焉，中君也。大节非也，小节虽是也，吾无观其余矣[⑩]。”

【注释】

①骇舆（hài yú）：惊车。安：安稳。骇政：惊惧政事，指反抗统治。②静之：使马安静。惠之：给他们恩惠。③笃（dǔ）：忠实。举笃敬：提拔忠实而又严肃认真的人。兴孝弟：提倡孝悌。荀况为了巩固地主阶级的统治，也主张“兴孝弟”，但他认为弟悌只是“人之小行也”（《子道》），这与孔丘把孝悌说成是“仁之本”，并用它来维护奴隶制，在阶级内容和宣扬程度上是有差别的。④这句意思是：古书上说：“君子好比船，庶人如同水，水能使船安稳地运行，也可以使船沉没。”⑤君人者：国君。平政爱民：改善政治、爱护人民。⑥荣：这里指国家强盛而且有声望。隆礼敬士：尊崇礼义，敬重有才能的地主阶级知识分子。⑦尚：推崇。尚贤使能：推崇品德高尚的人，使用有才能的人。⑧当：得当，恰到好处。⑨曲：委曲。曲当：委曲得当，指经过各方面的努力做到都很得当。犹将：仍然。⑩这三句意思是：孔丘说：“大节做得对，小节也做得对，这是上等的君主。大节做得对，而小节做得有的对有的不对，这是中等的君主。大节做得不对，小节即使做得对，我也不用看其余的了。”荀况借用孔丘的话，是为了说明地主阶级要巩固政权，必须作到“平政爱民”、“隆礼敬士”、“尚贤使能”这样三条基本的准则。

【译文】

马惊车，那么君子就无法在车厢里安坐；百姓恐惧政事，那么君主就不能坐稳王位。马惊车，最好的办法让马平静；百姓恐惧政事，最好的办法给他们恩惠。选拔贤良的人，举荐忠诚严谨的人，表彰孝敬父母尊重兄长的人，收养孤寡无靠的人，救济贫穷的人，倘若这样，那么百姓就会安于政事。百姓安于政事，之后君主就会稳坐王位。古人说：“君主好比舟船；百姓就是水。水能浮载舟船，水也能淹没舟船。”讲的就是这个意思。因此，君主治理百姓想要安定，最好的办法莫若使平稳政治，爱护人民；想要得到荣耀，最好的办法莫若尊重品德高尚的人，任用有才能的人；这就是君主治理百姓的根本原则。这三条原则能够正确实施，那么其余的事情就不会出现差错。这三条原则不能够正确实施，那么其余的事情即使全部做得好，对治国大政仍然不会有什么益处。孔子说：“大的原则正确，小的原则也正确，这是最高尚的君主。大的原则正确，小的原则时而出错，时而正确，这是中等的君主。大的原则错误，小的原则即使都正确，我也无需再去考察他别的事情了。”

成侯、嗣公聚敛计数之君也，未及取民也；子产取民者也，未及为政也；管仲为政者也，未及修礼也[①]。故修礼者王，为政者强，取民者安，聚敛者亡[②]。故王者富民，霸者富士，仅存之国富大夫，亡国富筐箧、实府库[③]。筐箧已富，府库已实，而百姓贫，夫是之谓上溢而下漏；入不可以守，出不可以战，则倾覆灭亡可立而待也[④]。故我聚之以亡，敌得之以强[⑤]。聚敛者，召寇、肥敌、亡国、危身之道也，故明君不蹈也[⑥]。

【注释】

①成侯、嗣（sì）公：都是战国时卫国国君，嗣公是成侯的孙子。聚敛：搜刮钱财。计数：精打细

算。取民：指笼络人民。子产：春秋末郑国大夫，做过郑国的相，传说他对人民搞一些小恩小惠，以笼络人民。管仲：名夷吾，曾任齐桓公的相；对当时齐国的政治、经济、军事等方面进行了一些改革，使齐国国富兵强，成为霸主。所以荀况说他是“为政者也”。修礼：实行礼义。②王：王天下，即统一天下。③王者：建立统一政权的最高统治者，荀况理想中能够统一天下的封建君主。士：武士，指有战功者。箧(qiè)：箱子一类的东西。筐箧：泛指盛东西的器具，这里指国君的私囊。实：充实，充满。府库：仓库。④溢：水漫出来，这里形容财物很多。漏：水流泄，不能积蓄，这里形容贫穷。入：内。倾覆：指政权垮台。立而待：立刻就会到来。⑤聚：聚敛，即搜刮钱财。⑥召寇：招来敌寇。道：道路。蹈：踩，践踏。不蹈：不去走那条危险的道路。

【译文】

卫国的国君成侯和他的孙子嗣公是横征暴敛、精打细算的国君，没有得到人民的拥戴；郑国的大夫子产是得到人民拥护的人，却不知道治理国家的政事；齐国的宰相管仲善于处理国家的政事，却不懂得修整礼义。因此，只有修整礼义的人才能统一天下，以政治国的人可以使国家强盛，得到人民拥护的人能够使国家安定，横征暴敛的人一定灭亡。所以，推行王道的人能使人民富足，推行霸道的人只能使武士富有。仅仅能够保存的国家只能使大夫富裕，将要灭亡的国家只知道将财宝装满私人的筐子箱子和充实王家的仓库。筐子、箱子却已装满，国库却已充实，但是百姓却很贫困，这就称之为上边的国君富足而下边的百姓贫穷；这样的人对国内不能守住王位，对外无法抵御强敌的入侵，垮台灭亡的时间没有多久了。因此，我方因为聚敛财物而灭亡，敌方则因获得这些财物而强大。聚敛财物的人是招来敌人、养肥敌人、灭亡国家、危害自身的道路，所以，明智的国君不走这条道路。

王夺之人，霸夺之与，强夺之地①。夺之人者臣诸侯，夺之与者友诸侯，夺之地者敌诸侯②。臣诸侯者王，友诸侯者霸，敌诸侯者危。

【注释】

①夺：争取，夺取。夺之人：争取人心。夺之与：争取友邻国家。强：强大，这里指以力胜人者。夺之地：夺取他国的土地。②臣诸侯：使诸侯为臣。友诸侯：同诸侯为友。敌诸侯：与诸侯为敌。

【译文】

行王道的人争取的是人心，行霸道的人争取的是邻国，想逞强的人夺取的是土地。争取人心的王者可以使诸侯臣服，争取与邻国交好的霸者可以诸侯为友，强夺别国土地的人与诸候为敌。使诸侯臣服的人称王，以诸侯为友的人称霸，以诸侯为敌人的人危亡。

用强者，人之城守，人之出战，而我以力胜之也，则伤人之民必甚矣①。伤人之民甚，则人之民恶我必甚矣。人之民恶我甚，则日欲与我斗②。人之城守，人之出战，而我以力胜之，则伤吾民必甚矣。伤吾民甚，则吾民之恶我必甚矣。吾民之恶我甚，则日不欲为我斗。人之民日欲与我斗，吾民日不欲为我斗，是强者之所以反弱也③。地来而民去，累多而功少，虽守者益，所以守者损，是以大者之所以反削也④。诸侯莫不怀交接怨而不忘其敌，伺强大之间，承强大之敝，此强大之殆时也⑤。知强大者不务强也，虑以王命，全其力，凝其德[6]。力全则诸侯不能弱也，德凝则诸侯不能削也，天下无王霸主，则常胜矣[7]。是知强道者也。

【注释】

①人：人家，指其他诸侯国。人之城守：别国的人守卫自己的城很严密。力：强力，武力。甚：极，很厉害。②日欲：天天想。③反弱：反而变弱。④累：劳苦。守者：指土地。益：增加。所以守者：指人民。损：减少。反削：反而变小。⑤怀交：互相结交。接：联合。怨：指怨恨强国的国家。伺：窥伺。间：间隙。承：同乘。敝：同弊，困境。殆：危险。⑥不务强：不专用强力胜人。虑：大抵、大概。虑以王命：大抵都以王天下为自己的使命。全其力：使自己的实力更强大。凝：凝聚，巩固。德：道德。这里指政治条件。⑦无王霸主：没有称王称霸的君主。

【译文】

用武力征服别国，别国的人一定坚守自己的城池，别国的人出城应战，而我方以武力战胜他们，那么别国的人民伤亡的一定很多。死伤别国的人民愈多，那么，别国的人民对我必然愈痛恨。别国的人民对我愈痛恨，就会天天与我斗争。别国的人民固守城池，别国的人民出城迎战，而我方要用武力战胜对方，那么我方人民的伤亡一定很多。我方人民伤亡严重，那么，我方的人民痛恨我就愈厉害。我方人民痛恨我愈厉害，那么，就天天不想为我战斗。别国的人民天天跟我战斗，我方人民天天不想为我打仗，这就是强大国家之所以变成弱小的原因。赢得了地盘而失去了人民，付出的代价多而收到的功效少，即使疆土增加了，可是用来保卫土地的人却减少了，这是强大国家之所以削弱的原因。于是各诸侯国没有不同仇敌忾互相订交结合而不忘记对付他的敌国。时刻窥探强大敌国的可乘之机，乘着强大国家处于困境的时候攻打它，这样那个强大国家覆亡的时候就要到了。

懂得强国之道的人不专以强力胜人，而是以崇尚德政实行王道把全国的力量和人民的思想统一起来。全国上下力量集中那么别的诸侯国就不能削弱它，人民的思想在仁义道德准则下凝聚起来别的国家就不能削弱它，如果天下没有称王称霸的君主，那么强国就可以常胜不败。这就是懂得强国之道。

彼霸者不然，辟田野，实仓廪，便备用，案谨募选阅材伎之士，然后渐庆赏以先之，严刑罚以纠之[1]。存亡继绝，卫弱禁暴，而无兼并之心，则诸侯亲之矣[2]。修友敌之道以敬接诸侯，则诸侯说之矣[3]。所以亲之者，以不并也；并之见，则诸侯疏矣[4]。所以说之者，以友敌也；臣之见，则诸侯离矣[5]。故明其不并之行，信其友敌之道，天下无王霸主，则常胜矣[6]。是知霸道者也。

闵王毁于五国，桓公劫于鲁庄，无它故焉，非其道而虑之以王也[7]。

【注释】

①辟：开辟。廪（lǐn）：米仓。实仓廪：充实粮仓。便备用：使兵革器具便于使用。案：发语词，乃。谨募选阅材伎之士：谨慎地招募和选择武艺高强的人。渐（jiān）：深，重。先：倡导，诱导。②存亡继绝，卫弱禁暴：意思是，保存将要灭亡的国家，使已灭亡的国家的后代能继续祭祀其祖先，保卫弱小的国家，制止那些凶暴的国家。③敌：匹敌，这里指与自己相等的其他诸侯国。修友敌之道：实行和其他诸侯

国相友好的原则。以敬接诸侯：用恭敬的态度交接诸侯。说：同悦，高兴。④见：同现，表露。并之见：表露出有兼并诸侯的心。疏：疏远。⑤臣之见：表露出有使诸侯为臣的心。⑥明：表明。信：信守。⑦闵（mǐn）王：即齐闵王，战国时齐国国君，曾被燕、赵、魏、秦五国打败。桓公：即齐桓公，春秋时齐国国君。桓公劫于鲁庄：指公元前 680 年齐桓公与鲁庄公在柯这个地方订盟，鲁庄公的臣子曹沫胁迫齐桓公答应归还汶阳地区这件事。故：原因。非其道而虑之以王也：不是实行的王天下之道而想称王天下。

【译文】

那些推行霸道的人不是这样，开辟耕地，充实仓库，修备武器，严谨慎重地招募和选拔武艺高强的人材，然后用优厚的奖赏诱惑他们，用严厉的刑罚纠察他们；保存即将灭亡的国家使它能继续生存，保护弱小的国家制止强暴的国家，自己却没有并吞弱小国家的野心，那么各个诸侯国就会亲近他们。实行与自己势力相当诸侯国交好的原则，以礼义敬接诸侯，那么各诸侯国就会喜欢与他们交往。各诸侯国之所以愿意同他们亲近的原因是由于他不并吞他们；如果他并吞各诸侯国的意图暴露出来，那么各诸国就会与他疏远。各诸侯国喜欢同他们交好的原因，是由于他们能够平等友好地对待他们；如果他想要各诸侯国称臣拥戴的思想暴露出来，那么各诸侯国就会背离他们。所以，表明他不并吞别国的品行，申明他与各国平等友好的原则，天下没有称王称霸的君主，那么，实行霸道的国家就会常胜了。这就是懂得了称霸诸侯的道理。

齐闵王被燕、赵、楚、魏、秦五国打败，齐桓公被鲁庄公胁迫，没有别的原因，是因为他们否定了实行仁义的王道却还要想称霸于天下。

彼王者不然，仁眇天下，义眇天下，威眇天下[①]。仁眇天下，故天下莫不亲也。义眇天下，故天下莫不贵也[②]。威眇天下，故天下莫敢敌也。以不敌之威辅服人之道，故不战而胜，不攻而得，甲兵不劳而天下服，是知王道者也[③]。

知此三具者，欲王而王，欲霸而霸，欲强而强矣[④]。

【注释】

①仁：《非十二子》篇说，“贵贤，仁也；贱不肖，亦仁也”，指地主阶级隆礼尊贤的道德品质。眇：高远的意思。仁眇天下：意思是，仁的品德高于其他所有的诸侯国。义：指符合封建政治、道德标准的言行。威：威力。②贵：尊贵。③辅：辅助。服人之道：指仁、义。以不敌之威辅服人之道：以无敌的威力辅助仁、义之道。甲兵：军队。④具：条件。三具：指上述“强道”“霸道”“王道”三者。而：则，就。

【译文】

那么，实行王道的人不是这样，他们的仁爱之心高于天下，他们的礼义之道高于天下，他们的威严高于天下。仁爱之心高于天下的，所以天下诸侯没有不亲近他们。礼义之道高于天下，所以天下诸侯没有不尊敬他们。威严高于天下的，所以天下诸侯没有敢同他抗争。仰仗没有那一个诸侯国能与他匹敌的威望，加上使天下人心悦诚服的仁义道德，所以就能够不战而取得胜利，不用攻打别国就能够得到土地，用不着劳师作战天下各诸侯国就会自然归服，这是懂得推行王道达到统治天下的道理。懂得并具备上述三个条件，想称王就可以称王，想称霸就可以称霸，想成为强国就可以成为强国。

王者之人，饰动以礼义，听断以类，明振毫末，举措应变而不穷，夫是之谓有原，是王者之人也。[①]。

【注释】

①人：指君主及其大臣。饰：同饬，检点，约束。振：兴起。毫末：最细微的事物。举措：兴废。原：根本。

【译文】

实行王道的人：能用礼义规范自己的行为，用法令纪纲处理国家政事，能以清明的政治调动和发挥所有人的积极性，各种举措能随时势变化而不会束手无策，这就叫做掌握了治理国家的根本原则，这是可以以仁政统一天下的人。

王者之制，道不过三代，法不贰后王[①]。道过三代谓之荡，法贰后王谓之不雅[②]。衣服有制，宫室有度，人徒有数，丧祭械用，皆有等宜[③]。声，则凡非雅声者举废；色，则凡非旧文者举息；械用，则凡非旧器者举毁[④]。夫是之谓复古，是王者之制也。

【注释】

①制：这里指各种具体器物的制度。道：治理国家的根本原则。三代：夏、商、周。贰：背离，违反。后王：指近时的君主。②荡：渺茫。不雅：不正。③度：节度，标准。人徒：左右跟随的仆从。丧祭械用：丧葬祭祀的器具。皆有等宜：都有和等级相符合的规定。④声：音乐。雅声：正声。举废：全部废除。文：文采，绘画等。息：不用。

【译文】

实行王道的制度：治国之道不超越夏、商、周三代，治国的具体法制不背离当代君王。治国之道超越夏、商、周三代就会渺茫难辨，治国的法制背离当代君王就会不雅正。穿衣有等级规定，修建宫室有一定标准，仆人随从有一定的数量、丧葬、祭礼所用器械都有与之相适宜的等级规定。音乐，凡是不合礼义的正统雅乐的音声全部废除；色彩，凡是不符合古制典雅标准的彩饰全部毁掉；用具，凡是不符合古制典雅的器具全部销毁。这就叫做恢复古代的世风，是实行王道的人的制度。

王者之论，无德不贵，无能不官，无功不赏，无罪不罚[①]。朝无幸位，民无幸生[②]。尚贤使能，而等位不遗；折愿禁悍，而刑罚不过[③]。百姓晓然皆知夫为善于家而取赏于朝也，为不善于幽而蒙刑于显也[④]。夫是之谓定论，是王者之论也。

【注释】

①论：通伦，等类，指用人的方针。无德不贵：没有封建道德的人不能使他有尊贵的地位。②这句意思是：朝廷里没有靠侥幸得到而不称职的官吏，老百姓中没有靠不务正业（耕战）而得过且过的人。③遗：失，这里是差错的意思。等位不遗：所给的等级地位与他的贤能相当而没有一点差错。折：抑制。愿：通傆，狡诈。折愿禁悍：制裁狡诈的人，禁止凶暴的人。④晓然：十分明白。幽：暗。蒙刑：受刑

罚。显：明显。

【译文】

实行王道的人的等级观念：没有高尚的道德不能使他成为尊贵的人，没有才能的人不能授给他官位，没有功劳的人不能给予奖赏，没有罪行的人不能处以刑罚。朝廷上没有侥幸可以得到的官位，百姓中没有侥幸得以生存的人。崇尚有道德的人，任用有才能的人，这样等级名位等伦礼就不会失误；制裁诈骗，禁绝强悍的人，而施以刑罚不为过分。使百姓都明白即使在家里做好事也能够在朝廷之上得到奖赏，即使在不被人知道的幽暗之处干了坏事也会在市肆的广众面前得到惩罚。这就是所说的："定论"，即推行王道的人的伦常观念。

王者之法，等赋，政事，财万物，所以养万民也①。田野什一，关市几而不征，山林泽梁，以时禁发而不税②。相地而衰政，理道之远近而致贡，通流财物粟米，无有滞留，使相归移也③。四海之内若一家，故近者不隐其能，远者不疾其劳，无幽闲隐僻之国，莫不趋使而安乐之④。夫是之谓人师，是王者之法也⑤。

【注释】

①法：这里指具体的封建经济政策，原脱，据以上各段体例补。等赋：按等级规定赋税。政：通正。政事：处理好民事。财：通裁，利用。②田野什一：按田亩征收十分之一的税。几：通讥，查问。关市几而不征：关卡、市场只察问而不征税。泽：湖泊。梁：堵水捕鱼的土堤。③衰（cuī）：差别。政：通征。相地而衰政：根据土地的好坏收税。理：区分。致贡：交送贡物。滞留：停留，积压。相归移：互相交换、流通。④不隐其能：不隐瞒自己的能力。不疾其劳：不怨恨自己的劳苦。幽闲隐僻：偏僻边远的意思。无幽闲隐僻之国：不论地处多么边远的国家。莫不趋使而安乐之：没有不愉快地去听候王者的使唤。⑤人师：人们的表率，榜样。

【译文】

实行王道的人的法令：按等级规定征收赋税，按原则处理国家事务，管好用好国家的各种资源，用这些物资来供养万千百姓。征收十分之一的田亩税，关卡市场只检查而不征收赋税，山上的林木，泽中的鱼塘，依照时节规定或禁止渔樵，或允许捕伐但不收税。根据土地肥沃瘠薄的不同情况规定赋税，根据路程的远近决定上交贡品的种类和多少。流通财货粮食，不要让它积压，使各地的物资能够聚散交流。四海之内如同一家，所以近处的人不隐瞒自己的能力，边远的人不因为劳动辛苦而产生怨恨，无论多么偏僻边远，没有不愉快地归服而听从驱使。这样的人就能称为人的楷模，这是实行王道的人的法令。

北海则有走马吠犬焉，然而中国得而畜使之①。南海则有羽翮、齿革、曾青、丹干焉，然而中国得而财之②。东海则有紫紶鱼盐焉，然而中国得而衣食之③。西海则有皮革、文旄焉，然而中国得而用之④。故泽人足乎木，山人足乎鱼，农夫不斫削、不陶冶而足械用，工贾不耕田而足菽粟⑤。故虎豹为猛矣，然而君子剥而用之⑥。故天之所覆，地之所载，莫不尽其美、致其用，上以饰贤良、下以养百姓而安乐之⑦。夫是之谓大神⑧。《诗》曰："天作高山，大王荒之；彼作矣，文王康之⑨。"此之谓也。

【注释】

①北海：泛指我国北部地区。中国：这里指我国中原地区。畜使：畜养和使用。②南海：泛指我国南部地区。羽翮（hé）：羽毛。齿革：象牙和犀牛皮。曾青：又称铜精，即碳酸铜，一种绘画用的颜料。丹干：朱砂，又叫丹砂，即硫化汞。③东海：泛指我国东部地区。紫：读作絺（chī），细麻布。紶，读作绤（xì），粗麻布。紫紶：泛指做衣服的材料。④西海：泛指我国西部地区。文旄（máo）：染上色彩的牦牛尾，旗杆上的装饰物。⑤泽人：住在水边的人。足乎木：有足够的木材。斫（zhuó）：砍削。不斫削：不做木工活。不陶冶：不做陶器，不搞冶炼。贾（gǔ）：商人。菽粟：指粮食。⑥这句意思是：所以虎豹虽然凶猛，但可以剥它的皮供君子用。⑦致：极，尽。饰：装饰。⑧大神："尽善挟治之谓神"（《儒效》），指天下大治的政治局面。⑨大王：太王，亦称古公亶（dǎn）父，周文王的祖父。荒：大。

【译文】

边远的北部地区产良马好犬，然而，中原地区得到它把它豢养起来而供驱使。边远的南部地区则有羽毛、象牙、皮革、曾青、丹砂，然而中原地区得到它利用它，东部沿海地区有细麻布、鱼、盐、然而中原地区得到它、食用它。西部地区则有皮革、漂亮的牦牛尾，然而中原地区得到它而利用它。所以，居住在湖区的人有足够使用的木材，居住在山区的人有足够的鱼吃，农夫用不着亲自做木工和制陶冶炼而有足够使用的器械，工匠商人不种田而有足够的粮食吃。所以，虎豹虽然是凶猛的野兽，然而君子能够剥下它的皮而供自己使用。因此，天所覆盖的一切，地上所负载的一切，没有一样不显示出其美好的价值，尽其所能而被人们利用。对上可以美化贤良等上层人士的生活，对下可以用来养育百姓而使他们过安乐的生活。这样的局面就称之为天下大治。《诗经》上说："上天造就了高峻的岐山，大王开辟了西周的地盘。百姓辛勤来建设，文王继统保民安。"讲的就是这个意思。

以类行杂，以一行万[①]：始则终，终则始，若环之无端也，舍是而天下以衰矣[②]。天地者，生之始也，礼义者，治之始也；君子者，礼义之始也[③]。为之，贯之，积重之，致好之者，君子之始也[④]。故天地生君子，君子理天地[⑤]；君子者，天地之参也，万物之总也，民之父母也[⑥]。无君子，则天地不理，礼义无统，上无君师，下无父子，夫是之谓至乱[⑦]。君臣、父子、兄弟、夫妇、始则终，终则始，与天地同理，与万世同久，夫是之谓大本[⑧]。故丧祭、朝聘、师旅一也[⑨]。贵贱、杀生、与夺一也[⑩]。君君、臣臣、父父、子子、兄兄、弟弟一也，农农、士士、工工、商商一也。

【注释】

①类：统类，即各种事物的总原则。行：贯穿，统率。一：一贯的原则，指礼义，下同。②是：指类和一。衰：衰乱。③始：根本。治：治理国家。④这句意思是：实行礼义，贯彻礼义，不断积累礼义，在礼义上达到最完善的地步，这是做君子的根本。⑤理：治理。⑥参：参与，配合。总：总管。⑦统：始，根本。至：极。⑧与天地同理：和天地有上下之分是同一个道理。与万世同久：和万世一起长存。⑨朝：诸侯定期朝拜天子的礼节。聘：诸侯互相问候的礼节。师旅：军队，这里指军队中的上下等级和礼节。⑩杀生：处死和赦免。与夺：给予和剥夺，指赏和罚。

【译文】

以纲纪为原则贯通杂乱的事物，以礼义之道统一万人的行为；开始就是终结，终结就是开始，起点与终点不分，像一个圆环一样永远找不到它始终的极点。倘若抛弃这个治理天下的总原则，天下就会乱，国家就会衰亡。天地是万物生长的起源；礼义是治理社会的根本，君子是礼义的创始。执行它，贯彻它，不断地丰富它，使它达到最完美的境界，君子是它的根本。因此，天地生育君子，反过来君子又治理天地；君子的作用可以和天地相匹配，是天地间万物的主宰，百姓的父母。没有君子，那么天地间万物就得不到治理，礼义就无法贯通，上无君主师长，下无父亲儿子，这就称之为天下大乱。君臣、父子、兄弟、夫妇之间，开始就是终结，终结就是开始，与天地上下相接而又有区别是一个道理，与万世万代一样永久存在，这就是最大的根本。所以，丧葬祭礼，朝拜天子，诸侯互相问候，军旅上下，都以礼义这个“一”之道来统帅。高贵与卑贱，诛杀与赦免，赏赐与惩罚，也应该以礼义这个“一”为统帅。君尽君道，臣尽臣道，父尽父道，子尽子道，兄尽兄道，弟尽弟道，也与上边是一个道理。农夫尽农夫之道，士人尽士人之道，工匠尽工匠之道，商人尽商人之道，也与上边是一个道理。

水火有气而无生，草木有生而无知，禽兽有知而无义；人有气、有生、有知亦且有义，故最为天下贵也①。力不若牛，走不若马，而牛马为用，何也？曰：人能群，彼不能群也。人何以能群？曰：分②。分何以能行？曰：义。故义以分则和，和则一，一则多力，多力则强，强则胜物；故宫室可得而居也③。故序四时，裁万物，兼利天下，无它故焉，得之分义也④。

故人生不能无群，群而无分则争，争则乱，乱则离，离则弱，弱则不能胜物；故宫室不可得而居也，不可少顷舍礼义之谓也⑤。能以事亲谓之孝，能以事兄谓之弟，能以事上谓之顺，能以使下谓之君⑥。君者，善群也⑦。群道当，则万物皆得其宜，六畜皆得其长，群生皆得其命⑧。故养长时，则六畜育；杀生时，则草木殖⑨。政令时，则百姓一，贤良服⑩。

【注释】

①气：我国古代一些唯物主义思想家把气当作原始物质，认为万物都是由气构成的。生：生命。知：知觉，指动物本能的反应。②彼：它们，指牛马。群：合群，就是人们按一定的等级和分工关系组织起来。③分何以能行：等级名分怎么能行得通呢？故义以分则和：用礼义的标准来区分等级，人们的关系就能协调起来。一：一致、统一。胜物：战胜万物。④序四时：安排四时的活动。兼利天下：使天下人都得到利益。得之分义也：就是因为有封建等级关系的准则的缘故。⑤离：离散。少顷：一会儿。舍：舍弃。⑥事：侍奉。使下：役使臣民。⑦这句意思是：君主是善于按一定分工和等级把人们组织起来的人。⑧群道当：组织社会的原则恰当。在荀况看来，封建的等级秩序和分工原则是组织社会最恰当的原则。宜：适宜。六畜：猪、牛、羊、马、鸡、狗。命：生命。⑨时：适时。养长（zhǎng）时：养育生长适时。育：养育成长。杀生时：砍伐种植适时。殖：繁殖茂盛。⑩百姓一：老百姓行动一致。

【译文】

水与火有气象却没有生命，草木有生命却没有知觉，禽兽有知觉却无礼义；人有气象、有生命、有知觉而且也有礼义，所以是天下最珍贵的。人的力量不如牛大，走的不如马快，而牛马为人所用，这是为什么呢？回答说：人能形成社会群体，牛马不能形成社会群体。人为什么会形成社会群体呢？回答说：人有不同的等级名分。为什么会产生不同的名分等级呢？回答说：因为有礼义。因此，按礼义区别名分等级人与人之间的关系就和谐，人际关系和谐行动就一致，行动一致力量就大，力量大国家就强盛，强盛就能战胜外界事物，所以就可以建筑起供人居住的宫室。因此，人能把握春、夏、秋、冬四季的气候变化，掌管和利用世间的各种物资，使它都为天下的人谋利益，没有别的原因，就是因为有以礼义为准则分成不同的名分等级的缘故。

因此，人的生存不能没有社会群体，有社会群体而没有名分等级就会发生争斗，争斗的结果社会就会混乱，混乱的结果群体就会分裂，群体分裂的结果力量就会削弱，力量弱就不能战胜外界万物；所以，就无法建造起来可供自己居住的房屋，这就是说人一时一刻也不能离开礼义这个人际关系的根本。能以礼义侍奉父母的叫做孝，以礼义侍奉兄长的叫做悌，能以礼义侍奉君主的叫做顺，能以礼义役使臣民的叫做君。君主，是善于组合社会群体的人。组合群体方法恰当，那么世间万物都能被恰当的利用，猪、牛、羊、马、鸡、狗六畜都能繁殖生长，所有的生物都能生存。所以，只要养育生长的合乎时宜，则六畜就能很好的繁育；采伐种植合乎时宜，草木就生长的繁盛，适时地颁布政令，百姓就会行动统一，有道德有才能的人就会归服。

圣王之制也：草木荣华滋硕之时，则斧斤不入山林，不夭其生，不绝其长也①；鼋鼍鱼鳖鳅鳣孕别之时，罔罟毒药不入泽，不夭其生，不绝其长也②；春耕、夏耘、秋收、冬藏，四者不失时，故五谷不绝，而百姓有余食也；污池渊沼川泽，谨其时禁，故鱼鳖优多，而百姓有余用也③；斩伐养长不失其时，故山林不童，而百姓有余材也④。

圣王之用也：上察于天，下错于地，塞备天地之间，加施万物之上⑤；微而明，短而长，狭而广，神明博大以至约⑥。故曰：一与一是为人者，谓之圣人⑦。

【注释】

①荣华滋硕之时：开花结果的时候。斤：砍伐树木的斧。夭：夭折，伤害。绝：断绝。②鼋（yuán）：大鳖。鼍（tuó）：鳄鱼的一种，俗称猪婆龙。鳅：泥鳅。鳣（shàn）：鳝鱼。孕别：产卵。罔罟（gǔ）：鱼网。③污池渊沼：泛指生长鱼类的水塘。谨其时禁：严格规定在一定时节内禁止捕捞。优：丰饶。④童：秃，指山上没有草木。⑤用：功用。察：际，接。错：通措，安置。塞备：充满。⑥微：细微。明：显著。神明：最高的智慧。至约：极其简单扼要。⑦与：通举，这里是统率的意思。一与一：前一个“一”指礼义这个总原则，后一个“一”指各种具体事物。

【译文】

圣明君王的制度：草木繁殖开花结果的时候，不准人携带刀斧进山入林砍伐树木，不准毁坏草木的幼苗，不准破坏草木的生长；鼋、鼍、鱼、鳖、鳅、鳣孕育产卵的季节，不准到河湖池沼中撒网投药捕捞，不扼杀鱼苗，不防碍鱼的生长；春耕、夏耘、秋收、冬藏四季农作不失时机，因此，五谷食粮就能不断地生产，因而百姓就会有吃不完的粮食；污、池、渊、沼、川、泽、严格按照时令禁止捕捞，所以鱼、鳖就会特别多，因而百姓就会有吃不完的鱼、鳖；砍伐育养不失时令，所以，山林就会繁茂，因而百姓就会有用不尽的木材。

圣明帝王的作用：上能通晓天文，下能措置地理，他的作用充满于整个天地之间，施加于万物之上；这种作用微而明，短而长，狭而广，它神灵智慧既博大又简约。所以说：能够用礼义之道统率天地间一切事物的人，称之为圣人。

序官：宰爵知宾客祭祀飨食牺牲之牢数①。司徒知百宗城郭立器之数②。司马知师旅甲兵乘白之数③。修宪命，审诗商，禁淫声，以时顺修，使夷俗邪声不敢乱雅，大师之事也④。修堤梁、通沟浍，行水潦，安水藏，以时决塞；岁虽凶败水旱，使民有所耘艾，司空之事也⑤。相高下，视肥垅，序五种，省农功，谨蓄藏，以时顺修，使农夫朴力而寡能，治田之事也⑥。修火宪，养山林薮泽草木鱼鳖百素，以时禁发，使国家足用而财物不屈，虞师之事也⑦。顺州里，定廛宅，养六畜，闲树艺，劝教化，趋孝弟，以时顺修，使百姓顺命，安乐处乡，乡师之事也⑧。论百工，审时事，辨功苦，尚完利，便备用，使雕琢文彩不敢专造于家，工师之事也⑨。相阴阳，占祲兆，钻龟陈卦，主攘择五卜，知其吉凶妖祥，伛巫跛击之事也⑩。修采清，易道路，谨盗贼，平室律，以时顺修，使宾旅安而货财通，治市之事也⑪。折愿禁悍，防淫除邪，戮之以五刑，使暴悍以变，奸邪不作，司寇之事也⑫。本政教，正法则，兼听而时稽之，度其功劳，论其庆赏，以时顺修，使百吏免尽，而众庶不偷，冢宰之事也⑬。论礼乐，正身行，广教化，美风俗，兼覆而调一之，辟公之事也⑭。全道德，致隆高，綦文理，一天下，振毫末，使天下莫不顺比从服，天王之事也⑮。故政事乱，则冢宰之罪也；国家失俗，则辟公之过也；天下不一，诸侯俗反，则天王非其人也⑯。

【注释】

①序：同叙，叙述。序官：叙述官的职责和权限。这是本段的一个小标题。宰爵（jué）：主管宰杀牲畜、调膳以供接待宾客和祭祀用的官。知：主管。飨（xiǎng）食：宴会。牺牲：古代把祭祀用的牛、羊、猪叫牺牲。牢：指祭祀的牲品，古代祭祀时，用猪、牛、羊三牲称作太牢，用猪、羊二牲称为少牢。数：规定的数量。②司徒：主管民政的最高长官。宗：宗族。郭：外城。立器：陈设器械。③司马：主管军队的最高长官。乘：古代四马一车为一乘。白：同伯，古代军队编制，百人为伯。乘白：车马士兵。④修宪命：制订法令文告。商：通章。审诗商：审查诗歌。禁淫声：禁止淫邪的音乐。以时：按时。下同。顺修：整理，修订。夷：古代对中原以外少数民族的卑称。夷俗：落后的风俗习惯。大（tài）师：乐官之长。⑤堤梁：堤坝，桥梁。通：疏通。浍（kuài）：田间水沟。潦：通涝。行水潦：疏通河道，排除涝灾。安水藏：修固水库，蓄藏水流。决塞：开放和关闭。凶败：年成不好。耘：这里指耕种管理。艾（yì）：同刈，收获。司空：主管水土的最高长官。⑥相高下：察看地势的高低。垅：同硗（piāo），土地贫瘠。序五种：按时去播种黍、稷、豆、麻、麦五种作物。省农功：检查农民劳动的功效。谨蓄藏：认真储备粮食。朴力而寡能：一心一意地致力于农业生产，而不要从事其他技能。治田：即司田，官名。⑦火宪：防火的法令。薮（sǒu）泽：泛指湖泊。素：同蔬，蔬菜。原为索，据文义改。屈：尽。虞（yú）师：管理山林湖泊的官。⑧顺州里：治理乡里的百姓。廛（chán）：古代城市百姓的住房。定廛宅：规定住宅的界限。闲树艺：学习种树的技术。劝教化：勉励老百姓听从教化。趋：促，促使。命：法令。乡师：州长、乡长一类的地方官。⑨论：评论。审时事：根据时节确定要做的事。功苦：产品的好坏。尚完利：注重产品的坚固和适用。便备用：使设备器具便于使用。雕琢：雕刻。文彩：绘画。不敢专造于家：不敢私自在家里制造。工师：管理手工业的官。⑩祲（jìn）：指一种气象现象。古代搞迷信的人，认为这是由阴阳二气相互作用而发生的，能预示吉凶。钻龟：古代一种迷信活动，先把龟壳钻孔，然后放在火上烤，根据它

的裂纹来判断吉凶。主：掌管。攘（rǎng）择：排除不祥，选择吉事。五卜：指占卜时出现的雨（雨天）、霁（jì）、蒙（阴天）、驿（yì，半阴半晴）、克（各种卦象互相交错）五种兆形。（详见《尚书·洪范》）伛（yǔ）：驼背。跛：瘸子。击：通觋（xí），古代搞迷信活动的人，男称觋，女称巫。⑪采：通埰，坟墓。清：同圊，厕所。修采清：清理坟墓、厕所。易：整修。谨：严防。室律：据《王霸》篇"质律禁止而不偏"文义，当作"质律"，指评定物价的文书。平室律：平衡物价或评定物价的意思。宾旅：旅客。疑当作"商旅"，《王霸》篇说："质律禁止而不偏，如是，则商贾莫不敦悫而无诈矣。……商贾敦悫无诈，则商旅安、货财通而国求给矣"，与此文义同。使宾旅安而货财通：使商旅安业，货财流通。治市：即司市，管理城镇的官。⑫折愿：原作"抃急"，据上文"折愿禁悍"文义改。戮（lù）：惩罚。五刑：墨（脸上刺字）、劓（yì，割鼻）、剕（fèi，断脚）、宫（阉割）、大辟（砍头）五种刑罚。⑬本政教：以政治教化为根本。正法则：修定法令、制度。稽（jī）：考查。兼听而时稽之：听取各方面的意见，并且经常考查。度：计量。免：同勉。免尽：勉力尽职。偷：马虎。冢（zhǒng）宰：宰相。⑭论礼乐：讲究礼乐，指提倡地主阶级的等级制度以及与其相适应的礼节仪式和音乐。兼覆而调一之：普遍地养育百姓，而且使他们整齐一致。辟公：诸侯。⑮全道德：使封建道德完备。致隆高：把地主阶级的礼义提到最高的地位。綦文理：使礼法制度极为完善。一天下：统一天下。振毫末：使微小的事情都振兴起来。比：亲近。天王：君主，这里指荀况理想中能够统一天下的地主阶级的最高统治者。⑯失俗：风俗败坏。俗：通欲。俗反：企图反叛。天王非其人也：天王不得其人。

【译文】

叙说王者之官的职能：宰爵主管接待宾客，主持祭祀、宴会及使用牛羊猪等牲口的数量。司徒主管王家宗族、内城外廓、设置器械的数量。司马主管军队、铠甲、兵器、战车、士卒的数量。修订法令，审定诗章，禁止淫秽的声乐，按时清理整顿使之符合社会形势，使蛮夷的风俗、淫秽的音乐不能搅乱干预典雅的正声，这是太师的职责。修筑堤坝，构建桥涵，疏通沟渠，排泄渍涝，筑库蓄水，按时开关；即使遇上水旱灾害年景，也能让百姓有种有收，不受冻饿，这是司空的职责。察看地势的高低，鉴定土壤肥瘠，安排黍稷豆麦麻五种农作物的种植次序，监察农夫劳动的功效，谨慎地储藏好粮食，按时修整管理农事的法规制度，让农夫们能够不受外事干扰而全力把农事搞好，这是治田的职责。养殖保护好山上的树木花草，河湖池沼中的鱼鳖水生，园圃中的各种菜蔬，按照不同节令适时禁采与开放，使国家有充足的物资可供使用而不会匮乏，这是虞师的职责。管理各州各里的政务与百姓，规定住宅建设的规模与界限，督促百姓饲养牛羊猪狗马鸡等六种家畜，教育百姓学好种植的技能，劝勉、教育、感化百姓，使他们孝顺父母，敬重兄长，按照时节的要求清理和整顿乡法乡规，使百姓都能遵守政府的法令，过安定快乐的生活，这是乡师的职责。鉴定各种工匠手艺的高低，审查不同时节所需要做的工作，评定产品工艺质量的好坏，崇尚制品的完美与使用，注重设备器械的方便耐用，使工匠不敢私自制造特殊雕刻，琢磨、纹饰、彩绘花型的器具，这是工师的职责。看阴阳、测征兆、钻龟甲、摆爻卦，预测吉凶征兆，判断祸福由来，攘祸避凶，这是巫觋的职责。修坟清厕，整顿交通秩序，谨慎防范盗贼，平议物价，执行律令，按照不同时令要求随时整顿有关规则律令，使客商能平安顺畅地流通财货，这是治市的职责。抑制狡诈欺骗，禁绝凶暴强悍，防淫除邪，严刑峻法，使凶暴强悍的人改恶从善，使奸诈邪恶之事不再发生，这是司寇的职责。以礼义教化为根本，修正法令制度，听取不同方面的意见，按时考查官员的政绩，衡量他们的功劳大小，作出正确的评价，按不同层次给予奖赏，按时清察整顿任官守职的规章制度，使百官众吏尽力尽职，使百姓勤劳从事，这是冢宰的职责。宣传讲解礼乐、端正人的举止行为，推

广仁义教化，美化淳洁风俗，全面地保养教育百姓使他们协调一心，这是诸侯的职责。完善道德，推崇礼义，整理法律条文，统一天下，使细微末节都能振兴，使天下百姓都能亲近顺服，这是天王的职事。所以政事乱，是冢宰的罪过；社会风俗败，是诸侯的罪过；天下协调一致，诸侯叛乱，这是天子用非其人。

具具而王，具具而霸，具具而存，具具而亡①。用万乘之国者，威强之所以立也，名声之所以美也，敌人之所以屈也，国之所以安危、臧否也，制与在此亡乎人②。王、霸、安存、危殆、灭亡，制与在我亡乎人③。夫威强未足以殆邻敌也，名声未足以县天下也，则是国未能独立也，岂渠得免夫累乎④！天下胁于暴国，而党为吾所不欲于是者，日与桀同事同行，无害为尧；是非功名之所就也，非存亡安危之所随也⑤。功名之所就，存亡安危之所随，必将于愉殷赤心之所⑥。诚以其国为王者之所，亦王；以其国为危殆灭亡之所，亦危殆灭亡⑦。

【注释】

①具具：前一个“具”是动词，具备，后一个“具”是名词，条件。而：则。具具而王：具备了王者的条件，就可以称王天下。②用：治理。万乘之国：泛指当时强大的诸侯国。屈：屈服。臧否（pǐ）：好坏。制：关键。与：通举，都。亡：同无。亡乎：不在于。制与在此亡乎人：决定的关键在于本国是否具备了这些条件，而不在于别国。③人：他人。制与在我亡乎人：决定的关键在于自己，而不在于别人。④夫：语助词。县：同悬，高悬，指被人们仰慕。名声未足以县天下也：名声还不足以使天下人都仰慕。岂渠：怎么。累：忧虑。岂渠得免夫累乎：怎么能免除忧虑呢？⑤胁：威胁。胁于暴国：被暴国所威胁。党：同倘，假如。是：这，指像暴国那样做。桀：夏朝最后一个君主。尧：传说中原始社会部落的首领。就：成就。所就：成就的原因。随：随从，原为“堕”，据文义改。⑥必：必然。愉：愉快。殷：强盛。所：场所，基点。⑦这句意思是：如果确实把他的国家作为实行王者之道的场所，那么，一定能称王天下。如果把他的国家引向危险灭亡的绝路，那么必然会落得个危险灭亡的结果。

【译文】

具备了称王的条件就可以称王天下，具备了称霸的条件就可以称霸天下，具备了保护国家的条件就可以保存国家，具备了亡国的条件就会使国家灭亡。治理拥有万乘兵车的大国，强大的威严之所以能够建立起来，好的名声之所以能够树立，敌人之所以能够屈服，国家之所以安危、好坏，关键全在于本国具备什么样的条件而不在于别国。称王或称霸，安全或危亡，关键全在于自己而不在于别人。如果一个国家的强大威望不足以使与自己匹敌的邻国危惧，美好的名声不足以使天下人敬仰，那么这个国家就不能够独自树立于天下，怎么能够避免危险存亡的忧虑呢？天下被强暴的国家欺凌，然而我却不想像暴国那样欺凌别国，虽然天天与夏桀那样的暴君共同行事，也不妨害成为尧舜那样的圣贤之君；因为这不是成就功业的关键所在，也不是形成一个国家存在灭亡、平安危险的缘由。功名之所以成就，国家的存亡安危之所以形成，关键将在于国家隆盛之时你的本心是什么。如果确实能把国家作为推行王道的天地，就能够称王于天下；如果把自己的国家作为危险灭亡的场所，就会使国家危险灭亡。

殷之日，案以中立无有所偏而为纵横之事，偃然案兵无动，以观夫暴国之相卒也[①]。案平政教，审节奏，砥砺百姓，为是之日，而兵剸天下之劲矣[②]；案然修仁义，伉隆高，正法则，选贤良，养百姓，为是之日，而名声剸天下之美矣[③]。权者重之，兵者劲之，名声者美之，夫尧、舜者一天下也，不能加毫末于是矣[④]！权谋倾覆之人退，则贤良知圣之士案自进矣[⑤]。刑政平，百姓和，国俗节，则兵劲城固，敌国案自诎矣[⑥]。务本事，积财物，而勿忘栖迟薛越也，是使群臣百姓皆以制度行，则财物积，国家案自富矣[⑦]。三者体此而天下服，暴国之君案自不能用其兵矣[⑧]。何则？彼无与至也[⑨]。彼其所与至者，必其民也；其民之亲我也欢若父母，好我芳若芝兰，反顾其上则若灼黥，若仇雠[⑩]；彼人之情性也虽桀、跖，岂有肯为其所恶贼其所好者哉[⑪]！彼以夺矣[⑫]。故古之人，有以一国取天下者，非往行之也；修政其所，天下莫不愿，如是而可以诛暴禁悍矣[⑬]。故周公南征而北国怨。曰：何独不来也！东征而西国怨。曰：何独后我也[⑭]！孰能有与是斗者与[⑮]！安以其国为是者王[⑯]。

【注释】

①偏：偏袒。纵：合纵，战国时，六国联合进攻秦国称为合纵。横：连横，战国时，随从秦国去进攻他国称为连横。纵横，这里泛指搞联盟活动。偃（yǎn）然：形容停息的状态。案：同按，止。卒：同捽（zuó），争斗。②案：语助词，下同。节奏：礼节制度。审节奏：明确礼节制度。砥砺：磨刀石，引申为训练。为是之日，照这样去做的时候。剸（zhuān）：同专。剸天下之劲：劲：强大。兵剸天下之劲矣：兵力就可以成为天下最强大的。③伉（kàng）：通亢，极。④这两句意思是：牢牢掌握政权，不断加强军事力量，努力提高名声威望，这就是尧舜统一天下的作法，不能对此再增加一丝一毫了。⑤权谋：玩弄阴谋诡计。倾覆：反复无常。这里指搞颠覆复辟活动。退：斥退，清除。知：同智。自：自然。⑥刑政平：刑罚政令适当。国俗节：国家风俗有节制。诎（qū）：屈服。敌国案自诎矣：敌国于是就自然屈服了。⑦务本事：致力农业生产。忘：当作妄，乱。栖迟：分散，遗弃。薛越：散乱。勿忘栖迟薛越也：不要随便浪费糟蹋财物。⑧体：体现，按照。三者体此：以上三方面都能照着去做。⑨彼：指暴国之君。⑩芝兰：一种香草。灼：烧。黥：黥刑，古代在脸上刺字的刑罚。灼黥：这里指面目丑恶可憎。⑪跖（zhí）：相传春秋末奴隶起义的领袖。参见《附录二》。这句意思是：一个人的本性即使像桀跖那样凶暴，哪肯为他所厌恶的人去残害他所喜爱的人呢？⑫以：同已。⑬非往行之：并不是自己到别国去夺取。修政其所：在自己国家内搞好政治。天下莫不愿：“天下”二字原无，据本篇上文“天下愿，令行禁止，王者之事毕矣”文义补。⑭周公：周武王的弟弟，西周初著名的奴隶主政治家。这四句意思是：所以周公南征时，北方的国家都埋怨说：为什么单单不到我这里来呢？东征时，西方的国家也埋怨说：为什么单单后到我这里来呢？“周公征伐”是在西周奴隶制上升时期所进行的一场有进步意义的统一战争，荀况引用这件事，是为了论证地主阶级争取人心的重要性和进行统一战争的合理性。⑮这句意思是：谁还能与这样的人争斗呢！⑯这句意思是：能把他的国家治理成这样的，就可以成为王。

【译文】

国家强盛的时候，要使自己采取中立的态度，不要偏袒于任何一方而参与合纵、联横的结盟活动，默默按兵不动，以观察暴国之间的相互争斗；在本国要稳定政治推行教化，审定各种礼节制度，教导训练百姓，当你这样做的时候，你的兵力就会成为天下最强大的了；自己倘若能很好地推行仁义，把它推崇到极高的地位，严整法制，选用贤良，抚养百姓，当你这样做的时候，你独自树立的好名声就会在天下传扬。注重政权建设，增强军队实力，提高名声威望，那么尧和舜两位圣君就是这样统一天下的，这样的美德一毫一丝再也无法增加了。

要权术搞阴谋陷害别人的人清除掉了，那么有德有才智慧圣明的人就会涌现出来。刑罚政令公平，百姓就会和谐一致，国家风俗就有节制，兵力强盛城池坚固，与己为敌的国家自己就会屈服。坚持农业生产，积贮物资钱财，而且不要随意影响农业生产，耗费钱财物资，若使群臣百姓都能按制度行事，那么钱财物资就会增加，国家自然就会富足起来啦！对以上三方面的要求若能身体力行就会使天下诸侯敬服，强暴的国君也无法对它实行武力威胁。为什么呢？因为没有人愿意跟着暴君走。那些即使一时跟着他跑的人，一定是受他强制的百姓；他的百姓亲近我喜欢我就象父母，喜欢我如同喜欢芝兰香草的芬芳，反之他们回头再去看他们的暴君时，他们的暴君如火灼其面受过黥刑一样丑陋，如同见到深仇大恨的人；那些人的性情即使象桀、跖一样，难道有愿意为他们所憎恶的人去残害他们所喜好的人吗？那些人已经被我方争取过来了。所以，古代的人，有凭借着一个国家的力量夺取天下的，并不需要动用武力到别的国家去抢夺；修整好本国的政治，天下的人没有不愿归服的，如果是这样就可以诛灭暴虐的君主，制止强悍的人。所以，周公率兵征伐南方北方的国家就埋怨他。北国的人说：为啥不来我们北方啊！向东方征伐，西方国家就埋怨他。西方的人说：为啥偏偏不先到我们西部国家来！那里还有人能和这种人争斗呢！把自己的国家治理到这样子就可以称王天下。

殷之日，安以静兵息民，慈爱百姓，辟田野，实仓廪，便备用，安谨募选阅材伎之士①；然后渐赏庆以先之，严刑罚以防之，择士之知事者使相率贯也，是以厌然畜积修饰而物用之足也②。兵革器械者，彼将日日暴露毁折之中原，我今将修饰之，拊循之，掩盖之于府库③。货财粟米者，彼将日日栖迟薛越之中野，我今将畜积并聚之于仓廪④。材伎股肱、健勇爪牙之士，彼将日日挫顿竭之于仇敌，我今将来致之、并阅之、砥砺之于朝廷⑤。如是，则彼日积敝，我日积完；彼日积贫，我日积富；彼日积劳，我日积佚⑥。君臣上下之间者，彼将厉厉焉日日相离疾也，我今将顿顿焉日日相亲爱也，以是待其敝⑦。安以其国为是者霸。

【注释】

①静兵息民：停止用兵，使人民得以休养生息。②率贯：统率。厌然：满足的样子。③暴露毁折：丢弃损坏。中原：原野。拊（fǔ）循：安抚，引申为爱护。掩盖：收藏。④中野：旷野。畜：同蓄。⑤股肱（gōng）：大腿、上臂，指得力大臣。爪牙：武士。挫顿：打击。竭：尽，穷尽。挫顿竭之于仇敌：为仇敌所打击而精疲力尽。来致：招募。并阅：全部收容。⑥完：完善。佚：同逸，安逸。⑦厉厉焉：憎恨的样子。离疾：疏远，憎恨。顿：同敦，诚恳。以是待其敝：用这样的方法等待别国的衰败。

【译文】

当国家强盛的时候，更要停止用兵休息养生，爱护百姓，开辟耕地，充实仓库，注重设备器械便利使用，严格招募选拔任用有才干有技能的人；然后重赏指导他们，用严厉的刑罚防范他们，选拔有知识有才能又通事理的人管理他们，这样就可以充分地蓄财积物、修理器械、整治工具，使财物用具满足人们的需求。别的国家会将那些兵器、铠甲、器械装备，一天天丢弃损坏在旷野之上，我们则会把它们修理整治好收藏在国家的仓库里。那些国家经常会将货物粮食遭塌毁坏在旷野上，我们则会把它集中起来贮存在仓库里。对于那些才能出众的栋梁大臣、勇敢善战的武将，别的国家常常将他们放在与仇敌的争斗中受打击挫折而精疲力竭，而我们却将他们招募来，收容他们，锻炼他们，以备朝廷重用。倘若能够这样做，那么别国就会一天天衰败下去，我们就会一天天强盛起来；别国会一天天走向贫困，我们则一天天富裕；别国一天天劳累不堪，我们一天天养精蓄锐。至于君臣上下之间，别国会一天天加剧相互嫉恨而离心离德，我们则诚诚恳恳一天一天更加相亲相爱，我们凭借着这些有利条件等待别国的衰败。用这些办法处理本国的事情为的是称霸天下。

立身则从佣俗，事行则遵佣故，进退贵贱则举佣士，之所以接下之人百姓者则庸宽惠，如是者则安存[①]。

立身则轻楛，事行则蠲疑，进退贵贱则举佞兑，之所以接下之人百姓者则好取侵夺，如是者危殆[②]。

立身则憍暴，事行则倾覆，进退贵贱则举幽险诈故，之所以接下之人百姓者，则好用其死力矣而慢其功劳，好用其籍敛矣而忘其本务，如是者灭亡[③]。

此五等者，不可不善择也，王、霸、安存、危殆、灭亡之具也。善择者制人，不善择者人制之；善择之者王，不善择之者亡。夫王者之与亡者，制人之与人制之也，是其为相县也亦远矣[④]。

【注释】

①立身：做人。佣：同庸，平庸，平常。佣俗：平常的风俗习惯。事行：做事。佣故：平常的老规矩。进退贵贱：指用人。庸：通用。之所以接下之人百姓者则庸宽惠：意思是，他用来对待臣下百姓的是宽厚和实惠。②轻楛（kǔ）：轻率恶劣。蠲（juān）疑：迟疑。兑：通锐，指口才流利。佞兑：指花言巧语的人。③憍：同骄，骄横。幽险诈故：阴险奸诈。慢：怠慢，不顾。籍敛：搜刮。本务：指农业生产。④人制之：被别人所制服。县：通悬，悬殊。是其为相县也亦远矣：它们之间的区别实在是太远了。

【译文】

做人就要随俗入乡，做事就奉行惯例，晋升、辞退、奖赏、惩罚就拣那些平常的士人，之所以这样做是为了对部下及百姓实行宽厚和优惠。倘若能够这样做就能使国家平安生存。做人轻狂卑劣，做事优柔寡断，晋升、奖赏、惩罚就拣那些花言巧语的人，之所以这样做是为了对部下和百姓进行侵吞夺取，倘若这样做，这个国家就危险了。做人则骄横残暴，做事则反复无常，晋升、辞退、奖赏、惩罚就拣阴险奸诈的人，之所以这样做是在对部下和百姓利用他们拼死卖力而轻视他们的劳苦功绩，利用他们搜刮民财而忽视他们的根本任务——农业生产，倘若这样下去，这个国家就会灭亡。这五种情况，不能不认真选择，这就是王、霸、安存、危殆、灭亡所具备的条件啊！善于选择的人可以征服别人，不善于选择的人就被别人征服；善于选择的人可以称王于天下，不善于选择的人就会亡国。称王于天下的人与亡国的人，制服别人的人和受别人制服的人，他们之间的相互悬殊可真够大呀！

第四卷

富国第十

万物同宇而异体，无宜而有用为人，数也①。人伦并处，同求而异道，同欲而异知，生也②。

【注释】

①宇：四方上下，即指空间世界。宜：适宜、适用，这里指固定的用处。为：通于。无宜而有用为人：虽无固定用处，却能为人所利用。数：指自然的道理。②伦：类。人伦：指各种等类的人。同求而异道：具有共同的要求，但达到要求的方法不同。知：通智，智慧。生：通性，本性。

【译文】

万物同处于一个宇宙里，但是它们的形体却不尽相同，这些不同形体的万物对于人来说虽然没有一定的宜处，对人却都是有用的，这是自然规律决定的。人类共同生活在一起，各自的需要尽管相同，但是他们为达到各自要求的方法却不相同；欲望相同，但是他们各自知识的高低却不相同，这种共同的要求和欲望正是人的本性决定的。

皆有可也，知愚同；所可异也，知愚分①。势同而知异，行私而无祸，纵欲而不穷，则民心奋而不可说也②。如是，则知者未得治也；知者未得治，则功名未成也；功名未成，则群众未县也；群众未县，则君臣未立也③。无君以制臣，无上以制下，天下害生纵欲④。欲恶同物，欲多而物寡，寡则必争矣⑤。故百技所成，所以养一人也⑥。而能不能兼技，人不能兼官；离居不相待则穷，群而无分则争⑦。穷者患也，争者祸也。救患除祸，则莫若明分使群矣⑧。强胁弱也，知惧愚也，民下违上，少陵长，不以德为政，如是，则老弱有失养之忧，而壮者有分争之祸矣⑨。事业所恶也，功利所好也，职业无分，如是，则人有树事之患，而有争功之祸矣⑩。男女之合，夫妇之分，婚姻聘内送逆无礼；如是，则人有失合之忧，而有争色之祸矣⑪。故知者为之分也⑫。

【注释】

①可：认可，肯定。②势：地位。祸：患，这里是惩罚的意思。③知者未得治：指智者不能获得治理社会的地位。功名未成：事业和名望都没有完成，这里指一定的社会秩序和统治者的声望还没有确立起来。县：通悬，这里比喻将物挂在空中，分出上下的意思。群众未县：这里指人们还没有分出尊卑、贵

贱、上下等级。君臣未立：君与臣的关系没有确立。④天下害生纵欲：天下将由于各自放纵欲望而产生种种祸患。⑤欲恶同物：人们都爱好或憎恶同样的东西。寡：少。⑥百技：泛指从事各种行业的人。⑦能：能力。能不能兼技：一个人的能力是不可能兼通各种技艺的。官：指管理。人不能兼官：一个人不可能兼管各种事务。离居不相待：各人自顾自而不互相依靠。穷：困穷，没有办法，这里指无法生活下去。分(fèn)：等级名分。群而无分：一起生活而没有等级的区别和职业的分工。⑧明：明确。明分使群：确定上下职分和等级的差别来组织社会。⑨陵：侵犯、侮辱。为政：治理政事。失养：没人供养。分争：分离，争夺。⑩这句意思是：如果人们对踏实干一番事业都十分厌恶，对功利都十分喜好，而每个人的职业又没有明确地规定，那么，人们就会有建树不起任何事业的忧患，而且还会有争夺功利的灾祸。⑪合：结合。分：名分。娉（pìn）：通聘，互相通问定亲。内：通纳，纳币，送彩礼，收彩礼。送：送女。逆：迎娶。娉内送逆：古代婚礼的一些礼节形式。⑫这句意思是：所以聪明的人为此规定了各种名分等级制度。

【译文】

人们对事物都有各自的看法，聪明的人和愚笨的人都是如此；之所以产生对事物看法上的不同，正体现了聪明和愚笨的区别。倘若聪明智慧相同的人却具有相同的权势和地位，谋取私利的人却得不到惩罚，放纵私欲的人却得不到应有的约束，那么人们就会一心想着起来争地位、谋私利、纵情欲，到那时就谁也别想说服谁了。如果这样，那么有才能的人就得不到治理国家的地位；有才能的人得不到治理国家的地位，他们就不能为国家建立功业，名望也就无法树立起来，那么他们就无法与一般人分出等级差别；人与人之间没有等级差别，那么君主与臣吏之间的关系就不能确立。没有君主制服臣吏，没有上级制服下级，就会由于人人放纵私欲而违害天下。人人都喜欢和憎恶同一种东西，希望得到的同一种东西的人多而东西少，这些人之间就必然会发生争夺。供养一个人所需要的东西，需要各行各业的人去制造，一个人的能力再大也不能兼通各行各业的技能，一个人的能力再强也无法兼管很多的事情；因此，一个人离开社会上广大群众独自生活而得不到人们的相互帮助，就会陷入无法生存的困境，社会上的群众如果没有等级名分上的区别就会相互争夺。穷困就会产生忧患，争夺就会产生灾祸。拯救忧患与灾祸，最好的办法是分清人的等级名分而组织成社会群体。强者压迫弱者，有才能的人惧怕愚笨的人，百姓违拗君主，年轻的人欺凌年长的人，不以仁义道德治理国家。如果这样，那么老弱的人就有失去养赡的忧虑，而强壮的人就会产生你争我夺的祸患。百姓对于所从事的生产劳动等事就会厌恶，对有名有利的事情就会喜好而追逐，人们所从事的职业就无法区分。如果是这样，那么人们就会因为不愿在事业上有所建树令人担忧、而人们之间因争夺就会产生无穷无尽的祸患。男女之间的结合，夫妇之间名分、婚姻、嫁娶没有礼义，如果这样，那么人们就会失去互相结合的忧虑，而且会产生互相争夺美色的灾祸。所以，有聪明才智的人就制定了区分社会人群不同名分等级的制度。

足国之道，节用裕民，而善臧其余①。节用以礼，裕民以政②。彼裕民故多余，裕民则民富，民富则田肥以易，田肥以易则出实百倍③。上以法取焉，而下以礼节用之④。余若丘山，不时焚烧，无所臧之⑤。夫君子奚患乎无余⑥！故知节用裕民，则必有仁义圣良之名，而且有富厚丘山之积矣⑦。此无他故焉，生于节用裕民也。不知节用裕民则民贫，民贫则田瘠以秽，田瘠以秽则出实不半，上虽好取侵夺，犹将寡获也；而或以无礼节用之，则必有贪利纠诱之名，而且有空虚穷乏之实矣⑧。此无它故焉，

不知节用裕民也。《康诰》曰："弘覆乎天，若德裕乃身[9]。"此之谓也。

【注释】

①足：富足。足国：使国家富足。道：根本方法和原则。节用裕民：节省费用，使人民宽裕。臧：同藏。善臧：善于贮藏。余：指多余的粮食和财物。②礼：地主阶级的等级制度、道德规范和礼节仪式。③彼裕民故多余：此句中的"裕民"二字据上下文义疑当为"节用"。易：治理。田肥以易：田地肥沃而且得到治理。④取：指税收。以法取：按法令规定收税。⑤这句意思是：余粮堆积得像小山一样，人们即使不断地烧毁还是多得没地方可藏。⑥奚（xī）：何，为什么。奚患：何必忧愁。⑦仁义：地主阶级的道德规范。⑧秽（huì）：荒芜。田瘠以秽：土地贫瘠而且荒芜。出实不半：粮食产量还不到正常收成的一半。好取：想方设法收取。寡获：得到的很少。无礼节用：不按礼的规定标准节约费用；一说"节用"二字与上面的"上虽好取侵夺"句中的"侵夺"二字互误。诉（jiǎo）：通挢，取。纠诉：榨取。⑨《康诰》：《尚书》篇名。弘：广大。若：顺。乃：你。

【译文】

使国家富强的方法，就是节省国家开支使人民富裕，并且善于把剩余的物资贮藏起来。节省国家开支要按照礼法规定执行，使人民富裕要按照国家的政策规定实行。人民富裕才会有所剩，有了使人民富裕的政策人民就会富足，人民富足了田地就会因为得到治理而肥沃，田地得到治理而肥沃生产的粮食就会成百倍地增加。国家按照法律征收田税，人民按照礼法节省物资消费。这样余粮就会堆积如山，那么有时候会烧毁一些，也会多得没有地方收藏。那么君子又何用忧虑物资没有剩余呢！因此，懂得节省国家开支和使人民富裕的道理，就一定会树立起仁义圣贤的美名，国家也会有堆积如山那样丰富的物资积累。使国家富足没有别的办法，就只有从节省开支、使人民富裕中产生。不懂得节省国家开支和使人民富裕就会使人民贫困，人民贫困就会使田地贫瘠而荒芜，田地贫瘠而荒芜就会使生产大大减收，君主虽然喜欢人民财富，仍然所得基少；或者不能按礼法节制国家的费用，就一定会因为贪图财物得到横征暴敛的名声，并且会得到空虚贫乏的实际效果。产生这种情况没有别的原因，是由于不懂得节省国家开支和使人民富裕的道理。《尚书·康诰》上说："广大无边的天啊覆盖着万物，只要讲仁义道德就能使自己富裕。"讲的就是这个意思。

礼者，贵贱有等，长幼有差，贫富轻重皆有称者也[1]。故天子袾裷衣冕，诸侯玄裷衣冕，大夫裨冕，士皮弁服[2]。德必称位，位必称禄，禄必称用，由士以上则必以礼乐节之，众庶百姓则必以法数制之[3]。量地而立国，计利而畜民，度人力而授事；使民必胜事，事必出利，利足以生民，皆使衣食百用出入相揜，必时臧余，谓之称数[4]。故自天子通于庶人，事无大小多少，由是推之[5]。故曰：朝无幸位，民无幸生[6]。此之谓也。

【注释】

①差：差等，差别。轻重：指尊卑。称（chèn）：相称。贫富轻重皆有称者：意思是，贫富贵贱都有与他们等级地位相称的规定。②袾：通朱，红色。裷：画龙的衣服。天子裷裷衣冕：天子穿戴红色的龙袍和帽子。玄（xuán）：黑色。裨（pí）：一种礼服的名称。皮弁（biàn）：用白鹿皮做的帽子。③德必称位：

品德与地位一定相称。禄：俸禄。乐：这里泛指音乐舞蹈。节：调节。众庶百姓：广大的老百姓。法数：指治民的法度。④计：计算。畜：养。度：量。生民：养民。揜（yǎn）：同掩。相揜：相合，指平衡。时：适时。数：即上文"法数"的"数"。称数：合乎法度。⑤是：代词，指礼的各项规定。由是推之：意思是，都按礼的规定去办理。⑥朝无幸位：朝廷里没有靠侥幸得到职位而不称职的官吏。幸生：指不务正业（耕战），而得过且过的人。

【译文】

礼义就是能使高贵、卑贱有不同的等级，年长的与年幼的有一定的不同，贫富贵贱都有与之相适应的等级规定。因此，天子穿红色的滚龙花袍和戴红色的帽子，诸侯穿黑色的滚龙花袍和戴黑色的帽子，大夫穿下等的礼服和戴下等的礼帽。士人穿白鹿皮衣和戴白鹿皮帽。人的品德要与他的职位相称，职位要与俸禄相称，俸禄一定要和他的作用相称，对广大平民百姓则必须依照法律规定来治理他们。要计划土地的多少而划分建立各诸侯国的疆域，计算国力的大小养育人民，要度量人的能力大小而安排他们的事务。使百姓都能胜任所从事的事务，做事一定要产生效益，产生的效益一定要能满足人民生存的需要，都能使他们穿衣吃饭等一切费用支出与收入相符，一定要不失时机地贮藏剩余的物资，这就叫做符合国家的法律制度。因此，从天子到百姓无论事情大小、多少，都要按照这个道理去办。所以说："朝廷之上没有侥幸得到的官位，百姓中没有不从事生产而侥幸生存的人。"讲的就是这个意思。

轻田野之税，平关市之征，省商贾之数，罕兴力役，无夺农时，如是则国富矣①。夫是之谓以政裕民。

【注释】

①商贾（gǔ）：古时对商人的统称。罕：少。

【译文】

从轻征收田赋，平稳关卡集市的税收，减少经商的人数，少兴土木，减轻劳役，不要延误农作耕种的时令，如果这样，国家就富足了。这就叫做运用国家政策使百姓富裕。

人之生，不能无群，群而无分则争，争则乱，乱则穷矣。故无分者，人之大害也；有分者，天下之本利也；而人君者，所以管分之枢要也①。故美之者，是美天下之本也；安之者，是安天下之本也；贵之者，是贵天下之本也②。古者先王分割而等异之也，故使或美，或恶，或厚，或薄，或佚乐，或劬劳，非特以为淫泰夸丽之声，将以明仁之文，通仁之顺也③。故为之雕琢刻镂、黼黻文章，使足以辨贵贱而已，不求其观；为之钟鼓管磬、琴瑟竽笙，使足以辨吉凶、合欢定和而已，不求其余；为之宫室台榭，使足以避燥湿、养德、辨轻重而已，不求其外④。《诗》曰："雕琢其章，金玉其相，亹亹我王，纲纪四方⑤。"此之谓也。

【注释】

①本利：根本利益。人君：君主。枢要：关键、中心。人君者，所以管分之枢要也：意思是，君主是

掌管等级的中心。②美：赞美。之：代词，指君主，下文“安之”、“贵之”的“之”同。安：维护。贵：尊重。③先王：古代的帝王，荀况理想中符合封建政治、道德要求的君主。分割：划分。等异：等级差别。美：指地位高贵。恶：指地位卑下。厚：指待遇丰厚。薄：指待遇菲薄。佚（yì）：通逸，安逸。劬（qú）：过分劳累。原本“佚”、“劬”二字后边均有一“或”字，据上下文义删。非特以为淫泰夸丽之声：意思是，这并不是特意制造荒淫、骄恣、奢侈和华丽。仁：指地主阶级隆礼尊贤的道德品质。文：礼乐制度。明仁之文：明确隆礼尊贤的礼乐等级制度。顺：次序。通仁之顺：贯彻隆礼尊贤的礼乐等级次序。④为之：制作。下同。雕琢（zhuó）：雕刻玉石称雕琢。刻：雕刻木器称刻。镂（lòu）：雕刻金器称镂。雕琢刻镂：泛指各种器具上雕刻的花纹。黼（fǔ）：黑白相间的花纹。黻（fú）：青黑相间的花纹。章：红白相间的花纹。黼黻文章：泛指礼服上的各种花纹。观：美观。磬（qìng）：用石或玉做的乐器。合欢定和：意思是，使人们欢乐而又和谐。不求其余：不追求其他的。台：高而平的建筑物。榭（xiè）：建在高土台上的房子。外：他，别的。不求其外：即不求别的。⑤相：质料。亹亹（wěi）：形容勤勉不倦。

【译文】

人生活在社会上，不能没有社会群体，有社会群体而不分等级名分就会互相争夺，互相争夺就会造成社会动乱，社会动乱不安就会使人们陷入穷困。因此不分等级名分，是人们的巨大祸患；有等级名分之分，是天下的根本利益；所以，做君主的人就成为掌握区别人等级名分差别的关键。所以，人们赞美君主就是赞美天下的根本；保卫君主的安全就是保卫天下的根本。古时先王用礼法划分人们不同的等级名分，所以能使有的人显贵，有的人卑劣，有的人富足，有的人贫穷，有的人安闲，有的人享乐，有的人疾苦，有的人劳碌，这样做并不是为了特意制造淫佚、骄横、浮夸、华丽的形势，而是用来明确仁义礼制的条文，摆正仁义礼制的秩序。所以，要在各种器物上雕刻上不同的图形，绣上绘上不同色彩的花纹，就是让人足以能够分辩清楚显贵与卑贱罢了，不是为了它的美观；为此制造出钟、鼓、管、磬、琴、瑟、竽、笙等各种不同的乐器，使人足以辨别清楚什么是吉祥，什么是凶祸，而共同欢乐、平安、祥和罢了，不是为了追求别的东西；建造宫室、台榭，是让人足以有防热避湿，修养品德，辨别清楚显贵与卑贱的不同地位罢了，不是为了追求别的什么东西。《诗经》上说：“精雕细刻那些好花样，纯金美玉好漂亮。君王办事多勤勉，理正纲纪统四方。”讲的就是这个意思。

若夫重色而衣之，重味而食之，重财物而制之，合天下而君之，非特以为淫泰也，固以为王天下，治万变，材万物，养万民，兼利天下者，为莫若仁人之善也夫①！故其知虑足以治之，其仁厚足以安之，其德音足以化之，得之则治，失之则乱②。百姓诚赖其知也，故相率而为之劳苦以务佚之，以养其知也；诚美其厚也，故为之出死断亡以覆救之，以养其厚也；诚美其德也，故为之雕琢刻镂黼黻文章以藩饰之，以养其德也③。故仁人在上，百姓贵之如帝，亲之如父母，为之出死断亡而愉者，无它故焉，其所是焉诚美，其所得焉诚大，其所利焉诚多也④。《诗》曰：“我任我辇，我车我牛，我行既集，盖云归哉⑤！”此之谓也。

【注释】

①若夫：语首助词，至于的意思。重：多种，丰厚。下文的“重味”、“重财物”的“重”字同。制：掌握，利用。合：统一。君：统治。王天下：统治天下。一说，“王”字当为“一”字。治万变：治理国

家各种事务。材：同裁。材万物：利用万物。兼利：普遍地得到。仁人：品德高尚的人。这里指荀况理想中有德才的封建君主。②其：代词，指仁人。知虑：智慧。下文的“其知”的“知”同。之：代词。指人民。下文的“安之”、“化之”的“之”同。安：安定。德音：指道德声望。化：感化。③诚赖：确实依靠。相率：争先恐后。故相率而为之劳苦以务佚之：意思是，所以争先恐后地去为君主劳苦，务必使他得到安逸。养：护养，这里有报答的意思。出死断亡：决死战斗。覆救：捍卫。藩饰：装饰。④帝：上帝、老天爷。贵之如帝：敬重他就像老天爷一样，这里只是借用民间对崇敬人物的赞词。其：君主。其所是焉诚美，其所得焉诚大，其所利焉诚多也：意思是，君主所确定的政令实在好，君主所取得的成绩实在大，君主所给予的利益实在多。⑤任：担负。辇：拉车。集：成功。盖：皆。

【译文】

至于穿色彩美丽的衣服，吃丰盛美味的食品，享用丰富的财物，治理统一的天下，不是为了满足个人淫佚骄横的特殊需求，从根本上说是为了以王道治理天下，处理天下的各种事变，主宰万物，养育万民，让普天之下的百姓都能获得利益，天下没有谁比得上品德高尚的人君更好的啊！他宽厚的仁义之心足以安抚人民，他高尚的道德声望足以教化百姓，得民心的社会就安定，失去民心的社会就会动乱。百姓确确实实地仰仗着仁人之君的智慧。所以人们无不携手而来为他效力受苦以使他务必安逸，使他怡心养志；诚心实意地赞美他的宽厚，所以都愿为他拼死卖命以便救助保护他，以养其宽厚的仁德；诚心实意地赞美他宽厚的仁德，所以愿替他精雕细刻各种美丽图形，绣制上不同色彩的花纹以便装饰他，用来褒养他的德行。所以，仁人之君在上，百姓尊奉他像天老爷一样，像亲近自己的父母一样亲近他，为他拼死卖命却感到愉快，没有别的原因，因为他所制定的政治法令的确很好，取得的成果的确很大，他所给予百姓的恩惠的确很多。《诗经》上说：“我们背来我们载，我们牵马把车撵，我负劳役已完事，怎能不高高兴兴把家还。”讲的就是这个意思。

故曰：君子以德，小人以力①。力者，德之役也②。百姓之力，待之而后功；百姓之群，待之而后和；百姓之财，待之而后聚；百姓之势，待之而后安；百姓之寿，待之而后长③。父子不得不亲，兄弟不得不顺，男女不得不欢④。少者以长，老者以养。故曰：“天地生之，圣人成之⑤。”此之谓也。

【注释】

①以：用。小人：品德卑劣的人，这里指老百姓。②役：使唤。这句意思是：用力的人，受用德的人使唤。③待：等待，依靠。之：代词，指君子之德。百姓之力，待之而后功：意思是，百姓的能力，只有依靠君子的德去教化才能取得成功。和：和睦。势：地位。④父子不得不亲：意思是，父子不得到君子的德去教化，就不可能有父慈子孝那样的亲爱。顺：顺服，指和气。⑤圣人：荀况理想中地主阶级德才兼备的人。参见《附录二》。成：成就。

【译文】

所以说：君子用仁德教化百姓，百姓用劳力侍奉君子。用力的人受用德的人的驱使。百姓的劳动，只有仰仗着有德之人才能成功；百姓生活在一起，仰仗着有德之人才能和睦相处；百姓的财物，仰仗着有德之人才能聚积；百姓的地位，仰仗着有德之人才能安定；百姓的寿命，仰仗着有德之人才能长寿。父子之间没有受过仁义道德教化不会相互亲近，兄弟之间没有受过

仁义道德教化不会和睦相处，夫妻之间没有受过仁义道德的教化不会欢心相爱。年轻的人靠君子的德化而成长，年老的人靠君子的德化得到赡养。所以说："天地生育了他们，圣人教化了他们。"讲的就是这个意思。

今之世而不然：厚力布之敛以夺之财，重田野之税以夺之食，苛关市之征以难其事①。不然而已矣，有掎挈伺诈，权谋倾覆，以相颠倒，以靡敝之，百姓晓然皆知其污漫暴乱而将大危亡也②；是以臣或弑其君，下或杀其上，粥其城，倍其节，而不死其事者，无它故焉，人主自取之也③。《诗》曰："无言不讐，无德不报④。"此之谓也。

【注释】

①今之世：泛指那些政治昏暗的诸侯国。刀布：刀、布都是古代的钱币，这里泛指钱财。敛：聚集。苛：苛刻，繁重。难其事：这里指阻碍货物交流。②不然而已：不仅这样。有：通"又"。掎（jǐ）挈（qiè）伺诈：故意挑剔，伺机欺诈。靡敝：败坏。晓然：十分明白。污漫：行为非常肮脏。大：极大。③是以：所以。弑（shì）：古时称地位在下的人杀地位在上的人。粥：出卖。倍：通"背"，背叛。不死其事者：不为君主的事业卖命。人主自取之也：原脱"也"字，据文义语气和《群书治要》引义补。④讐（chóu）：回答。

【译文】

如今却不是这样：为了多聚敛钱财就掠夺人民的财产，为了多收农业赋税就剥夺人民的口粮，加重对关卡集市贸易的税收而不惜妨碍货物的流通。这样还不罢休，有的挑三剔四借机敲诈百姓，要弄权术阴谋颠覆，搞得黑白颠倒，以败坏社会风气，百姓清楚地看到，当今君主肮脏暴乱的所作所为必将导致国家的危亡。所以，有的臣杀掉了他的君主，下边的人杀掉了他们的上司，出卖他们的城池，背叛他们的名节，而不去为他们的君主拼死卖命，没有别的原因，是为君主的自取灭亡。《诗经》上说："没有说话不会得到回答，没有恩德不会得到好的报答。"讲的就是这个意思。

兼足天下之道在明分①。掩地表亩，刺中殖谷，多粪肥田，是农夫众庶之事也②。守时力民，进事长功，和齐百姓，使人不偷，是将率之事也③。高者不旱，下者不水，寒暑和节，而五谷以时孰，是天之事也④。若夫兼而覆之，兼而爱之，兼而制之，岁虽凶败水旱，使百姓无冻馁之患，则是圣君贤相之事也⑤。

【注释】

①兼足天下：使整个天下富足。②掩地表亩：翻耕田地，表明田地亩数。中：古"草"字。刺中殖谷：除去野草，种植谷物。③率：同帅。将率：即将帅。古时将帅兼管军民。④下者不水：地势低的土地不涝。和节：和顺适宜。孰：同熟。以时孰：按时成熟。天：这里指自然界。⑤兼：普遍。覆：遮盖，这里是保护的意思。制：管理；一说，当为"利"字之误。兼而覆之，兼而爱之，兼而制之：意思是，普遍地保护百姓，普遍地爱护百姓，普遍地管理百姓。岁：年头。凶败水旱：遭受旱涝灾害。馁：同馁（něi），饥饿。

【译文】

使整个天下富足的措施就在于明确等级名分。翻地耕田保持亩数，清除杂草种植五谷，多施粪肥田沃土，这是农夫百姓所从事的职业。按照农时季节使用民力，提高农业功效，使百姓和睦一致，使人们不偷懒马虎，这是将帅们的职责。让高冈上的土地不旱，低洼里的田地不涝，寒暑易节风调雨顺，能使五谷按时收获，这是自然界的事。至于全面地荫蔽百姓，爱护百姓，管理百姓，即使遇到水旱灾害的坏年景，也能使百姓无冻饿的忧虑，是圣君贤相的事情。

墨子之言昭昭然为天下忧不足①。夫不足，非天下之公患也，特墨子之私忧过计也②。今是土之生五谷也，人善治之，则亩数盆，一岁而再获之；然后瓜桃枣李一本数以盆鼓，然后荤菜、百疏以泽量，然后六畜禽兽一而剸车，鼋鼍鱼鳖鳅鳣以时别一而成群，然后飞鸟、凫雁若烟海，然后昆虫万物生其间，可以相食养者不可胜数也③。夫天地之生万物也固有余，足以食人矣；麻葛、茧丝、鸟兽之羽毛齿革也固有余，足以衣人矣④。夫不足，非天下之公患也，特墨子之私忧过计也⑤。

【注释】

①墨子：即墨翟（dí），墨家学派的创始人。昭昭然：同耿耿然，不安的样子。②特：只是。过计：过虑。③盆：古代一种量器。则亩数盆，一岁而再获之：意思是，每亩收获数盆，一年收获两次。一本：一株。鼓：计算。数以盆鼓：收获的数量以盆计算。荤菜：指葱、姜、蒜一类的蔬菜。疏：同蔬。百疏：各种蔬菜。以泽量：用泽来量，形容多。一而剸（tuán）车：每一种都可以装满一车。鼋（yuán）：大鳖。鼍（tuó）：鳄鱼的一种。俗称猪婆龙。鳣（shàn）：鳝鱼。以时别：按时生育。一而成群：每一种都可以繁殖成一群。凫（fú）：一种水鸟，俗称野鸭。相食养者：作为食物供人食用。④固：本来。食人：供人食用。⑤夫不足："夫"字后原衍"有余"二字，据上文"为天下忧不足"文义删。

【译文】

墨子先生的言论里表现出为天下百姓不富足而忧患。其实不富足并不是天下人的共同忧虑，乃是墨子先生自己特殊过分的思考。如今，这片土地上能够生产五谷，农人善于耕种管理它，就会每亩收获很多粮食，甚至一年可以收获两次；然后还有瓜、桃、枣、李按每株收获的产量以一盆一盆地计算，然后是葱、姜、蒜之类的各种蔬菜，可用池泽来计算，然后有牛、马、猪、狗、羊、鸡等六种牲畜禽兽每种可一车一车地装，鼋、鼍、鱼、鳖、鳅、鳝等按时放养，每种也可以成群成群，然后飞鸟、凫雁多如烟海，然后昆虫万物都能在天地之间生长，可以拿来供给人们食用的东西不可胜数。天地生长万物，本来就十分丰富，足够供养人类；麻、葛、茧丝、鸟的羽毛，动物的皮革，本来就很丰富，足够供人们穿戴使用。如果这样有余的东西还说不富足，这并不是天下人所共有的忧患，只是墨子个人过多地忧虑啊！

天下之公患，乱伤之也①。胡不尝试相与求乱之者谁也②？我以墨子之"非乐"也，则使天下乱；墨子之"节用"也，则使天下贫；非将堕之也，说不免焉③。墨子大有天下，小有一国，将蹙然衣粗食恶，忧戚而非乐④。若是则瘠，瘠则不足欲，不足欲则赏不行⑤。墨子大有天下，小有一国，将少人徒，省官职，上功劳苦，与百姓均事业，齐功劳⑥。若是则不威，不威则罚不行。赏不行，则贤者不可得而进也；罚

不行，则不肖者不可得而退也⑦。贤者不可得而进也，不肖者不可得而退也，则能不能不可得而官也⑧。若是则万物失宜，事变失应，上失天时，下失地利，中失人和，天下敖然，若烧若焦；墨子虽为之衣褐带索，嚽菽饮水，恶能足之乎⑨！既以伐其本，竭其原，而焦天下矣⑩。

【注释】

①乱：混乱。②胡：为什么。尝试：探索。相与：相互，共同。③非乐：反对音乐。这是墨子的一个重要论点。他认为音乐对人没有一点益处，写了《非乐》篇反对音乐。荀况认为音乐可以“移风易俗”，达到“民和而不流”、“民齐而不乱”，所以他批评墨子的“非乐”是造成混乱的观点。节用：这是墨子的又一个重要观点。他主张不论君主还是普通百姓都要一样“节用”，带有绝对平均主义的色彩。荀况也很强调“节用”，但他主张“节用以礼”，即按照封建等级的规定来“节用”，要有利于巩固封建制度，促进封建经济发展，所以他批评墨子的“节用”观点，是“伐本”，“竭源”是造成社会贫困的原因。堕：毁，诽谤的意思。非将堕之也，说不免焉：意思是，这并非故意诽谤墨子，而是他的学说不免要得出这样的结果。④墨子大有天下，小有一国：意思是，如果让墨子大而至于治理整个天下，小而至于掌管一个诸侯国的政权。蹙（cù）然：忧愁的样子。⑤瘠：薄，这里指生活待遇很菲薄。⑥人徒：左右跟随的仆从。省官职：减少官职。上功：注重功业。⑦进：任用。不肖：不贤。退：罢免。⑧能不能不可得而官也：有能力和没有能力的都无法适当地任用，指不可能根据能力的大小因材任用。⑨失宜：失调。事变失应：事情发生变化而得不到恰当地处理。敖：同熬。敖然：犹如煎熬。衣褐带索：身穿粗布衣服，腰系粗劣的带子。嚽（chuò）：同啜，吃。菽：豆类的总称。恶（wū）：何，怎么。⑩以：同已。本：根本，指农业生产。原：同源。

【译文】

天下共同的忧患，应该是由于混乱造成的伤害。为什么不去共同探索找出制造混乱的人呢？我认为墨子否定音乐的观点，就是制造天下混乱的缘由；墨子节省开支的观点，就是造成天下贫穷的缘由；我这样说并不是诽谤他，而是他的学说难能避免地产生这样的后果。从大的方面说，如果让墨子治理整个天下，从小的方面说，如果让他治理一个诸侯国，就一定会愁眉苦脸地穿着粗劣的麻布衣服，吃着恶劣的粗糙食物，忧心忡忡地否定音乐教化。倘若这样人们的生活待遇就会非常贫乏，生活待遇非常贫乏就无法满足人们的生活欲望，人们的生活欲望还不能满足就没有多余的财物实行奖赏。从大处着眼，倘若墨子治理天下，从小的地方着眼，倘若让墨子治理一个诸侯国，他将会减少侍从，精简官员，只注重让人们辛勤劳苦，建立功业，和百姓共同做事，一块辛勤劳苦，建立功业。如果是这样就不可能树立君主的威严，没有君主的威严就无法赏功罚过。奖赏不能实行，那么，贤能的人就不可能得到信任而重用；惩罚无法实行，那么，无才缺德的人就不可能被摒退，那么，有才能的人和没有才能的人都不可能按才能的大小授给官职。如果是这样，就会使世间万物的地位失去平衡，丧失对事物不断变化的应变能力，对上失去天时，对下失去地利，中间失去人和，天下的人就会熬煎地象火烧火烤一样；墨子虽然穿着粗布衣服，系着简陋的带子，吃粗食喝清汤，又怎么能满足人们的生活需求呢！既然已经抛弃了这个根本，断绝了富足的源头，就只好让天下人忍受火烧火烤的煎熬了。

故先王圣人为之不然，知夫为人主上者不美不饰之不足以一民也，不富不厚之不足以管下也，不威不强之不足以禁暴胜悍也①。故必将撞大钟、击鸣鼓、吹笙竽、弹琴瑟，以塞其耳；必将雕琢刻镂、黼黻文章，以塞其目；必将刍豢稻粱、五味芬芳，以塞其口；然后众人徒、备官职、渐庆赏、严刑罚，以戒其心；使天下生民之属，皆知己之所愿欲之举在是于也，故其赏行；皆知己之所畏恐之举在是于也，故其罚威[②]。赏行罚威，则贤者可得而进也，不肖者可得而退也，能不能可得而官也。若是则万物得宜，事变得应，上得天时，下得地利，中得人和，则财货浑浑如泉源，汸汸沆沆如河海，暴暴如丘山，不时焚烧，无所藏之，夫天下何患乎不足也[③]？故儒术诚行，则天下大而富，使而功，撞钟击鼓而和[④]。《诗》曰："钟鼓喤喤，管磬玱玱，降福穰穰，降福简简，威仪反反。既醉既饱，福禄来反[⑤]。"此之谓也。故墨术诚行，则天下尚俭而弥贫，非斗而日争，劳苦顿萃而愈无功，愀然忧戚非乐而日不和[⑥]。《诗》曰："天方荐瘥，丧乱弘多。民言无嘉，憯莫惩嗟[⑦]。"此之谓也。

【注释】

①为之不然：不这样做。知：懂得，明白。为人主上者：指君主。一：统一。禁暴胜悍：禁止强暴，战胜凶残。②塞：满足。凋：同雕。刍（chú）豢：指牛、羊、猪、狗等家畜，这里泛指肉类食物。渐：深，重。庆赏：奖赏。是于：同于是，在这里。皆知己之所愿欲之举在是于也：意思是，都知道自己所希望得到的全在这里。罚威：惩罚发挥了威力。③浑浑：形容水流很急。汸汸（pāng）：形容水量很大。暴暴：形容突起。④儒术：荀况理想中的地主阶级治国方法。诚行：真正实行。大：同"泰"，安平。使而功：役使百姓而且取得功效。⑤喤喤：形容声音大。玱玱（qiāng）：声音和谐。穰穰（ráng）：形容多。简简：形容大。反反：慎重的样子。威仪反反：威严的姿态从容镇静。来反：往复。⑥尚俭而弥贫：崇尚节俭反而更加贫穷。非斗而日争：反对争斗反而每天都在争夺。顿萃（cuì）：很困苦。愀（qiǎo）然：悲观的样子。⑦荐瘥（chái）：疫病。嘉：赞许。憯（cǎn）：曾。嗟：叹息。

【译文】

因此，古代的帝王和圣人治理国家不是这样，懂得做人民的君主不能够使人民过上美满的生活，不足以统一人民的思想，不能使人民过上富裕丰厚的生活就无法管理广大人民，没有威严国力不强盛，不足以禁止横暴，战胜强悍。因此，一定要撞大钟、击鸣鼓、吹笙竽、弹琴瑟等奏出各种乐音以满足人民耳闻的需求；一定要雕琢各种图形，绣制各种色彩的花纹，用来满足他们观赏的需求；一定要用香甜可口的美味佳肴满足他们的吃喝需要；然后充实仆役，完备官职，厚奖重赏，严刑峻法，以便使人们的思想受到警戒；使天下广大的百姓，都懂得自己汲汲以求的东西全部呈现在这里了，所以奖赏就能执行；都知道自己应该畏惧警戒的东西全部陈列在这里，所以惩罚就有威严。奖赏能够实行，惩罚有威慑力量，那么贤能的人就可以得到信任而重用，没有才德的人就可以被摒弃，有才能和没有才能的人就都可以量材任用不同的官职。如果是这样，那么万事万物就各得其所，事情的变化也可以得到相应的处理，对上可以得到天时，对下可以得到地利，中间可以得到人和，那么财货就会像涌泉一样滚滚而来，滂磅浩瀚如长河大海，堆积得巍巍峨峨如高丘大山，哪怕是有时烧毁一些，也会多得无处贮藏，那么天下的人何需忧虑用度不富足呢？所以儒家的主张真正执行以后，那么天下就会安泰而且富足，役使百姓会取得好的功效，撞钟击鼓的声音也会和谐动听。《诗经》里说："撞钟击鼓的声音响亮高亢，管乐玉磬的声音和谐铿锵，上天赐给人们的恩惠啊难计量，洪福无边啊从天降，威武雄壮的仪礼不寻常。酒醉饭饱多快乐，福禄绵绵无限长。"讲的就是这种情况。因此，墨

翟的主张如果真正执行，那么天下尽管崇尚节省反而会使国家愈来愈穷，虽然反对争斗反而会天天发生争斗，劳动愈辛苦劳累反而会更加无功，愁眉苦脸地反对音乐反而一天天更加地不和谐。《诗经》上说："上天屡屡降疫病，丧乱流离多死亡，民怨沸腾没有话，却不警戒还空嗟。"讲的就是这个意思。

垂事养民，拊循之，唲呕之，冬日则为之饘粥，夏日则与之瓜麮，以偷取少顷之誉焉，是偷道也①。可以少顷得奸民之誉，然而非长久之道也；事必不就，功必不立，是奸治者也②。傮然要时务民，进事长功，轻非誉而恬失民，事进矣而百姓疾之，是又不可偷偏者也③。徙坏堕落，必反无功④。故垂事养誉，不可；以遂功而忘民，亦不可：皆奸道也⑤。

【注释】

①垂：委，弃置。垂事养民：放弃应做的事业，专对百姓搞些小恩小惠。拊（fǔ）循：安抚。唲（wá）呕：慈爱。饘（zhān）粥：稠粥。麮（qù）：大麦粥。以偷取少顷之誉焉，是偷道也：意思是，用一些小恩小惠来窃取短时间的名誉，这是一种苟且的作法。②不就：不能成就。是奸治者也：这是违背封建礼义的治国方法。③傮（zāo）然：嘈杂的样子。疾：怨恨。偷偏：不正当的极端行为。④徙坏：败坏。徙坏堕落，必反无功：意思是，采取败坏堕落的方法，必然反而无功。⑤遂功：成功。奸道：不合封建礼义的做法。

【译文】

丢掉治理国家的大事而只以给人民一点小恩小惠养活他们，安抚他们，像哄小孩一样冬天给他们一点粘糊的稀饭，夏天给他们一点瓜菜大麦粥，用这样的方法从老百姓那里盗取一点点赞誉，这是苟且之术。尽管可能在短时间里受到奸邪之人的称赞，但是，这却不是长久的办法；这样做办事必然不会成功，功业必然不会有所建树，这是奸邪之人的治国之道。吆吆喝喝逼使百姓赶趁节令去服劳役，只知道追求事业的进展和功利的增长，不重视失去自己的名誉和不顾惜失掉民心，事业上虽然有进展却增加了百姓的怨恨，这又是不可轻易去做的偏面行为。即使取得了一点成效获得了一点利益，顷刻间就会败坏堕落，反而无功。所以，丢掉治理国家的大事只用一点小恩小惠窃取名誉，也不行：这些办法都是奸邪之道。

故古人为之不然：使民夏不宛暍，冬不冻寒，急不伤力，缓不后时，事成功立，上下俱富；而百姓皆爱其上，人归之如流水，亲之欢如父母，为之出死断亡而愉者，无它故焉，忠信调和均辨之至也①。故君国长民者，欲趋时遂功，则和调累解，速乎急疾，忠信均辨，说乎赏庆矣；必先修正其在我者，然后徐责其在人者，威乎刑罚②。三德者诚乎上，则下应之如景响，虽欲无明达，得乎哉③！《书》曰："乃大明服，惟民其力懋，和而有疾④。"此之谓也。

【注释】

①宛：通蕴，暑气。暍（hè）：中暑。急不伤力，缓不后时：意思是，紧张时不损害劳力，缓和时不误农时。俱富：都富裕；一说都幸福。辨：通遍。均辨：公平。②君国长民者：指君主。趋时：迅速。累

解：宽缓。修正：纠正。徐：慢。③景响：同影响，指如影随形，如响应声。④惟：助词。懋（mào）：勤勉。

【译文】

所以古代的人处理国家政事不这样做：役使人民夏天防止中暑，冬天不让受冻，事情紧急的时候也不伤害民力，缓和的时候也不会让贻误农时，事业能够完成，功名也可以树立，从上到下都过上富裕的生活；这样百姓就会个个敬爱自己的君主，四面八方各地的人民就会如流水一样归顺这位君主，百姓亲近他喜欢他如同自己的父母，高兴为他拼死卖命，这没有别的原因，是由于实行儒家的仁政使人们忠诚和谐平等达到了极高的境界。因此作为养育人民的君主要想迅速顺利地建立功业，则要采用和平、协调、宽松、平正的政策比欲速不达要好得多。忠厚、诚实、公正的办法，比给人奖赏还叫人高兴；君主一定要先加强修养使自身品行端庄，然后才慢慢谨慎地督促别人进行修养，这样要比施以刑罚威力大。君主真正能够具有上述三种美德，那么下边的百姓就会如影随形、如响有应那样紧跟国君而不会离去，这样即使你不想让自己的名声显达，可能吗?《尚书》上说："君主如果英明贤达，臣民就会心悦诚服，百姓就会勤恳地为你献出力量，办起事来就能上下一致，行动迅速。"讲的就是这个意思。

故不教而诛，则刑繁而邪不胜；教而不诛，则奸民不惩；诛而不赏，则勤励之民不劝；诛赏而不类，则下疑俗俭而百姓不一[①]。故先王明礼义以壹之；致忠信以爱之；尚贤使能以次之；爵服庆赏以申重之；时其事，轻其任，以调齐之；潢然兼覆之，养长之，如保赤子[②]。若是，故奸邪不作，盗贼不起，而化善者劝勉矣[③]。是何邪？则其道易，其塞固，其政令一，其防表明[④]。故曰：上一则下一矣，上二则下二矣；辟之若草木，枝叶必类本[⑤]。此之谓也。

【注释】

①诛：杀，惩罚。刑繁：刑罚多。不惩：得不到惩罚。励：原为属，据文义和《群书治要》引文改。勤励：勤劳，奋勉。不劝：得不到鼓励。诛赏而不类：赏罚不恰当。下疑：人民疑惑。俭：通险，险恶。不一：不齐心一致。②壹：整齐，统一。次：安排顺序。爵服：贵族的等级和等级的服装。申重：反复强调表示重视，进行鼓励。轻其任：减轻他们的负担，这里有量力而任用的意思。潢然：广大的样子。③化善者：改过自新的人。劝勉：勉励。④塞：充塞，灌输。其塞固：他们灌输于民心的思想很牢固。⑤辟：譬如。本：根，这里指种类。

【译文】

所以，对人民不实行教化而惩罚他们，那么即使刑罚条文很多反而邪恶的事情消除不尽；施教而不进行惩罚，那么邪恶的人也不会受到警戒；只搞惩罚而不搞奖赏，那么勤谨办事的人就得不到鼓励；惩罚与奖赏不合乎礼法的要求，那么百姓就会怀疑世俗险恶，于是人民就不会齐心。因此，古代帝王以阐明礼义而统一人们的思想；君主要尽力做到忠厚诚实地爱护他们；崇尚贤人任用能人并按等级次序安排他们的工作；用不同的等级爵位重赏立功的人，鼓励他们，反复申明他们的功绩；适时安排他们的事情，减轻他们的负担，用以调整和统一百姓的行动；很好而全面地保护百姓、养育百姓，使他们成长，就像保护婴儿一样。如果这样，坏人无

法兴风作浪，盗贼不敢活动，而且改邪归正的人会受到鼓励。这是为什么呢？就是因为古代帝王的办法简单易行，他们灌输给人民的思想非常牢固，他们的政治法令精诚专一，他们有防范邪恶的明确规定。所以说：君主对国事精诚专一，臣民办事就能精诚专一，君主对国事犹豫不决，臣民办事也会犹豫不决；就像草木，枝叶一定和根相连。这个比喻讲的就是这个意思。

不利而利之，不如利而后利之之利也①。不爱而用之，不如爱而后用之之功也。利而后利之，不如利而不利者之利也。爱而后用之，不如爱而不用者之功也。利而不利也，爱而不用也者，取天下者也②。利而后利之，爱而后用之者，保社稷者也③。不利而利之，不爱而用之者，危国家者也。

【注释】

①这句意思是：没有给人民利益，却要从人民中索取利益，不如先给人民以利益然后从人民中取得利益更有利。②取天下者也：原为“取天下矣”，据文义和《文选》注引文改。③社稷：指国家。

【译文】

没有给百姓利益而向他们索取财利，不如先给他们利益然后再向他们收取财利更为有利。没有施予百姓仁爱而要驱使他们，不如先施予他们仁爱然后再使用他们更能取得功效。先给百姓利益然后再向他们索取财利，不如只给他们利益而不向他们索取财利更有利。施予百姓仁爱然后驱使他们，不如施予他们仁爱而不使用他们更能取得功效。给百姓利益而不向他们索取财利，施仁爱给百姓而不驱使他们的人，是取得天下的人啊。先给予百姓利益然后再向他们索取财利，先施爱于百姓然后再驱使他们，这是只能保守社稷的人。不给百姓利益而只顾向百姓索取财物，不施仁爱予百姓而驱使他们的人，是使国家危亡的人。

观国之治乱臧否，至于疆易而端已见矣①。其候徼支缭，其竟关之政尽察，是乱国已②。入其境，其田畴秽，都邑露，是贪主已③。观其朝廷，则其贵者不贤；观其官职，则其治者不能；观其便嬖，则其信者不悫，是暗主已④。凡主相臣下百吏之属，其于货财取与计数也，须孰尽察；其礼义节奏也，芒轫僈楛，是辱国已⑤。其耕者乐田，其战士安难，其百吏好法，其朝廷隆礼，其卿相调议，是治国已⑥。观其朝廷，则其贵者贤；观其官职，则其治者能；观其便嬖，则其信者悫，是明主已。凡主相臣下百吏之属，其于货财取与计数也，宽饶简易；其于礼义节奏也，陵谨尽察，是荣国已⑦。贤齐则其亲者先贵，能齐则其故者先官；其臣下百吏，污者皆化而修，悍者皆化而愿，躁者皆化而悫，是明主之功已⑧。

【注释】

①臧否（pǐ）：好坏。易：同埸。疆易：边界。端：头绪。②候：斥候，即哨兵。徼（jiǎo）：巡逻。支：分散。缭：环绕。竟：同境。察：察看，检查。③田畴（chóu）：土地。都邑露：指城墙倒塌。④贵者：属于高位的人。便嬖（bì）：君主的左右亲信。其信者：受到君主信用的人。悫（què）：诚实。暗主：昏庸的君主。⑤属：原为“俗”，据下文“凡主相臣下百吏之属”句例改。取与：收取和支付。顺通慎。须孰尽察：十分慎密精细地检查。节奏：礼节法度。芒：同茫，昏暗。轫：柔软，这里指松散。僈：同

慢，怠慢。楛（kǔ）：粗劣。⑥乐田：安心在田地里耕作。安难：不躲避困难。好法：依照法律行事。隆礼：崇尚礼。调议：议论协调。治国：治理得好的国家。⑦宽饶简易：指手续宽松简单。陵：严明。荣国：昌盛而有声望的国家。⑧齐：相等。皆化而修：都接受教化而变好。愿：诚实。

【译文】

观察一个国家的治乱好坏，到那个国家的边境一看就清楚了。哪个国家哨卡密布，哨兵穿梭，边境关卡政令烦琐，这是一个混乱的国家。进入那个国家的国境，那个国家土地荒芜，城垣倒塌，它的国君一定是贪婪的君主。考察那个国家的朝廷，他们身居高位的大官没有仁德；考察那个国家各级官员，执政掌权的人没有才能；考察他的左右亲信，虽属亲信却不忠实于他，是昏庸的君主。大凡君主、卿相及文武百官这些人，他们对于财政收支精心计算，熟究细察；对礼义制度却松松垮垮糊里糊涂，这是受人凌辱的国家。这个国家的农夫安心种田，战士志赴困难，百官注重法制，朝廷尊崇礼义，卿相协同治政，是得到治理的国家。考察这个国家的朝廷，那些身居高位的大官有仁德，各级当政的官员有掌权执政的才能；考察君主左右的亲信，他们都诚实可靠，是圣明的君主，大凡君主、卿相、文武百官这些人，他们对财政收支的计算审核宽容而简约；对礼义制度严格谨慎、尽心考察，这是繁荣的国家，国君对于那些德能相同的人，却首先让亲近他的人取得尊贵的地位，对待那些才能一样的人，先按排他的朋友的官职，这样那些曾经做过坏事的人都会受到感化改恶从善，那些强悍横暴的人都会受到感化变得谨慎谦恭，狡猾奸诈的人都感化得诚实厚道，这是明白君主的功绩。

观国之强弱贫富有征验：上不隆礼则兵弱，上不爱民则兵弱，已诺不信则兵弱，庆赏不渐则兵弱，将率不能则兵弱①。上好功则国贫，上好利则国贫，士大夫众则国贫，工商众则国贫，无制数度量则国贫②。下贫则上贫，下富则上富。故田野县鄙者财之本也，垣窌仓廪者财之末也；百姓时和、事业得叙者货之源也，等赋府库者货之流也③。故明主必谨养其和，节其流，开其源，而时斟酌焉④。潢然使天下必有余，而上不忧不足。如是，则上下俱富，交无所藏之，是知国计之极也⑤。故禹十年水，汤七年旱，而天下无菜色者，十年之后，年谷复熟，而陈积有余，是无它故焉，知本末源流之谓也⑥。故田野荒而仓廪实，百姓虚而府库满，夫是之谓国蹶⑦。伐其本，竭其源，而并之其末，然而主相不知恶也，则其倾覆灭亡可立而待也⑧。以国持之而不足以容其身，夫是之谓至贪，是愚主之极也⑨。将以求富而丧其国，将以求利而危其身，古有万国，今有十数焉，是无它故焉，其所以失之一也⑩。君人者，亦可以觉矣。

【注释】

①征验：征兆验证。已：止，禁止，指规定不许做的事。诺：允许。②无制数度量：耗费东西没有一定的规定和限度。③县鄙：泛指农村。垣（yuán）：官府的货仓。窌（jiào）：同窖。仓廪（lǐn）：粮仓。时和：天时和顺。事业得叙：耕作适时。④养其和：调养天时的和顺，指适应节气的变化。⑤这句意思是：如果这样，那么上下都富足，财物多得没地方藏，这是最懂得治国大计的。⑥禹：传说中原始社会部落的首领。汤：即商汤王，商朝的第一个君主。菜色：指饥饿的脸色。熟：成熟，指好收成。年谷复熟：庄稼又获得好收成。⑦国蹶：国家灭亡。⑧并之：聚集。可立而待：马上就要来到。⑨持：支持，供养。⑩今有十数焉：一说“有”当为“无”。

【译文】

观察一个国家的强弱、贫富都可以有征兆验证：君主不崇尚礼法就会使军队变得软弱，已经许诺的事而不讲信用就会使军队变得软弱，不实行重赏就会使军队变得软弱，将帅没有才能就会使军队变得软弱。君主好大喜功就会使国家贫困，君主贪图财利就会使国家贫困。士大夫的数量太多就会使国家贫困，从事工商业的人太多就会使国家贫困，国家开支没有一定的制度和计划就会使国家贫困。百姓贫困国家就会贫困，百姓富足国家就会富足。所以，农田国土是产生财富的本源，官府的府库仓禀是产生财富的枝末；百姓应天顺时，四季耕作适宜，是产生财物的本源，按照不同等级规定收赋税充实国库是产生财货的支流。所以，英明的君主必需谨慎地让百姓应天顺时，耕作适宜，节俭国家开支，开辟生财之源，并且时刻慎重斟酌这个事情。这样就可以放开手脚使天下百姓富足起来，而且国君也不必因国用不足而忧愁。如果是这样，那么国家和百姓就都会富裕起来，国家物资会多得没处贮藏，这才是精通治理国家的大计。所以，夏禹王遇到全国十年大水的灾害，商汤王遇到全国七年大旱的灾害，然而天下的百姓脸上没有饥饿的颜色，十年以后，一年一度的五谷又获得好收成，而且陈粮储备有余，这没有别的缘故，是由于夏禹王、商汤王懂得治理国家的本末、源流的关系，所以，田地荒芜而使府库充实，百姓穷困而使国家富足，这样的国力实质上当称之为危亡。抛弃根本，枯竭源泉，而把财产聚集在国库里，君主、卿相还看不到它的恶劣后果，那么，这样的国家的覆灭就为期不远了。用全国的收入还不足于供养保全一个人，这是由于这位君主贪婪达到了极点，这是最愚蠢的国君。想使国家富足反而丧失了国家，要想谋求利益反而危害自身，古代的时候有千万个国家，今天有十几个国家，这没有别的缘故，他们所以失去国家与这个是一样的道理。国君作为一国之主，也应该领悟这个道理了。

百里之国，足以独立矣①。凡攻人者，非以为名，则案以为利也，不然则忿之也②。仁人之用国，将修志意，正身行，伉隆高，致忠信，期文理③。布衣紃屦之士诚是，则虽在穷阎漏屋，而王公不能与之争名，以国载之，则天下莫之能隐匿也④。若是，则为名者不攻也。将辟田野，实仓禀，便备用，上下一心，三军同力⑤；与之远举极战，则不可，境内之聚也保固，视可，午其军，取其将，若拨麷⑥。彼得之不足以药伤补败；彼爱其爪牙，畏其仇敌⑦。若是，则为利者不攻也⑧。将修小大强弱之义以持慎之，礼节将甚文，珪璧将甚硕，货赂将甚厚，所以说之者必将雅文辩慧之君子也⑨。彼苟有人意焉，夫谁能忿之⑩！若是，则忿之者不攻也。为名者否，为利者否，为忿者否，则国安于盘石，寿于旗翼⑪。人皆乱，我独治；人皆危，我独安；人皆失丧之，我按起而制之⑫。故仁人之用国，非特将持其有而已也，又将兼人⑬。《诗》曰：“淑人君子，其仪不忒，其仪不忒，正是四国⑭。”此之谓也。

【注释】

①百里之国：指小国。②忿（fèn）：愤恨。③伉：同亢，极。隆高：这里指礼义。期：通綦，极。④紃（xún）屦：用麻绳编的鞋。诚是：确实做到这样。阎：巷。穷阎漏屋：破烂的小巷，简陋的房子。载：任用，这里指委任。隐匿：埋没的意思。⑤三军：军队的统称，指上、中、下或左、中、右三军。⑥聚：指城镇。午：同迕，遭遇。麷（fēng）：煮熟炒干的麦子。⑦药：医治。爪牙：指下级官兵。⑧为利者：

指为了利而战争的国家。⑨将修小大强弱之义以持慎之：意思是，就要讲求处理小国大国强国弱国之间关系的道理，以持慎重对待的态度。文：有条理，完善。珪璧（guībì）：诸侯朝聘、祭祀时所拿的玉器。硕：大。货赂：指敬献的礼物。厚：厚重。说之者：说客，使者。雅文辩慧：文词优雅，善于辩论。⑩这句意思是：他如果有点通情达理，谁还能愤恨呢？⑪否：指不攻打。后两个“否”同。为名者否：为名的人不来攻打。盘石：即磐石。旗：通“箕”。旗翼：均为二十八宿的星宿名称，这里比喻长久。⑫丧：衰败。按：然后。制：制裁，征服。人皆失丧之，我按起而制之：意思是，其他国家都衰败下去，我然后起来征服。⑬特：独。又：还要。兼：并。⑭淑人：善人，指有仁德的人。仪：同义。不忒（tè）：没有差错。这首诗的意思是：“贤人君子，他的礼义没有差错。他的礼义没有差错，可以治理四方的国家。”（见《诗经·曹风·尸鸠》）

【译文】

一百里方圆的小国，完全可以独立存在。凡是进攻别国的，不是为获取名声，就是想以此谋取利益；不然就是仇恨那个国家。仁德的人治理国家，是修养人们的思想意志，端正自己的行为，丰厚崇高的礼义，讲究忠诚信实，那么，虽然居住在穷乡陋巷的破屋子里，可是君主、诸侯那样高贵的人也不能与他争名，把治理国家的重任委托给他，那么天下所有的人没有谁能够埋没他的了。如果这样，那么为了获取名利就不需要去攻打别的国家。自己可以率领百姓开拓耕地，充实仓禀，整备器械用具，全国上下团结一致，左中右三军同心协力。凭借这些条件率领军队远途跋涉力战别的国家，却不可以；国境之内城镇完备巩固，看似可以，应战别国军队，俘虏别国的将领，如同拔掉干熟了的麦子那样容易。那样获取的利益不足以医治战争的创伤，补救战争的损失。他爱护自己的部下将士，惊惧他的仇敌。如果这样，那么为了获取财利的也不必去攻打别国。采取谨慎的态度去处理小国、大国、强国、弱国之间的关系，礼义制度就会很周到，奉献的玉器将是很大很美，送的礼物将是很丰厚，所派遣的说客也一定是文雅聪明善于言辞的君子。那些人如有人性的话，那么谁还能仇恨这些国家呢！如果这样，那么仇恨别国的国家也就用不着去进攻别国了。为获取名声的人不再进攻别国，为获取利益的人不再进攻别国，为发泄仇恨的人不再进攻别国，那么国家就会安如盘石，国运就会像箕星、翼星那样长久不坠。别的国家都混乱，只有我们一个国家得到治理；别的国家都危殆，只有我们一个国家安如泰山；别的国家都衰亡了，我们就会兴盛起来而且可以去治理那些衰亡的国家。所以，仁德之人治理国家，不是只保持自己国家安如泰山就没事了，还要把别的国家都治理好。《诗经》上说：“善良的人儿真君子，待人有礼又和睦。待人有礼又和睦，四方各国尽归服。”称赞的就是这种人。

持国之难易：事强暴之国难，使强暴之国事我易[①]。事之以货宝，则货宝单而交不结；约信盟誓，则约定而畔无日；割国之锱铢以赂之，则割定而欲无猒[②]。事之弥顺，其侵人愈甚，必至于资单、国举然后已，虽左尧而右舜，未有能以此道得免焉者也[③]。辟之是犹使处女婴宝珠，佩宝玉，负载黄金，而遇中山之盗也，虽为之逢蒙视，诎要桡腘，若卢屋妾，由将不足以免也[④]。故非有一人之道也，直将巧繁拜请而畏事之，则不足以持国安身[⑤]。故明君不道也[⑥]。必将修礼以齐朝，正法以齐官，平政以齐民，然后节奏齐于朝，百事齐于官，众庶齐于下[⑦]。如是，则近者竞亲，远方致愿，上下一心，三军同力；名声足以暴炙之，威强足以捶笞之，拱揖指挥，而强暴之国莫

不趋使，譬之是犹乌获与焦侥搏也[⑧]。故曰：事强暴之国难，使强暴之国事我易。此之谓也。

【注释】

①持：保持，守。事：侍奉。②单：同殚，尽。畔：通叛，背叛。锱铢（zī zhū）：古代重量单位，这里比喻作少量国土。猒（yàn）：通厌，满足。③顺：原为烦，据文义和《韩诗外传》引文改。事之弥顺：侍奉他越恭顺。资：货财。国举：将自己的国家给人。已：止，完结。得免：获得避免。尧、舜：都是传说中原始社会的部落首领。未有能以此道得免焉者也：意思是，没有能用这种方法得到保全的。④婴：缠绕，这里指系在脖子上。一说，通瓔，女子首饰。逢蒙视：不敢正视。诎（qū）：通屈。要：通腰。桡（ráo）：曲。膕（guó）：膝窝。诎要桡膕：弯腰屈膝。若：原为君，形近而误，今据文义改。卢：通庐。若卢屋妾：好像人家屋里的婢妾。由：同犹。由将：仍然。⑤一人：即上文“兼人”的意思；一说是团结人民的意思。繁：一说应为敏，敏捷。巧敏，指花言巧语。⑥道：由，以。不道：不这样做。⑦齐：整齐，齐一。节奏：指礼仪法度的各种规定。⑧竞亲：争先恐后来亲近。致愿：表示愿意依附。暴：同曝，太阳光的强晒。炙（zhì）：用火猛烤。暴炙之：这里是威慑天下的意思。捶笞（chī）：用鞭子抽打。捶笞之：这里是镇服天下的意思。拱揖指挥：拱着手指挥，形容轻而易举。莫不趋使：没有不受趋使的。乌获：传说为秦国的大力士，能举千斤。焦侥：矮子，传说身高只有三尺。

【译文】

治理国家的难处和易处：奉事强暴的国家难，使强暴的国家奉事我们容易。把货物财宝奉献给他，那么货物财宝送完却还不能结交成友好；结盟发誓订立信约，那么，不久他又背信弃义，把国土一块一块地割让给他，那么割让土地又无法满足他的欲望。奉事他愈是恭顺驯服，他侵扰你就愈加厉害，一定要把你的国家的财产物资要光、国土占完才会罢休，虽然你左侧有唐尧、右边有虞舜那样的贤圣辅佐，用这样的方法也不能使你免除侵扰。这就好比未结婚的少女系着宝珠、佩带宝玉、背戴黄金而遇上山中的强盗，虽然对强盗不敢正眼相看，而弯腰屈膝，像人家屋里的侍妾，还是免不了被伤害。所以，没有统一全国人民思想意志的治国之道，一味地善言乞求恭敬奉事他人，那是不足以掌握国家命运、保障自身安全的。所以圣明的君主不会以此道治理国家。而是一定要以整修礼义来统一朝廷大臣的思想，用严正法纪的方法来统一各级官员的行为，用平正国家政令的方法统管全国人民，然后才能统一朝廷的礼义制度，统一各级官员的事务，使全国人民团结一致。如果这样，那么邻近的国家就会争相亲近，边远的国家也会愿意归顺，上下一心，三军同力；名声足以威震天下，威力强大足以制服天下，只要轻轻抬手指挥，那些强暴的国家没有不来听从使唤的，这就好比秦国的巨人乌获和侏儒焦侥打架一样。所以说：奉事强暴的国家困难，使强暴的国家奉事自己容易。讲的就是这个意思。

第五卷

君道第十二

有乱君，无乱国；有治人，无治法[①]。羿之法非亡也，而羿不世中；禹之法犹存，而夏不世王[②]。故法不能独立，类不能自行，得其人则存，失其人则亡[③]。法者，治之端也；君子者，法之原也[④]。故有君子，则法虽省，足以遍矣；无君子，则法虽具，失先后之施，不能应事之变，足以乱矣[⑤]。不知法之义而正法之数者，虽博，临事必乱[⑥]。故明主急得其人，而闇主急得其势[⑦]。急得其人，则身佚而国治，功大而名美，上可以王，下可以霸[⑧]；不急得其人，而急得其势，则身劳而国乱，功废而名辱，社稷必危[⑨]。故君人者，劳于索之，而休于使之[⑩]。《书》曰："惟文王敬忌，一人以择[⑪]。"此之谓也。

【注释】

①法：体现地主阶级利益与意志的法律、法令。②羿（yì）：即后羿，传说是夏代东方有穷氏的国君，善于射箭。世：世世代代。禹：传说中古代原始部落的首领。夏：夏朝。③故：所以。类：指依法类推，处理某一类事情的条例。其人：指上文的"治人"。④端：开始，根本。君子：指地主阶级中有才德的人。原：通源，源泉，根本。⑤省：略，简单。足以遍矣：指法的作用能够达到一切方面。具：通俱，全，这里指详细。失先后之施：施行时先后颠倒。应事之变：处理各种事变。⑥正：确定。数：这里指法的条文。正法之数：确定法的条文。博：多。⑦明主：明智的君主。闇：同暗。闇主：昏庸的君主。势：权势。⑧佚：同逸，安逸。王：指能统一天下，当天子。⑨辱：耻辱。名辱：名声不好。社稷（jì）：指国家。⑩之：代词，指其人。休：安逸。⑪《书》：即《尚书》，又称《书经》，是我国奴隶制时代官方文告与政治文件的汇编。惟：同唯，只。文王：即周文王，姓姬名昌，商朝时西北诸侯国——周国的国君。这句意思是："只有文王十分谨慎，亲自去选择一个人。"

【译文】

有昏庸的君主，没有混乱的国家；有使国家安定的人，没有使国家自行安定的法制。后羿射箭的方法没有失传，像后羿那样善长射箭的人却不会世代都有；夏禹治理国家的法制仍然保存到今天，可是夏朝不能世世代代都有夏禹那样的君王。因此，法制本身不能自己起作用，依法类推而法也不能自己推行，有了善于实行法制的人，法制的效用才会存在，失去善于实行法制的人，法制的效用就不存在。法制是治理国家的根本；君子是使法制起作用的根本。所以有了君子，那么法制条文虽然简单，它的作用也可以在国家的各个方面起作用；没有君子，那么法制的条文虽然完备，在实行的时候也会颠三倒四，不能按法制要求应变各种事物，还可能完全乱了国家。不懂得法制的宗旨而订正法制条例，虽然内容很多，可是一到处理具体事务就会

产生混乱。所以，英明的君主迫切得到需要的人才，而昏庸的君主迫切得到的是权势。急于得到执行法制的人才，那么君主不但自身得到安逸而且国家也能得到治理，君主不但建立伟大的功业而且获得美好的名声，好的可以称王于天下，次的可以称霸诸侯；不急于得到执行法制的人才，而急于得到他想要得到的权势，那么他不但自身劳累而且造成国家混乱，不但不能建立功业还会落个坏名声，国家也会危亡。所以，君主的辛苦在于选拔人才，而他的安逸自在在于善用人。《尚书》上说："只有周文王谨慎小心，亲自去选拔执法的人才。"讲的就是这个意思。

合符节，别契券者，所以为信也，上好权谋，则臣下百吏诞诈之人乘是而后欺①。探筹投钩者，所以为公也；上好曲私，则臣下百吏乘是而后偏②。衡石称县者，所以为平也；上好倾覆，则臣下百吏乘是而后险③。斗斛敦槩者，所以为啧也；上好贪利，则臣下百吏乘是而后丰取刻与，以无度取于民④。故械数者，治之流也，非治之原也；君子者，治之原也⑤。官人守数，君子养原；原清则流清，原浊则流浊⑥。故上好礼义，尚贤使能，无贪利之心，则下亦将綦辞让，致忠信，而谨于臣子矣⑦。如是，则虽在小民，不待合符节、别契券而信，不待探筹投钩而公，不待衡石称县而平，不待斗斛敦槩而啧。故赏不用而民劝，罚不用而民服，有司不劳而事治，政令不烦而俗美⑧；百姓莫敢不顺上之法，象上之志，而劝上之事，而安乐之矣⑨。故藉敛忘费，事业忘劳，寇难忘死，城郭不待饰而固，兵刃不待陵而劲⑩。敌国不待服而诎，四海之民不待令而一，夫是之谓至平⑪。《诗》曰："王犹允塞，徐方既来⑫。"此之谓也。

【注释】

①符节：古时用竹、木、铜等做的作为凭信的东西，分成两半，双方各执一半。契券：做凭据用的契约，一式两份，双方各拿一份。信：信用。所以为信：用来标志信用的。上：君主。下同。权谋：权术。诞诈：谎言欺诈。乘是：乘这种时机。②探筹：抽签。投钩：类似抓阄（jiū）。曲私：偏私，不公正。偏：偏私。③衡石：测量重量标准的工具，相当于今天的砝码。称：同秤。县：同悬，秤砣。倾覆：不平，指颠倒是非。险：偏邪不正。④斗、斛（hú）、敦（duì）：都是量器。槩：同概，平斗的用具，斗装满后，用它来刮平。啧（zé）：同赜，实际。丰取刻与：多取少给。度：标准。⑤械数：指上述度量器具的规定。⑥官人守数：官吏掌握着度量器具的规定。养原：把握着本源。⑦礼义：地主阶级的等级制度、道德规范和礼节仪式。尚贤使能：推崇道德高尚的人，使用有才能的人。綦（qí）：极。谨于臣子：严格遵守做臣子的本分。⑧劝：勉，勤勉。有司：管具体政事的人，指各级官吏。烦：通繁，繁多。俗美：风俗好。⑨象：仿照，按照。志：意志。⑩藉敛：征税。藉敛忘费，事业忘劳：意思是，征税时人民不以为是过分的负担，办事情时人民忘记疲劳。寇难：有敌人来侵犯。城郭：城墙。饰：同饬，整饬、修理。陵：磨。劲：坚强，这里指锐利。⑪服：征服。诎：同屈，屈服。一：齐一，指行动一致。至平：最安定。⑫犹：道。允：确实。塞：充满。徐方：古时候名，位于今淮河下游地区。既：尽、全。这首诗的意思是："五道遍行于天下，连遥远的徐方也来归顺。"

【译文】

验证符节，辨别奖券的目的，是为了作为相互之间讲信用的凭证；君主喜欢要弄权谋，那么各级官吏中谎诞欺诈的人就会趁机进行欺诈。抽签拈阄的目的，是为了公断；君主喜欢亲亲疏疏，那么各级官吏就会趁机跟着搞不正之风。衡量重量的是秤锤，是用来测量物体平衡之用

的；君主喜欢是非颠倒，那么下属的官吏就会趁机跟着搞阴险奸诈。斗、斛、敦、概，是用来作为量谷物用的；君主喜欢贪图财利，那么下属的官吏就会趁机跟着夺取财利而减少对别人的给予，从而没完没了地搜刮民财。所以，各种不同的器械只是用来测定实物的数量，是治理国家的支流，不是治理国家的根本。君子，才是治理国家的根本。各级官吏管理着不同的具体器械，君子掌握着国家的根本法令；源头清澈那么支流就清澈，源头浑浊那么支流就浑浊。所以，上边喜欢礼义，崇尚贤人使用能人，没有贪财图利的心，那么下边的人也会特别恭敬谦让，特别忠诚信实而且严格遵守作臣子的本分。如果是这样，那么即使问题在老百姓方面，也用不着靠验证符节，辨认契券去取得信用，不用凭借抽签拈阄而判别公正，不用凭借衡量重物的秤锤测量物体的平衡，不用凭借斗、斛、敦、概去量五谷。所以，不用奖励人民也会勤勉，不用惩罚人民也会顺服，管理不同事务的官员不用操劳事情也能得到治理，政令条文不必繁琐而风俗就会淳美；百姓没有人敢不遵循君主的法制，效法君主的意志，积极从事君主的事业，于是做君主的就可以安逸快乐了。所以，征收赋税百姓不觉得是负担，为君主的事业劳动忘记了辛苦，抗击敌人的侵略百姓不怕死，城郭用不着修整就很坚固，兵刃就不着靠磨励就会坚硬而锐利。敌对的国家用不着兴兵征讨就会屈服，四海之内的人民用不着强制命令就会统一。这就叫做国家安定。《诗经》上说："周五之道甚高明，徐夷之国来归顺。"讲的就是这个意思。

请问为人君？曰：以礼分施，均遍而不偏①。请问为人臣？曰：以礼待君，忠顺而不懈②。请问为人父？曰：宽惠而有礼③。请问为人子？曰：敬爱而致恭④。请问为人兄？曰：慈爱而见友⑤。请问为人弟？曰：敬诎而不苟⑥。请问为人夫？曰：致和而不流，致临而有辨⑦。请问为人妻？曰：夫有礼则柔从听侍，夫无礼则恐惧而自竦也⑧。此道也，偏立而乱，具立而治，其足以稽矣⑨。请问兼能之奈何？曰：审之礼也。古者先王审礼以方皇周浃于天下，动无不当也⑩。故君子恭而不难，敬而不巩，贫穷而不约，富贵而不骄，并遇变态而不穷，审之礼也⑪。故君子之于礼，敬而安之⑫；其于事也，径而不失⑬；其于人也，寡怨宽裕而无阿⑭；其所为身也，谨修饰而不危⑯；其应变故也，齐给便捷而不惑⑯，其于天地万物也，不务说其所以然而致善用其材⑰；其于百官之事、技艺之人也，不与之争能而致善用其功⑱；其待上也，忠顺而不懈；其使下也，均遍而不偏；其交游也，缘类而有义⑲；其居乡里也，容而不乱⑳。是故穷则必有名，达则必有功，仁厚兼覆天下而不闵，明达用天地理万变而不疑，血气和平，志意广大，行义塞于天地之间，仁知之极也，夫是之谓圣人审之礼也㉑。

【注释】

①为：做。偏：偏向。②待：对待。懈：怠慢。③宽惠：宽厚慈爱。④致恭：十分恭敬。⑤见友：表现友爱。⑥敬诎：恭敬顺从。不苟：不马虎。⑦和：和睦。不流：不放荡淫乱。临：通隆，指推崇礼义。致临：极其推崇礼义。辨：别，指夫妻有别。⑧柔从：柔和顺从。竦（sǒng）：很恭敬的样子。⑨具：双方，全面。稽：考查，验证。⑩奈何：怎么办。审：透彻了解。先王：古代的帝王，荀况理想中符合封建政治、道德要求的君主。方皇：广大。周浃（jiā）：普遍。⑪难：恐惧，害怕。巩：通蛩，恐惧。约：卑躬屈膝。并遇变态而不穷：接连遇到变化了的情况也能从容应付。⑫安之：安于它，这里指自觉遵守礼义。⑬径：直接了当。失：出差错。⑭寡怨宽裕：很少责备人，又非常宽厚。阿：奉承，偏袒。⑯其所为身也：他对待自己。危：通诡，违反，这里有阳奉阴违的意思。谨修饰而不危：谨慎地约束自己而不违反

礼义。⑯变故：突然出现的意外事情。齐给便捷：迅速、敏捷。⑰务：必，追求。所以然：指事情的原由。致善用其材：达到最合理地使用它的物产。⑱争能：指争在具体技能上的高下。⑲交游：朋友间的交往。缘类而有义：寻找志同道合的人并做到有礼义⑳容而不乱：待人宽容而不过分。㉑穷：地位低下。仁厚：仁爱宽厚，指有高尚的道德品质。兼覆天下：覆育整个天下。闵：通穷，尽。不闵：没有止境。明达：明白，通达，指有很高的智慧。明达用天地理万变而不疑：智慧能利用自然界处理万事万物的变化而不迷惑。志意广大：胸怀开阔。行义：按照地主阶级的道德原则去做。塞：充满。知：同智。

【译文】

请问怎样做君主？回答说：用礼法全面治理国家，公正全面地实行礼法。请问怎样做臣子？回答说：用礼义侍奉君主，忠诚顺服而不懈怠。请问如何做父亲？回答说：宽厚仁慈而讲礼义。请问怎样做儿子？回答说：敬爱父母而彬彬有礼。请问如何做兄长？回答说：对弟妹慈爱而友好。请问怎样做弟弟？回答说：敬事兄长而不马马虎虎。请问如何做丈夫？回答说：与妻子十分和谐而不放荡，敬崇礼义，讲究名分。请问怎样做妻子？回答说：丈夫讲礼义就温柔顺从侍候他，丈夫不讲礼义就忧虑不安。这些原则倘若片面地实行秩序就会混乱，全面实行社会就会安定，这是完全可以验证的呀。请问怎样才能全面贯彻这些呢？回答说：对礼义要有足够的认识，古代帝王认真审订礼义，广泛而全面地贯彻礼义，因此，人们的行为没有不合礼义的。因此，君子尊崇礼义而不担惊害怕，恭敬待人而不卑躬屈膝，贫穷而不吝啬，富贵而不骄横，遇到接连不断的变故而不束手无策，这都是由于认真理解礼义的结果。所以君子对于礼义，尊重它，恪守它；君子处理事务，干脆利落而没有失误；君子为人，少埋怨多宽容也不阿谀奉承；他们对于自己的要求，谨慎修养品德整肃行为使之合乎礼义；君子适应事故的变化，反应敏捷而心神不乱；君子对于天地万物，不一定能讲出它们究竟是怎么回事，然而却能很好地利用各种资源；君子对于百官、工匠手艺之人，不与他们争能耐的高下，而是善于发挥他们的作用；君子对待国君，忠诚顺服而不懈怠；君子支使下民，公平周到而不偏私；君子对于交际，遵奉礼义而选择与自己志同道合的人；君子生活在乡里，待人宽容也不胡作乱为。因此，君子穷困的时候也一定有好名声，通达的时候就一定会建功立业，他的仁爱宽厚之心能够遍布天下而没有止境，他的智慧用于处理天地间的万事万物的千变万化而不会受迷惑，心气平和，胸怀宽大，实行礼义遍布天下，仁爱智慧达到了极点，这就叫做透彻了解礼义的圣人。

请问为国？曰：闻修身，未尝闻为国也①。君者仪也，民者景也，仪正而景正②。君者槃也，民者水也，槃园而水园③。君射则臣决④。楚庄王好细腰，故朝有饿人⑤。故曰：闻修身，未尝闻为国也。

【注释】

①修身：培养自己的品德。②仪：指日晷（guǐ），依照日影来测量时间的仪器。景：影。民者景也：这四字原无，据文义和《太平御览》引文补。③槃：同盘，指盆子。民者水也：这四字原无：据文义和《太平御览》引文补。槃园则水园：此句下原有“君者盂也，盂方而水方”一句，据《太平御览》引文删。④决：古代射箭时套在右手大拇指上的象骨套子。⑤楚庄王：应为楚灵王。（见《战国策·楚策》）

【译文】

请问如何治理国家？回答说：我听说过怎样修养自身，不曾听说过治理国家。君主好比日晷，百姓好比日影，晷正影子就正。君主好比盘子，百姓好比盘中的水，盘子是圆形水就成了圆形。君主好比盂盆，盂盆是方形水就成为方形。君主爱好射箭，臣子就跟着弯弓。楚庄王喜爱细腰的宫女，因此，朝廷的宫内就有追求细腰而饿肚的人。所以说："我听说过怎样修养自身，未曾听说过如何治理国家的。"

君者，民之原也；原清则流清，原浊则流浊。故有社稷者而不能爱民，不能利民，而求民之亲爱己，不可得也①。民不亲不爱，而求其为己用，为己死，不可得也。民不为己用，不为己死，而求兵之劲，城之固，不可得也②。兵不劲，城不固，而求敌之不至，不可得也③。敌至而求无危削，不灭亡，不可得也④。危削灭亡之情举积此矣，而求安乐，是狂生者也⑤。狂生者，不胥时而乐⑥。故人主欲强固安乐，则莫若反之民；欲附下一民，则莫若反之政；欲修政美俗，则莫若求其人⑦。彼或蓄积而得之者不世绝，彼其人者，生乎今之世而志乎古之道⑧。以天下之王公莫好之也，然而是子独好之；以天下之民莫为之也，然而是子独为之⑨。好之者贫，为之者穷，然而是子犹将为之也，不为少顷辍焉⑩。晓然独明于先王之所以得之、所以失之，知国之安、危、臧、否若别白黑⑪。则是其人也，大用之，则天下为一，诸侯为臣；小用之，则威行邻敌；纵不能用，使无去其疆域，则国终身无故⑫。故君人者，爱民而安，好士而荣，两者无一焉而亡⑬。《诗》曰："介人维藩，大师维垣⑭。"此之谓也。

【注释】

①社稷：指国家。不可得也：是不可能的。②劲：坚强，强大。求兵之劲，城之固：意思是，希望军队强大，城防坚固。③不至：不来到。④危削：危险削弱。⑤举：全都。狂生者：指不顾国家安危而一味追求安逸享乐的人。⑥胥（xū）：须，等待。不胥时而乐：指不顾时宜地寻求享乐⑦反之民：反过来依靠人民。附下：使臣下归附。一民：统一人民。反之政：反过来搞好政事。修政：处理好政事。其人：指具有地主阶级德才的人。⑧彼：那，指有封建德才的人。蓄积：累积。彼或蓄积：那有德才的人是很多的。之：代词，指有德才的人。得之者：得到这种人的人。不世绝：世世代代都有。志：识，了解。道：地主阶级政治、思想的总原则。⑨王公：指诸侯国的国君。莫好（hào）：都不喜好。子：古时对男子的尊称。这里指有德才的人。是子：这个人。下同。莫为之：都不做的事情。⑩贫：贫困。穷：穷苦。犹将为之：仍然坚持去做。辍（chuò）：停止。不为少顷辍焉：不因此而有片刻的停止。⑪晓然独明：只有他是清楚地了解。所以得之：为什么成功。臧：好，指强大。否（pǐ）：坏，指衰弱。⑫则是其人也：原为"是其人者也"，据文义和《韩诗外传》引文改。威行邻敌：威望影响到邻邦和敌国。使无去其疆域：不要让他离开自己的国家。故：事故，变故，这里是祸害的意思。⑬君人：君主。而：则、就。安：安宁、安定。士：地主阶级的知识分子。荣：荣耀、有名望。两者无一：两者都没有。⑭介人：善人，指有才德的士。藩：篱笆。大师：大众，指百姓。垣：墙。维：连词，"就是"的意思。

【译文】

国君是百姓的源泉；源泉水清那么支流的水就清，源泉的水混那么支流的水就混。因此，心中只有社稷的君主就不可能爱戴人民，不可能保护人民的利益，但是要求人民亲爱自己，也不可能。人民不亲近不热爱国君，却要求他们为国君利用、为国君而死，不可能啊。人民不为国君所用，不为国君卖命，却想要兵力强胜，城防坚固，不可能啊。兵力不强胜，城防不坚固，却想要敌人不来侵犯，不可能啊。敌人来侵犯而想国家没有危险，不灭亡，不可能啊。危险、灭亡的情势都集中在这里，却要求安逸享乐，是痴心妄想的人呀。痴心妄想的人，不等待享乐的时机就追求享乐。所以，君主要想国家巩固自己安乐，那么不如自己依靠人民；君主要使臣下归服，民心一致，那么不如把心思用于治理国家政事上；国君要想使国家得到治理风俗淳美，那么不如选用适宜的人才。有德有才的人很多，世世代代都有，那些德才兼备的人生在今天而志向却是奉行古人的治国之道。由于各国诸侯都不喜欢这种人，然而在这里却独独喜欢这种人；因为天下的人民没有谁想如此，可是在这里却独独喜欢这样做。喜欢古代治国之道的人贫乏，喜欢这样做的人很少，可是这位先生还要这样做，不会因为这样的人少而有片刻松懈。只有这位先生对于对古代帝王得到天下的原因，失去天下的原因了解得清清楚楚，懂得国家的平安、危险、好、坏就像了解黑白二色那样一清二楚。这样的人才，如果委以大任，就能使天下统一，诸侯称臣；倘若委以小任，就能威震邻邦；纵然不能任用他，也不要让他离开本国的国土，那么这个国家永远不会发生突然的事变。因此，做君主的人，只要爱护人民自己也能安宁，喜欢贤能之士就能荣耀，两个方面连一头都不得的人就会灭亡。《诗经》上说；“德才兼备的人好比屏幛，百姓是坚固的围墙。”讲的就是这个道理。

道者，何也？曰：君之所道也①。君者，何也？曰：能群也②。能群也者，何也？曰：善生养人者也，善班治人者也，善显设人者也，善藩饰人者也③。善生养人者人亲之，善班治人者人安之，善显设人者人乐之。善藩饰人者人荣之④。四统者俱而天下归之，夫是之谓能群⑤。不能生养人者，人不亲也，不能班治人者，人不安也，不能显设人者，人不乐也，不能藩饰人者，人不荣也。四统者亡而天下去之，夫是之谓匹夫⑥。故曰：道存则国存，道亡则国亡⑦。省工贾，众农夫，禁盗贼，除奸邪，是所以生养之也⑧。天子三公，诸侯一相，大夫擅官，士保职，莫不法度而公，是所以班治之也⑨。论德而定次，量能而授官，皆使人载其事而各得其所宜，上贤使之为三公，次贤使之为诸侯，下贤使之为士大夫，是所以显设之也⑩。修冠弁衣裳、黼黻文章、琱琢刻镂皆有等差，是所以藩饰之也⑪。故由天子至于庶人也，莫不骋其能，得其志，安乐其事，是所同也；衣暖而食充，居安而游乐，事时制明而用足，是又所同也⑫。若夫重色而成文章，重味而备珍怪，是所衍也⑬。圣王财衍以明辨异，上以饰贤良而明贵贱，下以饰长幼而明亲疏；上在王公之朝，下在百姓之家，天下晓然皆知其非以为异也，将以明分达治而保万世也⑭。故天子诸侯无靡费之用，士大夫无流淫之行，百吏官人无怠慢之事，众庶百姓无奸怪之俗，无盗贼之罪，其能以称义遍矣⑮。故曰：治则衍及百姓，乱则不足及王公⑯。此之谓也。

【注释】

①君之所道也：君主所遵循的原则。②能群：指善于按一定分工和等级把人们组织起来。③生养：养活。班：通辨，治。班治：治理。显设：任用，安排。藩饰：装饰，指使人们从穿着上显示出等级来。④之：代词，指君主。荣：敬重，颂扬。⑤俱：通具。四统者俱：具备上述四个要点。⑥匹夫：指普通人。⑦这句意思是：所以说，道存在，国家就存在。道丧失了，国家也就灭亡。⑧省：减少。贾（gǔ）：商人。众：多，指增加。⑨三公：指司空、司马、司徒，古代天子手下的最高官职。一相：一个相。擅（shàn）官：担任某种专职官吏。保职：谨守自己的职务。莫不法度而公：一切按照法度办事而且公正不偏。⑩论

德而定次，量能而授官：根据品德的高低而排定等级，衡量能力的大小而授予官职。载：担负、担任。宜：适当。皆使人载其事而各得其所宜：使人都能担负起适合他的能力的事情。⑪修：整治。弁：古代的一种帽子。黼黻（fǔfú）：古代礼服上绣的青色和黑色的花纹。文章：文彩，错综华丽的色彩或花纹。琱：同雕。雕琢刻镂（lòu）：泛指雕刻。⑫庶人：众人，指老百姓。骋（chěng）：尽量发挥。志：志愿。是所同也：这都是一样的。事时制明：处理政事及时，法令制度严明。用足：生活用品很充足。⑬重（chóng）色：多种颜色。重味而备珍怪：原为“重味而成珍备”，据《正论》篇“食饮则重太牢而备珍怪”文义改。衍：富裕，有余。⑭圣王：荀况理想中德才完备的封建君主。财：通“裁”，裁制，掌握。辨：区别。异：差别，等级。圣王财衍以明辨异：圣王掌握着富余的财物是为了用来装饰各个等级的人，以表明上下等级的区别。饰：装饰。长（zhǎng）：辈分高，年纪大。非以为异：不是用来表示特殊的。明分达治：明确等级名分，使国家达到治理。⑮靡费：浪费。奸怪：奸诈怪僻。其能以称义遍矣：这样才能称得上普遍实行了义。⑯这句意思是：国家安定，那么连百姓都能得到富足的财物；国家混乱，那么连王公也不能得到足够的财物。

【译文】

道是什么呢？回答说：道是君主所遵循的原则。君主是什么呢？回答说：君主是善于组织群众的人。能组织群众是什么意思呢？回答说：“善于抚养人民，善于管理人民，善于安顿人民，善于按不同的等级妆饰人民。善于抚养人民的人，人民亲近他，善于管理人民的人，人民使他安宁，善于安顿人民的人，人民使他快乐，善于按不同等级妆饰人民的人，人民使他荣耀。上述四个方面完全具备的天下就会臣服他，这就称之为能组织群众。不能抚养人民的人，人民不亲近他，不能管理人民的人，人民不会使他安宁，不能安顿人民的人，人民不会使他快乐，不能按不同等级妆饰人民的人，人民不会使他荣耀。上述四个方面完全具备的，天下的人民就背弃他，这样的人就叫做与一般人没有区别。因此说：治国之道存在国家就能存在，治国之道消亡国家就会灭亡。减少工匠商人，增加农夫，禁止盗贼，除掉奸邪，这样才能使人民休养生息。天子任用司马、司徒、司空等三公，诸侯任用一个国相，大夫拥有某一官职，士人谨守自己的职事，没有人不遵守法令制度而公正办事的，这些是用来管理人民的方法。论定人的品德按确定他的等级，衡量人的才能授予他官职，使每个人都能按照他们的德才得到适宜他们的职位和工作。上等贤人使他们担任三公的职务，次等贤人让他们担任诸侯的职位，下等贤人让他们担任士大夫，这是用来安置他们的原则。修制官服官帽，装饰花纹，雕琢刻镂图案都有等级的区别，这些是用来处理人不同等级关系的原则。因此，从天子到百姓，没有人不充分发挥他们的才能，满足他们的志向，喜欢热爱他们的事业，这是人们共同的愿望；穿暖吃饱，住得安宁，玩得快乐，办事及时，制度严明而用度充足，这又是人们的共同愿望。至于穿色彩美丽的衣服，用图案丰富的器具，吃众多美味的佳肴，是人们生活富足的共同愿望。圣明的君主分别等级关系来处理丰富的财物，上者用来妆饰各种等级的人以表明高贵卑贱的等级差别，在下的用来妆饰长幼的人来表明亲疏远近；上至在朝的诸侯王公，下至百姓之家，天下的人都清楚地懂得这样做不是为了搞特殊，而是用来区别等级名分达到治理国家而保持国家子孙万代安定的。因此，天子诸侯没有过分的消耗费用，士大夫不会产生下流放荡的行为，各级官吏没有消极怠慢的事情，广大百姓没有奸诈荒诞的习俗、没有盗窃戕害人的罪行，这样才称得上天下普遍实行礼义。所以说：“国家得到治理就能使百姓富裕，国家混乱财富减少连诸侯王公也不会富足。”讲的就是这个道理。

至道大形，隆礼至法则国有常，尚贤使能则民知方，纂论公察则民不疑，赏免罚偷则民不怠，兼听齐明则天下归之[①]。然后，明分职，序事业，材技官能，莫不治理，则公道达而私门塞矣，公义明而私事息矣[②]。如是，则德厚者进而佞说者止，贪利者退而廉节者起[③]。《书》曰："先时者杀无赦，不逮时者杀无赦[④]。"人习其事而固，人之百事，如耳目鼻口之不可以相借官也；故职分而民不慢，次定而序不乱，兼听齐明而百事不留[⑤]。如是，则臣下百吏至于庶人莫不修己而后敢安止，诚能而后敢受职；百姓易俗，小人变心，奸怪之属莫不反悫，夫是之谓政教之极[⑥]。故天子不视而见，不听而聪，不虑而知，不动而功，块然独坐而天下从之如一体，如四胑之从心，夫是之谓大形[⑦]。《诗》曰："温温恭人，维德之基[⑧]。"此之谓也。

【注释】

①大形：充分的表现。隆礼至法：尊崇礼，法制完备。常：常规，有秩序。方：方向。纂（zuǎn）：集合。公察：公正的看法。纂论公察：集中群众的议论而不凭借个人的看法。疑：怀疑。免：通勉，勤勉。齐明：明察一切。兼听齐明：听取各方面的意见，明察一切事物。②明分职：明确名分职位。材技官能：任用有技术、有才能的人。③进：进用，得到任用。佞（nìng）说者：花言巧语，取媚于人的人。止：停止，指罢官。退：斥退，指罢免。起：兴起，指当政。④先时：先于规定的时间，提前。杀无赦：毫不留情地杀掉。不逮时：落后于规定的时间，不及时。⑤习：熟习。人习其事：人熟习自己所做的事情。固：不变动。百事：泛指一切事情。如耳目鼻口之不可以相借官也：意思是，就像耳朵、眼睛、鼻子、嘴巴的作用不可以互相借用一样。职分：职位明确。慢：怠慢。次定：等级确定。留：停留。百事不留：一切事情都能及时处理，不拖沓。⑥修己：约束自己。安止：安于自己所在的职位。诚能：确实有能力。受职：接受官职。反：同返，变成。悫（què）：诚实。奸怪之属莫不反悫：奸诈怪僻的人没有不变成诚实的。政教：政治教化。⑦块然：独自一个人的样子。胑：同肢。⑧温温：宽厚柔顺的样子。维：语助词。

【译文】

治理国家的最高原则充分表现是：崇尚礼义，完备法制，国家就有规范的秩序；崇尚贤人，任用能人，人民就有明确的方向；集中群众议论，明察公断，人民就不会产生怀疑；奖励勤奋，惩罚懒惰，人民就不会懈怠；听取不同方面的意见，洞察各种各样的事物，那么天下的人都会来归顺；然后分清等级职责，安排各项事业，任用有技艺的人，授官有才能的人，没有不得到治理的事务，那么公平正确的道理就畅达通行，而邪门歪道就被堵塞，公正的道义被弘扬，而偏私的事情就被消除了。倘若这样，品德高尚的人被选拔任用，而那些巧言花语阿谀奉承的人就被罢黜，贪图利益的人屏退，廉洁而有气节的人就被晋用。《尚书》上说："先于君主命令规定的时间提前行动的人杀死而不赦免，不服从君主命令行动迟缓的人杀死而不赦免。"人们熟悉自己所从事的事业而且办起来也很稳妥，人们从事的各种事情，如耳、目、鼻、口等器官有各的作用不能互相代替；所以职责分明人民办事就不会懈怠，等级确定以后而次序不会混乱，全面听取意见，洞察一切事物，那么各种各样的事情就会得到及时处理。倘若这样，那么臣下及各级官吏至到平民百姓没有不修养自己而后才敢安于自己的地位，自己的确有才能然后才敢接受职务；百姓移风移俗，小人的思想得到改造，奸诈怪诞一类的人没有不返归于诚恳纯朴，这样子就叫政治教化达到了最高境界。因此，天子不用亲眼去看就能了解天下事物，不亲自听就能明白，不用思考就能懂得，不用亲自劳动就能获得事业的成功。严然独坐在那里，而天下的事情就随着他的意志运转自如，好像运转自己的身体、如同活动自己的四肢那样随心所欲，这样子就叫做治国之道的最高表现。《诗经》上说："温顺恭谨人宽厚，道德根基是源头。"讲的就是这个道理。

为人主者，莫不欲强而恶弱，欲安而恶危，欲荣而恶辱，是禹、桀之所同也①。要此三欲，辟此三恶，果何道而便？曰：在慎取相，道莫径是矣②。故知而不仁，不可；仁而不知，不可；既知且仁，是人主之宝也，而王霸之佐也③。不急得，不知；得而不用，不仁④。无其人而幸有其功，愚莫大焉⑤。

【注释】

①为人主者：做君主的。恶：讨厌。桀：夏朝最后一个君主。②辟：同避，避免。道：道路，途径。下同。便：方便。径：直接，方便。在慎取相，道莫径是矣：意思是，在于谨慎地选取宰相，没有比走这个途径再方便的了。③知：同智，聪明。下同。仁：地主阶级的道德规范。佐：辅助。④不急得：不急于得到宰相。⑤幸：侥幸。有其功：取得成功。愚莫大焉：再愚蠢不过的了。

【译文】

当君主的人，没有不希望强大而厌烦弱小，希望安定而厌烦危殆，希望荣耀而厌烦耻辱，这是禹、桀都相同的。追求这三种欲望，逃避这三种厌恶，究竟实行什么"道"才方便呢？回答是：在于慎重选拔任用宰相，途径没有再比这方便的了。因此，选用宰相，有智慧才能而没有仁义道德的人，不可以；有仁义道德而没有聪明才能，不可以；既有聪明才能又讲仁义道德，是君主的宝贝，而且是实行王道霸道的辅佐。不急于求得这样的人，是不明智的；得到了这样的人而不委以大任，是不仁德。没有这样的贤相辅佐而侥幸想取得事业上的成功，是最大的愚蠢。

今人主有六患：使贤者为之，则与不肖者规之；使知者虑之，则与愚者论之；使修士行之，则与污邪之人疑之①。虽欲成功得乎哉②！譬之是犹立直木而恐其影之枉也，惑莫大焉③。语曰：好女之色，恶者之孽也④。公正之士，众人之痤也⑤。循道之人，污邪之贼也⑥。今使污邪之人论其怨贼而求其无偏，得乎哉⑦！譬之是立枉木而求其影之直也，乱莫大焉。

【注释】

①六：据下文看，疑当作"大"字。不肖者：不贤的人。规：谋划，这里有定框框加以限制的意思。修士：有道德修养的人。污邪之人：品德卑劣的人。疑：疑惑，动摇不定。②得乎哉：能够办到吗？③譬之：比如。犹：好像。恐：怕，担心。枉：弯曲。惑：迷惑，糊涂。④语曰：俗语说。好：美。色：姿色。恶者：丑人。孽：祸害。⑤公正之士：没有私心的士。痤（cuó）：疮疖。⑥循：遵守，遵循。循道之人：遵循道的人。贼：害。⑦论其怨贼：评论他所怨恨的人。

【译文】

当今君主有六大祸患：让贤人治理国家，却和品德恶劣的人一起约束他；让有才能的人谋划国事，却与愚蠢的人一同谈论他；让品德高尚的人处理国事，却与卑鄙邪恶的人一块怀疑他；尽管想让事业获得成功，能行吗？譬如竖起一根挺直的木棍却又害怕它的影子弯曲，再没有比这种人更糊涂的了。俗话说："美丽女子的姿色，在丑恶的人眼里是祸根。公平正直的人，被庸俗的人看作是毒瘤。遵循仁道的人，在卑鄙邪恶的人眼里是祸患。"今天倘若让卑鄙邪恶的人对待他所怨恨的人，却要求他没有偏私，能行吗？又譬如竖立一根弯曲的木棍却想得到笔直的影子，再没有比这种想法更胡闹的了。

故古之人为之不然①。其取人有道，其用人有法。取人之道，参之以礼②；用人之法，禁之以等③。行义动静，度之以礼④；知虑取舍，稽之以成；日月积久，校之以功⑤。故卑不得以临尊，轻不得以县重，愚不得以谋知，是以万举不过也⑥。故校之以礼，而观其能安敬也⑦；与之举错迁移，而观其能应变也⑧；与之安燕，而观其能无流慆也⑨；接之以声色、权利、忿怒、患险，而观其能无离守也⑩。彼诚有之者与诚无之者若白黑然，可诎邪哉⑪！故伯乐不可欺以马，而君子不可欺以人⑫。此明王之道也。

【注释】

①为之不然：不是这样做的。②参：检验。参之以礼：以礼作为检验他的标准。③禁之以等：指用地主阶级的等级去限制所任用的人。④义：读为"仪"，仪表。行义动静：作风举动。⑤知虑取舍：指判断是非正确与否。稽：考查。日月积久：日积月累。校（jiào）：考核。⑥临尊：临驾在尊贵者的上面。县：同悬，衡量。谋知：替聪明的人出主意、想办法。是以万举不过：因此做任何事情都不会有过错。⑦安敬：安于恭敬。⑧举：举起。错：安放。迁移：变动。与之举错迁移：使他处于动荡变化的环境里。⑨燕：同宴。安燕：安逸的环境。慆（tāo）：通滔，放荡。流慆：放荡淫乱。⑩接之：让他接触。声色：音乐、美色。能无：能否。离守：离开职守。⑪诎：屈，歪曲。⑫伯乐：秦穆公时人，姓孙名扬，传说他善于识别马的优劣。

【译文】

所以，古代帝王做事不是这样。他们选拔人才有原则，他们任用人才有法则。选拔人才的原则是：用礼义作标准去考察他；用人的法则是：用等级名分约束他。行为仪态举止，用礼义衡量他；虑事正确与否，用事情的成效考查他；日积月累国事治理的好坏，用功业取得的成绩验证他。所以，卑贱的不能凌驾于尊贵者之上，轻的东西不能用来衡量重的东西，愚蠢的人不能用来替聪明的人出谋划策，这样干任何事情都不会产生差错。所以要用礼义考核他，而是看他是否能够安定恭敬；把他放在动荡变化的境域里，而是要看他对事变的应对能力；给他安排一个安逸享乐的地方，而是要考察他抵御放荡淫乱的能力；让他接触音乐、美色、权势、利益、忿怒、险患，而是要观察他忠于职守的能力。他们的确具备这些能力还是的确没有具备这些能力就象黑白二色一样很容易辨别出来，这样的事实怎么可以歪曲呢？所以，伯乐不能拿马来骗他，而君子不可以拿人来欺骗他，这就是圣明君主的"道"。

人主欲得善射，射远中微者，县贵爵重赏以招致之①。内不可以阿子弟，外不可以隐远人，能中是者取之[②]，是岂不必得之之道也哉！虽圣人不能易也[③]。欲得善驭，及速致远者，一日而千里，县贵爵重赏以招致之[④]。内不可以阿子弟，外不可以隐远人，能致是者取之，是岂不必得之之道也哉！虽圣人不能易也[⑤]。欲治国驭民，调壹上下，将内以固城，外以拒难，治则制人，人不能制也，乱则危辱灭亡可立而待也[⑥]。然而求卿相辅佐则独不若是其公也，案唯便嬖亲比己者之用也，岂不过甚矣哉[⑦]！故有社稷者莫不欲强，俄则弱矣；莫不欲安，俄则危矣；莫不欲存，俄则亡矣[⑧]。古有万国，今有十数焉，是无它故，莫不失之是也[⑨]。故明主有私人以金石珠玉，无私人以官职事业，是何也[⑩]？曰：本不利于所私也[⑪]。彼不能而主使之，则是主暗也[⑫]；臣不能而诬能，则是臣诈也[⑬]。主暗于上，臣诈于下，灭亡无日，俱害之道也[⑭]。夫文王非无贵戚也，非无子弟也，非无便嬖也，倜然乃举太公于州人而用之，岂私之也哉[⑮]！以为亲邪？则周姬姓也，而彼姜姓也[⑯]。以为故邪？则未尝相识也[⑰]。以为好丽邪？则夫人行年七十有二，䶛然而齿堕矣[⑱]。然而用之者，夫文王欲立贵道，欲白贵名，以惠天下，而不可以独也，非于是子莫足以举之，故举是子而用之[⑲]。于是乎贵道果立，贵名果白，兼制天下，立七十一国，姬姓独居五十三人，周之子孙，苟不狂惑者，莫不为天下之显诸侯，如是者能爱人也[⑳]。故举天下之大道，立天下之大功，然后隐其所怜所爱，其下犹足以为天下之显诸侯[㉑]。故曰：唯明主为能爱其所爱，暗主则必危其所爱[㉒]。此之谓也。

【注释】

①中微：射中微小的目标。县：同悬，悬挂。爵：等级地位。招致：招引来。县贵爵重赏以招致之：宣布给高位厚赏来招引他们。②阿：偏向，包庇。隐：埋没。能中是者取之：能符合这个标准的人就选取。③之：前面一个“之”字是代词，指善于射箭的人，后面一个“之”是连词，“的”的意思。圣人：荀况理想中地主阶级德才完备的人。易：改变。④驭：指驾驶车马。及速致远者：能够速度快而达到远地的人。⑤能致是者取之：能够达到这个标准的人就选取。⑥驭民：统治好老百姓。调壹：调整，统一。拒难：抵抗敌人侵略。这句文字疑有脱误。意思是：君主想要治理好国家，统治好老百姓，使上下齐心一致，对内巩固城防，对外抵御入侵，国家治理好了就能制服敌国，而不会被敌国制服，国家动乱，那么碰到危险、耻辱、灭亡等情况都能很快地应付。⑦案：虚词；便嬖：君主左右的亲信。亲比己者：迎合自己的人。⑧俄：不久，指很短的时间。⑨今有十数：现在只有十几个。故：原因。是：代词，指选用卿相辅佐。莫不失之是也：没有不是在用人这个问题上做错了。⑩私人：私自给人。⑪本不利于所私：意思是，私自给官职，从根本上来讲是不利于你所偏爱的那个人的。⑫彼不能：他没有才能。暗：昏庸。⑬诬能：冒充有才能。⑭灭亡无日：随时要灭亡。俱：都。俱害之道也：这是对君和臣都有害处的做法。⑮非无：不是没有。倜（tì）然：突出地，不同于众地。太公：即姜太公，又称姜子牙，名尚，周文王的相，周文王死后，辅助周武王。州：古国名，在今山东安丘县东北。乃举太公于州人：竟然在州国的人中选拔了姜太公。岂私之也哉：难道对他有私心吗？⑯以为亲邪：认为他们是亲戚吗？⑰故：过去有交情。未尝相识：从来不相识。⑱丽：好看，漂亮。夫：那个人，指姜太公。䶛（yǔn）然：没牙齿的样子。“䶛”原为“齫”，据《韩诗外传》引文改。䶛然而齿堕矣：老得连牙齿都掉了。⑲贵道：良好的政治秩序。贵名：美好的名声。是子：指姜太公。⑳贵名果白：原名“贵名果明”，据上文“欲白贵名”文义改。兼制：全面统治。苟不狂惑者：如果不是痴狂愚惑的人。㉑举：实行。隐：私，偏爱的意思。所怜所爱：所怜悯的和所亲爱的人，指君主的子孙和亲信。其下：指所怜所爱的人。犹足以为：还能够做。㉒唯：只有。危：害。

【译文】

君主希望得到善于射箭、射得远射得准的人，用高贵的官爵，丰厚的财物作为奖赏招致他们。推荐自己的人不可以偏向子弟，推荐外边的人不可以埋没疏远人才，只要符合条件的人就选用他，这难道不是选拔人才必要的方法吗？这样的方法，即使是圣人也不能改变。想获得优秀的驭手，能及时到达很远的地方，一天就可以走上千里的路程。要用高贵的官爵、丰厚的财物奖赏招致人才。推荐自己的人不可以偏向子弟，推荐外边的人不可以埋没人才，达到条件的就选用他，这难道不是选拔人才必要的方法吗？即使是圣人也不能改变这种方法。想治理国家统御人民，上下一致，对内能够巩固城池，对外能够抵御敌人侵犯；国家得到治理，就能治服别人，别人不能治服自己；国家混乱，就危险耻辱，灭亡很快就会到来。可是，寻求卿相辅佐的时候却唯独不像这样公正，据考查只有与自己亲近的人才任用，难道不是太过分了吗？所以，拥有社稷的君主没有不希望自己国家强胜的，可是时间不长却削弱了；没有哪一个人不想安宁的，可是时间不长却危殆了；没有哪一个人不希望国家永存的，可是时间不长却灭亡了。古代的时候有许许多多国家，今天只剩下了十几个，这没有别的缘故，没有一个国家的失误不是在选用辅佐的卿相上。因此，英明的君主有私下给自己人以黄金、宝石、珍珠、美玉，没有私下给自己人官职事业的，这是为什么呢？回答是：从根本上说这样做对自己偏爱的人没有好处。哪些人没有才能而君主使用他们，就是君主的昏庸；臣子自己没有才能却冒称有才能，那是臣子的诈骗。上边有昏君，下边有佞臣，如此国家灭亡的日子就不远了，这些对君对臣都是有害的方法。周文王不是没有显贵的亲戚，不是没有自家的子弟，不是没有近臣亲信，却是决然地举用姜尚这位处身渔舟钓鱼的人，这难道是文王偏私他吗？是把他当作亲人吗？那么周文王姓姬，而她姓姜啊！周文王是把他当成老朋友吗？那么他们以前未曾相识。是认为他长得漂亮吗？那么姜尚这时已经七十二岁，老得连牙都掉了。然而，周文王任用他的原因，是想树立高尚的道义，想发扬尊贵的名声，使天下的人都得到恩惠，可是这是一个人难以办到的，不是这位姜尚先生没有谁能够辅佐他，所以选用了姜尚先生为宰相。于是高尚的道义果然被树立起来，尊贵的名声也得到发扬，统一了天下，建立了七十一个诸侯国，姬姓为诸侯国君的就占五十三人，周文王的子孙，只要不疯不傻的，没有一个没有成为天下著名的诸侯，周文王这样做就能够真正爱自己的人。因此，首先推行大道，建立统一天下的功业，然后再偏爱自己所爱所怜的人，他手下的亲人仍然完全可以成为天下著名的诸侯，所以说：“只有英明的君主能够爱其所爱，昏庸的君主却一定会危害自己所爱的人。”讲的就是这个道理。

墙之外，目不见也；里之前，耳不闻也；而人主之守司，远者天下，近者境内，不可不略知也[①]。天下之变，境内之事，有弛易齵差者矣，而人主无由知之，则是拘胁蔽塞之端也[②]。耳目之明，如是其狭也，人主之守司，如是其广也，其中不可以不知也如是其危也[③]。然则人主将何以知之？曰：便嬖左右者，人主之所以窥远、收众之门户牖向也，不可不早具也[④]。故人主必将有便嬖左右足信者然后可，其知惠足使规物，其端诚足使定物然后可，夫是之谓国具[⑤]。人主不能不有游观安燕之时，则不得不有疾病物故之变焉[⑥]。如是，国者，事物之至也如泉原，一物不应，乱之端也。故曰：人主不可以独也[⑦]。卿相辅佐，人主之基杖也，不可不早具也[⑧]。故人主必将有卿相辅佐足任者然后可，其德音足以镇抚百姓，其知虑足以应待万变然后可，夫是之谓国具[⑨]。四邻诸侯之相与，不可以不相接也，然而不必相亲也，故人主必将有足使喻志决疑于远方者然后可[⑩]，其辨说足以解烦，其知虑足以决疑，其齐断足以距难，不还秩不反君，然而应薄扞患足以持社稷然后可，夫是之谓国具[⑪]。故人主无便嬖左右足信者谓之暗，无卿相辅佐足任者谓之独，所使于四邻诸侯者非其人谓之孤，孤独而晻谓之危[⑫]。国虽若存，古之人曰亡矣。《诗》曰："济济多士，文王以宁[⑬]。"此之谓也。

【注释】

①里之前，耳不闻也：意思是，一里以外的声音，耳朵就听不见了。守司：指管辖范围。②弛易：懈怠，怠慢。齵（yú）：牙齿不齐。齵差：参差不齐。无由知之：无从了解。拘：局限。端：开始。③明：清楚。狭：狭窄。④窥（kuī）远：指能观察到很远的地方。收：通纠，监督。众：指臣下百官。牖（yǒu）向：窗户。门户牖向：这里用来比喻君主左右的人是他的耳目。⑤足信者：完全可靠的。其：指便嬖左右。知惠：通智慧。规物：谋划事物。端诚：正直诚实。定物：判断事物。具：工具，这里指人材。国具：治国的人材。⑥游观安燕：游山逛水，吃喝玩乐。物故：死亡。⑦国者：指在国家里。原：同源。⑧基：通几（jī），茶几。杖：手杖。基杖：坐着依靠茶几，走路依靠着手杖，形容辅佐卿相是君主所离不开的。⑨德音：道德声望。镇抚：安定。知虑：智慧。⑩相与：相邻近。相接：相互来往。不必相亲：不一定都是友好的邻邦。喻志决疑：传达君主的意志，解决疑难问题。⑪解烦：解决错综复杂的问题。齐断：果断。距：同拒。秩：职责。还秩：完成任务。反：同返。不还秩不反君：不完成任务不回到君主身边。薄（bó）：通迫，紧迫。扞：同捍，防御。应薄扞患：应付紧迫的事，抵御患难。⑫非其人：不是恰当的人。晻（àn）：同暗，不明。⑬济济：人材众多的样子。

【译文】

墙外的景色，墙里的人看不见；一里之外的声音，耳朵听不到；但是君主所管辖的区域内，远到普天之下，近在国境以内，不能不知道个大概。天下的变化，境内的事情，松驰懈怠参差不齐，因而君主无法了解下边的情况，那么，这就是受到限制蔽塞的开始。耳朵能听到、眼睛能看到的范围如此狭小，君主管辖的地方那样的广阔，这种限制蔽塞是不能不知道，倘若这样那是很危险的。既然如此，那么君主将采取什么方法了解这些情况呢？回答说：君主左右的近臣亲信，是君主用来窥测远地监视众人的门窗，不能不提前安排好。所以君主一要有完全可以信赖的亲信近臣才可以了解情况。他们的智慧足以谋划国家事务，他们的正直诚恳足以正确决定国家事务，然后才可选用，这样的人就叫做治理国家的人才。君主不能没有游玩、观赏、安逸、享乐的时候，那么也不能没有疾病和死亡的变故。如果这样，国家的事务就会像泉水那样涌出来，一件事务处理不好，就会成为混乱的开端。因此说：君主不能自己独自治理国家。卿相辅佐，是人主治理国家的根本，不能不早点选拔任用。所以，君主必须有足以胜任卿相辅佐然后才可以治理好国家，他的品德足以安抚百姓，他的智慧计谋足以应付国家的各种事务然后才能任用，这样的人就叫做治理国家的人才。四周邻国的诸侯互相往来，不能没有互相接触，然而不一定都很亲近，所以君主一定要有足以领会君主意旨决断疑难问题出使远方国家的人，然后才可以处理国与国之间交往的事务，他们的论辩足以解决复杂的问题，他们的智慧计谋足以决断疑难问题，他们处理国际事务迅速果断足以抗拒敌国的侵扰，忠于职守，不背叛君主；能够做到这些的人，就能适应紧急形势、抵御外国侵扰、保卫国家安全，然后可以选

用，这样的人就叫做治理国家的人才。所以，君主没有足可信任的左右亲信近臣的叫做昏暗，没有值得任用的人做卿相辅佐自己叫做独断专行，从事外交不得其人的叫做孤立无靠。君主独断专行、孤立无靠叫做危险。这样的国家虽然存在，古代的人却认为它已经灭亡了。《诗经》上说："人才济济，文王安宁。"讲的就是这个意思。

材人①：愿悫拘录，计数纤啬而无敢遗丧，是官人使吏之材也②。修饰端正，尊法敬分而无倾侧之心；守职修业，不敢损益，可传世也，而不可使侵夺，是士大夫官师之材也③。知隆礼义之为尊君也，知好士之为美名也，知爱民之为安国也，知有常法之为一俗也，知尚贤使能之为长功也。知务本禁末之为多材也，知无与下争小利之为便于事也，知明制度权物称用之为不泥也，是卿相辅佐之材也④。未及君道也⑤。能论官此三材者而无失其次，是谓人主之道也⑥。若是，则身佚而国治，功大而名美，上可以王，下可以霸，是人主之要守也⑦。人主不能论此三材者，不知道此道，安值将卑势出劳，并耳目之乐，而亲自贯日而治详，一日而曲辨之，虑与臣下争小察而綦偏能，自古及今，未有如此而不乱者也⑧。是所谓视乎不可见，听乎不可闻，为乎不可成⑨。此之谓也。

【注释】

①材人：量才用人。②悫（què）：诚实。拘录：同"劬（qú）碌"，勤劳。纤啬（xiān sè）：细小的意思。计数纤啬：细微的事情都能精心算计。遗丧：遗漏。官人使吏：这里指管理一般具体事务的官吏。③修饰端正：修养品德，端正身行。尊法敬分：尊崇法制、重视名分。倾侧：不正。修业：搞好业务。可传世也：可使这些制度、职务世代传下去。官师：官长。④好（hào）士：敬重有品德的人。常法：确定不变的法令。一俗：统一风俗。长功：长远的功效。本：指农业。末：指工商业。材：同"财"。务本禁末之为多材：从事农业，禁止工商业是为了增加国家的财富。便于事：有利于办事情。明制度权物称用：明确制度衡量事物要符合实用。泥（nì）：拘泥，不变通。⑤未及：没有达到。⑥论官：评定、任用。无失其次：安排得不出差错。⑦要守：必须尊守的要领。⑧道此道：遵循着这个原则。安：语助词。值：同"直"，直接。卑势出劳：降低自己的身份，亲自去操劳。并：同屏（bǐng），抛弃。贯日：累日。治详：处理各项大小事情。一日而曲辨：一日之内就想把各种事情全都办完。争小察：在一些小的问题上比精明。綦（qí）：极，尽。綦偏能：极力追求某一方面的才能。⑨这句意思是：这就叫做，去看那些看不到的东西，去听那些听不到的东西，去做那些做不到的事，完全是瞎费劲。

【译文】

量材选用人才的措施：诚实、淳朴、谨慎、勤劳，细小的事情都能精心谋划而不敢遗漏失误，这是官人使吏的材料。品德修养端正，尊崇法令，恪守名分，而且没有邪恶的思想；守职修业，不敢减少增加，可以世代传留而不可使它遭到损伤，这是士大夫官长的材料。懂得崇尚礼义是为了尊奉君主，懂得尊重德才兼备的人而传扬君主的美名。知道爱护人民而使国家安定，了解有永久不变的法制是为了统一民风民俗，懂得尊重贤人使用能人是为了提高工作效率，清楚发展农业抑制工商是为了增加财富，明白不与百姓争夺小利是为了有利于国家大业，了解审明制度权衡物资便于使用是为了不拘泥陈规，这是卿相辅佐大臣的材料。这些还没有达到做君主的标准。能正确评判上述三种人材，使用他们而没有失误没有搞错位置的，是君主的

治国之道。倘若这样，那么君主就可以自身安逸而又能够使国家安定，功绩伟大而名声美好，上者可以称王，下者可以称霸，这是君主恪守的关键。君主不能正确评判上述三种人材使用他们，不懂得这个治国的原则，而伏身事下自己操劳，屏弃声色之乐，一天到晚地埋头于处理国家大大小小的事情，想一天之内把什么事情都办完，想与臣下在小事末节上争才能高低而极力表现自己片面的才能，从古到今，没有这样作事而国事不混乱的。这就是人们所说的：看不该看的东西，听不该听的声音，做不该做的事情。说的就是这个道理。

第六卷

臣道第十三

人臣之论：有态臣者，有篡臣者，有功臣者，有圣臣者①。内不足使一民，外不足使距难；百姓不亲，诸侯不信；然而巧敏佞说，善取宠乎上，是态臣者也②。上不忠乎君，下善取誉乎民；不恤公道通义，朋党比周，以环主图私为务，是篡臣者也③。内足使以一民，外足使以距难；民亲之，士信之；上忠乎君，下爱百姓而不倦，是功臣者也④。上则能尊君，下则能爱民；政令教化，刑下如影；应卒遇变，齐给如响；推类接誉，以待无方，曲成制象，是圣臣者也⑤。故用圣臣者王，用功臣者强，用篡臣者危，用态臣者亡。态臣用，则必死；篡臣用，则必危；功臣用，则必荣；圣臣用，则必尊。故齐之苏秦、楚之州侯、秦之张仪，可谓态臣者也⑥。韩之张去疾、赵之奉阳、齐之孟尝，可谓篡臣也⑦。齐之管仲、晋之咎犯、楚之孙叔敖，可谓功臣矣⑧。殷之伊尹、周之太公，可谓圣臣矣⑨。是人臣之论也，吉凶贤不肖之极也，必谨志之而慎自为择取焉，足以稽矣⑩。

【注释】

①论：通伦，类别。态：容态，这里指谄媚。②内不足使一民：对内不能够统一人民。距：同“拒”。外不足使距难：对外不能抵御敌人入侵。说：通悦，喜悦。巧敏佞（nìng）说：花言巧语，阿谀奉承。善取宠乎上：善于博得君主的宠爱。③下善取誉乎民：善于在人民中骗取声誉。公道通义：泛指地主阶级的法律制度和道德规范。比周：互相勾结。朋党比周：结党营私。环：通营，迷惑。以环主图私为务：专门干迷惑君主、谋取私利的事。④士：这里指地主阶级的知识分子。⑤刑：法，效法。卒：同“猝”（cù），突然。齐给：迅速、敏捷。誉：通与，类。无方：无常，变化不定。曲：委曲，各方面。制：制度。象：法度。⑥苏秦：战国时魏国人，曾游说燕、赵、韩、魏、齐、楚六国，联合抗秦，后在齐国被人刺死。州侯：楚襄王的宠臣。张仪：战国时魏国人，秦惠王时任秦国宰相，善于游说，曾使六国各自和秦结成联盟，打破了苏秦六国抗秦的合约。⑦张去疾：战国时韩国宰相，生平不详。奉阳：即奉阳君，战国时赵国赵肃侯的弟弟，曾任赵相。孟尝：即孟尝君，姓田，名文，战国时齐国人，曾任齐相，后奔魏，魏昭王用他为相，合秦、赵、燕之兵共伐齐。⑧管仲：名夷吾，春秋时齐国人。咎（jiù）：同舅。咎犯：春秋时晋国人，晋文公之舅，名狐偃，字犯，曾辅助晋文公称霸。孙叔敖：春秋时楚国人，楚庄王时任楚国宰相。⑨伊尹：名挚，商汤王的大臣。太公：即姜太公，又称姜子牙，因封于吕，又叫吕尚，周文王的大臣，周文王死后，辅助周武王。⑩是：这。不肖：不贤。谨志：谨慎地记住。稽（jī）：验，借鉴。

【译文】

人臣分以下几种：有故作姿态谄媚取宠的臣子，有迷惑君主图谋篡政的臣子，有立业建功的臣子，有道德高尚才能出众的臣子。对内不足以统一人民，对外不足以抵御侵略；百姓不亲近他，诸侯不信任他；然而他却会耍巧弄乖、甜言蜜言讨好君主的宠爱，是谄媚的臣子。对上不忠于君主，对下精于骗取百姓的赞誉；不顾天下人民共同尊奉的道义，结党营私，以迷惑君主牟取私利为能事，这是图谋篡政的臣子。对内足以使全国人民统一，对外足以抵御敌人侵略；人民亲近他，士人相信他；对上忠于君主，对下爱护百姓而不知疲倦，是立业建功的臣子。对上能尊奉君主，对下能爱护人民；政令教化，百姓效法如影随形毫不走样，王于天下，选用功臣的君主可以使国家强盛，选用篡政臣子的君主会使国家危殆，选用谄媚的臣子的君主会导之国家灭亡。谄媚之臣得到重用就必然会死亡；篡政之臣得到重用就必然会危险；功臣得到重用就一定会荣耀，圣贤得到重用就一定会尊贵。所以，齐国的苏秦、楚国的州侯、秦国的张仪，可称之为媚态之臣。韩国的张去疾、赵国的奉阳、齐国的孟尝，可称之为篡政之臣。齐国的管仲、晋国的舅犯、楚国的孙叔敖，可称之为功臣。殷代的伊尹、周朝的太公，可称之为圣贤之臣。这就是臣子的区别，一个国家的安危与任用贤圣之臣或无德无才的臣子关系极其重要，君主必须牢记这个道理，并且要自己亲自选拔任用，上边的事实足以使后世的君主作为鉴戒。

从命而利君谓之顺，从命而不利君谓之谄①；逆命而利君谓之忠，逆命而不利君谓之篡②；不恤君之荣辱，不恤国之臧否，偷合苟容以持禄养交而已耳，谓之国贼③。君有过谋过事，将危国家、殒社稷之惧也，大臣、父兄有能进言于君，用则可，不用则去，谓之谏④；有能进言于君，用则可，不用则死，谓之争；有能比知同力，率群臣百吏而相与强君挢君，君虽不安，不能不听，遂以解国之大患，除国之大害，成于尊君安国，谓之辅⑤；有能抗君之命，窃君之重，反君之事，以安国之危，除君之辱，功伐足以成国之大利，谓之拂⑥。故谏、争、辅、拂之人，社稷之臣也，国君之宝也，明君之所尊厚也，而暗主惑君以为己贼也⑦。故明君之所赏，暗君之所罚也；暗君之所赏，明君之所杀也。伊尹、箕子可谓谏矣，比干、子胥可谓争矣，平原君之于赵可谓辅矣，信陵君之于魏可谓拂矣⑧。传曰："从道不从君⑨。"此之谓也。

【注释】

①从命：服从君主的命令。利君：有利于君主。顺：恭顺。②逆：违背。③臧否（zāngpǐ）：好坏、安危。偷合：迎合君主的言行。苟容：放弃原则，只求保住自己的地位。持禄：保持禄位。养交：豢养宾客。而已耳：语气词，罢了。④殒（yǔn）：毁灭。惧：恐惧，这里指严重危险。谏（jiàn）：古代称下对上的规劝叫"谏"。⑤比：联合。知：同智，这里指有见识的人。相与：在一起。挢：同矫，纠正。遂：于是。辅：辅助，辅佐。⑥抗君之命：抗拒君主的命令。重：权力。窃君之重：窃取昏庸君主的权力。反君之事：反对国君的错误行为。伐：战功。功伐：泛指功劳。拂（bì）：通弼，校正弓的器具，这里指矫正。⑦明君：明智的君主。尊厚：尊敬和重用。明君之所尊厚也："之"字原脱，据文义和《群书治要》引文补。暗主惑君：昏庸糊涂的君主。⑧箕子、比干：商朝末年人，奴隶主贵族。他们曾因多次强劝纣王遵先王之道，结果，箕子被降为奴隶，比干被处死。子胥：姓伍名员，字子胥，春秋时楚国人，原为吴国大夫。吴国打败越国，越王勾践向吴王求和，子胥规劝吴王夫差拒绝，吴王不听，反逼子胥自杀，后吴国被越国所灭。平原君：即赵胜，战国时赵惠文王的弟弟，曾任赵相。秦国围攻赵的国都邯郸，情况紧急，平原君联合楚魏解围存赵。信陵君：即魏无忌，战国时魏安釐王的弟弟。秦军围攻赵国，无忌亲自率魏军破

秦以存赵，后秦国伐魏，他又率魏国之兵打败秦国。⑨传：指古书。道：荀况理想的地主阶级政治、思想的总原则。

【译文】

服从君主的命令而为君主做事，称之为恭顺；服从君主的命令而不为君主做事，称之为谄媚；违背君主的命令而为君主做事，称之为忠贞，违背君主的命令而不为君主做事，称之为篡政；不顾君主的荣誉耻辱，不顾国家的安危，苟且偷合，奉迎君主，以保持自己的禄位和僚友的关系，称之为国贼。君主如有错误的谋划，错误的行动将要发生伤害国家、毁灭国家的危险时，辅佐的大臣、君主的父兄有能向君主建议，采用就继续做，不采用再离去，称之为谏；有能向君主建议，采用就继续做，不被采用就以死殉职，称之为诤；有能联合同僚、同心协力，率领群臣百吏共同与君主争辩矫正君主的过失，君主尽管不高兴，然而不能不听从劝谏，于是就解除了国家的大祸患，去掉了国家的大害，维护了君主的尊严，保卫国家的安全，称之为辅；有能违抗君主命令，窃取君主的权柄，反对了君主的错误行动，平息国家的危难，洗去了君主的耻辱，征战的功劳足以成就国家的大事，称之为弼。所以，能谏、敢诤、能辅、敢弼的人，是保卫国家的栋梁之臣，是国君的瑰宝，是英明君主所应该尊重的，而昏庸的君主视为心腹之害的呀！所以，英明君主所奖赏的，就是昏庸君主所惩罚的；昏庸君主所奖赏的，就是英明君主所惩处的。伊尹、箕子可以称得上谏臣，比干、子胥可以称之为诤臣，平原君对于赵国可称之为辅佐之臣，信陵君对于魏国算得上辅弼之臣。传言说："听从道不顺从君。"讲的就是这个意思。

故正义之臣设，则朝廷不颇①；谏、争、辅、拂之人信，则君过不远②。爪牙之士施，则仇雠不作③；边境之臣处，则疆垂不丧④。故明主好同而暗主好独⑤。明主尚贤使能而飨共盛，暗主妒贤畏能而灭其功⑥。罚其忠，赏其贼，夫是之谓至暗，桀、纣所以灭也⑦。

【注释】

①正义之臣：指按照地主阶级意志行事的臣。设：任用。颇（pō）：偏邪不正。②信：被君主信用。一说读为伸，伸展，不受压制的意思。不远：不久。这句意思是：谏、争、辅、拂的人被信用，那么君主的过错就不会延续很久。③爪牙之士：指勇士。施：用。雠（chóu）：同仇。④处：驻守。垂：同陲，边疆。⑤好同：善于任用各种人材共事。好独：喜欢独断专行。⑥尚贤使能：推崇品德高尚的人，任用有才能的人。飨（xiǎng）：宴享，这里有奖励、慰劳的意思。盛：通成，成就，这里指功绩。妒：嫉妒。⑦至暗：极端昏庸。桀：夏朝最后一个君主。纣：商朝最后一个君主。

【译文】

所以，正义之臣在朝廷之上，那么朝廷办事就不会偏邪；谏、诤、辅、弼的大臣受到重用，那么君主就不会在错误的道路上走得太远；武将勇士被使用，那么敌对国家就不敢侵略；守卫边疆的官员忠于职守，那么，疆土就不会沦丧。因此，英明的君主善于与文武大臣统力合作，而昏庸的君主喜欢独断专行。明主崇尚贤人使用能人，而且奖励他们的功绩，昏庸的君主妒贤忌能，而且抹杀他们的功绩，惩罚那些忠臣，奖赏那些奸贼，这就称为极端昏庸，这是夏桀、商纣之所以灭亡的缘故。

事圣君者，有听从无谏争①；事中君者，有谏争无谄谀；事暴君者，有补削无挢拂②。迫胁于乱时，穷居于暴国，而无所避之，则崇其美，扬其善，违其恶，隐其败，言其所长，不称其所短，以为成俗③。《诗》曰："国有大命，不可以告人，妨其躬身④。"此之谓也。

【注释】

①事：侍奉。圣君：荀况理想中德才兼备的封建君主。事圣君者：指侍奉圣君的大臣。②补削：弥补缺陷，削除过失。有补削，无挢拂：只可弥补缺陷，消除过失，但不能强行纠正。③迫：逼迫。穷：困穷，没办法。暴国：暴君统治的国家。迫胁于乱时，穷居于暴国：被迫处于混乱的时代，不得已居住在暴君统治的国家。崇：宣扬。其：代词，指暴国。违：通讳（huì），回避。以为成俗：把这当作既成的习惯来遵守。④妨：害。躬身：亲身。

【译文】

奉事圣明君主的人，只须听从无须谏诤；奉事一般君主的人，只需要谏诤无需谄媚；奉事暴君的人，只能补救他的过失而无法纠正他的作为。做君子的被迫处身于混乱的时代，困居在横暴的国家，又没有可避身的地方，只能说暴君的好话，宣扬他的善行，隐藏他的劣迹，避讳他的失败，讲他的好处，不谈他的坏处，把它作为已经形成的习俗。《诗经》上说："国家有大的祸患，不能够对别人说，当心祸及自身。"讲的就是这个道理。

恭敬而逊，听从而敏，不敢有以私决择也，不敢有以私取与也，以顺上为志，是事圣君之义也①。忠信而不谀，谏争而不谄，挢然刚折端志而无倾侧之心，是案曰是，非案曰非，是事中君之义也②。调而不流，柔而不屈，宽容而不乱，晓以至道而无不调和也，而能化易，时关内之，是事暴君之义也③。若驭朴马，若养赤子，若食馁人，故因其惧也而改其过，因其忧也而辨其故，因其喜也而入其道，因其怒也而除其怨，曲得所谓焉④。《书》曰："从命而不拂，微谏而不倦；为上则明，为下则逊⑤。"此之谓也。

【注释】

①逊：谦让。敏：敏捷、迅速。取与：指对官爵的剥夺和给与。志：志向。义：这里指言行的原则。②挢然：形容坚强。端志：思想正直。倾侧：歪斜。无倾侧之心：指没有私心杂念。案：乃，则。③调：和，顺从。不流：不随大流。晓：启发。化易：感化和改变。关：关照。内：同纳，使接受。④若：像。驭（yù）：驾御车马。朴马：未经训练的马。赤子：婴儿。食（sì）：给人吃东西。馁：同馁，饥饿。其：代词，这里指暴君。辨：辨别，分析。故：原因。⑤《书》：《书经》，是我国奴隶制时代的官方文告和政治文件汇编。

【译文】

恭敬而谦逊，顺从而敏捷，不敢以自己的偏私对国家政务作决断和选择，不敢以自己的偏

私获取或给予，以顺从君主为自己的宗旨，这是奉事圣贤君主的原则。忠诚于君主而不阿谀逢迎，直言谏诤而不谄媚取宠，坚毅不屈，刚强果断，思想端正而无歪斜之心，对就说对，错就说错，这是奉事一般君主的原则。顺从而不随波逐流，温柔而不屈从，宽容而不失原则，用正确的道理劝说君主而没有不协调和顺的事情，因此能够感化君主改变他的做法，时刻关注他，使他行事端正，这是奉事暴君的原则。奉事君主如同驾驭野马，如同抚育婴儿，如同喂饥饿的人，因此，要趁他惧怕的时候说明利害促其改正过失，趁他忧虑的时候向他讲明道理帮助他分辨事情的原委，趁他高兴的时候审明大义引他领悟正道，当他愤怒的时候要稳定他的情绪帮助他消除怨忿，这就是人们所说的委婉曲折的方法达到使暴君听从劝告的目的。《尚书》里讲："服从君命而不违拗，耐心规劝而不厌烦；作君主的就能明智，作臣下的就能谦虚。"讲的就是这个意思。

事人而不顺者，不疾者也①；疾而不顺者，不敬者也；敬而不顺者，不忠者也；忠而不顺者，无功者也；有功而不顺者，无德者也。故无德之为道也，伤疾、堕功、灭苦，故君子不为也②。

【注释】

①疾：敏捷，迅速。不疾：指怠慢。②无德：这里指缺乏顺从这种侍奉君主的最基本品德。堕：毁灭。

【译文】

奉事君主而不顺从的，是怠慢的行为；办事敏捷而不顺从的人，是对君主不恭敬的行为；恭敬而不顺从君主的人，是不忠贞的行为；忠贞而不顺从君主的旨意，是没有功劳的人；有功劳而不顺从的人，是没有道德的行为。因此，把没有道德作为奉事君主的原则，办事敏捷会受到伤害，功绩会被毁掉，苦心会被埋没，所以，君子不会这样做。

有大忠者，有次忠者，有下忠者，有国贼者。以德复君而化之，大忠也①；以德调君而辅之，次忠也②；以是谏非而怒之，下忠也③；不恤君之荣辱，不恤国之臧否，偷合苟容以持禄养交而已耳，国贼也④。若周公之于成王也，可谓大忠矣⑤；若管仲之于桓公，可谓次忠矣⑥；若子胥之于夫差，可谓下忠矣⑦；若曹触龙之于纣者，可谓国贼矣⑧。

【注释】

①复：通覆，覆育。以德复君而化之：用道德覆育君主而使他感化。②以德调君而辅之：用道德来调养君主，辅助他治理好国家。③以是谏非而怒之：用正确的道理来规劝君主的过错，而触怒了他。④以持禄养交："以"字下原有"之"字，据本篇上文同一句式删。⑤周公：姓姬，名旦，周成王的叔父，曾辅助成王治理国家。成王：周成王，名诵，周武王的儿子。⑥桓公：即齐桓公，春秋五霸之一。⑦夫差（chāi）：春秋末年吴国的国君。⑧曹触龙：商纣王的大臣，生平不详。

【译文】

有"大忠"的臣子，有"次忠"的臣子，有"下忠"的臣子，有祸患国家的臣子。用高尚的道德教育君主而感化他，是"大忠"；用高尚的道德调整君主的言行而辅佐他，是"次忠"；用正确的治国原则规劝君主的错误而激怒君主，是"下忠"；不顾君主的荣耀和耻辱，不顾国家的安危，偷且苟合迎合君主用以保持奉禄，交际同僚，是国家的祸患。像周公旦对周成王，可称之为"大忠"；像管仲对齐桓公，可称之为"次忠"；像伍子胥对吴王夫差，可称之为"下忠"；像曹触龙对纣王，可称之为国贼。

仁者必敬人[①]。凡人非贤，则案不肖也。人贤而不敬，则是禽兽也；人不肖而不敬，则是狎虎也[②]。禽兽则乱，狎虎则危，灾及其身矣[③]。《诗》曰："不敢暴虎，不敢冯河。人知其一，莫知其他。战战兢兢，如临深渊，如履薄冰[④]。"此之谓也。故仁者必敬人。

【注释】

①仁者：荀况理想中具有地主阶级道德的人。②狎（xiá）：戏弄。③这句意思是：如同禽兽，就会犯上作乱，戏弄老虎，那么危险、灾难就会落到自己身上了。④暴虎：空手打虎。冯（píng）河：涉水过河。战战兢兢：小心谨慎。履：踩。

【译文】

仁义之人一定会尊重别人。凡是没有才德的，就是不肖的人。别人有才德而自己不敬重，就是禽兽；对无德无才的人不敬重，就是要弄老虎。为禽兽者就会犯上作乱，要弄老虎的人会祸及自身。《诗经》上说："不敢徒手把虎打，不敢徒步渡河中。这种危险人知道，其他危险他不懂。心中惧怕战兢兢，如临沟壑万丈深，危险如同踩薄冰。"讲的就是这个道理，所以仁义之人必然尊重别人。

敬人有道[①]。贤者则贵而敬之，不肖者则畏而敬之；贤者则亲而敬之，不肖者则疏而敬之。其敬一也，其情二也[②]。若夫忠信端悫而不害伤，则无接而不然，是仁人之质也[③]。忠信以为质，端悫以为统，礼义以为文，伦类以为理，喘而言，臑而动，而一可以为法则[④]。《诗》曰："不僭不贼，鲜不为则[⑤]。"此之谓也。

【注释】

①这句意思是：尊敬人有一定的原则。②情：实。③若夫：至于。端悫（què）：正直，诚实。接：交往。④统：纲纪、准则。文：文饰，这里是规范的意思。伦类：指等级统属关系。喘：小声说话。臑：通蠕（rú），行动很轻。臑喘而言，而动：指细小的言行。一：全部。⑤僭：通谮（zàn），诽谤。贼：害。鲜：很少。

【译文】

尊敬人有个原则：对有德有才的人尊重并且敬奉他们，对不肖的人要震慑他们并且敬奉他们；对有德有才的人亲近并且敬奉他，对不肖的人就疏远他并且敬奉他。对这两种人敬奉的态

度尽管一样，其中表现出的情感则不同。至于忠诚、信实、正直、纯朴而不去伤害别人，那么不管交结贤与不肖的人都是这样，是仁义之人恪守的准则。把忠诚、信实作为自己恪守的准则，把正直、纯朴作为行动的纲领，把礼义作为行为的规范，把等级作为对人处事的标准，慢声细语而言之有物，从容自如而行动敏捷，因而这些全部都可以成为做人行事的准则。《诗经》上说："不犯错误不害人，很少不被做标兵。"讲的就是这个意思。

恭敬，礼也；调和，乐也；谨慎，利也；斗怒，害也①。故君子安礼乐利，谨慎而无斗怒，是以百举不过也②。小人反是③。

【注释】

①礼：礼节。调和：协调和谐。乐（yuè）：这里是音乐舞蹈的总称。利：好处，利益。斗怒：指相互愤恨、争斗。②乐利：一说当作"乐乐"，喜爱乐。百举不过也：一切行动都不会有过错。③小人：品德卑劣的人，指那些违背封建礼义的人。

【译文】

恭敬是礼貌的表现，调和是乐律的要求；谨慎对谁都有好处；争斗、怨恨是人们的灾害。因此，君子安于礼、合于乐、明于利，谨慎做事而不与人争斗结怨，所以做什么事情都不会有过失。可是小人却与此相反。

通忠之顺，权险之平，祸乱之从声：三者非明主莫之能知也①。争然后善，戾然后功，出死无私，致忠而公，夫是之谓通忠之顺，信陵君似之矣②。夺然后义，杀然后仁，上下易位然后贞，功参天地，泽被生民，夫是之谓权险之平，汤、武是也③。过而通情，和而无经，不恤是非，不论曲直，偷合苟容，迷乱狂生，夫是之谓祸乱之从声，飞廉、恶来是也④。传曰："斩而齐，枉而顺，不同而一⑤。"《诗》曰："受小球大球，为下国缀旒⑥。"此之谓也。

【注释】

①之：往、达到。通忠之顺：排除对忠诚的阻碍，达到顺从。权：变。权险之平：改变国家危险的局面，达到安定。祸乱之从声：祸乱已经出现了还随声附和。②戾（lì）：背离，违背。③义、仁：地主阶级道德规范。贞：正。汤：即商汤王，商朝的第一个君主。武：即周武王，周朝的第一个君主。这句意思是：夺取政权才能做到义；杀掉君主才能做到仁；上下变换地位才能做到正；功业能同天地并列，恩惠普及广大人民，这就叫做"权险之平"。商汤王、周武王就是这样的人。④通情：同情，附和。和：顺从。经：原则。狂生：《君道》篇说："危削灭亡之情举积此矣，而求安乐，是狂生者也。"这是说不顾国家安危，而一味地追求安逸享乐。飞廉、恶来：商朝末年人，都是纣王的大臣。⑤斩（chán）：不齐。枉：不直。⑥受：承受。球：通捄，法度。小球大球：指大事小事的法度。下国：指诸侯国。缀旒（liú）：挂在旌旗上的飘带，这里指表率。这首诗的意思是："帝王承受了大事小事的法度，作为诸侯国的表率。"

【译文】

疏通阻碍使忠诚能顺利实行，改变危险的局势使之达到平安，祸兴乱作却随声附和：这三种情况除非英明的君主没有谁能够理解的。直言敢诤然后才能发扬美好的东西，违背君主的意志然后才能建功立业，出生入死没有私心，忠诚君主而公平正直，这就称之为“通忠之顺”，信陵君是这样的人。夺取君主之位然后树立礼义，杀掉暴君然后讲仁德，上下交换地位然后才能正名，功业与天地并存，恩泽施于广大人民，这就称之为“权险之平”，商汤王、周武王是这样的人。君主有过失却同情他附和他，顺和而没有原则，不顾是非，不进曲直，偷且苟合讨好君主，保持自己的地位，迷恋于淫乱矫逸的生活，这就称之为“祸乱之从声”，飞廉、恶来是这样的人。人们常说：“不齐而齐，不顺而顺，不统一而统一。”《诗经》上说：“小大法令照天国，要为诸侯作楷模。”讲的就是这个意思。

致士第十四

衡听、显幽、重明、退奸、进良之术①：朋党比周之誉，君子不听②；残贼加累之谮，君子不用③；隐忌雍蔽之人，君子不近④；货财禽犊之请，君子不许⑤。凡流言、流说、流事、流谋、流誉、流愬不官而衡至者，君子慎之⑥。闻听而明誉之，定其当不当，然后出其刑赏而还与之⑦。如是，则奸言、奸说、奸事、奸谋、奸誉、奸愬莫之试也⑧；忠言、忠说、忠事、忠谋、忠誉、忠愬莫不明通，方起以尚尽矣⑨。夫是之谓衡听、显幽、重明、退奸、进良之术。

【注释】

①衡：平、不偏。衡听：广泛地听取意见。显幽：指把被埋没的人材挖掘出来。重（chóng）明：即明明，表彰贤明的人。②誉：称赞，这里指吹捧。朋党比周之誉：结党营私之徒的互相吹捧。君子：荀况理想的地主阶级中有德有才的人。③贼：《修身》篇说，“害良曰贼”，陷害好人的意思。残贼：残害。加累：加罪于别人。谮（zèn）：诬陷别人的话。不用：不采纳。④隐忌：忌妒。雍：通壅。雍蔽：阻塞。隐忌雍蔽：忌妒和阻塞有才能的人。⑤禽：家禽。犊（dú）：小牛。禽犊：泛指送人的礼物。货财禽犊之请：指用贿赂求私情的。⑥流：指无根据。愬（sù）：同“诉”，诉说。不官：指不通过公开的途径。衡：通横。衡至：指通过邪门歪道来的言、事、誉等。慎之：谨慎地对待它。⑦誉：当为“詧”（察）的错字，指分辨的意思。当不当：真实或不真实。出：定出，给予。还：通“旋”，立即。还与：立即给与。⑧奸说：《非十二子》篇说，“辩说譬喻，齐给便利，而不顺礼义，谓之奸说。”这里奸言、奸说、奸事、奸谋等，泛指违背封建礼义的言行。莫之试也：没有敢来试探的了。⑨明通：畅通无阻。方起：并起。尚：同上，指君主。尽：通“进”。方起以尚尽：指忠言、忠说等全都能上达到君主那里。

【译文】

广泛听取不同方面的意见，发掘被埋没的人才，敬重贤明的人，清除奸邪的人，选用贤良的人的办法：对结党营私阿谀奉承的赞誉，君子不听；对残害和加罪于人的卑鄙技量，君子不用；对因妒忌而压抑人才的人，君子不亲近；对用钱财物品进行贿赂而行私情的人，君子不称道。凡是没有根据的言论、传说、事情、计划、赞誉、诉讼及不经过官府而是从邪门歪道来的，君子谨慎对待。听到以后要仔细剖析它，判定它是否正确，然后作出那些该惩罚、那些该奖赏，而与之相应的回报。尚若这样，那么邪恶言论、传说、事情、计划、赞誉、诉讼就没有敢来找你试探了。忠诚的言论、传说、事情、计划、赞誉、诉讼没有不公开通行的，只有这样

才能全部上达于君主了。这就叫做兼听、显幽、重明、退奸、进良的方法。

川渊深而鱼鳖归之，山林茂而禽兽归之，刑政平而百姓归之，礼义备而君子归之①。故礼及身而行修，义及国而政明，能以礼挟而贵名白，天下愿，令行禁止，王者之事毕矣②。《诗》曰："惠此中国，以绥四方③。"此之谓也。川渊者，龙鱼之居也；山林者，鸟兽之居也；国家者，士民之居也④。川渊枯则龙鱼去之，山林险则鸟兽去之，国家失政则士民去之⑤。

【注释】

①川渊：泛指江河湖泊。刑政平：法令政治合理。礼义：地主阶级的等级制、道德规范和礼节仪式。②及：达到。行修：行为端正。礼及身而行修：一个人具备了礼，行为就端正了。政明：政治清明。挟：同浃，周洽，普遍。能以礼挟而贵名白：意思是，能够普遍贯彻礼义，就会美名显扬。愿：仰慕，敬服。毕：完备。③中国：国中，指国都。绥：安定。④士民：泛指各行各业的居民。⑤枯：干涸。去：离开。险：通俭，不丰盛，这里指树木稀疏。失政：政治混乱。

【译文】

江河湖泊的水深则各种鱼鳖等水生动物就会聚集到这里，山林茂盛则各种禽兽就会聚集到这里，刑罚政令公正合理则百姓就会归附到这里，礼义完备则君子就会归附到这里。所以自己遵守礼义就会德行美好，国家有了礼义政治就清明，能够使礼义普遍贯彻就会名显天下，天下的人才会敬服，才会使法令当行则行当禁则止，称王天下的事情就完备了。《诗经》上说："爱护京城先治好，然后推广定四方。"讲的就是这个道理。江河湖泊，是龙鱼聚居生息的地方；深山茂林，是鸟兽聚居生息的地方；国家，是士人百姓聚居生息的地方。江河湖泊干涸，那么鱼龙就离开这里，山林稀疏，那么鸟兽就离开这里，国家政事失误，那么士人百姓就离开这里。

无土则人不安居，无人则土不守，无道法则人不至，无君子则道不举①。故土之与人也，道之与法也者，国家之本作也②；君子也者，道法之总要也，不可少顷旷也③。得之则治，失之则乱；得之则安，失之则危；得之则存，失之则亡。故有良法而乱者有之矣，有君子而乱者，自古及今，未尝闻也。传曰："治生乎君子，乱生乎小人④。"此之谓也。

【注释】

①土：国土。守：保持。道：荀况理想中地主阶级的政治、思想的总原则。法：体现地主阶级利益与意志的法律、法令、法规的总称。不至：不来到。不举：实行不起来。②本作：根本。③总要：总管。少顷：片刻。旷：缺少。④乎：于。小人：品德卑劣的人，指那些违背封建礼义的人。

【译文】

没有国土，那么人民就没法安居，没有人民，那么国土就没人保卫，没有道义和法制，那么人民就不会来这里，没有君子，那么道义就不会推行。因此，国土与人民，道义与法制，是治理国家的根本；君子啊，是推行道义和法制的关键，一时一刻也不可缺少。有了他们国家就能得到治理，失去他们国家就会混乱；得到他们国家就能安定，失去他们国家就会危险；得到他们国家就会得以生存，失去他们国家就要灭亡。所以，有完善的法制而国家混乱的情况是有的，有君子而存在的国家而使之混乱的，从古到今，没有听说过。人们传言说："国家治理产生于君子，混乱产生于小人。"讲的就是这个意思。

得众动天。美意延年。诚信如神。夸诞逐魂①。

【注释】

①诞：欺诈，狂妄。逐魂：伤神。

【译文】

得到民众的能感动上天。心境美好的能延年益寿。忠诚信实的就能应事自如。浮夸荒诞就会伤神。

人主之患，不在乎不言用贤，而在乎不诚必用贤①。夫言用贤者，口也，却贤者，行也；口行相反，而欲贤者之至、不肖者之退也，不亦难乎②！夫耀蝉者务在明其火、振其树而已，火不明，虽振其树，无益也③。今人主有能明其德者，则天下归之若蝉之归明火也④。

【注释】

①人主：君主。患：毛病。诚：真正。而在乎不诚必用贤：而在于不去真正使用贤能的人。②却：退去。口行相反：咀上说的和实际做的不一样。③耀：照。耀蝉：夜晚用火照蝉，蝉见光后就投火而来，这是一种捕蝉的方法。振：摇动。④明其德者：显示出他的美德的。明火：明亮的火光。

【译文】

君主的祸患，不在于谈论任用贤人，而在于诚心诚意必须任用贤人。讲用贤的是嘴巴，抵制用贤的是行动，言行相反，却想让贤人到这里来，不肖者从这里退去，不也难以办到吗！夜晚照蜘了的人必须点亮灯火，摇动树干才行，灯火没有点亮，虽然摇动那棵树干，也捕不到蜘了。如果君主能够表现出他高尚的道德，那么天下的人就会像蜘了投向明亮的灯火一样归顺他。

临事接民而以义变应，宽裕而多容，恭敬以先之，政之始也①；然后中和察断以辅之，政之隆也②；然后进退诛赏之，政之终也③。故一年与之始，三年与之终④。用其终为始，则政令不行而上下怨疾，乱所以自作也⑤。《书》曰："义刑义杀，勿庸以即，女惟曰：未有顺事⑥。"言先教也⑦。

【注释】

①多容：广泛地容纳人。先：倡导、引导。②中和察断：适当地审查判断。辅：辅助。隆：盛。③

进：进贤，指任用有贤能的人。退：退奸，指罢免奸邪的人。政之终也：指治理国家最后的一个环节。④这句意思是：所以第一年以第一个步骤治政，三年之后才可以用最后一个步骤治政。⑤用其终为始：用最终的治理国家的方法去最先实行。自作：从这个地方产生。⑥义刑义杀：正当的刑杀。女：通汝，你。惟：同唯，只。顺：通慎，谨慎。⑦言先教：这就是说应该先进行教育。

【译文】

用礼义接待人民处理事务，宽容豁达且广泛接纳贤人以应付事物的变化，用恭敬的态度引导人民，这是搞好政事的开始；然后再用适宜的方法进行审时度势作辅助，这是处理政事的关键；然后任用贤人清除奸邪实行赏罚，这是处理政事的终端。因此第一年用作治理的开始，第三年用作治理的终端。用终端作开始，那么政令就不能通行，而且上上下下会产生怨恨，社会混乱也会由此而产生。《尚书》上说："即使正义的刑罚和诛杀，也不要匆匆忙忙实行，你只能说：事情还没有处理清楚。"这话告诉我们应该先实行教化。

程者，物之准也①；礼者，节之准也②。程以立数，礼以定伦③。德以叙位，能以授官④。凡节奏欲陵，而生民欲宽⑤；节奏陵而文，生民宽而安⑥。上文下安，功名之极也，不可以加矣。

【注释】

①程：度量器具的总称。准：标准。②节：法度，指地主阶级等级制的各种具体规定。③立数：确定物的数量。④叙：通序，排列次序。⑤节奏：礼法制度。陵：严峻。生民：抚养人民。宽：和缓。⑥文：文理，条理。而：则。

【译文】

"程"是衡量事物的总标准；礼是法制的准则。"程"用来确定数量，礼用来确定人伦关系；道德用来排列人的名分次序，能力用来衡定人的官职。凡是想要严肃法纪者，对人民的生活就要想方设法使他宽裕；礼制细致严厉而有条理，人民生活就宽裕而安定。上执法有理下就安定祥和，这就是功业名誉达到的最高境界，无法再增添的了。

君者，国之隆也；父者，家之隆也①。隆一而治，二而乱。自古及今，未有二隆争重而能长久者②。

【注释】

①隆：尊贵，指最高权威。②争重：争夺权力。

【译文】

君主是国家最崇高的人；父亲是家庭最崇高的人。最崇高的人只有一个，国与家就能得到治理，如果有两个这样的人，国家就乱；从古到今，没有两个最崇高的人争权而国家能长治久安的。

师术有四，而博习不与焉①。尊严而惮，可以为师②；耆艾而信，可以为师③；诵说而不陵不犯，可以为师④；知微而论，可以为师⑤。故师术有四，而博习不与焉。水深而回，树落则粪本。弟子通利则思师⑥。《诗》曰：“无言不雠，无德不报⑦。”此之谓也。

【注释】

①术：方法，这里指条件。博习：广博的知识。与：参与。不与：不包括在内。②惮（dàn）：敬畏，这里是庄重的意思。尊严而惮：尊严而且庄重。③耆（qí）：六十岁。艾：五十岁。耆艾：泛指年纪大。信：威信。耆艾而信：年纪大而且有威信。④诵说：诵读和解说。陵：乱。犯：违犯。⑤知微而论：了解精微的道理又能讲解清楚。⑥回：旋涡。树落：树叶落。本：树根。树落则粪本：落下的树叶就是树根的肥料。通利：通达顺利。弟子通利则思师：学生通达顺利时就会思念老师的好处。⑦雠（chóu）：回答。

【译文】

为人之师的条件有四个，但是具有广博的知识还不包括在里边。严肃而庄重，可以为人的老师；年长而有威信，可以为人的老师；诵书诠释有条有理又不违犯礼法，可以为人的老师；懂得深奥的道理又能论述的明白透澈，可以为人的老师。所以说：作老师的条件有四个，然而具有广博的知识还不包括在里边。水深才能产生旋流，树木的落叶是粪的本源，学生通达而获得利益的时候就会想到老师。《诗经》上说：“不言不会得酬答，无德不会有报应。”讲的就是这个意思。

赏不欲僭，刑不欲滥①。赏僭则利及小人，刑滥则害及君子②。若不幸而过，宁僭无滥③；与其害善，不若利淫④。

【注释】

①僭（jiàn）：超越法度，指过分。滥：滥用，也是指过分。②利及小人：使小人占到便宜。害及君子：使君子受到伤害。③这句意思是：如果处理政事不幸而过了分，那么，宁可在赏上过分些，也不要在罚上过了分。④淫：放荡不检，这里指犯罪的人。

【译文】

奖赏不要过分，刑罚不要滥用。奖赏过分就会使小人得到利益，刑罚滥用就会伤害到君子。如果不幸而过分，宁可多奖赏一些也不可滥用刑罚；与其伤害善良的人，不如便宜坏人。

第七卷

强国第十六

刑范正，金锡美，工冶巧，火齐得，剖刑而莫邪已①。然而不剥脱，不砥厉，则不可以断绳；剥脱之，砥厉之，则劙盘盂、刎牛马忽然耳②。彼国者，亦强国之剖刑已③。然而不教诲，不调一，则入不可以守，出不可以战；教诲之，调一之，则兵劲城固，敌国不敢婴也④。彼国者亦有砥厉，礼义、节奏是也⑤。故人之命在天，国之命在礼⑥。人君者，隆礼尊贤而王，重法爱民而霸，好利多诈而危，权谋倾覆幽险而亡⑦。

【注释】

①刑：同型。刑范：指铸剑的模子。金：这里指铜。金锡美：指铸剑用的铜、锡材料好。工冶巧：铸剑的技术高明。火齐得：冶炼的火候得当。剖刑：把模子打开。莫邪（yé）：古代宝剑名。已：完成。②剥脱：刮去剑上不光滑的部分。厉：通砺（lì），磨刀石，这里是磨的意思。砥厉：磨炼，这里指把剑淬（cuì）火磨利。劙（lí）：割。盘盂：泛指铜制的器具。刎（wěn）：杀。忽然：轻快的样子。③这句意思是：一个国家，也就好像一把刚从模子里拿出来的剑一样，只是建成一个强国的基础。④调一：调整，统一。入：内。出：外。战：与别国交战。劲：强。固：牢固。婴：同撄，触犯。⑤礼义：指地主阶级的等级制度、道德规范和礼节仪式。节奏：指礼义法度的各种具体规定。⑥天：指自然界。⑦人君：君主。隆：推崇。王：统一天下。霸：称霸于诸侯。诈：《修身》篇说，"匿行曰诈"，指行为诡秘。权谋：要权术。倾覆：反复无常。幽险：阴险。

【译文】

铸剑的模型规正，铜、锡精纯，冶炼的工艺精巧，打开模型于是莫邪宝剑就制好了。但是不经过打去毛刺，不经过磨石磨砺，就连绳子也砍不断，刮去它的毛刺，磨砺它的锋刃，那么铜盘铜盂也能马上砍断，牛马也能马上宰杀。一个国家也像刚打开模型的剑一样，只有强大的基础还不成。然而，不进行教诲，不统一思想，对内不能保卫国家，对外不能打败敌人；教诲全国人民，统一他们的思想，就会使军队强大城池巩固，敌国不敢侵犯。一个国家也有磨砺的过程，实行礼义、贯彻规章就是磨砺。因此，人的命运在上天，国家的命运在于礼义。做国君的，推崇礼义，尊重贤人就能称王于天下，重视法制，爱护人民就能称霸诸侯，贪图势利，多行欺诈就危险，要弄权术，反复无常，阴谋颠覆就会灭亡。

威有三：有道德之威者，有暴察之威者，有狂妄之威者①。此三威者，不可不孰察也②。礼乐则修，分义则明，举错则时，爱利则形，如是，百姓贵之如帝，高之如天，亲之如父母，畏之如神明③。故赏不用而民劝，罚不用而威行，夫是之谓道德之威④。礼乐则不修，分义则不明，举错则不时，爱利则不形，然而其禁暴也察，其诛不服也审，其刑罚重而信，其诛杀猛而必，黭然而雷击之，如墙厌之⑤；如是，百姓劫则致畏，嬴则敖上，执拘则冣，得间则散，敌中则夺，非劫之以形势，非振之以诛杀，则无以有其下，夫是之谓暴察之威⑥。无爱人之心，无利人之事，而日为乱人之道，百姓讙敖，则从而执缚之，刑灼之，不和人心，如是，下比周贲溃以离上矣，倾覆灭亡，可立而待也，夫是之谓狂妄之威⑦。此三威者，不可不孰察也。道德之威成乎安强，暴察之威成乎危弱，狂妄之威成乎灭亡也⑧。

【注释】

①威：威力，威势。暴察：严厉督察。狂妄：胡作非为。②孰：通熟。孰察：仔细考察。③修：完备。分（fèn）义：地主阶级关于贵贱、上下等级关系的准则。分义则明：上下等级关系都很明确。错：通措。举错则时：各种措施适合时宜。形：表现。爱利则形：爱人和利人都明显地表现出来。帝：上帝。高：看重，重视。神明：神灵。荀子这里讲“贵之如帝”、“畏之如神明”，是形容百姓对统治者十分敬畏的心情。④劝：劝勉，受到鼓励。夫：语助词。⑤其：代词，指君主。禁暴也察：禁止暴乱能够做到明察。审：审慎。诛不服也审：杀不服从的人很审慎。信：守信用，指坚决按照法令办事。诛杀猛而必：诛杀犯死罪的人猛烈而且果断。黭（yǎn）然：同“奄然”，突然到来的样子。而：如。厌：当作压，倒塌。⑥劫：劫持，被胁迫。嬴：同赢，松弛，宽缓。敖：通傲，傲视。执拘：捉拿，指强行集中。冣（jù）：同聚，集；原为最，据文义和《韩诗外传》引文改。中（zhòng）：击，攻打。振：震动。⑦日为乱人之道：整天干那些扰乱人们的勾当。讙（xuān）敖：喧哗，指不服从统治。执：拿，这里指逮捕。灼：烧、烤。不和人心：不调协人心。比周：结党营私，这里指成群结队。贲（bēn）：通奔，跑。贲溃：逃跑。可立而待也：指很快就会到来。⑧成乎：导致。

【译文】

威势有三种：有道德的威势，有强暴胁迫的威势，有狂妄自大胡作非为的威势。对这三种威势，不能不仔细考察。礼仪乐律完美，等级名分明确，各种举措适宜，爱护人民，施利于人有具体表现，倘若这样，百姓尊敬他就像尊敬天帝一样，敬仰他像敬仰上天，亲近他像亲近自己的父母，畏惧他像畏惧神明。因此，不用赏罚人民就勤勉，不用刑罚也会威行天下，这就称之为道德的威势。礼仪乐律不完美，等级名分不明确，各种举措不合时宜，没有爱护人、施利于人的具体表现，然而他禁止暴乱的行为也能细察，他惩罚不顺服的人也能慎重，他实行刑罚言而有信，他诛杀死罪坚决果断迅速施行如雷击电闪，如高墙倒地；倘若这样，百姓就会因为感到威胁而特别害怕，政治宽大百姓就会傲视君主，约束就能集中统一，有隙可乘就松松垮垮，敌人打来就会被争夺过去，不用威势胁迫他们，不用刑罚惩处他们，就无法制服天下的百姓，这就叫做强暴胁迫的威势。没有爱护人民的心，没有干有利于人民的事，反而整天干扰乱人民的勾当，如果百姓呼屈喊冤，就跟踪捉拿他们，施行酷刑灼烧他们，不能够使民心谐和一致，如果这样，百姓就会结帮打伙到处奔逃离开他们，国家被颠覆而灭亡，就指日可待了。这就叫做狂妄自大胡作非为的威势。对这三种威势，不能不仔细考察。道德的威势能使国家安定强大，强暴胁迫的威势则使国家危险衰弱，狂妄自大胡作非为的威势则使国家灭亡。

公孙子曰："子发将而伐蔡，克蔡，获蔡侯，归致命曰：'蔡侯奉其社稷而归之楚，舍属二、三子而治其地①。'既，楚发其赏，子发辞曰：'发诫布令而敌退，是主威也；徙举相攻而敌退，是将威也；合战用力而敌退，是众威也。臣舍不宜以众威受赏'②。"讥之曰："子发之致命也恭，其辞赏也固③。夫尚贤使能，赏有功，罚有罪，非独一人为之也，彼先王之道也，一人之本也，善善、恶恶之应也，治必由之，古今一也④。古者明王之举大事、立大功也，大事已博，大功已立，则君享其成，群臣享其功，士大夫益爵，官人益秩，庶人益禄，是以为善者劝，为不善者沮，上下一心，三军同力，是以百事成而功名大也⑤。今子发独不然：反先王之道，乱楚国之法，堕兴功之臣，耻受赏之属，无僇乎族党而抑卑其后世，案独以为私廉，岂不过甚矣哉⑥？故曰：子发之致命也恭，其辞赏也固。"

【注释】

①公孙子：人名，事迹不详。子发：名舍，曾任楚国的令尹（相当于后来的宰相）。将（jiàng）：带兵。伐：攻打。蔡：春秋时国名，位于今安徽省风台县。将而伐蔡：原为"将西伐蔡"，蔡在楚北边，不在西边，今据文义改。克：攻下。致命：古时臣受命外出完成任务后，回来向君主汇报情况叫做"致命"或"报命"。奉：奉献。楚：春秋战国时诸侯国名，位于今湖北和湖南北部一带。舍：子发名。属（zhǔ）：通嘱，嘱托，嘱咐。②既：过后。诫：告示。徙举：这里指进军。合战：交战。不宜：不应该。③讥：评论。以下是荀况对这件事的评论。恭：恭敬，有礼貌。辞：推辞。固：固执，机械。④尚贤使能：推崇贤人，使用有才能的人。非独一人为之：并不是某一个人的独特做法。先王：古代的帝王，荀况理想中符合封建政治、道德要求的君主。道：治国的根本原则。一人之本：使人民都服从统治的根本原则。善善、恶恶：奖励善，惩罚恶。应：相应，指所奖励的善和惩罚的恶与实际善恶的情况相符合。治必由之：治理国家必须遵循的。⑤明王：明智的君主。博：通尃，同敷，治理。成：成就。益爵：晋升爵位。官人：泛指各级官吏。益秩：晋级。庶人：众人，这里主要指士兵。益禄：增加军饷。沮（jǔ）：止。三军：全军，古时各诸侯国通常建立左、中、右或上、中、下三军。大：显赫。⑥不然：不是这样。堕：挫伤。兴功：建立功勋。无：通侮。无僇（lù）：侮辱。案：乃，而。私廉：个人的廉洁。

【译文】

公孙子说："楚国令尹子发帅兵征伐蔡国，攻克蔡国，俘虏了蔡国国君，回国后向楚国国君报告说：'蔡国国君把他的国家献给楚国而且归降楚国，我已经托付二三个人去治理那块地方。'事完之后，楚国国君给他奖赏，子发辞谢说：'颁布告示发布命令而使敌人退却的，是君主的威势；调兵布阵去攻打敌人而使敌人退却的，是将帅的威势；双方交战使用武力而使敌人退却的，是众军士们的威势。我子发不该冒众军士的功劳接受国君的奖赏。'"荀况讥笑子发说："子发回复君主之命已经够恭敬了，他谢辞奖赏也够固执了。崇尚贤人，任用能人，奖赏有功的人，惩罚有罪的人，不仅一个人要这样做，那里古代帝王传留下来的办法，是民心一致的根本，奖励善良，惩罚罪恶是应该的，是治理国家应遵循的原则，古往今来都是这样。古代英明的君主成就大业、建立大功，当大业已经成功，大功已经建立，那么，君主就可以享受取得的成果，群臣就可以享受因功劳获得的奖赏，士大夫增爵，官员们晋级，众军士加饷，这是用来对做善事的人的勉励，是对做坏事的人的行为的制止。上下一心，三军同力，因此各种事业都能成功，而且功名显扬。现在子发偏偏不是这样：他违背古代先王的原则，扰乱了楚国的法制，挫伤了功臣的积极性，羞辱了得到奖赏的人，侮辱了他们的亲族乡人，压抑了他们的后代子孙，那么子发自己把他的这种做法当作廉洁奉公，岂不大错特错了吗？所以：子发回复君主之命已经够恭敬了，他谢绝奖赏的态度也够固执了。”

荀卿子说齐相曰：“处胜人之势，行胜人之道，天下莫忿，汤、武是也；处胜人之势，不以胜人之道，厚于有天下之势，索为匹夫不可得也，桀、纣是也①。然则得胜人之势者，其不如胜人之道远矣。夫主相者，胜人以势也②；是为是，非为非，能为能，不能为不能，并己之私欲，必以道夫公道通义之可以相兼容者，是胜人之道也③。今相国上则得专主，下则得专国，相国之于胜人之势，亶有之矣④。然则胡不敺此胜人之势，赴胜人之道，求仁厚明通之君子而托王焉，与之参国政、正是非⑤？如是，则国孰敢不为义矣⑥？君臣上下，贵贱长少，至于庶人，莫不为义，则天下孰不欲合义矣⑦？贤士愿相国之朝，能士愿相国之官，好利之民莫不愿以齐为归，是一天下也⑧。相国舍是而不为，案直为是世俗之所以为，则女主乱之宫，诈臣乱之朝，贪吏乱之官，众庶百姓皆以贪利争夺为俗，曷若是而可以持国乎⑨？今巨楚县吾前，大燕鰌吾后，劲魏钩吾右，西壤之不绝若绳，楚人则乃有襄贲、开阳以临吾左，是一国作谋，则三国必起而乘我；如是，则齐必断而为四三，国若假城然耳，必为天下大笑⑩。曷若⑪？两者孰足为也⑫。

【注释】

①荀卿子：即荀况。说：劝说。齐相：指田文，即孟尝君，他曾任齐闵王的相。胜：制服。势：权力地位。莫忿：没有怨恨。汤：即商汤王，商朝的第一个君主。武：即周武王，周朝的第一个君主。以：用。厚：拥有很多的意思。厚于有天下之势：拥有统治天下的重大权力。索：求。匹夫：指普通老百姓。桀：夏朝的最后一个君主。纣：商朝的最后一个君主。②主相：君主和相。胜人以势也：用权势制服别人。③并：同屏，屏弃，抛弃。必以道：坚决遵循。夫：语助词。公道通义：泛指地主阶级的法律制度和道德规范。并己之私欲，必以道夫公道通义之可以相兼容者：抛弃自己的私欲，坚决遵循“公道通义”所规定的范围去办事。道德是有鲜明的阶级性的，但剥削阶级向来把他们的道德说成全人类的道德。一旦他们在社会上占了统治地位，就必然要以自己的道德规范制约社会。④专主：得到君主的完全信用。专国：完全把持国家权力。亶（dǎn）：诚然。⑤胡：何，为什么。敺（qū）：驾驭，这里指运用。赴：行。仁厚：品德高尚。明通：明白，通晓事理。托王：推荐给君主。正：判定。⑥孰：谁。为义：按义去做。⑦合义：使行动符合义。⑧齐：春秋战国时国名，位于今山东北部和河北省南部。⑨舍：抛弃。是：代词，指“胜人之道”。直：只。世俗之所以为：社会上普通人的所作所为。女主：指君主的夫人。乱之宫：乱于宫廷内。俗：习惯。曷：何，怎么。持：治理。⑩县：同“悬”，挂，这里有威胁的意思。燕：春秋战国时国名，位于今河北北部和辽宁南部。鰌（qiū）：逼迫。钩：钩取，这里指进犯。魏：春秋战国时国名，在今河南北部、陕西东部、山西西南部和河北南部。西壤：西面和魏国交界的地方。不绝若绳：像还没有断绝的绳子一样，形容很危险。楚人：一说当为“鲁人”。襄贲（féi）、开阳：都是地名，在今山东省临沂县。作谋：这里指图谋进攻。乘：乘机进犯。断：分裂。四三：形容四分五裂。国若假城然耳：国家就像是借别国的城池一样。借来的东西终当归还，暗喻齐将有灭亡的危险。⑪曷若：如何，怎么办。⑫两者：指“行胜人之道”和“不行胜人之道”。孰足为：哪种方法可行。

【译文】

荀况先生对齐国国相田文说："站在制服别人的地位，实行制服别人的原则，天下的人没有怨恨他的，商汤王、周武王就是这样的人；站在制服别人的地位，不用制服别人的原则，拥有整个天下的权势，想要求得到当一个百姓的权力也不可能，夏桀、商纣是这样的人。既然如此，获得制服别人地位的人，与制服别人的原则差远了。身居相位的人，用地位制服别人；对就是对，非就是非，能就是能，不能就是不能，排除个人的欲念，必须遵循公众都能接受的道义，是制服别人的原则。现在田相国你上能获得君主的专宠与信任，下能掌握全国的大权，相国你已经拥了制服别人的全部权势地位。既然如此，那么为什么不用这种制服别人的权势地位，实行制服别人的原则，寻求仁义宽厚聪明通达的君子，而把他们推荐给君主，和他们参与国政、审正是非呢？倘若如此，那么全国上下谁敢不遵守礼义呢？君臣上下，贵贱长幼，至到百姓，没有不遵守礼义的，那么普天下谁又不想使自己的行为符合礼义呢？贤士愿意在相国所在的朝廷上做事，有才能的人乐意在相国手下做官，贪图利益的人民没有不愿把齐国作为自己的归宿，果真这样不就可以统一天下了吗？相国舍弃这些而不去做，却竟然做这些世俗之人所做的事情，那么君主的夫人作乱于内宫，诡诈的奸臣作乱于朝廷，贪官污吏在自己的地方作乱，众多的平民百姓都以争夺利益为习俗，像这样又怎么能治理好国家呢？现在强大楚国的威胁摆在我们前面，强大燕国的威胁在我们的后边，劲敌魏国从右边进犯我们，我国的西部边界虽无强敌却只剩下将要断的绳子那么一点地方，却还有楚国的襄贲、开阳两个地方与我们接近，这样的形势，只要有一个国家图谋算计我们，那么三个国家一定会趁机打我们；倘若如此，那么齐国一定会被分裂成三四块，国家就像借别国的城邑一样，也一定会被天下人耻笑。怎么办呢？这两种制人之道那种可行呢？"

夫桀、纣，圣王之后子孙也，有天下者之世也，势籍之所存，天下之宗室也，土地之大，封内千里，人之众，数以亿万，俄而天下倜然举去桀、纣而奔汤、武，反然举恶桀、纣而贵汤、武①。是何也？夫桀、纣何失，而汤、武何得也？曰：是无它故焉，桀、纣者善为人所恶也，而汤、武者善为人所好也②。人之所恶何也？曰：汙漫争夺贪利是也③。人之所好者何也？曰：礼义辞让忠信是也④。今君人者，辟称比方则欲自并乎汤、武，若其所以统之，则无以异于桀、纣，而求有汤、武之功名，可乎⑤？故凡得胜者，必与人也；凡得人者，必与道也⑥。道也者何也？曰：礼义辞让忠信是也⑦。故自四五万而往者，强胜，非众之力也，隆在信矣；自数百里而往者，安固，非大之力也，隆在修政矣⑧。今已有数万之众者也，陶诞比周以争与；已有数百里之国者也，汙漫突盗以争地⑨。然则是弃己之所安强，而争己之所以危弱也；损己之所不足，以重己之所有余⑩；若是其悖缪也，而求有汤、武之功名，可乎⑪？辟之是犹伏而咶天，救经而引其足也，说必不行矣，愈务而愈远⑫。为人臣者，不恤己行之不行，苟得利而已矣，是渠冲入穴而求利也，是仁人之所羞而不为也⑬。故人莫贵乎生，莫乐乎安；所以养生安乐者，莫大乎礼义。人知贵生乐安而弃礼义，辟之是犹欲寿而刎颈也，愚莫大焉⑭。故君人者，爱民而安，好士而荣，两者无一焉而亡。《诗》曰："价人维藩，大师维垣⑮。"此之谓也。

【注释】

①世：世家，后代。势籍：权位，指王位。宗室：指王室。宗宝，古代君主宗庙中放祖先牌位的石头造的小屋，表示宗主的意思。势籍之所存，天下之宗室也：意思是，他们有王位的时候，是全天下的宗主。古代时宗法制度规定，天子是全天下的宗主（最高族长）。俄而：不久。倜（tì）然：断然疏远的样子。举：皆，全部。去：离开，背离。反（fān）然：改变的样子。贵：敬重。②善为人所恶：好做人们所憎恶的事。③汙漫：欺诈。④辞让：谦让。忠信：守信用。礼义辞让忠信：荀况理想的封建地主阶级的道德品质。⑤君人者：君主。辟：通譬。辟称：譬喻，比如。并乎汤、武：与汤、武并列。统：统率。⑥与：接近，符合。⑦礼义辞让："义辞"两字原脱，据上文"礼义辞让忠信是也"一句文义补。⑧而往：以上。隆：崇尚，注重。大：指地广。⑨陶：通谄（tāo），说谎。陶诞：谎言欺诈。比周：结党营私，互相勾结。与：与国，即盟国。突盗：侵犯。⑩所不足：指"信"和"修政"。重：增多。所有余：指"人"和"地"。⑪悖缪：荒谬悖理。⑫咶：同"舐"（shì），用舌头舔东西。经：上吊。引：拉。务：做。⑬恤：顾。渠冲：古代打仗时攻城用的大车。⑭刎（wěn）颈：自杀。⑯价人：善人，指贤士。藩：篱笆。大师：大众，指百姓。垣：围墙。

【译文】

夏桀、商纣，是圣王的后代子孙，是拥有天下的人的世家，权势地位掌握在他们手里的时候，是天下的宗室，土地广大，方圆千里，人口之多，数以亿计，没有多久天下人离开夏桀、商纣而尊奉商汤王、周武王，这是为什么呢？夏桀、商纣的失误在那里，而商汤王，周武王又为什么能得到天下的权势和地位呢？回答说：这没有别的原因，夏桀、商纣喜欢干人民痛恶的事，而商汤王、周武王喜欢做人民所欢迎的事。人民所痛恶的是什么呢？回答说：污秽肮脏争权夺利的事情。人民所欢迎的是什么呢？回答说：礼义辞让忠信这样的行为。今天作君主的人，一打譬喻就希望把自己和商汤王、周武王放在一起。倘若看看他们做的所有事情，却没有一样与夏桀、商纣不同，这样想追求商汤王、周武王的功业名声，可能吗？因此，凡是获得胜利的人，一定是和人民团结一致的；凡是能够得到人民忠心拥护的，一定与"道"相合。"道"是什么东西呢？回答说：是礼义辞让忠信。所以，拥有四五万以上的军队，能以强制胜，不是人多的缘故，重要的在于信实；拥有数百里之大土地的国家，安定巩固，并不是土地广大的缘故，重要的在于修明政治。当今拥有数万之众的国家，却搞谎言欺诈互相勾结与人争斗；拥有数百里土地的国家，却用污秽肮脏的手段袭击别人而争夺土地。这种做法是抛弃自己国家的安定巩固，而争来夺去招致自己的危险和衰弱；损害自己不足的东西，而追求自己有余的人及土地；如此这样的荒谬行为，还想追求商汤王、周武王的功业名声，可能吗？这就像身子伏在地上而想舔着天，去抢救上吊的人而拽他的脚，主张这样做的人一定行不通，这种南辕北辙的做法愈加劲距离就会愈远。做臣下的，不管自己的品德好不好，只要得到一点利益就满足了，这是用大的战车去冲入一个小小的洞穴而追求点点利益，这是仁德之人为之羞耻所不愿干的。所以，人都以活着为宝贵，以平安为快乐；所以用来养生安乐的东西，没有比礼义再大的了。人懂得生命与安乐的可贵却放弃礼义，这就像想长寿又要刎颈自杀一样，再没有比这愚蠢的了。所以做君主的，爱护人民国家就安定，喜欢士人就荣耀，两条一条不占就会灭亡。《诗经》上说："善人好比篱笆桩，大人就像院围墙。"讲的就是这个道理。

力术止，义术行[①]。曷谓也？曰：秦之谓也。威强乎汤、武，广大乎舜、禹，然而忧患不可胜校也，諰諰然常恐天下之一合而轧己也，此所谓力术止也[②]。曷谓乎威

强乎汤、武？汤、武也者，乃能使说己者使耳③。今楚父死焉，国举焉，负三王之庙而辟于陈、蔡之间，视可，司间，案欲剡其胫而以蹈秦之腹④。然而秦使左案左，使右案右，是乃使仇人役也，此所谓威强乎汤、武也⑤。曷谓广大乎舜、禹也？曰：古者百王之一天下，臣诸侯也，未有过封内千里者也。今秦南乃有沙羡与俱，是乃江南也，北与胡、貉为邻，西有巴戎，东在楚者乃界于齐，在韩者逾常山乃有临虑，在魏者乃据圉津，即去大梁百有二十里耳，其在赵者剡然有苓而据松柏之塞，负西海而固常山，是地遍天下也，此所谓广大乎舜、禹也⑥。威动海内，强殆中国，然而忧患不可胜校也，諰諰然常恐天下之一合而轧己也⑦。然则柰何⑧？曰：节威反文，案用夫端诚信全之君子治天下焉，因与之参国政，正是非，治曲直，听咸阳，顺者错之，不顺者而后诛之⑨。若是则兵不复出于塞外而令行于天下矣，若是则虽为之筑明堂于塞外而朝诸侯，殆可矣⑩。假今之世，益地不如益信之务也⑪。

【注释】

①力术：强力的方法。义术：《大略》篇："行义以礼，然后义也"。本篇下文有，"夫义者，所以限禁人之为恶与奸者也"。可见荀况所讲的"义术"是指用封建的政治、道德标准来统一人们的言行，禁止那些破坏封建制度的人的统治方法。②舜、禹：传说中原始社会的部落首领。胜：尽。校：计算。諰諰（xī）然：忧虑害怕的样子。轧（yà）：倾轧。③说：通悦，喜悦。乃能使说己者使耳：只能役使拥护自己的人。④楚父：指楚顷襄王的父亲楚怀王。怀王三十年（公元前297年）往秦国会见秦昭王，被扣留，后死在秦国。国举：国都被攻克。指楚顷襄王二十一年（公元前277年），秦将白起攻克楚国首都郢（yǐng），楚兵溃败，退保东北的陈城（在今安徽亳县以北和河南开封以东之间。）三王：指楚国开创、受封和称霸的三个君主，即鬻（yù）熊、熊绎、庄王。庙：这里指神主牌位。辟：同避。蔡：战国时国名，位于今安徽风台县。视可：观察可乘之机。司：通伺。司间：等待可乘的空隙。剡（yǔn）：抬起。胫：小腿。案欲剡其胫而以蹈秦之腹：意思是，想抬起他的腿去踩秦人的肚子；形容楚国对秦国怀有刻骨的仇恨。⑤案：则。使左案左，使右案右：意思是，让他往左就往左，让他往右就往右。乃使仇人役：能役使仇恨自己的人。⑥沙羡：地名，位于今湖北省武昌境内。与俱：都属于秦国。胡、貉（mò）：我国古代称北方和东北方的两个少数民族。巴：古代国名，位于今四川东部和湖北西部一带。戎（róng）：我国古代指西部民族。东在楚者乃界于齐：东方占有楚国的土地和齐国边界相接。韩：战国时国名，在今河南中、北部及山西南部。常山：即恒山，在今山西、河北北部一带。临虑：地名，在今河南省。魏：战国时国名，在今河南北部、陕西东部、山西西南部及河北南部。圉（yǔ）津：一说当作为"围津"，地名，在今河南省境内。去：距离。大梁：魏国的国都，位于今河南省开封市。剡然：侵占夺取的样子。赵：战国时国名，位于今山西东部和河南黄河以北的一部分。苓：古地名，地址不详。松柏之塞：指赵国与秦国交接的边界地区，因以种植的松树、柏树为界线，所以称为"松柏之塞"。负：背向。西海：指西方。负西海而固常山：背向西方，东面以常山作为屏障。此所谓广大乎舜、禹也：这一句原在下文的"諰諰然常恐天下之一合而轧己也"一句下，据上下文义移此。⑦海内：指全天下。中国：中原。指今黄河中、下游一带的地方。强殆中国：指秦国强盛，威胁到中原各国。⑧柰：同奈。⑨反：通返，返回。文：指礼义，《臣道》篇中说："礼义以为文。"节威反文：节制强力回到礼义。案：同按，然后。端诚信全：正直诚实，德才兼备。君子：指地主阶级中有德有才的人。与之：同他们一起。治：辨别。咸阳：战国时秦国的国都，位于今陕西咸阳市东。听咸阳：在国都咸阳听政。错：通措，放置，这里指不干涉。⑩塞外：国境之外。明堂：古时天子宣布命令及举行重大典礼的地方。筑明堂于塞外：一说"于塞外"三字是衍文。殆可矣：差不多可以办到了。⑪假今：当今。益：增加。务：努力去做，包含有急切的意思。益地不如益信之务也：努力去增加土

地不如努力去增加信用更为急切。

【译文】

强兵的办法应该禁止，礼义的办法应该提倡。讲的是什么意思呢？回答说：让我以秦国为例讲讲吧。秦国的威力比商汤王、周武王强大，土地比虞舜、夏禹广大，但是秦国的忧患数不胜数，常常害怕天下诸侯联合起来倾压自己，这就称之为强兵的办法应该禁止。什么叫做威力比商汤王、周武王强大呢？商汤王、周武王，只能调遣拥护他的人哪。如今楚怀王死了，国都被攻占了，顷襄王背着楚国开创、受封、称霸的三个君主的牌位逃避到陈国和蔡国之间，观察机会，等待空隙，想要抬起他的腿踩到秦国人身上以求报杀父灭国之仇。可是，秦国驱使他，叫他往左他就往左，叫他往右他就往右，这就是让仇人役使，这就是所说的威力之强大超过了商汤王、周武王。所谓国土比虞舜、夏禹广大是什么意思呢？回答说：过去历代帝王统一天下，使诸侯称臣，他们的土地没有一个超过一千里的。现在秦国南面的沙羡这个地方也属于他，势力达到了长江以南，北边与胡、貉接邻，西部边疆直到巴、戎，东边松柏森林形成的边塞，这样不就是土地遍天下了吗！这就叫做土地比虞舜、夏禹广大。秦国的威势震撼天下，强大的力量威胁了中原地区，但是他的忧患却数不胜数，坐卧不安，常常忧虑天下诸侯联合起来倾压自己。既然这样怎么办呢？回答说：节制武力实施文治，也就是用端正诚实信用完备的君子之道治理天下，因势利导与他们一块管理国家政事，判明是非，辨别曲直。在秦都咸阳处理政事，顺从的人放在一边，不顺的人就诛罚。如果这样，那么军队不再到塞外而政令就可以通行到天下了。如果这样，那么即使为秦国在塞外建造一座明堂让各国诸侯来朝见，大概也可以做到了。当今之世，增加土地不如提高信用迫切。

应侯问孙卿子曰："入秦何见①？"孙卿子曰："其固塞险，形势便，山林川谷美，天材之利多，是形胜也②。入境，观其风俗，其百姓朴，其声乐不流污，其服不挑，甚畏有司而顺，古之民也③。及都邑官府，其百吏肃然，莫不恭俭敦敬忠信而不楛，古之吏也④。入其国，观其士大夫，出于其门，入于公门，出于公门，归于其家，无有私事也；不比周，不朋党，倜然莫不明通而公也，古之士大夫也⑤。观其朝廷，其朝闲，听决百事不留，恬然如无治者，古之朝也⑥。故四世有胜，非幸也，数也⑦。是所见也。故曰：佚而治，约而详，不烦而功，治之至也，秦类之矣⑧。虽然，则有其諰矣。兼是数具者而尽有之，然而县之以王者之功名，则倜倜然其不及远矣⑨。是何也？则其殆无儒邪⑩？故曰：'粹而王，驳而霸，无一焉而亡⑪。'此亦秦之所短也。"

【注释】

①应侯：即范雎（jū），战国时魏国人，秦昭王时曾任秦相；受封于应（位于今河南宝丰西南），所以称应侯。②固塞：坚固的防御设备，指城堡等。固塞险：城、堡等关塞险要。形势便：地理形势有利，指自然环境优越。是形胜也：这是客观形势的优越条件。③朴：质朴、朴实。流污：下流，庸俗。挑：同"佻"（tiāo）：妖艳。有司：泛指各类主管具体事务的官吏。顺：顺从。④都邑：县城。肃然：严肃认真的样子。敦：忠厚。楛（kǔ）：恶劣。⑤朋党：搞宗派小集团。倜然：很突出的样子。明通：畅通无阻。公：公正，没有私心。⑥朝闲：退朝。听决：处理。不留：指政事全部处理完毕。恬然：安闲的样子。恬然如无治者：安闲得好像没有事情似的。⑦四世：指秦孝公、惠文王、武王、昭襄王四代。数：必然的道理。

⑧佚：通逸，安逸。约：简易。详：周全。烦：劳累。⑨则有其諰矣：指秦国仍然有所恐惧。兼：具备。数具：指“佚而治”等三个方面。县：同悬，这里是衡量的意思。倜倜然：相差很远的样子。⑩：殆：大概、恐怕。儒：即“大儒”，荀况理想中德才兼备的地主阶级政治家、思想家。邪：同耶，语气词。⑪粹：纯粹，指完全按照地主阶级的治国原则治理国家。驳：同驳，混杂，指不彻底实行地主阶级的政治路线。

【译文】

应侯范雎问荀况先生：“你到秦国发现了什么？”荀况先生说：“它的防御设备坚固险要，地理形势极为有利，山林河谷很美，可利用的天然资源十分丰富，这是外在的优势。进到国境以内，见其社会风俗：百姓淳朴，声音纯正，服式端庄，人民对各级官吏敬畏顺从，真是和古代的人民一样。到城镇官府，它们的各级官吏认真严肃，没有不恭敬、俭朴、诚实、谨慎而淳厚的，更是和古代的官吏一样。到国都咸阳，见它们的士大夫，走出自己的家门，进入公署之门，走出公署之门，回到自己的家里，没有为自己办私事的；不互相勾结，不结党营私，他们志行高远没有不灵俐通达而公正的，真像古代的士大夫一样。再看它的朝廷，它的官员退朝以前处理各种国家事务不遗留拖拉，安逸自在就像没有什么事情可做一样，真像古代的朝廷。所以秦国自秦孝公、惠文王、武王、昭襄王世历四个朝代都很强盛，不是偶然的，而有它的必然性。上述这些方面都是我亲眼所见的。因此说：安逸而国家得到治理，简要而周全，不用烦劳而见功效，这是治理国家的最高水平，秦国也像这样。尽管这样，那么秦国还有他担心的地方。上述种种条件秦国完全具备，然而用称王天下的功业名声衡量，它还相差得很远很远。这是为什么呢？那么它大概是没有大儒治理国家吧？因此说：全部按照儒家的仁义之道治理国家就能称王于天下，杂取各种治国方法治理国家的就能称霸诸侯，两者都不具备的就灭亡。这也是秦国政治上存在的缺点。”

积微，月不胜日，时不胜月，岁不胜时[①]。凡人好敖慢小事，大事至然后兴之务之，如是则常不胜夫敦比于小事者矣[②]。是何也？则小事之至也数，其县日也博，其为积也大[③]。大事之至也希，其县日也浅，其为积也小[④]。故善日者王，善时者霸，补漏者危，大荒者亡[⑤]。故王者敬日，霸者敬时，仅存之国危而后戚之，亡国至亡而后知亡，至死而后知死，亡国之祸败不可胜悔也[⑥]。霸者之善箸焉，可以时托也；王者之功名，不可胜日志也[⑦]。财物货宝以大为重，政教功名反是，能积微者速成。《诗》曰：“德輶如毛，民鲜克举之[⑧]。”此之谓也。

【注释】

①积微：积累微小的事情的成效。月不胜日：意思是，每月积累不如每日积累。时：季度。②敖：同傲。敖慢：轻视。兴：实行。敦比：治理。则常不胜夫敦比于小事者矣：意思是，那就常常不如那些努力去治理小事的人。③数（shuò）：频繁。县：同悬，联系。县日：所联系的日数，指办事时所用的日子。博：多。④希：同稀，少的意思。浅：少。⑤善：爱惜。补漏者危：平时不努力，等出了漏洞才去补救就危险了。大荒：事事荒废的意思。⑥敬：重视。仅存：勉强存在。戚：忧愁。不可胜悔：悔不胜悔。⑦箸：同著，明显。托：一说是“记”的误字，时记，用季度来记录。志：记。不可胜日志：每天记录也记不胜记。⑧德：道德。輶（yóu）：轻。鲜：少。克：能。

【译文】

积累小的成效，一月积累一次不如天天积累，一季积累一次不如月月积累，一年积累一次不如季季积累。通常人都好轻视小的事情，经常等大事来了才努力去处理，果真如此，就常常不如沓沓实实去一件一件办理小事的人。这是为什么呢？就是由于遇到的小事多，处理小事的时日也多，这样把小事积累起来就成就了大功。大事碰见的少，办大事的时间也少，它积累起来的功也小。所以，善于天天积累的人可以称王天下，善于季季积累的人可以霸诸侯，到出了漏洞再去补救的人危险，一味荒废事业的人灭亡。所以称王天下的人着重天天积累，称霸诸侯的人看重季季积累，仅仅能生存的国家到危险的时候才感到忧愁，灭亡的国家到灭亡的以后才觉悟到灭亡，到死以后才知道要死，亡国的灾祸到来时后悔都来不及。称霸诸侯的人干的善事是显而易见的，不可能每日每时都把它记载下来；称王天下的人的功业名声，就是天天记录也记不完。财物货宝以大为贵，政教功名则与此相反，能积累小事之成效的人就能很快成功。《诗经》上说："品德好像轻如毛，要想举高却很难。"讲的就是这个道理。

凡奸人之所以起者，以上之不贵义，不敬义也①。夫义者，所以限禁人之为恶与奸者也②。今上不贵义、不敬义，如是，则下之人百姓皆有弃义之志而有趋奸之心矣，此奸人之所以起也。且上者下之师也，夫下之和上，譬之犹响之应声，影之象形也③。故为人上者，不可不顺也④。夫义者，内节于人而外节于万物者也，上安于主而下调于民者也⑤。内外上下节者，义之情也⑥。然则凡为天下之要，义为本，而信次之⑦。古者禹、汤本义务信而天下治；桀、纣弃义倍信而天下乱⑧。故为人上者，必将慎礼义，务忠信然后可。此君人者之大本也。

【注释】

①奸人：指破坏封建礼义的人。以上之不贵义：因为君主不重视义。敬：尊崇。②这句意思是：所谓义，就是用来限制、禁止人做坏事的。③下之和上：臣下百姓跟从君主。④为人上者：指君主。顺：通慎，谨慎。⑤节：节制，适当。⑥情：实情。义之情：义的实际内容。⑦为天下：治理天下。要：关键。信次之：信用是第二位的。⑧本义：遵循义。倍：同背，背离。倍信：不讲信用。

【译文】

大凡奸邪之人所以能产生的缘故，是因为君主不注重礼义，不尊奉礼义。礼义是用来限制和禁止人做坏事和行奸邪的。倘若君主不注重礼义，不尊奉礼义，那么下边的官吏百姓都会产生抛弃礼义的思想而有趋附奸邪的心，这就是奸邪之人产生的缘故。况且君主是臣民的榜样，臣民附和君主就像回响应声，影子随形。所以作为君主的人，不能不行为谨慎。礼义，对自己可以约束为人，对外可以节制世间万物，对上可以使君主安定，对下能够使百姓和谐。对内对外对上对下起节制作用，这就是礼义的性质。既然如此，治理天下的关键，礼义是根本，而信实在其次。古时候夏禹、商汤以礼义信实为治国之本，于是天下得到治理；夏桀、商纣背信弃义，于是天下就大乱。因此，做君主的人，必须谨慎地实行礼义，努力实行忠信然后才可以治理天下。这是做君主的人的最重要的原则。

堂上不粪，则郊草不瞻旷芸；白刃扞乎胸，则目不见流矢；拔戟加乎首，则十指

不辞断[1]。非不以此为务也，疾养缓急之有相先者也[2]。

【注释】

①粪：打扫，扫除。瞻：看望。芸：通耘，即除草。扞：抵触。拔：迅速。②此：指“郊草”、“流矢”和“十指”。疾：痛。养：通“痒”。有相先者：有先后之分。

【译文】

厅堂上的垃圾都没有清除，那么郊外旷野上的杂草就不会顾上去管；雪亮刀刃已经触及到胸脯，那么眼睛就顾不上看飞来的箭；突如其来的剑戟已经架在头上，那么谁还会去顾及十指被砍断的危险。人们并不是不想把飞箭、断指的危险放在心上，而是因为痛痒缓急这些事之间有先后的区别啊！

天论第十七

天行有常，不为尧存，不为桀亡[1]。应之以治则吉，应之以乱则凶[2]。强本而节用，则天不能贫[3]；养备而动时，则天不能病[4]；循道而不贰，则天不能祸[5]。故水旱不能使之饥，寒暑不能使之疾，祆怪不能使之凶[6]。本荒而用侈，则天不能使之富；养略而动罕，则天不能使之全；倍道而妄行，则天不能使之吉[7]。故水旱未至而饥，寒暑未薄而疾，祆怪未至而凶[8]。受时与治世同，而殃祸与治世异，不可以怨天，其道然也[9]。故明于天人之分，则可谓至人矣[10]。

【注释】

①天：这里指自然界，即人类社会以外的客观物质世界，它与唯心主义所宣扬的有意志的、神秘的天是对立的。行：运行、变化。常：常规，固定的次序。天行有常：自然界的运行变化是有固定的次序的。尧：传说中我国原始社会的部落首领。桀：夏朝最后的一个君主。②应：适应，对待。之：代词，指常。治：合理的措施。应之以治：用合理的措施去对待它。乱：不合理的措施。③本：这里指农业生产。④养：供养，指衣食等生活资料。动时：活动适时。⑤循：遵循，原为修，据文义改。道：指治理自然和社会的原则。不贰：专一，坚定不移。⑥祆：同“妖”。祆怪：指自然灾害和自然界的变异情况。⑦本荒：农业生产荒废。侈：浪费。略：简略，不足。动罕：懒惰。“动逆”，活动不适时。全：健全。倍：通背，违背。⑧薄：迫近，接触。疾：病。⑨受时：遇到的天时。治世：社会安定时期。道：这里指“应之以乱则凶”的道理。然：使这样。⑩天人之分：天和人的分别。至人：最高明的人。

【译文】

自然界的运动有一定规律，不会因为有圣君唐尧就存在，也不因为暴君夏桀就消亡。顺应它的规律采取与之相适应的方法就吉利，采取错误的方法对待它就有灾难。加强农业生产而节俭费用，那么“天”也不能使人贫困；调养周到而活动适宜，那么“天”也不会使人生病；遵循自然法则而坚定不移，那么“天”不能使人遭受祸患。因此水旱灾害不能使人饥渴，寒冷暑热不能使人生病，疫疠不能给人带来凶险。农业生产荒废而开支过多，那么“天”也不能使人富裕；调养不周而活动不适宜，那么“天”也不能使人健全；违犯自然法则而胡作非为，那么

“天”也不能使人吉利。因此，水旱灾害还没有发生就会产生饥荒，寒冷暑热还没有迫近而疾病就产生了，疫疠还未发生而凶险就来啦。顺应天时与治理社会一样，然而灾祸的发生与治理社会不同，不可以埋怨天，是他所采取的方法使他这样。所以，懂得天和人的分别，就可以称为圣人。

不为而成，不求而得，夫是之谓天职[①]。如是者，虽深，其人不加虑焉；虽大，不加能焉；虽精，不加察焉；夫是之谓不与天争职[②]。天有其时，地有其财，人有其治，夫是之谓能参[③]。舍其所以参，而愿其所参，则惑矣[④]。

【注释】

①为：做。求：谋求。夫：发语词。是：指示代词，这。下同。天职：自然界的职能。②如是者：像这样的情况。深：深远。其人：指上文的“至人”。加：施加。能：能力，作用。精：微妙。③时：时令，指四季、寒暑、昼夜、风雨、水旱等变化。财：资源。治：治理，这里指人治理自然和社会的努力。参：参与，配合。能参：能和天地相互配合。④舍：放弃。所以参：指人治理自然和社会的努力。愿：向往。所参：指天时，地财。

【译文】

不做而能成功，不求而能得到，这就称之为“天”称。倘若如此，它即使非常深奥，那最高明的人也不会去过多地考虑它；它即使很大，高明的人也不会过多地投入力量；它即使精微，高明的人也不会过多地去考察；这就叫做不与天争职能。天有它的季节，地有它的资源，人能运用天时地利，这就叫做人与天地相合。人倘若放弃自己所具有的与天地相合的能力，而只是羡慕天时地理，那就太糊涂了。

列星随旋，日月递炤，四时代御，阴阳大化，风雨博施，万物各得其和以生，各得其养以成[①]。不见其事而见其功，夫是之谓神[②]。皆知其所以成，莫知其无形，夫是之谓天[③]。唯圣人为不求知天[④]。

【注释】

①随旋：相随旋转。炤：同照，照耀。御：进。代御：一个接着一个。阴阳大化：阴阳二气相互作用和转化。博：普遍。博施：普遍地施加于万物。其：代词，指上述列星随旋，日月递炤等现象。和：相互协调。②神：指自然而然的功能。③以：通已。无形：没有形迹可见。④唯：只有。圣人：荀况理想中具有完备的封建道德的人物。

【译文】

列位星宿相随运行，日月交替照耀，四时交替变化；阴阳二气千变万化，风雨遍布万物，万物皆得自然协调而萌生，各得它的滋养成长。眼睛尽管看不到它做事却可以显示出它的作用，这就称之为“神”。人们都知道它能生成万物，却不知道它无迹无形，这就是所谓的天。只有圣人才不希望了解天。

天职既立，天功既成，形具而神生①。好恶、喜怒、哀乐藏焉，夫是之谓天情②；耳、目、鼻、口、形，能各有接而不相能也，夫是之谓天官③；心居中虚，以治五官，夫是之谓天君④；财非其类，以养其类，夫是之谓天养⑤；顺其类者谓之福，逆其类者谓之祸，夫是之谓天政⑥。暗其天君，乱其天官，弃其天养，逆其天政，背其天情，以丧天功，夫是之谓大凶⑦。圣人清其天君，正其天官，备其天养，顺其天政，养其天情，以全其天功⑧。如是，则知其所为，知其所不为矣，则天地官而万物役矣⑨。其行曲治，其养曲适，其生不伤，夫是之谓知天⑩。

【注释】

①形：指人的形体。神：指人的精神活动。形具而神生：人的形体具备了，人的精神活动随而产生。②焉：于此，指人的形体。天情：人所自然具有的情感。③接：接触。能各有接：耳、目、鼻、口、形各有不同的感触外物的能力。不相能：不能互相代替。天官：人所自然具有的感官。④中虚：指胸腔。治：支配，管理。君：君主，古代人认为心是主宰五官的思维器官，所以拿君来比喻它。⑤财：同裁，制裁，利用。非其类：人类以外的万物。其类：指人类。⑥天政：自然的规则。⑦暗其天君：意思是把心弄得昏暗不清。大凶：巨大的灾难。⑧清：使纯净，使清明。正：端正。备：充分，完备。养其天情：使人的感情得到调养。⑨所为：指人所能做和应做的事。所不为：指人所不能做和不应做的事。官：任用。天地官而万物役：天地为人类服务，而万物供人类役使。⑩行：行动。曲：委曲，各方面。曲治：各方面都治理得很好。曲适：各方面都恰当。生：生命。

【译文】

天的职能已经确立，天的功用已经形成，人的形体具备人的精神就会随之产生，好恶、喜怒、哀乐蕴藏在人的身体之中，这就称之为人的天然情感；人的耳、目、鼻、口、形体，跟外界接触时各有自己的功能而不能互相代替，这就叫做天然器官；心脏在胸腔之中，用来统帅上述五种器官，这就称之为人的天然主宰；人利用自然界的万物养育自己，这就叫做自然养育；自然界顺应人类需要的叫做福，违反人类的需要叫做祸，这就叫做自然政治。迷惑人心，搞乱五官，抛弃人的自然养育，违反自然政治，背叛自然感情，因此丧失了自然功能，这就叫做最大的灾难。圣人使自己心地纯洁，使五官端正，完善人的自然养育，顺应自然政令，调养人的天赋感情，以此完备人的天然功能。倘若如此，人们就知道什么该做，什么不该做了，那么天地都能发挥它的功用而世间万物都能为人类役使。人们做事都能做到周全顺当，人们修身养性都能恰切适宜，使人的生命不受伤害，这就称之为了解自然。

故大巧在所不为，大智在所不虑①。所志于天者，已其见象之可以期者矣②。所志于地者，已其见宜之可以息者矣③。所志于四时者，已其见数之可以事者矣④。所志于阴阳者，已其见和之可以治者矣⑤。官人守天，而自为守道也⑥。

【注释】

①大巧：指最能干的人。大智：指最聪明的人。②志：知，认识，下同。已：同以，下同。见：同现，显现，下同。期：预期，推测。③宜：适宜，指作物生长的适宜条件。息：繁殖生长。④四时：四季。数：指四时节气变化的次序。事：从事，指安排农业生产。⑤和：和谐、调和，原为“知”，据上文

“万物各得其和以生”文义改。⑥官人：这里指掌管天文历法的人。守天：观察天象。自为：指圣人自己做的事。守道：掌握治理自然和社会的原则。

【译文】

所以，最大的本领在于懂得什么是不该去做的，最高的智慧在于懂得什么是不该去想的。人们对天的认识，要按它显示出来的征象为依据来推测时令。对地的认识，要按它适宜的地理条件生养繁殖各种作物。对于四季的认识，要按它显示出的节令次序安排农事活动。对阴阳二气的认识，要按它表现出来的和谐变化用以调整各种对立的事物。政府的官吏管理观察天象，而自己掌管利用自然的原则。

治乱天邪？曰：日月、星辰、瑞历，是禹桀之所同也；禹以治，桀以乱，治乱非天也①。时邪？曰：繁启、蕃长于春夏，畜积，收藏于秋冬，是又禹桀之所同也；禹以治，桀以乱，治乱非时也②。地邪？曰：得地则生，失地则死，是又禹、桀之所同也；禹以治，桀以乱，治乱非地也。《诗》曰：“天作高山，大王荒之；彼作矣，文王康之③。”此之谓也。

【注释】

①治乱天邪：社会安定、混乱是天造成的吗？瑞历：历象，指日月星辰运转的现象。②时邪：社会安定、混乱是时令造成的吗？繁：众多。启：萌芽。繁启：指农作物纷纷发芽出土。蕃：茂盛。畜：同蓄。③高山：指岐山，在今陕西省岐山县东北。大王：太王，亦称古公亶（dǎn）父；周文王姬昌的祖父。荒：大。康：安定。

【译文】

社会安定与混乱是天造成的吗？日、月、星辰、历象，这对于夏禹和夏桀都是相同的；夏禹的时代社会安定，夏桀的时代社会混乱，说明社会安定与混乱不在于天。是由时令决定的吗？回答：农作物萌发于春季，繁盛于夏天，贮存收藏于秋冬，这又是夏禹和夏桀所共同的；夏禹的时代社会安定，夏桀的时代社会混乱，说明社会的安定与混乱不在于时令。是由土地决定的吗？回答：有了土地作物就能生长，失去土地作物就要死亡，这又是夏禹和夏桀所共同的；夏禹的时候社会就安定，夏桀的时代社会就混乱，说明社会安定与混乱不在于土地。《诗经》上说：“天造就了高高的岐山，太王开辟它多么艰难。人民辛勤搞建设啊，文王抚定保平安。”讲的就是这个道理。

天不为人之恶寒也，辍冬；地不为人之恶辽远也，辍广；君子不为小人之匈匈也，辍行①。天有常道矣，地有常数矣，君子有常体矣②。君子道其常，而小人计其功③。《诗》曰：“礼义之不愆兮，何恤人之言兮④。”此之谓也。

【注释】

①恶：厌恶。辍（chuò）：废止。辍广：缩小本来广大的面积。匈匈：同汹汹，吵吵嚷嚷。②常道：一定的常规。常数：一定的法则。常体：一定的规范，指符合地主阶级统治利益的行为标准。③道：遵

循。常：指常体。计：计较。功：效果，指目前的利益。④愆（qiān）：差错，引申为违背。“礼义之不愆兮”六字原脱，据文义和《正名》篇引同诗补。何恤：何必顾虑。

【译文】

天不会由于人讨厌寒冷而去掉冬季，地不会因为人讨厌土地辽远而缩小它的面积，君子不会由于小人诽谤他就放弃自己美好的德行。天有一定的规律，地有一定的规律，君子有自己的行为规范。君子遵循自己的行为规范，而小人计较个人的功利得失。《诗经》上说：“行为上没有任何偏离礼义的地方，何需害怕小人的诽谤。”讲的就是这个道理。

楚王后车千乘，非知也；君子啜菽饮水，非愚也；是节然也①。若夫志意修，德行厚，知虑明，生于今而志乎古，则是其在我者也②。故君子敬其在己者，而不慕其在天者；小人错其在己者，而慕其在天者③。君子敬其在己者，而不慕其在天者，是以日进也；小人错其在己者，而慕其在天者，是以日退也④。故君子之所以日进，与小人之所以日退，一也⑤。君子小人之所以相县者，在此耳⑥！

【注释】

①后车：随从的车辆。千乘：形容车辆很多。知：同智，聪明。啜（chuò）：吃。菽：豆类，这里泛指粗粮。节然：偶然，凑巧。②志意修：指意志端正。德行厚：品行高尚。知虑明：思虑精明。志乎古：懂得古代的事。在我：在于自己的努力。③敬：敬重，重视。慕：指望。在天者：由自然决定的。错：同措，舍弃。④日进：日益进步。日退：日益后退。⑤一也：道理是一样的。⑥县：同悬，悬殊，差别。在此：就在这里，指“君子敬其在己者”，“小人慕其在天者”。

【译文】

楚王出行，随从的车辆有千乘之多，这并不是聪明；君子吃粗食饮清水，并非他愚蠢；这是偶然的事情。至于思想美好，品行高尚，思维清晰，生活在今天而有志于古代圣王之道，这就在于自己的努力了。因此，君子注重他的自身修养，而不仰仗着天的赐予；小人则不然，他放弃了自身的修养，而妄图天对自己的赐予。君子注重他的自身修养，而不仰仗天的赐予，因此能够天天提高；小人放弃自身修养，而妄图天的赐予，因此，天天倒退。所以，君子天天有所提高，与小人天天有所倒退，情况是一样的。君子和小人之所以相差这么大，原因正在这里呀！

星队，木鸣，国人皆恐①。曰：是何也？曰：无何也，是天地之变，阴阳之化，物之罕至者也②。怪之，可也，而畏之，非也③。夫日月之有蚀，风雨之不时，怪星之党见，是无世而不常有之④。上明而政平，则是虽并世起，无伤也；上暗而政险，则是虽无一至者，无益也⑤。夫星之队，木之鸣，是天地之变，阴阳之化，物之罕至者也。怪之，可也；而畏之，非也。

【注释】

①队：同坠，坠落。星队：指流星落地的现象。木鸣：指社树，古代祭神用的树，因风吹而发出声

音，古人以为怪异。国人：众人。②物之罕至者：事物中很少出现的现象。③怪：感到奇怪。④有蚀：发生日蚀、月蚀。不时：不按时节。党：同傥，偶然。党见：偶然出现。常：通尝，曾经。是无世而不常有之：这些现象是任何一个时代都曾经出现过的。⑤上明：君主贤明。政平：政治稳定。并世起：指上述自然界的异常现象在同一个时代都出现。上暗：君主昏庸。政险：政治险恶。无一至者：指上述自然界的异常现象都不出现。

【译文】

星星陨落，树木发声，国人都感到忧虑。有人问："这是为什么呢？回答说："没有什么，这是天地的自然变化，阴气阳气的自然变化，是事物中罕见的现象。对于这种现象感到奇怪，可以理解；对它感到忧虑，就不对了。那么日月有蚀，刮风下雨没有一定时间，奇怪的星象偶然出现，这是没有一个时代不会发生的一种自然现象。君主圣明而国家政事得到治理，那么这些奇怪的自然现象就是在一个时代同时产生，也没有什么妨害；君主昏庸而国家政事险恶，那么就算没有一种奇怪的现象出现，也没有什么益处。那么星的坠落，树木发声，是天地的自然变化，阴气阳气的自然变化，事物中罕见的现象。感到奇怪，可以理解；但是感到忧虑，就不对了。

物之已至者，人祅则可畏也①。楛耕伤稼，楛耘失岁，政险失民，田秽稼恶，籴贵民饥，道路有死人，夫是之谓人祅②；政令不明，举错不时，本事不理，夫是之谓人祅③；礼义不修，内外无别，男女淫乱，父子相疑，上下乖离，寇难并至，夫是之谓人祅④。祅是生于乱⑤。三者错，无安国⑥。其说甚尔，其菑甚惨⑦。勉力不时，则牛马相生，六畜作祅，可怪也，而亦可畏也⑧。传曰："万物之怪，书不说⑨。"无用之辩，不急之察，弃而不治⑩。若夫君臣之义，父子之亲，夫妇之别，则日切瑳而不舍也⑪。

【注释】

①人祅：人为的灾祸，人为的怪现象。②楛（kǔ）：粗劣。楛耕伤稼：耕作粗劣，伤害庄稼。楛耘失岁：锄草粗糙，影响收成；原为"耘耨失秽"，据文义和《韩诗外传》引文改。秽（huì）：同"秽"，荒芜。籴（dí）：买粮食。籴贵：粮价贵。③政令：政治法令。举：兴办。错：通措，停止。举错：泛指国家的各种措施。本事不理：不抓农业生产。④礼义：指地主阶级的等级制度道德规范和言行标准。修：整顿。内：指女。外：指男。父子相疑："父"字上原衍"则"字，据文义和《韩诗外传》引文删。乖离：背离。寇难：外患内乱。⑤祅是生于乱：人妖就是这种人为的混乱造成的。⑥三者：指上述三种"人妖"。错：交错。⑦尔：通迩，浅近。菑：同灾，灾难。⑧勉力：役使人力。牛马相生：牛马相互生怪胎。六畜：猪、牛、马、羊、狗、鸡。"勉力不时，则牛马相生，六畜作祅"三句，与前后文义不相接，疑是传抄之误。一说，这三句当在上文"本事不理"下。而亦可畏也："亦"字原为"不"字，据文义改。⑨传：指古代文籍。⑩这句意思是：没有用的辩说，不切需要的考察，应当抛弃不要。⑪瑳：同磋。切瑳：琢磨研究。日切瑳而不舍也：天天琢磨研究而不能有一刻的停止。

【译文】

大凡事物中已经出现的怪现象中，人为的怪现象是可怕的：耕作潦草会伤害庄稼，锄草潦草会减少收成，政治险恶会失去民心，田园荒芜庄稼就会枯萎，粮价昂贵农民就会饥荒而饿殍载道，这就叫做人为的奇怪现象；政令不明确，举措不适时，农业不能得到治理，这是人为的怪现象；礼义得不到修治，内外没有区别，男女淫乱，父子相互猜疑，上下离心离德，外患内乱并起，这些称之为人为引起的怪现象。怪现象产生于混乱之中。上述三种人为的怪现象交替出现，就不会有安定的国家。这个道理讲起来很简单，它造成的灾难是很惨的。如果役使百姓之力不适时，就会牛生马、马生牛，六畜发生怪异现象，这些怪现象的产生可以使人奇怪，也可以使人害怕。传说："各种事物中出现的怪现象，古代书籍中不讲。"没有实用主张，不是急需的探讨，可以放在那里不去理它。至于君臣的礼义，父子之间亲爱，夫妇之间的差别，就要天天讨论研究而不能舍弃。

雩而雨，何也①？曰：无何也，犹不雩而雨也②。日月食而救之，天旱而雩，卜筮然后决大事，非以为得求也，以文之也③。故君子以为文，而百姓以为神。以为文则吉，以为神则凶也。

【注释】

①雩（yú）：古代求雨的祭祀。雨：下雨。②犹：如同。这句意思是：回答说，这没有什么，如同不祭神求雨而下雨是一样的。③食：同蚀。救：古时人们发现日月蚀的现象后，就敲盘打鼓呼救。卜：古时用龟甲兽骨占吉凶叫卜。筮（shì）：古时用蓍草占吉凶叫筮。非以为得求也：不是因为能祈求到什么。以文之也：用来文饰政事。

【译文】

祭雨而下雨，这是怎么一回事呢？回答说：就像不求雨而下雨一样呀。日蚀月蚀发生以后而有人敲打叫喊拯救日月，天旱而祭雨，占卜请神然后决断大事，这些人并不认为能得到雨，而是用来掩视自己政治的得失。因此，君子把这种做法看作是文蚀政事，而百姓就认为是神。把这些做法看成文蚀就吉祥，把它当成神就有凶险。

在天者莫明于日月，在地者莫明于水火，在物者莫明于珠玉，在人者莫明于礼义①。故日月不高，则光晖不赫②；水火不积，则晖润不博③；珠玉不睹乎外，则王公不以为宝④；礼义不加于国家，则功名不白⑤。故人之命在天，国之命在礼⑥。君人者，隆礼尊贤而王，重法爱民而霸，好利多诈而危，权谋倾覆幽险而尽亡矣⑦。

【注释】

①在天者莫明于日月：在天上的没有比日月更明亮的了。②晖：同辉。赫：显赫。③积：聚积。晖：指火的光亮。润：指水的润泽。晖润不博：光泽不多。④睹：当作睹（dǔ），明亮，光彩显露。⑤白：显著。⑥这句意思是：所以人的命运在于如何对待自然界，国家的命运在于是否实行礼义。⑦君人者：指君主。隆礼尊贤：尊尚礼义，敬重贤人。王：称王于天下。重法爱民：重视法制，爱护人民。霸：称霸于诸侯。好利多诈：贪图私利而狡诈。权谋：权术，阴谋。倾覆：反复无常，指搞颠覆活动。幽险：阴险。

【译文】

在天上的东西中没有比日月更明亮的，在地上的事物中没有比火更明亮的，在各种物体中没有比珠玉更有光彩，在人们的行为中没有比礼义再美好的了。因此，日月不在高处，它的光辉不会普照天下；水火不聚积在大地上，那么火光就不会照远，水就不会润泽更多的土地；珠玉的光泽不显露在外边，那么王公也不会认为它是珍宝；礼义不用来治理国家，那么它的功业和名声也不会显露出来。所以，人的命运在于如何对待自然，国家的命运在于如何对待礼义。治理天下人，只有崇尚礼义尊重贤人才能称王天下，注重法律爱护人民才能称霸天下，贪图利益多搞欺诈国家就危险，要弄权术阴谋颠覆狡诈险恶国家就会覆灭啊。

大天而思之，孰与物畜而制之①！从天而颂之，孰与制天命而用之②！望时而待之，孰与应时而使之③！因物而多之，孰与骋能而化之④！思物而物之，孰与理物而勿失之也⑤！愿于物之所以生，孰与有物之所以成⑥！故错人而思天，则失万物之情⑦。

【注释】

①大：推崇。思：思慕。孰与：如何、那里比得上。物畜：把天当作物来畜养。制：控制。②从：顺从。颂：赞美。制天命而用之：掌握自然的变化次序而利用它。③望时：盼望天时。待之：等待天的恩赐。应时而使之：顺应季节的变化而使天时为人们服务。④因：听任。骋能：施展人的才能。⑤思物而物之：想着让万物为自己使用。理物而勿失之：治理万物而使万物都能得到充分合理地利用。⑥愿：仰慕。物之所以生：万物是怎样产生的。有：通右，帮助，促进。⑦错：通措，置，放弃。错人而思天：放弃人的努力而指望天的恩赐。失：丢掉。万物之情：万物的实情，意思是说，自然界是没有意志的，它不会恩赐给人什么东西。

【译文】

把天当成天神而倾慕它，那能比得上把物产蓄积起来而利用它呢！屈从于天而赞扬它，那能比得上掌握自然规律而利用它呢！盼望天时而等待他的恩赐，那能比得上顺应天时而利用它呢！听任物质资源的自然增长，那能比得上发挥人的才能去改造它发展它呢！思得万物而为自己之物，那能比得上调理万物而不浪费它呢！希望了解万物生长的原因那能比得上懂得万物生长的原因而帮助万物更好地生长呢！所以放弃人的主观努力而指望天的恩赐，那就失掉了万物的本性。

百王之无变，足以为道贯①。一废一起，应之以贯②。理贯，不乱；不知贯，不知应变③。贯之大体未尝亡也，乱生其差，治尽其详④。故道之所善，中则可从，畸则不可为，匿则大惑⑤。水行者表深，表不明则陷⑥；治民者表道，表不明则乱⑦。礼者，表也⑧。非礼，昏世也；昏世，大乱也⑨。故道无不明，外内异表，隐显有常，民陷乃去⑩。

【注释】

①百王：指历代的帝王。道贯：一贯的原则。②一废一起：指朝代的兴衰。贯：这里指“道贯”。③理贯，不乱：整理出一贯的原则来，社会就可以不至昏乱。不知贯，不知应变：不懂得一贯的原则，就不知道如何去适应事物的变化。④大体：指主要内容。其差：运用道发生差错。其详：运用道周密详尽。⑤道之所善：按道的标准衡量认为是正确的东西。中（zhòng）：指同道相符合。畸（jī）：指跟道偏离。匿：

通慝（tè），差错。⑥水行者：指涉水的人。表：标志，标准。⑦这句意思是：统治人民的君主，要以道做为标准，如果这个标准不清楚，国家就要混乱。⑧礼者，表也：礼就是治国的标准。⑨非礼：违背礼。昏世：昏暗的时代。⑩道无不明：道必须各方面都规定得明确。外内：外指外事，内指内政，《商君书·外内》说："民之外事，莫难于战"，"民之内事，莫苦于农。"外内异表：对外事内政的处理有不同的标准。隐显：看不见的与看得见的。有常：有一定的常规。民陷乃去：人们的灾难就可以避免。

【译文】

历代帝王不变的法则，完全可以奉为一贯的原则。朝代的废兴，都要用这个一贯的原则去适应它。懂得礼义这个一贯的原则，社会就不会混乱；不懂得礼义这个一贯的原则，就不懂得顺应事物的各种变化。礼义这个根本原则不曾消亡呀，社会混乱是产生于礼义这个一贯的原则出了偏差，社会得到治理是由于礼义这个一贯原则的完备。因此，道之所以是美好的东西，只要符合礼义之道就可以照办，背离礼义之道就不可以去做，违反礼义之道就会使人陷入迷惑。涉水的人要凭水的标志标明水的深浅，水深浅的标志不明确就会被水淹死；治理人民的人要彰扬礼义之道，礼义之道不彰杨不明白社会就会混乱。礼义，是治理人民的标准。否定礼义，社会就会昏暗；社会昏暗，就会使天下大乱。所以，礼义之道不能不明确，外事内政有不同的标准，暗的明的有一定的常规，人民才会免去溺死的灾难。

万物为道一偏，一物为万物一偏①。愚者为一物一偏，而自以为知道，无知也②。慎子有见于后，无见于先③；老子有见于诎，无见于信④；墨子有见于齐，无见于畸⑤；宋子有见于少，无见于多⑥。有后而无先，则群众无门⑦；有诎而无信，则贵贱不分⑧；有齐而无畸，则政令不施⑨；有少而无多，则群众不化⑩。《书》曰："无有作好，遵王之道。无有作恶，遵王之路⑪。"此之谓也。

【注释】

①万物：指各种具体的事物。一偏：一部分，一方面。②愚者：愚昧的人。③慎子：即慎到，战国中期法家。后：指被动地跟在事物的后面，即荀况在《非十二子》中批评慎到"上则取听于上，下则取从于俗"的意思。先：指根据事物的变化而有所倡导。慎到主张法治，但他认为人们只要跟在法后面，"若无知之物"，"推而后行，曳而后往"，"动静不离于理"就行了，（见《庄子·天下篇》）反对运用智慧，任用贤人而有所建树、有所倡导，这是有片面性的。因此，荀况在《非十二子》中批评他"尚法而无法"，在《解蔽》中批评他"蔽于法而不知贤"，而在本文中又批评他"有见于后，无见于先"。④老子：即老聃，道家代表人物，相传是春秋时楚国人。诎：同屈，委曲求全。信：同伸，有所作为。⑤墨子：即墨翟（dí），墨家的创始人。畸：不齐。荀况从巩固封建统治秩序的要求出发，认为只有"不齐"，即明确等级，才能达到封建社会的"齐"。所以他说："使有贫富贵贱之等，足以相兼临者，是养天下之本也。"（见《王制》）然而墨子却主张"兼爱"、取消差等。这是不符合当时地主阶级巩固封建等级统治要求的。⑥宋子：即宋钘（xíng），战国时宋国人。参见《附录二》。少：指欲望少。多：指欲望多。宋钘认为人的欲望是少的，很容易满足，只要有"五升之饭足矣"。⑦群众无门：群众就没有前进的方向。荀况认为，如果人人都推一推才动一动，而没有人带头引导，那么广大群众也就会失去前进的方向了。⑧贵贱不分：贵者和贱者无法区分。荀况认为，按着老子"有诎而无信"的思想去做，人人都委曲求全，贵者也不去积极进取，那么贵者和贱者就无法区分了。⑨政令不施：政令无法推行。荀况在《王制》中说："众齐则不使"。所以他认为像墨子那样只讲平等，否认等级差别，那么政令就无法推行了。⑩群众不化：人们得不到教化。⑪

《书》：《书经》。无有：不要。作好（hào）：有所偏好。作恶（wù）：有所偏恶。

【译文】

各种事物是道的一个部分，一种事物是万物的一个部分。愚蠢的人只知道一种事物的一个侧面，他还自以为了解了道，这是无知。慎到先生只看到事物完成之后的现象，看不到事物开始之前是什么样子；老聃先生仅知道委屈的一面，没有看到伸张的一面；墨翟先生只发现事物相同的一面，而不知道事物不同的一面；宋钘先生只主张人寡欲，而不主张人多欲。有后而无先，那么群众就没前进的方向；有穷窘而没有发达，就没有贵贱之分；有同而没有差别，就无法推行政令；只有寡欲而没有更多的欲望，那么群众就不会想到变化。《尚书》上说："不要光讲个人的爱好，而要遵循先王之道，不要光讲个人的爱憎，而要走圣王指引的道路。"讲的就是这个道理。

第八卷

礼论第十九

礼起于何也？曰：人生而有欲，欲而不得，则不能无求，求而无度量分界，则不能不争①。争则乱，乱则穷②。先王恶其乱也，故制礼义以分之，以养人之欲，给人之求③。使欲必不穷乎物，物必不屈于欲，两者相持而长，是礼之所起也④。

【注释】

①欲：指人的要求和欲望。无度量分界：指没有一定的限度和界限。②穷：困穷，指毫无办法。③先王：古代的帝王，荀况理想中符合封建政治、道德要求的君主。礼义：封建等级制度和道德规范等。分：区分，指划分等级。养：调养，养育。④屈（jué）：竭尽。持：扶持，制约。长：久远。

【译文】

礼起源于什么呢？回答说：人生下来就有欲望，欲望如果得不到满足，就不能不寻求满足，追求倘若没有限度和止境，就不能不发生争斗。人与人之间发生争斗，社会就发生混乱，社会混乱就会使人们穷困。古代先王厌恶这种混乱的社会局面，所以制定礼义区分人的等级名分，用礼义调节人们的欲望，满足人们的需求。使人们的欲望得到满足的时候，也一定不要使财物缺乏，一定不要为满足人们的欲望把财物耗尽，财物，人的欲望二者相互配合才能使社会长治久安，这就是礼义的起源。

故礼者，养也①。刍豢稻粱，五味调香，所以养口也②；椒兰芬苾，所以养鼻也③；雕琢刻镂黼黻文章，所以养目也④；钟鼓管磬琴瑟竽笙，所以养耳也⑤；疏房檖貌越席床第几筵，所以养体也⑥。故礼者，养也。

【注释】

①这句意思是："礼"就是"养人之欲，给人之求"。②刍豢：牛羊猪犬等，泛指肉类食物。香：当作盉，通和。调香：调和。③椒兰：两种香草。芬苾（bì）：芳香。④雕琢刻镂：泛指各种刻有花纹的铜玉等器具。黼黻（fǔ fú）文章：泛指各种绣着华丽花纹的服装。⑤磬（qìng）：用玉或石做的一种打击乐器。⑥疏：通，指敞亮。檖（suì）：深远。貌：同貌，指庙，古时也把宫室称作庙。疏房檖貌：敞亮的房子，宽大庄严的宫室。越席：蒲席。第（zǐ）：竹编的床席。几筵：古时人席地而坐，倚靠的叫几，垫席叫筵。

【译文】

因此，礼就是按不同等级满足人们的需求。猪牛羊肉稻粮食品，酸咸苦辣甜各种调料，是用来满足人们口味需求的；椒树兰草的芬芳馨香，是用来满足人们鼻嗅需求的；雕琢刻镂的花纹彩饰，是用来满足人们眼睛观看需求的；钟鼓管磬琴瑟竽声等各种乐器，是用来满足人们耳闻需求的；豁亮的房舍深广的宫室舒适的床席椅垫，是用来满足人们身体休息需要的。所说礼就是按不同等级满足人们的需求。

君子既得其养，又好其别①。曷谓别？曰：贵贱有等，长幼有差，贫富轻重皆有称者也②。故天子大路越席，所以养体也③；侧载睪芷，所以养鼻也④；前有错衡，所以养目也⑤；和鸾之声，步中武、象，趋中韶、护，所以养耳也⑥；龙旗九斿，所以养信也⑦；寝兕、持虎、蛟韅、丝末、弥龙，所以养威也⑧；故大路之马必信至教顺然后乘之，所以养安也⑨。孰知夫出死要节之所以养生也⑩！孰知夫出费用之所以养财也⑪！孰知夫恭敬辞让之所以养安也⑫！孰知夫礼义文理之所以养情也⑬！故人苟生之为见，若者必死⑭；苟利之为见，若者必害；苟怠惰偷懦之为安，若者必危⑮；苟情说之为乐，若者必灭⑯。故人一之于礼义，则两得之矣；一之于情性，则两丧之矣⑰。故儒者将使人两得之者也，墨者将使人两丧之者也，是儒墨之分也⑱。

【注释】

①别：区别，即下文讲的贵贱、贫富等等级区别。②曷：何。等：等级。差：差别。轻重：卑尊。称：相称，合宜。③大路：即大辂，古代君主坐的车。④侧：两旁。载：放置。睪芷（yì zhǐ）：香草。侧载睪芷：车两旁放置香草。⑤错：涂金，即镀金。衡：车前的横木。错衡：指涂金的横木。⑥和鸾（luán）：车铃。步：指车慢行。中：符合。武：武王乐。象：武王舞。趋：指车快行。韶：舜乐。护：汤乐。⑦斿（yóu）：旗上的飘带。信：通伸，又通神，指神气。⑧寝兕（sì）：卧着的犀牛。持：通跱。持虎：蹲着的虎。寝兕、持虎都是画在君主车轮上的图案。韅（xiǎn）：马肚带。蛟韅：蛟鱼皮作的马肚带。末：通幦（mì），车帘。丝末：丝织的车帘。弥：车耳，车两旁人倚靠的地方。弥龙：车耳上画上龙。⑨信至：马训练得十分熟练。原为“倍至”，据《史记》引文改。教顺：马训练得十分驯服。⑩孰：谁。要：求。出死要节：舍生而求名节。⑪出费用：不怕用钱。⑫养安：达到安定，没有争乱。⑬礼义文理：指礼义的各种规范和仪式。情：情感。⑭这句意思是：所以人如果只是偷生，这样的人就一定会死。⑮怠惰偷懦：松懈懒惰，是上文“恭敬辞让”的反面。⑯说：同悦。灭：灭亡，指丧失礼义道德品质。⑰一之于礼义：用地主阶级的等级道德规范来统率自己的言行。两：指礼义和性情。⑱儒者：指荀况理想中的地主阶级政治家、思想家。墨者：指由战国初墨翟创立的墨家学派，他们注重实际功用，主张“节葬”、“非乐”，反对繁琐的礼乐仪式。荀况在《解蔽》篇中批评墨家是“蔽于用而不知文”。

【译文】

君子既需要各种供给，又崇尚等级差别。什么叫做等级差别？回答说：贵贱有不同的等级，长幼有年龄的差别，贫穷富裕地位高低都有相应的供给。什么天子乘坐豪华的大轿车还踩着柔软的蒲席，这是用以养身的需要；车厢旁边装饰各种香草，是用以满足鼻嗅的需要；车前有涂金彩绘的横木，是用以养目的需要；车铃的声音与缓缓而起的《武》乐、《象》乐节奏调谐，与急行时的《韶》乐、《护》乐节奏调谐，是用以满足听闻的需要；天子龙旗上的九根飘带，是用以保持天子的精神；车上犀牛伏卧，猛虎蹲踞的图案，马肚上系的蛟鱼皮带，丝织的车帘，椅子靠背上雕的龙，是用以保持天子的威势；因此，天子大车上套的马必须驯养温顺然

后才可以驾车，这是为了保养天子的安逸。谁知道舍生忘死追求名节正是用以养生的需要呢！谁知支出花费正是为了达到得到更多钱财的需要呢！谁知恭敬辞让正是用以追求生活安定的需要呢！谁知礼义的条文规定正是用以培养人的性情的需要呢！所以人只知道苟且偷生的活着，这样的人一定会死亡；人只知道追求利益而生活，这样的人必然遭受祸害；人只知道贪图一时懒惰松懈无所事事地活着，这样的人必然危险；人只想求得情感上一时的快乐，这样的人必然毁灭自己。所以人在礼义上达到完美，那么礼义和情欲两方面就能协调一致；如果只追求性情上的满足，那么礼义与情欲两个方面都会丧失。所以儒家的主张是要使人们礼义和情欲两方面都能得到，墨家的主张是使人们礼义和情欲两方面都丧失，这是儒、墨两家的区别。

礼有三本：天地者，生之本也；先祖者，类之本也；君师者，治之本也①。无天地，恶生？无先祖，恶出？无君师，恶治②？三者偏亡，焉无安人③。故礼，上事天，下事地，尊先祖而隆君师，是礼之三本也④。

【注释】

①本：根本，本源。天地者，生之本也：天地是生存的根本。类：种族、氏族。②恶（wū）：何，怎么。③偏亡：缺一方面。焉：则。④事：指祭祀。隆：推重。

【译文】

礼义有三个根本原则：天地是生存的根本；前代祖先是家族的根本；君主老师是治国的根本。没有天地人何以生存？没有祖先人从那里出生？没有君主老师国家何以治理？这三个根本原则偏废或者缺失，就无法使人们安宁。因此礼义，要求人们对上事奉天，对下事奉地，尊重先祖而崇敬君主与老师，这是礼义的三个根本原则。

故王者天太祖，诸侯不敢坏，大夫士有常宗，所以别贵始①。贵始，得之本也②。郊止乎天子，而社止于诸侯，道及士大夫，所以别尊者事尊，卑者事卑，宜大者巨，宜小者小也③。故有天下者事七世，有一国者事五世，有五乘之地者事三世，有三乘之地者事二世，持手而食者，不得立宗庙，所以别积厚者流泽广，积薄者流泽狭也④。

【注释】

①太祖：一个朝代的开创皇帝。天太祖：以太祖配天，即和天同祭。不敢坏；不敢毁坏始祖的庙。宗：祖宗。常宗：指一个祖先下来的宗族系统。一说，专指由嫡长子传下来的大宗。别贵始：重视各自宗族的始祖②得：同德。③郊：祭天。社：祭地。道：通禫（tǎn），除丧服的祭。④七：原作十。事七世：事奉七代祖先，即可以立七代祖先的神庙。有一国者：指诸侯。乘（shèng）：一辆车。五乘之地：五十里封地，古代十里为成，每成出兵车一辆，五乘指大夫一级。三乘之地：三十里封地，指士一级。持手而食者：指劳动人民。积：同绩，功业。积厚：功业大。流泽：流传给人们的恩德。

【译文】

因此王者把开国的始祖与天同祭，诸侯不敢毁坏始祖的庙宇，大夫士都有自己代代相传的祖宗，用这些区别他们对各自家族始祖的尊重。尊重始祖，是道德的根本。只有天子才能郊祀祭天，诸侯以上的人才能社祭祭地，士大夫只能主持坛祭，该大的大，该小的小。因此，拥有天下的天子可以设立七代宗庙，拥有一个国家的诸侯可以设立五代宗庙，拥有五乘的大夫可以设立三代宗庙，拥有二乘之地的士人可设立两代宗庙，靠双手劳作吃饭的普通百姓，不能设立宗庙，这样做是用来区别功绩大的人传流于后世的恩泽也大，功绩小的人传流给后人的恩泽也少。

大飨，尚玄尊，俎生鱼，先大羹，贵食饮之本也①。飨，尚玄尊而用酒醴，先黍稷而饭稻粱；祭，齐大羹而饱庶羞，贵本而亲用也②。贵本之谓文，亲用之谓理，两者合而成文，以归大一，夫是之谓大隆③。故尊之尚玄酒也，俎之尚生鱼也，豆之先大羹也，一也④。利爵之不醮也，成事之俎不尝也，三臭之不食也，一也⑤。大昏之未发齐也，太庙之未入尸也，始卒之未小敛也，一也⑥。大路之素末也，郊之麻绝也，丧服之先散麻也，一也⑦。三年之丧，哭之不反也，清庙之歌，一唱而三叹也，县一钟，尚拊、膈，朱弦而通越也，一也⑧。

【注释】

①大飨（xiǎng）：在太庙中合祭历代祖先。尚：上，供上。玄尊：盛着清水的酒杯，这里是以清水作为酒的意思。俎：祭器。俎生鱼：俎上放置生鱼。先：先献。大羹：不加调味的肉汁。本：根本，指以上清水、生鱼，不加调味的肉汁等是各种饮食的根本。贵食饮之本：这是由于尊重饮食的根本。②飨：同享，指四季的祭祖。而用：然后再供上。酒醴：甜酒。黍稷：指五谷粮食。饭稻粱：指供上熟米饭。祭：每月的祭。齐：通跻，升，供上。饱庶羞：指供上各种美味的食品。贵本而亲用：即尊重饮食的根本，又要便于食用。③文：文饰，指礼的形式。理：常理。合而成文：指“贵本”、“亲用”结合起来，就成为完备的礼的制度。大：通太。大一：太古时代。以归大一：从而合乎太古时代的情况。大隆：最隆重。④豆：古时盛食品的器皿，也用作祭器。一也：指和太古时代是一样的。下同。⑤利：古代祭祀时用一个活人代表死者受祭，叫做“尸”，劝“尸”吃东西的人叫“利”。利爵：利献上的酒。醮（jiào）：喝净。利爵之不醮：代表死者受祭的人不把利献上的酒喝净。成事：祭祀完毕。俎不尝：不尝俎上的生鱼。臭：通侑（yòu），劝食。三臭之不食也：劝食的人三次劝受祭人吃，而自己不吃。以上三者是讲礼完毕时的情况。⑥大昏：大婚礼。齐：通醮，古代婚礼的一种仪式。大昏之未发齐：指举行大婚礼而还没有去迎亲的时候。太庙之未入尸：指祭祀太庙而“尸”还没有进入的时候。始卒之未小敛也：指人刚死而还没有换上寿衣的时候。以上三者是讲礼开始时的情况。⑦素末：即上文的“丝末”，丝织的车帘。绝：同冕。麻绝：麻布帽。散麻：腰间系上麻带。以上三者是讲礼的服饰等从质朴。⑧反：原为“文”，据文义和《史记》等改。不反：哭声直号。清庙：《诗经·周颂》篇名。一唱而三叹：一人先唱三人后和。县：同悬，挂。拊、膈：都是古代乐器。朱弦：指瑟。通越：在瑟底通孔，使瑟音低沉。以上三者是讲礼的仪式等从质朴。

【译文】

在太庙合祭历代祖先，供奉清水为酒，祭器中放活鱼，先献上不加调料的肉羹，这是为了显示尊重饮食之本。四季祭祖，先供上盛有清水的酒樽，再献上甜酒，先献上黍稷再供奉稻粱；月祭，先供不加调料的肉羹然后再上普通的食品；这是既尊重祭礼的根本又适宜于亲用。尊重食物的根本叫做符合礼义的形式，亲用叫做合乎礼义的常规，两方面都相符就成为完整的祭祀制度，也合乎太古时的礼仪，这就叫做崇高隆重的祭礼。因此，酒樽中供奉清水为酒，祭

器里放上活鱼，盆里盛上同肉羹，合乎太古的礼义。向尸献祭的人“利”，向代表受祭的死者“尸”敬酒，“尸”不能把酒喝光，祭祀事毕之后祭器里的鱼不能吃，“利”三次劝“尸”吃而自己不吃，这与太古时的礼仪相同。举行大婚礼还未出发迎亲的时候，先祭祀太庙，祭祀太庙“尸”还未进入太庙，人刚死还未穿上衣服，这礼节和太古时一样。天子大车上挂的白色车帘，郊祭时戴的粗麻布帽，穿丧服先要把系到腰间的麻带散开不系，这礼节和太古时一样。服丧三年期满时的祭礼，祭祀者哭声直号，唱一支《清庙》之歌，一人领三人和，挂一口钟，摆出拊、膈，使它发出沉浊深厚的声音；瑟底穿上小孔，使之发出低沉沙哑的声音，这种礼节和太古时期一样。

凡礼，始乎棁，成乎文，终乎悦校①。故至备，情文俱尽；其次，情文代胜；其下，复情以归大一也②。天地以合，日月以明，四时以序，星辰以行，江河以流，万物以昌；好恶以节，喜怒以当，以为下则顺，以为上则明，万变不乱。贰之则丧也③。礼岂不至矣哉！立隆以为极，而天下莫之能损益也④。本末相顺，终始相应，至文以有别，至察以有说⑤。天下从之者治，不从者乱，从之者安，不从者危，从之者存，不从者亡。小人不能测也⑥。

【注释】

①棁：据《史记》当作“脱”，简略。校：当作恔（xiào），快意，称心。悦校：满意。②至备：指礼达到最完备的程度。情：感情。文：礼的仪式。情文代胜：或者情胜过文，或者文胜过情，指不能把情和文两个方面很好地协调统一起来。复：返回。③合：和谐、调和。明：明亮。昌：昌盛。节：节制，适当。当：得当。以为下则顺，以为上则明：意思是，用礼来约束老百姓，老百姓就顺从，用礼来规范君主，君主就英明。万变不乱：指以礼为标准，经历万变也不会混乱，原为“万物变而不乱”，据文义和《礼记》改。贰：违背。丧：失。以上，荀况是说明礼的重大作用，以论证封建制的合理性。但是，他把自然界的运行变化归结为是礼的作用，这是错误的。④立隆以为极：建立完备的礼制作为一切事物和言行的最高准则。损益：减少或增加，指更改。⑤本末：指礼的根本原则，和礼在各方面的具体规定。相顺：有一定次序。终始相应：指上文所讲礼的终和始的情况是互相呼应的。至文：指礼义制度十分完备。至察：极其细密。至文以有别，至察以有说：意思是，礼义制度十分完备，而有明确的贵贱等级区别，礼义制度又是极其细密而有严格的是非标准。⑥测：测量，引申为深刻了解。

【译文】

大凡礼，开始的时候简略，逐渐发展成文，最终发展到完善的程度。所以，礼义达到最完备的时候，就能使情欲与礼义两者充分体现出来；其次是情欲和礼义有时你胜过我，有时我胜过你；再其次，使人的本性恢复到合乎太古时候的情况。天地因此达到和谐，日月因此更加明亮，四时因此更有秩序，星辰因此能正常运行，江河因此得以畅流，万物因此而昌盛；人的好恶因此得到节制，人的喜怒因此而适当，用礼义约束百姓，百姓顺从，用礼义要求君主，君主英明，世间万事万物有了礼义就不会混乱。违背了礼义就会丧失一切。礼义难道不是最高的准则吗！确定最崇高的礼义原则，天下的人没有谁能够减少或增加它的内容。礼义的原则与具体内容彼此调理，终始互相照应，按照最高的礼义原则区分贵贱的等级差别，礼义制度细密周到顺情合理。天下的人服从礼义就会得到治理，不服从礼义制度就混乱，遵从礼义的社会就安定，不遵从礼义的社会就危险，遵从礼义国家就能保存，不遵从礼义的国家就要灭亡。小人不可能认识礼义的深刻含义。

礼之理诚深矣，“坚白”“同异”之察入焉而溺；其理诚大矣，擅作典制辟陋之说入焉而丧；其理诚高矣，暴慢恣睢轻俗以为高之属入焉而队[①]。故绳墨诚陈矣，则不可欺以曲直；衡诚县矣，则不可欺以轻重；规矩诚设矣，则不可欺以方圆；君子不可欺以诈伪[②]。故绳者，直之至；衡者，平之至；规矩者，方圆之至；礼者，人道之极也[③]。然而不法礼，不足礼，谓之无方之民；法礼，足礼，谓之有方之士[④]。礼之中焉能思索，谓之能虑；礼之中焉能勿易，谓之能固[⑤]。能虑，能固，加好之者焉，斯圣人矣[⑥]。故天者，高之极也；地者，下之极也；无穷者，广之极也；圣人者，道之极也。故学者，固学为圣人也，非特学为无方之民也[⑦]。

【注释】

①诚：真正，实在。坚白：即“离坚白”，名家公孙龙辩论的命题之一。同异：即“合同异”，名家惠施辩论的命题之一。这是泛指那些繁琐难懂的辩说。溺：淹没，这里指站不住脚。擅作典制：擅自编造典章制度。辟陋之说：指那些奇谈怪论。暴慢恣睢轻俗以为高：指那些胡作非为，放荡不羁，看不起一般风俗而盲目自大的人。队：通坠，失败。②陈：陈列，放置。故绳墨诚陈矣，则不可欺以曲直：所以真正把绳墨这些标准放在那里，就不能混淆曲直来欺骗人了。③直之至：直之中最直的。人道：指为人、治国的原则。极：最高、最根本。④法礼：遵照礼去做。足礼：重视礼。无方：无道，指不走正道而走邪道的意思。⑤勿易：不变。⑥加好之者：在礼上能达到最完善的地步的。⑦非特学：不是要学。

【译文】

礼的理论确实高深，公孙龙的“坚白”之论、惠施的“同异”之论，一碰上它就无话可说了；礼义的理论确实伟大啊，那些擅自编造的规章制度、怪僻浅薄的主张，一碰上它就丧失了生命力；礼的理论确实崇高啊，那些残暴蛮横、放荡恣睢、轻视礼而妄自尊大的人，一碰上它就无地自容了。因此，只要真的把木匠的墨线摆在那里，就无法以曲充直欺骗人了；真的把衡量轻重的标准秤挂在那里，就无法以轻充重欺骗人了；真的把量方圆的标准圆规曲尺放在那里，就无法以方充圆欺骗人了；君子明察礼，就不可能被奸诈虚伪的人欺骗。所以，墨线是衡量直的最高准则；秤是衡量轻重最公正的准则；圆规曲尺是衡量圆方的最高准则；礼是做人治国的最高准则。如果不遵守礼法，不重视礼法，就叫做不行正道的人；遵循礼法，重视礼法，称为身行正道的士人。按照礼的标准进行思考，称之为善于谋划；按照礼的标准处身做事就不会变来变去，这叫做立场坚定。善于谋划，立场坚定，进而达到美好的境界的人就可以成为圣人了。所以，天是最高的，地是最低的；无穷是最大的；圣人是道德的最高典范。所以，求学的人，本来就应该学习礼成为圣人，而不应该学习成为不走正道的人。

礼者，以财物为用，以贵贱为文，以多少为异，以隆杀为要[①]。文理繁，情用省，是礼之隆也。文理省，情用繁，是礼之杀也。文理情用相为内外表里，并行而杂，是礼之中流也[②]。故君子上致其隆，下尽其杀，而中处其中[③]。步骤驰骋厉骛不外是矣，是君子之坛宇宫廷也[④]。人有是，士君子也；外是，民也；于是其中焉，方皇周挟，

曲得其次序，是圣人也[5]。故厚者，礼之积也；大者，礼之广也；高者，礼之隆也；明者，礼之尽也[6]。《诗》曰："礼仪卒度，笑语卒获[7]。"此之谓也。

【注释】

①多少：指衣物车马等多少不同，如下段所讲丧礼中"皆有衣衾多少厚薄之数"等。隆：丰厚，隆重。杀（shài）：减等，简省。要：纲要，恰当。②杂：通集，会合，兼用。③这句意思是：所以君子，对大礼要隆重，对小礼要简省，对中等的礼要适中。这就是说，要根据不同情况和对象采取相应的礼。④步骤：走。厉：疾飞。骛：奔跑。步骤驰骋厉骛：表示三种不同速度，这里比喻礼好像是君子的宫廷，君子一切行动都不应超出礼的范围。⑤有：通域，居住。是：此，指礼的范围。人有是：人在礼的范围内活动。外是：不在礼的范围内活动。方皇：同仿徨。挟：通浃。周挟：周遍。方皇周挟：指随意活动的意思。曲：全部。⑥厚、大、高、明：四者都是形容圣人、君子的品德。⑦卒：尽，完全。获：得当。

【译文】

礼是把财物当作费用，把等级差别作为规范，把多少当作差别，以丰盛和简约为关键。礼节仪式繁多，情感欲望简少，这样的礼仪最隆重。礼节仪式简省，情感欲望很多，这样的礼仪最降格。礼节仪式和情感欲望内外相互配合，并行而不勃，这样的处理为适中。不论是步行疾走、驰骋飞跑，离不开礼，这是君子立身行事的规范。人立身行事有规范，就是士人君子；离开礼的行为规范，就成为一般的百姓；在这里边活动就能自由自在地走来走去，能使自己的行为都合乎礼法规范，就是圣人了。所以道德淳厚的人，是不断积累礼的结果；胸怀博大的君子，是所有地方都遵循礼法；品德高尚的人，是由于推崇礼的结果；英明的人，是完全尊奉礼的结果。《诗经》上讲："只要礼仪合法度，一笑一语都得体。"讲的就是这种人。

礼者，谨于治生死者也[1]。生，人之始也；死，人之终也；终始俱善，人道毕矣[2]。故君子敬始而慎终，终始如一，是君子之道，礼义之文也。夫厚其生而薄其死，是敬其有知而慢其无知也，是奸人之道而倍叛之心也[3]。君子以倍叛之心接臧谷，犹且羞之，而况以事其所隆亲乎[4]！故死之为道也，一而不可得再复也，臣之所以致重其君，子之所以致重其亲，于是尽矣[5]。故事生不忠厚、不敬文，谓之野；送死不忠厚、不敬文，谓之瘠[6]。君子贱野而羞瘠，故天子棺椁七重，诸侯五重，大夫三重，士再重，然后皆有衣衾多少厚薄之数，皆有翣菨文章之等，以敬饰之，使生死终始若一，一足以为人愿，是先王之道，忠臣教子之极也[7]。天子之丧动四海，属诸侯[8]。诸侯之丧动通国，属大夫[9]。大夫之丧动一国，属修士[10]。修士之丧动一乡，属朋友。庶人之丧，合族党，动州里[11]。刑余罪人之丧，不得合族党，独属妻子，棺椁三寸，衣衾三领，不得饰棺，不得昼行，以昏殣，凡缘而往埋之，反无哭泣之节，无衰麻之服，无亲疏月数之等，各反其平，各复其始，已葬埋，若无丧者而止，夫是之谓至辱[12]。

【注释】

①谨：谨慎，郑重。②终始俱善：对待生和死都按礼处理得十分妥善。③慢：怠慢。倍：同背。倍叛之心：指不能始终如一，背叛了自己在对待别人活着时的那种敬重的态度。④接：对待。臧：奴仆。谷：小孩。犹且：尚且。所隆：指君主。亲：父母。⑤这句意思是：死这件事，只有一次而不可能有二次，所

以臣下对于君主最敬重的感情，子女对于父母最敬重的感情，在如何对待君主和父母的死这一点上，体现得最完全了。⑥不敬文：不注重礼节。瘠：薄。⑦椁（guǒ）：套棺。七：原作十，据文义改。衣衾（qīn）：衣被。翣萋（shà jiè）：当作蒌翣，古代棺材上的一种装饰物。一足以为人愿：一切都适合人的愿望。⑧属：合，汇聚。下同。⑨通国：友好国家。⑩一国：指同朝的官吏。修士：上士，指士中地位比较高的那一部分人。⑪族党：同族。州里：乡里。⑫刑余罪人：指犯法而受到制裁的人。三领：三件。昏殣（jìn）：黄昏时埋葬。凡：平常。缘：因袭、照旧，这里指不更换服装。凡缘：死者的妻子穿戴和平常一样的衣服。无亲疏月数之等：指没有守丧的规定。各反其平，各复其始：指对刑余罪人埋葬后，他的亲属就回复到平时的、原来的那种状态，不应有丧痛的表示。

【译文】

礼，要谨慎地对待人的生死。生，是人生的开始；死，是人生的结束；善始善终，为人之道就充分了。所以君子重视生也谨慎地对待死，对待礼终始如一，这就是君子的道德标准——礼的规范程式。如果重视生而轻视死，这就等于对有知觉的人敬重而对无知觉的人慢待，是奸邪人的行事之道，而且是背叛了活人的人。君子用背叛的思想对待仆人和小孩，还觉得羞耻，更何况用欺骗的态度对待尊敬的父母呢！所以人死之路只能走一次不可能再走第二次，臣下之所以敬重他的君主，子女之所以敬重父母，在对待死者的态度上就完全体现出来了。因此，奉事活着的人不忠实厚道、不讲究礼貌，叫做粗野；办理丧事不忠实厚道、不讲究礼貌，叫做浅陋。君子卑视粗野而羞愧浅陋。所以，天子的棺椁用七层，诸侯的用五层，大夫的用三层，士用两层，然后穿的衣服、盖的被子多少厚薄都有一定的数量，棺椁上的雕饰花纹都按人的等级有所区别，用这些装饰表示对死者的敬重，使人生死终始一个样，全部合乎人的愿望，这是古代帝王的处事之道，也是忠臣孝子的最高准则。天子的丧事牵动天下，各国诸侯都得来参加葬礼。诸侯的丧事牵动有交往的国家，大夫们都得来参加丧礼。大夫的丧礼牵动一个国家，各界名士都来参加丧礼。名士的丧事牵动整个乡里，生前友好都来参加丧礼。普通百姓的丧事，牵动本地的人，全家族的人都来参加葬礼。受过刑罚的罪人的丧事，不准许本家族的人参加，只能由妻子儿子亲办，棺椁只能三寸厚，衣服只能穿三件，不准装饰棺木，不准白天安葬，只能黄昏掩埋，死者的亲属和平时一样不穿孝服，返回时没有哭泣的礼节，没有按亲疏不同月月葬祭的礼数，各自都像平时一样，各自都恢复原来的情形，已经埋葬，就如同没有丧事一样，如此而已，这就叫做最大的耻辱。

礼者，谨于吉凶不相厌者也①。纴纩听息之时，则夫忠臣孝子亦知其闵已，然而殡殓之具，未有求也；垂涕恐惧，然而幸生之心未已，持生之事未辍也；卒矣，然后作具之②。故虽备家，必踰日然后能殡，三日而成服③。然后告远者出矣，备物者作矣④。故殡久不过七十日，速不损五十日。是何也？曰：远者可以至矣，百求可以得矣，百事可以成矣，其忠至矣，其节太矣，其文备矣⑤。然后月朝卜日，月夕卜宅，然后葬也⑥。当是时也，其义止，谁得行之！其义行，谁得止之⑦！故三月之葬，其貇以生设饰死者也，殆非直留死者以安生也，是致隆思慕之义也⑧。

【注释】

①相厌：相掩，互相混淆。②纴：当作注。纩（kuàng）：新棉絮。纩听息：把新棉絮放在快死者的鼻

前，观察病者的气息，试其是否断气。闵：病危。未有求也：还不能准备。持生之事：持奉活着的人的事。辍（chuò）：停止。作具之：准备殡殓的物品。③备家：指殡殓物品有准备的人家。踰：越。踰日：指隔几日。成服：穿丧服。④这句意思是：然后去外地报丧的人出发了，准备治丧物品的人开始去办理了。⑤节：指子女对父母的孝节。文：指器用和仪式都很完备。⑥月朝：当作日朝，早上。卜日：卜卦选择葬期。月夕：当作日夕，晚上。卜宅：选择葬地。一说，当作“月朝卜宅，月夕卜日”，意思是，上句选择葬地，下句选择葬日。⑦义：这里指按照礼的规定去办理丧事的原则。⑧額：同貌，象，效法。殆非：并不是。

【译文】

礼，要谨慎地对待吉凶使它们不相侵扰。当人垂危时可以用新棉絮放在他的鼻子前面听听是否断气，那么忠臣孝子也就知道他已经病危了，然而灵柩装殓的物品还未曾准备；落泪流涕惊慌恐惧，然而忠臣孝子希望君主亲人活过来的心情依然存在，奉事他活着的一切事情不能停止；真死了，然后才能为他备办殡殓之物，三天穿衣服。然后去远地报丧的人出发，治办丧葬的物品才可以开始行动。入棺装椁迟不得超过七十天，慢不得少于五十天。这是为什么呢？回答说：因为这样长的时间远道奔丧的人可以赶到，需要的各种物品可以备齐，各种事务可以完成，他们对死者的忠心也尽到了，对死者的礼节也够盛大了，各种礼仪程式也齐备了。然后在月初占卜选择安葬的日期，月末占卜选择安葬的茔地，准备停当以后就可以安葬了。到了这个时候，各种礼义程序已经完成，谁还能要求多余的事呢！按这种礼仪办事，谁还能违背礼仪行事呢！三月以后再埋葬，三个月里仿效生前的陈设奉事死者，这不只是留恋死者而是用来安慰活着的人，这是为了表达尊崇景仰死者。

丧礼之凡[①]：变而饰，动而远，久而平[②]。故死之为道也，不饰则恶，恶则不哀，尒则玩，玩则厌，厌则忘，忘则不敬[③]。一朝而丧其严亲，而所以送葬之者不哀不敬，则嫌于禽兽矣，君子耻之[④]。故变而饰，所以灭恶也；动而远，所以遂敬也；久而平，所以优生也[⑤]。

【注释】

①凡：总括，概要。②这句意思是：尸体逐渐变形，因此要整饰，从殓到殡葬，死者放的地方越移越远，时间长了哀痛的心情逐渐减轻而平复。③恶：丑恶，这里指尸体变形，很难看的样子。一说，指丧礼不象样。尒：同迩，近。玩：轻视。厌：讨厌，厌弃。忘：当作怠，怠慢，下同。④严亲：指君主和父母。嫌：疑似。嫌于：近于。⑤遂：达到。优生：对活着的人有好处。

【译文】

丧礼的注意事项：防止尸体变形而注意整容，从入殓到安葬逐渐远离，日子长了从而使哀痛逐渐平复。所以处理死者的办法，不整容就难看，死人难看活着的人就不会哀伤，离死者近的就会轻视，轻视就会产生厌烦情绪，厌烦就会淡漠，淡漠就不敬重。有朝一日而死了君主和父母，送葬的人不悲哀不敬重，那就如同禽兽一样，君子把这种态度视为耻辱。所以，为防止尸体变形，是为了消除死者难看的容貌；从入殓到安葬迁动死者的时候渐渐远离，是表示遂顺和敬重；日子长了就渐渐恢复平静，是用来使活着的人更好的活下去。

礼者，断长续短，损有余，益不足，达爱敬之文，而滋成行义之美者也①。故文饰、粗恶、声乐、哭泣、恬愉、忧戚，是反也，然而礼兼而用之，时举而代御②。故文饰、声乐、恬愉，所以持平奉吉也；粗恶，哭泣，忧戚，所以持险奉凶也③。故其立文饰也，不至于窕冶；其立粗恶也，不至于瘠弃，其立声乐恬愉也，不至于流淫惰慢；其立哭泣哀戚也，不至于隘慑伤生，是礼之中流也④。故情貌之变，足以别吉凶，明贵贱亲疏之节，期止矣；外是，奸也；虽难，君子贱之⑤。故量食而食之，量要而带之⑥。相高以毁瘠，是奸人之道也，非礼义之文也，非孝子之情也，将以有为者也⑦。故说豫娩泽，忧戚萃恶，是吉凶忧愉之情发于颜色者也⑧。歌谣謸笑，哭泣谛号，是吉凶忧愉之情发于声音者也⑨。刍豢稻粱酒醴餰鬻，鱼肉菽藿酒浆，是吉凶忧愉之情发于食饮者也⑩。卑绝、黼黻、文织，资粗、衰绖、菲繐、菅屦，是吉凶忧愉之情发于衣服者也⑪。疏房檖貌越席床笫几筵，属茨倚庐，席薪枕块，是吉凶忧愉之情发于居处者也⑫。两情者，人生固有端焉⑬。若夫断之断之，博之浅之，益之损之，类之尽之，盛之美之，使本末终始莫不顺比，足以为万世则，则是礼也⑭。非顺孰修为之君子，莫之能知也⑮。

【注释】

①滋成：养成。行义：按照礼规定的原则去做。②粗恶：粗劣，这里指礼的仪式简略。恬愉：安详愉快。反：相反。时举而代御：随时变换使用。③持：对待。奉：伺候。持平奉吉：对待平安吉庆的事。粗恶：这里原为粗衰，据上文粗恶文义改。下同。④立：设置，运用。窕冶：妖艳。瘠弃：刻薄。流淫惰慢：放荡懈怠。隘慑（shè）：过分悲伤。伤生：伤害身体。⑤期：当作斯，此。外是：不是这样。奸：奸邪。虽难：虽然很难。贱：轻视。⑥要：同腰。量要而带之：根据腰的粗细扎带子。⑦相高以毁瘠：指用毁伤自己身体来追求更高的名利。⑧说：同悦。豫：快乐。娩（wǎn）：明媚。娩泽：面色润泽。萃：同悴（cuì），面色憔悴。⑨歌谣：唱歌。謸：同傲，开玩笑。谛：同啼。⑩餰：同饘（zhān），稠粥。鬻：同粥，稀粥。菽：豆类。藿：豆叶。酒浆：当作水浆。刍豢、稻粱、酒醴、鱼肉是办吉事的饮食；餰鬻、菽藿、水浆是办凶事的饮食。⑪卑绝：同裨冕，祭服。文织：有色彩花纹的丝织品。资粗：粗布。衰绖（cuī dié）：丧服。菲繐：薄而稀的布。菅（jiān）屦：用菅草编的鞋。⑫属茨：用草编成屋顶的房子。倚庐：守丧人住的简陋木头房。席薪：居丧时以柴草为垫席。枕块：居丧时以土块为枕。⑬两情者：指吉和凶，忧和愉的感情。人生固有端焉：指两情是人生固有的，不是出于礼。⑭类之：指和上面相似的东西以此类推。顺比：协调。宋台州本在"顺比"下有"纯备"二字。这句意思是：至于去长补短，使小的扩大，大的减少，益不足，损有余，同类事情，按惯例尽量办好，使它丰盛完美，使文理情感始终都很协调，完全可以成为万世不变的法则，这就是礼。⑮顺：通慎。孰：同熟。

【译文】

礼，是要截长补短，损有余而补不足，既表示爱慕尊敬的心意，也养成遵循礼的美好品德。所以丧仪的隆重和粗俗、乐音和哭声、安闲愉快忧伤悲戚，这些尽管是相反的东西，可是礼仪上都可以使用，彼此还可以交换。花纹装饰、演奏声音、安闲愉快的事物与情感，是用于平安吉祥的事情；简要粗略、哭哭啼啼、悲悲戚戚，是用来对待凶险的事情。因此举行的仪式阔气隆重，但不要妖冶；举行的仪式简略，但不能轻视放任；举行礼仪时乐音安详愉快，但不能下流淫乱懒惰放纵；礼仪上的哭泣哀戚要恸情，但是不能达到悲痛伤身的地步，这就是说举

行礼仪要适度。所以形貌的变化，足以区别吉凶，表明贵贱亲疏的差别，这就行了；一越出这个范围，就是奸邪之人的作法；即使他克服困难才做到这些，君子也鄙视他。因此，做事好比吃饭估计能吃多少就吃多少，估计腰有多粗就扎多长的腰带。在礼仪上想追求更高的名声而损伤自己，是奸邪之人的行为，不是礼仪应该有的程序，不是孝子的情感，这只不过是为了达到个人的追求罢了。所以，人喜悦而面有光彩，忧伤而面色憔悴，是吉与凶，悲与喜的情感在面色上的表现。歌唱嬉笑，哭泣啼号，是吉与凶、悲与乐的情感在声音上的表现。祭品中的牛羊猪犬，稻米高粱甜酒、酽粥稀粥，鱼肉菽藿浆水，是吉与凶、悲与乐的情感在饮食上的表现。祭服中各式各样花纹的丝织品，粗布、麻布丧服、草鞋，是吉与凶、悲与乐之情在衣着上的表现。敞亮宽大的房子摆上各式各样的桌椅，草庵木屋，草席土枕，是吉与凶、悲与乐之情在居处上的表现。吉与凶、悲与乐两种情感，是人生下来就有的。至于截长续短，小的变大，深的变浅，补益不足，减损有余，依据同类尽善尽美，丰盛美好，无论事情大小从始到终都顺利协调，完全可以作为世世代代的准则，这就是礼。不是谨慎细心按照礼法行事的君子，没有谁能够懂得这个道理的。

故曰：性者，本始材朴也；伪者，文理隆盛也①。无性则伪之无所加，无伪则性不能自美②。性伪合，然后成圣人之名，一天下之功于是就也③。故曰：天地合而万物生，阴阳接而变化起，性伪合而天下治。天能生物，不能辨物也；地能载人，不能治人也；宇中万物、生人之属，待圣人然后分也④。《诗》曰："怀柔百神，及河乔岳⑤。"此之谓也。

【注释】

①材朴：自然的材质。伪：人为。文理：礼法的条理。②无所加：没法进行加工、改造。③性伪合：本性和人为相合。成：成全，此字原脱，据宋本补。一：统一。就：完成。④辨：治理。载：生养。宇中：天地之间，世界上。属：类。分：名分。⑤乔岳：高山。

【译文】

因此说：人的本性是天生的自然材质；后天的行为是使礼法条贯日臻完美。没有天生的材质后天的礼法条贯就无处附加，没有后天礼法的修养自身的本性就不完美。人先天的本性与后天的修养相结合，才可以成就圣人之名，因此一统天下的功业就完成了。因此说：天地结合就产生了万物，阴阳二气交流就产生了事物的千变万化，先天本性与礼义修养结合天下就得到治理。天能生长万物，不能治理万物；地能养育人，不能治理人；宇宙中的万物、生活的人类，有待于圣人的治理然后才能等级分明。《诗经》上说："安抚百神来祭祀，高山大河都显灵。"讲的就是这个道理。

丧礼者，以生者饰死者也，大象其生以送其死也①。故事死如生，事亡如存，终始一也②。始卒，沐浴体饭唅，象生执也③。不沐则濡栉三律而止，不浴则濡巾三式而止④。充耳而设瑱，饭以生稻，唅以槁贝，反生术也⑤。设亵衣，袭三称，缙绅而无钩带矣⑥。设掩面儇目，鬠而不冠笄矣⑦。书其名，置于其重，则名不见而柩独明矣⑧。荐器则冠有鍪而毋縰，瓮庑虚而不实，有簟席而无床第，木器不成斲，陶器不成物，薄器不成用，笙竽具而不和，琴瑟张而不均，舆藏而马反，告不用也[9]。具生器以适墓，象徙道也[10]。略而不尽，貌而不功，趋舆而藏之，金革辔靷而不入，明不用也[11]。象徙道，又明不用也，是皆所以重哀也。故生器文而不功，明器貌而不用[12]。凡礼，事生，饰欢也；送死，饰哀也；祭祀，饰敬也；师旅，饰威也，是百王之所同，古今之所一也，未有知其所由来者也[13]。故圹垄，其貌象室屋也；棺椁，其貌象版盖斯拂也[14]；无帾丝歶缕翣，其貌以象菲帷帱尉也[15]；抗折，其貌以象槾茨番阏也[16]。故丧礼者，无它焉，明死生之义，送以哀敬而终周藏也[17]。故葬埋，敬藏其形也；祭祀，敬事其神也；其铭诔系世，敬传其名也[18]。事生，饰始也；送死，饰终也。终始具而孝子之事毕，圣人之道备矣。

【注释】

①饰：装饰。大象：大致效法。②事死如生，事亡如存：原为“如死如生，如亡如存”，据上下文义和本篇末“事死如事生，事亡如事存”文义改。终始一也：指对生死存亡都按礼的规定一样对待。③始卒：刚死时。沐（mù）：洗头。浴：洗澡。鬠（kuò）：把头发束在一起。体：指剪指甲等。饭唅：把玉、珠、贝、米之类放在死者的嘴里，放的东西视死者的贵贱等级而定。象生执：仿效活着时所做的那样。④濡（rú）：沾湿。栉（zhì）：梳篦总称。律：梳头发。式：同拭，擦拭。⑤充耳：塞耳。瑱（tiàn）：塞耳的玉。皜（hào）：洁白。瑱贝：白色的贝壳。反生术：和生时的做法相反。⑥设：陈设。亵（xiè）衣：内衣。袭三称：殓前给死者加外衣三套。缙：同搢，插。绅：古代贵族束在腰间的大带。缙绅：插笏（古代官吏上朝时拿着的手板）的腰带。⑦儇：通幎，掩盖。设掩面儇目：用绢帛盖住死者的面目。笄（jī）：簪，即插在头发上的一种饰物。不冠笄：男不戴帽，女不插笄。⑧书其名：把死者的名字书写在旌旗上。重（chóng）：木做的神主牌。长三尺至九尺不等，看死者等级而定。枢独明：指死者的名字仅出现于柩前。⑨荐器：陈设陪葬的器物。鍪（móu）：帽子。缌（shǐ）：包头发的丝织物。庑：即“瓬”（wǔ）。瓮庑（wèngwǔ）：都是陶制器皿。虚而不实：里面不放东西。簟（diàn）席：细苇席。无床笫：棺中不设床垫。不成斲（zhuó）：不雕饰。不成物：只具形状，未成完整能用的器皿。薄器：竹或苇做成的器物。不和、不均：指不能调节音调，弹奏乐曲。舆：指丧车。藏：埋。马反：驾车的马返回不埋。⑩生器：活着时的用器，指弓矢盘盂之类。适：往。像徙道：像搬家一样。⑪略而不尽：简略而不全备。貌而不功：只取其粗略的外貌，而不用精细加工。趋舆而藏之：赶着车把伴葬物运到墓地埋葬。金：车铃。革：车鞅，套在马脖子上的皮带。辔（pèi）：嚼子和缰绳。靷（yǐn）：车上套马用的皮带，俗称车套。不入：不埋。⑫文而不功：只起礼的仪式作用而不起实际功用。明器：随葬品，亦称鬼器。⑬事：侍奉。事生，饰欢也：侍奉生者，是为了表达欢乐。师旅：指军事活动中的礼仪。百王：历代的帝王。未有知其所由来者也：没有人知道礼的来源的。⑭圹（kuàng）：墓穴。垄：坟墓。版：车辆旁挡风沙的厢板。盖：车顶盖。斯：疑“靳”字之误，“靳”借作“䩞”（hén），即车䩞，车前革制的车饰。拂：即茀，车后的遮障。⑮无：通幠（hū），幕布一类的东西。帾：通褚（chǔ），帐子一类的东西。这两种东西都是棺木上的装饰物。丝歶（yú）：不详，可能是丝织的丧车车饰。缕翣：即“蒌翣，棺饰。菲：挡门的草帘。帱（chóu）：单帐子。尉：通罻（wèi），像网状的帷帐。⑯抗：挡土的葬具。折：垫在坑下的葬具。槾（mán）：用泥涂抹墙壁和房顶。茨（cí）：用茅草或苇盖房。番：通藩，篱笆。阏（yān）：遮塞，这里指挡风尘的门户。⑰明：表明。周：周全，完备。⑱铭：把死者的事迹刻在器物上。诔（lěi）：哀悼死者的文字、文章。系世：世代传袭的记载，像家谱一类的东西。

【译文】

丧礼，是以活人的生活方式去装饰死人的，大体根据活着的样子祭送死人的。因此侍奉死

者如同生者，侍奉亡者如同存者，终始如一也。人刚死时，洗头、净身、束发、剪指甲，把珠、玉、贝、钱、米之类的东西放入死人口里，依照人活着时的生活形态。不洗头就把头发弄湿后梳理三次就行了，不洗澡就用湿浴巾在身上擦三次就行了。把碎玉放在死者的耳中，饭可以用生米，把白色的贝壳含在死者嘴里，和生前的情况相反。给死者穿上内衣，装殓时给死者穿上三层外衣，如果用插笏的腰带就不再用钩束带了。用绢帛盖上死者的眼脸，束发的时候女不插簪男不戴帽。把生者的姓名写在旌旗上，放在死者的牌位前，死者的名子不能在别处显示而只能在灵柩前看清楚。陈列在墓中的祭器戴帽子但不用丝织头巾包头，各种陶器空着不装实物，棺内放有簟竹制的席但不放床垫，木制器具不必精细加工，陶器不必成形，竹苇制成的器物不能盛东西，笙竽放置进去但不能调音，琴瑟陈放但不能弹奏，送葬的车子要埋进土里但马要牵回，表示车随死人而去活人不能再用。备办活着时使用的器物送到墓地，仿照活人搬家在路上行走。用具简单不完整，形状相似而无使用价值，把赶去的车埋掉，但车铃、车鞅、辔头、车套不埋进去，表明活着的人不再使用。像活着时在路上走一样，又表明不再使用，这些行为都是为了表明活着的人重视哀祭。所以，仿照活着时制备的器具只表礼仪而没有实际效用，祭器貌似实物而不能使用。大凡礼，侍奉活着的人，是为了增添欢乐，为死者送葬，是为了表示哀悼；祭死的礼仪，是为了表示敬意；出师的礼仪，是为了显示军队的威风，这些都是历代帝王所共同的，古今也都一个样，没有人能讲请“礼”是从何处而来的。坟墓的处形仿照房屋的式样；棺椁像雕饰彩绘的车厢；盖尸体的布、覆棺的帐、丧车上的帘、棺椁上的饰物的形状都仿照生人的用品；档土的器具和垫底的葬具的形状都仿照生人的房墙、屋顶、篱笆和门户。所以，丧礼这东西，没有别的意思，只是表明一个人由生到死的一生的意义，用哀掉的心情崇敬仪式祭葬死者直到周周全全安葬完毕。所以葬埋，是要恭恭敬敬地把死者的身体埋藏起来；祭祀，是敬重死者的灵魂；铭文悼词留在后世，是敬重传布死者的名声。侍奉活着的人，是表示人生的开始；给死人送葬，表示人生的结束。终始之事完备于是孝子侍奉尊亲的事就算完毕了。也就具备了圣人的条件。

刻死而附生谓之墨，刻生而附死谓之惑，杀生而送死谓之贼①。大象其生以送其死，使死生终始莫不称宜而好善，是礼义之法式也，儒者是矣②。

【注释】

①刻：刻薄。附：增添，丰厚。墨：指墨家的节葬主张。一说，墨是瘠薄的意思。杀生而送死谓之贼：以人殉葬就叫做贼。②称宜：合宜。好善：很完善。法式：法则仪式。

【译文】

对死者刻薄而对生者厚待叫做暗昧，对生者刻薄而对死者厚待叫做糊涂，用活人殉葬而祭死者是残害。大体按照活着时的情形为死者送葬，使死者死生终始莫有不完美而合时宜的，是礼的法制仪式，儒家的主张就是这样。

三年之丧，何也？曰：称情而立文，因以饰群，别亲疏贵贱之节，而不可益损也①。故曰：无适不易之术也②。创巨者其日久，痛甚者其愈迟，三年之丧，称情而立文，所以为至痛极也③。齐衰、苴杖、居庐、食粥、席薪、枕块，所以为至痛饰也④。

三年之丧，二十五月而毕，哀痛未尽，思慕未忘，然而礼以是断之者，岂不以送死有已，复生有节也哉[⑤]？凡生乎天地之间者，有血气之属必有知，有知之属莫不爱其类。今夫大鸟兽则失亡其群匹，越月踰时，则必反铅；过故乡，则必徘徊焉，鸣号焉，踯躅焉，踟蹰焉，然后能去之也[⑥]。小者是燕爵犹有啁噍之顷焉，然后能去之[⑦]。故有血气之属莫知于人，故人之于其亲也，至死无穷。将由夫愚陋淫邪之人与？则彼朝死而夕忘之；然而纵之，则是曾鸟兽之不若也，彼安能相与群居而无乱乎[⑧]！将由夫修饰之君子与？则三年之丧，二十五月而毕，若驷之过隙，然而遂之，则是无穷也[⑨]。故先王圣人安为之立中制节，一使足以成文理，则舍之矣[⑩]。

【注释】

①称情：根据哀情轻重。立文：制定丧礼的规定。饰群：指区别人们不同的等级。②适：往。易：变。术：方法，原则。③创巨者：创伤大的。④齐衰（zī cuī）：熟麻布做的一种丧服。苴（jū）杖：哭丧时拄的竹杖。居庐：同倚庐，守丧人住的小木屋。⑤礼：丧礼。断：终止，指脱掉丧服。已：止。复生：除丧后恢复平常生活。有节：有一定的限度。⑥血气之属：指动物、人类。知：知觉，荀况把动物的本能与人类的感情等统称为“知”，这是当时科学知识的局限。则：若。匹：配偶。失亡其群匹：离开了同类或配偶。踰时：过一定日子。反：返回。铅：同沿，巡视。踯躅（zhí zhú）：徘徊不进。踟蹰（chí chú）：犹豫不决，来去不定。⑦爵：同雀。啁噍（zhōu jiū）：小鸟悲叫声。⑧无穷：没有穷尽，这里形容对父母的感情没有终止的时候。将由：依照。愚陋：指颠倒是非，见识浅薄的人。淫邪：指不按礼义，而走邪道的人。纵之：听任这样去做。⑨修饰之君子：指按照礼义要求去做有品德的人。若驷之过隙：好像快马从空隙中飞跑过去一样，形容时间过得飞快。遂之：按照心愿去做，指不按时除丧。⑩安：语助词。立中制节：制定适当的服丧年月加以限制。舍：捨，指除去丧服。

【译文】

三年的丧礼，如何办呢？按照哀情轻重制定丧礼条文，根据丧礼的规定区别人们的等级，区分亲疏贵贱的不同礼节，这不能任意增加或减少。因此说：葬礼是任何地方都不能变更规矩。哀痛重大的人丧礼的日子长些，哀痛更厉害的丧礼的时间更长些，三年的丧礼，是按照人们的哀痛之情形成的制度，它是用来表示生者的哀痛达到了极点。穿着麻布丧服，拄着枯竹的哀杖，住在墓旁的小屋里，吃稀粥，铺草席，枕土块，这里用来表示生者的极其哀痛。三年的丧礼，守孝二十五个月就完毕了，对死者的哀痛还远未结束，对死者的思念之情还难以忘怀，然而丧礼到此就结束了，这岂不是因丧礼一完，就恢复了有节奏的正常生活吗？凡生活在天地之间的各种事物，有血气的一类东西一定有知觉，有知觉的东西没有不爱自己同类的。现在就说那些大鸟大兽，如果失散了他的同伙和配偶，过一个月或更长一些时间，就一定会沿途返回寻找，经过他们栖息的旧地，就一定会在那里徘徊、鸣叫，踯躅不前，然后才会慢慢离去。小者如燕雀遇到失去同伙也会悲鸣惨叫一会才会离去。有血气一类的东西哪一种的感情能超过人呢？人对于自己的父母，哀念之情到死也不会完结。能像哪些愚蠢、鄙陋、淫乱、奸邪之人的思想行事吗？那么他们早上死去亲人而晚上就忘到脑后了，可是倘若放纵他们那样做，就是连鸟兽都不如，他们这种人生活在群众之中怎么会不兴风作乱呢！要按照道德高尚的君子那样去做吗？那么三年的丧礼，二十五个月就结束了。好像驷马之车过隙一样，像飞驰电掣一样就过去了。他们遵守礼法，该结束时就结束，然而他们哀痛亲人的感情是无穷无尽的。所以先王和

圣人就为天下制定了服丧的时间于以节制，一切丧礼完全按程式完成之后，就可以脱掉丧服了。

然则何以分之①？曰：至亲以期断②。是何也？曰：天地则已易矣，四时则已遍矣，其在宇中者莫不更始矣，故先王案以此象之也③。然则三年何也？曰：加隆焉，案使倍之，故再期也④。由九月以下，何也⑤？曰：案使不及也⑥。故三年以为隆，缌、小功以为杀，期、九月以为间⑦。上取象于天，下取象于地，中取则于人，人所以群居和一之理尽矣⑧。故三年之丧，人道之至文者也⑨。夫是之谓至隆，是百王之所同，古今之所一也。

【注释】

①这句意思是：如何来区分亲疏的丧礼呢？②至亲：指父母。期（jī）：周年。下同。断：终，指丧终。③易：改变。遍：轮流一遍。在宇中者：指万物。更始：更新，重新开始。案：语助词，下同。象：象征新的开始。④加隆：加倍隆重。倍：加倍。再期：二年。⑤由：从。九月：穿丧服九个月。⑥案使不及也：使其丧礼不如父母的丧礼隆重。⑦缌：用细麻布做成的丧服，服期三个月。小功：指穿用较细熟麻布做成的丧服，服期五个月。杀（shài）：减等。间：在隆杀之间。⑧这句意思是：礼是根据天地的运行和人的情感要求制定的，这样不同等级的人所以能和谐相处的道理就完全体现出来了。⑨至文：最完善的礼义制度。

【译文】

既然如此，那么如何区分亲疏的丧礼呢？说：父母亲是最亲近的人以一周年终结丧礼。这是为什么呢？回答说：一年期后天地的面貌已经改变了，四季循环了一周，那些生存在天地间的事物没有一种没有改变它原来的面貌，因此古代帝王按一周年的循环作为新生活的开始。既然如此那么为什么还要服丧三年的礼仪呢？回答说：为了更加隆重，所以使服丧的时间加倍，再加二年。服丧的时间还有规定九个月以下的，这是为什么呢？回答说：是因为丧礼有达不到父母那样隆重的人，所以三年的丧礼是很隆重的，服丧三个月、服丧五个月是最轻的丧礼，九个月是中等的丧礼。上等丧礼效法天，下等的丧礼效法地，中等的丧礼则取法于人，这样人用以群居和谐一致的道理就完全体现出来了。所以三年期服丧礼，是为人之道的最完善的礼仪制度。这就叫做最高的礼仪，是历代帝王所共同的，古代和今天都是一样的。

君之丧所以取三年，何也？曰：君者，治辨之主也，文理之原也，情貌之尽也，相率而致隆之，不亦可乎①？《诗》曰："恺悌君子，民之父母②。"彼君者，固有为民父母之说焉③。父能生之，不能食之；母能食之，不能教诲之；君者，已能食之矣，又善教诲之者也，三年毕矣哉④！乳母，饮食之者也，而三月；慈母，衣被之者也，而九月；君，曲备之者也，三年毕乎哉⑤！得之则治，失之则乱，文之至也⑥。得之则安，失之则危，情之至也⑦。两至者俱积焉，以三年事之犹未足也，直无由进之耳⑧！故社，祭社也；稷，祭稷也；郊者，并百王于上天而祭祀之也⑨。

【注释】

①治辨：治理。原：根本。文理之原：礼义的根本，《王制》篇“君子者，礼义之始（根本）也”，意思与此同。情：指忠诚的感情。貌：指恭敬的礼貌。相率：共同。相率而致隆之：指人们共同来推重君主。不亦可乎：不也是应当的吗！②恺悌（kǎi tì）：和蔼可亲。③彼君者：原为“彼君子者”，据上下文义删“子”字。说：说法，道理。④食（sì）：喂食；不能食之的“食”原作“养”，据下文“母能食之”，“君者，已能食之矣”文义改。⑤慈母：养母。曲备：各方面都具备。⑥这句意思是，按这样去做，国家就能治理好，不这样去做，国家就会混乱，这是最完美的礼法制度。⑦情之至：指最充分地表达了感情。⑧两至：指“文之至”和“情之至”。俱积：都具备。直：但。直无由进之耳：但不可能再增多了。⑨社：土地神。稷：谷神。郊：祭祀天。

【译文】

君主葬祭采用服期三年的礼制，这是为什么呢？回答说：君主是治理国家管理百姓的主宰，是礼义的根本，是体现情感礼貌的最高典范，天下都崇敬他，这不也是应该的吗？《诗经》上说：“君主和蔼可亲，民之父母有大恩。”那么君主本来就有民之父母的说法。父亲能够生我，不能哺育我；母亲能哺育我，不能教诲我；君主既能养育我，又能教诲我，所以三年的葬礼才能尽人的心意啊！乳母，是哺乳人的人，服丧三个月；养母，是扶养成人的人，服丧九个月；君主，是对人各方面恩德齐备的人，三年的丧礼才能尽到人们的悼念之情啊！能够这样做的国家就得到治理，失去这个原则的国家就会混乱，这是最好的礼义。能够这样做的国家就平安，失去这个原则的国家就危险，这是最诚挚的情感。如果礼与情两者都完全具备了，用三年之丧礼还嫌不够了，但是也没有理由再增加了！因此，社祭，是祭土地神的；稷祭，是祭谷神；郊祭，是合并历代帝王与上天共同行祭的。

三月之殡，何也[①]？曰：大之也，重之也，所致隆也，所致亲也，将举错之，迁徙之，离宫室而归丘陵也，先王恐其不文也，是以繇其期，足之日也[②]。故天子七月，诸侯五月，大夫三月，皆使其须足以容事，事足以容成，成足以容文，文足以容备，曲容备物之谓道矣[③]。

【注释】

①殡：指殓后至埋葬前停丧的一段时间。②错：同措。举错：指为丧葬准备东西和办各种事。繇：通遥。繇其期：延长殡的日期。足之日：使殡的时间充足。③须：待，等待葬的时间。容：容许。事：指丧葬用品和要办的事。足以容事：能够办理各种丧葬用品和事情。道：这里指丧礼的原则。

【译文】

大殓（死者入棺）三个月，这是为什么呢？回答说：用最盛大、最隆重的葬礼表示对死者的崇敬与亲近，三个月里要为丧葬作很多准备，要迁棺，要离开家室送到墓地入土掩埋，先王唯恐人们不按礼仪办理丧事，因此延长安葬的日期，使备办丧葬有充分的时间。因此，天子七月安葬，诸侯五月安葬，大夫三月安葬，都是使殡葬有充足的时间备办安葬需要的各种事务，丧事完全可以准备停当，完全可以按礼仪程序办理，礼仪完备周到这就叫做丧葬仪礼的原则。

祭者，志意思慕之情也①。悸诡唈僾而不能无时至焉②。故人之欢欣和合之时，则夫忠臣孝子亦悸诡而有所至矣③。彼其所至者，甚大动也；案屈然已，则其于志意之情者惆然不嗛，其于礼节者阙然不具④。故先王案为之立文，尊尊亲亲之义至矣⑤。故曰：祭者，志意思慕之情也，忠信爱敬之至矣，礼节文貌之盛矣，苟非圣人，莫之能知也⑥。圣人明知之，士君子安行之，官人以为守，百姓以成俗⑦。其在君子，以为人道也；其在百姓，以为鬼事也⑧。故钟鼓管磬，琴瑟竽笙，韶、夏、护、武、汋、桓、箾、象，是君子之所以为悸诡其所喜乐之文也⑨。齐衰、苴杖、居庐、食粥、席薪、枕块，是君子之所以为悸诡其所哀痛之文也。师旅有制，刑法有等，莫不称罪，是君子之所以为悸诡其所敦恶之文也⑩。卜筮视日，斋戒修涂，几筵馈荐告祝，如或飨之⑪。物取而皆祭之，如或尝之⑫。毋利举爵，主人有尊，如或觞之⑬。宾出，主人拜送，反易服，即位而器，如或去之⑭。哀夫！敬夫！事死如事生，事亡如事存，状乎无形影，然而成文⑮。

【注释】

①志意：心意。②悸（gé）：变。诡：异。悸诡：变异感动的样子。唈（yì）僾（ài）：郁闷不乐的样子。③这句意思是：因此，在人们欢乐、团聚的时候，那些忠臣孝子也就会受到感动而思念自己的君主和双亲，而且会有所表现。④甚大动：很感动。案：语气助词。屈：竭尽。屈然：空无所有的样子。惆然不嗛（qiè）：悲哀不愉快。阙（quē）：同缺。阙然不具：欠缺而不完备。⑤尊尊亲亲：尊敬君主，孝敬父母。⑥苟：假如。⑦安行：安心地去实行。官人：指专管祭祀的官员。守：主管。成俗：成为风俗。⑧鬼事：鬼神的事情。⑨韶：舜乐。夏：大夏，禹乐名。武：周武王时的乐名。汋（sháo）：周文王的舞曲名。桓：周代明堂祭祀武王的乐歌。箾（shuò）：周文王的舞曲名。“箾”后原衍“简”字，据文义删。象：周武王伐纣的乐。⑩称罪：刑罚和罪恶相称。敦：通憝，憎恨。⑪卜筮视日：卜卦看日子的吉凶。涂：通除。修涂：修饰，扫除。馈荐：指祭祀时进献的牲畜和黍稷。祝：辅助祭祀的人。告祝：祭礼的仪式之一。如或飨之：好像鬼神真来享受一样。⑫物取而皆祭之：各种物品都取一点来祭祀。⑬毋利举爵：不用劝食的人代主人敬酒。有尊：即侑尊，指献酒。觞（shāng）：喝酒的器物，这里指喝酒。如或觞之：如同鬼神真的喝酒一样。⑭反易服：返回后，脱去祭服，换上丧服。如或去之：如同神灵离去一样。⑮状：好像。

【译文】

祭礼，是为了表达人们的意念和情感。这种激动的心和郁郁不乐的情感不能不随时抒发。因此人们欢喜和团聚的时候，那么忠臣孝子对君主和父母的思念之情也会因感触而有所体现。他们心情激动要求抒发，特别强烈时就难以自制，如果没有祭葬的仪式他们要想表现那只不过是空想而已，那么就会因为追念的心意思慕的情感不能表现而郁郁不快，在礼义上就会觉得有缺欠而不完美。因此古代帝王为此就制定了一套礼仪程式，于是尊重君主、孝敬父母的礼义就产生了。所以说，祭祀，就是为了表现人们对死者的怀念景仰之情，是体现对死者忠信敬爱的最好方式，是礼仪制度最盛大的表现形式，倘若不是圣人，没有谁能够了解它的意义。圣人懂得它，士君子实行它，把它作为治理国家管理百姓的原则，它在百姓中间，却把它看成侍奉鬼神的事。所以，钟、鼓、管、磬、琴、瑟、竽、笙，《韶》、《夏》、《护》、《武》、《汋》、《桓》、《箾》、《象》等，是君子用来表达喜悦情感变化的礼仪程式。麻布丧服、竹哀杖、守墓的小枕

屋、吃粥、草席、土块，是君子用来表达悲伤哀痛情感的礼仪程式。军队出师时的仪式，刑法的差级等别，没有不与罪过相适应的，这是君子用来表达激情和憎恶情感的礼仪程式。求神问卜选择吉日，斋戒清扫，供奉祭品，好像真的让鬼神享受一样。各种祭品都拿一点祭祀死者，好像鬼神真能品尝一样。不要通过“利”代主人向神鬼敬酒，主人自己亲自向神鬼敬酒，好像神鬼真能端起酒杯。宾客出门，主人拜送，归还家里换去丧服，坐到自己的位子上恸哭，就像亲人的灵魂离开自己。悲伤啊！景仰啊！敬事死者如同侍奉生者，敬事亡者如同对待存者，这种情况无影无踪，但是却有完整的礼仪程式。

第九卷

乐论第二十

夫乐者，乐也，人情之所必不免也，故人不能无乐[①]。乐则必发于声音，形于动静，而人之道，声音、动静、性术之变尽是矣[②]。故人不能不乐，乐则不能无形，形而不为道，则不能无乱[③]。先王恶其乱也，故制雅、颂之声以道之，使其声足以乐而不流，使其文足以辨而不諰，使其曲直、繁省、廉肉、节奏，足以感动人之善心，使夫邪污之气无由得接焉[④]。是先王立乐之方也，而墨子非之，奈何[⑤]！

【注释】

①乐（yuè）者：指音乐、歌舞。乐（lè）也：喜乐，指喜乐的感情。②形：表现。人之道：做人的道理。性术：本性和所选择的道路。性术之变：指思想感情的变化。③道：同导，引导。④恶（wù）：厌恶。雅、颂：雅和颂是《诗经》中的两类诗，配有不同的乐曲，这里的雅和颂是指乐曲，即雅乐、颂乐。流：淫乱。文：指乐章。下同。辨：辨别清楚，这里指辨清乐曲的含义。諰（xǐ）：邪。曲直：声音回旋曲折与平直。繁省：声音复杂与简单。廉肉：声音的清晰与饱满。善心：善良的心，这里指后天形成的善心，同孟轲的性善论是不同的。使夫邪污之气无由得接焉：使那些邪气无从接触到。⑤方：道，原则。墨子：名翟（dí），战国初期鲁国人，墨家学派的创始人。墨翟从小生产者的立场出发，曾写了《非乐》篇，主张全部取消音乐，这种思想对反对奴隶制有一定进步意义。战国后期，封建制已经开始建立，荀况适合新的社会制度的需要，看到音乐可以用来为巩固地主阶级专政服务，所以，他才批评墨子简单地否定一切音乐的错误。

【译文】

音乐，娱乐啊，是人的情感不可缺少的，因此在人生活中不能没有音乐。娱乐就必然发之于声音，从人的一动一静中表现出来，而且做人的原则和声音动静性格情绪的变化都会在乐音里表现出来。所以人不能没有娱乐，娱乐就不能没有表现，人的这种表现倘若没有正确的思想引导，就不能不产生混乱。古代圣王厌恶这种混乱。所以制作《雅》《颂》乐曲引导人们，使他们演唱的乐曲足以使人快乐而不下流淫乱，使这些乐曲足以表明人的思想情绪而不会邪卑，使这些乐曲或曲折、或平直、或复杂、或简约、或清脆、或深沉、节奏缓急，足以感动人的善良之心，使淫邪污秽的习气无法侵蚀人的思想。这是古代圣王制作乐曲的原则，可是墨翟先生否定音乐，怎么办呢？

故乐在宗庙之中，君臣上下同听之，则莫不和敬[①]；闺门之内，父子兄弟同听之，则莫不和亲[②]；乡里族长之中，长少同听之，则莫不和顺[③]。故乐者，审一以定和者也，比物以饰节者也，合奏以成文者也[4]；足以率一道，足以治万变[5]。是先王立乐之术也，而墨子非之，奈何！

【注释】

①宗庙：祖庙。和敬：和睦相敬。②闺门之内：指家庭内。③族长：即族党，指同族人之内。④审：审定、确定。一：这里指中音。比：配。物：指乐器。饰：通饬，整饬，调整。⑤率：统率。一道：即上文所讲的"人之道"，也就是本段所讲的君臣上下、父子兄弟、长少之间的"和敬"、"和亲"、"和顺"等根本道理。万变：即上文所讲的声音、动静、性术等思想感情的变化。

【译文】

因此，音乐设在宗庙里面，君臣上下一块娱乐，就没有不和睦没有不敬重的；音乐设在家庭里边，父子兄弟一同娱乐，就没有不和睦没有不亲爱的；音乐设在乡里同族里边，老老少少共同娱乐，就没有不和谐顺畅的。因此，音乐要先定好中音作基调使其他音谐和一致，然后再以它为准调整音节使它们相互配合，合奏成一支乐曲；音乐完全能够统率做人的根本之道，足以处理事物的各种变化。这就是古代圣王设制音乐的指导思想，可是墨翟却反对音乐，怎么办呢？

故听其雅、颂之声，而志意得广焉[1]；执其干戚，习其俯仰屈伸，而容貌得庄焉[2]；行其缀兆，要其节奏，而行列得正焉，进退得齐焉[3]。故乐者，出所以征诛也，入所以揖让也[4]。征诛揖让，其义一也[5]。出所以征诛，则莫不听从；入所以揖让，则莫不从服。故乐者，天下之大齐也，中和之纪也，人情之所必不免也[6]。是先王立乐之术也，而墨子非之，奈何！

【注释】

①志意得广：心胸意向就变得宽广。②干：盾牌。戚：斧头。干和戚都是用来表演反映打仗内容的舞具。俯仰屈伸：指舞蹈的动作。庄：庄重。③缀（zhuì）兆：舞蹈排列的位置，缀指行列的标识，兆指行列的地段。要（yāo）：符合。④征诛：征伐杀敌。揖让：礼让。⑤其义一也：它们的意义是一致的，指下文所讲的"莫不从听"、"莫不从服"，即说明乐在征诛和揖让中的作用、目的，都是为了使人们服从、遵守封建的礼法制度。⑥大齐：指行动完全整齐统一。中和：指性情符合礼法的要求。纪：纲纪。

【译文】

所以，听到《雅》《颂》乐曲的声音，心胸就能开阔，志向就会远大；手拿盾牌斧头，俯仰屈伸演习武艺，容貌就能庄重大方；观看舞蹈队伍的行列变化，符合音乐节奏，于是你指挥军队布阵时就会得到正确的启发，使军队整齐一致。所以音乐这种东西，对外可以用它来征敌诛暴，对内可以使人彬彬有礼。征敌诛暴和谦恭辞让，两者的含义是一样的。对外征敌诛暴，那么没有谁不听从指挥的；对内使人彬彬有礼，那么没有谁不服从管治的。所以音乐这东西，能够使天下人的行为达到最大限度的整齐一致，是使人们性情和顺的纲纪，是调谐人的情感所必不可少的东西。这就是古代圣王设制音乐的指导思想，然而墨翟却否定它，怎么办呢？

且乐者，先王之所以饰喜也；军旅鈇钺者，先王之所以饰怒也[①]。先王喜怒皆得其齐焉[②]。是故喜而天下和之，怒而暴乱畏之。先王之道，礼乐正其盛者也，而墨子非之[③]，故曰：墨子之于道也，犹瞽之于白黑也，犹聋之于清浊也，犹欲之楚而北求之也[④]。

【注释】

①饰：装饰，表现。鈇（fū）：同斧。鈇钺（yuè）：大斧，古代以此指刑杀。②齐：恰当，适宜。③其：代词，指先王之道。先王之道，礼乐正其盛者也：意思是，在先王之道中，礼和乐恰恰是最重要的。④瞽（gǔ）：瞎子。清浊：指声音的清晰与浑厚。犹欲之楚而北求之也：就好像想去南边的楚国而往北行一样。

【译文】

而且，音乐是古代圣王用来表现喜庆的；军队中斧钺等各种武器是古代圣王用来表示愤怒的。古代圣王的喜怒都得用音乐使它协调一致。因此所以先王喜庆天下人都喜庆，先王愤怒暴乱的人就被震慑。古代圣王的治国原则，礼和乐是最重要的，然而墨翟先生却否定它，所以说：墨子对于礼乐之道，就像瞎子对黑白二色分不清一样，就好像聋子对于清音浊音分不清一样，就好像想去楚地却往北奔跑一样。

夫声乐之入人也深，其化人也速，故先王谨为之文[①]。乐中平则民和而不流，乐肃庄则民齐而不乱。民和齐则兵劲城固，敌国不敢婴也[②]。如是，则百姓莫不安其处，乐其乡，以至足其上矣[③]。然后名声于是白，光辉于是大，四海之民，莫不愿得以为师[④]。是王者之始也[⑤]。乐姚冶以险，则民流僈鄙贱矣[⑥]。流僈则乱，鄙贱则争。乱争则兵弱城犯，敌国危之[⑦]。如是，则百姓不安其处，不乐其乡，不足其上矣。故礼乐废而邪音起者，危削侮辱之本也。故先王贵礼乐而贱邪音。其在序官也，曰："修宪命，审诗商，禁淫声，以时顺修，使夷俗邪音不敢乱雅，太师之事也[⑧]。"

【注释】

①这句意思是：声乐对人的影响很深，改变人的感情很快，所以先王谨慎地修饰声乐。②婴：同撄，侵犯。③这句意思是：如果这样，老百姓没有不安居乐业，而最充分地去奉养君主。④白：显赫。师：君长。⑤始：根本。⑥姚冶：即窕（yáo）冶，妖艳，形容音乐不正派。险：邪。流僈：放纵散漫。⑦犯：疑当为脆（cuì），弱。⑧序：同"叙"，叙述。序官：叙述官的职责和权限，这里指《王制》篇中"序官"那一段。宪命：法令文告。商：通章。审诗商：审查诗歌。以时顺修：顺应时势的变化，随时修订诗篇乐章。夷：古代统治者对中原以外少数民族的侮辱性称呼。夷俗邪音：荀况这里指一些落后的风俗习惯和不健康的音乐。雅：正声，指正派的音乐。太师：乐官之长。

【译文】

音乐对人的影响也很深刻，它感化人的速度也很迅速，所以先王慎重地制作乐章，乐音中正平和那么人民就和顺严谨，乐音严肃庄重那么人民就齐心一致而不混乱。人民和顺一心那么兵力就强大城池就坚固，敌对的国家也不敢侵扰。如果这样，那么人民没有不安居，乐于在自

己的家乡居住而不愿离去，从而尽心地侍奉他们的君王。这样以来君主的名声就会显扬，荣耀就会广大，四海之内的人民没有不愿意把他作为君主的。这就是称王于天下的根本乐意在本乡而四处奔逃，君主也就不会得到满足了。所以，礼乐废弃淫乱之乐就会兴起，这是国家受欺辱遭危亡的根本。所以，先王重视礼乐而鄙视邪音。我曾经在《王制·序官》里说："修订法令，审定诗章，禁止淫秽的声乐，按时清理整顿使之符合社会形势，使蛮夷的风俗、淫秽的音乐不能挠乱干预典雅的正声，这是太师的职责。"

墨子曰："乐者，圣王之所非也，而儒者为之，过也①。"君子以为不然。乐者，圣人之所乐也，而可以善民心，其感人深，其移风易俗易，故先王导之以礼乐而民和睦②。夫民有好恶之情而无喜怒之应，则乱③。先王恶其乱也，故修其行，正其乐，而天下顺焉④。故齐衰之服，哭泣之声，使人之心悲⑤；带甲婴軸，歌于行伍，使人之心伤⑥；姚冶之容，郑、卫之音，使人之心淫⑦；绅、端、章甫，舞韶歌武，使人之心庄⑧。故君子耳不听淫声，目不视女色，口不出恶言。此三者，君子慎之。

【注释】

①为之：提倡它。过：错误。②移风易俗易：原为"移风易俗"，据上文"其化人也速"文义补"易"字。③好（hào）：喜好。应：相应。④行：德行。⑤齐衰（zīcuī）：丧服。⑥婴：戴。軸：同胄（zhòu），头盔。伤：当作扬，发扬，振作。⑦郑、卫之音：指春秋时郑、卫两国的新乐。⑧绅：指古代贵族束在腰间的大带子。端：礼服。章甫：礼帽。韶：相传是古代虞舜时代的一种乐曲。武：想传是周武王时代的一种乐曲。

【译文】

墨翟说："音乐，是圣王之所否定的，然而儒家提倡它，是错误的。"君子认为这种说法是错误的。音乐，是圣人所喜欢的，而且可以使人民的心向善，它深刻地感化人，它移风易俗也容易，所以古代圣王用礼乐引导人民而使他们和睦相处。那么人民如果只有爱憎感情而没有喜怒感情相协调，就会造成社会混乱。古代圣王厌恶这种混乱，所以修养自己的德行，雅正他的音乐，于是天下百姓都归顺他。因此，麻布丧服，哭泣之声，使人的心里悲伤；穿铠甲戴头盔，在行军路上歌唱，使人的心情慷慨激昂；妖冶的容貌，郑国、卫国的淫靡之声，使人的心产生淫邪之念；扎上腰带，穿上礼服，戴上礼帽，跳《韶》舞，唱《武》乐，使人心庄重严肃。所以，君子耳不听淫邪之声，目不看女色，口不出恶言。这三条原则，君子慎重对待。大凡奸邪之音一发出，歪风邪气的人就应和它，歪风邪气形成态势于是混乱就产生了。如果雅正之音一发出，和顺之气就会应和它，和顺之气形成态势天下就会安定。有唱有和有应声，善恶态势相应成，所以君子对待音乐都慎重进行取舍。

君子以钟鼓道志，以琴瑟乐心①。动以干戚，饰以羽旄，从以箫管②。故其清明象天，其广大象地，其俯仰周旋有似于四时③。故乐行而志清，礼修而行成，耳目聪明，血气和平，移风易俗，天下皆宁，美善相乐④。故曰：乐者，乐也。君子乐得其道，小人乐得其欲⑤。以道制欲，则乐而不乱；以欲忘道，则惑而不乐。故乐者，所以道乐也。金石丝竹，所以道德也⑥。乐行而民乡方矣⑦。故乐者，治人之盛者也⑧；而墨

子非之。

【注释】

①君子：荀况理想中具有完美的封建道德品质的人。道：同导，引导。乐心：这里是陶冶性情的意思。②羽：野鸡毛。旄（máo）：牦牛尾，都是古代舞蹈中的用具。从：伴随。箫：原为磬。据文义和元刻本改。③清明：指乐声清脆、明朗。俯仰周旋：指舞蹈动作。似于四时：好像春夏秋冬四季那样有规律的变化。④故乐行而志清，礼修而行成：意思是，所以音乐得到推行人们的志向就纯洁，礼义原则完备，人们的德行就能养成。美善相乐：赞美好的品德，互相都很喜乐。⑤这句意思是：君子喜欢音乐是为了提高道德修养，小人喜欢音乐是为了满足个人欲望。⑥金石丝竹：泛指各种乐器，这里也是指音乐。⑦乡：同向。乡方：向着正确的方向、道路。⑧这句意思是：所以音乐是治理人们的一个重要方面。

【译文】

君子用钟鼓之声引导志向，用琴瑟之音陶冶性情。舞动干戈，装饰羽毛，和以箫管。因此这种舞乐清明象征天，广大象征地，它的乐律俯仰周旋互相更替象征着四时。因此，音乐流行就能使人意志清正，礼义完备而德行养成，耳朵聪颖，眼睛明亮，气血和平，移风易俗，天下安宁，美善相乐。所以说：音乐，就是娱乐。君子快乐是因为道德修养得到提高，小人快乐是因为个人私欲得到满足。用礼乐之道限制个人的私欲，那么欢乐而不会淫乱；用满足个人欲望而丧失礼乐之道，那么就会迷惑而得不到真正的快乐。所以音乐，是用它来引导娱乐的。用钟磬弦管之乐来引导人们的德行。礼乐通行天下而人民就会向往正确方向。所以说音乐，是最好的治理人民的东西；可是墨翟却否定它。

且乐也者，和之不可变者也；礼也者，理之不可易者也①。乐合同，礼别异②。礼乐之统，管乎人心矣③。穷本极变，乐之情也；著诚去伪，礼之经也④。墨子非之，几遇刑也⑤。明王已没，莫之正也⑥。愚者学之，危其身也⑦。君子明乐，乃其德也⑧。乱世恶善，不此听也⑨。於乎哀哉！不得成也⑩。弟子勉学，无所营也⑪。

【注释】

①这句意思是：音乐体现着人们和谐一致的根本原则，礼体现着封建等级制度的根本原则。②这句意思是：音乐使人们达到和谐一致，礼使人们区分为上下贵贱等级。③统：总括、总体。管：约束、管束。④这句意思是：从根本上改变人的性情，是乐的本质。表明诚心去掉虚伪，是礼的原则。⑤几遇刑也：接近于犯罪。⑥没：同殁（mò），死，消失。⑦这句意思是：愚蠢的人照着墨子“非乐”的错误主张去做，就会危害自己。⑧这句意思是：君子提倡音乐，乃是他重视德行的表现。⑨恶（wù）：厌恶。听：分辨。⑩於（wū）乎：同“呜呼”。於乎哀哉：感叹词。不得成也：指音乐不能充分发挥作用。⑪营：通荧，迷惑。

【译文】

而且，音乐是使人民和谐一致不可变动的原则；礼是使社会安定不可变动的根本。音乐可以协调同类，礼则能区分等级名分差别。礼乐作为总纲，是约束人心的。从根本上改变人的性情，是音乐的功能；发扬诚实，去掉虚伪，是礼义的天职。墨翟否定它，这就近乎犯罪。圣王已经死了，没有人能够纠正他否定礼乐的观点。愚蠢的人向他学习，危害自身。君子昌导礼乐，是他们道德高尚的表现。混乱的社会厌恶美好的事物，所以不听音乐。呜呼，真可悲啊！无法形成礼乐之风。学生们都要努力学习，不要为墨翟的错误学说所迷惑啊。

声乐之象：鼓大丽，钟统实，磬廉制，竽、笙肃和，筦、籥发猛，埙、篪翁博，瑟易良，琴妇好，歌清尽，舞意天道兼①。鼓，其乐之君邪！故鼓似天，钟似地，磬似水，竽、笙、筦、籥似星辰日月，鞉、柷、拊、鞷、椌、楬似万物②。曷以知舞之意？曰：目不自见，耳不自闻也，然而治俯仰诎信进退迟速，莫不廉制，尽筋骨之力以要钟鼓俯会之节，而靡有悖逆者，众积意谔谔乎③！

【注释】

①象：象征。丽：通厉，猛烈。鼓大丽：鼓声大而高。钟统实：钟声洪亮而浑厚。廉：有棱角，这里引申为声音的清晰。制：有节制，这里引申为有节奏。肃和：整齐和谐。筦、籥（guǎn yuè）：均是古代编管乐器。发猛：振奋激昂。埙（xūn）：陶土制的吹乐器。篪（chí）：单管横吹乐器。翁博：通滃渤，低沉而宽广。易良：声音平和。妇好：同女好，形容声音柔和婉转。清尽：清晰完美。天道兼：和自然界相合，引申为能表现自然界的万事万物。②竽、笙、筦、籥似星辰日月：原"竽、笙"后衍"箫和"二字，据上下文义删。鞉（táo）、柷（zhú）、拊（fú）、鞷（gé）、椌（qiāng）、楬（qià）：均为古代打击乐器。③曷：何，怎么。治：整治。诎信：同屈伸。要（yāo）：应合。靡：没有。悖（bèi）逆：混乱。众：指跳舞的人。积：练习。谔谔（chí）：谆谆，态度认真。众积意谔谔乎：舞者们练习的态度是多么认真啊。

【译文】

声乐的形态：鼓声宏大而壮丽，钟声总统而沉实。磬声清晰而度，竽笙箫整齐而和谐，激越而高亢，埙篪沉郁而宽广，瑟音均匀而优美，琴音婉顺而柔丽，歌诗清新而完美，舞蹈深蕴而自然。鼓，是乐器中的君长啊！所以鼓犹如天，钟犹如地，磬似水，竽、笙、箫和筦、籥似星辰日月，鞉、柷、拊、鞷、椌楬似万物。凭什么能领会到舞的意思呢？回答说：眼睛不用亲自看，耳朵不用亲自听，然而舞蹈有组织的俯仰屈伸进退迟速，没有不干净利落而节奏鲜明。使尽全身的力量配合钟鼓各种乐音组成不同的节律，没有谁不默契配合，反复演奏一丝不苟，多么严肃啊！

吾观于乡而知王道之易易也①。主人亲速宾及介，而众宾皆从之，至于门外，主人拜宾及介，而众宾皆入，贵贱之义别矣②。三揖至于阶，三让以宾升，拜至，献酬，辞让之节繁③。及介省矣④。至于众宾，升受，坐祭，立饮，不酢而降⑤。隆杀之义辨矣⑥。工人，升歌三终，主人献之；笙入三终，主人献之⑦；间歌三终，合乐三终，工告乐备，遂出⑧。二人扬觯，乃立司正⑨。焉知其能和乐而不流也⑩。宾酬主人，主人酬介，介酬众宾，少长以齿，终于沃洗者⑪。焉知其能弟长而无遗也⑫。降、说屦升坐，修爵无数⑬。饮酒之节，朝不废朝，莫不废夕⑭。宾出，主人拜送，节文终遂⑮。焉知其能安燕而不乱也⑯。贵贱明，隆杀辨，和乐而不流，弟长而无遗，安燕而不乱。此五行者，足以正身安国矣⑰。彼国安而天下安。故曰：吾观于乡而知王道之易易也。

【注释】

①乡：这里指乡人饮酒的礼仪。易易：非常容易。②速：迎接。介：指中等地位的宾客；古代乡饮礼中，对有地位和名望的贤人叫做宾，宾的主要陪同者叫介，其他陪客叫众宾。贵贱之义别矣：接待贵者和贱者的礼节仪式在这里就区别分明了。③拜至：对来的宾客进行拜礼。献酬：主人拿酒献宾，宾用酒回敬，主人又用酒自饮以答谢。④及介省矣：对介的礼节比对宾的礼节就要省略了。⑤升受：升堂、受酒。坐祭：坐着祭酒。不酢（zuò）：客人不用酒回敬主人。降：退下。⑥降：隆重。杀（shài）：减省。辨：分辨、清楚。⑦工：乐工。升歌：升到堂上而演奏歌曲。终：演奏、歌唱一篇歌或诗为一终 。笙入三终：吹笙的人进入堂下，奏乐三曲。⑧间歌三终：堂上乐工先歌唱一曲，然后堂下吹笙的人吹奏一曲，这叫做间歌，这样演奏三遍叫三终。合乐：唱歌吹笙一起合演。工告乐备：乐工报告乐已完毕。⑨觯（zhì）：酒杯。二人扬觯：主人的两个侍从举杯向宾和介敬酒。立：设立。司正：专门负责监礼的人。⑩焉：于是。⑪齿：年龄。少长以齿：按年龄长幼排列次序。终：最后。沃洗者：洗酒器等的人。⑫弟：同悌（tì），尊敬兄长。⑬说：通脱。屦（jù）：鞋。修：行。爵：酒杯。这句意思是：下堂脱鞋，然后升堂就坐，互相不断地敬酒。⑭莫：同暮。⑮节文：礼节仪式。终遂：完成。⑯燕：同宴，安。安燕：休息。⑰正身：端正自己的品行，使符合于封建道德的规范。

【译文】

我对乡里饮酒的礼义进行考察，知道实行先王之道容易办到。乡饮酒礼主人亲自迎接贵宾和贵宾的主要陪客，其他陪客也随贵宾进来，走到门外，主人拜贵宾及主要陪客，而后众宾皆入，高贵卑贱者的不同礼仪程式区别分得清清楚楚。三次拱手作揖迎到正堂前的阶下，又三拱手谦让贵宾升堂，拜迎礼节可算周到，献酒酬酒，主宾酬答推辞谦让的礼节繁多。其次是主要陪客，主宾礼节简单一些。到众位陪客，升堂，主人敬酒，坐席祭酒，立着饮酒，陪客不酬主人，退席。接待宾客的仪礼或重或轻区分的清清楚楚。乐工到堂上歌唱三首诗完毕后，主人给他们献酒；捧笙的人到堂到吹奏三支曲子，主人给他们献酒，唱吹交替三遍，合乐三遍乐工报告奏乐完毕随之退出。主人身边有两位侍者敬酒，又设“司正”监礼。由此可知乡饮符合礼法而不下流淫荡。贵宾向主人回谢敬酒，主人答谢立陪，又答谢众位陪客，从年长到年少的，一直到洗酒器的人个个答谢。从这里我们也可以知道乡饮酒礼敬重长者而无一遗漏。退堂、升堂、脱鞋、入席、就坐，敬酒酬答反复无数。乡饮酒礼的制度：早晨饮酒不误早上做事，傍晚饮酒不耽误晚上做事。宾客来，主人拜送，礼节仪式就算结束。由此我们知道乡饮酒礼能使人安享休息而不混乱。贵贱分明，高下分等，和顺欢乐而不淫荡，敬重长者而不遗漏，安享休息而不混乱。这五种行为，完全可以端正品行安定国家。国家安定天下就会安定。所以说：我观察乡饮酒礼之后知道先王的治国之道是容易做到的。

乱世之征，其服组，其容妇，其俗淫，其志利，其行杂，其声乐险，其文章匿而采，其养生无度，其送死瘠墨，贱礼义而贵勇力，贫则为盗，富则为贼[①]。治世反是也。

【注释】

①征：象征。组：丝织有花纹的宽带。服组：服装妖艳。容妇：男的模仿妇女，指妖里妖气的打扮。杂：污，行为恶劣。匿：通慝（tè），邪恶。匿而采：内容邪恶而辞藻华丽。瘠：菲薄。墨：指墨翟节葬的主张。盗：《修身》篇说：“窃货曰盗”。贼：《修身》篇说：“害良曰贼”，指残害好人。

【译文】

乱世的表现：他们的服装妖艳，男的妆扮成女人，风俗淫乱，贪图财利，行为怪异，声乐险恶，文弊辞华，生活奢侈浪费，丧礼刻薄吝啬，轻视礼义而崇尚武力，贫则为盗，富者为贼。安定的社会与这相反。

韩非子

初见秦第一①

臣闻："不知而言，不智；知而不言，不忠。"为人臣不忠，当死；言而不当，亦当死。虽然，臣愿悉言所闻，唯大王裁其罪。

臣闻：天下阴燕阳魏，连荆固齐，收韩而成从②，将西面以与秦强为难。臣窃笑之。世有三亡，而天下③得之，其此之谓乎！臣闻之曰："以乱攻治者亡，以邪攻正者亡，以逆攻顺者亡。"今天下之府库不盈，囷④仓空虚，悉其士民，张军数十百万，其顿首戴羽为将军断死于前不至千人，皆以言死。白刃在前，斧锧⑤在后，而却走不能死也。非其士民不能死也。上不能故也。言赏则不与，言罚则不行，赏罚不信，故士民不死也。今秦出号令而行赏罚，有功无功相事也。出其父母怀衽之中，生未尝见寇耳。闻战，顿足徒裼⑥，犯白刃，蹈炉炭，断死于前者皆是也。夫断死与断生者不同，而民为之者，是贵奋死也。夫一人奋死可以对十，十可以对百，百可以对千，千可以对万，万可以克天下矣。今秦地折长补短，方数千里，名师数十百万。秦之号令赏罚、地形利害，天下莫若也。以此与⑦天下，天下不足兼而有也，是故秦战未尝不克，攻未尝不取，所当未尝不破，开地数千里，此其大功也。然而兵甲顿⑧，士民病，蓄积索，田畴荒，囷仓虚，四邻诸侯不服，霸王之名不成。此无异故，某谋臣皆不尽其忠也。

臣敢言之：往者齐南破荆，东破宋，西服秦，北破燕，中使韩、魏，土地广而兵强，战克攻取，诏令天下。齐之清济浊河，足以为限；长城巨防，足以为塞。齐，五战⑨之国也，一战不克而无齐⑩。由此观之，夫战者，万乘之存亡也。且闻之曰："削迹无遗根，无与祸邻，祸乃不存。"秦与荆人战，大破荆，袭郢，取洞庭、五湖⑪、江南，荆王君臣亡走，东服于陈⑫。当此时也，随荆以兵，则荆可举；荆可举，则民足贪也，地足利也，东以弱齐、燕，中以凌三晋，然则是一举而霸王之名可成也，四邻诸侯可朝也。而谋臣不为，引军而退，复与荆人为和。令荆人得收亡国。聚散民，立社稷主⑬，置宗庙；令率天下西面以与秦为难。此固以失霸王之道一矣。天下又比周⑭而军华下⑮，大王以诏破之，兵至梁郭下。围梁数旬，则梁可拔；拔梁，则魏可举；举魏，则荆、赵之意绝；荆、赵之意绝，则赵危；赵危而荆狐疑；东以弱齐、燕，中以凌三晋。然则是一举而霸王之名可成也，四邻诸侯可朝也。而谋臣不为，引军而退，复与魏氏为和。令魏氏反收亡国，聚散民，立社稷主，置宗庙；令。此固以失霸王之道二矣。前者穰侯⑯之治秦也，用一国之兵而欲以成两国之功⑰，是故兵终身暴露于外，士民疲病于内，霸王之名不成，此固以失霸王之道三矣。

赵氏，中央之国也，杂民所居也，其民轻而难用也。号令不治，赏罚不信，地形不便，下不能尽其民力。彼固亡国之形也，而不忧民萌⑱，悉其士民军于长平之下，以争韩上党。大王以诏破之，拔武安。当是时也，赵氏上下不相亲也，贵贱不相信也。然则邯郸不守。拔邯郸，管⑲山东河间，引军而去，西攻修武，逾华⑳，绛上党。代四十六县，上党七十县，不用一领甲，不苦一士民，此皆秦有也。代、上党不战而毕为秦矣，东阳、河外不战而毕为齐矣，中山、呼沲以北不战而毕为燕矣。然则是赵举，赵举则韩亡，韩亡则荆、魏不能独立，荆、魏不能独立，则是一举而坏韩、蠹魏、拔荆，东以弱齐、燕，决白马㉑之口以沃魏氏，是一举而三晋亡、从者败也，大王垂拱以须㉒之，天下编随而服矣，霸王之名可成。而谋臣不为，引军而退，复与赵氏为和。夫以大王之明、秦兵之强，弃霸王之业，地曾不可得，乃取欺于亡国，是谋臣之拙也。且夫赵当亡而不亡，秦当霸而不霸，天下固以量秦之谋臣一矣。乃复悉士卒以攻邯郸，不能拔也，弃甲兵弩，战竦而却，天下固已量秦力二矣。军乃引而退，并于李下，大王又并军而至，与战不能克之也，又不能反运，罢而去，天下固量秦力三矣。内者量吾谋臣，外者极吾兵力。由是观之，臣以为天下之从，几不难矣。内者，吾甲兵顿，士民病，蓄积索，田畴荒，囷仓虚；外者，天下皆比意㉓甚固。愿大王有以虑之也。

且臣闻之曰："战战栗栗，日慎一日，苟慎其道，天下可有。"何以知其然也？昔者纣为天子，将率天下甲兵百万，左饮于淇溪，右饮于洹溪，淇水竭而洹水不流，以与周武王为难。武王将素甲㉔三千，战一日，而破纣之国，禽㉕其身，据其地而有其民，天下莫伤。知伯㉖率三国之众以攻赵襄主于晋阳，决水而灌之三月，城且拔矣，襄主钻龟筮占兆，以视利害，何国可降。乃使其臣张孟谈，于是乃潜行而出，反知伯之约，得两国之众，以攻知伯，禽其身，以复襄主之初。今秦地折长补短，方数千里，名师数十百万。秦国之号令赏罚，地形利害，天下莫如也。以此与天下，天下可兼而有也。臣昧死愿望见大王，言所以破天下之从，举赵、亡韩，臣荆、魏，亲齐、燕，以成霸王之名，朝四邻诸侯之道。大王诚听其说，一举而天下之从不破，赵不举，韩不亡，荆、魏不臣，齐、燕不亲，霸王之名不成，四邻诸侯不朝，大王斩臣以徇㉗国，以为王谋不忠者也。

【注释】

①初见秦：初次叩见秦王。②从：即纵。战国时，楚、齐、燕、韩、赵、魏六国联合抗秦，由于六国地理位置由北而南成纵列，当时称六国的联合为合纵。③天下：此指楚、齐、燕、韩、赵、魏六国。④囷（qūn）：圆形的谷仓。⑤锧（zhì）：古代腰斩人的刑具。⑥徒裼（xī）：裸露上身。⑦与：攻取。⑧顿：即钝。⑨五战：五次打败敌国。⑩一战不克而无齐：公元前318年，五国联军打败齐国，齐湣王被杀，首都临淄被占。⑪五湖："湖"，当作"渚"。五渚为当时楚地。⑫服于陈：公元前278年，秦将白起攻陷楚郢都，楚迁都至陈（今河南淮阳）。服：保有。⑬社稷主：祭祀天地的宗教设置。⑭比周：相互勾结。⑮华下：地名。战国时属韩国。⑯穰侯：魏冉，战国时楚人，任秦昭襄王相。⑰两国之功：两国一指秦，一指魏冉私人的封地。⑱萌：即氓。老百姓。⑲管：包举。⑳华：学者考定，此处当作"羊肠"。羊肠：古要塞名。㉑白马：古代黄河渡口。㉒须：等待。㉓比意：联合的意图。㉔素甲：周武王伐纣时，其父周文王丧期未满，故士兵皆服孝。㉕禽：即擒。㉖知伯：春秋末晋国大臣。㉗徇：示众。

【译文】

我听说："不明白而发言，是不明智的；清楚了而不说，是不忠。"作为臣下而不忠，应当死；说话而不管用，也应当死。尽管如此，我还是愿把我所知道的都说出来，希望大王裁定我的对错。

我听说：天下北有燕国，南有魏国，联合楚国，拉拢齐国，收纳韩国，而成纵列联合，将在西面勉强与秦为敌。我私下里觉得可笑。世上有三种将导致灭亡的情形，而上述几国都存在，大约就是说的它们的联合吧！以混乱的国家攻击治理有方的国家，一定灭亡；从邪恶攻击正义，一定灭亡；以倒行逆施攻击顺乎自然，一定灭亡。现在六国的国库不充实，仓库空虚，尽招它们的老百姓，扩充军队数十百万。那些以头叩地，头插羽毛的将军表示有决死信心的不止千人，都说准备死。但临到头，尽管前有兵刃，后有刑具威逼，还是退却而不能拚死。并不是老百姓和士兵不能死拚，是君王不能使他们这样做。说是要赏赐却又不给予；说是要惩罚却又不实行。常罚不明确，所以士兵老百姓不愿意拚死。现在秦国发布出号令而实行赏罚，以有功无功来进行治理。秦国百姓出于父母的怀抱，有生以来未尝面对过敌人，听说要打仗，都跺着脚，脱掉衣裳，冒着刀锋，踏着火焰，拚死在阵前。死与生是完全不同的两码事，秦国老百姓能够如此，是以奋战至死为光荣。一个人奋勇拚死就可以对付十个人；十个人奋勇拚死就可以对付一百人；百人可以对付千人；千人可对付万人；万人可以战胜天下了。如今秦地截取长的地方补足短的地方，方园数千里，精锐军队数十百万。秦国的号令赏罚，地形和优越之处，六国都不能比。凭着这些攻取天下，天下还不够兼并呢。出于这原因，秦国战无不胜，攻无不克，面对敌人没有不能将其击溃的，扩张土地数千里。这是多伟大的功业啊！但是如今武器钝坏，士兵老百姓疲困，积蓄耗尽，农田荒芜，仓库空虚，四邻不臣服，霸王的名声不能成立，这没有其他原因，是由于秦国的谋臣都没能尽到忠心呀。

我斗胆把这道理说明白：过去齐国往南击败楚国，东面打败宋国，西面使秦国臣服，北面臣服燕国，中部则驱使韩国、魏国。土地广阔，兵强马壮，战就攻克，攻就夺取，号令天下。齐国清澈的济河，混浊的黄河，足可以作为它的防线；长城和巨防，足可以作为它的要塞，齐真可以说是常胜之国了。可是一次战役没打赢，国家就差不多灭亡了。由此看来，战争，是大国存亡的关键。我并且听说，消除祸败之迹必须除去根本的原因。不与祸害做邻居，祸害就不会存在。秦国人与楚国人的战斗，大败楚国，袭击郢都，攻占了洞庭五渚、江南。楚王君臣逃窜，东据守于陈城。在这时，倘若派兵追击楚国，那么楚国就可以被消灭了。楚国被消灭，那它的老百姓就可以据有，土地就可以提供便利了。东面使齐国燕国削弱，中部压倒三晋，那就是一举而可以使霸王的名誉成立，使四邻的诸侯来朝拜。但是谋臣不这样做，引兵退却，又与楚国讲和，让楚人得以收拾败亡之国，聚合散失的人民，设置祭祀天地的场所，安排宗庙，让楚国带领天下，西面和秦为敌，这实在是失掉王霸机会的表现之一。六国勾结驻军于华下，大王发布号令击败它，攻至魏国都大梁的城下，包围大梁数旬。那时就可以攻占大梁；夺取了大梁，魏国就可消灭了；消灭了魏国，那楚国、赵国的关系就被断绝了；楚国、赵国的关系被断绝，赵国就危险了；赵国危险了楚国就会犹豫不决。那么再东面使齐国、燕国虚弱，中部压倒三晋。那就能一举而霸王的名誉可以成立，使四邻诸侯来朝拜了。可是谋臣不这样做，引兵退却，又与魏国讲和，让魏国反而收拾败业，设置祭祀天地的场所，安排宗庙，让魏国带领天下西面和秦为敌。这实在是失掉王霸机会的表现之二。过去穰侯治理秦国，用一国的兵力，而试图成就两国的功绩，因此军士终身日晒雨淋在国外打仗，而老百姓疲倦困苦于国内劳作，霸王的名声不能成立，这实在是失掉王霸机会的表现之三。

赵国是位于中央的国家。各国居民杂处，它的人民性格轻浮而难以驱使，法令不规范，赏罚不分明，地形不利于防守，老百姓无法使出自己的力量。那简直是一种亡国的形势啊。却还不知道关心老百姓，派遣它的全部老百姓，驻军于长平之下，以争夺韩国的上党。大王发出号令打击它，攻占了武安。这个时候，赵国上下不能亲密，有财产和没财产的人不能相互信任。这样邯郸就不能据守了。攻占了邯郸，包围了山东、河间，引军队往西攻占修武，翻过羊肠，降服上党。代地四十六县，上党七十县，不用一幅盔甲，不苦一个老百姓，这些就都为秦国所有了；代、上党不经过战斗而都为秦国所有；东阳、河外则不经战斗而归属于齐了；中山、呼沱河以北，则不经战斗而全为燕国所有了。那么赵就被灭亡了；赵国灭亡那韩也就灭亡了；韩国灭亡那楚国、魏国就不能独立；楚国、魏国不能独立，那就是一举而毁掉了韩国，破坏了魏国，攻取了楚国，东面使齐国、燕国衰弱，掘开白马渡口，以水淹没魏国。那就是一举使三晋灭亡，合从者失败啊。那时大王悠闲地等待着天下各国排队相随而来降服，霸王的功业就成就了。可是谋臣不这样做，引兵退却，又与赵国讲和。以大王的明智，秦兵的强大，放弃了霸王的功业，地也竟然没得到，却落得个欺侮将要灭亡国家的名声，这就是谋臣的拙劣了。况且赵国应该灭亡而没有灭亡，秦国应当称霸而没有称霸，天下确实可以据此估量秦国谋臣的能耐了，这是一。又倾尽士兵以进攻邯郸，不能够攻取它，又抛弃盔甲和兵器，战栗而退兵，天下确实可以据此估量秦国的力量了，这是二。军队于是被带领着撤退会合于李下，大王也带着军队前往会合。与敌人战而不能取胜，又不能及时撤军，疲劳困倦后而逃走，天下确实可以据此估量秦国的力量了，这是三。从内部来说，我们的谋臣被估量透了，从外部来说，竭尽了我们的兵力。这样一来，我认为六国要形成联合的形势，大概不会有什么困难了。从内部来说，我们的军队疲困，老百姓虚弱，积蓄耗尽，农田荒芜，仓库空虚；从外部来说，六国勾结紧密，希望大王对此有所考虑啊！

另外，我还听说过这样的话："小心戒备着，一天比一天小心，谨慎地恪守原则，那么可以拥有天下。"为什么要这样说呢？过去纣作为君主，率领着天下的百万军队，左边饮用淇溪的水，右边喝洹溪的水，淇水喝干了，洹水也喝断了流，以这样强大的军队和周武王为敌。周武王不过率领着披带孝袍的军队三千人。一天的战斗下来，结果消灭了纣的国家，制服了纣本人，占领了纣的国土，拥有了纣的人民，而天下对纣却丝毫没有伤感之情。知伯率领三家军队在晋阳围攻赵襄主，放水来淹晋阳。整整三个月，晋阳就快失陷了。赵襄王钻龟甲，用筮草卜卦，以观察未来的吉凶，以及哪一家的军队可以被降服。于是派遣了部下张孟谈。张孟谈于是偷偷出城，使韩、魏反叛了与知伯签订的盟约，说服了另外两家军队，反过来攻击知伯。抓住了知伯，并恢复了赵襄主当初的地位。现在秦国的版图截取长的，补足短的，方圆数千里，精锐之师数十百万，秦国的号令、赏罚制度、地形有利，其他几国都没法比。以这些条件攻击天下，天下都可以兼并所有。我冒着死的危险，愿意拜见大王，向您陈述如何破除六国的联合，吃掉赵国，灭亡韩国，使楚国、魏国臣服，与齐国、燕国维持好的关系，以成就霸主的功业，使四邻诸侯前来朝拜的途径。大王如果能听从我的说法，却不能一下破除六国的联合，不能吃掉赵、灭掉韩，不能使楚国、魏国臣服，使齐国、燕国来保持好的关系，不能建立霸王的功名，不能使四邻的诸侯来朝拜，大王可以杀掉我，作为不忠实于大王的谋臣来处置！

存韩第二①

韩事秦三十余年，出则介蔽②，入则为席荐③。秦特④出锐师取秦地而⑤随之。怨悬⑥于天下，功归于强秦。且夫韩入贡职⑦，与郡县无异也。今臣窃闻贵臣之计，举兵将伐韩。夫赵氏聚士卒，养从徒⑧，欲赘⑨天下之兵，明⑩秦不弱，则诸侯必灭宗庙，

欲西面[11]行其意，非一日之计也。今释[12]赵之患，而攘[13]内臣之韩，则天下明[14]赵氏之计矣。

夫韩，小国也，而以应天下四击，主辱臣苦，上下相与同忧久矣。修守备，戒强敌，有蓄积，筑城池以守固。今伐韩，未可一年而灭，拔一城而退，则权轻[15]于天下，天下摧我兵矣。韩叛，则魏应之，赵据齐以为原[16]，如此，则以韩、魏资[17]赵假[18]齐，以固其从，而以与争强，赵之福而秦之祸也。夫进而击赵不能取，退而攻韩弗能拔，则陷锐[19]之卒勤于野战，负任之旅[20]罢[21]于内攻，则合群苦弱以敌而共二万乘，非所以亡赵之心也。均如贵人之计，则秦必为天下兵质[22]矣。陛下虽以金石相弊[23]，则兼天下之日未[24]也。

今贱臣之愚计：使人使荆，重币[25]用事之臣，明赵之所以欺秦者；与魏质[26]以安其心，从[27]韩而伐赵，赵虽与齐为一，不足患也。二国事毕，则韩可以移[28]书定也。是我一举，二国有亡形，则荆、魏又必自服矣。故曰："兵者[29]，凶器[30]也。"不可不审[31]用也。以秦与赵敌衡[32]，加以齐，今又背韩，而未有以坚荆、魏之心。夫一战而不胜，则祸构[33]矣。计者，所以定事也，不可不察[34]也。韩秦强弱，在今年耳。且赵与诸侯阴谋久矣。夫一动而弱于诸侯，危事也；为计而使诸侯有意伐[35]之心，至殆也。见[36]二疏[37]，非所以强于诸侯也。臣窃愿陛下之幸[38]熟图之！夫攻伐而使从者[39]间[40]焉，不可悔也。

诏以韩客之所上书，书言韩之未可举，下臣斯[41]，甚以为不然。秦之有韩，若人之有腹心之病也，虚处[42]则核[43]然若居湿地，著[44]而不去，以极走[45]，则发矣。夫韩虽臣于秦，未尝不为秦病，今若有卒报[46]之事，韩不可信也。秦与赵为难，荆苏[47]使齐，未知何如。以臣观之，则齐、赵之交未必以荆苏绝也；若不绝，是悉赵[48]而应二万乘也。夫韩不服秦之义而服于强也，今专于齐、赵，则韩必为腹心之病而发矣。韩与荆有谋，诸侯应之，则秦必复见崤塞之患[49]。

非之来也，未必不以其能存韩也为重于韩也。辩说属辞，饰非诈谋，以钓利[50]于秦，而以韩利窥[51]陛下。夫秦、韩之交亲，则非重矣，此自便[52]之计也。

臣视非之言，文[53]其淫说[54]，靡[55]辩才甚。臣恐陛下淫[56]非之辩而听其盗心，因不详察事情[57]。今以臣愚议：秦发兵而未名所伐，则韩之用事者[58]以事秦为计矣。臣斯请往见韩王，使来入见，大王见，因内[59]其身而勿遣，稍[60]召其社稷之臣，以与韩人为市[61]，则韩可深割也。因令象武[62]发东郡之卒，窥兵于境上而未名所之，则齐人惧而从[63]苏[64]之计。是我兵未出而劲韩以威擒、强齐以义从矣。闻于诸侯也，赵氏破胆，荆人狐疑，必有忠计。荆人不动，魏不足患也，则诸侯可蚕食而尽，赵氏可得与敌[65]矣。愿陛下幸察愚臣之计，无忽[66]！

秦遂遣斯使韩也。

李斯往诏韩王，未得见，因上书曰：

"昔秦、韩戮力[67]一意，以不相侵，天下莫敢犯，如此者数世矣。前时五诸侯尝相与共伐韩，秦发兵以救之。韩居中国[68]，地不能满千里，而所以伐秦，韩反与诸侯先为雁行[69]以向秦军于关下矣。诸侯兵困力极，无奈何，诸侯兵罢。杜仓[70]相秦，起兵发将以报天下之怨而先攻荆。荆令尹[71]患之，曰：'夫韩以秦为不义，而与秦兄弟共苦[72]天下。已[73]又背秦，先为雁行以攻关。韩则居中国，展转[74]不可知。'天下共割韩上地[75]十城以谢秦，解其兵。夫韩尝一背秦而国迫[76]地侵，兵弱至今；所以然者，听奸臣之浮说，不权[77]事实，故虽杀戮奸臣，不能使韩复强。

"今赵欲聚兵士，卒以秦为事，使人来借道，言欲伐秦；欲伐秦，其势必先韩而后秦。且臣闻之：'唇亡则齿寒。'夫秦、韩不得无同忧，其形可见。魏欲发兵以攻韩，秦使人将[78]使者于韩。今秦王使臣斯来而不得见，恐左右袭[79]曩[80]奸臣之计，使韩复有亡地之患。臣斯不得见，请归报，秦、韩之交必绝矣。斯之来使，以奉秦王之欢心，愿效[81]便计[82]，岂陛下所以逆[83]贱臣者邪？臣斯愿得一见，前进道愚计，退就葅[84]戮，愿陛下有意焉。今杀臣于韩，则大王不足以强，若不听臣之计，则祸必构矣。秦发兵不留行[85]，而韩之社稷忧矣。臣斯暴身于韩之市，则虽欲察贱臣愚忠之计，不可得已。边鄙[86]残，国[87]固守，鼓铎[88]之声于耳，而乃用臣斯之计，晚矣。且夫韩之兵于天下可知也，今又背强秦。夫弃城而败军，则反掖[89]之寇必袭城矣。城尽则聚[90]散，聚散则无军矣。城固守，则秦必兴兵而围王一都，道不通，则难必谋[91]，其势[92]不救，左右计之者不用[93]，愿陛下熟图[94]之。若臣斯之所言有不应事实者，愿大王幸使得毕辞于前，乃就吏诛不晚也。秦王饮食不甘，游观不乐，意专在图赵，使臣斯来言，愿得身见，因急与陛下有计也。今使臣不通，则韩之信未可知也。夫秦必释赵之患而移兵于韩，愿陛下幸复察图之，而赐臣报决[95]。"

【注释】

①存韩：保存韩国。②介蔽：护卫。介，射箭时保护手臂的皮制手套。蔽，用于摭挡车子的纺织品。③荐：坐垫。④特：只要。⑤取秦地而：四字后面当有"韩"字。⑥悬：结。⑦贡职：上贡的职责。⑧从徒：从即纵。⑨赘：即缀，连结。⑩明：宣扬。⑪西面：面向西方。⑫释：放掉。⑬攘：排挤。⑭明：正确、明智。⑮轻：被……看轻。⑯原：高原。此引申为靠山的意思。⑰资：帮助。⑱假：借助，凭借。⑲陷锐：冲锋陷阵。⑳负任之旅：指担负运输的部队。㉑罢：即疲。㉒质：箭靶。㉓弊：坏。㉔未：没有。㉕重弊：重礼。弊，即币，礼物。㉖质：人质。㉗从：跟随。㉘移：书信之类公文。㉙兵：战争。㉚凶器：危险的手段。㉛审：谨慎。㉜衡：抗衡。㉝构：造成。㉞察：清楚。㉟意伐：征伐的意图。㊱见：即现。㊲二疏：两个漏洞。㊳幸：希望。㊴从者：主张六国联合的人。从即纵。㊵间：钻空子。㊶斯：李斯。秦国大臣。㊷虚处：无事闲处。㊸恢（hài）：难受。㊹著：纠缠。㊺极走：急速奔跑。极，即亟。㊻报：即赴，告丧。㊼荆苏：秦国使者。㊽赵：当作秦。㊾崤塞之患：指公元前247年，魏国等五国联军在崤山打败秦军之事。㊿钓利：以利为钓饵。51窥：窥伺，钻营。52自便：自讨便宜。53文：修饰。54淫说：无根据的乱说。55靡：华丽。56淫：沉浸。57情：实，真相。58用事者：执政的大臣。59内：即纳，接收。这里指扣留。60稍：渐渐。61市：做生意，交易。62象武：当作蒙武，秦将。63从：遵从。64苏：即前文所说荆苏。65敌：较量，为敌。66忽：忽略，不经意。67戮力：合力。68中国：此指中原地区。69雁行：像雁阵飞行排列在一起的意思。70杜仓：秦昭襄王时相。71令尹：楚国最高行政长官。72苦：为害。73已：过后。74展转：反覆无常。75上地：韩国上党之地。76迫：窘迫。77权：衡量。78将：带着。79袭：沿用。80曩：往日。81效：奉献。82便计：有利的计谋。83逆：迎接。84葅（zū）：肉酱。85留行：停止前进。86鄙：边境。87国：首都。88铎：铃。89掖：即腋。此指内部。90聚：指聚集而居之人。91难必谋：难以有合适的计谋。92势：形势。93不用：无用。94熟图：深思熟虑。95报决：报告决定。

【译文】

韩国侍奉秦国三十余年。出外就为秦国做掩护；入内就为秦国做卧席坐垫。秦国只要派出精兵掠夺别国土地，而韩国就跟随着。与天下结怨的是韩国，而功绩却归给了强大的秦国。而且韩国履行对秦国上贡的职责，和秦国的郡县也并无差别。如今我在私下里听说了贵臣的计谋，将要举兵讨伐韩国。那赵国在聚集士卒，豢养主张六国联合的人，宣扬如果不削弱秦国，那么诸侯的祖宗庙宇一定会被消灭，它们在西面正打算按它们意图行事，这样已经不止一天了。今天秦国却放下赵国这个祸乱，而排挤作为内部臣属一样的韩国，那天下都会认为赵国的图谋是明智的了。

韩国是一个小国，应付着四面八方的攻击，君主受辱，臣属劳苦，君臣上下担惊受怕已经很久了。修整防守措施，戒备强敌，拥有积蓄，又修筑城池准备坚守。如今讨伐韩国不见得一年就能消灭它。攻克一座城市便撤兵，那秦国的力量就会为天下所轻视。天下诸国就可以摧折秦国的军队。韩国若因此反叛秦国那魏国就会响应。赵国又依靠齐国为靠山。这样就是以韩国、魏国帮助赵国，凭借齐国以巩固它们的联合，而与秦国一争高下。这是赵国的喜事，秦国的灾难。在这种情况下，前进攻击赵国不能得手；后退攻击韩国又攻占不了。那么冲锋陷阵的士卒辛劳地战斗于野外；后勤运输队伍，则又由于内部不协调而疲乏。这就是集合着一群疲乏虚弱的军队来对付齐、赵联合的大军，这绝不是当时亡韩的初衷啊。若都实施贵臣进攻韩国的计划，那秦国必将成为天下的箭靶了。陛下尽管有如钢铁玉石那样的长寿，那也等不到兼并天下的日子了。

现在我有一计，派人去楚国，用厚重的贿赂收买那里管事、掌权的大臣，说清楚赵国欺骗秦国的事实；又派人质去魏国，以安定它的心意，使它跟随韩国而讨伐赵国。赵国虽然与齐国结为一体，也不足以担心他们。齐、赵二国结局已定，对韩国，写一封公文去就可以安定了。如此一样，是秦国一个行动，就使齐、赵二国现出灭亡的形势，而楚、魏二国又必然会自己顺从于秦国。原本有这样的说法："战争是一种危险的手段。"不能不谨慎地使用这一手段。以秦国和赵国敌对抗衡，加上齐国的参预，现在又背弃韩国，而没有坚定楚国、魏国的心意，那一战而不能取胜，就会构成灾难。计谋，是用来把事办妥当的，不能不弄清楚。秦国强弱的转换，不过就在今年罢了。而且赵国与诸侯国之间暗中策划已经很久了，一个动作导致自己在诸侯面前变得虚弱，这是危险的事，设计一个政策，而诱使诸侯有图谋征伐我们的想法，真是十分危险的。这样的两大疏忽显现在面前，确实不能使我们强过诸侯。我盼望陛下一定对此深思熟虑。对外征伐而使主张六国联合的人钻了空子，那就后悔不及了。

秦王诏令把韩非所上的奏书——奏书说伐韩不可取——下达给大臣李斯。李斯认为韩非的话很不对头。他认为，秦国以韩国为盟国，就象人患有腹心方面的疾病。平日无事之时也感到痛苦，象居住在潮湿的地方，病纠缠不去；倘若有事快跑，病就会发得很厉害了。韩国尽管臣服于秦国，未必就不是秦国的一块心病，倘若一旦有生死攸关的大事，韩国是不可以信任的。秦国与赵国作对，让荆苏去齐国，结果怎样，不得而知。以我的观察，齐、赵之间的交往，不一定会为荆苏的说词而断绝。如果这种关系没断绝，是使秦国倾自己的全部力量来面对齐、赵两个大国了，韩国并不遵从秦国对它的情义，而是遵从于强权，现在集中力量于齐、赵二国，那韩国作为腹心之病就会发作了。韩国与楚国有阴谋，诸侯国再一响应，那秦国就又会见到当年崤塞的那种灾难了。

韩非此次来秦国，恐怕是想以他的能耐来保存韩国吧！也是为了让他被韩国看重。他能言善辩，好话连篇，善于掩饰他的坏心眼儿和诡计，用便宜好处来引诱秦国，而实际却是为了韩国的利益而想钻陛下的空子。倘若秦、韩两国交好亲热，那韩非也就显得很有份量了，这也是他为自己所打算的好处。

我看韩非所上的奏议，他的胡说八道和华丽辞藻，都表现了相当的才气。我担心陛下迷醉于韩非的辩说中，听从了他的盗贼之心，因而不去详细考察事情的原委。如今依我的意见，秦国立即发兵，但却不宣布征伐的对象。那么韩国的掌权者就只能以侍奉秦国为上策了。我李斯再请求去见韩王，想法让他来朝见大王。他来了，就扣留下他而不返遣。随即再慢慢地召集韩国掌权的大臣，用韩王来和韩国人做交易。那么韩国的土地一定可以任秦国宰割了。再命令［蒙］武率领东郡的士兵，屯兵于边境，而不说打算征伐哪里。那么齐国一定感到恐惧而听从荆苏的说词。如此一来，我们的兵马尚未出发，而有实力的韩国被秦国的威力挟制住了，强大的齐国就服从了我们的道理。这消息被诸侯听说了，赵国胆子吓破了，楚国也会犹豫不决没了主意，必然考虑向我们靠拢。楚国保持平静，魏国也就没什么好害怕的了。那么对于诸侯，就可以象蚕吃食一样地慢慢消灭干净，对赵国这就可以与它一较高下了。希望陛下能好好考虑我的意见，不要有所忽视。

于是秦国派遣李斯出使韩国。

李斯前往韩国想当面与韩王谈谈，但韩王却没见他。李斯因此给韩王上一封奏书说：

“过去秦、韩两国合心同力，互不侵犯，天下没有谁敢来进犯，象这样已经维持了好几代了。以前五国诸侯曾联合起来讨伐韩国，秦国出兵救援了韩国。韩国位居中原地带，土地方圆不满千里，而之所以能和诸侯平起平坐占一席之地，君臣相安无事，就是靠着世世代代相教诲要侍奉秦国这一条件。可是，早些时五国诸侯来征伐秦国，韩国反而与诸侯联合行动，对秦军在关外扎下了营盘，结果各国的军队都疲困无力，最终撤军。杜仓做了秦相，召集军队，报诸侯攻秦之仇。先是进攻楚国。楚国令尹害怕了，说：‘韩国认为秦国是不仁义的，但却又和秦国结为兄弟，共同为害天下。过后又背弃秦国、与诸侯联合带头攻击秦国关隘。韩国地处诸国中间，反反覆覆确实捉摸不透。’诸侯五国使一起割取韩国上党地区十座城市给秦国表示道歉，而解除了秦军对他们的威胁。韩国就曾经这样一度背弃秦国，而马上使国家窘迫，土地被侵占，兵势被削弱直到如今。之所以造成这样的后果，就是听信了奸臣没有根据的乱说，而不权衡实际。因此尽管把奸臣杀了，也不能使韩国再恢复强盛。

“现在赵国打算聚集兵力，目标针对着秦国。又派人来韩国借路，说是打算讨伐秦国。既打算讨伐秦国，那发展势头必然是先灭了韩，才会轮到秦。而且我听说：‘嘴唇没了牙齿就得不到保护。’那么秦、韩两国不能不同忧患，这种情形是明显的了。魏国想发兵攻击韩国，秦国派人把魏国使者送给韩国处置。如今秦王派我来，而大王不见我，我担心大王的臣下又要沿用过去那奸臣的政策，从而使韩国又有失去国土的灾难了。我这次既不能见大王，那就请让我回去向秦王汇报。这样与韩国的交情就必然断绝。我这次来出使，是带着秦王与韩交好的心意来的。我愿献出有利的计谋。难道这就是陛下欢迎我的礼节吗？我愿意得到一个晋见大王的机会，向您推荐我的计谋，然后退而接受您的杀戮，希望大王注意到此事。现在把我杀死在韩国，大王不会由此强大，但不听我的计谋，灾祸却必然造成。秦国发兵一刻也不停，而韩国国家就值得担忧了。我暴露尸首于韩国街头，那时尽管想考察我充满一片忠心的计谋，也是做不到的了。边境被打破了，死守在国都，军鼓之声在耳边震响，那时再想采用我的计谋就晚了。何况韩国的军力，是天下都知道的。现在又背弃了强大的秦国。城市失守，军队溃败，那内部

的盗寇，必然袭击城市。城市一完，人民必然逃散，居民逃散则军队也无法存在了。如果城市还能固守，那秦国必然起兵把大王您围在一城之内。那时道路不通，就难以想出恰当的主意，形势险恶，大臣们的计谋都没有用了。希望陛下认认真真地考虑我所说的吧。假如我说的与事实有不相符合的地方，希望大王能允许我把话在您面前说完，然后再杀我也为时不晚。秦王吃喝不香，游玩不乐，他的心思都集中在赵国身上呢，因此派我来传达他的话。我想见大王，就是急着要与陛下策划此事啊。现在我不能见您，那么韩国的忠诚就不知怎样了。那么，秦国必然解除赵国的祸患而把军队转向韩国。希望陛下再一次认真考虑这个问题，而赐给我可以回去汇报的决定。"

难言第三①

臣非非难言也，所以难言者：言顺比②滑泽③，洋洋缅缅然④，则见以为⑤华而不实；敦厚恭祇⑥，鲠固⑦慎完，则见以为拙而不伦⑧；多言繁称⑨，连类比物，则见以为虚而无用；总微说约，径省⑩而不饰，则见以为刿⑪而不辩；激急亲近⑫，探知人情，则见以为僭而不让；宏大广博，妙远不测，则见以为夸而无用；家计⑬小谈，以具数⑭言，则见以为陋；言而近世⑮，辞不悖逆，则见以为贪生而谀上；言而远俗，诡躁⑯人间，则见以为诞；捷敏辩给⑰，繁于文采，则见以为史；殊释⑱文学⑲，以质性⑳言，则见以为鄙；时㉑称《诗》、《书》㉒，道㉓法㉔往古，则见以为诵。此臣非之所以难言而重患㉕也。

故度量㉖虽正㉗，未必听也；义理虽全，未必用也。大王若以此不信，则小者以为毁訾㉘诽谤，大者患祸灾害死亡及其身。故子胥善谋而吴戮之，仲尼善说而匡㉙围之，管夷吾㉚实贤而鲁囚之。故此三大夫岂不贤哉？而三君不明也。上古有汤㉛，至圣也；伊尹㉜，至智也。夫至智说至圣，然且七十说而不受，身执鼎俎㉝为庖宰㉞，昵㉟近习㊱亲，而汤乃仅知其贤而用之。故曰：以至智说至圣，未必至而见㊲受，伊尹说汤是也；以智说愚，必不听，文王㊳说纣是也。故文王说纣而纣囚之；翼侯㊴炙；鬼侯㊵腊㊶；比干㊷剖心；梅伯㊸醢㊹；夷吾束缚；而曹羁㊺奔陈；伯里子㊻道乞；傅说㊼转鬻㊽；孙子膑脚㊾于魏；吴起㊿收泣于岸门，痛西河之为秦，卒[51]枝解[52]于楚；公叔痤[53]言国器[54]反为悖[55]，公孙鞅奔秦；关龙逢[56]斩；苌弘[57]分胣[58]；尹子阱于棘[59]；司马子期[60]死而浮于江；田明辜射[61]；宓子贱[62]、西门豹[63]不斗而死人手；董安于[64]死而陈于市；宰予[65]不免于田常[66]；范雎[67]折胁于魏。此十数人者，皆世之仁贤忠良有道术之士也，不幸而遇悖乱暗惑之主而死。然则虽贤圣不能逃死亡避戮辱者何也？则愚者难说也，故君子难言也。且至言[68]忤于耳倒于心，非贤圣莫能听，愿大王熟察之也。

【注释】

①难言：进言的困难。②顺比：依顺。③滑泽：流畅有光。④洋洋缅缅（shǎi）：滔滔不绝而有条理。⑤见以为：被认为。⑥祇（zhī）：虔诚。⑦鲠固：耿直坚定。⑧伦：样子，体统。⑨称：称引，引经据典。⑩径省：简单省略。⑪刿（guì）：锋锐。⑫激急亲近：激切而涉及君王左右。⑬家计：家务琐事。⑭具数：具体数落。⑮近世：接近世俗。⑯诡躁：奇怪不切实际。⑰给：言词快捷。⑱殊释：断然抛弃。⑲

文学：泛指典籍文书等。⑳质性：质朴本性。㉑时：不断地。㉒诗书：《诗经》与《尚书》。㉓道：称道。㉔法：效法。㉕重患：重重忧虑。㉖度量：推理。㉗正：准确。㉘訾：诋毁。㉙匡：春秋时宋国地，孔子游说到此，曾被匡人围攻。㉚管夷吾：管仲，春秋时齐桓公相，曾帮助齐国建立霸业。任齐桓公相前，曾在鲁国被囚。㉛汤：商朝的开国君主。㉜伊尹：汤臣，曾帮助汤夺取天下。㉝鼎俎：鼎，古代的大锅。俎，菜板。㉞庖宰：厨师。㉟昵（nì）：亲近。㊱习：亲近的人。㊲见：被。㊳文王：周文王，本为殷纣王臣子。㊴翼侯：即鄂侯，先封翼，后封鄂，故称。曾劝说纣而被纣以火烤死。㊵鬼侯：又称九侯。因劝说纣而被杀制成干肉。㊶腊（xī）：干肉。㊷比干：纣的叔父。曾劝说纣，而被纣剖开胸膛观察心有几窍。㊸梅伯：纣臣，因屡次劝说纣而被纣杀，剁成肉酱。㊹醢（hǎi）：肉酱。㊺曹羁：春秋时曹国大夫。因劝说曹伯不听，后出奔至陈国。㊻伯里子：即百里奚。春秋时秦国大夫，曾帮助秦穆公成霸业。在任秦国大夫前，在齐国讨过饭。㊼傅说（yuè）：商王武丁的相。㊽鬻（yù）：卖。㊾膑脚：孙膑为庞涓所谗，被魏王削去了膝盖。㊿吴起：春秋战国时著名军事家。51卒：最终。52枝解：即肢解，古代最残忍的刑法。53公叔痤（cuó）：战国时魏惠王相。54国器：具有治国才能的人。55反为悖：悖，昏乱。公叔痤病重时曾向魏惠王推荐过公孙鞅（即商鞅），但却被魏惠王认为是神志昏乱。56关龙逢：即关龙逄（páng），夏末暴君桀的臣子，因劝说夏桀而被杀。57苌弘：春秋时周大臣，后为周王所杀。58胣（chǐ）：开肚剖肠。59阱于棘：落入丛生的荆棘中。60司马子期：司马，官名。子期，人名。楚惠王时人。61辜射：即“辜磔（zhě）”，分尸。62宓子贱：春秋时鲁人。63西门豹：战国时魏人。64董安于：春秋时晋国人。为晋国贵族知伯逼迫自杀，将尸首陈列于街上。65宰予：即“宰我”。春秋时鲁国人。后在齐国做官，为田常所杀。66田常：齐国大夫，后发动政变，控制了齐国政权。67范雎：战国时魏人，曾被人打断肋骨。后逃至秦国，被秦昭襄王封为应侯。68至言：中肯的话。

【译文】

臣韩非并不是不善于言辞，而难以进谏的原因是：和顺流畅而有华彩，滔滔不绝而有条理，会被认为华而不实；纯朴恭敬厚道，耿直而又认真周到，会被认为笨拙而不成体统；话多而频繁地引经据典，将事物相连系而加以比譬，会被认为是空话而派不上用场；概括精要而又论说简要，直率简略而不加掩饰，会被认为是针芒毕露而不善于辩论；激烈明快地涉及君王左右，触及他人的内心隐情，会被人认为超越了身分而不谦让；语言宏大而广博，深远不可测估，会被人认为是夸张而无用；家常琐屑之谈，事无巨细一一陈述，会被人看作浅薄；语言接近世俗，说话顺及平和，会被认为是贪恋生命而奉承君主；语言远离世俗，在人间显得怪异，会被认为荒唐；思路敏捷，言辞快速，文采繁富，会被认为是史的文字；断然抛弃文献典籍，朴素而直说，会被认为粗野；不断地引证《诗经》、《尚书》，称道效法往古，会被认为是在诵读古典。这就是臣子我难于进言而且忧虑重重的缘故啊。

所以道理虽然准确，君王未必会听；道理虽然完美，君王未必采纳。大王如若认为这些进言的言辞不可靠，那事实却是进言者轻的被认为是诋毁诽谤，重的就遭到灾难甚至面临死亡。由于这个道理，伍子胥善于出主意而吴国把他杀掉；孔子擅长游说却被匡人围攻；管仲本来有才能而鲁国却囚禁过他。因此这三位大夫难道没有才能吗？是三位君主不明智啊！上古时候有汤，是一位极圣贤的君主；他的宰相伊尹，是一位极富才智的大臣，那极富才智的人向极为圣贤的人进言，都还进言了七十次而不被接受，后来伊尹亲自下厨房操持饮具；做汤的厨师，与汤十分亲密随便成为亲信，而汤也不过仅仅知道他有点才能而任用他。因此可以说：以极富才智的人向圣贤的君主进言，也不一定一说即被接受，伊尹向汤进言就是例子；以明智的人去游说愚蠢的人，必然不会被接受，周文王向纣进言就是例子。因此文王进言，就被纣囚禁起来；

翼侯被烤死；鬼侯被制成肉干；比干被挖出心；梅伯被剁成肉酱；管仲遭到捆绑；曹羁逃跑到陈国；伯里奚沿路讨饭；傅说几次被卖掉；孙膑在魏国被削去了膝盖；吴起站在岸门伤心落泪，哪是心痛西河将会被秦国所有，而最终竟被楚人杀死肢解；公叔痤向国君推荐治国的贤才，反被斥为神志昏乱；结果被推荐的公孙鞅逃到秦国；关龙逄被杀；苌弘被开肚破肠；尹子陷于困境；司马子期被杀死抛尸于江中；田明被分尸；宓子贱、西门豹不争斗而被人所杀；董安于死了横尸街头；宰予因反对田常的政变而被杀掉；范雎在魏国被人打断了肋骨。这十多位都是世上仁义贤能而又忠良有本领的人，不幸碰到了糊涂荒唐，昏庸不明的君主而死去。那么即使是贤能圣明的人也不能逃脱死亡和侮辱的原因是什么呢？就是愚蠢的君主难以劝谏。因此君子进言实在困难啊！而且中肯的意见既不顺耳又让人不舒服，不是贤能圣明的人听不进，希望大王对这个问题深思熟虑！

爱臣第四①

爱臣太亲，必危其身；人臣太贵，必易主位；主②妾无等，必危嫡子③；兄弟不服④，必危社稷。臣闻：千乘⑤之君无备，必有百乘之臣在其侧，以徙⑥其民而倾⑦其国；万乘之君无备，必有千乘之家在其侧，以徙其威而倾其国。是以奸臣蕃息⑧，主道衰亡。是故诸侯之博大，天子之害也；群臣之太富，君主之败也。将相之管主而隆国家⑨，此君人者所外⑩也。万物莫如身之至贵也，位之至尊也，主威之重，主势之隆也。此四美者，不求诸外，不请于人，议⑪之而得之矣。故曰：人主不能用其富⑫，则终于外也。此君人者之所识⑬也。

昔者纣之亡⑭，周之卑⑮，皆从诸侯之博大也；晋之分⑯也，齐之夺⑰也，皆以群臣之太富也。夫燕、宋之所以弑其君者，皆以⑱类也。故上比之殷、周，中比之燕、宋，莫不从此术也。是故明君之蓄⑲其臣也，尽⑳之以法，质㉑之以备。故不赦死，不宥㉒刑；赦死宥刑，是谓威淫㉓。社稷将危，国家偏威㉔。是故大臣之禄虽大，不得藉威城市㉕；党与㉖虽众，不得臣士卒。故人臣处国㉗无私朝㉘，居军无私交，其府库不得私贷于家㉙，此明君之所以禁其邪。是故不得四从㉚；不载奇㉛兵；非传㉜非遽㉝，载奇兵革㉞，罪死不赦。此明君之所以备不虞㉟者也。

【注释】

①爱臣：爱护臣下。②主：王后。③嫡子：正妻的儿子。④服：顺。⑤千乘：千辆兵车。这里用以指国的大小。⑥徙：迁移。⑦倾：颠覆。⑧蕃息：繁殖生长。⑨国家：这里“国”字为衍文。⑩外：排除。⑪议：通宜，适宜。⑫富：拥有的。⑬识（zhì）：即“志”，记住。⑭纣之亡：商朝末，封于西边的诸侯周逐渐强大，最后灭商。⑮周之卑：东周以后，诸侯拥兵自重，争夺霸权。周虽名为天子，实力却仅同于一个小国。⑯晋之分：公元前403年，晋国贵族韩、赵、魏三家分晋，形成了后来的三个诸侯国。⑰齐之夺：公元前481年，齐国贵族田常杀齐简公，控制了齐国政权。⑱以：当作此。⑲蓄：养。⑳尽：一切。㉑质：正。㉒宥：减轻。㉓淫：乱。㉔偏威：权威旁落。㉕籍威城市：“威”字衍文。籍：税收。㉖党与：拥护相好。㉗国：封邑。㉘朝：朝会。㉙家：人家。㉚四从：即驷从。驷，四匹马拉车。㉛奇（jī）：单个。㉜传：传送紧急公文的车。㉝遽（jù）：传送公文的马。㉞兵革：泛指武器。㉟不虞：没有料到。

【译文】

喜爱臣下过分亲密，必然危及自身。臣下太有权势，必然改变王位的主人。王后与妃子不分等级，必然对嫡子形成危险。兄弟关系不顺，必然对国家造成危险。我听说千辆兵车的国家君主若没有戒备，必然有百辆兵车的臣下在他旁边，夺走他的人民而颠覆他的国家。万辆兵车的国家君主如不戒备，必然有千辆兵车的家族在他的旁边，夺过他的权势而颠覆他的国家。因此奸臣繁殖生长，君王的统治就衰亡；因此诸侯的强大，就是皇帝的隐患；群臣拥有的过多，君王就会衰败。将相控制君主而使自己家族兴盛的情形，是君主要排除的。世上没有什么东西象身体那样宝贵到极点，象王位那样尊贵到极点，象君主权威那样重要到极点，象君主权势那隆盛到极点。这四样美好的东西，不用往外面去追求，不用向谁去请求，人君妥善地对待它，就可以得到它了。因此说：君王不能利用自己所拥有的，最终会得被排斥在王位之外。这是君王们应该记住的道理。

以前纣的衰亡，周的卑微，都是随着诸侯国的强大而来的。晋国被瓜分，齐国被篡夺，都是由于群臣拥有东西太多的缘故。那燕国、宋国弑杀君主的人，都是属于这类情形。因此上古比照殷商、周国，中古比照燕国、宋国，没有不是遵照这种方式来的。因此圣明的君主蓄养他的臣下，一切以法度为准，以严加戒备为正确的做法。因此不赦免死罪，不减轻刑罚。赦免死罪，减轻刑罚，这就叫做权势乱了。国家将陷入危险，君主权威将旁落。因此大臣的俸禄虽高，但不得占有城市税收；拥护相好者虽多，但不能私养军队。所以人臣处于封地中不能私设朝会；居于军队之中不能与外国私自往来；仓库中的财物不能私自贷给私人。这就是圣明的君主防止奸邪的措施。同时臣下不得多带人马外出；车上不准载武器。不是传递公文的车马，若上面载了武器，就是不可赦免的死罪。这是圣明的君主用来防止意外的措施。

主道第五[1]

道者，万物之始、是非之纪[2]也。是以明君守始以知万物之源，治纪以知善败之端[3]。故虚静以待令[4]，令名自命也，令事自定也。虚则知实[5]之情，静则知动者正[6]。有言者自为名[7]，有事者自为形[8]，形名参同[9]，君乃无事焉，归之其情。故曰：君无见[10]其所欲，君见其所欲，臣自将雕琢[11]；君无见其意，君见其意，臣将自表异[12]。故曰：去好去恶，臣乃见素[13]；去旧[14]去智，臣乃自备[15]。故有智而不以虑，使万物知其处；有行而不以贤[16]，观臣下之所因[17]；有勇而不以怒，使群臣尽其武。是故去智而有明，去贤而有功，去勇而有强。群臣守职，百官有常[18]，因能而使之，是谓习常[19]。故曰：寂乎其无位而处，漻[20]乎莫得其所。明君无为于上，群臣竦惧乎下。明君之道，使智者尽其虑，而君因以断事，故君不穷于智；贤者敕[21]其材，君因而任之，故君不穷于能；有功则君有其贤，有过则臣任[22]其罪，故君不穷于名。是故不贤而为贤者师，不智而为智者正[23]。臣有其劳，君有其成功，此之谓贤主之经[24]也。

道在不可见，用在不可知；虚静无事，以暗见疵[25]。见而[26]不见，闻而不闻，知而不知。知其言以往[27]，勿变勿更，以参合阅[28]焉。官[29]有一人，勿令通言，则万物皆尽[30]。函[31]掩其迹，匿其端，下不能原[32]；去其智，绝其能，下不能意[33]。保吾所以往而稽[34]同之，谨执其柄[35]而固握之。绝其望[36]，破其意，毋使人欲[37]之。不谨其闭，不

固其门，虎[38]乃将存。不慎其事，不掩其情，贼乃将生。弑其主，代其所，人莫不与[39]，故谓之虎。处其主之侧，为奸臣，闻其主之忒[40]，故谓之贼。散其党，收其馀[41]，闭其门，夺其辅，国乃无虎。大不可量，深不可测，同合[42]刑名[43]，审验法式[44]，擅为者诛，国乃无贼。是故人主有五壅[45]：臣闭其主曰壅，臣制[46]财利曰壅，臣擅行令曰壅，臣得行义曰壅，臣得树人曰壅。臣闭[47]其主，则主失位；臣制财利，则主失德[48]；臣擅行令，则主失制；臣得行义，则主失名；臣得树人，则主失党。此人主之所以独擅也，非人臣之所以得操[49]也。

人主之道，静退以为宝。不自操事而知拙与巧，不自计虑而知福与咎[50]。是以不言而善应，不约而善增。言已应，则执其契[51]；事已增，则操其符[52]。符契之所合，赏罚之所生也。故群臣陈其言，君以其言授其事，事以责[53]其功。功当[54]其事，事当其言，则赏；功不当其事，事不当其言，则诛。明君之道，臣不得陈言而不当。是故明君之行赏也，暖[55]乎如时雨，百姓利其泽[56]；其行罚也，畏乎如雷霆，神圣不能解[57]也。故明君无偷[58]赏，无赦罚。赏偷，则功臣堕[59]其业；赦罚，则奸臣易为非。是故诚[60]有功，则虽疏贱必赏；诚有过，则虽近爱必诛。近爱必诛，则疏贱者不怠，而近爱者不骄也。

【注释】

①主道：做君主的原则。②纪：准则。③端：开始。④令：美。⑤实：泛指一切存在的事、物。⑥正：准则。⑦名：概念。⑧形：形迹。⑨参同：验证相同。⑩见：同现。⑪雕琢：装扮自己。⑫表异：表现出异样。⑬素：本色。这里指实情。⑭旧：成见。⑮备：小心戒备。⑯有行而不以贤：学者考定，此句当作“有贤而不以行”。⑰因：凭借。⑱常：规范。⑲习常：沿袭常规。⑳漻：即寥。空旷。㉑敕（chì），准备。㉒任：承担。㉓正：君主。㉔经：准则。㉕疵：小毛病。㉖而：如。㉗以往：以后。㉘阅：观察。㉙官：官职。㉚万物皆尽：所有的情况都显露出来。㉛函：包含。㉜原：追究。㉝意：推测。㉞稽：考察。㉟柄：权。㊱望：窥伺。㊲欲：贪欲。㊳虎：比喻欲篡国之臣。㊴与：追随，附和。㊵忒：差错。㊶余：随从。㊷同合：核对，验证。㊸刑名：又称形名。指实际与概念。㊹法式：法律规章等。㊺壅：蒙蔽。㊻制：控制。㊼闭：雍闭。㊽德：恩惠。㊾操：掌握。㊿咎：过失，灾祸。(51)契：即契约。(52)符：同契约。(53)责：检验。(54)当：符合。(55)暖（ài）：温润。(56)泽：恩惠。(57)解：解脱。(58)偷：随便。(59)堕：即惰。(60)诚：确实。

【译文】

道，是万物的本源，是正确与错误的准绳。因此贤明的君主坚守事物的根本，以了解万物的去就，探究这个准绳以了解好坏的原因。虚心平静地等待好的结局出现。让理论自然从事实中得出，事实自然按照规律发展。虚心，就洞察事情的真相；平静，就知晓那运动着的东西的归宿。有话的人，自然会说出来；管事的人，自然会有行动。言语与行动相互验证而统一，君主就无事可做了，事物表现出了它们的本质。所以说：君主不要表现自己的意图，君主若表现出自己的意图，臣属就会装扮自己；君主不要表现出自己的意图，君主表现出了自己的意图，臣属就会表里不一。所以说：君主不用表现出好恶，臣属就会显示出自己的本色；君主不用表现出自己的成见和机智，臣属就会自己谨慎。因此君主有智慧也不用思虑，而使万事万物各得其所；有贤能也不用行动，而观察臣属行动的方式；有勇力也不用威怒，让群臣尽力施展自己

的武力。因此君主不表现智慧却有了臣下的明智；不表现贤能却有了臣下的事功；不表现勇力却有了臣下的坚强。群臣都尽到自己的职责，百官都有自己的规矩，因而可以加以使唤，这就叫做照常规办事。所以说：安静啊，君主好像没有处在君位上；空旷啊，君位不知道在哪里。圣明的君主在上面什么也不做，群臣在下面恐惧害怕。圣明的君主治理的方法，是使智慧的人努力地思考，而君主做出裁决，因此君主智慧无穷；贤能的人准备好自己的才能，君主依据情况而加以任用，因此君主的才能无穷；建立了功业，就表现了君主的才能，犯下了过失，就由臣下来承担罪责，因此君主的名声无穷。因此没有贤能的人成为贤能的人的老师；没有智慧的人成为有智慧的人的君长。臣下付出劳动，君主获得成功，这就是所说的贤明的君主的治理方式。

治理的原则是在于使臣下不能了解君主；统治的运用在于使臣下不能知晓究竟。君主虚心平静不做事情，从暗中就可看到臣下细微的过失。见到就象没见到；听到就象没听到；了解到就象没了解到。知道了臣下的言论以后，不用去改变它，而是将臣下的言行相结合加以观察。一个职位只安排一人，不让他们互相交往。君主则全面地隐藏自己的行迹；隐瞒自己的打算，使臣下无法猜测；不表现智慧，不表现才能，使臣下无法猜测。隐藏住我所想的而去考察臣下是否与我一致；谨慎地抓住权力而牢牢掌握它。断绝臣下对权力的欲望；破除臣下对权力的企图，不要让人产生篡位的幻想。不谨慎地杜绝欲念，不坚守道义的大门，篡权的虎就会出现了。不小心于事情，不掩盖事情的真相，篡权的贼就会产生了。弑杀他的君主，取代君主的位置，使众人追随他，因此叫做“虎”，处于他的君主的旁边做一个奸臣，了解他的君主的过失，因此叫做“贼”。解散他的同伙，搜捕他的残余，关闭他的大门，削掉他的辅佐，国家就没有“虎”了。君主的统治之术，应是宽广不可限量，深沉不可杜测，参验理论与实际，审察检验法律规章，擅自行动者就杀掉，国家就没有“贼”了。因此君主存在着五种被蒙蔽的情况：臣下隔绝他君主的周围叫做蒙蔽君主；臣下掌握财产就叫做蒙蔽君主；臣下擅自发号施令就叫做蒙蔽君主；臣下得以表现仁义就叫做蒙蔽君主；臣下得以培植党羽就叫做蒙蔽君主。臣下隔绝君主的周围，君主就会失掉位置；臣下控制了财产，君主就失去了对人的恩德；臣下擅自发号施令，君主就失去了对局势的控制；臣下得以表现仁义，君主就失去了声望；臣下得以培植党羽，君主就失去了拥护。上述这些权力都是君主应独立拥有而不是臣子可以掌握的。

君主的统治之术，以平静不争先为珍宝。不亲自操劳而知道臣下的笨拙与巧妙；不自己策划而知道臣下办事的福祸。因此不说话，臣下却善于应对；不进行约束，臣下却善于增加事功。臣下已经作出应对，君主就拿着契做检验；臣下已做出了事功，君主就拿着符做检验。契符是否两相吻合，赏罚也就由此产生了。因此群臣陈述自己的主张，君主就根据他们的意见来安排职务；根据安排的工作来要求应该建立的功业。所建立的功业与工作相称，工作与所说的相称，就予以奖赏；若功业不能与工作相称，工作不能与所说的相称，就杀头。圣明的君主统治之术，要求臣下不能陈述意见不适当。因此圣明的君主的给予赏赐，温润得象时雨，百姓从中得到恩惠；他的给予惩罚，让人畏惧如雷霆，就连神仙圣贤也无法逃脱。因此圣明的君主不随便给予赏赐，也不赦免惩罚。随便赏赐，那功臣就会对事业懈怠；赦免惩罚，那奸臣就容易为非作歹。因此如的确有功，即使是与君主疏远卑贱的人也必须加以赏赐；如确实有错，即使是与君主亲近昵爱的也必须诛杀。那么疏远卑贱者就不敢懈怠，而亲近昵爱者也不敢骄纵了。

有度第六①

国无常强，无常弱。奉法者强②，则国强；奉法者弱，则国弱。荆庄王③并国二十

六，开[4]地三千里；庄王之氓[5]社稷也，而荆以亡。齐桓公[6]并国三十，启[7]地三千里；桓公之氓社稷也，而齐以亡。燕襄王[8]以河为境，以蓟为国，袭涿、方城[9]，残齐[10]，平中山[11]，有燕者重[12]，无燕者轻；襄王之氓社稷也，而燕以亡。魏安釐王[13]攻赵救燕，取地河东[14]；攻尽[15]陶[16]、魏[17]之地；加兵于齐，私[18]平陆[19]之都；攻韩拔管[20]，胜于淇[21]下[22]；睢阳之事[23]，荆军老[24]而走[25]；蔡[26]、召陵[27]之事，荆军破[28]。兵四布于天下，威行于冠带之国[29]，安釐王死而魏以亡。故有荆庄、齐桓，则荆、齐可以霸；有燕襄、魏安釐，则燕、魏可以强。今皆亡国者，其群臣官吏皆务[30]所以乱而不务所以治也。其国乱弱矣，又皆释国法而私[31]其外[32]，则是负薪而救火也，乱弱甚矣！

故当今之时，能去私曲[33]、就公法者，民安而国治；能去私行[34]，行公法者，则兵强而敌弱。故审得失[35]有法度之制[36]者，加以群臣之上，则主不可欺以诈伪；审得失[37]有权衡[38]之称者，以听远事，则主不可欺以天下之轻重。今若以誉进能，则臣离上而下比周；若以党[39]举官，则民务交而不求用于法。故官之失能者，其国乱。以誉为赏、以毁[40]为罚也，则好赏恶罚之人，释公行[41]、行私术[42]、比周以相为[43]也。忘主外交[44]，以进其与[45]，则其下所以为上者薄[46]矣。交众与多，外内朋党，虽有大过，其蔽[47]多矣。故忠臣危死于非罪，奸邪之臣安利于无功。忠臣危死而不以其罪，则良臣伏[48]矣；奸邪之臣安利不以功，则奸臣进矣：此亡之本也。若是，则群臣废法而行私重[49]，轻公法矣。数[50]至能人[51]之门，不壹至主之廷；百虑私家之便[52]，不壹图[53]主之国。属数虽多，非所以尊君也；百官虽具，非所以任国[54]也。然则主有人主之名，而实托[55]于群臣之家[56]也。故臣下[57]曰：亡国之廷无人焉。廷无人者，非朝廷之衰[58]也。家务相益，不务厚国；大臣务相尊，而不务尊君；小臣奉[59]禄养交，不以官为事。此其所以然者，由主之不上断[60]于法，而信下为之也。故明主使法择人，不自举也；使法量功，不自度[61]也。能者不可弊[62]，败者[63]不可饰，誉者[64]不能进，非者[65]弗能退，则君臣之间明辩[66]而易治[67]，故主雠[68]法则可也。

贤者之为人臣，北面[69]委质[70]，无有二心。朝廷不敢辞[71]贱，军旅不敢辞难；顺上之为，从主之法，虚心以待令，而无是非也。故有口不以私言，有目不以私视，而上尽制之。为人臣者，譬之若手，上以修[72]头，下以修足；清暖寒热，不得不救入[73]；镆铘[74]傅[75]体，不敢弗搏。无私贤哲之臣，无私事能之士。故民不越乡而交，无百里[76]之戚[77]。贵贱不相逾，愚智提衡[78]而立，治之至也。今夫轻爵禄，易去亡，以择其主，臣不谓廉[79]。诈[80]说逆法，倍[81]主强[82]谏，臣不谓忠。行惠施利，收下为名，臣不谓仁。离俗[83]隐居，而以非上，臣不谓义。外使诸侯，内耗其国，伺其危险之陂[84]，以恐其主曰："交非我不亲，怨非我不解。"而主乃信之，以国听之，卑[85]主之名以显其身，毁国之厚[86]以利其家，臣不谓智。此数物[87]者，险世[88]之说[89]也，而先王之法所简[90]也。先王之法曰："臣毋或作威，毋或作利，从王之指[91]；毋或作恶，从王之路。"古者世治[92]之民，奉公法，废私术，专意一行，具[93]以待任。

夫为人主而身[94]察百官，则日不足，力不给[95]。且上用目，则下饰观；上用耳，则下饰声；上用虑，则下繁辞。先王以三者[96]为不足，故舍己能，而因[97]法数[98]，审赏罚。先王之所守要[99]，故法省[100]而不侵。独制四海之内，聪智不得用其诈，险[101]躁[102]不

得关⑩其佞，奸邪无所依。远在千里外，不敢易其辞；势⑩在郎中⑩，不敢蔽善饰非；朝廷群下，直凑⑩单微，不敢相逾越。故治不足⑩而日有馀，上之任势⑩使然也。

夫人臣之侵其主也，如地形焉，即渐⑩以往，使人主失端⑩、东西易面而不自知。故先王立司南⑪以端⑫朝夕。故明主使其群臣不游意⑬于法之外，不为惠于法之内，动无非法。法所以凌过游外私⑭也；严刑，所以遂令⑮惩下也。威不贷⑯错⑰，制⑱不共门⑲。威、制共，则众邪彰矣；法不信，则君行危⑳矣；刑不断，则邪不胜矣。故曰：巧匠目意㉑中绳㉒c，然必先以规矩㉓为度；上智捷举㉔中事，必以先王之法为比㉕。故绳直而枉㉖木斫㉗，准㉘夷㉙而高科㉚削，权衡县而重益㉛轻，斗石㉜设而多益少。故以法治国，举措㉝而已矣。法不阿㉞贵，绳不挠㉟曲。法之所加，智者弗能辞，勇者弗敢争。刑过不避大臣，赏善不遗匹夫。故矫㊱上之失，诘㊲下之邪，治乱决缪㊳，绌㊴羡㊵齐㊶非㊷，一㊸民之轨㊹，莫如法。属㊺官威民，退淫殆㊻，止诈伪，莫如刑。刑重，则不敢以贵易㊼贱；法审㊽，则上尊而不侵。上尊而不侵，则主强而守要，故先王贵之而传之。人主释㊾法用私，则上下不别矣。

【注释】

①有度：有法度。②强：这里指依法办事。③荆庄王：即楚庄王。公元前613—519年在位。用孙叔敖为令尹，实行法制，从而成为春秋五霸之一。④开：扩大。⑤氓：人民。⑥齐桓公：公元前685—643年在位。用管仲为相，赏罚严明，从而成为春秋五霸之一。⑦启：即开。⑧燕襄王：即燕昭王。公元前311—279年在位。以乐毅等为将，变法革新，几乎灭掉齐国。⑨方城：地名，在今河北。⑩残齐：公元前284年，燕联合秦、赵、韩、魏等国攻齐，占领齐国七十余城。残，攻破。⑪平中山：公元前295年，燕助赵灭中山。平，消灭。中山，国名，在今河北。⑫重：这里指身分、地位高。⑬魏安釐（xī）王：战国时魏国君主。公元前276—243年在位。⑭河东：黄河以东。⑮攻尽：全部攻下。⑯陶：即定陶。在今山东。⑰魏：这里指卫，在今河南。⑱私：占有。⑲平陆：地名。在今山东。⑳管：地名。在今河南。㉑淇：淇水。在今河南。㉒下：表示处所。㉓睢阳之事：睢阳的战事。睢阳，地名。在今河南。㉔老：长时间地。㉕走：逃跑。㉖蔡：即上蔡。地名。在今河南。㉗召陵：地名。在今河南。㉘破：溃败。㉙冠带之国：这里指礼义文化发达的国家即当时中原各国。冠带：帽子和腰带。比喻文明。㉚务：从事。㉛私：偏私，纵容。㉜外：这里指臣下以及臣下所做的事。㉝私曲：个人偏袒。不公正。㉞私行：按个人意愿行事。㉟失：当为夫字。㊱制：准则。㊲失：当为夫字。㊳权衡：秤锤与秤杆。㊴党：拥护。㊵毁：诽谤。㊶公行：当作公法。㊷私术：个人手段。㊸为：行动。㊹外交：在外面交往。㊺与：党羽。㊻薄：少。㊼蔽：蒙蔽。㊽伏：隐居。㊾私重：私下推重。㊿数（shuò）：屡次。51能人：私人。52便：利益。53图：计划。54任：担负。55托：寄存。56家：家族。57臣下：这里指韩非自己。58衰：这里指人少。59奉：持，拿着。60断：裁决。61度（duó）：揣度、考虑。62弊：即蔽。埋没。63败者：无能者。64誉者：有声誉的人。65非者：被非难的人。66辩：即辨。67治：这里指事情处理得好。68雠：这里是以……核定的意思。69北面：向着北面。古代君主向南面而坐，臣下向着北面而立。70委质：臣下谒见君主时，屈膝跪地伏身于地向君主行礼，向君主表示效忠至死之心。委，放置。质，身体。71辞：推辞。72修：整理。73人：为衍文。74镆铘（yé）：古代传说中的名剑。75傅：近。76百里：泛指地域宽广。77戚：忧伤。78提衡：相对相等的意思。79廉：廉洁。80诈：欺诈。81倍：即背。82强：强行。83离俗：脱离世俗。84陂：当为际。85卑：降低。86厚：财富。87数物：指上文提到的廉、忠、仁、义、智。88险世：动乱之世。89说：即悦。90简：淘汰。91指：即旨。92世治：即治世，指治理成功的社会。93具：具备。94身：亲自。95给：丰足。96三者：指上所说眼、耳、虑三者。97因：依靠。98法数：法度。99要：要领。100省：简要。

⑩险：邪恶。⑩躁：狡猾。⑩关：通，施展。⑩势：势力。⑩郎中：君主的近侍之臣。⑩凑：凑合。⑩治不足：这里指治理的工作不够做。⑩任势：任用法势。⑩即渐：即“积渐”。逐步积累。⑪端：头绪。⑪司南：即指南车。⑫端：正。⑬游意：考虑。⑭法所以凌过游外私：当作“峻法所以遏灭外私”。⑮遂令：贯彻命令。⑯贷：借。这里有分置的意思。⑰错：即措。⑱制：法制。⑲门：途径。⑳危：即诡。违反。㉑意：测度。㉒绳：木匠所用的墨线。㉓规矩：木匠所用的测量工具。㉔捷举：举动敏捷。㉕比：标准。㉖枉：弯曲。㉗斫（zhuó）：用斧劈。㉘准：用来量平的器具。㉙夷：平。㉚高科：高的地方。㉛益：添加。㉜斗石：两种量容积的器具。㉝举措：举动。㉞阿：偏袒。㉟挠：这里是迁就的意思。㊱矫：纠正。㊲诘：追究。㊳缪：即谬。㊴绌：削减。㊵羡：多余。㊶齐：整治。㊷非：错误。㊸一：统一。㊹轨：道路，规范。㊺属：当作厉，整治的意思。㊻殆：即怠，懈怠。㊼易：轻视。㊽审：清楚，严明。㊾释：放弃。

【译文】

国家不会总是强大的，也不会总是虚弱的。执法的人坚决依法办事，那么国家就强大；执行法制的人不能坚持依法办事，那么国家就虚弱。楚庄王兼并了二十六个国家，扩大国土三千里。现在庄王的人民和国家依旧，但楚国却衰亡了。齐桓公兼并了三十个国家，扩大国土三千里。现在桓公的人民和国家依旧，但齐国却衰亡了。燕襄王以黄河为国界，以蓟为首都，袭击涿、方城，攻破齐国，消灭了中山，得到燕国友谊的国家份量就重，没得到燕国友谊的国家份量就轻。现在襄王的人民和国家依旧，但燕国却衰亡了。魏安釐王攻打燕国援救赵国，取得了黄河以东的土地。完全攻占了定陶、卫等地。攻击齐国，把平陆据为己有。攻击韩国而夺取了管地，在淇水这地方取得了胜利。在睢阳战役中，楚国军队被拖得疲惫而逃。在上蔡、召陵战役中，更打败了楚军。魏国的军队遍布天下，威名传播于各文明之国。现在安釐王死而魏国也就衰亡了。因此只要有楚庄王、齐桓公，楚国、齐国就可以建立霸业；有燕昭襄王、魏安釐王，那么燕国、魏国就强大。现在都趋于衰亡的原因，是这些国家的群臣官吏都在干着造成混乱的事，而不是行使着使国家得到治理的事。那些国家已经混乱衰落了，国君又都放弃国家法律而放纵臣下去处置，这就是背着干柴去救火了，将愈加混乱衰弱。

因此当今之世，如果有能够去除个人恩怨而执行国家法律的君主，人民就安宁，国家就得到治理；如果有能够去掉个人意愿而按国家法律办事的臣子，那就兵马强壮而敌人虚弱。因此考察并得到那严格执行法律规章的人，让他统率群臣，那君王就不会为欺诈伪善所蒙蔽了；考察并得到那善于衡量事物轻重的人，让他掌管远方的事，那君王就不会在天下事物的轻重方面受到欺骗。现在如果依据声誉高低来选拔贤能，那臣子就会背离君主而在下面相互勾结；如果以是否得到拥护来选拔官员，那士民就会从事于相互交往而不依靠法律。因此官职上没有有能力官员的国君，他的国家就混乱，就会把声誉作为奖赏的依据，把诽谤作为惩罚的依据。那些追求奖赏而厌恶惩罚的人，就会放弃国家法律法规，而施展个人手段，相互勾结行事。忘掉了君主而在朝廷外交际，提拔他的同伙，那臣下为君主所做的事就少了。交往的人多，同伙多，外内勾结成团伙，虽然犯下大的罪过，但是也多被蒙蔽过去了。因此忠臣虽然无罪却遭到危难死亡，奸臣虽然无功却得以身安快乐。忠臣没有犯罪而遭危难死亡，那好的臣子就会隐居不出了；奸臣不是由于立功而得身安快乐好处，那奸臣就会多出来了。这就是国家衰亡的根本原因。如果象这样，那群臣就会放弃法律而私自相互推重，看轻国家的规矩了。他们会屡次地拜访私人家门，却一次也不登君主的朝廷；上百次地考虑私人的利益，却一次也不为君主的国家打算。君主的随从虽然多，但却并不尊敬君主；百官虽然都有其职，却并不负担国家的事情。

那么这就是君主有人民之主的名义，但是实权却掌握在群臣的家族里。所以我说：衰亡的国家朝廷中没有人。朝廷中没有人的意思不是说朝廷中的人少了，而是说家家都从事于相互给好处，而不干为国家增强实力的事；大臣们都注意相互尊崇对方，而不尊敬君主。小臣们拿着国家的俸禄却注意的是交结同党，而不把自己的职责当作一回事。发生这种情况的原因，是由于君主的不依照法律来对事情加以裁决，而是听凭下面自己去干。因此贤明的君主依照法制来选用人，而不自己推举人；依照法制来衡量功劳，而不自己估计。有才能的人不会被埋没，无能的人无法伪装。有声誉的人不会被提拔，被非议不会被贬退。那么君上和臣下之间，是非功过清清楚楚，事情也容易有条有理。因此君主以法则衡量一切就可以了。

贤能的人作为臣子，面向北面叩头行礼，没有私心。在朝廷上不敢推辞卑下的任务，在军队中不敢推辞危难的事情。顺从君主的作为，跟随君主的法律，虚心地等待君主的命令而没有个人的是非意见。所以有口但不发表私人的意见；有眼睛但不从自己的角度看问题，而一切都由君主安排。臣子就好像人君的手，上用来整理头，下用来整理脚。遇到寒热冷暖，不能不护理，刀剑近身，不敢不与之搏斗。贤能而有智慧的臣子不为私利而用，能干的人也不为私利而用。因此臣民不去他乡私交，宽广的地域里无所忧虑。贵和贱不相互逾越各自的名分，愚蠢的和聪明的各得其所相对而存在，这真是国家得到治理的最高境界啊！今天那些看轻爵禄，轻易流亡，以此选择君主的人，我不能说他廉洁的。欺诈辩说而违反法律，背弃君主而强行进谏，我不能说他是忠。施行恩惠，收买臣下，提高自己的声望的人，我不能说他是仁。脱离世俗，非议君主的人，我不能说他是义。对外出使到诸侯国，对内损耗自己的国家，又趁着自己国家危难的时候，恫吓自己的君主说：与某国的交往没有我就不能亲近；与某国的仇怨没有我就不能疏解。而君主还信任他，让国家听任他的安排，降低君主的名声，以显示他的自身；毁灭国家的财富，以便利他的家族，我不能说他是智。这几种情况，是动乱之世所常见的，也是先世君主的法律所抛弃的。先王的法令说：臣下不要弄威风，不要谋私利，要听从君王的旨意。不要造成罪恶，要听从君王指引的道路。古代治理成功的社会中的人民，奉行公法，抛弃个人谋求私利的手段，专心一意走君王指引的道路。具备的才能，等待着君主的任命。

作为人民的主人，如果亲自督察百官，那就会时间不够用，精力不济。而且君主用眼睛看，那臣下就会掩饰外观；君上使用耳朵听，那臣下就会伪装声音；君上用脑思考，那臣下就会花言巧语。先王认为这三者不足，因此放弃自己的能力而依靠法度，严格地实行赏罚。先王所遵循的合于要领，因此法律简省而君权不受到侵犯，独自控制着四海之内，天下聪明智慧的人不可能使用他的奸邪；邪恶狡猾的人无法施展他的阿谀手段，奸诈邪恶的人没有了钻营的机会。臣下虽然远在千里之外，不敢乱说；势力即使如郎中，也不敢遮蔽良善而虚饰过错。朝廷中群臣都把个人微薄之力集合到一起，奉献给君主，而不敢逾越自己的职守。因此治理的工作不够做而显得日子有余裕，这是君上任用法势所造成的。

人臣对君主权位的侵犯，就好像地形，是逐步形成发展的，使人主失去头绪，君臣交换了地位自己尚且不知道。因此先王创造指南车以指明早晨傍晚。因此英明的君主驱使他的群臣，不在法度之外考虑，也不在法度之内施行恩惠，一举一动，法律无处不在。严峻的法律，是用来遏制臣子间私利的；严厉的刑法，是用来执行命令，惩罚臣下的。权威不能分由他人掌握；法制不能多种途径制定。权威和法制由君臣共定，那么众多的邪恶就会显示出来了。法律执行不守信用，君主的行为就会违反法度；刑罚的执行不果断，奸邪就不会被制服。所以说，灵巧的工匠虽然眼睛目测也符合墨绳，但必须以规矩丈量；十分聪明的人虽然举动敏捷合于事体，

但却必须以先王的法规作为准则。因此绳墨直，弯曲的木料就被砍削了；准量平，高出的部分被削平了；秤杆秤锤一提起来，重的一面就应拨出一些给轻的一面；斗和石放置在那儿，多的部分就应增添一些给少的部分。以法律来治理国家，不过就是采取行动罢了。法律不偏袒权贵，绳墨不迁就弯木。法治降临的地方，聪明的人不能以言语辩解；勇敢的人不敢抗争；惩罚罪过的时候对大臣也不回避，奖赏功劳的时候对普通的人也不遗漏。因此，纠正君上的过失，追究臣下的奸邪，治理混乱，判决谬误，削减多余，整治错误，统一老百姓行为的规范，没有什么赶得上法。整治官吏，威慑人民，消除荒淫怠惰，防止欺诈伪善，没有什么能比得上刑罚。刑罚重，人就不敢以地位高贵而轻视地位低贱者；那就使君主受到尊重而权力不受侵犯。君主受到尊重而权力不受侵犯，那君主就强有力并且掌握了统治的要领。因此先王很看重法律而把它传授给后代。君主若放弃法律而以个人意志为统治，那君臣上下就没有什么差别了。

说林上第七①

汤以伐桀，而恐天下言己为贪也，因乃让天下于务光②。而恐务光之受之也，乃使人说务光曰："汤杀君而欲传恶声于子，故让天下于子。"务光因自投于河。

秦武王③令甘茂④择所欲为于仆⑤与行事⑥。孟卯⑦曰："公⑧不如为仆。公所长者，使也。公虽为仆，王犹使之于公也。公佩仆玺⑨而为行事，是兼官也。"

子圉⑩见孔子于商⑪太宰⑫。孔子出，子圉入，请问客。太宰曰："吾已见孔子，则视子犹蚤虱之细者也。吾今见之于君。"子圉恐孔子贵于君也，因谓太宰曰："君已见孔子，亦将视子犹蚤虱也。"太宰因弗复见也。

魏惠王⑬为臼里⑭之盟，将复立于天子。彭喜⑮谓郑君⑯曰："君勿听，大国恶有天子，小国利之。若君与大不听，魏焉能与小立之？"

晋人伐邢⑰，齐桓公将救之。鲍叔⑱曰："太蚤。邢不亡，晋不敝；晋不敝，齐不重⑲。且夫持危之功，不如存亡之德大。君不如晚救之以敝晋，齐实利。待邢亡而复存之，其名实美。"桓公乃弗救。

子胥⑳出走，边候㉑得之。子胥曰："上索我者，以我有美珠也。今我已亡之矣。我且曰：'子取吞之。'"候因释之。

庆封㉒为乱于齐而欲走越。其族人曰："晋近，奚不之晋？"庆封曰："越远，利以避难。"族人曰："变是心也，居晋而可；不变是心也，虽远越，其可以安乎？"

智伯㉓索地于魏宣子㉔，魏宣子弗予。任章㉕曰："何故不予？"宣子曰："无故请地，故弗予。"任章曰："无故索地，邻国㉖必恐。彼重欲无厌，天下必惧。君予之地，智伯必骄而轻敌，邻邦必惧而相亲。以相亲之兵待轻敌之国，则智伯之命不长矣。《周书》㉗曰：'将欲败之，必姑辅之；将欲取之，必姑予之。'君不如予之以骄智伯。且君何释以天下图㉘智氏，而独以吾国为智氏质㉙乎？"君曰："善。"乃与之万户之邑。智伯大悦，因索地于赵㉚，弗与，因围晋阳㉛。韩、魏㉜反之外，赵氏应之内，智氏自亡。

秦康公筑台三年。荆㉝人起兵，将欲以兵攻齐。任妄㉞曰："饥召兵，疾召兵，劳召兵，乱召兵。君筑台三年，今荆人起兵将攻齐，臣恐其攻齐为声，而以袭秦为实也，不如备之。”戍[35]东边，荆人辍[36]行。

齐攻宋，宋使臧孙子[37]南求救于荆。荆大说，许救之，甚欢[38]。臧孙子忧而反。其御[39]曰：“索救而得，今子有忧色，何也？”臧孙子曰：“宋小而齐大。夫救小宋而恶于大齐，此人之所以忧也，而荆王说，必以坚我也。我坚而齐敝，荆之所利也。”臧孙子乃归。齐人拔五城于宋而荆救不至。

魏文侯[40]借道于赵而攻中山[41]，赵肃侯[42]将不许，赵刻[43]曰：“君过矣。魏攻中山而弗能取，则魏必罢[44]，罢则魏轻，魏轻则赵重。魏拔中山，必不能越赵而有中山也。是用兵者，魏也；而得地者，赵也。君必许之。而大欢，彼将知君利之也，必将辍行。君不如借之道，示以不得已也。”

鸱夷子皮[45]事田成子[46]。田成子去齐，走而之燕，鸱夷子皮负传[47]而从。至望邑[48]，子皮曰：“子独不闻涸泽之蛇乎？泽涸，蛇将徙。有小蛇谓大蛇曰：‘子行而我随之，人以为蛇之行者耳，必有杀子者。子不如相衔负我以行，人必以我为神君也群。’乃相衔负以越公道[49]而行。人皆避之，曰：‘神君也。’今子美而我恶，以子为我上客，千乘之君也；以子为我使者，万乘之卿也，子不如为我舍人[50]。”田成子因负传而随之。至逆旅[51]，逆旅之君待之甚敬，因献酒肉。

温[52]人之周，周不纳客，问之曰：“客耶？”对曰：“主人。”问其巷[53]而不知也，吏因囚之，君使人问之曰：“子非周人也，而自谓非客，何也？”对曰：“臣少也诵《诗》[54]曰：‘普天之下，莫非王土；率[55]土之滨，莫非王臣。’今君，天子，则我天子之臣也。岂有为人之臣而又为之客哉？故曰‘主人’也。”君使出之。

韩宣王[56]谓樛留[57]曰：“吾欲两用[58]公仲、公叔[59]，其可乎？”对曰：“不可。晋用六卿而国分；简公[60]两用田成[61]、阚止[62]，而简公杀；魏两用犀首[63]、张仪[64]，而西河[65]之外亡。今王两用之，其多力者树其党，寡力者借外权。群臣有内树党以骄主内[66]，有外为交以削地，则王之国危矣。”

绍绩昧[67]醉寐而亡其裘[68]。宋君曰：“醉足以亡裘乎？”对曰：“桀以醉亡天下，而《康诰》[69]曰：‘毋彝[70]酒。’彝酒者，常酒也。常酒者，天子失天下，匹夫失其身。”

管仲[71]、隰朋[72]从[73]桓公伐孤竹[74]，春往冬返，迷惑失道。管仲曰：“老马之智可用也。”乃放老马而随之，遂得道。行山中无水，隰朋曰：“蚁冬居山之阳[75]，夏居山之阴[76]。蚁壤[77]寸而有水。”乃掘地，遂得水。以管仲之圣而隰朋之智，至其所不知，不难师[78]于老马与蚁。今人不知以其愚心而师圣人之智，不亦过乎？

有献不死之药于荆王者，谒者[79]操之以入。中射之士问曰：“可食乎？”曰：“可。”因夺而食之。王大怒，使人杀中射之士[80]。中射之士使人说王曰：“臣问谒者，曰‘可食’，臣故食之，是臣无罪，而罪在谒者也。且客[81]献不死之药，臣食之而王杀臣，是死药也，是客欺王也。夫杀无罪之臣，而明人之欺王也，不如释臣。”王乃不杀。

田驷[82]欺邹[83]君，邹君将使人杀之。田驷恐，告惠子[84]。惠子见邹君曰：“今有人见君，则眣[85]其一目，奚如？”君曰：“我必杀之。”惠子曰：“瞽，两目眣，君奚为不杀？”君曰：“不能勿眣。”惠子曰：“田驷东欺齐侯，南欺荆王。驷之于欺人，瞽也，君奚怨焉？”邹君乃不杀。

鲁穆公[86]使众公子或宦[87]于晋，或宦于荆。犁钼[88]曰："假人于越而救溺子，越人虽善游，子必不生矣。失火而取水于海，海水虽多，火必不灭矣，远水不救近火也。今晋与荆虽强，而齐近，鲁患其不救乎！"

严遂[89]不善周[90]君，患之。冯沮[91]曰："严遂相，而韩傀[92]贵于君。不如行贼[93]于韩傀，则君必以为严氏也。"

张谴[94]相韩，病将死。公乘无正[95]怀三十金而问[96]其疾。居一月，公[97]自问张谴曰："若子死，将谁使代子？"答曰："无正重法而畏上，虽然，不如公子食我[98]之得民也。"张谴死，因相公乘无正[99]。

乐羊[100]为魏将而攻中山，其子在中山。中山之君烹其子而遗之羹，乐羊坐于幕下而啜之，尽一杯。文侯谓堵师赞[101]曰："乐羊以我故而食其子之肉。"答曰："其子而食之，且谁不食？"乐羊罢[102]中山，文侯赏其功而疑其心。孟孙[103]猎，得麑[104]，使秦西巴[105]持之归，其母随之而啼。秦西巴弗忍而与之。孟孙适至而求麑。答曰："余弗忍而与其母。"孟孙大怒，逐之。居三月，复召以为其子傅。其御曰："曩将罪之[106]，今召以为子傅，何也？"孟孙曰："夫不忍[107]麑，又且忍吾子乎？"故曰："巧诈不如拙诚。"乐羊以有功见疑，秦西巴以有罪益信。

曾从子[108]，善相[109]剑者也。卫君怨吴王，曾从子曰："吴王好剑，臣相剑者也，臣请为吴王相剑，拔而示之，因[110]为君刺之。"卫君曰："子为之是也，非缘[111]义也，为利也。吴强而富，卫弱而贫。子必往，吾恐子为吴王用之于我也。"乃逐之。

纣为象箸[112]而箕子[113]怖，以为象箸必不盛羹于土铏[114]，则必犀玉之杯[115]；玉杯象箸必不盛菽藿[116]，则必旄、象、豹胎[117]；旄、象、豹胎必不衣短褐[118]而舍茅茨[119]之下，则必锦衣九重、高台广室也。称此以求，则天下不足矣。圣人见微以知萌，见端以知末，故见象箸而怖，知天下不足也。

周公旦[120]已胜殷，将攻商盖[121]。辛公甲[122]曰："大难攻，小易服。不如服[123]众小以劫[124]大。"乃攻九夷[125]而商盖服矣。

纣为长夜之饮，惧[126]以失日[127]，问其左右，尽不知也。乃使人问箕子。箕子谓其徒曰："为天下主而一国皆失日，天下其危矣。一国皆不知而我独知之，吾其危矣。"辞以醉而不知。

鲁人身善织屦[128]，妻善织缟[129]，而欲徙于越。或谓之曰："子必穷矣。"鲁人曰："何也？"曰："屦为履[130]之也，而越人跣[131]行；缟为冠[132]之也，而越人被[133]发。以子之所长，游于不用之国，欲使无穷，其可得乎？"

陈轸[134]贵于魏王[135]，惠子[136]曰："必善事左右。夫杨，横树[137]之即生，倒树之即生，折而树之又生。然使十人树之而一人拔之，则毋生杨矣。至以十人之众，树易生之物，而不胜一人者，何也？树之难而去之易也。子虽工[138]自树于王，而欲去子者众，子必危矣。"

鲁季孙新弑其君，吴起仕焉。或谓起曰："夫死者，始死而血，已血而衄[139]，已衄而灰，已灰而土。及其土也，无可为者矣。今季孙乃始血，其毋乃未可知也。"吴起因去之晋[140]。

隰斯弥[141]见田成子，田成子与登台四望，三面皆畅[142]，南望，隰子家之树蔽之，田成子亦不言。隰子归，使人伐之，斧离[143]数创，隰子止之。其相室[144]曰："何变之数[145]也？"隰子曰："古者有谚曰：'知渊中之鱼者不祥。'夫田子将有大事[146]，而我示之知微[147]，我必危矣。不伐树，未有罪也；知人之所不言，其罪大矣。"乃不伐也。

杨子[148]过于宋东之[149]逆旅。有妾二人，其恶者贵，美者贱。杨子问其故，逆旅之父答曰："美者自美，吾不知其美也；恶者自恶，吾不知其恶也。"杨子谓弟子[150]曰："行贤而去自贤之心，焉往而不美？"

卫人嫁其子[151]而教之曰："必私积聚。为人妇而出[152]，常也；其成[153]居，幸[154]也。"其子因私积聚，其姑[155]以为多私而出之。其子所以反者，倍其所以嫁。其父不自罪于教子非也，而自知其益富。令[156]人臣之处官者，皆是类也。

鲁丹[157]三说中山之君而不受也，因散五十金事其左右。复见，未语，而君与之食。鲁丹出，不反舍，遂去中山。其御曰："及[158]见，乃始善我，何故去之？"鲁丹曰："夫以人言善我，必以人言罪我。"未出境，而公子恶[159]之曰："为赵来间[160]中山。"君因索而罪之。

田伯鼎[161]好士而存[162]其君，白公[163]好士而乱荆[164]。其好士则同，其所以为则异。公孙友[165]自刖而尊百里[166]，竖刁[167]自宫[168]而谄[169]桓公。其自刑则同，其所以自刑之为则异。慧子曰："狂者东走，逐者亦东走。其东走则同，其所以东走之为则异。故曰：同事之人，不可不审察也。"

【注释】

①说（shuì）林：劝说的实例汇集成林。②务光：中国古代传说中有才德的隐士。③秦武王：战国时秦国君主。公元前310—307在位。④甘茂：战国时楚国人，后入秦为秦武王左相。⑤仆：官名。⑥行事：官名。大约属外交官一类。⑦孟卯：战国时齐国人，以能言善辩著名。⑧公：古代对有身份的人的尊称。⑨玺：印。后来专门作为皇帝印信的专称。⑩子圉（yǔ）：人名。事迹不详。⑪商：指宋国。周武王灭纣以后，封纣的亲戚于宋。因此宋也称商。⑫太宰：官名。⑬魏惠王：又称梁惠王，战国时魏国君主。公元前370—319在位。⑭臼里：地名。在今河南洛阳附近。⑮彭喜：人名。其余不详。⑯郑君：这里指韩国国君。公元前375年韩灭郑，迁都于郑（今河南新郑），因此又称郑君。⑰邢：春秋时小国名，约在今河北西南部。⑱鲍叔：即鲍叔牙。齐桓公信任的大臣。⑲重：这里指在诸侯国中身份提高。⑳子胥：即伍子胥。春秋时楚国人，后因受迫害逃奔到吴国，做了吴国大臣。㉑边候：防守边境的官吏。㉒庆封：春秋时齐国贵族，执掌政策期间淫乱无度，后被逐出齐国。㉓智伯：春秋末晋国六家势力最大的贵族之一。㉔魏宣子：六家贵族之一。㉕任章：人名。其余不详。㉖国：这里应指贵族的封地。即智氏、魏氏以外的韩、赵氏。㉗周书：记载周朝政治文告一类的典籍。㉘图：图谋、策划。这里有对付的意思。㉙质：箭靶。㉚赵：即赵襄子。晋国当时六家贵族之一。㉛晋阳：赵氏封地。在今山西太原西南。㉜韩、魏：晋国当时六家贵族中的两家，被智氏邀约一起进攻赵氏，后被赵氏以计离间，转而攻击智氏，韩、赵、魏三家瓜分智氏。㉝荆：楚的别名。㉞任妄：人名。其余不详。㉟戍：防守。㊱辍：停止。㊲臧孙子：人名。其余不详。㊳欢：当作劝，起劲的意思。㊴御：这里指驾驭马车的人。㊵魏文侯：战国时魏国君主。公元前446—397年在位。㊶中山：春秋战国时的少数民族国家。今在河北中西部。㊷赵肃侯：似当为"赵烈侯"，公元前408—400在位。㊸赵刻：人名。其余不详。㊹罢：即疲。㊺鸱夷子皮：田成子的谋臣。㊻田成子：即田常。㊼传：通行证件。㊽望邑：地名。㊾公道：大路。㊿舍人：侍卫。[51]逆旅：旅馆。[52]温：

城市名。在今河南温县西南。㊸巷：这里指具体居住地点。㊹诗：即《诗经》。此处所引见《诗经·小雅·北山》。㊺率：指境域以内。㊻韩宣王：战国时韩国君主。公元前325—312在位。㊼樛（jiū）留：人名。事迹不详。㊽两用：同时用。㊾公仲公叔：韩国当时的贵族。㊿简公：即齐简公。春秋时齐国君主，公元前6484—481年在位。61田成：即田常，当时齐国大臣。62阚（kàn）止：当时齐简公宠臣。63犀首：魏国官名。这里指曾担任过这一职务的公孙衍。64张仪：战国时魏国人，后至秦国，成为战国中后期秦国强大的主要功臣之一。65西河：指黄河以西原属魏国的土地。66内：衍文。67绍绩昧：人名。事迹不详。68裘：皮衣。69康诰：《尚书》中的一篇。这里所引存今本《尚书·酒诰》中。70彝：常。71管仲：春秋时齐国齐桓公大臣，曾帮助齐桓公成为春秋五霸之一。72隰（xí）朋：春秋时齐桓公有德才的大臣。73从：跟随。74孤竹：古代国名。在今河北卢龙到辽宁朝阳一带。75阳：山的南面。76阴：山的北面。77壤：指蚂蚁窝边的细土。78师：学习。79谒：宫廷中专管通报传达一类的官。80中射之士：君主身边担任侍卫的官。81客：指献药人。82田驷：人名。事迹不详。83邹：诸侯国名。在今山东邹县东南。84惠子：即惠施，战国时宋人。名家学派的代表。85瞑：闭着。闭一只眼，有蔑视的含义。86鲁穆公：战国时鲁国国君。公元前407—375年在位。87宦:官。88犁钼：人名。事迹不详。89严遂：战国时韩国大臣。90周：指位于韩国西边的小诸侯国。91冯沮：人名。其余不详。92韩傀（wěi)：战国时韩国的相。93贼：害。这里指刺杀。94张谴：韩国相。事迹不详。95公乘无正：人名。其余不详。公乘本为官职，后演变为复姓。96问：慰问。97公：这里指韩国国君。98公子食我：韩国贵族。99相公乘无正：韩君不喜欢能得民心的人。因此张谴想推荐公乘无正，就说公子食我得民心。100乐羊：战国时魏文侯将领。101堵师赞：人名。事迹不详。102罢：停止。这里有撤军的意思。103孟孙：鲁国的卿。104麑（ní）：小鹿。105秦西巴：人名。事迹不详。106曩：过去。107忍：狠心。108曾从子：人名。事迹不详。109相：鉴别。110因：趁机会。111缘：遵循。112箸：筷子。113箕子：殷纣王的叔父。114铏：盛食物的器皿。115犀玉之杯：用犀牛角镶玉做成的杯子。116菽藿：豆类植物的叶子。117胎：幼兽。118褐：粗布短衣。119茨：草。120周公旦：周武王弟，名旦。帮助周武王推翻殷纣王的决策性人物。121商盖：又称商奄。商民族据点之一，在今山东曲阜附近。122辛公甲：原为殷商大臣，后投奔周。123服：使……降服。124劫：劫持，威逼。125九夷：古代居住我国东部一带的少数民族。126惧：当作欢。127失日：失去了对日期的概念。128屦（jù)：草鞋或麻鞋。129缟：生绢。130履：穿。131跣（xiǎn)：光脚。132冠：戴帽子。133被：同披。134陈轸：战国时人，曾在魏国、楚国等供职。135魏王：魏惠王，战国时魏国君主。公元前370—319年在位。136惠子：即惠施。战国时著名名家学派代表。137树：栽。138工：善于。139衄（nǜ）：枯缩。140晋：其时晋已为韩、魏、赵三家所分。这里指魏。141隰斯弥：齐国大臣。142畅：没有遮挡。143离：割。144相室：家臣。145数：即速。146大事：指公元前481年田常（即田成子）弑杀齐简公一事。147微：这里指内心隐藏着的秘密。148杨子：即杨朱。战国时魏国人。战国时期思想家之一。149东之：当作宿于。150弟子：学生。151子：这里指女儿。152出：休妻。153成：终。154幸：侥幸。155姑：婆婆。156令：当作今。157鲁丹：人名。其余不详。158及：当作反，即返。159恶：中伤。160间：刺探、侦察。161田伯鼎：人名。其余不详。162存：挽救。163白公：即白公胜。春秋时楚国贵族。164荆：楚国。165公孙友：人名。事迹不详。166百里：即百里奚。春秋时秦国大臣。167竖刁：春秋时齐国君主的侍从。168宫：古代割去睾丸的刑法。169滔：当为谄，阿谀奉承。

【译文】

商汤已经讨伐了夏桀，害怕天下说自己是贪图夏朝的政权，因此就把天下让给务光。但又怕务光接受了，就派人对务光说："汤杀了国君又想把恶名声转嫁给您，因此想把天下让给您。"务光因此投河自杀。

秦武王让甘茂在仆与行事这两种职务中选择自己所想做的。孟卯说："您不如做仆。您的长处是外交。您虽然做了仆，大王还是要派您办外交。您带着仆的官印而又做行事的事，这就是兼有两种职务了。"

子圉向宋国太宰引见孔子。孔子会见太宰后出来，子圉走进宫中，请问太宰对孔子的看法。太宰说："我已经见过孔子，看你就象看到跳蚤虱子那样细小的东西。我现在就要把他引见给国君。"子圉害怕孔子在国君前尊贵起来，因此对太宰说："国君见过孔子后，也将会看您就象看跳蚤、虱子一样。"太宰因此没有再会见孔子。

魏惠王在臼里举行盟会，打算重新树立周天子的权威。彭喜对韩国国君说："您不要听他的。大国厌恶有天子，这事只对小国有利。如果您和其他大国都不听他的，魏君又怎么能和小国树立起周天子呢?"

晋国讨伐邢国，齐桓公打算援救邢国。鲍叔说："太早了。邢国不灭亡，晋国就不会衰败；晋国不衰败，齐国的实力就不会加重。何况支持危险中的国家的功德，没有使已灭亡的国家获得再生的功德大。您不如晚些救邢国来拖垮晋国，齐国得到实利。等到邢国被灭亡了，又救活他，这样的名声实在很好。"桓公于是不救邢国。

伍子胥从楚国出逃，边境的守官抓住了他。子胥说："君王搜索我的原因，是由于我有美丽的宝珠。现在我已丢失了它。见到君主，我将说：'您从我这儿取走吞下肚去了。'"守官于是放走了他。

庆封在齐国扰乱了政治，想逃跑到越国去。他同族的人说："晋国离得近，为什么不到晋国去呢?"庆封说："越国远一些，有利于避难。"族人说："改变了作乱的心，居住在晋就可以了；不改变作乱的心，虽然远远居住在越，难道又可以安全吗?"

智伯向魏宣子索取土地，魏宣子不给。任章说："为什么不给呢?"宣子说："无缘无故来要地，所以不给。"任章说："无缘故地索取土地，邻国必然害怕。他欲望强烈无法满足，天下必然感到畏惧。您把土地给他，智伯必然骄傲轻敌，相邻的国家必然惧怕而互相亲近。以互相亲近的军队来对付轻敌的国家，那智伯的性命就不长了。《周书》说：'将打算打败他，必须暂时辅助他；将要从他那里夺取，必须暂时给予他。'您不如把地给他，来使智伯骄横。况且您何必放弃那种凭着天下来对付智氏的途径，而独把我们国家作为智氏的箭靶呢?"魏宣子说："好!"于是给了智伯一座有万户人口的城镇。智伯十分高兴，于是又向赵氏要地，赵氏不给，因此就包围了晋阳。韩、魏两家在城外反叛了智氏，赵氏在城内响应，智氏自取灭亡。

秦康公修了三年的台。楚国人起兵，打算带着军队进攻齐国。任妄说："饥荒会招致敌兵，病害会招来敌兵，劳苦会招致敌兵，混乱会招致敌兵。您修筑了三年台，现在楚人起兵将要攻齐，我担心楚国是以攻击齐国为名义，而实际上以袭击秦国为目的，不如防备着他们。"于是向东方布防，楚人停止了行动。

齐国进攻宋国，宋国派臧孙子向南边的楚国求救。楚国非常高兴，许诺救援宋国，十分起劲。臧孙子忧虑地回来了。为他驾车的人说："求救的目的已经达到了，现在您却有忧虑的神色，是为什么呢?"臧孙子说："宋国小而齐国大。救小宋而得罪大齐，这是人忧虑的事，而荆王却高兴，必定是为了坚定我国的信念。我国坚定而齐国衰败，这是楚国的利益所在。"臧孙子回到了宋国。齐国人已经攻占了宋国五座城，但楚国救兵还没到。

魏文侯向赵国借路进攻中山，赵肃侯打算不同意，赵刻说："您错了。魏国进攻中山而不能夺取，那么魏国必然疲惫，疲惫后魏国份量就会减轻，魏国份量轻了赵国份量就会重。魏国要是夺取了中山，那也必然不能越过赵国而占有中山。这样，使用军队的，是魏国；而得到土地的却是赵国。您必须答应魏国。而如果太欢喜，魏国将知道您能从中获利，那就会停止行动。您不如把路借给魏国，表示这是不得已的事。"

鸱夷子皮侍奉田成子。田成子离开了齐国，逃亡到了燕国，鸱夷子皮带着通行证跟随着。到了望邑，子皮说："您没听说过干涸的沼泽里的蛇吗？沼泽干涸了，蛇就会迁移。有条小蛇对大蛇说：'您走而我随着，人们就会认为这是一般的蛇在行动，必然有人会杀死您。您不如和我相互衔着，背着我走，人们必然会认为我是神君。'它们就互相衔着、背着越过大路而行。人们都回避它们，说：'这是神君来了。'现在您的样子华美而我丑陋，如果让您作为我的上客，我也不过象个千乘国家的君主；如果以您作为我的使者，那我就象个万乘国家的卿相，因此您不如装作是我的舍人。"田成子于是带着通行证而跟随着子皮。到了旅馆，旅馆的老板接待他们十分恭敬，并因此献上酒肉。

温城人去到周城，周城不接纳客人，问温人说："你是客人吗？"温人回答说："是主人。"又问温人居住在城内何地，温人不能回答，周的官吏于是把温人囚禁起来。周的君主派人来问说："您不是周人，而又自称不是客人，是为什么呢？"温人说："我小时候诵读《诗》，其中说：'普天之下，没有不是周王的领地，四海之内，没有不是周王的臣民。'现在的周君就是天子，那我就是天子的臣民，难道有给人当臣民而又当客的道理吗？所以自称'主人'。"周君就把他放了。

韩宣王对樛留说："我想同时任用公仲、公叔，这样做可以吗？"樛留回答说："不可以。晋国使用了六卿而国家被分割；齐简公同时使用田成、阚止，而简公被杀害；魏国同时使用犀首、张仪，西河以外的土地都丧失了。现在大王打算同时使用两人，他们势力大的会培植党羽，势力小的会借助外国的势力。群臣中有在内培植党羽对君主骄横的，有对外勾结来侵削国土的，那君王您的国家就危险了。"

绍绩昧喝醉了睡觉而丢失了皮衣。宋国君主说："酒醉也足以使皮衣丢掉吗？"绍绩昧回答说："桀由于醉而丢了天下，而《康诰》说：'不要彝酒。'彝酒，就是常常喝酒。常常喝酒，天子会丢失天下，而一般小百姓会丢失身体。"

管仲、隰朋跟随齐桓公讨伐孤竹，春天去，冬天回来，迷失了道路。管仲说："老马的聪明可以用了。"就放开老马而跟随在它后面，于是找到了路。走在山中没有水，隰朋说："蚂蚁冬天居住在山的南面，夏天居处在山的北面。蚂蚁窝土高一寸的地方就有水。"就挖地，于是找到了水。以管仲的圣贤和隰朋的智慧，遇到他们所不懂的，都不怕向老马和蚂蚁学习。现在的人怀着愚蠢的心而不知道向圣人的智慧学习，不是很错误的吗？

有人献长生不死的药给楚王，传达官拿着药走进宫廷，楚王的侍从问说："可以吃吗？"传达官说："可以。"侍从夺过来就吃了。楚王大怒，派人杀侍从。侍从托人劝说楚王："我问传达官，他说'可以吃'，我因此才吃，这样是我没有罪，罪在传达官。何况献药人献的长生不死药，让我吃了，您杀了我，那就表明这药并不能让人不死，这是献药人在欺骗大王。杀了无罪的臣下来证明大王您被人欺骗，还不如放了臣下。"楚王就没杀他。

田驷欺骗了邹国的君主，邹国国君打算派人去杀他。田驷害怕了，就去告诉惠子。惠子去见邹国国君说："现在有人来见您，如果闭着一只眼，您会怎么办呢？"君主说："我一定杀了他。"惠子说："瞎子的双眼都闭着，您为什么不杀他呢？"邹国国君说："因为他不能不闭着双眼。"惠子说："田驷在东边欺骗过齐君，在南边欺骗过楚王。田驷的欺骗人，就象是瞎子不得不闭双眼一样，您又为什么要憎恶他呢？"邹国国君就没杀田驷。

鲁穆公让众公子或者在晋国做官，或者在楚国做官。犁钼说："从越国找人来救被淹的小孩，越人虽然善于游泳，被淹的小孩一定救不了。失火而从海中取水来救，海水虽然多，一定扑不灭火，这是因为远水救不了近火。现在晋国与楚国虽然强大，而齐国却离得近，鲁国的灾患恐怕没有救吧！"

严遂不喜欢西周君主，西周君主忧虑这件事。冯沮说："严遂担任韩国的相，而韩傀被韩君喜欢，不如把韩傀刺杀了，那么韩君一定怀疑是严遂干的。"

张谴在韩国为相，病得快要死了。公乘无正揣着三十两黄金去探望。过了一个月，韩君亲自去问张谴说："如果您死了，谁来代替您的相位呢？"张谴说："公乘无正重视法律而敬畏君主，虽然是这样，但还比不上公子食我能够深得民心。"张谴死了，韩君于是把相位给了公乘无正。

乐羊作为魏国将领去进攻中山，他的儿子就在中山。中山君主把他儿子拿来煮了，然后把汤送给乐羊，乐羊坐在军幕下喝这汤，喝完了一杯。魏文侯对堵师赞说："乐羊因为我的缘故而吃了他儿子的肉。"堵师赞回答说："他的儿子都能吃，那谁将会不吃呢？"乐羊从中山撤军回来，魏文侯赏赐他的功劳但却怀疑他。孟孙去打猎，猎获了一只小鹿，让秦西巴拿着往回走，母鹿跟在后面不断地啼叫。秦西巴不忍心，就把小鹿还给了母鹿。孟孙正好回来了，向秦西巴要小鹿。秦西巴回答说："我不忍心而把它还给了母鹿。"孟孙大怒，赶走了秦西巴。过了三个月，又召他当自己儿子的老师。孟孙的驾车人说："过去怪罪他，现在又召来做您儿子的老师，是为什么呢？"孟孙说："他对小鹿都不忍心，又怎么会对我儿子忍心呢？"所以说："智巧和诈伪不如笨拙和诚实。"乐羊以有功而被怀疑，秦西巴以有罪而更加得到信任。

曾从子是一个善于识别剑的人。卫国君主怨恨吴王，曾从子说："吴王喜欢剑，我是一个鉴别剑的人，我请求去为吴王鉴别剑，把剑拔出来给吴王看，趁机为君主您刺杀他。"卫国君主说："您这样做，不是按照义的原则做事，是为的利。吴国强大而富有，卫国弱小而贫穷。您一定要去的话，我担心您为吴王所用，来对付我。"就赶走了他。

纣用象牙做筷子而箕子感到恐怖，认为有象牙筷子，必然不用土盆来装汤，而且必然用犀牛角装饰的玉杯；有玉杯象牙筷，必然碗中不会装豆叶，就必然吃旄牛、象、豹的幼兽；吃旄牛、象、豹的幼兽必然不穿短布粗衣而住在草房之下，必然是重重锦绣衣服，住高台大屋。按这个标准追求，就是天下也不足了。圣人看见微小的就知道萌芽，看见开始，就知道结尾，因此见到象牙筷而恐怖，知道天下将不足。

周公旦战胜了殷商后，将要进攻商盖。辛公甲说："大的地方难以进攻，小的地方容易降服。不如使众多的小国降服来威逼大的。"就攻击九夷，而商盖降服了。

纣进行通宵达旦的宴会，快乐得忘了日子，问左右的人，都不知道。于是派人问箕子。箕子对手下的人说："作为一国的君主，弄得全国家都弄不清天日，天下也就危险了。全国人都不知天日而只有我知道，我大概也就危险了。"于是推辞说喝醉了不知道。

鲁国有一个人自己善于编鞋子，妻子善于织做帽子的绢，而想搬到越国去。有人对他说："您肯定会困窘了。"鲁人说："为什么呢？"那人说："鞋子是拿来穿的，而越人光着脚走路；缟是做帽子戴的，而越人是披头发的。以您的长处，到这特长用不着的国家去，想要让您不窘迫，难道还做得到吗？"

陈轸被魏王尊重，惠子说："您一定要好好侍奉君主的左右。杨树，横着栽就活了，倒着栽也活了，折断了栽又活了。但是假如让十个人来栽而一个人拔，那就没有活着的杨树了。至于以十人的众多，栽容易活的树，却不能胜过一个人，是什么原因呢？栽困难而去掉容易。您虽然善于在君王前自我栽培，而想去掉您的人多，您必定危险。"

鲁国季孙氏刚刚杀死了自己的君主，吴起做了官。有人对吴起说："死了的人，刚死时流血；停止流血后，皮肉就枯萎了；皮肉枯萎后就成了灰；成了灰后就成了土。等到成了土，就什么也没有了。现在季孙氏才开始流血，其后的情况还不可以知道呢。"吴起因此离开了鲁国去了魏国。

隰斯弥拜见田成子，田成子和他一起登台四望，三个方向都很开阔，南方呢，有隰斯弥家的树挡着，田成子没有说话。隰斯弥回家后，让人去砍树，斧头才把树砍了几道口子，隰子就制止再砍。隰子的家臣说："怎么变得这样快呢？"隰子说："古时候有谚语说：'看得清深渊中的鱼的人将有不幸。'田成人将要干大事，如果我知道他心头的想法，我必定会危险了。不砍树，不会有罪；了解了人不可告人的秘密，这个罪就大了。"就没有砍去树。

杨子路过宋国，住在旅店里。店老板有两个妾，长得丑的地位高，长得美的地位低。杨子问这其中的缘故，店老板回答说："漂亮的人自认为漂亮，我并不觉得她漂亮；丑的人自认为丑，我并不觉得她丑。"杨子对学生说："实行贤德而去掉自认为贤德的心，到哪里不会受到赞美呢？"

有个卫国人在嫁女儿时教她说："一定要私下积蓄一些。给人做妻室被休掉，是常有的事；能够终身相处，是很侥幸的。"他女儿于是私下积蓄，结果她的婆婆认为她太自私而休了她。卫人的女儿被休后带回家的东西，超过了她的嫁妆。她的父亲不自己责怪自己教女儿有错，还为自己增加了财富而自认为聪明。现在那些处在官位上的人臣，都是这一类人。

鲁丹三次劝说中山国的君主而不被接受，于是拿五十两黄金散发给中山国君的左右。又去见中山君，还没说话，中山君就邀请他一起吃饭。鲁丹出了宫廷，没有回到住所，就离开了中山国。为他驾车的人说："返回去第二次相见，才开始对我们友好，为什么要离开呢？"鲁丹说："由于有人帮着说了话才对我友好，必然也会由于有人说话而怪罪我。"还没有走出中山国境，中山国的公子就中伤说："鲁丹是为赵国来侦察中山国的。"中山君因此搜捕鲁丹要降罪于他。

田伯鼎喜欢士人而救了他的君主，白公喜欢士人而扰乱了楚国。他们喜欢士人相同，但用士人来做的事却不同。公孙友自己砍了脚而尊重百里奚，竖刁自己割了睾丸来讨好桓公。他们自己对自己施用刑法这一点相同，但自刑的原因却不同。惠施说："疯狂的人向着东方跑，追赶的人也向着东方跑。他们向东方跑是相同的，但向东跑的原因却是不一样的。所以说："对做着相同事情的人，不能不对他的动机仔细进行研究。"

说林下第八

伯乐[①]教二人相踶马[②]，相与之简子[③]厩观马。一人举踶马，其一人举踶马，其一人[④]从后而循[⑤]之，三抚其尻[⑥]而马不踶。此自以为失相。其一人曰："子非失相也。此其为马也，踒[⑦]肩而肿膝。夫踶马也者，举后而任前，肿膝不可任也，故后不举。子巧于相踶马而拙于任肿膝。"夫事有所必归，而以有所肿膝而不任，智者之所独知也。惠子曰："置猿于柙[⑧]中，则与豚[⑨]同。"故势[⑩]不便，非所以逞能也。

卫将军文子[⑪]见曾子[⑫]，曾子不起而延于坐席，正身见于奥[⑬]。文子谓其御曰："曾子，愚人也哉！以我为君子也，君子安可毋敬也？以我为暴人也，暴人安可侮也？曾子不僇[⑭]，命也。"

鸟有翢翢[15]者，重首而屈尾，将欲饮于河，则必颠，乃衔其羽而饮之。人之所有饮不足者，不可不索其羽也[16]。

鳣[17]似蛇，蚕似蠋[18]。人见蛇，则惊骇；见蠋，则毛[19]起。渔者持鳣，妇人拾蚕，利之所在，皆为贲[20]、诸[21]。

伯乐教其所憎者相千里之马，教其所爱者相驽马。以千里之马时一有，其利缓；驽马日售，其利急。此《周书》所谓"下言[22]而上用者，惑也"。

桓赫[23]曰："刻削之道，鼻莫如大，目莫如小。鼻大可小，小不可大也；目小可大，大不可不也。"举事亦然：为其后可复者也，则事寡则矣。

崇侯、恶来[24]知不适[25]纣之诛也，而不见武王之灭之也。比干[26]、子胥[27]知其君之必亡也，而不知身之死也。故曰："崇侯、恶来知心而不知事，比干、子胥知事而不知心。"圣人其备矣。

宋太宰贵而主断[28]。季子[29]将见宋君，梁子[30]闻之曰："语必可与太宰三坐[31]乎，不然，将不免。"季子因说以贵主而轻国。

杨朱之弟杨布衣素衣[32]而出。天雨，解素衣，衣缁衣[33]而反，其狗不知而吠之。杨布怒，将击之。杨朱曰："子毋击也，子亦犹是，曩者使女狗白而往，黑而来，子岂能毋怪哉？"

惠子曰："羿[34]执鞅[35]持扞[36]，操弓关[37]机[38]，越人争为持的[39]。弱子[40]扞[41]弓，慈母入室闭户。"故曰："可必，则越人不疑羿；不可必，则慈母逃弱子。"

桓公问管仲："富有涯乎？"答曰："水之以涯，其无水者也；富之以涯，其富已足者也。人不能自止于足，而亡其富之涯乎？"

宋之富贾有监止子者，与人争买百金[42]之璞玉，因佯失而毁之，负[43]其百金，而理[44]其毁瑕，得千溢[45]焉。事有举之而有败，而贤[46]其毋举之者，负之时也。

有欲以御见荆王者，众驺[47]妒之。因曰："臣能撽[48]鹿。"见王。王为御，不及鹿；自御，及之。王善其御也，乃言众驺妒之。

荆令公子将伐陈。丈人送之曰："晋强，不可不慎也。"公子曰："丈人奚忧？吾为丈人破晋。"丈人曰："可。吾方庐陈南门之外[49]。"公子曰："是何也？"曰："我笑勾践[50]也。为人之如是其易也，己[51]独何为密密[52]十年难乎？"

尧[53]以天下让许由[54]，许由逃之，舍于家人[55]，家人藏其皮冠。夫弃天下而家人藏其皮冠，是不知许由者也。

三虱食彘[56]，相与讼[57]。一虱过之，曰："讼者奚说？"三虱曰："争肥饶之地。"一虱曰："若亦不患腊[58]之至而茅之燥[59]耳，若又奚患？"于是乃相与聚嘬[60]其身而食之。彘臞[61]，人乃弗杀。

虫有蚘[62]者，一身两口，争食相龁[63]，遂相杀也。人臣之争事而亡其国者，皆虺类也。

宫[64]有垩[65]，器有涤，则洁矣。行身亦然，无涤垩之地，则寡非矣。

公子纠[66]将为乱，桓公使使者视之。使者报曰："笑不乐，视不见，必为乱。"乃使鲁人杀之。

公孙弘[57]断发[58]而为越王骑，公孙喜[59]使人绝之曰："吾不与子为昆弟矣。"公孙弘曰："我断发，子断颈而为人用兵，我将谓子何？"周南[70]之战，公孙喜死焉。

有与悍[71]者邻，欲卖宅而避之。人曰："是其贯将满[72]矣，子姑待之。"答曰："吾恐其以我满贯也。"遂去之。故曰："物之几[73]者，非所靡[74]也。"。

孔子谓弟子曰："孰[75]能导子西[76]之钓名也？"子贡[77]曰："赐也能。"乃导之，不复疑也。孔子[78]曰："宽哉！不被[79]于利。洁哉！民性有恒[80]。曲为曲，直为直。"孔子曰："子西不免。"白公[81]之难，子西死焉。故曰："直于行者曲[82]于欲。"

晋中行文子[83]出亡，过于县邑。从[84]者曰："此啬夫[85]，公之故人。公奚不休舍？且待后车。"文子曰："吾尝[86]好音，此人遗我鸣琴；吾好珮[87]，此人遗我玉环：是振[88]我过者也。以求容[89]于我者，吾恐其以我求容于人也。"乃去之。果收文子后车二乘而献之其君矣。

周趮[90]谓宫他[91]曰："为我谓齐王曰：'以齐资[92]我于魏，谓以魏事王。'"宫他曰："不可。是示之无魏也。齐王必不资于无魏者，而以怨[93]有魏者。公不如曰：'以王之所欲，臣请以魏听王。'齐王必以公为有魏也，必因公。是公有齐也，因以有齐、魏矣。"

白圭[94]谓宋令尹[95]曰："君长自知政，公无事矣。今君少主也而务名，不如令荆贺君之孝也，则君不夺公位，而大敬重公，则公常用宋[96]矣。"

管仲、鲍叔相谓曰："君乱甚矣，必失国。齐国之诸公子其可辅者，非公子纠，则小白[97]也。与子人事一人焉，先达者相收[98]。"管仲乃从公子纠，鲍叔从小白。国人果弑君。小白先入为君，鲁人拘管仲而效[99]之，鲍叔言而相之。故谚曰："巫咸[100]虽善祝[101]，不能自祓[102]也；秦医[103]虽善除[104]，不能自弹[105]也。"以管仲之圣而待鲍叔之助，此鄙谚所谓"虏自卖裘而不售，士自誉辩而不信"者也。

荆王伐吴，吴使沮卫[106]、蹷融[107]犒[108]于荆师，荆将军曰："缚之，杀以衅[109]鼓。"问之曰："汝来，卜乎？"答曰："卜。""卜吉乎？"曰："吉。"荆人曰："今荆将以女衅鼓，其何也？"答曰："是故其所以吉也。吴使人来也，固视将军怒。将军怒，将深沟高垒；将军不怒，将懈怠。今也将军杀臣，则吴必警守矣。且国之卜，非为一臣卜。夫杀一臣而存一国，其不言吉，何也？且死者无知，则以臣衅鼓无益也；死者有知也，臣将当战之时，臣使鼓不鸣。"荆人因不杀也。

知伯将伐仇由[110]，而道难不通，乃铸大钟遗仇由之君。仇由之君大说[111]，除道[112]将内[113]之。赤章曼枝[114]曰："不可。此小之所以事大也，而今也大以来，卒必随之，不可内也。"仇由之君不听，遂内之。赤章曼枝因断毂[115]而驱，至于齐，七月而仇由亡矣。

越已胜吴，又索卒于荆而攻晋。左史倚相[116]谓荆王曰："夫越破吴，豪士死，锐卒尽，大甲[117]伤。今又索卒以攻晋，示我不病[118]也。不如起师与分吴。"荆王曰："善。"因起师而从越。越王怒，将击之。大夫种[119]曰："不可。吾豪士尽，大甲伤。我与战，必不克，不如赂之。"乃割露山之阴[120]五百里以赂之。

荆伐陈，吴救之，军间[121]三十里。雨十日，夜星[122]。左史倚相谓子期[123]曰："雨十日，甲辑[124]而兵聚。吴人必至，不如备之。"乃为陈。陈未成也而吴人至，见荆陈而反。左史曰："吴反覆[125]六十里，其君子[126]必休，小人[127]必食。我行三十里击之，必可败也。"乃从之，遂破吴军。

韩、赵相与为难[128]。韩子索兵于魏，曰："愿借师以伐赵。"魏文侯[129]曰："寡人与赵兄弟，不可以从。"赵又索兵攻韩。文侯曰："寡人与韩兄弟，不敢从。"二国不得兵，怒而反。已乃知文侯以构[130]于己，乃皆朝魏。

齐伐鲁，索谗鼎[131]，鲁以其雁[132]往。齐人曰："雁也。"鲁人曰："真也。"齐曰："使乐正子春[133]来，吾将听子。"鲁君请乐正子春，乐正子春曰："胡不以其真往也？"君曰："我爱之。"答曰："臣亦爱臣之信。"

韩咎[134]立为君，未定也。弟在周[135]，周欲重之，而恐韩咎不立也。綦毋恢[136]曰："不若以车百乘送之。得立，因曰'为戒'；不立，则曰'来效[137]贼'也。"

靖郭君[138]将城薛[139]，客[140]多以谏者。靖郭君谓谒者曰："毋为客通。"齐人有请见者曰："臣请三言[141]而已。过三言，臣请烹。"靖郭君因见之。客趋进曰："海大鱼。"因反走。靖郭君曰："请闻其说。"客曰："臣不敢以死为戏。"靖郭君曰："愿为寡人言之。"答曰："君闻大鱼乎？网不能止[142]，缴[143]不能絓[144]也，荡[145]而失水，蝼蚁得意焉。今夫齐亦君之海也。君长有齐，奚以薛为？君失齐，虽隆[146]薛城至于天，犹无益也。"靖郭君曰："善。"乃辍，不城薛。

荆王弟在秦，秦不出也。中射之士[147]曰："资臣百金，臣能出之。"因载百金之晋，见叔向[148]，曰："荆王弟在秦，秦不出也。请以百金委叔向。"叔向受金，而以见之晋平公[149]曰："可以城壶丘[150]矣。"平公曰："何也？"对曰："荆王弟在秦，秦不出也，是秦恶荆也，必不敢禁我城壶丘。若禁之，我曰：'为我出荆王之弟，吾不城也。'彼如出之，可以得[151]荆；彼不出，是卒恶也，必不敢禁我城壶丘矣。"公曰："善。"乃城壶丘，谓秦公曰："为我出荆王之弟，吾不城也。"秦因出之。荆王大说，以炼金[152]百镒[153]遗晋。

阖庐[154]攻郢[155]，战三胜，问子胥[156]曰："可以退乎？"子胥对曰："溺人者一饮而止，则无逆[157]者，以其不[158]休也，不如乘之以沉之。"

郑人有一子，将宦[159]，谓其家曰："必筑坏墙，是不善，人将窃。"其巷人亦云。不时筑，而人果窃之。以其子为智，以巷人告者为盗。

【注释】

①伯乐：春秋末晋国人，善于识别马。②踶（dì）马：烈马。踶，踢。③简子：即赵简子。春秋末晋国执政的贵族。④举踶马，其一人：六字为衍文。⑤循：抚摸。⑥尻（kāo）：屁股。⑦踒（wō）：跌伤。⑧柙：兽笼。⑨豚：小猪。⑩势：形势。⑪卫将军文子：即公孙弥牟，春秋时卫国将军，死谥文子。⑫曾子：即曾参，孔子的学生之一。⑬奥：正室西南角，尊者坐的位置。⑭僇：即戮。⑮翢翢（zhōu）：鸟的名字，其羽毛青黑色。⑯索其羽也：以上三句，疑有脱文，语意不很明确。⑰鳣：黄鳝。⑱蠋：毛虫。⑲毛：汗毛。⑳贲：即孟贲。春秋时卫国人，有名的勇士。㉑诸：即专诸。春秋时吴国人，有名的勇士。㉒下言：这里指偶尔有用的话。㉓桓赫：人名。其余不详。㉔崇侯、恶来：都是殷末暴君纣的宠臣。㉕适：顺从。㉖比干：纣的叔父，因多次劝谏纣而被杀。㉗子胥：即伍子胥，因多次劝谏吴国君主夫差而被杀。㉘主断：专断。㉙季子：人名。其余不详。㉚梁子：人名。其余不详。㉛三坐：指宋君、太宰、季子。㉜

素衣：白衣。㉝缁衣：黑衣。㉞羿：古代传说中的部落首领，以善于射箭而著称。㉟鞅：当作“决”。决，射箭时戴在拉弓弦的手拇指上的金属或骨指套。㊱扞（hàn）：射箭时戴在持弓手上的皮质袖套。㊲关：牵引。㊳机：指用机械原理操作的一种弓箭（弩）上的扳机。㊴的：箭靶。㊵弱子：小孩子。㊶扜（yū）：当作扜，拉，张。㊷金：古代货币计量单位。㊸负：赔。㊹理：修理整治。㊺溢：即“镒”。一镒即一金。㊻贤：认为……好。㊼驺（zōu）：养马人。㊽撽（qiào）：打。㊾南门之外：这句意思是说，楚国军队还未出征伐陈，我却可以在陈的都城外修房子了，用嘴夸口是很容易的。㊿勾践：春秋时越国国君。公元前494年败于吴国，经过许多年的忍辱负重，发愤图强，终于在公元473年一举灭了吴国。(51)己：这里指勾践。(52)密密：勤恳谨慎的样子。(53)尧：中国古代传说中有名的君主。(54)许由：中国古代传说中的隐士。(55)家人：普通人家。(56)彘：母猪。(57)讼：争辩。(58)腊：腊日，夏历十月举行的祭祀节日，祭祀中将杀猪祭神。(59)燥：燃烧。(60)嘬（zuō）：吸。(61)暎：消瘦。(62)螝（huǐ）：一种有毒的蛇。(63)龁（hé）：咬。(64)宫：房屋。(65)垩（è）：一种白色的土，用于粉刷墙壁。(66)公子纠：春秋时齐国齐桓公兄，当时居鲁国，在与齐桓公争王位中失败，桓公命鲁人杀死了他。(67)公孙弘：战国时魏国人。(68)断发：剪发。越国人风俗，把头发剪短披在头后。(69)公孙喜：战国时魏国将领。公元前293年率韩、魏、西周联军与秦将白起战，兵败被杀。(70)周南：地名。在今河南洛阳南。(71)悍：凶暴。(72)贯将满：贯，穿钱的绳子。这里以穿钱的绳子装贯满钱表示罪恶到头。(73)几：危险。(74)靡：拖拉。(75)孰：谁。(76)子西：春秋时期楚国大臣。(77)子贡：孔子的学生，名叫端木赐。(78)孔子：当作子西。(79)被：即披，遭到。(80)恒：常。(81)白公：春秋时楚国贵族，因内乱逃吴国，后被子西召回。公元前479年发动叛乱，杀死子西。(82)曲：即屈，屈从。(83)中行文子：春秋时晋国的六卿之一。(84)从（zòng）：跟随。(85)啬夫：古代职官名。(86)尝：曾经。(87)珮：古代人们佩戴在身上的玉。(88)振：助长。(89)求容：求得好感。(90)周趮（zào）：人名。其余不详。(91)宫他：人名。事迹不详。(92)资：帮助。(93)怨：结怨，得罪。(94)白圭：战国时人，曾任魏惠王相。(95)令尹：当作大尹，宋国职官名。(96)用宋：即用于宋。指在宋国掌权。(97)小白：即齐桓公。(98)收：录用，提拔。(99)效：献。(100)巫咸：古代传说中商代的神巫，名咸。(101)祝：祈祷。(102)祓（fú）：用祈祷除去灾祸。(103)秦医：指扁鹊。(104)除：治病。(105)弹：用针灸治病。(106)沮卫：人名。其余不详。(107)蹷融：吴王余祭之弟。(108)犒：慰劳。(109)衅：古代制作器物时用牲血涂抹器物表面，表示一种祭礼。(110)仇由：春秋时少数民族国家。(111)说：即悦。(112)除道：修治道路。(113)内：即纳。(114)赤章曼枝：人名。其余不详。(115)断毂：截断车毂，使车速加快。毂。车轮中心的圆木，中有孔，可以穿车轴。(116)左史倚相：楚官史官。(117)大甲：指武器装备。(118)病：损伤。(119)种：文种。越国大夫，曾帮助越王称霸。(120)阴：山的北面。(121)间：相隔。(122)星：即晴。(123)子期：楚国司马。(124)辑：放在一起。(125)反覆：来回。(126)君子：这里指军官。(127)小人：这里指士兵。(128)为难：为敌。(129)魏文侯：战国时魏国君主。公元前446—397年在位。(130)构：讲和。(131)谗鼎：鼎名。其余不详。(132)雁：即赝。(133)乐正子春：鲁国人。乐正本为官名，后演变为姓。(134)韩咎：即韩厘王。公元前295—273年在位。(135)周：这里指战国时西周君的都城，在今河南洛阳西。(136)綦毋恢：西周君谋臣。其余不详。(137)效：献。(138)靖郭君：指齐国贵族田婴。(139)薛：指田婴的封。(140)客：旧时候依附于权贵，帮着权贵出主意，陪着玩乐的人。(141)言：字。(142)止：捉住。(143)缴：一种带绳的箭。(144)絓：即挂，拖。(145)荡：胡作非为。(146)隆：高。(147)中射之士：宫中的侍卫。(148)叔向：春秋时晋国大臣。(149)晋平公：春秋时晋国君主。公元前557—532年在位。(150)壶丘：晋国地名。在今山西垣曲东南。(151)得：当作德。德，恩惠。(152)炼金：纯金。(153)镒：古代货币计量单位，等于金。(154)阖庐：春秋时吴国国君。公元前514—496年在位。(155)郢：楚国首都。在今湖北江陵。(156)子胥：即伍子胥。春秋时楚国人，后因受谗害逃奔吴，成为阖庐大臣。(157)逆：当作遂。遂，成功。(158)不：衍文。(159)宦：做官。

【译文】

伯乐教两个人识别烈马。他们一起到简子的马厩去看马。一个人选烈马，一个人往后面抚摸它，三次摸它的屁股它都没踢人。选马人自认为挑错了。另一个说：“您没有选错。这匹马肩部跌伤了，膝盖肿了。烈马踢人，举后腿而用前腿负担，肿膝无法负担，因此后腿抬不起来。您善于识别烈马却不善于看出肿了的膝盖。”事情总是有一定原因，肿了膝盖而不能负担重量的原因，只有聪明的人才能知道。惠子说：“把猿猴关在兽笼中，就小猪一样。”所以形势不利，能力就不能表现出来。

卫将军文子拜见曾子，曾子不起来请文子坐下，而是自己端坐在尊者的位子上与文子相见。文子对为他驾车的人说：“曾子，真是个愚蠢的人啊！他如果把我看成君子，对君子怎么能不尊敬呢？把我当成残暴的人，对残暴的人怎么能侮辱呢？曾子不被杀戮，是他命中注定啊。”

有一种鸟名叫翢翢，头重而尾短，想在河里饮水，就必定会栽进河里，于是就衔着自己的羽毛饮水。人有饮水不得满足的原因，不可以不寻找他的羽毛。

黄鳝象蛇，蚕象毛虫。人看到蛇，就很惊慌害怕；见到毛虫，就会汗毛竖起。渔夫拿着黄鳝，妇女捡起蚕，由于涉及到个人利益，就都成为孟贲、专诸那样的勇士。

伯乐教他所恨的人识别千里马，教他所爱的人识别劣马。是因为千里马偶尔才有，从售马中获利很慢；劣马每天都可以买卖，从中获利很快。这就是《周书》当中所说的：“适用于一时的话拿来经常采用，是一种迷惑。”

桓赫说：“雕刻的原则是，鼻子不如雕大些，眼睛不如雕小些。鼻子大了可以削小，小了就不可以弄大了；眼睛小了可以雕大，大了就不能缩小了。”做事也是这样：做的时候为将来留下重做的余地，那么事情就很少失败了。

崇侯、恶来知道不顺从纣会被杀，却预料不到武王会灭纣。比干、子胥知道他们的君主必然灭亡，而不明白自己将要死。所以说：“崇侯、恶来知道君主的心而不知道国家的兴亡，比干、子胥知道国家的兴亡而不知道君主的心。”圣人却两者都具备了。

宋国太宰地位尊贵而处理事情专断。季子打算见宋国君主，梁子听到这件事说：“你说话时必须要象有太宰和你们在一起，不然的话，将不免倒霉的。”季子于是向君主说了些君主尊贵，应当少操劳国事的话。

杨朱的弟弟杨布穿着白色衣服出门。天下雨了，他脱下白衣服，穿着黑色衣服回来。他家的狗没认出他而向他叫。杨布很生气，想要打它 杨朱说：“你不要打它，你自己也会这样的。前些时候你如果让狗白着出去而现在黑着回来，你难道不会觉得奇怪吗？”

惠子说：“羿拿着拉弦的用具，戴上射箭的袖套，拿起弓来，牵动弓箭的扳机，越国人都争着为他拿箭靶。小孩子拉弓射箭，慈母也会进屋关起门来。”所以说：“必定射中，就是关系很远的越国人也不怀疑羿；不是必定射中，就是慈爱的母亲也会逃离小孩。”

桓公问管仲说：“富有边际吗？”管仲回答说：“水有边际，就是没有水的地方；富的有边际，就是对富的满足。人不能停止于满足，那就是富失去了边际了吧？”

宋国有一个富有的商人叫监止子，与人争着购买价值百金的璞玉，假装失手而将璞玉打烂了，赔了别人百金，而修理了毁损的疵点后，他卖出玉得了千金。事情有做了而失败的，而如果认为还是不做的好，那是只看到了赔钱的时候。

有一个人想以驾车的技术得到楚王的赏识，许多养马的人都很嫉妒他。因此他就说：“我能打奔跑的鹿。”以这个理由见到了楚王。楚王自己驾车，没有追上鹿；这位驾车人自己驾车，赶上了鹿。楚王十分赏识他驾车的技术，他这才说众位养马人嫉妒他。

楚国派公子率领军队讨伐陈国，老年人送军队时说：“晋国很强大，不能不谨慎。”公子

说："你们忧虑什么呢？看我为你们击破晋国吧。"老人说："好。我们将在陈国的南门外修一座房子了。"公子说："这是为什么呢？"老年人回答说："我对勾践感到好笑。做人如此容易，他又为什么独独勤勤恳恳地经历十年的磨难呢？"

尧把天下让给许由，许由逃走了，住在一个普通人家里，这家人把皮帽藏起来了。对于一个放弃天下的人，这家人却藏起他的皮帽子，这是不了解许由的缘故啊。

三个虱子在母猪身上吸血，相互争执起来。一个虱子从旁经过，说："你们为什么争吵？"这三个虱子说："我们在争肥饶的地方。"过路的虱子说："你们也不担心腊日的到来，那时烤猪的茅草会燃烧，你们又担心其他的什么呢？"于是大家就聚集在一起吸食猪身上的血。猪瘦了，人就没有杀猪。

蛇里头有一种叫虺的，一个身躯两个口，为争吃的互相撕咬，于是相互杀死了对方。人臣中为了争职位使国家灭亡的，都是属于虺这一类。

房子里有粉刷，器皿有洗涤，就干净了。一个人的行为也是这样，没有需要洗涤、粉刷的地方，过错就少了。

公子纠打算作乱，桓公派使者去察看。使者回来报告说："公子纠脸上虽然在笑，却并没显示出欢乐，眼睛虽然在看，却目中无物，必然会作乱。"桓公就让鲁人杀了公子纠。

公孙弘剪断头发做越王的骑士，公孙喜派人送信与他断绝关系，说："我不与你做兄弟了。"公孙弘说："我是剪断了头发，你却砍断自己的脖子为人作战，我又将说你什么呢？"在周南的战斗中，公孙喜战死在那里。

有个人与凶暴的人是邻居，想卖掉房子来躲避他。有人说："这个人作恶就要到头了，你暂且等待他的下场吧。"卖房的人回答说："我担心他作恶就以伤害我为到头。"于是离开了这地方。所以说："事物到危险的关头，就不能再拖延了。"

孔子对自己的学生说："谁能在子西沽名钓誉这点上开导他呢？"子贡回答说："我可以。"就去开导子西，而且不再怀疑子西。子西说："胸怀宽广啊！不受利益的危害。品德纯洁啊！人性是有原则的，曲的就是曲的，直的就是直的。"孔子说："子西免不了灾难了。"白公发动的叛乱中，子西就死了。所以说："行为刚直的人却会屈从于个人的欲望。"

晋国中行文子逃跑出晋国，从一座县城过。跟随的人说："这里的啬夫，是您的旧日朋友。您为什么不休息住在这儿，等待后面的车呢？"文子说："我曾经喜欢音乐，这个人送我鸣琴；我喜欢佩带玉，这个人送给我玉环：这是助长我的过错。求得我好感的人，我担心他也会利用我求得人的好感。"就离开了县城。这位啬夫后来果然没收了文子的二乘后车而献给君主。

周趮对宫他说："为我对齐王说：'用齐国的力量在魏国帮助我，我请求以魏国来侍奉齐王。'"宫他说："不可以。这是表示你在魏国没有地位。齐国君主必定不会帮助在魏国没有地位的人来得罪在魏国有地位的人。您不如说：'依齐王的要求，我请求拿魏国来听从齐王的吩咐。'齐王必然认为您掌握了魏国，必然会依靠您。这样您就拥有齐国，因此就有齐国、魏国了。"

白圭对宋国的大尹说："君主长大后执掌政事，您就没有权势了。现在的君主是年幼的君主，追求的是名誉，不如让楚国来祝贺君主的孝顺。君主就不会夺去您的位子，而非常敬重您，您就长期在宋国掌权了。"

管仲、鲍叔在一起议论说："君主已经昏乱到极点了，必然失去国家。齐国的诸位公子中值得辅佐的，不是公子纠，就是公子小白。我们俩各自事奉一人，先达到成功的就提携另一个。”管仲就跟随公子纠，鲍叔跟随小白。国内果然有人杀害了君主。小白先进入齐国成了君主，鲁国人扣留了管仲而献给齐国，鲍叔向齐桓公推荐管仲做了相。所以谚语说：“巫咸虽然善于祈祷，不能够除去自己的灾害；秦国医生虽然善于除病，不能够自己针灸。”凭着管仲的贤能，也需要等着鲍叔的帮助，这就是俗话说：“奴隶自己卖皮衣卖不掉，士自称自己善辩而没人信”的原因。

楚王讨伐吴国，吴国派沮卫、蹷融去犒赏楚国军队，楚国将军说：“把他们绑起来，杀了祭鼓。”并问他们说：“你们来之前，卜过卦吗？”二人回答说：“卜过了。”又问：“卜的结果吉利吗？”回答说：“吉利。”楚人说：“现在楚国的将军要用你们来祭鼓了，该怎么解释呢？”二人回答说：“因此卜卦才会吉利呢。吴国派人来，本来就是来看将军的愤怒的。将军愤怒，我们就会把沟挖得深深的，堡垒修得高高的；将军不愤怒，就将会松懈下来。今天将军杀了我们，吴国必然提高警惕加强防备了。而且国家的卜卦，不是为一个人卜卦。杀了我们一人而使一个国家得到保全，这种情形不说是吉利，还说什么呢？而且死者没有知觉，那么以我们祭鼓也没有用处；如果死者有知觉，我们当在战斗进行时，让鼓不响。”楚人于是不杀他们了。

智伯想讨伐仇由，但是道路不通，就铸了一口大钟送给仇由君主。仇由君主十分高兴，修通了道路准备接受这口大钟。赤章曼枝说：“不能这样做。送礼这种行为本来是小国事奉大国的做法，现在大国这样做，它的士兵必然尾随而来，不可以接受。”仇由君主不听，于是接受了大钟。赤章曼枝因此截短了车毂赶路，躲到了齐国，七个月后，仇由灭亡了。

越国战胜了吴国后，又向楚国要兵去攻打晋国。左史倚相对楚王说：“越国击破了吴国，豪杰都死了，精锐的兵士都损失尽了，军队的武器装备也受了大的损失。现在又要用兵去攻打晋国，向我们表示越国没有问题。不如派兵和他们一起去瓜分吴国。”楚王说：“好。”因此派兵尾随越国军队。越王很愤怒，打算反击楚国军队。越国大夫文种说：“不可以。我们的豪杰之士已经耗尽了。武器装备也大受损伤。我们与楚国交战，必然不能取胜，不如贿赂楚国。”于是把露山北面五百里的地方割让给楚国。

楚国伐陈，吴国来救援，两国军队相距十里。下了十天的雨后，晚上天晴了。左史倚相对子期说：“下了十天雨了，盔甲和兵器都聚集在一起。吴国人必然会来袭击，不如准备好。”于是就排成阵。阵还没排好吴国军队就来了，看见楚国的阵势又返了回去。左史说：“吴国军队来回六十里，它的军官必定在休息，士兵必然在吃饭。我们行军三十里去攻击它，必然可以打败它。”于是照着这个意见行事，就击破了吴军。

韩国和赵国相互为敌。韩国向魏国求救，说：“希望借一支军队来讨伐赵国。”魏文侯说：“我和赵国是兄弟，不能答应这个请求。”赵国又向魏国借兵攻打韩国。文侯说：“我与韩国是兄弟，不敢答应这要求。”两国都没借到兵，愤怒地返回了。过后才知道文侯是用这个办法让自己与对方和解，就都去朝见魏国。

齐国讨伐鲁国，索要谗鼎，鲁国拿一个假的去。齐人说：“这是假的。”鲁人说：“是真的。”齐人说：“让乐正子春来证示，我们就相信你们。”鲁国君主请问乐正子春，乐正子春说：“为什么不把真的送去呢？”鲁君说：“我喜欢这只鼎。”子春说：“我也爱惜我的信誉。”

韩咎被立为国君，这事还没确定。他的弟弟在周国，周国想让他居于重位，而又担心韩咎不能立为君主。綦毋恢说：“不如用兵车百辆把他送回韩国。如果韩国立了韩咎为君，就说这兵车是为新国君的弟弟做警卫的；如果韩国不拥立韩咎，就说这兵车是来向韩国人献上国贼的。”

靖郭君田婴准备薛地筑城，他的门客很多都来劝他不要这样。靖郭君对传达官说："不要为门客通报。"有一个请求接见的齐国人说："我请求只说三个字就行了。超过三个字，我请求您就把我烹了。"靖郭君因此接见了他。这位门客小步走上前说："海大鱼。"转身就跑。靖郭君说："希望能听到具体说法。"门客说："我不敢以死开玩笑。"靖郭君说："是我希望你说。"门客回答说："你听说过大鱼吧？网不能捉住它，绳箭也拖不动它，任性乱游而离开了水，蝼蛄蚂蚁都可以在它身上随意作为。现在齐国就象是您的海，您已经有了齐国，又拿薛来做什么呢？您若失去了齐国，即使把薛城修得天一样高，还是没有好处。"靖郭君说："说得好！"就停止了，不在薛筑城了。

楚王的弟弟在秦国，秦国不放他回来。中射士说："给我百金，我能让他离开秦国。"于是装载着百金到了晋国，见到叔向，说："楚王的弟弟在秦国，秦国不放他回来。我请求以这百金，把这事托付给你。"叔向接受了百金，并拿着它去见晋平公说："可以在壶丘修筑城了。"平公说："为什么呢？"叔向说："楚王的弟弟现在秦国，秦国不放他回来，这是因为秦国厌恶楚国，必然不敢禁止我们在壶丘筑城。如果他们要阻止，我们就说：'把楚王的弟弟放出来，我们就不筑城。'秦国如果把他放出来了，我们是有恩惠于楚国，秦国如果不把他释放出来，就表明他们始终厌恶楚国，必然不敢阻止我们在壶丘筑城。"平公说："好。"于是修筑壶丘，并对秦国君主说："给我把楚王的弟弟放出来，我们就不修城。"秦因此放人。楚王十分高兴，以纯金百镒送给晋国。

阖庐攻击郢都，战斗中三次取胜，阖庐问子胥说："可以撤军了吧？"子胥回答说："要淹死别人让人家喝一口水就停下了，是不会成功的，因为他中途停手了，不如乘着机会将他按到水底。"

郑国人有一个儿子，将要做官了，他对自己的家人说："必须修补坏墙了，墙不修好，会有人来偷盗。"同巷的邻居也这样说。他的家人没有及时筑墙，果然有人来盗窃。郑国人认为他自己的儿子聪明，而认为邻居来告诫修墙的人是盗贼。

观行第九①

古之人，目短于自见，故以镜观面；智短于自知，故以道正己。镜无见疵②之罪，道无明过之恶。目失镜，则无以正须眉；身失道，则无以知迷惑。西门豹③之性急，故佩韦④以自缓；董安于⑤之心缓，故佩弦⑥以自急。故以有余补不足、以长续短之谓明主。

天下有信数⑦三：一曰智有所不能立；二曰力有所不能举；三曰强有所不能胜。故虽有尧之智而无众人之助，大功不立；有乌获⑧之劲而不得人助，不能自举；有贲⑨、育⑩之强而无法术，不得长生⑪。故势有不可得，事有不可成。故乌获轻千钧⑫而重其身，非其身重于千钧也，势不便也。离朱⑬易百步而难眉睫，非百步近而眉睫远也，道不可也。故明主不穷乌获以其不能自举；不困离朱以其不能自见。因可势，求易道，胡用力寡而功名立。时有满虚⑭，事有利害，物有生死，人主为三者发喜怒之色，则金石之士离心焉。圣贤之朴⑮浅深矣。故明主观人，不使人观己。明于尧不能独成，乌获之不能自举，贲、育之不能自胜，以法术则观行之道毕矣。

【注释】

①观行：观察行为。②疵：缺点。③西门豹：战国时魏国人，做官有政绩。④韦：熟牛皮。⑤董安于：春秋时晋国人，赵简子谋臣。⑥弦：绷紧的弓弦。⑦信数：定理。⑧乌获：战国时秦国大力士。⑨贲：孟贲。战国时卫国勇士。⑩育：夏育。战国时卫国勇士。⑪生：当作胜。⑫钧：古代计算重量的单位。⑬离朱：中国古代传说中的明目者。⑭满虚：这里是用月亮的盈亏来表示天时的变化。⑮朴：这里指道术。

【译文】

古代的人知道眼睛的短处在不能看见自己，因此用镜子来观察面容；智慧的短处在不能了解自己，因此用原则来端正自己。镜子没有看见缺点的罪过，原则没有发现过失的罪恶。眼睛离开了镜子，就没有东西来修正须发眉毛；身体失去了原则，就没有东西来让人知道自己迷惑。西门豹的性子急，因此佩带牛皮让自己沉着从容；董安于的性子缓慢，因此佩带弓弦让自己敏捷急迫。所以用有余弥补不足，以长的延续短的叫做圣明的君主。

天下有三条必然的道理：一是人的智慧有办不成的事；二是人的力气有举不起的物件；三是人的强大有不能战胜的东西。因此即使有尧的智慧而没有众人的辅助，大功不能建立；有乌获的力量而没人的帮助，不能自己举起自己；有孟贲、夏育的强大而没有方法，不能常常获得胜利。因此地位有不可具备的，事情有不能办成的。因此乌获认为千钧的东西轻，认为自己的身体重，并不是他的身体重过了千钧，而是地位不方便。离朱认为看百步容易而看自己的眉毛睫毛困难，并不是百步近而眉毛睫毛远，而是道理不允许。因此英明的君主不因为乌获不能自己举起自己使他难堪，不因为离朱不能自己看见自己使他困窘。依据可以成功的形势，寻求轻易办到的法则，因此用力少而功名立。明光有盈、亏，事情有利、害，生物有生、死，人主对这三种表现出喜怒的颜色，那么就是如金、石一样坚贞忠心的人也会产生离异的心思。圣贤的道术深浅莫测。因此英明的君主观察人，不让人观察自己。明瞭了尧不能一人获得成功，乌获不能自举，孟贲、夏育不能自胜这样的事实，则使用法度、权术来观察行为的原则都在这中间了。

安危第十[①]

安术[②]有七，危道[③]有六。

安术：一曰赏罚随[④]是非，二曰祸福随善恶，三曰死生随法度，四曰有贤不肖而无爱恶，五曰有愚智而无非[⑤]誉，六曰有尺寸而无意度[⑥]，七曰有信而无诈。

危道：一曰斫削于绳之内，二曰斫割于法之外，三曰利人之所害，四曰乐人之所祸，五曰危人之所安，六曰所爱不亲、所恶不疏。如此，则人失其所以乐生，而忘其所以重死。人不乐生，则人主不尊；不重死，则令不行也。

使天下皆极智能于仪表[⑦]，尽力于权衡[⑧]，以动则胜，以静则安。治世使人乐生于为是，爱身于为非，小人少而君子多。故社稷[⑨]常立，国家久安。奔车之上无仲尼，覆舟之下无伯夷[⑩]。故号令者，国之舟车也。安则智廉生；危则争鄙起。故安国之法，若饥而食，寒而衣，不令而自然也。先王寄理于竹帛[⑪]，其道顺，故后世服。今使人饥寒去衣食，虽贲、欲[⑫]不能行；废自然，虽顺道而不立。强勇之所不能行，则上不

能安。上以无厌责，已尽，则下对“无有”；无有，则轻法。法所以为国也而轻之，则功不立，名不成。

闻古扁鹊[13]之治其病也，以刀刺骨；圣人之救危国也，以忠拂耳。刺骨，故小痛在体而长利在身；拂耳，故小逆在心而久福在国。故甚病之人利在忍痛，猛毅之君以福拂耳。忍痛，故扁鹊尽巧；拂耳，则子胥不失，寿[14]安之术也。病而不忍痛，则失扁鹊之巧，危而不拂耳，则失圣人之意。如此，长利不远垂[15]，功名不久立。

人主不自刻[16]以尧而责人臣以子胥，是幸殷人之尽如比干。尽如比干，则上不失，下不亡。不权其力而有田成[17]，而幸其身尽如比干，故国不得一安。废尧、舜而立桀、纣，则人不得乐所长而忧所短。失所长，则国家无功；守所短，则民不乐生。以无功御不乐生，不可行于齐民[18]。如此，则上无以使下，下无以事上。

安危在是非，不在于强弱。存亡在虚实，不在于众寡。故齐，万乘也，而名实不称，上空虚于国，内不充满于名实，故臣得夺主。杀[19]，天子也，而无是非：赏于无功，使谗[20]谀以诈伪为贵；诛于无罪，使伛[21]以天性剖背。以诈伪为是，天性为非，小[22]得胜大[23]。

明主坚内，故不外失，失之近[24]而不亡于远[25]者无有。故周之夺殷也，拾遗于庭。使殷不遗于朝，则周不敢望秋毫于境，而况敢易位乎？

明主之道忠[26]法，其法忠心，故临之而法[27]，去之而思。尧无胶漆之约于当世而道行，舜无置锥之地于后世而德结。能立道于往古，而垂德于万世者之谓明主。

【注释】

①安危：安全和危险。②安术：安定的方法。③危道：危险的道路。④随：依据。⑤非：即诽。⑥意度：即臆度。臆度，主观猜测。⑦仪表：标记。这里比喻国家法令。⑧权衡：称物的量具。这里比喻国家法令。⑨社稷：社，土地神；稷，谷神。对社稷的祭祀意味着国家长存。⑩伯夷：殷末周初孤竹国国君的大儿子，中国古代隐士中廉洁的典范。⑪竹帛：古时候书写的材料，因此成为书籍的代名词。⑫欲：当作育，指夏育。人名。⑬扁鹊：古代名医。⑭寿：长久。⑮垂：长远。⑯刻：责备，要求。⑰田成：春秋时齐国贵族。公元前481年，他杀死齐简公，控制了齐国政权。⑱齐民：平民。⑲杀：当作桀。⑳谗：说人坏话。㉑伛：驼背。㉒小：这里指殷汤。㉓大：这里指夏桀。㉔近：这里指内政。㉕远：这里指外敌。㉖忠：即衷，适合于。㉗法：当作治。

【译文】

使国家安定的方法有七条，使国家危险的道路有六条。

安定的方法：一是赏赐和惩罚依据是非，二是灾祸和福庆依据善恶，三是死亡和生存遵照法度，四是有有才德和无才德的区别而没有喜欢和厌恶的区别，五是有愚蠢和聪明的区别而没有诽谤和赞美的区别，六是有客观标准而没有主观猜测，七是有信用而没有欺诈。

危险的道路：一是砍削偏到绳墨以内，二是砍割偏到法度以外，三是以别人的祸害为利，四是以别人的灾祸为快乐，五是危害人家的安定，六是对喜爱的不亲近，对厌恶的不疏远。这样，人就失去了乐于生活的前提，而忘掉了重视死亡的条件。人不乐于生存，人主就不会受到尊重；不重视死亡，命令就得不到执行。

假如天下都能在国家法令范围内竭尽智慧和能力，在国家法令范围内尽到力量，用这样的精神行事就能取得胜利，安静就能得到安定。得到治理的社会让人以做好事为生活的快乐，对坏事爱惜自己的身体，小人少而君子多。因此国家的祭祀长存，国家长久安定。狂奔的车上没有仲尼，倾覆的船下没有伯夷。因此号令是国家的舟车。这舟车安定，智慧和廉洁就产生；危险，争夺和贪鄙就会产生。因此安定国家的法律，就象饿了要吃，冷了要穿，不用命令也会这样。先王把治理国家的法则记载在典籍上，其中道理顺畅，所以后代就实行。现在让人饥寒的时候不吃不穿，即使孟贲、夏育也不能废除自然需要，即使是顺畅的道理也不能成立。强制勇士也做不到的事，君主就得不到安宁。君主以贪得无厌去要求人们，人们已被搜刮尽了，就会回答说“没有了”；没有什么了，就会看轻法律。法律是支撑国家的，但却遭到轻视，那就功业不能成，功名不能就了。

听说古代扁鹊治病，用刀来刺骨头；圣人救危险的国家，用忠来逆耳。刺骨，所以小痛在身体的部分而长久的利益在全身；逆耳，所以小逆在心头而长久的福气却在国家。所以病得很厉害的人利益在于忍受痛苦，勇猛刚毅的君主因为福份而忍受逆耳。忍受痛苦，所以扁鹊才能尽到自己的技术；逆耳，就不会失去子胥那样的人，这是长久安全的方法啊。病了不能忍痛，那就失去了扁鹊的技巧；危难而又不忍逆耳，就会失去圣人的旨意。象这样，长远的利益不能留传下去，功名不能长久成立。

人主不自己以尧为榜样要求自己，而要求人臣要象子胥，那是希望殷朝人都象比干。尽如比干，那君主就不会有过失，臣下不会背离君主。不估量自己的力量，而臣下中又有田成那样的人，还希望这些人尽都象比干，那么国家片刻也不得安宁。废除尧、舜而拥立了桀、纣，那么人们不能乐于从事自己能做到的事，而为自己所不能做到的事担忧。失去了自己的所长，国家就没有功业；从事于自己所短的事，民众就有不乐于生活的人。以没有功业来操纵不乐于生活，这种方法是不能用来统治百姓的。这样，就是君主没有统治百姓的办法，臣下没有事奉君主的心思。

国家的安危在于能否分清是非，不在于强弱　国家的存亡在于君主手中权力的虚实，而不在手下人的多少。因此齐国，是一个有万乘兵车的国家，而名和实不相称，君主在国内徒有虚名，内部的名位和实权都已空虚，因此臣下能够篡夺君主的权位。桀，作为天子而没有是非：对没有功劳的加以赏赐，让说人坏话，谄媚的人以欺诈伪善为可贵；杀害无罪的人，使驼背的人因为天生的残疾而被剖开了背。以欺诈伪善为对，以天生的为错，小的国家因此而战胜了大国。

明主巩固内部，因此政权不丧失于外，国家内部治理不好而不被外国灭亡的事是没有的。因此周朝的夺取殷朝，就象在庭院里捡起遗下的东西一样容易。如果殷人没在朝廷上丢失什么，那么周人在殷人境内连一根秋天的毫毛也不敢窥伺，更何况敢于夺取名位呢？

明主的统治原则适合于法，这法适合于民众的心，运用这法律国家就得到治理，抛弃了这法律民众就会思念。尧和当时的人并没有结下友好盟约而他的统治原则却能实行，舜没有留下任何土地给后代而他的德业却能结成。能够依据往古圣贤的榜样确立治国原则，又使德行流传万代的人就可以称为英明的君主。

守道第十一[①]

圣王之立法也，其赏足以劝善，其威足以胜暴，其备[②]足以必完法。治世之臣，

功多者位尊，力极者赏厚，情③尽者名立。善之生如春，恶之死如秋，故民劝极力而乐尽情，此之谓上下相得④。上下相得，故能使用力者自极于权衡⑤，而务至于任鄙⑥；战士出死，而愿为贲、育⑦；守道者皆怀金石之心，以死子胥之节。用力者为任鄙，战如贲、育，中为金石，则君人者高枕而守已完矣。

古之善守者，以其所重禁其所轻，以其所难止其所易。故君子与小人俱正，盗跖⑧与曾⑨、史⑩俱廉。何以知之？夫贪盗不赴溪而掇⑪金，赴溪而掇金，则身不全。贲、育不量敌，则无勇名；盗跖不计可⑫，则利不成。

明主之守禁也，贲、育见侵⑬于其所不能胜，盗跖见害⑭于其所不能取，故能禁贲、育之所不能犯，守盗跖之所不能取，则暴者守愿⑮，邪者反正。大勇愿，巨盗贞⑯，则天下公平，而齐民之情正矣。

人主离法、失人，则危于伯夷不妄取，而不免于田成⑰、盗跖之祸。何也？今天下无一伯夷，而奸人不绝世，故立法度量。度量信，则伯夷不失是，而盗跖不得非。法分明，则贤不得夺不肖，强不得侵弱，众不得暴寡。托天下于尧之法，则贞士⑱不失分，奸人不徼幸。寄千金于羿之矢，则伯夷不得亡，而盗跖不敢取。尧明于不失奸，故天下无邪；羿巧于不失发，故千金不亡。邪人不寿而盗跖止。如此，故图不载宰予⑲，不举六卿⑳；书不著子胥，不明夫差㉑。孙、吴㉒之略废，盗跖之心伏。人主甘㉓服于玉堂之中，而无瞋目切齿倾取之患；人臣垂拱㉔于金城㉕之内，而无扼腕㉖聚唇㉗嗟唶㉘之祸。服虎而不以柙㉙，禁奸而不以法，塞伪而不以符㉚，此贲、育之所患，尧、舜之所难也。故设柙，非所以备鼠也，所以使怯弱能服虎也；立法，非所以避曾、史也，所以使庸主能止盗跖也；为符，非所以豫㉛尾生㉜也，所以使众人不相谩㉝也。不恃比干之死节，不幸乱臣之无诈也；恃怯之所能服，握庸主之所易守。当今之世，为人主忠计㉞、为天下结德者，利莫长于如㉟此。故君人者无亡国之图，而忠臣无失身之画。明于尊位㊱必赏，故能使人尽力于权衡，死节于官职。通贲、育之情，不以死易生；惑于盗跖之贪，不以财易身，则守国之道毕备矣。

【注释】

①守道：守护国家的原则。②备：措施。③情：忠诚。④相得：相互协调。⑤权衡：本指称重量的工具，这里指法度。⑥任鄙：战国时秦国大力士。⑦贲育：孟贲、夏育。战国时卫国勇士。⑧盗跖：强盗柳下跖。春秋历史传说中著名的盗贼。⑨曾：曾参。孔子的学生，以孝闻名。⑩史：史鳝。春秋时卫国大臣，以廉洁闻名。⑪掇：拾。⑫可：这里是成功的意思。⑬侵：这里是制裁的意思。⑭害：这里是制裁的意思。⑮愿：谨慎。⑯贞：即正。⑰田成：春秋末齐国大臣，后杀齐简公，夺取了齐国政权。⑱贞士：清白的人。⑲宰予：孔子门徒。在齐国做大夫，因反对田常而被杀。⑳六卿：春秋时晋国六家贵族，即智、范、中行、赵、韩、魏六家。在争权夺利中造成了晋国内乱。㉑夫差：春秋末吴国国君。不听忠臣伍子胥劝谏而杀伍子胥，后果然被越国灭亡。㉒孙吴：孙武、吴起，均为春秋战国时著名军事家。㉓甘：指甘美的食品。㉔垂拱：垂衣拱手。这里指从容不迫。㉕金城：形容都城的壮丽繁华。㉖扼腕：用左手捏住右手手腕，表示愤慨的情绪。㉗聚唇：嘴唇撅起的样子，表示愤慨。㉘嗟唶（jiējiè）：叹息的声音。㉙柙：兽笼。㉚符：古人将竹或金属制成的物件一剖为二，分由君臣掌握，有命令时双方所持吻合即表示可信。这种物件称为符。㉛豫：防备。㉜尾生：古代传说中守信用的典型。㉝谩：欺诈。㉞忠计：忠心考虑。㉟如：衍文。㊱尊位：尊重君位。

【译文】

圣明的君王制订法律，法律的赏赐足以鼓励好的，法律的威严足以战胜凶暴的，法律的措施足以使法制完善。太平盛世的臣子，功劳多的地位必然尊贵，竭尽力量的赏赐必然丰厚，竭尽忠诚的名誉必然树立。好的行为象春天生机勃勃，坏的行为象秋天那样走向衰亡，因此民众相互鼓励奉献力量而乐于效忠，这就叫做上下协调一致。上下协调一致，因此能让使用力量的人依照法律的要求竭尽全力，而努力做到象任鄙那样；让战士拚死战斗，愿意成为孟贲、夏育；让恪守原则的人都怀着金石般的信念，象子胥那样尽节而死。使用力量的人如任鄙，战士如孟贲、夏育，守护原则的人心如金石，治理人的君王就可以高枕无忧，而守护国家的法制就完备了。

古代善于保守国家的人，用法律中的重法来制止轻微的犯罪，以法律中令人畏惧的制止容易犯下的罪行。因此君子和小人都能恪遵正道，盗跖与曾参、史鳝都能廉洁。从什么地方可以知道呢？贪婪的盗贼不到深涧中去拾金子，到深涧去拾金子，身体就不会保全。孟贲、夏育不估计敌人的份量，就没有勇敢的名声；盗跖不预料成败，就没有获利。

英明的君主掌握着禁令，孟贲、夏育在不能取胜的地方逞能就会被制服，盗跖在不能窃取的地方动手就会被制服，因此能制止孟贲、夏育在不能取胜的地方逞能，守护盗跖在不能窃取的地方动手，凶暴的人就谨慎了，邪恶的人就返回到正道。非常勇敢的人谨慎，江洋大盗正派，那就天下公正，平民的心思端正了。

君主背离了法制、失去了人心，即使在有不妄自索取东西的伯夷时也会危险，而遇到田成、盗跖这样的人就无法避免灾祸了。为什么呢？现在天下没有伯夷，而奸邪的人不断出现，因此才设立法制标准。标准实施了，伯夷不会丢失他正确的行为，而盗跖就不能从事他坏的行为。法制清楚了，有才德的人不会抢夺没有才德的人，强大的人不会侵犯弱小的人，人多的不会对人少的施暴。把天下寄托给尧的法律，那么清白的人不会丢失本份，奸邪的人就没有侥幸。把千金托付给羿的弓箭保护，那么伯夷不会丢失这些钱，就是盗跖也不敢去窃取。尧圣明而不放过奸邪的人，因此天下就没有奸邪的人；羿技巧高超而不虚发箭，因此千金就不会丢失。奸邪的人不长久而盗跖被制服。这样，图册里就不会记载宰予，不举出六卿；典籍中也不会记载子胥，不标记夫差。孙武、吴起的谋略不用，盗跖的心降伏。君主在玉砌的王宫中吃着甘美的食物，穿着华丽的衣服，而没有怕怒睁双目、咬牙切齿的人来倾覆夺取政权的忧虑；人臣在美丽坚固的城中从容不迫地做事，而没有愤怒怨恨，哀怨叹息的人来造成灾祸。降服老虎不用兽笼，禁止奸邪而不用法律，杜绝虚假而不凭符信，这是孟贲、夏育也害怕，尧、舜也难办的事。因此设立兽笼，不是用来对付老鼠，是用来使怯弱的人也能降服老虎；设立法制，不是用来针对曾参、史鳝，是用来使平庸的君主能制止盗跖；制造符信，不是用来防备尾生，是用来使众人不互相欺骗。不依靠比干那样的死于效忠，不侥幸期望乱臣不欺诈；依仗的是怯弱所能用来降服的手段，把握的是平庸的君主所能用来守备的方法。当今之世，为人主忠心考虑、为天下带来恩惠的，利益没有比这更长远的。所以统治者没有亡国的图画，而忠臣没有杀身的描绘。明白了尊重君位的人必定给予赏赐，因此能够使人尽力执行法律，以死效忠于职守。与孟贲、夏育那样的人性情相通，但不会用死来换取生命；象盗跖那样迷惑于贪婪，但不会用财物去交换身体，守护国家的原则就都齐备了。

用人第十二①

闻古之善用人者必循天顺人而明赏罚。循天，则用力寡而功立；顺人，则刑罚省而令行；明赏罚，则伯夷、盗跖不乱。如此，则白黑分矣。治国之臣，效②功于国以履位，见能于官以受职，尽力于权衡以任事。人臣皆宜其能，胜其官，轻其任，而莫怀余力于心，莫负兼官之责于君。故内无伏怨之乱，外无马服③之患。明君使事不相干，故莫讼；使士不兼官，故技长；使人不同功，故莫争。争讼止，技长立，则强弱不觳④力，冰炭不合形⑤，天下莫得相伤，治之至也。

释法术而任心治，尧不能正一国。去规矩⑥而妄意度，奚仲⑦不能成一轮。废尺寸而差⑧短长，王尔⑨不能半中⑩。使中主守法术，拙匠执规矩尺寸，则万不失矣。君人者，能去贤巧之所不能，守中拙之所万不失，则人力尽而功名立。

明主立可为之赏，设可避之罚。故贤者劝赏而不见子胥之祸，不肖者少罪而不见伛剖背⑪，盲者处平而不遇深溪，愚者守静而不陷险危。如此，则上下之恩结矣。古之人曰："其心难知，喜怒难中也。"故以表⑫示目，以鼓语耳，以法教心。君人者释三易之数⑬而行一难知之心，如此，则怒积于上而怨积于下。以积怒而御积怨，则两危矣。

明主之表易见，故约立；其教易知，故言用；其法易为，故令行。三者立而上无私心，则下得循法而治，望表而动，随绳而斫，因攒⑭而缝。如此，则上无私威之毒，而下无愚拙之诛。故上君⑮明而少怒，下尽忠而少罪。

闻之曰："举事无患者，尧不得也。"而世未尝无事也。君人者不轻爵禄，不易富贵，不可与救危国。故明主厉⑯廉耻，招⑰仁义。昔者介子推⑱无爵禄而义随文公，不忍口腹而仁割其肌，故人主结其德，书图著其名。人主乐乎使人以公尽力，而苦乎以私夺威；人臣安乎以能受职，而苦乎以一负二。故明主除人臣之所苦，而立人主之所乐。上下之利，莫长于此。不察私门⑲之内，轻虑重事，厚诛薄罪，久怨细过，长侮偷⑳快，数以德追祸，是断手而续以玉也，故世有易身之患。

人主立难为而罪不及，则私怨生；人臣失所长而奉难给㉑，则伏怨结。劳苦不抚循㉒，忧悲不哀怜；喜则誉小人，贤不肖俱赏；怒则毁君子，使伯夷与盗跖俱辱。故臣有叛主。

使燕王内憎其民而外爱鲁人，则燕不用而鲁不附。见㉓憎，不能尽力而务功；鲁见说㉔，而不能离㉕死命而亲他主。如此，则人臣为隙穴，而人主独立。以隙穴之臣而事独立之主，此之谓危殆。

释仪的㉖而妄发，虽中小不巧；释法制而妄怒，虽杀戮而奸人不恐。罪生甲，祸归乙，伏怨乃结。故至治之国，有赏罚而无喜怒，故圣人极；有刑法而死无螫毒㉗，故奸人服。发矢中的，赏罚当符，故尧复生，羿复立。如此，则上无殷、夏之患，下无比干之祸，君高枕而臣乐业，道蔽㉘天地，德极万世矣。

夫人主不塞隙穴而劳力于赭㉙垩㉚，暴雨疾风必坏。不去眉睫之祸而慕贲、育之死，不谨萧墙[31]之患而固金城[32]于远境，不用近贤之谋而外结万乘之交于千里，飘风[33]一旦起，则贲、育不及救，而外交不及至，祸莫大于此。当今之世，为人主忠计者，必无使燕王说鲁人，无使近世慕贤于古，无思越人以救中国溺者。如此，则上下亲，内功立，外名成。

【注释】

①用人：使用人才。②效：献。③马服：即马服君赵奢的儿子赵括。赵王不听赵括母劝告，运用赵括为将，公元前260年大败于秦，全军覆没。④觳：角力。⑤形：即型。型，模具。⑥规矩：木匠画圆和方的工具。⑦奚仲：中国古代传说中善于造车的人。⑧差：分别。⑨王尔：中国古代传说中的巧匠。⑩中(zhòng)：合适。⑪伛剖背：伛，驼背。传说纣曾令人剖开驼背的背部以观测究竟。这里是比喻无辜受害。⑫表：树立起来表示高低的标记。⑬数：办法。⑭攒：即钻。钻，锥孔。⑮君：当作居。居，处。⑯厉：鼓励。⑰招：提倡。⑱介子推：春秋时晋国大臣。晋文公重耳即位前曾流亡在外十九年，介子推即随从之一，曾在晋文公饥饿时割股肉给晋文公充饥。⑲私门：指大臣。⑳偷：苟且的，一时的。㉑给：及。㉒抚循：安慰。㉓见："见"字前当有"民"字。㉔说：即悦。㉕离：即罹。罹，遭受。㉖仪的：箭靶。㉗螫毒：昆虫以毒刺刺人。这里比喻君主施刑狠毒而不依法度。㉘蔽：遮盖。㉙赭：红色土。㉚垩：白色土。㉛萧墙：宫门内的矮墙。这里比喻宫廷内部。㉜金城：坚固的城池。㉝飘风：旋风。常用以比喻恶势力。

【译文】

听说古代善于用人的人，必然遵循天道顺应人情而赏罚分明。遵循天道，就用力少而功业成就；顺应人情，就刑罚少而命令得以施行；赏罚分明，就伯夷、盗跖界线分明。这样，白黑就分开了。治理得好的国家的臣子，对国家献上功劳而得到职位，对公家表现出才能而接受职务，对法制竭尽力量来担任职务。人臣都适合自己的能力，胜任自己的职位，轻松地执行任命，而不保留余力在内心，对君主不担负兼任其他官职的责任。因此内无心怀怨恨的乱子，外无马服君兵败的灾祸。英明的君主让臣下的事务互不相干，因此，没有争辩；让士不兼任职务，因此技术有专长；让人不同立一功，因此就没有争斗。争吵辩论停止，技术专长成立，那就强弱不斗力，就象冰炭不放进同一个模子，天下互不相伤，治理达到了极点。

放弃法律权术而凭主观臆想办事，那么尧不能治理好一国。去掉规矩而胡乱猜测，奚仲不能做好一只车轮。废弃尺寸而分别短长，王尔不能做好一半。让中等才能的君主遵守法术，笨拙的匠人手拿规矩尺寸，就万无一失。统治者，能够去掉贤巧的人也做不到的作法，遵循中等的、笨拙的人也万无一失的作法，那就能让人竭尽全力而建立起功业了。

英明的君主设立可以争取到的赏赐，设立可以避免的刑罚。因此贤能的人勉励争取赏赐而不会遭遇伍子胥的祸患，没有德才的人少犯罪而不会遇到象驼背那样无辜被害，瞎子处于平地就不会碰到深溪，愚蠢的人保持安静就不陷入险峻的高山。这样，就君臣上下的恩情建立起了。古代的人说："人的心是难以了解的，人的喜怒是难以预料的。"因此用表来给眼睛做标示，用鼓来给耳朵定音，用法令来给心作教导。人君放弃三种易行的方法而用一种难以让人了解的心来行事，这样，就会愤怒积累于君主而怨恨积累于臣下。用积怒来驾驭积怨，那就双方都危险了。

英明君主的标记容易看到，因此条约能确立；他的教导容易懂得，因此说话起作用；他的法制容易遵守，因此命令得以执行。这三者树立而君主没有私心，就臣下得以遵循法律而治理

政事，看着标准而行事，就象随着绳墨而挥动斧子，依着锥孔而缝线。这样，君主就没有个人淫威的狠毒，臣下没有因愚笨而遭受刑罚的。因此君主处事英明而少愤怒，臣下尽忠而少罪行。

所以说有这样的说法："办事不出问题，尧也做不到。"而世上总是不安定的。君主不轻易地赏给臣下爵禄，不轻易地赐给臣下富贵，不可以拯救危难中的国家。因此英明的君主对于知道廉耻的进行勉励，对于实行仁义的加以提倡。过去介子推没有爵禄而凭着臣子的本份追随文公，饥饿难忍却凭着仁而割下自己的肌肉给文公，因此君主记着他的德行，典籍和图册记载着他的名字。君主乐于使人为公家尽力，而苦于被臣下以私利夺去权威；人臣安于凭才能担任职务，而苦于以一身兼任两职。因此英明的君主解除人臣所苦恼的，而树立人主所乐于看到的。君臣上下的利益，没有比这更长久的了。不考察大臣私下的活动，轻率地考虑重大事情，对轻微的罪行实行重重的处罚，长久地怨恨臣下小的过错，经常侮辱人图得一时的痛快，屡次用恩惠来补偿给人造成的灾难，这就象砍下手又用玉接上去一样，因此世上有君主被推翻的祸患。

君主树立难于达到的目标而惩罚臣下不能达到，就会产生私下的怨恨；人臣失去发挥特长的机会而从事难以做到的事，就会产生潜伏的怨恨。君主对臣下的劳苦不抚慰，对臣下的忧愁悲苦不哀怜；高兴的时候连小人也称赞，有无德才都给予赏赐；愤怒的时候连君子也毁谤，伯夷和盗跖都受到侮辱。因此，有臣子会背叛君主。

假若燕王对内憎恨他的民众而对外喜爱鲁国人，就会燕国人不为他所用而鲁国人也不会依附他。民众被憎恨，就不能尽力而从事于功业；鲁人被喜爱，也不能冒死来亲近其他国家的君主。这样，臣子就成了陷害人的裂缝洞穴，而君主处于孤立状态，用象裂缝洞穴一样的臣下事奉孤立的君主，这就叫做危险。

放弃了靶子而胡乱射箭，虽能射中小的东西但不能算技巧；抛弃了法制而胡乱发怒，虽然杀了人但奸邪的人不害怕。罪恶产生于甲，灾祸却归给了乙，臣下内心的怨恨就产生了。因此治理得好的国家，有赏赐和惩罚，但没有君主个人的喜怒，所以圣人能达到治理的最高境界；有刑法而没有君主个人的狠毒，所以奸邪的人能够伏罪。发出的箭射中靶子，赏赐和惩罚符合实际，所以尧又复活了，羿又重新出现了。这样，君主不用担心会成为殷纣、夏桀，臣下没有比干的灾难，君主高枕无忧而臣下乐于功业，法术覆盖天地，恩德流传万代。

君主不堵塞缝隙洞穴而在用颜色涂抹墙壁上花费精力，暴雨疾风必定摧毁房屋。不去掉迫在眉睫的祸患而羡慕有孟贲、夏育来以死效劳，不谨慎地对待内部的灾祸而在遥远的边境修筑坚固的城墙，不采用身边贤士的计谋而到千里之外去结交大国，风暴一旦发生，那就孟贲、夏育来不及救，外面结交的援救赶不及，灾祸没有比这更大的了。当今之世，为君主忠心地策划的，必定不会让燕王去喜欢鲁国人，不会让现在的君主羡慕往古的贤士，不会让君主思念越人来救中原国家的溺水者。这样，就君臣上下亲密，内部功业建成，名声远扬于外了。

功名第十三[①]

明君之所以立功成名者四：一曰天时，二曰人心，三曰技能，四曰势位。非天时，虽十尧不能冬生一穗；逆人心，虽贲、育不能尽人力。故得天时，则不务而自生；得人心，则不趣[②]而自劝；因[③]技能，则不急而自疾；得势位，则不进而名成。若水之流，若船之浮。守自然之道，行毋穷之令，故曰明主。

夫有材而无势，虽贤不能制不肖。故立尺材于高山之上，下临千仞之溪，材非长也，位高也。桀为天子，能制天下，非贤也，势重也；尧为匹夫，不能正[④]三家，非不肖也，位卑也。千钧[⑤]得船则浮，锱铢[⑥]失船则沉，非千钧轻而锱铢重也，有势之与无势也。故短之临高也以位，不肖之制贤也以势。人主者，天下一力以共载之，故安；众同心以共立之，故尊。人臣守所长，尽所能，故忠。以尊主主[⑦]御忠臣，则长乐生而功名成。名实相持而成，形影相应而立，故臣主同欲而异使。人主之患在莫之应，故曰：一手独拍，虽疾无声。人臣之忧在不得一，故曰：右手画圆，左手画方，不能两成。故曰：至治之国，君若桴[⑧]，臣若鼓，技若车，事若马。故人有余力易于应，而技有余巧便于事。立功者不足于力，亲近者不足于信，成名者不足于势，近者已[⑨]亲，而远者不结，则名不称实者也。圣人德若尧、舜，行若伯夷，而位不载[⑩]于世，则功不立，名不遂。故古之能致功名者，众人助之以力，近者结之以成，远者誉之以名，尊者载之以势。如此，故太山之功长立于国家，而日月之名久著于天地。此尧之所以南面而守名、舜之所以北面而效功也。

【注释】

①功名：立功成名。②趣：即促，督促。③因：依靠。④正：管理。⑤钧：古代计量单位中较大的单位。⑥锱铢：都是古代计量单位中最小的单位。⑦主：衍文。⑧桴：鼓槌。⑨已：当作不。⑩载：这里是拥戴的意思。

【译文】

英明的君主之所以能够功成名就的原因有四千：一叫做天时，二叫人心，三叫做技能，四叫做势位。不是天时合适，即使十个尧，也不能让冬天长出一个穗儿；违背了人心，即使是孟贲、夏育也不能尽到人力。因此得天时，就是不用力而自生；得人心，不督促人们也会自己勉励自己；依靠技能，就不用急迫事情自己也进行得快；得势位，就不用进取也会有名声。象水的流动，象船的浮行。把握着自然的规律，实行畅通无阻的法令，因此称为英明的君主。

有才能而没有权势，即使有德才也不能制服无德才的。因此把尺长的树立在高山之上，下面就临着千仞的溪涧，树并没有增高，而是位置高了。桀作为天子，能制服天下，并不是他有才能，而是他权势重；尧作为普通平民，不能管好三家，并不是他缺乏才能，而是位置低下。千钧的重量，有船装着就可以浮起来，锱铢这样轻的东西，没有船就会沉下去，并不是千钧轻而锱铢重，这是有地势和没地势的分别。因此短的东西可以居高临下是因为所处的地位，没有才德的人可以制服有才德的人是因为手中的权势。君主，天下合力而共同拥戴他，因此安定；民众同心拥立他，因此尊贵。人臣拥有着自己的特长，尽自己所能，因此就忠。以尊贵的君主驾驭忠臣，就产生长久的安乐而功成名就。名称和实际相互依赖而成，形体和影子相照应而成立，因此臣下和君主欲望相同而使命不一。君主的忧患在于没有人响应，所以说：一只手单独拍，虽然挥动快却没有声音。人臣的忧虑在于不能专任一职，所以说：右手画圆，左手画方，不能同时画成。所以说：治理成功的国家，君主象鼓槌，臣下象鼓，技巧象车，事情就象马。因此人有多余的力量就容易对君主响应，而技巧有余做事就易成。为君主立功的人不尽力，与君主亲近的人不够忠心，帮君主成名的人不肯充分运用权势，君主身边的人不亲，离君主远的

人不来交结，就是名不符实了。圣人德行象尧、舜，行为象伯夷，而他的权位不为社会拥戴，就功不能成，名声不能成就。因此古代能得到功名的人，众人用力帮助他，身边的人与他交结以成全他，离他远的人用好名声称赞他，地位高的人用权势拥戴他。这样，象泰山一样的功绩就长久地屹立在国家，君主的名声象日月久存于天地。这就是尧南面而能把握名位，舜北面而能奉献功绩的原因。

定法第十四

问者曰："申不害、公孙鞅，此二家之言孰急于国?"

应之曰："是不可程也。人不食，十日则死；大寒之隆，不衣亦死。谓之衣食孰急于人，则是不可一无也，皆养生之具也。今申不害言术而公孙鞅为法。术者，因任而授官，循名而责实，操杀生之柄，课群臣之能者也，此人主之所执也。法者，宪令著于官府，刑罚必于民心，赏存乎慎法，而罚加乎奸令者也，此臣之所师也。君无术，则弊于上；臣无法，则乱于下。此不可一无，皆帝王之具也。"

问者曰："徒术而无法，徒法而无术，其不可何哉?"

对曰："申不害，韩昭侯之佐也。韩者，晋之别国也。晋之故法未息，而韩之新法又生；先君之令未收，而后君之令又下。申不害不擅其法，不一其宪令，则奸多。故利在故法前令，则道之；利在新法后令，则道之。利在故新相反、前后相悖，则申不害虽十使昭侯用术，而奸臣犹有所谲其辞矣。故托万乘之劲韩，七十[①]年而不至于霸王者，虽用术于上，法不勤饰于官之患也。公孙鞅之治秦也，设告相坐而责其实，连什伍而同其罪，赏厚而信，刑重而必。是以其民用力劳而不休，逐敌危而不却，故其国富而兵强；然而无术以知奸，则以其富强也资人臣而已矣。及孝公、商君死，惠王即位，秦法未败也，而张仪以秦殉韩、魏。惠王死，武王即位，甘茂以秦殉周。武王死，昭襄王即位，穰侯越韩、魏而东攻齐，五年而秦不益一尺之地，乃成其陶邑之封。应侯攻韩八年，成其汝南之封。自是以来，诸用秦者皆应、穰之类也。故战胜，则大臣尊；益地，则私封立。主无术以知奸也。商君虽十饰其法，人臣反用其资。故乘强秦之资数十年而不至于帝王者，法不勤饰于官、主无术于上之患也。"

问者曰："主用申子之术，而官行商君之法，可乎?"

对曰："申子未尽于法也[②]。申子言：'治不逾官，虽知弗言。'治不逾官，谓之守职也可；知而弗言，是谓过也。人主以一国目视，故视莫明焉；以一国耳听，故听莫聪焉。今知而弗言，则人主尚安假借矣？商君之法曰：'斩一首者爵一级，欲为官者为五十石之官；斩二首者爵二级，欲为官者为百石之官。'官爵之迁与斩首之功相称也。今有法曰：'斩首者令为医、匠。'则屋不成而病不已。夫匠者，手巧也；而医者，齐药也；而以斩首之功为之，则不当其能。今治官者，智能也；今斩首者，勇力之所加也。以勇力之所加而治智能之官，是以斩首之功为医、匠也。故曰：二子之于法术，皆未尽善也。"

【注释】

①“七十”当作“十七”。②此句当作“申子未尽于术，而商君未尽于法也”。

【译文】

有人问：“申不害和公孙鞅，对治国来说这两家理论哪一个更急切?”

韩非回答：“这是不能作比较的。人不吃饭，十天就死；隆冬寒天，不穿衣也会冻死。如果问对于人来说衣和食哪方面更急切，自然是一样也不能少，因为二者都是维持生命的必要条件。现在，申不害主张道术而公孙鞅主张法律。道术，就是根据人的能力而授予官职，根据人的言论而求其实效，掌握着生杀大权，审查群臣的能力，这是君主手中掌握的工具。法律，是明文写在政府中的宪章号令，它让人民确信刑罚的严肃性，把奖赏给予顺从法令的人，同时把刑罚施加给触犯法令的人，它是臣民所服从的对象。君主无道术就会在上面出现弊端；臣下无法律，就会在下面出现混乱。术与法，一样也不能缺少，都是称帝称王的工具。”

又问：“只有术而没有法，只有法而没有术，为什么不行呢?”

韩非回答：“申不害是韩昭侯的辅佐之臣，韩是从晋国分裂出来的国家。晋国的旧法律还没有废除，而韩国又产生了新法律；先前君主的号令还没有取消，后来君主的号令又下来了。申不害不擅长法律，没有统一宪章号令，因而出现了许多奸情。所以，利益与旧法律号令吻合时，就沿用旧法律号令；利益与新法令吻合时，就使用新法令。利益处于新旧法律相反和前后号令相抵触的空隙中，这时，申不害即使十次让韩昭侯用道术，而奸臣们还是有为自己辩解的理由。所以，凭据战车万辆的强大韩国，奋斗了十七年却没能称王称霸，这都是昭侯在上面用道术，而对下却未能用法律约束群臣百官所造成的结果。公孙鞅治理秦国，设立了互相告发和互相连坐的法律，而且注重事实，设立了株连邻居一并治罪的条令，奖赏丰厚而且一定兑现，刑罚严厉而且一定兑现。这样的法律确实能使秦国民众积极努力，让秦国战士与敌人打仗而不退却，所以秦国国富兵强。然而，由于没有用道术了解大臣中的奸情，国家的富强最后却只是有利于大臣们而已。孝公、商鞅去世之后，秦惠公即位，秦国的法律仍然完善，而张仪却利用秦国为韩、魏做了好事。惠王去世，武王即位，甘茂又利用秦国为周朝做了好事。武王去世，昭襄王即位，穰侯率秦军跨越韩、魏而去东边攻打齐国，五年之久，没有为秦国添加一尺土地，而穰侯本人却得到了陶邑的封地。应侯也是这样，他带领秦军攻打韩国，八年之久的战争，却只成全了他自己在汝南的封地。从那时以来，众多执掌秦国政权的大臣，都是应侯、穰侯之类的人。对外战争胜利了，得到提高的却只是大臣的地位；占领了外国的土地，成全的却只是大臣私人的封地。这些都是由于君主没有用道术来辩清臣下奸情的缘故。即使商鞅十次完善法律，大臣们反而利用他的法律来谋取私利。所以，凭借着强大秦国，几十年还未能达到称帝称王的地步，就是因为没有时常用法令约束群臣，以及君主没有道术所造成的麻烦啊。”

又问：“君主使用申不害的道术，而百官执行商鞅的法令，行吗?”

韩非回答：“申子并没有完善的道术理论，商鞅并没有完全精通法律学说。申子说：‘为政不超越职权，对超越职权的事，即使知道也不发言。’并于为政不超越职权，说是恪守职责是可以的；至于说对超越职权的事即使知道也不发言，这就不对了。君主用一个人的眼睛关注一个国家，没有人的眼睛比他更明亮了；君主用一个人的耳朵了解一个国家的事，没有人的耳朵比他更敏锐了。如果臣下知道某事而不发言，君主又凭什么去关注和了解一国之事呢？商鞅的法令说：‘杀一个敌人升一级爵位，如果想做官就给一个年俸禄五十石粮食的官职。杀两个敌

人升两级爵位，如果想做官就给一年俸禄一百石的官职。’按这条法令，就是官爵的升迁与杀敌的功劳相符合。假如有一条法令说：‘让杀敌有功的人当医生和木匠。’结果就是做不成房屋医不好病人。木匠凭的是手巧，医生凭的是用药的知识，如果杀敌有功的人当医生和木匠，就与他们的能力不相符合。现在，担任官职的人凭的是才智，杀敌有功的人凭的是勇力。用凭借勇力的有功人员来担任凭借才智的官职，就是用杀敌有功的人当医生、木匠啊。所以说：申、商二位对法和术的学说还没有彻底完善。"

五蠹第十五

上古之世，人民少而禽兽众，人民不胜禽兽虫蛇。有圣人作，构木为巢以避群害，而民悦之，使王天下，号之曰有巢氏。民食果蓏蚌蛤，腥臊恶臭而伤腹胃，民多疾病。有圣人作，钻燧取火以化腥臊，而民说之，使王天下，号之曰燧人氏。中古之世，天下大水，而鲧、禹决渎。近古之世，桀、纣暴乱，而汤、武征伐。今有构木钻燧于夏后氏之世者，必为鲧、禹笑矣；有决渎于殷、周之世者，必为汤、武笑矣。然则今有美尧、舜、汤、武、禹之道于当今之世者，必为新圣笑矣。是以圣人不期修古，不法常可，论世之事，因为之备。宋人有耕者，田中有株，兔走触株，折颈而死，因释其耒而守株，冀复得兔，兔不可复得，而身为宋国笑。今欲以先王之政，治当世之民，皆守株之类也。

古者，丈夫不耕，草木之实足食也；妇人不织，禽兽之皮足衣也。不事力而养足，人民少而财有余，故民不争。是以厚赏不行，重罚不用，而民自治。今人有五子不为多，子又有五子，大父[①]未死而有二十五孙。是以人民众而货财寡，事力劳而供养薄，故民争，虽倍赏累罚而不免于乱。

尧之王天下也，茅茨不剪，采椽不斫；粝粢[②]之食，藜藿之羹；冬日麑裘，夏日葛衣；虽监门[③]之服养，不亏于此矣。禹之王天下也，身执耒臿以为民先，股无胈，胫不生毛，虽臣虏之劳，不苦于此矣。以是言之，夫古之让天子者，是去监门之养，而离臣虏之劳也，古传天下而不足多也。今之县令，一日身死，子孙累世絜驾[④]，故人重之。是以人之于让也，轻辞古之天子，难去今之县令者，薄厚之实异也。夫山居而谷汲者，媵腊[⑤]而相遗以水；泽居苦水者，买庸而决窦。故饥岁之春，幼弟不饷；穰岁之秋，疏客必食。非疏骨肉、爱过客也，多少之心异也。是以古之易财，非仁也，财多也；今之争夺，非鄙也，财寡也。轻辞天子，非高也，势薄也；重争土橐[⑥]，非下也，权重也。故圣人议多少、论薄厚为之政。故罚薄不为慈，诛严不为戾，称俗而行也。故事因于世，而备适于事。

古者，文王处丰、镐之间，地方百地，行仁义而怀西戎，遂王天下。徐偃王处汉东，地方五百里，行仁义，割地而朝者三十有六国。荆文王恐其害己也，举兵伐徐，遂灭之。故文王行仁义而王天下，偃王行仁义而丧其国，是仁义用于古而不用于今也。故曰：世异则事异。当舜之时，有苗不服，禹将伐之。舜曰："不可。上德不厚而行武，非道也。"乃修教三年，执干戚舞，有苗乃服。共工之战，铁铦[⑦]短者及乎敌，铠甲不坚者伤乎体。是干戚用于古不用于今也。故曰：事异则备变。上古竞于道德，中世逐于智谋，当今争于气力。齐将攻鲁，鲁使子贡说之。齐人曰："子言非不辩也，吾所欲者土地也，非斯言所谓也。"遂举兵伐鲁，去门十里以为界。故偃王仁义而徐亡，子贡辩智而鲁削。以是言之，夫仁义辩智，非所以持国也。去偃王之仁，息子贡之智，循[8]徐、鲁之力使敌万乘，则齐、荆之欲不得行于二国矣。

夫古今异俗，新故异备。如欲以宽缓之政，治急世之民，犹无辔策而御骍马，此不知之患也。今儒、墨皆称先王兼爱天下，则视民如父母。何以明其然也？曰："司寇行刑，君为之不举乐；闻死刑之报，君为流涕。"此所举先王也。夫以君臣为如父子则必治，推是言之，是无乱父子也。人之情性莫先于父母，父母皆见爱而未必治也，君虽厚爱，奚遽不乱？今先王之爱民，不过父母之爱子，子未必不乱也，则民奚遽治哉？且夫以法行刑，而君为之流涕，此以效仁，非以为治也。夫垂泣不欲刑者，仁也；然而不可不刑者，法也。先王胜其法，不听其泣，则仁之不可以为治亦明矣。

且民者固服于势，寡能怀于义。仲尼，天下圣人也，修行明道以游海内，海内说其仁、美其义而为服役者七十人。盖贵仁者寡，能义者难也。故以天下之大，而为服役者七十人，而仁义者一人。鲁哀公，下主也，南面君国，境内之民莫敢不臣。民者固服于势，势诚易以服人，故仲尼反为臣而哀公顾为君。仲尼非怀其义，服其势也。故以义则仲尼不服于哀公，乘势则哀公臣仲尼。今学者之说人主也，不乘必胜之势，而务行仁义则可以王，是求人主之必及仲尼，而以世之凡民皆如列徒，此必不得之数也。

今有不才之子，父母怒之弗为改，乡人谯[9]之弗为动，师长教之弗为变。夫以父母之爱、乡人之行、师长之智，三美加焉，而终不动，其胫毛不改。州部之吏，操官兵，推公法，而求索奸人，然后恐惧，变其节，易其行矣。故父母之爱不足以教子，必待州部之严刑者，民固骄于爱、听于威矣。故十仞之城，楼季弗能逾者，峭也；千仞之山，跛牂易牧者[10]，夷也。故明王峭其法而严其刑也。布帛寻常，庸人不释；铄金百溢，盗跖不掇。不必害，则不释寻常；必害手，则不掇百溢。故明主必其诛也。是以赏莫如厚而信，使民利之；罚莫如重而必，使民畏之；法莫如一而固，使民知之。故主施赏不迁，行诛无赦，誉辅其赏，毁随其罚，则贤、不肖俱尽其力矣。

今则不然。其有功也爵之，而卑其士官也；以其耕作也赏之，而少其家业也；以其不收也外之，而高其轻世也；以其犯禁也罪之，而多其有勇也。毁誉、赏罚之所加者，相与悖缪也，故法禁坏而民愈乱。今兄弟被侵，必攻者，廉也；知友被辱，随仇者，贞也。廉贞之行成，而君上之法犯矣。人主尊贞廉之行，而忘犯禁之罪，故民程[11]于勇，而吏不能胜也。不事力而衣食，则谓之能；不战功而尊，则谓之贤。贤能之行成，而兵弱而地荒矣。人主说贤能之行，而忘兵弱地荒之祸，则私行立而公利灭矣。

儒以文乱法，侠以武犯禁，而人主兼礼之，此所以乱也。夫离[12]法者罪，而诸先生以文学取；犯禁者诛，而群侠以私剑养。故法之所非，君之所取；吏之所诛，上之所养也。法、趣、上、下，四相反也，而无所定，虽有十黄帝，不能治也。故行仁义

者非所誉，誉之则害功；工文学者非所用，用之则乱法。楚之有直躬，其父窃羊，而谒之吏。令尹曰："杀之！"以为直于君而曲于父，报而罪之。以是观之，夫君之直臣，父之暴子也。鲁人从君战，三战三北。仲尼问其故，对曰："吾有老父，身死，莫之养也。"仲尼以为孝，举而上之。以是观之，夫父之孝子，君之背臣也。故令尹诛而楚奸不上闻，仲尼赏而鲁民易降北。上下之利，若是其异也，而人主兼举匹夫之行，而求致社稷之福，必不几矣。

古者苍颉之作书也，自环者谓之私，背私谓之公。公私之相背也，乃苍颉固以知之矣。今以为同利者，不察之患也。然则为匹夫计者，莫如修行义而习文学。行义修则见信，见信则受事；文学习则为明师，为明师则显荣：此匹夫之美也。然则无功而受事，无爵而显荣，有政如此，则国必乱，主必危矣。故不相容之事，不两立也。斩敌者受赏，而高慈惠之行；拔城者受爵禄，而信廉[13]爱之说；坚甲厉兵以备难，而美荐绅之饰；富国以农，距敌恃卒，而贵文学之士；废敬上畏法之民，而养游侠私剑之属。举行如此，治强不可得也。国平养儒侠，难至用介士，所利非所用，所用非所利。是故服事者简[14]其业，而游学者日众，是世之所以乱也。

且世之所谓贤者，贞信之行也；所谓智者，微妙之言也。微妙之言，上智之所难知也。今为众人法，而以上智之所难知，则民无从识之矣。故糟糠不饱者不务粱肉，短褐不完者不待文绣。夫治世之事，急者不得，则缓者非所务也。今所治之政，民间之事，夫妇所明知者不用，而慕上知之论，则其于治反矣。故微妙之言，非民务也。若夫贤良贞信之行者，必将贵不欺之士；贵不欺之士者，亦无不欺之术也。布衣相与交，无富厚以相利，无威势以相惧也，故求不欺之士。今人主处制人之势，有一国之厚，重赏严诛，得操其柄，以修明术之所烛，虽有田常、子罕之臣，不敢欺也，奚待于不欺之士？今贞信之士不盈于十，而境内之官以百数，必任贞信之士，则人不足官。人不足官，则治者寡而乱者众矣。故明主之道，一法而不求智，固术而不慕信，故法不败，而群官无奸诈矣。

今人主之于言也，说其辩而不求其当焉；其用于行也，美其声而不责其功焉。是以天下之众，其谈言者务为辩而不周于用，故举先王、言仁义者盈廷，而政不免于乱；行身者竞于为高而不合于功，故智士退处岩穴，归禄不受，而兵不免于弱。政不免于乱，此其故何也？民之所誉，上之所礼，乱国之术也。今境内之民皆言治，藏商、管之法者家有之，而国愈贫，言耕者众，执耒者寡也；境内皆言兵，藏孙、吴之书者家有之，而兵愈弱，言战者多，被甲者少也。故明主用其力，不听其言；赏其功，必禁无用。故民尽死力以从其上。夫耕之用力也劳，而民为之者，曰：可得以富也。战之为事也危，而民为之者，曰：可得以贵也。今修文学，习言谈，则无耕之劳而有富之实，无战之危而有贵之尊，则人孰不为也？是以百人事智而一人用力。事智者众，则法败；用力者寡，则国贫：此世之所以乱也。

故明主之国，无书简之文，以法为教；无先王之语，以吏为师；无私剑之捍，以斩首为勇。是境内之民，其言谈者必轨于法，动作者归之于功，为勇者尽之于军。是故无事则国富，有事则兵强，此之谓王资。既畜王资而承敌国之衅，超五帝、侔[15]三

王者，必此法也。

今则不然，士民纵恣于内，言谈者为势于外，外内称恶，以待强敌，不亦殆乎？故群臣之言外事者，非有分于从衡之党，则有仇雠之忠[16]，而借力于国也。从者，合众弱以攻一强也；而衡者，事一强以攻众弱也：皆非所以持国也。今人臣之言衡者，皆曰："不事大，则遇敌受祸矣。"事大未必有实，则举图而委，效玺而请兵矣。献图则地削，效玺则名卑；地削则国削，名卑则政乱矣。事大为衡，未见其利也，而亡地乱政矣。人臣之言从者，皆曰："不救小而伐大，则失天下；失天下，则国危；国危而主卑。"救小未必有实，则起兵而敌大矣。救小未必能存，而交大未必不有疏，有疏则为强国制矣。出兵则军败，退守则城拔。救小为从，未见其利，而亡地败军矣。是故事强，败以外权士官于内：救小，则以内重求利于外。国利未立，封土厚禄至矣；主上虽卑，人臣尊矣；国地虽削，私家富矣。事成，则以权长重；事败，则以富退处。人主之听说于其臣，事未成则爵禄已尊矣；事败而弗诛，则游说之士，孰不为用矰缴[17]之说而徼幸其后？故破国亡主以听言谈者之浮说。此其故何也？是人君不明乎公私之利，不察当否之言，而诛罚不必其后也。皆曰："外事，大可以王，小可以安。"夫王者，能攻人者也；而安，则不可攻也。强，则能攻人者也；治，则不可攻也。治强不可责于外，内政之有也。今不行法术于内，而事智于外，则不至于治强矣。

鄙谚曰："长袖善舞，多钱善贾。"此言多资之易为工也，故治强易为谋，弱乱难为计。故用于秦者十变而谋希失[18]，用于燕者一变而计希得，非用于秦者必智，用于燕者必愚也，盖治乱之资异也。故周去秦为从，期年而举；卫离魏为衡，半岁而亡。是周灭于从，卫亡于衡也。使周、卫缓其从衡之计，而严其境内之治；明其法禁，必其赏罚；尽其地力以多其积，致其民死以坚其城守；天下得其地，则其利少；攻其国，则其伤大；万乘之国，莫敢自顿[19]于坚城之下，而使强敌裁其弊也：此必不亡之术也。舍必不亡之术而道必灭之事，治国者之过也。智困于内而政乱于外[20]，则亡不可振也。

民之政计，皆就安利如辟危穷。今为之攻战，进则死于敌，退则死于诛，则危矣。弃私家之事而必汗马之劳，家困而上弗论，则穷矣。穷危之所在也，民安得勿避？故事私门而完解舍[21]，解舍完则远战，远战则安。行货赂而袭当涂者则求得，求得则私安，私安则利之所在，安得勿就？是以公民少而私人众矣。

夫明王治国之政，使其商工游食之民少而名卑，以寡趣本务而趋末作。今世近习之请行，则官爵可买；官爵可买，则商工不卑也矣。奸财货贾得用于市，则商人不少矣。聚敛倍农而致尊过耕战之士，则耿介之士寡而高价[22]之民多矣。

是故乱国之俗：其学者，则称先王之道以籍仁义，盛容服而饰辩说，以疑当世之法，而贰人主之心。其言谈者，为设诈称，借于外力，以成其私，而遗社稷之利。其带剑者，聚徒属，立节操，以显其名，而犯五官之禁。其患御者，积于私门，尽货赂，而用重人之谒，退汗马之劳。其商工之民，修治苦窳之器，聚弗靡[23]之财，蓄积待时，而侔[24]农夫之利。此五者，邦之蠹也。人主不除此五蠹之民，不养耿介之士，则海内虽有破亡之国、削灭之朝，亦勿怪矣。

【注释】

①大父：祖父。②粝（lì）：粗粮。粢（zī）：米饼。③监门：看门人。④絜（xié）驾：即乘车，代指享受优裕物质生活。⑤膢（lóu）：三月祭食神的节日。腊：腊月祭百神的节日。⑥土橐：仕：做官。橐：依托权臣。⑦铦（xiān）：长矛的一种。⑧循当作修。⑨谯（qiào）：斥骂，谴责。⑩牂（zàng）：母羊。⑪程：逞。⑫离：即罹，遭遇。⑬廉当作兼。⑭简：怠慢。⑮侔：等同。⑯忠：即衷，内心。⑰矰缴：一种带尾绳的箭，这里比喻某种手段。⑱希：即稀。⑲顿：即屯，驻扎。⑳此句中内、外二字应互换位置。㉑完：修缮。解舍：廨舍，房舍。㉒高价：应作高贾。㉓弗靡：沸靡，奢侈。㉔侔：谋。

【译文】

上古时代，人少而禽兽多，人们不能战胜禽兽虫蛇。有位圣人产生，构木为巢以逃避各种危害，人们喜欢他，让他成为天下之主，把他叫做“有巢氏”。人们吃瓜果蚌类，气味腥恶同时又伤肠胃，给人们造成各种疾病。有位圣人产生，他发明了钻木取火，用以改变腥恶的气味，人们喜欢他，让他成为天下之主，把他叫做“燧人氏”。中古时代，天下大水，鲧和禹挖掘河道。近古时代，夏桀和商纣肆虐残暴，因而商汤、周武对他们实行征伐。如果有人在夏朝的时候才来构木为巢和钻木取火，必定会被鲧和禹所嘲笑；如果有人在商周时代来挖掘河道，必然会被商汤、周武所嘲笑。因而，如果有人在当今之世来赞美尧、舜、汤、武、禹，必然会被当今圣人所嘲笑。所以，圣人不指望恭行古道，不效法一成不变的规章，研究当世的事情，从时事设想。宋国有个耕田的人，田中有一株树，兔子跑来撞在树上，折断脖子死了，这个宋国人于是抛开农具守在树下，希望能再次得到兔子。兔子自然是不能再得，而那个人却被宋国人所嘲笑。现在，如果想用古代天子的行政手段来治理当今的百姓，都和守株待兔同样荒谬。

上古时代，男人们不从事耕作，草木的果实已经足够吃了；妇女们不纺织，禽兽的皮革已经足够穿了。不用劳作而供养充足，人民少而财物有余，所以人们不争斗。因此，不用多奖赏，不用重惩罚，而人民自然得到治理。现在，一家人有五个孩子还不算多，每个孩子又有五个孩子，祖父还未死，就有了二十五个孙子。所以，人口众多，货财越来越少，努力劳作而得到的财物还是很不够用，所以人们互相争斗，即使是加倍奖赏和惩罚，还是不能免除祸乱。

尧统治天下的时候，茅屋的房檐也不修剪整齐，也没有构筑彩绘的房椽；吃的是粗米饭和野菜汤；冬天穿普通的兽皮，夏天穿葛麻衣服，即使是当今守门人的生活条件，也不会比尧差。禹治理天下的时候，亲自拿着农具为百姓做榜样，累得大腿都细了，小腿上的毛都掉光了，即使当今奴隶俘虏的劳动，也不会比禹更辛苦。就此而言，古代辞让天子，无非是辞去看门人的生活条件，是逃避奴隶俘虏的劳累罢了，所以，古代辞让天子之位不值得称赞。当今则不然，即使县令一类小官，一旦死了，他们的子孙若干代都享受恩惠，所以人们都看重官职。所以很容易辞让古代天子职位，而非常难以辞让当今县令一样小的官职，这是由于实际利益多与少的差异所决定的。居住在高山而去深谷中担水吃的人，逢年过节互相以水相赠；住在泽边苦于水害的人，却出钱雇工挖沟排水。荒年青黄不接的时候，即使自己的幼小的弟弟也没有饭吃；丰收的时候，即使远来的人也一定提供饭食。这并不是疏远亲骨肉而偏爱客人，而是财物多少不一样啊。所以，古人把财物看得轻，并不是因为他们仁爱，而是因为财物丰富；现在人们争夺财物，并不是他们卑鄙，而是因为财物缺乏。把辞让天子位置看得容易，并不是清高，而是天子的权势不大；努力争着做官和趋奉权贵，并不是因为卑鄙，是因为官吏的权力大。所以圣人根据财物的多少或缺乏与丰足从事政治。因而轻罚不算仁慈，重罚不算残暴，一切都跟现实相称然后推行。所以，一切举措都顺应时事，一切政策都适合时事。

从前，周文王处于丰、镐两地之间，方圆只有百里，恭行仁义而使西戎臣服，最终统一天下。徐偃王处于汉水之东，方圆五百里，恭行仁义，向他割让土地和朝见他的诸侯有三十六国之多。楚文王担心徐偃王损害自己，派兵攻打徐国，把徐国消灭了。文王行仁义而称王于天下，徐偃王行仁义却丧失了国家，可见仁义可以用于古代而不可以用于今天。所以说：世界变了，措施就应不一样。舜的时候，有苗氏不臣服，禹主张去讨伐有苗，舜说："不能这样。德行不充分而使用武力，这不是正确的方法。"于是对有苗进行多年的教化，让士卒拿着盾牌大斧对着有苗舞蹈，有苗便臣服了。共工时候的战争，铁矛短了就被敌方所制服，铠甲不坚实就被伤害身体。可见盾牌大斧的舞蹈用于古代而不用于今天。所以说：从事的事情不同，为这些事情所作的物质准备也要改变。上古的竞争在于道德，中古的角逐在于智能，当今的争夺在于勇气和力量。齐国将要攻打鲁国，鲁国派子贡去游说齐国。齐国人对子贡说："先生的话不是没有道理，可是我们想要的是土地而不是您说的道理。"便派兵攻鲁，在鲁国城门十里远的地方划定国界。所以徐偃王行仁义而徐国灭亡，子贡巧辩而鲁国遭削弱。由此而言，仁义智慧和巧辩并不是保持国家的工具。抛弃徐偃王的仁义，停息子贡的聪明，加强徐、鲁国力使它们能够战胜强敌，那样齐、楚两国就不能对徐、鲁为所欲为了。

古代和现代的社会风气不一样，所以新旧时代的政策就不一样，如果想用宽缓的政治来治理急切时代的人民，就象是不用缰绳鞭策而驾驭烈马，这就是不明智的表现。现在的儒、墨两家都称道古代圣王博爱天下，象父母一样对待人民。怎么知道儒、墨的观点是这样呢？他们说："司寇执行刑罚的时候，君王为此而不听音乐；听见死刑的报告，君王为之流泪。"这就是他们所说的古代圣王。如果认为君臣之间有象父子一样的关系就一定能天下大治，据此父子之间就没有祸乱了。人的本性没有比父母更重要的，父母都受子女爱戴而家庭未必能治好，这样，君王虽然受到民众的厚爱，天下怎么就不会出现祸乱呢？古代圣王爱百姓，不能超过父母爱子女，子女未必不产生祸乱，百姓怎么就一定能治好呢？而且，根据法律执行刑罚时，君王为之流泪，这只是表达仁心，并不是治理政治的方法。流泪而不希望执行刑罚，这是仁心；然而不可不执行刑罚，这是法律。古代圣王以法为重，不理会自己的哭泣，因此，仁义不能作为政治工具就很明白了。

同时，百姓生来就屈服于权势，很少能心怀仁义。仲尼是天下有名的圣人，他凭着自己美好的德行和明确的道义四处游说，中国喜欢他的学说、赞美他的道义从而为他奔走的只有七十人。这就是尊崇仁德的人少，能行道义的人难找的证据。天下如此之大，而为他奔走的人只有七十人，最后能做到仁义的只有他一个人。鲁哀公，只是下乘的君主，南面称君统治鲁国，国内的百姓没有人不臣服。百姓生来就屈服于权势，权势的确容易征服民众，所以仲尼做臣民而鲁哀公反而作国君。仲尼并不是由衷佩服哀公的仁义，而是屈服于哀公的权势。所以，以仁义为标准，仲尼就不会臣服于哀公，凭借权势，哀公就能臣服仲尼。当今读书人在游说君主的时候，不引导君主凭借必然取胜的权势，而宣扬凭仁义就可以称王天下的理论，这就是要求君主都必须象仲尼那样，同时，让世上的百姓都象七十二个弟子，这必定是行不通的。

现在有一个不争气的儿子，父母对他生气他也不改正，邻居斥责，他无动于衷，老师教诲，他不改变。凭父母的爱、邻居的舆论、老师的智慧，三种有力的因素施加在他身上，始终却不见反应，连小腿上的毛也不见动一动。这时，州县的官吏，带着官兵执行国家法令而追查坏人，这时他才开始害怕了，改变了一贯品行，改变了他的行为。父母的慈爱不足以教导子女，一定要等到州县的刑罚才产生效应，之所以这样，就是因为百姓天生就不把仁爱放在心

上，而只服从权威。十仞高的城墙，连楼季那样的人也越不过去，是因为城墙陡峭；千仞的高山，跛足母羊也能上去，是因为山坡地势平缓。所以贤明的君主建立陡峭的法律和严厉的刑罚。数尺丈余的布帛，即使是傻瓜也会抓住不放；烧烫的金子摆在面前，即使是贪婪的盗跖也不会去拿。如果不会产生危害，即使很平常的东西也不放手；如果肯定有危害，即使几千两金子也不拿。所以贤明君主一定要让刑罚兑现。所以，奖赏越多越好，让民众真正地把它当作大利；惩罚越重越好，让民众望而生畏；法律最好是统一而稳固，让民众都了解。所以，君主施赏不变，行罚不赦，用名誉加强奖赏，用坏名声加重惩罚。这样，贤人和不贤的人都会对君主尽力了。

当今则不是这样。因为有功给予官爵，然而却看不起做官的人；因为耕作给予奖赏，然而却不让受赏者富有；因为不服从君命而排除在外，然而却尊崇他们冷淡时事的品格；因为违犯禁令而惩罚，然而却称赞这种人的勇气。诋毁和称赞、奖赏和惩罚的施行相互对立，所以法律和禁令遭到破坏而百姓更加混乱。有兄弟被害坚决报仇，被认为是纯洁；朋友被侮辱，同仇敌忾，被认为是讲义气。这种纯洁和义气的行为成了风气，君主的法令就被违犯了。君主尊重这种气节和纯洁的行为，忽视了他们违反禁令的罪过，所以百姓恣意逞凶，而官吏不能制服他们。不出力就得到衣食，被叫做有才能；没有战功就得到尊贵地位，被叫做贤明。这种贤明和才能的品行一旦形成风气，军队就衰弱，土地就荒芜。君主如果喜欢这种贤能的行为，忽视了兵弱地荒的灾祸，私人的品行就会泛滥而国家的利益就会被摧毁。

儒者以伦理学说扰乱了法律，侠客用武力违犯禁令，可是君主对这二者同时予以尊重，这就是祸乱的根由。犯法的人该惩罚，可是那些读书人却因学说而受到君主的重视；犯禁的人该受刑罚，可是那些侠客却因私下舞刀弄剑而被供养。法律所否定的，正是君主所向往的；官吏所惩罚的，正是权贵所供养的。法律、向往、君主、官吏，四者对立而没有一定标准，即使有十个黄帝也无法治好国家。所以，行仁义不该被君主所赞赏，如果赞赏他们，就会损害社会功用；擅长理论的人不该被录用，录用了就会扰乱法制。楚国有一个叫直躬的人，他的父亲偷羊，直躬便向官吏告发了父亲。令尹说："把这个不孝之子杀了。"认为这个儿子虽然效忠国君却忤逆了父亲，因此判了罪。由此观之，国君的忠臣，就是父亲的逆子。鲁国有个跟随国君作战的人，三次作战都逃离战场，仲尼问他为什么这样做，他回答："我有老父，如果我死了就没有人赡养他。"仲尼认为这是一个孝子，举荐了他。由此观之，父亲的孝子，就是国君的逆臣。所以，楚国令尹杀了那个国君的忠臣，奸情就不能上报到官吏，仲尼奖赏了那个孝子，鲁国的军队就容易战败。君主与臣民的利与害是这样的不同，可是君主同时接受平民百姓的行为标准，用以求取国家的利益，肯定没有结果。

古时候，仓颉发明文字，把自我环绕叫做私，把对私的背离叫做公，公与私的相互对立，在仓颉的时候就已经懂得了。现在还认为公私利害相同，这是认识不清楚的错误啊。从平民的角度着想，最好是修养仁义和学习书本知识，修养了仁义就可以被君主所信任，被信任就可以授给官职。学习了书本知识就可以做知名的老师，当知名的师长就显赫荣耀：这就是一个平民最大的理想。然而没有功绩而授予官职，没有爵位而得以显耀，有这样的政治，国家就必然混乱，君主就必然危险。所以互不相容的事不能两方面同时成立。杀敌者受奖赏，却尊重慈爱的品行；杀敌攻城的人受爵位俸禄，却相信博爱的学说；铠甲坚实武器锐利，用以防备战祸，却赞美读书人宽袍大袖的服饰；依靠农业使国家富强，依靠士兵抵抗敌寇，却尊重读书的人；除掉尊敬君主遵守法律的人，而蓄养游侠剑客之类。象这样的举措，国家的治理和强大是不可能的。国家安定时供养儒者和侠客，国难发生时却用战士，被给予利益的人不是被使用的人，被使用的人不是被给予利益的人。所以，做事的人怠慢自己的事业，而带剑游荡和从事读书本的人一天比一天多，这就是国家祸乱的原因。

而且，世人所谓的贤德，是指忠贞信义的行为；所谓的智慧，是就其言论高深而言。高深的言论，是圣人也难以了解的。现在，在为广大百姓建立法律的时候，却采用连圣人都难以理解的理论，广大百姓就无法理解法律了。所以，粗茶淡饭都吃不饱的人，不会致力于鱼肉佳肴，粗布短衣都不完整的人，不会致力于彩绣。在治理国事时，急切的方面没有解决，就不该致力于不急的方面。当今所从事的政治，抛开民间的事务和普通男女都知道的事情不顾，而去倾慕圣人的言论，对于治国来说，这就颠倒轻重了。所以，高深的理论，不是民众所致力的对象。至于贤良贞信那一类行为，必然尊崇诚实的人；尊崇诚实的人，却没有使人诚实的方法。平民百姓互相交往，没有很丰足的财富互相得利，没有权势用以互相镇慑，所以他们希望与诚实的人来往。现在，君主处于控制民众的权势之上，拥有全国的财富，重赏严罚，可以自己掌握大权，在这种情形下学会统治技巧，用以洞察民情，这样，即使有田常、子罕一样的贼臣，也不敢欺骗君主，哪里还用得着什么诚实的人呢？现在诚实的人不到十个，而国家需要数以百计的官员，如果一定要诚实的人才能当官，那么当官的人就不够，当官的人不够，治理国家的人就少，而动乱的人就多。所以贤明君主的办法，全部用法律而不求取聪明人，坚决使用统治之术而不求取诚实，因而法律就不被破坏，百官就没有奸诈了。

当今君主在听人说话时，喜欢巧辩而不要求恰当适用。在用人做事时，赞赏他们说得动听而不要求功效。所以天下民众中那些研究理论的人努力从事巧辩而不顾及实用，举先王说仁义的人挤满朝廷，可是还是不能避免政治动乱；那些讲究行为的人争着做清高的事而不符合功用，所以这些聪明人退处隐居，不接受俸禄官爵，可是国家的军队还是不免于虚弱，政治不免于动乱，这是什么原因呢？就是因为民众所称赞的，君主所尊重的，都是乱国之术啊。当今国内百姓都来谈论治国方法，家家都有商鞅管仲的法术著作，可是国家更加贫穷，这就是嘴上说耕种的人多，而实际拿农具的人少啊；国内都在谈论兵法，家家都有孙子吴起的兵书，可是军队更虚弱，这就是嘴上说打仗的人多，而实际穿铠甲的人少啊。所以贤明君主任用百姓的能力，而不听他们的理论，奖赏他们的功绩，同时坚决制止无用的言行。所以民众能够尽死力服从君上。耕种，是一件辛劳的事，而民众愿意从事耕种，说：可以凭耕种获得富裕。战斗，是一件危险的事情，而民众愿意从事战斗，说：凭借战斗可以获得尊贵的地位。现在这些钻研书本从事言谈的人，没有耕种的劳苦却得到了富裕的实惠，没有战斗的危险却得到了尊贵的地位，这样的便宜谁不愿意呢？因而出现百人用脑一人用力的情况。用脑的人多，法律就被破坏；用力的人少，国家就贫穷。这就是国家动乱的原因。

所以，圣明君主的国家，没有书本文章，只用法律为教材；没有古代圣王的教诲，用官吏为老师；没有复仇侠客的强暴，只以杀敌为勇。因而国内的百姓，说话必合于法令，行动必以功效为标准，有勇力的人都军队里去。因而，安定无事的时候就国力富裕，发生战争就军队强大，这就叫王者的资本。有了王者的资本，加上敌国的漏隙，超过五帝三王的客观条件，必定是这样的法律。

当今却不是这样，百姓在国内为所欲为，游说者在国外结成个人势力，国内国外都在动乱，用这种现状去对付强敌，不是危险吗？所以，群臣中那些主张联合外国的人，不是与纵横家们有私交，就是心里有私人的仇恨，想借助国家的力量。合纵就是联合众多弱国以对付一个

强国，而连横却是联合一个强国以对付众多的弱国：这些都不是巩固国家的方法。现在，那些主张连横的大臣都说："不联合大国，就会树立大敌而受到灾祸。"联合大国不一定有实效，可是却把国家土地割让给大国，把君主的印玺交给大国以请求大国出兵援助。割让土地国家就被削弱，献出印玺，君主名位就卑下了。割让了土地国家就削弱，名位卑下政治就混乱。可见联合大国从事连横的结果是，不但没有见到好处，却丧失了土地，扰乱了国家。那些主张合纵的大臣都说："不救助小国，讨伐大国，就会丧失天下；丧失天下，自己的国家也就危险了。国家危险，君主的地位就低下。"救助小国不一定有实利，却起兵与大国为敌。救助小国未必能保住小国，而与大国的交往因此疏远，有疏远就会被强国所约束了。出兵不一定取胜，退守还要被强敌攻伐。所以，救助小国没有见到好处，却地失军败。所以，联合强国，那些与强国有交情的大臣就在国内获取官爵；救助小国，那些主张合纵的人就借用他们在国内的权力从外国获得好处。这样国家的利益还没有得到，那些大臣的封地厚禄却实现了；君主的地位低了，臣下的地位却高了；国家的土地被削弱了，大臣的私家却富有了。事情成功了，大臣们便依仗权力长期举足轻重；事情失败了，就靠财物退享丰足的生活。君主从大臣那里听取意见，事情还没有成功而大臣的爵禄已经尊显了；事情失败了又不予以处罚，那些游说之士谁不愿意运用各种手段来谋求后来的侥幸成功呢？国破君亡都是由于听信了游说者们的不实之辞。这是什么缘故呢？就是由于君主们不明瞭公私之间的利益不同，没认清言论是否合适，事后又不一定实行惩罚的缘故。大臣都说："联合外国，最大的利益可以称王天下，最小的利益也可以安定国家。"称王天下，就有能力进攻他人，安定国家，就有能力不被他人所攻击。强大，就可以攻击他人；国家得到了治理，就不会被他人所攻击。国家的治理和强大，不能指望外国，这是内政建设的问题。现在不在内政方面想办法，而在借助外国方面想方设法，这就不能达到国家的治理和富强。

俗语说："长袖善舞，多钱善贾。"这是说资本雄厚就容易取得成功，所以国家安定和强大就容易办事，而弱小和动乱就难以办事。所以在秦国掌权的大臣十次改换却很少失败，在燕国的执政者一次改变就未能成功。这并不是秦国的宰臣一定聪明，燕国的宰臣一定愚蠢，这是安定或动乱的基础不一样啊。所以，周国脱离秦国而参与合纵，一年之后就被消灭；卫国脱离魏国参与连横，半年之后就灭亡了。因此，周国是被合纵所灭，卫国是被连横所灭。如果让周、卫二国暂时不实行连横合纵的方针，反过来严格实行国内的治理，重申法令，严格实行赏罚；尽量发挥土地潜能以增加积累，让人民誓死守卫城池；别国得到他们的土地好处不大；攻打他们的国家要造成重大伤亡，让万乘大国也不敢在他们城下驻军，而让他们的强敌去利用其不足：这必然是保存国家的方法。放弃必然保存国家的方法而做必定亡国的事情，这是治国者的错误啊。精力被外寇所耗费，国政被内乱所干扰，国家就会灭亡，不能振兴。

百姓的心理，向来就是把趋向平安和利益跟躲避危险和贫穷同等看待。如果让他们去从事攻战，前进就死于敌人之手，后退就死于国家刑罚，这就危险了。放弃自家的利益而为国家日夜奔走，家庭困窘而君主不理睬，这就贫穷了。贫穷和危险在这里，百姓怎能不逃避呢？如果百姓去为那些有权势的大臣私家修筑房舍，修筑房舍就可以远离战场，远离战场就平安。对执政大臣进行贿赂就可以取得自己的私利，得到私利就平安，平安就可以产生利益，这样的便宜百姓怎能不追求呢？所以，属于君主的民众越来越少而属于权臣的民众却越来越多。

贤明君主治理国家的政治手段，是使工商游食之民少而且名声卑贱，从而使人民去从事国家的基础职业而排斥不重要的职业。如果宠幸者的私人请求得以实现，国家官爵就可以买得，官爵可以买得，从事商工的人就不卑贱了。非法的货物和逃税的商人就可以开业经营，商人就不会少。他们聚敛财物，数倍于农民，而地位高于从事耕战的百姓，那么，正派的人就越来越少，而商人越来越多。

所以，处于动乱的国家的一般风气是：那里的读书人，口称古代圣王的道德以显示自己的仁义，衣冠华丽，外貌雍容，而言辞巧辩，借此动摇和怀疑国家的法令和迷惑君主的思想；那里的纵横游说之士，口里全是诈伪言论，借助外国势力，以成全自己的私欲，而不顾国家的利益；那里的侠客，聚集同党，建立他们所谓的节气和操行，以显扬自己的名声，而违反国家的法令；那里的君主侍臣，都依附在权贵的私人门下，搜刮财货，把权臣的话灌输给君主，从而疏远有功之士；那里的工商之民，都制造出劣质器物，聚敛奢侈之财，屯积居奇，夺取农民的利益。这五种人，是国家的蛀虫。如果君主不铲除这五种蛀虫，不供养正直之士，那么，天下有衰败的国家，有灭亡的朝廷，也就不足为奇的。

显学第十六

世之显学，儒、墨也。儒之所至，孔丘也。墨之所至，墨翟也。自孔子之死也，有子张之儒，有子思之儒，有颜氏之儒，有孟氏之儒，有漆雕氏之儒，有仲良氏之儒，有孙氏之儒，有乐正氏之儒。自墨子之死也，有相里氏之墨，有相夫氏之墨，有邓陵氏之墨。故孔、墨之后，儒分为八，墨离为三，取舍相反不同，而皆自谓真孔、墨，孔、墨不可复生，将谁使定后世之学乎？孔子、墨子俱道尧、舜，而取舍不同，皆自谓真尧、舜，尧、舜不复生，将谁使定儒、墨之诚乎？殷、周七百余岁，虞、夏二千余岁[①]，而不能定儒、墨之真；今乃欲审尧、舜之道于三千余岁之前，意者其不可必乎？无参验而必之者，愚也；弗能必而据之者，诬也。故明据先王，必定尧、舜者，非愚则诬也。愚诬之学，杂反之行，明主弗受也。

墨者之葬也，冬日冬服，夏日夏服，桐棺三寸，服丧三月，世主以为俭而礼之。儒者破家而葬，服丧三年，大毁扶杖，世主以为孝而礼之。夫是墨子之俭，将非孔子之侈也；是孔子之孝，将非墨子之戾也。今孝、戾、侈、俭俱在儒、墨，而上兼礼之。漆雕之议，不色挠，不目逃，行曲则违于臧获，行直则怒于诸侯，世主以为廉而礼之。宋荣子之议，设不斗争，取不随仇，不羞囹圄，见侮不辱，世主以为宽而礼之。夫是漆雕之廉，将非宋荣之恕也；是宋荣之宽，将非漆雕之暴也。今宽、廉、恕、暴俱在二子，人主兼而礼之。自愚诬之学、杂反之辞争，而人主俱听之，故海内之士，言无定术，行无常议。夫冰炭不同器而久，寒暑不兼时而至，杂反之学不两立而治。今兼听杂学缪[②]行同异之辞，安得无乱乎？听行如此，其于治人又必然矣。

今世之学士语治者多曰："与贫穷地以实无资。"今夫与人相若也，无丰年旁入之利而独以完给者，非力则俭也。与人相若也，无饥馑、疾疢、祸罪之殃独以贫穷者，非侈则惰也。侈而惰者贫，而力而俭者富。今上征敛于富人以布施贫家，是夺力俭而与侈惰也，而欲索民之疾作而节用，不可得也。

今有人于此，义不入危城，不处军旅，不以天下大利易其胫一毛，世主必从而礼之，贵其智而高其行，以为轻物重生之士也。夫上所以陈良田大宅，设爵禄，所以易

民死命也。今上尊贵轻物重生之士，而索民之出死而重殉上事，不可得也。藏书策，习谈论，聚徒役，服文学而议说，世主必从而礼之，曰："敬贤士，先王之道也。"夫吏之所税，耕者也：而上之所养，学士也。耕者则重税，学士则多赏，而索民之疾作而少言谈，不可得也。立节参民[3]，执操不侵，怨言过于耳，必随之以剑，世主必从而礼之，以为自好之士。夫斩首之劳不赏，而家斗之勇尊显，而索民之疾战距敌而无私斗，不可得也。国平，则养儒、侠；难至，则用介士[4]。所养者非所用，所用者非所养，此所以乱也。且夫人主于听学也：若是其言，宜布之官而用其身；若非其言，宜去其身而息其端。今以为是也，而弗布于官；以为非也，而不息其端。是而不用，非而不息，乱亡之道也。

澹台子羽，君子之容也，仲尼几[5]而取之，与处久而行不称其貌。宰予之辞，雅而文也，仲尼几而取之，与处[6]而智不充其辩。故孔子曰："以容取人乎，失之子羽；以言取人乎，失之宰予。"故以仲尼之智而有失实之声。今之新辩滥乎宰予，而世主之听眩乎仲尼，为悦其言，因任其身，则焉得无失乎？是以魏任孟卯之辩，而有华下之患；赵任马服之辩，而有长平之祸。此二者，任辩之失也。夫视锻锡而察青黄，区冶不能以必剑；水击鹄雁，陆断驹马，则臧获不疑钝利。发齿吻形容，伯乐不能以必马；授车就驾，而观其末涂，则臧获不疑驽良。观容服，听辞言，仲尼不能以必士；试之官职，课其功伐，则庸人不疑于愚智。故明主之吏：宰相必起于州部，猛将必发于卒伍。夫有功者必赏，则爵禄厚而愈劝；迁官袭级，则官职大而愈治。夫爵禄大而官职治，王之道也。

磐石千里，不可谓富；象人百万，不可谓强。石非不大，数非不众也，而不可谓富强者，磐不生粟，象人不可使距敌也。今商官技艺之士亦不垦而食，是地不垦，与磐石一贯也。儒、侠毋军劳，显而荣者，则民不使，与象人同事也。夫祸知[7]磐石象人，而不知祸商官儒侠为不垦之地、不使之民，不知事类者也。

故敌国之君王，虽说吾义，吾弗入贡而臣[8]；关内之侯，虽非吾行，吾必使执禽而朝。是故力多，则人朝；力寡，则朝于人。故明君务力。夫严家无悍虏，而慈母有败子。吾以此知威势之可以禁暴、而德厚之不足以止乱也。

夫圣人之治国，不恃人之为吾善也，而用其不得为非也。恃人之为吾善也，境内不什数；用人不得为非，一国可使齐。为治者用众而舍寡，故不务德而务法。夫必恃自直之箭，百世无矢；恃自圜之木，千世无轮矣。自直之箭，自圜之木，百世无有一，然而世皆乘车射禽者何也？隐栝之道用也。虽有不恃隐栝而有自直之箭、自圜之木，良工弗贵也。何则？乘者非一人，射者非一发也。不恃赏罚而恃自善之民，明主弗贵也。何则？国法不可失，而所治非一人也。故有术之君，不随适然之善，而行必然之道。

今或谓人曰："使子必智而寿。"则世必以为狂。夫智，性也；寿，命也。性命者，非所学于人也，而以人之所不能为说人，此世之所以谓之为狂也。谓之不能然，则是谕也[9]。夫谕，性也[10]。以仁义教人，是以智与寿说人也，有度之主弗受也。故善毛啬[11]、西施之美，无益吾面；用脂泽粉黛，则倍其初。言先王之仁义，无益于治；明吾法度，必吾赏罚者，亦国之脂泽粉黛也。故明主急其助而缓其颂，故不道仁义。

今巫祝之祝人曰："使若千秋万岁。"千秋万岁之声聒耳，而一日之寿无征于人，此人所以简巫祝也。今世儒者之说人主，不言今之所以为治，而语已治之功；不审官法之事，不察奸邪之情，而皆道上古之传誉、先王之成功。儒者饰辞曰："听吾言，则可以霸王。"此说者之巫祝，有度之主不受也。故明主举实事，去无用，不道仁义者故[12]，不听学者之言。

今不知治者必曰："得民之心。"欲得民之心而可以为治，则是伊尹、管仲无所用也，将听民而已矣。民智之不可用，犹婴儿之心也。夫婴儿不剔[13]首则腹痛，不擫痤则寖益[14]。剔首、揊痤，必一人抱之，慈母治之，然犹啼呼不止，婴儿不知犯其所小苦致其所大利也。今上急耕田垦草以厚民产也，而以上为酷；修重罚以为禁邪也，而以上为严；征赋钱粟以实仓库，且以救饥馑、备军旅也，而以上为贪；境内必知介[15]而无私解，并力疾斗，所以禽虏也[16]，而以上为暴。此四者，所以治安也，而民不知悦也。夫求圣通之士者，为民知之不足师用。昔禹决江浚河，而民聚瓦石；子产开亩树桑，郑人谤訾。禹利天下，子产存郑，皆以受谤，夫民智之不足用亦明矣。故举士而求贤智，为政而期适民，皆乱之端，未可与为治也。

【注释】

①此句当作"虞夏七百余岁，殷周二千余岁。"②缪：谬。③参：高。民应作明。④介：铠甲。介士：武士。⑤几：接近。⑥处：后应有久字。⑦"祸知"当作"知祸"。祸：怪罪。⑧"吾弗人贡而臣"当作"吾弗能必使人贡而臣"。⑨谕：告。⑩性当作情，真实。⑪啬当作嫱。⑫故：事。⑬剔：剃。⑭擫：割。寖：渐。⑮介：铠甲，代指军事。⑯禽：擒。擒虏：战胜敌人。

【译文】

当今世上著名的学派，是儒家和墨家。儒家的最高成就，是孔丘；墨家的最高成就，是墨翟。自从孔子死后，有子张一派的儒学，有子思一派的儒学，有颜氏的儒学，有孟氏的儒学，有漆雕氏的儒学，有仲良氏的儒学，有荀况的儒学，有乐正氏的儒学。自从墨子死后，有相里氏的墨学，有相夫氏的墨学，有邓陵氏的墨学。所以孔、墨死后，儒学分为八派，墨学分为三派，不同学派的取舍有相反，有不同，可是都说自己是真正的孔、墨学说。孔子和墨子不能复活，让谁来判定后来这些学派的真伪呢？孔子、墨子都称道尧、舜，他们取舍不同，可是都说自己是真正的尧、舜，尧、舜不能复活，让谁来判定儒、墨谁的理论是真尧、舜呢？虞夏七百多年，商周二千来年，那时已经不能判定儒、墨二者谁说的尧舜是真尧舜，现在却想分清三千年之前的尧舜之道，恐怕不一定做到吧！没有证据参考而判定是非，这是愚蠢；用不能判定的事物作依据，这就是欺骗。所以，明确地用古代圣王作依据，肯定尧舜的人，不是愚人就是骗子。愚蠢和欺诈的学说、混杂抵触的行为，贤明君主是不会接受的。

墨家对于葬礼，冬天死的人穿冬天的衣服，夏天死的人穿夏天的衣服，只有三寸厚的桐木棺材，丧服只穿三个月，君主们认为是节俭而表示赞赏。儒家对于葬礼，则破家行葬，服丧三年，沉重地毁坏自己的身体，拄着拐杖才能走路，君主们认为有孝道而表示赞赏。如果肯定墨

家的节俭，就应否定孔子的奢侈；如果肯定孔子的孝顺，就应否定墨子的忤逆。现在，孝顺、忤逆、奢侈、节俭，都在儒墨两家，可是君主却同时表示赞赏。漆雕氏有理论：神色不屈从，目光不回避，行为不正确就连见奴隶也避开，行为正确就连君主也可当面顶撞。对此，君主们认为刚直，而表示赞成。宋荣子的理论：提倡不争执，不讲私人义气，不以坐监狱为羞，不以被羞辱为耻。对此，君主们认为宽恕而表示赞赏。如果肯定漆雕氏的刚直，就应否定宋荣子的宽恕；如果肯定宋荣子的宽恕，就应否定漆雕氏的暴烈。现在，宽恕、刚直、宽容、暴烈，都在这二位的学说中，君主却同时表示赞赏。由于愚蠢和欺骗的学说以及混杂抵触的言辞争议同时为君主所听从，所以天下的学者，言论没有一定之方，行为没有不变的主张。冰和炭不能同处一个器物之中，冬天和夏天不能同时出现，因此，混杂抵触的学说不应同时应用于治国。如果同时听信混杂的学说和荒谬的行为，以及不同的言论，怎能不动乱呢？听话和行动象这样糊涂，在治理民众时必定也是这样糊涂。

当今学者对执政者的话多数是："赐予贫穷者土地以充实他们物资的贫乏。"现在，大家都是一样的人，没有丰年和其他收入而独独能满足家用的，如果不是多付出了劳动，就是注意了节俭。大家都是一样的人，没有饥荒、疾病、祸罪的灾害而偏偏贫穷的，如果不是浪费，就是懒惰。浪费和懒惰的人就贫穷，勤劳和节俭的人就富裕。如果君主征集富人的财物去分给穷人，就是掠夺勤俭去奖励懒惰，这样，想要求百姓努力耕作和节俭开支，是做不到的。

如果有这样一个人，为了道义而不进入危险的城池，不参加战斗，不愿牺牲小腿上的一根毛去换取天下人的利益，君主一定会对他表示尊重，尊重他的智慧和他的品行，认为他是看轻财物和看重生命的人。君主设置良田大宅，设立爵禄，目的在于换取百姓为自己拼命效力。如果君主尊重那些轻视财物看重自己生命的人，却要求百姓献出生命去效力于君主的事业，这是不可能的。家藏书本，学习辩论，聚集门徒，从事文章书本和理论学说，君主一定会表示尊重，说："尊敬贤士，是古代圣王的行为。"官吏征税的对象，是农民；而君主所供养的，却是读书人。农民负担重税，而读书人却得到了重赏。在这种情形下，想让百姓努力耕作而少说空话，是不可能的。有人把自己的气节树立得高洁明朗，坚持个人的操守不受侵犯，如果听见诋毁自己的话，一定用剑作回答。对这样的人，君主一定会表示尊重，认为他们是洁身自好的人。在战场上杀敌的功劳不奖赏，而为私仇争斗的勇士得以却显耀，在这种前提下，想让百姓努力作战抗拒敌人而不为私仇械斗，是不可能的。国家太平，就供养儒者和侠士；国家有难，却用战士。所供养的人不是所任用的人，所任用的人不是所供养的人，这就是国家动乱的原因。而且，君主在听人言论时的正确作法应该是：如果认为某人的言论正确，就应该公布给官吏并且任用那个人；如果认为某人的话不对，就应该抛弃那个人并且平息其影响。可是，现在的君主却不然，认为是正确的，却不公布于官吏；认为不正确的，又不平息其影响。对正确的观点不付诸实施，对不正确的观点又不平息其影响，这就是乱国亡身之道。

澹台子羽，具有君子的外表，仲尼亲近他，与他相处久了，发现他的言行与他的外貌不相称。宰予的语言，高雅而多文采，仲尼接近他，与他相处久了，发现他的智慧与他的善辩不相称。所以孔子说："凭相貌取人，我在子羽身上失误了。以语言取人，我在宰予身上失误了。"象仲尼那样的智慧尚且还有失误的事情，当今善辩者比宰予更厉害，而君主听话时比仲尼更昏眩。因为喜欢这些人的话而任用这些人，怎能不失误呢？所以魏国任用了善辩的孟卯，因而遭致了华阳的惨败；赵国任用了马服君之子赵括，因而造成了长平的惨祸。这两个事例就是任用善辩者而造成的失误。只根据冶炼时的金属颜色，区冶子也不能每次都断定出剑的好坏；水中砍鸿雁，陆上砍马驹，即使奴隶也可以断定剑的好坏。只根据毛色、牙齿、形状外貌，伯乐也不能断定马的优劣；把马驾在车上，观察他最后到达的终点，即使奴隶也可以断定马的优劣。只看外表，只听言辞，仲尼也不能肯定贤与不贤。如果用官职去测试，用效果去检验，即使庸才也可以断定谁有才能，谁没有才能。所以，贤明君主任用官吏的途径是：宰相一定要从州县开始，猛将一定要从普通士卒开始。有功者必赏，就可以得到丰厚的爵禄，就可以更受鼓励；逐级升迁，官越大就治理得越好。爵禄丰厚，官职得到治理，这就是称王的道路。

巨石千里，不能说是富有；俑人百万，不能说是强大。石头不是不多，数量不是不大，之所以不能说是富强，是因为石头上不能生长粮食，俑人不能用以抗敌。现在那些从事商官技艺的人，同样是不耕而食。有地不耕，便与乱石同类。儒士、侠客没有军功却显赫荣耀，这样，百姓就不能被驱使，这就与人同类。只知道怪罪于乱石俑人，而不知怪罪商官儒侠造成不被耕种的土地和不受驱使的百姓，就是不知类推的人。

敌国的君主，虽然喜欢我的为人，我却不能让他向我入贡称臣；国内大臣虽然不喜欢我的为人，我却一定能让他执礼进见。所以，权力大，就让别人来朝见自己；权力小，就只好去朝见别人。所以贤明君主努力从事权力方面的工作。严厉的家庭不会出现无礼的奴隶，而仁慈的母亲会出现不贤能的子女。我由此可以看出威势可以制止暴虐，而充实的仁义道德不足以制止动乱。

圣人治国，不依赖别人对我好，而依赖别人不敢对我不好。如果依赖别人对我好，那么，一国之中找不到几十个对我好的人；依赖别人不敢对我不好，那么全国的人都是不敢对我不好的人。治国者使用多数人而不使用少数人，所以轻视道德而重视法律。如果一定要用天生就直的竹木做箭，那就百年也没有箭；一定要找天生就圆的木头做车轮，那就一千年也没有车轮。天生的直箭和天生的圆轮，百年不见一个，然而世上的人都有车乘都有箭射，为什么呢？这就是使用不同的矫形工具的缘故。而且，即使有不用工具而有天生的直箭和圆轮，好的工匠还是不看重它们，这为什么呢？因为乘车的不止是一个人，射箭的不只是一个人。对不用赏罚就自然守规矩的人，贤明君主不应看重他们。为什么呢？因为国家不能丧失法律，而法律所统治的不是一个人。所以懂得统治之术的君主，不依赖偶然出现的个别好人，而实行必然见效的法制。

如果一个人对另一个人说："我一定让先生聪明长寿。"世人一定会认为这是虚妄。聪明，这是天性所决定的；长寿，这是天命所决定的。天性和天命，是不能够从别人那里学到的。用人力所做不到的事情去劝说别人，这就是世人认为虚妄的原因。如果说人不一定聪明长寿，就是采取告知的态度。告知真情，就是诚实。用仁义教人，就等于是在教人聪明长寿。心中有数的君主是不会接受的。所以，赞美毛嫱、西施的美丽，对自己的面容无所改善；如果用脂粉来打扮自己，就会比先前加倍美丽。同理，称道古代圣王的仁义，无益于治国，而明确法度，严格实行赏罚，这就是国家的脂粉啊。贤明君主所急切的是有助于治国的事物，而暂时放弃对于古代君王的歌颂，所以不谈论仁义的事情。

巫师为人祝福说："让你千秋万岁。"千秋万岁的祝福声充满耳朵，可是没有增加一天寿命的验证，这就是人们之所以怠慢巫师的原因。现在儒者在游说君主的时候，不谈治国的方法，而谈论以前已经获得的成效；不认清政府法律的事情，不认清奸邪的情况，而只说上古传说中的声誉、先王的成功。儒者花言巧语说："采纳我的意见，就可以称王称霸。"这就是学说的巫师，心中有数的君主是不会接受的。所以贤明的君主看重事实，抛弃不实用的事物，不说仁义的事情，不采纳书生们的意见。

现在，不懂统治之术的人都说："得民心。"如果得民心就可以治好国家，那么伊尹管仲就没有用处，只要听民众的话就行了。民众的思想就象小孩的思想一样，不能作依据。对于小孩，不剃头就肚子痛，不割疮就会更严重。剃头割疮的时候，一定要有人抱着，然后慈母为小孩剃头割疮，小孩还不停地哭叫，他们不懂得吃点小苦就会得到大好处。现在，君主急切要求耕地开荒以增加民众的财产，民众却以为君主太残暴；用严刑重罚来禁止奸邪，民众却认为君主太严酷；征集税赋钱粮充实国库，从而赈救饥荒，防备战争，民众却认为君主贪婪；要求全国人民必须知道战争而不允许私自逃跑，并力战斗，这是战胜敌国的必要方法，民众却认为君主残暴。这四方面是实现治理和安定的必由之路，民众却不喜欢。之所以要寻求圣智通达的人才，就是因为民众不足以为师。从前，禹挖江修河，刚开始的时候，民众却用瓦石来打他；子产用田种桑，郑国人却诋毁他。禹为天下人做好事，子产为郑国的巩固做好事，他们都受到攻击，民众的思想不足为凭据，由此可以看明白。所以，选拔人才而任用所谓贤人智士，从事政治而指望民众安适，都是祸乱的起因，因而不能用来治国。

忠孝第十七

天下皆以孝悌忠顺之道为是也，而莫知察孝悌忠顺之道而审行之，是以天下乱；皆以尧、舜之道为是而法之，是以有弑君①，有曲父。尧、舜、汤、武，或反君臣之义，乱后世之教者也。尧为人君而君其臣，舜为人臣而臣其君，汤、武为人臣而弑其主、刑其尸，而天下誉之，此天下所以至今不治者也。夫所谓明君者，能畜其臣者也；所谓贤臣者，能明法辟、治官职以戴其君者也。今尧自以为明而不能以畜舜，舜自以为贤而不能以戴尧，汤、武自以为义而弑其君长，此明君且常与、而贤臣且常取也。故至今为人子者有取其父之家，为人臣者有取其君之国者矣。父而让子，君而让臣，此非所以定位一教之道也。臣之所闻曰："臣事君，子事父，妻事夫。三者顺，则天下治；三者逆，则天下乱。"此天下之常道也，明王贤臣而弗易也，则人主虽不肖，臣不敢侵也。今夫上贤任智无常，逆道也，而天下常以为治，是故田氏夺吕氏于齐，戴氏夺子氏于宋。此皆贤且智也，岂愚且不肖乎？是废常上贤，则乱；舍法任智，则危。故曰：上法而不上贤。

记曰："舜见瞽瞍，其容造焉②。孔子曰：'当是时也，危哉，天下岌岌！有道者，父固不得而子，君固不得而臣也。'"臣曰：孔子本未知孝悌忠顺之道也。然则有道者，进不得为臣主③，退不得为父子耶？父之所以欲有贤子者，家贫则富之，父苦则乐之；君之所以欲有贤臣者，国乱则治之，主卑则尊之。今有贤子而不为父，则父之处家也苦；有贤臣而不为君，则君之处位也危。然则父有贤子，君有贤臣，适足以为害耳，岂得利焉哉？所谓忠臣，不危其君；孝子，不非其亲。今舜以贤取君之国，而汤、武以义放弑其君，此皆以贤而危主者也，而天下贤之。古之烈士，进不臣君，退不为家，是进则非其君，退则非其亲者也。且夫进不臣君，退不为家，乱世绝嗣之道也。是故贤尧、舜、汤、武而是烈士，天下之乱术也。瞽瞍为舜父而舜放之，象为舜弟而杀之。放父杀弟，不可谓仁；妻帝二女而取天下，不可谓义。仁义无有，不可谓明。《诗》

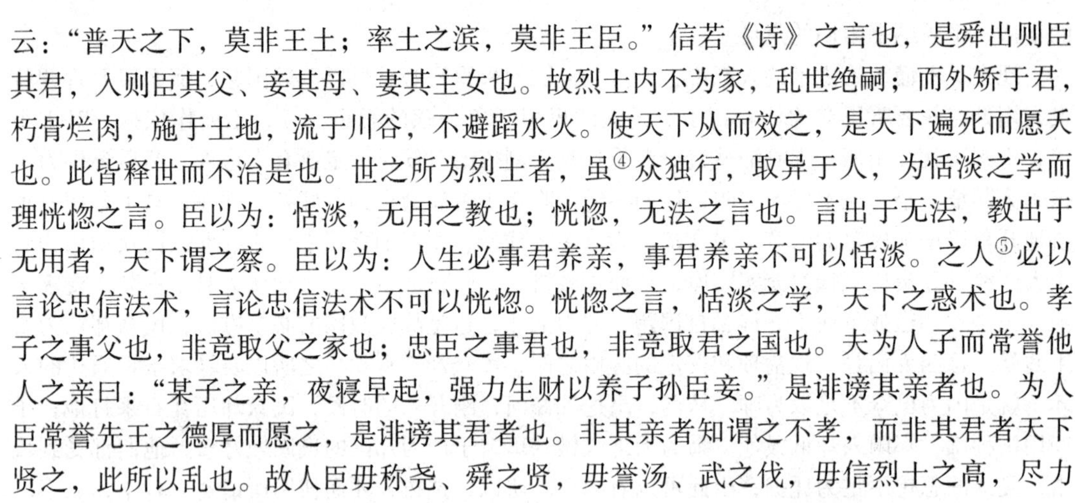

云："普天之下，莫非王土；率土之滨，莫非王臣。"信若《诗》之言也，是舜出则臣其君，入则臣其父、妾其母、妻其主女也。故烈士内不为家，乱世绝嗣；而外矫于君，朽骨烂肉，施于土地，流于川谷，不避蹈水火。使天下从而效之，是天下遍死而愿夭也。此皆释世而不治是也。世之所为烈士者，虽[4]众独行，取异于人，为恬淡之学而理恍惚之言。臣以为：恬淡，无用之教也；恍惚，无法之言也。言出于无法，教出于无用者，天下谓之察。臣以为：人生必事君养亲，事君养亲不可以恬淡。之人[5]必以言论忠信法术，言论忠信法术不可以恍惚。恍惚之言，恬淡之学，天下之惑术也。孝子之事父也，非竞取父之家也；忠臣之事君也，非竞取君之国也。夫为人子而常誉他人之亲曰："某子之亲，夜寝早起，强力生财以养子孙臣妾。"是诽谤其亲者也。为人臣常誉先王之德厚而愿之，是诽谤其君者也。非其亲者知谓之不孝，而非其君者天下贤之，此所以乱也。故人臣毋称尧、舜之贤，毋誉汤、武之伐，毋信烈士之高，尽力守法，专心于事主者为忠臣。

古者黔首悗[6]密蠢愚，故可以虚名取也。今民儇诇智慧[7]，欲自用，不听上。上必且劝之以赏，然后可进；又且畏之以罚，然后不敢退。而世皆曰："许由让天下，赏不足以劝；盗跖犯刑赴难，罚不足以禁。"臣曰：未有天下而无以天下为者，许由是也；已有天下而无以天下为者，尧、舜是也。毁廉求财，犯刑趋利，忘身之死者，盗跖是也。此二者，殆物也。治国用民之道也，不以此二者为量。治也者，治常者也；道也者，道常者也。殆物妙言，治之害也。天下太平[8]之士，不可以赏劝也；天下太平之士[9]，不可以刑禁也。然为太上士不设赏，为太下士不设刑，则治国用民之道失矣。

故世人多不言国法而言从横。诸侯言从者曰："从成必霸。"而言横者曰："横成必王。"山东之言从横未尝一日而止也，然而功名不成、霸王不立者，虚言非所以成治也。王者独行谓之王，是以三王不务离合而止[10]，五霸不待从横[11]察，治内以裁外而已矣。

【注释】

①弑当作乱。②造：惨，痛。③臣主当作主臣。④虽当作离。⑤之人当作治人。⑥悗（mèn）：无所用心。⑦儇（xuān）：聪明。诇（xiòng）：狡猾，侦伺。⑧平当作上。⑨平当作下。⑩止应作正。⑪横字后面当有而字。

【译文】

天下的人都认为孝悌忠顺的道德是正确的，却没有人知道认清孝悌忠顺之道然后谨慎地行使它，所以天下大乱。人们都认为尧舜之道正确从而效法它，所以才出现了不称职的君主和不讲道义的父亲。尧、舜、商汤、周武，这是违悖君臣之义，教后人为乱的人。尧是舜的君主却把舜当作自己的君主，舜是尧的臣下却把尧当作自己的臣下。商汤、周武身为人臣却弑杀了自己的君主，侮辱君主的身体，可是天下的人都称赞他们，这就是天下至今没有得到治理的原因。所谓贤明君主，是能教养臣下的人；所谓贤臣，是能明确法律，治理官事，用以拥戴君主的人。而尧自以为贤能，却不能教养舜，舜自以为贤能，却不能拥戴尧，汤、武自以为道义，却弑杀君主。这就是在表明君主常常移权给臣下，臣下常常取得君主的权力是正确的。所以至

今有做儿子的夺取父亲的家室，做臣下的夺取君主的国家。父亲让权给儿子，君主让权给臣下，这不是确立地位、统一教化的方法。我听说的一种理论是："臣服从君，子服从父，妻服从夫。这三方面关系适宜，就天下大治；这三方面关系颠倒，就天下大乱。"这是人类固有的规范，即使明王贤臣也不能改变。这样，即使君主无能，臣下也不敢侵权。现在崇尚贤明任用才智，失去常轨，违背正道，而人们却用这种方法从事政治，所以田氏在齐国篡夺了吕氏的天下，戴氏在宋国篡夺了子氏的天下。田、戴两臣都是贤明和有才智的人，难道能说他们愚蠢无能吗？所以，废除常轨，崇尚贤明，就造成动乱；废弃法律，任用才智，就造成危险。所以说：崇尚法律而不崇尚贤明。

历史记载："舜见他的父亲瞽瞍，神色愁惨。孔子说：'当时，天下处于危亡之际！有才能的人，也不能继续作父亲的好儿子，君主的好臣民。'"我认为：孔子根本不懂孝悌忠顺的道理。有才干的人，真的进不能作君主的忠臣，退不能作父亲的孝子吗？父亲之所以希望得到贤子，是因为贤子能让贫穷的家庭变得富有，让愁苦的父亲得到欢乐；君主之所以希望得到贤臣，是因为贤臣能让国家的动乱得到治理，让卑微的君主受到尊重。如果儿子能干却不为父亲，父亲在家便劳苦；如果臣贤却不为君主，君主的地位就危险。因而父亲有贤明的儿子，君主有贤明的大臣，恰恰足以造成对父亲和君主的危害，哪能从他们那儿得到好处呢？所谓忠臣，是指不危害自己君主的臣下；所谓孝子，是指不违逆父母的儿子。现在，舜以贤能夺取了君主的政权，汤、武以道义放逐和弑杀了自己的君主，这都是凭借才智危害君主啊，而人们却称颂他们。古代那些刚烈之士，上不做君主的臣民，下不谋求私家利益，因而对上就非议君主，回家就非议父母。上不做君主的臣民，下不谋求私家利益，这就是扰乱社会绝灭子孙的行径。所以，称颂尧、舜、汤、武和赞赏刚烈之士，是动乱社会的因素。瞽瞍是舜的父亲，而舜疏远他，象是舜的弟弟而舜杀了象。疏远父亲杀死了弟弟，不能说是仁慈；通过娶尧二女为妻的方式而取得天子权力，不能说是道义。不仁不义，不能说是贤明。《诗经》说："普天之下，没有不是天子的土地；远到海边，没有不是天子的臣民。"如果《诗经》的话不错，舜就是对外用自己原来的君主做臣民，回到家里就用自己的父母为臣妾，用君主的女儿作妻子。所以刚强之士对内不谋求私利，扰乱世道，断绝子孙；对外傲视君主，宁愿让自己的朽骨烂肉抛在原野，撒在山川，所以他们不怕水火，视死如归。如果让人们去效法他们，天下到处是死人而人们都愿意短命了。这就是放弃国家而不治理啊。人们所说的烈士，脱离群众，独来独往，有意与他人相区别，主张淡漠人生，宣扬似是而非的言论。我认为：淡漠人生，是无用的说教；似是而非，是无视法律的言论。对于那些无视法律的言论和无用的说教，人们却称之为高深。我认为：人的一生必须服从君主，供养亲人。服从君主，供养亲人，就不能淡漠人生。治理民众必须讲究忠、信、法、术，进究忠、信、法、术就不能似是而非。似是而非的理论，淡漠人生的说教，都是导致天下混乱的异端邪说。孝子服从父亲，不是为了取得父亲的权力；忠臣为君主服务，不是为了取得君主的政权。作为儿子却常常称赞他人的父亲说："某人的父亲，晚睡早起，努力生财，以供养子孙妻妾。"这就是在诽谤自己的父亲。作为臣下，却常常称赞先王的品德而希望能做先王的大臣，这就是在诽谤自己的君主。对于非议父亲的人，人们知道叫他不孝。对于非议君主的人，人们却称赞他，这就是动乱的原因。所以，作为大臣，不要称颂尧、舜的贤明，不要称赞汤、武的讨伐，不要称赞刚烈之士的高尚，只要尽力守法，专心为君主服务，这就是忠臣。

古代的百姓无知纯朴，所以能用虚名声去驱使他们。当今的百姓聪明狡猾，都想自己安排自己，不服从君主安排。君主必须用奖赏去激励他们，然后才能让他们努力进取。同时，用刑罚去威慑他们，然后他们才不敢退却。可是人们却都在说："许由辞让天下，可见赏不足以鼓励人民；盗跖冒着受惩罚的危险做坏事，可见刑罚不足以禁止邪恶。"我认为：手里没有权力而认为权力无用的，这是许由；手里已有天下大权而成就事业的，这是尧、舜。毁弃廉洁而贪求财货，冒犯死刑而追求利益，忘记性命的，这是盗跖。赏不足以鼓励，罚不足以禁止，这两方面都是危险的。治国用民的方针，不能用这两方面去衡量。治理，是经常性治理；法术，是不变的法术。危险的事情和巧辩的言论，都是对政治的损害。对天下最高尚的人，不能用奖赏去鼓励他们；对天下最下贱的人，不能仅仅用刑罚去禁止他们。可是，如果因为最高尚的人便不设立奖赏，因为最下贱的人便不设立刑罚，那就丧失了治国用民的手段。

多数人不说国法而谈论纵横之术。赞成合纵的人们说："一旦合纵，必然成霸主。"而赞成连横的人说："一旦连横成功，必然称王。"山东各国没有一天不议论合纵连横，然而功名不成，王霸不立，其原因就在于空话不是治国的方法。能够有独立见解的人才可以称王，所以夏、商、周三代圣王不从事分离联合而政权巩固，春秋五霸不依赖合纵连横而明察，三王五霸所从事的，无非是通过治理内政而制裁外国而已。

孙子兵法

一、始计①篇

孙子曰：兵②者，国之大事③，死生之地，存亡之道，不可不察④也。

故经之以五事⑤，校之以计而索其情⑥：一曰道⑦，二曰天，三曰地，四曰将⑧，五曰法⑨。道者，令民与上同意也⑩，故可以与之死，可以与之生，而不畏危⑪。天者，阴阳⑫、寒暑⑬、时制⑭也。地者，远近、险易⑮、广狭⑯、死生⑰也。将者，智、信、仁、勇、严⑱也。法者，曲制⑲、官道⑳、主用㉑也。凡此五者，将莫不闻㉒。知之者胜，不知者不胜㉓。故校之以计而索其情，曰：主孰有道㉔？将孰有能㉕天地孰得㉖？法令孰行？兵众孰强㉗？士卒孰练㉘？赏罚孰明？吾以此知胜负矣。㉙

将听吾计㉚，用之必胜㉛，留之，将不听吾计，用之必败，去之㉜。

计利以听㉝，乃为之势㉞，以佐其外㉟。势者，因利而制权也㊱。

兵㊲者，诡道也㊳。故能而示之不能㊴，用而示之不用㊵，近而示之远，远而示之近㊶；利而诱之㊷，乱而取之㊸实而备之㊹，强而避之㊺，怒而挠之㊻，卑而骄之㊼，佚而劳之㊽，亲而离之㊾。攻其无备，出其不意。此兵家之胜㊿，不可先传也51。

夫未战而庙算52胜者，得算多也53；未战而庙算不胜者，得算少也。多算胜，少算不胜，而况于无算乎54？吾以此观之，胜负见矣55。

【注释】

①计：预计、计算的意思。这里指战前通过对敌我双方客观条件的分析，对战争的胜负作出预测、谋划。②兵：本义为兵械。《说文》：“兵，械也。”后逐渐引申为兵士、军队、战争等。这里作战争解。③国之大事：意为国家的重大事务。④不可不察：察，考察、研究。不可不察，意指不可不仔细审察，谨慎对待。⑤经之以五事：经，度量、衡量。五事，指下文的道、天、地、将、法。此句意谓要从五个方面分析、预测。⑥校之以计而索其情：校，衡量、比较。计，指筹划。索，探索。情，情势，这里指敌我双方的实情，战争胜负的情势。全句意思为：通过比较双方的谋划，来探索战争胜负的情势。⑦道：本义为道路、途径，引申为政治主张。⑧将：将领。⑨法：法制。⑩令民与上同意也：令，使、让的意思。民，普通民众。上，君主、国君。意，意愿，意志。令民与上同意，意为使民众与国君统一意志，拥护君主的意愿。⑪不畏危：不害怕危险。意为民众乐于为君主出生入死而丝毫不畏惧危险。⑫阴阳：指昼夜、晴雨等不同的气象变化。⑬寒暑：指寒冷、炎热等气温差异。⑭时制：指春、夏、秋、冬四季时令的更替。⑮远近、险易：远近，指作战区域的距离远近。险易，指地势的险要或平坦。⑯广狭：指作战地域的广阔或狭窄。⑰死生：指地形条件是否利于攻守进退。死，即死地，进退两难的地域。生，即生地，易攻能守之地。⑱智、信、仁、勇、严：智，智谋才能；信，赏罚有信；仁，爱抚士卒；勇，勇敢果断；严，军纪严明。此句是孙子提出作为优秀将帅所必须具备的五德。⑲曲制：有关军队的组织、编制、通讯联络等具体制度。⑳官道：指各级将吏的管理制度。㉑主用：指各类军需物资的后勤保障制度。主，掌理、主管；用，物资费用。㉒闻：知道，了解。㉓知之者胜，不知者不胜：知，知晓，这里含有深刻了解、确实掌握的意思。此句意思说，对五事（道、天、地、将、法）有深刻的了解并掌握运用得好，就能胜，掌握得不好，则不胜。㉔主孰有道：指哪一方国君政治清明，拥有民众的支持。孰，谁，这里指哪一方。有道，政治清明。㉕将孰有能：哪一方的将领更有才能。㉖天地孰得：哪一方拥有天时、地利的条件。㉗兵众孰强：哪一方的兵械锋利，士卒众多。兵，此处指的是兵械。㉘士卒孰练：哪一方的军队训练有素。练，娴熟。㉙吾以此知胜负矣：我根据这些情况来分析，即可预知胜负的归属了。㉚将听吾计：将，作助动词，

读作“江”（jiāng），表示假设，意为假设，如果。此句意为如果能听从、采纳我的计谋。㉛用之必胜：之，语助词，无义。用，实行，即用兵。㉜去之：去，离开。㉝计利以听：计利，计谋有利。听，听从，采纳。㉞乃为之势：乃，于是、就的意思。为，创造、造就。之，虚词。势，态势。此句意思是造成一种积极的军事态势。㉟以佐其外：用来辅佐他对外的军事活动。佐，辅佐，辅助。㊱因利而制权：因，根据，凭依。制，决定、采取之意。权，权变，灵活处置之意。意为根据利害关系采取灵活的对策。㊲兵：用兵打仗。㊳诡道也：诡诈之术。诡，欺诈，诡诈。道，学说。㊴能而示之不能：能，有能力，能够。示，显示。即言能战却装作不能战的样子。此句至“亲而离之”的十二条作战原则，即著名的“诡道二十法”。㊵用而示之不用：用，用兵。实际要打，却装作不想打。㊶近而示之远，远而示之近：实际要进攻近处，却装作要进攻远处。实际要进攻远处，却显示要进攻近处，致使敌人无法防备。㊷利而诱之：利，此处作动词用，贪利的意思。诱，引诱。意为敌人贪利，则以利来引诱，伺机打击之。㊸乱而取之：乱，混乱。意谓对处于混乱状态的敌人，要抓住时机进攻它。㊹实而备之：实，实力雄厚。指对待实力雄厚之敌，需严加防备。㊺强而避之：面对强大的敌人，当避其锋芒，不可硬拚。㊻怒而挠之：怒，易怒而脾气暴躁。挠，挑逗、扰乱。言敌人易怒，就设法激怒他，使他丧失理智，临阵指挥作出错误的抉择，导致失败。㊼卑而骄之：卑，小，怯。言敌人卑怯谨慎，应设法使其骄傲自大，然后伺机破之。也有另一种解释，是说己方主动卑辞示弱，给对人造成错觉，令其骄傲。㊽佚而劳之：佚，同逸，安逸，自在。劳，作动词，使之疲劳。此句说敌方安逸，就设法使它疲劳。㊾亲而离之：亲，亲近。离，离间，分化。此句意为如果敌人内部团结，则设计离间、分化他们。㊿兵家之胜：兵家，军事家。胜，奥妙。这句说上述“诡道十二法”乃军事家指挥若定的奥妙之所在。51不可先传也：先，预先，事先。传，传授，规定。此句意即在战争中应根据具体情况作出决断，不能事先呆板地作出规定。52庙算：古代兴师作战之前，通常要在庙堂里商议谋划，分析战争的利害得失，制定作战方略。这一作战准备程序，就叫做“庙算”。53得算多也：意为取得胜利的条件充分、众多。算，计数用的筹码。此处引申为取得胜利的条件。54多算胜，少算不胜，而况于无算乎：胜利条件具备多者可以获胜，反之，则无法取胜，更何况未曾具备任何取胜条件？而况，何况。于，至于。55胜负见矣：见，同现，显现。言胜负结果显而易见。

【译文】

孙子说：战争是国家的大事，是军民生死安危的主宰，是国家存亡的关键，是不可以不认真考察研究的。

因此，必须审度敌我五个方面的情况，比较双方的谋划，来取得对战争情势的认识。（这五个方面）一是政治，二是天时，三是地利，四是将领，五是法制。所谓政治，就是要让民众认同、拥护君主的意愿，使得他们能够做到生为君而生，死为君而死，而不害怕危险。所谓天时，就是指昼夜晴雨、寒冷酷热、四时节候的变化。所谓地利，就是指征战路途的远近、地势的险峻或平坦、作战区域的宽广或狭窄、地形对于攻守的益处或弊端。所谓将领，就是说将帅要足智多谋，赏罚有信，爱抚部属，勇敢坚毅，树立威严。所谓法制，就是指军队组织体制的建设，各级将吏的管理，军需物资的掌管。以上五个方面，作为将帅，都不能不充分了解。充分了解了这些情况，就能打胜仗。不了解这些情况，就不能打胜仗。所以要通过对双方七种情况的比较，来求得对战争情势的认识：哪一方君主政治清明？哪一方将帅更有才能？哪一方拥有天时地利？哪一方法令能够贯彻执行？哪一方武器坚利精良？哪一方士卒训练有素？哪一方赏罚公正严明？我们根据这一切，就可以判断谁胜谁负。

若能听从我的计谋，用兵打仗就一定胜利，我就留下。假如不能听从我的计谋，用兵打仗就必败无疑，我就离去。

筹划有利的方略已被采纳，于是就造成一种态势，辅助对外的军事行动。所谓态势，即是依凭有利于自己的原则，灵活机变，掌握战场的主动权。

用兵打仗是一种诡诈之术。能打，却装作不能打；要打，却装作不想打；明明要向近处进攻，却装作要打远处；即将进攻远处，却装作要攻近处；敌人贪利，就用利引诱他；敌人混乱，就乘机攻取他；敌人力量雄厚，就要注意防备他；敌人兵势强盛，就暂时避其锋芒；敌人易怒暴躁，就要折损他的锐气；敌人卑怯，就设法使之骄横；敌人休整得好，就设法使之疲劳；敌人内部和睦，就设法离间他。要在敌人没有防备处发起进攻，在敌人意料不到时采取行动。所有这些，是军事家指挥艺术的奥妙，是从无事先呆板规定的。

开战之前就预计能够取胜的，是因为筹划周密，胜利条件充分；开战之前就预计不能取胜的，是因为筹划不周，胜利条件缺乏。筹划周密、条件具备就能取胜，筹划不周、条件缺乏就不能取胜，更何况不作筹划、毫无条件呢？我们依据这些来观察，那么胜负的结果也就很明显了。

二、作战篇

孙子曰：凡用兵之法[1]，驰车千驷[2]，革车千乘[3]，带甲[4]十万，千里馈粮[5]，则内外[6]之费，宾客之用[7]，胶漆之材[8]，车甲之奉[9]，日费千金[10]，然后十万之师举[11]矣。

其用战也胜[12]，久则钝兵挫锐[13]，攻城则力屈[14]，久暴师则国用不足[15]。夫钝兵挫锐、屈力殚货[16]，则诸侯乘其弊而起[17]，虽有智者，不能善其后矣[18]。故兵闻拙速，未睹巧之久也[19]。夫兵久而国利者，未之有也[20]。故不尽知[21]用兵之害[22]者，则不能尽知用兵之利[23]也。

善用兵者，役不再籍[24]，粮不三载[25]；取用于国[26]，因粮于敌[27]，故军食可足也。

国之贫于师者远输[28]，远输则百姓贫。近于师者贵卖[29]，贵卖则百姓财竭，财竭则急于丘役[30]。力屈、财殚，中原内虚于家[31]。百姓之费，十去[32]其七；公家之费[33]，破车罢马[34]，甲胄矢弩[35]，戟楯蔽橹[36]，丘牛大车[37]，十去其六。

故智将务食于敌[38]。食敌一钟[39]，当吾二十钟；萁秆一石[40]，当吾二十石。

故杀敌者，怒也[41]；取敌之利者，货也[42]。故车战，得车十乘已上[43]，赏其先得者，而更其旌旗[44]，车杂而乘之[45]，卒善而养之[46]，是谓胜敌而益强[47]。

故兵贵胜[48]，不贵久。

故知兵之将[49]，生民之司命[50]，国家安危之主也[51]。

【注释】

①用兵之法：法，规律、法则。②驰车千驷：战车千辆。驰，奔、驱的意思，驰车即快速轻便的战车。驷，原指一车套四马，这里作量词，千驷即千辆战车。③革车千乘：用于运载粮草和军需物资的辎重车千辆。革车，用皮革缝制的篷车，是古代重型兵车，主要用于运载粮秣、军械等军需物资。乘，辆。④带甲：穿戴盔甲的士兵，此处泛指军队。⑤千里馈粮：馈，馈送、供应。意为跋涉千里辗转运送粮食。⑥内外：内，指后方。外，指军队所在地，即前方。⑦宾客之用：指与各诸侯国使节往来的费用。⑧胶漆之材：通指制修弓矢等军用器械的物资材料。⑨车甲之奉：泛指武器装备的保养、补充开销。车甲，车辆、

盔甲。奉，同俸，指费用。⑩日费千金：每天都要花费大量财力。金，古代计算货币的单位，一金为一镒(二十两或二十四两)，千金即千镒，泛指开支巨大。⑪举：出动。⑫其用战也胜：胜，取胜，这里作速胜解。意谓在战争耗费巨大的情况下用兵打仗，就要求做到速决速胜。⑬久则钝兵挫锐：言用兵旷日持久就会造成军队疲惫，锐气挫伤。钝，疲惫、困乏的意思。挫，挫伤。锐，锐气。⑭力屈：力量耗尽。屈，竭尽、穷尽。⑮久暴师则国用不足：长久陈师于外就会给国家经济造成困难。暴，同曝（pù），露在日光下，文中指在外作战。国用，国家的开支。⑯屈力殚货：殚，枯竭。货，财货，此处指经济。此言力量耗尽，经济枯竭。⑰诸侯乘其弊而起：其他诸侯国便会利用这种危机前来进攻。弊，疲困，此处作危机解。⑱虽有智者，不能善其后矣：意谓即便有智慧超群的人，也将无法挽回既成的败局。后，后事，此处指败局。⑲兵闻拙速，未睹巧之久也：拙，笨拙，不巧。速，迅速取胜。巧，工巧，巧妙。此句言用兵打仗宁肯指挥笨拙而求速胜，而没见过力求指挥巧妙而使战争长期拖延的。⑳夫兵久而国利者，未之有也：长期用兵而有利国家的情况，从未曾有过。㉑不尽知：不完全了解。㉒害：危害，害处。㉓利：利益，好处。㉔役不再籍：役，兵役。籍，本义为名册，此处用作动词，即登记、征集。再，二次。意即不二次从国内征集兵员。㉕粮不三载：三，多次。载，运送。即不多次从本国运送军粮。㉖取用于国：指武器装备等从国内取用。㉗因粮于敌：因，依靠、凭藉。粮草给养依靠在敌国就地解决。㉘国之贫于师者远输：之，虚词，无实义。师，指军队。远输，远道运输。此句意为国家之所以因用兵而导致贫困，是由于军粮的远道运输。㉙近于师者贵卖：近，临近。贵卖，指物价飞涨。意为临近军队驻扎点地区的物价会飞涨。㉚急于丘役：急，在这里有加重之意。丘役，军赋，古代按丘为地方行政单位征集军赋，一丘为一百二十八家。㉛中原内虚于家：中原，此处指国中。此句意为国内百姓之家因远道运输而变得贫困、空虚。㉜去：耗去、损失。㉝公家之费：公家，国家。费，费用，开销。㉞破车罢马：罢，同疲。罢马，疲惫不堪的马匹。㉟甲胄矢弩：甲，护身铠甲。胄，头盔。矢，箭。弩，弩机，一种依靠机械力量射箭的弓㊱戟楯蔽橹：戟，古代戈、矛功能合一的兵器。楯，同盾，盾牌，用于作战时防身。蔽橹，用于攻城的大盾牌。甲胄矢弩、戟楯蔽橹，是对当时攻防兵器与装备的泛指。㊲丘牛大车：丘牛，从丘役中征集来的牛。大车，指载运辎重的牛车。㊳智将务食于敌：智将，明智的将领。务，务求，力图。意为明智的将帅总是务求就食于敌国。㊴钟：古代的容量单位，每钟六十四斗。㊵萁秆一石：萁秆，泛指马、牛等牲畜的饲料。石，古代的容量单位，三十斤为一钧，四钧为一石。㊶杀敌者，怒也：怒，激励士气。言军队英勇杀敌，关键在于激励部队的士气。㊷取敌之利者，货也：利，财物　货，财货，此处指用财货奖赏的意思。句意为若要使军队勇于夺取敌人的财物，就要先依靠财货奖赏。㊸已上：已，同以，已上，即以上。㊹更其旌旗：更，更换。此句意为在缴获的敌方车辆上更换上我军的旗帜。㊺车杂而乘之：杂，掺杂、混合。乘，架、使用。意为将缴获的敌方战车和我方车辆掺杂在一起，用于作战。㊻卒善而养之：卒，俘虏、降卒。言优待被俘的敌军士兵，使之为己所用。㊼是谓胜敌而益强：这就是说在战胜敌人的同时使自己更加强大。㊽贵：重在，贵在。㊾知兵之将：知，认识，了解。指深刻理解用兵之法的优秀将帅。㊿生民之司命：生民，泛指一般民众。司命，星名，传说主宰生死，此处引申为命运的主宰。51国家安危之主：国家安危存亡的主宰者。主，主宰之意。

【译文】

孙子说：凡兴师打仗的通常规律是，要动用轻型战车千辆，重型战车千辆，军队十万，同时还要越境千里运送军粮。前方后方的经费，款待列国使节的费用，维修器材的消耗，车辆兵甲的开销，每天耗资巨大，然后十万大军才能出动。

用这样大规模的军队作战，就要求速胜。旷日持久就会使军队疲惫，锐气受挫。攻打城池，会使得兵力耗竭；军队长期在外作战，会使国家财力发生困难。如果军队疲惫、锐气挫

伤、实力耗尽、国家经济枯竭，那么诸侯列国就会乘此危机发兵进攻，那时候即使有足智多谋的人，也无法挽回危局了。所以，在军事上，只听说过指挥虽拙但求速胜的情况，而没有见过为讲究指挥工巧而追求旷日持久的现象。战争久拖不决而对国家有利的情形，从来不曾有过。所以不完全了解用兵弊端的人，也就无法真正理解用兵的益处。

善于用兵打仗的人，兵员不再次征集，粮草不多回运送。武器装备由国内提供，粮食给养在敌国补充，这样，军队的粮草供给就充足了。

国家之所以因用兵而导致贫困，就是由于远道运输。军队远征，远道运输，就会使百姓陷于贫困。临近驻军的地区物价必定飞涨，物价飞涨，就会使得百姓之家资财枯竭。财产枯竭就必然导致加重赋役。力量耗尽，财富枯竭，国内便家家空虚。百姓的财产将会耗去十分之七；国家的财产，也会由于车辆的损坏，马匹的疲敝，盔甲、箭弩、戟盾、大橹的制作和补充以及丘牛大车的征调，而消耗掉十分之六。

所以，明智的将帅总是务求在敌国解决粮草的供给问题。消耗敌国的一钟粮食，等同于从本国运送二十钟。耗费敌国的一石草料，相当于从本国运送二十石。

要使军队英勇杀敌，就应激发士兵同仇敌忾的士气；要想夺取敌人的军需物资，就必须借助于物资奖励。所以，在车战中，凡是缴获战车十辆以上的，就奖赏最先夺得战车的人，并且换上我军的旗帜，混合编入自己的战车行列。对于敌俘，要优待和保证供给。这就是说愈是战胜敌人，自己也就愈是强大。

因此，用兵打仗贵在速战速决，而不宜旷日持久。

懂得用兵之道的将帅，是民众生死的掌握者，是国家安危存亡的主宰。

三、谋攻篇

孙子曰：凡用兵之法，全国为上，破国次之①；全军为上，破军次之；全旅为上，破旅次之；全卒为上，破卒次之；全伍为上，破伍次之②。是故百战百胜，非善之善者也③；不战而屈人之兵，善之善者也④。

故上兵伐谋⑤，其次伐交⑥，其次伐兵⑦，其下攻城。攻城之法⑧，为不得已⑨。修橹轒辒⑩，具器械⑪，三月而后成，距闉⑫，又三月而后已⑬。将不胜其忿而蚁附之⑭，杀士三分之一而城不拔者⑮，此攻⑯之灾也。

故善用兵者，屈人之兵而非战也⑰，拔人之城而非攻也⑱，毁人之国而非久也⑲，必以全争于天下⑳，故兵不顿而利可全㉑，此谋攻之法也㉒。

故用兵之法，十则围之㉓，五则攻之，倍则分之㉔，敌则能战之㉕，少则能逃之㉖，不若则能避之㉗。故小敌之坚，大敌之擒也㉘。

夫将者，国之辅也㉙，辅周则国必强㉚，辅隙则国必弱㉛。

故君之所以患于军者三㉜：不知军之不可以进而谓之进㉝，不知军之不可以退而谓之退，是谓縻军㉞。不知三军之事，而同三军之政者㉟，则军士惑矣㊱。不知三军之权而同三军之任㊲，则军士疑矣。三军既惑且疑，则诸侯之难至矣，是谓乱军引胜㊳。

故知胜有五：知可以战与不可以战者胜；识众寡之用者胜㊴；上下同欲者胜㊵；以虞待不虞者胜㊶；将能而君不御者胜㊷。此五者，知胜之道也㊸。

故曰：知彼知己者，百战不殆㊹；不知彼而知己，一胜一负㊺；不知彼，不知己，每战必殆。

【注释】

①全国为上，破国次之：全，完整。国，春秋时，主要指都城，或者还包括外城及周围的地区。破，攻破，击破。此句言以实力为后盾，迫使敌方城邑完整地降服为上策，而通过战争交锋，攻破敌方城邑则稍差一些。②军、旅、卒、伍：春秋时军队编制单位。一万二千五百人为军，五百人为旅，一百人为卒，五人为伍。③非善之善者也：不是好中最好的。④不战而屈人之兵，善之善者也：屈，屈服、降服。此句说不战而使敌人屈服，才能说是高明中最高明的。⑤上兵伐谋：上兵，上乘用兵之法。伐，进攻、攻打。谋，谋略。伐谋，以谋略攻敌赢得胜利。此句意为：用兵的最高境界是用谋略战胜敌人。⑥其次伐交：交，交合，此处指外交。伐交，即进行外交斗争以争取主动。当时的外交斗争，主要表现为运用外交手段瓦解敌国的联盟，扩大、巩固自己的盟国，孤立敌人，迫使其屈服。⑦伐兵：通过军队间交锋一决胜负。兵，军队。⑧攻城之法：法，办法，做法。⑨为不得已：言实出无奈而为之。⑩修橹轒辒：制造大盾和攻城的四轮大车。修，制作、建造。橹，藤革等材料制成的大盾牌。轒辒，攻城用的四轮大车，用桃木制成，外蒙生牛皮，可以容纳兵士十余人。⑪具器械：具，准备。意为准备攻城用的各种器械。⑫距闉(yīn)：距，通具，准备；闉，通堙（yīn），土山。为攻城作准备而堆积的土山。⑬又三月而后已：已，完成、竣工之意。⑭将不胜其忿而蚁附之：胜，克制、制服。忿，忿懑、恼怒。蚁附之，指驱使士兵像蚂蚁一般爬梯攻城。⑮杀士三分之一而城不拔者：士，士卒，杀士三分之一，即使三分之一的士卒被杀。拔，攻占城邑或军事据点。⑯攻：此处指攻城。⑰屈人之兵而非战：言不采用直接交战的办法而迫使敌人屈服。⑱拔人之城而非攻也：意为夺取敌人的城池而不靠硬攻的办法。⑲毁人之国而非久也：非久，不要旷日持久。指灭亡敌人之国毋需旷日持久。⑳必以全争于天下：全，即上言“全国”、“全军”、“全旅”、“全卒”、“全伍”之“全”。此句意为一定要根据全胜的战略争胜于天下。㉑故兵不顿而利可全：顿，同钝，指疲惫、挫折。利，利益。全，保全、万全。㉒此谋攻之法也：这就是以谋略胜敌的最高标准。法，标准、准则。㉓十则围之：兵力十倍于敌就包围敌人。㉔倍则分之：倍，加倍。分，分散。有一倍于敌人的兵力，就设法分散敌人，造成局部上的更大优势。㉕敌则能战之：敌，指兵力相等，势均力敌。能，乃、则的意思。此处与则合用，以加重语气。此句言如果敌我力量相当，则当敢于抗击、对峙。㉖少则能逃之：少，兵力少。逃，逃跑躲避。㉗不若则能避之：不若，不如，指实际力量不如敌人。㉘小敌之坚，大敌之擒也：小敌，弱小的军队。之，助词。坚，坚定、强硬，此处指固守硬拼。大敌，强大的敌军。擒，捉拿，此处指俘虏。弱小的部队坚持硬拚，就会被强大的敌人所俘虏。㉙国之辅也：国，指国君。辅，原意为辅木，这里引申为辅助、助手。㉚辅周则国必强：言辅助周密、相依无间国家就强盛。周，周密。㉛辅隙则国必弱：辅助有缺陷则国家必弱。隙，缝隙，此处指有缺陷、不周全。㉜君之所以患于军者三：君、国君。患，危害。意为国君危害军队行动的情况有三个方面。㉝谓之进：谓，使的意思，即“使（命令）之进。”㉞是谓縻军：这叫做束缚军队。縻，束缚、羁縻。㉟不知三军之事而同三军之政者：不了解军事而干预军队的政令。三军：泛指军队。春秋时一些大的诸侯国设三军，有的为上、中、下三军，有的为左、中、右三军。同，此处是参与、干预的意思。政：政务，这里专指军队的行政事务。㊱军士惑矣：军士，指军队的吏卒。惑，迷惑、困惑。㊲不知三军之权而同三军之任：不知军队行动的权变灵活性质，而直接干预军队的指挥。权，权变，机动。任，指挥、统率。㊳是谓乱军引胜：乱军，扰乱军队。引，失去之意。此言自乱军队，失去了胜机。㊴识众寡之用者胜：能善于根据双方兵力对比情况而采取正确战法，就能取胜。众寡，兵力多少。㊵上下同欲者胜：上下同心协力的能够获胜。同欲，意愿一致，指齐心协力。㊶以虞待不虞者胜：自己有准备对付没有准备之敌则能得胜。虞，有准备。㊷将能而君不御者胜：将帅有才能而国君不加掣肘的，能够获胜。能，有才能。御，原意为驾御，这里指牵制、制约。㊸知胜之道也：认识、把握胜利的规律。道，规律、方法。㊹殆：危险、失败。㊺一胜一负：即胜负各半，指没有

必胜的把握。

【译文】

孙子说：一般的战争指导法则是：使敌人举国降服为上策，而击破敌国就略逊一筹；使敌人全军完整地降服为上策，而击溃敌人的军队就略逊一筹；使敌人全旅完整地降服为上策，而打垮敌人的旅就略逊一筹；使敌人全卒完整地降服是上策，而用武力打垮它就次一等；使敌人全伍降服是上策，用武力击溃它就次一等。因此，百战百胜，并不就是高明中最高明的；不经交战而能使敌人屈服，这才算是最高明的。

所以，用兵的上策是用谋略战胜敌人，其次是挫败敌人的外交联盟，再次就是直接与敌人交战，击败敌人的军队，下策就是攻打敌人的城池。选择攻城的做法实出于不得已。制造攻城的大盾和四轮大车，准备攻城的器械，费时数个月才能完成；而构筑用于攻城的土山，又要花费几个月才能完工。如果主将难以克制愤怒与焦躁的情绪而强迫驱使士卒像蚂蚁一样去爬梯攻城，结果士卒损失了三分之一而城池却未能攻克，这就是攻城带来的灾难。

所以，善于用兵的人，使敌人屈服而不是靠交战，夺取敌人的城池而不是靠强攻，毁灭敌人的国家而不是靠久战。一定要用全胜的战略争胜于天下，这样既不使自己的军队疲惫受挫，又能取得圆满的、全面的胜利。这就是以谋略胜敌的标准。

因此，用兵的原则是，拥有十倍于敌的兵力就包围敌人，拥有五倍于敌的兵力就进攻敌人，拥有两倍于敌的兵力就设法分散敌人，兵力与敌相等就要努力抗击敌人，兵力少于敌人就要退却，兵力弱于敌人就要避免决战。所以，弱小的军队如果一直坚守硬拼，就势必成为强大敌人的俘虏。

将帅是国君的助手，辅助周密，国家就一定强盛，辅助有缺陷，国家就一定衰弱。

国君危害军事行动的情况有三种：不了解军队不能前进而硬使军队前进，不了解军队不能后退而硬使军队后退，这叫做束缚军队；不了解军队的内部事务，而去干预军队的行政，就会使得将士迷惑；不懂得军事上的权宜机变，而去干涉军队的指挥，就会使得将士产生疑虑。军队既迷惑又心存疑虑，那么诸侯列国乘机进犯的灾难也就随之降临了。这叫做自乱其军，徒失胜机。

所以能把握胜利的情况有五种：知道可以打或不可以打的，能够胜利；了解多兵和少兵的不同用法的，能够胜利；全军上下意愿一致的，能够胜利；自己有准备来对付无准备的敌手的，能够胜利；将帅有才能而国君不加掣肘的，能够胜利。凡此五条，就是把握胜利的方法。

所以说：既了解敌人，又了解自己，百战都不会有任何危险；虽不了解敌人，但是了解自己，那么有时能胜利，有时会失败；既不了解敌人，又不了解自己，那么每次用兵都会有危险。

四、军形篇

孙子曰：昔之善战者，先为不可胜①，以待敌之可胜②。不可胜在己，可胜在敌③。故善战者，能为不可胜，不能使敌之可胜④。故曰：胜可知而不可为⑤。

不可胜者，守也；可胜者，攻也⑥。守则不足，攻则有余⑦。善守者，藏于九地之下；善攻者，动于九天之上[8]。故能自保而全胜也[9]。

见胜不过众人之所知[10]，非善之善者也；战胜而天下曰善，非善之善者也。故举秋毫不为多力[11]，见日月不为明目，闻雷霆不为聪耳[12]。古之所谓善战者，胜于易胜者也[13]。故善战者之胜也，无智名，无勇功。故其战胜不忒[14]。不忒者，其所措必胜[15]，胜已败者也[16]。故善战者，立于不败之地，而不失敌之败也。是故胜兵先胜而后求战[17]，败兵先战而后求胜[18]。善用兵者，修道而保法[19]，故能为胜败之政[20]。

兵法：一曰度[21]，二曰量[22]，三曰数[23]，四曰称[24]，五曰胜。地生度[25]，度生量[26]，量生数[27]，数生称[28]，称生胜[29]。故胜兵若以镒称铢[30]，败兵若以铢称镒。胜者之战民也[31]，若决积水于千仞之溪者[32]，形[33]也。

【注释】

①先为不可胜：为，造成，创造。不可胜，使敌人不可能战胜自己。此句意为先创造条件，使敌人不能战胜自己。②以待敌之可胜：待，等待、寻找、捕捉的意思。敌之可胜，指敌人可以被我战胜的时机。③不可胜在己，可胜在敌：指创造不被敌人战胜的条件，在于自己主观的努力，而敌方是否能被战胜，取决于敌方自己的失误，而非我方主观所能决定。④能为不可胜，不能使敌之可胜：能够创造自己不为敌所胜的条件，而不能强令敌人一定具有可能被我战胜的时机。⑤胜可知而不可为：知，预知，预见。为，强求。意为胜利可以预测，却不能强求。⑥不可胜者，守也；可胜者，攻也：意为使敌人不能胜我，在于我方防守得宜；而战胜敌人，则取决于我方进攻得当。⑦守则不足，攻则有余：采取防守的办法，是因为自己的力量处于劣势；采取进攻的办法，是因为自己的力量处于优势。⑧“九地、九天”句：九，虚数，泛指多，古人常把“九”用来表示数的极点。九地，形容地深不可知；九天，形容天高不可测。此句言善于防守的人，能够隐蔽军队的活动，如藏物于极深之地下，令敌方莫测虚实；善于进攻的人，进攻时能做到行动神速、突然，如同从九霄飞降，出其不意，迅猛异常。⑨自保而全胜：保全自己而战胜敌人。⑩见胜不过众人之所知：见，预见。不过，不超过。众人，普通人。知，认识。⑪举秋毫不为多力：秋毫，兽类在秋天新长的毫毛，比喻极轻微的东西。多力，力量大。⑫闻雷霆不为聪耳：能听到雷霆之声算不上耳朵灵敏。聪，听觉灵敏。⑬胜于易胜者也：战胜容易打败的敌人（指已暴露弱点之敌）。⑭不忒（tè）：忒，失误，差错。不忒即没有差错。⑮其所措必胜：措，筹措、措施。此处指采取作战措施。⑯胜已败者也：战胜业已处于失败地位的敌人。⑰胜兵先胜而后求战：胜兵，胜利的军队。先胜，先创造不可被敌战胜的条件。句意为能取胜的军队，总是先创造取胜的条件，然后才同敌人决战。⑱败兵先战而后求胜：指失败的军队总是开战，然后企求侥幸取胜。⑲修道而保法：道，政治，政治条件。法，法度，法制。意为修明政治，确保各项法制的贯彻落实。⑳故能为胜败之政：政，同正，引申为主宰的意思。为胜败之政，即成为胜败上的主宰。㉑度：指土地幅员的大小。㉒量：容量，数量，指物质资源的数量。㉓数：数量，数目，指兵员的多寡。㉔称：衡量轻重，指敌对双方实力状况的衡量对比。㉕地生度：生，产生，言双方所处地域的不同，产生土地幅员大小不同之“度”。㉖度生量：指因度的大小不同，产生物质资源多少的“量”的差异。㉗量生数：指物质资源多少的不同，产生兵员多寡的“数”的差异。㉘数生称：指兵力多寡的不同，产生军事实力的对比强弱的不同。㉙称生胜：指双方军事实力对比的不同，产生、决定了战争胜负的不同。㉚以镒称铢：镒、铢，皆古代的重量单位。一镒等于二十四两，一两等于二十四铢；铢轻镒重，相差悬殊。此处比喻力量相差悬殊，胜兵对败兵拥有实力上的绝对优势。㉛胜者之战民也：战民，指统军指挥士卒作战。民，这里借指士卒、军队。㉜若决积水于千仞之溪者：仞，古代的长度单位，七尺（也有说八尺）为一仞。千仞，比喻极高。溪，山涧。㉝形：指军事实力。

【译文】

孙子说：从前善于用兵打仗的人，先要做到不会被敌方战胜，然后捕捉时机战胜敌人。不会被敌人战胜的主动权操在自己手中，能否战胜敌人则取决于敌人是否有隙可乘。所以，善于打仗的人，能创造不被敌人战胜的条件，但却不可能做到使敌人一定被我战胜。所以说，胜利可以预知，但是不可强求。

想要不被敌人战胜，在于防守严密；想要战胜敌人，在于进攻得当。实行防御，是由于兵力不足；实施进攻，是因为兵力有余。善于防守的人，隐蔽自己的兵力如同深藏于地下；善于进攻的人，展开自己的兵力就像自九霄而降（令敌人猝不及防），所以，既能够保全自己，而又能夺取胜利。

预见胜利不超越一般人的见识，这算不得为高明中最高明的。通过激战而取胜，即使是普天下人都说好，也不算是高明中的最高明的，这就像能举起秋毫称不上力大，能看见日月算不得眼明，能听到雷霆算不上耳聪一样。古时候所说的善于打仗的人，总是战胜那些容易战胜的敌人。因此善于打仗的人打了胜仗，既不显露出智慧的名声，也不表现为勇武的战功。他们取得胜利，是不会有差错的。其所以不会有差错，是由于他们的作战措施建立在必胜基础上，能战胜那些已经处于失败地位的敌人。善于打仗的人，总是确保自己立于不败之地，同时不放过任何击败敌人的机会。所以，胜利的军队总是先创造获胜的条件，而后才寻求同敌决战；而失败的军队，却总是先同敌人交战，而后企求侥幸取胜。善于指导战争的人，必须修明政治，确保法制，从而能掌握战争胜负的决定权。

兵法的基本原则有五条：一是“度”，二是“量”，三是“数”，四是“称”，五是“胜”。敌我所处地域的不同，产生双方土地幅员大小不同的“度”；敌我地幅大小——“度”的不同，产生了双方物质资源丰瘠不同的“量”；敌我物质资源丰瘠——“量”的不同，产生了双方军事实力强弱不同的“称”；敌我军事实力强弱——“称”的不同，最终决定了战争的胜负成败。胜利的军队较之于失败的军队，有如以“镒”比“铢”那样，占有绝对的优势。而失败的军队较之胜利的军队，就好像用“铢”比“镒”那样，处于绝对的劣势。胜利者指挥军队与敌作战，就像在万丈悬崖决开山涧的积水，所向披靡，这就是“形”——军事实力。

五、兵势篇

孙子曰：凡治众如治寡①，分数是也②；斗众③如斗寡，形名是也④；三军之众，可使必受敌而无敌⑤者，奇正是也⑥；兵之所知，如以碫投卵⑦者，虚实⑧是也。

凡战者，以正合，以奇胜⑨。故善出奇者，无穷如天地，不竭如江河⑩。终而复始，日月是也；死而复生，四时是也⑪。声不过五⑫，五声之变，不可胜听也⑬。色不过五，五色之变，不可胜观也。味不过五，五味⑭之变，又可胜尝也。战势不过奇正⑮，奇正之变，不可胜穷也。奇正相生⑯，如循环之无端⑰，孰能穷之⑱？

激水之疾⑲，至于漂石⑳者，势㉑也；鸷鸟㉒之疾，至于毁折㉓者，节㉔也。是故善战者，其势险，其节短。势如彍弩㉕，节如发机㉖。

纷纷纭纭㉗，斗乱而不可乱㉘也；浑浑沌沌㉙，形圆而不可败也，㉚。乱生于治㉛，怯生于勇，弱生于强㉜。治乱，数也㉝；勇怯，势也；强弱，形也。故善动敌㉞者，形之[35]，敌必从之；予之，敌必取之。以利动之，以卒待之[36]。

故善战者，求之于势，不责于人[37]，故能择人而任势[38]。任势者，其战人也[39]，如转木石。木石之性[40]，安[41]则静，危[42]则动，方则止，圆则行。故善战人之势，如转圆石于千仞之山者，势[43]也。

【注释】

①治众如治寡：治，治理、管理，意为管理人数众多的部队如同管理人数很少的部队一样。②分数是也：分数，此处指军队的编制。把整体分为若干部分，就叫分数，这里是指分级分层管理之意。③斗众：指挥人数众多的部队作战。斗，使……战斗（使动用法）。④形名是也：形，指旌旗；名，指金鼓。古战场上，投入兵力众多，分布面积也很宽广，临阵对敌，无从知道主帅的指挥意图和信息，所以设置旗帜，高举于手中，让将士知道前进或后退等，用金鼓来节制将士或进行战斗或终止战斗。⑤必受敌而无敌：必，通毕，意为完全、全部。⑥奇正是也：奇正，古兵法常用术语，指军队作战的特殊战法和常用战法。就兵力部署而言，以正面受敌者为正，以机动突击为奇；就作战方式言，正面进攻为正，侧翼包抄偷袭为奇；以实力围歼为正，以诱骗欺诈为奇等。⑦以碫投卵：碫，《说文》："厉石也"，即磨刀石，泛指坚硬的石头。以碫投卵，比喻以坚击脆，以实击虚。⑧虚实：古兵法常用术语，指军事实力上的强弱、优劣。有实力为"实"，反之为"虚"；有备为实，无备为"虚"；休整良好为"实"，疲敝松懈为"虚"。此处含有以强击弱、以实击虚的意思。⑨以正合，以奇胜：合，交战，合战。此句意即以正兵合战，以奇兵制胜。⑩无穷如天地，不竭如江海：喻正奇之变化有如宇宙万物之变化无穷，江河水流之不竭尽。⑪死而复生，四时是也：去而复来，如春、夏、秋、冬四季的更替。⑫声不过五：声，即音乐之最基本的音阶。古代五音之变，不可胜听：即宫、商、角、徵、羽五音。故此言声不过五。⑬五音之变，不可胜听：即宫、商、角、徵、羽五声的变化，听之不尽。变，变化；胜，尽，穷尽之意。⑭五味：指甜、酸、苦、辣、咸五种味道。⑮战势不过奇正：战势，指具体的兵力部署和作战方式。言作战方式归根结底就是奇正的运用。⑯奇正相生：意为奇正之间相互依存、转化。⑰如循环之无端：循，顺着。环，连环。无端，无始无终。言奇正之变化无始无终，永无尽头。⑱孰能穷之：孰，谁。穷，穷尽。之，指奇正相生变化。⑲激水之疾：激，湍急。疾，快，迅猛、急速。⑳漂石：漂，漂移。漂石即移动石头（冲走石头）。㉑势：这里指事物本身态势所形成的内在力量。㉒鸷鸟：鸷（zhì），凶猛的鸟，如鹰、雕、鹫之类。㉓毁折：毁伤、捕杀。这里指捕击鸟、兔之类动物。㉔节：节奏。指动作暴发得既迅捷、猛烈，又恰到好处。㉕势如彍弩：彍，弩弓张满的意思。彍弩即张满待发之弩。㉖发机：机，即弩牙。发机即引发弩机的机钮，将弩箭突然射出。㉗纷纷纭纭：纷纷，紊乱无序。纭纭，众多且乱。此指旌旗杂乱的样子。㉘斗乱而不可乱：斗乱，言于纷乱状态中指挥作战。不可乱，言做到有序不乱。㉙浑浑沌沌：混乱迷蒙不清的样子。㉚形圆而不可败也：指摆成圆阵，首尾连贯，与敌作战应付自如，不至失败。㉛乱生于治：示敌混乱，是由于有严整的组织。另一说：混乱产生于严整之中。㉜弱生于强：示敌弱小，是由于本身拥有强大的兵力。另一说：弱生可以由强产生。㉝治乱，数也：数，即前言之"分数"，指军队的组织编制，意为军队的治或乱，决定于组织编制是否有序。㉞动敌：调动敌人。㉟形之：形，用作动词即示形、示敌以形。指用假象迷惑欺骗敌人，使其判断失误。㊱以卒待之：用重兵伺机破敌。卒，士卒，此处可理解为伏兵、重兵。㊲求之于势，不责于人：责，求。此句言当追求有利的作战态势，而不是苛求下属。㊳择人而任势：择，选择，任，任用、利用、掌握、驾驭的意思。㊴其战人也：指挥士卒作战。与前《军形篇》中之"战民"义同。㊵木石之性：木石的特性。性，性质、特性。㊶安：安稳，这里指平坦的地势。㊷危：高峻、危险，此处指地势高峻陡峭。㊸势：是指在"形"（军事实力）的基础上，发挥将帅的主观作用，因而造成的有利作战态势。

【译文】

孙子说：通常而言，管理大部队如同管理小部队一样，这属于军队的组织编制问题；指挥大部队作战如同指挥小部队作战一样，这属于指挥号令的问题；整个部队遭到敌人的进攻而没有溃败，这属于“奇正”的战术变化问题；对敌军所实施的打击，如同以石击卵一样，这属于“避实就虚”原则的正确运用问题。

一般的作战，总是以“正兵”合战，用“奇兵”取胜。所以，善于出奇制胜的人，其战法的变化如天地运行那样变化无穷，像江河那样奔流不息。终而复始，就像日月的运行；去而复来，如同四季的更替。乐音的基本音阶不过五个，然而五个音阶的变化，却是不可尽听；颜色，不过五种色素，然而五色的变化，却是不可尽观；滋味不过五样，然而五味的变化，却是不可尽尝。作战的方式方法不过“奇”、“正”两种，可是“奇”、“正”的变化，却永远未可穷尽。“奇”、“正”之间的相互转化，就像顺着圆环旋绕似的，无始无终，又有谁能够穷尽它呢？

湍急的流水迅猛地奔流，以致能够把巨石冲走，这是因为它的流速飞快形成的“势”；鸷鸟迅飞猛击，以致能捕杀鸟雀，这是由于短促快捷的“节”。因此，善于指挥作战的人，他所造成的态势险峻逼人，他进攻的节奏短促有力。险峻的态势就像张满的弓弩，迅疾的节奏犹似击发弩机把箭突然射出。

战旗纷乱，人马混杂，在混乱之中作战要使军队整齐不乱。在兵如潮涌、浑沌不清的情况下战斗，要布阵周密，保持态势而不致失败。向敌诈示混乱，必须己方组织编制严整。向敌诈示怯懦，必须己方具备勇敢的素质。向敌诈示弱小，必须己方拥有强大的兵力。严整或者混乱，是由组织编制的好坏所决定的。勇敢或怯懦，是由作战态势的优劣所造成的。强大或者弱小，是由双方实力大小的对比所显现的。所以善于调动敌人的将帅，伪装假象迷惑敌人，敌人便会听从调动；用小利引诱敌人，敌人就会前来争夺。用这样的办法积极调动敌人，再预备重兵伺机掩击它。

善于用兵打仗的人，总是努力创造有利的态势，而不对部属求全责备，所以他能够选择人才去利用和创造有利的态势。善于利用态势的人指挥军队作战，就如同滚动木头、石头一般。木头和石头的特性是，置放在平坦安稳之处是静止的，置放在险峻陡峭之处就滚动。方的容易静止，圆的滚动灵活。所以，善于指挥作战的人所造成的有利态势，就像将圆石从万丈高山上推滚下来那样，这就是所谓的“势”。

六、虚实篇

孙子曰：凡先处战地而待敌者佚[①]，后处战地而趋战者劳[②]。故善战者，致人而不致于人[③]。能使敌人自至者，利之也[④]；能使敌人不得至者，害之也[⑤]。故敌佚能劳之[⑥]，饱能饥之，安能动之[⑦]。

出其所不趋[⑧]，趋其所不意。行千里而不劳者，行于无人之地也[⑨]；攻而必胜者，攻其所不守也[⑩]；守而必固者，守其所不攻也[⑪]。故善攻者，敌不知其所守；善守者，敌不知其所攻[⑫]。微乎微乎，至于无形[⑬]；神乎神乎，至于无声[⑭]。故能为敌之司命[⑮]。

进而不可御者，冲其虚也[⑯]；退而不可追者，速而不可及也[⑰]。故我欲战，敌虽高垒深沟，不得不与我战者，攻其所必救也[⑱]；我不欲战，画地而守之[⑲]，敌不得与我战者，乖其所之也[20]。

故形人而我无形[21]，则我专而敌分[22]；我专为一，敌为分十，是以十攻其一也[23]，则我众而敌寡；能以众击寡者，则吾之所与战者约矣[24]。吾所与战之地不可知[25]，不可知，则敌所备者多；敌所备者多，则吾所与战者寡矣[26]。故备前则后寡，备后则前寡；备左则右寡，备右则左寡；无所不备，则无所不寡[27]。寡者，备人者也[28]；众者，使人备己者也[29]。

故知战之地，知战之日，则可千里而会战[30]；不知战地，不知战日，则左不能救右，右不能救左，前不能救后，后不能救前，而况远者数十里，近者数里乎[31]？以吾度之[32]，越人之兵虽多[33]，亦奚益于胜败哉[34]？故曰：胜可为也[35]。敌虽众，可使无斗[36]。

故策之而知得失之计[37]，作之而知动静之理[38]，形之而知死生之地[39]，角之而知有余不足之处[40]。故形兵之极，至于无形[41]；无形，则深间不能窥，智者不能谋[42]。因形而错胜于众[43]，众不能知；人皆知我所以胜之形[44]，而莫知吾所以制胜之形[45]。故其战胜不复[46]，而应形于无穷[47]。

夫兵形象水[48]，水之形，避高而趋下；兵之形，避实而击虚[49]。水因地而制流，兵因敌而制胜[50]。故兵无常势，水无常形[51]；能因敌变化而取胜者，谓之神[52]。故五行无常胜[53]，四时无常位[54]，日有长短，月有死生[55]。

【注释】

①凡先处战地而待敌者逸：处，占据。佚，即逸，指安逸、从容。此句言在作战中，若能率先占据战地，就能使自己处于以逸待劳的主动地位。②后处战地而趋战者劳：趋，奔赴，此处为仓促之意。趋战，仓促应战，此句意为作战中若后据战地仓促应战，则疲劳被动。③致人而不致于人：致，招致、引来。致人，调动敌人。致于人，为敌人所调动。④能使敌人自至者，利之也：利之，以利引诱。意谓能使敌人自来，乃是以利引诱的缘故。⑤能使敌人不得至者，害之也：害，妨害，阻挠之意。此言能使敌人不得到达战地，乃是牵制敌人的结果。⑥劳之：劳，使之疲劳。⑦安能动之：言敌若固守，我就设法使它移动。⑧出其所不趋：出，出击。出兵要指向敌人无法救援的地方，即击其空虚。不，这里当作“无法、无从”之意解。⑨行千里而不劳者，行于无人之地也：无人之地，喻敌虚懈无备之处。意谓我行军千里而不致劳累，乃因行于敌虚懈无备处之故。⑩攻而必取者，攻其所不守：言出击而必能取胜，是由于所出击的是敌人防守空虚之地。⑪守而必固者，守其所不攻也：言防守必定巩固，因为所守之处是敌人无法攻取的地方。⑫故善攻者，敌不知其所守；善守者，敌不知其所攻：此句谓善于进攻的军队，敌人不知防守何处；善于防守的军队，敌人不知进攻何处。⑬微乎微乎，至于无形：微，微妙。此句谓虚实运用微妙极致，则无形可睹。⑭神乎神乎，至于无声：神，神奇，神妙。意为虚实运用神奇之至，则无声息可闻。⑮司命：命运之主宰者。⑯进而不可御者，冲其虚也：御，抵御。冲，攻击，袭击。虚，虚懈之处。此言我军进击而敌无法抵御，是由于攻击点正是敌之虚懈处。⑰退而不可追者，速而不可及也：速，迅速、神速。及，赶早、追上。此句意为我军后撤而敌不能追击，是由于我后撤迅速，敌追赶不及。因此，撤退的主动权也操于我手。⑱故我欲战……攻其所必救也：必救，必定救援之处，喻利害攸关之地。此句意为由于我已把握了战争主动权，故当我欲与敌进行决战时，敌不得不从命。之所以如此，是因为我所选择的攻击点，是敌之要害处。⑲画地而守之：画，界限，指画出界限。画地而守，即据地而守，喻防守颇易。⑳乖其所之也：乖，违，相反，此处有改变、调动的意思。之，往，去。句意谓调动敌人，将其引往他处。㉑故形人而我无形：形人，使敌人现形。形，此处作动词，显露的意思。我无形，即我无形迹（隐蔽真形）。㉒我

专而敌分：我专一（集中）而敌分散。㉓是以十攻其一也：指我军在局部上对敌拥有以十击一的绝对优势。㉔吾之所与战者约矣：约，少、寡。此句言能以众击寡，则我欲击之敌必定弱小有限，难以作为。㉕吾所与战之地不可知：即我准备与敌作战之战场地点敌无从知晓。㉖不可知，则敌所备者多；敌所备者多，则吾所与战者寡矣：此句意为我与敌欲战之地敌既无从知晓，就不得不多方防备，这样，敌之兵力势必分散；敌之兵之既已分散，则与我局部交战之敌就弱小且容易战胜了。㉗无所不备，则无所不寡：即言如果处处设防，必然是处处兵力寡弱，陷入被动。㉘寡者，备人者也：言兵力之所以相对薄弱，在于分兵备敌。㉙众者，使人备己者也：言兵力所以占有相对优势，是因为迫使对方分兵备战。㉚故知战之地，知战之日，则可千里而会战：如能预先了解掌握战场的地形条件与交战时间，则可以赴千里与敌交战。㉛不知战地……近者数里乎：言若不能预先知道战场的条件与作战之时机，则前、后、左、右自顾不暇，不及相救，何况作战行动往往是在数里甚至数十里方圆范围内展开的。㉜以吾度之：度，推测，推断。㉝越人之兵虽多：越人之兵，越国的军队。春秋时期，晋、楚争霸，晋拉扰吴以牵制楚国，楚则利用越来抗衡吴国，吴、越之间长期征伐无已。孙子为吴王论兵法，自然以越国为吴的假想作战对象。㉞亦奚益于胜败哉：奚，何，岂。益，补益，帮助。谓越国军队人数虽众，然不能知众寡分合的运用，则岂利于其取胜之企图？㉟胜可为也：为，造成、创造、争取之意。即言胜利可以积极造成。《军形篇》中，孙子从战争之客观规律角度发论，曰："胜可知而不可为"。此处从主观能动性角度发论，认为只要充分发挥主观能动性，胜利是可以造成的，即言"胜可为"，两者之间并不矛盾。㊱敌虽众，可使无斗：言敌人虽多，然而因我拥有主动权，因而我方能创造条件，使敌无法与我较量。㊲策之而知得失之计：策，策度，筹算。得失之计，即敌计之得失优劣。此言我当仔细筹算，以了解判断敌人作战计划之优劣。㊳作之而知动静之理：作，兴起，此处指挑动。动静之理，指敌人的活动规律。意为挑动敌人，借以了解其活动的一般规律。㊴形之而知死生之地：形之，以伪形示敌。死生之地，指敌之优势所在或薄弱环节、致命环节。地，同下文"处"，非实指战地。言以示形于敌的手段，来了解敌方的优劣环节。㊵角之而知有余不足之处：角，量、较量。有余，指实、强之处。不足，指虚、弱之处。此言要通过对敌作试探性较量，来掌握敌人虚实强弱情况。㊶故形兵之极，至于无形：形兵，指军队部署过程中的伪装佯动。言我示形于敌，使敌不得其真，以至形迹俱无。㊷深间不能窥，智者不能谋：间，间谍，深间，指隐藏极深的间谍。窥，刺探，窥视。示形佯动达到最高境界，则敌之深间也无从推测底细，聪明的敌人也束手无策。㊸因形而错胜于众：因，由，依据。因形，根据敌情而灵活应变。错，同措，放置、安置之意。言依据敌情而取胜，将胜利置于众人面前。㊹人皆知我所以胜之形：人们只知道我克敌制胜的情况。形，形状、形态，这里指作战方式方法。㊺而莫知吾所以制胜之形：可是无从得知如何克敌取胜的内在奥妙。制胜之形，取胜的奥妙、规律。㊻故其战胜不复：复，重复。言克敌制胜的手段不曾重复。㊼应形于无穷：应，适应。形，形状、形态，此处特指敌情。㊽兵形象水：此言用兵的规律如同水的运动规律一样。兵形，用兵打仗的方式方法，亦可理解为用兵的规律。㊾兵之形，避实而击虚：即言用兵的原则是避开敌人坚实之处，攻击其空虚薄弱的地方。㊿水因地而制流，兵因敌而制胜：制，制约，决定。制胜，制服敌人以取胜。此句意为水之流向受地形高低不同的制约，作战中的取胜方法则依据敌情不同来决定。(51)兵无常势，水无常形：即言用兵打仗无固定刻板的态势，似流水一般并无一成不变之形态。势，态势。常势，固定永恒的态势。常形，一成不变的形态。(52)因敌变化而取胜者，谓之神：意谓若能依据敌情变化而灵活处置以取胜，则可视之为用兵如神。(53)故五行无常胜：五行，木、火、土、金、水。古代认为这是物质组成的基本元素。战国五行学说认为这五种元素的彼此关系是相生又相胜（相克）的。孙子此言谓其相生相克间变化无定数，如用兵之策略奇妙莫测。(54)四时无常位：四时，指四季。常位，指一定的位置。此言春、夏、秋、冬四季推移变换永无止息。(55)日有长短，月有生死：日，指白昼。死生，指月盈亏晦明的月相变化。句意谓白昼因季节变化有长有短，月亮因循环而有盈亏晦明。此处孙子言五行、四时及日月变化，均是"兵无常势，盈缩随敌"之意。

【译文】

孙子说：凡先占据战场、等待敌人的就主动安逸，而后到达战场仓促应战的就疲惫被动。所以善于指挥作战的人，总是能够调动敌人而不被敌人所调动。能够使敌人自动进到我预定地域的，是用小利引诱的缘故；能够使敌人不能抵达其预定领域的，则是设置重重困难阻挠的缘故。敌人休整得好，就设法使它疲劳；敌人粮食充足，就设法使它饥饿；敌人驻扎安稳，就设法使它移动。

要出击敌人无法驰救的地方，要奔袭敌人未曾预料之处。行军千里而不劳累，是因为行进的是敌人没有防备的地区；进攻而必定能够取胜，是因为进攻的是敌人不曾防御的地点；防御而必能稳固，是因为扼守的是敌人无法攻取的地方。所以善于进攻的，能使敌人不知道该如何防守；善于防御的，能使敌人不知道该怎么进攻。微妙啊，微妙到看不出任何形迹！神奇啊，神奇到听不见丝毫声音！所以，我能够成为敌人命运的主宰。

前进而使敌人无法抵御的，是由于袭击敌人懈怠空虚的地方；撤退而使敌人不能追击的，是因为行动迅速而使得敌人追赶不及。所以我军要交战时，敌人即使高垒深沟也不得不出来与我交锋，这是因为我们攻击了敌人所必救的地方；我军不想交战时，据扎一个地方防守，敌人也无法同我交锋，这是因为我们诱使敌人改变了进攻方向。

要使敌人显露真情而我军不露痕迹。这样，我军兵力就可以集中而敌人兵力却不得不分散。我们的兵力集中在一处，敌人的兵力分散在十处，这样，我们就能以十倍于敌的兵力去进攻敌人了，从而造成我众而敌寡的有利态势。能做到集中优势兵力攻击劣势的敌人，那么同我军正面交战的敌人也就有限了。我们所要进攻的地方敌人很难知道，既无从知道，那么他所需要防备的地方就多了；敌人防备的地方愈多，那么我们所要进攻的敌人就愈单薄。因此，防备了前面，后面的兵力就薄弱；防备了后面，前面的兵力就薄弱；防备了左边，右边的兵力就薄弱；防备了右边，左边的兵力就薄弱。处处加以防备，就处处兵力薄弱。兵力之所以薄弱，是因为处处分兵防备；兵力之所以充足，是因为迫使对方处处分兵防备。

所以，如能预知交战的地点，预知交战的时间，那么即使跋涉千里也可以去同敌人会战。不能预知在什么地方打，不能预知在什么时间打，那么就会导致左翼救不了右翼、右翼救不了左翼、前面不能救后面、后面不能救前面的情况，何况想要在远达数十里、近在数里的范围内做到应付自如呢？依我分析，越国的军队虽多，但对于决定战争的胜负又有什么补益呢？所以说，胜利是可以造成的，敌军虽多，可以使它无法同我较量。

所以要通过认真的筹算，来分析敌人作战计划的优劣和得失；要通过挑动敌人，来了解敌人的活动规律；要通过佯动示形，来试探敌人生死命脉的所在；要通过小型交锋，来了解敌人兵力的虚实强弱。所以佯动示形进入最高的境界，就再也看不出什么痕迹。看不出形迹，那么，即使是深藏的间谍也窥察不了底细，老谋深算的敌人也想不出对策。根据敌情变化而灵活运用战术，即便把胜利摆放在众人面前，众人仍然不能看出其中的奥妙。人们只能知道我用来战胜敌人的办法，但却无从知道我是怎样运用这些办法出奇制胜的。所以每一次胜利，都不是简单的重复，而是适应不同的情况，变化无穷。

用兵的规律就像流水，流水的属性，是避开高处而流向低处；作战的规律是避开敌人的坚实之处而攻击敌之弱点。水因地形的高低而制约其流向，作战则根据不同的敌情而制定取胜的策略。所以，用兵打仗没有固定刻板的态势，正如水的流动不曾有一成不变的形态一样。能够根据敌情变化而灵活机动取胜的，就可叫做用兵如神。五行相生相克没有固定的常胜，四季轮

流更替也没有哪个季节固定不变，白天有长有短，月亮也有圆有缺。

七、军争篇

孙子曰：凡用兵之法，将受命于君，合军聚众[①]，交和而舍[②]，莫难于军争[③]。军争之难者，以迂为直，以患为利[④]。故迂其途而诱之以利[⑤]，后人发，先人至[⑥]，此知迂直之计者也[⑦]。

故军争为利，军争为危[⑧]。举军而争利则不及[⑨]，委军而争利则辎重捐[⑩]。是故卷甲而趋[⑪]，日夜不处[⑫]，倍道兼行[⑬]，百里而争利，则擒三将军[⑭]，劲者先，疲者后，其法十一而至[⑮]；五十里而争利，则蹶上将军[⑯]，其法半至[⑰]；三十里而争利，则三分之二至[⑱]。是故军无辎重则亡[⑲]，无粮食则亡，无委积则亡[⑳]。

故不知诸侯之谋者，不能豫交[㉑]；不知山林、险阻、沮泽[㉒]之形者，不能行军；不用乡导[㉓]者，不能得地利。故兵以诈立[㉔]，以利动[㉕]，以分合为变[㉖]者也。故其疾如风[㉗]，其徐如林[㉘]，侵掠如火[㉙]，不动如山[㉚]，难知如阴[㉛]，动如雷震[㉜]。掠乡分众[㉝]，廓地分利[㉞]，悬权而动[㉟]。先知迂直之计者胜[㊱]，此军争之法也。

《军政》[㊲]曰："言不相闻，故为金鼓[㊳]；视不相见，故为旌旗[㊴]。"夫金鼓、旌旗者，所以一人之耳目也[㊵]。人既专一[㊶]，则勇者不得独进，怯者不得独退，此用众之法也[㊷]。故夜战多火鼓，昼战多旌旗，所以变人之耳目也[㊸]。

故三军可夺气[㊹]，将军可夺心[㊺]。是故朝气锐，昼气惰，暮气归[㊻]。故善用兵者，避其锐气，击其惰归[㊼]，此治气者也[㊽]。以治待乱[㊾]，以静待哗[㊿]，此治心者也[51]。以近待远，以逸待劳，以饱待饥，此治力者也[52]。无邀正正之旗[53]，勿击堂堂之陈[54]，此治变者也[55]。

故用兵之法：高陵勿向[56]，背丘勿逆[57]，佯北勿从[58]，锐卒勿攻[59]，饵兵勿食[60]，归师勿遏[61]，围师必阙[62]，穷寇勿迫[63]，此用兵之法也。

【注释】

①合军聚众：合，聚集、集结。此句意为征集民众，组织军队。②交和而舍：两军营垒对峙而处。交，接触。和，和门，即军门。两军军门相交，即两军对峙。舍，驻扎。③莫难于军争：于，比。军争，两军争夺取胜的有利条件。④以迂为直，以患为利：迂，曲折迂回。直，近便的直路。意为将迂回的道路变成直达的道路，把不利的（害处）变为有利的。⑤故迂其途而诱之以利："其"、"之"均指敌人。迂，此处用作使动。前句就我军而言，此句就敌而言。战争时既要使自己"以迂为直，以患为利"，也要善于使敌以直为迂，以利为患。而达到这一目的，在于以利引诱敌人，使其行迂趋患，陷入困境。⑥后人发，先人至：比敌人后出动，却先抵达要争夺的要地。⑦此知迂直之计者也：知，这里是掌握的意思。计，方法、手段。⑧军争为利，军争为危：为，这里作"是"、"有"解。此句意为军争既有有利的一面，也有不利的一面。⑨举军而争利败不及：举，全、皆。率领全部携带装备辎重的军队前去争利则不能按时到达。不及，不能按时到达预定地点。⑩委军而争利辎重捐：委，丢弃、舍弃。辎重，包括军用器械、营具、粮秣、服装等，捐，弃、损失。句意谓如果扔下一部分军队去争利，则装备辎重将会受到损失。⑪卷甲而趋：卷，收、藏的意思。甲，铠甲。趋，快速前进。意谓卷甲束杖急速进军。⑫日夜不处：处，犹言止、息。"日夜不处"即夜以继日，不得休息。⑬倍道兼行：倍道，行程加倍；兼行，日夜不停。⑭擒三将军：

擒，俘虏、擒获。三将军，三军的将帅。此句意为若奔赴百里，一意争利，则三将的将领会成为敌之俘虏。⑮劲者先，疲者后，其法十一而至：意谓士卒身强力壮者先到，疲弱者滞后掉队，这种做法只有十分之一兵力能到位。⑯五十里而争利，则蹶上将军：奔赴五十里而争利，则前军将领会受挫折。蹶，失败，损折。上将军，指前军、先头部队的将帅。⑰其法半至：通常的结果是部队只能有半数到位。⑱三十里而争利，则三分之二至：奔赴三十里以争利，则士卒也仅能有三分之二到位。⑲军无辎重则亡：军队没有随行的兵器、器械则不能生存。⑳无委积则亡：委积，指物资储备。军队没有物资储备作补充，亦不能生存。㉑不知诸侯之谋者，不能豫交：谋，图谋、谋划。豫，通与，参与。句意为不知诸侯列国的谋划、意图，则不宜与其结交。㉒沮泽：水草丛生之沼泽地带。㉓乡导：即向导，熟悉本地情况之带路人。㉔兵以诈立：立，成立，此处指成功、取胜。此言用兵打仗当以诡诈多变取胜。㉕以利动：言用兵打仗以利益大小为行动准则。㉖以分合为变。分，分散兵力；合，集中兵力。言用兵打仗当灵活处置兵力的分散或集中。㉗其疾如风：行动迅速，如狂风之疾。㉘其徐如林：言军队行列整肃，舒缓如林木之森森然。徐，舒缓。㉙侵掠如火：攻击敌军恰似烈火之燎原，不可抵御。侵，越境进犯。掠，掠夺物资。侵掠，此处意为攻击。㉚不动如山：言防守似山岳之固，不可撼动。㉛难知如阴：隐蔽真形，使敌莫测。有如阴云蔽日不辨辰象。㉜动如雷震：行动犹如迅雷。㉝掠乡分众：乡，古代地方行政组织。此句说，掠取敌乡粮食、资财要兵分数路。㉞廓地分利：此句言应开土拓境，扩大战地，分兵占领扼守有利地形。廓，同扩，开拓、扩展之意。㉟悬权而动：权，秤锤，用以称物轻重。这里借作衡量、权衡利害、虚实之意。此言权衡利弊得失而后采取行动。㊱先知迂直之计者胜：意为率先掌握“迂直之计”的，能取得胜利。㊲《军政》：古兵书，已失传。㊳言不相闻，故为金鼓：为，设、置。金鼓，古代用来指挥军队进退的号令设施，擂鼓进兵，鸣金收兵。㊴视不相见，故为旌旗：旌旗，泛指旗帜。㊵所以一人之耳目也：意谓金鼓、旌旗之类，是用来统一部卒的视听、统一军队行动的。人，指士卒、军队。一，统一。㊶人既专一：专一，同一、一致。谓士卒一致听从指挥。㊷此用众之法也：用众，动用、驱使众人，也即指挥人数众多的军队。法，法则、方法。㊸夜战多火鼓，昼战多旌旗，所以变人之耳目也：变，适应。此句意为根据白天和黑夜的不同情况来变换指挥信号，以适应士卒的视听需要。㊹故三军可夺气：夺，此处作失解。气，指旺盛勇锐之士气。意谓三军旺盛勇锐之气可以挫伤使之衰竭。㊺将军可夺心：夺，这里是动摇之意。指将帅的意志和决心可以设法使之动摇。㊻朝气锐，昼气惰，暮气归：朝，早晨。锐，锋锐。昼，白天。惰，懈怠。暮，傍晚。归，止息，衰竭。此句言士气变化之一般规律：开始作战时士气旺盛，锐不可挡，经过一段时间后，士气逐渐懈怠，到了后期士气就衰竭了。㊼避其锐气，击其惰归：避开士气旺盛之敌，打击疲劳沮丧、士气衰竭之敌。㊽此治气者也：治，此处作掌握解。意谓这是掌握运用士气变化的通常规律。㊾以治待乱：以严整有序之己对付混乱不整之敌。治，整治。待，对待。㊿以静待哗：以自己的沉着镇静对付敌人的轻躁喧动。哗，鼓噪喧哗，指骚动不安。(51)此治心也：此乃掌握利用将帅心理的通常法则。(52)此治力者也：此乃掌握运用军队战斗力的基本方法。(53)无邀正正之旗：邀，迎击，截击。正正，严整的样子。意为勿迎击旗帜整齐、部署周密的敌人。(54)勿击堂堂之陈：陈，同阵。堂堂，壮大。即不要去攻击阵容壮大、实力雄厚的敌人。(55)此治变者也：言此乃掌握机动应变的一般方法。(56)高陵勿向：高陵，高山地带。向，仰攻。即对已经占领了高地的敌人，我军不要去进攻。(57)背丘勿逆：背，倚托之意。逆，迎击。言敌人如果背倚丘陵险阻，我军就不要去正面进攻。(58)佯北勿从：佯，假装。北，败北，败逃。从，跟随。言敌人如是伪装败退，我军就不要去追击。(59)锐卒勿攻：锐卒，士气旺盛的敌军。意谓敌人的精锐部队，我军不要去攻击。(60)饵兵勿食：此谓敌人若以小利作饵引诱我军，则不要去理睬它。(61)归师勿遏（è）：遏，阻击。对于正在向本国退还的敌师，不要去正面阻击它。(62)围师必阙（quē）：阙，同缺。在包围敌军作战时，当留有缺口，避免使敌作困兽之斗。(63)穷寇勿迫：指对陷入绝境之敌，不要加以逼迫，以免其拼死挣扎。

【译文】

孙子说，大凡用兵的法则，将帅接受国君的命令，从征集民众、组织军队直到同敌人对

阵，在这中间没有比争夺制胜条件更为困难的了。而争夺制胜条件最困难的地方，在于要把迂回的弯路变为直路，要把不利转化为有利。同时，要使敌人的近直之利变为迂远之患，并用小利引诱敌人。这样就能比敌人后出动而先抵达必争的战略要地。这就是掌握了以迂为直的方法。

军争既有顺利的一面，同时也有危险的一面。如果全军携带所有的辎重去争利，就无法按时抵达预定地域；如果丢下部分军队去争利，辎重装备就会损失。因此卷甲疾进，日夜兼程，走上百里路去争利，那么三军的将领就可能被敌所俘，健壮的士卒先到，疲弱的士卒掉队，结果是只会有十分之一的兵力到位。走五十里去争利，就会损折前军的主将，只有一半的兵力能够到位。走上三十里路去争利，也依然只有三分之二的兵力能赶到。须知军队没有辎重就会失败，没有粮食就不能生存，没有物资储备就难以为继。

所以，不了解诸侯列国的战略意图，不能与其结交；不熟悉山林、险阻、沼泽的地形，不能行军；不利用向导，便不能得到地利。所以用兵打仗必须依靠诡诈多变来争取成功，依据是否有利来决定自己的行动，按照分散或集中兵力的方式来变换战术。所以，军队行动迅速时就像疾风骤起，行动舒缓时就像林木森然不乱，攻击敌人时像烈火，实施防御时像山岳，隐蔽时如同浓云遮蔽日月，冲锋时如迅雷不及掩耳。分遣兵众，掳掠敌方的乡邑；分兵扼守要地，扩展自己的领土；权衡利害关系，然后相机行动。懂得以迂为直方法的将帅就能取得胜利，这是争夺制胜条件的原则。

《军政》里说道："语言指挥不能听到，所以设置金鼓；动作指挥不能看见，所以设置旌旗。"这些金鼓、旌旗是用来统一军队上下的视听的。全军上下既然一致，那么，勇敢的士兵就不能单独冒进，怯懦的士兵也不敢单独后退了。这就是指挥大部队作战的方法。所以夜间作战多用火光、锣鼓，白昼作战多用旌旗。这都是出于适应士卒耳目视听的需要。

对于敌人的军队，可以使其士气低落；对于敌军的将帅，可以使其决心动摇。军队刚投入战斗时士气饱满；过了一段时间，士气就逐渐懈怠；到了最后，士气就完全衰竭了。所以善于用兵的人，总是先避开敌人初来时的锐气，进而等到敌人士气懈怠衰竭时再去打击它，这是掌握运用军队士气的方法。用自己的严整有序来对付敌人的混乱，用自己的镇静来对付敌人的轻躁，这是掌握将帅心理的手段。用自己部队接近的战场来对付远道而来的敌人，用自己部队的安逸休整来对付疲于奔命的敌人，用自己部队的粮饷充足来对付饥饿不堪的敌人，这是把握军队战斗力的秘诀。不要去拦击旗帜整齐的敌人。不要去进攻阵容雄壮的敌人。这是掌握灵活机变的原则。

用兵的法则是：敌人占领山地就不要去仰攻，敌人背靠高地就不要正面迎击，敌人假装败退就不要跟踪追击，敌人的精锐不要去攻击，敌人的诱兵不要加以理睬，对退回本国途中的敌军不要正面遭遇，包围敌人时要留出缺口，对陷入绝境的敌人不要过分逼迫。这些都是用兵的法则。

八、九变[①]篇

孙子曰：凡用兵之法，将受命于君，合军聚众，圮地无舍[②]，衢地交合[③]，绝地无留[④]，围地则谋[⑤]，死地[⑥]则战。涂有所不由[⑦]，军有所不击[⑧]，城有所不攻[⑨]，地有所不争[⑩]，君命有所不受[⑪]。故将通于九变之地利者，知用兵矣[⑫]；将不通于九变之利

者，虽知地形，不能得地之利矣⑬。治兵不知九变之术⑭，虽知五利⑮，不能得人之用矣⑯。

是故智者之虑⑰，必杂于利害⑱。杂于利而务可信也⑲，杂于害而患可解也⑳。

是故屈诸侯者以害㉑，役诸侯者以业㉒，趋诸侯者以利㉓。

故用兵之法，无恃其不来，恃吾有以待也㉔；无恃其不攻，恃吾有所不可攻也㉕。

故将有五危：必死，可杀也㉖；必生，可虏也㉗；忿速，可侮也㉘；廉洁，可辱也㉙；爱民，可烦也㉚。凡此五者，将之过也，用兵之灾也。覆军杀将㉛，必以五危㉜，不可察也。

【注释】

①九变：九，数之极，九变，多变之意。这里指在军事行动中针对外界的特殊情况，灵活运用一般原则，做到应变自如而不是墨守陈规。②圮地无舍：圮（pǐ），毁坏、倒塌。圮地，指难于通行之地。舍，止，此处指宿营。圮地无舍即在难以通行的山林、险阻沼泽等地不可宿营。③衢地交合：衢，四通八达，衢地即四通八达之地。交合，指结交邻国以为后援。④绝地无留：绝地，难以生存之地。句意为遇上绝地，不要停留。⑤围地则谋：围地，指进退困难、易被包围之地。谋，即设定奇妙之计谋。在易于被围之地，要设奇计摆脱困难。⑥死地：进则无路，退亦不能，非经死战则难以生存之地。⑦涂有所不由：涂，即途，道路。由，从，通过。此言有的道路不要通过。⑧军有所不击：指有的军队不宜攻击。⑨城有所不攻：有的城邑不应攻取它。⑩地有所不争：有些地方可以不去争夺。⑪君命有所不受：有时君主的命令也可以不接受。此句之前提，指上述“涂有所不由……”等四种情况。⑫故将通于九变之地利者，知用兵矣：将帅如果能通晓九种地形的利弊及其处置，就懂得如何用兵作战了。通，通晓、精通。⑬将不通于九变之利者，虽知地形，不能得地之利矣：将帅如果不通晓九变的利弊，即使了解地形，也不能从中获得帮助。⑭九变之术：九变的具体手段和方法。⑮五利：指“涂有所不由”至“君命有所不受”等五事之利。⑯不能得人之用矣：指不能够充分发挥军队的战斗力。⑰智者之虑：聪明的将帅思考问题。虑，思虑，思考。⑱必杂于利害：必然充分考虑和兼顾到有利与有害两个方面。杂，混合，掺杂，这里有兼顾之意。⑲杂于利而务可信也：务，任务，事务。信，同伸，伸张，舒展，这里有完成之意。句意为如果考虑到事物的有利的一面，则可完成战斗任务。⑳杂于害而患可解也：意谓在有利情况下考虑到不利的因素，祸患便可消除。解，化解、消除。㉑屈诸侯者以害：指用敌国听厌恶的事情去伤害它从而使它屈服。屈，屈服，屈从，这里作动词用。诸侯，此处指敌国。㉒役诸侯者以业：指用危险的事情去烦劳敌国而使之疲于奔命，穷于应付。业，事也，此处特指危险的事情。㉓趋诸侯者以利：趋，奔赴，奔走，此处作使动用。句意指用小利引诱调动敌人，使之奔走无暇。（一说以利动敌，使之追随归附自己。）㉔无恃其不来，恃吾有以待也：恃，倚仗，依赖，寄希望。意为不要寄希望于敌人不来，而要依靠自己作好了充分的准备。㉕无恃其不攻，恃吾有所不可攻也：不要寄希望于敌人不来进攻，而要依靠自己具备强大实力，使得敌人不敢来进攻。㉖必死，可杀也：必，坚持、固执之意。句言坚持死拼，则有被杀的危险。㉗必生，可虏也：言将帅若一味贪生，则不免沦为战俘。㉘忿速，可侮也：忿、愤怒、忿满。速、快捷、迅速，这里指急躁、偏激。句言将帅如果争躁易怒，遇敌轻进，就有中敌人轻侮之计的危险。㉙廉洁，可辱也：将帅如果过于洁身清廉，自矜名节，就有受辱的危险。㉚爱民，可烦也：将帅如果溺于爱民，不审度利害，不知从全局把握问题，就易为敌所乘，有被动麻烦的危险。㉛覆军杀将：使军队覆灭，将帅被杀。覆，覆灭、倾覆。覆、杀均为使动用法。㉜必以五危：必，一定，肯定。以，由、因的意思。五危，指上述“必死”、“必生”等五事。言“覆军杀将”都是由这五种危险引起的，不可不充分注意。

【译文】

孙子说：大凡用兵的法则是：将帅接受国君的命令，征集民众、组织军队，出征时在沼泽连绵的“圮地”上不可驻扎，在多国交界的“衢地”上应结交邻国，在“绝地”上不要停留，遇上“围地”要巧设奇谋，陷入“死地”要殊死战斗。有的道路不要去通行，有的敌军不要攻打，有的城邑不要攻取，有的地方不要争夺，国君有的命令不要执行。所以将帅如果能够精通各种机变的利弊，就是懂得用兵了。将帅如果不能精通各种机变的利弊，那么即使了解地形，也不能够得到地形之利。指挥军队而不知道各种机变的方法，那么即便知道“五利”，也是不能充分发挥军队的战斗力的。

所以，聪明的将帅考虑问题，必须充分兼顾到利害的两个方面。在不利的情况下要看到有利的条件，事情便可顺利进行；在顺利情况下要看到不利的因素，祸患就能预先排除。

要用各国诸侯最厌恶的事情去伤害它，迫使它屈服；要用各国诸侯感到危险的事情去困扰它，迫使它听从我们的驱使；要用小利去引诱各国诸侯，迫使它被动奔走。

用兵的法则是：不要寄希望于敌人不来，而要依靠自己做好了充分的准备；不要寄希望于敌人不进攻，而要依靠自己拥有使敌人无法进攻的力量。

将帅有五种重大的险情：只知道死拼蛮干，就可能被诱杀；只顾贪生活命，就可能被俘虏；急躁易怒，就可能中敌人轻侮的奸计；一味廉洁好名，就可能入敌人污辱的圈套；不分情况“爱民”，就可能导致烦劳而不得安宁。以上五点，是将帅的过错，也是用兵的灾难。使军队遭到覆灭，将帅被敌擒杀，都一定是由这五种危险引起的，这不可不予以充分的重视。

九、行军篇

孙子曰：凡处军[1]、相敌[2]：绝山依谷[3]，视生处高[4]，战隆无登[5]，此处山之军也。绝水必远水[6]；客[7]绝水而来，勿迎之于水内，令半济而击之[8]，利；欲战者，无附于水而迎客[9]；视生处高，无迎水流[10]，此处水上之军也。绝斥泽[11]，惟亟去无留[12]；若交军于斥泽之中[13]，必依水草而背众树[14]，此处斥泽之军也。平陆处易而右背高[15]，前死后生[16]，此处平陆之军也。凡此四军[17]之利，黄帝之所以胜四帝也[18]。

凡军好高而恶下[19]，贵阳而贱阴[20]，养生而处实[21]，军无百疾，是谓必胜。丘陵堤防，必处其阳而右背之[22]。此兵之利，地之助也[23]。上雨，水沫至，欲涉者，待其定也[24]。凡地有绝涧[25]、天井[26]、天牢[27]、天罗[28]、天陷[29]、天隙[30]，必亟去之，勿近也。吾远之，敌近之；吾迎之，敌背之[31]。军行有险阻[32]、潢井[33]、葭苇[34]、山林、翳荟者[35]，必谨复索之[36]，此伏奸之所处也[37]。

敌近而静者，恃其险也；远而挑战者，欲人之进也；其所居易者，利也[38]；众树动者，来也；众草多障者，疑也[39]；鸟起者，伏也[40]；兽骇者，覆也[41]。尘高而锐者，车来也[42]；卑而广者，徒来也[43]；散而条达者，樵采也[44]；少而往来者，营军也[45]。辞卑而益备者，进也[46]；辞强而进驱者，退也[47]；轻车先出居其侧者，陈也[48]；无约而请和者，谋也[49]；奔走而陈兵车者，期也[50]；半进半退者，诱也[51]。杖而立者，饥也[52]；汲而先饮者，渴也[53]；见利而不进者，劳也[54]。鸟集者，虚也[55]；夜呼者，恐也[56]；军扰者，将不重也[57]；旌旗动者，乱也[58]；吏怒者，倦也[59]；粟马肉食[60]，军无悬缻[61]，不返其舍[62]者，穷寇也。谆谆翕翕[63]，徐与人言者[64]，失众也；数赏者，窘也[65]；数罚者，困也[66]；先暴而后畏其众者[67]，不精之至也[68]；来委谢者[69]，欲休息也[70]。兵怒而相迎，久而不合[71]，又不相去，必谨察之。

兵非益多也[72]，惟无武进[73]，足以并力、料敌、取人而已[74]；夫惟无虑而易敌[75]者，必擒于人。

卒未亲附而罚之则不服[76]，不服则难用也；卒已亲附而罚不行，则不可用也。故令之以文，齐之以武[77]，是谓必取[78]。令素行以教其民[79]，则民服；令不素行以教其民，则民不服。令素行者，与众相得也[80]。

【注释】

①处军：行军、宿营、处置军队，即在各种不同地形条件下，军队行军、作战、驻扎诸方面的处置对策。处，处置、安顿、部署的意思。②相敌：相，观察。相敌即为观察、判断敌情。③绝山依谷：绝，越度、穿越。指通过山地，要傍依溪谷行进。④视生处高：视，看，审察，这里是面向的意思。生，生处、生地，此处指向阳地带。处高，即居高之意。视生处高，指面朝阳，居隆高之地。⑤战隆无登：隆，重，高地。登，攀登。言在隆高之地与敌作战，不宜自下而上仰攻。⑥绝水必远水：意谓横渡江河，一定要在离江河稍远处驻扎。⑦客：指敌军，下同。⑧勿迎之于水内，令半济而击之：迎，迎击。水内，水边。济，渡。半济，指渡过一半。此句谓不要在敌军刚到水边时迎击，而要让敌军渡到一半时发动攻击。此时敌军首尾不接，队列混敌，攻之容易取胜。⑨无附于水而迎客：不要在挨近江河之处同敌人作战。无，勿；附，靠近。⑩无迎水流：即勿居下游。此指不要把军队驻扎在河下游处，以防敌人决水、投毒。⑪绝斥泽：斥，盐碱地。泽，沼泽地。绝斥泽即通过盐碱沼泽地带。⑫惟亟去无留：惟，宜，应该。亟，急，迅速。去，离开。意谓遇到盐碱沼泽地带，应当迅速离开，切莫停留驻军。⑬若交于军斥泽之中：如果在盐碱沼泽地带与敌作战。交军，两军相交，指同敌军交战。⑭必依水草而背众树：指一定要依近水草并背靠树林。依，依近。背，背靠、倚托之意。⑮平陆处易而右背高：指遇开阔地带，也应选择平坦之处安营，并把军队翼侧部署在高地之前，以高地为倚托。平陆，开阔的平原地带。易，平坦之地。右，指军队翼侧。右背高，指军队翼侧要后背高地以为依托。⑯前死后生：即前低后高。生、死，此处指地势高低，以高为生，以低为死。本句意谓在平原地带作战，也要做到背靠山险而面向平易。⑰四军：指上述山地、江河、盐碱沼泽地、平原四种地形条件下的处军原则。⑱黄帝之所以胜四帝也：这就是黄帝所以能战胜四方部族首领的缘由。黄帝是传说中的汉族祖先，部族联盟首领。传说他曾败炎帝于阪泉，诛蚩尤于涿鹿，北逐獯鬻（荤粥），统一了黄河流域。四帝，四方蚩之帝，即周边部族联盟的首领。一般泛指炎帝、尤等人。⑲好高而恶下：即喜欢高处而讨厌低处。好，喜欢。恶，讨厌。⑳贵阳贱阴：贵，重视。阳，向阳干燥的地方。贱，轻视。阴，背阴潮湿的地方。句意为看重向阳之处而卑视阴湿地带。㉑养生而处实：指军队要选择水草和粮食充足、物资供应方便的地域驻扎。养生，指水草丰盛、粮食充足，能使人马得以休养生息。处实，指军需物资供应便利。㉒必处其阳而右背之：指置军于向阳之地并使其主要侧翼背靠高地。㉓地之助：意谓得自地形的辅助。㉔上雨，水沫至，欲涉者，待其定也：上，指上游；沫，水上草木碎沫。涉，原意为徒步淌水，这里泛指渡水。定，指水势平稳。㉕绝涧：指两岸峭峻、水流其间的险恶地形。㉖天井：指四周高峻、中间低洼的地形。㉗天牢：牢，牢狱。天牢即是对山险环绕、易进难出的地形的形象描述。㉘天罗：罗，罗网。指荆棘丛生，军队进入后如陷罗网无法摆脱的地形。㉙天陷：陷，陷阱。指地势低洼、泥泞易陷的地带。㉚天隙：隙，狭隙，指两山之间狭窄难行的谷地。㉛吾远之，敌近之。吾迎之，敌背之：意谓对于上述“绝涧”等“六害”地形，我们要远离它，正对它，而让敌军去接近它，背靠它。㉜军行有险阻：险阻，险山大川阻绝之地。㉝潢井：潢（huáng），积水池。井，指内涝积水、洼陷之地。潢井即指积水低洼之地。㉞葭苇：芦苇，这里泛指水草丛聚之地。㉟山林、翳荟：指山林

森然，草木繁茂。㊱必谨复索之：一定要仔细、反复地进行搜索。谨，谨慎。复，反复。索，搜索、寻找。㊲此伏奸之所处也：指“险阻”、“潢井”等处往往是敌人伏兵或奸细的藏身之处。㊳其所居易者，利也：敌军在平地上驻扎，是因为有利（进退便利）才这样做。易，平易，指平地。㊴众草多障者，疑也：在杂草丛生之处设下许多障碍，是企图使我方迷惑。疑，使动用法，使迷惑，使困疑之意。㊵鸟起者，伏也：鸟雀惊飞，是其下有着伏兵。伏，埋伏，伏兵。㊶兽骇者，覆也：野兽受惊奔跑，这是敌军大举袭来。骇，惊骇、受惊。覆，倾覆、覆没之意。引申为铺天盖地而来。㊷尘高而锐者，车来也：尘土高扬笔直上长，这是敌人兵车驰来。锐，锐直、笔直。车，兵车。㊸卑而广者，徒来也：尘土低而宽广，这是敌人的步兵开来。卑，低下。广，宽广。徒，步兵。㊹散而条达者，樵采也：尘土散漫而细长，时断地续，这是敌人在砍薪伐柴。条达，指飞扬的尘土分散而细长。㊺少而往来者，营军也：尘土稀少而此起彼落，是敌军在察看地形，准备安营扎寨。㊻辞卑而益备者，进也：敌人措辞谦卑恭顺，同时又加强战略，这表明敌人准备进犯。卑，卑谦、恭敬。益，更加之意。㊼辞强而进驱者，退也：敌人措辞强硬，在行动上又示以驰驱进逼之姿态，这是其准备后撤。㊽轻车先出居其侧者，陈也：轻车，战车。陈，同阵，即布阵。句意为战车先出摆在侧翼，是在布列阵势。㊾无约而请和者，谋也：敌人还没有陷入困境却主动前来请和，其中必有阴谋。约，困屈、受制之意。㊿奔走而陈兵车者，期也：敌人急速奔走、摆开兵车阵势的，是期求与我进行作战。期，期求。(51)半进半退者，诱也：敌人似进不进，似退不退，是为了诱我入其圈套。(52)杖而立者，饥也：言倚着兵器而站立，是饥饿的表现。杖，同仗，扶、倚仗的意思。(53)汲而先饮者，渴也：取水的人自己先喝，这是干渴的表现。汲，汲水，打水。(54)见利而不进者，劳也：眼见有利可图而军队不前进，说明敌军已疲劳。(55)鸟集者，虚也：鸟雀群集敌营，表明敌营空虚无人。(56)夜呼者，恐也：军卒夜间惊呼，这是敌军惊恐不安的象征。(57)军扰者，将不重也：敌营惊扰纷乱，是因将领不够持重的缘故。(58)旌旗动者，乱也：敌军旗帜不停地摇动，表明敌人已经混乱了。(59)吏怒者，倦也：敌军官烦躁易怒，表明士卒已疲倦，不听指挥了。(60)粟马食肉：粟，粮谷，这里作动作词用，意为喂马。粟马食肉，拿粮食喂马，杀牲口食肉。(61)军无悬缻：缻同“缶”，汲水用的罐子，泛指炊具。此句言敌军已收拾起了炊具。(62)舍：指军营。(63)谆谆翕（xī）翕：恳切和顺的样子。(64)徐与人言者：意谓语调和缓地同士卒商谈。徐，缓缓温和的样子。人，此处指士卒。(65)数赏者，窘也：敌军一再犒赏士卒，说明其处境窘迫。数，多次、反复。窘，窘迫、困窘。(66)数罚者，困也：敌军一再处罚士卒，表明其已经陷入困境。(67)先暴而后畏其众者：指将帅开始对士卒粗暴，继而又惧怕士卒者。(68)不精之至也：不精明到了极点。(69)委谢者：委派人质来赔礼的。谢，道歉、谢罪。(70)欲休息也：指敌人欲休兵息战。(71)久而不合：合，指交战，久而不合即久而不战之意。(72)兵非益多也：兵员并不是越多越好。益多，即以多为益。(73)惟无武进：意为只是不要恃武冒进。惟，独，只是。武进，恃勇轻进。(74)足以并力、料敌、取人而已：指能做到集中兵力、正确判断敌情、争取人心则足矣。并力，集中兵力。料敌，观察判断敌情。取人，争取人心，善于用人。(75)无虑而易敌：没有深谋远虑而无端蔑视敌手。易，轻视，蔑视。(76)卒未亲附而罚之则不服：在士卒还未亲近依附之前就施用刑罚，士卒就会怨愤不服。(77)故令之以文，齐之以武：令，教育。文，指政治道义。齐，整饬，规范。武，指军纪军法。此句的意思是用政治、道义来教育士卒，用军纪军法来统一、整饬部队。(78)是谓必取：指用兵打仗一定能取胜。(79)令素行以教其民：令，法令规章。素，平常，平时。行，实行，执行。民，这里主要指士卒、军队。(80)令素行者，与众相得也：意谓军纪军令平素能够顺利执行的，是因为军队统帅同兵卒之间相处融洽。得，亲和。相得，指关系融洽。

【译文】

孙子说，凡是处置部署军队和观察判断敌情，都应该注意：通过山地，要靠近有水草的山谷，驻扎在居高向阳的地方，不要去仰攻敌人占领了的高地。这是在山地部署机动军队的原则。横渡江河，必须在远离江河处驻扎：敌人渡水来战，不要在江河中予以迎击，而要等它渡过一半时再进行攻击，这样才有利；如果要同敌人决战，不要紧挨水边布兵列阵；在江河地带驻扎，也应当居高向阳，不可面迎水流，这是在江河地带部署处置军队的原则。通过盐碱沼泽地带，那就一定要靠近水草并背靠树林，这是在盐碱沼泽地带部署机动军队的原则。在平原地带要占领平坦开阔地域，而侧翼则应倚托高地，做到前低后高，这是在平原地带部署机动部队的原则。以上四种军队部署原则运用带来的好处，正是黄帝之所以能战胜其他“四帝”的原因。

在一般情况下驻军，总是喜欢干燥的高地，厌恶潮湿的洼地，重视向阳之处，轻视阴湿之地，靠近水草地区，军需供应充足，将士百病不生，这样，克敌制胜就有了保证。在丘陵堤防地域，必须占领朝阳的一面，而把主要侧翼背靠着它，这些对于用兵有利的措施，是利用地形作为辅助条件的。上游下雨涨水，洪水骤至，若想要涉水过河，得等待水流平稳后再过。凡是遇上绝涧、天井、天牢、天罗、天陷、天隙这六种地形，必须迅速离开，不要靠近。我军远远离开它们，而让敌人去接近它们；我军应面向它们，而让敌人去背靠它们。行军过程中如遇到有险峻的隘路、湖沼、水网、芦苇、山林和草木茂盛的地方，一定要谨慎地反复搜索，这些都是敌人可能设下伏兵和隐藏奸细的地方。

敌人逼近而保持安静的，是倚仗它占领着险要的地形；敌人离我很远而前来挑战的，是想引诱我军入其圈套；敌人之所以驻扎在平坦地带，是因为它这样做有利可图；许多树林摇曳摆动，这是敌人隐蔽前来；草丛中有许多遮障物，这是敌布疑阵；鸟雀惊飞，这是下面有着伏兵；野兽骇奔，这是敌人大举突袭。尘土又高又尖，这是敌人的战车驰来；尘土低而宽广，这是敌人的步兵开来；尘土四散飞扬，这是敌人在砍伐柴薪；尘土稀薄而又时起时落，这是敌人正在结寨扎营。敌人的使者措辞谦卑却又在加紧战备的，这是想要进攻；敌人使者措辞强硬而军队又做出前进姿态的，这是准备撤退；敌人战车先出动，部署在侧翼的，这是在布列阵势；敌人尚未受挫而主动前来讲和的，必定是有阴谋；敌人急速奔跑并摆开兵车列阵的，是期待同我决战；敌人半进半退的，是企图引诱我军。敌兵倚着兵器站立，这是饥饿的表现；敌兵打水的人自己先喝，这是干渴缺水的表现；敌人明见有利而不进兵争夺，这是疲劳的表现；敌军营寨上方飞鸟集结，表明是座空营；敌人夜间惊慌叫喊，这是其恐惧的表现；敌营惊扰纷乱，这表明敌将没有威严；敌阵旗帜摇动不整齐，这说明敌人队伍已经混乱；敌人军官易怒烦躁，表明全军已经疲倦；用粮食喂马，杀牲口吃肉，收拾起炊具，不返回营寨，这是打算拼死突围的穷寇。敌将低声下气同部下讲话，这表明敌将失去人心；接连不断地犒赏士卒，这表明敌人已无计可施；反反复复地处罚部属，这表明敌军处境困难；敌方将领先对部下凶暴，后又害怕部下的，是最不精明的将领；敌人派遣使者前来送礼言好，这是敌人希冀休兵息战。敌人逞怒同我对阵，可是久不交锋而又不撤退，这就必须审慎地观察它的意图。

兵力并不在于愈多愈好，只要不轻敌冒进，而能做到集中兵力、判明敌情、取得部下的信任和支持，也就足够了。那种既无深谋远虑而又自恃轻敌的人，一定会被敌人所俘虏。

士卒还没有亲近依附就施行惩罚，那么他们就会不服，不服就难以使用；士卒已经亲附，而军纪军法仍得不到执行，那也无法用他们去作战。所以，要用怀柔宽仁的手段去教育他们，用军纪军法去管束规范他们，这样就必定会取得部下的敬畏和拥戴。平素能严格贯彻命令，管教士卒，士卒就会养成服从的习惯；平素不重视严格贯彻命令，管教士卒，士卒就会养成不服从的习惯；平时命令能够得到贯彻执行，这表明将帅同士卒之间相处融洽。

十、地形篇

孙子曰：地形有通者①，有挂者②，有支者③，有隘者④，有险者⑤，有远者⑥。我

可以往，彼可以来，曰通；通形者，先居高阳[7]，利粮道[8]，以战则利[9]。可以往，难以返，曰挂；挂形者，敌无备，出而胜之；敌若有备，出而不胜，难以返，不利[10]。我出而不利，彼出而不利[11]，曰支；支形者，敌虽利我[12]，我无出也；引而去之[13]，令敌半出而击之[14]，利。隘形者，我先居之，必盈之以待敌[15]；若敌先居之，盈而勿从，不盈而从之[16]。险形者，我先居之，必居高阳以待敌[17]；若敌先居之，引而去之，勿从也。远形者[18]，势均[19]，难以挑战[20]，战而不利。凡此六者，地之道也[21]；将之至任[22]，不可不察也。

故兵有走者[23]，有弛者，有陷者，有崩者，有乱者，有北者。凡此六者，非天之灾，将之过也。夫势均，以一击十，曰走[24]。卒强吏弱，曰弛[25]。吏强卒弱，曰陷[26]。大吏怒而不服[27]，遇敌怼而自战[28]，将不知其能，曰崩[29]。将弱不严[30]，教道不明[31]，吏卒无常[32]，阵兵纵横[33]，曰乱。将不能料敌[34]，以少合[35]众，以弱击强，兵无选锋[36]，曰北。凡此六者，败之道也；将之至任，不可不察也。

夫地形者，兵之助也[37]。料敌制胜，计险阨，远近[38]，上将[39]之道也。知此而用战者必胜[40]，不知此而用战者必败。故战道必胜[41]，主曰无战，必战可也[42]；战道不胜，主曰必战，无战可也[43]。故进不求名，退不避罪，唯人是保[44]，而利合于主[45]，国之宝也[46]。

视[47]卒如婴儿，故可与之赴深谿[48]；视卒如爱子，故可与之俱死。厚而不能使，爱而不能令[49]，乱而不能治[50]，譬若骄子，不可用也[51]。

知吾卒之可以击，而不知敌之不可击，胜之半也[52]；知敌之可击，而不知吾卒之不可以击，胜之半也；知敌之可击，知吾卒之可以击，而不知地形之不可以战，胜之半也[53]。故知兵者[54]，动而不迷[55]，举而不穷[56]。故曰：知彼知己，胜乃不殆；知天知地，胜乃不穷[57]。

【注释】

①地形有通者：地形，地理形状、山川形势。通，通达，指广阔平坦、四通八达的地区。②挂者：悬挂、牵碍。此处指前平后险、易入难出的地区。③支者：支撑、支持。指敌对双方皆可据险对峙，不易发动进攻的地区。④隘者：狭窄、险要之地。这里特指两山之间的狭谷地带。⑤险者：险，险恶，险要，指行动不便的险峻地带。⑥远者：指距离遥远之地。⑦先居高阳：意为抢先占据地势高且向阳之处，以争取主动。⑧利粮道：指保持粮道畅通。利，此处作动词。⑨以战则利：以，为也。此句承上"先居高阳，利粮道"而言，意谓在平原地区，若能先敌抵达，占据高阳地带，并保持粮道畅通，如此进行战斗则大为有利。⑩挂形者……难以返，不利：在"挂"形地带，敌方如无防备，可以主动出击夺取胜利；如果敌人已有戒备，出击不能取胜，军队归返就会很困难，实属不利。⑪彼出而不利：敌人出击也同样不利。⑫敌虽利我：敌虽以利相诱。利，利诱。⑬引而去之：引，带领。去，离开，离去。引而去之即指率领部队伪装退去。⑭令敌半出而击之：令，使。句意为在敌人出兵追击前进一半时再回师反击他们。⑮必盈之以待敌：一定要动用充足的兵力堵塞隘口，来对付来犯的敌军。盈，满，充足的意思。⑯盈而勿从，不盈而从之：从，顺随。此处意谓顺随敌意去进攻。在"隘"形之地，敌若先我占据。并已用重兵堵塞隘口，我方就不可顺随敌意去攻打；如敌方还未用重兵扼守隘口，我军就应全力进攻主，去争取险阻之利。⑰险形者，我先居之，必居高阳以待敌：意谓在险阻之地，我军应当抢先占据地高向阳的要害之处以待敌军，争取主动。⑱远形者：这里特指敌我营垒距离甚远。⑲势均：一说"兵势"相均；一说"地势"相均。后一

说更合本篇之情理。⑳难以挑战：指因地远势均不宜挑引敌人出战。㉑地之道也：道，原则，规律。意为上述六者是将帅指挥作战利用地形的基本原则。㉒将之至任：指将帅所应担负的重大责任。至，最，极的意思。㉓兵有走者：兵，这里指败军。走，与以下“弛、陷、崩、乱、北”共为“六败”之名称。㉔走：跑、奔，这里指军队败逃。㉕弛：涣散、松懈的意思。这里指将吏软弱无能，队伍涣散难制。㉖陷：陷没。此言将吏虽勇强，但士卒没有战斗力，将吏不得不孤身奋战，力不能支，最终陷入败溃。㉗大吏怒而不服：大吏，指小将。句意为偏裨将佐恚怒，不肯服从主将的命令。㉘遇敌怼而自战：意为恚怒忿懑“火吏”，遇敌心怀怨愤，擅自出阵作战。怼（duì），怨恨，心怀不满。㉙崩：土崩瓦解，比喻溃败。㉚将弱不严：指将帅懦弱不能，毫无威严以服下。㉛教道不明：指治军缺乏法度，军队管理不善。㉜吏卒无常：无常，指没有法纪、常规，军中上下关系处于失常状态。㉝阵兵纵横：指布兵列阵杂乱无章。陈，古阵字。㉞料敌：指分析（研究）敌情。㉟合：指两军交战。㊱选锋：由精选而组成的先锋部队。㊲地形者，兵之助也：地形的审用，是用兵作战的重要辅助条件。助，辅助，辅佐。㊳计险阨、远近：指考察地形的险要，计算道路的远近。㊴上将：贤能、高明之将。㊵知此而用战者必胜：知此，懂得上述道理。用战，指挥作战。㊶战道必胜：战道，作战具备的各种条件，引申为战争的一般规律。战道必胜，指根据战争规律分析，具备了必胜的把握。㊷必战可也：即言可自行决断与敌开战，毋需听从君命。㊸无战可也：即拒绝君命，不同敌人交战。㊹唯人是保：人，百姓、民众。保，保全。此句谓进退处置只求保全民众。㊺利合于主：指符合、满足国君的利益。㊻国之宝也：即国家的宝贵财富。㊼视：看待、对待的意思。㊽深谿：谿同溪，山涧河沟，深溪，极深的溪涧，这里喻危险地带。㊾厚而不能使，爱而不能令：只知厚待而不能使用，只知溺爱而不重教育。厚，厚养，厚待。令，使令，教育。意谓只知溺爱而不重教育。㊿乱而不能治：指士卒行为乖张不羁而不能加以约束惩治，治，治理，这里有惩处之意。(51)譬若骄子，不可用也：此句言为将者，仅施“仁爱”而不济以威严，只会使士卒成为骄子而不能使用。(52)胜之半也：胜利或失败的可能性各占一半。指没有必胜的把握。(53)不知地形之不可以战，胜之半也：如果不知道地形不适宜于作战，得不到地形之助，则能否取胜同样也无把握。(54)知兵者：通晓用兵打仗之道的人。(55)动而不迷：迷，迷惑、困惑。(56)举而不穷：举，行动。穷，困窘、困厄的意思。句意为行动自如不为所困。(57)胜乃不穷：指胜利不会有穷尽。

【译文】

孙子说：地形有“通”、“挂”、“支”、“隘”、“险”、“远”等六种。凡是我们可以去，敌人也可以来的地域，叫做“通”；在“通”形地域上，应抢先占领开阔向阳的高地，保持粮草补给线的畅通，这样对敌作战就有利。凡是可以前进，难以返回的地域，称作“挂”；在挂形地域上，假如敌人没有防备，我们可以突然出击战胜他们；倘若敌人已有防备，我们出击就不能取胜，而且难以回师，这就不利了。凡是我军出击不利，敌人出击也不利的地域叫做“支”；在“支”形地域上，敌人虽然以利相诱，我们也不要出击，而应该率军假装退却，诱使敌人出击一半时再回师反击，这样就有利。在“隘”形地域上，我们应该先敌占领，并用重兵封锁隘口，以等待敌人的进犯；如果敌人已先占据了隘口，并用重兵把守，我们就不要去攻击；如果敌人没有用重兵据守隘口，那么就可以进攻。在“险”形地域上，如果我军先敌占领，就必须控制开阔向阳的高地，以等待敌人来犯；如果敌人先我占领，就应该率军撤离，不要去攻打它。在“远”形地域上，敌我双方势均力敌，就不宜去挑战，勉强求战，很是不利。以上六点，是利用地形的原则。这是将帅的重大责任所在，不可不认真考察研究。

军队打败仗有“走”、“弛”、“陷”、“崩”、“乱”、“北”六种情况。这六种情况的发生，不是由于天然的灾害，而是将帅自身的过错。在势均力敌的情况下，以一击十而导致失败的，叫做“走”。士卒强悍，将吏懦弱而造成败北的，叫做“弛”。将帅强悍，士卒懦弱而溃败的，叫做“陷”。偏将怨忿不服从指挥，遇到敌人愤然擅自出战，主将又不了解他们的能力，因而失败的，叫做“崩”。将帅懦弱缺乏威严，训练教育没有章法，官兵关系混乱紧张，列兵布阵杂乱无常，因此而致败的，叫做“乱”。将帅不能正确判断敌情，以少击众，以弱击强，作战又没有精锐先锋部队，因而落败的，叫做“北”。以上六种情况，均是导致失败的原因。这是将帅的重大责任之所在，是不可不认真考察研究的。

地形是用兵打仗的辅助条件，正确判断敌情，积极掌握主动，考察地形险厄，计算道路远近，这些都是贤能的将领必须掌握的方法。懂得这些道理去指挥作战的，必定能够胜利，不了解这些道理去指挥作战的必定失败。所以，根据战争规律进行分析，有着必胜把握的，即使国君主张不打，坚持去打也是可以的；根据战争规律进行分析，没有必胜把握的，即使国君主张一定要打，不打也是可以的。进不谋求战胜的名声，退不回避违命的罪责，只求保全百姓，符合国君利益，这样的将帅，是国家的宝贵财富。

对待士卒就像对待婴儿一样，那么士卒就可以同他共赴患难；对待士卒就像对待爱子一样，那么士卒就可以跟他同生共死。如果对士卒厚待而不能使用，溺爱而不能教育，违法而不能惩治，那就如同骄惯了的子女一样，是不可以用来同敌作战的。

只了解自己的部队可以打，而不了解敌人不可以打，取胜的可能只有一半；只了解敌人可以打，而不了解自己的部队不可以打，取胜的可能只有一半；既知道敌人可以打，也知道自己的部队能够打，但是不了解地形不利于作战，取胜的可能性仍然只有一半。所以，懂得用兵的人，他行动起来不会迷惑，他的作战措施变化无穷，而不致困窘。所以说，了解对方，了解自己，争取胜利也就不会有危险。懂得天时，懂得地利，胜利也就可以永无穷尽了。

十一、九地篇

孙子曰：用兵之法，有散地，有轻地，有争地，有交地，有衢地，有重地，有圮地，有围地，有死地。诸侯自战其地，为散地[①]。入人之地而不深者，为轻地[②]。我得则利，彼得亦利者，为争地[③]。我可以往，彼可以来者，为交地[④]。诸侯之地三属[⑤]，先至而得天下之众者，为衢地[⑥]。入人之地深，背城邑多者，为重地[⑦]。行山林、险阻、沮泽，凡难行之道者，为圮地[⑧]。所由入者隘，所从归者迂，彼寡可以击吾之众者，为围地[⑨]。疾战则存，不疾战则者亡者，为死地[⑩]。是故散地则无战[⑪]，轻地则无止[⑫]，争地则无攻[⑬]，交地则无绝[⑭]，衢地则合交[⑮]，重地则掠[⑯]，圮地则行[⑰]，围地则谋，死地则战[⑱]。

所谓古之善用兵者，能使敌人前后不相及[⑲]，众寡不相恃[⑳]，贵贱不相救[㉑]，上下不相收[㉒]，卒离而不集[㉓]，兵合而不齐[㉔]。合于利而动，不合于利而止[㉕]。敢问：“敌众整[㉖]而将来，待之若何?”曰：“先夺其所爱，则听矣[㉗]。”兵之情主速[㉘]，乘人之不及，由不虞之道[㉙]，攻其所不戒也。

凡为客之道[㉚]，深入则专[㉛]，主人不克[㉜]；掠于饶野[㉝]，三军足食；谨养而勿劳[㉞]，并气积力[㉟]；运兵计谋，为不可测[㊱]。投之无所往，死且不北[㊲]。死焉不得[㊳]，士人尽力。兵士甚陷则不惧[㊴]，无所往则固[㊵]，深入则拘[㊶]，不得已则斗[㊷]。是故其兵不修而戒[㊸]，不求而得，不约而亲[㊹]，不令而信[㊺]。禁祥去疑[㊻]，至死无所之[㊼]。吾士无余财，非恶货也；无余命，非恶寿也[48]。令发之日，士卒坐者涕沾襟[49]，偃卧者涕交颐[50]。投之无所往者，诸、刿之勇也[51]。

故善用兵者，譬如率然[52]；率然者，常山[53]之蛇也。击其首则尾至，击其尾则首至，击其中则首尾俱至。敢问："兵可使如率然乎？"曰："可。"夫吴人与越人相恶也，当其同舟而济，遇风，其相救也如左右手。是故方马埋轮，未足恃也[54]；齐勇若一，政之道也[55]；刚柔皆得，地之理也[56]。故善用兵者，携手若使一人，不得已也。

将军之事[57]，静以幽[58]，正以治[59]。能愚士卒之耳目，使之无知[60]；易其事，革其谋，使人无识[61]；易其居，迂其途，使人不得虑[62]。帅与之期，如登高而去其梯[63]。帅与之深入诸侯之地，而发其机[64]，焚舟破釜，若驱群羊，驱击往，驱而来，莫知所之。聚三军之众，投之于险，此谓将军之事也[65]。九地之变，屈伸之利[66]，人情之理，不可不察。

凡为客之道，深则专，浅则散[67]。去国越境而师者，绝地也[68]；四达者，衢地也；入深者，重地也；入浅者，轻地也；背固前隘者，围地也[69]；无所往者，死地也。是故散地，吾将一其志[70]；轻地，吾将使之属[71]；争地，吾将趋其后[72]；交地，吾将谨其守；衢地，吾将固其结[73]；重地，吾将继其食[74]；圮地，吾将进其涂[75]；围地，吾将塞其阙[76]；死地，吾将示之以不活[77]。故兵之情，围则御[78]，不得已则斗，过则从[79]。

是故不知诸侯之谋者，不能预交；不知山林、险阻、沮泽之形者，不能行军；不用乡导者，不能得地利[80]。四五者，不知一，非霸王之兵也[81]。夫霸王之兵，伐大国，则其众不得聚[82]；威加于敌，则其交不得合[83]。是故不争天下之交[84]，不养天下之权[85]，信己之私[86]，威加于敌，故其城可拔，其国可隳[87]。施无法之赏[88]，悬无政之令[89]，犯三军之众[90]，若使一人。犯之以事，勿告以言[91]；犯之以利，勿告以害[92]。投之亡地然后存，陷之死地然后生。夫众陷于害，然后能为胜败[93]。故为兵之事，在于顺详敌之意[94]，并敌一向，千里杀将[95]，此谓巧能成事者也。

是故政举之日，夷关折符，无通其使[96]；厉于廊庙之上，以诛其事。敌人开阖，必亟入之[97]，先其所爱[98]，微与之期[99]。践墨随敌[100]，以决战事[101]。是故始如处女，敌人开户；后如脱兔，敌不及拒[102]。

【注释】

①诸侯自战其地，为散地：言诸侯在自己领土上同敌人作战，遇上危急就容易逃散，这种地域叫做散地。②入人之地而不深者，为轻地：进入敌地不深，官兵易于轻返的地区叫做"轻地"。③争地：我军占领有利、敌军占领也有利的地区。④交地：指道路纵横、地势平坦、交通便利的地区。交，纵横交叉。⑤诸侯之地三居：三，泛指众多。居，连接，毗邻。三居，多方毗连，指几个诸侯国国土交界之外。⑥先至而得天下之众者，为衢地：谁先到达就可以得到四周诸侯的援助，这样的地方叫做"衢地"。⑦入人之地深，背城邑多者，为重地：进入敌境已远，隔着很多敌国城邑的地区，叫做重地。⑧行山林、险阻、沮泽，凡难行之道者，为圮地：凡是山林、险要隘路、水网湖沼这类难行的地区，叫做"圮地"。⑨围地：意为道路狭隘，退路迂远，敌人能以少击众的地区。⑩疾战则存，不疾战则亡者，为死地：地势险恶，只有奋勇作战才能生存，不迅速力战就难免覆灭的地区，叫"死地"。⑪散地则无战：在散地上不宜作战。⑫无止：止，停留、逗留。无止即不宜停留。⑬争地则无攻：遇到争地，我方应该先行占据；如果敌人已

先期占领，则不要去强攻争夺。⑭交地则无绝：绝，隔绝、断绝。句意为在“交地”要做到军队部署上能够互相策应，行军序列不可断绝。⑮衢地则合交：合交，结交。在衢地上要加强外交活动，结交诸侯盟友，以为己援。⑯重地则掠：掠，掠取，抢掠。在敌方之腹地，不可能从本国往复运粮，要就地解决军队的补给问题，故“重地则掠”。⑰行：迅速通过。⑱死地则战：军队如进入“死地”，就必须奋勇作战，死里逃生。⑲前后不相及：前军、后军不能相互策应配合。及，策应。⑳众寡不相恃：众，指大部队。寡，指小分队。恃，依靠。此言军中主力部队与小分队不能相互依靠和协同。㉑贵贱不相救：贵，军官。贱，士卒。指军官和士卒之间不能相互救助。㉒上下不相收：收，聚集、联系。言军队建制被打乱，上下之间失去联络，无法聚合。㉓卒离而不集：离，分、散。集，集结。言士卒分散难于集中。㉔兵合而不齐：虽能使士卒集合在一起，但无法让军队整齐统一。㉕合于利而动，不合于利而止：意为对我方有利则战，不利则不战。合，符合。动，作战。止，不战。㉖众整：人数众多且阵势严整。㉗先夺其所爱，则听矣：爱，珍爱，引申为要害、关键。听，听从，顺从。句意为要首先攻取敌人的要害之处，敌人就会不得不听从我的摆布了。㉘兵之情主速：情，情理。主，速，迅速、疾速。此句言用兵的主旨重在迅速。㉙由不虞之道：由，经过，通过。不虞，不曾料想、意料到。句意为要走敌人预料不到的路径。㉚为客之道：客，客军，指离开本国进入敌国的军队。这句的意思：离开本国进入敌国作战的规律。㉛深入则专：专，齐心、专心。此言军队深入敌境作战，就会齐心协力、意志专一。㉜主人不克：即在本国作战的军队，无法战胜客军。主，在本地作战。克，战胜。㉝掠于饶野：掠取敌方富饶田野上的庄稼。㉞谨养而勿劳：认真地搞好休整，不要使将士过于疲劳。谨，注意，注重。养，休整。㉟并气积力：并，合，引申为集中、保持。积，积蓄。意谓保持士气，积蓄战斗力。㊱为不可测：使敌人无从判断。测，推测，判断。㊲投之无所往，死且不北：将士兵置于无路可走的境地，虽死也不会败退。投，投放，投布。㊳死焉不得：焉，疑问代词，什么的意思。此句意谓士卒死且不惧，那还有什么不能做到呢？㊴兵士甚陷则不惧：士卒们深陷危险境地就不再恐惧。甚，非常的意思。㊵无所往则固：无路可走的情况下军心就会稳固。㊶进入则拘：军队进入敌境已深，则军心凝聚。拘，拘束、束缚，这里指凝聚。㊷不得已则斗：迫不得已就会殊死战斗。㊸是故其兵不修而戒：修，修治、修明法令。戒，戒备、警戒。指士卒不待整治督促，就知道加强戒备。㊹不约而亲：指不待约束就做到内部的亲近团结。约，约束。亲，团结。㊺不令而信：不待申令就能做到信任服从。信，服从、信从。㊻禁祥去疑：禁止占卜之类的迷信，消除疑虑和谣言。祥，吉凶的预兆。这里指占卜之类的迷信活动。㊼至死无所之：即使到死也不会逃避。之，往。㊽吾士无余财，非恶货也；无余命，非恶寿也：我军士卒没有多余的钱财，这并不是他们厌恶财宝；没有第二条命（却去拚死作战），这也并不是他们不想长寿。余，多余。恶，厌恶。货，财宝。寿，长寿。㊾士卒坐者涕沾襟：坐着的士卒则泪流面颊。偃，仰倒。㊿颐：面颊。51诸、刿之勇也：像专诸、曹刿那样英勇无畏。诸，专诸，春秋时吴国的勇士。公元前515年，专诸在吴公子光（即阖庐）招待吴王僚的宴席上，用藏于鱼腹的剑刺死吴王僚，自己也当场被杀。刿，曹刿，春秋时期鲁国的武士。齐鲁柯地（今山东东阿）会盟上，他劫持齐桓公，迫使齐同鲁订立盟约，收回为齐所侵的鲁国土地。52率然：古代传说中的一种蛇。53常山：即恒山，五岳中的北岳，位于今山西浑源南。西汉时为避讳汉文帝刘恒的“恒”字，改称“常山”。54方马埋轮，未足恃也：方将马并排地系缚在一起，将车轮埋起来，想用此来稳定部队，以示坚守的决心，是靠不住的。55齐勇若一，政之道也：使士卒齐心协力、英勇杀敌如同一人。这才是治理军队的方法。齐，齐心协力。政，治理、管理的意思。56刚柔皆得，地之理也：言使强者和弱者都能各尽其力，这在于恰当地运用地形。57将军之事：将，用作动词，主持、指挥的意思。此句意为指挥军队打仗的事。58静以幽：静，沉着冷静。以，同而，幽，幽深莫测。59正以治：谓严肃公正而治理得宜。正，严正、公正。治，治理、有条理。60能愚士卒之耳目，使之无知：愚，蒙蔽、蒙骗。句意为能够蒙蔽士卒，使他们不能知觉。61易其事，革其谋，使人无识：变更正在做的事情，改变计谋，使他人无法识破。易，变更。革，改变、变置。62易其居，迂其途，使人不得虑：更换驻防的地点，行军迂回，使敌人无法图谋。虑，图谋。63帅与之期，如登高而去其梯：期，约定。句意为主帅赋予军队作战任务，要断其退路，犹如登高而去梯，使之

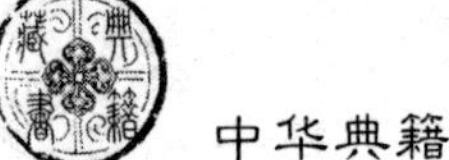

勇往直前。㊽帅与之深入诸侯之地，而发其机：统帅与军队深入敌国，就如击发弩机射出的箭一般（笔直向前而不可复回）。机，弩机之板机。㊾聚三军之众，投之于险，此谓将军之事也：集结全军，把他们投置到险恶的绝地，这就是指挥军队作战中的要事。㊿九地之变，屈伸之利：对不同地理条件的应变处置，使军队的进退得宜。屈，弯曲。伸，伸展。屈伸，这里指部队的前进和后退。(67)深则专，浅则散：言作战于敌国，深入则士卒一致，浅进则士卒涣散。(68)去国越境而师者，绝地也：离开本国而越过边界进行作战的地区，就叫绝地。“九地篇”中对“绝地”未深究，此文是按上句“浅则散”引发而言。(69)背固前隘者，围地也：背后险要，前面道路狭窄，进退易受制于敌人的地区，叫做围地。(70)散地，吾将一其志：在散地作战，我们要使全军的意志统一起来。(71)吾将使之属：属，连接。使之属，使军队部署相连接。(72)争地，吾将趋其后：在争地作战，我们要迅速进兵，抄到敌人的后面，以占据其地。(73)衢地，吾将固其结：遇上衢地，我们要巩固与诸侯国的结盟。(74)继其食：继，继续，引申为保障、保持。继其食即补充军粮，保障供给。(75)进其涂：要迅速通过。(76)塞其阙：堵塞缺口。意在迫使士兵不得不拼死作战。(77)示之以不活：向敌人表示死战的决心。(78)围则御：被包围就会奋起抵御。(79)过则从：过，甚，绝。指身陷绝境士兵就会听从指挥。(80)“是故”至“不能得地利”句：此段话已见于前《军事篇》，此处重复，以示重要。另一说认为此处系衍文。(81)四五者，不知一，非霸王之兵也：此言九地的利害关系，有一不知，就不能成为霸王的军队。四五者，泛指。(82)其众不得聚：指敌国军民来不及动员和集中。聚，聚集、集中。(83)威加于敌，则其交不得合：国家强大的实力形成的压力、兵威施加到敌人头上，使它在外交上无法联合诸国。(84)不争天下之交：指没有必要争着和其他的国家结交。(85)不养天下之权：没有必要在其他的国家里培植自己的权势。养，培养、培植。(86)信己之私：信，伸、伸展。私，指私志，引申为意图。意为伸张自己的战略意图。(87)隳（huī）：毁坏、摧毁之意。(88)施无法之赏：无法，超出惯例，破格。句意为施行超出惯例的奖赏。(89)悬无政之令：颁布打破常规的命令。无政，即无正，指不合常规。悬，悬挂，引申为颁发，颁布。(90)犯三军之众：犯，使用，指挥运用。句意为指挥三军上下行动。(91)犯之以事，勿告以言：犯，用。之，代词，指士卒。事，指作战。言，指意图、实情。(92)犯之以利，勿告以害：使用士卒作战时，只告诉士卒有利的条件，而不告诉它们任务的危险性，意在坚定士卒信念。(93)夫众陷于害，然后能为胜败：只有把军队投置于险恶境地，才能取胜。害，害处，指恶劣环境。胜败，指取胜、胜利。(94)在于顺详敌之意：顺，通慎，谨慎的意思。详，详细考察。句意为用兵作战要审慎地考察敌人的意图。(95)并敌一向，千里杀将：并敌一向，集中主要兵力，选定恰当的主攻方向。杀将，擒杀敌将。(96)政举之日，夷关折符，无通其使：政，指战争行动。举，实施、决定。夷，意封锁。折，折断，这里可理解为废除。符，通行证。使，使节。句意为决定战争行动之时，要封锁关口，废除通行凭证，不同敌国的使节相往来。(97)敌人开阖，必亟入之：敌方出现疏隙，己方须不失时机地予以突击。阖，门窗，此处借喻敌方之虚隙。亟，急。(98)先其所爱：指首先攻取敌人关键、要害之处，以争取主动。(99)微与之期：微，不。期，约期。即不要与敌人约期交战。(100)践墨随敌：践，是遵守、遵循的意思；墨，意为原则。句意为遵守的原则是随敌情而变化。(101)以决战事：以解决战争胜负问题。即求得战争的胜利。(102)始如处女，敌人开户；后如脱兔，敌不及拒：开始和处女般柔弱沉静，使敌人放松戒备；随后如脱逃的兔子一样迅速行动，使敌人来不及抗拒。

【译文】

孙子说：按照用兵的原则，军事地理上有散地、轻地、争地、交地、衢地、重地、圮地、围地、死地。诸侯在本国境内作战的地区，叫做散地。在敌国浅近纵深作战的地区，叫做轻地。我方得到有利，敌人得到也有利的地区，叫做争地。我军可以前往，敌军也可以前来的地区，叫做交地。同几个诸侯国相毗邻，先到达就可以获得诸侯列国援助的地区，叫做衢地。深入敌国腹地，背靠敌人众多城邑的地区，叫做重地。山林险阻、水网沼泽这一类难于通行的地区，叫做圮地。进军的道路狭窄，退兵的道路迂远，敌人可以用少量兵力攻击我方众多兵力的

地区，叫做围地。迅速奋战就能生存，不迅速奋战就会全军覆灭的地区，叫做死地。因此，处于散地就不宜作战，处于轻地就不宜停留，遇上争地就不要勉强强攻，遇上交地就不要断绝联络，进入衢地就应该结交诸侯，深入重地就要掠取粮草，碰到圮地必须迅速通过，陷入围地就要设谋脱险，处于死地就要力战求生。

从前善于指挥作战的人，能够使敌人前后部队不能相互策应，主力和小部队无法相互依靠，官兵之间不能相互救援，上下之间无法聚集合拢，士卒离散难以集中，遇上交战，阵形也不整齐。至于我军，则是见对我有利就打，对我无利就停止行动。试问："敌人兵员众多且又阵势严整向我发起进攻，那该用什么办法对付它呢？"回答是："先夺取敌人最关键的有利条件，这样它就不得不听从我们的摆布了。"用兵之理，贵在神速，乘敌人措手不及的时机，走敌人意料不到的道路，攻击敌人没有戒备的地方。

在敌国境内进行作战的一般规律是：深入敌国的腹地，我军的军心就会坚固，敌人就不易战胜我们。在敌国丰饶的田野上掠取粮草，全军上下的给养就有了足够的保障。要注意休整部队，不要使其过于疲劳。保持士气，积蓄力量，部署兵力，巧设计谋，使敌人无法判断我军的意图。将部队置于无路可走的绝境，士卒就会宁死不退。士卒既宁死不退，那么，他们怎会不殊死作战呢？士卒深陷危险的境地，心里就不再存有恐惧；无路可走，军心自然就会稳固；深入敌境，军队就不会离散。遇到迫不得已的情况，军队就会殊死奋战。因此，这样的军队不须整饬就能注意戒备；不用强求就能完成任务；无须约束就能亲密团结；不待申令就会遵守纪律。禁止占卜迷信，消除士卒的疑虑，他们就至死也不会逃避。我军士卒没有多余的钱财，这并不是他们厌恶钱财；我军士卒置生死于度外，这也不是他们厌恶长寿。当作战命令颁布之时，坐着的士卒泪沾衣襟，躺着的士卒泪流满面。把士卒投置到无路可走的绝境，他们就都会像专诸、曹刿一样的勇敢。

善于指挥作战的人，能使部队自我策应如同"率然"蛇一样。"率然"，是常山地方的一种蛇，打它的头部，尾巴就来救应；打它的尾巴，头就来救应；打它的腰，它的头尾都来救应，试问："可以使军队像'率然'一样吧？"回答是："可以。"那吴国人和越国人是互相仇视的，但当他们同船渡河而遇上大风时，他们相互救援，配合默契就如同人的左右手一样。所以，想用把马并缚在一起、深埋车轮这种显示死战决心的办法来稳定部队，那是靠不住的。要使部队能够齐心协力奋勇作战如同一人，关键在于部队管理教育有方，要使优劣条件不同的士卒都能的发挥作用，根本在于恰当地利用地形。所以善于用兵的人，能使全军上下携手团结如同一人，这是因为客观形势迫使部队不得不这样。

在指挥军队这件事情上，要做到考虑谋略沉着冷静而幽邃莫测，管理部队公正严明而有条不紊。要能蒙蔽士卒的视听，使他们对于军事行动毫无所知；变更作战部署，改变原定计划，使人无法识破真相；不时变换驻地，故意迂回前进，使人无从推测我方的意图。将帅向军队赋予作战任务，要像使其登高而去掉梯子一样，使军队有进无退。将帅率领士卒深入诸侯国土，要像弩机发出的箭一样一往无前。要烧掉舟船，打碎锅子，以示死战的决心。对待士卒，要能如驱赶羊群一样，赶过去又赶过来，使他们不知道要到哪里去。集结全军官兵，把他们投置于险恶的环境，这就是指挥军队作战的要务。九种地形的应变处置，攻防进退的利害得失，全军上下的心理状态，这些都是作为将帅不能不认真研究和周密考察的。

在敌国境内作战的通常规律是：进入敌国境内越深，军心就越是稳定巩固；进入敌国境内越浅，军心就容易懈怠涣散。离开本土，越入敌境进行作战的地区，叫做绝地；四通八达的地区，叫做衢地；进入敌境纵深的地区，叫做重地；进入敌境浅的地区，叫做轻地。背有险阻面对隘路的地区，叫做围地。无路可走的地区，叫做死地。因此，处于散地，要统一军队的意志；处于轻地，要使营阵紧密相连；在争地上，要迅速出兵抄到敌人的后面；在交地上，就要谨慎防守；在衢地上，就要巩固与诸侯列国的结盟；遇上重地，就要保障军粮的供应；遇上圮地，就必须迅速通过；陷入围地，就要堵塞缺口；到了死地，就要显示殊死奋战的决心。所以，士卒的心理状态是：陷入包围就会竭力抵抗，形势逼迫就会拚死战斗，身处绝境就会听从指挥。

因而，不了解诸侯列国的战略意图，就不要预先与之结交；不熟悉山林、险阻、沼泽等地形情况，就不能行军。不使用向导，就无法获得有利的地形。这些情况，如有一样不了解，都不能成为称王争霸的军队。凡是称王争霸的军队，进攻敌国，能使敌国的军民来不及动员集中；兵威加在敌人头上，能够使敌方的盟国无法配合策应。因此，没有必要去争着同天下诸侯结交，也用不着在各诸侯国里培植自己的势力；只要伸展自己的战略意图，把兵威施加在敌人头上，就可以拔取敌人的城邑，摧毁敌人的国都。施行超越惯例的奖赏，颁布不拘常规的号令，指挥全军就如同使用一个人一样。向部下布置作战任务，但不说明其中的意图。动用士卒，只说明有利的条件，而不指出危险的因素。将士卒投置于危地，才能转危为安，使士卒陷身于死地，才能起死回生。军队深陷绝境，然后才能赢得胜利。所以，指导战争这种事，在于谨慎地观察敌人的战略意图，集中兵力攻击敌人之一部，千里奔袭，擒杀敌将。这就是所谓巧妙用兵，实现克敌制胜的目标。

因此，在决定战争方略的时候，就要封锁关口，废除通行符证，不允许敌国使者往来，要在庙堂里反复秘密谋划，作出战略决策。敌人方面一旦出现间隙，就要迅速地乘机而入。首先夺取敌人的战略要地，但不要轻易与敌约期决战，要灵活机动，因敌变化来决定自己的作战行动。因此，战斗打响之前要像处女那样显得深静柔弱，诱使敌人放松戒备。战斗展开之后，则要像脱逃的野兔一样行动迅速，使得敌人措手不及，无从抵抗。

十二、火攻篇

孙子曰：凡火攻有五：一曰火人[①]，二曰火积[②]，三曰火辎[③]，四曰火库[④]，五曰火队[⑤]。行火必有因[⑥]，烟火必素具[⑦]。发火有时，起火有日[⑧]。时者，天之燥[⑨]也；日者，月在箕、壁、翼、轸[⑩]也，凡此四宿者，风起之日也[⑪]。

凡火攻，必因五火之变而应之[⑫]。火发于内，则早应之于外[⑬]。火发兵静者，待而勿攻，极其火力[⑭]，可从[⑮]而从之，不可从而止。火可发于外，无待于内[⑯]，以时发之[⑰]。火发上风，无攻下风[⑱]。昼风久，夜风止。凡军必知有五火之变，以数守之[⑲]。

故以火佐攻者明[⑳]，以水佐攻者强。水可以绝[㉑]，不可以夺[㉒]。

夫战胜攻取，而不修其功者凶[㉓]。命曰费留[㉔]。故曰：明主虑[㉕]之，良将修[㉖]之。非利不动[㉗]，非得不用[㉘]，非危不战[㉙]。主不可以怒而兴师，将不可以愠[㉚]而致战。合于利而动，不合于利而止。怒可以复喜，愠可以复悦；亡国不可以复存，死者不可以复生。故明君慎之，良将警之[㉛]，此安国全军之道也[㉜]。

【注释】

①火人：火，此处作动词，用火焚烧之意。火人即焚烧敌军人马。②火积：指用火焚烧敌军的粮秣物资。积，积蓄，指粮草。③火辎：焚烧敌军的辎重。④火库：焚烧敌军的物资仓库。⑤火队：焚烧敌军的后勤补给线。队，通“隧”，道路的意思。⑥因：依据，条件。⑦烟火必素具：烟火，指火攻的器具燃料等物。素，平素、经常的意思。具，准备妥当。此句意为发火用的器材必须经常准备好。⑧发火有时，起火有日：意谓发起火攻要选择有利的时机。⑨燥：指气候干燥。⑩箕、壁、翼、轸：中国古代星宿之名称，是二十八宿中的四个。⑪凡此四宿者，风起之日也：四宿，指箕、壁、翼、轸四个星宿。古人认为月球行经这四个星宿之时，是起风的日子。⑫必因五火之变而应之：因，根据、利用。五火，即上述五种火攻的方法。应，策应、对策。句意为根据五种火攻所引起的敌情变化，适时地运用军队进行策应。⑬早应之于外：及早用兵在外面策应（内外齐攻，袭击敌人）。⑭极其火力：让火势烧到最旺之时。极，尽。⑮从：跟从，这里指用兵进攻。⑯无待于内：不必待内应。⑰以时发之：根据气候、月象的情况实施火攻。以，根据、依据。⑱火发上风，无攻下风：上风，风向的上方；下风，风向的下方。⑲以数守之：数，星宿运行度数，此指气象变化的时机，即前所述“发火有时，起火有日”等条件。句意为等候火攻的条件。⑳以火佐攻者明：佐、辅佐。明，明显。指用火攻效果明显。㉑绝：隔绝、断绝的意思。㉒不可以夺：夺，剥夺，这里有焚毁之意，指焚毁敌人的物资器械。㉓不修其功者凶：言如不能及时论功行赏以巩固胜利成果，则有祸患。㉔命曰费留：指若不及时赏赐，将士不用命，致使战事拖延或失败，军费将如流水般逝去。命，命名。费留，吝财，不及时论功行赏。㉕虑：谋虑、思考。㉖修：治，处理。㉗非利不动：于我无利则不行动。㉘非得不用：不能取胜就不要用兵。得，取胜。㉙非危不战：不在危急关头不轻易开战。㉚愠：恼怒、怨愤。㉛故明君慎之，良将警之：明智的国君要慎重，贤良的将帅要警惕。慎，慎重、谨慎。警，警惕、警戒。㉜此安国全军之道也：这是安定国家保全军队的根本道理。安国：安邦定国。全，保全。

【译文】

孙子说：火攻的形式共有五种，一是焚烧敌军人马，二是焚烧敌军粮草，三是焚烧敌军辎重，四是焚烧敌军仓库，五是焚烧敌军粮道。实施火攻必须具备条件，火攻器材必须平时即有准备。放火要看准天时，起火要选好日子。所谓天时，是指气候干燥；所谓日子，是指月亮行经“箕”、“壁”、“翼”、“轸”四个星宿位置的时候。凡是月亮经过这四个星宿的时候，就是起风的日子。

凡用火攻，必须根据五种火攻所引起的不同变化，灵活机动部署兵力策应。在敌营内部放火，就要及时派兵从外面策应。火已烧起而敌军依然保持镇静，就应持重等待，不可立即发起进攻。等待炎势旺盛后，再根据情况作出决定，可以进攻就进攻，不可进攻就停止。火可以从外面燃放，这时就不必等待内应，只要适时放火就行。从上风放火时，不可从下风进攻。白天风刮久了，夜晚风就容易停止。军队都必须掌握这五种火攻方法。灵活运用，等待放火的时日条件具备时再进行火攻。

用火来辅助军队进攻，效果殊为显著，用水来辅助军队进攻，攻势必能加强。水可以把敌军分割隔绝，但却不能焚毁敌人的军需物资。

凡打了胜仗，攻取了土地城邑，而不能及时论功行赏的，就必定会有祸患。这种情况叫做：“费留”。所以说，明智的国君要慎重地考虑这个问题，贤良的将帅要严肃地对待这个问题。没有好处不要行动；没有取胜的把握不要用兵；不到危急关头不要开战。国君不可因一时的愤怒而发动战争，将帅不可因一时的愤懑而出阵求战。符合国家利益才用兵，不符合国家利益就停止。愤怒还可以重新变为欢喜，愤懑也可以重新转为高兴。但是国家灭亡了就不能复存，人死了也不能再生。所以，对待战争，明智的国君应该慎重，贤良的将帅应该警惕，这是安定国家保全军队的根本道理。

十三、用间篇

孙子曰：凡兴师十万，出征千里，百姓之费，公家之奉①，日费千金；内外骚动②，怠于道路③，不得操事④者，七十万家⑤。相守数年⑥，以争一日之胜，而爱爵禄百金⑦，不知敌之情者，不仁之至也，非人之将⑧也，非主之佐也，非胜之主⑨也。故明君贤将，所以动而胜人⑩，成功出于众者，先知⑪也。先知者，不可取于鬼神⑫，不可象于事⑬，不可验于度⑭，必取于人，知敌之情者也。

故用间有五：有因间⑮，有内间，有反间，有死间，有生间。五间俱起，莫知其道⑯，是谓神纪⑰，人君之宝⑱也。因间者，因其乡人而用之⑲。内间者，因其官人而用之⑳。反间者，因其敌间而用之㉑。死间者，为诳事于外㉒，令吾间知之，而传于敌间也㉓。生间者，反报也㉔。

故三军之事，莫亲于间㉕，赏莫厚于间㉖，事莫密于间㉗。非圣智㉘不能用间，非仁义不能使间㉙，非微妙不能得间之实㉚。微哉微哉，无所不用间也！间事未发㉛，而先闻者，间与所告者皆死㉜。

凡军之所欲击㉝，城之所欲攻，人之所欲杀，必先知其守将、左右、谒者、门者、舍人㉞之姓名，令吾间必索知之。

必索敌人之间来间我者㉟，因而利之㊱，导而舍之㊲，故反间可得而用也。因是而知之㊳，故乡间、内间可得而使也㊴。因是而知之，故死间为诳事，可使告敌。因是而知之，故生间可使如期㊵。五间之事，主必知之，知之必在于反间，故反间不可不厚也㊶。

昔殷㊷之兴也，伊挚在夏㊸；周㊹之兴起，吕牙㊺在殷。故惟明君贤将，能以上智㊻为间者，必成大功。此兵之要，三军之所恃而动㊼也。

【注释】

①奉：同俸，指军费开支。②内外骚动：指举国上下混乱不安。内外，前方、后方的通称。③怠于道路：怠，疲惫、疲劳。此言百姓因辗转运输而疲于道路。④操事：指操作农事。⑤七十万家：比喻兵事对正常农事的影响之大。⑥相守数年：相守，指相持、对峙。相守数年即相持多年。⑦而爱爵禄百金：而，如果。爱，吝惜、吝啬。意指吝啬爵位、俸禄和金钱而不肯重用间谍。⑧非人之将：不懂用间谍执行特殊任务的将领，不是领导部队的好将领。非人，不懂得用人（间谍）。⑨非胜之主：不是能打胜仗的好国君。主，君主，国君。⑩动而胜人：动，行动，举动，这里指出兵。句意为一出兵就能战胜敌人。⑪先知：指事先侦知敌情。⑫不可取于鬼神：指不可以通过用祈祷、祭祀鬼神和占卜等方法去求知敌情。⑬不可象于事：象，类比，比拟。事，事情。意为不可用与其他事情类比的方法去求知敌情。⑭不可验于度：指不能用证验日月星辰运行位置的办法去求知敌情。验，应验，验证。度，度数，指日月星辰运行的度数（位置）。⑮因间：间谍的一种，即本篇下文所说的“乡间”。即依赖与敌人的乡亲关系，获取情报，或利用与

敌军官兵的同乡关系，打入敌营从事间谍活动，获取情报。⑯五间俱起，莫知其道：此言五种间谍同时使用起来，使敌人无法摸清我军的行动规律。道，规律，途径。⑰神纪：神妙莫测之道。纪，道。⑱人君之宝：宝，法宝。句意为“神纪”是国君制胜的法宝。⑲因其乡人而用之：指利用敌国将领之同乡关系作间谍。因，根据，引申为利用。⑳内间者，因其官人而用之：官人，指敌方的官吏。句意为：所谓内间，就是指收买敌国的官吏为间谍。㉑反间者，因其敌间而用之：所谓反间，就是指收买或利用敌方的间谍，使其为我所用。㉒为诳事于外：诳，欺骗、瞒惑。此句意为故意向外散布虚假情况，用以欺骗、迷惑敌人。㉓令吾间知之，而传于敌间也：意思是让我方间谍了解自己故意散布的假情报并传给敌方间谍，诱使敌人上当受骗。在这种情况下，事发之后，我方间谍往往难免一死，所以称之为“死间”。㉔生间者，反报也：反，同返。意思为那些到敌方了解情况后能够活着的间谍是回来报告敌情的人。㉕三军之事，莫亲于间：三军中最亲信的人，无过于委派的间谍。㉖赏莫厚于间：言赏赐没有比间谍所受更优厚的了。㉗事莫密于间：军机事务，没有比间谍之事更为机密的。㉘圣智：才智过人的人。㉙非仁义不能使用：指如果吝啬爵禄和金钱，不能做到以诚相待，则无法用好间谍。㉚非微妙不能得间之实：微妙，精细奥妙。这里指用心精细、手段巧妙。实，指实情。意谓不是精心设计、手段巧妙的将领，不能取得间谍的真实情报。㉛间事未发：发，举行、实施之意。此言用间之计赏未实施开展。㉜而先闻者，间与所告者皆死：先闻，事先知道，即暴露。即言间事先行暴露，则间谍和知情者必须杀掉，以灭其口。㉝军之所欲击：即“所欲击之军”，此句为宾语前置句式。下文“城之所欲攻”、“人之所欲杀”句式同此。㉞守将、左右、谒者、门者、舍人：守将，主将。左右，守将的亲信。谒者，指负责传达通报的官员。门者，负责守门的官吏。舍人，门客，指谋士幕僚。㉟必索敌人之间来间我者：索，搜索。句意谓必须查出前来我方进行间谍活动之敌谍。㊱因而利之：趁机收买、利用敌间。因，由，这里有趁机、顺势之意。㊲导而舍之：设法诱导他，并交给一定的任务，然后放他回去（为己所用）。㊳因是而知之：指从反间，那里获悉敌人内情。㊴乡间、内间可得而使也：意谓通过利用反间，乡间和内间才能有效地加以使用。㊵可使如期：可使如期返报。㊶故反间不可不厚也：厚，厚待，有重视之意。五间之中，以反间为关键，因此必须给予反间以十分优厚的待遇。㊷殷：公元前十七世纪，商汤灭夏，建都亳（今河南商丘县北），史称商朝。后来，商王盘庚迁都到殷（今河南安阳小屯村），因此商朝又称为“殷”。㊸伊挚在夏：伊挚，即伊尹。原为夏桀之臣，后归附商汤，商汤任用他为相，在灭夏过程中，伊尹发挥了很大的作用。夏，夏朝，大禹之子夏启所建立的中国历史上第一个奴隶制王朝，共传十七世，至夏桀时为商汤所灭。㊹周：周朝，公元前十一世纪周武王灭商后所建立的王朝，建都于稿京（今陕西西安）。㊺吕牙：即姜尚，姜子牙，俗称姜太公。曾为殷纣王之臣。周武王伐纣时，任用吕牙为“师”，打败了纣王。㊻上智：具有很高智谋的人。㊼三军之所恃而动：军队要依靠间谍所提供的情报而行动。

【译文】

孙子说，凡兴兵十万，征战千里，百姓的耗费，公室的开支，每天都要花费千金，前方后方动乱不安，民夫疲惫地在路上奔波，不能从事正常耕作生产的，多达七十万家。这样相持数年，就是为了决胜于一旦。如果吝惜爵禄和金钱，不肯重用间谍，以致因为不能掌握敌情而导致失败，那就是不仁慈到本极点了，这种人不配作军队的统帅，称不得是国家的辅佐，也不是胜利的主宰者。所以，英明的君主和贤良的将帅，他们之所以一出兵就能战胜敌人，功业超越普通人，就在于能够预先掌握敌情。要事先了解敌情，不可用求神问鬼的方式来获取；不可拿相似的事情作类比推测来得到；不可用日月星辰运行的位置去作验证。一定要取之于人，从那些熟悉敌情的人口中去获取。

间谍的运用方式有五种，即因间、内间、反间、死间、生间。这五种间谍同时使用起来，使敌人无从捉摸我用间的规律，这就是使用间谍的神妙莫测的方法，也正是国君克敌制胜的法宝。所谓因间，是指利用敌人的同乡做间谍。所谓内间，就是利用敌方的官吏做间谍。所谓反间，即是利用敌方间谍为我所用。所谓死间，是指故意制造散布假情报，通过我方间谍将假情报传给敌间，诱使敌人上当受骗，一旦真情败露，我间就难免一死。所谓生间，就是侦察后能活着回来报告敌情的人。

所以在军队中，没有比间谍为更可亲信的人；给的奖赏，没有比间谍更为优厚的；没有什么比间谍之事更为秘密的了。不是才智超群的人不能使用间谍；不是仁慈慷慨的人不能指使间谍；不是谋虑精细的人不能分辨证实间谍提供的情报。微妙啊，微妙！无时无处不在使用间谍！间谍的工作还未开展，而秘密却已露出去了的，那么间谍和了解内情的人都要处死。

凡是要准备攻打的敌方军队，要准备攻占的敌方城池，要准备刺杀的敌方人员，都须预先了解其主管将领、左右亲信、负责传达的官员、守门官吏和门客幕僚的姓名，指令我方间谍一定要将这些情况侦察清楚。

一定要搜查出敌方派来侦察我方军情的间谍，从而用重金收买他，引诱开导他，然后再放他回去。这样，反间就可以为我所用了。通过反间了解敌情，这样，因间、内间也就可以利用起来了。通过反间了解敌情，这样，就可以使死间传播假情报给敌人了。通过反间了解敌情，这样就能使生间按预定时间返回报告敌情了。五种间谍的使用，国君都必须了解掌握。了解情况的关键在于使用反间，所以对于反间不可不给予优厚的待遇。

从前殷商的兴起，在于重用了在夏朝为臣的伊尹，他熟悉并了解夏朝的情况；周朝的兴起，是由于周武王重用了了解商朝情况的吕牙。所以，明智的国君，贤能的将帅，能够任用智慧高超的人充当间谍，就一定能建树大功。这是用兵上的关键步骤，整个军队都要依靠间谍所提供的敌情，决定军事行动。

吴子兵法

料　敌

武侯谓吴起曰："今秦胁吾西，楚带吾南，赵冲吾北，齐临吾东，燕绝吾后，韩据吾前。六国兵四守①，势甚不便，忧此奈何?"起对曰："夫安国家之道，先戒为宝。今君已戒，祸其远矣。臣请论六国之俗：夫齐陈重而不坚，秦陈散而自斗，楚陈整而不久，燕陈守而不走，三晋陈治而不用②。"

【注释】

①四守：意为众目所视。②三晋：指公元前403年由晋国瓜分成之韩、赵、魏三国。

"夫齐性刚，其国富，君臣骄奢而简于细民①，其政宽而禄不均，一陈两心，前重后轻，故重而不坚。击此之道，必三分之，猎其左右，胁而从之②，其陈可坏。秦性强，其地险，其政严，其赏罚信，其人不让，皆有斗心，故散而自战。击此之道，必先示之以利而引去之，士贪于得而离其将，乘乖猎散③，设伏投机，其将可取。楚性弱，其地广，其政骚，其民疲，故整而不久。击此之道，袭乱其屯④，先夺其气，轻进速退，弊而劳之，勿与争战，其军可败。燕性悫⑤，其民慎，好勇义，寡诈谋，故守而不走。击此之道，触而迫之，陵而远之，驰而后之，则上疑而下惧，谨我车骑必避之路，其将可虏。三晋者，中国也，其性和，其政平，其民疲于战，习于兵，轻其将，薄其禄，士无死志，故治而不用。击此之道，阻陈而压之，众来则拒之，去则追之，以倦其师。此其势也"。

【注释】

①简：简慢。②从：同逐。③乖：背离。④屯：屯兵之地，即营地。⑤悫（què）：忠厚老实。

"然则一军之中必有虎贲之士①，力轻扛鼎②，足轻戎马③，搴旗取将④，必有能者。若此之等，选而别之，爱而贵之，是谓军命⑤。其有工用五兵⑥、材力健疾、志在吞敌者，必加其爵列，可以决胜。厚其父母妻子，劝赏畏罚。此坚陈之士，可与持久。能审料此，可以击倍。"武侯曰："善。"

【注释】

①虎贲：古代对勇士之称，意为如虎之奔，喻其威猛。贲（bēn）：同奔。②鼎：古代煮食器，青铜所铸。③戎马：战马。④搴（qiān）：拔取。⑤军命：军队命运之所系。⑥工：善于。五兵：指古代五种兵器，大抵为戈、矛、殳、戟、弓矢等。

吴子曰："凡料敌，有不卜而与之战者八：一曰疾风大寒，早兴寤迁①，剖冰济水，不惮艰难②；二曰盛夏炎热，晏兴无间③，行驱饥渴，务于取远；三曰师既淹久④，粮食无有，百姓怨怒，妖祥数起⑤，上不能止；四曰军资既竭，薪刍既寡⑥，天多阴雨，欲掠无所；五日徒众不多，水地不利，人马疾疫，四邻不至；六曰道远日暮，士众劳惧，倦而未食，解甲而息；七曰将薄吏轻，士卒不固，三军数掠，师徒无助；八曰陈而未定，舍而未毕，行阪涉险，半隐半出。诸如此者，击之勿疑。”

【注释】

①早兴寤迁：早晨起来行动，夜半又要迁移。兴，作开始行动解。寤（wù），从熟睡中醒来。②惮（dàn）：害怕，顾惜。③晏兴：休息与活动。晏（yàn）：与安通。间：与时通。④淹久：滞留已久。淹，与滞通。⑤妖祥：怪异灾祸之象。⑥薪：柴草。刍：饲料。

“有不占而避之者六：一曰土地广大，人民富众；二曰上爱其下，惠施流布；三曰赏信刑察，发必得时；四曰陈功居列，任贤使能；五曰师徒之众，甲兵之精；六曰四邻之助，大国之援。凡此不如敌人，避之勿疑。所谓见可而进，知难而退也。”

武侯问曰：“吾欲观敌之外以知其内，察其进以知其止，以定胜负，可得闻乎？”起对曰：“敌人之来，荡荡无虑，旌旗烦乱[①]，人马数顾，一可击十，必使无措。诸侯未会，君臣未知，沟垒未成，禁令未施，三军匈匈[②]，欲前不能，欲去不敢，以半击倍，百战不殆。”

【注释】

①旌旗：军队旗帜的统称。周制，以羽毛染五色系于竿首用以激励士卒者为旌。用布帛画熊虎系于竿首用以标识号令者为旗。②匈匈：喧扰不安貌。

武侯问敌必可击之道。起对曰：“用兵必须审敌虚实而趋其危。敌人远来新至，行列未定可击；既食未设备可击；奔走可击；勤劳可击；未得地利可击；失时不从可击；涉长道后行未息可击；涉水半渡可击；险道狭路可击；旌旗乱动可击；陈数移动可击；将离士卒可击；心怖可击。凡若此者，选锐冲之，分兵继之，急击勿疑。”

【译文】

魏武侯对吴起说：“现今，秦国在西边威胁我国，楚国在南边包围我国。赵国冲着我国的北边，齐国逼近我国的东边，燕国切断我撤退之路，韩国据守在我国的当面。六国的军队把我国四面包围，形势对我很不利，我对此忧心如焚，对此怎么办呢？”吴起答道：“要使国家长治久安，事先戒备是最重要的法宝。现在，您已有戒备，灾难大概就离您远了。请让我分析一下六国的情况：齐国的军阵兵力众多，但并不牢固，秦国的军阵分散而能各自为战，楚国的军阵整齐但不能持久，燕国的军阵善于防守但是不善于机动，三晋的军阵治理较好但是难以实际应用。齐国民性刚毅，国家富庶，君臣骄奢淫逸，但对于普通百姓非常怠慢，政令比较宽厚，俸禄却极不均衡，一军之内三心二意，兵力布置前重后轻，所以，虽然军队众多，但不坚固。攻打齐阵的方法：必须兵分三路，以两路进攻它的左右两翼，胁迫它撤退，另一路跟踪追击，它的阵势就瓦解了。秦国民性强悍，地形险要，政令苛刻，赏罚极重信用；士兵不懂得谦让，都

有争强好胜之心，因此秦军布署虽分散，但能各自为战。进攻秦阵的方法：一定要给他们看到便宜，从而引诱他们上钩，士卒因贪求利益，就要脱离他们的首领。这个时候，趁他们错乱时打击分散小股之敌，而且预设埋伏，相机而动，敌将就可擒获。楚国民性懦弱，土地辽阔，政令繁杂，人民疲惫。它的军阵虽然整齐但不能持久。攻打楚阵的方法：突袭它的驻地，首先挫败它的士气，轻进速退，使它疲惫劳困，但不与它轻易决战，就可以打败它。燕国民性诚朴，它的人民谨慎，崇尚勇敢和义气而缺少欺诈和计谋，所以善于防守而不善于机动。进攻燕阵的方法：接触后又胁迫它，扰乱它而又离开它，轻骑速进而袭击它的后方，使它的将帅疑惑而士兵恐惧，同时把我军的车骑准确地布署在敌人逃跑的必经之路，这样它的首领就可以被我俘虏。韩、赵是中原国家，它们的民性温和，两国政令平稳，百姓被战争所疲惫，对战争已习惯；士兵轻视自己的将领，他们的俸禄也很微薄，因而没有拼死的斗志，因此两国的军队治理得虽然井井有条而实际难以发挥效用。进攻这种军队的方法：用强大的兵力阻击而压制它，假如它前来就与它对阵，他们逃跑就进行追击，使他们的军队疲于逃命。这就是六国的形势和我们针对六国军队特点采取的打击方法。然而，这仅是事情的一方面；而另一方面，在魏军内部，必定有象猛虎一样的勇士，力气十分大，扛鼎轻而易举，跑起来比战马还快，甚至冲进敌阵拔取敌旗，擒拿敌将的也大有人在。象这种人，选拔出来加以区别对待，爱护他们而给又予显贵的职位，这就叫做三军的命脉。对于那些善于使用各种兵器、武艺出众、臂力过人、体质强壮、奔走迅速、决心杀敌的人，一定要进封他们的爵位等级，这样打仗时就可取得胜利。此外，要厚待他们的父母，妻儿，以重赏鼓励他们，以严罚使他们畏惧。这些都是巩固军队的中坚力量，是可以与敌人打持久战的。倘若能正确处理这些问题，虽两倍于我的敌人，也可将它击败。”魏武侯说：“你讲的很好。”

吴起说：“判断敌情，有不经占卜吉凶就可以进攻的有以下八种情况：一是有猛烈的狂风，天未明就起来，睡着后又要转移营寨的，打破坚冰渡水，不顾士兵劳苦的；二是盛夏炎热之时，起得很晚，军令紧急，无空闲休息，行军赶路又饥又渴，强迫要部队达到很远的行程的；三是军队在外停留太久，粮食吃光了，官兵怨怒，怪事谣言不断出现，上级也没有办法禁止，四是军需物资已告用完，烧饭的柴和喂马的草已少，加之阴雨连绵，想砍伐也没有地方；五是敌方士兵不多，水源、地形都不利，人和马匹都患有疾病、瘟疫，邻国救兵也不来援助；六是路途遥远，天已黄昏，士兵因劳苦、惊恐，身体疲劳而未吃饭，脱下盔甲正在休息；七是将官少，能力薄弱，士卒情绪又不稳，全军多次出现骚动惊恐事件，并且没有援军前来相助；八是虽已布阵但没安定，虽开始设营但尚未结束，部队行进在山坡，跋涉在险要之地，一半隐蔽，一半暴露。与此相近的情况，可以大胆地攻击，不要有任何迟疑。还有不经占卜而可以避开的有以下六种情况：一是国土辽阔无边，人民富足而众多；二是国君爱护百姓，上级爱护下级，恩惠传到各阶层；三是奖赏有信而刑罚必察情，处理及时得当；四是依战功的大小排列爵位，任命德才兼备的人；五是军队数量众多，武器装备精良；六是有周围国家军队的帮助和大国的支持。凡是在这些方面我军不如敌军，就应该毫不犹豫地避免与它战斗。这就是所说的，看准有把握取胜的时机就进攻，明知难以取胜就撤退。”

魏武侯问道：“我想侦察敌人的外部情况，就能知道它的内情；考察他们进军的行动，就能知道他的最终意图，以此为按照来决定胜负，你能讲给我听听吗？”吴起答道：“敌人来的时候，来势凶猛，轻敌冒进；毫无顾忌，旗帜杂乱，士兵左顾右盼。在这种情况下，我军一人可以打它十人，也会使敌军仓惶失措。假如敌人还没和诸侯结盟，或者君臣之间意见还不一致，深沟高垒还没修成；或者法令还没实行；全军一片喧哗不止，前进进不了，想撤又不敢撤。此时我们就是以半击倍，也能百战而不至有危险。”

魏武侯问怎么样才能一举而打败敌人的战法。吴起回答说：“用兵必须审察敌人的虚实，从而进攻他们的薄弱要害之处。敌人远来刚到，军队的一切安排尚未就绪的，可以攻击；刚吃完饭，但还未进入战备的，可以攻打；敌军在狂奔逃跑时，可以攻击；敌军士兵过度劳累，可以攻击；敌军未占领有利地形的，可以攻击；敌军已失去战机，士兵无所适从的，可以攻击；经过长途行军，走在队伍后面的敌军还未来得及休息的，可以攻击；敌军涉水渡河过到中央，可以攻击；敌军路过险要的山道或狭窄的小路，可以攻击；敌阵旗帜散乱动摇的，可以攻击；敌阵多次变动，可以攻击；敌军将领离开了士卒的，可以攻击；士兵惶恐，军心动摇的，可以攻击。凡遇这样的敌人，选派我精锐部队向它冲击，再把后备兵力相继投入战斗，迅速猛烈地攻击，不必犹疑。”

治　兵

武侯问曰：“用兵之道何先？”起对曰：“先明四轻、二重、一信。”曰：“何谓也？”对曰：“使地轻马，马轻车，车轻人，人轻战。明知险易①，则地轻马；刍秣以时②，则马轻车；膏锏有余③，则车轻人；锋锐甲坚，则人轻战。进有重赏，退有重刑。行之以信。审能达此④，胜之主也。”

【注释】

①易：与平通，指平坦开阔之地。②秣（mò）：与刍同义，均指牲口饲料。③膏锏：车轴润滑油。膏：油脂。锏（jiàn）：包裹战车车轴的铁皮。④审：果然。

武侯问曰：“兵何以为胜？”起对曰：“以治为胜。”又问曰：“不在众乎？”对曰：“若法令不明，赏罚不信，金之不止①，鼓之不进②，虽有百万，何益于用？所谓治者，居则有礼，动则有威，进不可当，退不可追，前却有节，左右应麾，虽绝成陈，虽散成行，与之安，与之危，其众可合而不可离，可用而不可疲，投之所往，天下莫当。名曰父子之兵。”

【注释】

①金：军乐名，又称钲，状似钟，其敲击声为军队停止进击之信号。②鼓：其敲击声为军队前进和冲锋之信号。

吴子曰：“凡行军之道，无犯进止之节，无失饮食之适，无绝人马之力。此三者，所以任其上令①。任其上令，则治之所由生也。若进止不度，饮食不适，马疲人倦而不解舍②，所以不任其上令。上令既废，以居则乱，以战则败。”

【注释】

①任：与听通，听从之意，下同。②解舍：人马解甲卸鞍休息宿营。舍：与宿同义，意为在营地休息

或睡眠。

吴子曰："凡兵战之场，立尸之地①。必死则生，幸生则死②。其善将者③，如坐漏船之中，伏烧屋之下，使智者不及谋，勇者不及怒，受敌可也④。故曰：用兵之害，犹豫最大，三军之灾，生于狐疑。"

【注释】

①立尸：成尸。②幸：意为侥幸。③将：此处为"将兵"之"将"，意为指挥、管带。④受：与应通，受敌，意为应敌。

吴子曰："夫人常死其所不能①，败其所不便②。故用兵之法，教戒为先③。一人学战，教成十人；十人学战，教成百人，百人学战，教成千人；千人学战，教成万人；万人学战，教成三军。以近待远，以逸待劳④，以饱待饥。圆而方之，坐而起之⑤，行而止之，左而右之，前而后之，分而合之，结而解之，每变皆习，乃授其兵。是谓将事。"

【注释】

①不能：无能，指缺乏作战技能。②不便：不练习，指缺乏训练。更：与习通。③教戒：教育与训练。④佚：与逸通，安逸。⑤坐：与跪通。

吴子曰："教战之令①，短者持矛戟，长者持弓弩，强者持旌旗，勇者持金鼓，弱者给厮养②，智者为谋主③。乡里相比，什伍相保，一鼓整兵，二鼓习阵，三鼓趋食，四鼓严辨④，五鼓就行。闻鼓声合，然后举旗。"

【注释】

①令：与使通，意为分派差使。②厮养：指勤杂兵。厮，指马伕，养，指炊事兵。③谋主：主谋计之人。④严辨：严格检察。辨，与察通。

武侯问曰："三军进止，岂有道乎？"起对曰："无当天灶①，无当龙头。天灶者，大谷之口。龙头者，大山之端。必左青龙②，右白虎③，前朱雀④，后玄武⑤，招摇在上⑥，从事于下。将战之时，审候风所从来。风顺致呼而从之，风逆坚阵以待之。"

【注释】

①无：不可。当：对着。②青龙：青色之龙，为东方星宿名。③白虎：白色之虎，为西方星宿名。④朱雀：一名赤乌，红色之鸟，为南方星宿名。⑤玄武：作龟蛇合体形，为北方星宿名。⑥招摇：星名，亦称天矛，在北斗之杓端。

武侯问曰："凡畜车骑①，岂有方乎？"起对曰："夫马，必安其处所，适其水草，节其饥饱。冬则温厩[2]，夏则凉庑[3]。刻剔毛鬣[4]，谨落四下。戢其耳目[5]，无令惊骇。习其驰逐，闲其进止。人马相亲，然后可使。车骑之具，鞍、勒、衔、辔，必令完坚。凡马不伤于末，必伤于始，不伤于饥，必伤于饱。日暮道远，必数上下。宁劳于人，慎无劳马。常令有余，备敌覆我。能明此者，横行天下。”

【注释】

①畜（xù）：驯养。车骑：战马。②厩（jiù）：马棚。③庑（wǔ）：大屋。④刻剔：削剪。剔，指剪短马鬃。鬣（liè）：即马鬃。⑤戢（jí）：遮蔽。

【译文】

魏武侯问道："指挥部队作战的方法首先应该抓什么？"吴起答道："首先应明确'四轻'、'二重'、'一信'。"武侯又问："你讲的是什么意思？"吴起答道："'四轻'就是要选择地形便于战马驰骋，战马驾着战车跑得轻快；战车使人操纵灵便，装备使人便于战斗。了解了地形的险要或平坦，就可以走好路让战马跑得轻快。注意及时适当地喂养战马，那么战马驾起战车就跑得轻松；膏油锏铁准备充分，那么人操纵战车就灵活；兵器锋利，甲胄坚固，士兵就便于战斗。'二重'就是勇往直前有重赏，怕死后退受重罚。'一信'就是赏罚都要坚守信用。果真能做到这些，就具备了取胜的决定性条件了。"

魏武侯问："军队凭什么取胜呢？"吴起回答："依借严格治理而取胜。"武侯又问："不在于兵力多少吗？"吴起回答说："如果法令不严明，赏罚不讲信用，鸣金收兵而不停止，击鼓进攻而不前进，就算有百万军队，又有什么用处呢！所谓治理好军队，要求在驻扎时必须遵守纪律，行动时表现很威武；进攻时敌军不能抵挡，后撤时敌人追不上；前进或后退都井然有序，向左或向右听从指挥；队伍即使被隔断，阵势仍然不乱；队形即使被冲散，但是仍能恢复行列。将帅能与士兵同安乐，共患难，这些士兵能够紧密团结而不会让他们分离，能够连续作战而不会疲惫。把这样的军队投入战斗，所向无敌。这就称作'父子之兵'。"

吴起说："一般行军的原则，不要违反前进和停止的节制，不要忽略了饮食的适当，不要使人和马匹过度疲劳，这三条，是用来使士兵乐意听从上级命令，士兵乐意服从上级命令了，才有可能把军队的教育、训练和管理搞好。如果前进和停止毫无规律，饮食失当，人和马疲倦不堪还不让解甲休息，这样士兵就不愿意听从上级的命令了。上级的命令既然行不通，用这样的军队去防守就会造成混乱，用这样的军队去作战就会打败仗。"

吴起说："凡是两军交战的战场，是流血牺牲的地方。勇于牺牲的人反而能活下去，贪生怕死的人反而死亡。所以善于指挥作战的将领，就好似坐在漏水的破船中。伏卧在大火燃烧的房子底下一样。为了使敌军中的智者来不及施展计策，为了使敌军中的勇者来不及发挥威力，就要当机立断，率军与敌作战。因此说，率兵作战的最大祸害是将帅的犹豫不决。全军的灾难。往往由于多疑，贻误战机。"

吴起说："人们往往由于缺乏作战的技能而战死，不熟悉战法而失败。因此用兵的方法，首先在于传授训练。一个人学会打仗的本领，可以教会十个人；十个人学会打仗的本领，可以教会一百个人；一百个人学会打仗的本领，可以教会一千个人；一千个人学会打仗的本领，可以教会一万人；一万人学会打仗的本领，可以教会全军。在战术上，要使全军学会以近待远，以逸待劳，以饱待饥。在阵法上，要使士兵反复练习圆阵变成方阵，跪姿变成立姿，前进变为

停止，向左变为向右，前队变为后队，分散变为集中，集合变为分散。各种战斗阵形都熟练后，才授予士兵兵器。这就是将领应做的事情。”

吴起说：“教习作战的原则是，让身材矮小的使用矛戟，个子高大的使用弓和弩，身体强健的举大旗，打仗勇敢的鸣金击鼓。体格较弱的做后勤工作，有智谋的充当谋士。把同乡同里的人编在一起，使同什同伍的人互相保护。用鼓声作为行动的信号：第一次击鼓整理武器，第二次击鼓操练阵法，第三次击鼓快速吃饭，第四次击鼓急令整装，第五次击鼓排好队列。听到鼓声齐擂，然后举令旗指挥队伍行动。”

魏武侯问道：“军队的前进或停止，难道有什么原则吗？”吴起回答：“要避开‘天灶’扎营，又要避开‘龙头’上驻军。所说‘天灶’，就是大山的谷口；所说‘龙头’，就是大山的顶端。行军必须注意方位，左边用青龙旗；右边用白虎旗。前锋用朱雀旗，后军用玄武旗，中军用招摇旗在高处指挥，全军在下面跟从号令行动。临战时，还要注意风向。顺风时对我有利就乘势呐喊，进攻敌人；逆风时对我不利时就坚守阵地，待机破敌。”

魏武侯问道：“驯养战马，难道也有什么方法吗？”吴起答道：“马匹。必须把它安置在合适的地方。要准时给它饮水喂草，节制它的饥饱。冬天要使马圈保持温暖，夏天要注意马棚通风凉快。要经常给它剪刷鬃毛，仔细地铲蹄钉掌。要训练战马的视力和听力，不要让它受惊吓。让它练习奔跑追逐，熟悉前进和停止的命令。人和马互相熟悉了，才可以用于作战。战马的装具，如马鞍、笼头、嚼子、缰绳等必须完好坚实。一般说，战马不是受伤于跑完长途之后，就是受伤于开始使用之时；不是因为饥饿而生病，就是由于过饱而闹病。如天黑路远，人要经常下马，骑一阵，走一阵。宁可使人劳累一些，切不要让马过度劳累。经常使马保持充沛的精力，以预防敌人对我们反击。能明白这些道理，就能无敌于天下。”

论　将

吴子曰：“夫总文武者，军之将也。兼刚柔者，兵之事也。凡人论将，常观于勇。勇之于将，乃数分之一尔。夫勇者必轻合，轻合而不知利，未可也。故将之所慎者五：一曰理，二曰备，三曰果，四曰戒，五曰约。理者，治众如治寡。备者，出门如见敌。果者，临敌不怀生。戒者，虽克如始战。约者，法令省而不烦。受命而不辞，敌破而后言返，将之礼也。故师出之日，有死之荣，无生之辱。”

吴子曰：“凡兵有四机①：一曰气机，二曰地机，三曰事机，四曰力机。三军之众，百万之师，张设轻重②，在于一人，是谓气机，路狭道险，名山大塞，十夫所守，千夫不过，是谓地机。善行间谍，轻兵往来③，分散其众，使其君臣相怨，上下相咎，是谓事机。车坚管辖④，舟利橹楫⑤，士习战陈，马闲驰逐，是谓力机。知此四者，乃可为将，然其威、德、仁、勇，必足以率下安众，怖敌决疑，施令而下不犯，所在寇不敢敌。得之国强，去之国亡，是谓良将。”

【注释】

①机：作枢纽或关键解。②张设：张罗设置。轻重：此指将领对军务之张设得当与否，得当为重，反之为轻。③轻兵：轻装而便于行动的小股部队。④管辖：管，指战车轴管，辖，为车轴插销。⑤橹楫：划

船用具。

吴子曰："夫鼙鼓金铎[①]，所以威耳。旌旗麾帜，所以威目。禁令刑罚，所以威心。耳威于声，不可不清。目威于色，不可不明。心威于刑，不可不严。三者不立，虽有其国[②]，必败于敌。故曰：将之所麾，莫不从移[③]；将之所指，莫不前死。"

【注释】

①鼙鼓：泛指战鼓。鼙（pí），军用小鼓。金铎：即钲之一种。②有：与富通。③从移：服从调遣。

吴子曰："凡战之要，必先占其将而察其才，因形用权[①]，则不劳而功举。其将愚而信人[②]，可诈而诱；贪而忽名[③]，可货而赂[④]；轻变无谋，可劳而困；上富而骄，下贫而怨，可离而间；进退多疑，其众无依，可震而走；士轻其将而有归志，塞易开险，可邀而取[⑤]；进道易，退道难，可来而前；进道险，退道易，可薄而击；居军下湿，水无所通，霖雨数至[⑥]，可灌而沈；居军荒泽，草楚幽秽[⑦]，风飙数至[⑧]，可焚而灭；停久不移，将士懈怠，其军不备，可潜而袭。"

【注释】

①形：情形。权：权谋。②信人：意为轻信于人。③忽：不顾。④货：本指财物，此处与赂通，意为以财物私赠于人而有所求。⑤邀：拦截。⑥霖雨：久雨。雨连下三日以上为霖。⑦楚：灌木丛。幽秽：草木茂密暗湿处。⑧飙（biāo）：狂风。

武侯问曰："两军相望，不知其将，我欲相之[①]，其术如何?"起对曰："令贱而勇者，将轻锐以尝之[②]，务于北[③]，无务于得，观敌之来，一坐一起[④]。其政以理[⑤]，其追北佯为不及，其见利佯为不知，如此将者，名为智将，勿与战矣。若其众讙哗[⑥]，旌旗烦乱[⑦]，其卒自行自止，其兵或纵或横，其追北恐不及，见利恐不得，此为愚将，虽众可获。"

【注释】

①相：侦察。②尝：与试通。③北：同败。④坐：停止。起：行动。⑤政：同治。理：法度、条理。⑥讙（huān）哗：喧闹。⑦烦：与乱通。

【译文】

吴起说："只有文武双全的，才称得上是将领；能够刚柔结合的，才能指挥作战。一般人在评价将领时，常常只着眼于勇敢；其实，勇敢对于将领来说，只不过是应具备的几个条件之一罢了。有勇无谋的将领，必定轻率地与敌军交战；轻率地与敌军交战而不考虑利害得失，是不能取胜的。因此将领应当慎重对待的有五个方面：一是'理'，二是'备'，三是'果'，四是'戒'，五是'约'。所说的'理'，就是统率千军万马如同治理少数人一样。所说的'备'就是军队一行动就好似见到敌人那样高度警惕。所说的'果'，要求面对敌人不考虑个人生死。

所说的‘戒’，就是虽然取胜却象战斗刚开始那样戒骄。所说的‘约’，就是要求军令简明而不烦琐。坚决接受命令，毫不推辞，把敌军打败后再提出返回的问题。这些都是将领应当遵守的行为规范。因此，从军队出征那一天起，将领就应下定决心；宁可光荣战死沙场，决不忍辱苟且偷生。”

吴起说：“领兵打仗有四大关键问题：一是掌握士气，二是利用地形，三是运用谋略，四是增强战斗力。全军上下，百万之众，怎么样安排部署才有利于鼓舞士气，在于主将一人，这就是掌握士气的关键。如何利用险要的道路和高山要塞，使十人把守，敌军千人也不能通过，这就是利用地形的关键。如何善于运用间谍活动，如何利用轻骑精锐袭击敌军，如何分散敌军的兵力，如何使敌国君臣互相埋怨，上下彼此责备，这就是运用谋略的关键。如何使战车的轴辖坚固，如何使战船的橹桨轻便，如何使士兵熟悉战阵，使战马熟练地奔驰、追逐，这就是提高战斗力的关键。深刻体会这四个关键，才能胜任主将。但是，上述几点仅是对主将最起码的要求，而主将在威严、品德、仁爱、勇敢方面还应成为下级的楷模，使广大士兵感到满意，使敌人畏惧；并能解决疑难问题，发布命令而下级不敢不服从；他所在的地方，敌人不敢进犯。国家得到这样的将领就强盛，失去这样的将军就灭亡。这就叫做‘良将’。”

吴起说：“小鼓金铎，是用来刺激听觉使士兵服从军令的；各种旗帜，是用来刺激视觉使士兵服从号令的；禁令刑罚，是用来刺激心理使士兵服从命令的。士兵服从军令既然依靠声音对听觉的刺激，因此小鼓金铎的声音不可不清晰；士兵服从号令既然依靠颜色对视觉的刺激，那么各种旗帜的颜色不可不鲜明；士兵服从命令既然依靠禁令刑罚对心理的刺激，那么禁令刑罚不可不严厉。这三条倘若没有确立，即使有了国家，也必然会被敌人打败。因此说，将领的令旗指挥到那里，全军没有谁不服从调动的；将领的号令指向的地方，全军没有谁不拼命向前杀敌的。”

吴起说：“指挥战斗最重要的原则，首先必须了解敌方情况，并考察敌将的才能、品质，然后按照情况采取不同的对策，这样就会比较小的代价而取胜。如果敌将愚笨而对人盲目轻信，就可采取欺骗的手段引诱他上钩；如果敌将贪求财物而不顾名节，就可用金钱来买通他；如果敌将轻易改变计划而无谋略，就用不断袭扰的战法来使他疲劳；如果敌军上级将领豪富而骄奢，下级的官兵贫穷而怨愤，就可用离间的方法扩大他们之间的矛盾；如果敌军的将领进退举棋不定，他的部属无所适从，就可用强大的威势将敌人吓跑；如果敌军士兵看不起自己的将领而又归心似箭，就可以把住平坦的大路，让开险阻的小路，用截击的战术把它歼灭；如果敌军前进的道路平坦好走，后退的道路艰险难行，就可引诱他们前行从而把他们消灭；如果敌人前进的道路艰险，后退的道路平坦，就可以采取逼近而攻打的方法；如果敌军驻守在低湿之地，又没有办法排除积水，同时又连降暴雨，就可以放水把他们淹没；如果敌军驻守在荒芜的沼泽之地，草木繁茂，又不断刮起狂风，就可以用放火的办法烧死他们；倘若敌军长驻一地不调动，将领士兵松懈麻痹，放松了戒备，就可以用偷袭的方法把他们消灭。”

魏武侯问道：“两军对峙，对敌军将领的情况一点不了解，我想观察一下他的才能，用什么方法呢？”吴起答道：“我军要派一位勇敢的下级将领，带领轻兵锐卒去试探一下敌人，只许败给敌人，不求取胜，借此观察敌军追赶我军的情况。如果敌军的一举一动，指挥得有条有理，追击败退的我方假装追赶不上，看到战利品却假装视而不见，象这样的将领，就叫做‘智将’；我们不要轻易地与他作战。假如敌将所率的队伍喧哗，军旗杂乱，士兵自行其是，队伍横七竖八，对败逃的我军唯恐追赶不上，见到战利品唯恐抢不到，这称作‘愚将’；尽管他带的兵多，也能够捉住他。”

应　　变

武侯问曰：“车坚马良，将勇兵强，卒遇敌人[①]，乱而失行，则如之何？”起对曰：“凡战之法，昼以旌旗幡麾为节[②]，夜以金鼓笳笛为节[③]。麾左而左，麾右而右。鼓之则进，金之则止。一吹而行，再吹而聚。不从令者诛。三军服威，士卒用命，则战无强敌，攻无坚陈矣。”

【注释】

①卒：仓猝。卒，同猝。②幡（fān）：垂挂于竿端之长条旗。节：节制，意为号令。③笳笛：一名笳吹、笳管、笳萧，简称笳，古代军中乐器。

武侯问曰：“若敌众我寡，为之奈何？”起对曰：“避之于易，邀之于阨[①]。故曰以一击十，莫善于阨；以十击百，莫善于险；以千击万，莫善于阻[②]。今有少卒卒起[③]，击金鸣鼓于阨路，虽有大众，莫不惊动。故曰：用众者务易，用少者务隘。”

【注释】

①阨：与隘通，狭窄之地。②阻：障碍众多难于行进之地。③少卒卒起：前一“卒”指士兵，后一“卒”指突然。

武侯问曰：“有师甚众，既武且勇，背大险阻，右山左水，深沟高垒，守以强弩，退如山移，进如风雨，粮食又多，难与长守，则如之何？”起对曰：“大哉问乎！此非车骑之力，圣人之谋也[①]。能备千乘万骑，兼之徒步，分为五军，各军一衢[②]。夫五军五衢，敌人必惑，莫知所加[③]。敌若坚守，以固其兵，急行间谍，以观其虑。彼听我说，解之而去。不听我说，斩使焚书，分为五战。战胜勿追，不胜疾归。如是佯北，安行疾斗，一结其前，一绝其后，两军衔枚[④]，或左或右[⑤]，而袭其处。五军交至[⑥]，必有其利。此击强之道也。”

【注释】

①圣人：指具有极高智慧之人。②衢（qú）：四达之路，即交通要道。③加：施加。此处意为选定攻击目标。④衔枚：行军时为保持肃静，避免被敌发觉，让士卒口中各衔一根枝条。枚：与枝通，枝条。⑤或：与又通。⑥交：与齐通。

武侯问曰：“敌近而薄我，欲去无路，我众甚惧，为之奈何？”起对曰：“为此之术，若我众彼寡，分而乘之[①]；彼众我寡，以方从之[②]；从之无息[③]，虽众可服。

【注释】

①乘：与逐通，指击逐。②方：与并通，指合并。从：与逐通。③无息：不停息。

武侯问曰："若遇敌于溪谷之间，旁多险阻，彼众我寡，为之奈何？"起对曰："诸丘陵、林谷、深山、大泽[1]，疾行亟去，勿得从容。若高山深谷，卒然相遇，必先鼓噪而乘之。进弓与弩[2]，且射且虏。审察其政，乱则击之，勿疑。"

【注释】

①诸：与于通，表所在。②进：与引通，引发之意。

武侯问曰："左右高山，地甚狭迫，卒遇敌人，击之不敢，去之不得，为之奈何？"起对曰："此谓谷战，虽众不用。募吾材士，与敌相当，轻足利兵，以为前行，分车列骑，隐于四旁，相去数里，无见其兵[1]，敌必坚陈，进退不敢。于是出旌列旆[2]，行出山外营之，敌人必惧。车骑挑之，勿令得休。此谷战之法也。"

【注释】

①见：同现，指显露。②旆（pèi）：杂色镶边军旗。

武侯问曰："吾与敌相遇大水之泽，倾轮没辕，水薄车骑，舟楫不设，进退不得，为之奈何？"起对曰："此谓水战，无用车骑，且留其旁。登高四望，必得水情，知其广狭，尽其深浅[1]，乃可为奇以胜之。敌若绝水，半渡而薄之。"

【注释】

①尽：与悉通，知晓。②绝：横渡。

武侯问曰："天久连雨，马陷车止，四面受敌，三军惊骇，为之奈何？"起对曰："凡用车者，阴湿则停，阳燥则起，贵高贱下。驰其强车，若进若止，必从其道。敌人若起，必逐其迹。"

武侯问曰："暴寇卒来，掠吾田野，取吾牛羊，则如之何？"起对曰："暴寇之来，必虑其强，善守勿应。彼将暮去[1]，其装必重，其心必恐，还退务速，必有不属[2]，追而击之，其兵可覆。"

【注释】

①暮：衰竭。②属（zhǔ）：连接。

吴子曰："凡攻敌围城之道，城邑既破，各入其宫[1]。御其禄秩[2]，收其器物。军之所至，无刊其木[3]，发其屋[4]、取其粟、杀其六畜、燔其积聚[5]，示民无残心。其有请降，许而安之。"

【注释】

①宫：此为对宫室、官府的泛称。②御：控制。禄秩：廪食，本意为国家发给官吏的薪俸，此处引申为领取禄秩的官吏。③刊：砍削。④发：扰乱。⑤燔（fán）：焚烧。

【译文】

魏武侯问道："我军战车坚固，马匹精良，将领勇敢，士兵强悍；如果突然和敌军遭遇，部队混乱而排不成阵列，那该怎么办呢？"吴起回答："通常作战的方法，白天用旌旗旛麾为号令，夜里用金鼓笳笛为号令；指挥向左就向左，指挥向右就向右；击鼓军队就进攻，鸣金部队就收兵；第一次吹笳笛部队就分散行动，第二次吹笳笛部队就集合。不服从命令的就严加惩罚。这样一来，全军就慑服于军威，士兵就会坚决执行命令。用这样的军队作战，就没有打不败的强敌，也没有攻不破的敌阵了。"

魏武侯问道："如果碰到敌众我寡兵力悬殊的情况，应该怎么办呢？"吴起答道："在平坦开阔的地形要避免与敌交战，在狭窄险要的地形要全力截击敌人。因此古兵书上说：'要想用一个打它十个，没有比在险要的山道上更好的了；要想用十个打它一百个，没有比在险峻的山地更好的了；要用一千个打它一万个，没有比在险阻的地形更好的了。'假如有少数士兵突然出现，他们在狭窄而险要的山道上击鼓鸣金；尽管有众多的敌人，也无不惊慌混乱。所以古兵书上说：'投入大量的兵力，必须使用平坦开阔的地形；投入少量的兵力，必须要使用狭窄而险峻的地形。'"

魏武侯问道："敌兵众多，不仅武艺高强，而且作战勇敢；背靠既高且险的大山，右边傍山，左边临水；挖了很深的壕沟，修建了很高的壁垒，并用强大的弩兵把守；后退象大山移动，前进象狂风暴雨；粮食准备充足。我军难以跟它长期相持，应当怎么办呢？"吴起回答："这个题目真大呀！击败这样的敌人，不能单靠车骑的军事实力，还要靠高超的计谋。如果能配备一千辆战车，一万名骑兵，以及人数相应的步兵。把这些军队编成五个分队，每分队负责一路。五个分队从五个方向发起进攻，敌人必定迷惑不解，摸不透我军主力为哪一个方向。敌方假如采取坚守的方法来保存自己的兵力，那么，我军应很快地派遣间谍，打探敌军的企图。然后派使者赴敌营谈判，敌方如听从我使者的劝说，就会撤走军队；倘若不听我使者的劝说，必定杀我使者，烧掉使者带去的书信，那么我军五路兵马就分头进攻。击败敌人，不要穷追，如若不能取胜，就马上撤回。在撤回时，我军要安排一个分队假装败逃，来引诱敌人，可是这路人马一定要稳定队列，从而能够快速地转入反攻。命令一个分队从正面牵制敌军，另一分队切断敌军的退路，其余两个分队秘密地运动到敌军左右两侧，袭击它兵力薄弱的地方。我军五路兵马互相配合，一同发起进攻，一定会形成对我方有利的情形。这就是打击强敌的战法。"

魏武侯问道："敌军不断向我军逼近而对我军发起进攻，我军想摆脱敌人又无路可退，士兵都十分畏惧，对此情况怎么办呢？"吴起回答说："对付这种情况的战术是：假如我军人多而敌军人少，就把部队分成几路来合击它；假如敌军多而我军少，就集中兵力来进攻它；只要连续不断地袭击它，敌军虽多也可以被制服。"

魏武侯问道："如果和敌人在溪涧峡谷之间遭遇，两边地势险峻，而且敌多我少，对这种情况应怎么办呢？"吴起答道："凡是碰到丘陵、森林、谷地、深山、大泽等不利地形，要急速通过，赶快离开，不能迟缓。倘若在高山深谷之间，突然和敌人相遇，务必首先擂鼓呐喊乘势攻打敌人；还要号令弓、弩手向前推进，一边射击一边俘获敌人。这时要注意观察敌军指挥和

阵势的情况，如果敌军已慌乱，就立刻出击，不要迟疑。”

魏武侯问道：“如果两旁都是险峻的高山，地形又十分狭窄，施展不开兵力；这时我军又忽然和敌军遭遇，既不敢进攻，又不敢撤退，对这种情况应当怎么办?”吴起答道：“这叫做谷战，兵力虽多也用不上。应仔细选拔英勇善战的士兵和敌人对阵，牵制住敌人；并派轻便善走的，而且配备有锐利武器的士兵作为前锋部队，准备进攻敌军。同时，把我军的战车、骑兵埋伏在敌人的周围；与敌人仅距离几里，但不能暴露这些兵力。这样，敌人必定会坚守阵势，既不敢前进，也不敢撤退。此时，我方又派人高举旗帜，大摇大摆走出山谷，使敌军惶惑不解，敌军必定恐惧万分。然后我军派出车兵和骑兵连续不断地向敌人挑战，让敌人难有喘息的机会。这就是谷战的战术。”

魏武侯问道：“我军在湖泊、沼泽地带跟敌人相遇，车轮深陷泥中，车辕被水淹没，大水逼近车兵和骑兵，并且没有预备船只，进退两难，那应当怎么办呢?”吴起答道：“这叫做水战。战车和骑兵根本无法运用，暂时把它们留在旁边。登上高处向周围了望，必定会掌握水情。只有了解到水面的宽窄，弄清楚水的深浅，才能够出奇制胜。如果敌军渡水，就趁它渡过一半时进攻它。”

魏武侯问道：“长期阴雨连绵，车马陷于泥潭，四面八方被敌人包围，全军惊慌失措，那该怎么办呢?”吴起答道：“一般使用战车作战，天气阴雨，道路泥泞，就停止出兵；天气晴朗，道路干燥，就抓紧行动；最好选择高地，不走低洼之地，让坚固的战车奔驰。不论前进还是停止，必须遵循以上原则。敌军假如动用战车，必须跟踪追击。”

魏武侯问道：“残暴、贪利的敌人忽然来犯，掠夺我们的田野，抢劫我们的牛羊，那该怎么办呢?”吴起答道：“残暴的敌人来犯，我们一定要想到它的来势十分凶猛，要做好坚守的准备，不要轻易地与它决战。敌人将在傍晚的时候撤走，它装载的财物一定十分沉重，心理必然恐惧不安；撤退时力求快速，因此队伍必然稀稀拉拉互不连贯。我军乘机追击，敌军就可被消灭。”

吴起说：“通常进攻敌国包围城池的原则：攻克了城池之后，各部队要有秩序地进入它的官府，留用原有的官吏，没收它的宝器和财物。我军所到之处，不许滥伐树木，不许拆毁民房，不许抢掠百姓的食物，不许宰杀百姓的六畜，不许焚烧仓库的财物，用实际行动来显示对普通百姓没有残害之心。其中如有要求投降的，要答应他们，而且要用言辞安抚他们。”

商君书

更 法

孝公平画[①]，公孙鞅、甘龙、杜挚三大夫御于君。虑世事之变，讨正法之本[②]，求使民之道。

【注释】

①孝公：秦孝公，姓嬴，名渠梁，公元前361～前338年在位。 画：计策，这里指治国的大计。②正：使……正，整饬。

君曰："代立不忘社稷，君之道也；错法务明主长[①]，臣之行也[②]。今吾欲变法以治，更礼以教百姓，恐天下之议我也。"

【注释】

①主长：君主的长处在于利用自己的权力威势，所以"明主长"就是要彰明君主的威势，以造成令行禁止的政治局面。②行：与"道"对文而同义，指道德准则。

公孙鞅曰："臣闻之：'疑行无成，疑事无功。'君亟定变法之虑，殆无顾天下之议之也[①]。且夫有高人之行者，固见负于世[②]；有独知之虑者，必见骜于民[③]。语曰：'愚者暗于成事，知者见于未萌。民不可与虑始，而可与乐成。'郭偃之法曰[④]：'论至德者不和于俗，成大功者不谋于众。'法者所以爱民也，礼者所以便事也[⑤]。是以圣人苟可以强国，不法其故；苟可以利民，不循其礼[⑥]。"

孝公曰："善！"

【注释】

①"殆"：是表示委婉的肯定语气的副词，这里用于劝告，含有"还是应该"的意思。无：通"毋"。议之：与上文"议我"相对，其中的"之"指代"你"，这是"之"在对话中的一种活用。②负俗：谓被世议论也。③骜：嘲笑。④郭偃：郭偃即是卜偃，以其职事则称为卜偃，以其姓氏则称郭偃。⑤事：办事，指操理政事。⑥"不法其故"和"不循其礼"互文见义，等于说"不法其故法"、"不循其故礼"。

甘龙曰："不然。臣闻之：'圣人不易民而教，知者不变法而治。'因民而教者，不劳而功成；据法而治者，吏习而民安。今若变法，不循秦国之故，更礼以教民，臣恐天下之议君，愿孰察之。"

公孙鞅曰："子之所言，世俗之言也。夫常人安于故习，学者溺于所闻[①]。此两者，所以居官而守法，非所与论于法之外也[②]。三代不同礼而王，五霸不同法而霸[③]。故知者作法，而愚者制焉；贤者更礼，而不肖者拘焉。拘礼之人不足与言事，制法之人不足与论变。君无疑矣。"

【注释】

①溺：沉溺，沉迷不悟。②居：使动用法。居官：使（他们）处在官位上。这两句是说：这两种人，是用来安置在官位上守法的，而不是一起来讨论法制以外的事情的人。译文用意译。③战国人所谓五霸是齐桓公、晋文公、楚庄王、吴王阖闾、越王勾践。

杜挚曰："臣闻之：'利不百，不变法；功不十，不易器。'臣闻：'法古无过，循礼无邪①。'君其图之②！"

【注释】

①邪：奸邪不正。②其：表示委婉的肯定语气的副词，用在祈使句中，可解释为"还是应该"。

公孙鞅曰："前世不同教，何古之法？帝王不相复，何礼之循？伏羲、神农①，教而不诛。黄帝、尧、舜②，诛而不怒③。及至文、武④，各当时而立法，因事而制礼。礼、法以时而定；制、令各顺其宜⑤；兵甲器备，各便其用。臣故曰：治世不一道，便国不必法古。汤、武之王也，不脩古而兴⑥；殷、夏之灭也⑦，不易礼而亡。然则反古者未必可非，循礼者未足多是也。君无疑矣。"

【注释】

①伏羲：又伏牺、宓羲、包牺、庖牺、伏戏，传说中的人类始祖。相传他教民结网，从事渔猎畜牧。因为他能执伏禽兽（牺牲），故名伏牺。神农：传说中的远古人物，相传他创制耒、耜，教民农业生产；又曾尝百草，发现药材，教人治病。②黄帝：传说中中原各族的共同祖先。③诛：本字为"殊"，杀死。所谓不拏，即不使妻子连坐之意。黄帝、尧、舜诛而不拏，言黄帝、尧、舜仅诛有罪之人，不及其妻子也。"④文：指周文王，姓姬，名昌，商纣时为西伯（西方各部落的首领）。武：指周武王，姓姬，名发，商朝末年周族的领袖。他继承其父周文王的遗志，联合庸、蜀、羌等部族，打败了商纣王，建立了西周王朝。⑤这"宜"与上文"因事而制礼"的"事"相应，当解为事宜。⑥脩：通修，学习，遵循。⑦殷：即商，朝代名。公元前16世纪商汤灭夏后建立商王朝，建都于亳（今山东曹县南），后来又曾多次迁移。商朝第十代君主盘庚把首都从奄（今山东曲阜）迁到殷（在今河南省安阳县小屯村），因而以后商也称作殷。殷商在公元前11世纪为周武王所灭。夏：朝代名，相传夏后氏部落首领禹建立了夏王朝，从此结束了帝位禅让制，所谓传子而不传贤，但传到桀，为商汤所灭。约当公元前21世纪～前16世纪。

孝公曰："善！吾闻穷巷多怪①，曲学多辩②。愚者之笑，智者哀焉；狂夫之乐，贤者丧焉③。拘世以议，寡人不之疑矣。"于是遂出垦草令④。

【注释】

①怪：穷巷之人见识少，所以遇事多觉奇怪。②曲：局部，指拘泥于一隅。③丧：悲悼。④草，未开垦过的荒地。

【译文】

秦孝公在思量国家大计，有公孙鞅、甘龙、杜挚三个大夫陪同着他，他们考虑时事的变化，讨论政治、法度的根本，研究役使人民的方法。

孝公说："继承先人的君位，心忧国家大事，这是国君的本分；建立、推行法度，来显示君主贤明，这是臣子的职责。现在我想变更法度来治理国家，改革礼制来教导百姓，但又怕天下人会对我的做法会有所异议。"

公孙鞅说："我曾经听人说过，行动迟疑不决，就不会有名。作事犹豫不定，就不会成功。君主赶快下变更法度的决心吧，应该不顾忌别人的批评。况且超乎寻常的举动，本来要被世人所反对。独具远见的策略，一定会被人民所嘲笑。俗语说：'愚昧的人在事情已经作成之后还看不明白。智慧的人在事情还没有发生之前就观察到了。人民，不能够和他们考虑事业的开端，只可以和他们欢庆事业的成功。'郭偃的法书说：'讲论崇高道德的人不委屈自己来附和俗人。建立大功的人不和群众商议。'法度是爱护人民的，礼制是对国事有利的。所以圣人治国，只要能使国家强盛，就不继续采用旧的法度；只要有利于人民，就不遵守旧的礼制。"

孝公说："好！"

甘龙说："事情不是这样。我听说过，圣人不改革人民的旧的习俗来施行教化。智者不更变旧法度将国家治理。因袭人民的旧礼俗去施行教化，不费什么事就能成功。依据旧法度去治理国家，官吏既很熟悉，人民也能相安。现今如果要变更法度，不遵守秦国的旧的制度，要改革礼制来教化人民，我恐怕天下人要批评我君，希望您仔细考虑一下。"

公孙鞅说："你所说的话都是俗人之言。平常人总是遵守旧的习惯，学士们总是局限于自己的见闻。这两种人可以当官守法，我们不能和他们讨论法制以外的事情。夏、商、周三代的礼制不同，而都将王业成就；春秋时五霸的法度也各不相同，而都成了霸业。所以智慧的人创造法度，而愚昧的人受法度的制裁；圣人改革礼制，而庸人受礼制的约束。我们不能和受礼制约束的人商量大事，不能和受法度制裁的人计议变法，我君不必表示疑惑了。"

杜挚说："我听说过，没有百倍的利益，就不变更法度。没有十倍的功效，就不改变器具。我听说过，效法古人就不会出错，遵守旧礼就没有奸邪。我君好好考虑啊！"

公孙鞅说："古代的政教不同，我们学习哪个古人？帝王不相因袭，我们遵守谁的礼制？伏羲、神农教导人民而不杀人。黄帝、尧、舜，杀人却不叫妻子连坐。至于文王、武王，是各自针对当时的形势，将法度建立；根据事实的情况，制定礼制。礼制、法度，要随着时代而制定。命令要与实际相符。兵器、盔甲，器具都要应用便利。因此我说，治理人民，并非一个方法。为国家谋利益，不必效法古人。商汤、周武的兴起，正因为他们不拘守古法；殷纣、夏桀的灭亡，正由于他们不改变旧礼。那末，推翻古法的人，未必可以排斥，拘守旧礼的人，未必值得重视。君主不要疑惑了。"

孝公说："好！我听说过，穷乡僻壤里，遇事多觉奇怪；认识片面的学士，对事通常多辩论。愚昧的人所喜欢的事，正是智慧的人所悲哀的事；狂妄的人所愉快之事，正是贤人所伤悼的事。我对于那些拘泥现状，来议论大事的看法，不再疑惑了。"于是颁布了开垦荒地的命令。

垦　令

无宿治①，则邪官不及为私利于民②。而百官之情不相稽，则农有余日；邪官不及为私利于民，则农不败。农不败而有余日，则草必垦矣③。

【注释】

①无：通毋，是表示禁止的命令副词。②为：牟取。③草：未开垦过的荒地。

訾粟而税[1]，则上壹而民平。上壹，则信；信，则臣不敢为邪。民平，则慎；慎，则难变。上信而官不敢为邪，民慎而难变，则下不非上[2]，中不苦官。下不非上，中不苦官，则壮民疾农不变。壮民疾农不变，则少民学之不休[3]。少民学之不休，则草必垦矣。

【注释】

①訾（zī）：通赀，计算，估量。②非：与下句“苦”相对，用作意动词，表示“以……为非”，“认为……是不对的”。③少（shào）：少年，青年。不休：不停止。它承上句“疾农不变”而言，指不中断务农的行当。

无以外权爵任与官[1]，则民不贵学问[2]，又不贱农。民不贵学，则愚；愚，则无外交；无外交，则国安不殆。民不贱农，则勉农而不偷。国安不殆，勉农而不偷，则草必垦矣。

【注释】

①战国时代，有学问的游说之士常常靠三寸不烂之舌去游说诸侯，“以外权士官于内”、“以内重求利于外”，以致“国利未立，封土厚禄至矣；主上虽卑，人臣尊矣；国地虽削，私家富矣”所以商鞅劝戒君主“无以外权爵任与官”。②学问：指学习研究古代典籍。

禄厚而税多[1]，食口众者，败农者也。则以其食口之数贱而重使之[2]。则辟淫游惰之民无所于食[3]。民无所于食，则必农；农，则草必垦矣。

【注释】

①古代达官贵族的俸禄来源于其封邑的税收，所以“禄厚”必“税多”。②则：犹故。赋，赋税，这里作动词，指收税。重使之：从重役使他们。③僻：邪僻。淫，游。于食：为食，搞食物，牟取食物。

使商无得籴，农无得粜。农无得粜，则窳惰之农勉疾[1]。商不得籴，则多岁不加乐[2]；多岁不加乐，则饥岁无裕利。无裕利，则商怯；商怯，则欲农。窳惰之农勉疾，商欲农，则草必垦矣。

【注释】

①窳（yǔ）：惰也。②多岁：丰年。

声服无通于百县[1]，则民行作不顾，休居不听[2]。休居不听，则气不淫[3]；行作不顾，则意必壹。意壹而气不淫，则草必垦矣。

【注释】

①声服：音乐服装。②行：与居相对，指外出行走。作，与“休”相对，指劳作。③气不淫：精神不游荡出去，指心思不会被靡靡之音诱惑而仍能专心于农业劳动。

无得取庸[①]，则大夫家长不建缮，爱子不惰食，惰民不窳，而庸民无所于食，是必农。大夫家长不建缮，则农事不伤。爱子、惰民不窳，则故田不荒。农事不伤，农民益农[②]，则草必垦矣。

【注释】

①佣：即佣工。②此指农民不再因为被雇取而分散精力，因而更能集中精力从事农业生产。

废逆旅[①]，则奸伪、躁心、私交、疑农之民不行[②]，逆旅之民无所于食，则必农。农，则草必垦矣。

【注释】

①逆：迎也。旅，客也。旅馆迎接旅客，所以古人叫做逆旅。②躁心：指不安心本职。这种人见异思迁，所以会“行”而舍于逆旅。

壹山泽[①]，则恶农、慢惰、倍欲之民无所于食。无所于食，则必农。农，则草必垦矣。

【注释】

①君主必须独掌山泽的管理权，不许民众任意砍柴、采矿、打猎、捕鱼。

贵酒肉之价，重其租，令十倍其朴[①]，然则商贾少[②]，农不能喜酣奭[③]，大臣不为荒饱。商贾少，则上不费粟。民不能喜酣奭，则农不慢。大臣不荒，则国事不稽，主无过举。上不费粟，民不慢农，则草必垦矣。

【注释】

①朴：指成本。②这里“商贾”连言，泛指商人。③酣奭：针对“酒”而言，当指尽情地纵酒畅饮作乐。奭当解为盛。

重刑而连其罪[①]，则褊急之民不斗[②]，很刚之民不讼[③]，怠惰之民不游，费资之民不作，巧谀、恶心之民无变也。五民者不生于境内，则草必垦矣。

【注释】

①重刑：商鞅主张重刑，并不是一种惩办性的措施，而是一种惩戒性的措施，其目的是为了“以刑去刑”。连其罪：指连坐。商鞅建立了伍（五家）、什（十家）的联保组织，使人们互相监视。联保组织中有一人犯罪，其他的人如果告发，则有赏；如果不告发，就连带一同受罚。②褊（biǎn）：这里指气量狭小。

气量小的人计较得失而不能忍耐，往往会争斗。③很：今字作狠，凶暴不听从人为狠。

使民无得擅徙，则诛愚。乱农无所于食而必农。愚心、躁欲之民壹意[1]，则农民必静[2]。农静、诛愚[3]，则草必垦矣。

【注释】

①躁欲：与“躁心”同义，指不安心本职而另有欲望的人，所以与“壹意”相对。②静：这里指安土重迁，专心务农。③简书说：“‘农静诛愚’下宜补‘乱农之民欲农’六字。”似未可从。

均出余子之使令[1]，以世使之，又高其解舍[2]，令有甬官食，概[3]。不可以辟役[4]，而大官未可必得也，则余子不游事人，则必农。农，则草必垦矣。

【注释】

①均：同也。“使令”指服役的法令。②解：放也。舍，免也。③甬官掌为徭役之人供给谷米之官有取也。食：粮食。概：本指量米粟时刮平斗斛用的木板。用作动词时引申指削平指取粮时如果超过了标准，就要被甬官削除。④辟：与避同。

国之大臣诸大夫，博闻、辨慧、游居之事[1]，皆无得为，无得居游于百县，则农民无所闻变见方[2]。农民无所闻变见方，则知农无从离其故事，而愚农不知，不好学问。愚农不知，不好学问，则务疾农。知农不离其故事，则草必垦矣。

【注释】

①博闻之事：指学习与研究古代的文献典籍。辨：通辩。辨慧之事：指施展巧诈进行辩说。②变：通辩，指离奇言论。

令军市无有女子；而命其商，令人自给甲兵，使视军兴[1]；又使军市无得私输粮者。则奸谋无所于伏[2]，盗输粮者不私稽，轻惰之民不游军市[3]。盗粮者无所售[4]，送粮者不私[5]，轻惰之民不游军市，则农民不淫，国粟不劳，则草必垦矣。

【注释】

①兴：发动，指战斗动员。即“兴师动众”之“兴”。使视军兴：使他们注意军队的战斗动员。这是为了让他们了解战争物资的需求，以便早作准备，做好战时的物资供应。②奸谋：指通奸之谋。③这三句分承上述之令，是上述之令的后果。“奸谋无所于伏”承“令军市无有女子”而言，“盗输粮者不私稽”承“使军市无得私输粮”而言，“轻惰之民不游军市”承“命其商，令人自给甲兵，使视军兴”而言。盗：偷。私稽：指私下贮存偷运来的粮食。④盗粮者：即上文的“盗输粮者”。因为他们“不私稽”（不能私下贮存），所以“无所售”（没有地方出售）。⑤不私：即公。送粮者不私：指送军粮的人一律由公家派遣。这句实是补充说明“盗粮者无所售”的。原意是：偷运粮食的人无处出售粮食，那么军队中的粮食供应如何解决呢？由公派的送粮人员解决。

百县之治一形，则从迂者不敢更其制[1]，过而废者不能匿其举[2]。过举不匿，则官

无邪人。迁者不饰，代者不更，则官属少而民不劳③。官无邪，则民不敖④；民不敖，则业不败。官属少，征不烦。民不劳，则农多日。农多日，征不烦，业不败，则草必垦矣。

【注释】

①徙：调职。迁：调职，升官。饰：即美化自己，指吹嘘自己采取了与众不同的政治措施。②“举”字前承上省“过”字。“其举”即指“其过举”。“举”与主无过举之“举”同义，表示举动、行为、措施。③官属：即属吏，从属的官员。④敖：与遨通，谓遨游以避邪官也。

重关市之赋，则农恶商，商有疑惰之心①。农恶商，商疑惰，则草必垦矣。

【注释】

①疑：怀疑，迟疑不决。惰：懈怠，懒得干。

以商之口数使商，令之厮、舆、徒、重者必当名①，则农逸而商劳。农逸，则良田不荒；商劳，则去来赍送之礼②，无通于百县。则农民不饥，行不饰③。农民不饥，行不饰，则公作必疾，而私作不荒，则农事必胜。农事必胜，则草必垦矣。

【注释】

①厮：析薪者。舆，主驾车者。此皆言贱役之人。徒，隶也。当名犹言应役。②赍（jī）：馈赠。③此既与“去来赍送之礼”相应，则“饰”当指礼仪上的装饰，而不是指衣服上的装饰。

令送粮无取僦，无得反庸①，车牛舆重设必当名②。然则往速来疾，则业不败农。业不败农，则草必垦矣。

【注释】

①佣：受雇用。②舆：载也。车、牛、载重量在实际服役时必须与注册时相当，是为了避免使用劣车、劣牛以及超载而影响运输速度。

无得为罪人请于吏而饷食之①，则奸民无主。奸民无主，则为奸不勉②。为奸不勉，则奸民无朴③。奸民无朴，则农民不败。农民不败，则草必垦矣。

【注释】

①饷（xiǎng）：送饭。食（sì）：给……吃。②勉：这里用作被动词，表示“被鼓励”。③为奸不勉则奸民无朴：则犹以，因为。朴：即牢牢附着、紧紧依附的意思。

【译文】

朝廷没有拖延的政务，那末，奸邪的官吏就来不及在人民中间获取私利；百官对于公事就不互相积压。百官对于公事如果不互相积压，农民就会有更多的时间。奸邪的官吏来不及在人民中间追求私利，农民就不致于受到损害。农民不受损害，又有更多的时间，荒地就一定耕垦了。

朝廷根据农民收入粮谷的多少来征收地税，那末，国君的地税制度就得到统一，农民负担的地税就公平了。国君的地税制度统一，就有了信用。信用一旦具备，百官就不敢作弊。农民负担的地税公平，就小心谨慎。农民小心谨慎，就不想改业。国君有信用，百官没有胆子作弊，农民小心谨慎，不想改业，因此，人民就上而不指责国君，中而不苦恨官吏。人民不指责国君，不恼恨官吏，年壮的农民就肯积极务农，不想改业。年壮的农民积极务农，没有改业的想法，年少的农民就要向他们学习，却不懒惰。年少的农民向他们学习而不懒惰，荒地就必然耕垦了。

国君不因为别国的势力赐人以爵位和官职，那末，人民就不将学问放在心上，不轻视农事。人民不重视学问，就自然愚昧。人民愚昧，就不会和别国有交往。人民不与别国有交往，国家就安全无忧。人民不轻视农事，就努力务农而不懒惰。国家安全没有危险，人民努力务农而不懒惰，荒地就一定得到耕垦了。

贵族俸禄厚，收税多，吃饭的人口又多，是对农事有害的。朝廷就按照他们吃饭的人口的数目，收取人口税，将其徭役加重，那末，邪僻、浮荡、游闲、懒惰的人就没处吃饭。这些人没处吃饭，就必然从事农业。这些人都务农，荒地就必然耕垦了。

朝廷下令商人不得将粮米卖掉，农民不得买粮米。农民不得买粮米，懒惰的农民就会努力耕作。商人不得卖粮米，丰年到来之时，就不能更加享乐；遇到荒年也没有余利可图。丰年不能更加享乐，荒年也没有余利可图，商人就犹豫了。商人胆怯，就情愿去做农民。懒惰的农民努力耕作，商人愿意去做农民，荒地就必然耕垦了。

朝廷不准许音乐、杂技到各县去，因此，农民在劳动的时候，就看不到音乐、杂技，在休息的时候，就听不到这些。农民在休息的时候听不到这些，精神就踏实，在劳动的时候看不到这些，意志就能专一。农民意志专一，精神没有浮荡，荒地就一定耕垦了。

朝廷不准许阔家雇用佣人，那末，大夫家长就不让他人修建房屋，家长的爱子和懒汉就得自己劳动，做雇工的人就没有地方吃饭，从而就必然务农了。大夫家长不修建房屋，农事就不会遭到它的妨害，家长的爱子和懒汉都自己劳动，旧田就不致于荒芜。农事不受到妨害，做雇工的人也从事农作，荒地就必然耕垦了。

朝廷禁止人们开设旅馆，那末，奸滑、虚伪、内心狡猾、交结私人、迷惑农民的人就不能远行，开设旅馆的人们就没有饭吃，所以必须务农。这些人都务农，荒地就必然耕垦了。

官家独占山泽之利，那末，讨厌农作、懒惰、贪婪、靠山泽谋生的人就没处吃饭。他们没处吃饭，就必然务农。他们全都务农，荒地就必然开垦了。

朝廷将酒肉价格提高，加重酒肉的税，让税额比成本高十倍，那末，卖酒肉的商人自然减少，农民就不会爱好喝酒，大臣就不致荒淫醉饱，卖酒肉的商人少了，官家就不致浪费粮米。农民不喜欢喝酒，就不会懒于农作。大臣不荒淫醉饱，国家政事就不耽误，国君的一切措施就不会发生错误。朝廷不浪费粮米，农民不懒于农作，荒地就必然耕垦了。

加重刑罚，一人有罪，亲属等连坐。因此，狭隘、急躁的人就不敢打架；粗暴、刚强的人就不敢挑起诉讼；懒惰的人就不敢游荡；浪费钱财的人就不致产生；奸巧、阿谀、居心不良的人就不敢有所欺骗。这五种人不产生在国中，荒地就一定耕垦了。

趄廷不允许人民自由迁徙，那末，那些愚昧无知而不安于农业的人就没处吃饭，所以必须

务农。愚昧、贪婪的人专心务农，农民就必然安静。农民安静而愚昧，荒地就必然耕垦了。

朝廷对于贵族大家没有职业的子弟，平均地给以徭役，按照名册使唤他们，提高解除徭役的条件，设立管理徭役的官吏，供给当役者的粮食。他们没有可能逃避徭役，想做大官也没有把握。因此，这种子弟就不投入权贵之门去做他们的爪牙，因而必定务农。这些人都务农，荒地就必然耕垦了。

国君不允许国中大臣和大夫们追求见闻多，善谈论，有智慧，闲居游逛，特别不准许他们在各县闲居游逛。那末，农民就听不到什么奇谈，看不到什么异能。农民听不见奇谈，看不到异能，所以有知识的农民无从抛开旧业，没知识的农民无从求得知识，并且不喜好学问。他们没有知识，而且不喜好学问，就积极努力于农业种垦。没知识的农民积极努力于农作，有知识的农民不抛开旧业，荒地就必然耕垦了。

朝廷下令军人市场不得有女子；命令军人市场的商人自己准备铠甲及兵器，使他们注视着军队出发做好准备；又使军人市场不得私运粮米。那末，奸巧的计谋就没有办法隐藏在市场中了；偷军粮的人就无法卖出；运军粮的人就不会私自拖延；浮荡、懒惰的人就不在军人市场游逛。偷军粮的人无法卖出，送军粮的人不擅自拖延，浮荡、懒惰的人不在军市游逛，农民就不四处游荡，国家的粮米就不枉费，因而荒地就必然耕垦了。

各县的政治制度都是一个形态，那么人人遵从，邪僻的官吏就没有胆量玩弄花样；接替的官吏就不敢变更制度；由于错误而废弛职务的官吏就不能将其错误行为掩盖。官吏有了错误行为而不能掩盖，理所当然就没有邪人。邪僻的官吏不敢玩弄花样，接替的官吏不敢变更制度，官员就可以减少，人民就不致于疲于供应。官吏没有邪僻，人民就不敢游荡。人民不敢游荡，他们的事业就不致于失败。官员减少，征收的赋税就不多。人民不疲于供应，农民就有富余的时间。农民有了多余的时间，征收的赋税很少，事业又不失败，荒地就必然耕垦了。

朝廷加重关市中的商品税，那末，农民就不愿意从商，商人对自己的职业就产生怀疑和消极的思想。农民不情愿为商，商人有怀疑和消极的思想，荒地就必然耕垦了。

朝廷依据商家人口的数目，分配徭役，叫商家的奴仆依名册承担徭役，那末，农民就安逸，商人就劳苦了。农民安逸，良田就不致荒芜。商人劳苦，就没有剩余的力量把那些往来赠送的礼物运到各县。农民也就不致挨饿，并且不从事于表面的应酬。农民不挨饿，不从事于表面的应酬，对于公家的任务就一定能积极，对于私人的工作就不致荒废，所以农事必能取得胜利。农事取得胜利，荒地就必然耕垦了。

朝廷规定给官家送粮，不得租别人的车；不得揽回头载；车牛所载的重量在服役时一定和官册所注明的重量相当。那末，送粮的车就往来迅速，所以这种工作就不致妨害农事。这种工作不妨害农事，荒地就必然耕垦了。

朝廷不准许人民为了照顾罪人，请求官吏许可给他送饭吃，那末，奸民就没有主人。奸民失去了主人，作奸就不免受罪。作奸不免受罪，奸民就没有依靠。奸民没有依靠，农民则不致受害。农民不受害，荒地就必然得到耕垦了。

农　　战

凡人主之所以劝民者，官爵也；国之所以兴者，农战也。今民求官爵①，皆不以农战，而以巧言虚道②，此谓劳民③。劳民者，其国必无力；无力者，其国必削④。

【注释】

①求：犹得也。②巧言：花言巧语。虚道：空洞的道理。③劳（lào）："劳民"与首句"劝民"同义，是慰劳民众的意思。此文的意旨是：君主使民众取得官爵靠巧言虚道而不靠农战，这就不过是在"劝民"，而不是在兴国。此句后若补一句"非谓兴国"，那么文义就明显了。现省此一句，原文就很难理解。④削：与上文"兴"相对，当解为削弱。

善为国者，其教民也，皆作壹而得官爵[①]，是故不官无爵。国去言，则民朴；民朴，则不淫。民见上利之从壹空出也[②]，则作壹；作壹，则民不偷营[③]；民不偷营，则多力；多力，则国强。今境内之民皆曰："农战可避，而官爵可得也。"是故豪杰皆可变业，务学《诗》、《书》[④]，随从外权，上可以得显，下可以求官爵；要靡事商贾[⑤]，为技艺，皆以避农战。具备，国之危也。民以此为教者[⑥]，其国必削。

【注释】

①"作壹"的具体含义，是指专心致力于农战，不以那"学《诗》、《书》"、"事商贾"、"为技艺"等来妨碍农战。但"作壹而得官爵"包括农战两方面：务农取得官爵，作战取得官爵，不过，商君治理下的秦国，取得官爵的主要途径还是在作战。②利：爵禄的奖赏。③营：求也，谋也。苟且曰偷，不务农战而谋为他务，是偷营也。④《诗》：我国最早的诗歌总集，儒家经典之一。先秦称为《诗》，到汉代尊称为《诗经》。《书》：即《尚书》，是现存最早的上古历史文献的汇编，儒家经典之一。先秦称为《书》，到汉代尊称为《书经》。⑤要靡（yāomí）、幺麽（yāomó），指其平庸而微不足道。⑥此文指君主以上述这两种人的行为作为教育的内容，臣民以上述这两种人的行为作为效法的对象。

善为国者，仓廪虽满[①]，不偷于农[②]；国大、民众，不淫于言；则民朴壹。民朴壹，则官爵不可巧而取也[③]。不可巧取，则奸不生。奸不生，则主不惑。今境内之民及处官爵者，见朝廷之可以巧言辩说取官爵也，故官爵不可得而常也[④]。是故进则曲主，退则虑私、所以实其私[⑤]，然则下卖权矣[⑥]。夫曲主虑私，非国利也，而为之者，以其爵禄也；下卖权，非忠臣也，而为之者，以末货也[⑦]。然则下官之冀迁者皆曰："多货，则上官可得而欲也。"曰："我不以货事上而求迁者，则如以狸饵鼠尔，必不冀矣；若以情事上而求迁者，则如引诸绝绳而求乘枉木也[⑧]，愈不冀矣。二者不可以得迁，则我焉得无下动众取货以事上而以求迁乎？"百姓曰："我疾农，先实公仓，收余以食亲[⑨]；为上忘生而战，以尊主安国也。仓虚，主卑，家贫。然则不如索官[⑩]。"亲戚交游合，则更虑矣。豪杰务学《诗》、《书》，随从外权；要靡事商贾，为技艺，皆以避农战。民以此为教，则粟焉得无少，而兵焉得无弱也？

【注释】

①廪（lǐn）：米仓。②偷：马虎。③巧：承"不淫于言"而来，指巧言，即下文的"巧言辩说"。④"常"即指下文的"官法"，指授官封爵的法规，也即韩非所记述的"商君之法"之类。⑤实：充实，满足。所以实其私：满足他们私欲的办法。⑥卖权：应解为"卖弄权势"，指炫耀利用自己的权势以谋取私利。⑦末，逐也。谓争逐货利。⑧此"乘"字秦本作"绳"，表示"使……直"。⑨食（sì）：供养。⑩索：

求也。

善为国者，官法明，故不任知虑[①]。上作壹，故民不俭营，则国力抟[②]。国力抟者强，国好言谈者削。故曰：农战之民千人，而有《诗》、《书》辩慧者一人焉，千人者皆怠于农战矣。农战之民百人，而有技艺者一人焉，百人者皆怠于农战矣。国待农战而安，主待农战而尊。夫民之不农战也，上好言而官失常也。常官则国治[③]，壹务则国富[④]。国富而治，王之道也[⑤]。故曰：王道作外，身作壹而已矣。

【注释】

①知：通智。②抟：聚也。③常：这里用作状语，是“按法”的意思。官：用作动词，指授予官职。常官：依法授官，也就是按照商君规定的法制授予官职。④务农可得粮食，作战可获战利，所以可致富。⑤王（wàng）：成就王业，称王天下。

今上论材能知慧而任之[①]，则知慧之人希主好恶使官制物以适主心[②]。是以官无常，国乱而不壹，辩说之人而无法也。如此，则民务焉得无多？而地焉得无荒？《诗》、《书》、礼、乐、善、修、仁、廉、辩、慧，国有十者，上无使守战。国以十者治，敌至必削，不至必贫。国去此十者，敌不敢至，虽至必却；兴兵而伐，必取；按兵不伐，必富。国好力者以难攻[③]，以难攻者必兴；好辩者以易攻[④]，以易攻者必危。故圣人明君者，非能尽其万物也，知万物之要也。故其治国也，察要而已矣。

【注释】

①论：考察衡量。知：通智。②希：即观望。制物，断事。③难：即指实力。实力必须通过艰苦的农战才能获得，它来之不易，为民众所畏难，所以称为“难”。④易：即指辩。辩说空谈不费力，民众也不感到畏难，所以称为“易”。

今为国者多无要。朝廷之言治也，纷纷焉务相易也[①]。是以其君惛于说，其官乱于言，其民惰而不农。故其境内之民，皆化而好辩、乐学，事商贾，为技艺，避农战。如此，则不远矣。国有事，则学民恶法，商民善化，技艺之民不用，故其国易破也。夫农者寡而游食者众，故其国贫危。今夫螟、螣、蚼蠋春生秋死，一出而民数年不食。今一人耕而百人食之，此其为螟、螣、蚼蠋亦大矣。虽有《诗》、《书》，乡一束，家一员[②]，犹无益于治也，非所以反之之术也。故先王反之于农战。故曰：百人农、一人居者王，十人农、一人居者强，半农半居者危。故治国者欲民之农也。国不农，则与诸侯争权不能自持也，则众力不足也。故诸侯挠其弱[③]，乘其衰[④]，土地侵削而不振，则无及已。

【注释】

①纷纷：形容七嘴八舌、众说纷纭的样子。焉：相当于然。②一员犹一卷也。布帛所写之书则卷成一卷，卷为圆形，故战国时人称为一员，及至汉代则称为一卷矣。③挠：扰也。就是侵扰的意思。④乘：就是进攻的意思。

圣人知治国之要，故令民归心于农。归心于农，则民朴而可正也，纷纷则易使也，信可以守战也。壹则少诈而重居，壹则可以赏罚进也，壹则可以外用也。夫民之亲上死制也[1]，以其旦暮从事于农。夫民之不可用也，见言谈游士事君之可以尊身也、商贾之可以富家也、技艺之足以餬口也。民见此三者之便且利也，则必避农。避农，则民轻其居。轻其居，则必不为上守战也。凡治国者，患民之散而不可抟也，是以圣人作壹，抟之也。国作壹一岁者，十岁强；作壹十岁者，百岁强；作壹百岁者，千岁强；千岁强者王。君脩赏罚以辅壹教，是以其教有所常，而政有成也。

【注释】

①制，法令。

王者得治民之至要，故不待赏赐而民亲上，不待爵禄而民从事，不待刑罚而民致死。国危主忧，说者成伍，无益于安危也。夫国危主忧也者，强敌大国也。人君不能服强敌、破大国也，则修守备，便地形[1]，抟民力，以待外事，然后患可以去，而王可致也。是以明君修政作壹，去无用，止浮学事淫之民，壹之农，然后国家可富，而民力可抟也。

【注释】

①便：就是熟习的意思。

今世主皆忧其国之危而兵之弱也，而强听说者[1]。说者成伍，烦言饰辞[2]，而无实用。主好其辩，不求其实。说者得意，道路曲辩，辈辈成群。民见其可以取王公大人也，而皆学之。夫人聚党与，说议于国，纷纷焉，小民乐之，大人说之。故其民农者寡而游食者众。众，则农者殆[3]；农者殆，则土地荒。学者成俗，则民舍农从事于谈说，高言伪议。舍农游食而以言相高也[4]，故民离上而不臣者成群。此贫国弱兵之教也。夫国庸民以言[5]，则民不畜于农[6]。故惟明君知好言之不可以强兵辟土也，惟圣人之治国作壹、抟之于农而已矣。

【注释】

①强（qiǎng）：勉力。②烦：多也。饰，巧也。③蒋礼鸿说：“殆读作怠。”④此十字实是复说上两句的内容以作为下句“故民离上而不臣者成群”的前提。⑤庸：用也。⑥畜：好也。

【译文】

国君鼓励人民，要运用官和爵。国家所以能够兴盛，要依靠农和战。现在人民都不从农战来争取官爵，反而用巧妙的言谈和空虚的理论，这就叫做奸巧的人。人民奸巧，国家就毫无力量。国家没有力量，敌人必然侵削其国土。

善于治国的人，他教育人民都专心从事农战，来获取官爵，所以不从事农战的人就没有官

爵。国家废去空言，人民就会变得朴实。人民朴实就不浮荡。人民看见君上的利禄是从农战一个地方出来，就都专心从事农战。人民专心从事农战，就不会懒惰迷惑。人民不懒惰迷惑，力量就多。人民力量多，国家就强。现在国中的人民都认为："农战可以避免，还可以取得官爵。"因此才干杰出的人物都要改变行当，努力去学习《诗》、《书》，追逐国外势力，上而可以取得荣誉，下而能够追求官爵。渺小的人物就经营商业，从事手工业，都是为了避免农战。具备这些情况，国家是危险的；人民受到这样的教育，国土必定被敌人所削。

善于治国的人，粮仓虽然满盈，也仍然重视农业农作。国家大，人民多，不为空谈所惑。这样，人民就朴实而专一。人民朴实专一，就是因为不能用奸巧的手段取得官爵。不能运用奸巧的手段取得官位，奸人就不会产生。奸人不产生，国君就不致迷惑。现在国中的人民和有官爵的人们，看见朝廷可以用巧言善辩取得官爵，从而官爵的赐予没有常规，因此，他们上朝就曲意逢迎国君，回家就考虑自己的私利。用来实现自己的私利的方法，那就是在下面出卖国君的权利了。曲意迎合国君，考虑自己的私利，就不利于国家，然而他们要这样作，就是为了爵禄。在下面将国君的权利出卖，就不是忠臣，然而他们要这样作，就是为了追求金钱。于是下级官吏希望升迁的人都说："只要钱财多，就有做大官的指望。"又说："我不用钱财孝敬上司，却想要升官，就象用猫儿引老鼠，是毫无希望的。如果用忠诚对待上司，而要求升官，就象牵着断了的绳子而妄想爬上弯树，更是没有希望的。这两样既不可能得到升官，因此，我怎能不到下面去骚扰群众，勒索钱财，用来孝敬上司，争取升官的机会呢？"百姓说："我努力农作，首先装满公家的粮仓，其后收拾剩余的粮米，供养父母。为了君上而拚命战争，来抬高国君的地位，保卫国家的安全。后果是国家的粮仓空虚，国君的地位下降，自己的家也贫穷，象这样就不如求官了。"亲戚朋友意见一致，就改变主意了。才干杰出的人努力去读《诗》、《书》，追求国外势力。渺小的人去经营商业，搞手工业，都用这些来逃避农战。人民受着这种教育，粮米怎么可能不减少，兵力怎么能不薄弱呢？

善于治国的人，官法明确，因此不用智慧和计谋；君上只是实施重农重战一个政策，所以人民就不懒惰，不迷惑。这样，国家的力量就能集中。在一起国家的力量集中，就能强盛。朝廷喜欢巧言善辩，国土就被敌人侵削。所以说，从事农战的人有一千个，读《诗》《书》、讲智慧、能辩论的人即使有一个，这一千个人就都懒于农战了。从事农战的人有一百个，搞手工业的人有一个，这一百个人就都怠于农战了。国家依靠农战才能得到安全。国君凭借农战才能得到尊贵。人民所以不肯从事农战，是因为君上喜欢花言巧语，官吏没有了常规啊！官吏有常规，国家就治。只有重农重战一个政策，国家就会富强。国家富而又治，就是成就王业的道路。所以说，成就王业的道路不从外来，在于国君自身实行重农重战一个政策罢了。

现在君上根据才能、智慧来用人，所以那些善于玩弄聪明、很有心计的人就会观察君主的好恶，来任用官吏，处理国事，用以投合君主的心意。所以，奖授官爵不按农战常规，国家就混乱而不能专心致志于农战，巧言诡辩的人也就目无法纪了。这样，人民要做的事怎能不杂，土地怎能不荒废呢？《诗》、《书》、礼、乐、善、修、仁、廉、辩、慧，国家有这十样，君上便没有可以用来防守和作战之力了。朝廷用这十样来治理国家，敌人打来，国土一定被侵削；敌人不来，国家也必定贫弱。国家去掉这十样，敌人就不敢来侵犯，即使来侵犯，也必定败甲而归；出兵讨伐别国，必定会取得胜利；按兵不动，国家也必定富强。重视农战，追求实力的国家，敌人就难于进攻，难于进攻的国家必然兴盛；喜好巧言辩说的国家，敌人就容易进攻，易于进攻的国家就必然危险。所以圣人和明君并非对万事都能懂得，只是知道万事的纲要。他们治理国家，仅仅在于考察清楚治国的纲要罢了。

现在治国的人多半没有纲要。在朝廷上讲起政治来，议论纷纷，都在致力于推翻别人的说法。因此国君被学说搞胡涂了，官吏被言论弄得混乱了，人民也懒惰不肯从事农作了。于是，国内的人都逐渐变得爱好巧辩，喜欢学习，愿意从事商业和手工业，以逃避农战。这样，离亡国就不远了。因为，一旦国家有事，儒生讨厌破坏法制，商人善于投机取巧，手工业者又不肯为国家出力，因此国家就容易破败了。农民少，游说混饭吃的人多，所以国家就贫穷而危险。比如吃田苗的螟、螣、等虫，春天生长，秋天死去，这些害虫一旦出现一次，人民就几年没有吃的。现在一个人耕田，可是一百个人闲吃，这些闲吃的人，就是更大的螟、螣、蚼蠋了。即使有《诗》、《书》，每乡一捆，每家一卷，对于治国却毫无益处，因为这不是转贫危为富安的方法。所以古代帝王转贫危为富安，秘诀重农重战。所以说，一百个人务农，一个人闲居，这样，就可以将王业成就。十个人务农，一个人闲居，这样，国家就富强。一半人务农，一半人闲居，这样，国家就危险。因此治国的人，总是希望人民务农。国家轻视农业，与诸侯争衡，就难以自保，因为群众的力量不充足呀！所以诸侯就乘他软弱，而进行征服，趁他衰微，而加以欺凌。土地被侵夺，而不能振作起来，到那时，后悔也已经晚了。圣人知道治国的纲要，所以使人民专心务农。人民专心务农，就朴实而容易治理，忠厚而容易使唤，诚信而可以守土，可以进行战争了。人民意志专一，就少有欺诈，而且安于故居；人民意志专一，朝廷才可以用赏赐和刑罚来督促他们；人民意志专一，君主才可以用他们的力量来对付外难。人民所以能够亲爱君上，为法令而牺牲，正由于他们每天早晚都从事于农作。人民所以不可以役使，是因为他们发现巧言善辩的游客可以陪伴国君，取得个人的荣耀；看见商人可以赚钱发财；看见手工业者也可以糊口。人民看见这三样人既自由又有利，就一定想法避免农作。人民要避免农作，就不安于故居。人民不安于故居，就必定不愿意为君上守土和战争了。大凡治国的人总是忧虑人民散漫而不集中，因此圣人实行重农重战一个考虑，就是为了把人民集中起来。国家实行一个政策一年，就强盛十年；实行一个政策十年，就百年强盛；实行一个政策百年，就千年强盛，千年强盛的国家，就能成就王业了。国君明定赏赐和刑罚，用来辅助重农重战的一种教育，因此教育有常规，而政治就成功了。成就王业的国君得到了治理人民的方法，所以不依靠赏赐，而人民亲爱君上；没有爵禄，而人民努力工作；不依靠刑罚，而人民肯卖命。当国家危险，国君忧愁的时候，空谈的人虽然成群结队，对于国家的安危是毫无益处的。国家危险，国君忧愁的原因，是由于有强大的敌国。国君不能征服强敌，攻破大国，就必须修好守卫的设备，考察地形，将人民的力量集中，来应付外来的事变，然后才可以消除忧患，将王业成就。所以明君总是修明政治，实行一个政策，除去废物，禁止搞浮华的学问和从事游荡的人民，令他们专心于农作，然后国家才可以富，人民的力量才可以集中。

如今的国君都忧虑他们国家的危险和兵力的薄弱，然而却勉强听从说客们的议论。说客多得排成队伍，繁琐的议论，粉饰的言辞，都毫无实际用处。国君喜欢他们的巧辩，不研究它的实际用处，说客心花怒放，因而在路上都进行着歪曲的辩论，一帮一帮地结伙成群。人民看见他们可以将王公大人说服，就都向他们学习了。这些人纠集党羽，在国内高谈阔论，纷纷扰扰。老百姓喜欢这样，大官们也爱好这样，所以人民中务农的就减少了，而闲游混饭的人就多了。闲游混饭的人多，农民就变得懒惰。农民懒惰，土地就荒芜。儒生们造成了这种风俗，人民就丢掉农作，去从事谈论、说大话、说假话。抛弃农作，闲游混饭，都用谈论来互相争个高下。因此人民就不拥护国君，背叛国君的人多得成群。这种教育实际上就是使国家贫穷、兵力薄弱的教育呀！所以朝廷用人如果以谈论为标准，人民就厌恶农作了。只有明君才明白喜欢谈论是不能够加强兵力，不能够开辟土地的。只有圣人治国，才能够实行一个政策，那就是集中民力于农业而已。

说　民

辩慧，乱之赞也[①]；礼乐，淫佚之徵也；慈仁，过之母也[②]；任誉，奸之鼠也。乱有赞则行，淫佚有徵则用[③]，过有母则生，奸有鼠则不止。八者有群[④]，民胜其政[⑤]；国无八者，政胜其民。民胜其政，国弱；政胜其民，兵强。故国有八者，上无以使守战，必削至亡。国无八者，上有以使守战，必兴至王。

【注释】

①赞：助也。②母：本也。即母体，本源。③用：为也。④八者：辩、慧、礼、乐、慈、仁、任、誉也。⑤胜：胜过。民胜其政：指民众不遵从政令。

用善，则民亲其亲；任奸，则民亲其制[①]。合而复者，善也；别而规者，奸也。章善[②]，则过匿；任奸，则罪诛。过匿，则民胜法；罪诛，则法胜民。民胜法，国乱；法胜民，兵强。故曰：以良民治，必乱至削；以奸民治，必治至强。

【注释】

①第一个“亲”字表示爱；第三个“亲”字由爱的意义引申而表示拥护、依从的意思。②章，与彰通。

国以难攻，起一取十；国以易攻，起十亡百。国好力，曰以难攻；国好言，曰以易攻。民易为言，难为用[①]。国法作民之所难[②]，兵用民之所易而以力攻者，起一得十；国法作民之所易[③]，兵用民之所难而以言攻者，出十亡百。

【注释】

①用：谓使民事之。“用”字指被役使而在农战。②“作，起也。”就是兴起、促成的意思。民之所难：民众所畏难的行为，指被役使出力。③民之所易：民众不畏难的行为，指空谈。

罚重，爵尊；赏轻，刑威。爵尊，上爱民[①]；刑威，民死上。故兴国行罚，则民利；用赏，则上重。法详，则刑繁；法繁，则刑省。民治则乱，乱而治之[②]，又乱。故治之于其治[③]，则治；治之于其乱，则乱。民之情也治，其事也乱。故行刑，重其轻者，轻者不生，则重者无从至矣，此谓治之于其治也。行刑，重其重者，轻其轻者，轻者不止，则重者无从止矣，此谓治之于其乱也。故重轻，则刑去事成，国强；重重而轻轻，则刑至而事生，国削。

【注释】

①君主拿爵位奖赏给民众，爵位越尊贵，君主的奖赏就越显得可贵，也就越能体现出君主对民众的爱，所以说“爵尊，上爱民”。②乱而治之：等于说“乱之而治之”。“乱之”即下文所说的“行刑，重其重者，轻其轻者”。③于其治：在他们安定的时候，即下文所说的“轻者不生”之时。章诗同等解为“用能取得安定的方法（指法治）”，虽讲得通，恐非原文之意。因为此文所说的方法，只是指“行刑重其轻者”，而并不泛指法治。

民勇，则赏之以其所欲；民怯，则杀之以其所恶[①]。故怯民使之以刑，则勇；勇民使之以赏，则死。怯民勇，勇民死，国无敌者必王。

【注释】

①“其所欲”可能是指爵禄，“其所恶”可能是指刑罚。

民贫则弱国，富则淫，淫则有虱，有虱则弱。故贫者益之以刑，则富；富者损之以赏，则贫[①]。治国之举，贵令贫者富、富者贫。贫者富，国强；富者贫，三官无虱。国久强而无虱者必王。

【注释】

①民贫，以刑督之力农，则富。民富粟多者，使输粟得官爵，以杀其富，故贫。

刑生力，力生强，强生威，威生德，德生于刑。故刑多，则赏重；赏少[①]，则刑重。民之有欲有恶也，欲有六淫，恶有四难[②]。从六淫，国弱；行四难，兵强。故王者刑于九而赏出一[③]。刑于九，则六淫止；赏出一，则四难行[④]。六淫止，则国无奸；四难行，则兵无敌。

【注释】

①赏少：指奖赏严谨不滥。②四难当是指务农、力战、出钱、告奸四件事。③九代表多数。④人民看到务农、力战、出钱、告奸四件事都能立功，都可得赏，就都愿意干，四件难事就都做到了。

民之所欲万，而利之所出一[①]。民非一，则无以致欲[②]，故作一。作一则力抟，力抟则强。强而用，重强。故能生力，能杀力，曰攻敌之国，必强。塞私道以穷其志[③]，启一门以致其欲，使民必先行其所要，然后致其所欲，故力多。力多而不用，则志穷；志穷，则有私；有私，则有弱。故能生力，不能杀力，曰自攻之国，必削。故曰：王者，国不蓄力，家不积粟。国不蓄力，下用也；家不积粟，上藏也。

【注释】

①所出：出来的地方，来源。②这“欲”字当专指爵禄。③私道：不顾国家利益而谋取私利的办法，指不从事农战而取得爵禄的歪门邪道。

国治：断家王，断官强，断君弱[1]。重轻，刑去。常官，则治。省刑，要保[2]，赏不可倍也。有奸必告之，则民断于心[3]，上令而民知所以应。器成于家[4]，而行于官，则事断于家。故王者刑赏断于民心，器用断于家。治明则同，治暗则异。同则行，异则止，行则治，止则乱。治则家断，乱则君断。治国者贵下断，故以十里断者弱，以五里断者强。家断则有余，故曰：日治者王。官断则不足，故曰：夜治者强。君断则乱，故曰：宿治者削。故有道之国，治不听君，民不从官[5]。

【注释】

①断家即断于家，断官即断于官，断君即断于君。②要保，指建立什伍的制度，使人民互相约束（监视），互相担保。③则：因为。④器：古代标志爵位名号的器物、祭祀的礼器以及武器都称为“器”。⑤从：相听也。“治不听君，民不从宜”是因为官吏、民众有法可依，可根据法律自己来裁断。

【译文】

巧辩和智慧是乱事的促导者；礼和乐是淫逸的引导；慈心和仁道是过错之母；侠交和赞誉是为奸人穿穴的老鼠。乱事有了促酶就要酿成；淫逸有了引导就要盛行；过错有了产母就要发生；奸邪有了老鼠就无休无止。这八样聚集，人民就战胜政治；国内没有这八样，政治就将人民战胜。人民战胜政治，国家就弱；政治战胜人民，兵力就强。所以国内有这八样，君主就没法使人民守土和战争，国家一定削弱，以至于灭亡；国内没有这八样，君主就有办法使人民守土和战争，国家就必定兴盛，以至成就王业。

利用善民，人民就热爱自己的亲人。利用奸民，人民就爱国家的法制。这是由于所谓“善”是兼顾别人而掩盖别人的罪恶。所谓“奸”是只顾自己而密切注意别人的罪恶。君上表扬这样的善民，人民的罪恶就被掩藏了，利用这样的奸民，人民的罪恶就受到惩罚了。人民的罪恶被隐藏，就是人民战胜了法律。人民的罪恶遭到惩罚，就是法律战胜了人民。人民将法律战胜，国家就乱。法律战胜了人民，兵力就强。所以说利用善民来治理国家，国家必乱，以至于削；利用奸民来治国，国家必治，以至于强。

国家用难得东西攻打别国，那末，动用一分实力，就能获得十分代价。国家用易于具有的东西攻打别国，那末，动用十分本钱，就要损失百分本钱。国家喜欢实力，就叫做用难于具有的东西攻打别国。国家崇尚空谈，就叫做用易于具有的东西攻打别国。人民易于学空谈，难于出实力。国家法律成就人民难于具有的东西，军队运用人民难于具有的东西，而用实力攻打别国，这样，动用一分本钱，就能获得十分代价。国家法律造成人民易得的东西，军队使用人民易于具有的东西，反而用空谈去攻打别国，这样，动用十分本钱，就要损失百分本钱。

刑罚重，爵位才显尊贵。赏赐轻，刑罚才显得威严。爵位尊贵，君主用来行赏，才是爱护人民。刑罚威严，人民怕受刑罚，才肯为君上牺牲。因此兴盛的国家，执行刑罚，人民就受到利益，执行赏赐，君上就受到尊重。法律繁琐，刑罚就会增多。法律简明扼要，刑罚就会减少。人民是这样，君上不去治就要乱，乱了才去治，则适得其反。所以在治的形势下去治，结果人民才能治；在乱势下去治，结果人民还是乱。人民的心理是希望治，而他们的行事却造成乱。所以执行刑罚，假使加重刑于轻罪，那末，轻罪就不致产生，重罪也就没有办法出现，这叫做“在治的形势下去治”。执行刑法，如果加重刑于重罪，加轻刑于轻罪，其结果是，轻罪就不会根除，重罪也就无法消灭。这叫做“在乱的形势下去治”。所以加重刑于轻罪，结果刑罚不用，可是事业可成，国家也就强了。加重刑于重罪，施轻刑于轻罪，结果刑罚越繁，而乱事越多，国家也就削了。

人民勇敢，君上就用他们所喜欢的东西赏赐他们。人民怯弱，君上就用他们所厌恶的东西惩罚他们。所以怯弱的人，君上用刑罚使用他们，他们就能变得勇敢。勇敢的人，君上用赏赐使用他们，他们就肯卖力。怯弱的人勇敢，勇敢的人拚命，国家就无敌，就必能成就王业。人民穷，国家就衰弱。人民富，就要浮荡，浮荡就产生虱子。一旦有了虱子，国家也就弱了。所以穷人，君上用刑罚逼迫他们生产财物，他们就会富。富人，君上用赏赐激励他们捐献财物，他们就会穷。治国的措施，要重视使穷人变富，使富人变穷。穷人变富，富人变穷，国家就会强盛，农、商、官三种人中就没有虱子。国家长期强大而且没有虱了，那就必能成就王业了。

刑罚产生实力，实力导致强盛，强盛产生威力，威力产生恩德。由此可见恩德是从刑罚产生的。所以刑罚多，赏赐就显得重了。赏赐少，刑罚就显得重了。人民是爱憎分明的。人民爱好中有六种淫邪。人民憎恶四件难事。朝廷如果放任六种淫邪，国家就弱，如果推行四件难事，兵力就强。因此成王业的国君，刑罚用于九个方面，赏赐仅用于一个方面。刑罚用于九个方面，六种淫邪就停止了。赏赐出于一个方面，四件难事就能够做到。六种淫邪停止，国家就无奸人。四件难事做到，兵力就可以无敌。人民的欲望有万种，而利益却只有一条出路，人民假使不走这一条路，就无法实现他们的欲望，所以他们所做的事就能专一。人民做事专一，力量就能集中，人民力量集中，国家就强。国家强，并且对外使用武力，就要更强。所以能够培养力量，又能够将力量消耗，这叫做“攻打敌人”的国家，结果必强。杜绝个人自利的道路，来消除他们的私心，敞开一个门户，来实现人民的欲望，让人民必须先做到他们所憎恶的事，然后才能获得他们所希望的东西，这样，人民的力量就获得增强。人民的力量增强，而朝廷不使唤他们，他们就觉得有力量而无处施展。人民觉得有力量而无处施展，就要追求私利。人民追逐私利，国家就弱。所以能够培养力量，却不能够消耗力量，这叫做“攻打自己”的国家，结果必削。所以说，能够成就王业的国君，国家不将力量储藏，民家不储藏粮谷。国家不储藏力量，意思是说人民把力量都用在战争上，民家不储藏粮谷，是说朝廷把粮谷都装在公仓里。

国家的政事办得如何，由人民在家里判断，国家就能完成王业；由官吏判断，国家就强，由国君衡量，国家就弱。加重刑于轻罪，刑罚就可以不用。按农战常规奖授官爵，国事就能办好。少用刑罚，使人民彼此制约，互相为保，有奸必告。告奸当赏的不可不赏。有了奸人，必定揭发，这样，人民对于赏罚，在心里就能判断了。君主有令，人民便知道该怎样响应，人民在家里制成器物，就预先知道官府准许推销，这样，人民对于事物，在家里就能判断了。所以能成就王业的国家，或罚或赏，在人民心里就能判断，人民制造怎样的器物，在家里就能确定。政治清明，人民就都表示同意，政治黑暗，人民就有异议。人民同意，政策就能够贯彻；人民有异议，政策就不能得到贯彻。政策能够贯彻，国家就治；政策不能贯彻，国家就乱。可见国家治，是由人民在家里判断事情；国家乱是由于君主在朝廷判断事情。治理国家最好是由下层判断事情，因此在方圆十里大的范围内才能判断国事，国家就弱；在方圆五里较小的范围内就能判断国事，国家就强。由人民在家里判断事情，政府的办公时间就有剩余，所以说：“当日事在白天完成，国家就能成就王业。”由官吏判断事情，政府的办公时间就不够，因此说：“当日事延长到夜间办完，国家只算强。”由国君判断事情，政事就要纷乱拖延，所以说：“政事拖延，国家就削弱。”所以，有法度的国家，政事不听从国家，人民不服从官吏。

算　地

凡世主之患，用兵者不量力，治草莱者不度地[①]。故有地狭而民众者，民胜其地；地广而民少者，地胜其民。民胜其地，务开[②]；地胜其民者，事徕。开，则行倍[③]。民过地，则国功寡而兵力少；地过民，则山泽财物不为用。夫弃天物、遂民淫者，世主之务过也，而上下事之，故民众而兵弱，地大而力小。

【注释】

①莱：指荒田。②开：指开拓土地。③行（háng）：谓军行列，应解为“军队”。因为开拓疆土，必须用兵，那就首先得扩展军队，所以说“开则行倍”。

故为国任地者：山林居什一，薮泽居什一[①]，谿谷流水居什一，都邑蹊道居什四[②]，此先王之正律也。故为国分田数[③]：小亩五百，足待一役，此地不任也；方土百里，出战卒万人者，数小也。此其垦田足以食其民[④]，都邑遂路足以处其民[⑤]，山林、薮泽、谿谷足以供其利[⑥]，薮泽堤防足以畜。故兵出，粮给而财有余；兵休，民作而畜长足。此所谓任地待役之律也。

【注释】

①薮（sǒu）：水少而草木茂盛的湖泽。②周礼四井为邑，邑方二里也。四县为都，都方二（案当作三）十二里也。邑有封，都有成（案当作城）。蹊（xī）：小路。③数：“数”是指国家分配给田地的赋税数以及兵役数（古代按田地税出兵员）。④垦田：耕地，指已经垦熟而正在耕种的农田。⑤遂：道也。⑥利：应解为资源，原材料。

今世主有地方数千里，食不足以待役实仓，而兵为邻敌[①]，臣故为世主患之。夫地大而不垦者，与无地同；民众而不用者，与无民同。故为国之数，务在垦草；用兵之道，务在壹赏。私利塞于外，则民务属于农；属于农，则朴；朴，则畏令。私赏禁于下，则民力抟于敌；抟于敌，则胜。奚以知其然也？夫民之情，朴则生劳而易力，穷则生知而权利。易力则轻死而乐用，权利则畏罚而易苦。易苦则地力尽，乐用则兵力尽。夫治国者，能尽地力而致民死者，名与利交至[②]。

【注释】

①为犹与也。②交：并，一起。至：得到。

民之性：饥而求食，劳而求佚，苦则索乐，辱则求荣，此民之情也。民之求利，失礼之法；求名，失性之常[①]。奚以论其然也[②]？今夫盗贼上犯君上之所禁，而下失臣民之礼，故名辱而身危，犹不止者，利也。其上世之士，衣不煖肤[③]，食不满肠，苦其志意[④]，劳其四肢，伤其五脏，而益裕广耳，非性之常也，而为之者，名也。故曰：

名利之所凑[⑤]，则民道之[⑥]。

【注释】

①常：指规律。②论：决断的意思。③衣（yì）：穿衣服。煖：同暖。④苦:使……痛苦。⑤凑：聚也。⑥道:训由，训从。

主操名利之柄而能致功名者，数也[①]。圣人审权以操柄，审数以使民。数者，臣主之术[②]，而国之要也。故万乘失数而不危、臣主失术而不乱者，未之有也。今世主欲辟地治民而不审数，臣欲尽其事而不立术，故国有不服之民，主有不令之臣[③]。故圣人之为国也，入令民以属农，出令民以计战。夫农，民之所苦；而战，民之所危也。犯其所苦、行其所危者，计也。故民生则计利，死则虑名。名利之所出，不可不审也。利出于地，则民尽力；名出于战，则民致死。入使民尽力，则草不荒；出使民致死，则胜敌。胜故而草不荒，富强之功可坐而致也。

【注释】

①"数"、"术"，应解为君主的统治策略和手段。②臣主：当作人主。③此文的"不令之臣"指君主利用厚赏严刑仍不能加以使唤的臣子。

今则不然。世主之所以加务者[①]，皆非国之急也。身有尧、舜之行，而功不及汤、武之略者，此执柄之罪也。臣请语其过。夫治国舍势而任说说，则身脩而功寡。故事《诗》、《书》谈说之士，则民游而轻其君[②]；事处士，则民远而非其上；事勇士，则民竞而轻其禁[③]；技艺之士用，则民剽而易徙；商贾之士佚且利，则民缘而议其上[④]。故五民加于国用，则田荒而兵弱。谈说之士资在于口，处士资在于意，勇士资在于气，技艺之士资在于手，商贾之士资在于身。故天下一宅，而圜身资[⑤]。民资重于身，而偏托势于外[⑥]。挟重资，归偏家，尧、舜之所难也。故汤、武禁之，则功立而名成。圣人非能以世之所易胜其所难也，必以其所难胜其所易。故民愚，则知可以胜之[⑦]世知，则力可以胜之。臣愚，则易力而难巧；世巧，则易知而难力。故神农教耕而王天下，师其知也；汤、武致强而征诸侯，服其力也。今世巧而民淫，方效汤、武之时，而行神农之事，以随世禁[⑧]。故千乘惑乱，此其所加务者过也。

【注释】

①加：更加，特别。②此"游"承"《诗》、《书》谈说"而言，当指出外求学。③竞：强也。④"缘，绕也。"引申指依附、追随。⑤圜（huán）：围绕，引申指携带，与下文的"挟"同义。圜身资：是一个双宾语结构，指把资本都携带在身上。⑥偏:同遍。⑦知：通智。⑧禁:忌讳，指忌讳用强力。

民之生[①]：度而取长，称而取重，权而索利。明君慎观三者，则国治可立[②]，而民能可得。国之所以求民者少[③]，而民之所以避求者多。入使民属于农，出使民壹于战，故圣人之治也，多禁以止能，任力以穷诈[④]。两者偏用，则境内之民壹；民壹，则农；

农，则朴；朴，则安居而恶出。故圣人之为国也，民资藏于地，而偏托危于外。资藏于地则朴，托危于外则惑。民入则朴，出则惑，故其农勉而战戢也⑤。民之农勉则资重，战戢则邻危。资重则不可负而逃，邻危则不归。于无资、归危外托，狂夫之所不为也。故圣人之为国也，观俗立法则治，察国事本则宜。不观时俗，不察国本，则其法立而民乱，事剧而功寡。此臣之所谓过也。

【注释】

①生：性。②“治”即指治理天下的正确原则。③“少”是指“禁”民之方法而言。④任力以穷诈：指只按照人们在农战中出力的大小来奖赏，使人们不能靠奸诈来谋求私利。⑤戢（jí）：与“勉”字相对，通疾。

夫刑者，所以禁邪也；而赏者，所以助禁也。羞辱劳苦者，民之所恶也；显荣佚乐者，民之所务也。故其国刑不可恶而爵禄不足务也，此亡国之兆也。刑人复漏①，则小人辟淫而不苦刑②，则徼倖于民、上；徼于民、上以利。求显荣之门不一，则君子事势以成名。小人不避其禁，故刑烦。君子不设其令③，则罚行。刑烦而罚行者，国多奸，则富者不能守其财，而贫者不能事其业，田荒而国贫。田荒，则民诈生；国贫，则上匮赏。故圣人之为治也，刑人无国位，戮人无官任。刑人有列④，则君子下其位；衣锦食肉⑤，则小人冀其利⑥。君子下其位，则羞功；小人冀其利，则伐奸。故刑戮者⑦，所以止奸也；而官爵者，所以劝功也。今国立爵而民羞之，设刑而民乐之，此盖法术之患也。故君子操权一正以立术，立官贵爵以称之⑧，论荣举功以任之，则是上下之称平。上下之称平，则臣得尽其力，而主得专其柄。

【注释】

①复：免除徭役的意思。此指君主赦免罪犯或免除其所判徭役。②小人：就是地位低微、品质恶劣的人，它比“民”从地位和品质上讲都要低一等，所以下句说他们还要“徼倖于民”。辟：高亨说：“辟借为僻，邪也。”③设：当解为陈列、布置。④列：位次，这里指爵位。⑤锦：有彩色花纹的丝织品，这里指官服。衣锦食肉：指当官。⑥利：指官职俸禄的赏赐。⑦故：夫。⑧称：举。

【译文】

现在一般国君的缺点在于使用军队，不衡量实力，耕垦荒地，不测量土地。有的国家土地狭小而人民众多，这是人民超过土地。有的国家土地广阔而人民稀少，这是土地胜过人民。人民超过土地，就应该努力开垦土地。土地超过人民，就应该想法招引人民。能够开辟和招引，土地和人民就都要加倍了。人民超过土地，国家功业就少有发展，兵力也要薄弱。土地超过人民，山泽财物就不为人利用。抛弃天生的物资，放纵人民的游荡，这是国君政事上的错误，然而上下人等都这样作，致使人民多而兵力弱，土地大而财力小。至于治理国家利用土地的比例：应为山林占十分之一，池泽占十分之一，河涧流水占十分之一，城市村庄道路占其中十分之一，坏田占十分之二，好田占十分之四。这是古代帝王的正确标准。治国：分配土地，每个农民有五百小亩，每年足够应付一次战役。这样，土地还够不上完全利用。方百里一个地区，出战士一万人，这个数目算不上大。这样办，耕垦的田足够供给人们的食粮，城市村庄道路足以供给人们的居住，山林池泽河流足以供给人们利用，池泽的堤坝足以贮藏水量。所以军队出征，粮米足而财物有剩余；军队不动，人们都工作而积蓄经常丰足。这就是利用土地，对待战役的原则。

现在的国家有土地方数千里，可是粮食不够应付战役和充实仓库，而军队却与邻国做对头。所以我才替这样的国家感到忧虑。土地广阔，而不开垦，和没有土地并无不同。人民众多，而不肯出力，和没有人民一样。所以治国的方针在于尽力开垦荒地。用兵的方针在于统一赏赐。君上能够杜绝人民在其他方面获取私利的机会，人民的努力就都趋向于农业了。人民的努力都趋向于农业，就能够朴实。人民一旦朴实，就畏怕朝廷的法令。君上能够禁绝人民从臣下方面获得私人的赏赐，人民的力量就集中于对付敌人了。人民的力量集中于对付敌人，就能胜于敌人。从那里知道是这样呢？因为人之常情，朴实就爱劳动，而不吝惜气力；穷困就运用智慧来计较利害。人民不吝惜气力，就看轻死亡，而乐意接受朝廷的役使。人民计较利害，就害怕刑罚，而不怕艰苦。人民不害怕艰苦，土地的利益就完全发掘出来了。人民乐意接受朝廷的役使，军队的力量就充分得以发挥。

治理国家的人能够尽用地力，又能使人民肯为朝廷献身，这样名与利同时来临，人的本性是这样：饥饿就要求吃饭，疲劳就要求休息，痛苦就要求快乐，耻辱就追求荣誉。这就是人的常情。人民为了求利，却将礼法抛弃；为了求名，却违背了常情。根据什么断定他们是这样呢？例如盗贼，上而触犯国君的法律，下而失去臣民的礼义，名声既臭，生命又很危险，然而盗贼还是不肯住了，就是为了求利。古代有些士人，衣服不能暖肌肤，食物不能饱肠胃，痛苦摧残着心意，劳作令四肢累疲，病痛伤害了五脏，可是他们的心胸却更为宽广旷达。这不是人情之常，可是他们竟能这样做，就是为了追求名益。所以说：“名利在哪里，人民就趋向哪里。”君主操持着使人追名求利的权柄而自己亦能功成名就，这就是“数”。圣人明白权的威力而操持其把柄，“数”的重要而用来指挥人民。“数”是君臣办事的方法，是治国的纲要。有一万辆兵车的国家如果失去“数”而不危险，君和臣如果失去方法而不混乱，那是不可能的。现在君主想要开辟土地，治理人民，可是不洞悉“数”的重要，臣下想要把政事搞好而不制定方法，那么国家就会有不听从命令的人民，朝廷就会有存心不良的官吏。所以圣人治理国家，对内叫人民从事农业，对外叫人民追逐战功。农作，人民都认为是劳苦的；战争，人民都认为是危险的。人民之所以肯从事他们所认为劳苦的活，肯做他们所认为危险的事，是有考虑的。他们活着的时候要计算怎样有利，对于死后要考虑怎样有名。国君对于人民取得名利的途径，必须加以考察。利出于土地，人民就尽力耕作；名出于战争，人民就效死疆场。君主对内能够让人民尽力耕作，土地就不会荒废；对外能够令人民效死疆场，就可以战胜敌人。既能战胜敌人，土地又不荒废，国家富强的丰功伟业。

但是现在却无人这样作，国君特别努力去作的事并非国家的迫切需要。他们的本身虽然有尧、舜的德行，但是他们的功业却赶不上汤、武的策略。这就是掌握政权的人们的错误。让我说说他们的错误吧！那些治国的人们放弃了实力而信任谈说，所以德行虽好，而功业却很少有成就。这是因为任用读《诗》、《书》、善言谈的说客，人民就游荡而看不起国君；任用隐士，人民就离开君上而诽谤朝廷；任用勇士，人民就好争斗而蔑视国法；手工业者得到重视，人民就轻浮而易迁移；商人安逸而且有利，人民就攀附他们而议论君上。这五种人为国家所用，土地就荒废，兵力就要薄弱。说客的本钱在于嘴巴；隐士的本事在于思想；勇士的本钱在于气力；手工业者的本钱在于两手；商人的本钱在于一身。他们把天下视为一家，浑身都是本钱。

人民的本钱比他本身还重要，个个想投靠外国势力，所以带着重要的本钱，投靠于私人门下，如果是这样的话，就是尧、舜也难以把国家治好。商汤、周武禁止这些，所以才能够立功成名。圣人不能用当代人们容易具有的东西来战胜他们难以具有的东西，一定要用当代人们难以具有的东西来战胜他的容易具有的东西。所以，人们愚昧，就可以用智慧来战胜他们；人们智慧，就可以用力量战胜他们。因为人们愚昧，就容易有力量，而很难有技巧；人们技巧，就容易有智慧，可是难以有力量。古代神农教导人民耕种，因而做了帝王，人们是学习他的智慧。商汤、周武兵力强大，征讨诸侯，诸侯是屈服于他们的力量。如今人多技巧，百姓浮荡，正是应该摹仿商汤、周武的时代；但是治国的人却实施神农的政策，废弛了国家的法度，那些有一千辆兵车的国家都迷惑而胡搞，这就是他们特别努力作的事都错了。

人之常情：用尺量东西，就要取得长的；用秤称东西，就要获得重的；选择事物，就要取得有利的。明君如果能够慎重地观察这三项，国家法度就可以确立，人民的才能就可以加以利用。国君对人民的要求很少，可是人民躲避国君的要求的方法却很多。国君对内，只要求人民从事农业；对外，只要求人民尽心于战争，因此，圣人治国，大多设立禁止的律条，来防止人民的奸巧；任用实力，来杜绝人民的欺诈。这两个办法一齐使用，国内人民的倾向就统一了。人民的倾向一致，才肯务农。人民务农就朴实。人民朴实，就安居故土，不肯远游。圣人的治国，使人民把钱财都投在土地上，极少到外方去冒险作客。人民把钱财投入在土地上，就能够朴实；如果到外方去冒险作客，就可能迷途失路。正是因为他们住在本土能够朴实；出门远游有可能迷途失路，因此他们务农，肯于努力；作战，能够取胜。人民务农，肯于努力，财产就会增多；作战，能够取胜，邻国就面临危险。人民财产增多，就没有办法带着逃走。邻国危险，人民就不会到外国去。不带钱财，走到危险的地方，做外国的客人，就是疯子也不肯干的。所以，圣人治国，考察风俗，将法度建立，国家才能治好；研究国情，来培植国家的根本，政策才能得当。如果不考察当时的风俗，不研究国家之根本，那末，法度即使建立，而人民反倒纷乱；政事虽然繁忙，而成绩反倒减少。这就是我所谓错误啊。

刑罚是制止奸邪的工具，赏赐是辅助刑罚的手段。羞耻、侮辱、疲劳、痛苦是人民所厌恶的；显贵、光荣、安逸、快乐是人民所追求的。如果国家的刑罚并不令人可恶，官爵俸禄并不值得人们追求，这无疑是亡国的征兆。如果该受刑罚的人隐藏漏网，那么，百姓就邪僻淫荡，不视刑罚为苦，对于君上存有侥幸的心理，而去追求私利。如果显贵，光荣不出于一个门路，那么，官吏就要凭藉势力获取名誉。百姓不怕犯法，刑罚就频繁；官吏不执行法令，刑罚就混乱。刑罚频繁而又错乱，国家的奸人就会增多。这样，富人就保不住自己的财产，穷人就不能从事自己的职业，土地就因此而荒废，国家就因此而贫穷。土地荒芜人民就要诈骗，国家贫穷君主就没有财物进行赏赐。所以圣人治国，受过刑的人在国家没有地位，犯过罪的人在朝廷没有官做。如果受过刑的人还有地位，官吏就会看不起其职务；如果犯过罪的人还过着豪华奢侈的生活，百姓就会贪图非分的利益。官吏轻视自己的职位，就会以有功为可耻；百姓贪图非分的利益，就会夸示自己的奸巧。原本刑罚是禁止人们作奸的工具。官爵是鼓励人们立功的工具。如今国家设置官爵，而人们认为可耻；制定刑罚，而人们以为可乐。这就是法度和方法上出现了错误。因此，国君必须掌握大权，统一政策，而制定方法。设置官吏，授予爵位，要轻重相当。任用群臣，要考虑劳绩，根据功勋。这样，衡量上级下级的标准就统一。衡量上级下级的秤儿得平，臣民就能用尽他们的力量，国君也就能掌握自己的大权了。

开　　塞

天地设而民生之[①]。当此之时也，民知其母而不知其父[②]，其道亲亲而爱私。亲亲则别，爱私则险。民众，而以别、险为务，则民乱。当此时也，民务胜而力征[③]。务胜则争，力征则讼，讼而无正[④]，则莫得其性也。故贤者立中正[⑤]，设无私，而民说仁。当此时也，亲亲废，上贤立矣[⑥]。凡仁者以爱利为务，而贤者以相出为道[⑦]。民众而无制，久而相出为道，则有乱。故圣人承之，作为土地、货财、男女之分[⑧]。分定而无制，不可，故立禁；禁立而莫之司，不可，故立官；官设而莫之一[⑨]，不可，故立君。既立君，则上贤废而贵贵立矣。然则上世亲亲而爱私[⑩]，中世上贤而说仁[⑪]，下世贵贵而尊官[⑫]。上贤者以道相出也[⑬]，而立君者使贤无用也。亲亲者以私为道也，而中正者使私无行也。此三者非事相反也，民道弊而所重易也[⑭]，世事变而行道异也。故曰：王道有绳。

【注释】

①设：即设置、确立的意思。天地原非人为，但古代有开天辟地之说，所以说“设”。②在原始社会的母系氏族制时代，人类的婚姻形态是群婚（一群男子与一群女子共为夫妻）或对偶婚（一男一女结为配偶，居住女方，但其结合并不巩固，所生子女只归于母亲），所以子女只知道自己的母亲而不知道自己的父亲。③征：取也。④正为矢之标准。民争而无标准以判其是非，则不能顺民之性。⑤中，当指不偏不邪，即正确。正，即上文之“正”，当解为标准。⑥上尚古通用。古代所谓尚贤是任用贤人，而此处所谓尚贤主要是尊崇贤人。⑦贤者以推举贤人为道。⑧分（fèn）：名分。这里指确定所有权和区分界限。⑨莫之一：即“莫一之”，没有人统一他们。⑩上世，即上古，大体指母系社会至父系社会的过渡，大约包括伏羲氏、神农氏至黄帝以前这一时期。⑪中世，即中古，大体指黄帝至尧、舜、禹。⑫下世，即近古，大体指夏、商、周三个朝代。⑬以：为。⑭弊：坏，有害。指有害于治理而导致了“乱”。

夫王道一端，而臣道亦一端，所道则异，而所绳则一也。故曰：民愚，则知可以王；世知，则力可以王。民愚，则力有余而知不足；世知，则巧有余而力不足。民之生[①]，不知则学，力尽则服。故神农教耕而王天下，师其知也；汤、武致强而征诸侯，服其力也。夫民愚，不怀知而问；世知，无余力而服。故以王天下者并刑，力征诸侯者退德。

【注释】

①生：性。

圣人不法古，不脩今[①]。法古则后于时，脩今则塞于势。周不法商[②]，夏不法虞[③]，三代异势，而皆可以王。故兴王有道，而持之异理。武王逆取而贵顺；争天下而上让；其取之以力，持之以义。今世强国事兼并，弱国务力守，上不及虞、夏之时[④]，而下不脩汤、武。汤、武塞[⑤]，故万乘莫不战，千乘莫不守[⑥]。此道之塞久矣，

而世主莫之能废也，故三代不四⑦。非明主莫有能听也，今日愿启之以效。

【注释】

①脩：当作循。②周：朝代名，公元前11世纪周武王灭商后建立。都于镐（今陕西长安沣河以东）。周公东征后，确立了宗法制，创立了典章制度，并不断分封诸侯。前771年申侯联合犬戎攻杀周幽王。次年周平王东迁洛邑（今河南洛阳）。史称平王东迁以前为西周，以后为东周。前256年为秦所灭。共历八百多年。③虞：虞代，即舜在位的时代。④“及”与“脩”对文，当解为“继承”。⑤塞：这里用作被动词，表示被堵塞，被阻隔，也就是指没有被继承下来。⑥这三句的意旨是：汤、武统一天下的办法没有被谁继承，所以谁也不能统一天下，因而导致了各国间的混战。⑦三代不四：三代不成为四代。

古之民朴以厚，今之民巧以伪。故效于古者，先德而治；效于今者，前刑而法。此俗之所惑也。今世之所谓义者，将立民之所好，而废其所恶①；此其所谓不义者②，将立民之所恶，而废其所乐也。二者名贸实易③，不可不察也。立民之所乐，则民伤其所恶；立民之所恶，则民安其所乐。何以知其然也？夫民忧则思，思则出度；乐则淫，淫则生佚④。故以刑治则民威⑤，民威则无奸，无奸则民安其所乐。以义教则民纵，民纵则乱，乱则民伤其所恶。吾所谓利者，义之本也；而世所谓义者，暴之道也。夫正民者，以其所恶，必终其所好；以其所好，必败其所恶。

【注释】

①所好（hào）：指爵禄。所恶（wù）：指刑罚。②此其：其。③贸、易：交换，引申指颠倒。名贸：名称被颠倒了。就是说，应称为“不义”，人们却称为“义”。应称为“义”，人们却称为“不义。”实易：实际内容被颠倒了。就是说，“立民之所好而废其所恶”实是不义的行为，却被当作合乎义的行为；“立民之所恶而废其所好”实是合乎义的行为，却被当作不义的行为。④“佚”与“度”相对，当指放肆而不守法度。⑤威：畏也。

治国刑多而赏少，故王者刑九而赏一，削国赏九而刑一。夫过有厚薄，则刑有轻重；善有大小，则赏有多少。此二者，世之常用也。刑加于罪所终，则奸不去；赏施于民所义，则过不止。刑不能去奸而赏不能止过者，必乱。故王者刑用于将过，则大邪不生；赏施于告奸，则细过不失。治民能使大邪不生、细过不失，则国治。国治必强。一国行之，境内独治。二国行之，兵则少寝①。天下行之，至德复立。此吾以杀刑之反于德而义合于暴也②。

【注释】

①寑：通寝。②反：通返。

古者，民寑生而群处①，乱，故求有上也。然则天下之乐有上也，将以为治也。今有主而无法，其害与无主同；有法不胜其乱，与无法同。天下不安无君②，而乐胜其法，则举世以为惑也③。夫利天下之民者莫大于治，而治莫康于立君④，立君之道莫广于胜法⑤，胜法之务莫急于去奸，去奸之本莫深于严刑。故王者以赏禁，以刑劝；

求过不求善，藉刑以去刑[⑥]。

【注释】

①宷（cóng）：聚。②安：乐也。③以：这里用作被动词，表示“被认为”。④此文“康”与“大”、“广”等对文，当解为“大”。⑤广：大。胜：任。⑥藉（jiè）：凭借。藉刑以去刑：即“以刑去刑”。

【译文】

天地形成之时，人类就产生了。在这个时期，人们只知道有母亲，不知有父亲；人们所走的道路是亲爱自己的亲人，贪图个人私利。亲爱自己的亲人，就要划分亲疏；贪图个人私利，就要心存奸险。人数众多，而都趋向于划分亲疏和存心奸险，那就混乱起来了。在这个时期，人们都努力去战胜对方，都努力去夺取私利。努力去战胜对方，就要彼此斗争。努力去夺取私利，就要彼此吵架。打仗吵架而无是非的正准，大家就没有了理性。所以贤人才创立中正之道，主张无私，所以人们就喜好仁慈了。在这个时期，人们抛弃了亲爱亲人的思想，树立了尊重贤人的思想。一般来说仁慈的人是以爱人利人的为其职责，贤人是走超出旁人的道路。人数众多，却没有制度，老是走超出旁人的道路，社会也要纷乱。所以圣人继承前人，将土地、财物、男女的分界划定。分界划定之后，如果没有制度，是不行的，所以创制了法律。法律已经创制，假如没有人执行，是不行的，所以设置官吏。官吏已经设置，如果没有人统一指挥，也是不行的，所以设立国君。既然设立国君，从而人们就抛弃了重贤的思想，树立了尊重贵人的思想。因此，上古时代，人们是亲爱亲人，贪图私利；中古时代，人们是尊重贤人，喜好仁慈；近古时代，人们是推崇贵人，尊重官吏。尊重贤人是以才德来胜过旁人；而设立国君是使贤人没有用处。亲爱亲人是走自私的道路；而提倡中正是使自私不得发展。这三个时代，并不是行事相互矛盾，乃是人们所走的道路发生了阻碍，因而所重视的东西就有了改变；社会的情况产生变化，因而所采取的办法也就不同了。

因此说：帝王的道路是有标准的。国王的道路是一条，臣民的道路是另外一条，所走的道路不同，而标准却是一个。例如人民愚昧，有智慧的人就可以做国王。人民智慧，有力量的人就能够做国王。因为人民愚昧，是力量有余，智慧不够。人民智慧，是技巧有余，力量不够。人民的性情，不明白的东西就要学习；力量用尽了，就要屈服。因此神农教导人民耕种，因而做了帝王，人民是向他学习智慧。商汤、周武，兵力强大，征伐诸侯，诸侯是屈服于他的力量。人民愚昧，没有知识就要请教人。人民智慧，没有余力就要向人屈服。所以依靠智慧做了帝王就放弃刑罚，依靠力量征服诸侯就抛掉德教。

圣人不学习古代，不拘守现代。效法古代，在当时条件下，就要落后；拘守现代，在当前形势下，就要碰壁。周朝不效法商朝，夏朝并不效法虞舜。三代的形势发生变化，而他们都能够成就王业。创立王业有一套办法，而维持王业，则另有其法。武王用叛逆的手段取得政权，却提倡服从君上；和商朝争夺“天下”，却重视退让。取得政权是用武力，而维持政权却运用道义。现在强国在进行兼并，弱国在努力自卫，上赶不上虞、夏，下而也不能效法汤、武，汤、武的道路，在当今已经行不通了。现在有一万辆兵车的大国都参加战争的，有一千辆兵车的小国没有不进行自卫的，汤、武的政治道路闭塞不通，已经很长时间了。然而当代的国君，却没有人能够开辟新的政治道路，所以三代就没有增加到四个。假如不是明君，就不会相信新的政治道路。

古代人朴实而忠厚，现代人灵巧却虚伪。所以在古代有效的办法是把德教摆在首位，推行德治；现在有效的办法是把刑罚放在前头，实行法治。这一点正是凡夫俗子所迷惑不解的。今天人们所说的“义”，就是要建立人民所追逐的东西，而废除人民所厌恶的东西。他们所说的不“义”，就是要建立人民所憎恶的东西，而废除人民所喜爱的东西。这两者从名称到实际都应互换一下，不能不弄清楚。实际上建立人民所喜爱的东西，人民就会受到他们所讨厌东西的伤害；建立人民所憎恶的东西，人民反会安享他们所喜爱的东西。从哪里知道是这样呢？人民忧愁就要深思远虑，深思远虑就要遵守法律。人民生活无忧就要荒淫，荒淫就要懒惰。因此用刑罚统治人民，人民才会害怕。人民害怕，才能够没有奸邪。没有奸邪，人民才能享受着他们所喜爱的东西。用“义”来教导人民，人民就会放肆。人民放肆，国家就会发生混乱。国家乱，人民就要受害于他们所憎恶的东西。可见，我所谓“刑”乃是“义”的根本。世人所谓“义”是残暴的道路。治理人民，如果用人民所憎恶的东西，一定得到他们所喜爱的东西；如果用人民所喜爱的东西，必定为他们所憎恶的东西所害。

政治修明的国家，刑罚多而少赏赐。所以成就王业的国家，刑罚有九分，赏赐有一分。削弱之国，赏赐有九分，刑罚有一分。人的罪过有厚有薄，因此朝廷的刑罚有重有轻；人的善行有大有小，所以朝廷的赏赐有多有少。这两项是世人常用的法则。可是刑罚加在人民已经犯了罪的时候，奸邪就没有办法断绝。赏赐用在人民所认为“义”的上面，人民的罪过就不会消灭。刑罚不能去掉奸邪，赏赐不能遏止罪过，国家必乱。所以，成就王业的国君，把刑罚用在人民将要犯罪的时候，所以大的奸邪才不产生；把赏赐用在告发奸人方面，因此小的罪过也不致漏网，治理人民能够使大的奸邪不发生，使小的罪过不漏网，国家就得到治理了。国家治，就必定强。一国这样作，他的国家就可以单独治安。两国这样作，战争就可以稍稍缓解。天下都这样作，最高的道德就会重新得以建立。所以我认为杀戮、刑罚能够归于道德，而“义”反倒合于残暴。

古代人们过着群居生活，形成纷乱的形象，所以才要求有君上。那末，人们所以喜欢有君上，是为了求得社会的安宁。如果有了国君，而没有法度，它的害处与没有国君一样。有了法度，却克服不了纷乱，这和没有法度一样。天下人都不愿意没有国君，但是喜欢将法度破坏，那末，天下人都是迷迷糊糊的了。可以说：有利于天下人民之事，没有比社会治安再大的了。社会治安，没有比建立国君再好的了。建立国君的意义，执行法度最为重要。执行法度的任务，没有比杜绝奸邪再迫切的了。杜绝奸邪的根本，所在没有比用严厉的刑罚再深刻的了。因此成就王业的国君用赏赐来禁止人民作坏事，用刑罚来鼓励人民作好事。寻求人民的罪过，不寻求人民的善行，凭借刑罚来去掉刑罚。

立 本

凡用兵，胜有三等：若兵未起则错法，错法而俗成，而用具①。此三者必行于境内，而后兵可出也。行三者有二势②：一曰辅法而法行，二曰举必得而法立。故恃其众者谓之葺③，恃其备饰者谓之巧④，恃誉目者谓之诈。此三者，恃一，因其兵可禽也。故曰：强者必刚斗其意⑤，斗则力尽，力尽则备⑥，是故无敌于海内。治行则货积，货积则赏能重矣。赏壹则爵尊，爵尊则赏能利矣。故曰：兵生于治而异，俗生于法而万转，过势本于心而饰于备势⑦。三者有论⑧，故强可立也⑨。是以强者必治，治者必强；富者必治，治者必富；强者必富，富者必强。故曰：治强之道三，论其本也。

【注释】

①“用”，应解为用具，指战争的工具，此当包括具有战斗力的战士以及物资装备等。②势：力也。此指助力。③故：夫。葺（qì）：茨也。④备饰：当指“饰器”而言，指武器装备有装饰。⑤刚斗：使动用法，使……坚强地斗争。⑥此文之“备”，即上文“用具”之“用”，也表示战争的工具，只是它用作动词，应解为“成为战争的工具”。⑦过势：胜过敌人的力量。⑧论：考察，弄清楚，这里用作名词。⑨故：则。

【译文】

一切国家用兵，取得胜利，均有三个步骤：当军队没有动用之时，要建立法度；法度建立以后，才能养成风俗；风俗养成以后，战守的器物才能具备。务必把这三件事推行于全国，然后军队才可以出征。推行这三件事有两个条件：其一是国君辅助法度，法度从而贯彻；第二是国君措施正当，法度因此确立。至于依靠人民众多，那叫做盖草房；依靠战守工具的精良，那叫做取巧；凭借有计谋的大臣，那叫做骗术。国君对于这三项，依靠其中的一项，他的士兵就要被敌人抓获了。所以说：强国必须坚强人民的斗志；人民有斗志，才愿意尽力作战；人民尽力作战，才能无往不利，以致无敌于天下。国君能够贯彻政令，才能够囤积财富；能够积累财富，才能够加重对战功的赏赐，赏赐出于一个途径，爵位才令人觉得可贵。爵位可贵，人民才视赏赐为有利。因此说：兵力生于政治，而有强弱的差异。风俗生于法度，却有万种转变。国君运用权力，出于一心，又能够造成无往不利的形势。国君处理这三项都有条理，就可以建立强大的兵力了。因此强国必定治，治国必定强；富国必定治，治国一定富；强国必定富，富国必定强。治和强的道路有三条，是指政治的根本而言。

兵　守

四战之国贵守战，负海之国贵攻战①。四战之国，好举兴兵以距四邻者②，国危。四邻之国一兴事，而已四兴军，故曰国危。四战之国，不能以万室之邑舍钜万之军者③，其国危。故曰：四战之国务在守战。

【注释】

①负：背。②距：就是到、进入的意思。③钜：通巨，大。钜万：形容数目之大，不是确数。

守有城之邑，不如以死人之力与客生力战。其城拔者①，死人之力也，客不尽夷城②，客无从入，此谓以死人之力与客生力战。城尽夷，客若有从入，则客必罢，中人必佚矣。以佚力与罢力战，此谓以生人力与客死力战。皆曰：“围城之患，患无不尽死而邑③。”此三者，非患不足④，将之过也。

【注释】

①“城”字似当指城墙而言。②“夷城”当指杀掉在城墙上守卫的将士。③而：其。邑：即上文“有

城之邑”之“邑”。尽死而邑：即“尽死其邑”，是“为其邑而尽死”的意思。④非：语助。患不足：指进攻者对上述守城者的两种情况担忧不够。

守城之道，盛力也①。故曰客，治簿檄②；三军之多，分以客之候车之数。三军：壮男为一军，壮女为一军，男女之老弱者为一军，此之谓三军也。壮男之军，使盛食、厉兵，陈而待敌③。壮女之军，使盛食、负垒④，陈而待令；客至而作土以为险阻及耕格阱；发梁撤屋⑤，给从从之，不洽而熯之⑥，使客无得以助攻备。老弱之军，使牧牛马羊彘，草木之可食者，收而食之，以获其壮男女之食⑦。而慎使三军无相过⑧。壮男过壮女之军，则男贵女，而奸民有从谋⑨，而国亡；喜与，其恐有蚤闻，勇民不战。壮男壮女过老弱之军，则老使壮悲，弱使强怜；悲怜在心，则使勇民更虑，而怯民不战。故曰：慎使三军无相过。此盛力之道。

【注释】

①盛：使动用法，使……大。②簿：登记“民众口数”的户口册，并非专指军册。檄：以木简为书，长尺二寸，用征召也。③陈，俗作阵。④垒：壮女背着笼子，以便筑防御工事。⑤发：通废，指拆毁。⑥此“给”指有足够的时间。⑦此当指老弱之军喂养牲畜，以此来获得供应壮男壮女的食物。⑧过：往来，探望。⑨从：当为纵，从谋，当指纵欲淫乱之谋。

【译文】

四面受敌的国家应该重视守卫性的战争。背面靠海的国家应当注重进攻性的战争。四面受敌的国家如果喜欢兴兵去骚扰四邻，国家就危险了。这是因为四邻的国家每个发动一次军队，自己就要发动军队四次，所以说国家就危险了。四面受敌的国家假如不能在有一万户居民的城里驻扎一万人的军队，国家也是危险的。所以说四面受敌的国家努力在于守卫性的战争。

守卫有城的县邑，不如用人民的死力和敌人的生力作战。城不为敌人攻下，是依靠人民的死力。如果敌人不把城墙完全攻破，他们就无从进来，这叫做用人民的死力和敌人的生力作战。假如敌人把城墙完全打破，有法进来，敌人就必定疲劳，城里的人一定安逸。用我们安逸的兵力和敌人疲劳的兵力作战，这就是用人民的生力和敌人的死力作战。大家都说：“围攻人家的城，害怕是人家没有一个人不用尽死力来保卫他们的城。”如果做不到这两项，其失败不在于实力不足，而是将官的错误。

守城的方法在于将自己的力量壮大。如有敌军来，马上办理军籍和文书，把广大的三军，依据敌军前哨兵车的股数，分路抵抗。三军是壮男自成一军；壮女自成一军；男女中的老者弱者组成一军。这就叫做三军。壮男的一军，都装好食物，磨好兵器，将队伍排好，等待敌人。壮女的一军，都装好食物，背好土笼，排好队伍，等待命令。敌人到了，立刻在城外堆土做成障碍；挖土制成陷坑、陷阱；取下屋梁，拆毁房屋，来得及，就把它们搬进城去，假如来不及的话，就把它们烧掉，不叫敌人得到用来补充攻城的工具。老弱的一军，都牧放牛马羊猪；将草木中可吃的东西，都收来吃掉，从而可以为壮男壮女节省一些粮米。严格下令三军不得互相往来。因为壮男到壮女的军中来，男子珍惜女人，奸民从中施展叛乱的阴谋，国家就会灭亡。而且男女喜欢处在一起，担心早日发生战斗，勇敢的人也都不肯作战了。壮男壮女到老弱的军中来，老者会导致壮者的悲伤，弱者会引起强者的怜悯。悲伤和怜悯存在心里，也足以使勇敢的人丧失斗志，胆怯的人不肯作战。所以说，严格命令三军不得互相往来。这就是壮大军队力量的方法。

靳　令

靳令，则治不留；法平，则吏无奸。法已定矣，不以善言害法。任功，则民少言；任善，则民多言。行治曲断[①]，以五里断者王，以十里断者强，宿治者削。以刑治，以赏战，求过不求善。故法立而不革，则显，民变诛，计变诛止。贵齐殊使[②]，百都之尊爵厚禄以自伐。国无奸民，则都无奸市。物多末众，农弛奸胜，则国必削。民有余粮，使民以粟出官爵[③]，官爵必以其力，则农不怠。四寸之管无当，必不满也。授官、予爵、出禄不以功，是无当也。

【注释】

①治：谓正道也。商鞅之正道当指法治及其一整套政策。曲：乡曲。②贵齐：贵族与齐民。殊，异也。③出：使动用法。出爵：使爵出，即捐取官爵。

国贫而务战，毒生于敌，无六虱[①]，必强。国富而不战，偷生于内，有六虱，必弱。国以功授官予爵，此谓以盛知谋，以盛勇战。以盛知谋，以盛勇战，其国必无敌。国以功授官予爵，则治省言寡，此谓以治去治、以言去言[②]。国以六虱授官予爵，则治烦言生，此谓以治致治、以言致言[③]。则君务于说言[④]，官乱于治邪，邪臣有得志，有功者日退，此谓失。守十者乱[⑤]，守壹者治。法已定矣，而好用六虱者亡。民泽毕农[⑥]，则国富。六虱不用，则兵民毕竟劝而乐为主用，其竟内之民争以为荣[⑦]，莫以为辱。其次，为赏劝罚沮。其下，民恶之，忧之，羞之；修容而以言，耻食以上交，以避农战；外交以备[⑧]，国之危也。有饥寒死亡，不为利禄之故战，此亡国之俗也。

【注释】

①六虱：此指依附于国家而危害国家的六类虱子似的意识形态。②以治去治、以言去言：指采取以功授官予爵的政治措施使政务减省了，采用了以功授官予爵的主张使各种空谈减少了。③以治致治、以言致言：指采取礼治仁政的措施而使政务更繁多复杂了，采用了仁义道德之类的说教而使各种空谈更为泛滥了。④务借为瞀（mào）：眩惑之意。⑤“十者”当是约数而非确数，是指儒家等倡导的一系列政治主张、文化设施和道德观念。⑥泽：通择。⑦竟：通境。争：引也。⑧备：无所不顺。

六虱：曰礼、乐；曰《诗》、《书》；曰修善，曰孝弟；曰诚信，曰贞廉；曰仁、义；曰非兵，曰羞战。国有十二者[①]，上无使农战，必贫至削。十二者成群，此谓君之治不胜其臣，官之治不胜其民，此谓六虱胜其政也。十二者成朴，必削。是故兴国不用十二者，故其国多力，而天下莫能犯也。兵出，必取；取，必能有之；按兵而不攻，必富。朝廷之吏，少者不毁也，多者不损也，效功而取官爵，虽有辩言，不能以相先也[②]，此谓以数治。以力攻者，出一取十；以言攻者，出十亡百。国好力，此谓

以难攻；国好言，此谓以易攻。

【注释】

①十二：是约数而非确数。②相：指代性副词，这里偏指“功”。“相先”等于说“先功”。

重刑少赏，上爱民，民死赏。多赏轻刑，上不爱民，民不死赏。利出一空者，其国无敌；利出二空者，国半利；利出十空者①，其国不守。重刑，明大制；不明者，六虱也。六虱成群，则民不用。是故兴国罚行则民亲，赏行则民利。行罚，重其轻者，轻其重者——轻者不至，重者不来，此谓以刑去刑，刑去事成；罪重刑轻，刑至事生，此谓以刑致刑，其国必削。

【注释】

①利出十空：“十”泛指多，“十空”即“多涂”。

圣君知物之要，故其治民有至要。故执赏罚以壹辅仁者，必之续也。圣君之治人也，必得其心，故能用力。力生强，强生威，威生德，德生于力。圣君独有之①，故能述仁义于天下②。

【注释】

①有之：等于说“有力”。②述：是继承、奉行的意思。

【译文】

严厉贯彻朝廷的命令，政事就不会拖延。法度公平，官吏就没有奸邪。法度确立之后，国君不要因为人们的高妙言谈而将法度损害。信任有功劳的人，人民就少言谈。信任有善行的人，人民就多言谈。推行政治要经过判断，在五里以内判断事情，国家就成就王业；在十里以内判断事情，国家就弱；政事拖延，国家就削。国君用刑罚来统治人民，用赏赐来进行战争，寻求人民的罪过，不寻求人民的善行。确立法度之后，不去更动，有名的人们就改变了原来的奸谋。他们的奸谋改变了，朝廷的刑罚就能够不用。治国以统一臣民的言行为贵；而命令臣民要有差异。各个行政区的尊贵爵位和丰厚俸禄，要都根据个人的功劳。国内没有奸邪的人，城里就没有奸邪的市场。假如华丽玩好的器物多，搞末业的人多，农业废弛，奸人得胜，国家就必定削弱。人民有剩余的粮食，朝廷就让他们拿粮谷捐取官爵。人民获得官爵，必须依靠劳力，因而农民就不懒惰了。四寸长的竹管如果没有底，就一定没法装满。朝廷把官爵俸禄给予臣民，如果不按照他们的功劳，就等于竹管无底了。

国家贫穷，而努力于战争，从而毒素贯输到敌国去，本国没有六种虱子，国家就一定强。国家富裕，却不肯战争，从而游惰的人产生于国内，有了六种虱子，国家就必定弱。朝廷按照人们的功劳赐于官爵，这叫做用群众的智慧来谋划，用群众的勇力来战争。用群众的智慧来谋划，用群众的勇力来战争，国家必定没有敌手。朝廷根据人们的功劳给予官爵，就会政事清简，言谈稀少，这叫做用政治除去异端的政治，用言论排去异端的言论。朝廷按照六种虱子给予官爵，就会政事繁乱，言谈纷出，这叫做用政治招致异端的政治，用言论招来异端的言论。

因而国君为言论所惑，官吏迷乱于政治上的邪说，奸臣有的得志了，有功的人一天一天地退后，这叫做过失。抱定十个方针，国家就会混乱；抱定一个方针，国家就得以治理。法度已经确立，而朝廷喜欢信任六种虱子，国家就亡。人民选择职业，都去务农，国家就富强。最好是：朝廷不信任六种虱子，所以战士和人民都齐心努力，乐意为国君服务，国内的人民都认为这样做是光荣，不认为这样做是羞耻。其次，人民为了赏赐而前进，因有刑罚而止步。最后，人民憎恶这样做，忧愁这样做，羞耻这样做；他们修饰外表，靠言谈来吃饭，同贵人勾结来躲避农战，又和别国人勾结来危及本国，这是国家的危机呀。有人宁肯挨饿、受冻、死亡，也不肯为了利禄去从事战争，这都是亡国的风俗。

六种虱子：为礼和乐；是《诗》和《书》；是良善和孝弟；是诚信和贞廉；是仁和义；是非兵和羞战。国中具有了这十二项，国君就没法使人们从事农战，国家必穷甚至削弱。从事这十二项的人成群，这叫做国君的政治没有战胜群臣，官吏的政治输给了人民。这叫做六种虱子战胜了政治。这十二项扎下了根，国家必削。兴旺的国家不要这十二项，因此国力强大，天下各国都不敢侵犯。它如果出兵，一定取得别国的土地，取得别国的土地，必能占有；如果按兵不动，不去攻打别国，国家必富强。朝廷官吏的员额，应该少，则不可增多，应该多，不能减少。人们都献出功绩，来取得官爵，虽然有巧辩的言谈，也不得居于功绩之前，这叫做用定律治国。靠实力向别国进攻，运用一分实力，可以取得十分代价。靠言谈向别国进攻，动用十分实力，将要失去百分本钱。国家爱好实力，这叫做用难得的东西向别国进攻。国家喜欢言谈，这叫做用易得的东西向别国进攻。

刑罚重，赏赐少，这就是君上爱护人民，人民也愿意为赏赐而牺牲。赏赐重，刑罚轻，这就是君上不爱护人民，人民也不肯为赏赐而作出牺牲。朝廷的利禄，从一个地方出来，国家就无敌；利禄从两个孔儿出来，国家只能得一半利益；利禄从十个孔儿出来，国家就难以自保。要加重刑罚，明确重大的法度，法度不明确，是由于有六种虱子。六种虱子成了群，人民就不肯出力。所以兴旺的国家，施行刑罚，人民从而亲爱君上；执行赏赐，人民从而获取利益。执行刑罚，假如加重刑于轻罪，那末，轻罪就不会产生，重罪不会出现，这叫做用刑罚来遏止刑罚，刑罚不用，而事业可以成就。如果重罪而加以轻刑，那末，刑罚都得使用，乱事随之产生，这叫做用刑罚招致刑罚，国家必削。

圣明的国君明白事物的纲领，所以他治理人民，也有最高的纲领。他手持着赏赐和刑罚，只用一个方针来辅助他的仁爱，这正是他存心的宽宏。圣明的国君治理人民，能够令人民心悦诚服，因此能够使用人民的力量。力量产生了强大，强大产生了威力，威力导致恩德。可见恩德是力量的产物。只有圣明的国君才能掌握这一点，因而能够在天下间成就仁义。

修　权

国之所以治者三：一曰法，二曰信，三曰权。法者，君臣之所共操也[①]；信者，君臣之所共立也；权者，君之所独制也，人主失守则危。君臣释法任私必乱。故立法明分[②]，而不以私害法，则治。权制独断于君则威。民信其赏，则事功成；信其刑，则奸无端[③]。惟明主爱权重信，而不以私害法。故上多惠言而不克其赏[④]，则下不用；数加严令而不致其刑，则民傲死。凡赏者，文也；刑者，武也。文武者，法之约也。故明主任法。明主不蔽之谓明，不欺之谓察。故赏厚而信，刑重而必；不失疏远，不

违亲近，故臣不蔽主，而下不欺上。

【注释】

①操：犹守也。②分（fèn）：名分，指各种和人或物的名称所相应的职分、地位、界限、标准等，也就是人或物的一种规定性。它是春秋战国时期流行的一种道德规范。③无端：没有开端，即不会发生。④惠：赐也。克，能也。

世之为治者，多释法而任私议，此国之所以乱也。先王县权衡[①]，立尺寸，而至今法之，其分明也。夫释权衡而断轻重，废尺寸而意长短，虽察，商贾不用，为其不必也。故法者，国之权衡也。夫倍法度而任私议[②]，皆不知类者也[③]。不以法论知、能、贤、不肖者，惟尧；而世不尽为尧。是故先王知自议誉私之不可任也，故立法明分，中程者赏之[④]，毁公者诛之。赏诛之法，不失其议[⑤]，故民不争。不以爵禄便近亲，则劳臣不怨；不以刑罚隐疏远，则下亲上。故授官予爵不以其劳，则忠臣不进[⑥]；行赏赋禄不称其功，则战士不用。凡人臣之事君也，多以主所好事君。君好法，则臣以法事君；君好言，则臣以言事君。君好法，则端直之士在前；君好言，则毁誉之臣在侧。

【注释】

①县权衡，挂起了秤，实指制造了秤。②倍：读为背。③知权衡的重要，不知法度的重要，这是不知事类。④中（zhòng）：符合。程：法度，法规。⑤议：准也。⑥进：仕。当解为仕进、提拔。

公私之分明，则小人不疾贤[①]，而不肖者不妒功。故尧、舜之位天下也[②]，非私天下之利也，为天下位天下也；论贤举能而传焉[③]，非疏父子亲越人也[④]，明于治乱之道也。故三王以义亲，五霸以法正诸侯，皆非私天下之利也，为天下治天下。是故擅其名而有其功，天下乐其政，而莫之能伤也。今乱世之君、臣，区区然皆擅一国之利而管一官之重，以便其私[⑤]，此国之所以危也。故公私之交[⑥]，存亡之本也。

【注释】

①疾：通嫉，恶也。②论：选择也。③越人：越国人不但习俗与中原不同而被中原各国视为异族，而且越国与中原相距最远，所以“越人”在当时常被用来比喻关系疏远的人。④便：犹成也。⑤交：易也，更也。公私之交：公私的交替，即为公与为私的变更。

夫废法度而好私议，则奸臣鬻权以约禄[①]，秩官之吏隐下而渔民。谚曰：“蠹众而木折，隙大而墙坏。”故大臣争于私而不顾其民，则下离上。下离上者，国之“隙”也。秩官之吏隐下以渔百姓，此民之“蠹”也。故有“隙”、“蠹”而不亡者，天下鲜矣[②]。是故明王任法去私，而国无“隙”、“蠹”矣。

【注释】

①鬻（yù）：卖。约：要求。②鲜（xiǎn）：少。

【译文】

治国有三个要素：其一是法度；第二是信用；第三是权柄。法度是君臣共同遵守的事物。信用是君臣共同树立的东西。权柄是国君单独把持的东西。国君失掉权柄，就很危险。君臣抛弃法度，听任私意，一定混乱。建立法度，明确分界，不以私意损害法度，国家就得到治理。权柄由国君运用裁断，国君就有威严。人民相信朝廷的赏赐，功业就有所成就；信任朝廷的刑罚，奸邪就没有办法产生。只有明君才爱护权柄，重视信用，而不以私意损害法度。如果君上多有口头的恩惠，却不能赏赐，臣民就不肯效力；严厉地三令五申，而不施行刑罚，人民就轻视死刑。赏赐是“文”，刑罚是“武”，“文”和“武”是法度的纲领。因此国君任用法度，不被人蒙蔽叫做“明”，不为人所骗叫做“察”。“明”“察”的国君，赏赐多，又有信用；刑罚重，又能坚信不移；不错加于疏远的人；也不回避亲近的人。所以群臣不欺骗国君，下级不欺骗上级。

世上掌握政权的人，大多将法度抛弃，而听信私人的议论，这就是国家纷乱的缘故。古代帝王制造了秤和尺，到现在还模仿着做，正是因为它们的分量明确。假如有人抛开秤来断定轻重，放弃尺来推测长短，他即使高明，商人也不听他，因为那是不准确的。法度就是国家的秤和尺，抛弃法度，而听信私人的议论，都是不懂是事类。不用法度，来判断人的智慧、才能、贤和不贤，只有帝尧才不会出错，但是世人不完全是帝尧。因此古代帝王知道主观的议论、私人的赞扬是不可信任的，因此建立法度，明确分量，合乎程式的就给予赏赐，损害公家利益的就惩罚。赏赐和惩罚的办法不失去准则，因此人民不争。如果朝廷给予官爵，不依据人们的劳绩，忠臣就不愿意前进了；施行禄赏，不和人们的战功相配，战士就不肯出力了。

人臣侍奉国君，多是以国君所喜欢的东西为转移。国君爱好法度，臣子就用法度来侍奉他；国君爱好言谈，人臣就用言谈来侍奉他。因此国君爱好法度，正直的人一定出现在他的面前；国君爱好言谈，说长道短的人必定侍奉于他的左右。只有公私的界限分明，小人才不嫉妒贤人；无能的人才不嫉妒有功之人。尧舜的治理天下，并不是为了独占天下的利益，乃是为了天下人而治理天下，因此选拔贤能，而且把天下传给他。尧舜并不是与自己的儿子疏远，亲近外人，乃是明晓治乱的道理。三王用道义来爱护天下人，五霸用法度来将诸侯纠正，都不是独占天下的利益，而是为了天下人而治理天下。因而才能取得名誉，建立功业，天下人都喜欢他们的政治，没有人能够将他们伤害。现在乱世的君臣很眇小地独占一国的利益，或手持一官半职，从而就追求个人的私利，这就是国家危险的缘由。可见公私的分界就是国家存亡的根源。

国君将法度抛弃，爱听私人的议论，奸臣就会靠出卖国君的权柄来追求利禄；常官中的小吏就隐瞒下情，伤害百姓。谚语说：“蠹虫多，树木折。空隙大，墙壁坏。”大臣争夺私利而不顾及百姓，那么，人民就要离开君主，人民离开君上，就是国家的空隙。常官中小吏隐瞒下情，侵害百姓，就成为人民的蠹虫。国家有了空隙和蠹虫而不灭亡，那是很少见的。所以圣明的君主依靠法度，抛去私心。国家就没有空隙和蠹虫了。

赏　刑

圣人之为国也，壹赏，壹刑，壹教。壹赏则兵无敌，壹刑则令行，壹教则下听上。夫明赏不费[①]，明刑不戮，明教不变[②]，而民知于民务，国无异俗。明赏之犹至于无赏

也，明刑之犹至于无刑也，明教之犹至于无教也。

【注释】

①奖赏明确，人们就不可能营私舞弊、投机取巧取得奖赏，而只能凭战功取赏。人们知道只能凭战功取赏，那就会拼命立功，战利品就多得赏不完，所以这里说“不费”，下文说“何费匮之有矣”。②施行教化明白清楚，人们就能明白其中的道理，从而自学地统一行动，而不需要去强行改变他们的习俗，所以说“明教不变，而民知于民务，国无异俗”。此文“不费”、“不戮”、“不变”的施事者都是指国君。

所谓壹赏者，利禄官爵抟出于兵①，无有异施也。夫固知愚、贵贱、勇怯、贤不肖②，皆尽其胸臆之知③，竭其股肱之力④，出死而为上用也；天下豪杰贤良从之如流水；是故兵无敌而令行于天下。万乘之国不敢苏其兵中原；千乘之国不敢捍城。万乘之国，若有苏其兵中原者，战将覆其军；千乘之国，若有捍城者，攻将凌其城。战必覆人之军，攻必凌人之城，尽城而有之，尽宾而致之⑤，虽厚庆赏，何费匮之有矣？昔汤封于赞茅，文王封于岐周，方百里。汤与桀战于鸣条之野，武王与纣战于牧野之中，大破九军⑥，卒裂土封诸侯，士卒坐陈者⑦，里有书社⑧。车休息不乘，纵马华山之阳，纵牛于农泽⑨，纵之老而不收。此汤、武之赏也。故曰：赞茅、岐周之粟，以赏天下之人，不人得一升；以其钱赏天下之人，不人得一钱。故曰：百里之君，而封侯其臣，大其旧；自士卒坐陈者(10)，里有书社；赏之所加，宽于牛马者；何也？善因天下之货以赏天下之人。故曰：明赏不费。汤、武既破桀、纣，海内无害，天下大定，筑五库⑪，藏五兵⑫，偃武事，行文教，倒载干戈⑬，搢笏⑭，作为乐⑮，以申其德。当此时也，赏禄不行，而民整齐。故曰：明赏之犹至于无赏也。

【注释】

①抟：通专。②固：读为故。知通智。③臆（yì）：胸。古人认为人的智慧藏于心中，所以说“胸臆之知”。④股肱：大腿胳膊，是身上最有力的地方。⑤宾：客，此文则特指外国的诸侯。古代“宾”字常用来指诸侯。⑥九：表示多，非确数。⑦坐阵：指战士披甲不卧，坐在阵地上坚守待敌。⑧书社：是指按社登记入册的人口，当然同时也包括土地。⑨农泽：当即指弘农之泽，也即指桃林之泽，其地相当于今陕西潼关县以东与河南灵宝县以西地区。⑩自：对于。⑪五库：一曰车库，二曰兵库，三曰祭器库，四曰乐器库，五曰宴器库。⑫五兵：五种兵器。具体所指古代说法不尽相同。⑬干戈：盾牌和戈戟，是古代常用的兵器，所以用作为兵器的通称。⑭搢（jìn）：插。笏（hù）：古时大臣朝见君主时手中所拿的狭长板子，用以记事。⑮此当偏指武王之乐。

所谓壹刑者，刑无等级，自卿相、将军以至大夫、庶人，有不从王令、犯国禁、乱上制者，罪死不赦。有功于前，有败于后，不为损刑。有善于前，有过于后，不为亏法。忠臣孝子有过，必以其数断。守法守职之吏有不行王法者，罪死不赦，刑及三族。周官之人，知而讦之上者①，自免于罪，无贵贱，尸袭其官长之官爵田禄②。故曰：重刑，连其罪，则民不敢试。民不敢试，故无刑也。夫先王之禁③，刺杀，断人之足，黥人之面④，非求伤民也，以禁奸止过也。故禁奸止过，莫若重刑。刑重而必得，则民不敢试，故国无刑民。国无刑民，故曰：明刑不戮。晋文公将欲明刑以亲百姓[⑤]，于是合诸卿大夫于侍千宫，颠颉后至[⑥]，吏请其罪，君曰："用事焉。"吏遂断颠颉之脊以殉[⑦]。晋国之士，稽焉皆惧[⑧]，曰："颠颉之有宠也，断以殉，况于我乎！"举兵伐曹、五鹿，及反郑之埤[⑨]，东徵之亩，胜荆人于城濮[⑩]。三军之士，止之如斩足，行之如流水。三军之士，无敢犯禁者。故一假道重轻于颠颉之脊，而晋国治。昔者周公旦杀管叔、流霍叔[⑪]，曰："犯禁者也。"天下众皆曰："亲昆弟有过，不违，而况疏远乎！"故天下知用刀锯于周庭[⑫]，而海内治。故曰：明刑之犹至于无刑也。

【注释】

①讦（jié）：揭发。②尸：代替。袭，继也。即继承。③禁：法禁，指刑法。④黥（qíng）：古代一种刑法，用刀刺刻犯人的面额，再在刻出的纹理中涂上墨。也叫"墨刑"。⑤晋文公：姓姬，名重耳，晋献公之子，因献公立幼子为嗣，曾出奔在外十九年，后由秦国送回即位，公元前636～前628年在位，为春秋五霸之一。⑥颠颉（xié）：人名，晋国大臣，曾追随晋文公在外流亡十九年。⑦断脊：即古代所谓腰斩。⑧稽：议。⑨郑：诸侯国名，位于今河南省中部，黄河以南地区。埤（pí）：矮墙。⑩荆：楚国的别称。⑪周公旦：姓姬，名旦，周武王姬发之弟，因其采邑在周（位于今陕西省岐山县东北），故称周公。他辅助武王灭商，有功而受封于曲阜，故又称鲁周公，但他未到封地而留佐武王。管叔：名鲜，周武王之弟，武王灭商后，封于管（位于今河南郑州市），所以史称管叔。霍叔：周文王之子，武王同母弟，名处，一说名武，封于霍（位于今山西霍县西南），所以史称霍叔。周武王杀纣灭商，封纣子武庚于殷，使管叔、蔡叔、霍叔监督殷民，叫做三监，武王去世，继位的成王年幼，由周公旦摄政，三监不服，与武庚联合背叛周王朝。于是周公东征平叛，杀了武庚、管叔，放逐了蔡叔，贬霍叔为庶人。⑫刀锯：古代的刑具。刀用于割刑（如割鼻的劓刑，割男性生殖器的宫刑），锯用于截刑（如断脚的刖刑）。"刀锯"引申指刑罚。

所谓壹教者，博闻、辩慧、信廉、礼乐、修行、群党、任誉、清濁[①]，不可以富贵，不可以评刑，不可独立私议以陈其上。坚者被，锐者挫。虽曰圣知、巧佞、厚朴[②]，则不能以非功罔上利[③]。然富贵之门，要存战而已矣。彼能战者践富贵之门。强梗焉，有常刑而不赦[④]。是父兄、昆弟、知识、婚姻、合同者[⑤]，皆曰："务之所加，存战而已矣。"夫故当壮者务于战，老弱者务于守，死者不悔，生者务劝，此臣之所谓壹教也。民之欲富贵也，共阖棺而后止，而富贵之门必出于兵，是故民闻战而相贺也，起居饮食所歌谣者，战也。此臣之所谓明教之犹至于无教也。

【注释】

①这里列举的，大多是儒家所崇尚的意识形态。②佞（nìng）：能说会道。③罔：古网字，取。④常：法。常刑：依法惩处。⑤父兄：当指父亲及叔父、伯父。

此臣所谓参教也[①]。圣人非能通，知万物之要也。故其治国，举要以致万物，故寡教而多功。圣人治国也，易知而难行也。是故圣人不必加[②]，凡主不必废[③]；杀人不为暴，赏人不为仁者，国法明也。圣人以功授官予爵，故贤者不忧；圣人不宥过，不赦刑，故奸无起。圣人治国也，审壹而已矣。

【注释】

①参：三也，谓赏、刑、教三事。②这句与下文"赏人不为仁"的宗旨相同，是说圣人治国，不过是

按照国法办事罢了，所以应归功于法治，而不应该去赞美圣人。③凡主抱法处势则治，所以只要“国法明”，凡主照样可以把国家治理好而“不必废。”

【译文】

圣人的治国，要将赏赐统一，统一刑罚，统一教育。统一赏赐，兵力就无敌；统一刑罚，政令就能施行；统一教育，臣下就服从君上。赏赐明，不会浪费钱财；刑罚明，不必杀戮；教义明，不会变更。这样，人民就知道自己的任务，国内也就没有不同的风俗。赏赐明，可以达到不用赏赐；刑罚明，可以达到不需要使用刑罚；教义明，可以达到不用教育。

所谓统一赏赐就是利禄官爵专出于军功，而不用在其他方面。因而智者、愚者、贵者、贱者、勇者、怯者、贤者、不肖者，都尽力使用他们胸中的智慧，用尽他们手足的力量，拚出死来给君上效力。“天下”的豪杰和贤良之人都像流水一般，追随君主。于是兵力无敌，政令通行于“天下”。有一万辆兵车的国家不敢在原野中抵抗它的军队；有一千辆兵车的国家不敢坚守自己的城。有一万辆兵车的国家假如在原野中抵抗它的军队，一作战，就要被它打得大败而归。有一千辆兵车的国家如果守卫自己的城，就要被它攻破。它与别国作战，必定把别国打败，它攻打别国的城，必定能够击破；从而一切城都被它占有，一切人都被它征服。这样，虽然施行丰厚的赏赐，财物哪会缺乏呢！古代商汤受封于赞茅，周文王于岐周受封，土地都是方百里。可是商汤和夏桀作战于鸣条的郊野，周武王和殷纣作战于牧野的地带，击败桀、纣的九军，最后将土地分割，封建诸侯。临阵的士兵都在乡村有了庄园。兵车休息不用，把马放在华山的南面，把牛放在农泽，放了它们，直至它们老了也不收回。这就是商汤和周武的赏赐。可以说用赞茅和岐周的粮谷来赏赐天下人，每人得不到一升粮。用赞茅、岐周的钱来赏天下人，每人不够一个钱。然而汤、武仅仅是有这样方百里土地的国君，却能够封他们的大臣为诸侯，诸侯的国土比汤、武的旧有的国土都增大了一倍。临阵的士兵都在乡村里拥有了庄园。赏赐所加，放宽到牛马身上。这是什么原因呢？这是因为他们善于利用天下的财物，来赏赐有功的人。所以说，修明赏赐，并不消耗财物。汤、武已经推翻了桀、纣，社会没有危难，天下太平。他们就修建了五种库房，装起了五种兵器，停止军事，施行文教，把盾牌和戈戟倒过来放在车上，腰带上戴着笏板，创作乐曲，来歌颂他们的功德。在这时候，朝廷不用赏赐和俸禄，人民自然整齐。因此可以这样说：修明赏赐的道路可以达到没有赏赐。

所谓统一刑罚，意思就是刑罚不论人们的等级，自卿相将军到大夫平民，一旦不服从国王的命令，违犯国家的法禁，破坏国家的制度，就是死罪，决不赦免。即使以前立过功，以后坏了事，不因此而减轻刑罚。以前有过善行，以后有了过失，不因此而将法律破坏。忠臣孝子有了过失，必定按照它的分量来判罪。掌握法律、承担职务的官吏中，有人不执行国王的法律，就是死罪，决不饶恕；并且加刑于他的三族。他周围的官吏，有人知道他的罪行，向上级揭发出来，自己就免了罪；并且无论贵贱，便接替那个官长的官爵、土地和俸禄。所以说，加重刑罚，一人有罪，别人连坐，人们就没有胆量尝试了。人们不敢尝试，就用不上刑罚了。古代帝王的法律，或者杀死人，或者斩断人的脚，或者刺刻人的面，用意不在于去伤害人，而是为了杜绝奸邪，阻止罪过。要杜绝奸邪，禁止罪过，就莫如加重刑罚。刑罚既重，而又必能获得罪人，人们就不敢尝试，所以国内就没有受刑的人了。国内没有受刑的人，这就是修明刑罚，却不杀人。例如晋文公想要修明刑罚，来爱护百姓，于是招集诸侯大夫于侍千宫，颠颉来迟了，官吏问晋文公怎么办颠颉的罪，文公说：“杀掉他！”官吏于是斩断了颠颉的腰，并拿他示众，晋国的人都胆战心惊地说："颠颉那样有宠，还被处死，拿他示众，何况我们！"文公发兵攻打曹国和五鹿，又打塌了郑国的城墙，把卫国的田地改为东西垅，战胜楚兵于城濮，他下令三军的战士停止，就如同斩断他们的脚一般；命令三军的战士行动，他们就像水向下流一般。三军的战士没有人胆敢以身示法。这么一次借故行刑，把重刑加在犯轻罪的颠颉身上，晋国因而得到治理了。古时周公旦杀死管叔，放逐霍叔，他说："管叔霍叔是犯法的人。"所以"天下"人都说："亲兄弟有了罪，尚且不能免刑，而况疏远的人！"周公旦用刀锯于朝廷之上，人人都晓得了，因而天下也治了。所以说：修明刑罚的道路能够达到不用刑罚。

所谓统一教育，就是人们虽然见闻多，会辩论、有智慧、诚实、廉洁、懂礼乐、修品德、结党羽、行侠义、有声名、清高，但是朝廷不准许凭借这些取得富贵；不准许根据这些批评刑罚；不允许拿独创的言论对君上陈诉。强硬的人要使之破败，锋利的人要使之受挫折。圣智、巧辩、忠厚、朴实的人也不能够利用无益于国家的东西，来兜揽君上的利禄。致富致贵的门路只有战争一个。那些能够战争的人就有机会踏入富贵之门；那些强悍顽梗的人就要受到应得的刑罚，决不赦免。所以父子、兄弟、朋友、亲戚、同乡等都说："我们努力的方向在于战争而已。"所以强壮的人都努力于战争，老弱的人都致力于守城，死者不悔，生者奋勉，这就是我所谓统一教育。人们贪图富贵，都是盖上棺材才罢休。他们看到富贵的门户一定出于当兵，因而听到战争，就互相庆贺，起居饮食所歌唱的也是战争。这就是我所说的修明教育的道路可以达到不用教育。

这就是我所谓三种教育。圣人并不是能够通晓一切事物，只是通晓一切事物的纲领。他的治国是抓住纲领，来推论一切事物。因此教育简单，而成功很多。

圣人治国，他人容易认识，而却难以做到。圣人对于法度没有必要有所增加，平凡的国君不必有所减损，杀人不算残暴，赏人不算仁慈，就是因为国家法度明确之故。圣人按照人们的功劳给予官爵，所以贤人不用担心；圣人又不宽恕人们的罪过，不赦免应得的刑罚，所以奸邪没有办法产生。总之，圣人的治国，只是考虑怎样统一赏赐、刑罚和教育而已。

御　　盗

（原文亡佚）

外　　内

民之外事，莫难于战，故轻法不可以使之。奚谓轻法？其赏少而威薄、淫道不塞之谓也。奚谓淫道？为辩知者贵、游宦者任、文学私名显之谓也。三者不塞，则民不战而事失矣。故其赏少，则听者无利也；威薄，则犯者无害也。故开淫道以诱之，而以轻法战之，是谓设鼠而饵以狸也[①]，亦不几乎[②]！故欲战其民者，必以重法。赏则必多，威则必严，淫道必塞，为辩知者不贵，游宦者不任，文学私名不显。赏多威严，民见战赏之多则忘死，见不战之辱则苦生。赏使之忘死，而威使之苦生，而淫道又塞，以此遇敌，是以百石之弩射飘叶也[③]，何不陷之有哉？

【注释】

①“设”：当是设置器械来捕取的意思。②几：与“冀”、“期”、“觊”通，希望。亦不几乎：“必不冀矣”。③石：百二十斤也。

民之内事，莫苦于农，故轻治不可以使之。奚谓轻治？其农贫而商富——故其食贱者钱重，食贱则农贫，钱重则商富；末事不禁，则技巧之人利，而游食者众之谓也。故农之用力最苦，而赢利少，不如商贾、技巧之人。苟能令商贾、技巧之人无繁，则欲国之无富，不可得也。故曰：欲农富其国者，境内之食必贵，而不农之征必多，市利之租必重。则民不得无田，无田不得不易其食。食贵则田者利，田者利则事者众。食贵，籴食不利，而又加重征，则民不得无去其商贾、技巧而事地利矣。故民之力尽在于地利矣。

故为国者[①]，边利尽归于兵，市利尽归于农。边利归于兵者强，市利归于农者富。故出战而强、入休而富者，王也。

【注释】

①故：夫。

【译文】

人民的对外工作，没有比战争更危险的了。所以朝廷用轻法就不能驱使他们去参加战争。什么叫做轻法呢？就是说：朝廷赏赐少，刑罚轻，浮荡的道路没有被堵住。什么叫做浮荡的道路呢？就是说：搞辩论、学知识的人获得尊贵；游走求官的人得被任用；擅长文学的人获致了个人的名誉。这三个道路若是不堵住，人民就不肯战争，国家战事就要失败了。由于朝廷赏赐少，听从法令的人没有获得利益；刑罚轻，违犯法令的人受不到伤害；又开辟浮荡的道路，来引诱人民；而用轻法使人民去战争，这如同想要打老鼠，而用狸猫来引诱它，不是相差太远了吗？因此要想使人民战争，必须用重法。赏赐必须多，刑罚必须严，浮荡的道路必须将其堵住，让搞辩论、学知识的人没有得到尊贵，让游走求官的人得不到任用，令长于文学的人得不到个人的名誉。赏赐既多，刑罚既严，人民看见了战争的赏赐多，就追逐赏赐而不怕死；看见不参加战争的耻辱，就认为耻辱地活着是痛苦。赏赐使他们不畏惧死；刑罚使他们认为活着是痛苦；又堵住了浮荡的道路。用这样的政策与敌人作斗争，好比用“百石”的硬弓射飘摇的树叶，还有什么射不透的吗？

人民的对内工作，没有比农作更劳苦的了，所以朝廷用缓和的政策就不能够使他们去从事农作。什么叫做缓和的政策呢？就是说：农民穷而商人富，粮食低贱而钱币贵，粮食贱，农民就穷；钱币贵，商人就富。朝廷不阻止梢末的事业，有手工技巧的人就可以获利，游荡求食的人也随着增多。所以，农民用力最是勤苦，而得到的余利却是很少，却没法与商人和手工业者相比。如果朝廷能够使商人和手工业者不多，那末，即使希望国家不富，也是没法办到的。因此说，要想搞农业来富国，一定得提高国内粮食的价格，必须加多不从事农业的人的徭役，必须加重市场利润的抽税。这样的话，人民就不得不耕田了。不耕田的人必须买粮食，粮食贵，耕田的人就有利。耕田的人有利，从事耕田的人就增多。商人和手工业者由于粮食贵，买粮食不便宜；又加负担沉重的徭役和赋税，就必须离开商业和手工业，而从事土地生产，所以人民的力量就都集中于土地生产了。

正因为如此，治国的人要把战场的利益完全赐于战士，把市场的利益完全给予农民。战场的利益全部给予战士，国家就强；市场的利益完全给予农民，国家就富强，因此出去战争则兵力强；回来休息则国家富，这就可以成就王业了。

君　臣

古者未有君臣、上下之时，民乱而不治。是以圣人列贵贱，制爵位，立名号，以别君臣上下之义。地广，民众，万物多，故分五官而守之①。民众而奸邪生，故立法制、为度量以禁之②。是故有君臣之义、五官之分、法制之禁，不可不慎也。

【注释】

①高亨说："上古时代的五官，当是司徒、司马、司空、司寇、司事。"②度：分、寸、尺、丈，所以度长短也。量：龠、合、升、斗、斛也，所以量多少也。

处君位而令不行，则危；五官分而无常①，则乱；法制设而私善行，则民不畏刑。君尊则令行，官修则有常事②，法制明则民畏刑。法制不明，而求民之行令也，不可得也。民不从令，而求君之尊也，虽尧、舜之知，不能以治。

【注释】

①常：法规。

明王之治天下也，缘法而治，按功而赏。凡民之所疾战不避死者，以求爵禄也。明君之治国也，士有斩首、捕虏之功，必其爵足荣也，禄足食也；农不离廛者①，足以养二亲，治军事②。故军士死节，而农民不偷也。

【注释】

①廛，民居区域之称。②治军事：研习武事。

今世君不然，释法而以知，背功而以誉。故军士不战，而农民流徙。臣闻：道民之门①，在上所先。故民，可令农战，可令游宦，可令学问，在上所与。上以功劳与，则民战；上以《诗》、《书》与②，则民学问。民之于利也，若水于下也，四旁无择也。民徒可以得利而为之者，上与之也。瞋目扼腕而语勇者得，垂衣裳而谈说者得③，迟日旷久积劳私门者得④——尊向三者，无功而皆可以得，民去农战而为之，或谈议而索之，或事便辟而请之，或以勇争之。故农战之民日寡，而游食者愈众，则国乱而地削，兵弱而主卑。此其所以然者⑤，释法制而任名誉也。

【注释】

①道：通导，引也。②《诗》、《书》：这里用来泛指古代文献典籍。③以前衣皮，其制短小。今衣丝

麻布帛，所作衣裳，其制长大，故云垂衣裳。④迟日旷久：缓慢地经过。⑤然：如此。这里用作动词，表示“成为这个样子”、“形成”。

故明主慎法制。言不中法者，不听也；行不中法者，不高也；事不中法者，不为也。言中法，则辩之①；行中法，则高之；事中法，则为之。故国治而地广，兵强而主尊，此治之至也。人君者不可不察也。

【注释】

①辩：（言词）动听有理。这里用作意动词。

【译文】

古代社会没有君臣上下之时，人们是纷乱而没有秩序，因此圣人区别贵贱，制定爵位，建立名号来划分君臣上下的等级礼义；由于土地广阔，民众众多，财物丰富，所以分设五官来管理；又由于人民众多而令奸邪产生，所以建立法度，创制度、量，来禁止奸邪。所以有了君臣的礼义、五官的分职、法度的制裁，这是必须慎重的。如果处在国君的地位，而命令难以实行，那就危险了。五官已经分职，而没有常规，那就纷乱了。法度已经建立，而私人的善道还行得通，人民就不害怕刑罚了。只有国君尊严，命令才能实施；官吏奉公守法，政事才有常规；法度明确，人民才怕刑罚。法度不明确，却要求人民服从命令，是作不到的。人民不服从命令，而希望国君的尊严，即使国君有尧、舜那样的智慧，也是不能统治的。明君的治国，是遵守法度来办理政事，按照人们的功劳来予以赏赐。人民所以肯于努力战争而不躲避死亡，是为了追求爵禄。所以明君的治国，战士立下了斩下敌人首级、捉得俘虏的功劳，他的爵位一定带来足够的光荣，他的俸禄必定带来足够的食粮。农民不离开乡村，足够奉养双亲，供给军需。因此军士才肯牺牲，农民才不懒惰。

现代的国君不是这样，往往将法度抛开，而信任个人的智慧；不计功劳，而听取个人的名誉。以致军士不肯作战，农民流动迁移。我听说过：引导人民的窍门，而在于国君走在前头。人民，可以令他们务农作战，也可以使他们游走求官，也可以使他们从事学问，这都在于国君怎样给予爵禄。国君依据人们所立的功劳，给予爵禄，人民就参加战争；国君按照人们所读的《诗》、《书》，给予爵禄，人民就从事学问。人民倾向利益，如同流水倾向洼处，东西南北是没有选择的。人民只要有可以获得利益的事，就要去作，而利益是国君给予他们。如果瞪眼睛、撸胳臂来讲武勇的人取得利益，垂着衣裳、高谈阔论的人得到利益，长时间为私门效劳的人得到利益，尊崇以上三种人，他们没有功劳而都可以得到利益，那末，人民就要抛弃农作和战争，而去搞这些事了，或者用谈论去追逐爵禄，或者依靠国君宠爱的人去请求，或者逞私人的勇敢去争取。所以务农作战的人越来越少，游荡吃闲饭的人与日俱增，结果，国家就乱了，领土就削了，兵力就弱了，国君的地位就降低了。产生这样结果的原因就是国君抛开法度，转而信任个人的名誉。

所以，明君严格遵守法度，言论不合法度，他不听从；行为不合法度，他不崇尚；事情不合法度，他不去办。相反的，言论合于法度，他才听从；行为与法度相合，他才推崇；事情合于法度，他才办理。这样，国家就治了，领土就扩展了，兵力就强了，国君的地位就提高了。这就是政治的最高效果，国君必须加以考察。

慎　　法

凡世莫不以其所以乱者治，故小治而小乱，大治而大乱，人主莫能世治其民，世无不乱之国。奚谓以其所以乱者治？夫举贤能，世之所治也，而治之所以乱。世之所谓贤者，言正也；所以为善正也，党也。听其言也，则以为能；问其党，以为然。故贵之不待其有功，诛之不待其有罪也。此其势正使污吏有资而成其奸险，小人有资而施其巧诈。初假吏民奸诈之本①，而求端悫其末②，禹不能以使十人之众，庸主安能以御一国之民？

【注释】

①假：借也。②开始就借给吏民奸诈的树根，却要求他们的树梢端正诚实。“本”、“末”是比喻之词。

彼而党与人者，不待我而有成事者也。上举一与民，民倍主位而向私交。民倍主位而向私交，则君弱而臣强。君人者不察也，非侵于诸侯，必劫于百姓。彼言说之势①，愚智同学之，士学于言说之人，则民释实事而诵虚词。民释实事而诵虚词，则力少而非多。君人者不察也，以战必损其将，以守必卖其城。

【注释】

①势：谋略。

故有明主忠臣产于今世而散领其国者①，不可以须臾忘于法。破胜党任②，节去言谈，任法而治矣。使吏非法无以守③，则虽巧不得为奸；使民非战无以效其能，则虽险不得为诈。夫以法相治，以数相举者，不能相益；訾言者，不能相损。民见相誉无益，相管附恶；见訾言无损，习相憎不相害也。夫爱人者不阿，憎人者不害，爱恶各以其正，治之至也。臣故曰：法任而国治矣。

【注释】

①领：犹治也。②任：通壬，是巧言谄媚的意思。③守：亦持也。即保住的意思。

千乘能以守者，自存也；万乘能以战者，自完也①；虽桀为主，不肯诎半辞以下其敌②。外不能战，内不能守，虽尧为主，不能以不臣谐所谓不若之国③。自此观之，国之所以重，主之所以尊者，力也。于此二者力本，而世主莫能致力者，何也？使民之所苦者无耕，危者无战。二者，孝子难以为其亲，忠臣难以为其君。今欲驱其众民，与之孝子忠臣之所难，臣以为非劫以刑而驱以赏莫可。而今夫世俗治者，莫不释法度而任辩慧，后功力而进仁义，民故不务耕战。彼民不归其力于耕，即食屈于内④；不归其节于战，则兵弱于外。入而食屈于内，出而兵弱于外，虽有地万里、带甲百万，与独立平原一贯也。

【注释】

①完：坚也。即坚固的意思。这里用作使动词，使……坚固。自完：自己使自己坚固，也就是靠了自己的力量而攻无不克的意思。②诎（qū）：委屈。下：降也。③谐：和也。若，善也。④屈：表示竭。

且先王能令其民蹈白刃，被矢石。其民之欲为之？非。如学之[1]，所以避害。故吾教令：民之欲利者，非耕不得；避害者，非战不免。境内之民莫不先务耕战，而后得其所乐。故地少粟多，民少兵强。能行二者于境内，则霸王之道毕矣。

【注释】

①如：能。

【译文】

现代的国君都采用乱国的方法去治国，所以他们小小地使用国家就小乱；大大地搞，国家就大乱。因此，国君没有能够辈辈统治人民，而世界上没有不乱之国。什么叫做用乱国的方法去治国呢？例如使用贤人，就是现代国君们采用的治国方法。然而，这样治国，正是乱国。这是因为人们所谓贤是良善、正直，但良善正直的名声出于他的党羽。国君听到他的言论，认为他是贤能；问他的党羽，都称赞他是贤能，因而没有待他立功，就给予官爵；不等待人有罪，就对其施以刑罚这种情况，正是使贪官污吏有所凭借，而成就他们的奸险；使小人有所凭借而展露他们的巧诈。既然树立了官吏和人民进行欺骗的根本，而期望他们长出端正和诚实的枝叶，即使是大禹也不能支配十人之多；何况平庸的国君怎能统治一国的臣民？那些结成党羽的人们不等待国君，却就能搞成自私的勾当，国君从臣民中间，重用这样一个人，臣民就背叛国君而偏向私交。臣民背叛国君而倾向私交，国家就弱了，大臣就强了。国君认识不到这一点，即使不受外国的侵犯，就要被百姓所推翻。那些人谈说的技术，愚昧和智慧的人一同学习，学士向谈说的人学习，因而人们都放弃实际工作，去诵读空虚的言论。人们抛弃实际工作，去诵读空虚的言论，所以国家也就实力少、而诽谤多了。国君认识不到这一点，用这样的臣民去战争，一定损兵折将；用这样的臣民去守卫，必定出卖城邑。

所以，当代涌现出来的明君忠臣，要治理好他的国家，就不可以很快忘掉法度。能够打破并战胜私党和奸诈，节制并取缔人们的空谈，一切依照法度，国家就得到治理了。让官吏除了法度以外，没有遵守的东西，这样，官吏虽然奸巧，也不能够作坏事；让人民除了战争以外，就毫无施展能力的地方，这样，人民虽然奸诈，也不能骗人。运用法度来治理国家，按照成规来用人，让私人的赞扬对人没有益处；私人的诽谤对人没有害处。人们看见互相赞扬对人没有益处，就要相互监督，打击恶人了；看见诽谤对人没有害处，即使素来互相憎恨，也不愿意彼此伤害了。喜爱旁人，而不徇私；憎恨旁人，而不伤害；喜爱和憎恨都能得当，这就是政治的最高成就。因此我说：运用法度来治国，国家就治了。

有一千辆兵车的国家可以自卫，那就可以存在。有一万辆兵车的国家能够发动攻击，那就可以巩固。即使夏桀做这样国家的国君，也不肯说半句软话，向敌人表示服从。相反的，一个国家进而不能进攻，退而不能自卫，即使帝尧做这样国家的国君，对于强暴的国家，也不能不屈服或讲和。所以，国家得到别国的重视，国君得到别国的尊敬，就在于自身力量是提高国家和国君地位的根本，然而当代的国君却没有人去追求国家的力量，这是什么缘故呢？国君役使人民，劳苦之事是耕田，危险的事是战争。这两件事，孝子为了他的父亲，都难以做到；忠臣为了他的君王，都很难做到。现在国君想要役使民众，把孝子忠臣难以做到的事，让他们去做，我认为这非用刑罚来强迫、用赏赐来驱使，是不会成功的。可是现在治理国家的人没有一个不抛开法度，相信辩论和智慧，把功劳和力量放在后面，把仁义摆在前头，所以人民就不肯努力耕田、努力战争了。人民不把力量集中在耕田上，国内的粮食就缺乏了。人民不把义节放在战争上，对外的兵力就薄弱了。国内缺少粮食，对外兵力薄弱，即使有土地一万方里，有披甲战士一百万人，可是国君的地位和孤单单地一个人站在平原之上是一样的。古代帝王可以使他的人民去上刀山，去冒飞箭和飞石。他的人民所以愿意这样作，不是高兴练习这样作，乃是为了避免刑罚。所以我们的教令是这样：人民追求利益，不去耕田，就得不到；人民避免刑罚，不去战争，就躲不开。国中人民都是首先尽力耕田和战争，而后才取得他们所爱好的东西。所以土地虽小，而粮食却多；人民虽少，而兵力却强。能够在国内贯彻这两个政策，令霸业成就，就算完美无缺了。

定　分

公问于公孙鞅曰[①]：“法令以当时立之者[②]，明旦欲使天下之吏民皆明知而用之，如一而无私，奈何？”

【注释】

①公：指秦孝公。②当时犹言今日也，故下文言明旦。

公孙鞅曰：为法令，置官吏，朴足以知法令之谓者，以为天下正[①]，则奏天子。天子则各主法令之，皆降，受命，发官。各主法令之民，敢忘行主法令之所谓之名，各以其所忘之法令名罪之。主法令之吏有迁徙物故，辄使学读法令所谓，为之程式，使日数而知法令之所谓；不中程，为法令以罪之。有敢剟定法令、损益一字以上[②]，罪死不赦。诸官吏及民有问法令之所谓也于主法令之吏，皆各以其故所欲问之法令明告之。各为尺六寸之符[③]，明书年、月、日、时、所问法令之名，以告吏民。主法令之吏不告，及之罪，而法令之所谓也，皆以吏民之所问法令之罪，各罪主法令之吏。即以左券予吏之问法令者，主法令之吏谨藏其右券木柙[④]，以室藏之，封以法令之长印[⑤]。即后有物故，以券书从事。

【注释】

①正：官长也。②剟（duō）：削。③符：古代的一种凭证，常为朝廷传达命令或调兵遣将时使用。它用竹、木、铜、玉等材料制成，上面刻有文字，刻好后剖成两半，双方各执一半，验证时将两半相合，符合者为真。此文所指，当为竹、木所制。④券：又称“契”，此即指上文之“符”。古代符契的左右券分存有一定的习惯，一般都是将右券收藏于施事者（制作券契的一方，即发令、放债之人），左券收藏于受事者（受令、借债之人）。⑤古代封匣子或封简牍、信函（信函也用竹简、木版等书写），是在绑扎匣子或信函简、版的绳端结合处用泥封闭，泥上再钤上印章，以防别人偷拆，类似现代电度表上的铅封。

法令皆副①，置一副天子之殿中，为法令为禁室，有铤钥②，为禁而以封之，内藏法令一副禁室中③，封以禁印。有擅发禁室印，及入禁室视禁法令，及禁剟一字以上④，罪皆死不赦。一岁受法令以禁令。

【注释】

①副：副本，复本。这里用作动词。②铤：当为键。键钥：即门锁。③内：纳。④禁：指禁室，这里作状语，表示“在禁室中”。

天子置三法官，殿中置一法官，御史置一法官及吏①，丞相置一法官。诸侯、郡、县皆各为置一法官及吏②，皆此秦一法官。郡、县、诸侯一受宝来之法令，学问并所谓。吏民知法令者，皆问法官。故天下之吏民无不知法者。吏明知民知法令也，故吏不敢以非法遇民，民不敢犯法以干法官也。遇民不修法，则问法官，法官即以法之罪告之，民即以法官之言正告之吏。吏知其如此，故吏不敢以非法遇民，民又不敢犯法。如此，天下之吏民虽有贤良辩慧，不能开一言以枉法；虽有千金③，不能以用一铢④。故知诈贤能者皆作而为善，皆务自治奉公。民愚则易治也，此所生于法明白易知而必行。

【注释】

①官、吏：春秋以前，大小官员都可称为吏。战国以后，“吏”一般指低级的官，但笼统而言，两者并无什么区别。此文“官”、“吏”相对而言，其地位显然有高低之别。②郡、县：都是古代的行政区域。周初的制度是县大于郡，到战国之时，则郡大于县，所以称“郡县”。③千金：形容极其富裕。④二十四铢曰两。此句当作“不能用一铢以犯法”。

法令者，民之命也，为治之本也，所以备民也。为治而去法令，犹欲无饥而去食也，欲无寒而去衣也，欲东而西行也，其不几亦明矣。一兔走，百人逐之，非以兔为可分以为百，由名之未定也①。夫卖兔者满市，而盗不敢取，由名分已定也。故名分未定，尧、舜、禹、汤且皆如鹜焉而逐之；名分已定，贪盗不取。今法令不明，其名不定，天下之人得议之。其议，人异而无定。人主为法于上，下民议之于下，是法令不定，以下为上也。此所谓名分之不定也。夫名分不定，尧、舜犹将皆折而奸之②，而况众人乎？此令奸恶大起、人主夺威势、亡国灭社稷之道也。今先圣人为书而传之后世，必师受之③，乃知所谓之名；不师受之，而人以其心意议之，至死不能知其名与其意。故圣人必为法令置官也，置吏也，为天下师，所以定名分也。名分定，则大诈贞信，巨盗愿悫④，而各自治也。故夫名分定，势治之道也⑤；名分不定，势乱之道也。故势治者不可乱，势乱者不可治。夫势乱而治之，愈乱；势治而治之，则治。故圣王治治不治乱⑥。

【注释】

①名：即下文的“名分”，这里泛指财物的所属关系。②折：下也。奸：通干，求取。③受：古授字。

④愿：谨也。悫，诚也。⑤势：趋势，此指名分确定后所造成的一种趋向。⑥以上七句等于说："名分定则不可乱，名分不定则不可治。名分不定而治之，愈乱；名分定而治之，则治。故圣王治于名分定而不治于名分不定。"

夫微妙意志之言，上知之所难也。夫不待法令绳墨，而无不正者，千万之一也。故圣人以千万治天下，故夫知者而后能知之，不可以为法，民不尽知；贤者而后知之，不可以为法，民不尽贤。故圣人为法，必使之明白易知，名正，愚知遍能知之；为置法官，置主法之吏，以为天下师，令万民无陷于险危。故圣人立天下而无刑死者，非不刑杀也，行法令，明白易知，为置法官吏为之师，以道之知[①]，万民皆知所避就，避祸就福，而皆以自治也。故明主因治而终治之[②]，故天下大治也。

【注释】

①道：借为导。②治：当指行法令、定名分这种势必能治理好的方法。

【译文】

秦孝公问公孙鞅说："现在制定了法令，希望明天就能够使全国的官吏和人民都认识明确，而且奉行，一致遵从，没有奸私，应该怎么办呢?"

公孙鞅说：国君要给法令设置官吏，寻找明晓法令条文的人，来担任各地主管法令的官吏。由下面推荐给天子，天子就命令他们主管法令。他们都走下台阶，接受命令，就去任职。各个主管法令的人假如胆敢忘掉执行法令条文的某项规定，就各按照他们所忘掉的法令条文的某项规定，来治他们的罪。主管法令的官吏如有迁移或死亡，就立刻叫学习的人诵读法令条文，给他定出规程，叫他几天就明晓法令条文；若是不合规程，就用法令治罪。如果有人胆敢删改法令，减去或增加一个字以上，就是死罪， 不饶恕。众官吏和人民有向主管法令的官吏询问法令的条文，主管法令的官吏必须按照他们原来要问的法令，明确地告知。而且铸造一个一尺六寸长的"符"，符上写明年、月、日、时，所问法令的条文。假始主管法令的官吏不愿意告诉，等到询问法令的官吏或人民犯了罪，所犯的正是其询问的那一条款，那末，就按照官吏或人民所询问的那一条款所规定的罪，来办主管法令的官吏的罪。在问答之时，就把"符"的左片给予询问法令的官吏或人民，主管法令的官吏谨慎地把符的右片装在木匣里，藏在一个屋中，用法令长官的印将其封上，即使主管法令的官吏去世，也按照"符"片上所写的来办事。

法令都有一个副本置于天子的殿中。殿中专门为法令建筑一个"禁室"，有锁钥，并封上严禁启动出入的封条。法令的副本藏在"禁室"里，封条上盖有"禁室"的印，如果有人私自揭开"禁室"的封条，包括进入"禁室"偷看法令，以及删改"禁室"法令一个字以上，均是死罪，决不赦免。每年一次，依照"禁室"所藏法令的条文，将法令颂给官吏。

天子设置三个法官：天子殿里设置一个法官；御史衙门设立一个法官和法吏；丞相衙门设置一个法官。诸侯和郡县，也由天子替他们各自设置一个法官和法吏。他们的法官都听从朝廷里的一个法官的命令诸侯和郡县一接到朝廷送来的法令，就学习法令的条文。官吏和人民想要明白法令，都来问法官，所以国中的官吏和人民都是懂得法令的人。官吏明明知道人民都懂得法令，因此不敢用非法的手段对待人民；人民也不敢犯法来干扰法官。假设官吏对待人民不遵

守法令，人民就可以去质问法官；法官就要把法令所规定的罪名，告知他们；他们就会拿法官的话，严正地警告官吏。官吏知道是这样，因此不敢用非法的手段对待人民。人民也不敢以身示法。像这样，国内的官吏和人民虽然有贤良、善辩和智慧，也不能说一句违法的话；即使有千金之多，也不能使用一铢违法的钱，所以巧诈贤能的人们都起来作好事，都努力自治，服从公家的法令。人民愚昧就容易统治，这就是由于法度明白、容易懂、而且一定执行。

法令就是人民的生命，治国之根本，防止人民做恶的工具。治国却抛弃法令，好比希望不挨饿，可是将粮食抛弃；希望不受冻，而抛弃衣服；希望到达东方，而走向西方，这相去太远是十分明白的。一个兔子在野地跑，会有一百个人去追赶，并不是兔子能够分成一百份，乃是由于兔子属于谁的名分还未确定。出卖的兔子充满市场，而盗贼不敢夺取，这是因为兔子的名分已经确立。所以当事物的名分没有确定以前，尧、舜、禹、汤还要像奔马似地去追逐；在名分已经确定之后，穷苦的盗贼也没有胆量夺取。如果法令不清楚，条文的含义不确定，天下人都要议论，他们议论分歧，没有定论。国君在上面制出法令，人民在下面议论法令，这就是法令不定，由人民代替国君来商量法令了，也就是所谓名分不确定了。名分不确定，尧、舜还要曲曲折折地违犯名分，何况一般人！这样就促使奸恶大起，国君失去权威，乃是国家灭亡、“社稷”消毁的道路。比方古代圣人著书，流传后代，一定要由老师传授给弟子，弟子才能知道书中的文字及其意义；假如不由老师传授，人人用自己的想法来讲论，到死也不能知道书中的文字及其意义。所以，圣人必定给法令设置法官。设置法吏，做天下人的老师，就是为了将名分确定。名分确定了，大骗子可以变成正直信实，人民都能谨慎忠诚，并且都能自治。所以确定名分是势所必治的方法；不确定名分是势所必乱的办法。势所必治，就不会乱；势所必乱，也不会得到治理。势所必乱，再加治理，就更要乱；势所必治，再加以治理，才更要治。圣王在势所必治的情况下来治国，不在势所必乱的情况下来治理国家。

微妙思想的言论，上等智慧的人都不容易懂。不需要法令和准则，可是行动都能正确，这在千人万人中只有一人。圣人是针对千人万人来治理天下。因此智慧的人才能懂得的东西，不可以做为法度，因为人民不都是智慧。贤能的人才能懂得的东西，不可以做为法度，因为人民不全是贤能。圣人将法度制定，必定是明白而易懂，确定名分，无论愚昧或智慧的人均能懂得；同时给人民设置法官，设置主管法令的官吏，做天下人的老师，令万民不致坠入危险的境地。因此，圣人掌握政权，天下没有受刑被杀之人，并不是他不刑人、不杀人；而是由于他所推行的法令明白易懂，又给人民设置法官、法吏，做他们的老师，教导他们理解法令。从而万民都知道躲开什么、走向什么，如何躲开祸害、走向幸福，而且都能自治。明君在人民自治的基础上，来完成治理的任务，因此天下就大治了。